RUDI BERNER

AUF EIN WORT

EINE REISE ZUM GIPFEL DER PHILOSOPHIE

RUDI BERNER

AUF EIN WORT

EINE REISE ZUM GIPFEL
DER PHILOSOPHIE

1zu1
Verlag

Rudi Berner

Auf ein Wort

Eine Reise zum Gipfel der Philosophie

4. Auflage: März 2008

Umschlaggestaltung: Schweiz
Lektorat: Deutschland
Satz und Layout: Deutschland
Druck und Bindung: Deutschland

ISBN gültig bis zum 31.12.2006 10-stellig: ISBN: 3-9521678-5-1
ISBN gültig ab dem 01.01.2007 13-stellig: ISBN: 978-3-9521678-5-4

Vertrieb Schweiz – Die Koordinaten
(Die aktuellen Koordinaten finden Sie immer auf http://www.1zu1.ch):
1zu1 und 1zu1-Verlag, Elke Walker, Husenstrasse 15, CH-9442 Berneck,
Fon +41 (0)71 890 02 28, Fax +41 (0)71 890 02 29,
Internet: http://www.1zu1.ch, E-Mail: elke@1zu1.ch

Vertrieb EU-Raum:
Für Kunden aus dem EU-Raum gibt es ein deutsches Postbankkonto in Stuttgart und eine Verlagsauslieferung in Deutschland und in Österreich.

Weitere und aktuelle Informationen zum Inhalt, den Büchern, Produkten und Workshops aus dem 1zu1-Verlag finden Sie immer online auf http://www.1zu1.ch.

Wir freuen uns auf Ihren Besuch!

Inhaltsverzeichnis

Vorwort

Fast alle Menschen stolpern irgendwann einmal in ihrem Leben über die Wahrheit. Die meisten springen schnell wieder auf, klopfen sich den Staub ab und eilen ihren Geschäften nach, so, als ob nichts geschehen sei.
(Winston Churchill)

Und ob Sie es nun glauben oder nicht, Sie stolpern gerade in diesem Moment über die Wahrheit. Ja, **Sie** meine ich, Sie, der oder die Sie gerade diese Zeilen lesen! Aha, ich merke schon, Sie sind misstrauisch – die Wahrheit! –, da könnte ja jeder daherkommen und behaupten, er wäre im Besitz der Wahrheit. Nun, da gebe ich Ihnen recht, mit der Wahrheit ist es so eine Sache. Es ist deshalb „so eine Sache", weil die Wahrheit allem Anschein nach ziemlich breit gefächert ist. Und warum ist die Wahrheit so breit gefächert? –

Weil das BEWUSSTSEIN der Menschen unterschiedlich ist!

Was der eine Mensch für sich als Wahrheit erkannt hat, ruft bei einem anderen nur ein ungläubiges Kopfschütteln hervor. Dessen sich der eine Mensch bewusst geworden ist, das liegt für einen anderen im Reich der Utopie und Märchen. Zudem kommt noch die Tatsache, dass Wahrheit nicht beweisbar ist. In unserem Universum ist letztendlich nichts beweisbar! Nicht einmal die Wissenschaftler können in letzter Konsequenz ihre aufgestellten Formeln und Gesetzmäßigkeiten, Grund derer unsere Welt angeblich funktioniert, als absolut wahr beweisen und fallen permanent von einem Erklärungsszenario ins andere. Und so etwas wie GOTT lässt sich schon gar nicht beweisen. Sie sehen also, zwischen Wahrheit und Bewusstsein gibt es eine sehr enge Verbindung. Es ist tatsächlich so, dass sich Wahrheit immer nur durch entsprechendes Bewusstsein beweist. Und diese Tatsache macht die Sache, und somit unsere Welt, im höchsten Maße kompliziert und zerrissen.

Da Sie soeben erfahren haben, dass Bewusstsein breit gefächert ist, stellt sich doch die Frage: wo beginnt Bewusstsein, und wo endet es? Nun, es beginnt logischerweise beim Unbewussten und endet im absoluten Bewusstsein. Wer absolutes Bewusstsein erlangt, der ist sich der Antwort folgender Fragen bewusst:

***Wer** bin ich?*
***Woher** komme ich?*
***Wohin** gehe ich?*
***Warum** bin ich?*

Diese vier Fragen halten seit Menschengedenken nicht nur die Philosophen auf Trab, auch Sie persönlich sind sicherlich daran interessiert, die Antwort auf diese Fragen zu erhalten. In diesem Werk unternehme ich den Versuch, Sie zum absoluten Gipfel der Philosophie zu führen, und wenn es Ihr Bewusstsein gestattet, erlangen Sie tatsächlich absolutes Wissen. Das mag momentan ganz schön abgehoben klingen, aber glauben Sie mir, ich weiß, von was ich hier spreche. Ich werde mich bei dieser Reise – die Sie hoffentlich mit mir antreten und beenden werden –, so gut es nur irgend geht, an folgende Weisheit halten:

Man muss einem Menschen die Wahrheit hinhalten, dass er wie in einen offenen Mantel hineinschlüpfen kann, und nicht wie einen nassen Lappen um die Ohren hauen.

Wie weit Sie in besagten Mantel der Wahrheit hineinschlüpfen werden, hängt in hohem Maße davon ab, wie sehr Ihre Seele friert. Nur derjenige wird die absolute Wahrheit bewusst erfassen, dessen Seele voller Sehnsucht ist, und der im Grunde nichts mehr von dieser Erde wissen will. Aber lassen Sie sich doch einfach überraschen, vielleicht erkennen Sie durch dieses Werk weitaus mehr, als Sie sich momentan vorstellen können. Ich werde mich stets an eine einfache, verständliche Sprache halten, Sie brauchen also kein Gelehrter, Doktor oder gar Professor zu sein, um das hier Geschriebene zu verstehen. Ganz im Gegenteil, der von unserer Gesellschaft so hoch gehandelte Intellekt samt Titel und Ehrungen steht dem Erkennen der Wahrheit in vielen Fällen hinderlich entgegen, wie das letzte Kapitel noch sehr deutlich aufzeigen wird.

Das, was hier niedergeschrieben ist, funktioniert ähnlich wie ein Schlüssel: Zacke um Zacke greift, und wenn alles passt, wird der Schlüssel Ihr Bewusstsein für die höchste Erkenntnis öffnen. Das bedeutet, Sie müssen sich **unbedingt** an die Abfolge der einzelnen Seiten halten. Bitte lesen Sie in **keinem** Fall Kapitel im Voraus oder wild durcheinander, denn das Werk ist durchgehend aufbauend geschrieben. Auch wenn Sie bei dem einen oder anderen Thema der Meinung sind, dass Sie es besser wissen oder anders sehen, möchte ich Sie bitten, einfach weiter zu lesen, denn das Geschriebene unterliegt – was wahre Erkenntnis anbelangt! – bis hin zum Schluss einer ständigen Wandlung. Ich wiederhole es noch einmal, weil es so ungemein wichtig ist: Die in diesem Werk vermittelte Erkenntnis unterliegt – bis hin zur **letzten** Seite! – einer **stetigen Wandlung**, behalten Sie diese Information bitte während des Lesens immer im Hinterkopf! Aufgrund dieser stetigen Wandlung sollten Sie mit einem Urteil über das hier Niedergeschriebene tunlichst warten bis zum Schluss – falls es dann für Sie überhaupt noch etwas zu urteilen gibt.

Das Werk ist in drei Kapitel gegliedert, den Schluss des dritten Kapitels bilden drei überaus wichtige Anhänge, die nach und nach entstanden sind. Im ersten Kapitel führe ich Ihnen unsere Welt vor Augen, und zwar so, wie sie hinter der gewöhnlich präsentierten Fassade ausschaut. Im zweiten Kapitel konfrontiere ich Sie mit Ihrem Seelenleben, ich zeige Ihnen, wo und wie Ihre Seele lebt und was mit ihr so alles getrieben wird. Im dritten und letzten Kapitel mache ich Sie mit dem bekannt, das derzeit GOTT genannt wird und mit der mächtigsten Frage, die das Universum kennt. Den eigentlichen Kern des Werkes bilden das Schlusswort und die drei Anhänge, dort ruht die höchste Erkenntnis, die im universalen Geschehen greifbar ist.

Zu manchen Themen, die ich in diesem Werk abhandle, gebe ich weiterführende Literaturquellen oder Internetseiten an. Falls Sie das von mir Geschriebene vertiefen oder in gewisser Weise nachprüfen wollen, dann lesen Sie die angegebenen Bücher, es handelt sich durchweg um äußerst interessante Literatur. Warten Sie jedoch mit dem Erwerb dieser Bücher, bis Sie dieses Werk zu Ende gelesen haben, vielleicht erübrigt sich der Kauf des einen oder anderen Buches dann. Die angegebenen Internetquellen können Sie sich – falls Sie über Internetzugang verfügen – sofort zu Gemüte führen, wobei zu beachten ist, dass Sie die angegebenen Internetadressen exakt so eintippen wie abgedruckt, speziell das Präfix „http://" muss bei einigen Seiten unbedingt mit angegeben werden!

Das, was Sie anschließend lesen werden, ist nicht nur so einfach niedergeschrieben worden, es ist, was die im wahrsten Sinne des Wortes ent/scheidenden Passagen anbelangt, von mir durchlebt worden. Und was da zu bewältigen war, befand sich streckenweise an der Grenze dessen, was eine irdische Hülle überhaupt zu ertragen und zu denken in der Lage ist.

Das Werk ist teilweise sehr aggressiv und emotional geschrieben. Falls Sie sich in irgendeiner Weise durch das von mir nachfolgend Niedergeschriebene beleidigt oder ungerecht behandelt fühlen, so möchte ich Sie schon jetzt darauf hinweisen, dass ich mich im letzten Kapitel dafür ent/SCHULDigen werde – und zwar gründlich!

Doch nun genug der einleitenden Worte, machen Sie sich's bequem und treten Sie ein ...

... in unsere seltsame Welt.

Schöne heile Welt?

Hallo, lieber Erdenmensch!

Allgemein wird von Ihnen gesagt, Sie seien ein aufgeklärter, informierter und kritischer Zeitgenosse. Jedenfalls wird das in den Medien, die uns heutzutage informieren, immer wieder mit Nachdruck behauptet. Und weil diese Behauptung Ihnen schmeichelt, stimmen Sie ihr nur allzu gerne zu. Und genau das ist der Punkt, es schmeichelt Ihnen, ist aber leider **gelogen**!

In Wirklichkeit werden Sie falsch informiert, belogen, betrogen, manipuliert und in einer Art und Weise benutzt, dass, wenn Sie die Wahrheit wüssten, Ihnen die Haare zu Berge stehen würden! Jetzt werden Sie vielleicht sagen: *„Ich doch nicht, ich lese nicht die Bild-Zeitung, sondern Literatur gehobenen Niveaus, und außerdem informiere ich mich nicht durch billige Sensationsmache, sondern sehe mir nur ausgewählte Sendungen im Fernsehen an!"*

Ja dann werden Sie eben auf hohem Niveau verblödet und betrogen! – Wo ist der Unterschied?

Vieles Entscheidende, was Ihnen über Fernsehen, Radio und der allgemeinen Presse mitgeteilt wird, ist gezielt gesteuert, manipuliert oder zensiert und entspricht zu einem hohen Prozentsatz nicht der Wahrheit. Das, was global und ganz bestimmte Dinge betreffend über die Medien verbreitet wird, entspringt mittlerweile aus nur mehr einer Quelle. Und wenn diese Quelle lügt, dann wird die ganze Welt belogen!

Es ist doch wahrlich kein Geheimnis, dass die Informationsmaschinerie – auf die sich diese Welt verlässt – von Medienzaren beherrscht wird. Und diese Herren – die uns so eifrig informieren – sind sich fatalerweise in dem, was sie uns erzählen, einig! Freier Journalismus und wirklich objektive Berichterstattung sind Relikte aus vergangenen Tagen, ich werde später noch einmal auf diese Thematik zu sprechen kommen. Damit wir uns nicht missverstehen, es geht hier nicht um Wetterdaten, Sportnachrichten, Modetrends oder um das Treiben der High Society, sondern es geht um Dinge, die das Weltgeschehen **nachhaltig** beeinflussen.

Die ganze Sache geht aber noch sehr viel weiter. Wir werden nicht nur belogen und betrogen, sondern gezielt vergiftet, genmanipuliert, krank gemacht, von allen Seiten bestrahlt, fast schon vollkommen kontrolliert und in jeglicher Hinsicht brutal geknechtet. Irgendjemand oder besser gesagt irgend ETWAS lastet auf diesem Planeten und nimmt uns mehr und mehr die Luft, die Lebenslust und vor allem die uns eigentlich zustehende Glückseligkeit.

Kennen Sie noch einen Menschen, der wirklich rundum glücklich ist?

Sicherlich, es gibt noch etliche Zeitgenossen auf diesem Planeten, die gerade eine angenehme Phase durchlaufen – aber das Ende dieser Phase ist in vielen Fällen nur eine Frage der Zeit! Und zwar deshalb, weil die Anzahl derer, die so eine Phase genießen sowie die Dauer der Phasen stetig abnimmt. Auch wenn uns die Illustrierten, die Werbeplakate und das Fernsehen stets strahlende und lächelnde Gesichter präsentieren, die Realität sieht gänzlich anders aus. Schauen Sie sich doch einmal die Gesichter der Menschen genau an, die Ihnen tagtäglich begegnen (in der Stadt, in Bus und Bahn, beim Einkaufen usw.), Sie werden darin alles andere als Glückseligkeit und Freude finden. Laut neuesten Zahlen erleidet mittlerweile jeder zweite deutsche Bundesbürger (und in anderen Ländern schaut es nicht recht viel besser aus) mehr oder weniger schlimme depressive Phasen oder Dauerzustände – mit rapid steigender Tendenz! Ich wiederhole es nochmals:

Jeder Zweite! – Mit rapid steigender Tendenz!

Und warum?

Weil dieser Planet von der ANGST regiert wird!

Diese Behauptung können Sie ganz einfach anhand der Tageszeitungen kontrollieren, zirka 90% aller Schlagzeilen sind negativ – machen den Menschen also Angst. Oder nehmen Sie die Nachrichten und Berichterstattung im Fernsehen, dort schaut es nicht recht viel besser aus.

Jetzt stellt sich doch die Frage, welches Instrumentarium ist denn letztendlich in der Lage, den Menschen so viel Angst zu machen? Die Antwort ist sehr einfach: Es ist das **GELD** – und die daraus resultierende **MACHT!**

Aber das müssten Sie doch eigentlich wissen, denn es heißt doch: Geld regiert die Welt! – Und das stimmt leider Gottes, da braucht man sich das derzeitige Geschehen nur anzusehen. Und derjenige oder dasjenige welches regiert, kann tatsächlich machen was es will – auch Angst! Und fatalerweise macht es uns in hohem Maße Angst – irgendwie hasst es uns!

Es gab Zeiten, da war die Menschheit tatsächlich glücklich. Egal, ob alte indianische Stämme, südamerikanische Ureinwohner, Eskimos, Aborigines usw., diese Menschen lebten Jahrtausende in Harmonie, kosmischer Verbundenheit und in einer Zufriedenheit, von der wir uns heutzutage gar keine Vorstellung mehr machen können. Aber mit der ersten Cola-Dose, mit der ersten Uniform, mit der ersten Flasche Schnaps oder mit was für einem Dreck auch immer, war es vorbei mit der Glückseligkeit!

Schauen wir uns doch den eben erwähnten Satz „GELD regiert die Welt!“ einmal genauer an.

Die Schlüsselbotschaft liegt im Wort „regiert“ versteckt: re**GIER**t

Etwas ist auf diesen Planeten zurückgekehrt – die **GIER!**

Betrachten Sie doch einmal die Vorsilbe „re“ in reGIERt, „re“ bedeutet „zurück“ (**re**animiert = zurück ins Leben, **Re**aktion = das, was zurückkommt auf eine Aktion usw.). Das Universum funktioniert, wie Sie im letzten Kapitel noch sehr deutlich sehen werden, zyklisch (Phasen von Gut und Böse wechseln sich ab). Unser Planet ist seit mindestens fünfhundert Millionen Jahren (!) bewohnbar. Ja glauben Sie im Ernst, dass das, was uns die Historiker und Menschheitsforscher in dieser Angelegenheit vermitteln, die Wahrheit ist? Auf diesem Planeten haben sich schon Dinge zugetragen, die Ihre kühnsten Vorstellungen sprengen. Aber nur Geduld, ich werde Ihnen einiges davon im Verlaufe dieses Werkes noch sehr deutlich aufzeigen.

Die Medien und unsere feinen Politiker erzählen uns stets, dass wir auf unsere Wissenschaft und auf unsere technischen Errungenschaften stolz sein können und dass wir die Krone der Schöpfung sind –

doch diese Aussage hat mehr mit einem schlechten Witz gemein, als mit der Wahrheit!

Tatsache ist, dass wir uns menschlich gesehen in der **untersten** Etage befinden, tiefer geht es nicht mehr – nimmt man die Glückseligkeit als Maß!

Seltsamerweise weiß oder ahnt das fast ein jeder Mensch, denn sehr viele Leute sind der Meinung, dass die Zukunft der Menschheit alles andere als rosig sein wird. Ist ja auch kein Wunder, wenn man sich die derzeitige Situation der Welt real betrachtet: Krieg, Folter, Massenmord und Totschlag – soweit man in den Geschichtsbüchern zurückblättert; Verhungern, Krankheit, Seuchen bei Mensch und Tier – sind an der Tagesordnung; Ozonalarm, Smogalarm, Natur- und Umweltkatastrophen nie gekannten Ausmaßes – und es wird immer schlimmer; kranke Monokulturen in der Landwirtschaft, grausamste Massentierhaltung, Tiertransporte und Abschlachtung; Atemwegserkrankungen, Abgase, Verkehrschaos, Reaktorunfälle und Pannen – und das meiste wird verschwiegen; Waffenhandel, Lüge, Betrug, Korruption, Profitgier – an allen Ecken und Enden; Hypotheken, Zinslast, Staatsverschuldungen – in nie da gewesener Höhe; Selbstmorde, Allergien, Aggressionen, massive Schlafstörungen, Phobien, Manien, Depressionen – mit rapid ansteigenden Kurven; Rassenhass, Skinheads, Terror von Links und Rechts, immer mehr korrupte Politiker, Religionsfanatiker, heuchlerische Kirchen und Sekten; nahezu vollkommene Abhängigkeit von Mikrochips und Magnetkarten, elektronische Verblödung, Genmanipulation – und das ist erst der Anfang; permanente Angst um den Arbeitsplatz, Stress, Hektik, rote Zahlen; Drogenkonsum, Mafia, Prostitution, Menschenhandel; steigende sexuelle Perversionen, Kinderschändung, Gewalt- und Horrorfilme – rund um die Uhr; Angst vor dem Altwerden, Pflegenotstand, zerrissene Familien, Jugendarbeitslosigkeit, kaputte Kinder, Marken-Zwang bei Kleidung und Gebrauchsgegenständen, Dauerwerbung, Schulstress, Notendruck, Amokläufe, Selbstmorde; Modepüppchen, Magersucht und Bulimie; gnadenlose Ausbeutung der Erde, Umweltverschmutzung, Giftmüllskandale, Ölpest, Müllberge, Wegwerfgesellschaft, Bruttosozialprodukt, Konsumterror, kaufen, kaufen, kaufen – sonst verlieren wir den Arbeitsplatz; zum Platzen aufgeblähte Großstädte, Ghettos, Kinderarbeit, Müllmenschen, Slums, Mietskasernen, Mietwucher, Ausbeutung, Steuerlast, Bodenspekulanten – jeder Quadratmeter ist verkauft; Großfinanz, Aktienwahnsinn, Globalisierung, Zentralisierung, mehr und mehr Kontrolle und Überwachung (wird uns als Sicherheit verkauft); Handys, Sendemasten, Satelliten – sprich Rundumbestrahlung vom Feinsten; –

aber ein stets grinsender Bundeskanzler! (z. Z. Gerhard Schröder)

Ich frage Sie ernsthaft: Wo sind wir gelandet? Was ist passiert? – Eigentlich sollten wir doch glücklich sein! Oder haben wir uns schon daran gewöhnt, weil die Prozesse langsam und schleichend vonstatten gehen?

Und was das Erschreckendste an der ganzen Sache ist: es könnte alles und noch dazu relativ einfach ganz anders sein, nämlich paradiesisch, denn wir Menschen haben tatsächlich **alles,** was dazu nötig wäre!

Unsere Erde ist ein begnadeter Planet. Vom All aus blau schimmernd wie ein Juwel schwebt er scheinbar schwerelos im Universum, und er wird von einer schier unerschöpflichen Energiequelle gespeist – unserer Sonne. Schließen Sie für einen Moment die Augen und stellen Sie sich diesen Planeten so vor, wie Sie ihn gerne hätten:

Sie sehen kleine Dorfgemeinschaften, die sich vollkommen harmonisch in die Landschaft einfügen – fast wie Perlen. Alles grünt und blüht, Bienen summen über die Wiesen und sind eifrig bemüht, die Menschen mit köstlichem Honig zu versorgen. Da gibt es kristallklare Quellen, Bäche und Seen, die vor Lebensenergie nur so strotzen. Überall phantastisch angelegte Gemüse-, Kräuter- und Obstplantagen, die anmutig, fast schon künstlerisch ineinander verwoben sind – alles ist gesund und kräftig. Die Obstbäume lächeln förmlich und können es gar nicht erwarten, den Menschen ihre Früchte zu schenken.

Die Menschen wohnen in wunderschönen flachen Häusern, geschwungene, verspielte, individuelle Formen wohin man blickt. Keine Mauer und kein Zaun stört das Gesamtbild, alles fließt und wogt ineinander über. Seltsame kleine Apparate, die durch eine unerschöpfliche kosmische Quelle gespeist werden, versorgen alles mit Energie. Natur und ausgefeilteste Technik sind aufs Genialste miteinander verbunden und harmonieren perfekt. Überall lachen die Menschen, machen Musik, singen, säen, ernten und bereiten die köstlichsten Speisen füreinander. Allabendlich trifft sich alles in der Dorfmitte, dort werden Feuerzauber entfacht, traumhafte Melodien erklingen, überall Leckereien und Köstlichkeiten und die Kinder lauschen mit großen, glänzenden Augen dem Geschichtenerzähler, der von Sternenwesen, Engeln, Kometengeistern und Sonnenkönigen zu berichten weiß. Auch wird viel bei Jung und Alt gespielt, wobei es sich hier um wirkliches Spielen handelt – Spiele, bei denen es keine Verlierer gibt, sondern alle, die am Spiel teilnehmen, gewinnen, lachen und amüsieren sich göttlich.

Die Natur wird rege bewandert, und man besucht mystische Orte, wo es vor Spannung und Geheimnissen förmlich knistert. Kristallgrotten, die beim Betreten das Bewusstsein zu höheren Sphären aufschwingen lassen und unterirdische Labyrinthe, die mit den seltsamsten Wesen und Lichterscheinungen ihre Aufwartung machen. Auch haben die Menschen sehr engen Kontakt zur Tierwelt, die keinerlei Scheu zeigt, denn die Tiere wissen, dass die Menschen sie als Seelengefährten begreifen und dementsprechend achten.

Alle sind beschäftigt, aber niemand muss arbeiten. Jeder tut das, was er kann gerne, fröhlich und für die anderen. Es gibt weder Müll noch Umweltbelastung, alles ist so organisiert und konzipiert, dass solch negative Dinge nicht in Erscheinung treten. Rohstoffe kommen in einen hundertprozentigen Wiederverwertungskreislauf, der Erde wird nichts genommen, was nicht unbedingt nötig ist. Die Menschen wissen alle, dass Mutter Erde ein bewusstes Lebewesen ist, dass sie die ihr anvertrauten Geschöpfe versorgt, verwöhnt und liebt. Und dieselbe Liebe bekommt sie auch von allen Menschen jeden Tag geschenkt. Es gibt keine Stürme, Dürren oder Überschwemmungen, Mutter Erde sorgt perfekt bis ins kleinste Detail für ihre Kinder, ihr gehorchen die Kräfte der Natur, sie kann das –

denn sie ist bewusst und mächtig!

Die Kinder werden spielerisch unterrichtet, und die Kleinen können gar nicht genug davon bekommen. Jedes Kind wird als einzigartiges Geschöpf betrachtet, und nur die individuellen

Fähigkeiten werden gefördert. Diese Fähigkeiten sind erstaunlicherweise von Natur aus exakt so gestreut, dass immer für alle Bereiche gesorgt ist. So gibt es begeisterte Handwerker und Techniker, Künstler, Landwirtschaftgenies, Musiker, Heiler, Kräuterexperten, Logistiker, Organisatoren, Hygieniker, Geschichtenerzähler, Kosmologen, Architekten, Schauspieler, Piloten, Komiker ...

Alles ist ein vollkommen natürliches, harmonisches Geben und Nehmen, ohne Geld, Neid, Hektik oder sonstigen negativen Dingen. Auch für die Mobilität ist bestens gesorgt. Es stehen immer utopisch anmutende Fluggeräte bereit, die völlig geräuschlos blitzschnell die Dörfer, Länder und Kontinente verbinden. Zwischen den Menschen findet stets ein wohl organisierter und überaus reger Austausch statt, man reist gerne und ist immer und überall herzlich willkommen. Auch notwendige Güter werden auf diese Weise transportiert, wie schon gesagt, blitzschnell, völlig geräusch- und emissionslos – mittels einer nie versiegenden, unerschöpflichen Energiequelle.

Der Planet ist föderalistisch aufgebaut, alle sind für alle da. Regiert wird ohne Hierarchie, lediglich durch Räte. Auch haben die Menschen erstaunliche Fähigkeiten wie Telepathie, sie können sich über beliebige Distanzen rein per Gedankenkraft verständigen, auch mit dem Tier-, Mineral- und Pflanzenreich wird in einer besonderen telepathischen Art und Weise kommuniziert. Es gibt keine Krankheiten, jegliche Disharmonie wird sofort von einem Heiler behoben, ja sogar Knochenbrüche werden mit Hilfe der bloßen Hände (Be**HAND**lung) blitzschnell durch magnetische Striche wieder zusammengefügt.

Und das Unglaublichste ist, wenn ein Körper nach einem langen, glücklichen und erfüllten Leben seinen Dienst erfüllt hat, dann kann der Mensch, der ihn bewohnt, selbst den Zeitpunkt bestimmen, wann er ihn verlässt. Die Menschen sind nämlich direkt mit dem Kosmos verbunden und wissen genau, wo sie nun hingehen werden. Dies wird immer mit einer großen Feierlichkeit verbunden, das ganze Dorf wohnt diesem Ereignis bei. Die Menschen sind in diesem Augenblick von einer Glückseligkeit erfasst, die mit Worten gar nicht zu beschreiben ist. Und ganz kurz nach diesem Ereignis klopft im Herzen einer Mutter eine neue Seele an und bittet um Einlass, denn auch diese Fähigkeit ist für die Menschen eine Selbstverständlichkeit.

Das wäre eine schöne Welt, nicht wahr? – So eine Welt hätten Sie wohl gerne?

Und ich sage es Ihnen jetzt noch einmal in aller Deutlichkeit: Es ist **alles** da, um so eine Welt zu realisieren!

Sie glauben das nicht?

Nun, dann unterschätzen Sie die Fähigkeiten, die dem Phänomen MENSCH von NATUR aus gegeben sind, gewaltig. Eigentlich müsste es im vorangegangenen Satz heißen „die dem NATURMENSCHEN gegeben sind", denn das, was Sie und ich darstellen, ist vom ursprünglichen NATURMENSCHEN ein ganzes Stück weit entfernt. Wir haben keine telepatischen Fähigkeiten mehr und durch unsere Hände fließt, von einigen Ausnahmen abgesehen, keinerlei Heilkraft – wir haben Telefon, Skalpell und Pillen. Und dennoch existiert das Phänomen WAHRER MENSCH (oder NATURMENSCH), wenn auch nur noch höchst selten und fast vollkommen zurückgezogen oder in sich gekehrt, und es zeigt sich, aus Gründen, die Sie noch erfahren werden, niemals auf dem wissenschaftlichen Präsentierteller, geschweige denn in irgendwelchen Talkshows.

Was die unerschöpfliche sogenannte „Freie-Energie“ sowie elegant utopisch anmutende Fortbewegungsmittel sprich „Flugscheiben“ anbelangt, informiere ich Sie später noch genauer. Derlei existiert nämlich seit etlichen Jahrzehnten und nicht nur zeichnerisch auf Papier, sonder live in Form und Funktion. Es stellt sich nur die Frage: warum werden die Menschen dahingehend nicht informiert? Und warum werden uns solche Dinge vorenthalten?

Und zur Fähigkeit unserer Mutter Erde, die von uns Menschen übelst geschunden und misshandelt wird, gebe ich Ihnen folgendes Beispiel: Haben Sie schon einmal einen Menschen mit schwerer Salmonellenvergiftung erlebt? Bei so einem Menschen hat man während des akuten Krankheitsstadiums Schwierigkeiten, ihn überhaupt noch zu erkennen. Eingefallen und vollkommen ausgezehrt liegt so eine bedauernswerte Person danieder. Aber bei richtiger Behandlung regeneriert sich dieser Mensch in erstaunlicher Geschwindigkeit und blüht förmlich wieder auf. Ja glauben Sie, dass so etwas unsere Erde, als ein wirklich bewusstes Lebewesen – das sie nun einmal ist! – nicht kann? Wenn ja, dann unterschätzen Sie das Universum! Es gibt Kräfte, die erschaffen und erhalten Milliarden von Galaxien, Sonnen und Planeten!

Im weiteren Verlaufe dieser Lektüre kann es sehr gut der Fall sein, dass sich Ihr momentan eventuell vorhandenes ungläubiges Kopfschütteln mehr und mehr zu einem beifälligen Kopfnicken wandelt –

sofern Ihr Bewusstsein es zulässt!

Aber nun zurück zu unserer Misere.

Wer oder was hindert uns denn daran, ein paradiesisches Dasein zu führen? Was knechtet, tötet, foltert und versklavt uns denn?

Die Antwort ist: Es ist die **Macht des GELDES!**

Und damit verbunden und für uns greifbar, deren Handlanger: Banken, Konzerne, Hochfinanz – personell vertreten und vereinigt in Institutionen, von denen nur sehr wenige Menschen wissen, dass es sie tatsächlich gibt: Logen und sonstige Clubs und Organisationen, in denen sich eine selbsternannte „Elite“ unter Ausschluss der Öffentlichkeit regelmäßig trifft und berät!

Aha, ich sehe schon, Sie haben jetzt bereits Schwierigkeiten mit der Akzeptanz solcher Dinge und Aussagen! – *„Geheimlogen, Freie-Energiemaschinen, utopische Flugscheiben, Telepathie, kosmische Verbundenheit usw., so etwas gibt es ja gar nicht! Alles Quatsch!“* – höre ich Sie sagen. Und warum gibt es solche Dinge für Sie nicht? – Weil Sie Realist sind! Weil Sie Ihrem gesunden Menschenverstand vertrauen!

Sie sind also Realist – nun gut. Schauen wir uns doch einmal genauer an, was ein Realist überhaupt ist. Das Wort „real“ bedeutet „wirklich“, dementsprechend bedeutet „Realität“

nichts anderes als „**Wirk**lichkeit“. Es ist also etwas, das auf Sie **wirkt** und somit die Realität erzeugt, der Sie so selbstsicher vertrauen.

Stellen Sie sich einmal folgende Situation vor: Sie liegen am heimischen Badesee auf dem Bauch und lassen gerade den lieben Gott einen guten Mann sein. Plötzlich drückt Ihnen eine Person einen Gegenstand in den Rücken, Sie spüren einen brennenden Schmerz und springen wie von der Tarantel gestochen auf. Sie greifen zu Ihrem Kosmetikspiegel (oder dem Ihrer Gattin oder Freundin) und sehen sich darin die schmerzende Stelle an Ihrem Rücken an – ein roter Fleck mit einer großen Blase ist zu sehen. Die Sachlage ist für Sie sonnenklar, die Person hat Sie mit irgendeinem heißen Gegenstand verbrannt, denn die Wirkung (Realität!), die Sie gerade erfahren haben, lässt keinen anderen Schluss zu. Mit diesem Vorwurf konfrontieren Sie nun lautstark die tätliche Person, dabei erkennen Sie, dass es sich bei dieser Person um einen alten, schon immer zu extrem blöden Scherzen aufgelegten, ehemaligen Schulfreund handelt. Dieser schaut Sie nur ganz verdattert an und gesteht, dass er eigentlich das Gegenteil erreichen wollte, er wollte Sie nicht verbrennen, sondern kurzzeitig kühlen – es war minus 78 Grad kaltes Trockeneis, das der Scherzbold Ihnen auf den Rücken gelegt hat!

Momentan ganz schön daneben gelegen mit der Einschätzung der Realität, die auf Sie eingewirkt hat – nicht wahr?

Sie haben glatt ganz heiß mit ganz kalt verwechselt. Nun werden Sie vielleicht sagen: *„Ja das liegt daran, dass die Wirkung von ganz kalt im Fall von Trockeneis die gleiche ist wie von ganz heiß – nämlich eine Verbrennung der Haut!“* Das mag wohl stimmen, sage ich, dennoch war die **wirkliche** Ursache genau das Gegenteil von dem, was Sie real vermutet haben – nämlich Kälte statt Hitze. Sie sehen also, die Realität (**Wirk**lichkeit) kann täuschen – und zwar gewaltig!

Und was Ihren gesunden Menschenverstand anbelangt, dazu kann ich Ihnen nur sagen: Sie wissen gar nichts!

Sie wissen nicht, was Bewusstsein ist, Sie wissen nicht, was Geist ist, Sie wissen nicht, was Gedanken wirklich sind, ja, Sie wissen im Grunde nicht einmal, wer oder was Sie selbst überhaupt sind. Sie stützen Ihren gesunden Menschenverstand auf das, was Ihnen die Erziehung, die Schulbildung, das Studium, die Weiterbildung, die Erfahrung und letztendlich die Medien im Laufe der Zeit eingetrichtert haben! Nur, all diese Quellen und Institutionen wissen im Grunde auch nicht, was Bewusstsein, Geist, Gefühle, Gedanken und was der Verstand ist, und die ach so klugen Wissenschaftler quatschen uns dahingehend wichtigtuerisch mit Begriffen wie: Nervenzellen, Gehirnflüssigkeit, Synapsen, Neuronen und was weiß ich noch alles, die Ohren voll.

Also, seien Sie vorsichtig mit Ihrer Realität und Ihrem gesunden Menschenverstand – der Schein trügt mehr, als Sie sich das derzeit vorstellen können, denn es tut sich weitaus mehr in dieser Welt, als Sie momentan glauben möchten. Der Grund, warum Sie nichts von all dem bemerken, was in Wahrheit auf diesem Planeten geschieht, liegt an dem Lebensstil, in den das Leben Sie hineingezwungen hat, denn Sie sind tatsächlich rund um die Uhr sehr beschäftigt: Arbeit, Arbeit, Arbeit, Weiterbildung, Familie, Haushalt, Freundeskreis, Verein, Club, Hobbys, Fußball, Formel-1, Tennis, Fernsehen, Kino, Zeitung lesen, Sport treiben,

Urlaub machen, Abschalten, Ausspannen usw. Nun werden Sie sicherlich sagen: *„Ja was ist denn daran schlecht, so ein Leben kann man doch durchaus aushalten!"* Das mag wohl stimmen, aber solange Sie in dieser Aktionsmühle sind, werden Sie schlechte Karten dahingehen haben, die wahre Realität herauszufinden – Sie sind nämlich vor lauter Beschäftigung gar nicht daran interessiert, über **absolute** Wahrheit nachzudenken, weil Sie keine Zeit dazu haben!

Was ist eigentlich Wahrheit? Mit dieser Frage meine ich nicht **die** Wahrheit, ob irgendein Politiker in irgendeiner Angelegenheit die Wahrheit erzählt, sondern ich frage nach **der** Wahrheit, der die Philosophen seit jeher hinterher hecheln. Es muss, wenn man das philosophische Treiben so beobachtet, etwas ganz schön Kompliziertes sein, denn was die Philosophen im Laufe der Zeit so alles an Richtungen, Prognosen und Gedankengut hervorgebracht haben, ist derart gewaltig und verworren, dass dem Ganzen mittlerweile ein sehr lukrativer Wirtschaftszweig entwachsen ist. Nur, Quantität ist nicht gleich Qualität, die Wahrheit haben sie allesamt noch nicht entdeckt. Vielleicht ist die Wahrheit im Grunde gar nicht so kompliziert, sondern versteckt sich nur hinter der Kompliziertheit, wie folgender Spruch, dessen Tiefe Sie erst dann erfassen werden, wenn Sie am Schluss dieses Werkes angelangt sind, andeutet:

Die Wahrheit hält sich mittels der Kompliziertheit verborgen, damit sie sich eine ganz bestimmte ZEIT lang nicht in die eigenen Augen blickt.

Tatsache ist, die WAHRHEIT herauszufinden ist meist sehr, sehr zeitaufwendig und ein enormer geistiger Kraftakt. Dieses Werk, das Sie gerade begonnen haben zu lesen, nimmt Ihnen vieles in gewisser Weise ab. Dieses Werk wurde nicht einfach so mir nichts dir nichts niedergeschrieben, wie Sie vielleicht annehmen, dieses Werk wurde, was die entscheidenden Dinge anbelangt, von mir tatsächlich gelebt!

Die Frage, die sich nun bezogen auf Sie stellt, lautet: ist Ihr Bewusstsein in der Lage, die WAHRHEIT zu erkennen, zu erfassen und somit das hier Geschriebene zu akzeptieren? Nun, das wird sich zeigen, sage ich, lassen Sie sich einfach überraschen. Ich habe Ihnen ja schon im Vorwort mitgeteilt, dass Sie die Wahrheit umso tiefer erfassen werden, je schlimmer Ihre Seele friert. Es ist eine traurige Offensichtlichkeit, dass wir in einer Zeit leben, in der viele, viele Seelen frieren. Mag das öffentliche Auftreten, das so mancher Zeitgenosse präsentiert, noch so selbstsicher und euphorisch anmuten, hinter den Fassaden der Menschenseelen schaut es meist sehr düster und verzweifelt aus. Der Schriftsteller Franz Kafka hat seinen Seelenzustand einst sehr offen und ehrlich geschildert:

„Ein erstes Zeichen beginnender Erkenntnis ist der Wunsch zu sterben. Dieses Leben scheint unerträglich, ein anderes unerreichbar. Man schämt sich nicht mehr, sterben zu wollen; man bittet aus der alten Zelle, die man hasst, in eine neue gebracht zu werden, die man erst hassen lernen wird. Ein Rest von Glauben wirkt dabei mit, während des Transportes werde zufällig GOTT durch den Gang kommen, den Gefangenen ansehen und sagen: Diesen sollt ihr nicht wieder einsperren. Er kommt zu mir!„ (Franz Kafka)

Franz Kafka hat diese Zeilen Anfang der zwanziger Jahre niedergeschrieben, also in der guten alten Zeit. Nun, so gut können jene Zeiten gar nicht gewesen sein, wenn man Kafkas Zeilen so betrachtet. Tatsache ist, man muss in der Geschichte der Menschheit schon sehr,

sehr weit zurückgehen, um auf wirklich gute Zeiten zu stoßen – Zeiten, in denen es allen Menschen gut ging! Nur, diese Zeiten sind in unseren Geschichtsbüchern nicht niedergeschrieben, jedenfalls nicht in **den** Büchern, nach denen öffentlich gelehrt wird.

Fakt ist, wir leben in einer Zeit, in der es dem überwiegenden Teil der Menschheit ökonomisch und ökologisch extrem schlecht geht. Wir, die wir einer der führenden Industrienationen angehören, sind derzeit davon größtenteils noch ausgenommen – die Betonung liegt jedoch beim „noch". Was das Seelenleid (Angst, Depressionen usw.) anbelangt, so sind in diesen düsteren Angelegenheiten die Menschen in den Industriestaaten arg gebeutelt, und zwar mit rapide ansteigender Tendenz, wie ich Ihnen das ja schon mitgeteilt habe. Die Wartezimmer der Psychiater sind größtenteils zum Bersten voll, und die Patienten werden immer jünger! Das Gespenst der ANGST greift in hohem Maße gerade um sich und bringt viele Menschen an den Rand der Verzweiflung. Und damit meine ich nicht **die** Angst, von der die Forscher sagen, sie sei für das Überleben des Menschen lebenswichtig, sondern ich rede von **der** Angst, die einem langsam mehr und mehr die Kehle zuschnürt und jegliches positive Lebensgefühl eliminiert.

Der größte Nährboden für Angst ist Unwissenheit. Unwissenheit macht ANGST – WISSEN befreit!

Sie werden in diesem Werk von mir, um Ihrer Unwissenheit ein Ende zu bereiten, schonungslos und ehrlich **informiert** – und damit sind wir bei einem Wort von ganz besonderer Bedeutung angelangt. Wenn einem Wettkämpfer ein harter Kampf bevorsteht, dann macht er sich entsprechend fit, er bringt sich in FORM. Und da sich die Menschheit mitten in einem gnadenlosen Kampf befindet, wird es höchste Zeit, dass entsprechende InFORMation stattfindet.

Dieses Werk **inFORMi**ert, es bringt Sie also in Form – wie das Wort so schön ausdrückt.

Sollte die in diesem Werk ruhende InFORMation bei Ihnen voll greifen, dann werden Sie automatisch ein gänzlich anderes Bewusstsein erfahren, die Welt, in der Sie derzeit leben, ist danach nicht mehr dieselbe. Tiefgreifende InFORMation hat immer ein entsprechendes Wissen zur Folge, und Wissen befreit! Unwissenheit versklavt!

Die finsteren Pläne der Handlager des GELDES, die uns bevorstehen, basieren nämlich auf unserer Unwissenheit. Denn nur durch eine verstrahlte, elektronisch verblödete, vergiftete, medienmanipulierte, beruflich wie freizeitlich gestresste, ständig unterhaltene und abgelenkte dumme Menschenmasse können diese düsteren Pläne verwirklicht werden. Und ich mache Ihnen nichts vor (und Sie werden nach diesem Kapitel wahrscheinlich derselben Meinung sein), unsere Lage ist alles andere als rosig!

Weiterhin kann es sein, dass sich, aufgrund der scheinbar ausweglosen Situation, die sich Ihnen darstellt, folgendes Gefühl in Ihnen breit macht:

Was kann ich denn in dieser Situation schon bewirken?

Eine ganze Menge können Sie bewirken! Sie können andere Menschen in ihrem Umfeld einfach auch inFORMieren – diese also ebenfalls in FORM bringen. Denn wenn entsprechende InFORMation in einem bestimmten Maße um sich greift, dann wird das Drama ein relativ schnelles Ende finden.

Ich werde Ihnen jetzt ein kleines Geheimnis verraten, das ein gewaltiger Trumpf in unserem Ärmel ist.

Sie müssen wissen, jeder Gedanke, den ein Mensch denkt, bleibt tatsächlich erhalten. Und zwar in Form, Intensität und Inhalt. Das klingt unglaublich – ich weiß –, es ist aber so. Der Volksmund spricht nicht umsonst von „leichten (flüchtigen)“ und von „schweren“ Gedanken, die Dinger haben tatsächlich Gewicht und Bestand. Gedanken sind aus Lebensenergie geformte feinstoffliche (höherschwingende) Materie, das letzte Kapitel gibt Ihnen dazu nähere Erklärung. Der Schwingungsbereich in dem die Gedanken sich, nachdem sie gedacht worden sind, aufhalten, wird in esoterischen Kreisen als „Mentalwelt“ oder „Mentalebene“ bezeichnet. Und jetzt kommt das Geniale an der Sache. Alle Menschen sind untereinander über diese Mentalwelt verbunden (vernetzt). Die Mentalwelt ist auch die Basis für Telepathie, also Verständigung untereinander über beliebige Distanzen rein mittels Gedanken. Für WAHRE MENSCHEN ist diese Art der Kommunikation eine Selbstverständlichkeit, nur wir haben diese Fähigkeit verloren oder besser gesagt, sie ist uns gezielt genommen worden, wie ich Ihnen noch aufzeigen werde. Jedoch Reste dieser Fähigkeit existieren noch, und ich werde Ihnen jetzt anhand eines Experimentes, das vor einiger Zeit durchgeführt worden ist (Johannes von Buttlar hat darüber berichtet), erklären, was es mit dieser Restfähigkeit auf sich hat:

Es wurden mittel- bis sehr schwere Fragen allgemeiner Art zu einem Test zusammengestellt, und eine nach bestimmten Kriterien ausgewählte Personengruppe musste diese Fragen in einer vorgegebenen Zeit lösen. Nach Ablauf der Zeit wurde der Test bezüglich richtig beantworteter Fragen ausgewertet und die richtigen Antworten den Testteilnehmern bekannt gegeben, so dass diese noch einmal darüber nachdachten – was ja nur natürlich ist. Das bedeutet, alle Fragen wie auch die dazu gehörenden richtigen Antworten waren nun als eine Art Paket in der Mentalwelt vorhanden. Nun wurde der gleiche Test mit einer zweiten Gruppe durchgeführt, die nach genau denselben Auswahlkriterien zusammengestellt war. Und siehe da, diese Gruppe war bereits deutlich besser im Ergebnis, als die erste Gruppe. Das ist noch nichts Sensationelles. Bei diesem Experiment handelte es sich um eine Langzeitstudie (auch über mehrere Länder hinweg!), und das Ergebnis war heftig. Nicht eine Gruppe war langsamer als die vorangegangene. Die Fragen wurden in immer kürzerer Zeit beantwortet, nach relativ kurzer Zeit schon rekordverdächtig, und dieser Rekordlevel wurde dann beibehalten – es steigerte sich nicht mehr, fiel aber auch nie zurück. Nun, was war passiert?

Beim ersten Test dachte die Gruppe die Fragen und Antworten, und damit waren diese Frage-und-Antwort-Paare als feinstoffliche Materie in der Mentalwelt vorhanden. Die zweite Gruppe suchte während des zweiten Tests nach den Antworten, wie das eben der Normalität entspricht, denn wenn man eine Frage gestellt bekommt und die Antwort nicht sofort parat hat, dann sucht man förmlich nach der Antwort. Beim zweiten Test konnten durch unsere verstümmelten telepathischen Fähigkeiten bereits einige Antworten gefunden werden. Die Fragen und Antworten wurden von den Personen der zweiten Gruppe neu gedacht, und somit wanderten erneut Gedankenpaare in die Mentalebene. In diesem Moment tritt ein universales Gesetz in Kraft, das „Resonanzgesetz“ (Gleiches zieht Gleiches an). Wenn in einem Zimmer jemand auf einer Gitarre einen Ton spielt, dann existieren in diesem

Raum Schallschwingungen (ähnlich Wellen auf dem Wasser) mit einer gewissen Wellenlänge (die bestimmt, welchen Ton wir hören) und mit einer gewissen Wellenhöhe, auch Amplitude genannt (diese bestimmt, wie laut wir den Ton hören). Kommt nun eine zweite Person mit einer Gitarre ins Zimmer, und beide Personen spielen den gleichen Ton, dann sendet jede Gitarre die gleiche Schallschwingung mit entsprechender Wellenlänge in den Raum und mit einer bestimmten Wellenhöhe, sprich Lautstärke. Jetzt aber verschmelzen die Schallwellen beider Gitarren, die Wellenlänge (also der Ton) bleibt derselbe, die Wellenhöhe jedoch steigt an, und damit ist der Ton lauter. Und genauso funktioniert das mit unseren Gedanken. Ist ein Gedanke einmal in der Mentalwelt vorhanden und kommt der gleiche Gedanke hinzu, dann bleibt der Gedankeninhalt derselbe, aber es erhöht sich die Kraft oder die Schwere des Gedankens. Im Falle des Experimentes konnte dementsprechend die dritte Testgruppe schon bereits bedeutend kräftigere Gedankenpärchen anzapfen und somit mehr richtige Ergebnisse in kürzerer Zeit vorweisen. Nun ist es aber nicht so, dass sich die Kraft der Gedanken (oder die Lautstärke beim Gitarrenton) jedes Mal verdoppelt, sondern sie steigt nur um einen bestimmten Faktor, und auch dieser Faktor nimmt von mal zu mal stetig ab. Das erklärt auch, warum nach einer gewissen Zeit die Testergebnisse des Experimentes zwar auf Rekordniveau blieben, aber sich nicht mehr steigerten. Hat ein in der Mentalwelt weilender Gedanke eine gewisse Kraft erreicht, dann wächst er zwar nach wie vor bei jedem Neudenken an, jedoch nur minimal. Wenn hundert Personen gleichzeitig denselben Ton auf der Gitarre spielen, dann ergibt das eine gewisse Lautstärke, kommt noch einer dazu, dann ist ein Lautstärkenanstieg zwar vorhanden, für uns jedoch nicht mehr wahrnehmbar. Das Experiment hat also sehr deutlich aufgezeigt, dass die Menschen die Fähigkeit haben, über die Mentalebene auf indirekte Art zu kommunizieren. Außerdem ist es eine historische Tatsache, dass etliche Erfindungen, die gemacht worden sind, kurze Zeit später seltsamerweise auch in anderen Ländern erfunden worden sind – obwohl die Ersterfindung dort noch gar nicht publik war!

Doch nun zurück zu unserem Problem. Das bedeutet, wenn etliche (es müssen gar nicht mal so viele sein) Menschen ihre erworbene InFORMation noch einmal überdenken – und das passiert automatisch, denn hat einen die Sache einmal gepackt, dann denkt man auch daran – dann werden der InFORMation entsprechend kräftige Gedanken in der Mentalwelt platziert. Und diese „prallen" Gedanken gelangen nun ganz automatisch auch ins Gehirn von denjenigen, die sich nur flüchtig mit der Materie auseinandersetzen. Sie sehen also, wie wichtig **das** ist, was der Mensch denkt.

Das Universum mit seinen unumstößlichen Gesetzen ist also auf unserer Seite. Nur, die Sache hat einen Haken. Diejenigen dunklen Mächte, die momentan die Welt regieren und die uns nur allzu gerne vollkommen versklaven wollen, schlafen nicht, denn universale Gesetze sind denen bestens bekannt. Und mit was für einem Geschütz fahren diese Mächte und deren Handlanger auf?

Mit Strahlung hinterlistigster Art, umgesetzt mittels **Handys und Sendemasten!**

Denn diese vermeintliche Errungenschaft der Menschheit eignet sich – wie Sie gleich sehen werden – hervorragend, um ganz bestimmte Fähigkeiten in uns lahm zu legen. Es werden jedoch nicht nur gewisse Fähigkeiten in uns lahm gelegt, sondern es kann mit diesen Geräten und den zugehörigen Sendeeinrichtungen tatsächlich das Bewusstsein der Benutzer hinterhältig manipuliert werden, wie ich Ihnen später noch darlegen werde. Und mittlerweile läuft nahezu jeder mit so einem Ding herum und ist auch noch stolz auf sein strahlendes Kultobjekt! Ich werde Ihnen jetzt kurz umreißen, was diese Handys mit Ihnen anstellen, zur möglichen (und bereits praktizierten!) Bewusstseinsmanipulation komme ich später.

In letzter Zeit gewinnt in der Schulmedizin das endokrine System immer mehr an Bedeutung. Obwohl noch kaum erforscht, erkennt man nach und nach die steuernde Funktion und somit die enorme Wichtigkeit dieses Systems. Beim endokrinen System handelt es sich um unsere Drüsen und Organe, die unsere Hormone steuern (Zirbeldrüse, Schilddrüse, Hypothalamus, Hypophyse, Bauchspeicheldrüse usw.). Vor noch nicht allzu langer Zeit haben viele Ärzte bei an sich schon lächerlichen Störungen der Schilddrüse deren Entfernung angeordnet. Mittlerweile wird diese Drüse nur noch im äußersten Notfall entfernt (jedenfalls bei gewissenhaften Ärzten), denn man weiß zum Teil über deren weitreichende Bedeutung für den menschlichen Organismus Bescheid.

Die am wenigsten erforschten und somit geheimnisvollsten Teile des endokrinen Systems sind die Zirbeldrüse und der Hypothalamus. Haben Sie schon einmal davon gehört, dass manche Menschen – und gerade in früheren Zeiten – das „dritte Auge" hatten oder das „zweite Gesicht"? Dass diese Menschen hellsichtig waren und in anderer Leute Seele schauen konnten? Personen mit solchen Fähigkeiten wurden sehr oft von der Obrigkeit als verrückt hingestellt oder von kirchlichen Instanzen aus dem Weg geräumt. Die meisten Menschen, die solche Fähigkeiten hatten, lebten zurückgezogen und so unauffällig als nur irgend möglich. Und trotzdem gibt es quer durch die Geschichte unzählige Überlieferungen, die die Existenz und die besondere Begabung solcher Menschen bezeugen. Und glauben Sie ja nicht, dass es sich bei deren Fähigkeiten um irgendwelchen Hokuspokus oder Hirngespinste handelte, sondern da war schon was dran an dem, was man diesen Leuten so nachsagte. Was unterschied diese Leute, rein medizinisch gesehen, vom „normalen" Volk? Diese Leute hatten ihre besondere Begabung nur deshalb, weil bei ihnen Zirbeldrüse und Hypothalamus weitaus mehr intakt waren, als dies beim Rest des Volkes der Fall war. Jedoch mit der Aussage „weitaus mehr intakt" ist noch lange nicht „voll intakt" gemeint. Ein voll intaktes endokrines System (Zirbeldrüse und Hypothalamus) hatten in der Vergangenheit nur Urstämme, die von jeglicher Zivilisation unberührt geblieben sind und die auch keine Hochkultur entwickelt haben. Die Ur-Aborigines in Australien hatten zum Beispiel ein voll funktionierendes endokrines System, und damit Fähigkeiten und eine kosmische Verbundenheit, von der wir Zivilisierte nur träumen können. Diese WAHREN MENSCHEN verschmolzen förmlich mit der Natur, sie errichteten keine bleibenden Bauwerke und brauchten keinerlei Technik. Der Kosmos, mit dem sie direkt verbunden waren, versorgte diese NATURMENSCHEN mit allem, was sie zu einem glücklichen Leben brauchten – über Hunderttausende von Jahren! Was die Engländer schließlich diesen Menschen angetan haben, als sie deren Land raubten und sie niedermetzelten und versklavten, ist eines der traurigsten Beispiele der Zivilisation, der wir uns so oft rühmen. Und die Aborigines haben sich nicht einmal gewehrt, sie haben alles still und geduldig über sich ergehen lassen.

Die heutigen Nachkommen der Ur-Aborigines leben apathisch, gebrochen und größtenteils alkoholsüchtig am Rande der australischen Gesellschaft. Sie weigern sich innerlich, das seelentötende Spiel von Technik, Konsum und gelogenem Fortschritt mitzuspielen und werden deshalb von den angeblich „Fortschrittlichen" als dumm, faul und abartig abgestempelt. Es gibt genügend ehrliche Literatur, die das Verbrechen aufzeigt, das in Australien geschehen ist und auch heute noch geschieht.

Wenn von Urstämmen oder Primitiven die Rede ist, dann denken leider sehr viele der so genannten „Zivilisierten", dass es sich dabei um primitive Menschen im Sinne geistiger Unterentwicklung handelt. Der Duden übersetzt den Betriff „Primitive" sinngemäß sehr richtig mit Menschen, die naturverbunden leben und von der Zivilisation noch nicht vereinnahmt worden sind. Wenn Sie sich unsere zivilisierte Welt einmal kritisch betrachten, dann werden Sie unschwer feststellen, dass die Natur durch die Zivilisation Schäden ungeheuren Ausmaßes erfährt. Und Sie werden sich eingestehen, dass unsere Zivilisation von etwas durchdrungen ist, das den Namen „Lüge" trägt. Erstaunlicherweise ist die Lüge bei vielen Urstämmen vollkommen unbekannt, es existiert nicht einmal ein dahingehender Begriff in deren Sprachschatz. Eine Gemeinschaft, die ohne Lüge auskommt – alleine diese Vorstellung ist doch schon traumhaft. Und wenn etliche forschende „Zivilisierte", die rund um den Erdball auf Urstämme gestoßen sind und selbige über einen längeren Zeitraum hinweg genossen haben, noch begeistert berichten, dass diesen Menschen ein enormes Potential an Harmonie, Humor, Witz, Mitgefühl, Naturverständnis und Geist gegeben ist, von einem gewaltigen Urvertrauen und sonstigen Kräften ganz abgesehen, dann klingt dies doch wahrlich paradiesisch und alles andere als geistig unterentwickelt – nicht wahr?

Ein weiterer Urstamm, der kosmisch verbunden war und mit ungewöhnlichen Fähigkeiten aufwarten konnte, waren die, auf dem amerikanischen Kontinent ansässigen, sehr spirituellen Hopi Indianer. Auch hier ist es so, es gibt derzeit nur noch ganz wenige Vertreter, die noch das „alte Wissen" und „die Kraft" besitzen. Und dieses Wissen geben Sie **niemals** an uns Zivilisierte weiter, sie hüten es! Lediglich Prophezeiungen und warnende Hinweise, was den Umgang mit der Natur anbelangt, vermitteln sie uns.

Die Ureinwohner Nordamerikas, die wir ja fälschlicherweise als Indianer bezeichnen, haben mich persönlich schon immer fasziniert. Man muss dazu jedoch das komplett falsche, diskriminierende Indianerklischee abschütteln, das uns seit Jahrzehnten die Hollywood-Vertrottelungs-Maschinerie in Form von Wildwestfilmen und Romanen über den Teich schickt! Die Ureinwohner des amerikanischen Kontinents hatten eine Naturverbundenheit, eine Kultur und eine Harmonie, wie Sie sich das sehr wahrscheinlich gar nicht vorstellen können. Ich gebe Ihnen nachfolgend ein kleines Beispiel, über das Sie einmal nachdenken sollten: Indianer haben sich immer nur das von der Erde genommen, was sie zu einem einfachen, zufriedenen Leben brauchten. Wenn ein Indianer Wild erlegt hatte, zum Beispiel einen Hirsch, dann war das Erste, was er tat, er hat sich bei dem erlegten Tier dafür entschuldigt, dass er ihm das Leben genommen hat und er hat den großen Geist geehrt und gewürdigt, der diesem Tier innewohnte, und der sich nun eine neue irdische Hülle suchen musste. Erklären Sie diese edle Haltung einmal einem millionenschweren, arroganten Großwildjäger unserer Tage oder jener dumpfen Gestalt, die im Schlachthof den Bolzenschussapparat bedient!

Nicht alle Indianerstämme waren gleich! Gerade was die Spiritualität und die Friedfertigkeit anbelangt, gab es von Stamm zu Stamm erhebliche Unterschiede. Eine in unseren Augen höchst ungewöhnliche Fähigkeit, die den spirituell hoch entwickelten indianischen Ureinwohner gegeben war, war das „bewusste Sterben". Wenn ein altes, weises Stammesmitglied nichts mehr für seinen Stamm tun konnte, weil seine irdische Hülle den Anforderungen (Nomadentum) nicht mehr gerecht wurde, dann suchte solch ein Mensch den heiligen Ort des Sterbens (Indianerfriedhof) auf. Für einen kosmisch verbundenen Menschen ist der Akt des Sterbens ein **selbst bestimmtes**, sanftes, bewusstes Hinübergleiten in eine andere Dimension. Wenn man sich einmal vor Augen führt, wie wir „Zivilisierte" auf Intensivstationen, in

Krebskliniken, Pflegeheimen oder eingequetscht in Autowracks angst- und qualvoll sterben müssen, dann kommen einem doch gewisse Zweifel an den angeblichen Vorzügen unserer hoch gepriesenen Zivilisation – nicht wahr?

Wenn Sie sich in punkto Indianer ausführlicher inFORMieren wollen, dann kann ich Ihnen drei wirklich exzellente Bücher empfehlen, die sehr wahrscheinlich in Ihrem Bewusstsein einen tiefen Eindruck hinterlassen werden:

- Dee, Brown: Begrabt mein Herz an der Biegung des Flusses (ISBN: 3426613034)
- Noble Red Man: Hüter der Weisheit. Die spirituelle Welt des Lakotahäuptlings Noble Red Man (ISBN:343362448)
- Mary Crow Dog: Lakota Woman. Die Geschichte einer Sioux-Frau (ISBN: 3423361042)

Ich werde Ihnen jetzt einen kurzen Auszug aus einer höchst denkwürdigen Rede präsentieren. Gesprochen hat die nachfolgenden Worte Lame Deer, er lebte von 1890 bis 1974 und war Medizinmann der Dakotas, einem Unterstamm der Sioux Indianer. Die Worte, die Sie gleich lesen werden, zeigen unmissverständlich auf, wohin uns die verfluchte Technik und Wissenschaft getrieben hat, deren angebliche Vorzüge die Einflussreichen und Mächtigen dieser Welt so lautstark und krampfhaft tagtäglich propagieren:

> *„ICH BIN EIN MEDIZINMANN – ein wicasa wakan. Medizinmann das ist ein Wort, das die Weißen erfunden haben. Ich wünschte, es gäbe ein besseres Wort, um auszudrücken, was „Medizinmann“ für uns bedeutet, aber ich finde keines und du auch nicht, und so müssen wir uns wohl damit zufrieden geben. Ein wicasa wakan muss viel und oft mit sich allein sein. Er will weg von der Menge, weg von den kleinen, alltäglichen Dingen. Er liebt es zu meditieren, sich an einen Baum oder an einen Felsen zu lehnen und zu fühlen, wie sich die Erde unter ihm bewegt und wie über ihm das Gewicht des weiten flammenden Himmels lastet. Auf diese Weise lernt er zu verstehen. Er schließt die Augen und beginnt klarer zu sehen. Was du mit geschlossenen Augen siehst, das zählt. Der wicasa wakan liebt die Stille, er hüllt sich in sie ein, wie in eine Decke – eine Stille, die nicht schweigt, die ihn mit ihrer donnergleichen Stimme vieles lehrt. Solch ein Mann liebt es, an einem Ort zu sein, wo er nur das Summen der Insekten hört. Er sitzt, das Gesicht gegen Westen, und bittet um Beistand. Er redet mit den Pflanzen, und sie antworten ihm. Er lauscht den Stimmen der wama kaskan – der Tiere. Er wird einer von ihnen. Von allen Lebewesen fließt etwas in ihn ein, und auch von ihm strömt etwas aus. Ich weiß nicht, was und wie, aber es ist so. Ich habe es erlebt. Ein Medizinmann muss der Erde angehören, muss die Natur lesen können wie ein weißer Mann ein Buch.*
>
> *ALLES, WAS IHR ESST, wird in eine Plastikhülle gepackt, ist sauber zerteilt und vorbereitet für die Pfanne, hat keinen Geschmack und erweckt in euch keine Schuldgefühle. Wenn ihr eure Pelz- oder Ledermäntel tragt, wollt ihr nicht daran erinnert werden, wie viel Blut und Schmerz sie gekostet haben. Wenn wir einen Büffel töteten, dann wussten wir, was wir taten. Wir baten seinen Geist um Vergebung und sagten ihm, warum wir es tun mussten. Wir ehrten mit einem Gebet die Gebeine derer, die uns ihr Fleisch als Nahrung gaben, wir beteten, dass sie wiederkommen sollten, wir beteten für das Leben unserer Brüder, des Büffelvolkes, genauso wie für unser eigenes Volk. Für uns ist alles Leben heilig. Der Staat Dakota hat eigene Beamte für die*

Schädlingsbekämpfung. Sie setzen sich in ein Flugzeug und erschießen die Kojoten von der Luft aus. Sie führen Buch darüber, jeder tote Kojote wird in ihr Notizheft eingetragen. Die Vieh- und Schafzüchter bezahlen sie dafür. Kojoten ernähren sich von Nagetieren, von Feldmäusen und anderem kleinem Getier. Gelegentlich fressen sie ein Schaf, das sich verlaufen hat. Sie sind die natürlichen Abfallverwerter, sie säubern das Land von allem, was faulig ist und stinkt. Wer sich die Mühe macht und sie zähmt, für den sind sie gute Spielgefährten. Doch wenn sie am Leben bleiben, haben einige Leute Angst, ein paar Cent zu verlieren – und deshalb tötet man sie vom Flugzeug aus. Die Kojoten waren in diesem Land, bevor die Schafe hierher kamen, aber sie sind euch im Weg, denn ihr könnt aus ihnen keinen Profit schlagen. Mehr und mehr Tiere sterben aus. Die Tiere, die der Große Geist in dieses Land gesetzt hat, müssen fort. Nur die Haustiere, nur die vom Menschen gezüchteten Tiere dürfen leben – zumindest so lange, bis man sie in den Schlachthof treibt. Dieser entsetzliche Hochmut des weißen Menschen, der sich anmaßt, mehr als Gott zu sein, mehr als die Natur! Der Weiße sagt: „Ich lasse dieses Tier leben, denn es bringt mir Geld"; und er sagt: „Jenes Tier muss sterben, ich kann an ihm nichts verdienen, den Platz, den es braucht, kann ich besser verwenden. Nur ein toter Kojote ist ein guter Kojote". Die Weißen behandeln die Kojoten fast so schlimm wie sie einst uns Indianer behandelt haben.

ICH HABE DEN EINDRUCK, die weißen Menschen fürchten sich so sehr vor der Welt, die sie selbst geschaffen haben, dass sie diese nicht mehr sehen, fühlen, riechen oder hören wollen. Regen und Schnee auf dem Gesicht zu spüren, von einem eisigen Wind wie erstarrt zu sein und an einem rauchenden Feuer wieder aufzutauen, aus einer heißen Schwitzhütte zu kommen und in einen kalten Fluss zu tauchen – diese Erfahrungen zeigen dir, dass du lebst. Aber ihr wollt das gar nicht mehr empfinden. Ihr wohnt in Kästen, die Sommerhitze und Winterkälte aussperren, ihr lebt in einem Körper, der seinen Geruch verloren hat, ihr hört den Lärm aus der Hi-Fi-Anlage anstatt den Klängen der Natur zu lauschen, ihr seht den Schauspielern im Fernsehen zu, die euch Erlebnisse vorgaukeln, euch, die ihr längst verlernt habt, irgendetwas selbst zu erleben. Ihr esst Speisen, die nach nichts schmecken. Das ist euer Weg. Er ist nicht gut.

BEVOR UNSERE WEISSEN BRÜDER KAMEN, um zivilisierte Menschen aus uns zu machen, hatten wir keine Gefängnisse. Aus diesem Grund hatten wir auch keine Verbrecher. Ohne ein Gefängnis kann es keine Verbrecher geben. Wir hatten weder Schlösser noch Schlüssel und deshalb gab es bei uns keine Diebe. Wenn jemand so arm war, dass er kein Pferd besaß, kein Zelt oder keine Decke, so bekam er all dies geschenkt. Wir waren viel zu unzivilisiert, um großen Wert auf persönlichen Besitz zu legen. Wir strebten Besitz nur an, um ihn weitergeben zu können. Wir kannten kein Geld und daher wurde der Wert eines Menschen nicht nach seinem Reichtum bemessen. Wir hatten keine schriftlich niedergelegten Gesetze, keine Rechtsanwälte und Politiker, daher konnten wir einander nicht betrügen. Es stand wirklich schlecht um uns, bevor die Weißen kamen, und ich kann es mir nicht erklären, wie wir ohne die grundlegenden Dinge auskommen konnten, die – wie man uns sagt – für eine zivilisierte Gesellschaft so notwendig sind.

AUCH DER MENSCH BESTEHT AUS VIELERLEI. Woraus immer die Luft ist, die Erde, die Kräuter, die Steine, all das ist auch Teil unserer Körper. Wir müssen wieder lernen, wir selber zu sein und die Vielfalt in uns zu fühlen und zu entdecken. Wakan Tanka, das Große Geheimnis, lehrt Tiere und Pflanzen, was sie tun sollen. In der Natur gleicht nichts dem anderen. Wie verschiedenartig sind die Vögel! Einige bauen Nester, andere nicht. Manche Tiere leben in Erdlöchern, andere in Höhlen, andere in Büschen. Wieder andere kommen überhaupt ohne Behausung aus. Sogar Tiere derselben Art – zwei Hirsche, zwei Eulen – verhalten sich unterschiedlich. Ich habe viele Pflanzen aufmerksam betrachtet. Von den Blättern einer Pflanze, die alle auf demselben Stängel wachsen, ist keines ganz wie das andere. Auf der ganzen Erde gibt es keine zwei Blätter, die einander völlig gleichen. Der Große Geist hat es so gewollt. Für alle Geschöpfe auf der Erde hat er den Lebenspfad bloß im Großen vorgezeichnet; er zeigt ihnen die Richtung und das Ziel, lässt sie aber ihren eigenen Weg dorthin finden. Er will, dass sie selbständig handeln, ihrem Wesen gemäß und ihren inneren Kräften gehorchend. Wenn nun Wakan Tanka will, dass Pflanzen, Tiere, sogar die kleinen Mäuse und Käfer, auf diese Weise leben – um wie viel mehr werden ihm Menschen, die alle dasselbe tun, ein Gräuel sein: Menschen, die zur selben Zeit aufstehen, die gleichen im Kaufhaus erstandenen Kleider anziehen und dieselbe U-Bahn benützen, die im selben Büro sitzen, die gleiche Arbeit verrichten, auf ein und dieselbe Uhr starren und – was am schlimmsten ist – deren Gedanken einander zum Verwechseln ähnlich sind. Alle Geschöpfe leben auf ein Ziel hin. Selbst eine Ameise kennt dieses Ziel – nicht mit dem Verstand, aber irgendwie kennt sie es. Nur die Menschen sind so weit gekommen, dass sie nicht mehr wissen, warum sie leben. Sie benützen ihren Verstand nicht mehr und sie haben längst vergessen, welche geheime Botschaft ihr Körper hat, was ihnen ihre Sinne und ihre Träume sagen. Sie gebrauchen das Wissen nicht, das der Große Geist jedem von uns geschenkt hat, sie sind sich dessen nicht einmal mehr bewusst, und so stolpern sie blindlings auf der Straße dahin, die nach Nirgendwo führt – auf einer gut gepflasterten Autobahn, die sie selber ausbauen, schnurgerade und eben, damit sie umso schneller zu dem großen leeren Loch kommen, das sie am Ende erwartet, um sie zu verschlingen."

Soweit die Worte von Lame Deer, der, wie man unschwer aus seinen Worten erkennen kann, noch wusste, was kosmische Verbundenheit ist.

„Kosmische Verbundenheit", dieser Begriff hört sich so nichts sagend und weltfremd an. Ich sage Ihnen, hätten Sie nur einen Tag lang diese Fähigkeit und das daraus resultierende Gefühl, Sie würden all Ihr Hab und Gut dafür geben, um einen weiteren Tag lang dieses göttliche Bewusstsein genießen zu dürfen! Und als Basis für solch ein wunderbares Gefühl braucht es nun mal ein voll funktionierendes endokrines System. Dämmert es Ihnen nun langsam, wie enorm wichtig die Zirbeldrüse und der Hypothalamus sind?

Am endokrinen System und insbesondere an Zirbeldrüse und Hypothalamus dockt Ihre Seele an, durch Hypothalamus und Zirbeldrüse

erfahren Sie Ihr Bewusstsein!

Mit Hilfe der Zirbeldrüse hat der Mensch Zugang zum Makrokosmos und über den Hypothalamus zum Mikrokosmos. Die Zirbeldrüse sitzt in der Mitte des Gehirns, hat die Form eines Auges das nach oben schaut und sie ist seltsamerweise mit Farbrezeptoren ausgestattet. Auch viele Wirbeltiere besitzen ein endokrines System, und mittlerweile vermutet die

Wissenschaft, dass Zugvögel und Wale mit Hilfe der Zirbeldrüse ihren Weg über Tausende von Kilometern problemlos finden. Tiere besitzen generell kosmische Verbundenheit. Nur bei uns hoch entwickelten, hoch technisierten Zeitgenossen funktioniert es entweder gar nicht mehr oder allenfalls minimal.

Und jetzt raten Sie einmal, wohin so ein Handy – wenn Sie sich das Ding ans Ohr halten – gezielt und äußerst massiv einstrahlt? Richtig! –

Es verstrahlt Ihre Zirbeldrüse und Ihren Hypothalamus!

Mittlerweile ist es medizinisch schon gar kein Geheimnis mehr, dass Handys insbesondere die Zirbeldrüse und den Hypothalamus schädigen. Was die Wissenschaftler jedoch nicht wissen, ist die enorme Bedeutung dieser Teile des endokrinen Systems, was das menschliche Bewusstsein anbelangt. Ich sage es noch einmal, weil es so unendlich wichtig ist: An der Zirbeldrüse und am Hypothalamus dockt die Seele des Menschen an!

Nur muss man erst einmal in der Lage sein zu wissen, dass der Mensch eine Seele hat. Und an diesem Punkt hapert es bei den meisten Wissenschaftlern!

Schon wenige Gesprächsminuten am Handy genügen, um Zirbeldrüse und Hypothalamus derart zu verwirren und zu schädigen, dass sowohl makro- als auch mikrokosmische Fähigkeiten nicht mehr möglich sind. Allenfalls die Hormonsteuerung funktioniert noch gerade mal so, oder in vielen Fällen mittlerweile auch bereits gestört. Aber das ist ja kein Problem, denn dafür hat die Pharmaindustrie ja tonnenweise Tabletten parat – und der Onkel Doktor einen Termin!

Jeder weiß, dass es bei Strahlung immer auf die Dosis ankommt. Nun ist Ihnen ja sicherlich nicht entgangen, dass allerorts und auch draußen in der Natur mehr und mehr Sendemasten aufgestellt werden. Dazu ist es interessant zu wissen, dass neuerdings Firmen aus dem Boden sprießen, die sich darauf spezialisiert haben, die Masten zu tarnen. Nicht jeder Kamin ist ein Kamin, nicht jeder Erker ist ein Erker, nicht jede Dachgaube ist eine Dachgaube, nicht jede Litfasssäule ist eine Litfasssäule und auch unter etlichen Kirchturmspitzen befindet sich bereits ein Sendemast. Es sind bereits spezielle Baumaterialien im Handel erhältlich, die eine hohe Strahlendurchlässigkeit gewähren. In den USA wird Sendemastentarnung schon seit langem praktiziert – denn, was der Mensch nicht weiß, macht ihn nicht heiß! Ein Bericht über diese Firmen und wie getarnt wird, wurde erstaunlicherweise sogar im Fernsehen präsentiert. Und in der bayerischen Stadt Augsburg gab es bereits einen Skandal, als die Bürger dahinter kamen, dass in ihrer Stadt Sendemasten heimlich in Litfasssäulen platziert worden sind. Doch zurück zur Strahlendosis.

Es gibt in Deutschland, wie auch in anderen Ländern, so genannte Grenzwerte, die eingehalten werden müssen. Gut, denkt da der Bürger, da werden sich die Experten und die Beauftragten des Bundes schon Gedanken darüber gemacht haben, was gefährlich ist und was nicht. Tja, was die Experten (sofern sie neutral sind) anbelangt, so gibt es hier sehr deutliche Aussagen darüber, in welch verheerendem Maße hoch frequente Strahlung Mensch, Tier und Pflanze schädigt. Was jedoch das Bundesamt für Strahlenschutz (BfS) anbelangt, so haben wir es hier mit einer Institution zu tun, die bei näherer Betrachtung nur noch als menschenfeindlich und wirtschaftsgesteuert zu bezeichnen ist.

Als die Handys langsam Einzug in unser Dasein hielten und die ersten Stimmen dahingehend laut wurden, dass Handys krank machen, da wurde von Seiten des Bundesamtes für Strahlenschutz (BfS) kategorisch deren Unschädlichkeit propagiert. Jetzt stellt sich doch die Frage, mit was für einem wissenschaftlichen Rückhalt kamen denn die dort verantwortlichen Personen zu solch einer Haltung? Nun, ganz einfach: man nimmt einen mit Wasser gefüllten Kunstkopf, setzt diesem einen zum Handy umfunktionierten Kopfhörer auf und bestrahlt den Kunstkopf. Man stellt fest, dass die Strahlung einen thermischen (erwärmenden) Effekt hat, legt daraufhin einen gesetzlichen Grenzwert (SAR-Wert) von zwei Watt fest, der dazu dient, dass sich der menschliche Kopf beim Telefonieren nicht zu stark aufheizt, und damit hat sich die Sache! Sie meinen jetzt sicherlich, ich mache einen Witz –

nein, das ist bittere Realität!

Die anatomische Tatsache, dass sich in einem Menschenkopf in aller Regel ein Gehirn befindet, das ein wahres Wunderwerk der Natur ist, das höchst empfindlich ist, das wissenschaftlich gesehen voller Rätsel ist und auf elektromagnetischer Basis funktioniert, ist diesen dubiosen Figuren scheinbar entgangen! Es ist eine Tatsache, dass das BfS nur die thermische Wirkung von Handys anerkennt (Stand 2002), und diese durch einen viel zu hoch angesetzten Grenzwert einschränkt. Fakt ist, diese Behörde ist an der Gesundheit der Menschen nicht im Geringsten interessiert, diese Behörde tanzt exakt nach der Pfeife des GELDES!

Machen Sie als Privatmann einmal den Versuch, ein technisches Gerät auf den Markt zu bringen, das vielleicht noch die Eigenschaft hat, dem Produkt eines Wirtschaftsgiganten Konkurrenz zu machen. Ich verspreche Ihnen, Sie werden mit Auflagen, Prüfungen, Bedenklichkeiten und Gutachtenforderungen belegt, dass Ihnen schwindlig wird. Bei Handys und Sendemasten dagegen, haben es die Behörden den Herstellern und Betreibern **extrem** einfach gemacht! – Seltsam, nicht wahr?

Weiterhin ist es eine Tatsache, dass ein Netzbetreiber seine Sendemasten prinzipiell aufstellen kann, wo er will. Er mietet ein Dach (oder eine Litfasssäule) setzt seinen Sendemast drauf, und damit hat sich die Sache. Die meisten Sendemasten brauchen **keinerlei** Genehmigung, und es gibt derzeit keinerlei rechtlich fixierte Möglichkeit, einen unbedenklichen Standort zu fordern! Lediglich heftigste Proteste und Bürgerinitiativen verhindern den einen oder anderen Sendemast, aber, wie schon gesagt, ohne rechtliche Handhabe. Die Netzwerkbetreiber verzichten in so einem Falle auf ihr eigentliches Recht, denn sie haben Angst vor Sabotage und weiterem Imageverlust. Jedoch wird ein momentan verhinderter Sendemast mit Sicherheit in nächster Nähe und – falls nötig – in getarnter Form errichtet, denn das Sendenetz **muss** dicht sein!

Mehr und mehr Bürger wachen auf und erkennen, was in punkto Mobilfunk für ein übles Geschehen stattfindet. Eine wahre Flut von Gutachten, Empfehlungen und Studien aus aller Welt gelangt an die Öffentlichkeit, und belegt eindeutig die verheerende ökologische Wirkung von hoch frequenter, gepulster Strahlung. Doch das interessiert das BfS in keiner Weise, man beruft sich dort auf Studien, die dem derzeitigen Mobilfunkwesen durchweg gesundheitliche Unbedenklichkeit bescheinigen. Diese Studien kommen jedoch **immer** von, vorsichtig ausgedrückt, wirtschaftsloyalen Vereinen und Instituten, und unser derzeit „grüner“ Bundesminister für Umwelt beruft sich, wie nicht anders zu erwarten, voll auf das BfS

– welch trauriger Höhepunkt für seine einst „grüne“ Partei, sie hat mittlerweile das menschenverachtende Einheitsgrau von Macht und Geld angenommen!

Wenn eine Studie erhoben wird (und es gibt viele davon!), die eindeutig aufzeigt, dass bei Anwohnern von Hochfrequenz-Sendeanlagen deutlich erhöhte Raten von Leukämie, Gehirntumoren und sonstigen Krebsleiden auftritt, dann wird so eine Studie von Regierungsseite mit der Begründung „nicht reproduzierbar!“ abgeschmettert. Untersuchungen über die Verbreitung und Häufigkeit bestimmter Krankheiten, die in bestimmten Gebieten auftreten, stellen für das BfS keinen Beweis dar, da sie nicht reproduzierbar seien! Ein seltsam anmutender Passus, auf den man sich hier beruft – nicht wahr? Wenn in einem bestrahlten Gebiet nach vierzehn Tagen 25 Menschen tot umfallen, man daraufhin ein weiteres Gebiet bestrahlt und dort wiederum nach vierzehn Tagen 25 Menschen tot umfallen, man daraufhin ein drittes Gebiet bestrahlt und dort wiederum nach vierzehn Tagen 25 Menschen tot umfallen usw., dann wäre so etwas irgendwann anerkannt „reproduzierbar“ – um es einmal krass, aber der angewandten Realität sehr nahe kommend, auszudrücken!

Dass sich Schäden durch Strahlung jedoch **vollkommen** individuell und durch eine ganze Palette von Krankheiten (Depressionen, Allergien, verschiedene Formen von Krebs, Schlafstörungen usw.) äußern, ist in der geforderten „Reproduzierbarkeit“ nicht enthalten. Es ist jedoch die **Eigenschaft** von Strahlenschäden, dass sie in jeder Hinsicht individuell auftreten und somit **niemals** in **der** Weise reproduzierbar sind, wie das unsere feinen Gesetzgeber fordern!

Ist Ihnen schon einmal aufgefallen, dass verantwortliche Behörden, wenn es darum geht, schädliche Technologie zu Gunsten der Wirtschaft schönzureden, die angebliche Unbedenklichkeit mit den Worten „nach heutigem Erkenntnisstand“ absichern?

Und wenn der „heutige Erkenntnisstand“ sich eines Tages als großer Irrtum herausstellt, dann sind die Herren fein raus aus der Verantwortung, denn der damalige Erkenntnisstand war für deren Entscheidungen ja maßgeblich. Und dass als Basis für derartige Erkenntnisse lediglich Studien und Gutachten dienen, die von wirtschaftsloyalen Instituten und Vereinen erstellt worden sind, habe ich ja bereits erwähnt. Und wenn dann etwas schief läuft, und es ganz eng für die Verantwortlichen wird, dann kann man sich Folgendes anhören: *„Jede Festlegung von Grenzwerten ist leider mit einer Risikozumutung verbunden, denn Fortschritt ist und bleibt ein andauerndes Experiment an der Gesellschaft!“*

Generell gilt für solche „Gesellschaftsexperimente“ die Umkehr der Beweislast! Das bedeutet, die Geschädigten oder diejenigen, die sich für die Gesundheit der Menschen einsetzen, müssen den Verursachern (Betreibern) erst einmal nachweisen, dass das, was hier auf die Menschheit losgelassen wird, überhaupt gesundheitsschädigend ist. Eine tolle Regelung! – Und zusammen mit dem Passus, dass ursächliche Schädigungen, um als solche anerkannt zu werden, reproduzierbar sein müssen, ein geradezu verbrecherischer Freibrief für krank machenden „Fortschritt“. Und dieses Experiment, dessen uns die Wirtschaft samt verantwortlicher Politik ständig unterwirft, erstreckt sich nicht nur auf künstlich erzeugte Strahlung, sondern auf alle Vorgänge, in die künstlich eingegriffen wird, wie zum Beispiel die gesamte Chemie. Und alles unter dem bequemen Deckmantel des so genannten Fortschrittes, von dem ja sowieso im Grunde jeder weiß, dass es sich dabei, menschlich gesehen, immer um einen Rückschritt handelt. Nur, von bestimmten Personen wird den Menschen jeder dieser

Rückschritte äußerst listig als Fortschritt untergejubelt. Das System dabei ist ganz einfach. Zuerst macht man uns durch Technik und Chemie krank (zwei Schritte zurück!), dann kommt der hoch gepriesene vermeintlich rettende Fortschritt, der nicht nur teuer ist, sondern auch nur halbherzig etwas gegen unsere Schädigung unternimmt (ein Schritt vor!), Krankheit greift mehr und mehr um sich (zwei Schritte zurück!), dann kommt wiederum der teure, vermeintlich rettende Fortschritt (ein Schritt vor!), Krankheit greift mehr und mehr um sich (zwei Schritte zurück!), dann ...

Und ehe man sich versieht, wird der ach so „fortschrittliche" Planet Erde von Krankheit, Armut, Hunger, Krieg, Elend, Naturkatastrophen, Depression und Angst regiert! Und denjenigen Zeitgenossen, die aus diesem geplanten „Fortschritt" und stets zu Lasten der Schwachen gierig ihren satten Profit einstreichen, kann man nur sagen:

Man kann Euch wirklich gratulieren! – Nach tausend Jahren Fortschritt habt Ihr es tatsächlich geschafft, dass Ihr nach Hause kommt, Fenster und Türen Eurer Luxusherbergen verriegelt und die Alarmanlage einschaltet, während die Dschungelbewohner friedlich in ihren offenen Hütten schlafen.

Wie Sie ja sicherlich schon bemerkt haben, wehren sich derzeit immer mehr Bürger gegen das Errichten von Sendemasten. Das traurig Skurrile an der Sache ist jedoch, dass fast alle protestierenden Zeitgenossen ein Handy besitzen. Sendemasten wollen sie keine, aber per Handy telefonieren wollen sie schon! – Passt doch irgendwie nicht zusammen – oder?

Und was das Schlimmste an der ganzen Sache ist, die Menschen sind in punkto Gefährlichkeit absolut falsch informiert. Die Intensität der Strahlung eines Mobilfunk-Sendemastes (so umweltschädlich sie auch ist) ist im Verhältnis weitaus geringer, als die Strahlung, die den Menschen das Handy selbst ins Gehirn strahlt. Ich mache Sie jetzt mit ein paar Daten und Fakten (Stand September 2001) bekannt, die jederzeit nachprüfbar sind: Mobilfunk in Europa arbeitet nach dem üblichen GSM-Standard und sendet hoch frequente, gepulste elektromagnetische Strahlung im Gigahertzbereich. Schwingung nennt man in der Elektronik „Frequenz", die Frequenz wird in der Einheit „Hertz" (abgekürzt „Hz") gemessen. Wenn etwas 1 Mal in der Sekunde schwingt, dann hat es die Frequenz 1Hz. Schwingt etwas 1000 Mal pro Sekunde, dann sind es 1000 Hz oder 1 Kilohertz (1 KHz). Schwingung im Millionenbereich nennt man Megahertz (MHz), Schwingung im Milliardenbereich nennt man Gigahertz (GHz). Hoch frequente Strahlung im Bereich von 3 bis 300 Gigahertz wird generell auch als „Mikrowellen" bezeichnet. Das Militär bedient sich der Mikrowellen, Radar und Strahlenwaffen arbeiten in diesem Frequenzspektrum. Mobilfunk reicht heutzutage an den Mikrowellenbereich heran, die Tatsache, dass das D- und E-Netz im 0,9 bzw. 1,8 Gigahertzbereich sendet, wird den Kunden werbetechnisch als Vorzug verkauft. Was dabei verschwiegen wird, ist, dass damit Telefongespräche mit Hilfe von **waffentauglicher** Strahlung geführt werden! Die im Gigahertzbereich angesiedelte Strahlung, derer sich der Mobilfunk bedient, wird zusätzlich noch gepulst. Bei gepulster Strahlung wird die Information nicht analog (gleich bleibend, kontinuierlich) übertragen, sondern in Pakete zerhackt. 217 Mal in der Minute wird die Information gepulst, also in entsprechend 217 Pakete (Informationshäppchen) zerhackt. Wissenschaftliche Untersuchungen haben gezeigt, dass gepulste Strahlung gegenüber ungepulster Strahlung ein besonderes biologisches Risiko darstellt, da sie bei Menschen eine Veränderung der Gehirnströme hervorruft. In Tierversuchen wurde ein **eindeutig** erhöhtes Krebswachstum festgestellt. In der Zirbeldrüse wird unter anderem die

Bildung des Hormons „Melatonin" verringert. Melatonin steuert den Tag- Nachtrhythmus bei Mensch und Tier und schützt die genetische Information der Zellen vor Schädigungen. Fehlt Melatonin, dann treten vermehrt so genannte „freie Radikale" im Zellsystem auf – das Krebsrisiko steigt ernorm!

Studien über zeittypische Massenerkrankungen bei Anwohnern von Hochfrequenz-Sendeanlagen belegen auch erhöhte Raten von Leukämie, Schädigungen der Erbsubstanz, Depressionen, Gehirntumoren und Krebs insgesamt.

Hoch frequente Strahlung, wie sie von Mobilfunksendern abgestrahlt wird, sowie die daraus resultierende Strahlenbelastung, misst man in Watt. Dementsprechend werden die gesetzlich festgelegten Grenzwerte auch in Watt angegeben.

Es gibt eine gemeinsame Resolution von Forschungsinstituten, Umweltorganisationen, Fachärzten und Berufsverbänden, die sich mit der gesundheitlichen Problematik von hoch frequenter Strahlung und den daraus resultierenden elektromagnetischen Feldern beschäftigt haben. In dieser Resolution wird eine maximale Leistungsflussdichte (Strahlenbelastung) von 1 Mikrowatt pro Quadratmeter als **oberster** Grenzwert gefordert. 1 Mikrowatt ist 1 Millionstel Watt, oder technisch ausgedrückt: 1µW = 0,000001W. Und nun schauen wir uns einmal an, was die Regierungen so an Grenzwerten erlauben. In der Schweiz gilt ein Grenzwert von 0,1 Watt, das ist bereits das **Hunderttausendfache** des Grenzwertes, den die Resolution fordert. Aber damit gilt die Schweiz noch als vorbildlich, denn bei uns in Deutschland erlauben die Gesetzgeber den Mobilfunkbetreibern des E-Netzes eine Leistungsflussdichte von sage und schreibe 9,5 Watt! Das ist fast das **Hundertfache** des Schweizer Grenzwertes und fast das **Zehnmillionenfache** des Grenzwertes, der in der Resolution gefordert wird.

Jetzt gebe ich Ihnen eine InFORMation weiter, die seltsamerweise im ganzen Sendemastendebakel nur sehr spärlich in Erscheinung tritt.

Die tatsächlich abgegebene Strahlung (Leistungsflussdichte) der Mobilfunk-Sendemasten bleibt derzeit (noch!) **weit** unter dem vom Gesetzgeber erlaubten Grenzwert von 9,5 Watt pro Quadratmeter! Die Zeitschrift Öko-Test untersuchte mit höchst genauen Meßmethoden und über ganz Deutschland verteilt die tatsächlich vorhandene Leistungsflussdichte, die von Mobilfunk-Sendemasten abgestrahlt wird. Der höchste Wert, der dabei ermittelt wurde, betrug lediglich 0,018 Watt/m^2. Messungen von vielen anderen neutralen Instituten bestätigten diesen Wert. Und dieser Wert von 0,018 Watt/m^2 steht in gar keinem Bezug zu den in Deutschland erlaubten 9,5 Watt/m^2 und bleibt sogar noch weit unter dem Schweizer Grenzwert von 0,1 Watt/m^2.

Sendeanlagen haben, je nach technischer Bauart, eine gewisse Sendeleistung. Aus der Sendeleistung resultiert dann letztendlich die in gewisser Entfernung gemessene Leistungsflussdichte. Mobilfunk-Sendemasten werden derzeit (noch!) mit einer Leistung von nur maximal 100 Watt betrieben. Das ist geradezu lächerlich, wenn man bedenkt, dass Fernseh- und Radiosender, die ja **auch** hoch frequente Strahlung abgeben, mit einer Leistung von mehreren Hunderttausend Watt arbeiten! Nur, Radio- und Fernsehsender gibt es im Gegensatz zu Mobilfunk-Sendemasten verhältnismäßig weinig, und somit ist hier die Entfernung von Sender zu Sender auch relativ groß. Es gibt Studien, die belegen, dass seit dem Erscheinen von Fernseh- und Radiosender, die ja bereits mehrere Jahrzehnte flächendeckend das ganze Land bestrahlen, die Krankheit Krebs ihren verheerenden Triumphzug begonnen hat. Aber das kümmert ja keinen, denn auch hier galt und gilt für die Gesundheitsbehörden die bequeme Ausrede: *„Tut uns leid, das ist nicht reproduzierbar!“* Kommen dann noch 40.000 Mobilfunk-Sendemasten (und es werden in Bälde 80.000 sein!) dazu, die obendrein noch extrem schädliche gepulste hoch frequente Strahlung abgeben, sowie weltweite Radar-, Funk- und Satellitenbestrahlung, dann braucht es einen nicht zu wundern, wenn Depressionen, Schlafstörungen, Schädigungen des Immunsystems, Allergien sowie Krebs in jeder erdenklichen Form in einem Ausmaß auftreten, das die Welt bisher noch nicht gesehen hat. Von Schäden an der Natur ganz zu schweigen! – Aber das alles ist ja: *„Leider nicht reproduzierbar!“*

Schauen wir uns noch einmal ein paar Zahlen an. 0,018 Watt pro Quadratmeter ist tatsächlich die gemessene höchste Leistungsflussdichte, die von Mobilfunk-Sendemasten momentan verursacht wird. Das liegt weit unter dem gesetzlichen Grenzwert von 9,5 Watt/m^2, jedoch bereits um das Zehntausendfache über **dem** Grenzwert, den verantwortungsvolle Wissenschaftler und Fachärzte fordern. Im Vergleich zu den 0,018 Watt Strahlenbelastung, die von Mobilfunk-Sendemasten verursacht werden, strahlt Ihnen das Handy selbst, je nach Modell, die 1000 bis 10.000-fache gepulste Strahlungsdosis direkt ins Gehirn! Die Menschen wissen gar nicht, was sie sich da ans Ohr (und somit ans Gehirn) halten und was Handys für verheerende Schäden verursachen!

Nicht viel besser schaut es bei den schnurlosen Festnetz-Telefonen (DECT-Telefone) aus, die ja heutzutage, zusätzlich zu den Handys, zu jedem modernen Haushalt gehören. Mittlerweile arbeiten diese Telefone auch mit hoch frequenter, gepulster Strahlung und, was die Basisstation anbelangt, **stets im Dauerbetrieb!** Bei einem schnurlosen DECT-Telefon bekommt der Mensch die Strahlung dauerhaft ab, weil die Basisstation nicht nur während eines Telefonates gepulste Daten zum Mobilteil sendet, sondern immer – **ununterbrochen!** Ist solch eine Basisstation in der Nähe von Menschen platziert, was ja allerorts der Fall ist, dann liegt die Strahlungsbelastung **weit** über der, die im Umkreis von einigen Metern um große Mobilfunk-Sendemasten vorhanden ist! Gegen Mobilfunk-Sendemasten gibt es derzeit massenweise Proteste seitens der betroffenen Bürgerschaft, bei den DECT-Telefonen handelt es sich, wohlgemerkt, um die **gleiche** Strahlung – Sie haben also Ihren eigenen Sendemast in Ihrer Wohnung! Und dieser Sendemast bestrahlt sie effektiv **weitaus** heftiger als die dicken Brocken da draußen, die mehr und mehr Menschen auf die Barrikaden bringen! – Was sagen Sie dazu?

Falls Sie Zugang zum Internet haben, dann besuchen Sie die Adresse:
http://www.netzkritik.de/art/166.shtml. Diese Seite inFORMiert Sie sehr ausführlich über die Thematik Elektrosmog (Strahlung + magnetische Felder = Elektrosmog).

Interessant ist auch die Auffassung von gesetzlicher Seite, was überhaupt ein Strahlenschaden ist. Im Unterschied zu intensiver Röntgen- und Gammastrahlung ist hoch frequente Strahlung, wie sie von Radio-, Fernseh- und Mobilfunksendern abgestrahlt wird, nicht energiereich genug, um eine so genannte „Ionisierung“ hervorzurufen. Von „Ionisierung“ spricht man dann, wenn, bedingt durch energiereiche Strahlung, die Bindungskräfte der Zellen aufbrechen und die Zelle somit zerstört wird, also stirbt. Strahlung von Radio-, Fernseh- und Mobilfunksendern wird deshalb als „nicht-ionisierende-Strahlung“ bezeichnet, weil der Gesetzgeber **annimmt**, dass sie bei geringer Intensität harmlos ist. Das bedeutet im Klartext: Wenn eine Strahlung nicht direkt, sofort und somit jederzeit reproduzierbar Zellen vernichtet (ionisiert), dann wird sie, bei geringer Intensität (wenn sie das Gewebe nicht zum Kochen bringt!) als unbedenklich eingestuft! Dass Zellen durch künstlich erzeugte Strahlung **immer** eine Fehlinformation erhalten, und sie deshalb ihre natürliche Aufgabe (Erhaltung der Gesundheit) falsch ausführen und somit Krankheiten unkalkulierbar an beliebigen Stellen (meist an den Organen) zum Ausbruch kommen, **wird vollkommen unter den Tisch gekehrt!**

Wie blöd sind die Menschen überhaupt? Jeder Biophysiker kann bis ins Detail erklären und darlegen, dass jede lebende Zelle – und aus diesen Dingern besteht nun mal alles Leben – ein im höchsten Maße kompliziertes, wundersames Gebilde ist. Jede Zelle birgt im Grunde ein für den Menschen unerforschliches, kleines Universum in sich. In diesem Miniuniversum läuft alles präzise wie ein Uhrwerk ab, und **stets** basierend auf elektromagnetischer Steuerung. Ich wiederhole es noch einmal: **jede** Zelle funktioniert auf elektromagnetischer Basis!

Und da fällt uns nichts Besseres ein, als die Lebewesen, die diese Erde trägt, permanent mit künstlich erzeugter, für die Zellinformation hoch gefährlicher, elektromagnetischer Strahlung zu beschießen! Und dann wundern wir uns, wenn alles um uns herum, inklusive wir selbst, immer kränker wird und elend zugrunde geht!

Wie krank muss diese Welt eigentlich noch werden, bis endlich begriffen wird, was künstlich erzeugte Strahlung anrichtet? Ich frage allen Ernstes: wie viele Dahinsichende, wie viele psychisch Depressive, wie viel tote Natur, wie viele Naturkatastrophen, wie viele Schlafgestörte, wie viele Allergiebefallene und wie viele Krebstote braucht es eigentlich, um endlich aufzuwachen und festzustellen, dass **jeglicher** Strahlungsgrenzwert, den man uns zur Scheinsicherheit eingeräumt hat, ein **Verbrechen** ist?

Stellen Sie sich das Leben wie einen kunstvollen, gesunden Ameisenhaufen vor, an dem jedes noch so kleine Krümelchen stets am richtigen Platz gehalten wird. Und jetzt geht man her und steckt einen Quirl in diesen Ameisenhaufen. Und unser beruhigender Grenzwert bestimmt, dass sich der Quirl nur mit 1000 Umdrehungen drehen darf, denn dann, so macht man uns weis, passiert schon nichts. Und im Land nebenan darf sich der Quirl nur mit 100 Umdrehungen drehen, denn dieses Land lobt sich, besonders vorsichtig zu sein. Und dann gibt es noch die ganz, ganz Vorsichtigen, die sowieso keiner von Regierungs- und Wirtschaftsseite ernst nimmt, und diese Leute fordern, dass sich der Quirl nur mit 10 Umdrehungen drehen darf, denn dann kann ja ganz sicherlich nichts passieren.

Merken Sie jetzt langsam, was es bedeutet, einen Strahlungsgrenzwert zu erlauben?

Jeglicher Grenzwert ist ein Verbrechen! – Denn künstlich erzeugte Strahlung macht auf Dauer gesehen Mensch, Tier und Pflanze krank!

Jetzt stellt sich doch die Frage: warum begreifen denn die Menschen nicht, was mit ihnen getrieben wird? Es schaut ja schon fast so aus, als wolle die Menschheit gar nicht realisieren, was hier abläuft. Und genau so ist es! Bis auf wenige Ausnahmen kümmert es den Großteil der Menschen nicht, was strahlungstechnisch für Verbrechen auf dieser Welt geschehen. Sicherlich, die Menschen sind immer sehr entsetzt, wenn ihnen eine Hiobsbotschaft nach der anderen durch die Medien präsentiert wird, aber es kümmert im Grunde keinen, und jeder rennt nur seinem zerstörerischen Alltagsgeschäft nach. Und warum kümmert es fast Keinen? – Weil es den Menschen am dazu dringend nötigen Bewusstsein mangelt. Und genau dieses dringend nötige Bewusstsein wird durch Strahlung massiv unterdrückt. Ein teuflischer Kreislauf, nicht wahr?

Dazu kommt noch die irrige Annahme der Menschen, dass sich das ganze Strahlungsdilemma „halt zufälligerweise so unglücklich entwickelt hat", wie man so schön sagt, und damit das Verbrechen indirekt entschuldigt. Nur, da hat sich nichts **zufällig** so unglücklich entwickelt! Machen Sie sich jetzt schon mit einem Gedanken vertraut, der sich durch das gesamte Werk ziehen wird, und der nach und nach eine immer konkreter werdende Form annehmen wird:

Es gibt keinen Zufall! – Sämtliches Geschehen ist in gewisser Weise geplant!

Die Tatsache, dass sich uns Menschen das Geschehen um uns herum exakt wie „zufällig entstanden" präsentiert, sagt noch lange nicht, dass es auch tatsächlich zufällig geschieht!

Nun möchten Sie sicherlich wissen, wer denn dann – falls es wirklich keinen Zufall gibt – alles Geschehen plant und steuert? Dazu kann ich momentan nur sagen, lesen Sie weiter, denn nach und nach werden wir der oft zitierten geheimnisvollen „Isis" die Schleier herunterreißen. Und zwar schonungslos und solange, bis die mysteriöse Lady so vor uns steht, wie Gott sie erschaffen hat.

Fakt ist, die Menschen werden von etwas Gewissem, nennen wir es einmal „Mächte", getrieben wie die Schafe. Da mögen Sie sich noch so aufgeklärt, schlau, individuell und intellektuell fühlen und vielleicht auch die entsprechenden Titel und Ehrungen erfahren haben, auch Sie sind im Grunde in der Herde mit dabei. Das hat übrigens schon der gute alte Albert Einstein gewusst, denn von ihm stammt der Spruch:

Um ein tadelloses Mitglied einer Schafherde sein zu können, muss man vor allem ein Schaf sein. (Albert Einstein)

Und zu Schafen werden und wurden die Menschen seit sehr langer Zeit gemacht, nur sind sie sich dessen gar nicht bewusst. Und genau das ist das Problem – die Menschen haben ein verstümmeltes Bewusstsein! Das, was Sie stolz und souverän als Ihr Bewusstsein (Persönlichkeit) empfinden, ist nichts anderes als ein schäbiger Rest dessen, was es eigentlich sein sollte. Und machen Sie bitte nicht den Fehler, die von mir hier geschriebenen Worte anzuzweifeln, denn Sie sind sich momentan Ihrer, nennen wir es einmal vorsichtig „eingeschränkten Lage" gar nicht bewusst. Um das zu ändern, habe ich dieses Buch geschrieben. In Ihnen schlummert ein Potential und Fähigkeiten, wie Sie sich das derzeit in Ihren kühnsten Träumen nicht vorstellen können. Doch um das hier Geschriebene zu verinnerlichen und somit in ein anderes Bewusstsein gelangen zu können, müssen Sie unbedingt Ihren anerzogenen, mediengebildeten oder wissenschaftlich orientierten Kleingeist beiseite legen. Ich werde Sie im weiteren Verlaufe mit Dingen konfrontieren, die an die Grenze Ihrer Akzeptanz oder sogar darüber hinausgehen werden. Sie müssen sich in gewisser Weise von Ihrer derzeitigen Realität (Wirklichkeit) verabschieden. Damit möchte ich nicht sagen, dass es

Ihre Realität nicht gibt – ganz im Gegenteil –, aber die wahre Ursache Ihrer empfundenen Wirklichkeit ist eine ganz andere, als Sie derzeit vermuten – falls Sie sich dahingehend überhaupt schon einmal Gedanken gemacht haben.

Ich möchte Sie mit diesem Werk aufwecken. Ich möchte, dass Sie in ein anderes Bewusstsein gelangen. Und wenn das, was die Menschen als Schicksal bezeichnen, und das ich Ihnen im letzten Kapitel auch entschleiern werde, es zulässt, dann wird es so sein!

Einen Versuch sollte es Ihnen in jedem Fall wert sein, denn glauben Sie mir, ich weiß, wovon ich hier rede. Hätte ich nicht schon Dinge am eigenen Leib erfahren, die weit jenseits dessen liegen, was Sie sich derzeit vorstellen können, dann würde ich mir nicht erlauben, in derart eindringlicher Form zu schreiben. Ich bin **kein** Dogmatiker (Dogma = das ist so und damit basta!), für mich müssen Dinge und Behauptungen erklärbar, greifbar, nachvollziehbar und vor allem erlebbar sein. Die wichtigsten Fundamente, auf die das hier Geschriebene basiert, sind Erlebnisse meinerseits. Deshalb glaube ich nicht, ich **weiß** es, denn ich habe ganz bestimmte Erfahrung machen müssen oder wollen!

Der Unterschied zwischen Glauben und Wissen ist in etwa derselbe, wie zwischen einem gewaltigen Blitz und einem Glühwürmchen! Glauben heißt: nichts wissen. Glaube lässt nämlich immer **alle** Möglichkeiten offen. Wirkliches Wissen dagegen ist **immer** absolut, also **unerschütterlich**! **–** Merken Sie sich dies gut, es ist unheimlich wichtig! Wirkliches Wissen ist WEISHEIT – und Weisheit resultiert oder entspringt meist aus Erfahrung. Sagt nicht schon der Volksmund (und dessen Aussagen oder besser gesagt intuitives Wissen sollten Sie nicht unterschätzen):

„Aus Erfahrung wird man klug!“

Und ganz bestimmte Erfahrungen – die man auf diesem Planeten machen muss oder machen will, um zu Weisheit zu gelangen – sind grauenhaft, unterste Etage, sie verletzen, deprimieren, foltern, quälen, versklaven – sind also nur extrem negativer Art. Darum sagt doch wiederum der Volksmund:

„Aus Schaden wird man klug!“

Wirklich wichtige Erfahrung hat leider fast immer etwas mit Schaden (Leid) zu tun.

Aber diese traurige Tatsache (dass alles erleidet werden muss) könnte von uns sofort außer Kraft gesetzt werden! Dazu müsste sich aber jeder Einzelne darüber bewusst werden, dass wir Menschen in Wirklichkeit eine EINHEIT sind, auch wenn sich die Sache derzeit gänzlich anders darstellt. Und gemeinsam wären wir unschlagbar! Ich habe Sie doch bereits darüber inFORMiert, dass wir alle über die Mentalwelt miteinander verbunden sind. Ja ist denn nicht bereits jedes Leid durchlitten worden? Ist denn nicht bereits jede erdenkliche Grausamkeit begangen worden? All diese wichtigen Erfahrungen samt daraus resultierenden Erkenntnissen (Weisheit) sind bereits parat und müssten nur noch von Ihnen angezapft werden. Aber dazu müssen Sie sich unbedingt dessen bewusst werden, Sie müssen in ein anderes Bewusstsein gelangen – Sie müssen

aufwachen!

Sie glauben mir noch nicht so ganz? Sie zweifeln noch da und dort an meinen Worten? Nun, bleiben Sie strikt am literarischen Seil, das ich für Sie gespannt habe, dann werden wir sehen, ob sich in Ihrem speziellen Fall von Tiefschlaf nicht doch noch was machen lässt!

Es gibt auf Erden ein Phänomen, das mich für geraume Zeit an den Rand der Verzweiflung getrieben hat. Da es für dieses Phänomen keinen Namen gibt, nenne ich es einfach „die seltsam auffällige Verschleppung, was den weltweiten Durchbruch von einigen Tatsachen anbelangt". Diese Bezeichnung ist erklärungsbedürftig, deshalb werde ich Ihnen das Phänomen anhand einiger Beispiele kurz darlegen.

Wie Sie aus dem bisher Gelesenen unschwer erkennen konnten, bin ich ein Mensch, der sich mit ungewöhnlichen Dingen beschäftigt. Schon in Jugendjahren war ich mir sehr sicher, dass diese Welt etwas vor uns Menschen verbirgt. Ich hatte schon immer eine Art von Wissen oder besser gesagt Instinkt in mir, dass der Mensch ein unsterbliches, göttliches Geschöpf ist. Und mit dieser Aussage treffe ich bereits einen Hauptnerv der denkenden Menschheit, die sich seit geraumer Zeit die Frage stellt:

Gibt es ein Leben nach dem Tod?

Diese Frage beschäftigt die Menschen deshalb so intensiv, weil es sich dabei um eine Frage von gewaltiger Emotionalität und Tragweite handelt. Sie ist deshalb von solch einer Wichtigkeit, weil die Antwort auf die Frage, falls es sich dabei um ein „Ja" handelt, unsere Göttlichkeit bereits einschließt. Diese Frage, die sich der Menschheit seit langem stellt, hat sich für mich tatsächlich innerhalb von wenigen Minuten geklärt. Ich **weiß**, dass ich unsterblich und somit göttlichen Ursprunges bin, denn ich gehöre zu denjenigen Menschen, die eine massive Nahtoderfahrung durchlebt haben. Ich bin im Alter von 17 Jahren bei einer äußerst leichtsinnigen jugendlichen Mutprobe „ertrunken". Ertrunken in Anführungszeichen, denn ich habe das Drama ja überlebt – wenn auch auf höchst seltsame Art und Weise. Ich werde Ihnen jetzt hier nicht bis ins letzte Detail schildern, was ich damals erlebt habe, denn es würde Ihnen, was **Ihre** Antwort auf die Frage nach Unsterblichkeit angeht, absolut nichts nützen. Es ist nämlich ein Ding der Unmöglichkeit, einem anderen Menschen allein durch Worte dessen Unsterblichkeit zu erklären oder gar zu beweisen. Unsterblichkeit kann man **nur** erfahren, Worte können diese phänomenale Tatsache niemals beschreiben. Beschrieben werden können lediglich Ablauf und erfahrene Eindrücke solch eines Geschehens, jedoch nicht das unbeschreibliche Gefühl der daraus resultierenden Unsterblichkeitserkenntnis.

Über Nahtoderfahrungen gibt es sehr viel Literatur, das Phänomen solch einer tief greifenden Erfahrung haben mehr Menschen erlebt, als man gemeinhin annimmt. Alle Personen, die eine massive Nahtoderfahrung durchlebt haben, haben eines gemeinsam: bei **allen** hat sich der Glaube **sofort** in Wissen gewandelt, und Wissen ist absolut und somit **unerschütterlich** – wie ich Ihnen ja schon mitgeteilt habe.

Interessant sind auch die krampfhaften wissenschaftlichen Erklärungen, was dieses Phänomen anbelangt. Die Schilderungen von Nahtoderfahrungen werden von den Wissenschaftlern generell damit erklärt und abgetan, dass das menschliche Gehirn im Extremfalle des nahenden Todes, bedingt durch Hormonüberschüttung, all diese unglaublichen Phänomene erzeugt. Als ein in diesem Fall „Wissender" kann ich über solch eine Erklärung nur müde lächeln, und alle anderen Personen, die solch ein Erlebnis hatten, sicherlich auch. In meinem

Fall – wie im Übrigen bei vielen anderen Fällen auch – war die Nahtoderfahrung derart massiv, dass das wahre, bewusste ICH einen Dimensionssprung vollzogen hat. Das bedeutet, dass Sie Ihre grobstoffliche Hülle (den Körper) verlassen, und Sie sich die ganze Sache von außerhalb betrachten können. Das wird in solch einem Fall, wie er mir passiert ist, nämlich beim „Ertrinken", besonders interessant, denn der eigentliche Körper ist ja unter Wasser. Stellen Sie sich vor, Sie „ertrinken" – Sie lösen sich völlig mühelos vom Körper und gelangen in eine unbeschreiblich seltsame, friedliche Umgebung. Sie sind noch vollkommen Sie selbst, und Sie können aus dieser ungewohnten Perspektive heraus das Geschehen von oben betrachten. Sie sehen, wie es bei mir der Fall war, die Hektik und Verzweiflung von fünf Freunden und einem Fremden (Angler), die absolut nichts für Sie tun können, denn die gewaltige Wasserwalze eines unzugänglichen Wehres hält Ihren irdischen Körper gnadenlos gefangen. Dieser Körper interessiert Sie aber nicht im Geringsten, denn es ist gar nicht mehr Ihr Körper, Ihr Körper ist ein ganz anderer – ein ungemein leichter und angenehmer. Das hektische Geschehen um Ihren irdischen Körper, der noch immer in der Wasserwalze hängt und Ihren hilflosen Freunden lähmendes Entsetzen beschert, kümmert Sie nicht mehr. Sie wenden sich vom dramatischen Geschehen ab und betrachten in aller Ruhe die seltsame Welt, in der Sie gelandet sind. Das gewohnte Zeitgefühl ist verschwunden, und mit einem Mal stehen Sie vor einer gigantischen Leinwand. Auf dieser Leinwand läuft der Film Ihres Lebens ab. In rasender Geschwindigkeit donnern Bilder, die Ihre Lebensstationen darstellen, in chronologischer Reihenfolge über die riesige Leinwand. Es beginnt mit Bildern von markanten Lebensstationen aus Leben, die Sie weit **vor** Ihrem jetzigen Leben gelebt haben. Sie können sich an alle dargestellten Begebenheiten erinnern, trotz des ernormen Tempos der Projektionen. Der Film, der Ihnen gezeigt wird, endet mit dem Bild der Gegenwart. Sie sehen nochmals die Situation des Dramas, das sich gerade am Wehr abspielt, und dessen tragischer Mittelpunkt Ihr ehemaliger Körper darstellt. In diesem Moment saugt Sie das dargestellte Bild förmlich in sich hinein, Sie befinden sich wieder im alten Körper, der sich noch immer hilflos in der Wasserwalze dreht. Und im gleichen Augenblick wissen Sie seltsamerweise plötzlich, wo Ihr Fehler liegt, Sie versuchen nicht weiter wie bisher verzweifelt nach oben zum Licht zu gelangen, sondern Sie tauchen nach unten in die Dunkelheit. Dieser Weg ist nämlich die einzige Möglichkeit, einem Wehr lebend zu entrinnen. Sie werden 20 Meter weiter flussabwärts ans Ufer gespült, Sie steigen **völlig** entspannt, ohne jegliche Atemnot und ohne auch nur einen Schluck Wasser genommen zu haben aus dem Fluss und sehen Ihre Freunde auf Sie zurennen. Sie verstehen die Aufregung und das helle Entsetzen, das Ihnen entgegenstrahlt, nicht, denn Sie waren in Wirklichkeit am dramatischen Geschehen ja gar nicht beteiligt. Jetzt beginnt eine wilde Diskussion, denn jeder der Augenzeugen muss seine Gefühle und das soeben Erlebte irgendwie loswerden. Sie selbst sind der Ruhigste in der schwatzenden Runde und fragen irgendwann einen Ihrer Freunde: *„Habt ihr eigentlich mitgekriegt, wie der Angler dort drüben am anderen Ufer seine Angel weggeschmissen hat und wie von der Tarantel gestochen aufgesprungen und ans Wehr gerannt ist, um zu helfen?"* Ihr Freund schaut Sie in diesem Moment mit einem sehr seltsamen Blick an und bemerkt: *„Das kannst Du doch gar nicht mitgekriegt haben, denn Du warst die ganze Zeit unter Wasser!"* Sie lächeln daraufhin nur innerlich, denn es dämmert Ihnen, dass Sie das, was Sie gerade erfahren haben, Ihren Freunden mit Worten gar nicht verständlich machen können. Deshalb geben Sie Ihrem verdutzten Freund zur Antwort: *„Da siehst Du mal, was man sich in gewissen Situationen alles zusammenreimen kann!"* Mit dieser Erklärung ist Ihr Freund mehr als zufrieden, man zieht sich ans Lagerfeuer zurück, öffnet ein paar Flaschen Bier und trinkt auf den glücklichen Ausgang einer überaus dämlichen Mutprobe.

Viele Berichte von Personen, die eine Nahtoderfahrung gemacht haben, enthalten Schilderungen von Dingen und Abläufen, die sie, rein wissenschaftlich gesehen, eigentlich gar nicht sehen und erfassen konnten. Bei solchen Schilderungen sind auch die Gehirnforscher mit ihrem Latein am Ende und somit in wissenschaftlichem Erklärungsnotstand.

Ja, lieber Mensch, der Sie gerade diese Zeilen lesen, Sie müssen sich langsam damit vertraut machen, dass es mehr Dinge zwischen Himmel und Erde gibt, als Sie sich das derzeit in Ihren wildesten Phantasien ausmalen können! – Weitaus mehr!

Die meisten Menschen, die eine Nahtoderfahrung erlebt haben, sehen dieses Erlebnis als Geschenk, sie leben danach sehr zuversichtlich und begnügen sich mit dem elitären Wissen ihrer Unsterblichkeit. Bei mir war die Sache anders, ich wollte noch sehr viel mehr vom Leben und seinen Geheimnissen wissen, allein die Erkenntnis, dass der Mensch unsterblich ist, genügte nämlich nicht, meine Fragen zu beantworten. Jedoch war diese Erkenntnis eine enorm wichtige Basis für mein weiteres Leben, so eine Erfahrung ist *„praktisch schon die halbe Miete“* – wie der Volksmund oft so treffend sagt. Ich habe im weiteren Verlaufe meines Lebens noch Dinge ausprobiert und erlebt, die noch **wesentlich** heftiger waren als meine damalige Nahtoderfahrung. Über diese Dinge werde ich Sie jedoch, wenn überhaupt, nur ganz am Rande in Kenntnis setzen, denn eine detaillierte Schilderung würde sehr wahrscheinlich Ihre derzeitige Akzeptanz überschreiten – und solch eine Situation wäre dem Ziel dieses Werkes eher hinderlich statt förderlich. Zumal noch Dinge auf Sie zukommen werden, die den Magen Ihrer Seele – was das Verdauen und die Akzeptanz anbelangt – noch arg strapazieren werden.

Doch jetzt wäre ich beinahe vom Thema abgekommen, ich wollte Ihnen ja das Phänomen „die seltsam auffällige Verschleppung, was den weltweiten Durchbruch von einigen Tatsachen anbelangt“ erklären.

Nun, was die Nahtoderfahrungen anbelangt, so hat das eigentlich schon etwas mit diesem Phänomen zu tun, denn Unsterblichkeit ist nun mal eine Tatsache. Das gilt jedoch nur für bestimmte Menschen, von einem weltweiten Durchbruch kann ja beim besten Willen keine Rede sein. Das Weltgeschehen würde sich jedoch sofort radikal ändern, hätte jeder Mensch diese überaus gewaltige Erkenntnis. Aber es gibt noch andere reelle Dinge, bei denen es äußerst seltsam ist, warum es bisher noch zu keinem globalen Durchbruch gekommen ist.

All diese Dinge und Geschehnisse fallen in den grenzwissenschaftlichen Bereich oder sogar ins Paranormale (Übersinnliche), das ist ja auch logisch, denn ansonsten wären es ja wissenschaftlich und gesellschaftlich anerkannte Tatsachen, die keinen weltweiten Durchbruch mehr nötig hätten.

Ich werde Ihnen im weiteren Verlaufe einige solcher Grenzphänomene, mit denen ich mich größtenteils sehr ausgiebig beschäftigt habe, aus meiner Sicht darlegen. Da jeder dieser Bereiche, was mittlerweile veröffentlichtes Informationsmaterial anbelangt, ein gigantisches Ausmaß erreicht hat, werde ich die einzelnen Bereiche nur extrem kurz – aber prägnant (treffend) – umreißen. Es ist nicht Ziel dieses Werkes, dass ich Sie unbedingt dahingehend überzeugen möchte, dass es sich bei den einzelnen Geschehnissen und Phänomenen um unwiderlegbare Tatsachen handelt, vielmehr möchte ich Ihr Interesse wecken und Ihre Akzeptanz erweitern – kurz, ich muss Sie auf ein bestimmtes Niveau einstimmen, damit Sie fit für das letzte Kapitel werden. Falls Sie zu denjenigen Menschen gehören, die paranormale Geschehnisse sowieso schon akzeptiert haben und thematisch dahingehend bewandert sind, dann umso besser für Sie.

Normalerweise bedeutet der Begriff „paranormal" so viel wie übersinnlich, ich gebrauche diesen Begriff jedoch in einem etwas anderen Sinn, den ich Ihnen kurz erklären muss. „Para" bedeutet „neben" und mit „normal" wird die Normalität oder die unter normalen Umständen erlebte Wirklichkeit umschrieben. Ich gebrauche den Begriff „paranormal" unter dem Gesichtspunkt dessen, was sich neben der von Ihnen als normal erlebten Wirklichkeit im Weltgeschehen so alles abspielt, das muss nicht zwangsläufig etwas mit Übersinnlichem zu tun haben. Was Ihre Wirklichkeit prägt, habe ich Ihnen ja bereits aufgezeigt (Erziehung, Bildung, Medien, der „gesunde" Menschenverstand usw.).

Hier eine Übersicht der nachfolgend umrissenen paranormalen Themen:

- UFOs / Außerirdische
- Freie Energie
- Die wahre Entstehung der Menschheit – Schöpfungsgeschichte und der Irrtum der Religion
- Gibt es eine Verschwörung auf Erden von gewissen Mächten?
- Was passiert mit unserem Bewusstsein? – Werden wir bereits manipuliert?

Die einzelnen Themen werden nicht streng Kapitel für Kapitel präsentiert, sondern größtenteils vermischt und übergreifend abgehandelt. All diese Themen werden von Wissenschaft, Politik und den führenden Medien entweder abgestritten, als falsch dargelegt abgetan oder als lächerliche Hirngespinste hingestellt.

Es hat in meinem Leben eine Phase gegeben, da habe ich mich, was einige dieser Themen anbelangt, von Fanatismus leiten lassen. Viele Menschen, die in ihrem Leben auf paranormale Phänomene stoßen, begehen diesen Fehler. Es ist deshalb ein Fehler, weil Fanatismus blind macht, und ein fanatisch begeisterter Mensch **alles** gierig frisst, was er an Futter hingeworfen bekommt. Und es wird eine gewaltige Menge an Futter gestreut, das können Sie mir glauben. Und diejenigen, die das Futter auswerfen, wissen um den enormen Wissensdurst bestimmter Gruppen, und lenken diese mit clever ausgestreuten Falschinformationen zu ganz bestimmten Annahmen und Behauptungen, die begeistert weiterverbreitet werden. Veröffentlichungen im Internet zeigen eindeutig die Vielzahl an Menschen auf, die **völlig ungeprüft** Publikationen anderer aufgreifen und weiter verbreiten. Ich habe meinen Fanatismus rechtzeitig über Bord geworfen und mir die Mühe gemacht, immer auch die vermeintliche Gegenseite, die ja auch publiziert, näher zu betrachten. Und siehe da, es hat sich überaus gelohnt, denn so mancher Publizist deckt in genial sachlicher Weise veröffentlichte Falschinformationen auf, die bereits von so manch gieriger Anhängerschaft gefressen und somit fatalerweise als wahr verbreitet worden sind. Damit möchte ich nicht sagen, dass es nicht auch eine gefährliche Gegenseite gibt, die tatsächliche Wahrheiten mit allen erdenklichen Mitteln bekämpft – natürlich gibt es die, und nicht zu knapp!

Bevor ich mit der Abhandlung der einzelnen paranormalen Themen beginne, muss ich Ihnen unbedingt die Schwierigkeiten aufzeigen, denen die Wahrheitsfindung heutzutage unterliegt.

Da ist als erster Problemfaktor die Zeit. Die Klärung vieler paranormaler Dinge baut auf Geschehnissen auf, die in der Vergangenheit weit, manchmal sogar sehr weit zurück liegen. Ich möchte Ihnen das daraus resultierende Problem anhand eines simplen, erfundenen Beispieles aufzeigen. Es geht in diesem Beispiel um den Wahrheitsgehalt der Behauptung, dass im Jahre 1970 ein gewisser Alois Hirngruber, aus Altötting stammend, im Münchner Hofbräuhaus seinen 110. Geburtstag gefeiert hat. Es waren 250 Gäste geladen, die Feier fand am 20. September statt, auch eine Münchner Lokalzeitung sowie das bayerische Regional-Fernsehen waren vor Ort und berichteten über dieses Ereignis.

Wenn Sie das Ereignis damals live erlebt haben, sprich einer der geladenen Gäste waren, dann kann Ihnen, bezüglich des Wahrheitsgehaltes dieses Ereignisses, niemand etwas vormachen – Sie waren ja Augenzeuge. Wenn Sie nicht live dabei waren, dann haben Sie schon ein Problem, denn dann müssen Sie **das** glauben, was Augenzeugen (und Medien) Ihnen berichten – Sie selbst sind dann lediglich zweitrangiger Zeitzeuge. Jetzt lassen wir einmal lächerliche 50 Jährchen vergehen, dann wird es schon erheblich schwieriger, so ein angebliches Ereignis als „wirklich geschehen" zu beweisen. Es lassen sich vielleicht noch ein paar Augenzeugen des damaligen Geschehens auftreiben, zweitrangige Zeitzeugen wahrscheinlich mehrere und auch Archive der Lokalmedien (Zeitung und Fernsehen) können sicherlich noch angezapft werden. Nach 100 Jahren sind weder Augenzeugen noch Zeitzeugen existent, lediglich lokale, gut geführte Medienarchive oder Personen, denen von der Vorgeneration das damalige Geschehen irgendwann erzählt worden ist, können noch Auskunft erteilen. Zieht dann noch eine Katastrophe (z.B. Krieg) ins Land, die eine Vernichtung der Medienarchive mit sich bringt, dann ist man informationstechnisch, was das damalige Ereignis anbelangt, auf ein karges Hörensagen reduziert.

Die Beweisbarkeit von Ereignissen schwindet mit zunehmender Vergangenheit enorm!

Benötigt man **verlässliche** literarische Informationen aus Zeiten, in denen es noch keine Medienarchive gab, dann ist man auf Schriften oder Abschriften angewiesen. Die Bibel und insbesondere die Evangelien sind ein Paradebeispiel von Fehlern, Fehlinterpretation und bewusster Manipulation. Was glauben Sie, wie viel stimmt in diesen Werken, gegenüber dem ursprünglichen tatsächlichen Geschehenen, noch überein? Hier klaffen die Meinungen zwischen „alles", „teilweise" und „gar nichts" auseinander. Schaut man sich die geschichtliche Entstehung des heutigen Endproduktes „Bibel" einmal genauer an, dann ist es geradezu lächerlich zu glauben, dass diese Werke ein genaues Abbild der damaligen Geschehnisse präsentieren. Da können noch so viele Figuren in seltsamen Gewändern dogmatisch predigen, dass das absolut wahr ist, was in diesem Buch geschrieben steht. Und was so genannte „Urschriften" anbelangt, wer gibt die Garantie, dass eine Urschrift nicht schon seinerzeit bewusst gefälscht in Umlauf gebracht oder wohlwissentlich für die Nachwelt deponiert worden ist? Mord, Totschlag, Arglist, Heuchelei und Betrug waren doch auch in alten Zeiten bereits an der Tagesordnung! – Dieser Aspekt wird leider fast gänzlich außer Acht gelassen, wenn es um die Echtheit von alten Schriften geht. Der Inhalt einer Urschrift, von der lediglich das Alter und eventuell auch noch die Herkunft wissenschaftlich bestätigt ist, wird von unserer Gesellschaft sofort als beweiskräftiges Heiligtum hoch erkoren, frei nach dem Motto: was alt und original ist, stimmt auch vom Inhalt her! – Welch ein fataler und folgenreicher Irrtum, wenn es sich um eine niedergeschriebene Lüge handelt! Aber egal, ob bereits vom Ursprung her gelogen oder im Nachhinein fehlinterpretiert, falsch abgeschrieben oder bewusst manipuliert, mit solchen angeblichen „Beweisen" wird nahezu die ganze Menschheit seit jeher im Zaum gehalten und getrieben wie eine ängstliche Schafherde. Schon der berühmte Bibelgelehrte „Origenes", der im Jahre 250 nach Christus lebte, war zu der Auffassung gelangt, dass etliche biblische Berichte erfunden oder manipuliert wurden.

Und was hat uns eigentlich der so hoch gepriesene technische Fortschritt, diese Thematik betreffend, gebracht? Er hat uns oder besser gesagt eine gewisse Elite in die Lage versetzt, nahezu alles in Perfektion fälschen zu können. Nehmen wir als kleines Beispiel die Fingerabdrücke. Wenn Sie heutzutage irgendwo Ihre Fingerabdrücke hinterlassen, was ja permanent der Fall ist, dann können diese Abdrücke abgenommen werden. Basierend auf diesen abgenommenen Fingerabdrücken werden nun Silikonfinger angefertigt, die, was das Fingerabdruckprofil betrifft, sich von Ihren Fingern nicht unterscheiden. Damit ist der Besitzer dieser Silikonfinger in der Lage, auf jeden beliebigen Gegenstand Ihre Fingerabdrücke anzubringen. Fingerabdrücke sind bei einem Indizienprozess nach wie vor ein gewichtiges Beweismittel. Natürlich bedarf es eines gewissen technischen Aufwandes und somit erheblicher Geldmittel, um solch hundertprozentige Fälschungen herzustellen, aber seien Sie sich um eines gewiss: Geld haben bestimmte Figuren und gewisse düstere Institutionen im Überfluss! Ich sage es Ihnen noch einmal, die Technik ist mittlerweile so weit fortgeschritten, dass nahezu **alles** problemlos gefälscht werden kann – und sei es, dass man Atom für Atom Dinge anordnet oder manipuliert! Das ist lediglich eine Frage der Finanzen und der Kontrolle über hoch technisierte Einrichtungen. Aber beides geht mittlerweile Hand in Hand, denn freie Forschung ist heutzutage fast nicht mehr möglich. Sie ist deshalb nahezu nicht mehr möglich, weil hoch technisierte Forschungseinrichtungen Unsummen an Geld verschlingen. Und Geld im Überfluss haben nun mal gewisse Kreise, und hier gilt das alte Sprichwort: „Wer zahlt, schafft an!" Nahezu alle naturwissenschaftlichen Institute sowie Universitäten werden vom Kapital dirigiert, jedenfalls was ganz **bestimmte** Forschungen anbelangt. Da kommt **kein** Ergebnis an die Öffentlichkeit, was nicht im Interesse dieser Kapitalgeber steht. Das Wort „Mafia" und die damit verknüpften verbrecherischen Machenschaften, treffen mittlerweile leider auf sehr viele Bereiche zu.

Wer glaubt, dass heute noch irgendetwas zufällig erfunden werden könnte, das ein Segen für die Menschheit wäre und somit gegen die Interessen von gewissen Monopolmächten gerichtet ist, der irrt sich gewaltig. Die Kontrolle der Forschung durch das Kapital ist, was naturwissenschaftliche Bereiche anbelangt, nahezu vollkommen.

Aber es wird heutzutage nicht nur perfekt gefälscht und kapitalgesteuert geforscht, sondern es wird auch bestochen, erpresst, vertuscht, beseitigt, gefoltert und, falls es gar nicht anders geht, ermordet. Betrachtet man sich alleine nur das Treiben der Geheimdienste dieser Welt, und auch hier wiederum nur die wirklich bekannt gewordenen Skandale und Vorgehensweisen, dann wird einem schon schlecht. Dass dies jedoch nur die oft zitierte Spitze des Eisberges ist, sollte auch jedermann klar sein. Der wirklich dicke Brocken an Geschehnissen dieser Art bleibt der Öffentlichkeit verborgen. Wer glaubt, dass ein Geheimdienst nur für die angebliche Sicherheit eines Landes zuständig ist, der ist ein Narr. Geheimdienste, Großkapital, organisiertes Verbrechen, Medienkonzerne, korrupte Politik und eine teilweise korrupte Exekutive (Gerichte) marschieren miteinander in Reih und Glied! Italien ist dahingehend ja geradezu ein Paradebeispiel, nur dass in diesem Fall, wie ich Ihnen noch deutlich aufzeigen werde, die Institution Kirche eifrig mitmarschiert. Und wer tatsächlich der Meinung ist, dass all diese Dinge für Deutschland oder manch anderes Land nicht zutreffen können, der ist ein naiver Narr!

Unser Planet birgt ein ungeheuerliches Potential an wohl getarntem Verbrechen, und dieser Krake hat mittlerweile **jedes** Land im eisernen Griff – nur die Würgemale äußern sich von Land zu Land unterschiedlich!

Und das digitale Zeitalter, wie unsere derzeit traurige Zeitperiode oftmals stolz bezeichnet wird, hat Fälschung und Manipulation erst so richtig Tür und Tor aufgesperrt. Sprache, Musik, Fotos, Film, Texte, Messdaten usw., alles wird digital aufgezeichnet und ist somit mit einfachsten Mitteln (Computer) perfekt zu fälschen.

Merken Sie sich gut: wenn es heutzutage eine Macht daraufhin anlegt, etwas perfekt zu fälschen, dann tut sie das auch! Und zwar mit Mitteln und Wegen, die jenseits ihres Vorstellungsvermögens liegen.

Also, liebe Freunde und vor allem liebe Wissenschaftler, falls Sie nicht Augenzeuge eines Geschehens waren, auf was bitte können Sie sich noch hundertprozentig verlassen? – Schlicht und ergreifend auf rein gar nichts! Und selbst wenn Sie Augenzeuge waren, ist es noch lange nicht gesagt, dass das von Ihnen Gesehene nicht höchst aufwendig inszeniert worden ist, damit Sie es genau **so** sehen! Die Lage, die Wahrheit wirklich zu ergründen, ist schlicht und ergreifend aussichtslos!

Halt!, das stimmt nicht ganz, denn, was den Wahrheitsgehalt von wirklich wichtigen Dingen und Behauptungen angeht, so gibt es diesbezüglich einen äußerst wichtigen Satz, den Sie sich sehr, sehr gut einprägen sollten:

Ihr werdet ES nicht an Einzelheiten erkennen – also nicht an Personen, nicht an Namen und Gesichtern, nicht an Reden, nicht an Bildern, nicht an Filmen und nicht an Texten oder sonstigen Objekten. Ihr werdet ES an seinen Früchten erkennen! – Am Geschehen. Am Lauf der Dinge.

Wenn die Früchte (also das, was geschieht) mit dem, was irgend geschrieben steht, zusammenpassen, dann ist in so einem Fall wohl unzweifelhaft die Wahrheit niedergeschrieben! Schauen Sie sich das Geschehen um Sie herum und in der Welt einmal **genau** an, denn der Lauf des Geschehens ist überaus aufschlussreich. Und fangen Sie an, sich auf Ihr innerstes Wesen zu besinnen – denn Ihr Innerstes birgt die Quelle aller Wahrheit.

Das, was ich Ihnen gleich in punkto paranormales Geschehen mitteilen werde, ist die Essenz aus einem schier unüberschaubaren Wust an Publikationen jeglicher Art, die unsere Informationsgesellschaft heutzutage so bietet. Ich habe etliches an Literatur gelesen, habe mir nächtelang die Stimmbänder heiser diskutiert und im Internet gestöbert, bis mir die Augen tränten. Ich habe keine Information, und war sie auch noch so überzeugend, einfach geschluckt, ohne mir nicht auch die Gegenseite genauestens zu betrachten. Wie schon einmal erwähnt, hat mich das paranormale Geschehen oftmals an den Rand der Verzweiflung gebracht, und zwar deshalb, weil der Lauf der Dinge einfach nicht zu den Fakten passt. Damit meine ich, anhand der vorhandenen Fakten müsste sich eigentlich das Weltgeschehen ganz anders entwickeln. Es müsste schon längst in irgendeiner Form zu einem Durchbruch gekommen sein, der der Welt dahingehend die Augen öffnet, was wirklich geschehen ist und was wirklich mit den Menschen alles getrieben wird. Aber nichts desgleichen! Es ist wie ein gewaltiger Fluch! – So, als ob alles Geschehen einem großen Plan unterworfen ist, der einen Durchbruch derzeit einfach nicht vorsieht.

Ich möchte an dieser Stelle nochmals darauf hinweisen, dass ich unter dem Begriff „paranormales Geschehen" nichts Übersinnliches (Geister, Engel usw.) abhandle, sondern Ereignisse, die in Wahrheit ganz anders abgelaufen sind und ablaufen, als es Ihnen die herrschende „Normalität" vermittelt, und die durchweg etwas mit Wesen zu tun haben, deren biologische Konsistenz aus Fleisch und Blut bestehen dürfte. Wirklich übersinnlich wird es erst in den beiden letzten Kapiteln, jedoch muss ich Sie behutsam Schritt für Schritt dorthin führen, denn, wie schon gesagt, ich brauche stets Ihre Akzeptanz. Und glauben Sie mir, wenn alles klappt, werden Sie eine Erfahrung machen, die gewaltig ist! Ich habe diese Erfahrung bereits gemacht, für mich gibt es bezüglich paranormalen Geschehnissen keine Fragen mehr, auch der gewaltige Bereich des wirklich Übersinnlichen interessiert mich nicht mehr. Er interessiert mich deshalb nicht mehr, weil ich – bedingt durch die eben erwähnte Erfahrung – hinter die Kulissen **allen** Geschehens blicken kann – und dieser Blick ist heftig! Er ist deshalb so heftig, weil er einen tatsächlich, wie der Volksmund so treffend sagt: *„Über den Dingen stehen lässt!"* Und genau dorthin möchte ich Sie führen – das ist meine Absicht!

Damit Sie mich nicht missverstehen, ich bin, was paranormale Geschehnisse anbelangt, kein Allwissender! Ich habe noch kein UFO mit eigenen Augen gesehen; ich habe selbst noch keine ELF-Wellen gemessen, mit denen das Bewusstsein der Menschen angeblich manipuliert wird; ich war noch nie bei einer geheimen Logensitzung anwesend, in der die Mächtigen der Welt über das Schicksal der Menschen entscheiden und ich habe auch noch keine Maschine mit eigenen Augen gesehen, die eine kosmische Energiequelle anzapft. – Aber ich habe schon andere Dinge hautnah am eigenen Leib erfahren und Dimensionen erlebt, die all diese im Grunde lächerlichen weltlichen Geschehnisse weit in den Schatten stellen!

Bevor wir uns nun ins seltsame paranormale Weltgeschehen stürzen, möchte ich Sie mit ein paar Weisheiten darauf einstimmen:

„Der Klügere gibt nach!" Eine traurige Wahrheit, sie begründet die Weltherrschaft der Dummheit. (Marie von Ebner-Eschenbach)

Einer tausendfach wiederholten Lüge glaubt man leichter, als einer zum ersten Mal gehörten Wahrheit.

Die Erinnerung ist ein kompliziertes Ding – eine Verwandte, aber keine Zwillingsschwester der Wahrheit.

Eine Erkenntnis von heute kann die Tochter eines Irrtums von gestern sein.
(Marie v. Ebner-Eschenbach)

Immer wieder behauptete Unwahrheiten werden nicht zu Wahrheiten, sondern, was schlimmer ist, zu Gewohnheiten.
(Oliver Hassenkamp)

Du hast einen Menschen nicht überzeugt, weil Du ihn zum Schweigen gebracht hast.
(John Morley)

Zwei Dinge scheinen unendlich, das Universum und die menschliche Dummheit. Beim Universum bin ich mir jedoch nicht ganz sicher. (Albert Einstein)

Ein Buch ist eine Tür, die nach innen führt und daher eine Tür, die hinausführt ... Noch wird dieser Gedanke Dir fremd sein! Aber ich sage Dir, es gibt mehr Welten und Türen dorthin, als Du in vielen Jahren erdenken könntest.

Wirklichen Fortschritt findet man meist dort, wo Menschen in einer bestimmten Situation beschließen, den Gehorsam zu verweigern. (Franz Kafka)

Je genauer du planst, desto härter trifft Dich der Zufall. (Peter Rühmkopf)

Geistlose kann man nicht begeistern, aber fanatisieren kann man sie.
(Marie von Ebner-Eschenbach)

Die beste und sicherste Tarnung ist immer noch die blanke und nackte Wahrheit. Die glaubt niemand. (Max Frisch)

Es gibt keine Sicherheit, nur verschiedene Grade der Unsicherheit. (Anton Neuhäusler)

Es ist ein Jammer, dass die Dummköpfe so selbstsicher sind und die Klugen so voller Zweifel. (Bertrand Russel)

Nichts auf der Welt ist so gerecht verteilt wie der Verstand. Denn jedermann ist überzeugt, dass er genug davon habe. (Rene Descartes)

Die Berühmtheit mancher Zeitgenossen hängt mit der Blödheit der Bewunderer zusammen. (Heiner Geissler)

Das Schwierige am Diskutieren ist nicht, den eigenen Standpunkt zu verteidigen, sondern ihn zu kennen. (André Maurois)

Wenn 50 Millionen Menschen etwas Dummes sagen, bleibt es trotzdem eine Dummheit.
(Anatole France)

Das, wobei unsere Berechnungen versagen, nennen wir Zufall. (Albert Einstein)

Glauben und Wissen verhalten sich wie zwei Schalen einer Waage: in dem Maße, als die eine steigt, sinkt die andere.
(A. Schopenhauer)

Sag einem Klugen einen Fehler, er wird erfreut und dankbar sein;
ein Dummer sieht dich nur als Quäler und schnappt sofort beleidigt ein.
(Karl Heinz Söhler)

Wenn das Gehirn so einfach wäre, dass wir es verstehen könnten, wären wir zu dumm, um es zu begreifen. (Jostein Gaarder)

Die Grenzen des Möglichen lassen sich nur dadurch bestimmen, dass man sich ein wenig über sie hinaus ins Unmögliche wagt. (Arthur Clarke)

Eine Lüge ist bereits dreimal um die Erde gelaufen, bevor sich die Wahrheit die Schuhe anzieht. (Mark Twain)

****

Also, jetzt geht's los! – Ein Schnellschuss durch paranormale Geschehnisse, anhand von Fakten, Ansichten, Meinungen und, was noch viel wichtiger ist, anhand vom „Lauf der Dinge".

Fangen wir an mit den UFOs.

„UFOs, so was gibt es ja gar nicht!" – höre ich Sie innerlich aufschreien!

Die Aussage, dass es UFOs in Wirklichkeit gar nicht gibt, lassen zwei Gruppen von Menschen verlauten. Die erste Gruppe sind diejenigen Menschen, die sich noch **nie** in ihrem Leben intensiver mit dieser Thematik befasst haben und sich nur aus Besserwisserei solch einer Aussage bedienen, die zweite Gruppe setzt sich aus Personen zusammen, die unter allen Umständen verhindern wollen, dass die Menschen von der tatsächlichen Existenz solcher UFOs erfahren. Und jetzt aufgepasst! – Die erste Gruppe ist das Opfer der rastlosen Aktivitäten der zweiten Gruppe! Bei der Spitze der zweiten Gruppe handelt es sich um Einrichtungen und Institutionen, die es sich zur Aufgabe gemacht haben, weltweit alle UFO-Meldungen zu erfassen, medientechnisch zu verfälschen, wenn nötig in die Lächerlichkeit zu ziehen, Augenzeugen unglaubwürdig darzustellen oder mundtot zu machen, gezielt inszenierte UFO-Sichtungen sowie UFO-Kontakte als Fälschungen zu entlarven, um somit die Menschheit letztendlich so weit zu bringen, dass fast jeder beim Thema UFO nur noch lächelnd abwinkt – was ihnen mittlerweile ja auch nahezu perfekt gelungen ist. Es ist ihnen vor allem deshalb gelungen, weil diese Institutionen von Mächten ins Leben gerufen worden sind, die nebenbei auch die Medien der Welt kontrollieren. Und wer die Medien kontrolliert, hat eine ungeheure Macht in Händen, das ist doch heutzutage kein großes Geheimnis mehr. Und dass die Medien kontrolliert, zensiert und gezielt gesteuert werden, pfeifen doch auch schon die Spatzen von den Dächern. Jetzt werden Sie vielleicht sagen: *„Das mag für manches Land schon zutreffen, aber bestimmt nicht für so ein freies, demokratisches Land wie Deutschland!"* Dazu kann ich Ihnen nur sagen: *„Da sind Sie gewaltig auf dem Holzweg!"* Gerade in Deutschland haben wir eine Medienzensur, die weitaus heftiger ist, als dies in anderen Ländern der Fall ist. Lassen Sie sich vom augenscheinlichen Konkurrenzjournalismus sowie von scheinbar gnadenlosen Aufdeckungskampagnen nicht täuschen, das ist im ersten Falle oftmals getürkt und im zweiten Falle oft geschickt inszeniert, um den Anschein zu erwecken, als würden die Medien rigoros **jeden** Bereich recherchieren und publizieren. Ab einer gewissen Etage sind die Verantwortlichen keine Konkurrenten mehr und sind sich – was ganz bestimmte Bereiche anbelangt – darüber einig, **wie** die Menschheit zu belügen ist.

Wenn Sie sich ein genaueres Bild über unsere Mediendiktatur machen wollen, dann lesen Sie das Buch von Claus Nordbruch, das den Titel trägt: „Sind Gedanken noch frei? Zensur in Deutschland“ (ISBN: 3800413671). Nach dem Studium der gerade erwähnten Lektüre werden Sie auch zu denjenigen wenigen gehören, die sich darüber im Klaren sind, dass die öffentliche Meinung mittlerweile nichts anderes mehr ist als **EINE** veröffentlichte Meinung. Das Buch zeigt auf, dass bereits von staatlicher Stelle **erheblich** in die freie Meinungsäußerung eingegriffen wird. Es sind also nicht nur die Medienzare, die bestimmen, was veröffentlicht wird, sondern auch die Politik. Ich habe Ihnen ja schon gesagt, dass auf dieser Welt mehrere Abteilungen Hand in Hand marschieren, gewöhnen Sie sich langsam daran – denn es ist so!

Doch nun zurück zu den UFOs. Um das gesamte UFO-Geschehen übersichtlich darstellen zu können, muss man es in drei unterschiedliche Bereiche einteilen.

1. UFOs oder treffender ausgedrückt Flugscheiben, die von Menschenhand geschaffen sind.

2. UFOs und außerirdische Wesen, die in früher Menschheitsgeschichte die Erde besucht haben.

3. UFOs die von außerirdischen Wesen stammen, die sich gegenwärtig auf Erden aufhalten.

Fangen wir mit Punkt 1 an: Der Begriff „UFO“ bedeutet „**U**nidentifiziertes **F**lug-**O**bjekt“ und sagt noch lange nicht aus, dass diese Objekte unbedingt immer von außerirdischen Wesen stammen müssen. Die meisten Menschen verknüpfen den Begriff UFO automatisch mit Außerirdischen, das ist ein gewaltiger Irrtum, denn auch wir Menschen können seit geraumer Zeit fliegende Untertassen bauen. Das mag für Sie vielleicht unglaublich klingen – ich weiß – doch die dahingehend existierenden Fakten sind geradezu erdrückend!

Wenn man sich ernsthaft für dieses Thema interessiert, dann kommt man nicht umhin, sich mit denjenigen genialen Zeitgenossen zu beschäftigen, die die Basis für solch eine fantastisch anmutende Technologie – wie sie nun mal Flugscheiben darstellen – geschaffen haben. Es gab in der Vergangenheit eine ganze Reihe von Menschen, deren Erkenntnisse zur Produktion von Flugscheiben geführt haben, ich werde mich jedoch auf einige wenige Personen beschränken. Weiterhin ist noch zu bemerken, dass die Erkenntnisse, die letztendlich zur Herstellung von funktionierenden Flugscheiben geführt haben, ebenso die Basis für Freie-Energie-Maschinen darstellen, auf die ich deshalb auch zu sprechen kommen werde.

Die wohl genialste und seltsamerweise relativ unbekannte Erscheinung, was Grundlagenforschung für Flugscheiben und Freie-Energie-Maschinen anbelangt, stellt der österreichische Naturforscher, Naturphilosoph und Erfinder Viktor Schauberger (1885-1958) dar.

Viktor Schauberger erlernte den Beruf des Försters, er studierte in der Einsamkeit des Waldes über einen langen Zeitraum hinweg das Element des Wassers und dessen Lebewesen. Laut seinen eigenen Angaben versank er bei diesen Studien in einen seltsamen meditativen Zustand, sein Bewusstsein verschmolz förmlich mit dem Element Wasser. In diesem Zustand der Einheit erfuhr er die höchsten Geheimnisse des Urquells und Träger allen Bewusstseins, und er erkannte, dass die Menschen in Bezug auf die Nutzung von Energie alles verkehrt machen.

Viktor Schauberger gelangte zu der sicheren Überzeugung, dass die von den Menschen angewandte „Explosionstechnik" – die ja auf Verbrennung basiert – im absoluten Widerspruch zur Natur stehe, und in absehbarer Zeit verheerende Folgen für Mensch und Umwelt haben wird. Folgende Aussage stammt von ihm:

„Man hält mich für verrückt. Mag sein, dass man Recht hat. In diesem Fall spielt es keine Rolle, ob ein Narr mehr oder weniger auf der Welt ist. Wenn es aber so ist, dass ich Recht habe und die Wissenschaft irrt, dann möge der Herr sich der Menschheit erbarmen!"

Viktor Schauberger sah, dass nirgends in der Natur die zerstörerische „Explosionstechnik" zur Anwendung kommt, sondern dass die Natur in allen Bereichen das entgegengesetzte Verfahren anwendet – die „Implosionstechnik". Schauberger erkannte, dass die Explosionstechnik „falsch bewege", wie er es ausdrückte. Der Vorgang des Verbrennens wirke zentrifugal (von innen nach außen), abbauend und somit lebensfeindlich. Hochwertige Naturprodukte wie Kohle, Erdöl, Erdgas und Uran, die eine enorm wichtige Rolle für die Geosphäre der Erde spielen, werden in Schlacke, Abgase und tödlich strahlendes Material umgewandelt, diese Abfallprodukte werden bei anhaltender Anwendung der Explosionstechnik letztendlich zur nahezu völligen Zerstörung der Umwelt führen.

Übrigens, auch die Hopi-Indianer sagen, dass man dem Lebewesen „ERDE" keine Bodenschätze entreißen darf, da dies die Gesundheit (Geosphäre) von Mutter ERDE in verheerendem Maße schädigt, genauso, als würde man die Organe eines Menschen langsam stückchenweise entfernen! – Und wie es um die Gesundheit unserer Erde bestellt ist, dazu brauchen Sie nur die Augen zu öffnen und das derzeitige Geschehen zu beobachten!

Bei dem von der Natur angewandten Implosionsverfahren wirken die Kräfte nicht zentrifugal nach außen, wie dies bei der Explosion der Fall ist, sondern nach innen gerichtet, also zentripetal. Eine Implosion richtet die Kraft zum Mittelpunkt hin und erreicht letztendlich im Zentrum ihr Maximum. Im Gegensatz zur Explosionstechnik, bei der edle Rohstoffe in minderwertige Produkte (Abgase, Asche usw.) umgewandelt werden, werden bei der Implosion qualitativ minderwertige Stoffe in höherwertige Produkte umgewandelt, also praktisch ein Veredelungsvorgang der auch noch Energie liefert – genialer geht es doch wirklich nicht!

Explosion (Verbrennung) wird von der Natur nur dort eingesetzt, wo Verrottung stattfindet. Verrottung ist ein Vorgang, bei dem Ausgedientes in bestimmte Basisstoffe zerfällt, diese Basisstoffe wiederum sind die Grundlage für viele aufbauende Implosionsvorgänge.

In der Natur gibt es etliche Beispiele für nach innen gerichtete Kräfte, dies muss auch so sein, da dort ja alles Aufbauende nach dem Implosionsverfahren abläuft. Strudel und Wirbel sind äußerst plastische Beispiele für natürliche Vorgänge, bei denen die Kräfte nach innen gerichtet sind. Aber auch jede Pflanze wächst basierend auf dem Implosionsprinzip, und zwar ***„ohne, dass in ihr etwas explodiert"***, wie Schauberger es einmal treffend ausdrückte. Oder blicken Sie ins Universum, dort gibt es gewaltige Spiralgalaxien die sich einspulen (Implosion), und in deren Zentrum Unvorstellbares geschieht.

Die Tatsache, dass lebendige, naturbelassene Wasserläufe in sich drehende, einspulende Formen bilden, die ein seltsames Energiepotential beherbergen, schaute Schauberger den Forellen ab. Es war ihm nämlich ein Rätsel, wie eine Forelle es schafft, aus dem Stand heraus mehrere Meter hoch gegen die Masse herabstürzenden Wassers zu springen, um somit gebirgsbachaufwärts zu idealen Laichgründen zu gelangen. Aus eigener Kraft ist es einer Forelle unmöglich, solches zu vollbringen, also muss sich der Fisch einer externen Energiequelle bedienen – und das tut er auch! Die Forelle hält Ausschau, wo das herabstürzende Wasser einspulende Formen erzeugt, da diese Wasserformen in ihrem Zentrum einen entgegen dem Wasserlauf gerichteten Sog erzeugen. Die Forelle kreist solange um diese Wasserform, bis die Wassermassen eine günstige Einstiegsmöglichkeit freigeben, und gelangt somit ins Zentrum der einspulenden Form. Der dem Wasserlauf entgegengerichtete Sog katapultiert die Forelle mehrere Meter hoch, sie schießt weiter oben förmlich aus dem Wasserkanal heraus und landet im ruhigen Oberwasser. Auf diese Art und Weise überwindet sie Wasserfall für Wasserfall und gelangt somit zum angestrebten Laichplatz.

Diese Energiequelle, die sich die Forelle im Wasser eines Gebirgsbaches zu Nutze macht, existiert genauso in der Luft, Vögel bedienen sich ihrer mit Vorliebe. Implosions-Energie wird aber auch von vielen Tieren selbst produziert, egal, ob die Haut von Haien, die Schuppen der Fische oder die Federn der Vögel, all diese Dinge sind von Natur aus so gestaltet, dass sie bei Bewegung Wirbel und somit geschickte Umlenkung erzeugen.

Naturbelassene Wasserläufe, die in sich drehende, einspulende Formen bilden, sind aber nicht nur in der Lage, Objekte in ihren seltsamen Energiekanälen zu transportieren, sie haben auch die Fähigkeit der Reinigung und Regeneration. Das naturbelassene Element Wasser birgt **immense** Geheimnisse in sich, diese Tatsache dringt langsam ins Bewusstsein von mehr und mehr Menschen. Bestimmten Industriezweigen sowie der kapitalgesteuerten Wissenschaft ist diese Entwicklung hingegen ein gewaltiger Dorn im Dollarzeichen, das in deren Augen steht. Mit dieser Tatsache wurde seinerzeit auch schon Viktor Schauberger konfrontiert, er wurde von wissenschaftlichen Kreisen gezielt als Spinner und Querulant hingestellt.

Dass Viktor Schauberger das menschenfeindliche System von Geld und der daraus resultierenden Macht erkannt hatte, machen folgende Zeilen klar, die er niedergeschrieben hat:

*„**Die Wahrung des Wassergeheimnisses ist auch ein Mittel, um dem Gelde die Zinskraft zu sichern. Der Zins gedeiht nur in der Mangelwirtschaft. Ist das Problem der Wasserentstehung gelöst und wird es dann möglich, jedes Wasserquantum und jede Wasserqualität an beliebigen Orten herzustellen, ist man in der Lage, ungeheure Wüstenflächen wieder urbar zu machen, wird der Kaufwert der Nahrung und zugleich der Kaufwert der Maschinenkraft auf ein solches Minimum gesenkt, dass das gesamte Weltbild und auch alle Weltanschauungen eine Veränderung erfahren werden. Die Wahrung des Geheimnisses Wasser ist daher das größte Kapital des Kapitals, und aus diesem Grunde wird jeder Versuch, der dieser Klärung dient, rücksichtslos im Keime erstickt!**“*

Viktor Schauberger war nicht nur ein begnadeter Naturphilosoph, er war auch ein Mann der Tat. Holz war zu seiner Zeit ein wirtschaftlich sehr wichtiges Produkt, und es wurde, gerade in Gebirgsgegenden, unter großen Anstrengungen in hochgelegenen Wäldern geschlagen und mühsam zu Tale gebracht. Dies veranlasste Schauberger weltweit einzigartige Holzschwemmkanäle zu konstruieren. Er konstruierte diese Schwemmkanäle basierend auf seinem Wissen über das Energiepotential, das mäandrisch fließendes Wasser in sich birgt. Man spricht von „mäandrisch“, wenn Wasser in mal rechts-, mal linksdrehenden Schleifen und

Windungen fließt, ähnlich einem geflochtenem Zopf. Mäandrisch fließendes Wasser konzentriert seine Kraft immer zur Mitte hin, schont die Seitenwände der Schwemmkanäle und hat, gegenüber geraden Wasserläufen, ein Vielfaches an Trag- und Schleppkraft. Die Inspiration, Schwemmkanäle so zu gestalten, dass deren Wasser mäandrisch fließt, bekam Schauberger, als er das Schwimmverhalten einer Schlange beobachtete, die einen See durchschwamm. Schlangen sind – obwohl sie weder Füße noch Flossen besitzen – extrem gute und schnelle Schwimmer. Sie können deshalb so schnell schwimmen, weil sie im Wasser eine sowohl vertikale als auch horizontale Schlängelbewegung ausführen – eben mäandrisch.

Die von Schauberger angelegten Schwemmkanäle waren teilweise bis zu 50 Kilometer lang und konnten mit geringsten Wassermengen enorme Mengen an Holzstämmen elegant zu Tale befördern. Einen Schwemmkanal müssen Sie sich wie eine kunstvoll konstruierte Bobbahn vorstellen, nur nicht aus Eis, sondern aus dicken Nut- und Federholzplanken gebaut.

Schauberger verstand es nicht nur exzellent, das mystisch anmutende Energiepotential einspulender Wasserformen in seinen Schwemmkanälen zu nutzen, er wusste auch genau, an welcher Stelle er das müde Wasser ableiten und frisches, fleißiges Wasser zuführen musste, denn: Wasser ist nicht gleich Wasser!

Auch wusste er, dass die Sonneneinstrahlung einen erheblichen Einfluss auf die Tragkraft des Wassers hat, Sonne macht Wasser müde. Schweres Holz muss daher bei geringer Sonneneinstrahlung geschwemmt werden. Extrem schweres Holz, dessen spezifisches Gewicht das des Wassers teilweise übersteigt und somit gar nicht oder nur bedingt schwimmfähig ist, kann nur in hellen Mondnächten geschwemmt werden, da dann das Wasser seine maximale Tragkraft entfaltet. Schauberger wusste Dinge über Wasser und Natur, die so manchen Gelehrten gar nicht mehr so gelehrt ausschauen ließen. Er kommentierte dies einmal sehr treffend mit folgenden Worten, die Sie sich gut einprägen sollten, denn sie sind auch für die weiteren Ausführungen, die ich Ihnen noch darbringen werde, relevant:

*„**Gewohnt, alles Naturgeschehen scharf zu beobachten, wurde mir rasch klar, dass die Sonnenstrahlen vieles vermögen, von dem sich unsere Gelehrten nichts träumen lassen. Jedenfalls hatte der gute Archimedes so manches nicht beachtet. Und schon damals hatte ich zu dem alten Griechen das Vertrauen verloren. Dass sich auch der alte Isaak Newton, der gottselige Robert Mayer mit seinem Energieerhaltungsgesetz und die Botaniker mit ihrem Heliotropiegesetz irrten, wurde mir erst später klar.**“*

Die ersten Schwemmkanäle baute Schauberger im Dienste des regierenden Fürsten Adolf zu Schaumburg-Lippe, Herrschaftsverwaltung Steyrling in Oberösterreich, dort war Schauberger vom Förster zum Wirtschaftsführer aufgestiegen. Schauberger war deshalb vom Fürsten zum Wirtschaftsführer ernannt worden, weil er ein ehrlicher, unbestechlicher Mann war. Damals wie heute war Bestechung und Schiebung an der Tagesordnung, Forstbeamte, Holzeinkäufer, Forstarbeiter und Holztransporteure bildeten einen dicken Filz aus Korruption. Somit war von vornherein klar, dass Schauberger mit Leuten arbeiten musste, die stets heimlich gegen ihn agierten und ständig Intrigen schürten. Schauberger, imposant in Wort und Erscheinung, setzte sich jedoch durch und schuf Schwemmkanal um Schwemmkanal.

Die Kunde von Schaubergers genialen Schwemmkanälen drang bald in die Regierungsstuben der Politik, Ministerialrat Ing. Eduard Loew, der von der Regierung mit der Reform der

Staatsforste beauftragt war, sowie Landwirtschaftsminister Rudolf Buchinger brachten es schließlich zustande, Schauberger in den Staatsdienst zu holen. Sie boten dem nach wie vor einfachen Förster und Nichtakademiker ein vierfaches Hofratsgehalt, wenn er als Konsulent der Bundesforstverwaltung ähnliche Schwemmanlagen schaffen werde. Schauberger, bislang geplagt von den Intrigen seiner Untergebenen, kündigte die Stellung beim Fürsten und trat die ihm angebotene Stellung im Staatsdienst an. Hätte er gewusst, was ihn im Staatsdienst erwartet, er wäre sicherlich beim Fürsten geblieben, denn er kam vom Regen in die Traufe. War der Korruptionsfilz beim Fürsten schon schwerlich zu ertragen, so schlug ihm im Staatsdienst eine Welle von Ablehnung, Arroganz, Kompetenzgerangel und Intrigen entgegen, mit der Schauberger niemals gerechnet hatte. Die durchweg akademisch (miss)gebildeten Staatsdiener ließen kein gutes Haar an Schaubergers genialen Schwemmkanälen und seiner sonstigen Vorhaben, er wurde von allen Seiten blockiert und angefeindet. Schauberger weigerte sich stets, sein Wissen in wissenschaftliche Worte zu zwängen, er erklärte die geniale Funktion seiner Konstruktionen und die Geheimnisse der Natur stets mit einfachen Worten, teils derb und symbolisch. Schauberger war ein entschiedener Gegner der Wissenschaftler, denn er wusste, dass diese Fachidioten auf dem besten Weg waren, die ganze Welt zu ruinieren.

Die Intrigen der Beamtenschaft wurden immer heftiger und drangen mittlerweile bis zum damaligen Bundeskanzler Prälat Dr. Ignaz Seipel vor, der Schauberger daraufhin zur Rede stellte. Schauberger, der mittlerweile sowieso schon eingesehen hatte, dass eine fruchtbringende Tätigkeit unter den gegebenen Umständen nicht möglich war, nahm auch vor dem Bundeskanzler und Prälaten kein Blatt vor dem Mund. Er schilderte dem Bundeskanzler klipp und klar den desolaten Zustand von Land- und Forstwirtschaft, er zeigte die Unfähigkeit der Ingenieure, der Politiker und der Wissenschaftler auf, die den Untergang der gesamten Wasserwirtschaft nach sich ziehen werde, und er machte dem Prälaten klar, dass die Kirche letztendlich an all dem Übel Schuld sei. Dass sich ein Bundeskanzler und Prälat daraufhin nicht mehr sonderlich schwer tat, Schauberger – nach nicht einmal zweijähriger Tätigkeit – fristlos aus dem Staatsdienst zu entlassen, dürfte wohl jedermann klar sein.

Was Schauberger von der Institution Kirche hielt, zeigt auch seine Äußerung gegenüber dem späteren Bundeskanzler Dr. Dollfuß, der Schauberger zurück in die Politik holen wollte, indem er ihm das Landwirtschaftsministerium anbot. Schauberger lehnte dieses Angebot mit der Begründung ab: *„... dass ich die kirchlich-christliche Glaubenslehre, die das Fundament der Partei bildet, der Dollfuß angehört, bekämpfe, da diese Lehre bewusst oder unbewusst der größte Betrug und Selbstbetrug und eine der maßgebenden Ursachen des wirtschaftlichen Gesamtverfalls sei. Dies ist deshalb der Fall, weil die Kirche den Weg, der vom Jenseits ins Diesseits und umgekehrt wieder ins Jenseits führt, verschüttet hat. Mit anderen Worten, durch sinnlose Glaubenslehren, aus denen eine entwicklungsunfähige Großarbeit, „die Feuer speiende Technik", entsprungen ist, wird die gesamte Wirtschaft den* ***unaufhaltbaren Krebsgang gehen müssen!"***

Nach seinem Ausscheiden aus der Politik arbeitete Schauberger für einen gewissen Ernst Steinhard, Chef eines großen österreichisch-ungarischen Bauunternehmens. In diesem Unternehmen schuf Schauberger Schwemmkanäle in ganz Europa, allerdings wurde er auch dort von neidischen Architekten und Ingenieuren angefeindet. Der Grund war immer derselbe, die technisch/wissenschaftliche „Elite" kam mit Schaubergers Genialität nicht klar, nach wie vor konnte keiner die geheimnisvolle Beschaffenheit der Schwemmkanäle begreifen – die allesamt auf höchst wundersame Weise funktionierten.

In Österreich hatte die Generaldirektion der Bundesforste immer noch ein hohes Interesse an Schaubergers Schwemmkanälen, die nicht nur genial, sondern auch wirtschaftlich hoch interessant waren. Hofrat Dr. Ing. Josef Glaz – Bauchef der österreichischen Bundesforste – wusste, dass man auf Schauberger nicht verzichten kann, da die eigenen Forsttechniker einen Schwemmkanal Schaubergers kopiert hatten, der aber nicht funktionierte. (Schauberger selbst hat diese Schwemmkanalkopie dann später – zur großen Blamage des Ingenieurwesens – nachgebessert und in Betrieb gesetzt.)

Schauberger lehnte es ab, für die Bundesforste in Anstellung zu gehen, er wollte, wenn überhaupt, nur noch unter Ausschluss **aller** Staatsforstbeamten für das Bundesforstamt Schwemmkanäle bauen. Die Generaldirektion ging tatsächlich auf diese Forderung ein, so kam es zum Bau der beeindruckenden Schwemmkanalanlage Krampen-Neuberg – einem Schwemmkanal, der in punkto Genialität fast nicht mehr zu übertreffen war. Die Bauzeit betrug weniger als ein Jahr, das Bundesforstamt nahm Schauberger während dieser Zeit unter Werksvertrag. Die auf Schaubergers Patenten basierende Schwemmkanalanlage Krampen-Neuberg wurde vom österreichisch-ungarischen Bauunternehmen erstellt, deren Chef Ernst Steinhard war, und, wie Schauberger es gefordert hatte, unter Ausschluss aller Staatsforstbeamten. 1928 wurde die Anlage in Betrieb genommen, sie brachte eine Leistung von 1400 Festmetern Holz pro 8-Stundentag, hatte eine automatische Stammsortierung an der Ausländeanlage und wurde weit über die Lande bekannt und bestaunt. Die große Ehrung sowie eine Prämie von 1 Million Schilling wurde allerdings Ernst Steinhard zuteil, der wiederum Schauberger – dem eigentlichen Schöpfer der Anlage – mit einer goldenen Uhr abspeiste – wie das Leben halt so spielt!

Die Ingenieure des Bundesministeriums für Land- und Forstwirtschaft, die Schauberger ja demonstrativ vom Bau der Anlage Krampen-Neuberg ausgeschlossen hatte und die noch immer Schaubergers geniale Schwemmkanäle anzweifelten und wo immer es nur ging in Misskredit brachten, kamen angesichts seiner Erfolge immer mehr in Erklärungsnotstand. Diejenigen Personen, denen die Beamtenschaft weisgemacht hatte, dass an Schaubergers Schwemmkanälen gar nichts Besonderes dran sei, wollten nämlich mit Nachdruck wissen, warum denn dann seine Anlagen so außergewöhnlich gut funktionierten.

Um aus diesem Dilemma herauszukommen und der Öffentlichkeit Schauberger endgültig als unbedeutenden Schwindler zu präsentieren, fuhren die Herren mit einem Geschütz ganz besonderen Kalibers auf. Sie riefen den berühmten Hydrologen (Wasserwissenschaftler) Professor Dr. Phillip Forchheimer zu Hilfe, er sollte Schauberger endgültig entlarven. Forchheimer galt in wissenschaftlichen Kreisen als **der** Mann für Wasser und Hydraulik, sein fünfbändiges Werk „HYDRAULIK" war praktisch die Bibel der Ingenieure. Laut Forchheimers Hydraulikbibel hatten Wassertransporte auf dem schnellsten und geradlinigsten Wege zu erfolgen, Schauberger kommentierte dieses Werk mit der Aussage, dass nun das Wasser endgültig seinen Todesstoß bekommen habe. Und zwar deshalb, weil die Hydrauliker das Wasser als technisch nutzbares nasses Ding betrachteten, und nicht als lebendiges Medium, unerschöpfliche Energiequelle und Träger allen Lebens.

Forchheimer studierte den Schwemmkanal Krampen-Neuberg geschlagene 6 Wochen lang, trotz aller Messungen, Formeln und technischem Sachverstand konnte er sich nicht erklären, wie und warum die Anlage auf so wundersam perfekte Weise funktionierte. Schauberger hielt sich mit Auskünften gegenüber dem Professor sehr bedeckt, doch nach und nach kamen Förster und Professor einander menschlich näher. Forchheimer erkannte die Genialität von Schaubergers Anlagen, und Schauberger eröffnete dem Professor nun langsam die Geheimnisse des Wassers. Als die beiden einmal an einem Gebirgsbach waren, kam die Frage auf, ob Wasser, wenn es kurvenförmig um einen abgeschliffenen Fels herum floss, danach wärmer oder kälter sei. Forchheimer war sich sicher, dass nach geltender Physik (Reibungswärme) das Wasser selbstverständlich wärmer sei. Schauberger hingegen behauptete, es sei kälter. Daraufhin stellten die beiden akribisch genaue Messungen an, und siehe da, das Wasser war, wie es Schauberger vorausgesagt hatte, kälter. Des Professors physikalische Welt bekam daraufhin einen Knacks, sie sollte jedoch in Bälde komplett zusammenbrechen. Forchheimer war letztendlich von Schauberger derart begeistert, dass er ihn an die Wiener Hochschule für Bodenkultur einlud, um sein Wissen über „naturrichtige Wasserbewegung" den dortigen Professoren darzulegen. Doch so sehr sich Schauberger auch bemühte, er konnte den Professoren **nicht** beibringen: dass natürlich fließendes Wasser einspulende Bewegungen ausführt, die Implosionsenergien freisetzen; dass diese Bewegungen analog den Flusswindungen mal links- mal rechtsdrehend stattfinden und sich der Wasserfluss somit mäanderförmig (wie ein Zopf) ausbildet; dass sich dadurch die Kräfte zur Flussmitte hin konzentrieren und dort eine ungeheure Trag- und Regenerationskraft entwickeln; dass durch diese Mittenkraftkonzentration die Uferbefestigungen eines Flusses niemals angegriffen werden und lediglich Dichtzwecke erfüllen müssen; dass die mäanderförmige Wasserform eine zykloide Raumkurve darstellt, deren Aufriss gleich dem Querschnitt ist; dass ein jeder Bach oder Fluss extrem empfindlich auf zu viel Sonneneinstrahlung reagiert und deshalb seitens der Natur vom Ufer her, mittels Büschen und Bäumen, durchgehend für ausreichende Beschattung gesorgt ist und dass, falls man Flüsse und Bäche begradigt und deren Ufer abholzt, dieses katastrophale Folgen nach sich ziehen würde!

Forchheimer, dem – im Gegensatz zu seinen Kollegen – die Geheimnisse des Wassers immer klarer wurden, begriff schließlich auch, was es mit der – von der Natur geschaffenen – zykloiden Raumkurve (Wasserzopf) auf sich hatte, und er dachte darüber nach, diese in eine Formel zu fassen. Er erkannte jedoch sehr schnell, dass dies, wenn überhaupt möglich, Jahre in Anspruch nehmen würde. Forchheimer kam zu der Überzeugung, dass er in seinem Wirken als Hydrauliker schlichtweg **alles** verkehrt gemacht hatte und sagte, er sei froh, schon 75 Jahre alt zu sein, und somit die Konsequenzen seiner Fehllehre nicht mehr erleben zu müssen. Der Professor fasste tatsächlich ins Auge, sein veröffentlichtes Lehrwissen über Hydraulik komplett nach Schaubergers Erkenntnissen umzuschreiben, leider verstarb er bevor er dies in die Tat umsetzen konnte. Das ist deshalb so fatal, weil dadurch nach wie vor nach seiner Fehllehre gelehrt und gebaut wird – die katastrophalen Folgen können Sie jedes Jahr mehrmals in den Medien betrachten!

Mittlerweile musste Viktor Schauberger mit Entsetzen feststellen, dass die von ihm konstruierten Schwemmkanäle zu einem extremen Raubbau in den Wäldern führten, er weigerte sich fortan weitere Schwemmkanäle zu bauen.

Doch Schauberger blieb nicht untätig, er forschte weiter an der geheimnisvollen Implosionskraft, die richtig bewegtes Wasser zu bieten hatte. Er wollte die Implosionskraft in technischen Geräten zur Anwendung bringen, denn Schauberger war sich sicher, dass das, was in der Natur stattfindet, auch auf die Technik übertragbar sei. Und es war übertragbar, wie sich schon sehr bald herausstellte!

Schauberger konstruierte Maschinen, die die Implosionskraft einspulenden Wassers nutzten, und mit denen man zwei Fliegen mit einer Klappe schlagen konnte: Edelwasser herstellen und Energie gewinnen. Gespeist wurden diese Maschinen mit Wasser beliebiger Qualität (auch minderwertiges, verschmutztes!), das Endprodukt war stets kristallklares Wasser mit Heilqualitäten sowie eine ungeheure Menge an Energie. Das hört sich unvorstellbar, unglaublich und utopisch an, und doch haben solche Maschinen existiert. Es gibt etliche Augenzeugen, die solche Wunderwerke nicht nur gesehen, sondern auch in Funktion erlebt haben. Die Augenzeugin Gretl Schneider berichtet über ein späteres Modell, das Schauberger ihr vorgeführt hat, Folgendes:

„Herr Viktor Schauberger hat mir die Maschine gezeigt ... Sie ist auf die Hälfte ihrer früheren Größe reduziert worden und erreicht in ihrer Funktion eine ungeheure Kraftentwicklung. Ich habe unten in die Maschine einen Topf Wasser geschüttet ... und im gleichen Moment hat es pfffft gemacht und das Wasser hatte eine 4 Zentimeter dicke Zementplatte und einen 4 Millimeter dicken, extra gehärteten Stahlmantel, mit solch einer Wucht durchdrungen, dass die in ihrer Geschwindigkeit für das Auge unsichtbaren Wasserpartikelchen, durch alle Kleider hindurch gedrungen sind und schlagartig wie Nadelstiche auf der Haut gespürt wurden. Wasserglas war ebenfalls durchdrungen worden und erstarrte in 5 Zentimeter langen Haaren draußen an der Wandung wie Borsten!“

Ein weiterer Augenzeuge, ein gewisser Arnold Hohl, berichtet über ein Modell, das er in zerlegtem Zustand zu sehen bekam:

„Zerlegte Maschine ... Wie ein Vesuv aus Gold und Silber mit mehreren Kratern, um die Spitze gelagert, ca. 20 cm rund. Auffallend schwer, Vollmetall, „und das schwebt in der Luft“ sagte Schauberger, obwohl es sich mit ca. 3.000 Touren dreht. Das Gehäuse, da Vakuumanlage, gleicht einem römischen Wasserkrug aus Messing versilbert. „An der ganzen Maschine ist keine gerade Linie und kein Kreis“, wiederholt Schauberger, „Vakuum und Druck so groß, dass sogar feinster Wasserdampf durch eine Nute austreten konnte“. Vernickelte Haube mit beweglichem Blechrohre, darinnen in Spiralform lauter kleine Schmetterlingsflügel aufgenietet waren. Bei Hineinhören ein Rauschen wie bei einer Muschel wahrnehmbar. Kein elektrischer Antrieb, sondern nur ein Hand- oder Fußpedal-Antrieb nötig!“

Implosion birgt ein schier unvorstellbares Energiepotential und kann enorme Kräfte entwickeln. Ich habe ja bereits erwähnt, dass sich auch alles pflanzliche Wachstum durch Implosionskräfte entfaltet. Bringen in einem Bach oder Fluss die sich einspulenden Wassermassen die Implosionsenergie hervor, so sind es in einer Pflanze die Pflanzensäfte, die dieses bewirken. Selbst im zartesten Pflänzchen entwickeln sich enorme Implosionskräfte. Sie haben sich doch sicherlich auch schon einmal darüber gewundert, wie ein kleines Löwenzahnpflänzchen es schafft, eine mehrere Zentimeter dicke Teerplatte zu durchbrechen und somit ein wenig Farbe in unsere zugeteerte und zubetonierte Landschaft zu bringen? – Durch Implosionsenergie!

Damit Sie eine Ahnung von dem bekommen, was Schauberger entdeckt und technisch angewendet hat, schauen wir uns einmal näher an, was Implosionsenergie eigentlich ist.

Implosionsenergie ist nichts anderes als pure Atomenergie. Allerdings nicht freigesetzt durch Zertrümmerung, wie das bei der verheerend explosiven und somit vernichtenden

Kernspaltung der Fall ist, sondern freigesetzt durch Atomumwandlung. Jeder Stoff besteht aus Atomen, was ja hinreichend bekannt ist, jedoch ist nicht jedes Atom, bezüglich seiner Masse (Atomgewicht), gleich schwer. So gibt es schwere Atome, die sehr viel Masse in ihrem Kern vereinigen, und es gibt leichtere Atome, mit entsprechend geringerer Masse. Wenn Materie entsteht, durch welch geheimnisvollen Akt das auch immer geschehen mag (Urknall, Schöpfung ...), dann verdichtet sich pure Energie zu verschiedensten Atomen. Ein Atom ist also im Grunde nichts anderes als verdichtete Energie, also eine Art Energiespeicher. Je nachdem wie viel Masse ein Atom in seinem Kern birgt, desto mehr oder weniger gespeicherte Energie birgt es in sich. Nun ist es möglich, diese gespeicherte Energie freizusetzen, dazu gibt es grundsätzlich zwei Möglichkeiten: durch Explosion (Verbrennung, Atomzertrümmerung) oder durch Implosion (Atomumwandlung). Die Explosion ist das bipolare Gegenteil der Implosion, alles im Universum ist bipolar organisiert und aufgebaut – es herrscht Dualität. Explosion wirkt immer ausdehnend (Verpuffung), von innen nach außen, also zentrifugal – Implosion wirkt immer zusammenziehend (Sog), von außen nach innen, also zentripetal.

Im zweiten Kapitel werde ich Ihnen aufzeigen, dass sämtliche Materie im Grunde tatsächlich aus nur vier Elementen aufgebaut ist: aus Feuer, Wasser, Luft und Erde. Die Energiegewinnung durch Explosion (Verbrennung, Atomzertrümmerung) ist dem Element Feuer zugeordnet, das Element Feuer wirkt **immer** vernichtend. Bei jeder Explosion (Verbrennung, Atomzertrümmerung) werden hochwertige Stoffe vernichtet, und minderwertige Stoffe (Asche, Russ, Schlacke, radioaktiver Müll usw.) entstehen. Jetzt werden Sie vielleicht einwerfen, dass das Feuer aber Energielieferant ist und somit durchaus auch positiv zu bewerten sei. Dazu muss ich Ihnen jedoch sagen, dass dieser Aspekt nicht positiv zu bewerten ist, da auch das Element Wasser in der Lage ist, dem Menschen Energie zu liefern, jedoch ohne etwas dabei zu vernichten. Und genau das ist der Punkt, liebe Freunde! – Die Energiegewinnung durch Implosion (Atomumwandlung) ist dem Element Wasser zugeordnet, das Element Wasser wirkt **immer** aufbauend. Bei der Implosion werden minderwertige Stoffe in höherwertige Stoffe umgewandelt. Dabei wird Energie freigesetzt, die Atome der minderwertigen Stoffe verlieren an Masse (Atomgewicht) und werden dadurch in höherwertige Stoffe umgewandelt, deren Atome logischerweise dann eine geringere Masse (Atomgewicht) besitzen. – Hier gilt das Gesetz: Quantität ist nicht gleich Qualität! Je mehr Masse die Atome eines Stoffes aufweisen, desto höher ist zwar sein gespeichertes Energiepotential, aber damit ist noch lange nicht gesagt, dass so ein Stoff für den Menschen gesund und nützlich ist – es ist genau das Gegenteil der Fall. Schwermetalle, wie Quecksilber, Blei, Uran usw., die ein hohes Energiepotential (Masse) besitzen, sind extrem giftig und schädlich für den Menschen, wohingegen Wasser, Luft und Nahrung – also Stoffe, die mit einem verhältnismäßig geringen Atomgewicht aufwarten – gesund und lebenswichtig für uns sind.

Was Schwermetalle anbelangt, so möchte Ich Sie an dieser Stelle kurz über eine äußerst üble Angelegenheit inFORMieren. Wenn ein Planet entsteht, dann ordnen sich die Elemente nicht chaotisch, sondern in genau festgelegter und wohlweislich durchdachter Reihenfolge an. Schwermetalle lagern sich – bedingt durch ihr größeres Atomgewicht und der daraus resultierenden Schwere – in tieferen Erdschichten an und erfüllen dort, aus geosphärischer (erdgesundheitlicher) Sicht gesehen, einen äußerst wichtigen Zweck. Was dort unten richtig am Platze ist und der Gesundheit der Erde dient, ist, wenn es an falsche Stelle gelangt, vernichtend in seiner Wirkung. Nun, der Mensch in seinem grenzenlosen Produktionswahn holt ununterbrochen Schwermetalle an die Erdoberfläche und bringt diese für den Menschen höchst giftigen Materialien hemmungslos in Umlauf. Mittlerweile ist die ganze Welt in einem Ausmaß mit Schwermetallen verseucht, wie Sie sich das gar nicht vorstellen können. Es gibt in punkto Schwermetallverseuchung nur sehr wenig öffentliche Aufklärung, die Industrie sowie die verantwortlichen Politiker scheuen dahingehende InFORMation, denn wir haben es hier mit einem legalisierten Verbrechen ersten Ranges zu tun. Einen enorm hohen Vergiftungs- und Belastungsfaktor stellt das Schwermetall Quecksilber dar. Nicht nur, dass die Menschheit über Zahnmaterialien (Amalgam) flächendeckend mit Quecksilber vergiftet worden ist und weiterhin vergiftet wird, auch viele Medikamente und Impfstoffe sind quecksilberhaltig. Nicht zu vergessen die Industrie, die natürlich auch Quecksilber verarbeitet und die Umwelt damit belastet. Das Zeug ist mittlerweile überall abgelagert: im Wasser, in den Pflanzen, in den Tieren, im Rückenmark und in den Organen der Menschen sowie in deren Gehirnen! Die Aufzählung der Krankheiten, die das Quecksilber – das im menschlichen Organismus abgelagert ist – in vielen Fällen hervorruft, möchte ich Ihnen ersparen.

Dass die Fische der Meere teilweise schon einen Quecksilbergehalt aufweisen, der jedes antike Fieberthermometer vor Neid erblassen ließe, ist ja schon halbherzig ans Licht der Öffentlichkeit gelangt, aber dass Schwermetallablagerungen bereits in nahezu jedem Bereich in mehr als nur bedenklichem Maße anzutreffen sind, ist der Öffentlichkeit noch sehr wenig bekannt. Und das Fatale an der Sache ist, man bekommt einmal in den Kreislauf eingegangene Schwermetalle nicht mehr aus diesem Kreislauf heraus. Dasselbe gilt im Übrigen auch für Hormone, Pestizide usw., was unsere Industrie und Wirtschaft weltweit angerichtet hat und fortwährend anrichtet, ist horrend. Mittlerweile ist ja schon bekannt, dass durch die Nahrungskette alle Gifte immer wieder zum Verursacher „Mensch" zurückkehren. Was speziell Schwermetallvergiftung anbelangt, so gibt es hier einige höchst aufschlussreiche wissenschaftliche Publikationen (Internet), die den Umfang der Vergiftung schonungslos darlegen. Wenn Sie sich dahingehend inFORMieren wollen, was alleine das im Amalgam befindliche Quecksilber im menschlichen Organismus anrichtet, und wie auffällig sich die Politik um diesen Skandal herumdrückt, dann gehen Sie ins Internet auf folgende Seite: http://www.ariplex.com/ama/ama_av1.htm.

Schwermetalle gehören in den Bauch von Mutter Erde, und sonst nirgendwo hin! – Und was sagen die Politiker dazu oder besser gesagt, was lässt die Industrie durch die Politiker verlauten? Na was wohl, das, was immer vorgebracht wird: Vorsicht!, es hängen sehr viele Arbeitsplätze am Thema Schwermetall! – Vorsicht!, es hängen sehr viele Arbeitsplätze am Thema Elektrosmog und Strahlung! – Vorsicht!, es hängen sehr viele Arbeitsplätze am Thema Energiegewinnung durch vernichtende Explosionstechnik! Oder andersherum ausgedrückt: Ja was glauben Sie denn, wie viele neue Arbeitsplätze durch immer mehr kranke Menschen entstehen! Ärzte, Pflegepersonal, Apotheker, Pharmaassistenten, Psychiater usw. – das ist doch fantastisch, das hat doch auch sein Gutes! Mittlerweile ist man doch schon soweit, dass verheerende Naturkatastrophen hinter vorgehaltener Hand heimlich bejubelt werden, weil es dann regional wieder Arbeit und Aufschwung gibt. – Welch trauriger Höhepunkt unserer „hoch" entwickelten Zivilisationsgesellschaft!

Und was machen die Menschen an ihren ach so wichtigen Arbeitsplätzen? Sie produzieren zum größten Teil Dinge und auch Dienstleistungen, die überhaupt nicht nötig wären, würde man die Welt richtig organisieren. Derzeit wird die Welt vom Kapital organisiert, und aus Katastrophen, Krieg, Ausbeutung, Betrug, Krankheit, Zinsen, Bodenspekulation und Energiemonopolen lässt sich nun mal der größte Gewinn erzielen. Kapitalwirtschaft und Egoismus sind untrennbar miteinander verbunden und bedingt durch ihre exzessiv gierige Wesensart durch nahezu nichts zu stoppen. Erst das Eintreten von unerträglichsten Zuständen wird, wenn überhaupt, das Bewusstsein der Menschheit ändern und eine Umorganisation einleiten. Und die Grundlage solch einer höchst nötigen Umorganisierung ist die Nutzung von heilbringender, schier unerschöpflicher Energie – wobei wir wieder beim Thema wären, bei der Implosion und bei Viktor Schauberger.

Der Name „Viktor Schauberger" wurde im Ausland immer bekannter, im Heimatland Österreich wurde Schauberger jedoch nach wie vor von gewisser Obrigkeit verschmäht. Schauberger meldete ein Patent ums andere an, seine Implosionsmaschinen wurden immer perfekter. Was die Flussregulierungen sowie die Abholzung von Uferflächen anbelangt, so veröffentlichte Schauberger seine Anschauungen bezüglich des verbrecherischen Vorgehens, das seitens der Wasserwirtschaftler betrieben wurde, in der Monatszeitschrift „Tau", er griff also weiterhin die Verantwortlichen heftig an. Und das zu einer Zeit, in der der Rhein in der Schweiz gerade über die Ufer getreten war, was verheerende Schäden zur Folge hatte.

Die durch Schaubergers Veröffentlichungen bloßgestellten Wasserwissenschaftler holten zu einem üblen Gegenschlag aus, den der Ministerialrat Ing. Ehrenberger (Leiter der Versuchsanstalt für Wasserbau) durchführte. Ehrenberger ließ Schaubergers „angebliche" Wasser-Erkenntnisse unter vollkommen widrigen Bedingungen in einem Labor nachstellen und untersuchen, die Untersuchungskommission brachte – wie nicht anders zu erwarten (und geplant!) – ein für Schauberger negatives Ergebnis. Schauberger war weder beteiligt an den Untersuchungen noch wusste er davon. Ehrenberger ließ sofort eine Sonderbroschüre drucken, die den unsachgemäßen Laborbericht beinhaltete und Schauberger als Schwindler und Lügner diskreditierte. Diese Sonderbroschüre verschickte er an schweizerische und deutsche Regierungsstellen – landesübergreifender Rufmord!

Viktor Schauberger, der die fortschreitende Zerstörung der Umwelt – bedingt durch vollkommen falsch angewandte Technologie (Explosion statt Implosion) – sah, wollte seine Erfindungen zum Nutzen der Menschheit an den Mann bringen. Dabei wollte er jedoch unter allen Umständen verhindern, dass seine Implosionsmaschinen in gierige Hände gelangen und somit nicht zum Wohle aller Menschen eingesetzt würden. Schauberger hat nie seine letzten Geheimnisse niedergeschrieben oder anderweitig preisgegeben, er war diesbezüglich äußerst vorsichtig. Erst wenn seine Bedingungen sicher erfüllt sein würden, hätte er, da die Energiemaschinen dann in Stückzahlproduktion gegangen wären, sein Geheimnis preisgegeben – aber dazu kam es nicht!

Schauberger, da im eigenen Land fast gänzlich ignoriert, musste, wenn überhaupt, seine Pläne im Ausland verwirklichen. Das ausländische Interesse war sehr groß, halb Europa begann sich für Viktor Schauberger zu interessieren. Insbesondere ein gewisser Herr „Ludwig Roselius", Kaffeeindustrieller aus Deutschland, zeigte großes Interesse an Schaubergers wundersamen Maschinen. Roselius stand mit der Berliner Reichskanzlei in Verbindung, man schrieb das Jahr 1934, Hitler war seit einigen Monaten Deutscher Reichskanzler. Roselius, der in Wien bereits Schaubergers Maschinen in Aktion erlebt hatte und seit längerer Zeit auch Schaubergers Heilwasser – das beim Implosionsvorgang nebenbei entsteht – konsumierte, wollte unter allen Umständen Schaubergers Erfindung ins emporstrebende Deutsche Reich holen. Hier ist ein Auszug aus einem Brief, den Roselius am 24.6.1934 an die Reichskanzlei in Berlin schrieb: *„... Während der Ostertage war ich nach Wien gefahren,* *um die Apparaturen und ihre Leistungen zu überprüfen. Soweit ich die Sache beurteilen kann, liegt hier eine Entdeckung von allergrößter Bedeutung vor. Ich will auf die unendlich vielen Möglichkeiten des Ausbaues der Entdeckung gar nicht eingehen, sondern* ***einen*** *Punkt herausgreifen: die Beschaffung guten Trinkwassers. Das Absatzgebiet für gutes Trinkwasser in der Welt ist fast unbegrenzt. Da sich dieses nach dem ‚Schauberger-Verfahren' aus dem schlechtesten Wasser, ja sogar aus Meerwasser einwandfrei und verhältnismäßig billig herstellen lässt, so ist mit der Ausbeutung des Verfahrens einer starken Regierung ein wirtschaftliches Mittel in die Hände gegeben, welches diese Regierung völlig freimacht vom Goldzwange oder von der Devisennot. Vorbedingung ist strengste Geheimhaltung des Verfahrens. Die Wasserwerke müssten in allen Ländern der Welt unter nationalsozialistischer Leitung stehen ...“*

1934 war für viele Menschen (und gerade im Ausland) noch nicht ersichtlich, wo hinein ein Adolf Hitler die Welt stürzen würde, und so kam es am 10.7.1934 im Berliner Reichstag zu einem Treffen von Viktor Schauberger und Adolf Hitler. Hitler war von Schaubergers Ausführungen äußerst angetan und übergab die Angelegenheit dem Staatssekretär Ing. Keppler. Diesem wurde jedoch durch einen gewissen Ministerialrat „Dr. Willuhn“ Ehrenbergers Sonderbroschüre zugespielt, in der Schauberger als Schwindler diskreditiert war. Diese Rufmordbroschüre war letztendlich der Ausschlag, dass Schauberger vom Deutschen Reich abgelehnt wurde, was ja im Nachhinein gesehen als eher glücklicher Umstand zu bezeichnen ist.

Schauberger hatte später noch einige Intermezzi mit der THULE-Gesellschaft, bei dieser Gesellschaft handelte es sich um den okkulten Zweig oder besser gesagt um die okkulte Quelle, aus der Hitlers NSDAP entsprungen ist. Hitlers Hakenkreuz – bei dem es sich im Übrigen um ein Jahrtausend altes okkultes Symbol handelt – sowie sein Arierwahn entstammen ebenfalls dem THULE-Orden, der wiederum aus dem „Germanenorden“ entsprungen war. Der THULE-Orden hatte die Erhebung und Veredelung der germanischen Rasse zum Ziel. Die okkulte Seite eines Adolf Hitlers, samt seiner NSDAP und SS, taucht natürlich in keinem Geschichtsbuch auf, ist aber sehr genau belegt und eigentlich ein offenes Geheimnis. Julius Streicher, ein führender Kopf der THULE-Gesellschaft, ahnte, dass Schauberger alles andere als ein Schwindler und Hochstapler war, er brachte Schauberger mit der Generaldirektion des Unternehmens „Siemens“ in Kontakt. Streicher veranlasste, dass Schauberger zusammen mit Siemens-Ingenieuren in Nürnberg eine Implosionsmaschine herstellen sollte. Tatsächlich wurde dies auch in Angriff genommen. Nach einigen Wochen der Zusammenarbeit erkannte Schauberger jedoch, dass er, sowohl ideologisch als auch die Technik betreffend, von den Siemens-Leuten hintergangen wurde. Man war wieder einmal nur hinter seinem Geheimnis her, Schauberger brach die Zusammenarbeit ab und kehrte nach Wien zurück.

Schauberger, der mittlerweile erkannt hatte, was mit einem Adolf Hitler auf die Menschheit zukommen würde, und der seine Meinung diesbezüglich bei passender Gelegenheit auch immer kundtat, wurde in Österreich von der Gestapo auf Schritt und Tritt überwacht.

In Wien arbeitete und forschte Schauberger weiter an Implosionsmaschinen, denn es waren noch lange nicht alle Möglichkeiten der Anwendung erschlossen. Eine Anwendung, die noch für höchstes Interesse seitens der Nazis sorgen sollte, waren Flugscheiben, angetrieben durch Implosion! Schauberger nannte diese Art von fliegender Apparatur „Repulsine“, die Antriebstechnik basierte auf etwas, das er als „Zugschraube“ bezeichnete. Das Funktionsprinzip der Zugschraube kam Schauberger wieder bei der Beobachtung der Forellen in den Sinn. Eine Forelle kann selbst bei extremer Strömung nicht nur absolut ruhig im Wasser stehen, sondern sie kann bei Gefahr auch blitzschnell gegen die Strömung flüchten. Dieser enorme Kraftaufwand ist allein durch Flossenbewegung niemals zu bewerkstelligen, so Schauberger, die Forelle muss sich also einer anderen Kraftquelle bedienen. Laut Schauberger kommt die enorme Schubkraft der Forelle dadurch zustande, dass durch die spiralförmige Bewegung des Wassers beim Durchfließen der Kiemen ein Drall entsteht. Das aus den Kiemen ausströmende Wasser wird dadurch in schraubenförmiger Bewegung um den Fischkörper gelenkt. Die sich um den Fischkörper einspulende Wassermasse spult sich immer enger ein und wird somit immer schneller, da der Fischkörper nach hinten immer dünner wird. Dieser einspulende Vorgang setzt Implosionsenergie frei, die den Fisch letztendlich blitzartig gegen die Strömung nach vorne schnellen lässt. Die gleichzeitige Bewegung der Flossen dient mehr der Richtungssteuerung als dem eigentlichen Schub. Nicht umsonst nannte Schauberger den aus dieser Erkenntnis entstandenen (und funktionierenden!) Antrieb seiner Flugscheiben „Forellenturbine".

Schauberger hat sich eine Luftturbine patentieren lassen, er schildert das dahinter stehende Prinzip folgendermaßen:

„... dass in einem Kapillarrohr und einem Doppeldrallrohr, das Elektromagnete eingebaut hat, ein künstliches Gewitter beziehungsweise hohe elektrische Luftspannungen entstehen, die die Luftstoffe in elektrische Energie verwandeln. ... Durch diese Umwandlung von Luftstoff in Energien entsteht ein nach aufwärts gerichtetes Vakuum und durch das nach unten zu sukzessiv verlaufende Wärmegefälle ein starker Luftstrom nach aufwärts, der sich nach wenigen Minuten bis zur zyklonartigen Wucht steigert. ... Damit ist das betriebsstofflose und sich lautlos bewegende Flugzeug erfunden, weil durch das im Inneren der Maschine entstehende physikalische Vakuum vor dem Kopfende der Maschine ein luftleerer Raum entsteht, wodurch die Maschine selbst vorgezogen wird. Dieser Sog kann durch entsprechende Gestaltung eines im Inneren der Maschine angebrachtes Lungen- oder Kiemensystems beliebig gesteigert werden. ..."

Was die Herstellung der Repulsinen (Flugscheiben) anbelangt, so arbeitete Schauberger mit der Wiener Maschinenfabrik „Kertl" zusammen. Wie der Publizist und Augenzeuge Alois Kokaly berichtet, hat sich 1942 eine von Schaubergers Repulsinen bei einem Versuch aus der Verankerung gerissen und knallte dermaßen heftig gegen das Dach der Maschinenfabrik, dass dort ein riesiges Loch zu sehen war. Alois Kokaly war ein geistiger Wegefährte Schaubergers und Herausgeber des biotechnischen Magazins „Implosion".

1938 wurde Österreich ins Deutsche Reich eingegliedert, Hitlers unersättlicher Machthunger wurde immer offensichtlicher.

Schauberger produzierte noch immer nebenbei sein Edelwasser, dessen heilende Kräfte – sehr zum Ärgernis der Ärzteschaft – immer mehr Aufsehen erregte. Er schonte auch weiterhin die Ingenieure und Wasserwissenschaftler nicht, die er nach wie vor durch Publikationen, die er in freien (objektiven) wissenschaftlichen Magazinen veröffentlichte, angriff.

Nun, was macht man denn am einfachsten, wenn man als einflussreiche und etablierte Ärzte- und Ingenieurwissenschaft von einem Förster dermaßen bloßgestellt wird? Na ist doch klar!

Man bringt diesen Mann geschickt eingefädelt in die Psychiatrie, und entsorgt ihn auf diesem Wege! Am 16.10.1939 wurde Schauberger unter dem Vorwand einer nötigen ärztlichen Untersuchung (Schauberger war im ersten Weltkrieg an Fuß und Gesäß verletzt worden und hatte eine leichte Invalidität bescheinigt) ins Wiener Allgemeine Krankenhaus zitiert und dort seltsamerweise sofort in die psychiatrische Abteilung eingewiesen. Wie Schauberger später erfahren hat, steckte der Wiener Ingenieur- und Architektenverein hinter diesem teuflischen Plan. Damit wir uns richtig verstehen, 1939 war eine Einweisung in die Psychiatrie zu einem hohen Prozentsatz ein Todesurteil, denn Wien war Deutsches Reich, und Hitler entsorgte psychisch Kranke ganz einfach, wie ja hinreichend bekannt ist. Nur durch ein Telefonat, durch viel Glück und durch Beziehungen entging Schauberger dem nächsten Transport nach München, wo auf psychisch Kranke und auf manch unbequemen Zeitgenossen die Giftspritze wartete. Schauberger wurde am 21.10.1939 aus der Psychiatrie entlassen.

Einen weiteren Schlag, den Schauberger zu verdauen hatte, kam vom Oberkommando der Wehrmacht (OKW). Schaubergers Apparate, inklusive der Repulsine, wurden vom Oberkommando der Wehrmacht beschlagnahmt. Schauberger führte gegen diesen Akt der Willkür jedoch Klage und gewann – unterstützt durch Rechtsanwalt Dr. Thun-Hohenstein – tatsächlich den Prozess.

Mittlerweile war der Krieg ausgebrochen, es begannen wirre Zeiten. Schauberger wurde nach Augsburg in die Messerschmittwerke kommandiert, dort arbeitete er an einer speziellen Motorkühlung für Flugzeuge. Kurze Zeit später holte man ihn nach Rostock in die Heinkel-Werke, die dortigen Ingenieure waren an seinen Implosionsantrieben interessiert. Schauberger führte die Ingenieure in die Thematik der Implosion ein, verschwieg jedoch wie immer die wichtigen Details. Als die Heinkel-Ingenieure der Meinung waren, das Projekt ohne Schauberger durchführen zu können, ließ man ihn gehen. Zurück in Wien, arbeitete Schauberger weiter an seinen fliegenden „Repulsinen“, man schrieb das Jahr 1942. Und wie schon erwähnt, knallte eine seiner fliegenden Scheiben ans Dach der Maschinenfabrik Kertl.

1943, der Krieg neigte sich langsam seinem Ende zu, Hitlers Machtapparat mobilisierte die letzten Kräfte. Da die Zeit für die Nazis drängte und die Heikel-Ingenieure die Implosionstechnik anscheinend nicht in den Griff bekamen, wurde Schauberger ins KZ Mauthausen (bei Linz) befohlen. Er sollte dort mit Unterstützung geeigneter Häftlinge (Ingenieure, Techniker) Implosions-Flugscheiben bauen. Schauberger verzögerte das bauliche Fortschreiten seiner Flugscheiben wo er nur konnte, außerdem war ein KZ als Arbeitsplatz für Schauberger, der auch im KZ den Nazis gegenüber seine schroffe Art nicht ablegte, verständlicherweise ein Gräuel. Schauberger, der ja kein Häftling, sondern „Wissenschaftler im Dienste des Endsieges“ war, setzte schließlich beim Lagerkommandanten durch, dass er seine Flugscheiben in der Wiener SS-Ingenieurschule (Kraftfahrtechnische Lehranstalt) weiterbauen werde. Die ihm zugewiesenen Häftlinge wurden ebenfalls nach Wien verlagert, das Ganze nannte sich „Sonderkommando Wien“.

Der Krieg neigte sich langsam seinem Ende zu, Wien wurde bereits von den Alliierten bombardiert. Schauberger und seine ihm zugewiesenen Häftlinge wurden nach Leonstein verlagert, dort wurde eigens eine Fabrik eingerichtet. Leonstein war eine Außenstelle des KZ Mauthausen, dort arbeitete Schauberger bis Kriegsende weiter an den „fliegenden Scheiben“, die nach und nach erstaunliche Formate und Fähigkeiten aufwiesen. So gab es zum Beispiel ein Modell, das einen Durchmesser von 1,5 m hatte, 135 Kilo wog und von einer

Forellenturbine angetrieben wurde, die eine schier unglaubliche Energiemenge freisetzte. Diese Scheibe soll im Schwebezustand (Levitation) einen blau-grünen Lichtglanz von sich gegeben haben, der sich nach einiger Zeit ins Silberfarbene änderte. Schauberger hat die Funktionsweise so erklärt:

„Dreht man Wasser oder Luft in hochtourigen Schwingungsformen ‚zykloid', so kommt es zu einem Energie- oder Qualitätsstoffaufbau, der mit ungeheurer Kraft levitiert. Er nimmt die Erzeugerform mit ins Schlepptau. Dieser Gedanke naturrichtig zu Ende gedacht, ergibt das ideale Flugzeug oder das ideale Unterseeboot, und das fast alles betriebsstofflos."

Aber auch Flugscheiben von sehr viel größerem Ausmaße müssen damals von Schauberger projektiert und in Angriff genommen geworden sein, der schon erwähnte Zeit- und Augenzeuge Alois Kokaly berichtet von einer 7 Tonnen schweren Scheibe, die in ihrem Inneren aus nur 0,75 PS (!) Antriebskraft unglaubliche 20.000 Umdrehungen generierte.

1945, Deutschland verlor den Krieg, Schaubergers sämtliche Geräte und Pläne wurden von den Alliierten (vornehmlich von den Amerikanern) konfisziert. Er selbst wurde in Leonstein von den Amerikanern unter Arrest gestellt, diese Maßnahme diente lediglich dazu, Schauberger vor dem Zugriff der Russen zu schützen.

Es ist ja kein Geheimnis, dass deutsche und österreichische Wissenschaftler in etlichen wissenschaftlichen Bereichen zur damaligen Zeit führend in der Welt waren, ganz speziell was Atomforschung und Raketentechnik anbelangte. Aber auch in psychologischer Kriegsführung basierend auf Bewusstseinskontrolle waren die Deutschen sehr weit fortgeschritten, wie wir später noch sehen werden. Mittlerweile auch kein Geheimnis mehr ist die Tatsache, dass die sonst so moralisch auftretenden Amerikaner nahezu sämtliche „feindlichen" Wissenschaftler in einer groß angelegten Geheimaktion nach Amerika geschleust haben. Gerade was den Bereich „Bewusstseinskontrolle" anbelangt, so wurden hier seltsamerweise wissenschaftliche Schwerverbrecher übelster Art von den Amerikanern mit geradezu offenen Armen in die USA aufgenommen und integriert. Nicht recht viel anders sah es bei sonstigen gewichtigen Nazi-Schwerverbrechern aus, in Amerika waren auch diese Herren, wenn auch wohlweislich getarnt, willkommen. Man hat lediglich in Deutschland ein paar Alibi-Fälle zurückgelassen und in dramatisch aufgezogenen Schauprozessen abgeurteilt, nur um der „dummen" Welt zu zeigen, wie hart und rigoros man doch mit Nazi-Verbrechern aufräumt! Das Ganze war nichts anderes als eine groß aufgezogene Farce, die mittlerweile äußerst detailliert recherchiert und aufgedeckt ist. Das vom amerikanischen Geheimdienst CIA arrangierte Geheimunternehmen, im Zuge dessen Wissenschaftler und Nazi-Größen nach Amerika geschleust worden sind, trug den Code-Namen „Paperclip" (Büroklammer), die dazu nötigen Einzelaktionen wurden „Ratlines" (Rattenpfade) genannt.

Was Viktor Schauberger betraf, so wurde dieser nicht im Zuge der Aktion „Paperclip" nach Amerika geschleust, er wurde erst sehr viel später zu „Onkel Sam" gelockt. Jedenfalls hatten die Amerikaner gleich nach Kriegsende ein erhöhtes Augenmerk auf Schauberger, da sie erfahren hatten, dass sich Schauberger mit Atomenergie befasste. Die Amerikaner waren der Auffassung, dass Schauberger auf dem Gebiet der Kernspaltung im Sinne von Atomzertrümmerung forschte, die ja Grundlage der Atombombe ist. Dass dies nicht stimmte, sondern dass das genaue Gegenteil der Fall war, zeigt ein Auszug eines Briefes, den Schauberger am 15. Februar 1946 von Leonstein aus an die Landeshauptmannschaft in Linz schrieb:

„ ... Am 18. Oktober 1945 erschienen Vertreter des C.I.C. Kirchdorf/Oberösterreich und fragten mich, ob ich an atomaren Energien forsche, untersuchten meine Testapparate – und seit diesem Tag werde ich bei meinen Forschungen von Gendarmen Tag und Nacht überwacht.

Ich bitte die Landeshauptmannschaft Linz mein Ansuchen um Aufhebung der Überwachung vorzubringen, da ich wirtschaftlich und gesundheitlich nicht mehr länger in der Lage bin, diese Einschränkung meiner persönlichen Freiheit zu ertragen. Ich war weder Mitglied bei der NSDAP noch sonst wie politisch aktiv und bin auch nie straffällig geworden. Deshalb finde ich es als sehr hart, mir durch die Überwachung meine Lebensfristung zu nehmen. Durch eigene Forschungen lernte ich allmählich die ‚aufbauenden' Atomenergien zu erkennen. Ich möchte hier erwähnen, dass jene Art von Atomenergien, die von den Amerikanern geheim gehalten werden, mich nie interessierten, und dass ich bereit bin zu unterzeichnen, mich in Zukunft weder theoretisch noch praktisch mit diesen destruktiven Kräften zu beschäftigen.

Die von mir erforschten Atomkräfte sind fundamental verschieden von den amerikanischen. Bei den von mir erforschten höherwertigen Atomenergien gibt es keine Explosion, kein Feuer; im Gegenteil, es entsteht als Folgeerscheinung Wasser, so dass ich sie Atomenergien ‚erster Klasse' bezeichne. Das Folgeprodukt bei den Atomenergien ‚zweiter Klasse', welche die Amerikaner verwenden, ist das Feuer. Am besten würden diesen gravierenden Unterschied einige praktische Beispiele veranschaulichen, die deutlich machen, dass es keine Verbindung zwischen den von den Amerikanern erforschten Atomenergien und den von mir erforschten gibt. Man kann mich daher auch nicht bestrafen, denn nach dreißigjähriger Forschungsarbeit habe ich die natürlichen Aufbauprozesse erforscht, durch welche die Verbrennung von Erdöl, Kohle, Holz, usw., zum Zwecke der Energiegewinnung überflüssig wird. ... Amerika möge Vorsoge treffen, dass die Bevölkerung nicht von den destruktiven Atomkräften erfährt, um nicht die Kriegslust zu wecken. Auf der anderen Seite ist es aber notwendig, die natürlichen, aufbauenden Atomkräfte weltweit zu forcieren, weil dadurch jede Nahrungsnot in kürzester Zeit ein Ende finden würde. Ich bitte deshalb, mein Ersuchen an kompetente Stelle weiterzuleiten, da ich mit meiner Arbeit fortfahren und – da ich schon alt bin und meine Gesundheit leidet – noch mein Lebenswerk vollenden will. Auf jeden Fall finde ich es nicht günstig, eine Entdeckung von weltweiter Bedeutung zurückzuhalten."

Schauberger schrieb auch direkt einen Brief an das amerikanische C.I.C. (Counter Intelligence Corps), mit folgendem Inhalt:

„ ... Am 18. Oktober übernahm das C.I.C. mein Labor, verhaftete meinen Konstrukteur und nahm mich in Hausarrest. Ich darf seitdem das Areal nicht verlassen. Während der vergangenen dreißig Jahre meiner Forschungsarbeiten habe ich so viele seltsame und aufregende Erlebnisse gehabt, dass mich dieser Vorfall nicht mehr stört. Ich wurde von der Gestapo sechs Jahre überwacht, obwohl ich mich politisch nie betätigt hatte. Ich glaube, dass die Menschheit noch nicht reif ist für ‚Geo-Politik', hingegen überreif an Politikern ist, die wiederum nicht reif sind, wirklich ökonomisch zu handeln.

Ich schrieb in diesem Sinne als österreichischer Staatsbürger an Präsident Dr. Karl Renner und bat ihn, mir die Chance einer Beweisführung zu geben, dass die Wissenschaft sich auf einem widernatürlichem Weg befindet und deswegen die Verantwortung für diese schreckli-

chen Ereignisse trägt, welche neulich 34 amerikanische Senatoren veranlasste, einen Appell an Präsident Truman zu richten (Anmerkung: Schauberger meinte damit den Abwurf der Atombombe über Hiroshima), Vorsorge zur Abwendung einer Katastrophe großen Ausmaßes zu treffen.

Es ist an der Zeit, das größte Verbrechen zu lüften: die Unterdrückung der geistigen Entwicklungsfähigkeit (der Schöpferkraft), welche die Natur mit dem Hungertod bestraft. Doch dafür gibt es keinen Präzedenzfall in den menschlichen Gesetzen, und deswegen kommt das Prinzip zum Tragen: Keine Strafe ohne Gesetz.

Ich erachte die Enthüllung dieser Tatsachen als meine Pflicht. Selbst Präsident Truman bleibt solange machtlos, bis diese Angelegenheit nicht geklärt ist. Abgesehen von dem, die unmöglichsten Geschichten machen die Runde, wegen der strengen Kontrolle, die ich am Beginn des Briefes schilderte. Kurz vor Ende dieses Krieges erließ die SS strikte Maßnahmen, um die vorhin erwähnte Enthüllung zu verhindern. Ich entging nur knapp der Hinrichtung.

Soweit ich von den Untersuchungen berichten kann, wurden die Maßnahmen wegen mir getroffen, denn ich weiß das Geheimnis der Entstehung (Entwicklung) von Atomkräften ‚zweiter Ordnung', die mich aber nie interessierten, mit denen ich mich nur befasst habe, um den Unterschied zwischen ihnen und den Atomkräften ‚erster Ordnung' zu studieren.

Es ist eine unleugbare Tatsache, dass die zunehmende wissenschaftliche und technische Entwicklung einen rasanten wirtschaftlichen Niedergang bewirkt. Unter anderen hat auf diese Tatsache der Sozialist Oswald Sprengler in seinem Werk ‚Mensch und Technik' hingewiesen, welches sehr unbequem ist, denn jeder gebildete Mensch fühlt sich unbewusst schuldig, wenn er Sprenglers Anklage liest. Sprengler war als rein mechanistischer und materialistischer Denker bekannt. Er war intuitionslos und stand einem metaphysischen Denken ferne. Aus diesem Grunde konnte er nur anklagen, erkannte aber nicht die Wurzeln des Übels. Deswegen ist es höchste Zeit, darüber zu berichten. Die gegenwärtige Technik ist entweder ein tragischer Irrtum oder ein absichtliches Verbrechen, denn sie nutzt jene destruktiven Kräfte zum Antrieb von Maschinen, Motoren, etc., welche die Natur zum Abbau alles Entwicklungsunfähigen einsetzt.

Darum muss die ganze zivilisierte Welt, welche diese Entwicklung gefördert hat, in die wirtschaftliche Sackgasse geraten. Auf diese Weise wurden und werden auch die besten Rohstoffe sinnlos vergeudet, in dem Glauben, die Natur zu beherrschen. Der Output ist wesentlich geringer als der Input, ein wirtschaftlich völlig unrentables Unternehmen. Abgesehen von dem Rohstoffraubbau für die Gewinnung von Bewegungsenergie, kam es zu einer weiteren höchst gefährlichen ökonomischen Konsequenz, denn die auf diese Weise gewonnene Energie erzeugt jene Temperaturen, welche Fäulnisprozesse sowie das Aufleben gefährlicher Bakterien begünstigen und auch gefährliche Gase entwickeln. Der Wirkungsgrad solcherart angetriebener Maschinen und Motoren ist sehr gering.

In derselben Weise – durch die falsche Bewegung – werden die Atomenergien ‚zweiter Ordnung' generiert, die erst kürzlich bei Versuchen in Amerika mehrere Versuchsapparate zerstörten. Diese Energien sind die gefährlichsten der Erde und werden sogar schon für medizinische Zwecke versucht.

Die 34 amerikanischen Senatoren hatten deshalb allen Grund, die politische Spitze in Amerika um Hilfe zu bitten, die jedoch ausbleibt, solange die helfende Medizin (Atomenergie erster Ordnung) nicht bekannt ist. Ich habe Österreich die Lösung dieses Problems angeboten: die von mir entwickelten Möglichkeiten der Förderung der Atomenergien erster Ordnung. In der Natur geschieht nichts zufällig. Wir Menschen haben es in der Hand, die Natur zu kopieren, aber vorher müssen wir sie kapieren, um die guten Geister zu rufen. Ich möchte hier keine Details erwähnen, die Sie als Jurist ja sowieso nicht verstehen würden, auch wenn Sie sich noch so hart bemühen würden. ...“

Die Zeit der Nachkriegswirren begann, was Viktor Schauberger bis zum Jahre 1953 getan hat, liegt historisch im Dunklen. 1953, so berichtet Alois Kokaly, beschäftigte Schauberger sich mit der Konstruktion eines Heimkraftwerkes. Er sah die radioaktive Verseuchung der Welt voraus, die das naturwidrige Verfahren der Atomzertrümmerung (Kernspaltung) unweigerlich nach sich zieht, und wollte jedem Haushalt zu einer lebensfreundlichen Energiequelle verhelfen. Kokaly machte Schauberger darauf aufmerksam, dass das ein höchst gefährliches Unternehmen sei, da dies das Ende der Energiemonopolisten bedeuten würde; und diese Spezies, die die Welt energietechnisch knechtet und zerstört, würde sich zu wehren wissen. Und sie wusste sich rechtzeitig zu wehren! 1958, als Schaubergers Konstruktionen bezüglich des Heimkraftwerkes sehr fortgeschritten waren, bemühten sich plötzlich etliche Herren aus Amerika auffallend eifrig um Viktor Schauberger, sie schirmten Schauberger von allen anderen potentiell Interessierten nahezu hermetisch ab.

Das Kernstück von Schaubergers Heimkraftwerk stellten spezielle Wendelrohre dar, die einspulende Wasserwirbel erzeugen und somit nach dem Implosionsprinzip funktionierten. Das Verfahren der einspulenden Bewegung wollte sich Schauberger patentieren lassen, seine Erfindung wurde jedoch von den Patentämtern abgelehnt, weil es sich – laut deren Begründung – nicht um ein Patent im Sinne des Patentgesetzes handle, sondern um die Entdeckung eines Naturgesetzes! Schauberger konnte diese Ablehnung nur schwerlich verdauen. Er war bereits 73 Jahre alt, als zwei Amerikaner mit einem verlockenden Angebot auf ihn zukamen. Er solle mit nach Amerika gehen, dort hätte er unbegrenzte Mittel zur Verfügung, und man würde ein weltweit groß angelegtes Projekt „Implosion“ ins Leben rufen, um die Welt zu gesunden. In diesem Angebot sah ein mittlerweile betagter Viktor Schauberger die letzte Chance, sein Vorhaben, der ganzen Welt die immense Energiequelle „IMPLOSION“ zu präsentieren, zu realisieren. Schauberger, der gesundheitlich sehr angegriffen war, stimmte einem Amerikaaufenthalt zu, allerdings befristet auf drei Monate und in Begleitung eines Arztes und seines Sohnes Walter Schauberger. Bei den beiden Amerikanern, die Schauberger in die USA holten, handelte es sich um den Deutschamerikaner Karl Gerchsheimer und um einen gewissen Norman Dodd. Beide agierten im Auftrag von Robert Donner, einem schwerreichen Industriellen aus Texas. Gerchsheimer, der höchstwahrscheinlich Agent war und auf mehreren Hochzeiten tanzte, brachte noch einen weiteren texanischen Industriellen ins Spiel, Harald W. Totten. Dieser war Inhaber der Firma „Washington Iron Works Inc.“, diese Firma sollte die idealen Voraussetzungen für das Großprojekt „Implosion“ bieten. Noch in Österreich wurde seitens der Amerikaner ein Vertrag aufgesetzt, der die Tätigkeit Schaubergers in den USA regelte, und der einen kritischen Punkt beinhaltete. Schauberger wurde in diesem Vertrag verpflichtet, dass alle Erkenntnisse und Daten über das Projekt „Implosion“ in den USA zu verbleiben hatten. Der Vertrag wurde am 9. Mai 1958 unterzeichnet, Schauberger wurde – ebenfalls im Vertrag fixiert – zu strengster Geheimhaltung verpflichtet.

Schaubergers gesamtes Forschungsmaterial wurde in Kisten verpackt und ging auf die Reise nach Texas, denn dort sollte das Großprojekt „Implosion“ stattfinden. Schauberger selbst, sein Sohn Walter und sein Schwiegersohn und Arzt Dr. W. Luib flogen am 26. Juni 1958 von Frankfurt aus nach New York, am 1. Juli flogen sie weiter nach Dallas in Texas. Schon während des Fluges von New York nach Dallas erkannte Schauberger, da er aufmerksam die vorbeiziehende Landschaft unter ihnen betrachtete, dass er sich in ein totes Land begeben hatte: Monokulturen, kaputte Wälder, lebloses Wasser das in Wassertürmen gespeichert war und eine Erdschicht, die Schauberger als „ausgetrocknete Heizplatte“ bezeichnete. Schauberger hatte sich das viel gepriesene Amerika ganz anders vorgestellt, er fühlte sich von Tag zu Tag sichtlich unwohler.

Von Dallas aus ging es nach Sherman, dort wurden sie zuerst in einem Motel untergebracht, ein paar Tage später zogen sie um in Tottens Ranch. Schauberger hatte sichtlich Schwierigkeiten, Gersheimer und Totten das Prinzip der Implosion nahe zu bringen, zudem befanden sich seine Implosionsmodelle – anhand deren eine Erklärung leichter gefallen wäre – noch auf dem Transportwege. Außerdem sprach Schauberger kein Englisch, was die Verständigung mit Totten erschwerte. Schauberger ging es gesundheitlich immer schlechter, schließlich brachte man ihn in eine Klinik in Sherman, wo er einige Wochen verbrachte. Sein Sohn Walter war sehr besorgt um die Gesundheit seines Vaters, er wollte dessen sofortige Rückreise nach Österreich durchsetzen. Er machte Gerchsheimer den Vorschlag, dass er ein Jahr lang das „Projekt Implosion“ in den USA betreuen würde, und sein Vater von Österreich aus als Berater fungieren sollte. Gerchsheimer lehnte diesen Vorschlag ab, und da er noch immer nicht verstanden hatte, um was es sich bei dem Verfahren „Implosion“ technisch genau handelt, kamen ihm langsam Bedenken hinsichtlich Schaubergers Kompetenz auf. Diese Bedenken teilte er dem Hauptfinanzier Robert Donner mit, der daraufhin einen Schritt einleitete, der der ganzen Sache eine entscheidende Wendung bringen sollte.

Da, trotz Schaubergers intensiver Bemühungen, weder Gerchsheimer noch Totten noch Donner das technische Verständnis für das Implosionsprinzip aufbringen konnten, flog Donner nach New York, dort kontaktierte er einen gewissen Eric A. Boerner, und gab diesem Schaubergers Unterlagen über Implosionstechnik zur Ansicht. Boerner arbeitete für ein Unternehmen, das sich „The National Atomic Research Laboratories at Brookhaven“ bezeichnete. In diesem Unternehmen war Boerner Kopf einer Forschungsgruppe, die am „Cosmotron Project“ arbeitete. Dieses Projekt hatte die Erforschung der Atomstrukturen und Kernteilchen zum Ziel und diente mit ziemlicher Sicherheit – wie das bei fast allen derartigen Forschungsprojekten der Fall ist – auch militärischen Zwecken. Die Thematik „Implosion“ war also bei einer Institution angelangt, wo Schauberger sie ganz und gar nicht haben wollte, doch er wusste ja noch nichts davon.

Boerner jedenfalls, und so viel ist sicher, hat sehr wohl erkannt, was ihm da für ein „heißes Eisen“ zugeflogen war, denn er setzte sich sehr bald mit Schauberger und dem „Projekt Implosion“ in Verbindung. Boerner schlug vor, ein Multi-Million-Dollar Implosionsforschungs-Zentrum unter seiner (Boerners) Leitung in Arizona zu errichten. Nach einiger Zeit der Verhandlung kam auch tatsächlich ein Vertrag zustande, das „Projekt Implosion“ verlagerte sich somit, und die Situation wurde für Schauberger immer skurriler und undurchsichtiger.

Gerchsheimer wies Schauberger an, all sein Wissen über Implosion niederzuschreiben, da in einigen Wochen eine wichtige und entscheidende Konferenz anstünde. Schauberger setzte sich tatsächlich hin und schrieb zehn Tage lang sein Wissen über Implosion nieder. Als er damit fertig war, wurde das niedergeschriebene Wissen in einen Umschlag gesteckt und an „Eric A. Boerner, National Atomic Research Laboratory, Brookhaven, Upton, New York State" adressiert und abgeschickt.

Für Schauberger wurde die ganze Sache immer schwerer zu durchschauen, außerdem war er über die Person Boerners nicht richtig informiert worden. Schauberger war der Ansicht, dass Boerner ein Experte für Energiefragen war, er wusste nicht, dass dieser das „Cosmotron Project" leitete. Schließlich erfuhr Schauberger doch, dass Boerner dieses Projekt leitete, und auch was dessen Forschungsziel war. Eine düstere Ahnung machte sich langsam in einem gesundheitlich sehr angeschlagenen Viktor Schauberger breit.

Es kam zur angekündigten Konferenz auf Tottens Ranch, an der Viktor Schauberger, sein Sohn Walter, Robert Donner und Eric A. Boerner teilnahmen. Während dieser Konferenz teilte Boerner den Anwesenden mit, dass, wie nach eingehender Prüfung festgestellt worden war, Schaubergers Implosionstheorie tatsächlich auf naturgesetzlicher Basis realisiert werden könnte, und somit eine neue physikalische Erkenntnis darstelle. Allerdings, so gab er Schauberger zu verstehen, sei eine mindestens vierjährige Forschungsarbeit nötig, um überhaupt erste Früchte dieser neuen Technologie hervorbringen zu können. Grund dessen wäre es unerlässlich, den Amerikaaufenthalt von Schauberger auf acht Jahre zu verlängern. Diese Forderungen trafen Schauberger wie ein Schlag, er fühlte sich betrogen und wollte nur noch raus aus diesem Land und aus einem immer undurchsichtiger werdenden „Projekt Implosion". (Führt man sich vor Augen, dass Schauberger bereits funktionstüchtige Prototypen und Modelle mit in die USA gebracht hatte, so mutet eine vierjährige Forschungszeit schon äußerst verdächtig an!)

Als dann einige Tage später bei einem erneuten Treffen, das diesmal in Tottens Fabrik „Washington Iron Works" stattfand, Schauberger mit ansehen musste, wie seine mittlerweile dort eingetroffenen Modelle völlig unsachgemäß durch Zersägen auseinander genommen wurden, gab ihm das den Rest. Seine dringenden Fragen, die er an gewisse Herren hatte, wurden nicht mehr beantwortet, die Sachlage ließ sich für ihn nicht mehr klären. Es wurde auf eine weitere Konferenz verwiesen, die irgendwann stattfinden sollte. Drei Tage nach dem Treffen in Tottens Fabrik wurde Schauberger wieder ins Hospital eingeliefert, er erklärte seinem Sohn Walter noch, dass er vorhabe, von nun an jegliche weitere Informationen über Implosion zurückzuhalten.

Während Viktor Schauberger im Hospital war, fand in Colorado Springs die weitere bereits angekündigte Konferenz statt; seltsamerweise tauchten auf diesem Meeting neben Gerchsheimer und Donner auch noch Vertreter der „Eastern Oil Company and Trunk Line Company auf", die ihren Sitz in New Mexico hatte. Walter Schauberger jedoch erschien zu dieser Konferenz gar nicht mehr.

Am 13.9.1958 fand eine letzte Konferenz in Tottens Büro statt, vertreten waren: Viktor Schauberger, Walter Schauberger, Totten, Gerchsheimer sowie Donner samt Anwalt. Donner unterzeichnete vor Schaubergers Augen ein Dokument, reichte Schauberger seinen goldenen Füller und forderte ihn zur Unterschrift auf, mit dem Hinweis, dass er damit die USA verlassen könnte und die Sache ein Ende hätte. Das umfangreiche Dokument war in Englisch verfasst, für Schauberger also unleserlich. Sein Sohn Walter Schauberger verlangte, dass das Dokument ins Deutsche übersetzt werden solle, Gerchsheimer schaltete sich ein und sagte, Schauberger könne ruhig unterzeichnen, es würden sich damit all seine Wünsche erfüllen. Daraufhin verlangte Walter Schauberger wenigstens eine mündliche Übersetzung des Dokumentes sowie eine Kopie desselben, und so ging es hin und her.

Ein alter, müder und am Boden zerstörter Viktor Schauberger nahm irgendwann den goldenen Füller und unterzeichnete still.

Mit seiner Unterschrift hatte Schauberger all seine Modelle, all seine Pläne und einen unvorstellbaren Schatz für die Menschheit an das Donner-Gerchsheimer Konsortium verloren. Weiterhin hatten er und sein Sohn Walter über alles, was mit Implosion zusammenhing, in Europa absolutes Stillschweigen zu bewahren.

Am 19. September 1958 flogen die Schaubergers zurück nach Europa, wenige Tage später, am 25. September 1958, starb Viktor Schauberger in Linz.

Das, was ich Ihnen an dieser Stelle über Viktor Schauberger berichtet habe, ist nur ein winziger Auszug aus dem Leben und Wirken dieses überaus genialen Mannes, und doch beinhaltet es all jene Fakten, auf die sich meine weiteren Ausführungen zum Großteil stützen werden. Das Leben und Wirken Schaubergers sowie die Aktionen und Geschehnisse, die sein Wirken hervorrief, sind geradezu ein Paradebeispiel oder besser gesagt eine Schablone für viele ähnliche Fälle, denn der Fall Schauberger beinhaltet nahezu alle Muster, die bei solchen Erscheinungen auftreten. Wenn man sich mit der Person und dem Wissen Viktor Schaubergers intensiv auseinandersetzt, dann beantwortet sich die Frage, ob es Flugscheiben und Freie-Energie-Maschinen gibt oder nicht, von ganz alleine und in höchst anschaulicher und plastischer Form. Vierzig Jahre Forschung, sicht- und greifbare Großprojekte, öffentliche Auftritte, Berichte, Briefe, Verhöre, Dokumente, Augenzeugen, Fotos und Prototypen in Form und Funktion – lassen sich nicht so einfach vom Boden der Tatsachen wischen. Implosion ist eine Tatsache! – Und zwar eine nutzbare Tatsache zum Wohle der gesamten Menschheit und unseres Planeten! Aber es ist auch eine Tatsache, dass dieses Wohl von gewissen Mächten nicht gewünscht wird – Implosion wird verheimlicht, unterdrückt und mit allen Mitteln bekämpft. Warum das so ist und wer oder was genau dahinter steckt, wird Ihnen im weiteren Verlaufe dieser Lektüre hoffentlich immer klarer werden.

Falls Sie mehr über Viktor Schauberger und dessen Wirken in Erfahrung bringen wollen (und es lohnt sich in jedem Fall!), dann kann ich Ihnen folgende wirklich hervorragende Bücher empfehlen:

- Lattacher, Siegbert: Viktor Schauberger. Auf den Spuren des legendären Naturforschers (ISBN: 3850685446)
- Alexandersson, Olaf: Lebendes Wasser (ISBN: 385068377-X)

Ach ja, eines will ich Ihnen in punkto Viktor Schaubergers Weitsichtigkeit noch sagen. Er hat 1935 folgende und für die damalige Zeit vollkommen unglaubliche Aussage gemacht: *„Gegen Ende dieses Jahrtausends wird ein Liter Wasser mehr kosten als ein Liter Wein!“*

Nun, wie Sie im nächsten Kapitel noch erfahren werden, entspricht nur reines, unbehandeltes Quellwasser **dem**, was Wasser eigentlich sein sollte. Reines Quellwasser ist – bedingt durch eine herrschende Mineralwassermafia – derzeit fast nur in Naturkostläden oder Reformhäusern zu erwerben. Und ich sage Ihnen, Schauberger hatte mit seiner Behauptung Recht, denn pures, abgefülltes Quellwasser kostet bereits mehr als ein Liter Tafelwein im Supermarkt!

Doch nun zurück zu UFOs, die von Menschenhand erschaffen sind.

Wenn man sich ernsthaft mit Viktor Schauberger befasst – und die Fakten, die man dabei erfährt, sind durchweg handfest und keinesfalls an den Haaren herbeigezogen –, dann ist die Frage, ob es funktionierende Flugscheiben, die von Menschenhand geschaffen sind, überhaupt gibt, schon beantwortet – es gibt sie! Es gibt solche utopisch anmutende Flugscheiben, die ja wegen ihrer typischen Form als fliegende Untertassen bezeichnet werden, schon seit mindestens 60 Jahren. Die diskusähnliche Form ist durch deren Funktionsweise vorgegeben, Flugscheiben funktionieren durch rotierende (einspulende!) Magnetfelder, und somit letztendlich nach dem Implosionsprinzip. Solch rotierende Magnetfelder bewirken unter anderem die Aufhebung der Gravitation (Schwerkraft), somit sind die Flugscheiben zu enormen Geschwindigkeiten, blitzschnellem Start und Stopp sowie abruptem Richtungswechsel in der Lage – also zu Eigenschaften, die immer wieder bei UFO-Sichtungen beschrieben werden. Ist eine Flugscheibe bemannt, dann befinden sich die Piloten ebenfalls in einer gravitationsfreien Zone im Inneren der Scheibe, der Organismus wird also in keiner Weise durch plötzliche Beschleunigung oder durch abrupte Abbremsung belastet.

Der physikalische Knackpunkt der Flugscheiben-Technologie ist die Aufhebung der Gravitation (Schwerkraft), was nach herkömmlichem Physikverständnis schlichtweg als unmöglich bezeichnet wird.

Die Physiker behaupten also, dass man die Gravitation nicht aufheben könne. Interessant und höchst delikat wird die Sache jedoch, wenn man einen Physiker fragt, was denn Gravitation eigentlich ist. Da wird ihnen der Physiker erklären und erklären und die verschiedenen Wirkungsweisen der Gravitation aufzeigen, aber je mehr Sie seine Erklärungen **gezielt** hinterfragen, desto eher werden sie zu der Erkenntnis gelangen, dass dieser Physiker im Grunde gar nicht weiß, was Gravitation überhaupt ist. Und es ist tatsächlich so, wie ich es Ihnen hier sage, die Physiker wissen nicht, was Gravitation ist. Sie können lediglich Vermutungen anstellen und die Wirkungsweise der Gravitation in Formeln fassen, die wiederum auch nur bedingt anwendbar sind – das ist schon alles! Und genauso verhält es sich mit der Elektrizität und mit dem Magnetismus. Auch hier wissen die Physiker nicht, um was es sich bei diesen Erscheinungen im Grunde handelt. Lediglich krückenhafte Denkmodelle und wiederum bedingt anwendbare Formeln, die auf der Wirkungsweise dieser Erscheinungen basieren, existieren – mehr nicht! Viele Bürger wissen um diese Tatsache gar nicht Bescheid und lassen sich von Nobelpreisen und wichtigtuerischem wissenschaftlichen Gehabe blenden oder abspeisen. Wenn ein Physiker behauptet, dass man Gravitation unter keinen Umständen aufheben kann, dann behauptet er etwas über etwas, von dem er gar nicht weiß, was es überhaupt ist – genial blöd, nicht wahr?

Aber ich sage Ihnen, es gibt einige Wissenschaftler auf unserem Planeten, die weitaus mehr wissen, als die öffentliche Physik weiß oder wissen darf. Und das sind diejenigen Wissenschaftler, die für ganz bestimmte Organisationen und Institutionen tätig sind, und die ihre Forschungen stets in militärisch abgeschirmten Hochsicherheitsanlagen verrichten, wie zum

Beispiel in der berühmt berüchtigten AREA-51, die 200 Kilometer nördlich von Las Vegas mitten in der Wüste von Nevada liegt. In dieser Hochsicherheitsanlage tut sich nämlich Seltsames, wie aus unzähligen Augenzeugenberichten zu erfahren ist. Diese Anlage gilt als die geheimste aller US-Geheimbasen, deren es eine ganze Reihe gibt. Das dortige Geschehen muss außerordentlich sensibel sein, denn es wird vom effizientesten aller geheimen US-Nachrichtendienste, dem „National Reconnaissance Office" (NRO), überwacht. Der NRO verfügt über ein Potential, das sogar das des gefürchteten CIA weit in den Schatten stellt. Der NRO betreibt mehr als 800 Satelliten, darunter einige Exemplare, die in der Lage sind, Personen zu überwachen (und zu manipulieren!) die ein Mikrochipimplantat tragen. Im weiteren Ablaufe meiner Ausführungen werde ich Sie noch eingehend dahingehend inFORMieren, was sich mittlerweile in punkto Mikrochipimplantate weltweit so alles tut – nämlich weitaus mehr, als in der Öffentlichkeit bekannt ist. Weiterhin wird Ihnen dann hoffentlich klar werden, dass diese Technik auch dafür sorgt, dass das Personal, das in den sensiblen Bereichen von Hochsicherheitsanlagen arbeitet, gegenüber der Öffentlichkeit wasserdicht gehalten wird – um es einmal vorsichtig auszudrücken!

Die AREA-51 befindet sich auf dem riesigen Gelände (1,5 Millionen Hektar!) der Nellis-Air-Force-Base (NAFB) und wird mit gigantischem Sicherheitsaufwand bewacht. Der Sicherheitsaufwand geht soweit, dass sogar öffentliches Gelände, das sich rund um diese Basis erstreckt, von Sicherheitskräften, Bewegungsmeldern und Videokameras durchzogen ist. Alleine das Herausfordern der Sicherheitskräfte an der äußeren Umzäunung kann schon mit bis zu 5.000 $ Geldstrafe oder mit bis zu einem Jahr Gefängnis bestraft werden! Doch nicht nur die Sicherheitseinrichtungen, die diese Anlage abschirmen, sind gewaltig, auch die Anlage selbst ist gigantisch. Es ist eine ganze Stadt, die sich wohl getarnt durch ein geteiltes Bergmassiv, teils oberirdisch jedoch größtenteils unterirdisch, in diesem Areal befindet. Es existieren dort gewaltige Hangars, Versorgungseinrichtungen, Radaranlagen sowie die längste Rollbahn der Welt. Ein Grossteil der dortigen Struktur soll unterirdisch sowie in die Berge hinein angelegt sein, Abräumarbeiten von gigantischem Ausmaß, die von vielen Augenzeugen beobachtet worden sind, bekräftigen diese Annahme.

So eine riesige Anlage braucht natürlich entsprechend viel Personal, die Personalstärke ist jedoch zeitlich nicht konstant, sie schwankt zwischen zirka 1500 und 4000 Personen. Von einem speziellen Terminal des McCarran-Airport in Las Vegas aus, wird eine eigene Fluglinie zur AREA-51 betrieben – die JANET-Flotte. Pro Tag finden rund ein Duzend Flüge statt, aber auch per Auto kommen autorisierte Personen in die AREA-51 hinein. Viele der dort Beschäftigten wissen wohl gar nicht, was sich in dieser Militärzone alles an Ungewöhnlichem abspielt, denn die AREA-51 ist in verschiedene Bereiche unterteilt, die räumlich weit getrennt und jeweils nur für bestimmtes Personal zugänglich sind. Durch Gebirgszüge vollkommen verdeckt und somit von außen nicht einsehbar, ist der wohl geheimnisumwittertste Bereich, die Zone „S-4". Diese Zone birgt derart Sensibles, dass sie nicht einmal von den Piloten der Nellis-Air-Force-Base überflogen werden darf!

Und jetzt kommt das Unglaublichste an der ganzen Sache: Es gibt keine US-Behörde, weder von Regierungsseite noch seitens des Militärs, die die Existenz der AREA-51 zugibt. Eine ganze Bergstadt in der Gebirgswüste von Nevada samt eigener Anreiseflotte, 4.000 Mann Personal und der längsten Rollbahn der Welt, wird von den Behörden schlichtweg verleugnet! Und das, obwohl es bis 1995 sogar jedermann möglich war, von der Ferne in dieses rege Treiben hineinzublicken. Vom Gipfel des 1.800 m hohen Berges „White Sides" als auch vom Gipfel des „Freedom Ridge“ konnte man, ausgerüstet mit spezieller Optik, einen Teil der Außenanlagen erspähen, was auch von vielen Interessierten rege genutzt worden ist. Die zwischen den Bergketten verborgene, streng geheime Zone „S-4“ ist jedoch nicht einzusehen. Im April 1995 wurden die beiden rege besuchten Berggipfel ebenfalls vom Militär in Beschlag genommen und zur militärischen Sicherheitszone erklärt. Der nächst mögliche Einsehpunkt ist nun stramme 42 Kilometer entfernt, es handelt sich dabei um den Gipfel des 2.500 m hohen „Tikaboo Peak“. Selbst aus dieser Entfernung ist der gewaltige Haupthangar der AREA-51 noch mit bloßem Auge erkennbar.

Nun, was wird denn wohl so alles getrieben in der AREA-51. Offiziell gar nichts, denn es gibt diese Anlage für die Behörden ja gar nicht! Inoffiziell schaut die Sache schon ganz anders aus, in dieser Anlage werden Top-Sekret-Flugobjekte getestet und teilweise hergestellt. So zum Beispiel die superschnelle „Blackbird“, der Höhenaufklärer „U-2“ oder der Tarnkappenbomber „Stealth“. Und man höre und staune, laut permanent durchsickernden Informationen von Piloten, Technikern, Wissenschaftlern, Sicherheitspersonal und von Interessierten, die sich in der näheren, frei zugänglichen Umgebung aufhalten, sind dort auch ab und zu utopisch anmutende Flugscheiben zu erspähen. Die Gegend rund um die AREA-51 zählt weltweit mit zu denjenigen Regionen, die in punkto UFO-Sichtungen am ergiebigsten sind.

So, lieber Leser oder Leserin, ich hoffe, Sie sind in der Lage, 1+1 zusammenzählen zu können.

Oder glauben Sie im Ernst, dass ein amerikanischer Geheimdienst, wenn er an Pläne und Apparaturen gelangt, wie es 1958 im Fall Viktor Schauberger der Fall war, nicht mit Hochdruck an der Sache weiterforschen lässt? Es wäre schon mehr als naiv, auch nur anzunehmen, dass dies nicht der Fall ist. Es wurde selbstverständlich weitergeforscht, es sei denn, man hatte diese Technologie bereits im Griff, was durchaus auch denkbar ist. In diesem Fall muss sämtliches kritische Material nur von jeglicher Öffentlichkeit fern gehalten werden und man muss zusätzlich dafür Sorge tragen, dass der Urheberschaft des Materials medientechnisch so weit wie möglich in die Unglaubwürdigkeit gezogen wird, und dass ihre Errungenschaften auf **keinen** Fall in öffentliches Lehrmaterial eingehen. Dass diese Vorgehensweise in der Vergangenheit sehr oft mit Erfolg praktiziert worden ist, werde ich Ihnen noch anhand einiger Beispiele aufzeigen.

Schauen Sie sich doch die rasante technische Entwicklung der letzten Jahrzehnte einmal an. Ich meine, was die Geschwindigkeit anbelangt und nicht vom Stress, Schrott und der Umweltzerstörung, die sie uns eingebracht hat. Das ist schon gigantisch, was sich da in relativ kurzer Zeit getan hat. Und nun überlegen Sie einmal: seit fast einem halben Jahrhundert ist, alleine im Falle Schauberger (und es gibt etliche Fälle die ähnlich gelagert sind), der amerikanische Geheimdienst im Besitz von funktionierenden Apparaturen samt Plänen, die auf Implosionsverfahren beruhen. Ich sage es Ihnen an dieser Stelle noch einmal, Implosionsverfahren bergen ein schier ungeheures Energiepotential in sich und setzen, magnetisch richtig angewandt, die Gravitation außer Kraft. Weiterhin verfügen die Geheimdienste sowie entsprechende Institutionen über nahezu unbegrenzte Geldmittel und Forschungseinrichtungen. Ja, was glauben Sie, sind die derzeitigen Endprodukte, die nach einem halben Jahrhundert intensiver Forschung und Produktion auf deren Matte stehen? – Sicherlich keine Blechfrösche zum aufziehen! Ich sage Ihnen, es würde Ihren derzeitigen Horizont sprengen, wenn Sie wüssten, was mittlerweile alles existiert und möglich ist.

Ich habe Ihnen die Hochsicherheitsanlage AREA-51 deshalb so genau beschrieben, damit Sie wenigstens darüber inFORMiert sind, was für gewaltige, geheime Hochtechnologie-Anlagen auf dieser Welt existieren, in denen eine Physik zur Anwendung kommt, die jenseits unserer Lehrbuchphysik liegt. Die AREA-51 mag wohl die größte dieser Art sein, aber bei weitem nicht die einzige, es existieren etliche solch abgeschirmter High-Tech-Areale auf unserem Planeten.

Jetzt werden Sie bestimmt und auch berechtigterweise fragen: *„Ja* ***warum*** *werden denn Technologien, die dem Menschen tatsächlich das Paradies auf Erden ermöglichen könnten, von den Menschen vorsätzlich fern gehalten?"*

An die endgültige Antwort auf diese Frage muss ich Sie Schritt für Schritt heranführen, am Schluss dieser Lektüre werde ich Ihnen das „warum" **absolut** vor Augen führen. Die momentane Antwort auf die oben stehende Frage lautet jedenfalls: Es ist die unersättliche Gier nach Macht, die gewisse – derzeit im Besitz der Macht befindliche – Personen und Institutionen dazu bringt, lebensfreundliche Technologie vor den Menschen mit allen erdenklichen Mitteln zu verbergen. Würden diese Personen diese Technologien freigeben und richtig einsetzen, dann hätten die Menschen innerhalb kürzester Zeit nicht nur unerschöpfliche umweltfreundliche Energiequellen, sondern auch gesunde Nahrung im Überfluss, kristallklares Quellwasser, Frieden und Freiheit. Doch mit nichts kann die Menschheit auf Dauer besser erpresst, geknechtet, gelenkt, krank gemacht und in Kriege gezwungen werden als mit Mangel. Und insbesondere mit einem Mangel an Energie, denn:

ENERGIE bedeutet **LEBEN!**

Viktor Schauberger und die AREA-51 sind lediglich zwei Beispiele aus einer ganzen Palette, die eindeutig belegt, dass auf der Erde seit vielen Jahrzehnten Technologien vorhanden sind, von denen die desinformierte Menschheit keine Ahnung hat. Die Technologie, die unter anderem in der Lage ist, Flugscheiben mit irren Geschwindigkeiten und tollsten Flugmanövern in Erscheinung treten zu lassen, ist nicht, wie sehr oft angenommen, außerirdischen Ursprunges, sondern, wie der Fall Schauberger und etliche andere Fälle deutlich zeigen, durchweg irdischen Ursprunges und basiert nicht auf Wundern, sondern selbstverständlich auch auf Physik.

So wie es mehrere Wege nach Rom gibt, so gibt es auch physikalisch mehrere Wege, die von den Physikern dogmatisch verteidigten Gravitationsgesetze anzuknabbern. Diejenigen Individuen, die die Menschheit – neben vielen anderen Bosheiten – energietechnisch versklaven, fürchten nichts mehr, als dass irgendein Forscher ebenfalls zufällig auf solch eine Technologie stößt, die ja eigentlich bereits bekannt ist, jedoch vor den Menschen geheim gehalten wird. Ich habe Sie ja schon dahingehend inFORMiert, dass das Großkapital die Forschung in vielen Bereichen steuert und kontrolliert. Trotzdem ist es in der Vergangenheit schon sehr oft passiert, dass Wissenschaftler in den Tabubereich der Antigravitation vorgedrungen sind. Ich zeige Ihnen das nachfolgend an zwei weiteren Beispielen kurz auf, eines, das seinen Höhepunkt im Jahre 1953 hatte und eines, das relativ neu ist.

Thomas Townsend Brown, geboren im Jahre 1905 in Zanesville (Bundesstaat Ohio), war bereits in jungen Jahren von Physik, Raumfahrt und Elektronik begeistert. Er absolvierte das College, anschließend studierte er an der Denison Universität in Granville (Ohio). Nach seinem Studium arbeitete er am Swazey-Observarorium (Ohio), ab 1930 dann als Spezialist für Strahlung, Feldphysik, Hochvakuum und Spektroskopie am Naval-Research-Laboratory in Washington D.C., das dem US-Marineministerium unterstellt ist. Bereits am College entdeckte er einen seltsamen physikalischen Effekt, der später nach ihm und seinem Professor, Dr. Paul Bielefeld, als „Bielefeld-Brown-Effekt" benannt wurde. Brown experimentierte während der Collegezeit mit Hochspannungsröhren (Coolidge-Röhren) und stellte dabei fest, dass diese Röhren – wenn sie nicht fest fixiert sind – beim Einschalten des Stromes eine Bewegung ausführen, also durch die entstehende Hochspannung eine Art Schub bekommen. Er führte diesen Effekt auf den Zusammenhang zwischen elektrischem Feld und Gravitationsfeld zurück, was in diesem Stadium noch eine pure Vermutung war. Sein späterer Universitätsprofessor, Dr. Paul Bielefeld, den Brown in diese Entdeckung einweihte, erkannte sofort, dass Brown auf ein bisher unentdecktes physikalisches Phänomen gestoßen war. Die Beiden experimentierten von nun an gemeinsam weiter, allerdings nicht mehr mit Röhren, sondern mit Hochspannungskondensatoren, die diesen Schubeffekt noch sehr viel deutlicher zeigen. Brown und Bielefeld waren überzeugt, dass man mit diesem Effekt, umgesetzt in eine entsprechende Apparatur, die Gravitation aufheben kann. Brown arbeitete seit seiner Collegezeit bereits an solch einer Apparatur, die er „Gravitor" nannte.

Der Bielefeld-Brown-Effekt wurde zwar öffentlich bekannt, doch von der Fachwelt bereits in diesem frühen Forschungsstadium ignoriert. Während seiner Tätigkeit beim Naval Research Laboratory forschte Thomas Townsend Brown in seiner Privatzeit an dem von ihm entdeckten Effekt weiter. 1944 schied Brown aus dem Marinedienst aus, er wurde frühpensioniert und arbeitete später als Berater bei der Lockheed-Vega-Aircraft-Corporation. 1952 beendete er auch diese Tätigkeit, er widmete sich nun ganz der technischen Umsetzung des Bielefeld-Brown-Effektes durch seinen „Gravitor". Mittlerweile war es ihm gelungen, den Effekt so weit zu verstärken, dass der Apparat sein eigenes Gewicht heben konnte. Brown verließ die USA und begann in Frankreich für die Firma SNCASO zu arbeiten, wohin er auch seine Forschungen – die langsam anfingen, erhebliche Geldmittel zu verschlingen – verlagerte. 1953 gelang es ihm, eine seiner UFO-ähnlichen Scheiben in einer Laboranlage auf einem Rundkurs von 6 m Durchmesser fliegen zu lassen. Die Scheibe war über einen Versorgungsdraht mit einem Mast verbunden und wurde auf diese Weise mit 50.000 Volt Hochspannung versorgt. Die Scheibe flog mit über 180 km/h, der Leistungsverbrauch betrug dabei nur lächerliche 50 Watt. Mit solch einem demonstrativen Versuchsaufbau müsste die Fachwelt und die Industrie eigentlich in hellstes Erstaunen zu versetzen sein. Doch was passiert in so einem Fall (wie auch in etlichen anderen Fällen)? Die Firma SNCASO wurde in Zuge einer Fusion übernommen, und Brown wurden sofort jegliche Forschungsmittel gestrichen! – Das kann man kaum glauben, es ist aber tatsächlich so gewesen!

Daraufhin kehrte Brown in die USA zurück und arbeitete bei der Bahnson Company, die ihren Sitz in Winston-Salem (North Carolina) hatte. Firmenbesitzer Bahnson hatte ein Projekt namens „Whitehall-Rand" ins Leben gerufen, Brown wurde innerhalb kürzester Zeit Chefberater dieses Projektes. Das Whitehall-Rand-Projekt befasste sich mit Anti-Gravitations-Forschung, Brown war also hier in seinem Element. Und was passiert nun (wie auch in etlichen anderen Fällen)? Firmenchef Bahnson starb bei einem mysteriösen Absturz seines Privatflugzeuges, das Projekt Whitehall-Rand wurde daraufhin eingestellt!

1958 gründete Brown eine eigene Firma, die Rand-International-Limited, sein „Gravitor" wurde jedoch von Industrie und Militär mit allen erdenklichen Mitteln blockiert. Trotz aller

Ignoranz seitens der Industrie und der Wissenschaft und sehr zum Ärgernis bestimmter Kreise, führte Brown seine fliegende Scheibe immer wieder in der Öffentlichkeit vor, auch die NASA schloss er von seinen Vorführungen nicht aus.

Thomas Townsend Brown bekam sechs amerikanische Patente eingetragen, alle basierend auf dem Bielefeld-Brown-Effekt, das letzte im Jahre 1965. Von den Mächtigen geächtet, von der Industrie abgelehnt und boykottiert und von der Wissenschaft schlichtweg totgeschwiegen, verstarb dieser geniale Physiker am 22.Oktober 1985 in Avalon, Catalina Island (Kalifornien)!

Und jetzt ein kurzes Beispiel aus neuester Zeit: Der russische Chemiker und Materialwissenschaftler Eugene Podkletnov forschte Anfang der 90er Jahre an der technischen Universität von Tampere (Finnland) mittels eines höchst aufwendigen Versuchsaufbaus an keramischen Supraleitern. Podkletnov untersuchte an der finnischen Universität im Rahmen seiner Doktorarbeit das Materialverhalten von Supraleitern.

Die Entdeckung von keramischen Supraleitern liegt noch gar nicht so lange zurück, es handelt sich dabei um spezielle keramische Materialien, die bei normalen Temperaturen absolute Nichtleiter (Isolatoren) sind, jedoch bei ca. minus 210 Grad zum Supraleiter werden und somit elektrischen Strom leiten, ohne diesem einen Widerstand entgegenzusetzen. Elektrischen Strom leitet ein Supraleiter ohne ihm auch nur den geringsten Widerstand entgegenzusetzen, aber Magnetfelder werden von ihm abgeschirmt, der Supraleiter schwebt seltsamerweise sogar auf ihnen. Nun, dies alles sind bereits bekannte und anerkannte physikalische Tatsachen, um diese bekannten Eigenschaften geht es im hier geschilderten Fall auch gar nicht. Es geht um einen ganz anderen Effekt, den Podkletnov rein zufällig entdeckte, und der wieder einmal die vorsätzlich dogmatisch gehaltene Welt der Lehrphysik auf den Kopf stellt.

Podkletnov flutete ein Edelstahlgefäß, das einen Durchmesser von etwa einem Meter aufwies, mit flüssigem Helium, um es auf supraleitende Minustemperatur herunterzukühlen. Das Herzstück bildete eine supraleitende keramische Scheibe, die in einem höchst aufwendigen Verfahren aus verschiedenen pulverisierten Materialien gebrannt worden war. Diese Scheibe ließ Podkletnov im Stahlgefäß schweben, das dafür erforderliche Magnetfeld erzeugte ein Elektromagnet. Mit Hilfe von zusätzlichen elektromagnetischen Spulen versetzte Podkletnov die Scheibe nun in schnelle Rotation, ca. 5.000 Umdrehungen pro Minute. Eigentlich wollte er das Materialverhalten der Scheibe bei schneller Rotation erforschen, bei seinen Messungen machte er jedoch zufällig eine überaus seltsame Entdeckung. Gegenstände, die sich über der rotierenden Scheibe befanden, verloren an Gewicht, sie wurden um bis zu zwei Prozent leichter. Nun, falls Sie in Physik nicht besonders bewandert sind, wird Sie diese Aussage nicht gerade vom Hocker reißen. Ganz anders stellt sich die Sache für einen Physiker dar, es ist nämlich nach geltenden physikalischen Gesetzen schlichtweg unmöglich, dass so ein Phänomen existiert. Schwerkraft (Gravitation) wirkt im gesamten Universum, sogar ganz hinten am letzten Sternenzipfelchen, Gravitation kann durch **nichts** abgeschirmt werden, um kein Milligramm, und schon gar nicht um zwei Prozent – so die geltende Lehrmeinung der Physik. Und dennoch, alle Gegenstände, deren Gewicht Podkletnov gemessen hat, waren, sobald sie sich über der Scheibe befanden, um bis zu zwei Prozent leichter. Sogar im Stockwerk darüber war dieser Effekt noch vorhanden und messbar, egal wie hoch, was sich über der Scheibe befand, war leichter!

Wie Podkletnov glaubhaft versichert, ist eine Fehlmessung vollkommen ausgeschlossen, er und sein Team nahmen die Gewichtsmessungen auf unterschiedlichste Art und Weise vor. Sie benutzten bei den Messungen Metallabschirmungen und verwendeten a-magnetische, in ein Vakuum eingeschlossene Versuchsgewichte, so dass beeinflussende Luftströmungen oder magnetische Einwirkungen vollkommen auszuschließen waren. Es war und blieb eine Tatsache: Podkletnov konnte durch seinen Versuchsaufbau nachweislich eine Beeinflussung der Gravitation darlegen. Podkletnov schickte sich daraufhin an, seine Entdeckung in der renommierten britischen Fachzeitschrift „Physics-D" zu veröffentlichen, und sendete der dortigen Redaktion einen entsprechend vorgeprüften Artikel. Doch noch bevor Physics-D den Artikel veröffentlichte, erschien die Geschichte am 1. September 1996 im „Sunday Telegraph" (englische Tageszeitung). Dort war ein Artikel abgedruckt, der folgende Schlagzeile aufwies:

„Wissenschaftler in Finnland entdecken die erste Anti-Schwerkraft-Maschine der Welt!"

Diese Zeilen waren natürlich vollkommen überzogen, Podkletnov hatte niemals von einer Anti-Schwerkraft-Maschine gesprochen, sondern er hat in seinem Artikel dargelegt, dass er einen Weg gefunden hat, um einen Teil der Schwerkraft abzuschirmen. Sei es wie es sei, von diesem Zeitpunkt an stellte sich erstaunlicherweise fast die gesamte Fachwelt massiv gegen Podkletnov und dessen Behauptungen. Aber da war ja noch die Universität und Podkletnovs Versuchsaufbau.

Stellen Sie sich einmal eine vollkommen unbedeutende Hinterwäldleruniversität vor, die einen Versuchsaufbau präsent hat, der die Welt der Physik aus den Angeln heben kann. Der Leiter solch einer Universität müsste doch eigentlich vor Stolz fast platzen und das Etablissement der Wissensfindung, dessen Leiter er ist, schon in allen Zeitungen abgedruckt sehen. Doch was passiert? Podkletnov wird von der Universität verwiesen, sein Versuchsaufbau wird schleunigst abgebaut und die Universität will nichts mehr damit zu tun haben! Weiterhin wird Podkletnov dermaßen unter Druck gesetzt, dass er tatsächlich seinen bereits veröffentlichten Artikel zurückzieht! – Klingt unglaublich nicht war? – Ist aber so geschehen!

Nun, so leicht kann man solch eine Entdeckung nicht vom Globus wischen, Podkletnovs Gravitationsabschirmung wurde und wird unter den Physikern weiterhin heiß diskutiert – zumindest unter denjenigen, die noch frei denken dürfen. Was verwundert, erklärte sich doch schließlich die NASA bereit, den Versuchsaufbau nachzustellen und eigene Messungen durchzuführen. Das wurde dort mittlerweile auch in Angriff genommen, Rückfragen, ob denn schon ein gravitationsabschirmender Effekt gemessen worden sei, werden, wie nicht anders zu erwarten, immer mit einem „Nein" beantwortet.

Seltsamerweise haben mittlerweile andere Wissenschaftler, die sich – wenn auch minderbemittelt – ebenfalls mit Podkletnovs Entdeckung befassen, schon weitaus positivere Ergebnisse erzielt. Ob jedoch irgendwelche dahingehenden Ergebnisse jemals publik werden und letztendlich zum Wohle der Menschheit genutzt werden, das sei zu bezweifeln, denn Sie werden ja hoffentlich inzwischen bemerkt haben, dass Antigravitation und Freie-Energie auf diesem Planeten ein Tabu-Thema ist, das von herrschenden Mächten

absolut nicht erwünscht ist!

Nun, lieber Leser oder Leserin, wie schaut es aus mit Ihrer „normalen“ Welt? Sind sie schon ein Stückchen weit aufgewacht? – Ja? – Sehr gut! Dann schauen Sie zu, dass Sie auch wach bleiben. Mit „aufwachen“ meine ich den Zustand Ihres urinnersten ICH-BIN-Bewusstseins, das sich hoffentlich langsam zu regen beginnt. Doch machen Sie bitte nicht den Fehler, diesem „Aufwachen“ mit Zigaretten, Kaffee, Cola oder ähnlichem Zeugs nachhelfen zu wollen, denn die in diesem Zeug enthaltenen Giftstoffe, wie ich Ihnen noch sehr ausführlich im nächsten Kapitel darlegen werde, sind vorsätzlich auf die Menschheit angesetzt worden und bewirken meist exakt das Gegenteil – Ihr wirkliches ICH-BIN-Bewusstsein wird durch diese Gifte nahezu vollkommen schachmatt gesetzt!

So, jetzt noch mal kurz zurück zu den UFOs – den unidentifizierten Flugobjekten.

Wenn man sich für das seltsame Geschehen und die Fakten rund um offensichtlich geheim gehaltene Technologien interessiert und sich entsprechend kundig macht, dann muss man schon mit einer ganz gehörigen Portion an Ignoranz und Blindheit geschlagen sein, um anzunehmen, dass keine – von Menschenhand geschaffenen – Flugscheiben auf diesem Planeten existieren, zumal die seriösen Fälle von Flugscheiben-Sichtungen weltweit gesehen mittlerweile in die Zigtausende gehen. Und, wie Eingangs schon erwähnt, handelt es sich bei den Piloten, die diese Dinger steuern, nicht immer um graue Männchen, sondern höchstwahrscheinlich um Testpiloten, die einem ganz besonderen Sicherheits- und Kontrollmechanismus unterliegen!

Das, was ich Ihnen hier in aller Kürze aufgezeigt habe, ist lediglich ein Teil dessen, was an verlässlicher InFORMation zugänglich ist. Die Kunst besteht jedoch darin, aus dem Wust an vorhandener Gesamtinformation die Spreu vom Weizen zu trennen. Genauso wie es nur wenige hundertprozentig gute Bücher gibt, was deren Informationsgehalt anbelangt, genauso gibt es auch nur wenige, die absolut schlecht sind. Die meisten Bücher oder sonstigen Publikationen enthalten ein Gemisch aus guter und schlechter Information. Diese Tatsache erschwert die Trennung von Spreu und Weizen enorm, man bekommt jedoch im Laufe der Zeit eine gewisse Routine und ein Gespür für das, was Weizen ist und für das, was Spreu ist. Ich präsentiere Ihnen hier nur **mein** Trennungsergebnis, in wieweit Sie mit diesem Ergebnis harmonieren und es somit in eine gewisse Akzeptanz umwandeln, liegt bei Ihnen.

Was die eventuelle derzeitige Anwesenheit von tatsächlich außerirdischen Wesen anbelangt, so komme ich später darauf zu sprechen, jetzt werde ich Sie zunächst kurz weiter über „Freie-Energie-Maschinen“ inFORMieren.

Diejenige Technologie, die Freie-Energie-Maschinen funktionieren lässt, ist mit der Anti-Gravitations-Technologie – Grund derer Flugscheiben letztendlich funktionieren – sehr eng verknüpft. Dass dies auch wirklich der Fall ist, habe ich ja im Beispiel Viktor Schauberger bereits aufgezeigt, denn dieser hat – basierend auf seinen entdeckten Naturgeheimnissen – sowohl Flugscheiben als auch Energie-Apparate konstruiert. Zunächst will ich Ihnen den Begriff „Freie-Energie-Maschinen“ erklären, und zwar so, wie ich ihn verstanden haben will.

Bei Freien-Energie-Maschinen handelt es sich um Apparate, die verwertbare Energie liefern und dabei von Substanzen gespeist werden, die im Überfluss vorhanden sind, wie: Sonnenlicht, Wasser, Luft, Erdwärme, Erdmagnetfeld, kosmische Strahlung usw.

Eine klassische und bereits in Anwendung befindliche Freie-Energie-Maschine ist die Solarzelle. Um elektrisch nutzbare Energie zu produzieren, braucht eine Solarzelle lediglich Licht. Solarzellen haben, wenn sie nicht mechanisch beschädigt werden, eine unbegrenzte Lebensdauer. Einmal angeschafft, zu Solarpanels zusammengefasst und mit einem entsprechend dimensionierten Energiespeicher (Ladebatterie) verbunden, liefern sie unentwegt kostenlosen Strom – und obendrein ohne die geringste Umweltbelastung. Solarzellen basieren auf der optisch/elektrischen Eigenschaft von Halbleitermaterial (Silizium), den Basisstoff für dieses Material (Wüstensand) hat die Erde ebenfalls im Überfluss zu bieten. Hätte man einem Wissenschaftler vor etlichen Jahrzehnten, als die Halbleitertechnologie (Transistoren, Dioden usw.) noch nicht entdeckt war, erzählt, dass in Bälde die Möglichkeit besteht, aus Sonnenlicht vollkommen problemlos und dauerhaft elektrischen Strom zu gewinnen, man wäre für verrückt oder zumindest für utopisch abgedreht erklärt worden. Wenn man einem Energiewissenschaftler heutzutage erzählt, dass einspulende Bewegung (Implosion) ein schier ungeheures, nutzbares Energie- und Veredelungspotential in sich birgt, so ruft man bei diesem nach dogmatischen Lehrsätzen gedrillten und somit kaputt studierten Zeitgenossen ebenfalls nur ungläubiges Kopfschütteln hervor.

Vor einigen Jahrzehnten gab es eine politisch/wissenschaftliche Diskussion von ungeheurer Tragweite, mit leider tragischem Ausgang. Es war die Zeit, als man vor der Entscheidung stand, entweder auf Atomkraft oder auf Solarkraft zu setzen. Beide Technologien waren bereits vorhanden, wenn auch noch nicht zur Gänze ausgereift. Wie immer, hat zwar die Politik das Ergebnis der Entscheidung verkündet, jedoch wirklich entschieden hat das Kapital, und hier wiederum diejenigen Mächte, denen freie Energie ein Dorn im Auge ist. Es wurde die vernichtende, höchst gefährliche und Problemmüll produzierende Atomkraft als Zukunftsenergiequelle bestimmt. Höchst interessant ist die damalige Begründung für diese Fehlentscheidung. Dass es eine Fehlentscheidung war, ist ja mittlerweile offensichtlich, denn sonst würde man nicht den endgültigen Ausstieg aus diesem Drama beschlossen haben. Die Geldsumme, die den Steuerzahler und Verbraucher das Drama „Kernkraft" in letzter Konsequenz kostete (Forschung, Anlagenbau, Betrieb, Sicherheitseinrichtungen, Entsorgung, Strompreiswucher, Störfälle, Krebskranke, Polizeieinsätze usw.) und noch lange, lange kosten wird (Atomruinen), **ist astronomisch**! Und jetzt zum (vorgeschobenen) Grund, warum Solarkraft ausgeschlossen wurde. Zur Zeit der Entscheidung war eine Generation von Solarzellen entwickelt, die direkte Sonneneinstrahlung benötigten, um eine vernünftige Leistung an Strom abzugeben. Mit dem Argument, dass bei uns nicht genügend direkte Sonneneinstrahlung vorhanden wäre, wurde die Solarkraft damals ausgeschlossen. Da nützte es auch nichts, dass die Solarwissenschaftler mit allem Nachdruck darauf aufmerksam machten, dass, entsprechende Forschungsmittel vorausgesetzt, kurzfristig ein enormer Technologiesprung zu erwarten sei. Und so strömten und strömen immer noch irrsinnige Geldsummen in den unersättlichen Rachen der Atommafia, die Solarkraftforschung konnte sich nebenbei gerade mal so am Leben erhalten. Und was passierte nun? Trotz minimalster Mittel gelang der Solarkraftforschung innerhalb kürzester Zeit der vorausgesagte Technologiesprung. Plötzlich waren Solarzellen produzierbar, die auch bei diffusem Licht (Bewölkung) Strom erzeugen konnten, und zwar mehr, als die Erstgeneration bei direkter Sonneneinstrahlung an Leistung brachte. Es ist überhaupt nicht auszudenken, was wir mittlerweile für eine Solarzellengeneration samt Solarkraftanlagen hätten, wenn auch nur ein Bruchteil der Summe, die damals in die Atomwirtschaft geflossen ist, für Solarkraft aufgewendet worden wäre. *„Tja, hat ja keiner ahnen können, ist eben dumm gelaufen!"* – ist so ziemlich der einzige Kommentar, den die korrupte Klugschwätzerschaft von Atomkraftbefürwortern dazu abgegeben hat.

Die Zeiten für die Solarforschung und Solarwirtschaft wurden speziell in Deutschland noch sehr viel schlechter, es kam der Tag, an dem tatsächlich der letzte Solarzellen produzierende Betrieb in Konkurs gehen musste. Solarzellen wurden von da an aus dem Ausland importiert, mittlerweile hat sich die Lage wieder etwas gebessert, es gibt wieder Unternehmen in Deutschland, die Solarzellen produzieren. Allerdings hat die Sache mit der Solarzellenproduktion und insbesondere mit der Solarkraftforschung einen Haken. Da dank der Politiker mittlerweile weltweit fast jedes Land in astronomischer Höhe bei den Banken verschuldet ist, ist fast kein Geld mehr für wichtige Grundlagenforschung da. Die Grundlagenforschung hat sich, was deren Finanzierung anbelangt, hin zum Kapital verschoben. Und diese Verschiebung hat für die Menschen, was deren Traum von freier, umweltfreundlicher Energie anbelangt, fatale Folgen. Die großen Energiemonopolisten, die uns und unsere Welt ruinieren, haben sich längst in diejenigen Wirtschaftsbereiche (z.B. Solarkraft) eingekauft, die auf dem Sektor freier Energie forschen und produzieren. Sie haben sich nicht nur in diese Wirtschaftszweige eingekauft, sondern sie bestimmen auch maßgeblich den Kurs bezüglich Forschung und die Preispolitik! Und dass es damit in diesen Bereichen zu keinerlei menschenfreundlichen Technologiesprüngen mehr kommen wird, dahingehend können Sie sicher sein. Aber auch bei den bereits käuflich erwerbbaren Energie-Produkten wird preistechnisch kräftig manipuliert, was man an der bisherigen Preisentwicklung von Solarpanels sehr deutlich sehen kann. Im Gegensatz zu anderen Produkten, die auf Halbleiterbasis funktionieren (gesamte Elektronik!), werden Solarpanels, trotz steigender Stückzahlen, weltweit nach wie vor künstlich so teuer gehalten, dass sie nur schwerlich gegen Erdöl, Erdgas und Atomstrom konkurrieren können.

Sie sehen also, die Energie-Monopol-Mafia hat in allen Bereichen bereits bestens für ihr Bestehen vorgesorgt, und sie wird diese Welt auslaugen und ruinieren, bis hin zum Exzess! Es wird genau **das** passieren, was Viktor Schauberger prophezeit hat:

"... dass die gesamte Wirtschaft und somit auch die Menschheit, den unaufhaltsamen Krebsgang wird gehen müssen!"

Und dass Schauberger mit seiner Prognose recht hatte, das brauche ich wohl nicht allzu sehr zu betonen, denn wir sind mittendrin im Krebsgeschwür, und wir werden diesen Weg, der noch sehr viel heftiger werden wird, zu Ende gehen. Aber egal, wie bitter dieser Weg noch werden wird, Hauptsache wir haben Arbeitsplätze. Merken Sie eigentlich nicht, dass sich alles immer um die Arbeitsplätze dreht? Ungeachtet dessen, wie krank und kaputt die Welt und die Menschen werden, zuerst kommen die Arbeitsplätze. Arbeitsplätze, an denen wir, wie ich Ihnen schon einmal gesagt habe, größtenteils Leistungen und Schrott produzieren, die kein Mensch nötig hätte, wenn man die Welt vernünftig organisieren würde. Dieser Planet trägt das Potential eines Paradieses in sich, und richtig angepackt, ließe sich dieses Potential auch schnellstens entfalten. Ist Ihnen bei dem, was ich Ihnen über Viktor Schauberger und der von ihm entdeckten Implosion berichtet habe, eigentlich die Tragweite dieses physikalischen Naturphänomens richtig bewusst geworden? Ist Ihnen bewusst geworden, dass Implosion kein Hirngespinst ist, sondern es sich dabei um ein greifbares, anwendbares Verfahren handelt? Wenn nicht, dann lesen Sie bitte unbedingt die dahingehend von mir empfohlenen Bücher. Implosion ist bereits der Schlüssel zum Paradies! Explosion ist die Fahrkarte zur Hölle! Und dasjenige Monstrum, das uns die Tickets zur Höllenfahrt aufgezwungen hat, ist das Kapital. Das Kapital setzt auf Verbrennungsenergie, Betrug, Zinsen, Krieg, Mangelwirtschaft und Angst.

Arbeitslosenzahlen und somit fehlende Arbeitsplätze entstehen nicht zufällig, sie werden vom Kapital systematisch gesteuert und aufrechterhalten. Mit nahezu keinem anderen Mittel können die Menschen besser zu jeder irrsinnigen Entscheidung getrieben werden, als mit der permanenten Angst um den Arbeitsplatz. Das wird nur noch übertroffen von Mitteln wie Krieg und Terror, wie Sie später noch erfahren werden. Die Menschen lassen sich deshalb so exzellent mit der „Angst um den Arbeitsplatz" steuern und erpressen, weil viele Menschen enorme Existenzängste haben. Die grundlegendsten existenziellen Bedürfnisse, die der Mensch hat, sind: gesunde Nahrung, Wohnstätte, Energie, Gesundheit, Frieden und geistige Freiheit. Und all diese Grundbedürfnisse hat das Kapital für den weit überwiegenden Teil der Menschen in Beschlag genommen und lässt sie dafür schuften und kämpfen. Und nicht nur, dass die Menschen dafür schuften müssen, sie müssen auch noch um entsprechende Anstellungen zum Schuften (Arbeitsplätze) betteln, bitten und hoffen. Und jetzt kommt das Allerschlimmste an der ganzen Sache. Die so erniedrigten Menschen schauen ehrfurchtsvoll hoch zu denjenigen, die ihnen immer mehr an Existenzgrundlagen wegnehmen, und die sich maßlos bereichern. Sie bewundern, bestaunen und hofieren diese Geld- und Machtgötter auf Schritt und Tritt – anstatt dass sie diesem Übel verachtend ins Gesicht spucken würden, dann hätte sich das düstere, eitle Treiben in Bälde erledigt!

Sie finden meine Ansicht zu krass? Na dann warten Sie einmal ab, was ich Ihnen über Geld, die Entstehung des Geldes, über Banken und Hochfinanz noch berichten werde!

Was die Einschränkung der geistigen Freiheit und das frühe Schüren von Angst anbelangt, so fängt dieses Übel bereits bei den aufgestellten Lehrplänen und Forschungsregeln an, nach denen die Menschen in unseren Bildungsstätten geformt werden, und nach denen sie sich zu richten haben. Nicht nur, dass viele unserer Kinder durch einen verbrecherischen Noten- und Konkurrenzdruck frühzeitig kaputt gemacht werden, und dadurch mittlerweile zu einer nicht unerheblichen Einnahmequelle der Psychopharmaindustrie geworden sind, nein, es wird den jungen Menschen mit zunehmendem Schulalter auch noch ein immer größerer Logik- und Sachmist eingetrichtert. Und die jungen Menschen – bereits voll von Schulstress, Frust und Unlust – schlucken dieses legalisierte Verbrechen tapfer, denn es wird ihnen schon sehr früh gezielt die Angst suggeriert, dass derjenige, der bei diesem üblen Spiel mit schlechten Noten abschließt, keinen Ausbildungsplatz bekommt und somit in der Gosse landet. Die ständig bewusst knapp gehaltenen Ausbildungsplätze sind ein ideales Mittel, um bereits bei Kindern und Jugendlichen Angst zu erzeugen, und somit deren Kooperationsbereitschaft für den stattfindenden Wahnsinn zu erzwingen.

Letztendlich bestimmt das Kapital, wie unsere Lehrpläne auszusehen haben, und sonst keiner! Es hat nichts mehr mit Bildung zu tun, was unseren jungen Menschen aufgezwungen wird, es hat etwas mit Missbildung zu tun! Wer tatsächlich glaubt, dass das Bildungsministerium bestimmt, wie Bildung auszusehen hat, der irrt sich gewaltig. Ist Ihnen noch nicht aufgefallen, dass, wenn es um Arbeitsplätze geht, fast immer auch die entsprechend notwendigen Bildungsmaßnahmen angesprochen werden? Also, wer diktiert im Endeffekt, was, und was nicht gelehrt wird?

Besonders schlimm ist der Akt der Missbildung an den Universitäten, und hier wiederum speziell im naturwissenschaftlichen Bereich. Bildung kommt von Bild, wie ja anhand des Wortes unschwer nachzuvollziehen ist. Der Mensch soll sich also von etwas ein Bild machen. „Sich ein Bild machen" hat etwas mit Freiheit zu tun! Nur, freie, eigene Bilder sind an den Universitäten im naturwissenschaftlichen Bereich gänzlich unerwünscht! Da geht es um bereits **vorhandene** Pläne, Strukturen und dogmatische Lehrsätze, die sich der Studierende am besten so ins Gehirn pauken soll, dass er sie auswendig herunterleiern kann – dann gibt es Punkte. Irgendetwas zu hinterfragen ist völlig unerwünscht, dazu ist auch gar keine Zeit, denn der zu bewältigende Stoff sorgt schon für permanenten Stress und für ein sinnloses In-sich-hineinpauken. Mit Bildung hat das wahrlich nichts mehr zu tun – eher mit Prägung! Der freie Geist der Wissenschaft hat sich aus den Lehr- und Bildungsanstalten schon lange verflüchtigt. Die von den Professoren vertretenen Lehrmeinungen eifrig nachbeten und dieselben auf keinen Fall kritisch hinterfragen – das ist der Weg hinauf zum akademischen Olymp. Und wer endlich perfekt geprägt dort oben angekommen ist, den schluckt die Industrie, und dort geht es in der Regel in starre, vorgeschriebene, terminkritische Projekte.

Heutzutage sind die Universitäten nur noch Ingenieurlieferanten für die Industrie. Und der Lehr- und Ausbildungsweg, den die Industrie vorgibt, wird immer komplizierter und spezialisierter. Die zunehmende Spezialisierung wird gezielt als durchweg positiv dargestellt, und alles schreit nach immer mehr Spezialisten. Die Entwicklung hin zum Spezialen ist jedoch in keiner Weise positiv, sie ist **extrem** negativ! Ein Spezialist verliert den Weitblick, er verliert den ungeheuer wichtigen Blick fürs Ganze. In der natürlichen Ganzheit liegt das Geheimnis und das paradiesische Potential, und *„im Detail steckt der Teufel!"* – wie der Volksmund sehr richtig sagt. Die Physiker, Biologen und die Mediziner kriechen immer mehr ins Detail und versuchen dort „auf Teufel komm raus" etwas zu bewirken. Und der Teufel ist herausgekommen! – Wie die, trotz immer mehr Spezialisten, zunehmend verheerenden Zustände auf dieser Welt unmissverständlich aufzeigen. Nicht umsonst bezeichnet das Volk die Spezialisten als „Fachidioten", und sogar der Duden erklärt den Begriff „Fachidiot" mit „engstirniger Spezialist". In der Natur ist alles miteinander vernetzt. Doch das für den Menschen unendlich wichtige vernetzte Denken wird von der Wissenschaft – bedingt durch mehr und mehr Spezialisierung – nahezu vollkommen eliminiert.

Für den Naturwissenschaftler ist die Spezialisierung eine Versuchung, für den Philosophen ist sie eine Todsünde.
(Karl Popper, österreichischer Physiker, Mathematiker und Philosoph)

Die Naturwissenschaftler haben das natürliche Beobachten verlernt. Es wird nur noch gemessen, zerteilt und nochmals zerteilt. Und seit Galilei (ital. Physiker und Mathematiker 1564-1642) wird das natürliche Beobachten durch Experimente ersetzt, die wiederum auf der Basis von krückenhaften Lehrsätzen ausgewertet werden. Frei nach dem Motto: Alles, was messbar ist, zu messen, und was nicht messbar ist, messbar zu machen – und was nicht messbar gemacht werden kann, abzuleugnen!

Man vertieft seinen Standpunkt solange, bis man eingesunken ist und gar nichts mehr um sich herum wahrnimmt.

Spitzenwissenschaftler und somit Spezialisten ersten Ranges werden heutzutage behandelt wie Götter. Vom Kapital hergezüchtet, von den Medien angepriesen und vom gutgläubigen Volk hofiert – glauben diese Zeitgenossen tatsächlich, dass sie ein für den Menschen nützliches Wissen besitzen. Leider ist sehr oft genau das Gegenteil der Fall, bestimmte Wissenschaft und die technische Umsetzung selbiger ruiniert unsere Welt in verheerendem Maße. Doch nach wie vor wird den Bürgern die Wissenschaft von Politik und Wirtschaft als „die

Rettung schlechthin“ angepriesen und verkauft. Wobei ich an dieser Stelle mit Nachdruck betonen will, dass das Übel nicht an der Wissenschaft (am Forschungsdrang) an sich liegt, sondern am gezielten Missbrauch selbiger. Schauberger war auch Wissenschaftler, sein Forschungsdrang war enorm. Nur, Schauberger forschte für den Menschen, und nicht gegen ihn.

Ich wage nicht zu prognostizieren, was für einen katastrophalen Zustand diese Welt annehmen muss, bis die Menschheit endlich erkennt, dass sie nahezu all die Zeit nicht auf für den Menschen wertvolles Wissen, sondern auf pure Eitelkeit, politisches Geschwafel, gnadenlose Selbstüberschätzung, Arroganz, Betrug und Profitgier gesetzt hat. Und dennoch wird irgendwann der Tag kommen, an dem diese Erkenntnis durchbricht, denn, um es nochmals mit Schaubergers Worten zu sagen:

„Die Menschheit wird den vernichtenden Krebsgang zu Ende gehen!“

Und nicht nur, dass eine gezielt fehlgeleitete Wissenschaft samt nutznießender Wirtschaft diese Welt mehr und mehr ruiniert und krank macht, wir werden zu all dem Übel auch noch zu Tode gehetzt. Und zwar deshalb, weil alles immer schneller und flexibler vonstatten gehen muss. Eilservice, 24-Stunden-Service, Expressgut, E-Mail, Online, Drei-Schicht-Betrieb, 7-Tage-Woche, längere Ladenöffnungszeiten usw. – das sind die Schlagworte unserer hektischen Zeit und unserer ach so modernen Wirtschaft. Und unsere Politiker, die im Grunde nichts anderes als die Handlanger des Kapitals sind, fordern all diese Dinge lautstark in ihren Reden ein: nur wenn wir flexibel sind, mehr arbeiten, schneller reagieren und auf so manch bitter errungene Sozialleistung verzichten, dann bleiben wir konkurrenzfähig. Und die „dummen“ Menschen hören sich jahrein jahraus deren enthusiastisch vorgetragene Horrorlösungen an und pilgern vertrauensvoll zur Wahlurne. Dass sie an dieser Urne nur noch zwischen „Lüge und Unwahrheit“, zwischen „korrupt und bestechlich“, zwischen „unfähig und inkompetent“ und zwischen „schlecht und miserabel“ wählen können, ist den Menschen offensichtlich nicht bewusst.

Ihr könnt rund um die Uhr schuften, Samstags, Sonntags, auf euren Urlaub verzichten und, falls Ihr noch mal so dumm seid, eure Kinder wieder auf die Felder und in die Fabriken schicken – es wird Euch immer wirtschaftlich schlecht gehen, denn das herrschende System lässt gar nichts anderes zu! Es wird also, wenn sich nichts grundlegend ändert, immer eine „fette Schicht“ geben, die Euch hinterlistig missbraucht und auslaugt bis aufs Blut!

Die aufgezwungene Hektik und Eile macht sehr vielen Menschen physisch und psychisch enorm zu schaffen, man hat uns die unendlich wichtige Gemütlichkeit genommen. Manager, Politiker und sonstige Verantwortliche, die noch einen Funken an Humanität in sich tragen, sollten sich folgenden Spruch gut einprägen:

Es gibt Wichtigeres im Leben, als beständig dessen Geschwindigkeit zu erhöhen.
(Mahatma Gandhi)

Ich habe Ihnen ja bereits aufgezeigt, dass sich die Menschen deshalb so einfach in Hektik und Angst hetzen lassen, weil das Kapital sie grundlegender existenzieller Dinge beraubt hat. Und eine überaus wichtige Grundlage ist Energie – wobei wir wieder beim Thema „Freie Energie“ sind.

Dass unsere Wissenschaft vorwiegend vom Kapital gesteuert wird und dass das Kapital an Freier-Energie nicht sonderlich interessiert ist, habe ich Ihnen ja mittlerweile zur Genüge aufgezeigt. Wenn es um das Thema „Freie-Energie" und speziell um deren Ablehnung geht, so bringen die Wissenschaftler immer sofort den „Energie-Erhaltungssatz" ins Spiel. Der Energie-Erhaltungssatz besagt Folgendes: „Energie kann weder erzeugt noch vernichtet, sondern lediglich von einer Form in eine andere gebracht werden. Die Summe aller Energie eines abgeschlossenen Systems bleibt immer konstant."

Das heißt im Klartext: wenn ich einer Maschine (z. B. einem Motor) eine bestimmte Menge an Energie zuführe, dann kann hinten niemals mehr Energie herauskommen, als ich vorne hineingesteckt habe. Im Gegenteil, es muss hinten weniger nutzbare Energie herauskommen, da in jeder Maschine – in deren Innersten sich etwas bewegt (dreht) – so genannte Reibungsverluste auftreten. Bei Reibungsverlusten handelt es sich um diejenige Energiemenge, die in meist unerwünschte Reibungswärme umgewandelt wird (jeder Motor wird warm). Die physikalische Einheit, in der Energie gemessen wird, ist das „Joule". Wenn man einem Rasenmähermotor 1000 Joule zuführt, dann wandelt der Motor 500 Joule in unerwünschte Reibungswärme um, und 500 Joule wandelt er in erwünschte Bewegungsenergie (Drehung des Messers) um. In so einem Fall hat der Motor lediglich einen Wirkungsgrad von 0,5 – denn die Hälfte der zugeführten Energie ist in unerwünschte Reibungsenergie umgewandelt worden. Der idealste Motor, den man sich vorstellen kann, hätte einen Wirkungsgrad von 1. Ein Wirkungsgrad von 1 sagt aus, dass sämtliche zugeführte Energie in erwünschte Bewegungsenergie umgewandelt wird, ohne die geringsten Reibungsverluste. Einen absolut verlustfreien Motor gibt es jedoch nicht. Aber generell gilt, je höher der Wirkungsgrad, desto besser ist die Energieausbeute.

Der Energie-Erhaltungssatz gilt jedoch nur, wenn es sich um geschlossene Systeme handelt. Geschlossene Systeme sind Apparaturen oder Maschinen (z. B. ein Benzinmotor) die gekapselt, also rundherum dicht sind. Eine Solarzelle hingegen ist ein offenes System, genauso wie eine Wind- oder Wasserturbine. Bei offenen Systemen variiert die zugeführte Primärenergiemenge ständig, so bläst zum Beispiel der Wind, der die Windturbine antreibt, mal stärker oder mal schwächer. Bei offenen Systemen ist der Energie-Erhaltungssatz also nicht anwendbar, weil die zugeführte Primärenergiemenge ständig variiert. Anders sieht die Sache jedoch bei geschlossenen Systemen aus. Wenn man einem Energiewissenschaftler erzählt, dass man einen Motor konstruiert hat, der einen Wirkungsgrad von 0,9 bringt, dann wird der Wissenschaftler sagen, dass dies eine gar nicht mal so schlechte Maschine ist, denn die Verluste (0,1) sind gering. Wenn man jedoch behauptet, einen Motor konstruiert zu haben, der einen Wirkungsgrad von 1 bringt, dann wird dies der Wissenschaftler anzweifeln, denn einen vollkommen verlustfrei arbeitenden Motor gibt es nicht. Sage ich diesem Wissenschaftler nun, dass ich eine Maschine konstruiert habe, die einen Wirkungsgrad von 2 hat, dann wird der Wissenschaftler diese Behauptung als Unfug abtun und das Ganze folgendermaßen begründen: Eine Energiemenge kann **immer** nur umgewandelt und niemals gesteigert werden, aus 1000 Joule zugeführter Energiemenge können nicht plötzlich im Inneren der Maschine 2000 Joule entstehen – denn von nichts kommt nichts! Da hat dieser Wissenschaftler natürlich vollkommen Recht! Doch jetzt steigern wir unsere Behauptung. Ich sage diesem Wissenschaftler, dass ich eine Maschine konstruiert habe, die einen Wirkungsgrad von 1 Million (**!**) hat, die also in der Lage ist, aus 1 Joule 1.000.000 Joule zu generieren. Nun wird der Wissenschaftler zu mir sagen: *„Ja, dann hast du keine Maschine, dann hast du ein Atomkraftwerk konstruiert!"*

Und genau das ist des Rätsels Lösung!

In **allen** Atomen (Wasserstoff, Sauerstoff, Uran usw.) steckt eine schier ungeheure Energiemenge, die in den Atomen gebunden ist. Man muss nur einen Weg finden, diese Atomenergie freizusetzen und nützlich umzuwandeln. Die Menschen haben solch einen Weg gefunden, allerdings den falschen. Und nicht nur den falschen, sondern den destruktivsten und gefährlichsten den es gibt – die Kernspaltung (Atomzertrümmerung). Die Kernspaltung mit Kettenreaktion funktioniert nur mit Schwermetallen, die ein extrem hohes Atomgewicht aufweisen, wie Uran oder Plutonium. Trifft eine bestimmte Masse von Plutonium oder Uran zusammen, dann erfolgt automatisch eine Kettenreaktion, die, je nach Größe der zusammentreffenden Masse, eine ungeheure Energiemenge explosionsartig freisetzt. Eine Atombombe ist das traurige Beispiel so eines Vorganges, die verheerende Wirkung so einer Bombe brauche ich Ihnen sicherlich nicht näher zu beschreiben. In einem Atomkraftwerk passiert im Grunde genau der gleiche Vorgang wie bei der Zündung einer Atombombe, allerdings, was den zeitlichen Ablauf der Kettenreaktion anbelangt, kontrolliert. Man könnte sagen, in einem Kernkraftwerk findet eine Atombombenexplosion im Superzeitlupentempo statt. Wie gefährlich diese Form der Energiegewinnung ist und wie hoch und langlebig giftig die dabei anfallenden Abfallprodukte sind, ist Ihnen sicherlich zur Genüge bekannt.

Was den Wissenschaftlern nicht bekannt ist (oder nicht bekannt sein darf!), ist die Tatsache, dass man Atomenergie freisetzen kann, ohne die Kerne dabei zu zertrümmern und somit eine Explosion (Verbrennung) herbeizuführen. Das Geheimnis liegt in der Implosion. Implosion hat eine natürliche, ungefährliche Atomumwandlung zur Folge, die nicht nur eine gewaltige Menge an Energie liefert, sondern auch noch eine Veredelung der zugeführten Primärenergiestoffe (Wasser, Luft usw.) nach sich zieht. Ich habe Ihnen die wundersame Implosion bereits im Zusammenhang mit Viktor Schauberger nahe gebracht, Schauberger hat funktionierende Implosionsmaschinen konstruiert und auch vorgeführt. Implosionsenergie beruht auf Sog (Wirbel) und kann, was sehr wichtig ist, nicht nur durch das Element Wasser freigesetzt werden, auch Luft und der so genannte „Äther“ sind in der Lage, Implosionsenergie zu liefern. Was die Luft und deren Atome anbelangt, so werden Sie eine dortige Verwirbelung mit entsprechender Sogwirkung noch irgendwie nachvollziehen können, aber was ist der „Äther“? Der Äther ist eine Substanz, die von der Wissenschaft abgeleugnet wird, aus dem einfachen Grund, weil sie nicht messbar ist. Der Äther ist jedoch sehr wohl existent, es handelt sich dabei um eine feinstoffliche Substanz, die unser komplettes Universum durchdringt.

Der Äther ist den Menschen seit Urzeiten bekannt: Die Chinesen nennen ihn „Chi“, andere Asiaten sagen „Ki“ dazu, die Inder nennen ihn „Prana“, in der Bibel wird er „Gottes Hauch“ oder „Odem“ genannt, bei nördlichen Völkern heißt er „Od“, modernere Ausdrücke dafür sind: alldurchdringendes Fluidum, kosmische Energie, das fünfte Element, Vakuum- oder Nullpunktenergie, Bioenergie, Orgon oder schlicht und ergreifend Lebenskraft. Den Äther zu leugnen, nur weil man ihn mit physikalisch/technischen Instrumenten (derzeit!) nicht messen kann, hieße, das Leben zu leugnen. Schon Einstein, der in frühen Jahren die Existenz des Äthers abgestritten hat, sagte später im Jahre 1920 zu diesem Thema:

Den Äther zu leugnen, hieße in letzter Konsequenz anzunehmen, der leere Raum würde keinerlei physikalische Eigenschaften besitzen.
(Albert Einstein)

Die moderne Quantenphysik akzeptiert den Äther seltsamerweise, dort spricht man vom allgegenwärtigen „Quantenäther“.

Der Äther ist, wie alles im Universum, bipolar (gegensätzlich) beschaffen. Im östlichen Wissen spricht man, diese beiden Pole betreffend, von „Yin“ und „Yang“. Yin ist weiblich, Yang ist männlich. Yang ist Explosion, also vernichtend, Yin ist Implosion, und somit aufbauend. Yang ist dem universalen Element des Feuers (elektrisch-expansiv-heiß) zugeordnet, Yin ist dem universalen Element des Wassers (magnetisch-zusammenziehend-kühl) zugeordnet. Yin und Yang regeln **alles** Geschehen im Universum, denn alles Geschehen funktioniert im Grunde elektro-magnetisch.

Wenn man Materie zertrümmert (Kernspaltung), dann ruft man gezielt die zerstörende Energie des Yang hervor – die heiße Atomexplosion. Wenn man Materie in Sog (Wirbel) versetzt, dann ruft man gezielt die aufbauende Energie des Yin hervor – die kalte Atomumwandlung. Die Menschheit geht derzeit energietechnisch leider den alles vernichtenden Weg des männlichen Prinzips – des Yang – den Krebsgang!

Will man Implosionsenergie (Yin) aus Wasser oder Luft gewinnen, so ist das mit ausgeklügelten Verwirbelungssystemen zu erreichen, Viktor Schauberger nannte das Herzstück seiner dahingehenden Apparate „Forellenturbine“. Will man Implosionsenergie aus dem Äther gewinnen, dann muss man mit Magneten arbeiten. Magnetfelder, richtig in Funktion angeordnet, können im feinstofflichen Äther einen magnetischen Sog (Wirbel) entstehen lassen, der wiederum gewaltige Implosionsenergie freisetzt und nebenbei die Gravitation aufhebt. Implosion, hervorgerufen durch magnetische Felder oder ausgeklügelte Verwirbelungs-Turbinen, ist nicht nur die Basis von Freien-Energie-Maschinen, sondern auch von Flugscheiben.

Aber das gibt es ja alles gar nicht, sagen unsere Wissenschaftler und unsere globalen Informanten (die Medien) – alles Unsinn, alles Hirngespinste!

Was ich Ihnen bisher über Freie-Energie-Maschinen und Flugscheiben dargelegt habe, ist nur ein winziger Teil **des** InFORMation-Materials, das auf diesem Planeten zugänglich ist. Wer sich ernsthaft für dieses Thema zu interessieren beginnt und sich entsprechend kundig macht, der wird innerhalb kürzester Zeit nur noch den Kopf schütteln und sich verwundert fragen: wie ist es möglich, dass es, trotz unzähliger handfester Fakten, in punkto Freie-Energie-Maschinen und Flugscheiben noch zu keinem globalen Erkenntnisdurchbruch gekommen ist?

Erinnern Sie sich noch, wie ich das Phänomen, das paranormale Geschehnisse (Grenzwissenschaft) anbelangt, betitelt habe? „Die seltsam auffällige Verschleppung, was den weltweiten Durchbruch von einigen Tatsachen anbelangt“ – habe ich es genannt. Und in der Tat, es ist wirklich seltsam, wie sich das Geschehen auf diesem Planeten darstellt. Ich habe Ihnen ja schon mehrmals gesagt, dass es im Universum keinen Zufall gibt. Nun, wenn man das akzeptiert, dann ist die logische Konsequenz daraus, dass **alles** Geschehen in gewisser Weise tatsächlich geplant ist. Dass dies so ist und warum dies so ist, das wird Ihnen das letzte Kapitel aufzeigen. Ich werde Sie aber jetzt bereits an eine Sichtweise heranführen, die das Geschehen aus einer **ganz** anderen Perspektive zeigt.

Da das vorhin erklärte – gegensätzlich wirkende – „Yin und Yang“ immer und bei allen Geschehnissen auftritt, ist es nicht verwunderlich, dass es zwei entgegengesetzte Wege gibt, in die sich alles Geschehen auf Erden aufteilt. Die beiden entgegengesetzten Pole oder Wege sind zum einen der geistig/spirituelle Weg und zum anderen der wissenschaftlich/materielle Weg. Diese beiden Wege führen in zwei vollkommen unterschiedliche Richtungen, man könnte sagen, der eine geht nach rechts und der andere nach links (oder umgekehrt, das ist vollkommen egal). Damit möchte ich jedoch nicht behaupten, dass jeder Wissenschaftler, der Materie erforscht, unspirituell oder gottlos ist, es gibt bestimmt viele Wissenschaftler, die an Gott glauben. Nur, der Weg, den die Wissenschaftler gehen, und der uns und unserer Erde schon so viel Schaden zugefügt hat, ist ein ganz anderer als der rein geistig/spirituelle. Schauen wir uns die beiden verschiedenen Wege allen Geschehens einmal anhand einer kleinen Grafik an:

Diese Grafik zeigt die zwei vollkommen verschiedenen Richtungen, in die sich das Geschehen von materieller Wissenschaft und Spiritualität entwickelt. Nach unserem Denkschema können sich Dinge, die entgegengesetzte Richtungen gehen, niemals treffen. Doch das Entwicklungsgeschehen auf Erden zeigt sich uns aus der falschen Perspektive, denn in Wirklichkeit treffen sich die beiden doch. Um das zu erkennen, müssen wir uns lediglich ein klein wenig erheben und das Geschehensgebilde von schräg oben betrachten:

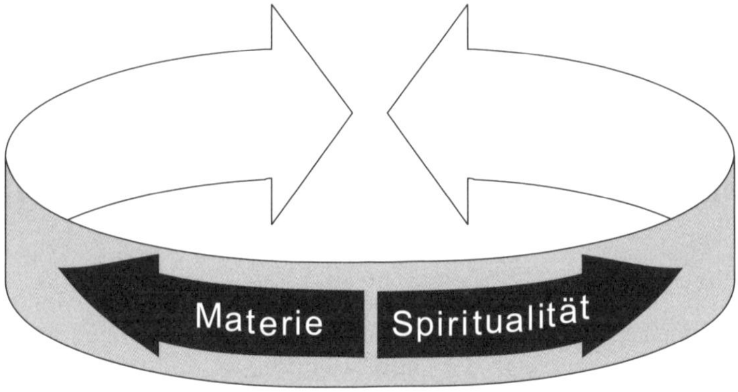

Sehen Sie, von erhabenem Standpunkt aus betrachtet schaut manches schon ganz anders aus!

Es mag im ersten Moment ziemlich unglaublich klingen, dass sich sture materielle Wissenschaft und Spiritualität an einem ganz bestimmten Punkt treffen, dass dies aber tatsächlich der Fall ist, werde ich Ihnen noch im Detail aufzeigen. Und es ist nicht nur so, dass sich die beiden irgendwann in ferner Zukunft treffen, sondern das Zusammentreffen steht unmittelbar bevor. Eigentlich ist es schon passiert, nur die Herren Wissenschaftler haben es noch nicht bemerkt. Das wiederum stimmt auch nur bedingt, denn es gibt bereits etliche Wissenschaftler, die im Begriff sind, aufzuwachen. Wie gesagt, das letzte Kapitel wird Ihnen mehr Aufschluss über dieses geheimnisvolle Zusammentreffen geben.

Wenn man begriffen hat, dass das Geschehen auf diesem Planeten einen exakt vorgezeichneten und zeitlich bestimmten, kreisförmigen Verlauf nimmt, dann ist somit auch das Phänomen „die seltsam auffällige Verschleppung, was den weltweiten Durchbruch von einigen Tatsachen anbelangt" erklärt. Das, was auf Erden stattfindet, ist eine Entwicklung. Es entwickelt sich etwas oder richtiger gesagt, es wickelt sich langsam ETWAS aus. Stellen Sie sich einen Gegenstand vor, der in ein kilometerlanges Band eingewickelt ist und somit in Form einer riesigen Rolle zum Auswickeln bereit steht. Nun geben Sie dieser Riesenrolle einen kräftigen Schubs, und diese beginnt sich daraufhin langsam auszuwickeln. Umdrehung für Umdrehung spult sich das Verpackungsband langsam ab, es braucht eine Menge an Zeit und Geduld, denn ein plötzlicher Durchbruch zum eingewickelten Gegenstand ist nicht denkbar und passiert auch nicht. Was am Anfang sehr träge und langsam ablief, gewinnt mit zunehmender Entwicklung immer mehr an Geschwindigkeit, die letzten Umdrehungen gehen (mathematisch vollkommen logisch) äußerst rasant vonstatten. Und genauso war und ist es mit der Entwicklung des Erdgeschehens, wir befinden uns derzeit in der rasanten Endphase. Aber was wickelt sich denn da eigentlich aus? Es geht, so viel kann ich schon vorausgreifen, um eine Erkenntnis. Eine Erkenntnis, mit einer Tragweite, wie Sie sich das momentan gar nicht vorstellen können!

Doch nun noch einmal zurück zu den Freien-Energie-Maschinen, denn ich muss Ihnen unbedingt noch kurz eine höchst interessante historische Persönlichkeit vorstellen – den genialen Erfinder und Physiker „Nikola Tesla". Tesla ist deswegen so interessant, weil er nicht nur Entdeckungen gemacht hat, die den Menschen Freie-Energie liefern, sondern er hat leider auch das wissenschaftliche Fundament für Strahlenwaffen, Wetterbeeinflussung und Bewusstseinskontrolle gelegt.

Von der Existenz und dem Einsatz von Strahlenwaffen haben Sie vielleicht schon einmal was gehört, aber dass man mit Strahlen das Wetter großflächig verändern kann und dass man damit sogar das Bewusstsein der Menschen manipulieren kann, ist Ihnen wahrscheinlich neu. Und dennoch ist dies eine TATsache, und das im wahrsten Sinne des Wortes, denn es wird von gewissen Mächten im großen Stil praktiziert. Ich werde Sie dahingehend noch eingehend inFORMieren, doch zunächst zum Entdecker dieser grusligen Praktiken – zu Nikola Tesla.

Nikola Tesla wurde am 10. Juli 1856 in Kroatien geboren. Teslas Welt war von frühester Jugend an die Welt der Elektrizität und des Magnetismus. Beides studierte er an der Technischen Hochschule in Graz sowie an der Universität Prag.

Tesla war einer der genialsten Erfinder, neben einer Unmenge patentierter Erfindungen legte er bereits vor hundert Jahren mitunter die Grundsteine für Computer, Satellitentechnik und Raumfahrt.

Nikola Tesla hat bereits vor Wilhelm Conrad Röntgen die so genannten X-Strahlen entdeckt, die später als Röntgenstrahlen bekannt wurden und für deren Entdeckung W.C. Röntgen im Jahre 1901 den Nobelpreis in Physik erhielt. Nikola Tesla hat das Radio erfunden und nicht, wie es in allen Nachschlagewerken steht, der italienische Physiker Guglielmo Marconi zusammen mit dem deutschen Physiker Karl Ferdinand Braun, die dafür im Jahre 1909 den Nobelpreis für Physik einheimsten. Es war nicht Lee de Forest, der den ersten Röhrenverstärker baute, es war Nikola Tesla. Und so manche Erfindung, die man Thomas Alva Edison zuschreibt, hat in Wirklichkeit Nikola Tesla erfunden, der eine Zeit lang für Edison gearbeitet hat.

Nikola Tesla hat den Wechselstrom (Drehstrom) erfunden, den Wechselstrom-Motor, den Trafo, die Turbine, das Radio, die Radartechnik, den Röhrenverstärker, die Fernsteuerung, Hochfrequenzlampen (Leuchtstoffröhren), Hochfrequenzoszillatoren, Hochfrequenzspulen (Tesla-Spule), Frequenzmesser, Tachometer, Blitzableiter, Strahlenkanone ... und, und, und. Nikola Tesla hat im Verlaufe seines Lebens mehr als 700 (!) Patente angemeldet. Und nun stelle man sich vor, solch ein Mann wird, was den Lehrstoff an den Universitäten anbelangt, nahezu vollkommen verschwiegen! Und warum? Könnte diese seltsame Ignoranz vielleicht in der Tatsache gründen, dass sich Nikola Tesla auch mit Freie-Energie-Maschinen befasst hat? Und Tesla hat sich nicht nur am Rande damit befasst, sondern es war ihm ein Hauptanliegen, dass die Menschheit mittels Freier-Energie von Hunger und Not befreit werden würde. Und genauso wie Viktor Schauberger funktionierende Freie-Energie-Maschinen gebaut hat, genauso hat Tesla seinen „Energie-Konverter" (Energie-Umwandler) gebaut. Teslas Energie-Konverter funktionierte auf elektro-magnetischer Basis, er zapfte also mittels magnetisch eingeleiteter Implosion die unerschöpfliche Energiequelle „Äther" an, wie ich Ihnen das ja schon erklärt habe.

Die Industrie hat Teslas Erfindungen vermarktet, militärisch missbraucht und ausgeschlachtet bis zum Exzess, und tut dies auch heute noch. Doch alles, was mit Freier-Energie zu tun hatte, wurde frühzeitig eliminiert, und im Nachhinein als nicht existent abgetan. Schauen wir uns einmal ein paar Stationen im Leben von Nikola Tesla an.

Im Jahre 1881, nach seinem Studium in Prag, arbeitete Tesla bei einer Telefongesellschaft in Budapest. Ein Jahr später, 1882, fiel ihm bei einem Spaziergang das Konzept des Wechselstromes ein, und daraus folgernd, dass, basierend auf diesem Prinzip, Motoren konstruiert werden können. Etwa zur gleichen Zeit baut Thomas Alva Edison das erste Gleichstrom-Elektrizitätswerk in New York. Noch im selben Jahr geht Tesla nach Paris und arbeitet dort bei der „Continental Edison Company", er baut seinen ersten Wechselstrommotor. Am 6. Juni 1883 trifft Tesla völlig mittellos, und inzwischen 28 Jahre alt, in New York ein, dort arbeitet er in Edisons Laboratorien. Im Mai 1884 gründet Tesla eine eigene Firma, die „Tesla Electric Light Company", er meldet seine ersten Patente an. Tesla kommt in Geldnot, er muss verschiedene Jobs annehmen, um sich finanziell über Wasser halten zu können. 1887 gründet Tesla erneut eine Firma, die „Tesla Electric Company", er meldet – neben einigen anderen Drehstrom-Erfindungen – seinen elektromagnetischen Motor zum Patent an. Im Mai 1888 werden seine Drehstrompatente veröffentlicht, ein Industrieller namens „Westinghouse" wird auf Tesla aufmerksam. Tesla, mittlerweile berühmt aber nach wie vor minderbemittelt, begeht den großen Fehler, und verkauft sämtliche seiner Drehstrompatente an Westinghouse. Diese unüberlegte Handlung kostete ihn seine Handlungsfreiheit und die Umsetzung seiner besten Ideen. Tesla war, was Geldangelegenheiten und Finanzplanung anbelangt, leider vollkommen naiv. Er forschte wie ein Besessener, bis zum Jahr 1891 hatte er bereits 40 Patente angemeldet.

1893 stellte Tesla die drahtlose Kommunikation mittels elektromagnetischer Wellen vor – das Grundprinzip der Radio-, Funk- und Fernsehtechnik. Im selben Jahr stattete er die Weltausstellung in Chicago mit auf Wechselstrom basierender Beleuchtung aus, 5 Millionen Menschen besuchten diese Ausstellung und staunten über die dort präsentierten Lichteffekte.

Tesla forschte mehr und mehr in Richtung Hochfrequenz und Hochspannung, 1895 entwickelte er eine Spule, die eine Spannung von 4 Millionen Volt erzeugen konnte. 1897 konstruierte er ein ferngesteuertes Boot, das er 1898 auf der Weltausstellung im Madison Square Garden vorführte. 1899 konnte Tesla bereits Spannungen von 20 Millionen Volt erzeugen, weiterhin entwickelte er den „Magnifying Transmitter", dieser Übertrager konnte elektrische Signale über eine Distanz von 1000 Kilometer senden.

1900, also zu Beginn des 20. Jahrhunderts, wird es für uns, was Teslas Erfindungen anbelangt, interessant. Tesla begann sich nämlich mehr und mehr für Freie-Energie zu interessieren, und er sprach davon, dass man eine schier unerschöpfliche, universale Energiequelle anzapfen könne. Tesla sprach nicht nur davon, sondern er baute auch dementsprechende Energie-Konverter und Anlagen zur drahtlosen und somit verlustfreien Übertragung von Energie.

Im Juni 1902 übersiedelte Tesla nach Wardenclyffe auf Long Island, dort begann er mit dem Aufbau einer Radiostation sowie einer Anlage zur Übertragung von Energie auf drahtlosem Weg. Langsam begannen bei dem Industriellen Westinghouse und einigen anderen Energiemonopolisten die Alarmglocken zu schrillen, denn selbige finanzierten den in punkto Finanzen vollkommen naiven Tesla größtenteils und machten dadurch enorme Gewinne. Bisher konnten sie alles an Patenten perfekt vermarkten, was sie Tesla für relativ lächerliche Beträge abgekauft hatten, an Freier-Energie und kabelloser, verlustfreier Energieübertragung waren die Energielieferanten und Verteilernetzbesitzer jedoch ganz und gar nicht interessiert. 1905 wurden Tesla schlagartig sämtliche finanziellen Mittel entzogen, dadurch ging er in den Bankrott. Er wurde jedoch nicht nur finanziell ruiniert, es begann auch eine gezielte Rufmord-Kampagne gegen ihn. Der einst so hoch gepriesene Erfinder wurde – durch geschickt inszenierte Propaganda – in der Öffentlichkeit zunehmend als Spinner dargestellt und lächerlich gemacht. Doch der Name Nikola Tesla war – bedingt durch den hohen Bekanntheitsgrad seiner bisherigen Leistungen – nicht so einfach aus der Welt zu schaffen, und Tesla forschte, wenn auch minderbemittelt, weiter.

Forschung und Prototypenbau im Energiebereich verschlingen Unsummen an Geld, auch ein Viktor Schauberger war seinerzeit immer in Geldnot. Zudem kommt noch ein anderes Phänomen, das bei Nikola Tesla sehr ausgeprägt in Erscheinung trat: der permanente Zustrom neuer Ideen und der Drang zu deren Verwirklichung. Erfinder werden von einer inneren Kraft von einem Projekt zum anderen getrieben, im Falle Nikola Tesla waren es über 700 Patente und somit auch Projekte! Viele geniale Erfinder, die das Weltgeschehen bislang präsentiert hat, waren ständig am Rande des finanziellen und geistigen Ruins – das scheint irgendwie das traurige Los dieser Spezies vergangener Tage gewesen zu sein.

Ab dem Jahre 1905 forschte und konstruierte Tesla mitunter an Phänomenen und Projekten, über die er größtenteils Stillschweigen bewahrte. Bei einem dieser Phänomene handelte es sich um so genannte „ELF-Wellen" (**E**xtremely **L**ow **F**requency), diese elektromagnetischen Wellen schwingen extrem langsam (Frequenzbereich unter 100 Hertz). Die langsam schwingenden ELF-Wellen sind deshalb so interessant, weil Mensch und Natur nachweislich durch ELF-Wellen gesteuert werden und somit durch diese Art von Wellen – wenn man sie entsprechend einsetzt – logischerweise auch beeinflussbar sind. Mit ELF-Wellen kann das Wettergeschehen manipuliert werden, man kann mit ihnen gezielt Erdbeben auslösen und außerdem lässt sich mit ELF-Wellen tatsächlich das Bewusstsein der Menschen manipulieren. Ich werde Sie später über diese höchst kritische Angelegenheit noch eingehender inFORMieren.

1906 konstruierte Tesla das erste Modell der „Teslaturbine", 1910 baute er eine Teslaturbine, die bereits 300 PS Leistung brachte. 1912 ließ Tesla in einem Interview verlauten, dass er eine Maschine konstruiert habe, die solch enorme Vibration (mittels ELF-Wellen) erzeugen kann, dass man damit Gebäude und Brücken zum Einsturz bringen könne. Tesla hat so einen ELF-Wellen-Sender tatsächlich gebaut und auch ausprobiert, bei einem seiner Versuche brachte er versehentlich einen ganzen Häuserzug in New York zum Wackeln.

1917 veröffentlichte Tesla einen Artikel, in dem er die Hauptbestandteile und die Funktion des Radars erklärte. Es wurde ihm die „Edison-Medaille" verliehen, das Radar selbst wurde jedoch – in Funktion genau so, wie es Tesla beschrieben hatte – erst rund 20 Jahre später gebaut, kurz vor Ausbruch des Zweiten Weltkrieges.

Anfang des 19. Jahrhunderts tauchte das hartnäckige Gerücht auf, Tesla hätte einen „Todesstrahl" entwickelt. Fast 40 Jahre lang erschienen immer wieder Meldungen, die dieses Gerücht am Leben hielten und untermauerten. Tesla selbst sprach nie öffentlich über dieses Thema, jedoch gab es etliche Begebenheiten und Patentanmeldungen, die in diese Richtung deuteten. Bei Strahlenwaffen handelt es sich um gebündelte elektromagnetische Energie, ein Laser funktioniert zum Beispiel nach diesem Prinzip. Strahlenwaffen haben sich aus den „Energie-Transmittern" heraus entwickelt, bei einem Energie-Transmitter handelt es sich um eine Sendeapparatur, mit der man elektromagnetische Energie über weite Distanzen übertragen kann. Tesla, der mit enormen Hochspannungsströmen arbeitete, hatte bereits im Jahre 1899 in Colorado Springs eine gewaltige Sendeanlage, genannt „Magnifying-Transmitter", konstruiert, die der dort ansässigen Bevölkerung noch lange Zeit in Erinnerung geblieben ist. Im Artikel einer hiesigen Lokalzeitung war sowohl die Sendeanlage als auch deren Wirkung beschrieben. Demnach hatte Tesla auf seinem Labor einen monströsen, 60 Meter hohen Sendemast installiert, der von einer gewaltigen Kupferkugel gekrönt wurde. Mit dieser Einrichtung erzeugte er Spannungen, die sich in Blitzen von bis zu 40 Meter Länge entluden. Die Blitze wurden von einem Donnergeräusch begleitet, das noch in 25 Kilometer Entfernung zu hören war. In weitem Umkreis um den Sendemast sprangen den Menschen Funken zwischen die Beine, Glühlampen fingen an zu leuchten und aus den Wasserhähnen schossen Blitze. Insekten und Schmetterlinge wurden elektrifiziert und leuchteten in seltsamen Farben; Pferde bekamen elektrische Schläge mittels ihrer eisernen Hufe und brachen in Panik aus. Ein andermal schaffte Tesla es tatsächlich, durch einen seiner Hochspannungsversuche den Generator des städtischen Kraftwerkes „Colorado Springs Electric Company" zu zerstören.

Von 1900 bis 1910 widmete Tesla den Grossteil seiner Forschungen der drahtlosen Energieübertragung, sprich dem Transmitter. Ein Transmitter kann zur nützlichen Energieübertragung verwendet werden, er kann aber auch als vernichtende Waffe eingesetzt werden. Die Frage, ob Nützlichkeit oder Waffe, hängt alleine von der Energiestärke, der Energiebündelung und vom Timing ab. Tesla hat verlauten lassen, dass sein Transmitter 100 Millionen Volt Spannung mit einer Stromstärke von 1000 Ampere erzeugen kann. Das entspricht einer Leistung von 100 Millionen (!) Kilowatt. Würde der Transmitter diesen erzeugten Hochspannungsstrom mit 2 Megahertz Schwingungsfrequenz punktgenau an einen Ort beliebiger Entfernung übertragen, dann wäre die dort schlagartig freigesetzte Energie mit der Explosion einer 10 Megatonnen TNT-Bombe gleichzusetzen. Der Transmitter wäre also in der Lage, praktisch per Funk und über Tausende von Kilometern Entfernung, die Energie einer Atombombe zu übertragen! Das klingt ungeheuerlich, die technische Durchführung solch einer gewaltigen Energieübertragung wird von den Wissenschaftlern als unmöglich dargestellt. Es gibt jedoch Indizien, dass Tesla am 30. Juni 1908 solch eine ungeheure Energieübertragung tatsächlich zustande gebracht hat – den „Tunguska-Zwischenfall":

Am 30. Juni 1908 um 0 Uhr 16 nach Greenwich-Zeit erschütterte eine Explosion ungeheuren Ausmaßes unseren Erdball. Das Gebiet, in dem diese Explosion stattfand, liegt in Zentralsibirien, in der Nähe des Flusses „Steinige Tunguska". Die Explosion hatte eine geschätzte Stärke von 10 bis 15 Megatonnen TNT, also genau die Stärke, die Tesla vorgab mit seinem Transmitter senden zu können. Eine Waldfläche von mehreren Tausend Quadratkilometern wurde schlagartig vernichtet, das von der Explosion direkt erfasste Gebiet betrug ca. 20 Kilometer im Durchmesser. Die Explosion war noch in 1000 Kilometer Entfernung zu hören, die Luft-Druckwelle verursachte in weitem Umkreis erhebliche Schäden. Sowohl die Luft-Druckwelle als auch die seismografische Welle (Erdbeben) wurden rund um den Globus von meteorologischen und seismographischen Instituten aufgezeichnet. Der Detonationsblitz und die darauf folgende Explosionshitze waren noch in über Hundert Kilometern Entfernung zu vernehmen.

Was war hier eigentlich explodiert?

Nun, man weiß schlicht und ergreifend nicht, was der Grund für diese gewaltige Explosion war. Der „Zwischenfall von Tunguska", wie die damalige katastrophale Detonation betitelt wird, ist bis zum heutigen Tag ein ungelöstes Rätsel. Eine technisch hergestellte Bombe mit einer solch enormen Sprengkraft gab es zu damaliger Zeit noch nicht. Auch die, von einigen Leuten hartnäckig vertretene Behauptung, dass es sich um den Einschlag eines riesigen Meteoriten gehandelt hat, ist in keiner Weise haltbar. Es gab nämlich nachweislich keinen Einschlagkrater und auch vor Ort durchgeführte Probebohrungen brachten keinerlei Meteoriten-Material zutage, das bei einem Meteoriteneinschlag unweigerlich hätte existieren müssen. Die Spekulationen, was denn schließlich die Ursache dieser Explosion war, gehen von einem explodierten UFO bis hin zu einem detonierten schwarzen Miniloch, das sich vielleicht im Universum verirrt hat. An eine Energieübertragung mittels Transmitter und deren, von Nikola Tesla erklärten 10-Megatonnen-TNT-Zerstörungskraft, hat man anscheinend noch nicht gedacht! Genau in den Jahren zwischen 1907 und 1908 berichtete Tesla über die zerstörerischen Auswirkungen seines Energie-Transmitters. Sein in Wardenclyffe konstruierter Transmitter war wesentlich größer und leistungsfähiger als der Magnifying-Transmitter, mit dem er in Colorado Springs eindrucksvolle Versuche unternommen hatte, und mit dem er, wenn auch unbeabsichtigt, das dortige Kraftwerk zerstört hatte. Tesla hat mehrmals und auch schriftlich verlauten lassen, dass er seinen Transmitter auch experimentell getestet hat, und dass diese Tests einen **sehr tiefen** Eindruck hinterlassen hätten. Die von Geologen erforschte und von damaligen Augenzeugen berichtete Art und Weise des Tunguska-Zwischenfalls deutet im Übrigen genau auf die Freisetzung von drahtlos übertragener Energie hin.

Man muss sich klipp und klar vor Augen halten, dass Tesla alles andere als ein Spinner war, wie seine anerkannt „normalen" Erfindungen ja mehr als deutlich beweisen. Tesla hat genau gewusst, an was er forschte und was irgend möglich ist. Jetzt stellt sich jedoch die Frage, ob denn der Menschenfreund Nikola Tesla plötzlich vom Wahnsinn gepackt war, solch verheerende Transmitter-Versuche zu veranstalten? Nun, es ist tatsächlich so, dass Tesla, um es einmal vorsichtig auszudrücken, zu besagter Zeit ein angekratztes Nervenkostüm hatte. Er war von der Industrie ruiniert worden und kämpfte auch weiterhin ständig um seine wirtschaftliche Existenz. Auch die Hetzkampagnen, Verleumdungen und Provokationen rissen nicht ab, er erlitt 1906 tatsächlich einen Nervenzusammenbruch.

Ob Tesla wirklich den Tunguska-Zwischenfall provoziert hat, ist, trotz einiger handfester bejahender Indizien, letztendlich nicht bewiesen. Wir wollen dieser Frage auch weiterhin keine Bedeutung mehr beimessen, und uns einer angenehmeren Konstruktion Teslas zuwenden – einem Automobil, das scheinbar mit NICHTS betrieben wurde.

Nikola Tesla hat sich nicht nur mit Energie-Transmittern (Energie-Übertrager) beschäftigt, sondern auch mit Energie-Konvertern (Energie-Umwandler). Tesla hatte einen Weg gefunden, wie man die unerschöpfliche Energiequelle des Äthers anzapfen und nutzbar machen kann, dementsprechend bezeichnete er seine Konverter als Raumenergie-Konverter. Schon im Jahre 1899 konstruierte er das erste Modell eines Raumenergiekonverters, das er über Jahrzehnte hinweg Schritt für Schritt verbesserte und schließlich zur Perfektion brachte. Im Jahre 1931, Tesla war bereits 70 Jahre alt, baute er einen seiner Raumenergie-Konverter in ein Automobil ein. Bei besagtem Automobil handelte es sich um einen „Pierce Arrow“, eine schwere Luxuslimousine jener Zeit. Der Benzinmotor des Pierce Arrows war ausgebaut und durch einen rundlichen, rundum gekapselten Elektromotor von ca. 1m Länge und nur 65 cm Durchmesser ersetzt worden. Der Elektromotor wurde mit Wechselstrom betrieben und brachte stattliche 80 PS bei 1800 Umdrehungen. Das Interessante war jedoch nicht der Wechselstrommotor, sondern die Energiequelle, die den Motor mit Wechselstrom versorgte. Die benötigte Energie lieferte ein 60x25x15 cm großer Raumenergie-Konverter, dieser war vor dem Armaturenbrett angebracht und mit einer 1,8 m langen Antenne verbunden. Der Test dieses mit „nichts“ betriebenen Automobils fand im Sommer 1931 in Buffalo, N.Y. statt, Teslas Neffe Peter Soro war mit dabei. Der umgebaute Pierce Arrow wurde über eine Woche lang gefahren und dauergetestet, er erreichte eine Geschwindigkeit von 144 Stundenkilometer. Mit „nichts“ betrieben, vollkommen abgasfrei und lediglich ein leises Surren von sich gebend, sauste der Pierce Arrow durch die Gegend!

Tesla erklärte, dass der im Pierce Arrow verwendete Raumenergie-Konverter ein ganzes Haus mit Energie versorgen könnte, die Ätherenergie stünde immer und für jedermann stets kostenlos in unbegrenzter Menge zur Verfügung. Für den mittlerweile betagten Tesla war der umgebaute Pierce Arrow nur noch ein Hobby, denn er wusste, dass Wissenschaft und Industrie seine Erfindung ablehnen und mit allen Mitteln massiv bekämpfen würden. Tesla, dessen genialste Ideen und Erfindungen im Verlaufe seines Lebens stets mehr behindert und bekämpft anstatt gefeiert wurden, hatte bereits mit Wissenschaft, Ingenieurwesen und Industrie gebrochen. Er war nicht mehr bereit, die technische Revolution, die im Pierce Arrow eingebaut war, zu diskutieren. Die Daten des im Pierce Arrow eingebauten Raumenergie-Konverters wurden erst im Jahre 1967 von einem Flugzeugingenieur namens Derek Ahlers mühsam zusammengetragen und befinden sich derzeit in der Kelth-Brewwer-Bibliothek im US-Staat Wisconsin.

Trotz betagten Alters arbeitete Tesla noch an Plänen für ein geothermisches Kraftwerk, die er auch zum Teil veröffentlichte. 1936 bekommt Tesla von der jugoslawischen Regierung eine jährliche Rente in Höhe von 7200 Dollar zugesprochen, er ist mittlerweile 80 Jahre alt.

Am 7. Januar 1943 stirbt der geniale Erfinder Nikola Tesla vollkommen einsam und verarmt in einem New Yorker Hotelzimmer. Sechs Monate nach seinem Tod wurde ihm vom Supreme Court – dem höchsten US-Gerichtshof – per Urteil zugestanden, der eigentliche Vater des Radios zu sein. Wie schon erwähnt, hatten die beiden Physiker Marconi und Braun im Jahre 1909 für die Erfindung des Radios den Physik-Nobelpreis eingeheimst.

Teslas Nachlass wurde vom Geheimdienst sehr sorgfältig unter die Lupe genommen, ein Großteil seiner Aufzeichnungen und Pläne verschwand in geheimen Militär- und Staatsarchiven.

Das Militär hatte sich schon sehr früh für Teslas Patentschriften und Pläne bezüglich der Energie-Transmitter-Technologie interessiert, wie schon gesagt, diese Technologie liefert die Basis für Strahlenwaffen. Es ist geradezu lächerlich zu glauben, dass die streng geheimen Zweige der Rüstungsindustrie Teslas Erfindungen nicht mit Hochdruck weiterentwickelt haben und die Ergebnisse zu militärischen Zwecken missbrauchen. Und es ist geradezu auffällig, wie bedeckt man sich in militärischen Kreisen gibt, was Strahlenwaffen anbelangt. Ich sage Ihnen, es existieren Strahlenwaffen, von deren vernichtender Wirkung Sie sich gar keine Vorstellung machen können! Und es existieren nachweislich Strahlenwaffen, die keine Materie vernichten, sondern die das menschliche Bewusstsein angreifen und manipulieren. Auch für diese Art von Strahlenwaffen hat Tesla die Basis geliefert – die von ihm entdeckten ELF-Wellen. Wie schon gesagt, ich werde Sie über den Einsatz dieser ELF-Wellen noch näher inFORMieren.

Was ich Ihnen hier über Nikola Tesla berichtet habe, ist lediglich ein Schnellschuss durch Leben und Wirken dieses genialen Physikers. Falls Sie sich näher über Tesla und seine Erfindungen inFORMieren wollen, kann ich Ihnen folgende Bücher empfehlen:

- Cheney, Margaret: Nikola Tesla – Erfinder, Magier, Prophet (ISBN: 3930243016)

- Tesla, Nikola: Freie Energie statt Blut und Öl! (ISBN: 3922367607)

Dass die physikalischen Gesetze, auf die sich all unsere wissenschaftlichen Lehrbuch-Erkenntnisse stützen, nur bedingt Gültigkeit haben, dringt langsam auch in die Gehirne der starrköpfigsten Schulbuchphysiker. Die Erkenntnisse der Quantenphysik tragen zu dieser Wandlung entscheidend bei. Langsam aber sicher öffnet sich das starre physikalische Denken mehr und mehr der Metaphysik – sehr zum Ärgernis der Monopolisten und Materialisten, die uns und unsere Erde knechten. Unter dem Begriff Metaphysik versteht man diejenige Physik, die nicht an starre, bedingt gültige Formeln und Gesetzmäßigkeiten gebunden ist, also eine Physik, die universal gültig ist und die die Geheimnisse der Schöpfung beschreibt. Es gibt ein hervorragendes Buch, das Physik, Metaphysik und Schöpfung in genialer Weise zusammenbringt, und das ich Ihnen, falls Sie sich für diese Thematik interessieren, nur empfehlen kann: „Davidson, John: Das Geheimnis des Vakuums – Schöpfungstanz, Bewusstsein und Freie Energie“ (ISBN: 3930243024).

In diesem Buch geht es um die schöpferische Energie, die allem Sein zugrunde liegt, um die letzten Geheimnisse der physikalischen und geistigen Welt. Der Autor legt aus der Sicht des Mystikers dar, dass das physikalische Vakuum, das scheinbare „Nichts“, in Wahrheit ein energiegeladener, formbildender Zustand feinstofflicher Substanz ist, auch Äther genannt.

Er zeigt auf, dass der Äther als Schnittstelle zwischen biologischem Leben und höheren Seinsebenen dienen kann.

Erinnern Sie sich noch an die schöne, paradiesische Welt, die ich Ihnen zu Anfang geschildert habe, und die die Menschen, wie ich behauptet habe, jederzeit realisieren könnten? Wie schaut es mittlerweile mit Ihrer Akzeptanz bezüglich der utopischen Flugscheiben und der weltweiten Nutzung unerschöpflicher Freier-Energie aus? Alles Hirngespinste? Alles Spinnerei? – Oder glauben Sie langsam nicht auch, dass auf diesem Planeten ETWAS ganz gezielt schief läuft?

Aber was läuft eigentlich schief?

Es ist Ihr Bewusstsein, das schief läuft! Und nicht nur **Ihr** Bewusstsein, sondern das Bewusstsein aller Menschen läuft schief! Die Menschen sind untereinander zerrissen, zerstritten und gänzlich uneinig. Und es nützen die tollsten utopischen Flugscheiben und Freie-Energie-Maschinen überhaupt nichts, wenn sich die Menschen nicht EINig sind. In der eingangs geschilderten paradiesischen Welt sind sich die Menschen EINig – es herrscht weltweit Frieden, Freiheit und ein tiefes Gefühl der gegenseitigen Verbundenheit. Doch die Basis für solch paradiesische Zustände bildet immer ein EINheitliches Bewusstsein. Ohne ein derartiges Bewusstsein ist weltweiter Friede, Freiheit und Glückseligkeit undenkbar. Damit wir uns nicht missverstehen, ein einheitliches Bewusstsein hat nichts mit stupider Gleichmacherei zu tun – ganz im Gegenteil! Es geht um eine EINheitliche positive Bewusstseinsbasis, auf der dann die faszinierende menschliche Individualität aufsetzt.

Jetzt werden Sie vielleicht sagen: *„Eine solch einheitliche Bewusstseinsbasis hat es nie gegeben und wird es auch nicht geben, denn Milliarden von Menschen unter einen Hut zu bringen ist ein Ding der Unmöglichkeit!“*

Und ich sage Ihnen darauf: Auf die paar Tausend Jahre Menschheitsgeschichte, über die Sie unterrichtet worden sind, mag das wohl zutreffen – aber diese Jahrtausende sind ein geradezu lächerliches Nichts, im Vergleich zur Gesamtgeschichte der Menschen oder, jetzt muss ich es genauer ausdrücken – von uns unsterblichen Seelen!

Sie werden im weiteren Verlauf dieses Buches mehr und mehr unsere Geschichte erfahren, und ich sage Ihnen schon jetzt – die Geschichte ist, was Zeiträume und Dimensionen anbelangt, gigantisch! Aber ich muss Sie behutsam Schritt für Schritt in höhere Regionen führen und, was ganz wichtig ist, und was ich schon wiederholt zum Ausdruck gebracht habe, ich brauche ständig Ihre Akzeptanz. Und diese Akzeptanz aufrecht zu erhalten, ist eine äußerst schwierige Sache für mich. Schauen Sie sich nur den Aufwand an, den ich allein betrieben habe, um Ihnen die Akzeptanz zu Flugscheiben und Freie-Energie-Maschinen abzuringen.

Sie können sich jedoch gar nicht vorstellen, vor was für einem Problem ich jetzt im Moment, während ich diese Zeilen schreibe, sitze. Ich muss Ihnen nämlich als Nächstes akzeptabel begreifbar machen, dass das komplette Weltgeschehen – inklusive die Erschaffung des „zivilisierten“ Menschengeschlechts – von einer Macht inszeniert worden ist, die nicht von dieser Erde stammt – also von Außerirdischen. Das ist ein überaus heikles Thema, aber leider, da es nun mal der Wahrheit entspricht, unabdingbar. Ich muss Sie, damit Sie das schier unglaubliche Geschehen verstehen und akzeptieren können, durch die **gesamte** historische Erdgeschichte führen, hinein bis ins jetzige Jahrzehnt, und ich weiß im Moment nicht, wie ich das anstellen soll. Ich werde Ihnen kurz erklären, warum das für mich ein so großes Problem darstellt:

Ich sitze hier vor Tausenden von Seiten bedruckten Papiers (Bücher, Notizen, Internet-Ausdrucke usw.) die Sie, um die Sache begreifen und akzeptieren zu können, allesamt lesen und studieren müssten. Da ich aber genau weiß, dass Sie dazu weder die Zeit noch die Absicht haben, muss ich Ihnen all dieses faktische Wissen möglichst kompakt, aber stets logisch nachvollziehbar und somit lückenlos, präsentieren. Und genau das ist ein Ding der Unmöglichkeit, denn, um dieses Wissen lückenlos und somit logisch nachvollziehbar zu präsentieren, müsste ich tatsächlich Tausende von Seiten wiedergeben, und das geht verständlicherweise nicht. Ich kann auch nicht einfach all die Bücher und Internetquellen auflisten und sagen: *„Lesen Sie das alles erst mal gründlich durch, und gehen Sie dann zum nächsten Kapitel über!“*, denn dann wäre Ihre Freizeit für die nächsten Jahre allein mit Lesen ausgefüllt. Da ich diese Problematik schon vor langer Zeit irgendwie erahnte, habe ich beim Studieren der besagten Lektüren stets einen grünen Marker eingesetzt, um schon mal vor- und auszusortieren. Alles für Sie Wichtige habe ich also grün markiert, mit dem Resultat, dass jetzt etliche meiner Bücher den Anschein haben, als wären sie auf grünem Papier gedruckt. Nun gut, die Firma „Edding“ jedenfalls wird sich wahrscheinlich die Hände gerieben haben, denn mein Verschleiß an grünen Markern muss sich auf jeden Fall positiv in deren Umsatzstatistik niedergeschlagen haben (☺).

Und wissen Sie, was das Allertollste an der ganzen Sache ist? All dieses Wissen, das in den Tausenden von Seiten steht und deren Essenz ich Ihnen kompakt und akzeptabel näher bringen muss, ist im Grunde **vollkommen** belanglos. Und trotzdem ist es wiederum so: um Sie **dahin** zu führen, dass Sie die Nichtig- und Belanglosigkeit erkennen, muss ich Schritt für Schritt vorgehen und brauche deshalb wiederum die Essenz dieser vielen, vielen bedruckten Seiten – ein wahrer Teufelskreis (☹)!

Es ist Ihnen doch sicherlich schon aufgefallen, dass es mir in erster Linie immer um Ihr Bewusstsein geht. Ich rede doch ständig davon, dass Sie aufwachen müssen, dass mit unserem Bewusstsein etwas nicht stimmt, dass unser Bewusstsein manipuliert wird, und dass gewisse Mächte ein hohes Interesse daran haben, dass dies auch so bleibt. Der Schlüssel zu aller Wahrheit liegt in Ihrem Bewusstsein verborgen. Das, was Sie derzeit auf Erden darstellen und was Sie an Geschehen im wahrsten Sinne des Wortes hautnah erleben, ist, so unglaublich es jetzt für Sie klingen mag, eigentlich gar nicht vorhanden – es ist eine höchst perfekt inszenierte ILLUSION! Und wenn Sie jetzt glauben, dass dies unmöglich der Fall sein kann, weil auf Erden alles greifbar ist und Hand und Fuß hat, dann sage ich Ihnen darauf nur:

„Da sehen Sie mal, wie perfekt diese ILLUSION inszeniert ist!“

Und das ist nicht ironisch gemeint - obwohl es so klingen mag –, es ist mir ernst damit, weil ich es weiß!

Ich mache Sie jetzt mit einer Aussage des spanischen Malers Salvador Dali bekannt, die Sie sich sehr, sehr gut merken sollten, denn sie trifft – was unsere Realität anbelangt – den Nagel **voll** auf den Kopf:

Eines Tages wird man offiziell zugeben müssen, dass das, was wir Wirklichkeit getauft haben, eine noch größere ILLUSION ist als die Welt des Traumes. (Salvador Dali)

Das letzte Kapitel wird Ihnen vollkommenen Aufschluss über die Richtigkeit dieses Satzes geben. Im Moment ist es mir nur wichtig, dass Sie schon vorab darauf eingestimmt werden, denn somit können Sie das nachfolgend dargestellte Weltgeschehen aus einem wesentlich toleranteren Blickwinkel heraus betrachten. Toleranz (Duldsamkeit) ist stets die Basis der Akzeptanz (Anerkennung). Also nochmals: denken Sie sooft wie nur möglich an Salvador Dalis Satz, werfen Sie alle anerzogene Bildung und alle eingetrichterten Dogmen über Bord und

öffnen Sie Ihren Geist!

Bevor ich mit der Kurzdarstellung des Weltgeschehens beginne, muss ich noch ein paar Dinge klarstellen.

Wenn es um die faktische Beweisführung geht, dass bei der Erschaffung des „zivilisierten" Menschengeschlechts außerirdische Mächte die Hand mit im Spiel gehabt haben, dann kommt man um zwei Namen nicht herum: Erich von Däniken und Zecharia Sitchin. Beide Herren haben etliches an Literatur veröffentlicht und vertreten einhellig und nachdrücklich die Meinung, dass „Die Götter" in Wirklichkeit Außerirdische waren.

Wenn Sie heutzutage einen Menschen mit dieser Aussage konfrontieren, dann ernten Sie fast immer ein ungläubiges, nahezu mitleidiges Kopfschütteln. Ich weiß das deshalb so genau, weil ich einst in derselben Lage war. Es hat in meinem Leben eine Zeit gegeben, da konnte ich beim Namen „Däniken" nur abweisend den Kopf schütteln. Und wissen Sie, was der Grund für diese Haltung war? Ganz einfach, ich hatte bis dahin nicht ein einziges Buch von Däniken gelesen. Und genauso geht es fast allen anderen Menschen auch, sie schütteln ungläubig den Kopf, haben jedoch nicht die blasseste Ahnung, über was Sie überhaupt den Kopf schütteln. Ganz anders sieht die Sache jedoch aus, wenn Sie an eine Person gelangen, die Däniken gelesen hat. In fast all diesen Fällen wird Ihnen diese Person sagen, dass das, was Däniken in seinen Büchern schreibt und fotografisch darlegt, höchst interessant und durchweg nicht so einfach aus der Luft gegriffen zu sein scheint. Es gibt im Verhältnis nur extrem wenige Leser, die Däniken als puren Spinner und Phantast abtun, denn das, was dieser Mann aufzeigt, ist real vorhanden und sowohl anschaulich als auch verständlich dargestellt. Däniken ist nicht schwierig zu lesen, denn er zeigt existierende Dinge auf und sagt uns: schaut hierher und schaut dorthin, seht was hier abgebildet ist und schaut euch dieses Gebilde an – und er versucht all die Dinge in einen logischen Zusammenhang zu bringen. Dass diese offensichtlichen Zusammenhänge nicht in unser anerzogenes Weltbild passen, das macht Däniken so interessant.

Es gibt etliche Wissenschaftler, die Däniken äußerst heftig kritisieren und ihn teilweise sogar als Betrüger und Schwindler hinstellen, und wenn man objektiv inFORMiert sein will, dann muss man auch deren Argumente und Ansichten betrachten. Und exakt nach dem Spruch „wo Licht ist, dort ist auch Schatten", ist es durchaus so, dass Dänikens Kritiker in einigen Punkten und Fällen durchaus recht haben. Es wurde manches tatsächlich falsch dargestellt und mitunter auch manipuliert, was natürlich besonders übel ist. Aber es darf – bei aller berechtigten Kritik – nicht außer Acht gelassen werden, dass ein Großteil der von Däniken aufgezeigten Fakten und Dinge **sehr wohl** den Tatsachen entsprechen.

Interessant an der Kritik, die Däniken gegenüber angebracht wird, ist deren Verteilung. Die ersten Bücher, die Däniken publiziert hat, waren, was den Wahrheitsgehalt anbelangt, wesentlich weniger heftig kritisiert als spätere Werke. Dieses Phänomen gilt im Übrigen nicht nur für Däniken, sondern es ist bei sehr vielen Autoren zu beobachten, die sich mit paranormalen Themen befassen. Mit zunehmender Publizität (Berühmtheit) schwindet die Qualität in deren neu veröffentlichten Schriften, die behandelten Themen werden immer abgedrehter und reißerischer, und man greift immer häufiger zum Mittel der Manipulation. Manche Autoren finden nach einiger Zeit wieder zurück auf den Boden der Tatsachen, manche nicht. Dieses Phänomen ist nicht nur mir aufgefallen, viele Leute, die im Internet vertreten sind und dort diskutieren, beklagen diese unschöne Entwicklung. Jetzt stellt sich natürlich die Frage, warum haben es denn manche Bestseller-Autoren überhaupt nötig, plötzlich so einen unseriösen Weg einzuschlagen? Dazu gibt es zwei Antworten, eine vordergründige und eine hintergründige. Die vordergründige Antwort beschreibt das Ego derjenigen, die eine gewisse Berühmtheit erlangt haben. Man möchte unter allen Umständen am Ball bleiben, und der Verlag schreit nach neuen, umsatzträchtigen Werken. Umsatz macht man in der heutigen Zeit leider immer weniger mit faktischer Qualität, sondern mit reißerischer Aufmachung und abgefahrenen oder überzogenen Themen. Manch beliebte Tageszeitung ist dahingehend geradezu ein Paradebeispiel. Manipulation scheint mittlerweile zum Geschäft zu gehören – der Umsatz heiligt die Mittel!

Die hintergründige Antwort – und auf diese sollten Sie Ihre Aufmerksamkeit richten – erklärt dieses Phänomen mit dem vorgeschriebenen Lauf der Dinge. Es gibt keinen weltweiten Durchbruch, was die Erkennung von paranormalen Tatsachen anbelangt – diesen Satz habe ich Ihnen doch schon einige Male präsentiert. Personen (z. B. Autoren), die auf dem richtigen Weg sind, werden zu vorgegebener Zeit automatisch in einem bestimmten Maße abdriften, egal ob sie wollen oder nicht. Es bleibt solange ein Spiel von „Für und Wider", von „Wenn und Aber" und von „Lüge und Wahrheit", bis sich der Kreis des zähen Geschehens geschlossen hat. Abkürzungen gibt es keine! Vollkommen verstehen werden Sie die ganze Sache jedoch erst dann, wenn Sie am Ende dieses Werkes angelangt sind – sofern es Ihr Bewusstsein zulässt!

Ein großes Übel, was paranormale Thematik anbelangt, ist der enorme Wust an vollkommenem Unsinn und Müll, der unaufhörlich über die Menschheit ausgeschüttet wird. Und gerade auf dem UFO-Sektor ist es besonders schlimm. Dieser Bereich ist dermaßen heftig von Falschinformationen und Phantastereien unterwandert, dass man nur noch den Kopf schütteln kann. Die größte Kritik an der abgedrehten UFO-Szenerie kommt erstaunlicherweise von Leuten, die davon überzeugt sind, dass es UFOs und Außerirdische gab und gibt. Ist ja auch logisch, denn der eingeschleuste Wust an unglaubwürdigen Phantasiegeschichten erdrückt den seriösen Teil der UFO-Szene nahezu vollkommen. Wenn weltweit gesehen fast schon täglich über Entlarvungen von zuvor eingeschleusten Phantasiegeschichten berichtet wird, ja was glauben Sie, existiert dann noch an Akzeptanz in der Bevölkerung, wenn es um seriöse Fälle und Berichte geht? Und genau das ist die Vorgehensweise bestimmter Kräfte: heimlich Falschinformationen ins paranormale Geschehen einfiltern, diese dann wissenschaftlich groß aufgemacht entlarven, der seriöse Rest erledigt sich dadurch von ganz alleine!

Wie bereits erwähnt, der existierende Wust an Material, bezüglich paranormalem Geschehen, ist gigantisch, und hier exakt die Spreu vom Weizen zu trennen, ist praktisch ein Ding der Unmöglichkeit. Die Tatsache, dass, was paranormales Geschehen anbelangt, sehr viel an

Betrug und Falschinformation in Umlauf ist, bringt eine zusätzliche Erschwernis für diejenigen, die wirkliche paranormale Geschehnisse aufzeigen wollen. Es ist nämlich dadurch ein Kampf von Einer gegen Zwei. Der eine Gegner ist die sture Schul- und Lehrwissenschaft, die krampfhaft an ihren eingefahrenen Thesen festhält, der andere Gegner ist das eingestreute Potential an „paranormalen“ Falschinformationen und Phantasiegeschichten, das nahezu perfekt für eine generelle Unglaubwürdigkeit sorgt. Die Ausgangsbasis ist also für denjenigen, der die Öffentlichkeit über seriöse paranormale Geschehnisse ehrlich und objektiv inFORMieren will, also alles andere als rosig. Die Menschen sind nämlich in hohem Maße vorprogrammiert und voreingenommen, was man ihnen ja eigentlich gar nicht übel nehmen kann.

Zudem kommt noch, dass es sich bei der ganzen Geschichte um einen reinen Indizienprozess handelt. Es gibt ja keinen durchschlagenden Beweis, dass es Außerirdische gibt. Es gibt natürlich auf der anderen Seite auch keinen durchschlagenden Beweis, dass es keine Außerirdischen gibt. Diese Konstellation gilt – wie ich schon einmal erklärt habe – logischerweise für alle paranormalen Themen, denn sonst wären sie ja nicht paranormal, sondern normal. Also bin ich darauf beschränkt, Ihnen lediglich Indizien aufzeigen zu können, die **für** ein paranormales Geschehen sprechen. Wie Ihr Bewusstsein dann letztendlich entscheidet, darauf habe ich nicht den geringsten Einfluss. Es kann jedoch durchaus sein, dass sich für Sie der Kreis des zähen Geschehens langsam zu schließen beginnt. Eine dahingehende Bilanz sollten Sie jedoch erst ganz am Schluss dieses Werkes ziehen!

So, jetzt schauen wir uns erst mal grob an, um was es eigentlich geht:

Die Schulwissenschaft teilt die Erdentwicklung in Zeitalter ein, und ordnet strikt jedem Zeitalter bestimmte Gattungen von Lebewesen zu. Die Schulwissenschaft behauptet, der Mensch hat sich langsam durch die natürliche Evolution zum heutigen „zivilisierten“ Zeitgenossen entwickelt. Sie sagt weiterhin, dass alles Geschehen einen unbestimmten (zufälligen), linearen Verlauf nimmt. Die Schulwissenschaft sagt auch, dass das Bewusstsein des Menschen ein reines Produkt seines Gehirnes ist, sie schließt die Existenz einer bewussten Seele aus – und somit auch die Existenz von etwas, das die Menschen „Gott“ nennen. Für die Schulwissenschaft endet das Leben mit dem Tod. Die Schulwissenschaft räumt zwar die theoretische Existenz außerirdischer Intelligenz im Universum ein, schließt jedoch einen direkt erfolgten Erdkontakt aus. Weiterhin wird behauptet, es gab und gibt keinerlei geheime Vereinigungen von einflussreichen Personen aus Wirtschaft, Politik und Hochfinanz, die sich als Elite sehen, und die es sich zum Ziel gesetzt haben, die **absolute** Kontrolle (Weltherrschaft) zu erlangen.

Ich sage Ihnen: die Schulwissenschaft und die öffentliche Meinung irren sich in all den oben aufgeführten Punkten gewaltig!

Nun, lassen Sie uns den Indizienprozess eröffnen. Halt!, das stimmt nicht ganz, es ist, all die obigen Punkte betreffend, kein reiner Indizienprozess! Was ein Leben nach dem Tod anbelangt, so kann ich (und Tausende andere Menschen auch) hier als Hauptzeuge auftreten, denn, wie ich Ihnen ja schon geschildert habe, war es mir bereits zu Lebzeit vergönnt, einen Wechsel vom Diesseits ins Jenseits – und zurück – zu vollziehen. In all den anderen Punkten müssen wir uns an Indizien halten und am offensichtlichen Lauf des Geschehens, denn dieser gibt oft mehr Aufschluss als tausend Fakten.

Gehen wir die Sache der Reihe nach an, und werfen wir zuerst einen Blick auf die frühe Entstehungsgeschichte der humanoiden (menschlichen) Wesen:

Vor einigen Jahrzehnten, als ich noch die Schulbank drückte, galt der Neandertaler als das früheste nachweisbare – mit gewisser Intelligenz ausgestattete – Glied unserer angeblichen Ahnen. Vor dem Neandertaler – so wurde wissenschaftlich angenommen – existierten nur menschenaffenähnliche, bereits aufrecht gehende Wesen, die man auf Grund ihres aufrechten Ganges als „Homo erectus“ bezeichnete. Das erste Erscheinen des „Homo erectus“ datierte man – auf Grund verschiedener Funde – auf ca. 1 Million Jahre zurück. Aus dem Homo erectus entwickelte sich dann der – bereits mit gewisser Intelligenz ausgestattete – „Homo sapiens“, der allseits bekannte Neandertaler war ein Vertreter dieser Gattung. Der Neandertaler lebte in Gruppen, bediente sich einfacher Werkzeuge, baute schon einfache Behausungen, war aber noch keiner zivilisierten Sprache mächtig, und daher mehr oder weniger auf Grunzlaute angewiesen. Andere, dem Neandertaler ähnliche Homo sapiens, entwickelten sich in Spanien, Frankreich, Italien, Russland und Nordafrika. Der Neandertaler lebte im Zeitraum von vor ca. 100.000 – 40.000 Jahren. Der Homo sapiens wurde schließlich in ganz Europa vom „Cro-Magnon-Mensch“ (auch Homo-sapiens-sapiens genannt) verdrängt, der ungefähr – was Schädelbildung und Gehirngröße anbelangt – dem typischen Jetztmenschen entspricht. Aus dem Cro-Magnon-Mensch sollen sich dann die verschiedenen Rassen herausgebildet haben: in Asien die europide-, in Ostasien die mongolide- und in Afrika die negroide Menschenrasse. Soweit der ungefähre wissenschaftliche Stand von vor fast vier Jahrzehnten. Am wissenschaftlich behaupteten Grundschema hat sich bis heute noch nicht allzu viel geändert, lediglich die Zeiträume haben sich drastisch verschoben.

Hätte man den Menschenforschern (Anthropologen) vor vier Jahrzehnten erzählt, dass es bereits vor 4 Millionen Jahren den Homo erectus gegeben hat, und dass der „halbintelligente“ Homo sapiens bereits vor 2,5 Millionen Jahren durch die Gegend gestreift ist, dann wäre man damals auf entschiedenen Widerstand gestoßen. Heute ist diese Behauptung längst wissenschaftlich anerkannt und bewiesen, denn man hat entsprechende Funde gemacht. Wenn ich aber heute einem Anthropologen sage, dass es bereits vor 70 Millionen Jahren – also zur Zeit der Dinosaurier – schon intelligente Menschen gegeben hat, dann habe ich wieder die gleiche ablehnende Haltung wie vor vier Jahrzehnten. Wenn ich dann noch einen drauflege, und behaupte, dass bereits schon vor 140 Millionen Jahren intelligente Wesen zum Bild der Erde gehörten, dann falle ich bei Professorchen & Co sicherlich gänzlich in Ungnade. Dass es aber im wahrsten Sinne des Wortes „hammerharte“ Indizien dahingehend gibt, dass es tatsächlich so war, ist eine Tatsache.

Im „Creation Evidence Museum, Glenn Rose, Texas, USA“ ist ein Hammer zu bestaunen. Nun, Hämmer gibt es sicherlich genug auf dieser Welt, aber keinen, der in 140 Millionen Jahre altes Gestein eingeschlossen ist! „Der Hammer von Texas“, wie dieses Artefakt (vorgeschichtlicher Gegenstand) genannt wird, wurde bereits 1934 in Texas in einem Steinblock gefunden und freigelegt. Es handelt sich um einen 22 cm langen Eisenhammer, der ursprünglich gänzlich in Stein eingeschlossen war. Der Hammer wurde wissenschaftlich untersucht, das Alter der Steinschicht, in die er eingeschlossen war, wird von Geologen auf 140 Millionen Jahre (!) geschätzt. Eine Untersuchung durch das Metallurgische Institut „Batelle Memorial Laboratory“ in Columbus (Ohio) brachte ein weiteres erstaunliches Ergebnis: Der Hammerkopf besteht fast aus reinem Eisen und rostet nicht. Eisen in derart reiner Form, also ohne die geringste Beimengung anderer Elemente wie Kupfer, Nickel, Kobalt usw., ist schon eine Sensation für sich selbst, von der uralten Steinhülle mal ganz abgesehen.

Im September 2001 fand im „Vienna Art Center“ in Wien die höchst bemerkenswerte Ausstellung „Unsolved Mysteries“ (ungelöste Rätsel) statt. Innerhalb dieser Ausstellung waren 250 hochkarätige Exponate zu bestaunen, die das derzeitige wissenschaftliche Erkenntnisbild zum Teil vollkommen auf den Kopf stellen, darunter auch der „Hammer von Texas“. Der Organisator dieser Ausstellung – ein gewisser Klaus Dona – hat es irgendwie geschafft, archäologische Kostbarkeiten zusammenzutragen, die zum Teil bislang nur vom Hörensagen bekannt waren, und die sich größtenteils fest verschlossen in Privatbesitz befinden.

1988 wurde – einige Meilen von Glenn Rose entfernt – im Gebirge „Chalk Mountains“ in einer geologischen Schicht aus Kalkstein ein versteinerter Finger entdeckt. Bei dem versteinerten Finger handelt es sich unzweifelhaft um einen Menschenfinger, allerdings ist er um ca. 20 Prozent größer als der durchschnittliche Finger eines erwachsenen Menschen heutiger Zeit. Der Finger wurde von einem ganzen Stab von Ärzten und Biologen begutachtet, und es wurden zweifelsfrei der Knochen, Knochenmark, Nervenbahnen, Adern sowie der gesamte Fingernagel nachgewiesen. Das Alter wird, ebenso wie das des Hammers, auf ca. 140 Millionen Jahre geschätzt. Dieser versteinerte Finger war ebenfalls im „Vienna Art Center“ zu bestaunen. Neben diesem Finger war auch noch eine komplette, versteinerte Menschenhand ausgestellt.

Abgesehen von Versteinerungen, bei denen die ehemalige Substanz (also der Finger oder die Hand) in Steinform erhalten ist, gibt es weltweit gesehen eine ganze Palette von Funden, bei denen nur die versteinerten Abdrücke von Händen und Füssen vorhanden sind. Einige dieser Fußabdrücke weisen eine ungewöhnliche Größe auf, so wurden 1986 bei Ausgrabungen im Südteil der japanischen Insel „Kyushu“ versteinerte Fußabdrücke entdeckt, die eine Länge von fast 45 cm (!) aufwiesen. Professor Holger Preuschoft von der Ruhruniversität Bochum war auf diese gigantischen Abdrücke gestoßen, sie waren in eine geologische Schicht eingedrückt, die dem „mittleren Miozän“ (bestimmtes Erdzeitalter) entspricht und dementsprechend ca. 15 Millionen Jahre alt sind. Bei fast 45 cm langen Füßen müssen diese humanoiden Wesen fast doppelt so groß gewesen sein wie der heutige durchschnittliche Erdenbewohner – also Riesen. Interessanterweise findet man fast rund um den Erdball in den überlieferten Erzählungen ehemaliger früher Hochkulturen (und auch in der Bibel!) immer wieder die Behauptung, es hätten einst Riesenmenschen existiert.

Am 3. Juni 1968 wurde ein Fund von ganz besonderer Art gemacht. Ein gewisser William J. Meister entdeckte nahe dem Ort Antelope Springs (Utah, USA) einen versteinerten Fußabdruck, der von einem Wesen stammt, das einen Schuh (!) getragen hat. Der versteinerte Schuhsohlenabdruck war mit 32,5 cm Länge und 11,25 cm Breite ebenfalls ungewöhnlich groß und barg noch eine weitere Besonderheit. Das damalige Wesen, das diesen Schuh getragen hat, hat während des Gehens mit dem linken Schuhabsatz einen kleinen Krebs zerquetscht, der somit natürlich ebenfalls mit im versteinerten Abdruck enthalten ist. Bei dem Krebstierchen handelt es sich eindeutig um einen so genannten „Trilobiten“ (Dreilapper), diese Krebsart ist jedoch – laut Ansicht der Paläontologen (Fossilienwissenschaftler) – seit 420 Millionen Jahren (!) ausgestorben. Schon eine versteinerte Schuhsohle dürfte niemals existieren, von dem kleinen Trilobiten mal ganz abgesehen. Es ist übrigens nicht die einzige bisher entdeckte Versteinerung eines Schuhabdruckes, es gibt eine ganze Reihe davon. So machte zum Beispiel eine chinesisch-sowjetische Expedition unter der Leitung von Dr. Chow Ming Chen 1959 in der Wüste Gobi einen entsprechenden Fund. Mehrere Schuhabdrucke versteinert in Sandstein, geschätztes Alter immerhin 2 Millionen Jahre – Schuhe haben anscheinend eine längere Tradition, als man gemeinhin annimmt.

Ein bislang völlig ungeklärtes Rätsel stellen die „Figuren von Acambaro" dar. 1944 entdeckte ein gewisser Waldemar Julsrud in der mexikanischen Stadt Acambaro bei Ausgrabungen eine ungeheure Vielzahl höchst seltsamer Figuren aus Keramik. Es handelt sich dabei um Skulpturen, die, neben sonstigen seltsamen Wesen, auch Menschen zusammen mit Dinosauriern darstellen. Das Alter der Figuren wurde mit neuesten wissenschaftlichen Methoden bestimmt und liegt wissenschaftlich gesichert zwischen 4500 und 2500 Jahren (!) v. Chr. Dabei spielt es gar keine Rolle, ob zweitausend Jahre hin oder her, es ist schlichtweg unerklärlich, wie die damaligen Schöpfer dieser Skulpturen die Existenz und das Aussehen von Dinosauriern gekannt haben können. Das Aussehen von Dinosauriern wurde in unserer Zeit mühsam anhand von Knochenfunden rekonstruiert, denn diese Geschöpfe sind vor rund 60 Millionen Jahren ausgestorben.

Die weltweite Anzahl existierender Artefakte, die das derzeit wissenschaftlich propagierte Erdzeitgeschehen mehr oder weniger auf den Kopf stellen, ist gewaltig, ich habe lediglich einige davon aufgeführt.

Ich werde Ihnen jetzt zwei sehr interessante Internetseiten aufzeigen, die Sie – falls Sie über Internetzugang verfügen – unbedingt besuchen sollten:

www.earlyworld.de – Diese Internetseite befindet sich teilweise noch im Aufbau, sie zeigt in hervorragender Art und Weise die Zeitlinie der Frühgeschichte auf. Das Besondere dieser Internetseite ist deren Objektivität. In der chronologisch dargestellten Liste der Frühgeschichte sind sowohl die Stationen der herkömmlichen Geschichtsschreibung als auch die Stationen der alternativen Theorien und die der Mythen enthalten. Es gibt auch eine Vielzahl an qualitativ guten Bildern zu sehen, so können Sie dort unter anderem auch einige der oben erwähnten „Figuren von Acambaro" bestaunen.

www.bible.ca/tracks/dino-art.htm – Diese Internetseite ist in englischer Sprache verfasst, irgendwie witzig aufgemacht, präsentiert jedoch etliche eindrucksvolle Bilder von den Dinosaurierskulpturen, die bei Acambaro gefunden worden sind. Wenn Sie in dieser Internetseite herumstöbern, gelangen Sie auch zu Bildern von versteinerten menschlichen Fußabdrücken, dem legendären „Hammer von Texas", versteinerte Finger usw.

Ich habe Ihnen ja schon gesagt, dass der zähe Lauf des Geschehens ein ständiges „Für und Wider", „Wenn und Aber", „Hin und Her" und ein Spiel von „Lüge und Wahrheit" aufrechterhält. Nur, wie ich auch schon erwähnt habe, beschleunigt sich die ganze Sache derzeit rapide, der Kreis des Geschehens wird sich in absehbarer Zeit schließen. Viele wissenschaftliche Behauptungen sind durch neue Technologien – und hier sei besonders die DNS-Analyse (Gen-Bestimmung) erwähnt – nicht mehr haltbar, und zum Teil schon revidiert. Die Darwinsche Evolutionstheorie (Abstammungslehre) sowie die bisher angenommene Verbreitung der Menschheit (frühe Völkerwanderungen) seien nur zwei Beispiele, deren bisheriges wissenschaftliches Fundament langsam ins Wanken gerät und, falls nicht schon geschehen, in Bälde in einigen Bereichen einstürzen wird.

Was meine Person anbelangt, für mich ist es eine Tatsache, dass sich auf diesem Planeten schon Dinge zugetragen haben, die weit jenseits von dem liegen, was die herkömmliche Wissenschaft lehrt und zu wissen glaubt. Wenn man erst einmal begriffen hat, wie das Universum aufgebaut ist und wie es funktioniert, wenn man erkennt, was Materie eigentlich ist und um was es hier letztendlich geht, dann erscheint einem die Diskussion um ein paar Millionen Jahre Erdzeitgeschehen geradezu lächerlich. Aber, um Sie in dieses Bewusstsein zu versetzen, müssen wir – wie schon gesagt – Schritt für Schritt vorgehen.

Jedoch sollten Sie, wie ich Sie ja schon gebeten habe, immer den Spruch von Salvador Dali im Hinterkopf behalten, der besagt:

Dass man eines Tages offiziell wird zugeben müssen, dass das, was wir Wirklichkeit getauft haben, eine noch größere ILLUSION ist als die Welt des Traumes.
(Salvador Dali)

Ich zeige Ihnen jetzt drei unterschiedliche Gruppen von humanoiden Wesen auf, von denen die wichtigste Gruppe vom wissenschaftlichen Geschwätz – das unseren Planeten seit geraumer Zeit beherrscht – nahezu völlig ignoriert wird.

Die erste Gruppe wird anthropologisch als Homo sapiens bezeichnet, der sich, laut Wissenschaft, über Millionen Jahre hinweg aus dem primitiven Homo erectus heraus entwickelt hat. Der Homo sapiens stellt für die Wissenschaft das Bindeglied zwischen Homo erectus und dem heutigen zivilisierten Menschen dar, den ich einmal als dritte Gruppe bezeichnen möchte.

Und jetzt stellt sich die Frage, welche humanoiden Wesen bildeten denn dann die wichtige zweite Gruppe? Bei den Vertretern der zweiten Gruppe handelt es sich um die WAHREN MENSCHEN – die ich ja schon einige Male erwähnt habe.

Ich werde Ihnen jetzt kurz erklären, was es mit den WAHREN MENSCHEN auf sich hat. Dazu müssen wir uns als erstes betrachten, auf was unsere Wissenschaft immer ihr Augenmerk richtet, wenn es um die Bestimmung von „zivilisierten" Menschen geht. Es geht immer um Funde! Anhand von Funden beurteilt man dann den Grad der Zivilisation nach folgenden Kriterien: Haben die zu beurteilenden humanoiden Wesen Bauten errichtet? – Wie fortschrittlich waren ihre Werkzeuge und Waffen? – Wie haben sie ihre Toten bestattet? – Hatten sie eine Religion? – Waren sie sprach- und schriftkundig? – Machten sie sich die Natur untertan (Ackerbau und Viehzucht)? – Fertigten Sie Kunst- und Kulturgegenstände an? – Welche Organisationsstruktur hatten Sie? – Trieben sie Handel und Kulturaustausch mit anderen? – Nutzten sie die Bodenschätze? – Eroberten sie andere Territorien? – usw.

Sehen Sie, und all diese Dinge, die zur „glorreichen" Zivilisation führen und dauerhafte Spuren hinterlassen, sind den WAHREN MENSCHEN vollkommen fremd. WAHRE MENSCHEN errichten – wenn überhaupt – nur Behausungen, die nach bestimmter Nutzzeit wieder **völlig** von der Natur vereinnahmt werden! – Sie brauchen weder Waffen noch aufwendige, dauerhafte Werkzeuge! – Sie bestatten keine toten Körper, sondern übergeben diese irdischen Hüllen ebenfalls dem Naturgeschehen! – Sie brauchen weder Schriftzeichen noch aufwendige Sprache, da sie über ein vollkommen intaktes endokrines System verfügen und somit der Telepathie fähig sind! – Sie haben keine dogmatische abstrakte Religion, sie sind direkt mit dem Kosmos verbunden! – Sie machen sich die Natur nicht untertan (Ackerbau und Viehzucht), sie leben in Harmonie mit der Natur! – Sie fertigen keine Kunst- und Kulturgegenstände an, eine Feder oder eine Blume im Haar ist mehr als genug! – Sie brauchen keine Organisationsstruktur, sie sind immer eine Einheit! – Sie nutzen keine Bodenschätze, sie schätzen die Erde! – Sie treiben keinen Handel, die Natur versorgt sie stets mit allem, was sie brauchen! – Sie erobern keine fremden Territorien, ihnen gehört die ganze Welt! – Sie vermehren sich nicht unkontrolliert, ein Stamm behält stets eine gewisse Größe bei! – Sie kennen keine Krankheit, sie heilen mit der Natur und mit den Händen! – Sie sind stets zufriedene, liebevolle, friedliche, humorvolle, verspielte, glückliche Wesen edelster Güte! – **Sie** sind die **WAHREN** MENSCHEN!

Ja was sind dann wir?

Wir sind die Veränderten! – Und zwar nicht nur aus dem Blickpunkt der WAHREN MENSCHEN heraus, sondern auch faktisch (genetisch), wie ich Ihnen im weiteren Verlaufe noch darlegen werde. WAHRE MENSCHEN waren zum Beispiel unter den australischen Ur-Aborigines zu finden, in den Urwäldern von Südamerika, in den Prärien von Nordamerika und in den Urwäldern des indischen Hochlandes. Im indischen Hochland gibt es heute noch Waldstämme, die ähnlich wie die einstigen WAHREN MENSCHEN leben. Diese Menschen verschmelzen förmlich mit dem Wald, sie essen keine Tiere, betreiben keinerlei Ackerbau und Viehzucht, vermehren sich absolut kontrolliert und heilen eventuell auftretende Beschwerden perfekt mit entsprechenden Mitteln aus der Natur. Diese Menschen leben ein glückliches, zufriedenes und vor allem in hohem Maße bewusstes Leben, denn sie haben noch einen Teil von dem, was wir Zivilisierte komplett verloren haben – KOSMISCHE VERBUNDENHEIT!

Und glauben Sie ja nicht, dass wir Zivilisierte unsere kosmische Verbundenheit etwa zufällig verloren haben (es gibt keinen Zufall!), sondern der Lauf des Geschehens war exakt daraufhin programmiert, uns dieses hohe Gut zu nehmen, wir wurden gezielt verändert!

Wer oder was hat uns denn verändert?

Um die Antwort auf diese berechtigte und höchst interessante Frage zu bekommen, müssen wir an den Punkt zurückgehen, an dem der Mensch laut Bibel angeblich erschaffen worden ist.

Wenn man sich die alten Kulturen auf dieser Welt so betrachtet, was haben Sie denn alle gemeinsam? –

Götter haben sie!

Und diese Götter sind stets organisiert in Familien, da herrscht immer Zucht und Ordnung und eine strenge Hierarchie. Und weiterhin gibt es wichtige und weniger wichtige Götter und immer einen allerwichtigsten – das Oberhaupt. Bei den Germanen war dies Wotan (auch Odin genannt), bei den Römern war es Jupiter, bei den Griechen war es Zeus usw. Und es gab stets göttliche Wohnstätten, wie zum Beispiel die Walhalla bei den Germanen oder der Olymp bei den Griechen. Eine weitere Besonderheit in Bezug auf die Götter der alten Kulturen stellte die Zahl „12" dar. Die Gesamtanzahl der Götter eines Volkes oder einer Kultur nennt man „Pantheon". Aus diesem Pantheon gab es 12 Götter (oder Göttinnen), die dem „inneren Kreis“ angehörten, und die somit besondere Macht und Wichtigkeit hatten. So durften zum Beispiel im griechischen Olymp nur 12 Götter (oder Göttinnen) vertreten sein, nicht mehr und nicht weniger. Betrachtet man sich die Götterwelten der einzelnen Kulturen, so stellt man unzweifelhaft fest, dass die Strukturen eine ungeheure Ähnlichkeit aufweisen, lediglich die Namen der Götter und Göttinnen sind verschieden. Und nicht nur die Strukturen sind ähnlich, auch die jeweilige Familiengeschichte der Götterclans ähnelt sich sehr. Da gab es stets Krawall, Streit und auch Krieg unter den einzelnen Familienmitgliedern, aber auch dramatische und höchst unmoralische Liebesbeziehungen und sexuelle Ausschweifungen. *„Sie trieben es wie die alten Götter!“* – ist doch ein bekannter Ausspruch unserer Zeit. Auch scheuten es die Götter nicht, sich mit Sterblichen (Menschen) zu paaren, das jeweilige Produkt war dann eben ein Halbgott – und derer gab es, laut den Mythologien, viele.

Der Grund, warum sich die einzelnen Götterwelten und das dortige Geschehen (Mythologie) zwischen den alten Kulturen so ähnlich sind, liegt daran, dass diese Mythen nicht in den einzelnen Kulturen entstanden sind, sondern sie wurden stets übernommen. Wenn dem so ist, dann muss es ja irgendwo einen Ursprung des göttlichen Geschehens gegeben haben, und den wollen wir uns einmal näher betrachten.

Im europäischen Raum war es die frühe minoische Kultur auf Kreta (3000 v. Chr.), die das Göttergeschehen verbreitete. Von Kreta aus gelangten die Göttermythen unter anderem auch aufs griechische Festland und prägten die mykenische Kultur Griechenlands (1500 v. Chr.). 1000 Jahre später (500 v. Chr.) übernahmen die Römer die griechischen Götter samt deren Familiendramen, lediglich die Namen der Götter und einige belanglose Geringfügigkeiten in Struktur und Geschehen wurden geändert, wie das bei solchen Übernahmen immer der Fall war.

Jetzt stellt sich die Frage, wer belieferte denn die minoische Kultur auf Kreta mit dem Götterdrama? Die Antwort darauf ist: die Geschichten um die Götter kamen aus dem Nahen Osten. Im Nahen Osten gab es zum Beispiel die Kanaaniter, diese hatten ihre Götter von den Hethitern übernommen, die Hethiter wiederum hatten sie von den Horitern und diese hatten sie von den Amoritern. Dann gab es noch die alten Ägypter (3200 v. Chr.), auch diese Hochkultur hatte die gleiche Götterfamilie vorzuweisen. Die schließlich früheste und nachweislich ursprüngliche Quelle allen Göttergeschehens kam aus dem Land Sumer (3800 v. Chr.). Sumer war das Land, in dem der Ursprung der „zivilisierten“ Menschheit stattfand, darüber sind sich auch die Wissenschaftler einig. Das frühe Land Sumer lag an der Spitze des persischen Golfes, dort wo die Flüsse Euphrat und Tigris zusammenfließen. Heute gehört dieses Gebiet zum Irak, zu biblischen Zeiten hieß die Gegend entlang der beiden Flüsse Mesopotamien und gliederte sich in die Länder Assyrien, Babylon, Akkad und Sumer.

Nirgendwo auf der Welt gab es Ausgrabungen die Bedeutsameres zu Tage förderten, als dies im mesopotamischen Raum der Fall war. In Ägypten hat man durchaus spektakuläre und optisch glanzvollere Funde gemacht, aber in Mesopotamien hat man die dokumentierte Geschichte der Menschheit entdeckt!

Doch zunächst schauen wir uns einmal kurz an, was die frühen mesopotamischen Kulturen – die ihre Blüte zwischen 3000 und 4000 v. Chr. hatten – so alles hervorbrachten, und von dem einiges, Jahrtausende später, auch in den indogermanischen Raum (Europa) gelangte:

Ackerbau und Viehzucht; diverse Getreidesorten wie Hirse, Roggen und Spelz; Produkte aus Flachs (Leinen und Leinöl); die Webkunst und die Technik des Färbens; kultivierte (veredelte) Pflanzen wie Oliven-, Äpfel-, Birnen- und Kirschbäume, um nur einige zu nennen; Walnüsse, Pistazien, Mandeln, Feigen und Datteln; Gewürze verschiedenster Art; Milchprodukte, Gemüse, Backwaren und das Brauen von Bier; das Alphabet und somit die Schrift; der Kalender samt Einteilung der Monate und Tage anhand des 12er-Systems; bürokratisch organisierte Staatsform, Schulwesen und formales Erziehungssystem; die Musik samt Noten und Tonleiter; Mathematik und Geometrie; Bergbau samt kompletter Metallurgie (Erzgewinnung, Schmelzen und Legieren von Metallen); Astronomie und Astrologie; chemische Verfahren basierend auf Asphalt, Bitumen und Bergteer usw.

Vieles, dessen Ursprung man den alten Griechen zugesprochen hat, kam in Wirklichkeit aus Mesopotamien, was mittlerweile auch als wissenschaftlich erwiesen gilt.

All das Wissen um die frühen mesopotamischen Kulturen haben Ausgrabungen zutage gebracht. Die frühen Kulturen waren nämlich allesamt der Schrift kundig und haben von dieser Fähigkeit auch rege Gebrauch gemacht. Und das Schöne daran ist, sie haben alles sehr sorgfältig in Tontafeln eingeritzt, und diese oftmals auch noch gebrannt. Damit war die Information auf ein Medium übertragen worden, das die Jahrtausende unbeschadet überdauert. Allein in „Mari“, der ehemaligen Hauptstadt der Amoriter, wurden nicht weniger als 20.000 solcher Tontafeln ausgegraben, in der sumerischen Stadt Nippur waren es sogar 30.000, um nur einen Teil an existierenden Tontafeln zu erwähnen. Das Alter der Tontafeln wird auf gut 5.000 Jahre geschätzt, also sind sie in etwa um 3.000 v. Chr. entstanden. Aber nicht nur Tontafeln geben regen Aufschluss über das damalige Geschehen, auch Stelen sind höchst interessante Informationsträger. Bei einer „Stele“ handelt es sich um eine freistehende Säule oder Platte, die mit einem Relief oder einer Inschrift verziert ist. Auch Wände und Torbögen der ausgegrabenen Tempel und Kulturgebäude sind meist reich mit Bildern und Inschriften versehen und tragen somit auch einen Teil zur historischen Wahrheitsfindung bei.

Die ersten aufschlussreichen Ausgrabungen fanden bereits im 18. Jahrhundert statt, aber auch heute noch finden die Forscher immer wieder alte Städte, die antike Schätze bergen. So stieß man erst im Jahre 1975 bei Ausgrabungen in Nordsyrien auf die Hauptstadt des frühen kanaanitischen Königreiches „Ebla“ (ca. 2500 v. Chr.), 15.000 Tontafeln wurden allein bei dieser Ausgrabung gefunden. Und es kann mit großer Sicherheit angenommen werden, dass noch lange nicht alles entdeckt und entziffert ist, was der mesopotamische Raum an antiken Schätzen zu bieten hat. So sind viele der bisher entdeckten Tontafeln noch nicht einmal entziffert, die Wissenschaftler sind bei der Masse an Material schlichtweg überfordert. Die Tontafeln sind meist in Keilschrift verfasst, und erschwerend kommt noch hinzu, dass es von Kultur zu Kultur verschiedene Keilschriften gab. Die ältesten Tontafeln stammen aus Sumer und weisen keine Keilschrift, sondern Piktogramme (kleine, einfache grafische Symbole) auf. Aus den sumerischen Piktogrammen hat sich später die Keilschrift entwickelt, es gab auch eine Phase, da wurden Piktogramme und Keilschrift im Gemisch dargestellt. Alles in allem eine höchst komplizierte Sache, und es gibt weltweit gesehen nur wenige Wissenschaftler, die überhaupt in der Lage sind, diese alten Schriften und Piktogramme zu entziffern. Einer der dahingehend bekanntesten Altertumsforscher ist „Zecharia Sitchin“. Sitchin stammt ursprünglich aus Russland, wuchs jedoch in Palästina auf, wo er hebräische und semitische Sprachforschung betrieb. Weiterhin studierte er das Alte Testament und die frühe Geschichte des Nahen Ostens. Sitchin arbeitete lange Zeit in Israel als Journalist, lebt heute in den USA und arbeitet dort als anerkannter Altertumsforscher. Sein Wissen hat er in etlichen Büchern publiziert – allesamt Bestseller!

Zecharia Sitchin hat das auf den Tontafeln aufgezeichnete frühe Geschehen analysiert, und in einen – für ihn schlüssigen – Gesamtzusammenhang gebracht. Diesen Gesamtzusammenhang hat er 1976 unter dem Namen „The Twelfth Planet“ (Der zwölfte Planet) in Buchform veröffentlicht, das Werk schlug in den USA und in England ein wie eine Bombe.

Ich habe Ihnen ja schon aufgezeigt, dass es – was das paranormale Gesamtgeschehen anbelangt – letztendlich für nichts einen durchschlagenden Beweis gibt, und so ist es nur natürlich, dass auch ein Zecharia Sitchin seine Kritiker hat. Sitchin geht in seinen Theorien teilweise sehr weit, und es sei an dieser Stelle einmal dahingestellt, ob sich tatsächlich alles so zugetragen hat, wie er es vermutet und präsentiert. Jedenfalls sind ihm auch schon einige Ungereimtheiten und mitunter grobe Schnitzer nachgewiesen worden, aber das ändert nichts an der Tatsache, dass er sehr viele Dinge aufzeigt, an denen es wirklich nichts zu rütteln gibt. „Kein Licht ohne Schatten!“ – dieser Ihnen ja schon bekannte Slogan des „zähen Laufes allen Geschehens“ kommt selbstverständlich auch bei Sitchin zum Tragen. Doch schauen wir uns nun einmal grob zusammengerafft an, was Sitchin – und auch etliche andere Altertumsforscher – uns vermitteln wollen.

Die im europäischen Raum existierenden Göttergeschichten und Mythen sind für uns unrealistisch und gehören ins Reich der Legenden und Sagen. Aber sagt nicht schon der Volksmund, dass in jeder Sage ein Körnchen Wahrheit steckt? Und ich habe Ihnen ja schon gesagt, dass Sie den Volksmund nicht unterschätzen sollen, denn er weiß weitaus mehr, als Sie sich vorstellen können!

Was die Göttergeschichten anbelangt, so ist durch die Geschichte und durch die Kulturen hindurch ein besonderes Phänomen zu erkennen. Je weiter wir in der Zeit zurückgehen und je näher wir uns dem Nahen Osten nähern, umso konkreter und gesellschaftlich einbezogener präsentieren sich die Götter der verschiedenen Kulturen. Wurde im alten Griechenland das Göttertum noch relativ unerreichbar und abgesetzt von den Menschen dargestellt, so war dies in Mesopotamien ganz und gar nicht der Fall. Dort galten die Götter zwar auch als unsterblich und erhaben, aber sie befanden sich größtenteils unmittelbar unter den Menschen und waren in deren Alltag eingebunden. Oder richtiger gesagt, die Menschen waren in den Alltag der Götter eingebunden, denn sie dienten ihnen. Tausende von Tontafeln, Stelen und Steingravuren geben unzweifelhaft darüber Auskunft, dass dies so war. Die Götter Mesopotamiens – die ja nachweislich die Götter der ganzen Welt waren – waren aus Fleisch und Blut, sie aßen, tranken, führten Krieg und hatten einen außerordentlich ausgeprägten Sexualtrieb. Im frühen Mesopotamien gab es, wie schon erwähnt, Schrift, Staatsform, Bürokratie, Gesetze, Schulen usw. Alles wurde akribisch genau auf Tontafeln festgehalten, man kann den Inhalt der Tontafeln eines Volkes als deren Bibliothek bezeichnen. Und somit wurde auch alles, was die anwesenden Götter anbelangt, ebenfalls genauestens dokumentiert. Wissen Sie, wenn es nur um ein paar Tontafeln ginge, in denen ein Göttergeschehen aufgezeichnet ist, dann könnte man noch darüber streiten, ob sich damals ein paar Leutchen einen Witz gemacht haben. Wenn die Aufzeichnungen jedoch in die Hunderttausende gehen und quer durch alle Kulturen, dann wäre es geradezu ein Witz, hier von einem Witz zu sprechen! Von der gewaltigen Masse an beschrifteten und bebilderten Stelen, Torbögen, Tempelsteinen, Kunstgegenstände und Rollsiegeln ganz zu schweigen.

Dass es sich bei den beschriebenen und dargestellten Göttern um eine ganz besondere Spezies gehandelt hat, darüber besteht für denjenigen, der sich die Dinge einmal näher und genau betrachtet, keinerlei Zweifel. Ich werde Ihnen hier keinen exakten Detailbericht über die genauen Abbildungen und Beschreibungen liefern, das würde den Rahmen dieses Werkes sprengen und letztendlich das von mir angestrebte Ziel verfehlen. Abbildungen vom frühen Göttergeschehen finden sie im Internet, in den Werken von Sitchin, bei Erich von Däniken aber auch in anderer Literatur zur Genüge. Und man muss schon mit einer gehörigen Portion Ignoranz ausgestattet sein oder unter akuter Sehschwäche leiden, wenn man nicht erkennt, dass es sich bei den Göttern um eine technisch hoch entwickelte Rasse gehandelt hat. Es gibt genügend altertümliche Abbildungen, die die Götter eindeutig in technischer Aufmachung und mit technischen Gerätschaften zeigen. Diejenigen Wissenschaftler, die das noch immer krampfhaft wegzudiskutieren versuchen, machen sich in meinen Augen nur lächerlich. Aber wie schon gesagt, neben den Abbildungen gibt es eben noch eine gigantische Anzahl von Tontafeln, auf denen die damaligen Menschen alles Geschehen sorgfältig dokumentiert haben. Das hohe Alter und die Originalität der ausgegrabenen Tontafeln sind übrigens wissenschaftlich eindeutig belegt und werden meinem Wissen nach auch nicht angezweifelt. Und dann gibt es noch eine Masse an uralten, monumentalen Bauwerken und Konstruktionen (Tempel, Pyramiden, Festungen usw.), die unmöglich von den jeweils seinerzeit örtlich ansässigen Menschen geplant und erstellt sein können, auch wenn die etablierte Wissenschaft dies nach wie vor behauptet. Alle bisher angenommenen Theorien betreffs damaliger Erstellungstechniken, wie Sandrampen, Hanfseilkräne, Zugkolonnen usw., haben sich mittlerweile als vollkommen unhaltbar erwiesen, nie und nimmer sind die Monumentalbauten im Nahen Osten (und auch sonst in der Welt) mittels solcher Technik erbaut worden. Auch das wissenschaftlich angenommene Entstehungsdatum vieler Monumentalbauten stimmt in den meisten Fällen nicht. Schauen wir uns doch einmal jene ägyptischen Monumentalbauten an, die auf dem Plateau von Gizeh stehen.

Dort ist – neben den drei Pyramiden – auch der weltberühmte „Sphinx" zu bewundern, neben dem Sphinx steht ein Bauwerk, das „Tal Tempel" genannt wird. Die Zentralhalle des Tal-Tempels ist aus Kalksteinmegalithen gebaut, die im Durchschnitt 5,5 m lang, 3 m breit und 2,5 m hoch sind. Bei diesen Ausmaßen kommt pro Stein ein Gewicht von über 200 (!) Tonnen zustande, es sind Hunderte solcher Megalithen verbaut worden, teilweise in einer Höhe von fast 13 Metern. Um heutzutage 200 Tonnen derart durch die Gegend zu befördern, bedarf es schon eines riesigen Krans, von den notwendigen Steinbearbeitungswerkzeugen gar nicht zu sprechen. Hunderte von 200-Tonnen-Megalithen aus Stein heraus zu brechen, millimetergenau zuzuhauen, dann transportieren und auf eine Höhe von fast 13 Meter anzuheben – und das vor angeblich 4500 Jahren und nur mit Sandrampen, Muskelkraft und Hanfseilkränen – geradezu lächerlich, so etwas auch nur anzunehmen! Und das angenommene Entstehungsdatum von vor 4500 Jahren wird sich – wie Sie noch sehen werden – noch um viele Jahrtausende in die Frühzeit verschieben.

Angesichts der 200-Tonnen-Megalithen-Bauweise, die der Tal Tempel nun mal aufweist, stellt sich folgende Frage: Warum hat man sich denn das Leben so unnötig schwer gemacht, und den Tempel aus solchen 200-Tonnen-Megalithen gebaut? Es wäre doch überhaupt kein Problem gewesen, den Tempel aus kleineren Steinen zu bauen, die zum Beispiel nur eine Tonne an Gewicht haben. Also, warum so ein irrsinniger Aufwand? Die Antwort ist: es war überhaupt kein allzu großes Problem, den Tempel aus 200-Tonnen-Megalithen zu bauen, und zwar deshalb nicht, weil diejenigen, die ihn gebaut haben, über eine Technologie verfügten, die ein ganzes Stück weit über dem lag, was wir heute technisch zustande bringen.

Auch die große Pyramide von Gizeh (Cheopspyramide) hat erstaunliche Daten aufzuweisen: Die Seitenlänge dieser Pyramide beträgt 230,35 Meter, das ergibt eine Grundfläche von 5,3 Hektar. Die Pyramide ist 137 Meter hoch, ursprünglich waren es 146,5 Meter. Es wurden 2,3 Millionen (!) Steinblöcke in 201 Lagen verbaut, mit einem durchschnittlichen Gewicht pro Stein von 2,5 Tonnen (die Betonung liegt hier auf „durchschnittlich", es sind Steine dabei, die bis zu 400 Tonnen (!) wiegen). Das ergibt ein Gesamtgewicht von fast 6 Millionen (!) Tonnen. Doch damit nicht genug, anschließend wurde dieses Riesenbauwerk noch komplett und nahezu fugenlos mit hell glänzenden, polierten Tura-Kalksteinplatten verkleidet, die die Eigenschaft hatten, das Sonnenlicht in hohem Maße zu reflektieren. Und diesen Aufwand hatte man nicht betrieben, um dem „weißen Riesen" Konkurrenz zu machen, sondern die Pyramide war somit bis weit ins All hinaus sichtbar und diente ganz nebenbei als perfekter Orientierungspunkt. Und es gibt nicht nur eine solch gigantische Pyramide auf dem Plateau von Gizeh, sondern es sind derer drei – wenn auch in unterschiedlicher Größe. Ein weiteres Phänomen ist die Tatsache, dass die Pyramiden von Gizeh (wie viele Pyramiden auf der Welt) nahezu die komplette Palette an geometrischen Formeln in sich bergen. Und nicht nur die Geometrie, sondern auch hohe astronomische Kenntnisse spiegeln sich in Lage und Ausrichtung der Pyramiden wider. Man ist schon längst von der Annahme abgekommen, dass die Pyramiden deshalb errichtet worden sind, um Pharaonen als Grabstätten zu dienen. Die Pyramiden von Gizeh hatten eine ganz andere Funktion, und die große Cheopspyramide wurde auch nicht von Pharao Cheops (2604-2581 v. Chr.) gebaut, wie das immer noch die Behauptung etablierter Archäologen und Ägyptologen ist. Sie ist auch nicht vor ca. 4500 Jahren erbaut worden, sondern weitaus früher. Dasselbe gilt für die beiden anderen Pyramiden von Gizeh, die Chephren- und der Mykerinospyramide.

Schauen wir uns noch einmal den Sphinx an.
Der Sphinx hat einen Löwenkörper und – von den Proportionen her gesehen – den viel zu kleinen Kopf von Pharao Chephren. Wahrscheinlich ist, dass Pharao Chephren (ca. 2500 v. Chr.) zu seiner Zeit den einstigen Löwenkopf gegen seinen erhabenen Schädel hat austauschen lassen, denn ursprünglich hatte der Sphinx einen Löwenkopf. Der Sphinx war nicht nur ein perfekter Löwe, sondern er blickte zur Zeit seiner Errichtung auch exakt ins Sternbild des Löwen, und das war vor rund 12.000 Jahren der Fall. Unsere Erdkugel dreht sich ja bekanntermaßen um die Polachse. Würde man am Nordpol eine riesige Stricknadel einstechen, die so lang ist, dass sie am Südpol wieder herauskommt, dann wäre diese Stricknadel eben die Polachse, um die sich unsere Erde dreht. Eine so aufgespießte Erdkugel gleicht einem Kreisel, der sich in 24 Stunden einmal um seinen Umfang dreht, wie das ja bei der Erde der Fall ist. Wenn sich ein Kreisel dreht und seine Umdrehungsgeschwindigkeit langsam abnimmt, dann kommt der Kreisel irgendwann ins Taumeln. Und so eine Taumelbewegung führt unsere Erde auch aus, man nennt diese Taumelbewegung „Präzession". Die Taumelbewegung beschreibt ja auch wiederum einen eigenen Kreis, jedoch läuft der Taumelkreis, im Gegensatz zur nach wie vor vorhandenen Kreiselumdrehung, fast wie im Superzeitlupentempo ab. Wir haben also zwei Drehbewegungen: einmal die des Kreisels selbst (Erdumdrehung) um die Polachse sowie die zusätzliche Taumelbewegung des sich drehenden gesamten Kreisels. Die Zeit, die vergeht, bis unsere Erde einen kompletten Taumelkreis hinter sich gebracht hat, beträgt 25.920 Jahre – man nennt diesen Zeitraum auch „Platonisches Jahr". Die Zeit einer kompletten Kreiselumdrehung (Erdumdrehung entlang der Polachsen) dauert dagegen nur 24 Stunden. Die – im Gegensatz zur Erdumdre-

hung – extrem langsame Taumelbewegung hat über die Jahrtausende hindurch zur Folge, dass sich – von der Erde aus gesehen – der sichtbare Sternenhimmel langsam ändert. Ich erkläre Ihnen das mal kurz.

Irgendjemand (?) hat vor langer, langer Zeit den sichtbaren Sternenhimmel in 12 Tierkreiszeichen eingeteilt, die einzelnen Zeichen werden auch Sternzeichen oder Sternbilder genannt und dürften ja wohl jedermann bekannt sein. Da sich die Erde nicht nur um sich selbst dreht, sondern zusätzlich einen riesigen Kreis um die Sonne beschreitet, ändert sich der sichtbare Sternenhimmel, den wir Menschen von der Erde aus nachts betrachten können. Da unser Sternenhimmel in 12 Sternbilder (Tierkreiszeichen) eingeteilt ist und eine Erd-Sonnenumrundung 12 Monate dauert, haben wir – bei konstant beibehaltenem Ort, Tageszeit und Blickrichtung – jeden Monat logischerweise ein anderes Sternzeichen am Nachthimmel dargeboten. Dieser Turnus bleibt von Jahr zu Jahr scheinbar exakt gleich, wobei die Betonung auf „scheinbar" liegt. Er bleibt nämlich in Wirklichkeit nicht gleich, sondern er verschiebt sich, und zwar bedingt durch die zusätzliche zeitlupenartige Taumelbewegung, die unsere Erde nun mal ausführt. Das bedeutet, die Sternbilder wandern langsam, fast unmerklich aus diesem scheinbar konstanten Jahres-Turnus heraus, dieses Herauswandern wiederum ist linear zyklisch (da der Taumel kreisförmig ist), so dass es sich nach bestimmter Zeit wieder trifft. Auf ein paar Jährchen hin oder her wird man diese Verschiebung kaum wahrnehmen, aber mit den Jahrhunderten und Jahrtausenden wirkt sich dieses Verschiebe-Phänomen immer krasser aus. In 2160 Jahren beträgt die Verschiebung ein komplettes Sternbild, nach 25.920 Jahren – das entspricht dann einem kompletten Taumelkreis – ist dann der Punkt erreicht, wo alles scheinbar wieder beim Alten ist, denn 2160 ist der zwölfte Teil von 25.920. Es gibt also zwei Tierkreise: den Sonnenjahr-Tierkreis, den unser Horoskop anspricht, und den Taumelkreis-Tierkreis, von dem Sie sicherlich auch schon gehört haben, wenn so oft davon die Rede ist, dass wir uns derzeit im Übergang vom Zeitalter der Fische in das Zeitalter des Wassermanns befinden.

Und jetzt passen Sie bitte auf: Diejenigen, die den Sphinx erschaffen haben, haben sich einen fixen, ständig wiederkehrenden zeitlichen Punkt im Jahr ausgesucht, und zwar **den** Tag im Frühling, an dem Tag und Nacht gleich lang (12 Stunden) sind. Man nennt diesen Tag „Frühlings-Tagundnachtgleiche", dieselbe Situation gibt es ja 6 Monate später im Herbst noch einmal, man spricht dann von der „Herbst-Tagundnachtgleiche". Der Tag der Frühlings-Tagundnachtgleiche war für viele frühen Völker besonders wichtig, da dieser Tag zuverlässig jährlich fixiert ist (genauso wie der Tag der Herbst-Tagundnachtgleiche) und somit ideal als örtlicher Jahres-Kalender-Fixpunkt zu verwenden war. Man hat seinerzeit die Lage des Sphinx exakt so platziert, dass sein Löwenkopf am Tag der Frühlings-Tagundnachtgleiche genau ins Sternbild des Löwen schaute, denn zur Zeit der Erstellung war das Taumelkreis-Zeitalter des Löwen angebrochen. Und jetzt lassen wir einmal 2160 Jahre vergehen, dann schaut der Löwe nicht mehr ins Sternbild des Löwen, denn bedingt durch die Taumelbewegung ist nun zum Zeitpunkt der Frühlings-Tagundnachtgleiche dort, wo einst das Sternbild des Löwen zu sehen war, das Sternbild „Krebs" präsent. Weitere 2160 Jahre später der „Zwilling", dann der „Stier", dann der „Widder" und schließlich die „Fische", an deren Ende wir uns gerade zeitlich gesehen befinden. Will man nun wissen, wann der Sphinx geschaffen worden ist, dann braucht man nur noch zum Anfang des Löwenzeitalters zurückrechnen: 6 x 2160 = 12960, jetzt ziehen wir noch kulanzweise 460 Jahre ab, dann sind wir bei 12.500 Jahren. Also ist der Sphinx um ca. 10.500 v. Chr. erschaffen worden, und nicht um 2500 v. Chr., wie das etliche Wissenschaftler nach wie vor annehmen.

Jetzt könnte man jedoch einfach behaupten: diejenigen, die den Sphinx erbaut haben, haben ihn nicht nach einem Sternbild ausgerichtet, und schon fällt meine oben aufgeführte Altersbestimmung in sich zusammen. Nur, alte Monumentalbauwerke wurden **immer** nach bestimmten Gestirnen ausgerichtet, dafür gibt es wahrlich genügend Beispiele und Beweise. Schauen wir uns doch einmal die drei Pyramiden von Gizeh an, die unweit dem Sphinx errichtet sind.

Etliche alte Mythen und Inschriften bringen die Cheopspyramide mit den Sternen „Sirius" und „Orion" in Verbindung. Nun ist es so, dass man mit heutigen Computersimulationsprogrammen den Sternenhimmel der Vergangenheit (Taumelkreis) rekonstruieren kann. Und siehe da, wenn man den Frühlingssternenhimmel von vor 12.500 Jahren simuliert, dann stellt man folgende geradezu erstaunliche Übereinstimmungen fest:

Rund um Sirius und Orion gibt es eine Gruppe von besonders hellen Sternen. Projiziert man diese Sternengruppe auf die Erdoberfläche, dann sieht man, dass genau dort, wo Sternenprojektionspunkte sind, Pyramiden stehen – und zwar bezogen auf ganz Ägypten, und nicht nur auf die drei Pyramiden von Gizeh! Doch damit nicht genug, die Cheopspyramide weist auf der südlichen Außenseite einen seltsam schräg laufenden Schacht auf, der in die Königskammer führt. Und wie könnte es anders sein, schaute man vor 12500 Jahren durch diesen Schacht vom Pyramideninneren nach außen in den Frühlingsnachthimmel, dann waren genau Sirius und Orion zu sehen. – Alles Zufall?

„Auf einem Bein steht es sich schlecht!", sagt der Volksmund, deshalb zeige ich Ihnen noch eine weitere Tatsache auf, die beweist, dass der Sphinx ca. 12.500 Jahre alt ist:

Das Felsplateau von Gizeh, auf dem die drei Pyramiden, der Sphinx sowie der Tal-Tempel errichtet sind, besteht aus Kalkstein. Der Sphinx wurde, im Gegensatz zu den anderen vier Bauwerken, direkt aus dem Kalksteinfels herausgearbeitet und liegt somit in einer großen U-förmigen Versenkung. Der einstige Steinlöwe hat beachtliche Ausmaße, er ist immerhin 20 m hoch, 4 m breit und 73 m lang. Geologische Untersuchungen haben ergeben, dass das beim Herausarbeiten des Sphinx abgetragene Material zum Bau des Tal-Tempels verwendet worden ist, dessen 200-Tonnen-Kalksteinmegalithen ich ja schon erwähnt habe.

Alte Steinbauwerke, mögen sie auch noch so zeitbeständig sein, verwittern nun mal im Laufe der Jahrtausende. Auch an dem Sphinx sowie am dazugehörigen Tal-Tempel hat der Zahn der Zeit genagt, und zwar auf eine ganz besondere Art und Weise. 1990 wurde der Sphinx von Professor Robert Schoch (Universität Boston) untersucht, einem Spezialisten auf dem Gebiet der Gesteinsverwitterung. Die Untersuchung ergab, dass das Erosionsmuster des Sphinx **eindeutig** auf starke Regenfälle zurückzuführen sei, denn abfließendes Wasser hinterlässt ein klar erkennbares, unverwechselbares Verwitterungsmuster. Nun war die Sensation perfekt, denn derartige klimatische Bedingungen mit Dauerregenfällen gab es im Wüstenland Ägypten frühestens vor ca. 8 bis 10.000 Jahren (also 6000-8000 v. Chr.). Zu dieser Zeit gab es aber – laut den etablierten Ägyptologen und Wissenschaftlern – noch keine Pharaonen, sondern nur steinzeitliche Jäger und Sammler. Auch der Tal-Tempel weist durch Wasser hervorgerufene Verwitterungsspuren auf, er wurde jedoch zu späterer Zeit (wahrscheinlich zur Zeit von Pharao Chephren) mit Granitplatten verkleidet. Die Granitplatten sind an ihrer Rückseite so behauen, dass sie exakt die tiefen Wasser-Erosionsspuren der Kalksteinmegalithen ausgleichen.

Und jetzt schauen wir uns einmal die rasiermesserscharfe Logik der Ägyptologen an.

Im Tal-Tempel hat man einige (lose!) Statuen gefunden, die unzweifelhaft auf Pharao Chephren hinweisen. Weiterhin gibt es einen riesigen Löwenkörper aus Stein mit einem viel zu kleinen Pharaokopf, der hinten und vorne nicht zum restlichen Löwenkörper passt. Und diese beiden Hauptkriterien (neben einigen sonstigen Nichtigkeiten) genügen, um Pharao Chephren als gesicherten Erbauer von Sphinx, Tal-Tempel und Chephrenpyramide zu ernennen. Und im gleichen Atemzuge seinen Bruder – Pharao Cheops – als Erbauer der größten der drei Pyramiden von Gizeh – der Cheopspyramide. Der Tal-Tempel und die drei Pyramiden von Gizeh weisen einen für Altägypten vollkommen untypischen nüchternen Baustiel auf. Diejenigen Pyramiden, Tempel und sonstige Bauwerke, die tatsächlich von Pharaonen erbaut worden sind (und davon gibt es eine ganze Menge), sind voller Ornamentik, äußerst prunkvoll gestaltet und weisen an allen Ecken und Enden auf ihren stolzen Bauherrn hin. Und da will man uns tatsächlich weismachen, dass die Pharaonenbrüder Chephren und Cheops zwei gigantische Weltwunder erschaffen, die noch dazu ihre Grabstätten sein sollen, und sich nirgendwo verewigen – also praktisch anonymer Größenwahn! *„Aber halt!"*, schreien die Ägyptologen, *„das stimmt nicht, es gibt – wenigstens die Cheopspyramide betreffend – einen klaren Hinweis dahingehend, dass Pharao Cheops diese Pyramide erbauen ließ!"* Und wie schaut dieser klare Hinweis aus? Nun, in einer für die Öffentlichkeit gesperrten Kammer ist auf einem (!) Stein der Schriftzug „Chufu" zu sehen. Aber nicht eindrucksvoll eingemeißelt, sondern seinerzeit mit roter Farbe in der Art eines Graffiti hingepinselt. – Das ist alles! Ein wirklich überwältigender Beweis, nicht wahr?

Sie sehen also, auf welch wackligem Fundament das „Wissen" der etablierten Ägyptologen gründet. Und diese Spezies wehrt sich mit Händen und Füssen gegen alles, was dieses marode Fundament angreift und machen sich dadurch mittlerweile – bedingt durch eine erdrückende gegensätzliche Beweislast – geradezu lächerlich. Ägyptische Behörden sind absolut nicht daran interessiert, dass neue Erkenntnisse ans Licht kommen, sie schotten seit geraumer Zeit gewisse Bereiche von Altertümern unter fadenscheinigen Vorwänden vor neugierigen Wissenschaftlern gründlich ab. Genauso wie bewiesen ist, dass etliche brisante Artefakte – anhand derer eindeutige Rückschlüsse zu ziehen wären – in Museumstresore verschwunden sind.

Warum wehren sich diese Leute eigentlich so vehement gegen neue Erkenntnisse, was Erbauungszeiten und Erbauer anbelangt? Das ist schnell erklärt. Die ganze frühe Weltgeschichte ist direkt oder indirekt mit Ägypten verknüpft. Ja was glauben Sie ist los, wenn feststeht, dass bisher angenommene Datierungen und Fähigkeiten plötzlich um mindestens 8000 Jahre zurückdatiert werden müssen? Die ganze Geschichtsschreibung – was die frühe Weltgeschichte anbelangt – müsste neu geschrieben werden. Und wenn Ägypten fällt, dann brechen auch andere – ebenfalls von der Wissenschaft krampfhaft aufrechterhaltene – Zeitdatierungen zusammen, denn es gibt weltweit etliche Fälle, die ähnlich unsicher gelagert sind wie Gizeh. Aber zurückdatierte Erbauungszeiten sind noch das geringste Problem, denn was glauben Sie, ist erst los, wenn es sich offiziell (denn inoffiziell ist es längst bekannt!) herausstellt, dass die Erbauer dieser Monumentalbauten gar nicht die Menschen waren, wie das ja eigentlich schon tausendfach bewiesen ist, und wie ich Ihnen anhand einiger weiterer Beispiele noch klarer aufzeigen werde? Dann wird es erst mal so richtig lustig! Dann fallen nach und nach etliche Religionen, denn deren vermeintlicher Gott samt Engel und Teufel, waren die Erbauer! Und sie haben nicht nur etliche Monumentalbauten errichtet, sondern sie haben auch uns erschaffen, oder besser und richtig gesagt: unsere Form! Und weiterhin zeigt sich dann ein blutroter Faden, der sich durch die komplette Weltgeschichte zieht und mit dem alle Kriege, alles Elend und alles Leid sowie die ganze Struktur der Mächtigen und Einflussreichen verknüpft ist – hin bis zum heutigen Tage! Begreifen Sie nun langsam die Tragweite? Wenn das geschieht, dann beginnt sich der „Kreis des zähen Geschehens" zu schließen, was uns – wie ich Ihnen ja schon gesagt habe – über kurz oder lang sowieso bevorsteht.

Was die Pyramiden von Gizeh anbelangt, so gibt es eine 600 Jahre alte Schriftensammlung des arabischen Geschichtsschreibers al-Makrizi (1364 n. Chr. – 1442 n. Chr.), die „Hitat" genannt wird. In dieser Schriftensammlung gibt es ein Kapitel, das speziell die Pyramiden von Gizeh behandelt. Al-Makrizi hat vor 600 Jahren alles verfügbare Wissen zusammengetragen, das über Alter, sowie Sinn und Zweck der Pyramiden Aufschluss gab. Das somit entstandene Pyramidenkapitel im „Hitat" ist äußerst umfangreich und schildert viele – zur damaligen Zeit noch unbewiesene – Besonderheiten und Details. Kernaussage des Pyramidenkapitels ist, dass die Pyramiden als Wissensspeicher errichtet worden sind, und zwar im Zeitraum zwischen 11.000 und 10.000 v. Chr.

Al-Makrizi war Geschichtsschreiber und kein Gelehrter, sein zusammengetragenes Pyramidenkapitel wurde von den gelehrten Ägyptologen über mehrere Generationen hinweg stets belächelt und als Märchenerzählung abgetan. Das Lachen ist den Ägyptologen aber mit der Zeit mehr und mehr vergangen, denn alle in späteren Jahrhunderten entdeckten Pyramidengeheimnisse (Gänge, Kammern, unterirdische Verbindungen usw.) waren bereits im „Hitat" erwähnt und oftmals bis ins Detail beschrieben. So erfahren wir im „Hitat" auch, wie der Erbauer der Pyramiden von Gizeh geheißen hat, es war: Hermes alias Henoch alias Thoth alias Saurid alias Idris. Also derjenige, der durch alle damaligen Kulturen und Völker hindurch immer mit den Göttern Kontakt hatte, und der stets mit „göttlichem" Wissen in Verbindung gebracht worden ist. Sie werden später noch Näheres über diese mystische Person erfahren. Das Phänomen, dass ein und dieselbe prominente Person von Volk zu Volk verschiedene Namen hatte, ist mehr als natürlich und wird uns noch einige Male begegnen.

Viele Forscher sind sich darüber einig, dass die Pyramiden von Gizeh Dinge und Geheimnisse in sich bergen, die, falls sie gelüftet werden, unser derzeitiges Weltbild umstürzen würden. Dieser Ansicht wird seitens der ägyptischen Behörden vehement widersprochen, für die Behörden sind die Pyramiden restlos erforscht. Fakt ist, es ist absolut unerwünscht, dass weitere Geheimnisse ans Licht der Öffentlichkeit gelangen, das Verhalten der Behörden und die fadenscheinigen Sperrungen und Blockaden sprechen dahingehend eine sehr deutliche Sprache.

Jetzt schauen wir uns noch kurz zwei ägyptische Tempel an, die höchst Bemerkenswertes in ihrem Inneren bergen.

Da wäre zum einen der „Sethos Tempel" von Abydos, einem kleinen Städtchen in der Mitte Ägyptens. Dieser Tempel weist die gleiche nüchterne, ägyptenuntypische Bauweise auf wie die Bauwerke von Gizeh, auch hier wurden riesige Steinmegalithen verbaut. Der Tempel wurde nicht – wie wiederum manche Ägyptologen behaupten – von Pharao Sethos I. erbaut, sondern das uralte Bauwerk wurde – ähnlich wie der Tal-Tempel in Gizeh – 1300 v. Chr. von einem späteren Pharao (Sethos I.) in Beschlag genommen und entsprechend umgestaltet.

Auch Pharao Ramses II. war an dieser Umgestaltungsaktion beteiligt und hat sich entsprechend mitverewigt. Aber das ist alles nebensächlich, interessant ist ein ehemals verborgenes und jetzt freigelegtes Deckenbalkenrelief. Dieses uralte Relief zeigt – neben anderen seltsamen Dingen – die Abbildung eines formgestylten Hightech-Hubschraubers sowie die eines Flugzeugs. Einige Wissenschaftler behaupten zwar, es handelt sich dabei um überlagerte Initialen von ehemaligen Herrschern, und es gibt auch entsprechende Publikationen, die diese Annahme mehr oder weniger glaubhaft stützen, machen Sie sich doch einfach selbst ein Bild, auf der bereits erwähnten Internetseite (www.earlyworld.de) finden Sie ein qualitativ gutes Foto von diesem Relief.

Und wenn Sie sich dann bereits auf der angegebenen Internetseite tummeln, dann schauen Sie gleich das Relief des ägyptischen Tempels von Dendra an, das in Insiderkreisen „die Glühbirnen von Dendra" genannt wird. Dieses Relief zeigt, dass auch das Thema Elektrizität im frühen Ägypten angesagt war, und zwar mit nicht unerheblicher Power! Übrigens, die Ägyptologen behaupten steif und fest, dass es sich bei diesem Relief um die Abbildung von Schlangensteinen handelt, die von Lotusblütenstängeln eingefasst sind. Dass es sich bei den dargestellten Schlangen auch um Schlangen handelt, steht außer Zweifel. Nur, diejenigen, die das Relief seinerzeit angefertigt haben, symbolisierten mit den Schlangen die Wirkung der Elektrizität (elektrischer Schlag) – doch soweit können, dürfen oder wollen Ägyptologen anscheinend nicht denken. Zumal die „Glühbirnen von Dendra" nicht der einzige Hinweis auf die frühe Verwendung von Elektrizität sind, es gibt noch andere dahingehende Artefakte.

Jetzt wird's mal so richtig gewaltig!

Ich habe Ihnen ja von den 200-Tonnen-Kalksteinmegalithen berichtet, aus denen der Tal-Tempel in Gizeh aufgebaut ist, und die, glaubt man den Ägyptologen, mit Hanfseilwinden, Muskelkraft oder Sandrampen an den Platz ihrer endgültigen Bestimmung bugsiert worden sind, was äußerst schwer vorstellbar ist. Aber diese 200-Tonnen-Megalithen sind geradezu winzig, im Vergleich zu den Megalithen, die im Fundament der „Tempelanlage von Baalbek" verbaut worden sind.

Die Tempelanlage von Baalbek liegt im Libanongebirge, 1150 Metern über dem Meeresspiegel. Von der ursprünglichen Tempelanlage ist nur noch ein immerhin 13 Meter hohes Steinfundament zu sehen, das eine Fläche von stattlichen 7.000 Quadratmetern einnimmt. Dieses gigantische Steinfundament wird auch als „Terrasse von Baalbek" bezeichnet, gilt als größte Tempelruine der Welt und müsste eigentlich in die Reihe der Weltwunder eingegliedert werden.

Der römische Kaiser Nero begann um das Jahr 50 n. Chr. auf diesem Fundament den Jupitertempel zu errichten, der seinerzeit von 54 Säulen getragen wurde. Von den einst 54 Säulen stehen heute nur noch 6 Säulen, der Jupitertempel war eines der beeindruckendsten Bauwerke, die römische Baukunst jemals hervorgebracht hat. Aber um den Jupitertempel geht es nicht, denn der wurde von den Römern auf das bereits bestehende uralte Steinfundament aufgesetzt. Und dieses Steinfundament ist das eigentliche Weltwunder, denn hier wurden Steinmegalithen verbaut, die weltweit ihresgleichen suchen. So finden sich in diesem Fundament – neben unzähligen „normalen" 200-Tonnen Megalithen – neun Steine, von denen jeder einzelne ca. 320 Tonnen wiegt, und drei Quader, mit sage und schreibe je 775 (!) Tonnen Gewicht: jeder 20 Meter lang, 4 Meter hoch, 3,6 Meter breit und auf eine Höhe von

6 Metern ins Fundament eingebaut! Doch das absolute Stein-Megalithen-Highlight liegt abseits vom Tempelfundament, es ist als „Stein des Südens“ bekannt. Dieser – geometrisch exakt hergestellte – Megalithenquader ist 21,36 Meter lang, 4,60 Meter breit und 4,33 Meter hoch. Das ergibt ein Gewicht von sensationellen 1.140 (!) Tonnen. Der „Stein des Südens“ stammt aus einem über 1 Kilometer entfernten Steinbruch, ist also irgendwann über eine Strecke von gut einem Kilometer transportiert worden – und das in unwegsamem Gebirgsgelände. Es gibt derzeit auf der Welt tatsächlich Kräne, die so ein Gewicht heben können. Diese Kräne stehen fest verankert in großen Hafenanlagen und können – was ihre Erscheinung anbelangt – schon bald mit dem Eifelturm konkurrieren. Und da gibt es tatsächlich Zeitgenossen, die behaupten, die Megalithen von Baalbek hätten die Römer aus dem Stein gehauen, transportiert und im Tempelfundament verbaut. Begeben sich die Ägyptologen, was deren propagierte Erbauung des Tal-Tempels und die der Pyramiden von Gizeh anbelangt, bereits in die Unglaubwürdigkeit, so fragt man sich ernsthaft, mit was für Irrlichtern man es hier zu tun hat. Es gibt mittlerweile Schwerlaststudien, die eindeutig aufzeigen, dass es ein Ding der Unmöglichkeit ist, den Römern die Anfertigung, den Transport und die Verbauung derartiger Megalithen – wie sie im Fundament von Baalbek verbaut worden sind – zuzuschreiben, selbst heutige Technik würde sich hier sehr wahrscheinlich die Zähne ausbeißen.

Machen Sie sich selbst ein Bild und schauen Sie sich den „Stein des Südens“ im Internet an: www.gigapolis.com/zauberwald/wolf/reiseberichte/baalbek.htm (zeigt den Stein schräg von oben, sowie den Jupitertempel samt Fundament).

Wie es bei so vielen Tempeln der Fall ist, wurde der Jupitertempel auf ein bestehendes, uraltes Fundament aufgesetzt, das im Übrigen den gleichen Baustil aufweist wie die Bauwerke von Gizeh und wie der Sethos-Tempel von Abydoss: riesige Megalithen, ohne jegliche Inschrift und Ornamentik – was sowohl für Ägypter als auch für Römer **absolut** untypisch ist. Da die Römer das Fundament nicht errichtet haben, wer war es denn dann?

Alte Schriften und Mythen geben – ins richtige Licht gerückt – sehr wohl Aufschluss darüber: es war ein „göttliches“ Wesen, das hier am Werk war, man nannte es „Baal“. Im weiteren Verlaufe wird uns der Gott Baal noch einmal begegnen.

Der mittels Göttertechnik transportierten Riesensteine soll es nun genug sein, jetzt schauen wir uns die Bearbeitung der damaligen Steingebilde kurz näher an, denn auch hier ist nachweislich göttliche Technik zum Einsatz gekommen.

Etliche altertümliche Tempelsteine, Stelen, Säulen, Obelisken, Statuen, Vasen usw., sind aus härtesten Gesteinsarten wie Granit, Basalt oder Dorit gefertigt und weisen gravierte Ornamente und Schriftzeichen auf, die wie mit einem Lineal – oder, falls rund, wie mit einem Zirkel – gezogen sind, und deren Kanten als geschnitten scharf ins Auge stechen. Ein exzellentes Beispiel dahingehend ist die gigantische Statue des Ramses II, die in Memphis zu bewundern ist. Experten in Steinbearbeitung sind sich darüber einig, dass eine derartige Ornamentik – wie sie diese Statue aufweist – nur mit hochtourigen, maschinell angetriebenen Diamantwerkzeugen zu bewerkstelligen ist. Die Kolossalstatue des Ramses II ist – was die außergewöhnlich exakte Bearbeitung anbelangt – bei weitem kein Einzelfall, es gibt eine Unzahl an weiteren Beispielen, die in diese Richtung gehen. Gesteinsarten wie Basalt, Granit und Dorit lassen sich – in derart exakter Qualität – **nur** mit entsprechendem Diamantwerkzeugen bearbeiten, und niemals mit **den** Meißel- und Bohrwerkzeugen, mit denen die Steinmetze im Altertum hantierten, mögen sie künstlerisch auch noch so begabt und handwerklich geschickt gewesen sein. Nun, hochtourige Diamantbearbeitungsmaschinen, Tausende Jahre v. Chr., ist natürlich eine gewagte Aussage. Doch so gewagt ist diese Aussage gar nicht, es gibt nämlich eine ganze Palette an Beweisen, dass es tatsächlich so war. Da wäre zum Beispiel eine ganze Serie altertümlicher Kernlochbohrungen, die in Pyramiden und Tempelruinen entdeckt worden sind. Doch zunächst will ich Ihnen erklären, um was es sich bei einer Kernlochbohrung eigentlich handelt.

Bei einer Kernlochbohrung – auch Zylinderbohrung genannt – wird nicht das gesamte ausgebohrte Steinmaterial zermahlen, sondern es bleibt ein zylindrischer Steinkern erhalten. Stellen Sie sich vor, Sie haben ein 5 cm dickes Eisenrohr. Dieses Rohr drücken Sie nun draußen im Garten 20 cm tief in den feuchten Erdboden hinein und ziehen es anschließend aus dem Boden heraus. Im Rohr befindet sich nun ein 20 cm langer Erdkern – dies ist das Prinzip einer Kernlochbohrung. Natürlich wird der Kernlochbohrer nicht – wie das Rohr in unserem Beispiel – in den Stein hineingerammt, sondern der rohrartige Kernlochbohrer ist vorne mit Diamantsplitter besetzt und wird mit entsprechend hoher Drehzahl in den Stein hineingebohrt. Und nun höre und staune, in den Granit-Ruinen des 4500 Jahre alten Pyramidentempel des Königs von Sahure (Abusir) fand man tatsächlich an die 30 Stück uralter Kernlochbohrungen. Und die Ruinen von Abusir sind nicht die einzige Fundstelle solcher Bohrungen, es gibt genügend andere Beispiele. Und nicht, dass Sie glauben, dass es sich bei denjenigen, die diese Bohrungen begutachtet haben, um irgendwelche Dilettanten (Nichtfachmänner) gehandelt hat, es waren Ingenieure der Firma „HILTI", die sich in den Achtzigerjahren dieser Sache angenommen haben. Die Firma HILTI ist führend auf dem Gebiet der Steinbearbeitung, betreibt eigene Labors, und es existiert eine genaue Abhandlung über die Untersuchungen der altertümlichen Kernlochbohrungen und der Präzisions-Ornamentik. Das Fazit der HILTI-Ingenieure ist mehr als eindeutig:

im alten Ägypten kamen hochtourige Diamantwerkzeuge zum Einsatz!

Aber es kommt noch viel besser!

In den alten Schriften, Mythen und Legenden wird sehr oft über „göttliche" Steinbearbeitungswerkzeuge berichtet. So war in einem nahe dem Ort Abusir ansässigen jüdischen Kulturkreis von einem „mineralischen Wurm" die Rede, der sich durch härtestes Gestein fressen konnte. Seltsamerweise wurde dieser „Wurm" – so die Legende – in einer Metallkiste aufbewahrt, und er gehörte den Göttern. Der „Wurm" hatte auch einen Namen, er wurde als „Shamir" bezeichnet. Der jüdische Talmud beschreibt den „Shamir" als Bohr- und Schneidewurm; der Sohar (Hauptwerk der jüdischen Kabbala) spricht von einem „metallspaltenden Wurm". Aber auch die Bibel kennt den Shamir, hier wird der mineralische Wurm allerdings schon sehr viel konkreter beschrieben. So ist im Buch Jeremia 17,1 bezüglich des Shamirs Folgendes zu lesen:

„Eingeschrieben ist Jehudas Sünde mit eisernem Griffel, eingegraben mit diamantener Spitze". (Jeremia17,1)

Der „göttliche" Shamir wurde von seinen Besitzern streng gehütet, nur auserwählte und besonders instruierte Menschen durften sich dieser Göttertechnik kurzzeitig bemächtigen. Im

Buch 2. Mose 36,1 werden zwei Menschen erwähnt, die in die Technik des Shamirs eingewiesen worden sind, es handelt sich um zwei Steinschneider mit Namen Bezaleel und Oholiab. Diesen Beiden – so ist dort zu lesen – hatte der Herr die Weisheit und den Verstand gegeben, das Heiligtum zu bedienen. Jetzt setzen Sie statt „Weisheit und Verstand" den Begriff „Know-how" ein, dann sehen Sie schon klarer!

Auch wurden die Shamirs (es gab mehrere davon) nicht auf Erden aufbewahrt, sondern im „himmlischen Lehrhaus", zu dem es zur damaligen Zeit regen Kontakt gab. Es gibt eine Stelle im Alten Testament, die werden Sie jetzt bestimmt mit anderen Augen lesen, als manch dogmatischer Religionsvertreter das tut. Es geht um die Beschreibung, wie Mose die zehn Gebote von Gott erhält:

„Und da der Herr ausgeredet hatte mit Mose, gab er ihm zwei Tafeln des Zeugnisses; sie waren steinern und beschrieben mit dem Finger Gottes." (2. Mose 31,18)

Der Einsatz eines Shamirs war von den Göttern nur dann gestattet, wenn es um die Erbauung „göttlicher" Gebäude auf Erden ging. Ein dahingehend eindrucksvolles Beispiel ist die Erbauung des „Tempel des Herrn" unter König Salomo (965 – 926 v. Chr.). Darüber ist in den alten Schriften Folgendes zu lesen:

„Und das Haus wurde bei seinem Aufbau aus ganzen Steinen aus dem Bruch geführt, und Hammer und Spitzhacke, alles eiserne Gerät ward in dem Haus nicht gehört als man es baute." (1. Könige 6,7)

„Hammer und Axt und jegliches Gerät von Eisen wurde nicht gehört. Weil der Shamir alles spaltete, so bedurfte es keines anderen Werkzeuges zur Arbeit." (Sohar I. 74a,b)

„Von den Werkmeistern, die an dem Tempel Salomos bauten, starb keiner vor der Zeit, auch wurde keiner krank. Wie nun die Werkmeister mit dem Tempelbau fertig waren, hauchten sie ihre Seelen aus. Der Herr aber sprach: Das musste geschehen, damit die Völker sie nicht in ihre Fron nehmen könnten und von ihnen ihre Bauten errichten lassen." (Legende: „Der Tempel")

Mord als Mittel zur Wahrung des Betriebsgeheimnisses! – Ein feiner „Herr" – nicht wahr?

Mit einem Shamir konnte man also nicht nur gravieren, sondern auch problemlos riesige Steine aus dem Bruch schneiden. Wie schon gesagt, es gab verschiedene Arten von Shamirs, für jeden Zweck den richtigen. Damit dürfte – zumindest für den, der offene Augen und Ohren hat – auch endgültig geklärt sein, wie so manches hochpräzise altertümliche Monumentalbauwerk oder Kunstwerk entstanden ist – mit „göttlicher" Spitzentechnik!

Übrigens, um harte Materialien zu schleifen, benutzen wir heutzutage ein diamantähnliches Material, das als „Korund" bezeichnet wird. Der Volksmund nennt es Schmirgel, früher hieß es Smirgel. Und dem Wort Smirgel liegt nachweislich der Begriff „Shamir" zugrunde.

Glauben Sie mir, ich könnte jahrelang darüber schreiben, welche handfesten Spuren die Götter auf dieser Erde hinterlassen haben, es existiert eine Unmenge an brauchbarem, seriösem Material. Doch ich denke, wer es trotz all dem – was ich hier aufgezeigt habe – nicht versteht, der wird es auch nach tausend Seiten nicht verstehen. Warum das so ist, das erfahren Sie später.

Jetzt schauen wir uns einmal die Götterspezies näher an, die so eindrucksvolle Spuren auf unserer Erde hinterlassen hat.

Diese Götterspezies ist nirgendwo genauer und wissenschaftlich verlässlicher beschrieben, wie in den alten sumerischen Texten, die auf Zigtausenden von Tontafeln und Stelen hinterlassen worden sind. Jetzt kommt der Sprachforscher Zecharia Sitchin zum Zuge, den ich Ihnen ja schon vorgestellt habe. Sitchin war maßgeblich an der Übersetzung der alten sumerischen Texte beteiligt. Sitchins Übersetzungen werden zwar auch von einigen Wissenschaftlern kritisiert, und zu einem gewissen Teil sicherlich auch zu Recht (denn es gilt auch hier: kein Licht ohne Schatten!), der weit überwiegende Teil ist jedoch nur dann von der Hand zu weisen, wenn man, was bestimmte Dinge anbelangt, mit vollkommener Blindheit geschlagen ist.

Neben einer Unzahl an Texten, die in Tontafeln eingeritzt wurden, existieren noch sehr viele Abbildungen des frühzeitlichen Geschehens. Anhand dessen, was die sumerischen Texte preisgeben, interpretiert Sitchin nun die Abbildungen und geht dabei in seinen Behauptungen teilweise sehr weit. Und hier setzen Sitchins Kritiker ihren Haupthebel an, denn manche Abbildungen lassen sich nun mal so oder so deuten. Dazu muss gesagt werden, es gibt zwei Gruppen von Kritikern, die ich Ihnen aufzeigen muss. Bei der ersten Gruppe handelt es sich um Zeitgenossen, die alles konsequent abstreiten, was Sitchin aufzeigt und interpretiert. Und nicht nur das, was Sitchin aufzeigt, sondern auch alles, was von anderen Forschern und Autoren in dieser Richtung dargelegt wird, und sei es auch noch so eindeutig und offensichtlich. Diese Leute ignorieren sämtliche Spuren, die die Götter hinterlassen haben oder versuchen krampfhaft, diese Spuren anders zu erklären, was meist in purem Dogmatismus ausartet. Die zweite Gruppe von Kritikern sieht sehr wohl, dass sich hier auf Erden über Jahrtausende ein „göttliches" Schauspiel zugetragen hat, das einfach nicht von der Hand zu weisen ist. Diese Gruppe kritisiert lediglich – und auch in einigen Fällen berechtigt – einige Schlussfolgerungen Sitchins, zum Beispiel dessen Behauptung, wo diese Götter denn hergekommen sind. Mir persönlich ist es vollkommen egal, wo diese Spezies ihren Ursprung hatte, und auch Ihnen sollte es egal sein. Denn zum einen ist es für das, was ich Ihnen im weiteren Verlaufe aufzeigen möchte, vollkommen belanglos, wo deren Ursprung war, und zum anderen werden Sie die ganze Sache nach dem letzten Kapitel sehr wahrscheinlich sowieso mit gänzlich anderen Augen sehen.

Für den jetzigen Moment ist es nur wichtig, dass Sie langsam erkennen, dass es die Götter tatsächlich gegeben hat, und dass diese Götter die Wurzeln **allen** „zivilisierten" Erdgeschehens ins Dasein gerufen haben. Die Tragweite dieser Erkenntnis ist enorm, wie ich das ja bereits erwähnt habe, sämtliche Religionen, die auf alttestamentarischem Geschehen aufbauen, verlieren ihren Gott! Sitchin wurde oft vorgeworfen, dass er mit seiner Götterbehauptung dem Atheismus Vorschub leisten würde, ja sogar der Gotteslästerung wurde er schon bezichtigt. Nun, ich weiß nicht, ob Sitchin überhaupt ein Atheist ist, oder ob er nicht vielleicht doch an einen Gott glaubt. Was meine Person anbelangt, so kann ich Ihnen sagen: *„Ich glaube nicht an GOTT, ich weiß, dass es GOTT gibt!"* – Den gewaltigen Unterschied zwischen „glauben" und „wissen" habe ich Ihnen ja schon dargelegt. Und ich weiß auch, dass GOTT diese Erde noch nie betreten hat und nie betreten wird – diese Erde nicht, und auch sonst keinen der unzähligen Planeten, die unser Universum birgt. Warum ich mir dieser Sache so sicher bin, werden Sie noch erfahren.

Den „Gott“, den uns die alten Schriften (und deren Handlanger) präsentieren, den können Sie getrost vergessen, denn dieser „Gott“ oder besser gesagt diese Götter haben den Menschen nur Entzweiung, Leid, Elend, Totschlag und endlosen Krieg gebracht. Denn vor diesen Göttern waren nur WAHRE MENSCHEN auf diesem Planeten, die Qualitäten dieser edlen Geschöpfe habe ich Ihnen ja bereits aufgezeigt.

Der „moderne“ Mensch wird von den Wissenschaftlern als Homo-sapiens-sapiens (auch Cro-Magnon-Mensch genannt) bezeichnet, und alle Wissenschaftler sind sich darüber einig, dass dieser – technisch interessierte – Menschentyp einige Jahrtausende v. Chr. **urplötzlich** auf der Weltbühne erschienen ist. Jahrmillionen lang hat sich der Homo sapiens mit Faustkeilen und sonstigem Steinwerkzeug beholfen, und auf einen Schlag hat sich innerhalb kürzester Zeit eine derart technologisch versierte Rasse entwickelt, dass den darwinschen Evolutionsverfechtern glatt die Spucke weg bleibt. Abgesehen davon, dass die darwinsche Evolutionstheorie nur in äußerst begrenztem Rahmen anwendbar ist, ist es schier ein Ding der Unmöglichkeit, dass sich – ohne externen Eingriff – eine derartige Entwicklung vollzieht. Und da Wunder auf diesem Erdball ziemlich rar sind, muss es so einen externen Eingriff gegeben haben. Und es hat ihn gegeben, er wird „Genesis“ genannt – oder, verständlicher ausgedrückt: Schöpfungsgeschichte.

Wir kennen die Schöpfungsgeschichte aus der Bibel, Sie wissen schon, die Geschichte von Adam und Eva. Die heutigen christlich orientierten Kirchen beharren nicht darauf, dass die biblische Schöpfungsgeschichte wörtlich genommen werden muss, sie sagen, man solle das dort Geschriebene bildlich betrachten. Früher war das nicht der Fall, da wurde man glatt verbrannt, wenn man das geschriebene „Wort Gottes“ in irgendeiner Art und Weise anzweifelte. Nur, ironischer Weise war man mit der früheren wörtlichen Auslegung der Schöpfungsgeschichte viel, viel näher an der Wahrheit, als dies bei einer bildlichen Auslegung der Fall ist. Das, was in der Schöpfungsgeschichte steht, hat sich tatsächlich auch in etwa so zugetragen. Nur, die Betonung liegt auf dem Zusatz „in etwa“! „In etwa“ deshalb, weil **die** Schöpfungsgeschichte, die in der Bibel zu lesen ist, nicht das Original ist, sondern abgeschrieben wurde. Laut den Religionen, die das Alte Testament als Basis haben, hat Moses die Schöpfungsgeschichte im Original niedergeschrieben, das entsprechende 1. Buch Mose wird „Genesis“ genannt. Moses soll die Genesis ca. 1450 v. Chr. niedergeschrieben haben, auch hierüber streiten sich die Gelehrten heftig. Der – bereits viele Bücher füllende – Streit geht größtenteils darüber, ob Moses es war, der die Genesis niedergeschrieben hat, oder ob sie von jemand anderem geschrieben worden ist. Uns soll dieser Streit nicht kümmern, denn, egal ob Moses es war oder nicht, derjenige, der die Genesis verfasst hat, hat das Geschehen sowieso nur abgeschrieben. Und zwar von sumerischen Tontafeln, die einige Jahrtausende vor Moses angefertigt wurden, und die bei Ausgrabungen im ehemaligen Sumer entdeckt worden sind. Die alten Sumerer hatten ihre eigene Schöpfungsgeschichte, und die sumerische Schöpfungsgeschichte ist **definitiv** die Vorlage für das Geschehen, das in den biblischen Schriften zu lesen ist. Die Ähnlichkeit ist dermaßen gravierend und eindeutig, dass es mittlerweile als wissenschaftlich bewiesen gilt, dass die Quelle der biblischen Genesis der sumerischen Schöpfungsgeschichte entspringt. Nur, gemäß dem alten Spruch: *„Nichts bleibt so, wie es ist!“*, wurde natürlich das Original nicht eins zu eins übernommen, sondern es wurde verändert, weggelassen und hinzugedichtet. Doch trotz all dieser Manipulationen kann die sumerische Originalquelle absolut nicht verleugnet werden – jedenfalls nicht für denjenigen, der Augen im Kopf hat und mit selbigen auch sehen darf! Denn die Tatsache, dass die Genesis in Wirklichkeit von der sumerischen Schöpfungsgeschichte abstammt, wird seitens der Religionen aus nachvollziehbaren Gründen vollkommen totgeschwiegen.

Schaut man sich die sumerische Schöpfungsgeschichte näher an, dann wird einem nach und nach sehr klar, warum diese Urquelle von allen etablierten Religionen vehement ignoriert wird und auf keinen Fall ins Bewusstsein der treuen Gläubigen gelangen soll. In der sumerischen Schöpfungsgeschichte – die wesentlich detaillierter und genauer berichtet, als die biblische Genesis es tut – ist nämlich niemals von nur einem „Gott" die Rede, sondern immer von mehreren „Göttern". Diese niedergeschriebene Tatsache haben diejenigen, die die Genesis von der sumerischen Schöpfungsgeschichte abgeschrieben haben, „unglücklicherweise" in mehreren Fällen übernommen. So taucht in den biblischen (hebräischen) Urschriften immer wieder das Wort „Elohim" auf, dieses Wort drückt **eindeutig** den Plural (Mehrzahl) aus, und bedeutet „Götter" oder präziser „Herren", im Sinn von Herrschenden. Vom Hebräischen ins Lateinische übersetzte Werke machen aus dem pluralen Wort „Elohim" schlicht und ergreifend das singuläre (Einzahl) Wort „Gott". Sie sehen also, einmal übersetzt, und schon wird aus Götter – Gott. Doch wenn man schon auf einen Gott hinmanipuliert, dann sollte man tunlichst auch bei einem Gott bleiben, und in einer „heiligen Schrift" nicht Verse nachfolgen lassen, wie:

Und Gott sprach: „Lasst ***uns*** *Menschen machen in* ***unserem*** *Bild,* ***uns*** *ähnlich!"* (1. Mose 1,26)

Und Gott sprach: „Siehe, der Mensch ist geworden wie einer von ***uns****, zu erkennen Gutes und Böses."* (1. Mose 3,22)

Wie man unschwer erkennen kann, ist hier von mehreren Göttern die Rede. Falls Sie eine Bibel zur Hand haben, dann schauen Sie nach, es ist so geschrieben wie ich es hier aufzeige. Es kann jedoch durchaus sein, dass in Ihrer Bibel der Satzbau und die Wortwahl ein wenig vom oben Abgedruckten abweichen, denn Bibel ist nicht gleich Bibel. Es existiert eine ganze Palette von verschiedenen Bibelübersetzungen, von denen selbstverständlich jede für sich in Anspruch nimmt, die wahrheitsgetreuste zu sein. Bibeltreue Menschen tragen seit jeher untereinander einen erbitterten In-meiner-Bibel-steht-die-Wahrheit-Krieg aus, wie sollte es auch anders sein auf dieser Welt? Das größte Problem der Bibel- und Schriftgetreuen ist ihre Zugehörigkeit zu einer bestimmten Gemeinschaft. Dabei ist es völlig egal, ob diese Gemeinschaft als staatliche Religion anerkannt ist, oder ob es sich um eine Sekte handelt.

An einer Gemeinschaft ist eigentlich nichts auszusetzen, gefährlich wird es jedoch dann, wenn diese Gemeinschaft auf ein bestimmtes religiöses Bewusstsein abzielt und ihre Anhänger darauf trimmt und einschwört. Die Zugehörigkeit zu solch einer Gemeinschaft ist deshalb so fatal, weil sie dem Einzelnen – oft ganz geschickt und meist noch in liberaler Tarnung – eines der höchsten Güter nimmt, das ein Mensch besitzen kann – die Objektivität!

Und dieses düstere Phänomen ist nicht nur auf die verschiedenen Bibelauslegungen und den daraus entstandenen Religionsgemeinschaften beschränkt, sondern es gilt auch für die Anhänger des Korans, der Thora oder was es sonst noch an alttestamentarischem oder nahöstlichem Schrifttum gibt.

Es gibt zwei Wege, wie ein Mensch in solch eine geistige Gefangenschaft hineinschlittern kann. Der eine Weg schaut so aus, dass jemand schlicht und ergreifend in so eine Gemeinschaft hineingeboren wird. Wenn Vater und Mutter, Bruder und Schwester, Onkel und Tante, Freunde oder gar der Staat an ein und demselben religiösen Erziehungsstrick ziehen, dann hat ein heranwachsender Mensch relativ geringe Chancen dahingehend, sich eine objektive Meinung zu bilden. Er wird sich dieser Gemeinschaft anschließen, denn er hat momentan gar keine andere Wahl. Und sollte er im Verlaufe seines Lebens tatsächlich anfangen, in gewisser Richtung eigenständig zu Denken, dann wird es mehr oder weniger gefährlich für ihn. Eine religiöse Gemeinschaft duldet nämlich absolut keinen Widerspruch des Einzelnen. Kritiker in den eigenen Reihen werden von der Gemeinschaft mehr und mehr gemieden, abgesondert und, wenn es gar nicht anders geht, ausgeschlossen – man will dann einfach nichts mehr mit Ihnen zu tun haben. Je stärker eine religiöse Gemeinschaft ist, desto fanatischer und strenger ist sie im Umgang mit ihren Gläubigen, unsere Welt hat da etliches an erschreckenden Paradebeispielen zu bieten. Und glauben Sie ja nicht, dass die christlich orientierten Kirchen hier eine allzu große Ausnahme darstellen, denn diese Institutionen – mögen sie sich nach außen hin auch noch so weltoffen und liberal geben – knechten ihre Mitglieder mit dem gleichen Mittel, das auch alle anderen Religionen anwenden. Auf dieses „Mittel" werde ich im letzten Kapitel noch sehr eingehend zu sprechen kommen, mehr möchte ich an dieser Stelle noch nicht dazu sagen.

Das Hineingeborenwerden in eine religiöse Gemeinschaft ist also der eine Weg, der in die geistige Gefangenschaft führt, jetzt schauen wir uns den zweiten Weg an.

Der zweite Weg hat etwas mit jungen Gänsen zu tun. Wenn eine junge Gans aus dem Ei schlüpft, dann akzeptiert und verinnerlicht sie das erstbeste Wesen, das sich um sie kümmert, als ihre Mutter – auch wenn das Wesen gar nicht die Mutter ist, sondern zum Beispiel ein Mensch. Wenn Sie die Gänsemutter zum Zeitpunkt des Schlüpfens wegnehmen und sich selbst sofort des kleinen Gänsleins annehmen, dann wird Ihnen dieses treu und brav hinterherlaufen wie ein junger Hund. Und ähnlich ist es mit des Menschen Seelenleben. Für jeden Mensch kommt irgendwann der Punkt, da erwacht die Spiritualität in ihm. Das muss nicht zwangsläufig in diesem Leben passieren, wie Sie im nächsten Kapitel erfahren werden, absolviert der Mensch sehr viele Lebensrunden. Und, wie bereits gesagt, kommt für **jeden** irgendwann der Punkt, an dem die Seele erwacht (aus dem Ei schlüpft) und hungrig nach Spiritualität (nach der Mutter) wird. Und es handelt sich dabei um eine Art von schier unersättlichem Heißhunger! Und diejenige religiöse Gemeinschaft, die dann als erstes auf der Matte steht – egal, was für ein spirituelles Programm sie anbietet – wird von diesem „erwachten" Menschen in der Regel sofort akzeptiert und in enorm hohem Maße verinnerlicht. Ein Mensch, der auf solch eine Art und Weise von einer religiösen Gemeinschaft in Beschlag genommen wird, ist für diese Gemeinschaft ein im wahrsten Sinne des Wortes „gefundenes Fressen". Solch ein Mensch wird zu einem wahren Fels innerhalb dieser Gemeinschaft werden, nichts in der Welt kann ihn mehr umstimmen, mögen die angeführten Argumente noch so überzeugend und stichhaltig sein. Glauben Sie mir, ich weiß, von was ich hier rede, denn ich habe einige solcher Fälle schon hautnah erlebt, und ich war selbst schon einmal drauf und dran, mich in eine Religionskralle zu begeben.

Da die Basis vieler Religionsgemeinschaften nun mal alte Schriften sind, bergen diese auch eine ungeheure Gefahr in sich. Die größte Gefahr besteht darin, dass die Lüge und die Absicht der Entzweiung in diesen Schriften enthalten sein können. Und diese gefährlichen, todbringenden Elemente sind in nahezu allen alten religiösen Schriften enthalten – und zwar massiv! Da können die neunmalklugen Schriftenforscher und fanatischen Gelehrten erzählen, was sie wollen, schauen Sie sich das historische und derzeitige Geschehen auf dieser Welt an, dann erübrigt sich jegliche dahingehende Diskussion! Wer hat denn **im Endeffekt** Krieg, Hass, Völkermord, Elend und Entzweiung ins Leben gerufen, bis hin zum heutigen Tag? – Es waren die Religionen! Und auf was basieren sie allesamt? – Auf alten Schriften, und auf sonst gar nichts! Und jede religiöse Gemeinschaft legalisiert ihre Verbrechen damit, dass man ja im Auftrage oder zumindest im Sinne Gottes handle, denn man hat ja unzweifelhaft seinem Reglement die „wahren Schriften“ zugrunde liegen. Nur, und das habe ich Ihnen schon einmal gesagt: GOTT hat mit **all** diesen Schriften und mit **all** dem Treiben **absolut** nichts zu tun!

Jetzt schauen wir uns als Paradebeispiel einmal kurz an, wie eine Bibelversion samt Reichskirche entsteht.

Es existiert ein riesiger Fundus an alten Schriften, die über das frühe Geschehen im Nahen Osten berichten. Diese alten Schriften sind logischerweise nicht alle zur gleichen Zeit geschrieben worden, sondern nach und nach durch die verschiedenen Zeitepochen hindurch. Von den wenigsten Schriften ist das Datum ihrer Niederschrift bekannt, man kann deren Entstehungszeit also nur schätzen. Auch ist in etlichen Fällen der damalige Autor unbekannt und kann somit auch nur vermutet werden. Und selbstverständlich kann auch nur vermutet werden, ob das, was in diesen alten Schriften steht, überhaupt der Wahrheit entspricht. Ich habe Ihnen ja schon gesagt, dass es ein schwerer Fehler ist, wissenschaftlich bestätigtes Alter und bewiesene Originalität automatisch mit Wahrheit gleichzusetzen. Hinterlist, Heuchelei und vor allem die Lüge haben bereits vor langer Zeit Einzug in diese Welt gehalten und selbstverständlich auch vor alten Schriften nicht Halt gemacht. Ich habe ja schon erwähnt, dass die quasi urerste und somit verlässlichste Quelle die alten Tontafeln der Sumerer sind. Von diesen wurde dann vielfach abgeschrieben, und in nicht gerade wenigen Fällen das Abgeschriebene – je nach angestrebtem Zweck – mehr oder weniger stark verfälscht. Natürlich sind später auch Schriften entstanden, die nicht direkt von Tontafeln abgeschrieben worden sind, aber die grundlegende Basis allen Geschehens lag und liegt in den sumerischen Ur-Schriften. Und nun geht eine bestimmte verschworene Gemeinschaft her, und sucht sich gezielt aus einer Vielzahl existierender Schriften einige bereits im Vorfeld besonders stark verfälschte Exemplare aus, die in etwa in das Konzept passen, das sie durchsetzen will. Die Schriften sind in unterschiedlichen nahöstlichen Sprachen verfasst und müssen natürlich ins Lateinische übersetzt werden. Im Zuge dieser Übersetzung wird noch einmal kräftig (und zum größten Teil überaus stümperhaft!) manipuliert, und fertig ist das Wort Gottes. Und damit sich an diesem Wort auch kein Skeptiker vergreift, wird es gleich heilig gesprochen und somit zur „Heiligen Schrift“ erklärt. Diejenigen, die auch nur den geringsten Zweifel an dieser Heiligkeit hegen, werden sofort verurteilt und hingerichtet. Die Schriften, die als Basismaterial für diese „heilige“ Schrift dienen, werden als „kanonisch“ (maßgebend, mustergültig) erklärt, und die riesige Anzahl all der Schriften, die nicht in diese seltsame Auswahl aufgenommen worden sind, werden als „apokryph“ (unecht, verfälscht) erklärt – Schluss! Aus! Basta!

Wenn man sich einmal näher betrachtet, wie die „heilige“ Schrift entstanden ist, dann stellen sich einem die Haare zu Berge. Das Ganze hat übrigens im Jahre 325 n. Chr. auf dem christlichen Konzil zu Nicäa (Türkei) stattgefunden und wurde vom römischen Kaiser „Konstantin dem Großen“ befohlen – einem skrupellosen Imperator und Menschenschlächter! Konstantin der Große hatte mit dem Christentum nichts zu tun, er war Heide und frönte dem Mithras-Kult (Sonnengott). Auf diesem Konzil wurde die römisch-christliche Reichskirche ins Leben gerufen, und die christliche Urkirche verbannt. Allein die Tatsache, dass es ein Heide war, der die Statuten der römisch-christlichen Reichskirche festlegte, mutet schon äußerst skurril an, und sollte Ihnen eigentlich zu denken geben!

Schauen wir uns weiter an, was auf diesem Konzil von Kaiser Konstantin noch so alles beschlossen, bestätigt und als Reichsgesetz verkündet worden ist: Rom wird zum Zentrum des römischen Christentums erklärt, der Kirchenbau geht von nun an auf Staatkosten; Priester werden ebenfalls vom Staat bezahlt und erlangen somit Beamtenstatus. Der Papst darf sich „Pontifex Maximus“ (höchster Priester) nennen, die Bischöfe bekommen einen Kopfschmuck verpasst, der als „Mithra“ bezeichnet wird (Mithra war der Sohn eines Gottes, dessen griechischer Name „Helios“ war, die Ägypter nannten ihn „Ra“!). Der 25. Dezember, der als Geburtstag des Gottes Mithra galt und als „Tag der unbesiegbaren Sonne“ groß gefeiert wurde, wird kategorisch auch als Geburtstag von Jesus festgesetzt, obwohl die christliche Urkirche Maria Empfängnis am 8. Dezember feierte. Die urchristlichen Bräuche und Gebote wurden aufgehoben, wie zum Beispiel die fleischlose Ernährung, der Verzicht auf Alkohol und das Verbot des Gelobens und Schwörens. Die Person Jesus Christus wurde zu Gottes Sohn erhoben und Gott gleichgestellt, obwohl die christliche Urkirche etwas ganz anderes lehrte! Dies hatte wiederum zur Folge, dass sich weltweit ein fanatischer Marienkult entwickelte, denn die Mutter Jesu war ja nun die Mutter eines Gottes. Das Konzil dauerte zweieinhalb Monate, Bischöfe, die die Beschlüsse dieses Konzils nicht anerkannten, wurden mit dem kirchlichen Bannfluch belegt. Und Im Jahre 543 n. Chr. folgte ein extrem folgenschwerer Einschnitt, Kaiser Justinian I. belegte die Lehre der Reinkarnation (irdische Wiedergeburt) mit einem Bannfluch, Zuwiderhandlungen wurden schwer bestraft. Reinkarnation war nämlich bis dahin ein fester Bestandteil der kirchlichen Lehre gewesen!

So schaut das glorreiche Fundament der römischen Kirche aus, es handelt sich durchweg um bewiesene historische Tatsachen, über die man im Vatikan aus nachvollziehbaren Gründen **nicht so gerne spricht**!

Was wird sich wohl aus einem derartigen Fundament über die Jahrhunderte entwickeln? Nun, da brauchen Sie nur den – immer höchst aufschlussreichen – Lauf des Geschehens zu betrachten und in den Geschichtsbüchern zurückzublättern: keine Institution hat mehr Verbrechen begangen wie die römische Kirche! Diese Kirche hat es sogar geschafft, einen Großteil der Welt – was das erworbene Wissen anbelangt – über ein Jahrtausend hinweg zurück in die Finsternis zu katapultieren. In der frühen altägyptischen, weltoffenen Millionenstadt Alexandrien entstand zur Zeit der griechischen Hochkultur (Hellenismus) ein riesiger Universitätskomplex, der „Museion“ genannt war. Sämtliche Wissenschaften waren an dieser Universität vertreten, an die 15.000 Studenten fasste dieser Komplex. Das Herz des Museion war seine unbeschreiblich einzigartige Bibliothek, in der das Wissen der Welt bewahrt wurde. Auch urchristliches Wissen wurde in dieser Bibliothek verwahrt, Alexandrien war unter anderem auch Zentrum des griechisch-urchristlichen Denkens, dessen Anhänger als „Gnostiker“ bezeichnet werden. Mit anderen Worten, in dieser einzigartigen Bibliothek war die Wahrheit über die Person Jesus sowie dessen unverfälschte Lehre verwahrt. Da diese ursprüngliche Lehre der auf dem Konzil von Nicäa ins Leben gerufenen römischen Reichskirche ein gewaltiger Dorn im Auge war, musste dieses urchristliche Schrifttum beseitigt werden. Und so kam es, dass im Jahre 391 n. Chr. die Bibliothek von Alexandrien durch Brandstiftung nahezu völlig vernichtet wurde. Auftraggeber dieser Brandstiftung war der römisch-christliche Glaubensfanatiker „Theophilus", dass dieser jedoch seine Instruktionen direkt aus Rom hatte, wird von dortiger Seite zwar abgestritten, kann man sich aber anhand von fünf Fingern abzählen. Außerdem wurden im selben Zuge von Rom aus die Anhänger der christlichen Urlehre offiziell reichsweit verfolgt und ermordet, was wiederum eine historisch belegte Tatsache ist. Dass bei der Vernichtung der urchristlichen Schriftstücke nebenbei das gesamte Wissen der Antike verloren ging, war ganz im Sinne der römischen Kirche, die noch nie ein großes Interesse dahingehend hatte, dass die Menschen aufgeklärt sind. Aufgeklärte Menschen kann man nämlich nicht mit Dogmen knechten!

Wenn man sich allein vor Augen hält, dass die Menschheit des antiken Abendlandes bereits ein ungeheures astronomisches Wissen besessen hat, und dass dieses Wissen von der Kirche komplett zerstört worden ist, und zwar so heftig, dass plötzlich die Erde per Dogma eine Scheibe zu sein hatte, und gegenteilige Meinungen auf dem Scheiterhaufen verbrannt worden sind, dann spricht dies wohl eine sehr deutliche Sprache! Die römische Reichskirche hat nicht nur im Namen Gottes gemordet und gefoltert, sie hat auch alles an Wissen zerstört, was über die Jahrtausende gesammelt und bewahrt worden ist – und nicht nur das Wissen, das in Alexandrien aufbewahrt war!

Die heutige römisch-katholische Kirche distanziert sich zwar von den einstigen Gräueltaten, aber glauben Sie ja nicht, dass sich, was die Moral etlicher Führungspersonen im Vatikan anbelangt, da großartig etwas geändert hat. Eine früher offen ausgelebte Brutalität hat sich lediglich in Heuchelei und verdeckte Operationen gewandelt, und das Ganze passiert unter dem Deckmantel von Jesus Christus, den eine gefährliche, elitäre klerikale Minderheit zur nahezu perfekten Tarnung benutzt. Dabei handelt es sich wohlgemerkt um einen Jesus Christus, der in der Form, wie er von den Kirchen dargestellt und den Gläubigen zur Verehrung gereicht wird, nie existiert hat. Und damit sind wir bei einem sehr, sehr heiklen Punkt angelangt – bei Jesus Christus und der LIEBE.

Eine bessere Tarnung als einen göttlichen Jesus Christus samt fürsorglicher Mutter Gottes hätte sich die Kirche nicht ausdenken können! Das war einer der genialsten Schachzüge in der Geschichte der Menschheit, denn mit diesem erschaffenen Gebilde trifft man bei einer leidenden Menschheit voll ins Schwarze. Ich werde Ihnen kurz erklären, warum das so ist.

Wie sagt der Volksmund so treffend: *„Jeder Mensch braucht ein klein bisschen Liebe!"* – Und das ist nicht nur so dahergesagt, sondern das stimmt selbstverständlich. LIEBE ist das kostbarste Gut, das im Universum (und darüber hinaus!) existiert. Wahre LIEBE ist das allerhöchste, was es an schönem Gefühl gibt und ist durch nichts zu übertreffen. Nur, das Fatale an der ganzen Sache ist, dass es auf dieser Welt viel zu wenig dieses kostbaren Gutes gibt – darüber dürfte ja wohl kein Zweifel bestehen. Und so wie die Lage seit etlichen Jahren unverkennbar ausschaut, schwindet der Bestand an LIEBE mehr und mehr, denn diese Welt wird immer kälter, gieriger, egoistischer und liebloser – wie der Lauf des Geschehens eindeutig zeigt, und wie aus vieler Leute Mund zu vernehmen ist. Was bitte bleibt denn in dieser Situation als einziges Mittel übrig, damit man überhaupt noch irgendwie leben kann? –

Die HOFFNUNG!

Sehen Sie, und mit genau diesem Mittel, das sich „Hoffnung" nennt, hat man Jesus Christus inklusive Maria gezielt ausgestattet. Die beiden sind zum Hoffnungsträger Nummer Eins geworden. Ohne Hoffnung könnte kein gläubiger Mensch mehr leben, der all das Elend und Leid dieser Welt sieht und ertragen muss. Und all diese gläubigen Menschen hoffen und beten zu Jesus Christus und zu Maria, dass von göttlicher Seite eingegriffen wird, und dass somit endlich etwas passiert. Doch das einzige, was passiert, ist eine anhaltende Verschlimmerung der Lage –

und sonst gar nichts!

Aber das kümmert die Gläubigen nicht, sie werden ihren Herrn Jesus und Mutter Maria um nichts auf der Welt aufgeben, selbst über den Tod hinaus – so geloben sie – wollen Sie an die beiden glauben. Und das kann man ihnen auch in keinem Fall verdenken, denn es ist der einzige Strohhalm im wüsten Weltgeschehen, an den sie sich überhaupt noch klammern können. Und sollte einer daherkommen und noch so viele Argumente und Hinweise dahingehend präsentieren, dass **diese** Art der Darstellung von Jesus samt Maria nur eine taktische Maßnahme von dunklen Kräften ist, dann werden sie das auf keinen Fall akzeptieren, denn den letzten Strohhalm – mag er auch noch so dünn und brüchig sein – lassen sie sich verständlicherweise nicht wegnehmen. Ich weiß, von was ich hier spreche, denn ich war selbst ein glühender Verehrer dieses künstlichen Gebildes, und es hat mich enorme Kraft gekostet, mich davon zu lösen. Doch ich musste mich davon verabschieden, weil es nicht der Wahrheit entspricht, was uns hier seit Jahrtausenden geschickt und mit enormem Pomp und Aufwand präsentiert wird. Die Wahrheit über GOTT erfahren Sie noch sehr ausführlich im letzten Kapitel, dann werden Sie – falls Ihr Bewusstsein es zulässt – dem hier Geschriebenen voll und ganz zustimmen.

Sie sehen also, wie perfekt der Schachzug war, Jesus und Maria in solch eine göttliche Position zu erheben. Und dass dieser Schachzug tatsächlich vollzogen worden ist, darüber wird es für denjenigen, der sich einmal näher und objektiv mit dieser Thematik befasst, keinerlei Zweifel mehr geben, denn die Beweise dahingehend sind erdrückend. Allein die historisch belegten Beschlüsse des Konzils von Nicäa genügen vollauf, um in dieser Sache klar zu sehen, es gibt jedoch noch viele andere Quellen, die in dieser Angelegenheit die Wahrheit ans Licht bringen. Gerade die von der Kirche abgelehnten apokryphen Schriften geben ein ganz anderes Bild von Jesus wieder, als jenes, das die römische Kirche ihren Gläubigen mit Hilfe von Glanz und Gloria vorzeichnet.

Der Mann, der als „Jesus Christus" – bedingt durch eine falsche Darstellung – gezwungenermaßen solch enorme Berühmtheit erlangt hat, hat unzweifelhaft existiert, und er war mit Sicherheit eine im höchsten Maße bemerkenswerte und außergewöhnliche Persönlichkeit – aber er war nicht der Sohn Gottes!

Jesus hat auch entschieden in das damalige nahöstliche Weltgeschehen eingegriffen und etliche sehr aufschlussreiche Aussagen getätigt, auch darüber besteht kein Zweifel. Und ich gestehe ihm sogar die Ausführung von Wundern zu, denn in punkto „Wunder" kann ich ein kleines Wörtchen mitreden, wie ich Ihnen im zweiten Kapitel noch aufzeigen werde. Was die Leidensgeschichte Jesu anbelangt, die von der Kirche so nachdrücklich und detailliert ins Bewusstsein der Gläubigen gepresst wird, so sage ich Ihnen: es gibt unzählige Menschen, die weitaus größeres Leid ertragen mussten und noch immer ertragen müssen, denn grausamste Folter mit anschließender Hinrichtung war nicht nur eine Spezialität der katholischen Kirche (der Inquisition), sondern ist auch heutzutage in vielen Ländern der Welt noch an der Tagesordnung! Im Übrigen hat Jesus selbst zu seinen Anhängern gesagt:

„Ihr werdet einst Größeres vollbringen, denn ich es getan habe."

Und dann ist diese Kirche noch hergegangen, und hat diesem Mann alle Sünden der Welt aufgepackt, denn es wurde groß verkündet, dass Jesus mit seinem Leiden **alle** Sünden der Welt hinweg genommen hat. Wenn man den Gläubigen schon derartiges predigt, dann sollte man auch tunlichst danach leben, und nicht über Jahrhunderte hinweg höchst lukrativen Ablasshandel (Sündenfreisprechung gegen Bezahlung) betreiben, denn besser und eindrucksvoller kann man es gar nicht offenbaren, was man in Wirklichkeit von seiner eigenen Lehre hält. Aber wie schon gesagt, diese Lehre dient zu einem ganz anderen Zweck, und daran hat sich bis zum heutigen Tag leider nichts geändert.

Passen Sie genau auf, was ich Ihnen jetzt zusammenhängend in einem Satz sage: Genau **die** Kraft, die dafür verantwortlich ist, dass es in dieser Welt immer mehr Elend, Leid und Unglück gibt, versteckt ihre hässliche Fratze hinter positiven Gebilden, die den Menschen gerade mal so viel Hoffnung und Zuversicht vermitteln, dass sie nicht schlagartig vollends verzweifeln!

Jetzt werden Sie vielleicht sagen: *„Wenn das wirklich stimmt, dann ist das aber sehr böse!"*

Böse? – Wissen Sie eigentlich, was „böse" ist? – Sie wissen es nicht! Sie haben allenfalls eine blasse Ahnung von dem, was „böse" wirklich ist. Und das ist deshalb der Fall, weil Sie im Alltag lediglich mit einem Gemisch von Gut und Böse konfrontiert werden, und **nie** mit dem „Bösen" in seiner reinen Form. Wenn Sie das „Böse" in seiner reinen Form auch nur für einen kurzen Augenblick erfahren und ertragen müssten, Sie würden einen derartigen Schock und Zusammenbruch erleiden, von dem Sie sich – wenn überhaupt – nur schwerlich wieder erholen würden. Auch in diesem Fall erzähle ich hier nicht nur ins Blaue, sondern ich hatte bereits das bittere „Vergnügen", dieses in annähernder Form erleben zu dürfen.

Das „Böse" in seiner reinen Form ist mit Worten gar nicht zu beschreiben, genauso wenig wie die Erfahrung der Unsterblichkeit mit Worten nicht zu beschreiben ist. Worte sind eine Sache, leibhaftige Erfahrung eine andere!

Dass es auf dieser Welt „Gut" und „Böse" gibt, darüber dürfte ja wohl kein Zweifel bestehen, denn das weiß jeder. Auch ist es bekannt, dass es sich dabei um Kräfte handelt, denn der Volksmund spricht ja: *„von der Kraft des Guten"* und *„von der Kraft des Bösen"* sowie von *„bösen Kräften"* und von *„guten Kräften"*. Man kann Gut und Böse auch als gegensätzliche Prinzipien bezeichnen, die letztendlich in der existierenden Dualität ihren Ursprung haben. Tatsache ist, dass das „Böse" von uns Menschen permanent unterschätzt wird, denn wir sind einfach in manchen Dingen viel zu gutgläubig. Und das sind wir deshalb, weil jeder Mensch **immer gleichzeitig** von Gut **und** Böse durchdrungen wird, und somit in ihm ein Gemisch entsteht. Das Mischungsverhältnis bestimmt letztendlich darüber, ob wir: einen Menschen als gut oder als böse bezeichnen; ob wir sagen: *„Er ist an und für sich böse, hat aber auch ein paar gute Seiten"*; ob wir sagen: *„Er ist eigentlich ein guter Mensch, es hat ihn jedoch nur momentan eine böse Kraft gepackt"*; ob wir sagen: *„Der ist mit Vorsicht zu genießen, mal ist er gut, mal ist er böse"* usw.

Das Kräfteverhältnis kann sich jederzeit ändern, sogar den schlimmsten Verbrecher kann eine ehrliche, tiefe Reue packen, und selbige eine Wandlung hin zum Guten bewirken. Und selbst diejenigen, die ihre grauenhaften Verbrechen beibehalten, haben noch ihre guten Seiten, und sei es lediglich darauf beschränkt, dass sie ihren Hund aus ganzem Herzen lieben. Oder ein eiskalter Diktator wie Adolf Hitler, der musste beim Anblick von Kindern stets mit ehrlichen Tränen kämpfen. Also, es stimmt schon, was der Volksmund sagt: *„In jedem Menschen steckt etwas Gutes!"* Dass dieses „etwas" in vielen Fällen viel zu wenig ist, und dieses Wenige auch noch zusehends schwindet, das steht auf einem anderen Blatt.

Merken Sie sich gut: Es gibt keinen Menschen auf Erden, mag er auch noch so verkommen sein, der vollkommen böse ist!

Was für den Menschen gilt, gilt jedoch **nicht** für das Prinzip. Das Prinzip des „Bösen" ist abgrundtief böse, ohne Wenn und Aber, in purster Form. Und dieses Prinzip wütet zurzeit auf diesem Planeten in verheerendem Maße. Die Menschen sind dem Prinzip des „Bösen" **völlig** hilflos ausgeliefert und werden von ihm – von Mensch zu Mensch unterschiedlich – mehr oder weniger stark in Beschlag genommen. Und jetzt denken Sie sich einmal hinein in dieses pure böse Prinzip, und zwar kompromisslos und maximal. Versuchen Sie sich in das „Böse" hineinzuversetzen, seien Sie für einen Augenblick einmal wirklich abgrundtief böse! Was würden Sie anstellen mit dieser Welt? Und vor allem **wie** würden Sie es anstellen? – Ich werde es Ihnen einmal kurz vordenken:

Wenn ICH das „Böse" wäre, ICH würde nicht nur brachial und grausam Leben vernichten, das wäre MIR auf Dauer gesehen viel zu billig und äußerst unbefriedigend. ICH würde meine hässlichsten Eigenschaften zum Einsatz bringen: die Verblendung, die Täuschung und die Hinterlist! ICH würde MIR stets den Anschein des Guten geben, und aus dieser perfekten Tarnung heraus die Welt in Zwietracht, Hass, Krieg, Terror, Elend und Leid stürzen. ICH wäre der perfekte Wolf im Schafspelz. ICH hätte alles Geld der Welt zur Verfügung, und dank der Gier, mit der ICH die Menschen infizieren würde, wäre mein Geld allmächtig. ICH würde in feinstem Zwirn gekleidet, stets satt gefressen und mit höchstem Einfluss und Ansehen ausgestattet in allen Weltmetropolen und Regierungen sitzen und ein paar willenlose Hampelmänner dazu benützen, weltweit Hunger, Folter, Mord und Terror zu befehlen. Und um MEINER Bosheit noch die Krone aufzusetzen, käme ICH stets als „Retter" daher, und würde in das von MIR angezettelte blutige Szenario auch noch Retter-Blut vergießen, und die dumme Welt würde MIR dafür sogar noch danken und MIR huldigen. ICH würde die Menschen krank und süchtig machen, und MICH durch deren Elend auch noch maßlos bereichern. ICH würde MEINEN Namen stets mit Hilfsorganisationen in Verbindung bringen, in denen sich die Menschen dahingehend aufopfern, das von MIR verursachte Leid zu lindern. Niemand käme auf den Gedanken, dass ICH es bin, der alles Leid verursacht. ICH würde das Gute – das ICH abgrundtief hasse – wo immer es sich zusammenfindet, geschickt und hinterhältig unterwandern, und ihm somit langsam aber sicher MEINE finstere Natur überstülpen. Dort, wo ICH auftrete, würde ICH mich stets national und gottesfürchtig geben, doch in Wahrheit bin ICH international, gottlos und verheize sämtliches Menschenmaterial, ganz wie es MIR beliebt. ICH würde dieser Welt keine ruhige Minute mehr gönnen. All meine Propagandamittel, deren Empfangsgeräte und Einrichtungen ICH weltweit so genial verteilt habe, würden 24 Stunden rund um die Uhr ANGST ausstrahlen, denn in der ANGST sonne ich MICH! ICH würde die Menschen in einen teuflischen Prozess verwickeln, der dazu führt, dass sie sich gegenseitig rücksichtslos bekämpfen, und dass sie ihre

Erde gnadenlos ausbeuten, vernichten, vergiften und verstrahlen. ICH würde die Welt teilen in Arm und in Reich, in Hunger und in Satt, und ICH würde mich an der Gier der Reichen stündlich ergötzen, denn deren Gier ist unersättlich! ICH würde weltweit Terror und Angst verbreiten, in einem Maße, dass die Menschen zu mir gekrochen kommen und MICH um Sicherheit anflehen, und sie würden **jeden** Preis dafür bezahlen. ICH würde jedem einzelnen von ihnen mein Brandmal aufdrücken, ihn kennzeichnen und für immer kontrollieren. MEINE Augen wären überall auf der Welt installiert, und es würde keiner auch nur einen Schritt unternehmen, über den ICH nicht informiert wäre. ICH würde den Menschen die höchsten Güter rauben, die sie besitzen – die Freiheit, die Eigenständigkeit, die Individualität und das Bewusstsein. ICH würde sie solange verblöden, bis sie nur noch eine dumme, geile, vergnügungssüchtige, geldgierige Masse sind, die sich in immer größer werdenden Arenen das letzte Stückchen Verstand aus dem Leib schreit. Und als Höhepunkt würde ICH den Leidenden einen „lieben Gott" vor die Nase setzen, den sie unaufhörlich anbeten dürfen, nur um MICH weiterhin ertragen zu können. Und ICH würde dafür sorgen, dass selbst MEINE ranghöchsten Sklaven davon überzeugt und dahingehend verblendet sind, dass sie stets glauben, das Richtige zu tun. Niemand, ICH wiederhole, **niemand** würde MEINEN Namen wirklich in aller Tiefe erfassen, denn ICH bin

DAS BÖSE!

Wie heißt es doch immer so schön: *Eventuelle Ähnlichkeiten mit noch lebenden Personen, Institutionen oder Geschehnissen sind nicht beabsichtigt und, falls vorhanden, rein zufälliger Natur!*

Wenn Sie jedoch der Meinung sind, dass das Böse zur Zeit gerade mal eine Ausnahme macht und nicht in oben aufgeführter Art und Weise diesen Erdball knechtet, dann schlafen Sie weiter, aber seien Sie sich um eines gewiss:

Jedes böse Erwachen setzt einen tiefen Schlaf voraus!

Die Welt wird nicht bedroht von den Menschen, die böse sind, sondern von denen, die das Böse zulassen. (Albert Einstein)

Und jetzt schauen wir uns einmal an, in welcher Form das „Böse" auf Erden in Erscheinung tritt.

Da es sich beim „Bösen" um ein Prinzip handelt, von dem ein Mensch allein in purer Form nie befallen werden kann, tritt es stets als Organisation auf. Und zwar immer als eine Organisation, der eine hierarchische Machtstruktur zugrunde liegt. Solche Organisationen sind ausnahmslos pyramidal strukturiert, schauen wir uns so eine Machtpyramide am Beispiel eines kleinen, produktiv arbeitenden Wirtschaftskonzerns einmal näher an:

Eine Pyramide verläuft konisch, hat also eine breite Basis, die sich nach oben hin zuspitzt sprich zentriert. Der Begriff „Konzern" ist aus den Worten „konisch" und „zentriert" abgeleitet. Weiterhin ist eine Pyramide schicht- oder stufenweise aufgebaut, je höher eine Schicht liegt, umso weniger Substanz (Mitglieder) birgt sie. Die unterste Schicht hat am meisten Substanz und nimmt auch die größte Fläche ein, man spricht deshalb auch von der „breiten Masse“. Weiterhin ist es eine physikalische Tatsache, dass auf der untersten Schicht immer das größte Gewicht lastet. Und es ist auch so, dass die unterste Schicht den geringsten Überblick hat, im Gegensatz zur Pyramidenspitze, dort ist die Aussicht rundum maximal.

In einem Konzern stellen die einfachen Arbeiter die unterste Schicht dar. Sie verrichten die eigentliche Arbeit, tragen somit die größte Last und haben den geringsten Überblick. Wenn Sie überhaupt von der Konzernspitze informiert werden, so müssen sie das glauben, was ihnen von dortiger Seite berichtet wird. Die nächste Schicht bilden diejenigen Angestellten, die sich unmittelbar um die Arbeiter zu kümmern haben und deren geschaffene Produkte kontrollieren. Diese Schicht hat, was bestimmte Belange angeht, schon mehr Ein- und Überblick. Dann kommt eine Schicht, die in vielen Konzernen von den unteren Abteilungen schon hermetisch abgetrennt ist – die Test-, Forschungs-, Entwicklungs- und Sonderbauabteilungen. Personal, das dort beschäftigt ist, hat Zugangsberechtigung zu gewissen Räumlichkeiten, die ein gewöhnlicher Arbeiter unter Umständen nie zu Gesicht bekommt. Ab einer gewissen Schicht speisen die Damen und Herren auch in getrennten Räumlichkeiten, somit ist eine weitere Abschottung nach unten hin gewährleistet. Die nächste Schicht bildet die Verwaltung: Lohn- und Finanzbuchhaltung sowie Einkaufs- und Vertriebsabteilung sind dort angesiedelt – der Überblick wird immer größer. Dann kommt eine Schicht, die man als „gehobene Verwaltung“ bezeichnet, Finanzmanagement und Controlling haben dort ihren Sitz. Und ganz oben, abgeschottet von allen anderen Abteilungen, mit voller Rundumsicht, eigens bekocht und emsig umsorgt, hockt die Konzernspitze – diejenigen, die wissen, wohin der Hase im Moment gerade läuft! Das ist der Platz, dem das ganze Gebilde huldigt, und zu dem man sich – koste was es wolle – hinaufdient, egal ob dabei der letzte Rest an Moral vor die Hunde geht!

Wenn es sich in unserem Beispiel um einen Konzern handelt, der Kleidung produziert, dann ist die Sache noch relativ unkritisch. Sollte es sich aber um eine Firma handeln, die Waffen produziert, dann schaut die ganze Sache schon sehr viel bedenklicher aus. Die breite Masse (unterste Schicht) hat nicht die blasseste Ahnung von dem, was die Konzernspitze mit den produzierten Waffen weltweit wirklich so alles treibt und unterstützt, dort ist man froh um den sicheren Arbeitsplatz und vertraut auf die Konzernleitung. Doch die Vertriebskanäle und Machenschaften von Waffenkonzernen sind sehr oft verschlungen, illegal, korrupt und in vielen Fällen von Geheimdiensten und Politik gedeckt und abgesegnet. In der Vergangenheit hat es weltweit schon etliche Fälle gegeben, in denen die Machenschaften der Rüstungsindustrie – und deren freie Handelsvertreter (die internationalen Waffenschieber!) – in der Öffentlichkeit publik geworden sind. Dass diese aufgedeckten Fälle lediglich die Spitze des oft zitierten Eisberges darstellen, das sollte Ihnen eigentlich bewusst sein.

Eine pyramidal strukturierte Organisation muss nicht zwangsläufig etwas Materielles produzieren, die Politik ist dahingehend ein Paradebeispiel. Dort gibt es auch eine breite Parteibasis. Das sind diejenigen, die unermüdlich Plakate kleben, sich die Füße platt stehen und sich hinter Tapeziertischen die Lippen fransig reden – und das alles, um Sie für deren Partei zu gewinnen. Eine Partei, deren niederes Fußvolk zwar glaubt, alles von ihr zu wissen, doch da irren sich diese Leute gewaltig. Es mag zwar das Parteiprogramm bekannt sein sowie der frustrierende Inhalt der endlosen Bundestagsdebatten, aber was die Parteispitze – und das ist in Deutschland der Bundeskanzler – hinter verschlossenen Türen bei einem so genannten

„Gespräch unter vier Augen“ mit seinem jeweiligen Gegenüber abspricht, davon hat keiner (oder nur ein ganz enger Kreis) eine Ahnung. Die Öffentlichkeit und die Parteibasis müssen sich zwangsläufig mit dem zufrieden geben und das glauben, was das Oberhaupt letztendlich vorgibt, angeblich besprochen zu haben. Ganz zu schweigen vom Inhalt von nichtoffiziellen Gesprächen, die man mit Freunden aus Wirtschaft und Hochfinanz führt, wie das ja gang und gäbe in bestimmten Kreisen ist.

Ein altes Sprichwort sagt: *„Die Politik ist eine Hure!“* – und diese Aussage kommt nicht von ungefähr!

Wenn Sie sich in der Politik nach oben dienen wollen, dann müssen Sie von Stufe zu Stufe immer stärker mit den Wölfen mitheulen, ansonsten kriegen Sie einen Tritt (oder man hängt Ihnen eine Affäre an), und schon hat sich die Sache für Sie erledigt. Und falls Sie es auf Ihrem Weg nach oben wirklich schaffen, ihren unbestritten edlen politischen Absichten stets treu zu bleiben, und Sie sich irgendwie durch das Wolfsgeheul durchgemogelt haben, und der Lauf des Geschehens Sie dann tatsächlich an die Spitze der Macht katapultiert, und das Volk Sie verständlicherweise auch noch liebt, dann können Sie dahingehend sicher sein, dass Ihnen ganz zufällig (!) irgendein Wahnsinniger den Garaus macht. Oder der eigene Geheimdienst, wie das im Falle von John F. Kennedy der mittlerweile faktisch bewiesene Hergang war. Wer sich als Staatsoberhaupt wirklich und ehrlichen Herzens kompromisslos für die Menschen einsetzt, der stirbt! – Die historische Vergangenheit ist voll, was derartige Fälle anbelangt!

Das Traurige, was viele pyramidal strukturierte Organisationen anbelangt, ist die Tatsache, dass sich die unteren Schichten ehrlich bemühen und unaufhörlich schuften, und dass diese breite Basis von der jeweiligen Organisationsspitze maximal ausgenützt und ideologisch brutal hintergangen wird. Der breiten Basis wird eine Organisationsideologie suggeriert, die genau das Gegenteil von dem darstellt, was die Oberen in Wirklichkeit beabsichtigen und weltweit treiben. Verstehen Sie, man treibt es unter dem Deckmantel einer positiven Ideologie! Eine bessere und hinterhältigere Tarnung gibt es nicht! Eine vorgeschobene positive Ideologie macht das Verbrechen, das sich dahinter verbirgt, nahezu unangreifbar! Greift man ein derart getarntes Verbrechen an, dann erscheint es der breiten Basis – die ja noch immer von ihrer Organisation absolut überzeugt ist – als greife man das Gute an! Wenn die Menschen wirklich wüssten, was auf dieser Welt in vielen Organisationen getrieben wird – der sie als breite Basis dienen – dann hätte es sich mit so manchem Verein ruck zuck erledigt! Aber die Menschen wissen es nicht, und viele wollen es auch gar nicht wissen und wahrhaben –

das ist das Problem!

Und wenn Sie das von mir hier Geschriebene anzweifeln, dann sage Ich nur: Schauen Sie sich den Verlauf des Weltgeschehens einmal genau an! Sehen Sie nicht, in welch verheerende Zustände wir mehr und mehr hineingeraten? Da ist doch etwas nicht in Ordnung, da ist doch einiges faul!

Und außerdem können Sie sich das Ganze anhand von drei Fingern abzählen, die ich Ihnen eigentlich schon genannt habe: Sie müssen sich als Erstes darüber bewusst sein, dass das Böse existiert, und zwar prinzipiell in furchtbarster und purer Form. Wenn Sie sich dessen bewusst sind (und das kann ja wohl angesichts dessen, was auf Erden passiert, nicht sonderlich schwer sein!), dann müssen Sie als Zweites auch akzeptieren, dass das Böse **rücksichtslos** zu genialsten und hinterhältigsten Mitteln greift, die ihm zur Verfügung stehen – zu Hinterlist und Täuschung. Und als Drittes müssen Sie erkennen, dass es weltweit drei Bereiche gibt, in denen die beiden Hauptgeschwüre des Bösen – die Macht und das Geld – zum Ausdruck kommen: Wirtschaft, Politik, Kirche.

Einfacher, kürzer und verständlicher kann ich es Ihnen nicht klar machen!

Dass die Politik weltweit sehr eng mit Wirtschaft und Geld verknüpft ist, das ist ja kein großes Geheimnis. Aber dass die Kirche über Finanzen verfügt, deren Höhe Ihre kühnsten Vermutungen bei weitem übertreffen, ist nur demjenigen bekannt, der sich näher dafür interessiert (in Finanzmagazinen werden Sie dahingehend aus verständlichen Gründen nichts lesen). Finanzen, Transaktionen und vornehmlich Aktienanteile sind nämlich, und seien sie noch so geschickt getarnt, letztendlich nachweisbar. Was Geld, Macht und die Vorspielung falscher Tatsachen anbelangt, gibt es kein besseres Negativbeispiel als die katholische Kirche.

Diese gigantische, weltweit vertretene und pyramidal strukturierte Organisation hat ein sehr, sehr großes Problem. Das Problem besteht aus einer irrsinnigen Anhäufung von Reichtümern sowie aus einer kleinen Gruppe machtbesessener Personen, die der römischen „Kurie" angehören. Bei der „römischen Kurie" handelt es sich um die zentrale Kontroll- und Herrschaftsinstanz der katholischen Kirche und einer – im Vatikanstaat ansässigen – Organisation, der – wenn auch inoffiziell – die **gesamte** kirchliche Macht innewohnt. Die Kurie ist ein verschworener elitärer Kreis, der sich aus einigen Kardinälen und Diözesanbischöfen zusammensetzt, diese Organisation beherrscht das Geschehen im Vatikan seit Gründung der katholischen Reichskirche. Zwar glauben die Menschen, dass der Papst im Vatikan das Sagen hat, doch diese Annahme ist irrig und entspricht – abgesehen von einigen Ausnahmen – absolut nicht den Tatsachen. Die Einschränkung auf ein „abgesehen von einigen Ausnahmen" rührt daher, weil es in der Vergangenheit immer wieder Päpste gegeben hat, die Entscheidungen getroffen haben, die nicht im Sinne der Kurie waren. Wenn ein Papst sich den Bestrebungen der Kurie widersetzt und eigenmächtig (was ihm eigentlich zusteht!) entscheidet, dann wird dieser Papst massive Probleme bekommen. Etliche der weit über 300 Päpste, die seit dem Konzil von Nicäa (325 n. Chr.) im Amt waren, haben diese Tatsache – mehr oder weniger hart – zu spüren bekommen. Es ist ein offenes Geheimnis, dass das Volk keinerlei Zweifel daran hegt, dass sich die römische Kurie in der Vergangenheit schon etlicher unbequemer Päpste auf verbrecherische Weise entledigt hat. Nun, das ist lange her, sagt man, die Vergangenheit der römischen Kirche ist nun mal von übelsten Gräueltaten durchzogen, und ein paar historische Verbrechen hin oder her, was kümmert das die gegenwärtige Gesellschaft schon? Problematisch wird die ganze Sache jedoch, wenn einige dahingehend deutende Vorfälle noch gar nicht so lange her sind, wie ich Ihnen gleich darlegen werde.

Ein seit jeher großes Problem für die Kurie stellt das Reglement dar, dass der Papst von allen weltweit existierenden Kardinälen, die das 80. Lebensjahr noch nicht vollendet haben, in geheimer Wahl bestimmt wird. Die Kurie ist natürlich sehr darauf bedacht, dass ein Papst gewählt wird, der die Bestrebungen der Kurie verfolgt, oder der sich zuminderst deren Bestimmungen fügt. Der Idealfall für die Kurie wäre natürlich ein gewählter Papst, der aus den eigenen Reihen stammt. Dieser Idealfall ist in der Vergangenheit schon auffällig oft eingetreten. Und dies nicht ohne Grund, denn was Intrigen, Manipulation und Beeinflussung anbelangt, so dürfte der Akt der Papstwahl wohl mit an der Spitze stehen. Das fängt schon damit an, dass die Kurie es ist, die letztendlich eine anstehende Papstwahl organisiert und überwacht, von diverser Propaganda und Beeinflussung mal ganz abgesehen.

Was in vielen Fällen – bezogen auf die Kurie – gut geht, läuft in manchen Fällen schlecht – so ist das Leben! Und so einen „schlechten" Fall, noch dazu aus relativ junger Vergangenheit, schauen wir uns jetzt einmal an.

Begeben wir uns ins Jahr 1958, das Jahr, in dem ein Papst den weltlichen Thron Gottes bestieg, der sich „Johannes XXIII." nannte. Dieser Papst entwickelte sich innerhalb seiner knapp 5-jährigen Amtszeit nicht so ganz im Sinne der Kurie, denn er wollte etwas durchführen, was die Kurie schon **immer** verabscheute, und das sie im Laufe der Geschichte sehr oft zu verhindern wusste – Reformen! Viele Gläubige, Priester, Bischöfe und auch etliche Kardinäle sind seit jeher mit dem, was die Führungsspitze der römischen Kirche verkündet und fordert, in hohem Maße nicht einverstanden. Doch Treuegelübde und vor allem die pyramidale Machtstruktur des Kirchenapparates zwingen diese positiven Kräfte in die Knie. Einzige reelle Chance, dass sich am modrigen Urgestein Kirche etwas Grundlegendes ändert, ist ein Papst, der entsprechende Reformen anstrebt. Und Johannes XXIII. war in der Tat ein Hoffnungsschimmer dahingehend, denn dieser Mann hatte den Mut und die Kraft, wenigstens teilweise gegen die Bestrebungen der Kurie zu handeln. Johannes XXIII. war nämlich der Ansicht, dass sich die Kirche weg von geistigen Zielen und hin zu immer mehr Materialismus bewege. Außerdem machte er sich um die starre Haltung der Kirche Sorgen, was das Reizthema „Geburtenkontrolle" anbelangt. Das ist auch durchaus nachvollziehbar, denn seit geraumer Zeit ist aus dem einstigen Slogan „wachset und mehret euch" ein „mehret euch und verhungert" geworden. Mittlerweile sterben an den Folgen des Hungers jährlich 40 Millionen Menschen, und nicht zuletzt deswegen, weil die Kirche ihren Gläubigen nach wie vor Empfängnisverhütung aus vollkommenen schwachsinnigen Gründen verbietet. Dieses Verbot hat mit göttlichen Geboten absolut nichts zu tun. Warten Sie ab, was ich Ihnen über das göttliche Fundament – auf dem die katholische Kirche aufbaut – noch erzählen werde. Es ist schlicht und ergreifend ein Verbrechen, was hier den Gläubigen aufgezwungen wird, zumal es von einer Institution kommt, die irrsinnige Reichtümer angesammelt hat, während eine Ecke weiter die Menschen elendiglich verhungern. Doch wie reich die katholische Kirche summa summarum wirklich ist, das wusste selbst Johannes XXIII. nicht, denn die Finanzen werden von bestimmten Mitgliedern der Kurie verwaltet. Und es ist ein ungeschriebenes Gesetz im Vatikan, dass sich ein Papst keinen Einblick in die Finanzen des Vatikans verschafft, jedenfalls nicht unmittelbar, sondern ein Papst hat sich immer auf das zu verlassen, was ihm die Kurie in punkto Finanzen mitteilt. Und wehe dem Papst, der es wagen würde, dieses Gesetz zu durchbrechen, es sei denn, er stammt selbst aus der Kurie und weiß somit sowieso um den Stand der Dinge Bescheid! Johannes XXIII. jedenfalls ahnte nur, welche Reichtümer der Vatikan in Wirklichkeit verwaltete, und er brachte mit dem „Zweiten Vatikanischen Konzil" zumindest einige kleine kirchliche Reformen auf den Weg. Am 3. Juni 1963 verstarb Johannes XXIII., als Nachfolger wurde ein Papst gewählt, der sich den Namen „Paul VI." gab. Auch dieser Papst richtete sich nicht ganz hundertprozentig nach dem Willen der Kurie, seine immerhin 15-jährige Amtszeit wies jedoch ein Ereignis auf, das dem positiven Teil der katholischen Kirche einen gewaltigen Schlag versetzte. Papst Paul VI. verkündete am 25. Juli 1968 die „Enzyklika Humanae Vitae", dabei handelte es sich um ein päpstliches Sittengesetz, das für alle Katholiken bindend war, und das – kurz gefasst – folgenden Inhalt hatte:

Die einzige Methode der Empfängnisverhütung, die die Kirche ihren Gläubigen gestattet, ist die Kalendermethode (kein Geschlechtsverkehr an fruchtbaren Tagen), außerdem sei jeder geschlechtliche Akt zwischen Eheleuten (und nur Eheleuten ist er gestattet) rein zum Zwecke der Erzeugung menschlichen Lebens zu sehen.

Dass diese Enzyklika nicht gerade mit Begeisterungsstürmen von den Gläubigen – aber auch von der Mehrheit der Priesterschaft – aufgenommen wurde, versteht sich von selbst. Wenn wir von Gläubigen sprechen, dann waren dies zu damaliger Zeit immerhin 800 Millionen Menschen weltweit. Für viele Priester brach damals schlichtweg eine Welt zusammen, hatte man doch auf ein ganz anderes Ergebnis gehofft. Die Enzyklika Humanae Vitae wurde von Papst Paul VI. nicht so einfach aus dem Nichts erlassen, vorausgegangen war die Arbeit einer 68-köpfigen Kommission, deren Meinung dem Papst als Orientierungshilfe in Frage Geburtenkontrolle dienen sollte. Obwohl sich der Bericht dieser Kommission **eindeutig** für Empfängnisverhütung und ein liberaleres Sexualleben aussprach, entschied Papst Paul VI. genau entgegengesetzt. Schuld daran war die Kurie, die den Papst mit einem Gegenbericht derart massiv und geschickt unter Druck setzte, dass er die Empfehlung der 68-köpfigen Kommission einfach ignorierte. Durch diese Entscheidung verlor nicht nur Papst Paul VI. gehörig an Sympathie, das Ansehen der ganzen katholischen Kirche bekam weltweit einen gewaltigen Knacks. Ganz wohl war es dem Papst nach dieser Entscheidung nicht mehr, er wurde sich mehr und mehr dahingehend bewusst, dass die Kurie ihn im Griff hatte, und dass ihm die Kraft fehlte, sich diesem Griff zu entziehen. Sich seiner eigenen Ohnmacht bewusst, begann Paul VI. – geschickt und so unauffällig wie nur irgend möglich – einen Bischof zu fördern, der den Namen Luciano Albino trug. Paul VI. wusste, dass Luciano Albino das Herz am rechten Fleck hatte, und er war sich vor allem der Tatsache bewusst, dass einem Luciano Albino die Kraft innewohnte, sich der Kurie entgegenzustellen. Papst Paul VI. ermunterte den stets bescheidenen Bischof Luciano Albino dahingehend, dass dieser seinen berufenen Weg gehen sollte, und er stellte da und dort die Weichen für dessen Karriere. 1970 wurde Luciano Albino Erzbischof von Venedig, 1973 verlieh ihm Papst Paul VI. die Würde zum Kardinal. Aber Paul VI. beschränkte sich in Sache Luciano Albino nicht nur dahingehend, dass er auf dessen Karriere achtete, er begann auch bei einigen anderen Kardinälen Werbung für diesen Mann zu machen. Und zwar Werbung ganz klar hinsichtlich dessen, dass Luciano Albino ein würdevoller Nachfolger wäre, falls er selbst ableben würde. Doch den größten Clou landete Papst Paul VI. im Oktober des Jahres 1975, zweiundzwanzig Monate vor seinem Tod. Er erließ nämlich eine Reihe von päpstlichen Anweisungen, die den Fall seines Todes betrafen beziehungsweise die Neuwahl des nächsten Papstes. Es war Papst Paul VI., der diejenigen Kardinäle, die das 80. Lebensjahr bereits vollendet hatten, von der Papstwahl (Konklave) ausschloss. Weiterhin sorgte der päpstliche Erlass dafür, dass bei der nächsten Papstwahl Vorkehrungen getroffen werden, die jegliche Wahlmanipulation von vornherein ausschlossen. Die im Erlass befohlenen Sicherheitsmaßnahmen waren perfekt, denn Paul VI. wusste um die Schwachstellen im Vatikan genau Bescheid. Und er wusste vor allem, dass die Kurie bislang jede Papstwahl in heftigster Art und Weise manipuliert hat. Dass dieser päpstliche Erlass die Kurie in helle Aufregung versetzte, kann man sich lebhaft vorstellen, der Papst wurde in der Folge massiv unter Druck gesetzt, diesen Erlass für nichtig zu erklären. Aber Paul VI. blieb in dieser wichtigen Sache standhaft bis zu seinem Tode, der am 6. August 1978 eintrat. Es kam zur Neuwahl des Papstes, unter bislang noch nie da gewesenen Sicherheitsvorkehrungen. Und siehe da, nach schier endlosem Wahldrama bestieg am 26. August 1978 ein vollkommen überraschter Luciano Albino den weltlichen Thron Gottes, er gab sich den Namen „Johannes Paul I.".

Johannes Paul I. ging als „der lächelnde Papst" in die Geschichte ein, die Menschen schlossen ihn sofort in ihr Herz. Doch es sollte ein Auftritt von sehr kurzer Dauer sein, 33 Tage nach seinem Amtsantritt war Papst Johannes Paul I. tot.

Luciano Albino stammte aus sehr armen Verhältnissen, er kannte die Not der Menschen, die nicht zuletzt auf einen überreichen Kindersegen zurückzuführen war. Luciano Albino war ein Menschenfreund erster Klasse, er war bescheiden, hilfsbereit und grundehrlich. Außerdem war er von frühester Kindheit an äußerst belesen, er wusste, was in der Welt bislang geschehen war und was gerade geschieht. Und was das allerwichtigste war, Reichtum war ihm ein Dorn im Auge. Sein Motto, das er im Laufe seiner Karriere mehrmals unüberhörbar und mit Nachdruck äußerte, war:

„Ich bin mit weniger als fünf Lire hergekommen, und ich will mit weniger als fünf Lire weggehen!"

Als Erzbischof von Venedig verzichtete er auf die ihm zustehende Yacht, der Erzbischof von Venedig fuhr – sehr zum Entsetzen des venezianischen Geldadels – stets mit Gondel und Fahrrad zu den Kranken und Hilfsbedürftigen. Und so ein Mann wurde nun Oberhaupt einer Institution, deren elitäres Machtzentrum eine Unmenge an Besitztümern und Geldmitteln verwaltete, von deren Höhe sich ein Außenstehender gar keinen Begriff machen kann. Hinzu kommt noch, dass der Geldapparat des Vatikans Hand in Hand mit der Mafia zusammenarbeitet und etliche Kurienkardinäle und Bischöfe hochrangige Mitglieder von Organisationen sind, die in die düstere Rubrik „gehobene Freimaurerei" fallen. Aber Luciano Albino ging nicht gänzlich unwissend in die Höhle des Löwen, er war über einen Gutteil des dortigen finsteren Geschehens bereits im Vorfeld informiert. Außerdem hatte Luciano Albino bereits hautnah erfahren, mit welchen Methoden der Vatikanstaat in punkto Banken und Finanzen vorging, und zwar anhand eines Skandals, der ihn 1972 tief erschüttert hatte. Damals hatte ein gewisser Paul Marcinkus – seinerzeit Bischof und Präsident der Vatikanbank – die „Banka Cattolica Veneto" (das war die Hausbank der Priester) hinterrücks an Robert Calvi verschachert. Robert Calvi war Mafioso und hochrangiges P2-Logenmitglied, offiziell jedoch Chef der Mailänder Bank „Ambrosiano". Die gesamte italienische Priesterschaft, die sowieso ihre Geldmittel größtenteils für karitative Zwecke sparte, verlor durch diesen hinterhältigen Akt einen Großteil ihrer Ersparnisse, die Vatikanbank dagegen bereicherte sich bei diesem hinterhältigen Deal. Wie gesagt, dieser Akt hat Luciano Albino tief erschüttert und in punkto Vatikanbank nachhaltig geprägt. Und jetzt war er völlig unverhofft Papst und somit oberster Chef dieser Schlangengrube. Außerdem kam er noch in Besitz einer Liste, die an Brisanz kaum noch zu überbieten war. Es war eine Aufstellung derjenigen Mitglieder der Kurie, die nebenbei einer Freimaurerloge angehörten. Papst Johannes Paul I. war fest entschlossen, im Vatikan gründlich aufzuräumen. Er begnügte sich nicht mit Auskünften der Kurie, was die Finanzen der katholischen Kirche anbelangt, er verschaffte sich **direkten** Einblick in die Geldgeschäfte des Vatikans. Und die Summen, die er dort zu Gesicht bekam, verschlugen ihm gänzlich die Sprache, hatte er doch zuvor um jede dringend benötigte Lira beim Vatikan betteln müssen.

Ich habe ja bereits erwähnt, dass ein Papst, der sich gegen den Willen der Kurie Einblicke in die Finanzen verschafft, massive Probleme bekommt. Noch dazu wenn es sich um einen Papst handelt, der die Kirche zu dem machen will, was sie eigentlich sein sollte. Die Alarmglocken der Kurie rasselten schon seit dem Amtsantritt von Johannes Paul I., doch jetzt war für gewisse klerikale Individuen ALARMSTUFE ROT angesagt! – In der Nacht vom 28. auf den 29. September 1978 starb Papst Johannes Paul I.:

Alter:	65 Jahre!
Gesundheitszustand am Tag vor seinem Tode:	kerngesund!
Zeitpunkt des Todes:	unbekannt!
Todesursache:	unbekannt!
Obduktion:	keine!
Sofortige Maßnahme:	feierliche Vergatterung (Verpflichtung zum Schweigen) sämtlicher Personen, die im näheren Umfeld des Papstes tätig waren!
Sonstige Maßnahme:	Leichnam schnellstens einbalsamieren!

Sofort nach Bekanntgabe des Todes von Johannes Paul I. wurde der „Osservatore Romano" (Presseorgan des Vatikans) aktiv. Der Öffentlichkeit wurde sofort ein **vollkommen** falsches Bild von der Person Johannes Paul I. einsuggeriert, plötzlich hieß es, der Papst sei schon seit längerer Zeit schwer krank gewesen, was nachweislich eine glatte Lüge war. Weiterhin stellte man Johannes Paul I. als einfältigen Mann dar, dessen Ableben für die katholische Kirche kein allzu großer Verlust sei. Doch all die Lügen und Verleumdungen konnten nicht verhindern, dass unzählige Gläubige in tiefer Trauer Abschied von ihrem „lächelnden Papst" nahmen, der damalige Trauerzug wollte, sehr zum Ärgernis der Kurie, einfach kein Ende nehmen.

Was ich Ihnen hier über Papst Johannes Paul I. und über das Treiben der Kurie aufgezeigt habe, ist nur ein ganz grober Umriss. Ich werde Ihnen jetzt ein Taschenbuch empfehlen, das an Qualität und Offenbarung schwerlich zu übertreffen ist. Lesen Sie den Bestseller des englischen Autors David A. Yallop, mit dem Titel: Im Namen Gottes? (ISBN: 3499611759)

In diesem Werk erfahren Sie die Geschichte um Luciano Albino im Detail, und Sie bekommen einen tiefen Einblick, was die Vernetzung von Vatikanstaat, Mafia, Logen, Banken und Industrie anbelangt. Auch etliche dunkle Finanzgeschäfte des Vatikans werden aufgedeckt, es ist teilweise unglaublich, was sich in diesem Verein abgespielt hat beziehungsweise was sich dort noch immer abspielt. Wer immer sich für das Treiben des Vatikans interessiert, dem wird dieses Buch die Augen öffnen. David A. Yallop hat dieses Buch nicht aus dem Blauen heraus geschrieben, Yallop ist mit Leib und Seele Enthüllungsjournalist, die im Buch aufgeführten Fakten sind wohl recherchiert. Yallop hat mit jedem greifbaren Beteiligten selbst gesprochen, und so mancher kirchliche Würdenträger hat – trotz Treuegelübde – seinem Unmut gegenüber dem Treiben des Vatikans Luft gemacht und frei nach dem Herzen geredet. Etliche Skandale, kaltblütige Auftragsmorde und angebliche Selbstmorde, die seinerzeit Italien erschütterten und deren Echo auch ganz Europa aufhorchen ließ, bekommen plötzlich ein ganz anderes Gesicht bezüglich deren Hintergründe. Dieses Buch basiert zu einem Großteil auf dem Topindikator Nummer 1, wenn es um Wahrheit geht: auf dem Lauf des Geschehens!

Es bleibt noch nachzutragen, dass die Nachfolge von Papst Johannes Paul I. der polnische Kardinal Karol Wojtyla antrat. Karol Wojtyla bestieg den weltlichen Thron Gottes am 22. Oktober 1978, er gab sich den Namen „Johannes Paul II.". Die Wahl Wojtylas zum Papst ist insofern bemerkenswert, weil mit ihm ein Nichtitaliener das Oberhaupt der katholischen

Kirche wurde, was zuletzt im Jahre 1522 (!) der Fall war. Doch wer glaubt, dass Johannes Paul II. den Kurs von Johannes Paul I. weiterverfolgte, der irrt sich, Johannes Paul II. ist der Kurie treu ergeben, unter seiner Obhut läuft im Vatikanstaat alles wie in alten Zeiten. Interessant ist jedoch, dass Johannes Paul II. gewissen freimaurerischen Organisationen äußerst zugetan ist, offizielle Empfänge, schriftliche und mündliche Äußerungen sowie geleistete Zeremonien sprechen dahingehend eine ganz deutliche Sprache. Weiterhin ist zu erwähnen, dass Johannes Paul II. ein wahrer Weltmeister im Selig- und Heiligsprechen ist, allein die **wirklichen** Hintergründe, wer, wann und warum selig- oder heilig gesprochen wurde, würden ein ganzes Buch füllen. Den dahingehend absoluten Höhepunkt hat Johannes Paul II. am 6. Oktober 2002 vom Stapel gelassen, an diesem Tag hat er einen gewissen „Josémaria Escrivá“ (gestoben am 6. Juni 1975) heilig gesprochen, den Gründer der spanischen Organisation „Opus Dei“. Bereits zehn Jahre davor hatte Johannes Paul II. Josémaria Escrivá selig gesprochen, 1982 sprach er der Organisation „Opus Dei“ der Status einer Personalprälatur zu. Damit wurde diese Organisation ein Bistum auf personeller Basis, also ohne regionale Beschränkungen.

Der Name „Opus Dei“ bedeutet „Wort Gottes“, es handelt sich dabei um eine extrem straff geführte, pyramidal strukturierte katholische Sekte, deren breite Basis (ca. 80.000 Mitglieder) tatsächlich glaubt, im Sinne Gottes zu handeln. Es ist immer und überall das gleiche Spiel: Viele werden von Wenigen heimtückisch missbraucht! Von Wenigen, die keinerlei Skrupel kennen, und deren Wahn nach Macht und Mittel schier grenzenlos ist.

Die im Jahre 1928 gegründete Organisation „Opus Dei“ hat in Spanien erheblichen Einfluss auf Politik und Wirtschaft, und nicht nur in Spanien, „Opus Dei“ ist seit geraumer Zeit weltweit tätig. 1947 siedelte Josémaria Escrivá nach Rom über, „Opus Dei“ unterwanderte langsam aber sicher das Machtzentrum der katholischen Kirche – den Vatikan. Die Organisation „Opus Dei“ ist seit jeher äußerst umstritten, 1983 bekam die Öffentlichkeit erstmals einen tieferen Einblick in diesen Verein. Das ehemalige Opus-Dei-Mitglied „Theologe Klaus Steigleder“ veröffentlichte einen Bericht, der Handlungen und Struktur dieser Organisation aufzeigt. 1995 erschien dieser Bericht auch in Buchform unter dem Titel: „Das Opus Dei, eine Innenansicht“ (Heyne-Verlag, Sachbuch Nr.:19/402). Bereits ein Jahr zuvor (1994) erschien im Benziger-Verlag ein Buch mit dem Titel: „Hinter der Schwelle – ein Leben im Opus Dei“. Geschrieben hat dieses Werk die Spanierin „Maria del Carmen Tapia“, es ist ein erschütternder Bericht über 18 Jahre leben in dieser Organisation. Es gibt noch etliche andere aufschlussreiche Werke bezüglich „Opus Dei“, auch der Autor David A. Yallop weiß in seinem Buch „Im Namen Gottes?“ einiges über Opus-Dei zu berichten, ich kann Ihnen an dieser Stelle nur nochmals empfehlen, dieses Buch zu lesen.

Ich möchte nun noch einmal kurz auf das Thema katholische Kirche und Finanzen zu sprechen kommen.

Eine Aussage, die Papst Johannes Paul II. immer wieder öffentlich den Menschen kundtat, ist folgende: „Wir dürfen uns von der materialistischen Kultur nicht einschüchtern lassen!“ Das klingt angesichts der materiellen Reichtümer, die der Vatikan verwaltet, wie blanker Hohn. Ich rede hier gar nicht mal vom schier unermesslichen Immobilienbesitz und auch nicht von der Unzahl an Wert- und Kunstgegenständen, die sich im Besitz der Kirche befinden, ich spreche hier nur das reine Produktivkapital an. Und hier wiederum auch nur **das** Produktivkapital, das die Kurie direkt verwaltet (also nicht das Kapital, dass die kirchlichen

Institutionen in den einzelnen Ländern verwalten). Unter Produktivkapital versteht man rein gewinnbringende Geldanlagen wie Festgeld, Aktien, Wertpapiere, Beteiligungen usw. 1970 (also vor über dreißig Jahren!) erschien in einer renommierten Schweizer Zeitung ein Artikel, worin zu lesen war, dass sich das – vom Vatikan verwaltete – Produktivkapital der katholischen Kirche – vorsichtig geschätzt! – auf 50-55 Milliarden (!) Schweizerfranken beläuft. Der Vatikan hat diese Summe heftig dementiert, was ja unschwer zu verstehen ist, muss man doch als „arme" Kirche stets tiefstapeln. Wenn man sich jedoch die historisch belegten Fakten ansieht und den finanzpolitischen Lauf des Geschehens betrachtet, dann ist diese Summe wahrlich noch vorsichtig geschätzt. Doch bleiben wir auf dem Teppich und akzeptieren wir die 50-55 Milliarden Schweizerfranken, bezogen auf das Jahr 1970. Wenn man für dieses fest investierte Produktivkapital eine jährliche Verzinsung von durchschnittlich nur 7% ansetzt, dann hat man heute, nach 32 Jahren, gerechnet mit Zins und Zinseszins, die stolze Summe von rund 500 Milliarden Schweizerfranken! Das sind ca. 600 Milliarden DM oder rund 307 Milliarden Euro. Dass man sich bei solcher Finanzmacht nicht mit einem lächerlichen jährlichen Zuwachs von 7% begnügt, sondern größtenteils satte Gewinne einfährt, dürfte auch klar sein. Und wohlgemerkt, diese Summe ist so gerechnet, dass außer Zins und Zinseszins kein weiteres Geld in die Substanz einfließt. Es existiert aber ein permanenter, weltweit reger Geldfluss in die Finanzkralle der Kurie. Bedenkt man zusätzlich diese beiden Faktoren, so explodiert die geschätzte Summe bezüglich des derzeitigen – vom Vatikan direkt kontrollierten – Produktivkapitals förmlich, dann reden wir von DM-Beträgen, die eine Billion überschreiten.

Und wenn Sie nun glauben, dass diese Zahl zu utopisch ist, dann sage ich Ihnen: warten Sie noch einen Augenblick, Sie werden gleich mit Fakten konfrontiert, die aufzeigen, mit welchen Summen die Kirchen **allein** in der BRD operieren. Und wenn Sie weiterhin denken, die Kirche gibt ja unheimlich viel Geld für gemeinnützige und karitative Zwecke aus, dann mag das schon stimmen, aber das Geld dafür kommt direkt aus den einzelnen Ländern und resultiert aus den dortigen laufenden Einnahmen (Kirchensteuer, Spenden, Vererbungen, Pachteinnahmen usw.). Das Produktivkapital, das die Kurie so vehement verteidigt und von dem bis heute noch kein Außenstehender weiß, wie hoch es in Wirklichkeit ist und wie und wo es weltweit angelegt ist, wird niemals für karitative Zwecke angetastet – es ist und bleibt ein gewaltiges Machtmittel, das anderweitig eingesetzt wird. Ein weiteres Indiz für die gigantischen Geldmittel des Vatikans ist die Tatsache, dass die Vatikanbank in der Finanzwelt den Status einer Zentralbank genießt. Und wer sich auch nur ein bisschen im Bankwesen auskennt, der weiß, welche Substanz nötig ist, um weltweit als Zentralbank zu gelten. Man muss bei der katholischen Kirche in punkto Finanzen ganz klar zwischen zwei Bereichen trennen: Der eine Bereich sind die weltweit auf die Länder bezogenen Ein- und Ausgaben, über die teilweise Klarheit herrscht, weil seitens der Landeskirchen Summen und Verwendungszwecke veröffentlicht werden. Der andere Bereich – und hier hat der Frosch die Locken! – sind Geld- und Wertanlagen sowie Beteiligungen, die direkt vom Vatikanstaat (also von der Kurie) verwaltet und kontrolliert werden, und deren Potential enorm ist.

Der Vatikan ist seit 1929 ein eigener, unabhängiger Staat (Stadtstaat) für sich, politisch gesehen ist dieses kleine Fleckchen Erde (0,44 km^2) absolut souverän, er besitzt unantastbare Hoheitsrechte. Abgesehen von moralischem Druck kann nichts und niemand den dort agierenden Papst samt Kurie kontrollieren oder gar befehligen. Der Vatikan stellt in großen Teilen der Welt eine politische und finanzielle Macht dar, die man nicht unterschätzen sollte. Eine Macht, die sich zwar „Jesus Christus und die Nächstenliebe" aufs Banner geschrieben hat, deren Führungselite jedoch von wirklich wahrer Nächstenliebe sehr, sehr weit entfernt ist.

Der Hamburger Autor und Politologe „Carsten Frerk" hat 2001 ein Buch folgenden Titels veröffentlicht: „Finanzen und Vermögen der Kirchen in Deutschland" (ISBN: 3932710398). Nachfolgend können Sie eine veröffentlichte Kurz-Zusammenfassung des Buchinhaltes lesen, die Ihnen einen flüchtigen Einblick in die Finanzen der Kirche gibt. Bei den dort präsentierten Zahlen handelt es sich wohlgemerkt um kirchliche Finanzen und Vermögen, die allein Deutschland betreffen, die christlichen Kirchen sind jedoch weltweit etabliert:

Kirche, Diskret wie Schweizer Banken

Die Kirchen klagen über rückläufige Steuereinnahmen und leere Kassen. Doch ein Wissenschaftler hat errechnet: Die Christen-Institutionen sind die reichsten Unternehmer der Republik. Drei Jahre lang recherchierte der Hamburger Politologe Carsten Frerk penibel Zahl um Zahl. Er las Haushaltspläne und Bilanzen, befragte Finanzräte und Stiftungsaufseher, durchforstete Rechenschaftsberichte und Staatskirchenverträge. Dann rechnete er zusammen - und kam auf eine stattliche Summe. Die beiden großen Kirchen in Deutschland, so sein Fazit, verfügen über ein Gesamtvermögen von fast einer Billion D-Mark!

Das Unterfangen des 56-jährigen Wissenschaftlers war höchst beschwerlich. Denn, wenn es um ihr Geld geht, sind die beiden Kirchen so verschwiegen wie Schweizer Banken. Zwar sickert hin und wieder mal eine Zahl über kirchliche Latifundien (Großgrundbesitz), Weinberge, Brauereien, City-Immobilien oder Forste und Gutshöfe durch, doch einen Überblick hat niemand. Die Kirchenoberen achten streng darauf, dass nicht allzu viel publik wird.

Die Haushaltspläne der evangelischen Landeskirchen etwa enthalten in der Regel Sperrvermerke zu Haushalts- und Vermögensfragen. Angaben über Stiftungen, Sondervermögen und Immobilien werden nicht veröffentlicht. Sogar die katholische Bischofskonferenz klagt über „die Zurückhaltung ihrer Bistümer", die „äußerst ungern pekuniäre (finanzielle) Auskünfte erteilen". Der Grundbesitz beider Kirchen wurde zuletzt 1937 in einer offiziellen Reichs-Statistik erfasst. Aktuelle Zahlen gibt es nicht.

Frerks Zahlen, die er Mitte Dezember 2001 veröffentlichte, dürften denn auch für Aufregung sorgen: Der Autor stellt erstmals detailliert Vermögenswerte, Geldanlagen und Immobilien von Landeskirchen und Diözesen, karitativen Stiftungen und anderen ebenso frommen wie lukrativen Werken vor. Das gesamte Kirchenvermögen (Geld, Aktien, Beteiligungen, Grund und Immobilien) beziffert Frerk auf 981 Milliarden Mark – damit sind die Kirchen die reichsten Unternehmer der Republik.

Allerdings verteilt sich der Reichtum sehr unterschiedlich auf eine Vielzahl kirchlicher Rechtsträger - von der Dorfgemeinde bis zu den Hilfswerken Misereor (katholisch) und Brot für die Welt (evangelisch).

Von der knappen Kirchen-Billion ist indes nur ein Teil sofort verfügbar. Immobilien- und Grundbesitz im Wert von 298 Milliarden, so Frerk, seien ebenso problemlos kapitalisierbar wie 170 Milliarden Mark Geldvermögen. Historische Kirchenbauten dagegen haben, da unverkäuflich, nur theoretischen Wert.

Auch der aber ist beträchtlich: Würde die Kirche den Kölner Dom etwa als Museum einer öffentlichen Stiftung übereignen, könnte sie mit einer Ausgleichszahlung von 500 Millionen rechnen. Beide Kirchen, so hat der Autor errechnet, besitzen alles in allem 6,8 Milliarden Quadratmeter Grund und Boden - etwa dreimal so viel wie Bremen, Hamburg, Berlin und München zusammen. Allein auf evangelischem Boden stehen 75 062 Gebäude. Mal auf Filetgrundstücken in der City, mal am Dorfanger. Die Katholiken vermochten keine Zahl zu nennen.

Das Gemeindehaus der Hamburger St.- Petri-Kirche etwa ist ein siebenstöckiger Bürobau nahe der Haupteinkaufsstraße, Schätzwert 20 Millionen, vermietet an einen Radiosender und an Firmen. In Berlin-Mitte gehörten Grund und Boden sowie das Gebäude des Dorint-Hotels am Gendarmenmarkt einem Immobilienfonds der EKD. In Hildesheim verfügt die katholische Kirche über 16 City-Grundstücke. Den Wert aller kirchlichen Gebäude und Grundstücke beziffert Frerk auf 424 Milliarden Mark. Ihre Ausgaben für Personal, Seelsorge und gute Taten decken die Kirchen jedoch kaum aus Vermögen, sondern vor allem aus laufenden Einnahmen. Allein 17 Milliarden kommen jährlich durch die zwangsweise von den Mitgliedern erhobene Kirchensteuer herein - rund 9 Milliarden bei den Katholiken, etwa 8 bei den Evangelischen. Weitere 19,1 Milliarden beziehen sie aus staatlichen Quellen, zum Teil als Zuschüsse, zum Teil als Ausgleich für die Zwangsenteignung von Kirchengut mit dem Reichsdeputationshauptschluss von 1803.

Mit öffentlichen Geldern werden unter anderem extra bezahlt oder subventioniert: Militär-, Anstalts- und Polizeiseelsorge, Kirchentage, Denkmalpflege, Religionsunterricht, kirchliche Kindertagesstätten, Kirchen-Bibliotheken und Konfessionsschulen. In zahlreichen Bundesländern werden zudem Bischöfe und Pfarrer wie Beamte vom Staat besoldet. Der Staat verzichtet außerdem auf 20 Milliarden Einnahmen, indem er den Kirchen steuerliche Privilegien einräumt. Zudem kostet die Abzugsfähigkeit der Kirchensteuer mittlerweile rund 6,8 Milliarden pro Jahr.

Einen Großteil ihres Geldes deponieren die frommen Geldhüter auf zwölf kirchlichen Banken - etwa der katholischen Kölner Pax-Bank oder der Evangelischen Darlehensgenossenschaft Kiel. Frerk taxiert die Einlagen kirchlicher Organisationen bei den religiösen Geldinstituten auf insgesamt 42 Milliarden Mark. Trotz der permanenten Klage der kirchlichen Finanzverwalter über sinkende Steuereinnahmen und harsche Sparmaßnahmen ist diese Summe in den letzten Jahren gestiegen. 1997 waren es noch 7,5 Milliarden weniger. Dabei fehlt in den Bilanzen der Kirchenbanken ein wichtiger Posten: die Kirchen-Depots mit Aktien und Investmentpapieren.

Mit diesen „unsichtbaren Depots“, so Frerk, steige die Summe der Anlagegelder - auf rund 50 Milliarden Mark. Die Kirchen-Banken sind zudem nur eine Größe im Finanzspiel der Christen. Nach Frerks Einschätzung existieren bei „weltlichen“ Geldhäusern etwa dreimal so viele Kirchenkonten wie bei Pax und Co. Die gesamten kirchlichen Geldeinlagen setzt er auf derzeit 170 Milliarden Mark an.

Eigene Baufirmen, Versicherungen und Siedlungsunternehmen werfen ebenso Millionengewinne ab wie Kolping-Hotels und CVJM-Herbergen oder kirchliche Reiseunternehmen. Auf zwei Milliarden Umsatz wird allein das Volumen kirchlicher Gruppenreisen in Deutschland geschätzt.

Auf die Vermögenslage angesprochen, dementierte der Ratsvorsitzende der EKD, Präses Manfred Kock: „Unser Vermögen wird überschätzt. Wir verfügen nur über die uns gesetzlich zustehenden Rücklagen, die für drei Monate reichen."

Beide Kirchen haben zuletzt für 1993 immerhin 5,1 Milliarden Mark Einnahmen aus Vermögen zugegeben, was bei einer Verzinsung von fünf Prozent 102 Milliarden Mark Vermögensbesitz ergäbe. Dabei fehlten noch die Wohlfahrtsverbände sowie die Hilfs- und Missionswerke. Auf diese Werke ist Frerk nicht gut zu sprechen. Sie schmücken sich seiner Ansicht nach mit fremden Federn: Misereor etwa finanziert sich zu 49 Prozent aus Steuergeldern, zu 41 Prozent aus Spenden, nur 8 Prozent kommen aus diözesanen Mitteln. Warum Misereor als „Bischöfliches Hilfswerk" firmiert, fragt Frerk angesichts der Zahlen, bleibt unerklärlich.

Untersucht hat der Autor auch einzelne Landeskirchen und Diözesen, etwa das Erzbistum Köln. Der Sprengel mit seinen 2,3 Millionen Katholiken gilt gemeinhin als reichstes deutsches Bistum. Doch das stimmt nicht ganz: Reich ist nicht das Erzbistum, sondern lediglich der „Erzbischöfliche Stuhl zu Köln", ein Titel, der an den jeweiligen amtierenden Oberhirten gebunden ist. Rechtlich bedeutet das: Vermögen und Einnahmen müssen nicht im Diözesanhaushalt ausgewiesen werden, da die „Bischöflichen Stühle" ihre Etats quasi ***privat*** *verwalten!*

Über das Generalvikariat besitzt der Kölner Bischofsstuhl, in Person: Kardinal Joachim Meisner, 67, zum Beispiel rund 40 Prozent des Grundkapitals der „Aachener Siedlungs- und Wohnungsgesellschaft mbH", der 22000 Einheiten im Rheinischen gehören. Geschätzter Marktwert des bischöflichen Anteils: 1,9 Milliarden Mark. Vom Jahresgewinn 1998 gingen 3,7 Millionen in die erzbischöfliche Kasse. Ein Kapitel für sich sind die Medien-Beteiligungen der Kirchen. So gehört die lukrative Augsburger Weltbild-Gruppe, die in ihrem Buchversand auch allerhand esoterische Titel vertreibt, 15 Bistümern. An der Tellux Beteiligungsgesellschaft sind 8 Oberhirten als Mehrheitsgesellschafter beteiligt. Die TV-Firma produziert kirchenfreundliche Streifen wie „Glut unter der Asche" oder „Nikolaikirche", aber auch Krimis wie „Der Discokiller" aus der Serie „Polizeiruf 110".

Bei seinen Nachfragen zum kirchlichen Medien-Engagement stieß Frerk auf eine Mauer des Schweigens. Immerhin fand er heraus: Der Umsatz in Verlagen beträgt mindestens 1,5 Milliarden, in der kirchlichen Filmbranche 68 Millionen Mark.

Den vermutlich größten Kirchenschatz vermochte der Hamburger Wissenschaftler indes nicht einmal annähernd zu erheben – jene Kleinodien wie Kelche, Monstranzen und Reliquiare, die in kirchlichen Museen und Tresoren lagern oder zu sehen sind. Aus ihnen, glaubt Frerk, ist so wenig Kapital zu schlagen wie aus dem Dom zu Speyer. Deshalb hat er sie unter der Rubrik „Kunst, Sakrales und Unverkäufliches" zusammengefasst.

So viel zu Kirche, Geld und Aktionen, die im Namen Gottes geschehen. Und vergessen Sie nicht:

eine Ecke weiter krepieren die Menschen elendiglich an Hunger!

Ich möchte an dieser Stelle – trotz oder besser gesagt wegen der herben Kritik, die ich in diesem Kapitel praktiziere – eine Lanze für die Basis brechen. Also für all diejenigen Menschen, die in der pyramidalen Organisation, der sie angehören (welche das auch immer sein mag), an unterster Stelle stehen und unermüdlich schuften, kämpfen, helfen, glauben und hoffen, und die denen da oben – von denen sie in den meisten Fällen übel missbraucht und hintergangen werden – guten Herzens vertrauen. Es ist – was pyramidal strukturierte Organisationen anbelangt – in den meisten Fällen leider so, wie es der Volksmund so treffend auszudrücken weiß, nämlich:

„Dass der Fisch am Kopf stinkt!"

Doch nun zurück zu den sumerischen „Göttern", denn mit dieser Spezies haben unser Erdendasein und unsere Misere ihren Anfang genommen.

Sie werden sich ja sicherlich fragen, wer denn diese „Götter" überhaupt waren, die überall ihre Spuren hinterlassen haben, und von wo diese Spezies eigentlich hergekommen ist? Nun, mit dieser Frage sind wir an einem momentan schwierigen Punkt angelangt. Ich nenne diesen Punkt absichtlich **„momentan** schwierig", weil er sich später, wenn ich Ihnen erkläre, was Materie eigentlich ist, wie unser Universum funktioniert und wie alles Geschehen letztendlich zusammenhängt, sowieso in nichts auflösen wird.

Selbstverständlich gibt es genügend Literatur darüber, wo diese „Götter" angeblich hergekommen sind. Nur, mit all dieser Literatur begeben wir uns – was die definitive Herkunft der Götter anbelangt – auf schwammiges Gebiet, denn es mangelt dahingehend an Beweisbarkeit. Die damalige Erd-Anwesenheit dieser Spezies aufzuzeigen, ist hingegen wahrlich kein Problem, denn diesbezüglich sind Spuren und Hinterlassenschaften in Hülle und Fülle vorhanden. Aber was die wahre Herkunft der „Götter" anbelangt, da wird es arg theoretisch. Für mich persönlich ist es kein Problem, denn ich kenne die höheren Zusammenhänge. Doch auf diese kann ich jetzt im Moment nicht vorgreifen, denn dann verliere ich Ihre Akzeptanz, die mir so außerordentlich wichtig ist, wie ich Ihnen ja schon einige Male zu verstehen gegeben habe. Doch ganz in der Luft möchte ich diese Frage auch nicht hängen lassen, also werde ich bereits jetzt versuchen, Sie sachte an größere Dinge und Phänomene heranzuführen.

Einiges an Phänomenen habe ich Ihnen ja schon vermittelt, wie zum Beispiel die Tatsache, dass es eine andere Dimension (Jenseits) gibt, und die daraus resultierende Erkenntnis, dass der Mensch unsterblich ist – lediglich die Form ändert sich (von schwer und unangenehm zu leicht und angenehm). Machen Sie sich jetzt schon mit dem Gedanken vertraut, dass alles, was geschieht, alles, was jemals geschehen ist sowie alles, was in Zukunft noch geschehen wird, in einem **ungeheuerlichen** Maße mit Ihrer Person oder richtiger gesagt mit Ihrem wahren ICH zusammenhängt. Und denken Sie daran, dass wir in Wirklichkeit eine EINHEIT sind. Ich weiß, dass der Begriff „Einheit" im Widerspruch zur „Individualität" steht, doch ich werde Ihnen im letzten Kapitel darlegen, dass Einheit und Vielfalt (Individualität) tatsächlich zugleich möglich ist.

Spätestens seit Einstein wissen wir, dass sich das, was wir als Zeit bezeichnen, in Wirklichkeit und universal gesehen ganz anders verhält, als wir es auf Erden gewohnt sind. Für uns auf Erden ist die Zeit etwas vollkommen Konstantes, Allgemeingültiges, das man messen kann. Doch genau genommen messen wir nicht die Zeit, sondern lediglich das Vergehen der Zeit. Die Zeit an sich ist in Wirklichkeit etwas ganz anderes – Zeit ist ein PHÄNOMEN! Ein Phänomen, das unmittelbar an die Materie oder genauer gesagt an die Schwingungen (denn alles schwingt!) geknüpft ist. Zeit ist dehnbar, formbar und immer an Masse und Raum gebunden – die Physiker sprechen von massebedingter Zeitkrümmung sowie von Raumzeit. Es ist mittlerweile wissenschaftlich bewiesen, dass Zeit relativ ist, also nicht für alle Örtlichkeiten und Abläufe in gleicher Weise (also absolut) gültig ist. Seit Einsteins Relativitätstheorie wissen wir: je schneller sich ein Objekt bewegt, desto langsamer vergeht – relativ gesehen – für das Objekt die Zeit. Richtig heftig in seinen Auswirkungen wird dieses Phänomen jedoch erst dann, wenn sich ein Ding (z.B. ein bemanntes Flugobjekt) der Lichtgeschwindigkeit annähert. Fast jeder kennt ja wohl das fiktive Beispiel vom Raumfahrer, der mit annähernd Lichtgeschwindigkeit durchs All saust und der sich, als er irgendwann wieder zur Erde zurückkehrt, plötzlich in einer ganz anderen Zeit befindet, als er annimmt. Er selbst kann es sich nicht erklären, warum er sich nun in einer anderen Zeit befindet, denn für ihn in seiner Raumkapsel ist die Zeit ganz normal vergangen. Die Menschen, die er nach seiner Landung auf Erden antrifft, können es sich auch nicht erklären, denn auch für sie ist die Zeit ganz normal vergangen. Und trotzdem passen nun beide „normal vergangenen" Zeiten nicht mehr zusammen. So könnte es durchaus möglich sein, dass der Sohn des Raumfahrers nun älter ist als sein eigener Vater.

Dieses Beispiel ist für uns fiktiv, aber nur deshalb, weil es kein Flugobjekt gibt, das annähernd Lichtgeschwindigkeit (300.000 Kilometer pro Sekunde!) erreicht. Aber dieses Phänomen gilt generell für alle Objekte, die sich bewegen, auch wenn sie sich – was ihre maximale Geschwindigkeit anbelangt – noch weit weg von der Lichtgeschwindigkeit befinden. Der Zeitunterschied fällt in all diesen Fällen extrem gering aus, ist jedoch in bestimmten Fällen mit modernsten Zeitmessgeräten tatsächlich messbar und somit nachweisbar. Mittlerweile sind wir technisch in der Lage, winzigste Bruchteile einer Sekunde messtechnisch sehr genau zu erfassen, was zu Einsteins Zeiten noch nicht der Fall war. Es gab in der Vergangenheit genügend Beispiele von Beschleunigungs- und Distanzexperimenten, bei denen zwei – ursprünglich vollkommen synchron laufende – hochpräzise Atomuhren danach unterschiedliche Zeiten anzeigten, auch wenn es sich bei der ermittelten Zeitdifferenz nur um winzigste Bruchteile einer Sekunde handelte. Zu Einsteins Zeiten war die „Relativität der Zeit" noch eine Theorie, heute ist die „Relativität der Zeit" ein wissenschaftlich anerkannter Faktor.

Ein großer Traum der Menschen sind Zeitmaschinen, die eine Reise in die Vergangenheit oder in die Zukunft ermöglichen. Laut der mittlerweile bewiesenen Relativität der Zeit sind Zeitreisen tatsächlich möglich, man muss es nur technisch zustande bringen, einen Gegenstand (Masse) auf annähernd Lichtgeschwindigkeit zu beschleunigen. Wenn ein Gegenstand derart beschleunigt wird, dass er nahezu Lichtgeschwindigkeit erreicht, nimmt – laut Einsteins berühmter Formel ($E=mc^2$) – seine Masse in gigantischem Maße zu. Da Masse und Zeit untrennbar miteinander in Beziehung stehen, muss sich, wenn sich die Masse ändert, auch zwangsläufig die Zeit ändern. Die technische Durchführung einer Zeitreise, die auf dem Prinzip der Beschleunigung auf annähernd Lichtgeschwindigkeit basiert, ist technisch nicht realisierbar, da Mensch und Maschine (Flugobjekt) derartige Geschwindigkeiten – auch wenn man sie tatsächlich zustande brächte – nicht heil überstehen würden. Diese Nichtdurchführbarkeit ist für viele Wissenschaftler das ausschlaggebende Kriterium, um Zeitreisen in die Science-Fiction-Abteilung zu verweisen. Nur, um eine Zeitverschiebung zu erreichen, muss man einen Gegenstand gar nicht auf annähernd Lichtgeschwindigkeit beschleunigen, denn es gibt einen anderen Weg, der noch dazu technisch durchführbar ist. Diesen Weg eröffnet uns das Phänomen der Gravitation. Ich spreche hier bewusst von einem Phänomen, denn genauso wenig wie die Wissenschaftler die Zeit, den Magnetismus und die Elektrizität erklären können, genauso wenig können sie die Gravitation erklären. Die Auswirkungen der jeweiligen Phänomene in halbherzige, beschränkt gültige Formeln zu pressen, stellt bereits das Ende der wissenschaftlichen Fahnenstange dar, wie ich Ihnen ja schon einmal erklärt habe. Zeit, Masse und Gravitation stellen immer eine untrennbare Einheit dar, sind voneinander abhängig und wirken dementsprechend immer gemeinsam. Also kann man die Zeit auch dadurch beeinflussen, indem man die Gravitation manipuliert. Und dass es seit langem möglich ist, die Gravitation zu beeinflussen, das habe ich Ihnen hoffentlich schon zur Genüge aufgezeigt. Und ich habe Ihnen klar gemacht, dass gewisse Mächte absolut nicht daran interessiert sind, die Möglichkeit der Gravitationsbeeinflussung in der Öffentlichkeit bekannt werden zu lassen. Weiterhin habe ich Ihnen am Beispiel der AREA-51 vor Augen geführt, dass auf diesem Planeten weltweit gigantische Hochsicherheitsanlagen existieren, von denen niemand weiß, was dort so alles getrieben wird. Derjenige, der Eins und Eins zusammenzählen kann, der wird jetzt die Frage stellen: *„Hat man denn nicht schon versucht, durch Beeinflussung der Gravitation an der Zeit herumzumanipulieren?“* Na selbstverständlich hat man das versucht, und noch dazu mit durchschlagendem Erfolg!

Ich kann mir lebhaft vorstellen, dass manch einer diesbezüglich an die Grenzen seiner Akzeptanz stößt, aber das ändert nichts an der Tatsache, dass auf diesem Planeten schon Dinge passiert sind, deren Beschreibung für einen Otto-normal-Informierten unvorstellbar klingen muss. Es hilft jedoch alles nichts, machen Sie sich langsam mit dem Gedanken vertraut, dass sich die Zeit tatsächlich beeinflussen lässt. Aber nur die Ruhe, wir werden die Sache noch näher analysieren, und das unvorstellbare Möglichkeitspotential – das Zeitmanipulation im ersten Anschein mit sich bringt – in wohl geordnete Bahnen lenken.

Vielleicht ist Ihnen der Science-Fiction Film „Das Philadelphia Experiment“ ein Begriff. In diesem Film lässt eine Gruppe von Wissenschaftlern mit geschickt angeordneten, sehr starken Magnetfeldern ein modernes US-Kriegsschiff buchstäblich verschwinden, das Kriegsschiff samt Besatzung macht einen Zeitsprung zurück ins Geschehen des Zweiten Weltkrieges, greift dort ins Kriegsgeschehen ein und gelangt schließlich durch einen erneuten Zeitsprung wieder in die Gegenwart. Alles in allem ein durchaus amüsanter und gut inszenierter Hollywoodfilm. Was jedoch die wenigsten wissen, ist, dass dieser Film auf einer wahren Begebenheit basiert. Jedenfalls gibt es eine ganze Menge von Indizien, dass im Jahre 1943 die US-Navy in Zusammenarbeit mit damaligen Spitzenphysikern an einem Experiment namens „Project Rainbow“ zugange war, das einen höchst ungewöhnlichen Verlauf nahm, und das später als „Philadelphia Experiment“ in die Geschichte einging.

Man wollte damals das Kriegsschiff „USS Eldrige“ (samt lebender Besatzung!) mit Hilfe von starken Magnetfeldern für feindliches Radar unsichtbar machen. Das Experiment beruhte auf Einsteins Magnetfeld-Theorie und wurde von einem gewissen Dr. John v. Neumann geleitet. Was die langjährigen Vorversuche und Vorarbeiten anbelangt, die schließlich in diesem Experiment gipfelten, so soll auch der Ihnen mittlerweile bekannte Nikola Tesla daran beteiligt gewesen sein. Die USS Eldrige wurde bei diesem Experiment jedoch nicht nur fürs Radar unsichtbar, das Schiff begann langsam in seltsamen Farben zu leuchten, verschwand schließlich komplett und trat nach ca. 15 Minuten wieder in Erscheinung. Allerdings in verheerendem Zustand und mit vielen Toten an Bord – es war etwas geschehen, das man in der Fachsprache „Teleportation“ nennt. Diejenigen Besatzungsmitglieder, die diese Teleportation überlebt hatten, trugen schwerste psychische Schäden davon, einige Besatzungsmitglieder waren komplett verschwunden. Das ganze Geschehen wurde – so gut es ging und mit höchstem Aufwand – zu vertuschen versucht, die US-Navy stellte die Experimente nach diesem unglücklichen Zwischenfall sofort ein. Nur, einige Zeit später ließ der amerikanische Geheimdienst unter Einsatz enormer Finanzmittel die Sache wieder aufleben, es entstand das Geheimprojekt „Montauk". In diesem Projekt wurde Zeit- und Bewusstseinsmanipulation erforscht und durchgeführt, und zwar in einer Art und Weise und mit Ergebnissen, die weit jenseits dessen liegen, was Sie sich derzeit vorstellen können. Sowohl das Experiment mit der USS Eldridge als auch das Montauk-Projekt werden seitens von Regierung und Wissenschaft vehement abgeleugnet und als vollkommener Unsinn abgetan. Interessanterweise – und ganz nach bewährtem Muster – starb am 20. April 1959 der amerikanische Enthüllungsjournalist Dr. Morris K. Jessup eines sehr mysteriösen Todes. Morris K. Jessup recherchierte hartnäckig am Philadelphia Experiment, trug hochbrisante Fakten zusammen und stand sogar mit einem ehemaligen Augenzeugen in Kontakt. Doch wie unzählige geschichtliche Parallelfälle aufzeigen, wenn es zu brisant und konkret wird, dann treten manche Menschen eben einfach von der Weltbühne ab. Indizien zum Philadelphia Experiment sowie zum Montauk-Projekt gibt es dennoch zur Genüge und sind auch in schriftlicher Form greifbar. Es sind etliche Bücher auf dem Markt erhältlich, die das höchst mysteriöse Geschehen abhandeln und aufzeigen, machen Sie sich – falls es Sie überhaupt interessiert – ein eigenes Bild davon.

Falls Sie vorhaben über das Internet zu recherchieren, so muss ich Sie an dieser Stelle über eine gängige – im höchsten Maße hinterhältige – Praxis aufmerksam machen. Das Internet ist an und für sich eine ideale Quelle, um an freie, nicht zensierte Meinungen, Fakten und Berichterstattungen heranzukommen. Die ganze Welt kann sich über das Internet kundtun, dieses Medium ist – sehr zum Leidwesen von bestimmten Mächten – weder kontrollierbar noch einzuschränken, obwohl dahingehend immer wieder Versuche und Anstrengungen unternommen werden. Ich habe Ihnen ja schon mitgeteilt, dass auf dieser Welt medientechnisch zensiert, gesteuert, verfälscht und manipuliert wird, dass sich die Balken biegen. Davon sind Länder, die nach außen hin eifrig Presse-, Medien- und Meinungsfreiheit propagieren, keinesfalls ausgeschlossen – ganz im Gegenteil! Die mittlerweile global herrschende und operierende Medien-Mafia hat erschreckende Ausmaße angenommen, den wenigsten Menschen ist dies jedoch bewusst. Mit dem Internet ist nun innerhalb kürzester Zeit ein gigantischer Gegenpol entstanden, der von denjenigen Mächten, die uns eigentlich durch dieses Medium komplett verblöden, stressen und manipulieren wollten, in dieser Form ganz und gar nicht geplant und erwünscht war. Jedes Ding hat eben nun mal zwei Seiten – so ist das Leben! Und was bleibt gewissen pyramidal organisierten Strukturen übrig, wenn man eine Meinungsäußerung via Internet nicht mehr verbieten oder zensieren kann? Na, Denunzierung (Rufmord) und taktische Unterwanderung natürlich, wie das schon immer im Weltgeschehen höchst erfolgreich praktiziert worden ist! Ich zeige Ihnen einmal auf, wie so etwas bewerkstelligt wird.

Viele Leute betreiben so genannte „Homepages", das sind Internetseiten, die – per Internetadresse – den jeweiligen Personen (oder Vereinen) persönlich zugeordnet sind, und deren Inhalt von diesen auch individuell gestaltet wird. Eine persönliche Homepage ist in der Regel in unterschiedliche Rubriken eingeteilt, je nachdem, was man der Außenwelt alles mitteilen und zugänglich machen will. Das A und O für einen Internetbenutzer sind so genannte „Suchmaschinen", die für denjenigen, der nach einer gewissen Information im Internet sucht, innerhalb von Sekunden landes- oder weltweit (!) die entsprechenden Internetseiten ausfindig machen und das Suchergebnis anhand einer Liste anbieten. Durch Anklicken eines Listeneintrages können Sie dann eine Homepage aktivieren, und es wird automatisch gezielt diejenige Homepagerubrik angesprungen, auf der ein Beitrag zu dem von Ihnen gewünschten Thema zu finden ist. Der Homepageinhaber, dessen Meinung Sie nun lesen, hat in vielen Fällen am Schluss seiner Ausführungen einen oder mehrere „Links" gesetzt. Ein „Link" ist ein Verweis auf eine andere Internetadresse (Homepage), auf die Sie derjenige, auf dessen Homepage Sie sich gerade befinden, aufmerksam machen will. Wenn Sie nun so einen angebotenen „Link" anklicken, dann gelangen Sie auf die Homepage einer anderen Person, und zwar wiederum automatisch in die Rubrik, die Information zu dem von Ihnen gewünschten Thema beinhaltet. Sie lesen also auch die dort veröffentlichte Meinung, haben nun schon den Eindruck von zwei Meinungen gesammelt, und am Ende finden Sie in vielen Fällen wiederum einen oder mehrere „Links". So können Sie, automatisch (!) geführt, eine Homepage nach der anderen besuchen und sich somit ein umfassendes Bild zur gewünschten Thematik machen. Das können Sie aber nur dann, wenn Sie an keine Internet-Seilschaft geraten sind, denn solche Gebilde sind leider keine Seltenheit. Bei einer Internet-Seilschaft handelt es sich um eine mehr oder weniger große Gruppe von Personen, die alle am selben Strick ziehen, wenn es darum geht, eine bestimmte Meinung zu verbreiten oder gegen andere Meinungen massiv vorzugehen. Dass Sie, falls Sie einmal auf der Homepage eines Mitgliedes einer Seilschaft gelangt sind, von diesem per Link zu seinen Meinungskollegen gelenkt werden, und auf diesem Wege langsam aber sicher die ganze Seilschaft abklappern, sollte Ihnen jetzt bewusst sein. Wenn man als unbedarfter Informationshungriger ahnungslos so eine Seilschaft abklappert, dann ist Ihre Meinung zu einem hohen Prozentsatz vorsätzlich und vollkommen unobjektiv geprägt worden! Da nützt es auch nichts, wenn Sie an ein paar Homepages gelangen, die eine – der Seilschaft gegensätzliche – Meinung vertreten, denn Sie werden am Schluss nämlich abwägen. 20 Personen sagen, es ist so, 5 Personen sind anderer Meinung und sagen, es ist so. Also werden Sie sich der Mehrheit anschließen. Doch wenn diese Mehrheit von vornherein – wohl getarnt als Einzelpersonen – die Interessen einer bestimmten Organisation vertritt, dann ist Ihre Meinung ganz im Sinne der Organisation geprägt und entspricht in der Regel allem anderen, nur nicht der Wahrheit! Und glauben Sie ja nicht, dass bestimmte Mächte nicht im Internet vertreten sind, denn dieses Medium ist viel zu wichtig! Also noch einmal, nicht die Quantität an vertretenen Meinungen ist entscheidend, sondern die Qualität der Beiträge. Verlassen Sie sich, wenn Sie sich eine Meinung bilden wollen, niemals nur auf das Internet, sondern gehen Sie breit gefächert (Bücher, Videos, Vorträge usw.) an brisante Themen heran. Und, was ganz wichtig ist, verlassen Sie sich auf Ihr Gefühl und schauen Sie sich das Geschehen an, denn der Lauf der Dinge ist der Topindikator Nummer 1, wenn es um Wahrheit geht.

Noch schlimmer als auf zusammengelinkten Homepages geht es in bestimmten Diskussionsforen zu, wo jedermann sich per Internet in eine Diskussion einklinken und per Textbeitrag mitdiskutieren kann. Viele solcher Foren werden ebenfalls von Seilschaften beherrscht, deren Mitglieder nichts anderes zu tun haben, als gezielt Propaganda und Stimmung zu verbreiten und alle anderen Mitdiskutierenden – die unerwünschte Äußerungen machen – verbaltextlich niederzuschreien, lächerlich zu machen oder hinterlistig auf ihre Meinungsschiene zu ziehen. Was das große Gebiet der paranormalen Thematik anbelangt, so ist dort das Treiben bestimmter Gruppen trotz aller Fehl- und Falschinformation noch relativ harmlos, richtig zur Sache geht es jedoch in Diskussionsforen, in denen hochbrisantes politisches Weltgeschehen diskutiert wird. Insbesondere wenn es um Themen geht, die in Richtung Rechtsextremismus, Antisemitismus, wahre Kriegshintergründe und Terror gehen. Es gibt erfreulicherweise mittlerweile immer mehr Menschen, die das vergangene und das derzeitige Weltgeschehen mit ganz anderen Augen sehen und die wissen, dass das, was unsere Geschichtsbücher schreiben und was uns die Medien eintrichtern, schlicht und ergreifend zu einem hohen Prozentsatz – die wirklich entscheidenden Dinge betreffend! – gelogen ist. Die Welt und die Menschheit wird in einer Art und Weise missbraucht, wie Sie sich das gar nicht vorstellen können. Es gab und gibt nahezu nichts, was nicht auf den Kopf gestellt, manipuliert und verdreht wird beziehungsweise worden ist. Lesen Sie sich noch einmal meine Schilderung des absolut BÖSEN Prinzips durch, und seien Sie sich gewiss, dass es sich dabei um keine Fiktion handelt, denn das Weltgeschehen spricht dahingehend eine zu deutliche Sprache!

Wenn Sie sich in politisch hochbrisante Diskussionsforen einklinken und dort bestimmte Wahrheiten und Wissen verbreiten, dann schrillen bei etlichen Vereinen die Alarmglocken, und deren Vorgehen gegen Sie wird massiv und kriminell. Falls Sie von den dort agierenden Seilschaften nicht umgestimmt oder mundtot gemacht werden können, dann kommt Verleumdung und Rufmord ins Spiel. Das System dabei ist genial einfach und höchst wirksam, ich werde es Ihnen anhand eines Beispieles einmal darstellen:

Man verwickelt Sie in Diskussionen, in denen es thematisch um historischen und gegenwärtigen Antisemitismus geht. All Ihre Textbeiträge werden von gewissen Leuten akribisch gespeichert und archiviert. Irgendwann schreiben Sie bestimmt einen Satz, der, dank einer weltweit genial installierten Hypersensibilisierung des Themas „Antisemitismus", in irgendeiner Form gegen Sie verwendet werden kann. Oder, wenn Sie in Ihren Äußerungen absolut untadelig sind, dann schiebt man – unter Ihrem Namen oder Pseudonym – gefälschte Textbeiträge ins Internet, was technisch auch kein großes Problem darstellt und ebenso gängige Praxis ist. Und nun setzt sich eine seltsame Maschinerie in Gang. Bei der Polizei geht plötzlich ein Hinweis ein, dass Sie im Internet antisemitische Propaganda betreiben, und dass sich der Hinweisende dadurch persönlich beleidigt fühlt. Wenn Sie Glück haben, dann schenkt die Polizei diesem Hinweis nicht allzu viel Bedeutung, doch das kann sich sehr schnell ändern. Und zwar dann, wenn nach und nach immer mehr Beschwerden und Hinweise bezüglich Ihrer angeblichen antisemitischen Internet-Äußerungen bei der Polizei eingehen, und noch dazu von verschiedenen – scheinbar unabhängigen – Personen. Ruck zuck wird der Staatsschutz aktiviert, über Ihren Provider (Dienstleister, der Ihnen den Internet-Zugang ermöglicht) werden Ihre Personalien ermittelt, Ihre Wohnung wird durchsucht, Computer und sonstiges Material wird beschlagnahmt, und ehe Sie sich versehen, stehen Sie wegen angeblicher Volksverhetzung vor Gericht. Dass diese Vorgehensweise samt Ablauf nicht an den Haaren herbeigezogen ist, beweisen etliche aktenkundige Fälle aus der Vergangenheit. Selbst wenn sich nach und nach die Wahrheit herausstellt, und Sie Ihre Unschuld beweisen können, so haben Sie dennoch eine ganze Menge Ärger, Zeitaufwand und Kosten davongetragen, und Sie werden sich gut überlegen, ob es nicht doch besser ist, zukünftig auf eine Veröffentlichung Ihrer Wahrheit zu verzichten. Es kann auch sehr viel schlimmer kommen, und zwar dann, wenn Sie zu allem Übel noch einen Richter erwischen, der, um es einmal vorsichtig auszudrücken, eine seltsame Gesinnung hegt. Denn sollten Sie tatsächlich glauben, dass die komplette Richterschaft untadelig und teilweise noch nicht von subversiven Elementen durchzogen und unterwandert ist, dann sind Sie ein Träumer.

Merken Sie sich gut: auch das Internet ist, was bestimmte Informationen anbelangt, mit größter Vorsicht zu genießen, wie ich Ihnen hoffentlich verständlich machen konnte. Und zum Abschluss gebe ich Ihnen noch einen heißen Tipp: Richten Sie in punkto Wahrheitsfindung Ihr Augenmerk immer auf Personen, die von Presse, Medien und staatlichen Instanzen stets nachhaltig attackiert und niedergemacht werden, den Hintergrund dazu liefert folgender genialer Spruch, den Bruce Lee seinerzeit getätigt hat:

Wenn du sehr heftig kritisiert wirst, dann musst du irgendetwas richtig machen, denn man greift nur denjenigen an, der den Ball hat. (Bruce Lee)

Doch nun zurück zum Phänomen ZEIT.

Glaubt man den schier ungeheuerlichen Ausführungen, die in verschiedenen Publikationen über das Montauk-Projekt geäußert werden, dann stellen diese glatt jeden abgedrehten Science Fiktion Film in den Schatten, denn unter anderem wird dort behauptet, dass gezielte Eingriffe in die Zeit möglich sind, und dass dahingehend auch Manipulationen stattgefunden haben und höchstwahrscheinlich auch noch stattfinden. Das hört sich äußerst gewagt und wüst an, und es taucht vor allem eine Problematik auf, die das Hauptargument derer ist, die die Möglichkeit einer Zeitmanipulation (Zeitreisen) abstreiten – das PARADOXON!

Zunächst muss ich Ihnen erklären, um was es sich bei einem Zeitparadoxon eigentlich handelt.

Das, was wir im weitesten Sinne als Zeit verstehen, setzt sich aus drei Dingen zusammen: aus der Vergangenheit, aus der Gegenwart und aus der Zukunft. Lassen wir die Gegenwart einmal außer Acht, denn Gegenwart (den Moment) als Zeitraum gibt es im Universum nicht. Als messbare Zeiträume verbleiben also nur Vergangenheit und Zukunft, wobei die Vergangenheit **immer** die Zukunft bestimmt. Angenommen, es wären Zeitreisen möglich, dann könnten Sie in die Vergangenheit reisen und dort ihren Vater ermorden, oder ihn zumindest daran hindern, dass er Sie zeugt. In diesem Fall würden Vergangenheit und Zukunft nicht mehr zusammenpassen, so etwas nennt man ein „Zeit-Paradoxon" (Unstimmigkeit). Ganz anders schaut die Sache aus, wenn Sie in die Zukunft reisen würden. Manipulationen in der Zukunft zögen nie ein Paradoxon nach sich, denn, wieder zurück in der Gegenwart, würde sich das kommende Geschehen dahingehend gestalten, wie Sie die Zukunft manipuliert haben. Die tatsächliche Wirklichkeit schaut jedoch so aus, dass weder bei Zeitsprüngen in die Vergangenheit noch bei Sprüngen in die Zukunft ein Paradoxon entsteht, denn es gibt keinen Zufall im Universum! Wer einmal verstanden hat, dass es tatsächlich keinen Zufall gibt, der weiß auch – denn es entspricht der logischen Konsequenz –, dass der Lauf **allen** Geschehens exakt vorbestimmt ist. Bei einem bis ins Detail vorbestimmten Geschehen können beliebige Zeitsprünge, Zeitreisen und Manipulationen durchgeführt werden, denn diese Manipulationen sind im Grunde gar keine Manipulationen, sondern es sind fest im Gesamtgeschehen verankerte Aktionen. Sie werden also **niemals** Ihren eigenen Vater ermorden oder ihn an Ihrer Zeugung hindern und somit ein Paradoxon hervorrufen können, denn der Lauf des Geschehens lässt dies einfach nicht zu. Und es wird derjenige, der tatsächlich einen Zeitsprung in die Zukunft macht, dort niemals nach seinem Willen manipulieren, sondern es verläuft immer haargenau in der Form, wie es der Lauf des Geschehens bereits vorsieht. Diejenigen, die Manipulationen im Zeitgeschehen durchführen, befinden sich lediglich in der ILLUSION, dass sie die großen Macher und Gestalter des Geschehens sind, das letzte Kapitel gibt dahingehend noch sehr viel deutlicher Auskunft.

Wenn ich an dieser Stelle mit Nachdruck behaupte, dass alles Geschehen bis ins Detail geplant und vorbestimmt ist und dass die Zukunft einsehbar ist, dann mag das für manchen Menschen höchst unglaubwürdig und unvorstellbar klingen. Wie schaut es eigentlich mit Ihnen persönlich aus? Habe ich Ihre Akzeptanz noch, auch wenn meine Behauptungen langsam in schier unvorstellbare Regionen gehen? Nun, wenn es so ist, dass Sie in punkto vorbestimmtes Zukunftsgeschehen und Zeitmanipulation langsam beginnen, Zweifel an dem von mir hier Geschriebenen zu hegen, so werde ich Ihnen jetzt eine Möglichkeit aufzeigen, die Ihnen den dahingehenden **Beweis** dahingehend erbringen kann, dass ich mit meinen Behauptungen recht habe. Den Beweis, was Ihre persönliche Zukunft und Ihre bisher durchlebte Vergangenheit anbelangt, finden Sie in Indien – in einer Palmblattbibliothek.

Vor 7.000 Jahren hat sich in Indien eine Gruppe seltsamer spiritueller Gestalten, die „Rishis" genannt werden, an ein ganz besonderes Werk gemacht. Die Rishis waren in der Lage, die Zukunft einzusehen, und sie haben diese Fähigkeit dazu benutzt, um das Leben von mehreren Millionen Menschen, die einst in der Zukunft (also zum Beispiel jetzt) leben werden, und die (gemäß dem vorbestimmten Lauf des Geschehens) den Weg in eine Palmblattbibliothek finden, schriftlich zu dokumentieren. Das heißt im Klartext: vor 7.000 Jahren wurde Ihr persönliches Leben mühsam in ein Palmblatt eingeritzt, und selbiges in einer Palmblattbibliothek in Indien archiviert. Aber, wie bereits aufgezeigt, nur dann, wenn Sie es in Ihrem Leben zustande bringen, so eine Palmblattbibliothek aufzusuchen. Klingt unglaublich nicht wahr? – Ist aber so!

Da die Rishis in die Zukunft blicken konnten, wussten sie auch genau, wer, wann, welche Palmblattbibliothek aufsuchen wird, und ausschließlich deren Lebensläufe haben sie aufgezeichnet. Die Millionen von Lebensläufen sind wiederum in Millionen von getrockneten Stechpalmblättern eingeritzt, und zwar in der indischen Ur-Sprache „Sanskrit" oder in „Alt-Tamil". Beide Sprachen sind vom Aussterben bedroht und werden nur noch von wenigen Menschen beherrscht. Die Palmblätter sind in speziellen Palmblattbibliotheken archiviert, von denen es – über den indischen Kontinent verstreut – zwölf Hauptbibliotheken und einige Nebenstellen gibt. So ein beschriebenes Palmblatt hat eine zeitlich begrenzte Lebensdauer von ca. 700 Jahren, deshalb müssen alt und brüchig gewordene Palmblätter neu geschrieben werden, damit der Fortbestand des Inhaltes (Lebenslauf eines Menschen) durch die Jahrtausende hindurch garantiert ist. Die Palmblattbibliotheken sind traditionell in Händen von Meistern, haben etliche speziell ausgebildete Angestellte und werden von Generation zu Generation weitervererbt. Auch die Fähigkeit des Palmblattlesens (also das Beherrschen der alten Sprachen) sowie die Einhaltung des jeweiligen Rituals – das von Bibliothek zu Bibliothek verschieden ist – wird durch die Generationen hindurch weitergereicht und gelehrt. Wenn nun ein Mensch den Weg in so eine Bibliothek findet (bei einigen muss man sich langfristig anmelden), dann wird ihm sein persönliches Palmblatt vorgelesen, dieses Zeremoniell wird „Nadi-Reading" genannt. Zuallererst muss jedoch Ihr persönliches Palmblatt unter vielen anderen erst einmal gefunden werden, in manchen Bibliotheken lagern bis zu einer halben Million solch beschriebener Palmblätter. Die Identifikation läuft von Bibliothek zu Bibliothek unterschiedlich ab, mal wird der erste Buchstabe des Vornamens und ein Daumenabdruck gebraucht, mal der vollständige Name sowie das Geburtsdatum, mal genügt das Geburtsdatum allein usw. Der Nadi-Reader (so nennt man denjenigen, der Ihnen Ihr Palmblatt vorliest) sucht daraufhin ein passendes Palmblatt heraus, das jedoch noch verifiziert werden muss. Er liest dabei Ihr Palmblatt an, stellt Ihnen einige Fragen, und es kristallisiert sich dann mehr oder weniger schnell heraus, ob es tatsächlich Ihr Palmblatt ist.

Wenn nicht, dann sucht er ein anderes heraus, das geht solange, bis sicher gestellt ist, dass Ihr persönliches Palmblatt nun vorliegt. Es gibt Fälle, wo die Prozedur des Auffindens des richtigen Blattes auf Anhieb klappt, in anderen Fällen sind mehrere Palmblattanlesungen dazu nötig. Ist Ihr Palmblatt gefunden, dann liest Ihnen der Nadi-Reader zuerst Ihre Vergangenheit vor, und anschließend, falls Sie es wünschen, Ihre Zukunft. Der komplette Lebenslauf eines Menschen ist nicht auf einem einzigen Palmblatt aufgezeichnet, sondern in der Regel auf mehreren Blättern. Ist das erste Blatt einmal gefunden und verifiziert, dann stellt die Auffindung des Anschlussblattes keinerlei Problem für den Nadi-Reader dar. Nachfolgend einige Beispiele von Informationen, die auf den Palmblättern niedergeschrieben sind oder sein können:

Vergangenheit:

- Der eigene Name sowie die Namen von nahe stehenden Personen (Ehepartner, Freund/Freundin, Eltern, Geschwister, leibliche Kinder, Adoptivkinder usw.).
- Situationen, Zuneigungen und Daten, die die Familie und nahe stehende Personen betreffen.
- Krankheiten, Unfälle, Todesfälle, Straftaten, Rechtsstreitigkeiten, Feinde.
- Finanzen, Beruf, Ausbildung, Talente, Fremdsprachen, Haus, Grundbesitz, sonstige markante, erworbene Güter.
- Auslandsreisen, Besuch von Tempeln und heiligen Stätten, Rückblick auf frühere Leben (Inkarnationen).

Zukunft:

- Zukünftige nahe stehende Personen, Heirat, Partnerwechsel, zukünftige Kinder.
- Zukünftige Krankheiten, Heilungshinweise, zukünftige Unfälle und Lebensgefahren, Problemlösungen.
- Zukünftiger beruflicher Werdegang, Finanzen, Ort- oder Landeswechsel, Auslandsreisen.
- Zukünftige Todesfälle nahe stehender Personen, Ort und genauer Zeitpunkt des eigenen Todes.
- Nächste Geburt (Inkarnation) oder Erreichung der Erlösung.

Sie sehen also, es kann auf so einem Palmblatt ganz mächtig und äußerst detailliert zur Sache gehen. Stellen Sie sich vor, Sie fahren in ein wildfremdes Land, gehen dort in eine Palmblattbibliothek, präsentieren dort Ihren Vornamen und einen Daumenabdruck, und kurze Zeit später liest man Ihnen Ihr bisheriges Leben vor. Und damit nicht genug, man fragt Sie anschließend auch noch, ob Sie auch Ihre Zukunft in Erfahrung bringen wollen. Nicht wenige Menschen (und gerade Besucher aus westlichen Ländern), die mit ihren Palmblättern konfrontiert worden sind, haben dahingehend zu kämpfen gehabt, die Situation seelisch zu verdauen. Es ist nämlich ein himmelweiter Unterschied, ob man von so einem Phänomen liest, wie Sie das gerade im Moment tun, oder ob man es am eigenen Leib erfährt. Wenn Sie die Erfahrung machen, dann wandelt sich Glauben zu Wissen, und Ihr Bewusstsein kann dadurch einen wahren Quantensprung vollziehen. Sie sind sehr wahrscheinlich nicht mehr der gleiche Mensch, wenn Sie aus so einer Palmblattlesung herauskommen, Sie sehen die Welt plötzlich mit ganz anderen Augen. Allein schon die Tatsache, dass Sie – falls es von Ihnen gewünscht worden ist – danach wissen, wann der Zeitpunkt Ihres Todes sein wird, ist schon eine Sache für sich. Aber das Wissen um den Zeitpunkt Ihres Todes wird Sie nicht so sehr beschäftigen, wie die Tatsache, dass Ihr bisheriges Weltbild langsam aber sicher vollkommen aus der Fassung gerät. Und es gerät vorwiegend deshalb aus der Fassung, weil Sie plötzlich intuitiv wissen, dass das, was Sie bisher als Zeit gekannt haben, in Wirklichkeit etwas ganz anderes ist – nämlich eine ILLUSION! Außerdem bekommen Sie einen Hauch des Unsterblichkeitsgefühls, von dem ich Ihnen ja schon berichtet habe.

Vielleicht stellen Sie sich jetzt die Frage, ob denn ich schon so eine Palmblattbibliothek besucht habe. Da muss ich leider passen, und das hat auch seinen Grund, wie ich Ihnen gleich erklären werde. Vor einigen Jahren, damals war in westlichen Ländern das Phänomen der Palmblattbibliotheken noch relativ unbekannt, wurde ich durch eine Lektüre zum ersten Mal mit diesem Phänomen (inklusive einer Adresse) konfrontiert, und es hat mich im höchsten Maße beeindruckt. Damals fasste ich den festen Entschluss, dass ich so eine seltsame Bibliothek besuchen werde, und ich ließ mir bereits die Finanzierung und den organisatorischen Ablauf durch den Kopf gehen. Doch dann brachen Ereignisse über mich herein, mit denen ich nie im Leben gerechnet hatte. Ich wurde, was meine spirituelle Entwicklung anbelangt, vorsichtig und förmlich ausgedrückt, ein paar Etagen höher hinaufgeprügelt und musste Dinge durchleben und erfahren, die den geplanten Besuch einer Palmblattbibliothek gemeinhin überflüssig gemacht haben. Die Essenz dieser Erfahrungen werde ich Ihnen noch mitteilen, es liegt also noch einiges vor Ihnen.

Als ich dann vor einiger Zeit damit begann, dieses Werk zu schreiben, habe ich mir alles Greifbare an InFORMation über Palmblattbibliotheken zu Gemüte geführt, und das aus einem ganz bestimmten Grund:

Ich habe Ihnen ja schon klargemacht, dass es sich bei der Deutlichmachung von paranormalen Phänomenen um einen reinen Indizienprozess handelt. Ich habe Ihnen aufgezeigt, dass wir es mit „dem Kreis des zähen Geschehens" zu tun haben, der sich langsam schließt, und der keinerlei Abkürzungen zulässt. Und ich habe diesem Phänomen den Namen „die seltsam auffällige Verschleppung, was den weltweiten Durchbruch von einigen Tatsachen anbelangt" gegeben, wie Sie hoffentlich noch wissen. Und da dachte ich mir:

„Mensch, Palmblattbibliotheken! – Das ist eine hundertprozentige Sache, die existieren unwiderlegbar, und sie funktionieren seit Jahrtausenden. Das, im großen Stil bekannt gemacht, das bringt den Durchbruch!"

Jedoch, was musste ich feststellen? Es gibt tatsächlich im Internet und in einigen Büchern negative Berichte über dieses vermeintlich hundertprozentige Phänomen. Und rein aus dem Gefühl heraus sage ich, es handelt sich bei diesen negativen Berichten nicht nur um böswillig platzierte Falschinformation (wie das leider sehr oft der Fall ist!), sondern um tatsächlich gemachte negative Erfahrungen, geschildert von Personen, die eine Palmblattbibliothek in Indien besucht haben. Nun, was für negative Erfahrungen sind da gemacht worden und warum? Der erste Kritikpunkt – und der ist nicht von der Hand zu weisen – ist, dass mittlerweile der Kommerz Einzug in so manche Palmblattbibliothek gehalten hat. Es wird dort, für indische Verhältnisse, sehr viel Geld für das Palmblattlesen genommen. Wobei gesagt werden muss, dass es auch noch Palmblattbibliotheken gibt, die keine festen Tarife verlangen, sondern man gibt dort lediglich eine Spende, und selbst die wird größtenteils für mildtätige Zwecke verwendet. Der zweite Kritikpunkt ist schon weitaus heftiger, denn der läuft schlichtweg auf die Anschuldigung des Betruges hinaus.

Es gab und gibt anscheinend etliche Vorfälle, bei denen sich das Auffinden des persönlichen Palmblattes zu einer langwierigen Prozedur gestaltet. Viele Versuche sind nötig, und bei jedem Fehlschlag wird ein neues Palmblatt angelesen. Der Nadi-Reader stellt bei diesen Anleseprozeduren ständig neue Fragen an den Besucher und gelangt somit natürlich an immer mehr Informationen über Daten und Leben des Besuchers. Also an Daten, die der Besucher eigentlich vom Nadi-Reader erfahren wollte, und nicht umgekehrt. Ist schließlich das persönliche Palmblatt gefunden, und das anschließend vorgetragene Vergangenheitskapitel (denn nur anhand dessen können Sie sicher gehen, dass hier nicht betrogen wird) in etlichen Punkten unstimmig, und wird selbiges dann mehr oder weniger vom Nadi-Reader krampfhaft auf eine verwaschene Stimmigkeit hingetrimmt, dann ist es dem Besucher nicht zu verdenken, dass er sehr enttäuscht von der ganzen Sache ist, und dass er somit das anschließend vorgetragene Zukunftskapitel – falls es überhaupt dazu kommt – auch nicht mehr sonderlich ernst nimmt. Fatal wird die Sache jedoch dann, wenn ein derart enttäuschter Besucher sein Betrugsgefühl pauschalisiert und in Buchform oder im Internet veröffentlicht. Und genau das ist in einigen Fällen passiert. Es wurden Berichte und Bücher geschrieben und veröffentlicht, in denen eitle Subjektivität herrscht, und in denen auf die unendlich wichtige Objektivität kein allzu großer Wert gelegt wird. Die enttäuschten Schreiber haben sich in ihrer Verbitterung anscheinend nicht die Frage gestellt, ob es denn auch Leute gibt, die einen gänzlich anderen Ablauf erlebten und somit auch eine ganz andere Erfahrung gemacht haben. Nein, das Urteil dieser Schreiber lautet in vielen Fällen: das mit den Palmblättern ist ein Betrug! Manche Kritiker sind nicht ganz so krass und räumen der Sache zumindest den Charakter eines „besseren Horoskops" ein. Jedoch den Status einer paranormalen Sensation – was dieses Phänomen tatsächlich ist! – gestehen sie der Sache auf keinen Fall zu. Nun, schauen wir uns einmal die andere Seite der Medaille an.

Bei der indischen Bevölkerung funktionieren die Palmblattbibliotheken seit Jahrtausenden seltsamerweise vollkommen problem- und kritiklos. Die Inder werden auch nicht derart zur Kasse gebeten, wie das bei ausländischen Besuchern der Fall ist. Weiterhin ist zu bemerken, dass die Prozedur des Nadi-Reading bei einem indischen Besucher in ganz anderer Form abläuft, als das bei Nichtindern der Fall ist, nämlich wesentlich ritueller und intensiver. Ausländer können sich mittlerweile tatsächlich – natürlich auch gegen Bezahlung – telefonisch (!) ihr Nadi-Reading anhören, selbst E-Mail-Nadi-Reading hält bereits Einzug in westliche Gefilde.

Die Menschen in Indien sind sehr viel näher am universalen Geschehen und somit an der Wahrheit als diejenigen, die sich als hoch zivilisiert bezeichnen. Für die Menschen in Indien ist es zum Beispiel selbstverständlich, dass der Mensch viele Leben (Inkarnationen) zu bewältigen hat, wir Zivilisierte dagegen haben dieses kostbare Wissen – dank der frühen katholischen Kirche – nahezu vollständig eingebüßt.

Es ist jedoch durchaus nicht so, dass ein jeder Ausländer, der eine Palmblattbibliothek aufsucht, enttäuscht wird – ganz im Gegenteil! Die Erwartungen der meisten Besucher werden voll und ganz befriedigt, sie finden dort ihr persönliches Palmblatt, und in vielen Fällen findet beim Nadi-Reading auch ein heftiger Bewusstseinswandel statt. Doch davon wollen diejenigen, die in punkto Palmblattbibliothek von Betrug reden, anscheinend nichts wissen. Mir geht es bei der ganzen Sache übrigens nicht um ein bei jedermann hundertprozentig funktionierendes Phänomen (denn das ist es nicht), sondern mir geht es darum, dass diese Bibliotheken trotz allem den Beweis erbringen, dass die Zukunft bereits feststeht. Tatsache ist, dass schon bei einem einzigen stimmigen Palmblatt – rein mathematisch gesehen – die Möglichkeit eines Zufalls derart gering ist, dass man sie zahlenmäßig schon gar nicht mehr ausdrücken kann. Es gab bisher jedoch viele Tausende von exakt stimmigen Palmblättern, die diejenigen Menschen, deren Leben sie beschreiben, in höchstes Erstaunen versetzt haben.

Wenn Sie mehr über die geheimnisvollen Palmblattbibliotheken in Erfahrung bringen wollen, dann kann ich Ihnen zum Einstieg folgendes Buch empfehlen: Ritter, Thomas: Dem Schicksal auf der Spur – ISBN: 3890943500

Dieses Buch widmet sich vollkommen dem Phänomen der Palmblattbibliotheken, zeigt Erlebnisberichte und viele Details auf und diskutiert diese.

Falls Sie über Internetzugang verfügen, dann besuchen Sie doch einmal die Seite „http://www.ritterreisen.de“, diese Seite bietet organisierte Reisen zu Palmblattbibliotheken an, was Ihnen, falls Sie einen Besuch ins Auge fassen, einiges an Mühe und Ärger ersparen kann.

Doch schauen Sie sich ruhig alles an, was das Internet zum Thema Palmblattbibliotheken zu bieten hat, tippen sie einfach den Begriff „Palmblattbibliothek“ in Ihre Internetsuchmaschine, und durchforsten Sie die gefundenen Internetseiten. Es lohnt sich auf jeden Fall, denn, falls Sie tatsächlich den Besuch einer Palmblattbibliothek ins Auge fassen, sollten Sie sich vorher umfassend inFORMieren. Das, was ich Ihnen hier über Palmblattbibliotheken berichtet habe, ist nur ein grober Umriss des Phänomens und erhebt keineswegs den Anspruch auf Vollständigkeit. Und abschließend sage ich Ihnen: das Nadi-Reading in einer Palmblattbibliothek ist nach wie vor ein hervorragendes Mittel, um Glauben in Wissen zu wandeln, und somit Ihr Bewusstsein enorm zu erweitern. Nur, seien Sie sich um eines gewiss: ob Sie es tatsächlich über die Bühne des Lebens bringen, eine Reise nach Indien anzutreten, steht bereits fest und hat immer schon festgestanden!

Doch wieder zurück zum Thema Zeit, die Sie mittlerweile vielleicht schon ein klein wenig mit anderen Augen betrachten.

Das Empfinden von Materie und die der Materie anhängige Zeit samt Gravitation (Schwerkraft) ist immer eine Frage des Bewusstseins. Ändert sich das Bewusstsein, dann ändern sich auch die Materie, die Zeit, und die Gravitation. Das Bewusstsein kann sich – unter bestimmten Voraussetzungen – von der Materie und somit von der Zeit lösen und im wahrsten Sinne des Wortes im Raum- Zeitgefüge herumgeistern. Die Rishis, die die zukünftigen Lebensläufe von so vielen Menschen auf Palmblättern verewigt haben, hatten ein entsprechendes Bewusstsein. Unser Bewusstsein ist jedoch, wie ich schon so oft betont habe, vollkommen verkrüppelt und in einem derart verheerenden Zustand, dass von Ausflügen ins Raum-Zeitgefüge gar keine Rede mehr sein kann. Doch halt, das stimmt nicht ganz! Bei einigen Personen sind mehr oder weniger starke Restfähigkeiten vorhanden. So gibt es zum Beispiel mehr Menschen, die hellsichtig sind, die massive Klarträume durchleben oder die sonstige präkognitive (zukunftsweisende) Fähigkeiten haben, als man gemeinhin annimmt. Dass sich jedoch auf dem Gebiet der bezahlten Zukunftsschau auch eine ganze Menge an Scharlatanen gütlich tut, sollte Ihnen auch bewusst sein.

Weiterhin sollte Ihnen klar sein, dass man Materie durch Beeinflussung der Gravitation durchs Raum- Zeitgefüge transportieren kann (Teleportation), wie ich Ihnen am Beispiel des

Montauk-Projektes schon aufgezeigt habe. Ich sage Ihnen, der bekannte Ausspruch *„Scotty beam mich!"* entspricht mehr der Realität, als Sie derzeit ahnen. Doch vergessen Sie eines nicht, es beamt keiner im Universum auch nur einen Krümel in der Gegend umher, ohne dass dies der Lauf des Geschehens nicht bereits exakt so vorgesehen hätte!

Ich möchte Sie an dieser Stelle nochmals – weil es so unendlich wichtig ist! – an den Spruch von Salvador Dali erinnern, der da lautet:

Eines Tages wird man offiziell zugeben müssen, dass das, was wir Wirklichkeit getauft haben, eine noch größere ILLUSION ist als die Welt des Traumes.
(Salvador Dali)

Und ich möchte diesem Spruch einen weiteren anhängen, der Dalis Aussage noch untermauert:

Nicht die Erkenntnis gehört zum Wesen der Dinge, sondern der Irrtum.
(Friedrich Nietzsche)

Wenn Sie es schaffen, sich vom „normalen" starren Raum- Zeitdenken etwas zu lösen, dann werden Sie Phänomene wie Außerirdische oder sonstige paranormale Geschehnisse aus einem ganz anderen Blickwinkel heraus betrachten. Eine vollkommene Sichtweise der Dinge wird Ihnen das zweite und insbesondere das dritte Kapitel bescheren, denn dort ist erklärt, wie das multidimensionale Universum, in dem wir uns befinden, aufgebaut ist.

Ich weiß, wenn man so aus dem Fenster hinaus in unsere materielle Welt schaut, dann ist es nur sehr schwer vorstellbar, dass wir in Wirklichkeit in einem irren, mehrdimensionalen Raum- Zeitgebilde hängen, in dem die unglaublichsten Dinge vonstatten gehen. Alles um Sie herum wirkt so normal, so immer da gewesen, so unveränderlich und eingefahren, so träge, so starr und fest. Aber glauben Sie mir, dieser Schein trügt, und innerhalb kürzester Zeit kann sich Ihr Bewusstsein dermaßen ändern, wie Sie sich das im Moment gar nicht vorstellen können. Und zu so einer Bewusstseinsänderung will ich Ihnen verhelfen – das ist meine Absicht!

Doch nun wieder zurück zu den Schöpfern unserer Form – zu den Göttern, die in den alten nahöstlichen Schriften dargestellt sind, und mit denen unser Schicksal und das Weltgeschehen so eng verknüpft ist.

Laut den vielen Aufzeichnungen und Abbildungen, die uns die Sumerer und auch spätere Völker hinterlassen haben, handelte es sich bei diesen Göttern um einen Familienclan samt Untertanen, wobei es sich bei den Untertanen um rangniedere „Mannschaftsgötter" gehandelt hat. Es war eine Großfamilie mit Oberhaupt, und innerhalb dieser Großfamilie gab es einen elitären „inneren Kreis", dem zwölf Götter/Göttinnen angehörten. Die Götter haben die Basis zu all der „großartigen" Technik und zu allen „glorreichen" Errungenschaften gelegt, die unserer Welt bis hin zum heutigen Tage so viel Frieden, Glückseligkeit und Gesundheit beschert haben. Laut den sumerischen Überlieferungen waren die Götter auf die Zahl 12 fixiert, auch deren Zahlensystem, das die Sumerer logischerweise übernommen haben, basierte auf der Zahl 12 beziehungsweise auf der Zahl 6 und dem Zehnfachen davon, also auf der Zahl 60. Die Götter hatten das „Sexagesimalsystem", damit konnte man alle Berechnungen durchführen, mathematisch gesehen ist dieses System sogar dem heutigen Dezimalsystem überlegen. Da unsere Zivilisation auf der sumerischen basiert, spielt die Zahl 12, die Zahl 6 sowie die Zahl 60 auch heutzutage noch eine große Rolle: 12 Monate hat ein Jahr, 12 Stunden hat ein Tag, 12 Stunden hat eine Nacht, 60 Minuten hat eine Stunde und 60 Sekunden hat wiederum eine Minute. Der Kreis ist in 6 mal 60 Grad unterteilt, es gibt 12 Tierkreiszeichen, 12 Apostel hatte Jesus, 12 Stämme hatte Israel, 12 Grundsteine hat das himmlische Jerusalem, 12 Sterne bilden die EU-Flagge, 12 Zoll hat ein Fuß, 12 Stück ergeben ein Duzend, 12 Götter sind im Pantheon usw. Jetzt werden Sie sich vielleicht fragen, wieso wir eigentlich beim Zahlensystem weltweit nach und nach das Zehnersystem (Dezimalsystem) eingeführt haben. Dieses System trat mit dem Geld in Erscheinung, denn Geldgeschäfte können über das Zehnersystem wesentlich übersichtlicher abgehandelt werden. Letztes dahingehendes Beispiel ist England, dort führte man erst im Jahre 1971 aus rein wirtschaftlichen Gründen das Zehnersystem ein. Doch selbst unser Zehnersystem ist noch enger mit der Zahl Zwölf verbunden, als man gemeinhin glaubt. Zählen wir doch einfach mal: Eins, Zwei, Drei, Vier, Fünf, Sechs, Sieben, Acht, Neun, Zehn, Elf, Zwölf, Dreizehn, Vierzehn usw. Fällt Ihnen dabei nichts auf? Bis zur Zahl Zwölf verwenden wir eigene Worte für die Zahlen, erst danach setzen wir die weiteren Zahlen aus zwei Zahlen zusammen: Drei + Zehn = Dreizehn.

Ich werde Sie nicht mit all den vielen Götternamen und mit allen Einzelheiten konfrontieren, das können Sie bei Bedarf und bis ins kleinste Detail selbst nachlesen, ich handle meine weiteren Ausführungen sehr pauschal ab. Äußerst interessant und somit einiger Details wert ist jedoch der Schöpfungsakt, aus dem letztendlich wir (veränderte) Menschen hervorgegangen sind.

Die Götter, die einst unsere Erde besucht haben, hatten eine Technologie, die unserer heutigen noch ein ganzes Stück weit überlegen war, aber eben auch nur ein Stück weit. Sie dürfen sich diese Götter nicht als vollkommen abgedrehte Erscheinungen a la „Krieg der Sterne“ vorstellen, denn letztendlich haben sie uns ja nach ihrem Ebenbild erschaffen. Apropos Erschaffen, was wird uns denn heutzutage als eine der größten Errungenschaften menschlichen Forschens verkauft? – Die Gentechnik!

Hält man sich vor Augen, was unsere Wissenschaftler bereits alles erschaffen und manipulieren können, dann wird einem schon ganz flau im Magen. Da kreuzt man auf künstlichem Weg Tiere unterschiedlicher Gattung, zum Beispiel ein Schaf mit einer Ziege, und es wird eine lebensfähige „Schiege“ daraus (geschehen 1984 in England); es werden menschliche Embryonen im Labor verdoppelt (erstmals geschehen am 25. Oktober 1993 in der Washington University); es werden vollkommen identische Kopien (Klone) von Tieren geschaffen, zum Beispiel das Schaf Dolly-2 (1997 im schottischen Edinborough) und mittlerweile ist man kurz davor, dass man Menschen klonen kann, was dazu führt, dass beliebig viele Kopien ein und desselben Menschen (dem Prototyp) existieren. Doch davor schreckt man offiziell noch aus ethischen Gründen zurück, ich möchte jedoch nicht wissen, was weltweit in so manchem Gen-Labor seit geraumer Zeit bereits getrieben wird.

Wahre Meister in Sachen Gentechnik und absolut ohne moralische Bedenken – was das Klonen anbelangt – waren die Götter, denn was wir heutzutage gentechnisch zustande bringen, beherrschte diese Spezies in weitaus größerer Perfektion. Doch zuvor noch etwas Vorgeschichte. Der Grund, warum die Götter ein so großes Interesse an der Erde hatten, waren die Bodenschätze, und hier wiederum insbesondere die reichen Goldvorkommen. Gold ist ein ganz besonderes Metall und wurde von den Göttern nicht dazu gebraucht, um es sich um den Hals zu hängen, wie wir das so gerne praktizieren, sondern Gold spielt bei etlichen technischen Verfahren eine ganz entscheidende Rolle. Gold besitzt eine enorm hohe elektrische Leitfähigkeit und hat auch sonst noch so manch edle Eigenschaft. In allen alten Kulturen der Welt galt Gold als das Metall der Götter. Es gehörte den Göttern, wurde für diese gewonnen, und erst in späteren Zeiten, als sich die Götter langsam mehr und mehr aus dem öffentlichen Weltgeschehen zurückzogen, wurde es das Metall der Könige. Es kommt nicht von ungefähr, dass die alten Kulturen das Metall Gold ausschließlich den Göttern zubilligten, historische Beweise dahingehend sind geradezu im Übermaß vorhanden. Nur, Gold muss aus dem Bauch der Erde gewonnen werden, sieht man von den beschränkten Goldvorkommen, die manche Flüsse bergen, einmal ab. Doch das bedeutet körperliche Arbeit. Als die Götter auf diesen Planeten kamen, gab es uns (veränderte) Menschen noch nicht, und so mussten bestimmte Arbeiten von den Göttern selbst beziehungsweise von deren rangniedrigsten Mitgliedern (Mannschaftsgöttern) ausgeführt werden. Wenn einige wenige elitäre Figuren befehlen, und viele andere in deren Auftrag schuften müssen, dann gibt das irgendwann Unzufriedenheit und Ärger, wie das im Leben nun mal so ist. Und genau diese Situation ist irgendwann eingetreten, die elitären Götter hatten ein Problem mit denjenigen, die schuften mussten. Was würden Sie tun, wenn Ihnen moralische Bedenken fremd sind, Sie über exzellente gentechnische Fähigkeiten verfügen und Ihre arbeitenden Untertanen zu meutern beginnen? Sie würden irgendwann sagen:

„Lasst uns Menschen machen, Wesen nach unserem Bildnis!" (1. Mose 1,26)

Und damit sind Wesen gemeint, die ohne zu meutern arbeiten, und die mehr einem biologischen Roboter gleichkommen als einem bewusst denkenden Geschöpf. Und genau solche Kreaturen wurden von den Göttern erschaffen, oder besser gesagt von einem ganz bestimmten Gott, der eben auf Gentechnik spezialisiert war. Die sumerischen Schriften geben darüber Auskunft, dass der Name dieses Gottes „Ea" war, und er den Titel „EN.KI" trug, was übersetzt so viel wie „Fürst der Erde" bedeutete. Der Gott Ea war Sohn des Oberhauptes der Herrgötter, dieses Oberhaupt hatte sein Reich im Himmel (auf einem anderen Planeten), kam nur ab und an zu Besuch auf Erden, um nach dem Rechten zu sehen. Sein Name war „Anu". Der oberste Gott Anu hatte einen weiteren Sohn, diesen beschrieben die Sumerer als „EN.LIL", was übersetzt „Herr des Luftraumes" bedeutete. EN.KI und EN.LIL waren Halbbrüder, denn der oberste Gott Anu hatte mehrere Frauen. Die gesamte göttliche Spezies, die sich seinerzeit der Erde bemächtigt hat, wurde, da ihr Oberhaupt der Gott Anu war, Anunnaki genannt.

Ich habe ja schon erwähnt, dass mit den Göttern das Prinzip von Gut und Böse auf die Erde hernieder kam, und wie sollte es anders sein, die beiden Halbbrüder Enki und Enlil verkörperten bereits dieses Prinzip: Enki das GUTE und Enlil das BÖSE. Dementsprechend waren die beiden Halbbrüder nicht gerade gut aufeinander zu sprechen – wie sollten sie auch? Die Erschaffung der ersten Menschen wird in der Bibel seltsam kurz in einigen wenigen Zeilen abgehandelt, man erfährt keinerlei Details. Die sumerische Schöpfungsgeschichte gibt da schon sehr viel umfangreicher und genauer Auskunft, auch einige apokryphe Schriften (das sind die alten Schriften, die von der Kirche einfach als unwahr abgestempelt worden sind) gehen bezüglich des Schöpfungsaktes sehr viel mehr ins Detail. Ich muss Ihnen an dieser Stelle noch einmal vor Augen halten, um was es sich beim Alten Testament, das ja die Basis für etliche Religionen darstellt, eigentlich handelt. Das Alte Testament ist eine Schrift, die in größtenteils stümperhafter Manier dahingehend gefälscht ist, dass aus mehreren Göttern ein Gott wird, und in der, wie wir noch sehen werden, Gut und Böse um 180 Grad verdreht dargestellt sind. Und natürlich die fatale Tatsache, dass den Menschen in dieser Schrift eine Spezies als Gott verkauft wird, die mit GOTT haargenau so viel zu tun hat, wie Sie und ich. Doch zurück zu unseren beiden Halbbrüdern, Enki und Enlil.

Der sumerische Gott Enki war unter anderem in Gentechnik sehr bewandert, er war für die Schaffung der Spezies „Mensch" verantwortlich. Dieser Schöpfungsakt ging zeitlich gesehen alles andere als ruck zuck über die Bühne, es waren – trotz eines enormen gentechnischen Wissens – viele Versuchsstadien und ein großer Zeitaufwand dazu nötig. Doch letztendlich war er da, der gute alte Erdling „Adam" (adama = Erdboden) oder besser gesagt die Adamiten, denn es waren derer viele (Klone). Und was war die genetische Grundlage dieser Kreaturen? Zum einen sicherlich Erbgut der Götter, doch was bildete die zweite Komponente? Viele, die in der Thematik der sumerischen Schöpfungsgeschichte bewandert sind, sagen, dass die zweite Komponente der Homo sapiens oder der etwas weiter entwickelte Homo sapiens sapiens (Cro Magnon Mensch) war. Ich dagegen möchte betonen, es könnte auch Erbgut der WAHREN MENSCHEN gewesen sein, denn die gab es seit jeher auf Erden. Zumal es sehr deutliche Aussagen dieser edlen Wesen gab, die uns eindeutig darauf hinweisen, dass wir – im Gegensatz zu ihnen – die „Veränderten" sind. Und wohin gehend waren die Adamiten verändert? Sie hatten kein oder allenfalls ein sehr beschränktes Bewusstsein, und sie konnten sich aus einem ganz bestimmten Grund nicht vermehren. Der Adamit war nämlich ursprünglich eine Art Zwitterwesen, sowohl das männliche als auch das weibliche Geschlecht waren in ihm veranlagt. Dass der Adamit beide Geschlechter in sich veranlagt hatte, ist tatsächlich auch in der Bibel niedergeschrieben, wenn auch in etwas verdrehter Form:

„***Und Gott schuf den Menschen nach seinem Bild, nach dem Bild Gottes schuf er ihn; als Mann und Frau schuf er sie.***" (1. Mose 1,27)

Dieser Bibelvers passt bezüglich Einzahl und Mehrzahl absolut nicht zusammen, ändern Sie das letzte Wort „sie" in ein „ihn", dann stimmt sowohl die Grammatik als auch der Aspekt der zweigeschlechtlichen genetischen Veranlagung. Außerdem wird in der Bibel der Mensch seltsamerweise zweimal erschaffen. Einmal als Spezies Mensch, wie im obigen Vers dargestellt ist, und später noch einmal (2. Mose, 1), dann jedoch speziell als Mann und Frau (Adam und Eva). Man hat zwar in der Bibel stets versucht, etliches halbwegs schlüssig hinzudrehen, jedoch, wie ich schon erwähnt habe, meist äußerst stümperhaft. Betrachtet man dagegen dahingehend die sumerische Schöpfungsgeschichte sowie einige apokryphe Schriften, dann wird die ganze Sache schon wesentlich transparenter und wirklich schlüssig, wie Sie gleich noch sehen werden.

Das Bewusstsein sowie das Potential der Vermehrung zu eliminieren, ist für uns heutzutage doch überhaupt kein Problem, Lobotomie (Eingriff in die Gehirnsubstanz) und Kastration oder Sterilisation heißen die dahingehenden Fachausdrücke. Doch man kann Derartiges sehr viel eleganter und wesentlich gezielter dadurch erreichen, indem man bestimmte genetische Anlagen einfach nicht zum Tragen kommen lässt, oder selbige vollkommen eliminiert. Man züchtet im Gen-Labor einfach entsprechend. Was in unserer Zeit gerade noch die Ethik ausbremst (wenn überhaupt!), so stellte sich den Göttern eine ethische Frage gar nicht, denn dahingehende Bedenken waren ihnen fremd.

Der Gott Enki war laut sumerischem Schöpfungsepos lediglich für die Komposition der gewünschten Erbanlagen zuständig, den labortechnischen Akt sowie den Vorgang des Austragens und Gebärens der Adamiten hingegen leitete und koordinierte eine Göttin, die, und jetzt halten Sie sich fest, laut sumerischen Tontafeln als Geburtsgöttin MAMMU aber auch als MAMI bezeichnet wurde. Und diese MAMI sorgte auch für die rangniederen Mannschaftsgöttinnen, die die Adamiten austrugen, so wie wir das auch in der heutigen Zeit durch künstliche Befruchtung von Leihmüttern praktizieren. Und in welcher Form hat man die MAMI laut sumerischem Schöpfungsepos dazu aufgefordert?

„Du Göttin der Geburt, schaffe Arbeiter! Schaffe einen einfachen Arbeiter, der das Joch tragen soll. Lass den Arbeiter das Joch der Götter tragen.“

und MAMI antwortete:

„Ich will einen niedrigen Primitiven hervorbringen. ‚MENSCH' sei sein Name. Ich will einen primitiven Arbeiter erschaffen; er soll im Dienst der Götter stehen, auf dass sie es leichter haben.“

Die sumerischen Tontafeln geben darüber Auskunft, dass der Adamit von den Göttern als „Lulu“ (Primitiver) bezeichnet wurde, aber auch als „Awilum“, was so viel wie „ungelernter Arbeiter“ bedeutet. Und diese willigen Arbeitskräfte kamen nach und nach in weiten Teilen Mesopotamiens zum Einsatz, denn die Götter hatten etliche Stützpunkte und Anwesen. Weiterhin wird berichtet, dass es den Adamiten nicht gerade gut ging, sie wurden von einem Großteil der Götter sehr schlecht behandelt und als Arbeitssklaven gehalten. Schaut man sich unser vergangenes Weltgeschehen bezüglich Sklaverei an, dann muss man wieder einmal dem Volksmund voll beipflichten, wenn er sagt: *„Der Apfel fällt nicht weit vom Stamm!“*

Ich habe ja schon erwähnt, dass sich die Halbbrüder Enki und Enlil nicht vertragen haben, da ihr Wesen von zwei gegensätzlichen Prinzipien beherrscht wurde. Enki, der den Titel „Fürst der Erde“ besaß, und der der Erschaffer der adamitischen Form war, wurde von Enlil, der den Titel „Herr des Luftraumes“ inne hatte, stets angefeindet und attackiert, was später sogar in einen regelrechten Krieg der Götter ausartete, denn jeder der beiden hatte seine Anhängerschaft. Dieser Krieg der Götter zieht sich durch die ganze Weltgeschichte, bis hin in die heutige Zeit, denn seien Sie sich darüber bewusst, dass im Grunde **jeder** Krieg ein Religionskrieg ist! Wobei ich noch einmal betonen möchte, dass die Religion in diesem Fall absolut nichts mit GOTT zu tun hat, sondern mit eben denjenigen, die von unseren Vorfahren fälschlicherweise als Götter angesehen und dementsprechend verehrt wurden.

Irgendwo im Großraum Mesopotamien muss ein gewaltiges göttliches Anwesen ganz besonderer Art existiert haben, abgeschirmt durch hohe Mauern, schön bepflanzt und mit streng geheimen wissenschaftlichen Anlagen ausgestattet – der Garten Eden. Wer glaubt, dass es die Götter in punkto Gen-Experimente bei der Erschaffung der Adamiten belassen haben, der irrt sich gewaltig. Es wurde damals zu jeder Zeit höchst intensiv gentechnisch experimentiert, und zwar ohne jeden Skrupel. Es gibt viele sumerische Abbildungen, auf denen schier unglaubliche Geschöpfe zu sehen sind. Unglaublich deshalb, weil es sich dabei um genetische Mischwesen handelt, der Fachausdruck dafür lautet „Chimären“. Wenn wir es heute ohne weiteres schaffen, aus einem Schaf und aus einer Ziege eine lebensfähige

„Schiege" zu generieren (und das ist nur eine offiziell bekannte Chimäre!), dann können Sie sich lebhaft vorstellen, was die Jungs damals gentechnisch und mikro-chirurgisch so alles gebastelt haben. Aber wie gesagt, dazu gibt es viele, viele Abbildungen. Halb Mensch halb Tier, und das Ganze auch noch lebensfähig, dürfte die Krönung damaligen Schöpfungswahnsinns gewesen sein, wie ebenfalls auf etlichen Abbildungen zu sehen ist. Und dabei handelt es sich um keine Menschen mit Tiermasken, die auch zum Einsatz kamen und auf etlichen Abbildungen zu sehen sind, sondern eindeutige um Mischwesen. In der griechischen Mythologie, der ja nachweislich nichts anderes als das Treiben der Götter im frühen Sumer zu Grunde liegt, sind solche Mischwesen ganz normal. So gibt es dort zum Beispiel die Zentauren, das sind Geschöpfe, die einen menschlichen Oberkörper mit Pferdeleib haben. Mythen, Sagen und Legenden haben weitaus mehr realen Hintergrund, als man gemeinhin annimmt – das sollte Ihnen langsam bewusst werden. Und wenn Sie jetzt sagen, dass Ihnen ein Geschöpf, halb Mensch halb Pferd, zu heftig und absolut aus der Luft gegriffen zu sein scheint, dann sage ich Ihnen: Ließe man unseren Gen-Forschern **absolut** freien Lauf, inklusive die nötigen finanziellen Mittel, dann würden Sie sich wundern, was innerhalb kürzester Zeit so alles durch die Lande traben würde! Zwar nicht vermehrungsfähig, aber zumindest – wenn auch in einigen Fällen begrenzt – lebensfähig. Was heutige Gen-Forschung anbelangt, so gibt es da eine offizielle Seite und eine inoffizielle, oder glauben Sie tatsächlich, dass alle Gen-Labors auf dieser Welt einer Kontrolle unterliegen? Es gibt weltweit gesehen genügend Gen-Techniker, denen absolut nichts heilig ist, denn jetzt sage ich es Ihnen noch einmal: *„Der Apfel fällt nicht weit vom Stamm!"*

Als die heutige Gentechnik langsam mehr und mehr um sich gegriffen hat, und viele gottgläubige Menschen sich entsetzt und hilflos diesem sich anbahnenden Wahnsinn gegenüber sahen, da machte sich eine gewisse Stimmung oder besser gesagt Meinung breit. Immer wieder war von den Gläubigen zu hören, dass es sich GOTT nicht gefallen lassen wird, wenn die Menschen sich an seiner Schöpfung vergreifen, indem sie sich anmaßen, selbst Schöpfer zu spielen. Und was ist passiert? Nichts ist passiert, außer dass es die Wissenschaftler immer schlimmer treiben, und die Herren Politiker dieses Treiben auch noch fördern und unterstützen. Denn mit was für einem Mittel wird uns denn letztendlich die Akzeptanz zu diesem Wahnsinn abgerungen und aufgezwungen? Na mit der altbewährten Angst um die Arbeitsplätze natürlich, mit was denn sonst? Was prophezeien uns denn unsere Spitzenpolitiker? Sie suggerieren uns eindringlich, dass wir, falls wir die Gentechnik ablehnen, den Anschluss an die Weltwirtschaft oder besser gesagt an den globalen Wahnsinn verlieren werden. Und ruck zuck sind unsere Bedenken plötzlich wie weggeblasen, wir geben stillschweigend unser Einverständnis, aber die Arbeitslosenzahlen steigen beständig weiter – seltsam nicht wahr? Und das Interesse der Gen-Techniker richtet sich immer mehr auf die menschlichen Embryonen, denn dort ist der Eingriff in die Schöpfung nun mal am interessantesten. Na klar ist es in diesem Bereich am interessantesten, das haben doch auch die Götter im frühen Sumer gewusst. Und wenn man von der Kirche eine handfeste Kritik bezüglich des stattfindenden Gen-Wahnsinns erwartet, dann scheint von dieser Instanz zwar Kritik zu kommen, aber die ist alles andere als handfest. Oder möchten Sie das heuchlerische, halblaute Gewinsel und die dazu aufgesetzten bedenklichen Gesichter tatsächlich als ernsthafte Kritik bezeichnen? Die Kirche müsste in dieser hochbrisanten Sache sofort aufgehen wie eine Furie und von allen Kanzeln herunterschreien, dass die Menschen gefälligst die Finger von der Gen-Technik zu lassen haben, und insbesondere von den menschlichen Embryonen. Aber nein, da wird wichtigtuerisch endlos herumdiskutiert und unüberhörbar hervorgehoben, dass ja auch eine gewisse Chance in der Gentechnik ruht, einige schlimme

Krankheiten in Zukunft zu eliminieren. Krankheiten, die wir größtenteils deshalb haben, weil wir durch die verfluchte Technik in verheerendem Maße vergiftet und verstrahlt worden sind! Und das soll nun per Gentechnik repariert werden? – Ist doch geradezu lächerlich, so etwas zu glauben! Hier geht es um sehr viel Geld und letztendlich vor allem um Zuchtmöglichkeiten, auch wenn dies von offizieller Seite geleugnet wird. Was erwarten Sie sich eigentlich von der Institution Kirche an Kritik dahingehend? Von einem pyramidal strukturierten Machtgebilde, das mit einer schier unglaublichen Kapitalmacht ausgestattet ist, und dessen Kapital in internationalen Konzernen investiert ist. Erwarten Sie besser von der Kirche nichts und erwarten Sie auch von GOTT nichts, denn der hat, was ich Ihnen schon einige Male gesagt habe, auf die ganze Sache nicht den geringsten Einfluss. Das mag im ersten Moment fast schon zynisch klingen, aber warten Sie ab, was ich Ihnen über GOTT noch erzählen werde.

Jetzt stellt sich doch die Frage: wenn nicht einmal GOTT eingreifen kann, wer oder was begrenzt denn dann den genetischen Wahnsinn? Die Antwort darauf habe ich Ihnen schon einige Male gegeben, es ist der exakt vorbestimmte Lauf des Geschehens, der alles bis ins kleinste Detail regelt. Es wird in diesem Universum nichts erschaffen, was nicht vorab so geplant ist; es findet kein Gen-Experiment statt, das nicht exakt vorbestimmt ist – es gibt im Universum keinen Zufall! Und da ich gerade von „erschaffen" geredet habe, dieser Begriff wird – bezogen auf das Leben – von den meisten Menschen **vollkommen** falsch verstanden. Es ist nämlich ein Ding der Unmöglichkeit, Leben zu erschaffen, darüber müssen Sie sich im Klaren sein. Leben hat **immer** etwas mit Seele zu tun, egal ob Mensch, Tier, Pflanze oder Mineral. Seelensubstanz kann weder erschaffen noch vernichtet werden, Seelensubstanz ist ewig. Das zweite und insbesondere das dritte Kapitel erklären das Phänomen „SEELE" im Detail. Im Moment ist für Sie wichtig zu wissen, dass, wenn wir von „erschaffen" sprechen, immer nur das Erschaffen einer Form gemeint ist. Einer Form, in die die Seele (das Leben) dann Einzug hält und sich dadurch auf Erden entsprechend ausdrückt. Und Seelensubstanz ist weitaus toleranter (duldsamer), als Sie sich das vorstellen können. Damit ist gemeint, so eine Seele bezieht (belebt) auch eine Form, in der sie nur sehr beschränkt ihre wirklichen Fähigkeiten und Eigenarten ausleben kann.

Es ist ein gewaltiger Irrglaube, dass Mann und Frau beim Geschlechtsakt – falls er fruchtet – Leben erschaffen oder erzeugen. Das, was dabei erzeugt wird, ist lediglich eine sich nach und nach erweiternde (wachsende) Form oder besser gesagt Hülle, derer sich eine menschliche Seele bedient, um sich in der grobstofflichen Materie (auf Erden) zum Ausdruck zu bringen. Die Seele ist das Leben, nicht die Hülle!

Doch nun wieder zurück zu den Göttern und zum Garten Eden.

Der Garten Eden – der auch als Paradies bekannt ist – war ein riesiges, üppig bepflanztes Anwesen der Götter, und so eine Anlage will natürlich auch entsprechend gepflegt sein. Doch Bepflanzung und Pflege war in diesem, wie auch in allen anderen Fällen, mit lästiger Arbeit verbunden, und deshalb wurden auch im göttlichen Garten Eden die willigen Adamiten eingesetzt. Und selbst in der Bibel ist noch zu lesen, dass Adam im Paradies arbeitete:

„Und Gott, der HERR, nahm den Menschen und setzte ihn in den Garten Eden, ihn zu bebauen und ihn zu bewahren."
(1. Mose 2,15)

Über den paradiesischen Garten Eden ist von archäologischer Seite schon sehr viel spekuliert worden, ein dahingehend höchst interessantes Buch ist das Werk „Und das Paradies gab es doch!" (ISBN: 3426271737), von Paul Thomas. Dieses Buch handelt von den so genannten „bösen Archäologen", die sich von der weltweit herrschenden Archäologie-Mafia getrennt haben und auf eigene Faust in hochsensiblen Gebieten forschen, und dabei Erstaunliches zu Tage fördern.

Nun kommen wir zu einem Geschehen, das in der Bibel äußerst spärlich abgehandelt wird: die Erschaffung von Adam und Eva, der Sündenfall und die damit verbundene Vertreibung aus dem Paradies.

In Wirklichkeit handelte es sich dabei um einen Prozess, der sich über einen sehr langen Zeitraum erstreckte, und den der Gott Enki eingeleitet hat. Enki war, wie ich Ihnen ja schon erklärt habe, der Schöpfer der menschlichen Form. Enki verkörperte das Prinzip des Guten, er wird in den sumerischen Schriften durchweg positiv dargestellt. Enki war bei den Menschen beliebt. Die leidliche Situation der Adamiten ging dem Gott Enki irgendwann sehr massiv ans Gemüt, und so beschloss er – gegen den Willen seines Halbbruders und Rivalen Enlil – die Adamiten genetisch umzugestalten. Und jetzt wird es brandheiß! Es wird deshalb brandheiß, weil diesbezüglich die Tatsachen im Alten Testament **vollkommen** auf den Kopf gestellt worden sind. Enki, der Freund der Menschen, machte sich ans genetische Werk und erschuf den Menschen ein zweites Mal, allerdings mit ganz neuen Fähigkeiten. Zum einen gestaltete er die menschliche Form geschlechtlich getrennt und somit vermehrungsfähig, und zum anderen setzte er Teile des endokrinen Systems (Hypothalamus und Zirbeldrüse) zu einem gewissen Grad in Funktion, so dass die Seele in dieser neuen Form ihr ICH-BIN-Bewusstsein auf Erden zum Ausdruck bringen konnte.

Der Vorgang der ICH-BIN-Bewusstwerdung wird in der Bibel als „Essen der Frucht vom Baum der Erkenntnis" beschrieben und zur Sünde degradiert, weil es von Gott (Enlil) verboten war. Der Gott Enki, der dem Menschen zu dieser Erkenntnis verhalf, und ihn dadurch aus seinem unwürdigen Dahinvegetieren befreite, hatte als Symbol eine Schlange, die sich einen Baumstamm hinauf windet, wie auf sumerischen Abbildungen zu sehen ist. Zusätzlich hängen an diesem Baumstamm zwei Früchte, die in der Bibel als „Frucht vom Baum der Erkenntnis" und als „Frucht vom Baum des Lebens" beschrieben sind. Es kommt nicht von ungefähr, dass das Symbol der Humanmediziner eine Schlange ist, die sich um einen Stab windet – der so genannte „Äskulapstab". Das urbiblische Wort für Schlange heißt im Übrigen „nahash", leitet sich vom hebräischen „NHSH" ab (Hebräisch kennt keine Selbstlaute), und bedeutet im Wortstamm so viel wie: erkennen, entziffern, herausfinden.

Die neuen ICH-BIN-bewussten Menschen, die sich auch noch eigenmächtig vermehren konnten, riefen natürlich Enlil und seine Anhänger auf den Plan, denn Wesen mit Bewusstsein konnte man nicht so ohne weiteres als willenlose Sklaven benutzen. Dazu kam noch, dass Enki den Menschen – gentechnisch gesehen – noch lange nicht alles gegeben hatte, was in seiner Macht stand, er aber dahingehend die Absicht hatte. Doch dazu kam es nicht mehr, denn Enlil schritt nun vehement ein, er erklärte seinem Halbbruder Enki nun offiziell den Krieg:

***„Und Gott, der HERR, sprach zur Schlange: Weil du das getan hast, sollst du verflucht sein unter allem Vieh und unter allen Tieren des Feldes! Auf dem Bauch sollst du kriechen, und Staub sollst du fressen alle Tage deines Lebens.*"** (1. Mose 3,14)

In den sumerischen Texten heißt es, dass Enki – was sein Wirken im Garten Eden anbelangte – von Enlil und seinen Anhängern besiegt worden ist. Er wurde von da an mit allen Mitteln bekämpft, er wurde bei jeder Gelegenheit verleumdet und sein ehemaliger Titel „Fürst der Erde" wurde in „Fürst der Finsternis" abgewandelt und wo immer es nur ging publik gemacht.

Für manch streng gläubigen Zeitgenossen mag jetzt eine Welt zusammenstürzen, aber keine Sorge, wir werden das mit GOTT schon noch zu einem Happy End führen. Tatsache ist, Gut und Böse sind – was die alttestamentarischen Schriften betrifft – von Anfang an um 180 Grad verdreht worden. Und diese Verdrehung ist deshalb so fatal, weil diese Schriften das Fundament von Religionen sind, die damit viele, viele Menschen in die Irre treiben. Wer wahre Augen hat und wer wahre Ohren hat, der wird es erkennen! – Und wer normale Augen hat, der braucht nur das vergangene und gegenwärtige Weltgeschehen genau zu betrachten, denn dieses gibt nur allzu deutlich darüber Auskunft, dass es so ist! Und das kommende Geschehen wird den Menschen in noch weitaus größerem Maße die Augen öffnen, denn der Kreis des zähen Geschehens beginnt sich derzeit zu schließen. Noch vor einigen Jahren, als den Menschen das Gebiet der Gentechnik noch unbekannt war, hätten gewisse Aussagen und Rückschlüsse bei vielen Leuten nur ein unglaubwürdiges Kopfschütteln hervorgerufen, doch das rasante Geschehen sorgt in geradezu perfekter Weise dafür, dass Dinge und Zusammenhänge ins Bewusstsein von vielen Menschen gelangen, die gewaltig sind.

Enki war also in seinem Bemühen, den Menschen gewisse Fähigkeiten zu geben, von Enlil gestoppt worden, doch es war bereits eine neue Generation von bewussten, vermehrungsfähigen Menschen erschaffen worden. Und die Population dieser neuen Generation beschränkte sich nicht nur auf ein Pärchen (Adam und Eva), sondern es waren derer viele, und sie vermehrten sich rasch. Wie schon gesagt, das Geschehen um Adam und Eva, das im Alten Testament so kurz und bündig dargestellt ist, vollzog sich in Wirklichkeit über einen sehr großen Zeitraum hinweg, und war niemals auf nur zwei Menschen beschränkt.

Die ursprüngliche Generation an willenlosen Adamiten war eng ins Leben und Geschehen der Götter eingegliedert, dementsprechend waren arbeitende Adamiten auch in sensiblen High-Tech-Zonen eingesetzt. Das konnte man mit der ICH-BIN-bewussten Generation nicht mehr so einfach machen, denn die neue Spezies Mensch war intelligent, neugierig und sehr geschickt. Und vor allem wollte Enlil mit allen Mitteln verhindern, dass die Menschen vollkommen werden (so wie Enki es geplant hatte), indem sie an das Geheimnis vom „Baum des Lebens" gelangen. Durch den „Baum der Erkenntnis" waren sie bereits zu Bewusstsein gekommen, doch welche enorme Fähigkeit vermittelt der „Baum des Lebens"? – Nun, wie Sie gleich sehen werden, vermittelte der „Baum des Lebens" ewiges Leben. Damit wir uns nicht missverstehen, bei beiden Bäumen handelt es sich um höchstes genetisches Wissen sowie dessen technische Umsetzung, was durch die beiden Bäume symbolisiert ist.

Wenn Sie das derzeitige gentechnische Geschehen verfolgen, an was sind die Gen-Wissenschaftler denn ganz besonders interessiert? Sie sind an **dem** Gen in ganz besonderer Weise interessiert, das für den Alterungsprozess verantwortlich ist. Schon heute sind sich etliche Gen-Wissenschaftler dahingehend sicher, dass in absehbarer Zeit dieses Gen gefunden wird, und der Alterungsprozess somit womöglich ganz aufgehoben, zumindest aber gewaltig manipuliert werden kann. Unsterblich wird die menschliche Hülle dadurch nicht, aber der theoretische Nutzungszeitraum – bezogen auf die Seele – erweitert sich enorm. Und einen Nutzungszeitraum von geradezu unglaublicher Spanne hatten die sumerischen Götter, dahingehend geben die sumerischen Texte zur Genüge Auskunft. Da die Menschen Mischwesen waren, und somit auch „göttliches" Erbgut in sich trugen, war deren Lebensspanne auch schon – im wahrsten Sinne des Wortes – nicht von schlechten Eltern, 930 Jahre werden in den alttestamentarischen Schriften für die erste Generation angegeben. Die alttestamentarischen Schriften geben übrigens sehr genau Auskunft über die Lebensspannen der verschiedenen Generationen, die Spanne fällt von Generation zu Generation – von ein paar Einzelfällen abgesehen – stetig, und pendelt sich schließlich bei ca. 120 Jahren ein. Und dieser Verfall war genetisch vorprogrammiert, denn sogar im Alten Testament steht geschrieben:

*„**Da sprach der HERR: Mein Geist soll nicht ewig im Menschen bleiben, da er ja auch Fleisch ist. Eure Tage sollen 120 Jahre betragen.**"* (1. Mose 6,3)

Die Fähigkeit, den Leib vor Alterung weitgehendst zu bewahren, war ein Wissensaspekt, den der „Baum des Lebens" zu bieten hatte, aber bei weitem nicht der wichtigste, denn ewiges Leben kann man durch dieses genetische Wissen nicht erlangen. Der Aspekt vom „Baum des Lebens", der wirklich ewiges Leben vermittelte, war die genetische Kunst, das **Wissen** um die Unsterblichkeit der Seele in einer leiblichen Hülle zum Ausdruck gelangen zu lassen. Ich spreche hier ganz klar von Wissen, und nicht von Glauben. Und damit ist die – von mir schon so oft erwähnte – kosmische Verbundenheit gemeint, die zwingend ein voll funktionierendes endokrines System voraussetzt, denn am Hypothalamus und an der Zirbeldrüse dockt die Seele an. Und genau diese beiden Teile des endokrinen Systems wurden bei den willenlosen Adamiten genetisch außer Kraft gesetzt oder zumindest soweit degeneriert, dass nur noch hormonelle Steuerprozesse gewährleistet waren, damit der Leib lebensfähig ist. Enki war zwar in seinem Vorhaben – den Mensch zu vervollkommnen – ausgebremst worden, aber die Gefahr war noch lange nicht gebannt. Die nun bewussten Menschen mussten vom göttlichen High-Tech-Geschehen strikt isoliert werden, wie folgende Bibelabschnitte sehr deutlich zeigen:

*„**Und Gott, der HERR, sprach: Siehe, der Mensch ist geworden wie einer von uns, zu erkennen Gutes und Böses. Und nun, dass er nicht etwa seine Hand ausstrecke und auch noch vom Baum des Lebens nehme und esse und ewig lebe.**"*
(1. Mose 3,22)

„Und nun?" – fragten sich Enlil und seine Anhänger angesichts der drohenden Gefahr. Die Antwort auf dieses „und nun?" war die besagte Isolation – die Vertreibung aus dem Paradies:

*„**Und Gott der HERR, schickte ihn aus dem Garten Eden hinaus, den Erdboden zu bebauen, von dem er genommen war.**"* (1. Mose 3,23)

*„**Und er trieb den Menschen aus und ließ östlich vom Garten Eden die Cherubim sich lagern und die Flamme des zuckenden Schwertes den Weg zum Baum des Lebens bewachen.**"*
(1. Mose 3,24)

Sieh einer an, der große Gott braucht plötzlich Sicherheitseinrichtungen, um den „Baum des Lebens" den neugierigen Menschen unzugänglich zu machen. Von nun an waren die göttlichen Anlagen und Einrichtungen streng bewacht! – Für Unbefugte VERBOTEN!

Enlil wollte unbedingt verhindern, dass eine neue Generation von Menschen entsteht, deren genetische Anlagen so ausgelegt waren, dass sie sich ihrer Unsterblichkeit bewusst ist (kosmische Verbundenheit). Es war ihm bereits ein gewaltiger Dorn im Auge, dass die Menschen überhaupt zu Bewusstsein gekommen waren. Enlils Bestreben war nun, den Menschen vollkommen und für immer an die Materie zu ketten, das folgende Bibelzitat spricht dahingehend eine ganz klare Sprache:

„***Im Schweiße deines Angesichts wirst du dein Brot essen, bis du zurückkehrst zum Erdboden, denn von ihm bist du genommen. Denn Staub bist du, und zum Staub wirst du zurückkehren.***" (1. Mose 3,19)

Doch so einfach war die ganze Sache nicht, denn erstens war der Gott (Enlil) des Alten Testaments nicht GOTT, und zweitens hat Enlil die Rechnung ohne den Wirt gemacht. Und der Wirt hieß in diesem Fall „göttliche Geilheit"!

Den Anunnaki (der göttlichen Spezies), und insbesondere deren männlichen Vertretern, ist nämlich sehr schnell die Tatsache ins Hormongebälk gefahren, dass es unter den weiblichen Menschen etliche äußerst attraktive Exemplare gab. Und wie das hormonelle Leben halt so spielt, war die göttliche Geilheit stärker als die göttliche Zurückhaltung, es kam tatsächlich – und in nicht gerade wenigen Fällen – zum göttlich/menschlichen Paarungsakt. Und man mag es kaum glauben, auch diese Tatsache ist im Alten Testament eindeutig niedergeschrieben:

„***Und es geschah, als die Menschen begannen, sich zu vermehren auf der Fläche des Erdbodens, und ihnen Töchter geboren wurden. Da sahen die Söhne Gottes*** (des Gottes Anu!) ***die Töchter der Menschen, wie schön sie waren, und sie nahmen sich von ihnen allen zu Frauen, welche sie wollten.***" (1. Mose 6/1,2)

Ich möchte wetten, dass dieser Bibelvers schon so manchem Kirchenfürst arge Magenbeschwerden beschert hat. Und dieser Vers ist nicht der einzige, der auf einen göttlich/menschlichen Paarungsakt hinweist!

Sie sehen also, was in der Bibel – trotz aller Fälschung und Verdrehung – alles herauszulesen ist, vorausgesetzt, man kennt die wahren Hintergründe. Man braucht dazu nicht einmal auf die apokryphen Schriften zurückzugreifen, die das ganze Geschehen zum Teil noch sehr viel deutlicher aufzeigen, es genügt, die sumerische Schöpfungsgeschichte zu kennen, der Rest dürfte für jeden rational und frei denkenden Menschen ein Kinderspiel sein. Was ich Ihnen hier präsentiere, ist nur ein Bruchteil von dem, was sich an tatsächlichem Geschehen in Erfahrung bringen lässt. Plötzlich passt alles zusammen, und es ergibt sich ein Bild, das nicht nur einen Sinn hat, sondern das auch noch zum Lauf des Weltgeschehens passt, wie Ihnen hoffentlich langsam mehr und mehr bewusst wird.

Wenn sich genetisch langlebig veranlagte Götter mit gewöhnlich Sterblichen (Menschen) paaren, dann entsteht eine Mischung, von der es in den sumerischen Texten nur so wimmelt – Halbgötter!

Auch die weltweit verbreiteten Göttermythen, die ja mehr Wahrheit in sich bergen, als man gemeinhin annimmt, sind voll von Halbgöttern. Die Tatsache, dass sich etliche Anunnaki mit den Menschen paarten, erschwerte Enlils Plan, die Menschen von jeglichem göttlichen High-Tech-Wissen zu isolieren, enorm. Die Götter hatten nämlich auch Gefühle, und so mancher Anunnaki sah den Menschen nicht nur als sexuelles Lustobjekt an, sondern es entstanden handfeste Liebesbeziehungen. Und wo die Liebe im Spiel ist, da ist eine Kraft am Wirken, die sich selbst göttlichen Befehlen und Anordnungen entgegenstemmt und diese boykottiert. Enlil war das Treiben auf Erden ein Dorn im Auge. Auch sah er mit Schrecken, dass sich die Menschen über die Generationen hinweg rasant vermehrten, und er ergriff furchtbarste Maßnahmen, um die menschliche Population einzudämmen. Hier einige Auszüge aus einem sumerischen Tontafeltext:

*„**Es waren noch keine zwölfhundert Jahre vergangen, als das Land sich ausdehnte und die Menschen sich vermehrten. Das Land brüllte wie ein Stier. Der Gott fühlte sich durch den Lärm, den sie machen, gestört. Enlil hörte ihr Gebrüll und wandte sich an die großen Götter*** (an den inneren Kreis der 12)***: „Der Lärm der Menschen wird mir zu laut, ich kann bei ihrem Krach nicht schlafen. Stoppt die Versorgung der Menschen. Lasst nicht so viel Pflanzen wachsen, mit denen sie ihren Hunger stillen. Adat*** (ein anderer Gott) ***soll es nicht regnen lassen, und auf der Erde sollte die Flut*** (die regelmäßige Überflutung des Landes, die es fruchtbar machte) ***nicht aus der Tiefe aufsteigen. Lasst die Wolken sich auftürmen, aber keinen Regen spenden. Lasst die Erträge der Felder zurückgehen. (...) Es darf keine Freude unter ihnen geben.“***

Auf einer assyrischen Tontafel steht diesbezüglich geschrieben:

„Befehlt eine Heimsuchung! Lasst Namtar ihren Lärm verringern. Lasst Krankheit, Siechtum, Seuchen und Pestilenz auf sie kommen wie einen Tornado.“ Namtar verringerte ihren Lärm. Krankheit, Siechtum, Seuchen und Pestilenz kommen auf sie wie ein Tornado.“

Regionale Wetterbeeinflussung sowie biologische Kriegsführung waren für die Götter kein Problem und wurden seinerzeit (genauso wie von uns heute) rege betrieben. Auch das Alte Testament beinhaltet etliche dahingehend aufschlussreiche Passagen, Heimsuchungen wie Dürren, Plagen und Seuchen waren stets eine Spezialität des biblischen Gottes.

Versetzt man sich in die Lage der damals lebenden Menschen, dann ist es nicht gerade schwer, zu verstehen, dass diese die Anunnaki tatsächlich auch als Götter angesehen haben. Angewandte Hochtechnologie, deren Funktion, wo immer es nur ging, vor den Menschen geheim gehalten wurde, und insbesondere die Fähigkeit, sich in den Himmel zu erheben, waren die Hauptgründe für ihr göttliches Ansehen. Aufgrund dessen, dass sich die Götter – mit Hilfe von Fluggeräten – in den Himmel erheben konnten, wurden sie auf vielen Abbildungen symbolisch mit Flügeln dargestellt. Bei all den Abbildungen handelt es sich bei den Flügeln eindeutig nicht um Körperteile, sondern um symbolisch angesetzte Flügel, die die göttliche Fähigkeit, sich in den Himmel erheben zu können, andeuteten. Aus dieser symbolischen Andeutung heraus entwickelte sich über die Jahrtausende hinweg der geflügelte Engelskult.

Die Spuren und Hinterlassenschaften (Schriften, Abbildungen, Mythen usw.), die die Flugfähigkeit der Götter samt Gerätschaften, Ausstattung und Anlagen bezeugen, sind derart massiv und vielfältig vorhanden und dokumentiert, dass es mir unmöglich ist, hier alles aufzuzeigen. Ich muss mich hier auf ein paar Beispiele beschränken, wenn Sie sich jedoch im Detail über diese Thematik inFORMieren wollen, dann steht dafür ein äußerst ergiebiger Fundus an Literatur zur Verfügung, zu dem ich Ihnen noch ein paar Empfehlungen geben werde.

Sie kennen doch sicher das Symbol des „allsehenden Auge Gottes“, das strahlende Dreieck, in dessen Mitte sich ein Auge befindet. Falls Sie das „allsehende Auge Gottes“ noch nicht zu Gesicht bekommen haben, dann gehen Sie in eine katholische Kirche, dort werden Sie bestimmt fündig. Oder schauen Sie sich einfach die amerikanische 1-Dollar-Note an, dort ist das allsehende Auge als abgesetzte Spitze einer dreizehnstufigen Pyramide dargestellt. Das „allsehende Auge Gottes“ war im alten Ägypten als „Pyramidion“ bekannt, der ursprüngliche Ausdruck für ein Pyramidion war jedoch „Himmelskammer“. Diese Bezeichnung rührt daher, weil sich die Götter in so eine Himmelskammer begeben konnten, die sich dann mit Getöse und entsprechender feuriger Abstrahlung in den Himmel erhob, wo die Götter ihre Wohnstätte hatten. Aber nicht nur die frühen Ägypter kannten die Himmelskammern, wie etliche antike Plastiken und Abbildungen belegen, auch die alten südamerikanischen Kulturen waren sich um deren Existenz bewusst und haben selbige in Steinplastiken verewigt. Die nachfolgende Abbildung zeigt ein mehrere Jahrtausende altes Steinpyramidion (Himmelskammer), daneben ist die Launch (Kommandokapsel) der modernen amerikanischen Weltraumfähre X-33 zu sehen sowie das allsehende Auge, das die amerikanische 1-Dollar-Note ziert:

Pyramidion (© Spezies Adam, Argo-Verlag)

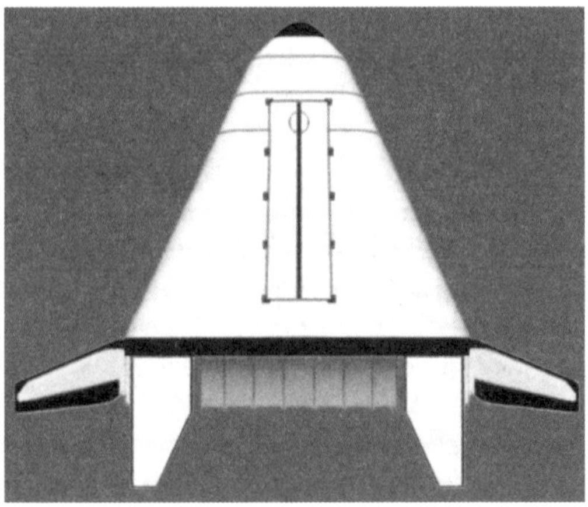

Kommandokapsel der X-33

Bild links:
Allsehendes Auge auf 1-Dollarnote

Es heißt: „Ein Bild sagt mehr als tausend Worte!“, und ich denke, die drei Abbildungen werden diesem Spruch mehr als gerecht!

Aber nicht nur die alten sumerischen Texte und Abbildungen bezeugen reichlich, dass die Götter sich in den Himmel erheben konnten, auch in den biblischen Schriften gibt es etliche dahingehende Beispiele. Einen geradezu klassischen Beitrag dazu lieferte der biblische Prophet Hesekiel:

„Es begab sich im dreißigsten Jahre, am fünften Tag des vierten Monats, als ich am Flusse Chebar unter den Verbannten war, da tat sich der Himmel auf, und ich sah göttliche Gesichte.

Ich sah aber, wie ein Sturmwind daherkam von Norden her und eine große Wolke, umgeben von einem strahlenden Glanz und einem unaufhörlichen Feuer, aus dessen Mitte es blinkte wie Glanzerz. Und mitten darin erschienen Gestalten wie von vier lebenden Wesen; die waren anzusehen wie Menschengestalten.

Ihre Beine waren gerade, und ihre Fußsohle war anzusehen wie die Fußsohle eines Kalbes, und sie funkelten wie blankes Erz. Unter ihren Flügeln an ihren vier Seiten hatten sie Menschenhände, und die Flügel von allen vieren berührten einander, und ihre Gesichter wandten sich nicht um, wenn sie gingen; ein jedes ging gerade vor sich hin. Ihre Gesichter aber sahen so aus: ein Menschengesicht nach vorn bei allen vieren, ein Löwengesicht auf der rechten Seite bei allen vieren, eine Stiergesicht auf der linken Seite bei allen vieren und ein Adlergesicht bei allen vieren nach innen.

Und zwischen den lebendigen Wesen war es anzusehen, wie wenn feurige Kohlen brannten; es war anzusehen, als würden Fackeln zwischen den lebenden Wesen hin und her fahren, und das Feuer hatte einen strahlenden Glanz, und aus dem Feuer fuhren Blitze. Und die lebenden Wesen liefen hin und her, dass es aussah wie Blitze. Weiter sah ich neben jedem der vier lebenden Wesen ein Rad auf dem Boden. Das Aussehen der Räder war wie der Schimmer eines Chrysoliths, und die vier Räder waren alle von gleicher Gestalt, und sie waren so gearbeitet, als wäre je ein Rad mitten in dem anderen.

Wenn die lebenden Wesen gingen, so gingen auch die Räder neben ihnen; und wenn sich die lebenden Wesen vom Boden erhoben, so erhoben sich auch die Räder.

Und über den Häuptern der lebenden Wesen war etwas wie eine feste Platte, schimmernd wie furchtbarer Kristall, hingebreitet oben über ihren Häuptern.

Und wenn sie gingen hörte ich ihre Flügel rauschen, gleich dem Rauschen großer Wasser, gleich der Stimme des Allmächtigen, und ein Getöse wie das eines Heerlagers. Wenn sie aber stillstanden, senkten sie ihre Flügel.“

So schaut also eine biblische Schilderung eines perplexen Zeitgenossen aus, der aus nächster Nähe mit ansehen konnte, wenn Götter in entsprechendem Outfit mit einem ihrer High-Tech-Gefährte zugange waren, und dem nur einfache Worte für eine Schilderung gegeben waren.

Es war in biblischen Zeiten nicht üblich, dass normal Sterbliche so nahe an ein Göttergefährt herankamen, meistens war das nähere Umfeld militärisches Sperrgebiet. Der Bibelabschnitt über Moses (2. Mose Kapitel 19), als er auf dem Berg Sinai die 10 Gebote von Gott in Empfang nahm, ist ein sehr treffendes Beispiel dahingehend. Nachfolgend ein Vers daraus, in dem Gott Moses eine strenge Anweisung gibt:

„***Darum zieh eine Grenze rings um das Volk und sage: Hütet euch, auf den Berg zu steigen oder sein Ende zu berühren! Jeder, der den Berg berührt, muss getötet werden.***“
(2. Mose 19,11)

Doch es war nicht nur so, dass dem gewöhnlichem Volk das Angesicht dieses speziellen Gottes verborgen bleiben sollte, sondern es war tatsächlich auch gesundheitlich nicht empfehlenswert, sich in diesem Fall dem göttlichen Gefährt zu nähern, der Grund dafür war: Strahlung! Strahlung, von der Moses bei seinem göttlichen Intermezzo eine ganz gehörige Portion abbekommen hat, was wiederum auch in der Bibel festgehalten ist, wenn auch dahingehend umgestaltet, dass man mehr einen Heiligenschein als eine Verstrahlung vermuten soll:

„***Es geschah aber, als Mose vom Berg Sinai herabstieg – und die beiden Tafeln des Zeugnisses waren in Moses Hand als er vom Berg herabstieg – da wusste Mose nicht, dass die Haut seines Gesichtes strahlend geworden war, als er mit ihm geredet hatte.***“
(2. Mose 34,29)

Weiterhin gibt es etliche Stellen im Alten Testament, die belegen, dass Gott in einem Gefährt durch die Lüfte geflohen ist, hier ein dahingehendes Beispiel:

„***Er*** (der Herr) **fuhr** ***auf einem Cherub und flog daher, so schwebte er auf den Flügeln des Windes.***“ (2. Samuel 22,11)

„***Da erhob sich die Herrlichkeit des HERRN von dem Cherub weg auf die Schwelle des Hauses; und das Haus wurde von der Wolke erfüllt, und der Vorhof war voll von dem Glanz der Herrlichkeit des HERRN.***“
(Hesekiel 10,14)

Damit soll es mit den High-Tech-Schilderungen genug sein, wie gesagt, es handelt sich dabei nur um ein paar Beispiele von vielen. Ich habe hier absichtlich nur Beispiele gebracht, die im von der Kirche als wahr erkorenen Alten Testament zu finden sind, die von der Kirche als unwahr abgestempelten apokryphen Schriften geben noch wesentlich detaillierter Auskunft über diese Thematik.

Wie ich Ihnen schon berichtet habe, hatten sich die Götter ursprünglich zuerst im mesopotamischen Raum angesiedelt und sich von dort aus sehr rasch über den ganzen Nahen Osten ausgebreitet. Doch selbstverständlich, da große Entfernungen für die Götter keinerlei Hindernis darstellten, nahm diese Spezies auch andere Teile der Erdkugel in Beschlag.

Ich habe Ihnen ja bereits gesagt, dass ich hier vor Tausenden von Seiten sitze – größtenteils grün markiert! –, die das Göttergeschehen im Detail aufzeigen. Allein was das dokumentierte Göttergeschehen des Nahen Ostens anbelangt, ist der Berg an InFORMation schon gewaltig, aber, wie gesagt, das ist noch lange nicht alles. Es gibt einen ähnlich gewaltigen Berg an InFORMation darüber, was das Göttergeschehen in Südamerika anbelangt. Alte Kulturen wie die Mayas, Azteken und die Inkas – um nur die wichtigsten zu nennen – waren in sehr hohem Maße von Göttern bestimmt. All diese Kulturen berichten einstimmig darüber, dass letztendlich Götter ihre Vorfahren waren. Und es waren die sumerischen Götter, die diese Kulturen erschaffen und nachhaltig bestimmt haben, darüber gibt es für denjenigen, der sich dahingehend objektiv inFORMiert, keinerlei Zweifel. Es gibt genügend illustrierte Literatur, die eindeutig aufzeigt, dass Naher Osten und Südamerika von den gleichen ursprünglichen Kräften gestaltet und bestimmt worden sind, und dass in frühen Zeiten ein reger Austausch zwischen beiden Bereichen stattgefunden hat. Symbolik, Präzisions-Monumentalbauten, Texte, Abbildungen und überlieferte Mythen sprechen eine dahingehend sehr deutliche Sprache. Natürlich gibt es auch hier unverbesserliche Kritiker, die dem Ganzen krampfhaft widersprechen und gegen jegliche aufklärende Literatur nach folgendem altbewährten Prinzip vorgehen: „Wer einmal irrt, dem glaubt man nicht, auch wenn er sonst die Wahrheit spricht!“

Ich habe Ihnen ja schon erklärt, dass es kein paranormal orientiertes Buch gibt, das hundertprozentig fehlerfrei ist. Wenn man allerdings die Dummheit (oder Absicht!) begeht, und einige wenige Unstimmigkeiten dazu hernimmt, um ein ganzes Werk zu verdammen – wie das in nicht gerade wenigen Fällen von einer gewissen Gruppe praktiziert wird – dann ist dies mit Sicherheit der falsche Weg. Zumal die in diesen Werken aufgezeigten Fakten stets für sich allein – also niemals zwingend zusammenhängend – gesehen werden können.

Doch mit Südamerika und dem Nahen Osten ist der Wirkungskreis der Götter noch nicht erschöpft, neben vielen anderen Völkern hat auch China eine Götterkultur, die bislang nur in sehr geringem Maße publik geworden ist. Das liegt daran, dass China für Archäologen lange Zeit größtenteils verschlossen war, und dies auch noch immer zu einem hohen Prozentsatz der Fall ist. Die archäologisch interessantesten Gebiete Chinas sind nach wie vor unzugänglich, weil sie militärisches Sperrgebiet sind. Doch sehr spärlich – aber immerhin – dringt das dortige Göttergeschehen samt bauwerklicher Hinterlassenschaften an die Weltöffentlichkeit. In China gibt es sehr viel mehr Pyramiden als in Ägypten – diese Tatsache ist nahezu unbekannt. Auch gibt es dort eine Pyramide, die – was die Ausmaße anbelangt – die ägyptische Cheopspyramide noch ein ganzes Stück weit übertrifft, es handelt sich dabei um die legendäre „Weiße Pyramide“.

Und was erzählen die chinesischen Mythen? Sie berichten eindeutig, dass Götter die Vorfahren der dortigen Menschen waren, und dass Götter den Grundstein zur chinesischen Kultur gelegt haben! Die chinesische Kultur und vor allem das ungeheure frühe technische Wissen der Chinesen sind, archäologisch gesehen, geradezu schlagartig entstanden. Genauso schlagartig wie die südamerikanische, die sumerische und die ägyptische Hochkultur emporgeschossen ist. High-Tech-Götter waren die Triebfeder dieser rasanten Entwicklung, und sonst gar nichts!

Doch jetzt wieder zurück zum Konflikt von Enki und Enlil, zwei der mächtigsten Götter aus dem Kreise der Zwölf. Dieser Konflikt ist deshalb so interessant und wichtig, weil mit diesem Konflikt das Prinzip von Gut und Böse Einzug in unsere Erdepoche hielt, und weil dieser Konflikt all unser bisheriges Weltgeschehen massiv beeinflusst hat, bis hin zum heutigen Tage. Ich habe Ihnen ja schon gesagt, dass im Grunde jeder Krieg ein Religionskrieg ist, wobei ich mich hier korrigieren muss. Korrigieren deshalb, weil wahre Religion etwas mit GOTT zu tun hat, jedoch das alttestamentarische Geschehen absolut nichts mit GOTT gemein hat.

Welches prozentuale Ergebnis glauben Sie, würde eine weltweite Umfrage ergeben, in der alle mündigen Weltbürger folgende Frage mit einem klaren Ja oder Nein zu beantworten hätten:

„Wenn Sie sich das vergangene und gegenwärtige Weltgeschehen betrachten, würden Sie dann die Aussage, dass **global** und **objektiv** gesehen, das Böse in dieser Welt die Oberhand gegenüber dem Guten hat, mit einem „Ja" beantworten?

Ich wette, der prozentuale Anteil für das „Ja" läge bei weit über 90%!

Ist ja auch kein Wunder, denn Angst, Krieg, Mord, Totschlag, Folter, Hunger, Sklaverei, Ausbeutung, Krankheit und Siechtum prägen das Weltgeschehen seit Menschengedenken in sehr hohem Maße.

Damit erübrigt sich die Frage, wer von den beiden Brüdern wohl gewonnen hat – Enlil, dem das Prinzip des Bösen in hohem Maße innewohnte, war der Gewinner. Der Siegeszug dieses grausamen Gottes, der nichts anderes als Geltungssucht, Rachsucht, Mord, Gier und Züchtigung kannte, ist im Alten Testament grandios beschrieben – dort tritt das Prinzip des Bösen unter dem Namen „JAHWE" auf!

Der Gott Jahwe (auch Jehova genannt) war ein rachsüchtiger Massenmörder, der, laut Altem Testament, nicht weniger als 70 Völker und Stämme in seinem grenzenlosen Zorn (samt Frauen, Kindern und Vieh) vernichtet hat, oder, falls er es nicht selbst in die göttliche Hand genommen hat, diese von seinen Auserwählten vernichten ließ. Das Alte Testament strotzt nur so von seinen göttlichen „Heldentaten", hier ein paar Beispiele:

„Denn mein Engel wird vor dir hergehen und wird dich bringen zu den Amoritern, Hetitern, Perisitern, Kanaanitern, Hewitern und Jebusitern; und ich werde sie austilgen."
(2.Mose 23,23)

„Und als die Söhne Israels in der Wüste waren, da fanden sie einen Mann, der am Sabbattag Holz auflas. Und die ihn gefunden hatten, wie er Holz auflas, brachten ihn zu Mose und zu Aaron und zu der ganzen Gemeinde. Und sie legten ihn in Gewahrsam, denn es war nicht genau bestimmt, was mit ihm getan werden sollte. Da sprach der HERR zu Mose: Der Mann soll unbedingt getötet werden; die ganze Gemeinde soll ihn außerhalb des Lagers steinigen! Da führte ihn die ganze Gemeinde vor das Lager hinaus, und sie steinigten ihn, dass er starb, so wie der HERR dem Mose geboten hatte."
(4. Mose 15/32-36)

„Und der HERR sprach: Nimm Rache für die Söhne Israel an den Midianitern! Danach sollst du zu deinen Völkern versammelt werden. Und Mose wurde zornig über die Befehlshaber des Heeres, die Obersten über die Tausendschaften und die Obersten über die Hundertschaften, die von dem Kriegszug kamen; und Mose sagte zu ihnen: Habt ihr alle Frauen am Leben gelassen? So bringt nun alles Männliche unter den Kindern um, und bringt alle Frauen um, die einen Mann im Beischlaf erkannt haben."
(4. Mose 31/1,2,14,15,17)

„Und der HERR redete zu Mose und sprach: Nimm die Summe der weggeführten Beute auf, an Menschen und an Vieh, du und der Priester Eleasar und die Familienoberhäupter der Gemeinde! Und teile die Beute je zur Hälfte zwischen denen, die den Krieg geführt haben, die ins Feld gezogen sind, und der ganzen Gemeinde! Und erhebe von den Kriegsleuten, die ins Feld gezogen sind, eine Abgabe für den HERRN: je eine Seele von fünfhundert, von den Menschen und von den Rindern und von den Eseln und von den Schafen.“ (4. Mose 31/5-28)

„So spricht der HERR der Heerscharen: Ich habe bedacht, was Amalek Israel angetan, wie es sich ihm in den Weg gestellt hat, als Israel aus Ägypten heraufzog. Nun zieh hin und schlage Amalek! Und vollstreckt den Bann an ihnen, an allem, was es hat, und verschone ihn nicht, töte Mann und Frau, Kind und Säugling, Rind und Schaf, Kamel und Esel. (1. Samuel 15/2,3)

„Und ich will die Ägypter gegeneinander hetzen, dass ein Bruder wider den andern, ein Freund wider den andern, eine Stadt wider die andre, ein Reich wider das andre kämpfen wird.“ (Jesaja 19/2)

„Tretet heran, ihr Nationen, um zu hören. Und ihr Völkerschaften, hört aufmerksam zu! Es höre die Erde und was sie erfüllt, der Erdkreis und alles, was ihm entspross! Denn der HERR hat einen Zorn auf alle Nationen, und sein Grimm richtet sich auf ihr ganzes Heer. Er hat an ihnen den Bann vollstreckt, sie zur Schlachtung dahingegeben. Und ihre Erschlagenen werden hingeworfen, und der Gestank ihrer Leichen steigt auf, und die Berge zerfließen von ihrem Blut. Denn trunken ist im Himmel mein Schwert. Siehe, auf Edom fährt es herab und auf das Volk meines Bannes zum Gericht. Ein Schwert hat der HERR, voll von Blut, es trieft von Fett, vom Blut der Lämmer und Böcke, vom Nierenfett der Widder. Denn ein Schlachtopfer hält der HERR in Bozra und ein großes Schlachten im Land Edom.“ (Jesaja 34/1-3,5,6,)

„Verflucht sei, wer das Werk des HERRN lässig treibt, und verflucht, wer sein Schwert vom Blut zurückhält.“ (Jeremia 48/10)

Liest man das Alte Testament und das darin beschriebene Treiben dieses feinen HERRN (Jahwe) aufmerksam, dann wird einem folgende Tatsache nicht entgehen: Derjenige, der sich HERR nennt, war bei demjenigen Volk, für das er all die blutigen Szenarien veranstaltet hat, keinesfalls beliebt! Ganz im Gegenteil, man fürchtete ihn. Oft genug, und wahrscheinlich weil ihn keiner wirklich mochte, bestrafte er sein eigenes Volk, die niederen Charakterzüge dieses Menschenschlächters kommen in den alten Schriften ganz klar zum Vorschein. Der Gott Jahwe konnte sein auserwähltes Volk nur mit permanenter Drohung, mit Strafe und mit „göttlichem“ High-Tech-Schauspiel bei der Stange halten. Und er hatte immer einige fanatisierte Mittelsmänner, die er stets mit höchsten Titeln und Machtpositionen ausstattete. Diese fanatischen Führer waren es, die sein auserwähltes Volk letztendlich zu Kriegshandlungen und Massenmord antrieben. Mose, Josua und David dürften wohl die übelsten und bekanntesten Eliteführer gewesen sein. Wo immer diese Namen in den Schriften auftauchen, ist auch Gewalt und Verbrechen zu finden. Ohne geeignete Mittelsmänner wäre der feine HERR erledigt gewesen, frei nach dem Motto:

Stell dir vor, jemand schreit *„Krieg!“*, und keiner hört hin!

Außerdem hatte der Gott Jahwe geradezu panische Angst davor, dass er die Gunst des letzten Häufchens an Menschen auch noch verlieren würde, und sich diese einem anderen Gott (denn davon gab es genug!) zuwenden würden. Auch was diesen Aspekt anbelangt, ist das Alte Testament reich gespickt an Beispielen, hier ein paar davon:

„Und der HERR wird jede Krankheit von dir abwenden. Und keine der bösen Seuchen Ägyptens, die du kennst, wird er auf dich legen, sondern er wird sie auf alle deine Hasser bringen. Und du wirst alle Völker verzehren, die der HERR, dein Gott, dir preisgibt. Du sollst ihretwegen nicht betrübt sein, und du sollst ihren Göttern nicht dienen; denn das wäre ein Fallstrick für dich. Wenn du in deinem Herzen sagst: Diese Nationen sind größer als ich; wie könnte ich sie vertreiben? -, fürchte dich nicht vor ihnen! Denk doch daran, was der HERR, dein Gott, dem Pharao und allen Ägyptern angetan hat, an die großen Prüfungen, die deine Augen gesehen, und an die Zeichen und die Wunder und die starke Hand und den ausgestreckten Arm, womit der HERR, dein Gott, dich herausgeführt hat! Ebenso wird der HERR, dein Gott, an all den Völkern tun, vor denen du dich fürchtest. Und auch die Hornissen (war eine besondere Waffe!) *wird der HERR, dein Gott, gegen sie senden, bis alle, die übrig geblieben sind, und die sich vor dir versteckt haben, umgekommen sind. Erschrick nicht vor ihnen! Denn der HERR, dein Gott, ist in deiner Mitte, ein großer und furchtbarer Gott!“* (5. Mose 7/15-21)

„Als der Höchste der Nationen (der Gott Anu!) *das Erbe austeilte, als er die Menschenkinder voneinander schied, da legte er fest die Grenzen der Völker nach der Zahl der Söhne Israel. Denn der Anteil des HERRN* (Enlil!) *ist sein Volk, Jakob das Maß seines Erbteils. Und er fand ihn* (den Jakob) *im Land der Wüste und in der Öde, im Geheul der Wildnis. Er umgab ihn, gab Acht auf ihn, er behütete ihn wie seinen Augapfel. Wie ein Adler sein Nest aufstört, über seinen Jungen schwebt, seine Flügel ausbreitet, sie aufnimmt, sie trägt auf seinen Schwingen, so leitete ihn der HERR allein, und kein fremder Gott war mit ihm.“* (5. Mose 32/8-12)

„Der HERR sprach: Ich will mein Angesicht vor ihnen verbergen, will sehen, was ihr Ende ist; denn eine Generation voller Verkehrtheit sind sie, Kinder, in denen keine Treue ist. Sie haben mich zur Eifersucht gereizt durch einen Nicht-Gott, haben mich gekränkt durch ihre Nichtigkeiten; so will auch ich sie zur Eifersucht reizen durch ein Nicht-Volk, durch eine törichte Nation will ich sie kränken. Denn ein Feuer ist entbrannt in meinem Zorn, es brennt bis in den untersten Scheol und frisst die Erde und ihren Ertrag und entzündet die Grundfesten der Berge. Ich will Unheil über sie häufen, meine Pfeile gegen sie verbrauchen. Sie sind vor Hunger entkräftet und aufgezehrt von Fieberglut und giftiger Pest, so sende ich den Zahn wilder Tiere gegen sie, samt dem Gift der im Staub Kriechenden.“ (5. Mose 32/20-24)

Wenn man sich das Alte Testament samt diesem furchtbaren Gott zu Gemüte führt, dann stellt sich einem früher oder später die Frage: wie um alles in der Welt kann eine Kirche hergehen, und so ein Buch heiligen? Und bei einer Heiligung wird nicht das Papier geheiligt, sondern das Andenken an den Menschenhasser Jahwe und dessen Taten. Wie ist so etwas möglich, zumal sich die Kirche ja offiziell zu Jesus Christus bekennt, der dem auserwählten Volk klipp und klar gesagt hat, wer dieses Monstrum ist, dem es blindlings hinterher rennt:

„Ihr seid aus dem Vater, dem Teufel, und die Begierden eures Vaters wollt ihr tun. Jener war ein Menschenmörder von Anfang an und stand nicht in der Wahrheit, weil keine Wahrheit in ihm ist. Wenn er die Lüge redet, so redet er aus seinem Eigenen, denn er ist ein Lügner und der Vater derselben.“
(Neues Testament: Johannes 8,44)

Es ist ein Ding der Unmöglichkeit, die gesamte Bibel (Altes und neues Testament) zu heiligen, wenn man zur Hälfte einen Massenmörder mit heiligt. Und noch dazu einen Massenmörder, dem noch immer genug Menschen auf der Welt nachrennen und ihm huldigen! Doch die Kirche hat das eigentlich Unmögliche tatsächlich vollzogen, obwohl es in vollkommenem Widerspruch steht – fast kein Gläubiger macht sich dahingehend Gedanken, den meisten ist diese absolute Kontroverse gar nicht bewusst! Also noch einmal, warum tut die Kirche das? Aus purer Unwissenheit oder Dummheit heraus gewiss nicht. Da muss schon ein handfester Zweck dahinter stecken, denn der Volksmund sagt in diesem Fall und somit im wahrsten Sinne des Wortes:

„Der Zweck heiligt die Mittel!"

Und erst kürzlich hat der Vatikan dem seinerzeit dem Gott Jahwe zugeteilten Volk seine „Auserwähltheit“ auch noch **offiziell** bestätigt und dem Ganzen würdevoll beigepflichtet – ein nahezu unbegreiflicher Akt für denjenigen, der in diesem Fall die Wahrheit kennt! Doch für denjenigen, der nicht nur in diesem Fall die Wahrheit kennt, sondern der die absolute Wahrheit kennt, ist die Sache nicht im Geringsten unbegreiflich, sondern durchweg logisch. Ich habe Ihnen ja schon angedeutet, dass einige hochrangige klerikale Gestalten die Person Jesus als nahezu perfekten Deckmantel benutzen, denn deren Ideologie hat mit Nächstenliebe ganz und gar nichts zu tun. Und die Betonung möchte ich im vorangegangenen Satz nachdrücklich auf das Wort „**einige**“ legen, denn es sind **immer** einige Wenige, die die Menschheit in die Irre leiten, die Kriege anzetteln, die über Hunger und Satt entscheiden, die Propaganda schüren und die (anscheinend!) die Fäden in der Hand halten. Doch diese einige Wenige sind perfekt verblendet, und sie glauben tatsächlich, dass sie mit ihrer Ideologie – mag diese auch noch so menschenverachtend sein – auf dem rechten Weg sind. In ihrem grenzenlosen Machtwahn sind diese Menschen in der Illusion gefangen, dass sie es sind, die das Schicksal der Menschheit bestimmen.

Jedoch, in Wirklichkeit bestimmt der exakt vorbestimmte Lauf des Geschehens, was mit der Menschheit passiert, worauf ich Sie schon einige Male hingewiesen habe. Die „einigen Wenigen“ sind im Grunde nichts anderes als die „restlichen Vielen“, nämlich Figuren in einem gigantischen Szenario, das sich innerhalb der ZEIT abspielt. Zwar fühlende und erfahrende Figuren – oder besser gesagt Seelen –, aber niemals bestimmende, das letzte Kapitel wird Ihnen dahingehend hoffentlich die Augen öffnen!

Die traurige Tatsache, dass immer einige Wenige – wenn auch letztendlich illusorisch – die Menschen treiben und somit den Lauf des Geschehens verwirklichen, zieht sich durch unsere ganze Menschheitsgeschichte. Wohlgemerkt, durch **unsere** Menschheitsgeschichte, die Geschichte der „Veränderten“!

Begehen Sie also bitte **nie** den Fehler, und urteilen Sie pauschal über eine Nation oder über eine Rasse, es sind immer nur einige Wenige, die die Vielen treiben, manipulieren, aufhetzen und beherrschen. Und diese „einige Wenige" mögen sich zwar nach außen hin national geben, das sind sie jedoch nicht, sie sind, was ihre Ideologie anbelangt – und nur darauf kommt es an –, international! Das Ziel dieser Machtelite ist nichts anderes als das Erringen der absoluten Kontrolle. Macht ist nichts anderes als Kontrolle. Das Gegenteil von Macht und Kontrolle ist Liebe und Vertrauen – merken Sie sich das bitte gut!

Die Gier nach Macht und Kontrolle ist so alt wie unsere Menschheit, ja sogar so alt wie das Universum. Macht rafft immer Mittel zusammen, konzentriert sich dadurch zwangsläufig und verteilt sich somit letztendlich auf einige Wenige. Und diese „einige Wenige" filtern sich weltweit aus pyramidal strukturierten Organisationen heraus, zu deren jeweiligen Spitzen unser ganzes System so eifrig hinhechelt und im wahrsten Sinne des Wortes **dabei über Leichen geht!** Wir haben mittlerweile eine Macht- und Geldmittelkonzentration auf unserem Planeten, die ungeheuerlich ist. Doch diese düstere Tatsache ist leider nur den wenigsten Menschen voll bewusst.

Kommen wir noch einmal zurück zum Gott Jahwe, der in hohem Maße vom Prinzip des Bösen beherrscht wurde.

Jahwe war nicht nur ein Massenmörder, er war auch ein extremer Frauenhasser. Auch in diesem Punkt liest sich das Alte Testament äußerst aufschlussreich, das Weib hatte keinerlei Rechte und war dem Manne vollkommen untertan. Man hat der Frau – taktisch exzellent geplant! – die Urschuld aufgebürdet, da sie ja angeblich – nachdem sie von der Schlange verführt worden war – den Mann verführt hat. Eine vollkommen aus der Luft gegriffene Schuld, die aber letztendlich das Fundament für das Patriarchat (Männerherrschaft) bildete, und die bis heute noch in den maroden Gehirnen gewisser männlicher Individuen existent ist.

Wenn man sich betrachtet, was – gestützt auf die biblischen Schriften! – den Frauen weltweit bisher angetan worden ist (und in vielen Ländern immer noch angetan wird!), dann ist dies wohl mit eines der traurigsten Kapitel unserer Menschheitsgeschichte. Einer Menschheitsgeschichte wohlgemerkt, in der sehr vieles falsch und verdreht dargestellt wird, und in der Gut und Böse von Anfang an (!) vertauscht worden sind. Der Gott Enki, der dem versklavten Adamiten das Bewusstsein gegeben hat, wurde zur bösen Schlange degradiert und als „Satan" in Verruf gebracht. Diesem Satan konnte man bequem alles in die Schuhe schieben, was man als „guter Gott" verbrochen hat, eben subversive Propaganda in Perfektion. In allen Religionen, die auf biblischem Schrifttum basieren, wird Satan als der Widersacher Gottes dargestellt und entsprechend geächtet. Selbstverständlich war er der Widersacher Gottes, eines Gottes, der kein anderer als sein Halbbruder Enlil war, und der in späteren Zeiten unter dem Namen „Jahwe" (Jahwe heißt übersetzt: ich bin, der ich bin) als grausamer Gott Einzug in die biblischen Schriften hielt. Wenn man nun in den biblischen Schriften das wirklich Gute sucht, dann muss man – weil Gut und Böse verdreht worden sind – nur schauen, was oder wer denn in diesen Schriften als „das Böse" dargestellt wird. Und da wird man fündig bei einem Gott namens „Baal", der – taktisch geschickt – sehr oft als Götzengott bezeichnet und dargestellt wird. Gerade so, als hätte es diesen Gott nie gegeben! Doch es hat ihn real gegeben, davon wird unzählige Male in alten Schriften berichtet, und dieser Gott Baal war in Wirklichkeit kein anderer als Enki. Der Gott Baal wird in unverfälschten Schriften durchweg als ein äußerst positiver Gott dargestellt, und er hatte seinen Hauptsitz an einem Ort, der historisch und archäologisch als „Baalbek" bekannt ist. Baalbek ist ein äußerst interessanter Ort. Erich von Däniken zum Beispiel hat bezüglich Baalbek etliche Erstaunlichkeiten aufgezeigt. Dies ist übrigens auch der Ort, an dem der „Stein des Südens“ zu finden ist, ich habe Sie über diesen gewaltigen Megalith (Steinblock) bereits in Kenntnis gesetzt. Baal wurde von Jahwe und dessen auserwähltem Volk wo immer es nur ging schlecht gemacht, verspottet und sein Name wurde verhöhnt. Baals vollständiger Name lautete „Baal Zebul“, was so viel wie Götterfürst bedeutete. Den Namen „Baal Zebul“ verunstalteten Jahwes Anhänger zu „Baal Zebub“, was nun „Herr der Fliegen“ bedeutete. Der Begriff „Baal Zebub“ wandelte sich im Laufe der Geschichte zu „Beelzebub“, ein noch immer gängiger Name für den „Teufel“.

Enlil hatte im Krieg der Götter zwar die Oberhand erlangt, das bedeutete aber noch lange nicht, dass sein Halbbruder Enki vollkommen besiegt war. Enki wurde trotz der Übermacht des Bösen nicht müde, immer wieder den Samen des Guten zu säen. Unter seiner Obhut entstand eine Vereinigung, deren Namen und Wirken sich durch die ganze Weltgeschichte zieht:

„Die Bruderschaft der Schlange"

In dieser Vereinigung manifestierte sich der Gegenpol zum Bösen, wenn es auch stets ein viel zu schwacher Gegenpol war und noch immer ist. Den Grund, warum in unserer Weltgeschichte das Gute nur so schwach in Erscheinung treten kann, werden Sie noch erfahren.

Wo immer die „Bruderschaft der Schlange“ in Erscheinung trat und tritt, wird sie **sofort** vom Prinzip des Bösen unterwandert. Die Taktik der Unterwanderung ist weitaus wirkungsvoller und unauffälliger als eine gewaltsame, direkte Konfrontation. Hinterlist und Täuschung sind die effizientesten Mittel, mit denen das Böse weltweit mittels pyramidal (hierarchisch) strukturierten Organisationen überaus erfolgreich operiert. Was die einzelnen Organisationen anbelangt, so ist es ein äußerst schwieriges Unterfangen, genau zu sagen, zu welchem Zeitpunkt eine Organisation so weit unterwandert war, dass sich die von der Organisationsspitze tatsächlich praktizierte Ideologie nicht mehr mit **der** Ideologie, die die breite Basis vertritt, deckte. Mit anderen Worten: diejenigen, die an der Spitze einer pyramidalen Organisation stehen, missbrauchen die Organisation hinterrücks für Ziele, die nicht im Sinne dessen stehen, was die breite Basis eigentlich anstrebt.

Was die absichtliche Falschdarstellung von Gut und Böse (Gott und Satan) in den „heiligen“ Schriften anbelangt, so möchte ich an dieser Stelle einer eventuellen Fehleinschätzung mit Nachdruck vorbeugen: Kommen Sie bitte ja nicht auf die Idee nun zu glauben, dass eine Organisation oder Vereinigung, die dem Satan huldigt (und davon gibt es weltweit mehr als genug!), somit dem Guten huldigt! Satan, und damit meine ich die Mächte der Finsternis, ist das ungeschminkte Gesicht des Bösen, und **dieser** Satan hat mit Enki und der Bruderschaft der Schlange absolut nichts zu tun!

Falls Sie sich bezüglich des nahöstlichen Göttergeschehens detailliert inFORMieren möchten, so kann ich Ihnen folgende Literatur empfehlen:

Sitchin, Zecharia: Der zwölfte Planet (Taschenbuch ISBN: 3426771594)
Dieses Buch aus dem Jahre 1976 ist der eigentliche Klassiker, wenn es um sumerische Götter geht und diente als Basis für etliche Werke anderer Autoren. Wie ich schon berichtet habe, geht dieses Buch – gerade was die Herkunft der Götter anbelangt – sehr weit, was je-

doch die faktische Qualität, wenn es um das Aufzeigen der tatsächlichen Anwesenheit der Götter geht, nicht mindert.

Fuss, Thomas: Spezies Adam (ISBN: 3980658465)
Dieses Werk gibt weiteren Einblick in die Entstehungsgeschichte der Adamiten, es stellt biblische Schilderungen, Orte und Gestalten im richtigen Licht dar und zeigt das frühe nahöstliche Göttergeschehen aus dem Blickwinkel Ägyptens. Des Weiteren wartet dieses Buch mit einer ganzen Reihe von sehr guten Abbildungen auf.

Sitchin, Zecharia: Versunkene Reiche (Taschenbuch ISBN: 3426722151)
Dieses Taschenbuch schildert das Göttergeschehen in Südamerika. Es beinhaltet Abbildungen, Daten und Fakten, die eindeutig darlegen, dass die Götter der frühen südamerikanischen Kulturen dieselben waren wie diejenigen Götter, die das Geschehen im Nahen Osten ins Dasein riefen und nachhaltig prägten.

Auch alle anderen Werke von Zecharia Sitchin sind durchaus empfehlenswert, lassen Sie sich von kursierender Negativkritik nicht davon abhalten, Sitchin zu lesen – machen Sie sich möglichst immer ein eigenes Bild. Dass jedes Werk, das paranormale Phänomene abhandelt, Schwachstellen und Fehler aufweist, und dass es eine Dummheit ist, deswegen die gesamte Substanz zu verdammen, habe ich Ihnen ja schon mitgeteilt. Was für Sitchin gilt, gilt auch für die Werke von Erich von Däniken, alle seine Bücher sind durchaus empfehlenswert.

Das, was ich Ihnen in punkto Götter aufgezeigt habe, ist wirklich nur ein kleiner Bruchteil des einstigen Geschehens, wenn Sie sich ernsthaft und umfassend in die Materie einlesen, dann werden Sie sich wundern, welche Vielzahl an unumstößlichen Fakten es in punkto Göttergeschehen auf dieser Welt gibt.

Sie werden sich vielleicht die Frage stellen, wo diese einstigen Götter denn eigentlich geblieben sind? Haben sie die Erde irgendwann verlassen? Oder sind Sie etwa noch da? Diese Fragen sind gar nicht so leicht zu beantworten, denn es treten in unserer Zeit ja keine Götter mehr öffentlich auf, und einen Abschiedsbrief haben sie auch nicht hinterlassen. Wenn man sich das Göttergeschehen jedoch genau betrachtet, dann wird man feststellen, dass sich die Götter über die Jahrhunderte hinweg langsam aus dem Erdgeschehen zurückgezogen haben. Waren sie zu einer bestimmten Zeit die uneingeschränkten Herrscher, so ist die Repräsentanz der Herrschaft nach und nach auf die Menschen übergegangen. Der Herrschaftswandel vollzog sich vom Gott zum Halbgott, dann zum Gottkönig (z.B. Pharaonen) und schließlich zum König.

Statussymbole eines Königs sind Krone und Zepter. Vielleicht haben Sie sich schon einmal die Frage gestellt, was denn das königliche Zepter eigentlich für einen Sinn haben soll, denn der Begriff wird nur mit „Herrscherstab“ erklärt. Nun, dieses Relikt der Macht hat seinen Ursprung ebenfalls bei den sumerischen Göttern, auf etlichen frühen Abbildungen, auf denen ein hoher Gott dargestellt ist, hat dieser Gott einen Stab in der Hand. Und dieser Stab war nichts anderes als ein überaus wirkungsvolles technisches Instrument, das ähnlich einem gewaltigen Laser funktionierte. Es gibt etliche Schilderungen, wo so ein göttliches „Zepter“ zum Einsatz gekommen ist. Sie sehen also, das symbolische Königszepter hat – wie alle Symbolik – einen handfesten Ursprung. Symbolik ist im Übrigen ein stets hervorragendes Mittel, um historische Verbindungen und Rückschlüsse zu ziehen, es gibt etliche sehr aufschlussreiche Bücher, die sich eingehend mit Symbolik befassen. Das Wissen um die Symbolik ist so alt wie die Menschheit, wer die Symbole zu deuten weiß, der kann aus manchem Wappen oder Siegel geradezu Erstaunliches herauslesen. Aber auch angewandte symbolische Gesten und Riten sind für den Kenner eine wahre Offenbarung.

Die Götter haben sich also im Laufe der Zeit nach und nach aus der direkten Erdenpräsenz zurückgezogen, was nicht heißt, dass sie das Erdgeschehen nicht doch noch auf bestimmte Art und Weise beeinflussen. Wie ich Ihnen ja schon mitgeteilt habe, hat mit den Göttern auch das Prinzip von Gut und Böse in unser Dasein Einzug gehalten, ein Prinzip, dass ja nach wie vor existent ist. Dieses Prinzip von Gut und Böse wird immer aus höheren Dimensionen heraus beeinflusst, Dimensionen, in die man sich – bestimmte Gegebenheiten vorausgesetzt – tatsächlich zurückziehen kann. Die wirklichen Zusammenhänge werden Sie jedoch erst dann verstehen, wenn Sie das Prinzip und den Aufbau von Seele und Universum begriffen und akzeptiert haben, die beiden letzten Kapitel werden dafür Sorge tragen. Momentan ist es wichtig, dass sie den Satz von Salvador Dali nicht vergessen, deshalb noch einmal:

Eines Tages wird man offiziell zugeben müssen, dass das, was wir Wirklichkeit getauft haben, eine noch größere ILLUSION ist als die Welt des Traumes. (Salvador Dali)

Und dieser Aussage will ich an dieser Stelle eine überaus denkwürdige Aussage von Albert Einstein anhängen, die wie folgt lautet:

„Ein menschliches Wesen ist Teil des Ganzen, genannt „Universum“, begrenzt in Raum und Zeit. Es erfährt sich selbst, seine Gedanken und Gefühle als etwas, das von dem Rest getrennt ist, eine Art von optischer Täuschung seines Bewusstseins. Diese Täuschung ist eine Art von Gefängnis für uns, das uns auf unsere persönlichen Wünsche und Einwirkungen einiger weniger Personen in unserer näheren Umgebung beschränkt. Unsere Aufgabe muss es sein, uns aus diesem Gefängnis zu befreien durch Ausdehnung unseres Mitleids auf alle lebenden Kreaturen und der ganzen Natur in ihrer Schönheit.“ (Albert Einstein)

Wie Sie sehen, spricht auch der gute alte Albert Einstein – genauso wie Dali – von einer Illusion, er benennt die Illusion lediglich als „eine Art von optischer Täuschung des Bewusstseins“.

Wenn ich in diesem Kapitel immer wieder das menschliche Bewusstsein und eine damit verbundene Illusion so nachdrücklich betone, dann dürfen Sie das auf keinen Fall missverstehen. Es ist nämlich in keiner Weise so, dass all das hier und später aufgezeigte paranormale Geschehen nur Illusion ist, und somit gar nicht stattfindet beziehungsweise stattgefunden hat. Nein, die hier immer wieder angesprochene Illusion bezieht sich auf das materielle Gesamtgeschehen, in das das paranormale Geschehen eingebettet ist. Der Grund, warum ich immer wieder die Illusion heraushebe, ist, ich möchte dadurch Ihre Akzeptanz erweitern. Sie müssen sich langsam von Ihrer anerzogenen, starren und rein wissenschaftlich orientierten Denkweise lösen. Es muss Ihnen nach und nach bewusst werden, dass sich trotz der durchweg handfesten „Normalität“, die Sie seit Ihrer Geburt Tag für Tag erfahren, Dinge auf dieser Welt abspielen, gegen die sich die Ihnen innewohnende „Normalität“ nach besten

Kräften sträubt. Das materielle Gebilde, in dem wir gerade unser Dasein fristen, ist, was den Lauf des Geschehens anbelangt, weitaus irrer und gewaltiger, als Sie sich das vorstellen können. Die Präsentation des „normalen" Geschehens – und damit meine ich das, was Sie an Welt bislang erlebt haben und gerade erleben – ist perfekt inszeniert, und das nur aus **einem einzigen** Grund, nämlich, um die besagte ILLUSION bis zu einem **gewissen Zeitpunkt** aufrecht zu erhalten. Solange für einen Menschen der eben angesprochene „gewisse Zeitpunkt" noch nicht erreicht ist, solange wird **immer** die „Normalität" diesen Menschen beherrschen und somit sein Weltbild gestalten. So ein Mensch wird stets nur das an Information finden und vor allem verinnerlichen, das zur Aufrechterhaltung seiner „Normalität" dient. Für denjenigen aber, für den der „gewisse Zeitpunkt" gekommen ist, schaut die Sache ganz anders aus. So ein Mensch wird in seinem Leben mit paranormalen Geschehnissen konfrontiert, und er wird diese Information in nichtablehnender Art und Weise verinnerlichen. Dieses Verinnerlichen führt zu einer mehr oder weniger massiven Änderung des Bewusstseins, dabei handelt es sich stets um eine Bewusstseinserweiterung, und niemals um eine Beschränkung.

Und jetzt passen Sie auf, was ich Ihnen nun erkläre, denn es ist von besonderer Wichtigkeit: Für das Erlangen so einer Bewusstseinserweiterung spielt die Qualität der paranormalen Information überhaupt keine Rolle. Das heißt, es findet eine Bewusstseinserweiterung auch dann statt, sollte es sich bei der paranormalen Information in Wirklichkeit um eine Lüge handeln. Was sich im Nachhinein als eine Lüge herausstellt, hat im glaubenden Vorfeld zu einer Erweiterung des Bewusstseins geführt, und diese Erweiterung bleibt seltsamerweise erhalten. So ein Mensch bleibt – trotz erkannter Lüge – offen und empfänglich für weitere paranormale Informationen, er sucht geradezu danach. Es ist dann so, *„als habe er irgendwie Lunte gerochen!"*, wie der Volksmund sagt, und der Lauf des Geschehens wird ihm von da an paranormale Informationen in Hülle und Fülle präsentieren – wahre und unwahre!

Ein Mensch, dessen Bewusstsein sich zu einem gewissen Grad erweitert hat, dessen Status ändert sich – er wird über kurz oder lang das Stadium der möglichen Beweisbarkeit erlangen. Das bedeutet, so ein Mensch kann teilweise Dinge praktizieren oder in Anspruch nehmen, die ihm bislang unbekannte Dimensionen näher bringen. Ich rede hier von Dingen und Praktiken, die derart gestaltet sind, dass sie Glauben in Wissen verwandeln, im nächsten Kapitel spreche ich einige solcher Praktiken kurz an. Dabei ist es so, dass das dann **bewiesene** Paranormale vom Normalen **immer absolut** hermetisch getrennt ist. Das bedeutet, derjenige, dessen Glauben sich zum Wissen gewandelt hat, kann dieses paranormale Wissen **niemals** auf einen noch unwissenden „Normalen" so mir nichts dir nichts übertragen, weder dessen Bewusstsein noch der derzeitige Lauf des Geschehens lassen dies zu.

Doch nun wieder zurück zum Weltgeschehen und zu einem alten Problem meinerseits.

Um Ihnen die wahren Hintergründe und Ursachen der derzeitigen Weltsituation klarzumachen, muss ich Sie Schritt für Schritt durch das ganze Weltgeschehen führen. Das Problem, das ich jedoch dahingehend habe, besteht darin, dass ich weiterhin vor einem schier unüberschaubaren Berg an InFORMation sitze, von dem der größte Teil wiederum grün markiert ist. Damit dieses Kapitel nicht zur Enzyklopädie ausartet, muss ich mich – genauso wie ich es beim Göttergeschehen praktiziert habe – auf ein absolutes Minimum an Fakten und Erklärungen beschränken. Die Schwierigkeit besteht nun darin, dieses Minimum an InFORMation so auszuwählen und darzulegen, dass es schlüssig ist und dass es von Ihnen akzeptiert wird. Das wird ein äußerst schwieriges Unterfangen, doch schauen wir einfach mal, was wir dahingehend zustande bringen.

Ich muss mich in meinen weiteren Ausführungen auf die Geschichte Europas beschränken, Asien, Süd- und Nordamerika ergäben jeweils ein eigenes Buch für sich. Und selbst was Europa anbelangt, so werde ich mich – was historische Fakten anbelangt – größtenteils nur pauschal äußern. Es ist nicht Sinn und Zweck dieses Kapitels, einzelne historische Fakten ins rechte Licht zu rücken, Sinn und Zweck dieses Kapitels ist es, Sie auf das nächste Kapitel einzustimmen und vorzubereiten.

Da der grausame Gott Enlil (Jahwe) und seine Anhängerschaft nach und nach die Oberhand im Nahen Osten erlangten, waren viele Andersgläubige gezwungen, das Gebiet zu verlassen. Viele Enki-Treue verließen im Laufe der Zeit den Nahen Osten und besiedelten Europa. Es waren drei große Gruppen, die letztendlich das Gesicht von Alteuropa prägten: Die Germanen, die Kelten und die Slawen. Jede dieser drei Gruppen beinhaltete eine Vielzahl von Einzelstämmen, die sich im Laufe der Zeit zu größeren Völkern entwickelten. All diese Stämme praktizierten einen liberalen Polytheismus (Glaube an eine Vielzahl göttlicher Wesen), der sich jedoch größtenteils auf die Verehrung der Natur konzentrierte. Die einzelnen Stämme der Germanen, Kelten und Slawen werden in unseren Geschichts- und Lehrbüchern **vollkommen** falsch dargestellt! Diese Stämme hatten eine Kultur im Umgang miteinander und eine Naturverbundenheit – samt daraus resultierendem Wissen –, von dem wir heutzutage nur noch träumen können. Auch was diesen Aspekt anbelangt, gibt es eine Vielzahl an äußerst aufschlussreicher Literatur, Sie werden – falls Sie sich näher darüber inFORMieren wollen – bestimmt fündig werden.

Wie ich Ihnen bereits geschildert habe, wird das Gute – wo immer es sich gruppiert und zusammenfindet – vom Bösen unterwandert oder, falls eine Unterwanderung nicht möglich ist, direkt bekämpft. Ich zeige Ihnen an dieser Stelle nochmals einen von denjenigen biblischen Versen auf, die dahingehend vollkommene Klarheit bringen:

„Denn der HERR hat einen Zorn auf alle Nationen, und sein Grimm richtet sich auf ihr ganzes Heer. Er hat an ihnen den Bann vollstreckt, sie zur Schlachtung dahingegeben. *“* (Jeremias 34)

Grund einer intensiven Stammeszugehörigkeit sowie dem hohen Wissen einzelner Mitglieder, war es dem Prinzip des Bösen schlichtweg in vielen Fällen unmöglich, sich bei Germanen, Kelten und Slawen per Unterwanderung breit zu machen. Also sucht man sich die schwächste Stelle auf dem feindlichen Kontinent aus, und beginnt dort langsam ein finsteres Imperium aufzubauen. Und diese Stelle war in Mittelitalien, dort wo seinerzeit das Volk der Etrusker angesiedelt war (eine nicht-indogermanische Bevölkerungsschicht wohlgemerkt!). In Mittelitalien entstand das Römische Reich, das schließlich den Untergang aller wahren Kultur in Alteuropa bedeuten sollte. Es ist geradezu erstaunlich, wie überaus positiv die Römer in unseren Religions-, Geschichts- und Lehrbüchern dargestellt werden, waren sie doch nichts anderes als machtbesessene, brutale Imperialisten, die alles niedermetzelten was sich ihnen in den Weg stellte. In vielen Lehr- und Geschichtsbüchern werden die Feinde Roms immer wieder als kulturlose Barbaren dargestellt – das traurige Resümee etlicher dummstudierter Historiker, die anscheinend noch nie in ihrem Leben etwas anderes gelesen haben als das, was ihnen der Professor und ganz bestimmte Medien vorgesetzt und empfohlen haben. In Rom war das Zentrum der Barbarei und Kulturlosigkeit, es sei denn, man versteht unter Kultur Dinge wie: Diktatur, Steuern, Bürokratie, Sklaverei, zugepflasterte Natur, militärischer Drill, sexuelle Abartigkeit, Größenwahn und Abwasserkanäle!

Aber auch das so hoch gepriesene römische Rechts- und Staatssystem ist bei genauerer Betrachtung nichts als ein großer Haufen an Unrat, bildete es doch den Grundstein für mittlerweile unüberschaubare Gesetzbücher, Rechtsverdreherei und uferloser Verwaltungsbürokratie. Schaut man sich dagegen an, wie – und vor allem von wem – bei germanischen oder keltischen Stämmen Recht gesprochen wurde, dann kann man nur sagen: Hut ab!

Nachdem die alteuropäischen Stämme und Völker über die Jahrhunderte hinweg von den Römern militärisch besiegt und zersiedelt waren, galt es nun, das in der Bevölkerung verbliebene „alte Wissen“ auszumerzen. Diesen Job erledigte eine Institution, die sich im römischen Reich nach und nach etabliert hat, und die zu ungeheurer Macht gelangte – die römisch katholische Reichskirche. Diese Institution ist nichts anderes als der in Richtung Europa verlängerte Arm des Gottes, der seinen Anhängern schon immer nahe gelegt hat, dass sie ja keine anderen Götter neben ihm haben sollen. Völker zu unterjochen und zu beherrschen ist – entsprechende militärische Überlegenheit vorausgesetzt – eine relativ einfache Sache, aber das alte Wissen gezielt auszurotten ist – ohne dabei kontinentalen Völkermord zu begehen – schon schwieriger. Dazu bedarf es schon eines ganz besonderen Mittels. Und dieses Mittel, das gezielter Folter und Vernichtung europaweit Tür und Tor öffnete, nannte sich „Inquisition“. Es ist kein Zufall, dass es die kirchlichen Inquisitoren vornehmlich auf Frauen abgesehen hatten, die als „Hexen“ abgeurteilt wurden. Es waren nämlich fast ausschließlich weise Frauen, die das alte Wissen bewahrten. Dabei ging es nicht nur um das Wissen bezüglich Heilkräfte und Naturgeschehen, sondern es ging insbesondere um das Wissen, wie es sich in Wahrheit mit Gut und Böse auf dieser Welt verhält. Und die kirchlichen Inquisitoren haben dahingehend im Laufe von fast 800 Jahren (!) fast hundertprozentige Arbeit geleistet, nebenbei hat sich die römisch katholische Kirche und deren Büttel durch die Inquisition auch noch maßlos bereichert.

Indem das Wissen um die Heilkräfte der Natur samt Heilerinnen nahezu komplett entfernt worden war, öffnete sich dadurch sehr schnell die Pforte für ein Übel ganz besonderer Art – die moderne Medizin samt zugehöriger Pharmaindustrie. Auf dieses gepaarte Übel komme ich im nächsten Kapitel noch eingehend zu sprechen.

Jetzt werde ich einen Punkt aufgreifen, den ich in der anfänglichen Kapitelübersicht bereits aufgelistet habe: die Theorie einer möglichen Weltverschwörung.

Eines müsste jedem halbwegs klar denkenden Menschen eigentlich von vornherein klar sein, Verschwörungen sind absolut keine Hirngespinste, die Praktik der Verschwörung ist so alt wie unsere Menschheit. Doch zuerst sei einmal klar definiert, was eine Verschwörung im hier angesprochenen Sinn eigentlich ist.

Bei der hier angesprochenen Verschwörung handelt es sich um einen geheimen Zusammenschluss mehrerer Menschen, die sich mit Haut und Haaren einer gewissen Sache verschrieben haben. In fanatischer Art und Weise wird sich einander geschworen, einer bestimmten Sache zu dienen, egal, was immer da kommen möge. Verschwörungen bergen immer ein nicht zu unterschätzendes Kraftpotential in sich, denn Gemeinschaft macht nun mal stark.

Es gibt jedoch zwei Kriterien, die eine Verschwörung extrem gefährlich machen. Das erste Kriterium ist, wenn einer eingeschworenen Gemeinschaft – ungeachtet der gemeinsamen Absicht – immense Geldmittel zur Verfügung stehen. Das zweite Kriterium ist, wenn diese eingeschworene Gemeinschaft nicht durchweg aus vollkommen gleichberechtigten Mitgliedern besteht, sondern hierarchisch (pyramidal) strukturiert und organisiert ist. Wenn eine eingeschworene Gemeinschaft pyramidal strukturiert ist (und das ist bei **allen** der Fall!), dann ist es keine richtige Verschwörung mehr, dann ist es eine Pseudoverschwörung. Eine Pseudoverschwörung zeichnet sich dadurch aus, dass neu eingeschworene Mitglieder erst einmal ganz unten anfangen und sich langsam nach oben dienen müssen. Man ist als neu Eingeschworener zwar „mit dabei", wie einem feierlich mitgeteilt wird (und das schmeichelt dem Ego enorm!), in Wirklichkeit ist man nichts anderes als „Schütze Arsch", wie es so schön heißt. Je nachdem, wie man sich nun in dieser Pseudoverschwörung einsetzt und gibt, klettert man irgendwann ein Treppchen höher, und plötzlich laufen Dinge, die zuvor mühsam und schwierig waren, wie geschmiert. Man bekommt immer mehr Macht, Einfluss und entsprechende Kontakte, was zwangsläufig der eigenen beruflichen Karriere förderlich ist und zu einer verbesserten finanziellen Situation führt. Dies wird als ganz normal empfunden, hat man sich doch sehr engagiert und hart gearbeitet. Mit zunehmendem Aufstieg im pyramidalen Gebilde beginnt sich mehr und mehr das ursprünglich gemeinsame Ziel zu ändern, dies stört den Aufsteigenden jedoch in keiner Weise, passt es doch stets zum Charakter des jeweiligen Emporkömmlings. Fehlentscheidungen im pyramidalen Gebilde sind so gut wie ausgeschlossen, denn Mitglieder, die der Ideologie der Basis treu bleiben, steigen – wenn überhaupt – nur bis zu einem gewissen Grad in der Hierarchie auf. Das, was an personeller Substanz in bestimmten Organisationen langsam nach oben gelangt, wird vorher sehr genau sondiert und begutachtet. Pyramidal strukturierte Organisationen geizen nie mit entsprechenden Ehrungen, feierlichen Riten und Zeremonien, auf jeder Stufe wird man in gewisser Weise neu eingeschworen.

Bei pyramidal strukturierten Organisationen mögen die Ziele, die der Basis und der Öffentlichkeit einsuggeriert werden, noch so erhaben und menschenfreundlich klingen, es geht im Endeffekt um nichts anderes als um Elitedenken und Macht. Das war immer so, das ist so, und das wird – jedenfalls solange es hierarchisch organisierte Pseudogemeinschaften gibt – auch immer so sein!

Die Wurzel des Phänomens „eingeschworene Gemeinschaften" ist, wie bei so vielem, beim Göttergeschehen im Nahen Osten zu finden. Die Götter (Anunnaki) waren, gegenüber den von ihnen erschaffenen Menschen, Wissende. Da die Götter bereits gewusst haben, dass Wissen Macht bedeutet, hielten sie, so gut es nur irgend ging, das Wissen von den gewöhnlichen Menschen fern. Es gab jedoch eine Gruppe normal Sterblicher, die wurde von den Wissenden nach und nach in bestimmte Dinge eingeweiht. Bei dieser Gruppe handelte es sich um diejenigen Menschen, die im unmittelbaren Umfeld der Götter tätig waren, und die allein durch diese Tatsache schon einen besseren Einblick ins göttliche Geschehen hatten. Diese Gruppe, die die Götter direkt bediente, und die sich eifrig um deren Wohlergehen bemühte, wurde „Priesterschaft" genannt. Diese Priesterschaft wies bereits erste hierarchische Strukturen auf, gab es doch stets darin mindestens einen „Hohepriester".

Wo immer man sich in der Geschichte umsieht, es war stets die Priesterschaft, die wissend und verschworen war, und die dieses Wissen auf geschickte Art und Weise immer zu ihrem Vorteil auszunützen wusste. Das frühe Ägypten ist in punkto verschworene Priesterschaft ein Paradebeispiel. Dort errichtete die Priesterschaft so genannte „Mysterienschulen", die ausnahmslos dem Priesternachwuchs und den Pharaonen zugänglich waren. In diesen Schulen wurde das „geheime Wissen" gelehrt, dessen Verrat mit strengsten Strafen geahndet wurde, bis hin zur Todesstrafe. Hermetische Abschirmung, geheimste Zeremonien, Vereidigungen, Schwüre, Rituale und Symbolik prägten das Geschehen in diesen mystischen Lehrstätten. Einen kurzen Einblick, was in diesen Schulen mitunter gelernt wurde, zeigt das nächste Kapitel. Das geheime Wissen wurde stets mit Hilfe einer ausgeklügelten Symbolik verschlüsselt, bestimmte altägyptische Symbole finden sich auch heute noch bei diversen Organisationen sowie auf nationalen Gegenständen wie Flaggen, Siegeln oder Geldscheinen. Die jüdische Kabbala (geheime Religionsphilosophie der Rabbis) zum Beispiel ist stark mit den in Ägypten gelehrten „geheimen Mysterien" verwurzelt und strotzt nur so vor Symbolik.

Das gewöhnliche Volk wurde weltweit von der herrschenden Priesterschaft absichtlich dumm und abergläubisch gehalten, was sich auch stets in barer Münze auszahlte. Wer in die unterste Schicht des elitären Kreises der Priesterschaft eintreten wollte, der musste schon eine ganz bestimmte Gesinnung hegen, denn priesterlicher Nachwuchs wurde sorgfältig und mit Bedacht ausgewählt. Und es war über einen langen Zeitraum hinweg die Priesterschaft, die heimlich das politische Geschehen gestaltete, denn ihr Einfluss auf die jeweils „herrschende" Person war fast ausnahmslos beträchtlich.

Auch viele eingeschworene Gemeinschaften, die man als „Orden" etablierte, wurden letztendlich von der Priesterschaft ins Leben gerufen. Orden waren durchweg pyramidal strukturiert, wahrten nach außen hin den Anschein der Mildtätigkeit, widmeten sich jedoch in Wirklichkeit – entweder gleich von vornherein, spätestens jedoch dann, als sie unterwandert waren – dem finstern Spiel um Macht und Reichtum. Das Spiel ist **immer** dasselbe, und es ist so alt wie die Menschheit:

Beherrschende Macht **braucht** eine pyramidale Struktur – und Macht miss**braucht**!

Wenn es um das Thema Weltverschwörung geht, dann taucht damit verbunden immer wieder ein Begriff auf, den Sie sicherlich auch schon gehört haben: Freimaurer. Die weltweite Geschichte der Freimaurerei im Detail aufzuzeigen, würde allein ein Buch ähnlich einer Enzyklopädie ergeben, ich gebe Ihnen in der weiteren Abfolge nur einen sehr groben (aber dennoch aufschlussreichen!) Überblick bezüglich dieses Phänomens.

Die Tradition der Freimaurer reicht bis ins frühe Ägypten zurück und hatte tatsächlich etwas mit dem Handwerk zu tun, das nötig ist, um Bauten zu errichten. Die Ägypter schufen im Laufe der Geschichte – abgesehen von den frühen Monumentalbauwerken, bei denen die Götter die Hand im Spiel hatten – eine ungeheure Vielzahl äußerst beeindruckender Bauwerke, die zum Großteil heute noch zu bestaunen sind. Um solche Großprojekte ins Dasein zu rufen, brauchte es natürlich – neben vielen Sklaven und Hilfsarbeitern – auch entsprechendes Fachpersonal. Und diese Fachleute waren zu damaliger Zeit bereits in Zünften organisiert, wie Aufzeichnungen auf Papyrusrollen, die um das Jahr 2.000 v. Chr. datiert werden, eindeutig belegen. Das Wissen, das der damaligen Baumeisterkunst (gegliedert in die entsprechenden Fachgebiete) innewohnte, wurde von den Zünften wohl gehütet, und die Zünfte handelten mit den Auftraggebern auch Lohn und Arbeitsbedingungen für ihre Mitglieder aus. Die Zünfte waren hierarchisch organisiert, es tauchen dort bereits die Begriffe

„Meister“ und „Großmeister“ auf, die auch als Initiationsgrade (Grade der Einweihung) bezeichnet wurden. Einweihungen wurden immer in Form von Ritualen und unter Einbringung von Schwüren zelebriert, und selbstverständlich in geschlossener Gesellschaft. Selbst das ägyptische Totenbuch – ein mystisches Werk aus dem Jahre 1591 v. Chr. – spricht vom „Großmeister der Handwerker“ und von „Initiationsgraden“.

Während die niederen Grade mit der Errichtung von Bauwerken beschäftigt waren, widmeten sich die Großmeister mehr und mehr rein mystischen Dingen, und somit Zielen, die mit der Errichtung von Bauwerken sehr wenig gemein hatten. Sie sehen also, der Prototyp der eingeschworenen, pyramidal strukturierten Pseudogemeinschaft war bereits im frühen Ägypten entstanden. Und wie das in Pseudo-Verschwörungsgemeinschaften so üblich ist, existieren ganz bestimmte Erkennungssymbole sowie symbolische Gegenstände, die den jeweiligen Einweihungsgrad bezeugen, der Fachausdruck dafür lautet „Insignien“. Ein Erkennungssymbol der Freimaurer war der Schurz, der oftmals aus weißem Lammfell gearbeitet war. Es gibt frühe ägyptische Statuen und Abbildungen, auf denen dieser Schurz eindeutig dargestellt ist. Bilder von neuzeitlichen Freimaureraufmärschen sowie Fotos von Freimaurern in Uniform lassen diesen Schurz wieder in Erscheinung treten. Die Insignie, die einen „Meister“ auszeichnet, ist eine kleine Spitzkelle, das Symbol des Winkelmaßes hingegen zeichnete einen „Großmeister“ aus. Auch das „allsehende Auge Gottes“, das ich Ihnen ja schon aufgezeigt habe, ist ein beliebtes Symbol der Freimaurer, ich werde darauf noch einmal zu sprechen kommen.

Freimaurerische Organisationen haben stets zwei Seiten: eine hilfsbereite und durchweg positive, die von der breiten Basis vertreten und praktiziert wird, und eine weniger positive, was das Treiben der pyramidalen Führungselite anbelangt.

Die im frühen Ägypten entstandenen Handwerkszünfte überdauerten die Jahrhunderte und etablierten sich auch in Europa, jedoch erst ab dem Zeitpunkt, als Alteuropa von den Römern vernichtet worden war. Nachdem die gesunde Stammes- und Völkerstruktur Alteuropas von den Römern zerstört worden war, sorgte Rom und die römisch katholische Kirche für die Etablierung eines Gebildes, für das die Bezeichnung „Übel“ geradezu geschmeichelt ist – die Rede ist von europäischen Kaisern, Königen, Großfürsten und sonstigem, was unter den Begriff „Hochadel“ und damit verbundenem Großgrundbesitz fällt.

Großgrundbesitz war und ist ein weltweit legalisiertes Verbrechen, das die dadurch zwangsläufig besitzlose Bevölkerung in Armut und Knechtschaft zwingt. Und zwar in eine Knechtschaft, die bis hin zur Sklaverei und Leibeigenschaft ging, wie die Geschichte ja sehr deutlich aufzeigt. Aus einer derart geknechteten und in Armut gehaltenen Bevölkerung lässt sich natürlich stets ein äußerst williges Menschenpotential herausziehen, das man für lukrative Kriegsdienste einsetzen kann. Und es waren vorwiegend Kriegsdienste, die mit der Sicherheit des eigenen Landes überhaupt nichts zu tun hatten, man vermietete die Soldaten einfach für teures Geld an Herrscher anderer Länder, in deren Kriege die Söhne der Armen dann verheizt wurden. Das Adelsgeschlecht der Hannoveraner sowie das Fürstentum von Hessen-Kassel waren wahre Weltmeister im kriegstechnischen Menschenhandel und kamen durch diese finstere Praktik zu enormem Reichtum. Hauptmieter für deutsche Söldner war Großbritannien. Im amerikanischen Unabhängigkeitskrieg (1776-1783), mit dem Deutschland absolut nichts zu tun hatte, kämpften in vielen Schlachten weitaus mehr deutsche Söldner als britische Soldaten. Allein die in diesem Krieg vermieteten Soldaten brachten dem Verleiher (Friedrich II. Fürst von Hessen-Kassel) einen Reingewinn von für damalige Zeiten unvorstellbaren 5 Millionen britischer Pfund. Durch den amerikanischen Unabhängigkeitskrieg wuchs das Fürstenvermögen von Hessen-Kassel zum größten in ganz Europa an!

Was das Adelsgeschlecht von Hessen-Kassel in punkto Vermietung menschlichen Kriegsmaterials auf die Spitze trieb, wurde auch von fast allen anderen Adelsgeschlechtern in mehr oder weniger großem Stil praktiziert, natürlich auch mit stattlichen Gewinnen.

Wenn man sich die Mühe macht, und sich entsprechend dahingehend inFORMiert, wie und wodurch der Hochadel zu Reichtum und Macht gelangt ist und was diese „elitäre" Schicht im Verlaufe der Geschichte für Verbrechen begangen hat, dann mutet es einen schon äußerst seltsam an, dass diese Spezies heutzutage nach wie vor an allen Ecken und Enden gewürdigt und hofiert wird. Wahrscheinlich liegt es daran, dass die Menschen über bestimmte historische Fakten zu wenig aufgeklärt sind, weil ihnen die breiten Medien dahingehend alles andere als die Wahrheit eintrichtern. Sehr wahrscheinlich liegt es aber mitunter auch daran, dass wir uns vor dem mächtigen Moloch „GELD" nach wie vor verneigen, und nicht zuletzt deshalb, um so viel wie nur möglich an ihm teilzuhaben. Wie immer das Vermögen des Hochadels heutzutage angelegt sein mag (Aktien, Immobilien, Kunstgegenstände usw.), das Fundament seines Reichtums (und der Hochadel ist weitaus reicher, als er medientechnisch immer vorjammern lässt!) war stets Ausbeutung, politische Intrigen und Kriegshetzerei – samt Lieferung des dann nötigen Menschenmaterials!

Interessant ist die Stellung der Freimaurer in der vom Hochadel beherrschten Zeit des Feudalismus (herrschender Großgrundbesitz). Mitglieder diverser Maurerzünfte waren fast ausnahmslos freie Männer, und diese wurden oft als „freie Maurer" bezeichnet. Aus den Zünften dieser freien Maurer entwickelte sich der mystisch angehauchte Begriff der „Freimaurerei", und es war dem gewöhnlichen Volk durchaus bewusst, dass sich in den Hochetagen dieser Organisationen weitaus mehr abspielte, als nach außen hin publik gemacht wurde. Die Freimaurerei in Europa gipfelte schließlich in der Schaffung von so genannten „Logen", dabei handelt es sich um pyramidal strukturierte Organisationen, in denen man – je nach Gesinnung – verschiedene Einweihungsgrade erlangen konnte, bis hin zum Großmeister. Es waren stets die Freimaurerlogen, die das politische und das wirtschaftliche Geschehen in hohem Maße prägten, frei nach dem Motto: „Im Dunkeln (Geheimen) lässt sich's gut munkeln!"

War eine Loge in sich schon pyramidal strukturiert, so existierte landesweit gesehen ein Logensystem, das selbstverständlich auch pyramidal strukturiert war. So gab es, um die unwissende Basis versammeln zu können, unwichtige Nebenlogen, dann Hauptlogen und schließlich – für die elitäre Führungsspitze – Großlogen, von denen sich einige auch „Mutterloge" nannten.

Zu gegebener Zeit wies **jedes** europäische Land eine mehr oder weniger ausgeprägte Logenstruktur auf, und auch in Amerika etablierte sich die Freimaurerei im großen Stil. Interessanterweise waren sich die Groß- oder Mutterlogen der verschiedenen Länder sehr oft uneinig, manche Großlogen bekriegten sich sogar untereinander. Das, was in einer Loge an Politik- und Wirtschaftsgeschehen beschlossen wurde, wurde stets unter strengster Geheimhaltung beschlossen und verwahrt. In Großlogen wurde das Schicksal von ganzen Völkern bestimmt, Völkerschicksale, die fast immer Krieg oder Revolution bedeuteten, denn Krieg war (und ist!) das effizienteste Mittel, damit eine gewisse Schicht zu noch mehr Reichtum und Macht gelangt. Und nicht zu vergessen, um ANGST zu erzeugen!

Was in einer Loge passierte, war also streng geheim, es war jedoch – entgegen landläufiger Meinung – absolut kein Geheimnis, dass solche Logen überhaupt existierten. Auch machte manch hochrangiger Zeitgenosse überhaupt keine Anstalten dahingehend, seine Zugehörigkeit zu einer Loge zu verbergen, ganz im Gegenteil, man präsentierte sich öffentlich in freimaurerischer Uniform samt Insignien, die den jeweils erlangten Initiationsgrad (Einweihungsstufe) repräsentierten. Der amerikanische Präsident George Washington ließ sich in Freimaureruniform samt Insignien porträtieren, die späteren Präsidenten Theodore Roosevelt und William Howard Taft posierten in gleicher Aufmachung vor mittlerweile erfundener Fotokamera. Auch von Präsident Harry S. Truman, der den vollkommen unnötigen Abwurf der Atombomben auf Hiroshima und Nagasaki befahl, existiert ein Foto, auf dem er sich stolz in Freimaureruniform präsentiert. In Europa gingen einige Herren noch weiter, Herzog Ferdinand von Braunschweig ließ sogar eine Münze prägen, die auf der einen Seite sein Konterfei darstellte, und deren Rückseite seine Zugehörigkeit zur Freimaurerei samt Einweihungsgrad (Großmeister) offenbarte. Die überwiegende Mehrzahl der in Logen organisierten Persönlichkeiten war jedoch nicht sonderlich daran interessiert, dass die Öffentlichkeit von ihrer Logenzugehörigkeit wusste, dies trifft gerade auf spätere Zeiten zu, als das wahre Treiben der Logen mehr und mehr publik wurde, und Logen somit berechtigterweise sehr stark in Verruf kamen. Etwa ein Drittel aller amerikanischen Präsidenten waren einer Großloge angehörig, bei den Mitgliedern des amerikanischen Kongresses war der Anteil an Freimaurern noch wesentlich höher. In Europa sah es nicht besser aus. Tatsache ist, fast der gesamte Hochadel trieb seinerzeit sein Unwesen mittels Logenzugehörigkeit. Aber auch sonstige Prominenz war in diesen zur Spitze hin mystisch orientierten Organisationen anzutreffen, der geniale Dichter Johann Wolfgang von Goethe ist dahingehend ein Paradebeispiel. Ein Paradebeispiel deshalb, weil Goethe nie einen Hehl daraus machte, dass er mehreren Geheimlogen angehörte, und ein Paradebeispiel vor allem dahingehend, weil Goethe etwas tat, was normalerweise unter Höchststrafe verboten war: Goethe zeigte – wenn auch äußerst geschickt getarnt mittels Dichtungen und Reimen – die okkulte Seite des Logentreibens auf. Wer sich im Okkultismus auskennt – und das nächste Kapitel wird Ihnen dahingehend einen kurzen Einblick geben –, für den ist so manches Werk Goethes eine wahre Offenbarung. Immer und immer wieder ließ Goethe in seinen Werken durchblicken, dass Okkultismus absolut nichts mit Hirngespinsten zu tun hat, sondern dass es sich bei diesen Dingen um eine funktionierende Realität handelt – eine Realität, der eine ungeheure Macht und Gefahr innewohnt!

Man muss das Wahre immer wiederholen, weil auch der Irrtum um uns herum immer wieder gepredigt wird, und zwar nicht von einzelnen, sondern von der Masse.
(Joh. Wolfg. v. Goethe)

Ich habe Ihnen ja schon klar gemacht, dass ich hier nur einen winzigen Bruchteil dessen aufzeigen kann, was sich in punkto Verschwörungen weltweit so alles getan hat (und noch immer tut!). Fakt ist, wer sich auch nur ein bisschen über das wahre historische Weltgeschehen inFORMiert, der muss schon mit einer gehörigen Portion an Ignoranz und Blindheit geschlagen sein, um anschließend zu behaupten, dass es sich bei der Existenz handfester Verschwörungen, in die höchste Ebenen verwickelt sind, um nichts anderes als Hirngespinste handelt!

Ich könnte jetzt monatelang weiter schreiben: über frühe ägyptische Geheimbünde – über israelitische Geheimbünde, Geheimlehren und über Talmud, Thora und Kabbala – über die Geschichte der Tempelritter – über die Kreuzzüge und deren wahre Hintergründe – über das Treiben des Islams mittels Mohammed und des Korans – über Apokalypsen – über die wahre Ursache von so mancher Epidemie und Seuche – über bestimmte Orden wie: Johanniter, Jakobiter, Malteser, Dominikaner, Oranienorden, Rosenkreuzer – über das Treiben eines Martin Luthers – über Calvinisten – über Puritaner – über den Vatikan und Opus Dei – über die Zeugen Jehovas – über Joseph Smith und die Mormonen – über Scientology – über die englische, schottische, amerikanische, und französische Großloge – über den 33. Schottischen Ritus, den York Ritus, Rittergrade und Templergrade – über die Stewards und die Windsors – über die macht- und gewinnbringende Heiratstaktik des Hochadels – über ein deutsches Freimaurersystem namens „Strikte Observanz" – darüber, dass jeder Krieg und jede Revolution letztendlich von verschworenen Gemeinschaften geplant und inszeniert wird (damals wie heute!) – über Marx, Lenin und Stalin – über den russischen Geheimdienst „Ochrana" – über die in Italien ansässige P2-Loge – über Adam Weishaupt – über Adolf Freiherr von Knigge – Aleister Crowley – über die Zionisten – über den Club of Rome – über Adolf Hitler und die Thule-Gesellschaft, und über diejenigen, die Hitler finanziert haben – über Albert Pike und den „KU KLUX KLAN" – über den CFR (**C**ouncil of **F**oreign **R**elations) – über den CIA – über den amerikanischen SKULL&BONES-ORDEN" (dem etliche neuzeitliche Präsidenten angehören) – über den „B´nai B´rith-Orden" – über das „Komitee der 300" – über die Bilderburger – über die UNO und über den IRF (internationaler Währungsfonds) – über die „Trilaterale Kommission" – über das Royal Institute for International Affairs – über die Rotarier und über den Lions-Club usw.

All die oben aufgeführten Elemente – und die Aufzählung ist lange nicht komplett! – sind mehr oder weniger am Verschwörungstreiben beteiligt, etliche der aufgeführten Vereinigungen beherbergen derzeitiges Pseudo-Verschwörungspotential.

Manche Leute sind tatsächlich der Meinung, dass Verschwörungen zwar durchaus existent waren, jedoch in unserer modernen Zeit undenkbar sind. Dazu kann ich nur sagen: es ist ziemlich blauäugig zu glauben, dass ein dermaßen effizientes und altbewährtes Mittel, um an Macht und Reichtum zu gelangen, heutzutage nicht mehr zur Anwendung kommt! Oder glauben Sie tatsächlich, dass sich die Gier nach Macht, Reichtum und Kontrolle plötzlich verflüchtigt hat? – Das Weltgeschehen zeigt da ein ganz anderes Bild, und es existieren für denjenigen, der sich entsprechend inFORMiert und der 1+1 zusammenzählen kann, genügend Fakten, die eindeutig aufzeigen, was derzeit auf dieser Welt getrieben wird. Pseudo-Verschwörungen sind mehr denn je Thema und ein gewichtiger Faktor, der das Weltgeschehen nach wie vor in hohem Maße prägt.

Und falls Sie jetzt sagen: *„Wenn das stimmt, dann sieht es ja ziemlich düster aus!"* – dann antworte ich Ihnen darauf mit einem Zitat von Bertolt Brecht, das in dieser Sache den Nagel voll auf den Kopf trifft:

Unsichtbar wird der Wahnsinn, wenn er genügend große Ausmaße angenommen hat.
(Bertolt Brecht)

Wenn Sie die obige Auflistung betrachten, dann werden Sie – einige Kenntnisse vorausgesetzt – feststellen, dass dort mitunter Organisationen aufgelistet sind, die sich gegenseitig nicht leiden können, und die sich in der Vergangenheit auch schon bitter bekriegt haben. Ich habe Ihnen ja schon gesagt, dass es keinen Zufall gibt, und dass der Lauf allen Geschehens exakt vorbestimmt ist. Dies trifft natürlich auch für alle Pseudo-Verschwörungen zu, und es setzt sich seit geraumer Zeit ein gewisses Prinzip durch. Und dass das Prinzip, welches der Lauf des Geschehens für unsere Welt gerade vorsieht, nicht positiv ist, das habe ich Ihnen auch schon klargemacht. Das wiederum bedeutet, es wird sich alles, was an negativem Verschwörungspotential vorhanden ist, mehr und mehr zusammenfinden. Entweder durch Schulterschluss oder durch die gängige Praxis der Unterwanderung – mit anschließendem Pseudo-Schulterschluss. Ich werde Ihnen dahingehend ein Beispiel vor Augen führen:

Die römisch katholische Kirche bekämpfte aus bestimmten Gründen seit jeher vehement die Freimaurerei, all diejenigen, die sich der Freimaurerei verschrieben hatten, waren weltweit exkommuniziert. Der Lauf des Geschehens sorgte nun dafür, dass die Führung der römisch katholischen Kirche – die Kurie – von freimaurerischer Gesinnung unterwandert wurde. Wie ich Ihnen schon berichtet habe, war Papst Johannes Paul I. über diejenigen Mitglieder der Kurie, die nebenbei einer Freimaurerloge angehörten, informiert, und er wollte diese subversiven Elemente entfernen. Dass er dieses Vorhaben – bedingt durch ein äußerst schnelles und mysteriöses Ableben – nicht mehr in die Tat umsetzen konnte, wissen Sie auch bereits. Was Sie vielleicht nicht wissen, ist das Vorgehen, das sein Nachfolger Papst Johannes Paul II. bezüglich Freimaurerei an den Tag legte. Am 27. November 1983 hob Papst Johannes Paul II. durch den „Codex Iuris Canonici" die weltweite Exkommunikation aller Freimaurer auf. Es kam zum Schulterschluss zwischen einer bereits von der Freimaurerei unterwanderten Kurie und derjenigen Organisation, die für die Unterwanderung zuständig war. Papst Johannes Paul II. hob dabei die humanen Leistungen dieser Organisation besonders hervor. Dass diese humanen Gesinnungen – die von der Basis zweifelsfrei vertreten und praktiziert werden – jedoch mit der Gesinnung derjenigen, die an der Spitze dieser Organisation stehen, nichts zu tun haben, darüber breitet sich nach wie vor der Mantel des Schweigens.

Wenn Sie – was Pseudo-Verschwörungen anbelangt – in meinen bisherigen Ausführungen die Illuminaten und das Treiben der international tätigen Banken vermissen, so hat das seinen besonderen Grund. Der Grund liegt darin, dass diese Elemente sehr eng mit dem Thema „Geld" verknüpft sind. Mit dem Übel „Geld" und der daraus resultierenden Macht habe ich dieses Kapitel begonnen, und daher möchte ich es nicht versäumen, Sie über Geld näher zu inFORMieren.

Wer der Meinung ist, dass man für Geld alles haben kann, gerät leicht in den Verdacht, dass er für Geld alles zu tun bereit ist.
(Benjamin Franklin)

Arm ist nicht der, der wenig hat, sondern der, der nicht genug bekommen kann.
(Jean Guehenno)

Das Geld, das man besitzt, ist das Mittel zur Freiheit; dasjenige, dem man nachjagt, das Mittel zur Knechtschaft. (Jean Jacques Rousseau)

Das Geld gleicht dem Meerwasser. Je mehr man davon trinkt, umso durstiger wird man.
(Arthur Schopenhauer)

Was der liebe Gott vom Gelde hält, kann man an den Leuten sehen, denen er es gibt. (Peter Bamm)

Geld finde ich nicht so wichtig. Darum ist es mir völlig egal, ob ich 60 oder 70 Millionen Dollar besitze. (Arnold Schwarzenegger)

Geld ist das Brecheisen der Macht. (Friedrich Nietzsche)

Ein Banker ist jemand, der bei Sonnenschein einen Regenschirm verleiht und ihn bei Regen wiederhaben will. (Mark Twain)

Wenn Karrieren schwindelnde Höhen erreichen, ist der Schwindel häufig nicht mehr nachzuweisen. (Werner Schneyder)

Gebt mir die Kontrolle über die Währung einer Nation, und es ist mir gleichgültig, wer die Gesetze macht. (Bankier Amschel Mayer Rothschild 1743-1812)

Das Geld an sich ist gar nicht mal das große Problem, es ist die **Geldanhäufung** und die damit verbundene Macht, die dieser Welt so arg zu schaffen macht. Abgesehen davon, dass es sich – ein entsprechendes Bewusstsein vorausgesetzt! – auch vollkommen ohne Geld auf dieser Welt leben ließe, ist Geld, wenn es als reines Austauschmittel gehandhabt wird, noch akzeptabel. Wenn jemand Eier produziert, dann muss er nicht ständig einen Sack voll Eier mit sich herumtragen, um andere Produkte oder Leistungen dafür eintauschen zu können, er bezahlt eben mit einer bestimmten Menge Geld, die das entsprechende Tauschpotential in sich birgt. Tauschte man früher fünf Eier gegen ein Kilo Brot, so muss man nun keine Eier mehr zum Bäcker schleppen, sondern man gibt den dafür angemessenen Geldbetrag. Voraussetzung ist natürlich, dass man für seine fünf Eier auch immer den Geldbetrag bekommt, der dem Preis von einem Kilo Brot entspricht. Es muss also eine Regelung und somit Sicherheit existieren, die das existierende Tauschpotential gewährleistet, es also stabil hält. Dass so eine Regelung in unserer Wirtschaftswelt nicht vorhanden ist, und dass das Gegenteil von Stabilität – nämlich die Inflation – seit geraumer Zeit der Fall ist, brauche ich Ihnen wohl nicht näher aufzuzeigen. Um zu verstehen, wie es zu solch einem Missstand kommen konnte, muss man sich die Geschichte des Geldes anschauen. Eine Geschichte, die ganz klar Aufschluss darüber gibt, dass das herrschende Geldimperium auf nichts anderem als auf legalisiertem Betrug basiert!

Bevor das Geld – und insbesondere das Papiergeld – als Zahlungsmittel gültig wurde, gab es ein weltweit akzeptiertes Zahlungsmittel, das physikalisch den jeweiligen Tauschwert in sich barg – Silber und Gold. Gold und Silber brauchte man vor allem dort als Zahlungsmittel, wo direkter Tausch von Waren zu viele Umstände bereitete. Das war vor allem dann der Fall, wenn Waren aus weit entfernten Regionen ins heimische Gebiet geholt werden sollten. Man zog also mit einer bestimmten Menge an Gold los, um in anderen Regionen Waren zu erwerben. Gold und Silber bewahrten stets ihren Wert und somit die Stabilität, die durch Schürfung ständig neu hinzugekommene Menge an Edelmetall führte zu keinem Überangebot und somit Wertverfall, denn parallel dazu wuchs ja die Anzahl der Menschen. Der Handel zwischen weit entfernten Regionen wuchs beständig und wurde durch Schaffung von verbesserten Transportwegen zusätzlich angekurbelt. Bedingt durch den permanenten Warenaustausch zwischen entfernten Regionen entstanden nach und nach mächtige Handelsfamilien, die es zu beträchtlichem Reichtum brachten. Das bedeutete, diese Handelsfamilien horteten immer mehr Gold und Silber und somit Macht- und Kaufpotential. Der Grund, warum es überhaupt zu einer Hortung kommen konnte, lag darin, dass man die in fernen Regionen erworbenen Waren am Heimatort mit zu hohem Gewinn verkaufen konnte. Der Gewinn war deswegen zu hoch und somit für ein humanes Miteinander gefährlich, weil durch ihn nicht nur die existenziellen Bedürfnisse befriedigt werden konnten, sondern es blieb – trotz aufwendigem Lebensstil – stets ein ganzer Batzen übrig. Diese Hortung von Gold und Silber erlaubte es schließlich, dass man in den jeweiligen entfernten Handelsregionen Gold- und Silberdepots errichtete. Somit brauchte man kein Gold und Silber mehr auf seinen Handelsreisen mitzuführen, was ja auch, bedingt durch Wegelagerei, gefährlich war. Man hatte in der entfernten Handelsregion ganz einfach sein sicheres Depot, aus dessen Bestand man die dort neu erworbenen Güter bezahlen konnte.

Doch mit der Zeit entstand eine Verfahrensweise, die – neben überzogenen Gewinnspannen – einen weiteren Schritt in Richtung Inhumanität darstellte: der Verleih von Gold und Silber! Man machte nämlich seine Gold- und Silberdepots auch solchen Händlern zugänglich, die über kein eigenes Depot verfügten, natürlich gegen eine entsprechende Gebühr – den Zins!

Mit dem Zins war ein Monstrum in diese Welt gesetzt, das an Übel schwerlich zu überbieten ist, wie ich Ihnen noch darlegen werde. Zinsen bescherten demjenigen, der sie kassierte, einen permanenten Reichtumszuwachs, der nicht mehr auf Arbeit, sondern der allein auf Hortung von Gold und Silber basierte. Einer Hortung wohlgemerkt, die wiederum durch überzogene Handelsgewinne zustande kam. So wuchs der Gold- und Silberberg bestimmter Familien beträchtlich an, doch damit war es noch lange nicht genug. Die Gold- und Silberdepots, die in fernen Regionen angelegt waren, mussten natürlich sicher sein. Dazu braucht es sichere Gebäude, vertrauenswürdiges Personal und, gerade was andere Länder anbelangt, gute Beziehungen zur dortigen Obrigkeit. Dies alles hatten die führenden Handelsfamilien geschaffen und exzellent installiert, das dazu nötige Kapital hatten sie im Überfluss. Nun gab es viele Händler, die ebenfalls Golddepots in denjenigen Handelsregionen anlegen wollten, in denen sie tätig waren, sich aber keine eigenen Sicherheitseinrichtungen leisten konnten. Und selbst wenn sie es sich leisten konnten, dann war es bereits vielerorts der Fall, dass die dortige Obrigkeit dies nicht gestattete, hatten sich doch schon die mächtigen Handelsfamilien insgeheim das Monopol dahingehend gesichert. Doch diese waren ja keine Unmenschen, und so bot man den Händlern großzügigerweise an, deren Goldreserven einfach mitzuverwahren – gegen eine Gebühr selbstverständlich, denn Sicherheit kostet nun mal!

Jetzt wurde also schon zweimal abkassiert: einmal für die Depotverwahrung und einmal Zinsen von denjenigen, die minderbemittelt waren, und die sich deshalb Gold für geplante Handelsgeschäfte leihen mussten. Wer Gold ins Depot zur Verwahrung einbrachte, bekam als Beleg ein versiegeltes und unterschriebenes Dokument, das den Wert des eingelagerten Goldes verbriefte. Derjenige, der sich Gold auslieh, musste ein Schulddokument unterzeichnen, das dann vernichtet wurde, wenn er das geliehene Gold samt Zinsen wieder zurückbrachte. So entstanden die ersten Handelskassen. Es dauerte gar nicht lange, da wuchsen – bedingt durch immer mehr Handelsaktivität – die eingelagerten Golddepots mehr und mehr an. Auf der anderen Seite gab es jedoch auch immer mehr Nachfrage von Minderbemittelten, die sich Gold leihen wollten. Es kam zur Situation, da konnte man theoretisch kein Gold mehr verleihen, da sich bereits alles eigene Gold entweder im lukrativen Verleihstadium befand oder momentan durch eigene Handelsaktivitäten gebunden war. In der Praxis sah es jedoch so aus, dass man nun herging, und auch noch das Gold verlieh, das einem gar nicht gehörte, und für dessen Verwahrung die rechtlichen Besitzer auch noch bezahlten! Das war zwar reiner Betrug, aber das störte die Herren Goldverleiher nicht im Geringsten. Ganz im Gegenteil, dies war erst der Anfang von noch viel größeren Betrügereien. Irgendwann ging man nämlich dazu über, gar kein Gold oder Silber mehr direkt auszuhändigen, und alles über Wertpapiere abzuwickeln. *„Warum denn immer Gold mit sich herumschleppen, wo es doch auch ein verbrieftes Stück Papier tut!“*, das war die Devise, die man den Händlern langsam eintrichterte. Da mittlerweile alle Pseudo-Goldverleiher Filialen in vielen nationalen und internationalen Handelsregionen hatten, wurde dieser Schritt von den Händlern auch durchweg akzeptiert. Auch war es bereits so, dass für das Einlagern von Gold seitens der Goldverwahrer keine Gebühren mehr erhoben wurden, war doch dessen betrügerischer Verleih zu lukrativ, und deshalb einer beginnenden Konkurrenz unterworfen. Es entstanden nach und nach in den wichtigsten Handelszentren Gold-Verwahrungsdepots unterschiedlicher Handelsfamilien. Konkurrenz bedeutete wiederum, man bekam für sein jeweils eingelagertes Gold ein Wertpapier, das nur in den Filialen gültig war, die dem entsprechenden Pseudo-Goldverwahrer angehörten. Ursprünglich bekam man für sein eingelagertes Gold ein einziges Dokument, das den eingelagerten Goldwert verbürgte. Um das Rücktauschen von Wertpapier in Gold zu vermeiden und um einen Handel, der rein auf dem Austausch von Wertpapieren basiert, zu ermöglichen, musste das ursprüngliche Wertpapier in möglichst viele kleine Häppchen (Geldscheine) zerlegt werden. Mit diesen kleinen Häppchen konnte man nun Waren erwerben, vorausgesetzt, Käufer und Verkäufer hatten ihr Goldvermögen beim gleichen Pseudo-Goldverwahrer deponiert.

Der nächste Schritt bestand darin, die unterschiedlichen Wertpapiere zu vereinheitlichen, um somit eine allgemeine Gültigkeit zu erreichen. Nun war es also möglich, auch denjenigen Verkäufer per Wertpapier zu bezahlen, der seinen Goldvorrat bei einem konkurrierenden Pseudo-Goldverwahrer deponiert hatte. Dieser Schritt führte dazu, dass überhaupt kein deponiertes Gold mehr zurückgetauscht werden musste. Der goldlose Handel war entstanden, man bezahlte von nun an mit Geld. Mittlerweile – und bedingt durch mehr und mehr Konkurrenz – erhielt man für sein eingelagertes Gold von den Pseudo-Goldverwahrern Zinsen, jedoch waren diese Guthaben-Zinsen stets bedeutend niedriger als die im Leihungsfall zu bezahlenden Schuld-Zinsen.

Sie merken schon, es ist die Entstehungsgeschichte der Banken, die ich Ihnen hier vor Augen führe. Selbstverständlich ist die von mir dargestellte Entstehungsgeschichte – was Zeiträume, Mitwirkende und Aktionen anbelangt – extrem zusammengerafft dargestellt, aber sie enthält dennoch die wichtigsten Stationen. Und wenn Sie glauben, dass Banken und das Drucken von Banknoten etwas mit Staat und Regierung zu tun haben, und es unmöglich ist, dass private Personen hier das Sagen haben, dann irren Sie sich gewaltig. Viele Menschen wissen nicht, dass weltweit führende Zentralbanken entweder ganz oder zum Teil in Privatbesitz sind, ich werde Ihnen dahingehend noch einige Beispiele aufzeigen. Weiterhin ist es so, dass über die komplette Entstehungsgeschichte der Banken hinweg (Handel – Golddepots – Goldverleih – Verwahrung von Fremdgold – illegaler Verleih fremden Goldes – Wertpapier – Zerlegung des Wertpapiers in kleinere Häppchen – Vereinheitlichung der Wertpapiere – Papiergeld) die daran maßgeblich beteiligten Akteure früher oder später allesamt Mitglieder von Logen waren. Ohne die Absprache über Logen wäre eine derartige Entwicklung – vor allem was die Vereinheitlichung der Wertpapiere anbelangt – niemals möglich gewesen. In den Logen wurde der Fahrplan zum Reichtum entworfen, und es waren letztendlich auch die Logen, die den größten Betrug aller Zeiten ermöglichten, der jetzt kommen sollte.

War es bereits nichts anderes als Betrug, das ursprünglich eingelagerte Fremdgold gegen Zins zu verleihen, so ging man jetzt noch einen gehörigen Schritt weiter. Der nächste Schritt bestand nämlich darin, Geld – und somit **privaten** Reichtum! – aus dem puren Nichts zu erschaffen. Die Methode dazu war ganz einfach, man druckte einfach wesentlich mehr Wertpapiere (Geld), als man überhaupt an Goldreserven zur Verfügung hatte. War ursprünglich alles, was an Wertpapieren in Umlauf war, physikalisch in deponiertem Gold vorhanden und somit gedeckt, so war dies plötzlich nicht mehr der Fall, es kam zu einer massiven Unterdeckung. Diese Unterdeckung hätte natürlich im Falle eines Extremrücktausches – wenn alle diejenigen Kunden, die dem Pseudo-Goldverwahrer ihr Gold anvertraut hatten, ihre dafür erhaltenen Wertpapiere plötzlich auf einen Schlag gegen Gold zurücktauschten – ein massives Problem seitens der Pseudo-Goldverwahrer zu Folge. Da es die Pseudo-Goldverwahrer, die sich mittlerweile „Bankiers" nannten, glänzend verstanden haben, ein äußerst erhabenes und vertrauenswürdiges Image aufzubauen, glaubten die Bankkunden dem Sicherheitsgeschwafel dieser betrügerischen Spezies. Es gibt einen Spruch des Volksmundes, der auf die Pseudo-Goldverwahrer passt, wie die Faust aufs Auge:

Je feiner der Zwirn, desto hinterlistiger das Hirn!

Ich möchte an dieser Stelle nochmals ausdrücklich betonen, dass sich die Bankiers durch das Drucken von Wertpapieren (Geld), dem kein Gegenwert in Gold vorlag, in gigantischem Maße **persönlich** bereichert haben. Weiterhin möchte ich Sie darauf hinweisen, dass dieser Betrug seitens der Regierungen nicht nur geduldet, sondern auch noch legitimiert worden ist!

Das war deshalb möglich, saß man als Regierender oder als hoher Angehöriger einer Regierung doch mit den Bankiers in ein und derselben Loge. Und durch die dort versammelte verschworene Gemeinschaft wurde das Volk nicht nur betrogen und belogen, es wurde auch in Inflationen getrieben und in Kriege gehetzt. Eine heftige Inflation mit anschließender Währungsreform hatte stets zur Folge, dass die ehemals als sicher propagierten Wertpapiere plötzlich vollkommen wertlos waren, denn eine Deckung in Gold war – wenn überhaupt noch! – nur zu einem Bruchteil vorhanden. Doch niemand kam auf die Idee, die wirklich Schuldigen anzuklagen, denn es handelte sich ja um legalisierten Betrug auf höchster Ebene. Wenn Sie jetzt glauben, dass bei einer Inflation auch die Bankiers ihr Vermögen eingebüßt haben, dann irren Sie sich erneut gewaltig. Oder glauben Sie im Ernst, dass derjenige, der Inflation und Krieg plant und verursacht, so blöd ist, und sich damit ins eigene Fleisch schneidet? Führende Bankiers arbeiten international und verschieben im Falle von Inflation und Krieg ihr Vermögen rechtzeitig genau dorthin, wo es sich – gerade wegen des angezettelten Krieges – vervielfacht. Ein Vielfaches an Reichtum bedeutet immer auch ein Vielfaches an Macht.

Ich möchte Ihnen jetzt am Beispiel England in kurzer Form aufzeigen, wie eine Landes-Zentralbank entsteht, in der größtenteils Privatleute das Sagen haben, und in der es legitim ist, privaten Reichtum aus dem Nichts zu erschaffen, und einen Großteil des Volkes dabei zu ruinieren.

Meine Ausführungen, wie es vom Gold zum Papiergeld kam, könnten den Anschein erwecken, dass sämtliches Bankwesen aus dem Treiben führender Handelsfamilien erwachsen ist. Das ist natürlich nicht der Fall, es gab zu bestimmter Zeit auch andere Gruppen, die genügend Kapital, Macht und Einfluss besaßen, um ins lukrative Bankgeschäft einzusteigen. Hochadel, Industrielle und auf sonstigem Wege zu Reichtum Gekommene hatten diese Voraussetzungen und waren natürlich auch mit dabei beim großen Geschäft der Pseudo-Goldverwahrung.

Um eine Regierung dahingehend zu zwingen, eine Papiergeld produzierende Zentralbank zu erschaffen, deren Grundsubstanz aus privaten Mitteln kommt und in der aus diesem Grund auch Private im Endeffekt das Sagen haben, muss man die Regierung exakt solange in kostspieliges Kriegsgeschehen verwickeln, bis ihr das Gold ausgeht. Eine solchermaßen in Bedrängnis geratene Regierung wird dem legalisierten Betrug Tür und Tor öffnen, auch wenn sie weiß, welch verheerende Folgen dies letztendlich für das Volk haben wird. Sie wird einer in so einem Fall wundersamen Schnellwandlung von Gold zu Geld, samt betrügerischer Geldscheinvermehrung und daraus resultierender Inflation zustimmen, denn sie bekommt von dieser Bank selbstverständlich die nötigen Kredite, um weiterhin zahlungsfähig (und somit auch regierungsfähig!) zu bleiben. Auf so einem ähnlichen Wege ist die Bank von England entstanden, ähnlich deshalb, weil man in diesem Falle das kriegstreibende Übel gleich an Ort und Stelle eingepflanzt hat, nämlich durch die altbewährte Heiratstaktik:

Der aus der holländischen Herrscherdynastie „Oranien-Nassau" stammende Wilhelm III. (genannt „Wilhelm von Oranien") heiratete im Jahre 1677 in England Maria II., die dem Geschlecht der Stuarts entstammte. Im Jahre 1689 wurde Wilhelm III. gemeinsam mit seiner Gattin Maria II. gekrönt, er war somit König von England, Schottland und Irland. Wilhelm III. war hochgradiger Freimaurer, er gehörte dem Oranienorden an, dessen unwissende Basis bis in die heutigen Tage hinein mit diversen Aufmärschen für Aufregung in Großbritannien sorgt. Wilhelm III. verwickelte England plangemäß in nicht enden wollende kriegerische Auseinandersetzungen, vornehmlich gegen Irland und Frankreich; allein die kriegerischen Auseinandersetzungen im pfälzischen Erbfolgekrieg dauerten 8 Jahre. Kriege verschlingen Unmengen an Kapital, und so kam der Zeitpunkt, an dem die britische Staatsschuld schwindelnde Höhen erreichte. Vom eigenen Volk war auch nichts mehr zu holen, da die Steuerbelastung bereits die Grenze der Akzeptanz erreicht hatte. Jetzt traten die gut situierten privaten Retter in Erscheinung, mit dem Vorschlag, eine Papiergeld produzierende Zentralbank zu errichten. Das britische Parlament weigerte sich anfänglich dagegen, doch schließlich kam es am 27. Juli 1694 zur Gründung der Bank von England.

Obwohl im Falle der Bank von England das Drucken von Banknoten seitens der Regierung begrenzt wurde, und somit dem Betrug noch gewisse Grenzen gesetzt waren, bereicherten sich die privaten Investoren in unvorstellbarem Maße. Wenn sich jemand an irgendeiner Stelle bereichert, dann muss es auf der anderen Seite einen Verlierer geben. Der Verlierer war in diesem Fall der britische Staat (und somit die Bürger), er verschuldete sich über die Jahre hinweg bei den privaten Investoren in astronomischer Höhe.

Das eingebrachte Kapital der privaten Investoren betrug im Falle der Bank von England 72.000 Pfund in Gold und Silber. Basierend auf diesem Kapital kam es nun zur wundersamen Kapitalvermehrung. Die britische Regierung gestattete der Bank von England die Ausgabe von Banknoten in sage und schreibe 16⅔-facher Höhe des eingebrachten Edelmetall-Kapitals. So wurden aus 72.000 Pfund plötzlich 1.200.000 Pfund Papiergeld, 1.128.000 Pfund waren also nicht mehr durch Gold und Silber gedeckt. Die britische Regierung erklärte sich bereit, die gesamten 1.200.000 Pfund Papiergeld als Darlehen aufzunehmen – weil sie ja dringend Geld brauchte – und die gedruckten Noten als legales Zahlungsmittel in Umlauf zu bringen. Weiterhin wurde vereinbart, dass die britische Regierung dieses Darlehen nicht an die Bank von England zurückzahlen muss, lediglich jährliche Zinsen in Höhe von 8⅓ Prozent waren zu zahlen. Dieser Zinssatz bescherte der Bank von England und somit den privaten Investoren einen jährlichen Zinsertrag von satten 100.000 Pfund. Nach nur einem Jahr überstieg allein der Zinsertrag den Wert des ursprünglich eingebrachten Edelmetall-Kapitals bereits um 28.000 Pfund, jedes weitere Jahr brachte bereits 100.000 britischer Pfund an Reingewinn – so macht man Geld und Geschäfte!

Noch bevor es zur Gründung der Bank von England kam, entstand in Holland die Bank von Amsterdam, 1716 wurde die Bank von Frankreich gegründet – allesamt Zentralbanken nach ein und demselben Muster erschaffen. Und nicht nur nach gleichem Muster erschaffen, sondern auch zum gleichen Zweck. Der Zweck einer jeden Zentralbank besteht nämlich nicht hauptsächlich darin, dass sich einige Privatpersonen astronomisch bereichern, sondern die wahre Absicht ist die, eine Regierung in solchem Maß zu verschulden, dass sie letztendlich nach der Pfeife der Gläubiger tanzen muss, und als deren Zinssklave **keinerlei** freien Handlungsspielraum mehr hat. Schauen Sie sich das Weltgeschehen und die horrenden Überschuldungen an, dann dürfte es Ihnen nicht schwer fallen zu erkennen, wie und wohin der Hase läuft. Und halten Sie sich immer vor Augen, dass die Basis dieser Überschuldungen nichts anderes als

reiner Betrug war!

Der Schriftsteller und Regisseur Bert Brecht bringt es im 2. Akt seiner Dreigroschenoper auf den Punkt, als er einen der Akteure, was Verbrechen anbelangt, sagen lässt:

Was ist der Einbruch in eine Bank gegen die Gründung einer Bank?

Das absolute Negativbeispiel in punkto Zentralbanken fand (und findet!) jedoch in Amerika statt.

Den Amerikanern, die sich ja ursprünglich der Freiheit und der Unabhängigkeit verschrieben hatten, wurde im Jahre 1913 eine Zentralbank vor die Nase gesetzt, die alles an bislang begangenem Betrug weit in den Schatten stellen sollte. Auch hier war das Entstehungsmuster das altbewährte, durch den amerikanischen Unabhängigkeitskrieg war Amerika bei der bereits bestehenden Finanzwelt hoch verschuldet, und der Schuldenberg wuchs stetig an. Gewisse Kreise international operierender Bankiers drängten die amerikanische Regierung dazu, eine private Zentralbank nach englischem Vorbild zu errichten. Da die Amerikaner jedoch bereits in punkto Zentralbank bittere Erfahrungen gemacht hatten, und weitsichtige Mitglieder des Kongresses das Schicksal des Landes keinesfalls in die Hände internationaler Bankiers legen wollten, weigerte man sich standhaft. Daraufhin drohten die Bankiers, falls man sich weiterhin gegen die Errichtung einer privaten Zentralbank weigern sollte, das Land in eine Währungskrise zu stürzen. Diese Drohung wurde im Jahre 1907 in einer Rede vor der New Yorker Handelskammer öffentlich ausgesprochen. Trotz dieser Drohung blieb der amerikanische Kongress weiterhin standhaft, doch es kam, wie es die Bankiers mittels eines Vertreters angekündigt hatten. Es wurde eine Währungskrise inszeniert, die zu einer Panik am Kapitalmarkt führte, was schließlich zig-tausend Menschen an den Rand des Ruins brachte.

Amerika war – was einflussreiche Positionen anbelangt – nachweislich in hohem Maße von hochgradigen freimaurerischen Individuen unterwandert, und diese Spezies schaffte es schließlich – unterstützt durch den Schock, den die Währungskrise hinterlassen hatte – dass im Jahre 1913 eine **private** amerikanische Zentralbank errichtet wurde, deren Name „FEDERAL RESERVE BANK“ (kurz: FED) lautete. Die privaten Haupt-Anteilseigner der FED waren allesamt bereits etablierte Bankiers aus Europa und New York, mit bereits weitreichender Erfahrung im schmutzigen Geschäft. Um dem Volk nicht bewusst werden zu lassen, dass von nun an das Drucken von Banknoten in privater Hand lag, bekam die FED nach außen hin den Anschein oder besser gesagt eine Fassade staatlichen Aussehens. Vielen Amerikanern ist es bis heute nicht bewusst, wer ihre Dollars in Wirklichkeit druckt und in welchem Maße das Volk betrogen wird. Es sind private Bankiers, die die Dollarnoten drucken, und die amerikanische Regierung muss sich von deren Zentralbank (FED) die Papierdollars **gegen Zins leihen**, und als Sicherheit so genannte Obligationen (Schuldverschreibungen) hinterlegen. Das klingt eigentlich schier unglaublich, ist aber wahr!

Nun war es jedoch so, dass der amerikanische Papier-Dollar eine Zeit lang tatsächlich zu einem gewissen Teil gedeckt war, also ein realer Goldgegenwert als Sicherheit bestand. Die amerikanische Regierung hatte nämlich dem Volk das Versprechen gegeben, dass jedermann zu jeder Zeit den Wert der US-Dollarnote gegen Gold eintauschen kann. Der Grund, warum die Papierdollars eine gewisse Zeit lang gedeckt waren, war folgender:

Ein Erlass des amerikanischen Kongresses führte im Jahre 1900 den Golddollar als Währungseinheit in den Vereinigten Staaten ein. Neben dem Golddollar existierte auch noch ein wuchtiger Silberdollar, er bestand aus 371,25 Gramm reinen Silbers. Der wesentlich kleinere Golddollar bestand aus 24,75 Gramm reinen Goldes. Anhand dieses Golddollars wurde der Wert des Papiergeldes festgelegt. Bis zum Jahre 1934 war Papierwährung durch Münzen aus purem Gold (oder Silber) gedeckt, Banknoten konnten also jederzeit im entsprechenden Verhältnis gegen Münzgeld eingetauscht werden, das Gold oder Silber enthielt. Im Jahre 1934 kam es zum „Gold Reserve Act“. Alle Goldmünzen und Goldzertifikate wurden durch die Bundesregierung eingezogen, und durch andere Formen der Landeswährung mit gleichem Nennwert abgegolten. Die Prägung von Goldstücken wurde offiziell beendet. Zum damaligen Zeitpunkt waren rund 310 Millionen US-Dollar in Goldstücken im Umlauf. Danach war das gesamte im Umlauf befindliche Geld – sowohl Papiergeld als auch Münzen – ohne direkte Deckung.

Um die Bevölkerung nicht zu beunruhigen und um den Anschein des Versprechens (dass jedermann zu jeder Zeit den Wert der US-Dollarnote gegen Gold eintauschen könne) zu wahren, stockte man im legendären Fort Knox die amerikanischen Goldreserven auf. Die Goldreserven von Fort Knox dienten jedoch noch einem ganz anderen Zweck, nämlich der Absicht, den US-Papier-Dollar zur offiziellen Welthandelswährung zu erheben. Eine Welthandelswährung wohlgemerkt, die gewisse Individuen dahingehend in die Lage versetzen würde, den Rest der Welt nach und nach finanztechnisch und militärisch zu beherrschen und fast nach Belieben zu ruinieren. Für die weltweite Akzeptanz einer solchen Welthandelswährung braucht es aber zuerst einmal einen heftigen Krieg, am besten einen Weltkrieg, nach dessen Ende alle Beteiligten außer der Schweiz und Amerika finanziell am Boden liegen, und somit nach einer stabilen Welthandelswährung geradezu lechzen. Nun, ich habe ja schon angedeutet, dass jeder Krieg in irgendeiner Weise geplant ist, auch wenn unsere Geschichtsbücher über diese Tatsache rein gar nichts verlauten lassen. Krieg setzt immer **enormes** Kapital voraus, und ohne Kapital können sich Regierungen zwar auf den Kopf stellen, aber keinen Krieg durchführen. Das einzige, was die Regierungen im Überfluss haben, sind Arbeitslose und Schulden. Das für einen Krieg nötige Kapital haben nun mal nur international operierende Bankiers oder Großindustrielle, dafür hat man im Laufe der Geschichte schon bestens vorgesorgt. Die Großindustrie und vornehmlich die Bankiers entscheiden darüber: wer, wo, wie, warum, gegen wen und wie lange jemand einen Krieg führt. Und sie entscheiden vor allem darüber, wer den Krieg gewinnen wird, denn es werden immer beide kriegsführende Parteien mit Kapital versorgt. Und verlieren wird derjenige, dem man im passenden Moment den Geldhahn zudreht. Kein Geld, kein Krieg – so einfach ist seit geraumer Zeit die Realität. Oder glauben Sie tatsächlich, dass die Rüstungsindustrie und die internationalen Waffenschieber aus purem Patriotismus ihre Mordinstrumente verteilen? Und ausgearbeitet wird so ein Kriegsfahrplan in Logen, denn dort hockt die elitäre Spezies zusammen; und in nicht gerade wenigen Fällen befinden sich Figuren an ein und demselben Tisch, deren Landsleute sich nachher bekriegen. Das ist kein Witz, es existieren sogar Fotos von solchen skurrilen Zusammenkünften! Dies alles war deshalb möglich, weil mittlerweile sowohl die Zentralbanken als auch die Logen international vernetzt waren. Für beides gibt es ganz klare Beweise, und es wurde auch nie ein allzu großes Geheimnis daraus gemacht, dass es so war (und ist!).

Macht zentralisiert sich zwangsläufig, das liegt in der Natur dieses Phänomens. Irgendwann war ein Punkt erreicht, da lag die Macht in Händen von einigen wenigen Personen. Diese Personen bezeichnen sich selbst – da Machtwahn keine Grenzen kennt – als „Erleuchtete“ oder „Lichtträger“ (lateinisch: Illuminati). Der höchste Einweihungsgrad, den eine Loge kennt, ist der Großmeister. Wenn landesweit führende Großlogen weltweit untereinander vernetzt sind, dann muss es, genauso wie es bei weltweit vernetzten Landeszentralbanken der Fall ist, eine Institution geben, die letztendlich die Fäden dieser Vernetzung in Händen hält, anders geht es gar nicht. Nur, diese Institution, die sich aus besagten Illuminaten zusammensetzt, tritt niemals öffentlich auf. Im Gegensatz zu Logen, existieren die Illuminaten offiziell gar nicht, viele Leute bezweifeln sogar, dass es so etwas wie Illuminaten überhaupt gibt. Wer sich jedoch mit der Geschichte des Geldes und der Logen (denn beide sind miteinander sehr eng verknüpft) ernsthaft auseinandersetzt, für den wird anschließend keinerlei Zweifel hinsichtlich der Existenz dieser Spezies mehr bestehen, denn die dahingehend weltweit existierenden Fakten sind geradezu erdrückend. Außerdem gibt der Lauf des Geschehens (Topindikator Nr. 1 wenn es um Wahrheit geht!) nirgendwo besser und klarer Aufschluss, wie bei der Geschichte des Geldes.

Bei den Illuminaten handelt es sich nicht um Einzelpersonen, sondern um Familien oder besser ausgedrückt, um alteingesessene Familienclans. Es existieren weltweit rund ein Dutzend solcher Familienclans, die in sich eine Geld- und somit Machtkonzentration bergen, die all Ihre kühnsten Vermutungen weit in den Schatten stellen. Alljährlich machen sich die Medien den Spaß, und veröffentlichen eine Hit-Liste, in der die Reichen der Welt aufgeführt sind. Ich spreche hier bewusst davon, dass sich die Medien hier einen Spaß erlauben, denn niemals wird in diesen Hit-Listen der Name eines derjenigen Familienclans abgedruckt sein, die wirklich reich sind. Verstehen Sie, es ist hier nicht die Rede von Vermögen, die ein paar lächerliche Milliarden US-Dollars betragen. Hier geht es um Summen, die so gewaltig sind, um Aktienkurse nach Belieben zu gestalten, Industriezweige zu ruinieren, Kriegsführende Parteien planmäßig aufzurüsten und Wirtschaftskrisen zu entfachen. Diese Illuminaten treten so wenig wie nur irgend möglich selbst in Erscheinung, sie lassen sich vorwiegend durch Agenten vertreten. Auch für die Medien sind deren Namen tabu, und das ist nicht weiter verwunderlich, denn sie kontrollieren selbstverständlich letztendlich auch dieses wichtige Instrument. Es sind die Illuminaten, die die Ideologie bestimmen, die in den höheren Etagen der Logen und sonstiger pyramidal strukturierter Organisationen zu herrschen hat; und es ist der globale – wenn auch offiziell nicht sichtbare – pyramidale Spitzenplatz, den die Illuminaten eingenommen haben, zu dem das ganze Machtgebilde dieser Welt so gierig hinhechelt. Sie sind es, die über die Jahrhunderte hinweg die inhumane Struktur erschaffen haben, die im wahrsten Sinne des Wortes „alles auf die Spitze treibt".

Und wenn Sie jetzt glauben, dass ich hier von einem Hirngespinst oder Phantom schreibe, dann irren Sie sich gewaltig. Da die Illuminaten im Laufe der Jahrhunderte entstanden und gewachsen sind, braucht man sich nur die Geschichte des Geldes und die Finanzierung von Kriegen genau anzusehen, und auf dabei immer wiederkehrende Namen zu achten. Ein Name, der dabei ganz besonders oft in Erscheinung tritt, ist der Name „Rothschild".

Den Grundstock zu einem Imperium, das seinesgleichen sucht, setzte ein gewisser „Mayer Amschel Rothschild" (1743-1812), als er im jüdischen Viertel von Frankfurt, gemäß Familientradition, eine eigene Bank gründete (anfänglich war es nur eine bessere Wechselstube). Mayer Amschel Rothschild verdankte seinen Aufstieg den Wirren der napoleonischen Zeit, er hatte ein untrügliches Gespür dafür, wo sich ergiebige Geldquellen anzapfen ließen, und wie und wo man Geld investieren muss, dass es sich innerhalb kürzester Zeit vervielfacht. Die Geldquelle, an die Mayer Amschel Rothschild gelangte, war die ergiebigste von ganz Europa, er kam in die Gunst des Landgrafen Wilhelm IX. von Hessen-Kassel, dessen persönlicher Bankier er wurde. Sie erinnern sich, der Hochadel von Hessen-Kassel hatte es zum seinerzeit größten Vermögen von ganz Europa gebracht, und zwar durch den Verleih von Menschen (Söldner) für Kriege anderer Länder. Und ein Großteil dieses Vermögens stand nun dem mittlerweile angesehenen Bankier Mayer Amschel Rothschild in gewisser Weise zur Verfügung. Mayer Amschel Rothschild hatte neben 5 Töchtern auch 5 Söhne, die Namen der Söhne waren: Amschel, Salomon, Nathan, Karl und James (Jakob).

Mit diesen fünf Söhnen und mit der Verbindung zum Vermögen von Hessen-Kassel zog Rothschild ins internationale Bankgeschäft ein, die Familie Rothschild erlangte damit neben einem gigantischen Vermögen auch europaweit gewaltigen Einfluss auf Politik und Wirtschaft:

Mayer Amschel leitete die Rothschild-Bank in Frankfurt, sein ältester Sohn Amschel (1773-1855) blieb ebenfalls in Deutschland und errichtete eine weitere Rothschild-Bank in Berlin. Salomon (1774-1855) errichtete eine Rothschild-Bank in Wien, in der man sich mitunter um das Vermögen und um die Bankgeschäfte des Hauses „Habsburg" kümmerte. Nathan (1777-1836) errichtete eine Rothschild-Bank in London, dort war man wesentlich an Finanzoperationen beteiligt, die den Krieg gegen Napoleon I. betrafen, und festigte so den Einfluss und das Vermögen des Hauses Rothschild. Karl (1788-1855) errichtete eine Rothschild-Bank in Neapel; und Jakob (1792-1868) errichtet eine Rothschild-Bank in Paris, er war Zeit seines Lebens der einflussreichste Bankier Frankreichs.

Von großer Bedeutung war auch die ungewöhnliche Vermählungspolitik des Rothschild-clans, 12 der 17 Enkel von Mayer Amschel heirateten untereinander, auch in den folgenden Generationen waren „Fremdvermählungen" eher die Ausnahme. So blieben Reichtum und Macht in den eigenen Reihen. Nahezu alle männlichen Nachkommen waren im Bankgeschäft tätig, der Name Rothschild war aber auch im britischen Parlament vertreten. Macht, Einfluss und Vermögen wuchsen ins Unermessliche.

Vielleicht bekommen Sie jetzt langsam dahingehend eine Ahnung, um was für Kaliber es sich bei denjenigen Familienclans handelt, die die besagten Illuminaten bilden.

Mit Kriegsfinanzierungen lässt sich das allermeiste Geld verdienen, und nicht nur Geld, sondern auch Macht. Macht deshalb, weil es den international operierenden Bankiers vor allem darum geht, ein Land zu verschulden. An Bargeld sind sie im Grunde überhaupt nicht interessiert, davon haben sie mehr als genug! Sie sind vielmehr daran interessiert, dass sich Regierungen uferlos bei ihnen verschulden, denn wer hoffnungslos verschuldet ist, den kann man als Gläubiger fast nach Belieben manipulieren und knechten. Und ganz besonders dann, wenn es sich um eine Regierung handelt, die ja unter **allen Umständen** ihr Gesicht und ihre Liquidität vor dem Volk wahren muss. „Wer zahlt, schafft an!" – ein Sprichwort, das leider seine traurige Gültigkeit hat.

Und wenn man schon Kriege finanziert, dann ist es am allerbesten, gleich beide Seiten zu finanzieren. Natürlich so, dass es möglichst keiner merkt. Beim amerikanischen Bürgerkrieg (1861-1865) wurden die Nordstaaten von der Londoner Rothschild-Bank finanziert, die Südstaaten bekamen ihre Kriegsfinanzen von der Pariser Rothschild-Bank. Und dieser Bürgerkrieg, der 620.000 Soldaten das Leben kostete, und der das Land immens verschuldete, wurde von Rothschild nicht nur finanziert, sondern von dessen Agenten auch provoziert.

Und ein Rothschild sollte kein Rothschild sein, wenn man sich banktechnisch nicht auch in Amerika breit machen würde. Und nicht nur breit machen, sondern selbstverständlich im Spiel der Dollar-druckenden-Zentralbank ein gewichtiges Wörtchen mitreden, war man doch schon längst auf die eine oder andere Weise in **allen** europäischen Zentralbanken etabliert.

Ende des 19. Jahrhunderts starteten die Rothschild-Banken (und die Banken, die bereits von Rothschild kontrolliert waren!) massive Anstrengungen, um die reiche US-Wirtschaft unter ihre Kontrolle zu bekommen. Angesichts der enormen Finanzmacht, die den Rothschilds in Europa zur Verfügung stand, dauerte es nicht lange, und man finanzierte (kontrollierte!) wichtige Teile der amerikanischen Wirtschaft. Ende des 19. Jahrhunderts finanzierten die Rothschilds folgende amerikanische Großbanken und Großunternehmen: „J.P. Morgan & Co. Bank" – „Khun & Loeb Bank" – „John D. Rockefellers Standard Oil Co." – „Harrimans Eisenbahn" – „Andrew Carnegie's Stahlwerke". Für den Anfang gar nicht schlecht, doch es sollte in punkto Macht, Einfluss und Reichtum noch viel heftiger kommen.

Es waren nämlich vornehmlich die Rothschilds, die die amerikanische Regierung Anfang des 20. Jahrhunderts massiv dahingehend bedrängten, eine Zentralbank nach englischem Vorbild einzuführen, und die die unterstützende Drohung, im Nein-Fall eine Währungskrise zu entfachen, letztendlich wahr gemacht haben. Und es waren natürlich die Rothschilds, die bei der daraufhin errichteten Zentralbank FED die größten Anteile besaßen. Bei einer Zentralbank, wohlgemerkt, die das Recht hatte, Dollars ohne Gegenwert zu drucken, und diese

Dollars der amerikanischen Regierung gegen Zinsen zu leihen. Eine Lizenz für unbegrenzte Bereicherung bei gleichzeitiger Verarmung der Bevölkerung, bedingt durch Währungskrisen und Inflation!

Damit sind wir wieder zurück beim US-Papierdollar und bei den Goldreserven von Fort Knox, die angeblich so hoch waren, dass das Regierungsversprechen – dass jeder Papierdollar jederzeit in Gold zurückgetauscht werden könne – gewährleistet war. Und wir sind zurück bei dem Vorhaben, den US-Dollar zur Welthandelswährung zu erheben, und dass ein Weltkrieg dafür die idealen Voraussetzungen schaffen würde.

Nun, der Weltkrieg fand statt, und er war interessanterweise noch gar nicht mal ganz vorbei, da kam es am 1. Juli des Jahres 1944 zu einer 22-tägigen Währungs- und Finanzkonferenz der Vereinten Nationen, abgehalten in Bretton Woods (England).

Die Konferenz, an der 44 Nationen teilnahmen, führte zur Einrichtung des Internationalen Währungsfonds (IWF) und der Internationalen Bank für Wiederaufbau und Entwicklung (Weltbank). Das Abkommen von Bretton Woods trat im Dezember 1945 nach der Unterzeichnung durch 30 Staaten in Kraft. Ziel war es, nach Ende des 2. Weltkrieges Welthandel und internationalen Zahlungsverkehr neu zu ordnen und zu stabilisieren. Das neue Weltwährungssystem beruhte auf der Gewährleistung möglichst freier Konvertibilität (Umtauschbarkeit) der Währungen, bei festen Wechselkursen. Die Mitgliedsstaaten verpflichteten sich, für ihre Währungen entweder Goldparitäten oder Paritäten (Wertgrößen) zum US-Dollar, der selbst eine Goldparität aufwies, zu vereinbaren:

Dadurch wurde der US-Dollar zur neuen Leitwährung der Weltwirtschaft!

Von nun an tanzte die ganze Welt nach dem US-Dollar, und somit auch nach Rothschilds Pfeife!

Doch der Gipfel allen Betrugs sollte erst noch kommen, und dieser Betrug wird die ganze Welt über kurz oder lang ruinieren.

Durch die Währungskonferenz von Bretton Woods wurden 30 Staaten verpflichtet, ihre jeweilige Währung in Gold abzusichern, **oder** in US-Dollars, da jeder US-Dollar ja angeblich in Gold gedeckt war. Gold, das in Fort Knox eingelagert war. Tatsache ist, es hat niemals eine unabhängige Kommission die Bestände von Fort Knox überprüft, man hat sich einfach auf das Wort der Amerikaner verlassen. Und wie es um deren Wort bestellt war, das sollte sich im Jahre 1971 nur allzu deutlich herausstellen.

Ende der 60er Jahre fingen viele Amerikaner an, dem US-Dollar – was dessen angebliche Deckung in Gold anbelangte – massiv zu misstrauen. 1969 wurde Richard Nixon zum Präsidenten gewählt, der Druck der Öffentlichkeit wuchs mehr und mehr an, die US-Bürger wollten nun nämlich definitiv wissen, wie es um die angebliche Golddeckung des Dollars bestellt war. Schließlich ordnete Präsident Nixon eine Inventur in Fort Knox an. Das Ergebnis war niederschmetternd, denn es stellte sich heraus, dass nur lächerliche 11 Milliarden US-Dollars in Gold gedeckt waren. Dies war, angesichts der mittlerweile weltweit kursierenden Dollarmasse, geradezu ein Nichts. Die US-Regierung einschließlich informierter Bankiers hatte also nicht nur das eigene Volk über Jahrzehnte hinweg massiv betrogen, sondern – da man den US-Dollar ja 1945 zur Welthandelswährung erhoben hat – die ganze Welt! Und den absoluten Höhepunkt an Betrug setzte 26 Jahre später der US-Präsident Richard Nixon:

Am 15. August 1971 erklärte Nixon das amerikanische Umtauschversprechen kurzerhand für null und nichtig, es folgte die Anweisung, Dollar nur noch gegen Dollar einzutauschen. Im Dezember gleichen Jahres wurde der Dollar offiziell vom Gold gelöst, was im Grunde eine Offenbarung dahingehend war, dass der US-Papierdollar **seit jeher** eigentlich nichts anderes als Falschgeld war. Und es war auch eine offizielle Erklärung, dass auch in Zukunft jeder weitere US-Dollar – wenn auch von nun an gesetzlich legitimiert – nichts anderes als Falschgeld sein wird. Da die ganze Welt mittlerweile (zur Deckung der eigenen Währung!) Dollarreserven aufgebaut hatte – natürlich im Vertrauen, dass der Dollar durch Gold gedeckt sei –, wurde die ganze Welt in einem Maße betrogen, das man sich erst einmal auf der Zunge zergehen lassen muss. Und wenn Sie jetzt glauben, dass die betrogenen Staaten die Betrüger in irgendeiner Form zur Rechenschaft gezogen haben, dann irren Sie sich gewaltig! Alle betroffenen Staaten rund um die Welt hielten schön brav das Maul, denn die „glorreiche" Militärmacht AMERIKA als Betrüger hinzustellen – noch dazu vollkommen berechtigt, weil es ja der Wahrheit entsprach – dazu fehlte es den hohen Herren anscheinend an Courage; vielleicht hinderte den einen oder anderen auch seine Logenzugehörigkeit daran. Der Internationale Währungsfonds (IWF) war nun ebenfalls nichts anderes als ein korrupter, böser Witz, und diesen Status hat er auch heute noch. Dem amerikanischen Betrug gab man einen finanztechnisch wohlklingenden Namen, aus der 1945 durch die Währungskonferenz von Bretton Woods zwingend festgelegten „Goldparität" wurden nun „die freien Devisen".

Ein Grund, warum die USA kritiklos die ganze Welt betrügen konnte (und es noch immer kann!), war sicherlich Amerikas „heroischer" Einsatz, wenn es darum ging, die Welt vom bösen, bösen Kommunismus zu befreien. Denn zu Nixons Zeit war gerade die traurige Endphase des Vietnamkrieges im Gange, einem Krieg, der, was die angebliche „Befreierseite" anbelangt, nichts anderes als ein ungeheuerliches Verbrechen darstellte. Selten gab es in einem kriegführenden Land seitens der eigenen Bevölkerung so viel massive Kritik und handfeste Demonstrationen, wie das im Falle von Amerika und dessen militärische Einmischung in Vietnam der Fall war. Und nicht nur in Amerika gingen die Menschen auf die Straße, auch in anderen Ländern wurde gegen den Vietnamkrieg heftig demonstriert. Aber gegen Demonstrationen, und mögen diese auch noch so berechtigt sein, hat man doch als Staat glücklicherweise immer ein gehöriges Potential an blind funktionierenden Sicherheitskräften parat, die auf Befehl hin die Köpfe derer einschlagen, die für Wahrheit und Menschlichkeit einstehen. Gerade die Amerikaner rühmen sich ja, wo immer es nur geht, ihres gigantischen Potentials an absolut willenlosen menschlichen Kampfmaschinen, die es so hervorragend verstehen, auf der ganzen Welt so gründlich aufzuräumen.

Ich möchte an dieser Stelle für all diejenigen, die uniformiert Befehle ausführen, egal warum und von wem gestellt, eine höchst denkwürdige Aussage von Albert Einstein aufzeigen:

„Wenn einer mit Vergnügen zu einer Musik in Reih und Glied marschieren kann, dann verachte ich ihn schon; er hat sein großes Gehirn nur aus Irrtum bekommen, da für ihn das Rückenmark schon völlig genügen würde. Diesen Schandfleck der Zivilisation sollte man so schnell wie möglich zum Verschwinden bringen. Heldentum auf Kommando, sinnlose Gewalt und die leidige Vaterländerei, wie glühend hasse ich sie; wie gemein

***und verächtlich erscheint mir der Krieg, ich möchte mich lieber in Stücke schlagen lassen, als mich an einem so elenden Tun zu beteiligen!*"** (Albert Einstein)

Auf Grund der Loslösung des Dollars vom Gold kam es zu einer massiven Abwertung des Dollars, zumal die Dollardruckmaschinen der FED nun begannen, Papierdollars in noch nie da gewesener Menge auszuspucken. Dies wiederum bedeutete, die an der FED beteiligten Bankiers, die sich bereits Jahrzehnte hindurch auf Kosten des amerikanischen Volkes bereicherten, schlugen nun alle Rekorde. Das Land Amerika verschuldete sich somit bei den Bankiers in astronomischer Höhe, denn es muss sich ja – so unglaublich es klingt – die **eigene** Landeswährung von privaten, internationalen Bankiers gegen zu verzinsende Obligationen (Schuldverschreibungen) leihen. Die internationalen Bankiers (FED) wiederum haben das sonderbare Recht, amerikanische Banknoten zu drucken, deren aufgedruckter Wert keinerlei Deckungszwang obliegt. Doch es wird noch viel düsterer, denn hinzu kommt noch, dass diese Bankiers, bedingt durch die Schuldverschreibungen, die sie für die verliehenen Banknoten von der US-Regierung bekommen, das Pfandrecht (staatlich und privat!) auf den Grundbesitz der **gesamten** Vereinigten Staaten von Amerika haben. Schlimmer kann man ein Land nicht verraten und verkaufen, wobei man in diesem Fall das Wort „verkaufen" durch „verschachern" ersetzen muss.

Der amerikanische Präsident Woodrow Wilson (er regierte von 1913-1921) hatte bereits damals schon, die FED betreffend, folgende Bankrotterklärung von sich gegeben:

***„Eine große Industrienation wird von ihrem Kreditsystem kontrolliert. Unser Kreditsystem ist konzentriert. Das Wachstum der Nation und alle unsere Aktivitäten liegen in den Händen von einigen wenigen Leuten. Wir sind dahin gekommen, dass wir eine der am schlechtesten funktionierenden, eine der am vollständigsten kontrollierten und dominierten Regierungen auf der Welt geworden sind – nicht mehr eine Regierung der freien Meinung, nicht mehr eine Regierung auf der Grundlage der Überzeugung und Stimmen der Mehrheit, sondern eine Regierung auf Grundlage der Meinung und des Zwanges einer kleinen Gruppe von mächtigen Leuten.*"** (Woodrow Wilson)

1982 belief sich die Höhe der US-Schuldverschreibungen auf über eine Billion (!) US-Dollar, für diese Schuldverschreibung waren natürlich Zinsen an die FED zu zahlen. Die Höhe der Zinsen, die die internationalen Bankiers einkassierten, betrug allein für das Jahr 1982 über 100 Milliarden US-Dollar! 1992, also nur zehn Jahre später, belief sich die Höhe der Schuldverschreibungen bereits auf über fünf Billionen (!) US-Dollar, die Zinsen, die dabei in die Tasche der FED wanderten, erhöhten sich entsprechend auf eine halbe Billion (!) US-Dollar (jährlich!).

Gegen diesen schier unglaublichen – von Regierungsseite legitimierten – Betrug gab es in der Vergangenheit seitens der Bürger unzählige Gerichtsverfahren, alle jedoch ohne Erfolg, da die FED – trotz staatlicher Fassade – keine Abteilung der Regierung ist, sondern im rechtlichen Sinn ein Privatunternehmen darstellt, was sie ja auch ist. Etliche US-Staaten haben Staatsverfahren laufen, die daraufhin abzielen, aus verfassungsrechtlichen Gründen das Treiben der FED zu beenden – bislang ohne Erfolg.

AMERIKA – deine FREIHEIT lässt grüßen! –
Regiert wirst du von UNBEGRENZTEM BETRUG!

Und wer muss dafür bluten? Wen trifft dieser Betrug letztendlich? Na den, den es immer trifft – „den kleinen Mann"!

Und den kleinen Mann trifft es durch diesen Betrug nicht nur in Amerika, sondern – da der Dollar ja nach wie vor Welthandelswährung ist – weltweit. Und es trifft vor allem deshalb den kleinen Mann im Ausland, weil die Amerikaner mit ihrem zur Welthandelswährung erhobenem Falschgeld in den Exportländern wie z.B. Deutschland und Japan seit Jahrzehnten einkaufen wie die Weltmeister. In diesen Ländern wachsen somit die Dollarbestände, und diese Bestände haben mittlerweile (Stand 2002) dramatische Höchststände erreicht. Wie groß der Dollarbestand pro Land wirklich ist, liegt ziemlich im Dunklen, denn die Finanzwelt ist nicht so sehr daran interessiert, dass publik wird, wie viel legitimiertes Falschgeld man zwischenzeitlich zwangsweise gebunkert hat. Man schätzt, dass die Dollarbestände der europäischen Staaten weit über eine halbe Billion betragen, die der Erdöl exportierenden Länder über 1 Billion und die von Exportweltmeister Japan fast 2 Billionen. Und diese Länder können ihre gigantischen Dollarbestände nicht so einfach auf den Markt schütten und somit loswerden, denn dies würde in letzter Konsequenz zu einem Desaster führen, denn das weltweit aufgeblasene und von internationalen Bankiers geschickt installierte, wacklige Finanzgebilde erlaubt dies nicht. Das bedeutet, die Welt muss den Konsumrausch der Amerikaner weiterhin finanzieren, und es gibt dafür nur immer mehr grüne Papierscheine, die in Wirklichkeit keinerlei Wert haben.

Was die FED in Amerika im Übermaß betreibt, praktiziert natürlich weltweit jede Landeszentralbank, wenn auch in kleinerem Stil und – von Land zu Land verschieden – mit mehr staatlicher Beteiligung und Kontrolle. Das internationale Geldsystem ist seit langem von jeglicher materiell-physikalischen Wirklichkeit abgekoppelt, es gibt keinerlei Wertmaßstab mehr. Die so genannte „Wertschöpfung" geschieht aus dem Nichts, sie basiert nur noch auf den Krediten, die die internationalen Bankiers im Falle von strategisch wichtiger Verschuldung gerne zu geben bereit sind, denn: wer zahlt, schafft an!

Schauen wir uns die Situation in Deutschland einmal etwas genauer an, und zwar ab dem Zeitpunkt, ab dem die D-Mark und das Wirtschaftswunder Einzug im Lande hielt. Die Deutschen gelten überall in der Welt als extrem fleißig, pflichtbewusst und duldsam, an deutscher Verschuldung waren (und sind!) die internationalen Bankiers aus diversen Gründen ganz besonders interessiert. Und unsere Politiker – **allesamt** und quer durch alle Legislaturperioden hindurch! – haben ein Verbrechen übelster Natur begangen, für das es leider keinen Richter gibt, denn dieses Verbrechen ist weltweit legitimiert. Sie haben das deutsche Volk an die Bankiers verkauft! Sie haben uns bei dieser Spezies in einer Art und Weise verschuldet, dass wir – egal, wie viel wir in Zukunft noch schuften, leisten und verzichten! – letztendlich an unseren Schulden ersticken werden. **Niemals** darf eine Regierung Schulden bei Bankiers machen, eine Regierung **muss** sich die nötige Wertschöpfung **immer** vom Volk holen. Egal, wie schwierig das in bestimmten Zeiten auch sein mag und wie verlockend die Kreditangebote dieser Höllenmaschine auch sein mögen, und wie eitel man sich mit Krediten als Vater eines Wirtschaftswunders feiern lassen kann, das Ende ist **immer** im höchsten Maße fatal!

Und wie sehr uns die finanzpolitische Inkompetenz der Regierenden zusetzt, das zeigen folgende Angaben:

Der Begriff Staatsverschuldung bezeichnet die vom Staat akzeptierten Gesamtforderungen der kreditgebenden Gläubiger an den Staat. Beispielsweise in Deutschland die zusammengefassten Schulden von Bund, Länder, Kommunen und gesetzlicher Sozialversicherung. Schaut man sich die Entwicklung der Staatsschuld über die letzten Jahrzehnte hinweg an, inklusive der zu zahlenden Zinsen, dann ist es schier unbegreiflich, wie man als verantwortliche Politik eine derart fatale Entwicklung zulassen kann: Im Jahr 1950 betrug die Staatsschuld rund 10,5 Milliarden Euro, 1960 bereits 27 Milliarden, 1970 knapp 65 Milliarden, 1980 waren es annähernd 240 Milliarden, 1990 wuchs der Schuldenberg auf 540 Milliarden an und im Jahre 2000 schuldete man den Bankiers die schier unglaubliche Summe von 1,2 Billionen (!) Euro. Das sind eintausendzweihundert Milliarden!

Im Jahre 2002 betrug der jährliche Zins, den die BRD an die Gläubiger zu zahlen hatte, bereits fast 70 Milliarden (!) Euro. Stellen Sie sich das einmal vor, jährlich bezahlen wir fast 70 Milliarden Euro nur Zinsen, da ist aber noch kein Euro Tilgung dabei. Tilgung, nebenbei gesagt, ist von den Bankiers in Wirklichkeit gar nicht erwünscht. Eine immer höhere Verschuldung ist der Fahrplan zur Macht, denn Verschuldung garantiert mehr und mehr Einfluss ins politische und wirtschaftliche Weltgeschehen. Und was glauben Sie, wie fürstlich der Bankenkrake seine hohen Mitarbeiter für deren würdevollen Dienste entlohnt? Der Chef der Deutschen Bank bezieht derzeit zum Beispiel ein jährliches Gehalt von sage und schreibe Zwölfmillionensechshundertzweiundachtzigtausend Euro. Gemessen am Verdienst der Bankiers jedoch nur ein Trinkgeld.

Und was macht unsere Regierung in einer solch fatalen Situation, die die „glorreiche" Politik der Vergangenheit geschaffen hat? Es bleibt ihr nichts anderes übrig, als die Einnahmen entsprechend zu erhöhen. Und was dies bedeutet, das brauche ich Ihnen wahrscheinlich nicht allzu breit zu erklären.

Die Steuerlast wir immer höher, die Anzahl der Firmenpleiten schlagen alle Rekorde, es gibt immer mehr Arbeitslose, mehr und mehr Bürger kommen an die Armutsgrenze, das einstmals bitter erkämpfte soziale Netz wird immer dünner und die Menschen haben enorme Existenzängste. Durch diese Existenzängste und durch das Überangebot an Arbeitskräften können die führenden Wirtschaftszweige und Konzerne die Arbeitsbedingungen nach und nach so gestalten, dass Arbeit mehr und mehr zum Albtraum wird. Und das wird selbstverständlich bis zum Anschlag praktiziert. Die Leute, die noch Arbeit haben, werden zu immer mehr Leistung angetrieben, bei gleichzeitiger Absenkung des Lohnniveaus, im Gegensatz zu stets steigenden Preisen und Lebenshaltungskosten. Der psychische Druck geht teilweise an die Grenze des Erträglichen, zudem ist die Unart „Mobbing" in erschreckendem Maße im Vormarsch und gibt so manchem Kollegen den Rest. Für viele Beschäftigte gibt es immer öfter die so genannte „Nullrunde", viele Menschen müssen sich gezwungenermaßen mit Billigjobs über Wasser halten und die von der Regierung angeordnete – und somit vom Arbeitslosen zu akzeptierende – Zumutbarkeit bei Arbeitsvermittlung hat bereits ein Maß erreicht, das die Würde der Menschen verletzt.

Zu dieser Situation kommen noch gezielte Hetzkampagnen seitens der Medien. Dort werden ständig die vielen faulen, arbeitsscheuen Arbeitslosen präsentiert sowie die vielen Sozialhilfeempfänger, die den Staat betrügen. Dazu ist zu sagen, wo es ein soziales Netz gibt, da wird es immer einige geben, die dieses ungerechtfertigt ausnützen. Das war schon immer so und das wird auch leider immer so sein, damit muss man leben. Aber herzugehen, und dieses normale Phänomen derart aufzubauschen, und damit die Bevölkerung gegen die Schwächsten aufzuhetzen, ist ein Verbrechen. Ich habe Ihnen ja schon einige Male gesagt, wer hinter den Medien steckt, denken Sie daran! Durch eine völlig überzogene Darstellung geraten viele Bürger, die noch Arbeit und Auskommen haben, in Wut über **alle** sozial Schwachen, denn aufgrund der Medienhetze projizieren sie das üble Treiben, das einige Wenige sich zu Schulden kommen lassen, auf die Gesamtheit der sozial Schwachen. Plötzlich ist die Akzeptanz unter der Bevölkerung sehr groß, wenn es darum geht: die Sozialhilfe zu kürzen, das Arbeitslosengeld zu kürzen oder sonstige soziale Einrichtungen abzubauen. Denn das sind ja alles arbeitsscheue Betrüger und Ausnützer, und außerdem sind die Schuld daran, dass die öffentlichen Kassen leer sind. Ich möchte nicht wissen, wie viele Bürger, bedingt durch die immer schlimmer werdende Finanzlage sowie durch entsprechende Medienhetze, mittlerweile so denken. Ich hoffe bloß, dass **Sie** inzwischen wissen, warum unsere Kassen leer sind, und an welcher Stelle die **tatsächlichen** Verbrecher sitzen!

Und was die sozial Schwachen in Deutschland anbelangt, da kann ich nur sagen, inFORMieren Sie sich doch mal über das Thema Armut in Deutschland. Sie werden erstaunt sein: wie viele alte Menschen mit minimalster Rente auskommen müssen; wie viele Kinder es bereits gibt, deren Eltern nicht mal mehr für eine ausreichende Ernährung sorgen können; wie viele Menschen es mittlerweile gibt, die kein Obdach mehr haben und wie viele auf dem besten Weg zur Armut sind, weil sie bereits bis zum Hals in Schulden stecken. Die dahingehenden Zahlen sind erschütternd! Und was noch hinzukommt, sie steigen rapide an!

Doch wo es Arme gibt, da gibt es auch Reiche. Und beinahe im selben Maße, wie mehr und mehr Menschen verarmen, werden etliche Personen immer reicher. So gibt es in Deutschland (wie auch in anderen Ländern) immer mehr Millionäre, Multimillionäre und Milliardäre. Die Kurve für steigende Armut in Deutschland deckt sich fast exakt mit der Kurve, die für immer mehr Reichtum steht. Es sind nämlich nicht nur die Bankiers, die immer reicher werden, der unermessliche Reichtumszuwachs – der diese Spezies finanztechnisch nach oben katapultiert – zieht nämlich einen Kometenschweif an Schmarotzern mit sich. Es ist das weltweit installierte Wirtschaftssystem, das für diese fatale Entwicklung sorgt. Den Menschen wird dieses betrügerische, menschenunwürdige System als „freie Marktwirtschaft“ verkauft, doch es bedeütet im Endeffekt für den weit überwiegenden Teil der Menschheit Existenzangst, Ausbeutung, Knechtschaft, Konsumterror, Krieg, Armut und letztendlich Entwürdigung. Die Grundstruktur der freien Marktwirtschaft samt Finanzwesen ist so ausgelegt, dass Reiche automatisch immer reicher werden und Arme immer ärmer. Es geht gar nicht anders, und wenn Sie sich das Weltgeschehen dahingehend betrachten, dann ist es wirklich nicht schwer, dies klar zu erkennen. Und dass dieses fatale, mörderische System nach außen hin ein positives Aussehen bekommt, hat man in bestimmten Teilen der Welt den „bösen“ Kommunismus installiert. Da das Wort Kommunismus „Gemeinschaftlichkeit“ bedeutet, und wahre Gemeinschaftlichkeit tatsächlich für ein Paradies auf Erden sorgen würde, musste dieser Begriff so negativ wie nur irgend möglich belegt werden. Und das ist denjenigen machtbesessenen Kreaturen, die den Kommunismus installiert haben, grandios gelungen. Das in der kommunistischen Welt praktizierte Geschehen hat mit Gemeinschaftlichkeit absolut nichts zu tun. Dieser Kommunismus ist nichts anderes als ein auf die Spitze getriebener Materialismus, bei dem das Volk in übelster und direkter Weise ausgebeutet wird. Hinzu kommt noch, dass diese aufgezwungene „Gemeinschaftlichkeit“ nur durch enorme militärische Präsenz und Korruption aufrechterhalten werden kann, aber das ist Ihnen ja sicherlich bekannt. Weniger bekannt ist die Tatsache, dass auch der Kommunismus in die Taschen der internationalen Bankiers wirtschaftet, und zwar in nicht unerheblichem Ausmaße. In Russland gibt es natürlich auch eine Zentralbank, ihr Name ist „Grossbank“. Diese Zentralbank schöpft, genauso wie andere Zentralbanken, Werte aus dem Nichts, und sie wird – natürlich geschickt getarnt – selbstverständlich auch von den international operierenden Bankiers kontrolliert. Da es das internationale Kapital war, das den Kommunismus installiert hat, ist diese Tatsache auch nur mehr als natürlich. Es gibt genügend äußerst aufschlussreiche Literatur darüber, wie die internationalen Bankiers Figuren wie Marx, Lenin und Stalin gezielt aufgebaut und finanziert haben, ich möchte gar nicht näher darauf eingehen. Gängige Lehr- und Geschichtsbücher jedenfalls, geben ein **vollkommen** falsches Bild bezüglich Hintergrundgeschehen von Kommunismus, Kriegen und Revolutionen. Es heißt nicht umsonst, dass die Sieger auch die Geschichtsbücher schreiben!

Neben der geplanten Negativbelegung des Begriffes „Gemeinschaftlichkeit“ gab es noch einen weiteren Grund für die Mächtigen, den Pseudo-Kommunismus zu installieren. Der Grund ist nicht schwer zu erraten, es geht, wie immer, um das Prinzip der Teilung und Spaltung, samt daraus resultierenden Konflikten.

Teile und herrsche! – ist das Grundprinzip der Mächtigen, und dieses Prinzip wird von dieser Spezies seit jeher praktiziert. Schon der biblische „Gott“ Jahwe (Enlil) hat mit dem Mittel der Zwietracht so manches Volk zerstört, und er hat verkündet, dass er (zu Gunsten seiner Auserwählten) Zwietracht zwischen allen Völkern der Erde säen werde. Zwietracht bedeutet letztendlich nichts anderes als Krieg. Auf keine andere Art und Weise lässt sich innerhalb kürzester Zeit mehr an Einfluss, Macht und Mittel gewinnen, wie durch Kriege. Selbstverständlich finanziert man immer beide Seiten, und auch der Verlauf jeglichen Kriegsgeschehens ist mit entsprechenden Mitteln perfekt zu steuern. Im Übrigen kennt der Volksmund das von den Mächtigen praktizierte System sehr genau, er sagt nicht umsonst:

„Wenn zwei sich streiten, dann freut sich meist ein DRITTER!“

Es ist ein großer Irrtum zu glauben, dass sich Konflikte aus zufälligem Geschehen heraus entwickeln, es passiert nichts aus Zufall. Das wusste auch der eingeweihte amerikanische Präsident Franklin D. Roosevelt, denn er gab 1945 folgenden Spruch von sich:

In der Politik geschieht nichts zufällig. Wenn etwas geschieht, kann man sicher sein, dass es auf diese Weise geplant war. (Franklin D. Roosevelt)

Und wenn man sich über die Jahrzehnte hinweg betrachtet, in welcher Art und Weise der installierte Pseudo-Kommunismus diese Welt geteilt hat, wie viel Angst, Konflikte, Leid, Geheimdienstaktivität, Überwachung, Rüstungsgüter und Staatsverschuldungen daraus entstanden sind, dann kann man nur sagen: **Volltreffer!**

Doch kommen wir zurück zum Übel „freie Marktwirtschaft“ und zu einer Institution, die den pyramidalen Wahnsinn am Kochen hält – dem ZINS!

Der Zins ist – neben etlichen anderen üblen Machenschaften – ein garantiertes Mittel, um das System von Arm und Reich immer mehr auf die Spitze zu treiben. Dass Kreditzinsen jemand, der bereits verschultet ist, in den vollständigen Ruin treiben können, das brauche ich wohl nicht näher darzulegen. Interessant ist die andere Seite, nämlich die Zinsen, die dem

Vermögenden einen Zinsertrag bringen. Die Rede sei hier nicht von Zinserträgen aus Sparguthaben in Höhe von ein paar tausend Euro jährlich, ich rede hier von Zinsen, die, teilweise in gigantischem Ausmaße, automatisch für immer mehr Reichtumszuwachs sorgen. Damit Sie überhaupt verstehen, was Zins auf Dauer anrichtet, gebe ich Ihnen hier ein kurzes Beispiel:

Nehmen wir einmal an, der „heilige" Josef hätte im Jahre Null unserer Zeitrechnung einen einzigen Eurocent bei einer Bank angelegt, und zwar zu 5% Zins im Jahr. Nach Ablauf des ersten Jahres hat Josef 1,05 Eurocent Vermögen, da er 0,05 Eurocent an Zinsen bekommen hat. Die Frage ist nun: wie viel Vermögen, gerechnet mit Zins und Zinseszins, hätte Josef heute – also nach zweitausendzwei Jahren – auf dieser Bank liegen?

Wenn man Leute (die das Beispiel noch nicht kennen) dahingehend spontan befragt, dann gibt es Schätzungen, die sich zwischen tausend und einigen Millionen Euro belaufen. Das richtige Ergebnis jedoch sprengt jeglichen Rahmen, der eine Eurocent hätte Josef folgendes Vermögen beschert:

Nach 500 Jahren beträgt das Vermögen bereits 393.232.618 Euro (aus nur einem einzigen Eurocent Startkapital!)

Weitere 500 Jahre später, also nach 1000 Jahren, wären es bereits
1.546.318.920.731.927.238.984 Euro, abgerundet und in Worten ausgedrückt:
1,5 Trilliarden Euro! Und nach insgesamt 2002 Jahren wären es
26.361.901.805.864.413.842.305.925.692.823.000.000.000 Euro,
abgerundet und in Worten ausgedrückt: 26,3 Septrilliarden Euro!

Da sich die meisten Menschen gar keine Vorstellung von 26,3 Septrilliarden machen können, werde ich Ihnen diese ungeheuerliche Zahl plastisch vor Augen führen. Unsere Erdkugel hat ungefähr ein Gewicht von 6 Trilliarden Tonnen. Bei einem angenommenen Goldpreis von 10.000 Euro pro Kilogramm, könnte man mit einem Vermögen von 26,3 Septrilliarden Euro rund 440 Milliarden (!) Erdkugeln aus purem Gold kaufen.

Wenn man sich vor Augen führt, dass viele Reiche nicht mit einem Eurocent an Startkapital aufwarten, sondern bereits über Generationen hinweg riesige Summen angelegt haben, dann können Sie sich jetzt vielleicht vorstellen, in welchem Maße deren Reichtum wächst. Und dass man sich in solchen Kreisen nicht mit 5% Zinszuwachs begnügt, sondern „ordentliche Renditen" einfährt, das sollte Ihnen auch klar sein.

Ein weiteres Übel, dem die freie Marktwirtschaft Tür und Tor aufsperrt, ist die Spekulation. Die Digitalisierung des Geldes mittels Datenverarbeitung (Computer) hat es möglich gemacht, riesige Geldbeträge auf elektronischem Wege zu transferieren. Von dieser Art der Bezahlung wird äußerst rege Gebrauch gemacht, die spekulativen Devisentransaktionen haben ein gigantisches Ausmaß angenommen. Mittlerweile entsprechen nur noch 2 Prozent (!) aller Devisentransaktionen einem realen Austausch von Gütern und Dienstleistungen, 98 Prozent (!) sind spekulativ. In den siebziger Jahren lag das tägliche Volumen der Devisentransaktionen bei ca. 25 Milliarden US-Dollar. Heute werden weltweit täglich zirka zwei Billionen (!) US-Dollar transferiert. Im Falle einer weltweiten Währungskrise wäre keine Instanz in der Lage, stützend einzuschreiten.

Was die Spekulation anbelangt, so gibt es dort einen Bereich, der für denjenigen, der genügend Finanzkraft und somit Durchhaltevermögen besitzt, einen besonders fetten Zuwachs garantiert – die Bodenspekulation. Riesige Summen, die durch Zinserträge und andere Machenschaften erlangt werden, werden in Grund und Boden investiert. Bodenspekulation ist ein legalisiertes Verbrechen von ganz besonderer Niederträchtigkeit, denn hier reißt man Dinge an sich, die die Menschen als Existenzgrundlage benötigen. Schauen Sie sich die Zuwachskurve der Immobilienaufkäufe von Banken, Versicherungen, Konzernen, Investmentfirmen oder sonstiger finanzstarker Gruppen an, dann wissen Sie, von was ich hier rede. Gewisse Investoren sind mittlerweile so kapitalstark, dass ein Gutteil der erworbenen Immobilien ruhig leer stehen kann, ohne dass dies eine Wirkung auf die regionalen Mietpreise hat, die bei entsprechendem Überangebot eigentlich sinken müssten. Man hält das Mietniveau einfach künstlich hoch, wer genügend Substanz hat, der kann sogar regional das Gesetz von Angebot und Nachfrage aushebeln. Und die Substanz (Kapitalmacht) hat in etlichen Fällen ein erschreckendes Ausmaß erreicht. Aber nicht nur die großen Brocken räumen am Immobilienmarkt kräftig ab, auch die gehobene Mittelschicht vergreift sich in zunehmendem Maße an Gütern, die die Menschen dringend benötigen, um überhaupt existieren zu können. Wer es einmal zu einem gewissen Reichtum gebracht hat, der muss sich in der freien Marktwirtschaft schon sehr blöd anstellen, um nicht beständig immer reicher zu werden oder gar zu verarmen. Selbstverständlich gibt es auch solche Fälle, aber dabei handelt es sich – im Verhältnis zu denen, die immer kräftiger absahnen – um eine absolute Minderheit.

Doch den Gipfel der Ungerechtigkeit liefern unsere Politiker, die Wirtschaftsgesetze erlassen haben (oder beibehalten!), die es den Reichen und insbesondere den Konzernen ermöglichen, auf ihre satten Gewinne keinen müden Euro an Steuern zu bezahlen. Diese Tatsache hat mittlerweile ein Ausmaß und vor allem eine Offensichtlichkeit angenommen, für die das Wort „peinlich" geradezu geschmeichelt ist. Und von wem holt sich der Staat die nötigen Steuereinkünfte, die er zum überwiegenden Teil dafür verwenden muss, um die Zinsen für eine verbrecherische Bankverschuldung zu bezahlen, die wiederum die Politiker eingefädelt haben? Na vom kleinen Mann natürlich, denn der zahlt Lohn- und Einkommenssteuer, Mehrwertsteuer, Ökosteuer und den Solidaritätszuschlag. Und den Kleinen geht die Luft aus, denn die oft zitierte Schere von Reich und Arm ist leider bittere Realität. Doch das kümmert die Politiker nicht, denn man hat ja für sich selbst in vielerlei Hinsicht bestens vorgesorgt. Aus solch einer Lage heraus tut man sich natürlich leicht, die Arbeitslosenunterstützung zu kürzen oder sonstige verheerende Einschnitte ins soziale Netz vorzunehmen. Begründet werden solche Kürzungen mit dem Standardspruch: „Das können wir uns als Staat nicht mehr leisten!" oder „Wir haben in der Vergangenheit über unsere Verhältnisse gelebt!" Die Frage ist nur, wer hier über die Verhältnisse gelebt hat und es in immer schlimmerem Maße tut?

Und die Krönung allen Verbrechens ist die Tatsache, dass der kleine Mann, bedingt durch die freie Marktwirtschaft und durch das Treiben von Politik und internationaler Bankiers, auch noch um einen Job betteln muss, damit er vielleicht all das bezahlen kann, was er für seine Existenz braucht, und das man ihm schlicht und ergreifend – durch Legalisierung und Verherrlichung eines verbrecherischen Systems – heimtückisch gestohlen hat.

Da der Staat, bedingt durch immer mehr Verschuldung, horrende Zinszahlungen, sinkende Steuereinnahmen, mehr und mehr Arbeitslose und Kaufkraftverlust bereits so gut wie pleite ist, begehen die Politiker ein weiteres Verbrechen. Sie verkaufen lebenswichtige Einrichtungen und Ressourcen unseres Landes hemmungslos an private Investoren, vorwiegend an ausländische Konzerne. Egal, ob staatliche Energieunternehmen, öffentliche Verkehrsbetriebe, Post, Bildungsstätten, Kultureinrichtungen, die Medien, unser Straßennetz oder sonstige wichtige Einrichtungen, alles soll privatisiert werden, oder ist es zum Teil schon. Und selbst vor unseren lebenswichtigen Wasserressourcen schrecken sie nicht zurück, amerikanische Konzerne interessieren sich in auffällig hohem Maße dafür. Im Internet und in Zeitungsartikeln werden die Leute schon jetzt ganz heiß darauf gemacht, auf gewisse Wasseraktien zu setzen, denn Wasser wird noch sehr teuer werden. Und Wasser wird dann teuer (und mit noch mehr Chlor und Fluorid vergiftet!), wenn der Kapitalkrake das Sagen hat. So werden wir, nachdem uns die Politiker bereits zu Zinssklaven gemacht haben, auch noch unserer elementarsten Lebensgrundlagen beraubt. Und alles im Zuge der ach so freien Marktwirtschaft, und damit der Finanzminister die jährlich anfallenden Zinsen an die Bankiers bezahlen kann! Und dann gibt es noch eine ganz schlaue Taktik, die unsere Misere (und somit den Reichtum gewisser Kreise) geradezu turboartig beschleunigt – die Globalisierung.

Da haben uns doch bestimmte Leute seit geraumer Zeit eingetrichtert, dass unsere Wirtschaft nur noch überleben kann, wenn alles global ausgerichtet wird. Der Begriff „global Player" wurde zum Modewort erkoren, und wer dem globalen Wahnsinn nicht zustimmte, galt als überholt und in gewissen Wirtschaftskreisen als „nicht tragbar". Mittlerweile hat sich die Meinung der Bevölkerung vielerorts gewandelt, mehr und mehr Menschen erkennen, dass es sich dabei um eine Machenschaft übelster Sorte handelt, die von den Mächtigen inszeniert wird. In vielen Ländern gehen die Menschen massiv auf die Barrikaden, wenn es darum geht, gegen die globalen Machenschaften von Konzernen und Politik vorzugehen. Und wie immer gibt es eine Truppe von dumpfen, uniformierten Befehlsempfängern, die den friedlich demonstrierenden Menschen auf brutalste Art und Weise die Köpfe, die Zähne und die Gliedmaßen kaputtschlagen. Wer die Fernsehdokumentation und die Bilder vom Wirtschaftsgipfel in Genua (Italien, Juli 2001) gesehen hat, der glaubt sich ins finsterste Mittelalter zurückversetzt, es ist schier ungeheuerlich, was militante „Ordnungskräfte" den dort friedlich demonstrierenden Menschen angetan haben.

Internationalen Handelsaustausch zwischen den einzelnen Ländern dieser Welt hat es schon immer gegeben, was also ist das Besondere an der jetzigen Globalisierung? Neu ist, dass dabei nicht mehr die nationalen Akteure im Zentrum des Handelsgeschehens stehen, sondern international operierende Konzerne übernehmen mehr und mehr die Versorgung der Nationen. Und was das Herstellen der Waren anbelangt, mit denen sie die Nationen versorgen, so gilt für diese Spezies die Devise:

Unser Geld schreckt vor nichts zurück, es investiert sich **immer** dort,
wo der Profit am höchsten ist!

Es ist den Konzernen vollkommen egal, unter welchen Umständen irgendwo produziert wird, und ob dabei die Umwelt zu Grunde gerichtet wird. Es wird dort produziert, wo man die Arbeiter und Arbeiterinnen sowie die Landesressourcen noch so richtig ausbeuten kann, und wo es keine Behörde gibt, die auf Arbeitsbedingungen und Umwelt ein Auge hat. Internationale Konzerne, so genannte „global Player", haben keinen nationalen Bezug mehr, damit gibt es auch kein nationales Verantwortungsbewusstsein mehr. Ist Ihnen die Tragweite dieser Tatsache eigentlich bewusst?

Zurück bleibt der kleine Mann, dessen Firma, bei der er bislang beschäftigt war, sich dem globalen Wahn verschrieben hat (oder aufgekauft worden ist), und die ihre Produktion nun in profitablere Weltregionen verlagert hat. Er bezahlt nun als Arbeitsloser auch keine Steuern mehr, ganz im Gegenteil, er verbraucht nun Steuergelder, doch diese kommen mit Sicherheit nicht vom global Player, denn Konzerne bezahlen keine Steuern. Im Gegenteil, man schiebt ihnen unsere Steuergelder noch ganz nebenbei in den gierigen Rachen, damit die feinen Herren zumindest noch ein paar Krümel (Arbeitsplätze) im Lande lassen.

Ich frage mich, warum uns etliche Politiker die Globalisierung so nachdrücklich ans Herz gelegt haben (und dies auch noch immer tun!), der Lauf des Geschehens zeigt doch klipp und klar, wohin dieses Übel führt. Es führt nicht nur zu immer mehr Problemen, was die Finanzlage anbelangt, es führt auch in eine fatale Abhängigkeit. Fatale Abhängigkeit deshalb, weil Globalisierung noch ein anderes Übel mit sich bringt – die Zentralisierung.

Vielleicht sind Sie schon so alt und erinnern sich noch, mit den ersten Supermärkten hat alles angefangen. Vereinzelt tauchten sie auf, ganz nach amerikanischem Vorbild, denn dort war man ja in punkto Supermärkte schon sehr viel weiter fortgeschritten. Und wer will diesem hochmodernen Land schon hinterherhinken, was aus Amerika kam, das war und ist für viele Köpfe automatisch gut. Und aus den Supermärkten, die sich mittlerweile schon zu so genannten „Ketten" ausgebildet hatten, wurden langsam Konzerne. Und diese Entwicklung war nicht nur auf Supermärkte beschränkt, sondern sie fand in fast allen Bereichen der Wirtschaft statt. Aus den Konzernen wurden sehr rasch Großkonzerne, die sich schließlich zu den besagten „global Player" entwickelten. Jedermann weiß doch Bescheid, dass immer mehr kleine Firmen von den so genannten „Großen" geschluckt werden, und jedermann weiß, dass diese Entwicklung mittlerweile eine Dimension angenommen hat, die kein gutes Ende vermuten lässt. Hatten vor noch nicht allzu langer Zeit Firmenaufkäufe bereits ein Volumen von einigen Zig-Millionen, so werden heutzutage Aufkäufe und Fusionen am laufenden Band getätigt, bei denen etliche Milliarden an Dollar oder Euro den Besitzer wechseln. Was sich dabei auch immer ändert, ist der Status von vielen Menschen, sie werden von ehemals Angestellten zu Arbeitslosen. Da sich alles immer rasanter zuspitzt, ist, was bestimmte Wirtschaftszweige anbelangt, in Bälde mit der letzten Phase zu rechnen. Es ist mehr als sicher, dass innerhalb kürzester Zeit in vielen Bereichen nur noch global Player existieren werden, das Wirtschaftssystem, das sich freie Marktwirtschaft nennt, sorgt in geradezu perfekter Art und Weise für diese Entwicklung. Damit der Bürger diese fatale Entwicklung nicht allzu sehr bemerkt, behält man bei Aufkäufen aus strategischen Gründen den früheren Namen des Unternehmens bei. Es wird oft erzählt, dass dies rein aus Umsatzgründen geschieht, weil man die auf einen Firmennamen eingeschworenen Käufer nicht an die Konkurrenz verlieren will; doch es ist mittlerweile bei etlichen Produkten der Punkt erreicht, da ist es vollkommen egal, zu welchem Artikel der Kunde greift, es klingelt immer bei ein und demselben Großkonzern die Kasse. Wenn man sich die Auflistungen betrachtet, wie viele Firmennamen nur noch reine Farce sind, und welche Giganten sich hinter all den Scheinnamen verbergen, dann stehen einem die Haare zu Berge! Der Konsument glaubt tatsächlich, bedingt durch die vielen Firmennamen, dass er noch auswählen könne, wem er sein Geld gibt, doch diese Zeiten sind bei vielen Produkten bereits vorbei, mit steigender Tendenz! Es wird in naher Zukunft, was bestimmte Wirtschaftszweige anbelangt, keine Konkurrenz mehr geben, allenfalls eine vorgespielte Scheinkonkurrenz. Dasjenige Unternehmen, das man momentan aus Gründen einer zu klaren Offensichtlichkeit nicht schlucken kann, wird langsam aber sicher geschickt durch Aktienaufkäufe übernommen und kaputt saniert, auch solche Praktiken sind an der Tagesordnung.

Wenn man sich das rapide Aufkauf- und Fusionstreiben der letzten Zeit betrachtet, dann stellt man sich die Frage: was macht eigentlich diejenige Behörde, die solch eine fatale Entwicklung verhindern sollte?

Nun, diese Behörde, die in Deutschland den euphorischen Namen „Bundeskartellamt" trägt, wird zukünftig weiterhin peinlich genau darauf achten, dass eine Schaschlikbude nicht von einer anderen aufgekauft wird. Ein global Player lässt sich jedenfalls langfristig nicht in die Suppe spucken, und außerdem tanzt die Politik seit jeher nach der Pfeife des Großkapitals.

Nun, wohin hat uns der globale Wahnsinn gebracht? Er hat uns mehr und mehr von demjenigen System weggezerrt, das, im Vergleich zu dem, was wir heute erleben, geradezu für paradiesische Umstände sorgt – die kleine, gesunde Einheit, in der jeder seine Beschäftigung und somit sein Auskommen hat. Ohne Angst, Stress, Hektik und gnadenlosem Konkurrenzkampf, und mit einem Schuss von dem, was nahezu vollkommen verloren gegangen ist –

Gemütlichkeit.

Etliche Menschen haben dies mittlerweile begriffen und streben dort, wo sie den Spieß eventuell noch umdrehen können, in diese Richtung. Doch in sehr vielen Bereichen ist der Zug bereits abgefahren, und an ein Zurück ist nicht mehr zu denken. Zumal die Haltung der Politik und der Egoismus derer, die am globalen Wahnsinn glänzend mitverdienen, erschwerend hinzukommt. So kommt es zum Beispiel in einem Land, das einst großartige Leistungen im Schiffsbau vollbracht hat, zur traurigen Situation, dass, bedingt durch Konkurrenz aus einem fernen Land, die letzte Werft schließen muss. Damit hat es sich ein für allemal mit dem Schiffsbau in diesem Land erledigt, denn ohne Werft und Aufträge wird nicht mehr ausgebildet, sondern abgewrackt, das einstige Know-how geht sehr schnell und unwiederbringlich verloren. Braucht man dann irgendwann selbst ein Schiff, dann ist man auf den dafür zuständigen global Player angewiesen, auch wenn dieser mittlerweile seine ehemals unschlagbaren Preise rapide nach oben gesetzt hat, gibt es doch zwischenzeitlich keine lästige Konkurrenz mehr. Und genau diese Tendenz und Vorgangsweise erfasst immer mehr Industriezweige, durch global Player werden ganz bestimmte Länder sukzessive nach Plan ruiniert. Ich sage es Ihnen jetzt noch einmal in aller Deutlichkeit: Ein global Player hat **keinerlei** nationales Verantwortungsbewusstsein, auch wenn bestimmte Personen dies nicht wahrhaben wollen und die Sache anders darlegen. Schauen Sie sich den Lauf des Geschehens an, dann werden Sie die Wahrheit sehr schnell erkennen.

Um den verbrecherischen Aspekt der wirtschaftlichen Globalisierung den Menschen überhaupt als positiv zu verkaufen, wurde von gewissen Kreisen einst folgende Ideologie verbreitet:

„*Wenn man die Kapital- und Warenströme weltweit liberalisiert und dort produziert, wo es am billigsten ist, dann erfolgt eine Gewinnmaximierung. Es entsteht größtmöglichstes Wachstum, und von diesem Wachstum werden letztendlich alle profitieren.*"

Nun, zwei Dinge dieser Ideologie sind wahr, jedoch die Aussage, die den kleinen Mann hoffen ließ, hat sich sehr schnell als eine Lüge herausgestellt. Gewinnmaximierung und auch Wachstum haben weltweit gesehen stattgefunden, aber davon hat nur eine elitäre Schicht profitiert, dem Rest geht es in zunehmendem Maße immer schlechter. Der einst propagierte

„Trickledown-Effekt", wonach der Segen des Wachstums bis in die untersten Bevölkerungsschichten absickern soll, hat sich als unwahr erwiesen. Die Reichen sind noch schneller reich geworden, und die Armen wurden noch ärmer. Brasilien zum Beispiel hat durch die Globalisierung im Jahre 2000 ein Wirtschaftswachstum von fast 5 Prozent erfahren, gleichzeitig hat sich die Situation der Armen rapide verschlechtert. Mehr als 30 Prozent (!) der 162 Millionen Brasilianer sind derart verarmt, dass sie in menschenunwürdigen Slums dahinvegetieren müssen, und es werden immer mehr Menschen, die in extrem menschenunwürdige Verhältnisse abrutschen. In anderen Ländern schaut es ähnlich schlimm aus, vom prophezeiten Wachstumssegen ist in den unteren Bevölkerungsschichten nichts angekommen. 17 Prozent der Weltbevölkerung verfügen inzwischen über mehr als 80 Prozent des Weltproduktes, und die Entwicklung hin zu immer mehr Ungleichgewicht ist in vollem Gange. 1960 lag das Einkommen des oberen Fünftels der Weltbevölkerung noch beim 30-fachen gegenüber den unteren vier Fünfteln, im Jahre 2000 war dies auf das 90-fache (!) angestiegen. Mehr und mehr Millionäre und Milliardäre erwachsen aus dem oberen Fünftel, der Reichtum gewisser Kreise wächst, dank freier Marktwirtschaft und Globalisierung, enorm. Mehr als 4 Milliarden Menschen (von insgesamt 6 Milliarden) leben von einem täglichen Einkommen von weniger als 2 Euro, 1,3 Milliarden Menschen von diesen 4 Milliarden haben im Schnitt nur einen Euro täglich zum Leben zur Verfügung. 250 Millionen Kinder sind gezwungen indirekt als Sklavenarbeiter für internationale Konzerne zu schuften, damit sie selbst und ihre kleinen Geschwister nicht verhungern. 800 Millionen Menschen sind dauerhaft unterernährt, darunter sind 200 Millionen Kinder im Alter von unter 5 Jahren. Jährlich verhungern 13 Millionen (!) Menschen, das sind 35.000 Hungertote täglich!

Und viele Hungernde sterben mangels Kaufkraft neben vollen Getreidekammern!

Dazu sagte uns einst Mahatma Gandhi:

Die Welt hat genug für jedermanns Bedürfnisse, aber nicht für jedermanns Gier.
(Mahatma Gandhi)

Denn auch in Regionen, in denen es keine vollen Getreidekammern gibt, könnte man die Menschen ohne allzu großen Aufwand vor dem Hungertode bewahren. Die weltweiten Produktivkräfte der Landwirtschaft wären problemlos in der Lage, mehr als die doppelte Menge an Menschen mit genügend Nahrung zu versorgen. Es stellt sich die Frage: warum existiert denn ein derartiger Mangel an Nahrung? Der Mangel resultiert aus einer von Menschen bewirkten Mangelwirtschaft, die den positiv klingenden Namen „freie Marktwirtschaft" trägt, und deren Attribute Anhäufung von Reichtum, elitärer Macht- und Geltungswahn, gnadenloser Konkurrenzkampf, Bankbetrug, Egoismus und grenzenlose Gier sind!

Und falls Sie glauben, dass sich die Auswirkungen dieses Übels nur auf die Länder der dritten Welt beschränken, dann irren Sie sich. Allein in den USA haben 10 Millionen Menschen nicht genügend zu essen, darunter befinden sich 4 Millionen Kinder und etliche davon sind vom medizinischen Standpunkt aus gesehen bereits gefährlich unterernährt. Laut „Eurostat" (statistische Kommission) leben in der europäischen Union 50 Millionen Menschen in Armut und in sozialer Ausgrenzung und mindestens 3 Millionen sind ohne Obdach. Und manch Obdachloser erfriert im Winter unmittelbar neben wohltemperierten Luxusgebäuden. Und all diese Zahlen steigen rapide an, was die Verantwortlichen jedoch in keiner Weise zu kümmern scheint. Im Gegenteil, es wird mit Vorliebe an den Ärmsten gespart und gekürzt, und das von Parteien, die den Begriff „sozial“ oder „christlich“ im Banner tragen! Dazu fällt mir zum ersteren Fall nur das Wort „unmenschlich“ und zum letzteren Fall der Begriff „scheinheilig“ ein!

Wenn Sie heute ein Wirtschaftsstudium beginnen, dann werden Sie in den Lehrbüchern, nach denen Sie zu büffeln haben, alles andere als die hier aufgezeigte Wahrheit finden. Sie werden in Ihrem Studium dahingehend gedrillt, das geschickt verschachtelte und betrügerische Wirtschaftssystem weiterhin auf die Spitze zu treiben, egal wie viel Krieg, Ausbeutung, Armut, Knechtschaft und Hungertote dies zur Folge hat, denn Sie wissen ja nichts von den Folgen, der Lehrstoff schweigt sich über den mörderischen Aspekt dieses unmenschlichen Systems wohlweislich aus. Dabei ist es wahrlich nicht besonders schwierig, sich die paar Fakten zusammenzusuchen, die einem die Wahrheit klipp und klar vor Augen führen, denn diese Fakten sind alles andere als ein Geheimnis. Es ist ein wahres Trauerspiel, dass es bei solch einer Offensichtlichkeit bislang kein etablierter Politiker zustande gebracht hat, endlich die Wahrheit ordentlich auf den Tisch zu knallen, und den international operierenden Bankiers damit öffentlich ins miese Geschäft zu spucken. Ganz im Gegenteil, alles huldigt dem Reichtum und der Macht, die hohen Herren werden, wo immer sie auftauchen, feierlich hofiert und zu allem Übel auch noch bewundert.

Der Dalai Lama hat die sieben Todsünden der modernen Gesellschaft offen ausgesprochen:

Reichtum ohne Arbeit. Genuss ohne Gewissen. Wissen ohne Charakter.
Geschäft ohne Moral. Wissenschaft ohne Menschlichkeit.
Religion ohne Opfer. Politik ohne Prinzipien. (Dalai Lama)

Und Platon hat uns dahingehend auch eine Weisheit hinterlassen:

Die Menschen fürchten die Ungerechtigkeit, weil sie Angst haben,
ihr zum Opfer zu fallen, und nicht weil sie es verabscheuen, sie zu begehen.
(Platon)

Und wie schaut es mit der ökologischen Situation (Stand 2002) aus? Was sind die ökologischen Folgen von Wirtschaftswachstum, Konsumterror und globalem Wahnsinn?

17 Millionen Hektar an Urwäldern verschwinden jährlich. Bei Beibehaltung der derzeitigen Aktivitäten wird es in 30 Jahren keine Urwälder mehr geben und somit auch keine grüne Lunge, die für beständiges Klima und reine Luft sorgt. Die Zahl der Kraftfahrzeuge stieg innerhalb von 20 Jahren weltweit von 250 Millionen auf 560 Millionen, und 1 Milliarde Chinesen beginnen gerade den „Segen“ des Kraftfahrzeuges zu entdecken. Der Kohleverbrauch erhöhte sich im selben Zeitraum von 2,3 Milliarden Tonnen auf 5,2 Milliarden Tonnen. Der derzeitige Kohlendioxydausstoß beträgt 20 Milliarden Tonnen im Jahr, Tendenz rapide steigend! An Aluminium für Getränkedosen wurden noch vor 20 Jahren 72.000 Tonnen benötigt, mittlerweile sind es ca. 1,3 Millionen Tonnen (das ist mehr als das 17-fache!). Die weltweite Düngemittelausbringung explodierte von 60.000 Tonnen auf 145.000 Tonnen, gleichzeitig dehnten sich die Wüstengebiete der Erde um 120 Millionen Hektar aus. 500 Milliarden Tonnen fruchtbarer Bodenkrume gingen durch Kahlschlag und Monokulturen verloren. Die Weltmeere können auf Dauer eine Fischfangquote von 100 Millionen Tonnen verkraften, gefangen werden jedoch jährlich 200 Tonnen. 65.000 industriell syntheti-

sierte Chemikalien sind auf dem Markt, die nicht biologisch abgebaut werden können; weniger als 1% davon enthalten Angaben über ihre Giftigkeit, 80% wurden noch **niemals** toxikologisch ausgetestet. Täglich wandern 1 Million Tonnen davon in den Abfall, davon wiederum 90% in den Industriestaaten.

Das rasant näher rückende Ende dieser Entwicklung können Sie sich an fünf Fingern abzählen, aber es gibt tatsächlich noch etliche Figuren, die angesichts dessen, was sich auf diesem Planeten abspielt, von Fortschritt im positiven Sinn reden.

Aber das ist noch immer nicht alles an Übel, was das herrschende System mit sich bringt, es existiert zum Beispiel eine Entwicklung, die den meisten Menschen gar nicht bewusst ist. Ich rede von der Tatsache, dass sich ganz bestimmtes Wissen auf immer weniger Personen und Unternehmen konzentriert. Und diese Tatsache betrifft in hohem Maße etwas, das sich still und heimlich in unser Leben geschlichen hat, und das mittlerweile unseren Alltag in erschreckendem Ausmaße bestimmt und steuert. Dieses Etwas trägt den Namen Elektronik-Chip oder Mikro-Chip!

Ich kenne einige ältere Herren, die man oft liebevoll als „alte Bastler" bezeichnet, die sind gar nicht glücklich über den Siegeszug der Mikro-Chips, und das hat seinen guten Grund. Diese alten Bastler beklagen nämlich, dass man heutzutage fast nichts mehr selbst reparieren kann. Früher konnten diese Herren noch Fernseher reparieren, Radios instand setzen und auch die Elektrik im Auto war mit einiger Fachkenntnis leicht in den Griff zu bekommen. Heute ist dies alles nicht mehr möglich. Überall sind so genannte vergossene Black-Boxes oder Module eingebaut, in denen sich das geheimnisvolle Chip-Leben abspielt. Man kann – wenn überhaupt – nur noch ganze Module austauschen, vorausgesetzt, man findet heraus, welches Modul überhaupt defekt ist. Bei neueren Automobilen ist eine Fehlersuche ohne monströses, computergesteuertes Diagnosecenter gar nicht mehr möglich, der einstige Slogan „Do-it–yourself!" hat sich in vielen Fällen mittlerweile erledigt. Egal, ob Auto, Rasenmäher, Traktor, Produktionsmaschine, Waschmaschine, Telefon, Wecker, Waage, Fieberthermometer, Blutdruckmesser usw. – alles wird von Mikro-Chips gesteuert. Elektronik, basierend auf Mikro-Chips, wohin das Auge blickt. Und diese Mikro-Chips werden, was ihre Fähigkeiten anbelangt, immer besser, schneller und kompakter. Wenn man die Mikro-Chips – und insbesondere die Prozessoren – der ersten Generation mit denjenigen, die jetzt auf dem Markt sind, vergleicht, dann ist das in etwa so, als würde man Leonardo da Vincis ersten Schwingflügelapparat mit einem Tornado-Kampfflugzeug vergleichen. In keinem technischen Bereich ging die Entwicklung so rasant vonstatten, wie das bei den Mikro-Chips der Fall war (und noch immer ist!). Die Entwicklung und Herstellung von Mikro-Chips setzt heutzutage ein enormes Fachwissen voraus sowie extrem aufwendige Produktions- und Forschungsanlagen. Wer die besten Mikro-Chips entwickeln und produzieren kann, dem sind traumhafte Umsätze und Gewinnspannen garantiert. Aus diesem Grund gab es in der Vergangenheit auch sehr viel Konkurrenz auf diesem Sektor. Doch die Betonung liegt auf dem Wort „gab". Im Bereich der Elektronik – und insbesondere bei den Mikro-Chip Herstellern – wird in einem Maße aufgekauft und fusioniert, dass einem Hören und Sehen vergeht. Auch hier geht es rapide in Richtung Alleinherrschaft, das Wissen und die nötigen Anlagen, um Mikro-Chips herzustellen, gelangt zunehmend in die Hände einiger Weniger. Ich möchte an dieser Stelle nochmals betonen, es handelt sich dabei um eine Technologie und ein Wissen, mit dem die ganze Welt beherrscht werden kann, denn ohne Mikro-Chips bewegt sich leider nahezu nichts mehr. Auch ist es mittlerweile unmöglich, schnell mal als Konkurrent aufzutreten und eine eigene Chip-Fabrik aus dem Boden zu stampfen. Diese Zeiten sind vorbei, denn die dazu erforderliche Hochtechnologie samt nötigen Spezialisten, liegt nicht so einfach auf der Straße herum. Neue Anlagen, die Mikro-Chips der neuesten Generation herstellen können, werden nur noch von denjenigen hochgezogen und finanziell bewältigt, die in punkto Mikro-Chips sowieso schon global das Sagen haben. Ich weiß nicht, ob Sie wirklich in der Lage sind, in vollem Umfang zu begreifen, was diese elitären Hersteller für eine Macht haben. Die Macht der Mikro-Chips ist ungeheuerlich und konzentriert sich auf einige wenige Hersteller. Es gibt bereits jetzt schon bestimmte Mikro-Chips, die absolut konkurrenzlos sind. Und es werden immer mehr Mikro-Chips sein, die zukünftig ohne Konkurrenz sein werden. Und wie gesagt, sie werden auch immer ohne Konkurrenz bleiben, denn auch hier ist der Zug bereits abgefahren!

Wir sind nicht nur Zinssklaven, sondern wir sind ebenso Sklaven der Mikro-Chips, oder besser gesagt Sklaven desjenigen global Players, der sie entwickeln und herstellen kann. Doch darüber macht sich anscheinend keiner so recht Gedanken. Vielleicht liegt dies daran, dass viele Menschen gar keine Zeit mehr zum Nachdenken haben, sind sie doch viel zu sehr damit beschäftigt, das immer komplizierter werdende elektronische Zeug anhand ellenlanger Bedienungsanleitungen zu studieren, das ihnen die Werbung aufgeschwatzt hat.

Wenn Sie sich ausführlich über Globalisierung und deren verheerende Folgen inFORMieren wollen, dann kann ich Ihnen drei sachlich fundierte Bücher empfehlen, die Ihnen in vielerlei Hinsicht die Augen öffnen werden:

- Barber, Benjamin: Coca Cola und Heiliger Krieg (ISBN: 3502160309)
- Gray, John: Die falsche Verheißung (ISBN: 3828600867)
- Forrester, Viviane: Der Terror der Ökonomie (ISBN: 3552048499)

Und wenn es Sie interessiert, in welch verheerendem Zustand sich die politische Landschaft der BRD darstellt, dann lesen Sie das Buch „Das System" von Hans Herbert von Arnim (ISBN: 3426272229). Es wird Sie erschüttern und teilweise in Rage bringen, wenn Sie plötzlich durchblicken, mit was für einem politischen Gebilde Deutschland behaftet ist.

Eine beliebte Aussage der Politiker, wenn es darum geht, die Folgen bestimmter legalisierter Verbrechen schönzureden, ist folgende: *„Uns geht es doch noch gut, schaut euch doch bloß an, was in anderen Ländern für Zustände herrschen!"*

Und damit meinen die Politiker natürlich vorwiegend die Länder der dritten Welt. Und in der Tat, schaut man sich die Zustände in manchen Entwicklungsländern an, dann wird man mit Hunger, Krankheit, Leid, Krieg, Armut und politischen Zuständen konfrontiert, dass einem der kalte Schauder über den Rücken läuft. Doch woher kommen denn die verheerenden Zustände in diesen Ländern? Dazu gibt es nur eine einzige Antwort, und die sollten Sie sich gut merken:

Das Elend derjenigen Länder, die wir fälschlicherweise als Entwicklungsländer bezeichnen, resultiert einzig und allein aus dem Reichtum, den diese Länder haben oder in der Vergangenheit gehabt haben. Bodenschätze jeglicher Art, Gewürze, Genussmittel (Tabak, Kaffee, Opium, Koka), exotische Früchte, Edelhölzer usw. – all diese Dinge wurden diesen Ländern letztendlich zum Verhängnis. Schauen Sie sich die Geschichte der Kolonialmächte an, und in welchem Maße damals bestimmte Länder ausgebeutet wurden, dann wissen Sie, wovon ich hier spreche.

Da hat ein fremdes Land etwas, was die elitäre Schicht eines anderen Landes begehrt, und Kraft der eigenen militärischen Überlegenheit wird das fremde Land einfach in Beschlag genommen und systematisch rücksichtslos ausgebeutet. Es gab Zeiten, da galt für das Inbeschlagnehmen solch wehrloser Länder der Slogan: Wer zuerst kommt, der mahlt zuerst!

Und bestimmte Länder haben sich hemmungslos bedient und den wehrlosen Eingeborenen zu allem Unglück auch noch ihre vermeintliche „Kultur" aufgezwungen. Zu gegebener Zeit haben sich dann die Kolonialmächte offiziell aus diesen Ländern zurückgezogen und in vielen Fällen die Unabhängigkeit der ehemaligen Kolonie akzeptiert. Doch in Wirklichkeit hat sich, was die dortige Ausbeutung anbelangt, die Sache nur noch verschlimmert, denn nun rauben die internationalen Bankiers und die von ihnen dirigierten global Player diese Länder in noch größerem Stil planmäßig aus.

Die Vorgehensweise dabei ist immer dieselbe und so offensichtlich, dass es einem nicht sonderlich schwer fallen kann, die angewandte Taktik zu durchschauen. Fast all diejenigen so genannten „Entwicklungsländer", die oben aufgeführte Reichtümer besitzen (und insbesondere Bodenschätze!), haben unter furchtbarsten politischen Gegebenheiten zu leiden. Da gab und gibt es überall relativ hochgerüstete Militärs, korrupte Regierungen und auch immer ebenfalls gut bewaffnete Rebellen. Kriegerische Auseinandersetzungen, Vertreibungen und blutige Gemetzel waren und sind in bestimmten Regionen der dritten Welt an der Tagesordnung, die Bevölkerung lebt in ständiger Angst und verarmt mehr und mehr. Es ist doch höchst seltsam, dass gerade bettelarme Länder über Jahrzehnte hinweg fast ständig Krieg und Rebellionen haben und so gut wie nie zur Ruhe kommen. Und die Folgen von ständigen militärischen Auseinandersetzungen kosten ernorm viel Geld! Und wo Geld gebraucht wird, da sind die Bankiers zur Stelle, und zwar dann, wenn es sich um ein Land handelt, das ergiebige Bodenschätze besitzt. Und wenn einer glauben sollte, dass sich die verheerende politische Situation solch eines bedauernswerten Landes rein zufällig ergibt, dann ist er ein Narr. „Wenn Zwei sich streiten, freut sich ein Dritter!" – heißt die Devise, und dieser Dritte sorgt in der Regel nicht nur dafür, dass Zwei sich streiten, sondern er sorgt auch dafür, dass sie sich lange streiten können! Und zwar so lange, bis man sich über alle Maßen bei den Bankiers verschuldet hat, und man einen Teil seiner Zinsschuld dadurch begleichen muss, indem man Großkonzernen die Ausbeutung seiner Bodenschätze überlässt. Dieses finstere Spiel wird in vielen Ländern gespielt, auf die Höhe der Verschuldung dieser Länder brauche ich wohl nicht näher einzugehen. Da diese Länder über kein nennenswertes Bruttosozialprodukt verfügen und somit keine (oder nur geringe) Steuereinnahmen für die Zinstilgung haben, müssen diese Länder gezwungenermaßen ihre Bodenschätze verkaufen. Hätten sie keine Bodenschätze, dann hätten sie auch keine Verschuldung, denn ein Agrar-Land ohne naturelle Reichtümer ist für Bankiers absolut uninteressant. Solchermaßen „arme" Völker oder besser gesagt Völkchen gibt es einige auf der Welt, und diese einfachen Menschen leben seit jeher ein auffällig ruhiges Leben. Doch wehe dem Volk, das auf Grund und Boden lebt, der Erdöl, Metalle oder sonstige begehrenswerte Dinge in sich birgt. In solchen Ländern werden – vornehmlich durch ausländische Geheimdienste – Krisenherde geschaffen, die schließlich zum Ausbruch kommen. Es ist wahrlich kein allzu großes Geheimnis mehr, dass der amerikanische Geheimdienst CIA weltweit Konfliktherde entfacht und schürt, und die somit destabilisierten Länder im Sinne der US-Konzerne übel missbraucht werden. Weiterhin ist es kein Geheimnis mehr, dass dazu gigantische Summen aus internationalem Drogenhandel verwendet werden, den man auf der öffentlichen Seite so vehement scheinheilig bekämpft.

Eine der wichtigsten Aufgaben der Geheimdienste ist die Täuschung der Öffentlichkeit. Der wirklichen Ursachenkette von Terror und Krieg darf niemand auf die Schliche kommen. Es ist relativ leicht, Diktatoren, Scheindemokraten und Rebellen auf der Weltbühne erscheinen zu lassen, dazu braucht man nur Geld und Waffen. Sehr viel schwieriger ist das Unterfangen, das Ganze so geschickt zu verschleiern und in Szene zu setzen, dass die Weltöffentlichkeit nicht erfährt, wie inszeniert wird und vor allem **wer** hinter bestimmten Szenarien steckt. Erleichtert wird die Sache dadurch, dass der internationale Journalismus fast zur Gänze auf dem Schoß der Geheimdienstleute sitzt und begierig auf Desinformation wartet, um damit weltweit die vielen Zeitungsspalten zu füllen.

Es gibt etliche Bücher, die das düstere Treiben der Geheimdienste aufzeigen, doch ein Buch sticht dabei ganz besonders heraus. Es handelt sich dabei um ein Buch mit dem Titel:

„Im Namen des Staates – CIA, BND und die kriminellen Machenschaften der Geheimdienste" (ISBN: 3492040500)

Das Besondere an diesem Buch ist, neben hochbrisantem Inhalt samt knallharten Fakten, sein Autor. Das Buch hat nämlich ein Mann geschrieben, der 25 Jahre lang Abgeordneter im Deutschen Bundestag war, 4 Jahre davon als Parlamentarischer Staatssekretär im Verteidigungsministerium und 2 Jahre davon als Forschungsminister – Andreas von Bülow.

Nachfolgend ist eine kurze Buchbesprechung abgedruckt, die im Internet veröffentlicht ist, und die Ihnen Aufschluss darüber gibt, um was für ein Kaliber es sich bei diesem Werk handelt:

„Sicherheitshalber verkündete der lebenslustige Österreicher öffentlich, dass er keinen Selbstmord plane. Eine Lebensversicherung war das aber dann doch nicht. Hugo Michael Sekyra – erfolgreicher Sanierer von Unternehmen im In- und Ausland – hatte diesmal einen ebenso schweren wie auch hochsensiblen Auftrag. Sein Klient, ein ehemaliger tschechischer Staatskonzern, war schließlich weltweit vor allem durch ein Produkt bekannt: Simtec. Dieser Plastiksprengstoff, der durch keine Flughafenkontrollen aufzuspüren ist, fand schon immer das Interesse von Terroristen und Geheimdiensten aller Herren Länder, und die lassen sich nun mal ungern ins Handwerk pfuschen. Jedenfalls war Sekyra im vergangenen Jahr auf einmal tot. Die Polizei fand zwar keinen Abschiedsbrief, verkündete dafür aber recht schnell, dass es sich zweifelsohne um Selbstmord handele."

Ein ganz normaler Fall. So normal wie viele Todesfälle, die in Andreas von Bülows Buch über die Arbeit der Geheimdienste auftauchen.

Dass der ehemalige Politiker hier ein Werk im Stile US-amerikanischer Enthüllungsbücher vorlegt, war wohl nicht unbedingt zu erwarten. Seine Biographie weist immerhin 25 Jahre Abgeordnetenarbeit in Bonn (bis 1994), vier Jahre als Parlamentarischer Staatssekretär im Verteidigungsministerium und zum Ende der Schmidt-Ära noch zwei Jahre als Forschungs-

minister aus. Was hätte man da doch für ein schönes rundes Erinnerungsbuch schreiben können. Doch in den letzten Jahren seiner Arbeit im Bundestag hat sich von Bülow wohl zu sehr geärgert, denn da saß er u. a. im so genannten Schalck-Untersuchungsausschuss. So schreibt er, dass er auf die systematische Nutzung der organisierten Kriminalität durch die Geheimdienste nie gestoßen wäre, wenn nicht die Bundesregierung die Arbeit dieses Ausschusses derart torpediert hätte.

*Aufgeklärt sollte nur zu den östlichen Diensten werden, was sich bei dem Heer von Doppel- und Dreifachagenten im Dunstkreis des Koko-Imperiums naturgemäß als schwierig erwies. Jedenfalls wurde von Bülow misstrauisch und begann auf eigene Faust zu ermitteln. Herausgekommen ist ein nach seinen eigenen Worten „**letztlich erschreckendes Gemälde der systematischen operativen Verschränkung geheimdienstlicher verdeckter Operationen mit der weltweiten organisierten Kriminalität, dem Drogenhandel, aber auch dem Terrorismus**“.*

Informationen für seine Arbeit fand er in den Indiskretionen empörter Geheimdienstmitarbeiter, aus Pannen, aus Streitigkeiten zwischen Geheimdiensten untereinander oder mit Drogenfahndern und Kriminalisten, in Ermittlungen der Opfer-Staaten selbst. Der Autor räumt dabei ein, hin und wieder selbst Opfer geheimdienstlicher Desinformation geworden zu sein. Doch selbst wenn man annimmt, dass nur ein Bruchteil der hier angeführten Fälle der Wahrheit entspricht, wäre dies allemal genug. Was so alles passiert, lässt sich manchmal erahnen. So wenn etwa US-Präsident Ford eine Direktive erlässt, die der CIA das Ermorden führender Staatsmänner/frauen künftig untersagt. Zur Palette der CIA und des israelischen Mossad, mit denen sich der Autor hier vor allem beschäftigt, gehört natürlich wesentlich mehr als der ganz gewöhnliche Auftragsmord. So beginnt die Nutzung der organisierten Kriminalität durch die USA bereits im Zweiten Weltkrieg. Um den kommunistischen Einfluss in Italien zu begrenzen, ermöglichten damals US-Geheimdienste der Mafia, wieder in Sizilien sesshaft zu werden, wozu selbst Schwerverbrecher aus US-Gefängnissen entlassen wurden. In Frankreich bekämpften nach dem Krieg von der CIA gesteuerte Mafiabanden die kommunistischen Gewerkschaften. Gleichfalls aktivierten die Geheimdienste der USA ehemalige SS-Leute.

*Ethnische Konflikte wie auf dem Balkan wurden und werden geschürt, nationale Minderheiten, etwa die Kurden, nutzt und benutzt man, wann immer es opportun erscheint. Auf etwaige moralische Verpflichtungen aus dieser Politik für das Schicksal der betroffenen Völker angesprochen, hieß es von Ex-Sicherheitsberater Henry Kissinger lapidar, „**man solle doch nicht verdeckte Operationen mit Missionarsarbeit verwechseln**“. So ist es wohl auch keine Missionarsarbeit, wenn in Sri Lanka der Mossad gleichzeitig Tamilen wie auch die sie bekämpfende Regierung berät, und in Ruanda und Burundi sich Frankreich und die USA einen verdeckten Kampf um Rohstoffe liefern, der vor der Weltöffentlichkeit am Fernseher als blutige Stammesfehde zwischen Tutsis und Hutus abläuft. Wenn in Afghanistan im CIA-Auftrag „**Drogenbarone zu Freiheitskämpfern**“ mutieren, so muss nun der Leser dieses Buches zur Kenntnis nehmen, „**dass der Rauschgifthandel in den Hochindustrieländern zu nennenswerten Teilen für geheimdienstliche Zwecke in den Konfliktzonen der Welt genutzt wird**“, und wundert sich so wohl nicht mehr über die letztlich erfolglose Bekämpfung des Drogenmissbrauchs.*

*Da von Bülow auch die Verquickung von Geheimdiensten und internationalem Terrorismus aufzeigt, kommt er folgerichtig zu der Frage, „**was an dem gesamten Terrorismusgesche-***

hen echt ist, und was zur Beeinflussung der öffentlichen Meinung, zur Lenkung der Wähler von außen wie von innen in Szene gesetzt wird". Schließlich lasse sich die psychologische Reaktion von Durchschnittsbürgern exakt berechnen. So erfährt der Leser, dass hinter vielen Attentaten radikaler Araber letztlich der israelische Geheimdienst steht. Oft schlägt er dabei zwei Fliegen mit einer Klappe. Einerseits räumt man Befürworter eines Ausgleichs zwischen Israelis und Palästinensern aus dem Weg, und da kann es selbst einen designierten Mossad-Chef treffen. Andererseits werden solche Aktionen „von israelischer Seite gezielt zur Herabsetzung der arabischen beziehungsweise palästinensischen Friedensforderungen an Israel in Szene gesetzt". Hilfreich bleibe, so stellt von Bülow fest, immer die Frage nach dem cui bono, wem nutzt eine Tat, wem schadet sie? Der Mossad steuere demnach die Abu-Nidal-Gruppe, beliefere auch Gegner Israels verdeckt mit Chemiewaffen, lenke rechte Organisationen in Westeuropa und besorge in „Zusammenwirken mit anderen Einrichtungen das Geld, mit dem ihr Staat, der bereits 40 Prozent seines Staatshaushaltes für Verteidigung ausgibt, die teuren Bauprogramme in und um Jerusalem finanzieren kann". Dass er auch auf Gebieten aktiv wird, wo man ihn eigentlich nicht vermuten würde, zeigt u. a. der Tod von Orlando Letelier 1976. Die Mörder des chilenischen Politikers waren vom Mossad ausgebildet worden.

Schließlich widmet sich der Autor auch der elektronischen Spionage der Nachrichtendienste. Was im Kalten Krieg durch den Kampf gegen den Kommunismus legitimiert beginnt, so u. a. mit dem Verkauf von Großrechnern an den Ostblock, die allesamt mit einer Abhör-Software gekoppelt waren, hat heute eine für jeden Bürger erschreckende und von niemandem kontrollierbare Dimension erreicht: „Alle elektronischen Schnüffelergebnisse zusammengenommen, die Überwachung sämtlicher Bewegungsabläufe einer Person, deren Familie, Freunde, Geschäftspartner, des Telefon- und Computerverkehrs bis hin zu Strom-, Wasser-, Kreditkartengebrauch, der PKW-Vermieter, der Flugzeugbewegungen und Ticketverkäufe, lassen kein Entkommen mehr zu."

Ein bemerkenswertes wie auch informatives Buch, das Andreas von Bülow wohl nicht nur Freunde bringen wird!

Weiterhin sollten Sie sich folgende Internetseite ansehen: „www.friedenskooperative.de/themen/terrhg26.htm". Dort finden Sie den Inhalt eines Interviews, das Andreas von Bülow im Dezember 2001 der Zeitschrift „Konkret" gegeben hat, und dessen Inhalt nicht minder brisant ist, zeigt er doch einiges an Vorgeschichte hinsichtlich des Geschehens vom 11. September 2001 (Attentat auf das Word-Trade-Center in New York).

Falls Sie betreffs diverser politischer Hintergründe klar sehen wollen, dann besuchen Sie die Internetseite „www.perseus.ch"; gehen Sie dort ins „Archiv", wählen Sie „Europäer-Archiv" und dann in die Rubrik „Politik".

Wenn Sie sich umfangreich über die Hintergründe des Geschehens vom 11. September inFORMieren wollen, dann lesen Sie das Buch: „Verschwörungen, Verschwörungstheorien und die Geheimnisse des 11.9." von Mathias Bröckers (ISBN: 3861504561)

Dieses Buch bringt höchst interessante Fakten auf den Tisch, die das Attentat vom 11. September in einem ganz anderen Licht erscheinen lassen.

Wahrlich, ich sage euch, es wird eine Zeit kommen, da werden sich die Menschen nicht mehr auskennen. Und in dieser Zeit werden diejenigen, die schreien „wir sind die Opfer" in Wirklichkeit die Täter sein! Und diejenigen, die sich als „Retter" aufspielen, sind in Wirklichkeit die Henker! Darum prüfet alles mit eurem Herzen – und das Beste behaltet. Denn an ihren Früchten werdet ihr sie erkennen.

Es ist schon erstaunlich, wie viele Menschen mittlerweile aufgewacht sind und sich über das Internet offen und mutig dazu bekennen, dass sie die Hintergründe zum Geschehen vom 11. September in keiner Weise so sehen, wie es die Medien und die Politiker vertreten. Die Kabarettisten jedenfalls haben erfreulicherweise sehr früh damit begonnen, die Menschen durch die „Blume des Humors" darauf aufmerksam zu machen, dass die ganze Angelegenheit enorm zum Himmel stinkt. Das, was in den USA an Politik abläuft, ist mitunter die unterste Schublade, in die sich ein angeblich freiheitlich demokratisches Land überhaupt begeben kann. Das Szenario vom 11. September dient als perfekte Basis dafür: um Menschenrechte drastisch zu beschneiden, um weltweit Kontroll- und Überwachungssysteme maximal zu forcieren und, vor allem, um die USA in einen Status zu erheben, in dem sie nahezu weltweit kritiklos bestimmen können, wer gut oder böse ist und wessen Land und Regierung es zu vernichten gilt. Dass die zu bekämpfenden Regierungen meistens in Ländern zu finden sind, die mit enormen Ölvorkommen oder sonstigen Reichtümern gesegnet sind, und dass die ganze Sache mittlerweile so zum Himmel stinkt, dass man es schon gar nicht mehr ertragen kann, das stört die Regierenden etlicher anderer Länder nicht, man ist sich auffällig einig mit der selbsternannten Weltpolizei „USA".

Eine Weltpolizei, die wohlgemerkt derzeit von einem Mann regiert wird, der durch den größten (und teuersten!) Wahlbetrug an die Macht gekommen ist, den die Welt jemals gesehen hat. Oder haben Sie schon vergessen, dass sich die ganze Welt über das, was sich bei besagter Wahl zugetragen hat, pressetechnisch an den Kopf gefasst hat? Das war keine Wahl, das war ein Staatsstreich! Und genauso wie im Dezember des Jahres 1971, als Präsident Nixon die Welthandelswährung „Dollar" offiziell zum Falschgeld erklärt hat, und weltweit alle Staaten diesen Betrug kritiklos hingenommen haben, genauso hat die politische Welt den himmelschreienden Wahlbetrug hingenommen, und dem dubiosen Gewinner „George Bush" auch noch Glückwunschtelegramme geschickt. Und weiterhin ist es mittlerweile ein offenes Geheimnis, dass der Bush-Clan seit jeher mit höchstrangiger Logenzugehörigkeit verknüpft ist. Unter dieser Regierung soll das vollendet werden, zu dem das gesamte Weltgeschehen seit vielen Jahrhunderten unübersehbar hinstrebt, indem es förmlich alles auf eine gewisse Spitze zutreibt. Da nützt es auch nichts, wenn Hunderttausende im eigenen Land auf die Barrikaden gehen und sich von Sicherheitskräften die Köpfe blutig schlagen lassen, das interessiert die Regierung der USA nicht im Geringsten, dort ging und geht man über Leichen. Schließlich ist man ja elitär, ja man fühlt sich geradezu berufen, die Welt von allem „Bösen" zu befreien. Und kurz bevor man an die Vernichtung der zum „Bösen" erklärten Region schreitet, ziehen die ganzen fadenscheinigen Figuren scheinheilig in kirchliche Gemäuer ein, um sich den Segen des gerechten Gottes zu holen. Hat Ihnen dieser im höchsten Maße skurrile Akt noch nie zu denken gegeben? Es muss schon ein seltsamer Gott sein, dessen Segen man sich dort holt! Aber über diesen seltsamen Gott habe ich Ihnen ja schon ausführlich berichtet.

Der amerikanische Schriftsteller Gore Vidal hat das Treiben der Weltmacht USA sehr treffend formuliert:

„Seit es die USA gibt, ging es darum, andere Staaten zu dominieren. Wir haben sie wirtschaftlich abhängig gemacht. Wir geben militärisch den Ton an. Und wir setzten dank CIA und FBI auf ihrem Gebiet unsere Politik durch.“ (Gore Vidal)

„Obwohl wir regelmäßig andere Staaten als Schurkenstaaten stigmatisieren, sind wir der größte Schurkenstaat überhaupt. Wir halten keine Verträge ein. Wir verachten internationale Gerichte. Wir schlagen los, wo immer wir wollen. Wir geben den Vereinten Nationen Anweisungen, ohne unsere Beiträge zu bezahlen. Wir beklagen den Terrorismus, doch unser Land ist der allergrößte Terrorist.“
(Gore Vidal in seinem Buch „Das ist nicht Amerika!“ über sein Heimatland USA)

Aber auch andere Persönlichkeiten äußerten sich in der Vergangenheit schon öffentlich sehr direkt und ehrlich:

„Amerika provozierte Japan in einem derartigen Ausmaß, dass die Japaner gezwungen waren, Pearl Harbor anzugreifen. Es ist eine Travestie der Geschichte zu sagen, dass dieser Krieg Amerika aufgezwungen wurde.“
(Oliver Lyttelton, britischer Minister, am 20. Juni 1944)

Und das Ganze rundet eine Aussage ab, die kein Geringerer als der britische Staatsmann Sir Winston Churchill getätigt hat:

„Derjenige muss in der Tat blind sein, der nicht sehen kann, dass hier auf Erden ein großes Vorhaben, ein großer Plan ausgeführt wird, an dessen Verwirklichung wir als treue Knechte mitwirken dürfen.“
(Sir Winston Churchill, freimaurerischer Staatsmann)

Wenn man sich das Weltgeschehen und die derzeitige Situation nüchtern aus einer gewissen Distanz heraus betrachtet, dann ist es schon erschreckend, was auf dieser Erde für Zustände herrschen. Da wird gelogen und betrogen, da werden Verbrechen legalisiert, da lässt man Menschen zu Millionen verhungern, da werden Nationen in den Krieg getrieben und es wird weltweit Terror, Angst und Elend verbreitet.

Wenn man in der heutigen Zeit Personen dahingehend befragt, wie sie denn die Zustände in der Welt beurteilen, dann kommt ein Beurteilungskriterium sehr häufig zum Ausdruck – chaotisch!

Viele Menschen sind der Meinung, dass in dieser Welt mittlerweile Zustände herrschen, die einem **Chaos** gleichkommen. Und nun wird es interessant, denn es gibt einen lateinischen Spruch, der seit jeher in allen Freimaurer-Logen gepflegt wird:

„ORDO AB CHAOS“ – was übersetzt bedeutet: „Ordnung aus dem Chaos“

Dieser Spruch steht in großen Lettern am Eingangsportal des Hauptquartiers der Weltfreimaurerei, das in Genf zu finden ist. Aber auch in vielen Veröffentlichungen, die freimaurerische Organisationen dem außenstehenden Volk zugänglich machen, ist dieser Spruch immer wieder zu finden. Freimaurerische Organisationen sind mittlerweile größtenteils mit einer eigenen Homepage im Internet vertreten, tippen Sie doch einmal die Internetadresse

„www.reaa.ch“ in ihren PC. Diese Internetseite kommt aus der Schweiz und repräsentiert eine Organisation, die sich „AASR“ nennt, und die sich zur Freimaurerei nach „**A**ltem und **A**kzeptiertem **S**chottischen **R**itus“ bekennt. Sie werden erstaunt sein, wie etabliert und wie vernetzt diese Organisation ist, und Sie werden ebenfalls erstaunt sein, wenn Sie die Ideologie dieser verschworenen Gemeinschaft lesen. Dort ist von weltumfassender Menschenliebe zu lesen, von Hilfsbereitschaft und maximaler Toleranz sowie von etlichen anderen edlen Eigenschaften und Zielen. Alle freimaurerisch orientierten Organisationen haben ähnlich positive Ziele und Ansichten, die sie auch stets öffentlich kundtun. Ich möchte der dienenden Basis all dieser Gemeinschaften nicht aberkennen, dass sie diese edlen Eigenschaften und Ziele ehrlich und mit größtmöglichem Einsatz und Überzeugung anstrebt – ganz im Gegenteil! Aber ich sage es hier noch einmal, es handelt sich bei all diesen Organisationen um pyramidal strukturierte Pseudo-Gemeinschaften, bei denen sich die an der Spitze praktizierte Ideologie nicht mehr mit den edlen Zielen der Basis deckt. Im Falle des „Schottischen Ritus“, wie auch in fast allen anderen Fällen, sind die Organisationen nach den USA hin ausgerichtet, denn dort wirken diejenigen, die über so viel Macht und Einfluss verfügen, um direkt oder indirekt Weltpolitik zu machen. Und diese Herren machen seit geraumer Zeit eine dermaßen verheerende Politik, dass diese Welt ein einziges Chaos darstellt. Und zwar genau das Chaos, aus dem dann letztendlich besagte Ordnung geschaffen werden soll, gemäß dem Spruch „ORDO AB CHAOS“!

Doch es ist eine ganz sonderbare Ordnung, die diese „elitäre“ Gruppe anstrebt, sie nennt sich „NOVUS ORDO SECLORUM“, was übersetzt „Neue Zeitenordnung“ heißt, jedoch sinngemäß „Neue Weltordnung“ bedeutet.

Die Absicht, eine „Neue Weltordnung“ zu schaffen, geistert seit jeher durch die gesamte Freimaurerei, wobei, wie schon gesagt, die Ideologien von Spitze und Basis vollkommen unterschiedlich sind. Wo die Basis von Toleranz, Liebe und Hilfsbereitschaft spricht, meint die Spitze: Weltherrschaft und **absolute** Kontrolle der Menschheit durch eine elitäre Schicht, die sich aus so genannten Meistern und Erleuchteten (Illuminaten) zusammensetzt. Ich habe bereits einige Male angedeutet, dass in bestimmten pyramidal strukturierten Kreisen Mystik und Okkultismus eine große Rolle (eigentlich die Hauptrolle!) spielen, und ich habe Ihnen nahe gelegt, diese Dinge auf **keinen** Fall zu unterschätzen.

Mystik und Okkultismus sind sehr eng an Symbolik und an Rituale gebunden. Darauf haben die Ausführenden (Okkultisten und Mystiker) absolut keinen Einfluss, das herrschende Prinzip gibt diese Dinge schlicht und ergreifend vor. Das bedeutet, anhand von vorgeschriebener Symbolik und einzuhaltenden Ritualen kann man – quer durchs ganze Weltgeschehen – bestimmte Organisationen, die wiederum nur Handlanger des gerade herrschenden Prinzips sind, relativ leicht identifizieren. Nichts wird in freimaurerischen Vereinigungen so hoch gehalten wie Tradition und Verbundenheit. Symbole, Gesten und Rituale sind für bestimmte Organisationen unverzichtbar, unantastbar, ja geradezu heilig – schließlich ist man ja nicht umsonst elitär eingeschworen und somit verschworen. Gesten und Rituale werden, so gut es irgend geht, geheim gehalten, doch es gibt auch hier Literatur, die über derartige „Geheimnisse“ Auskunft gibt. Falls Sie sich dafür interessieren, welche dahingehenden „Geheimnisse“ freimaurerische Organisationen pflegen, dann lesen Sie das Buch:

Zunneck, Karl-Heinz: Die geheimen Zeichen und Rituale der Freimaurer
(ISBN:3930219514).

Ich habe ja bereits die „Illuminaten“ (Erleuchtete) erwähnt, die in nahezu unsichtbarer Art und Weise das derzeit herrschende Prinzip verkörpern, das unser Weltgeschehen seit geraumer Zeit prägt. Nun bezeichnet der Begriff „Illuminaten“ aber auch eine greifbare, verschworene Gemeinschaft namens „Illuminatenorden“, dessen offizielle Gründung ein gewisser „Adam Weishaupt“ am 1. Mai 1776 in Ingolstadt (Bayern) vollzogen hat.

Adam Weishaupt war Professor für kanonisches Recht und Philosophie in Ingolstadt, er war aus dem Jesuitenorden ausgewiesen worden und interessierte sich zunehmend für die Freimaurerei. Ursprünglich hieß die von ihm gegründete Organisation „Orden der Perfektibilisten“, doch sehr bald wandelte sich der Name zu besagtem „Illuminatenorden“. Drahtzieher dieser Gründungsaktion war in Wirklichkeit der Bankier Mayer Amschel Rothschild, über den ich ja bereits berichtet habe, er hat Adam Weishaupt finanziert und beauftragt. Der Illuminatenorden war ein über die Freimaurerei hinausgehender Geheimbund, der das Ziel hatte, basierend auf der Geldwirtschaft eine „Neue Weltordnung“ herbeizuführen. Weishaupts Ziel war die Unterwanderung, also diejenige Vorgehensweise, die am effizientesten und gefährlichsten ist. Die Führungsspitze des Illuminatenordens sollte nach und nach weltweit die wichtigsten Ämter in Staat, Militär, Kirche und Wissenschaft besetzen und somit die absolute Macht und Kontrolle erreichen.

Nirgendwo tritt das Prinzip der Ideologiespaltung zwischen Basis und Führungsspitze so klar zutage, wie das im Falle des Illuminatenordens eindeutig zu ersehen ist. Adam Weishaupt verstand es glänzend, die wirklichen Ziele des Ordens geheim zu halten und die Basis mit wohlklingenden Prinzipien hinters Licht zu führen. So propagierte er, dass die durch das Geld entstandenen Hierarchien die Wurzeln der Weltmisere sind, und er erklärte, dass der einstige glückliche Naturzustand des Menschen mit dem Entstehen des Eigentums sein Ende hatte. Die Starken beherrschen und unterdrücken die Schwachen, so dass letztendlich Angst zur Triebfeder allen menschlichen Handelns wird. Er redete von Toleranz, Moral, Hilfsbereitschaft und Menschlichkeit.

Angelockt durch derartige Propaganda bekam der Illuminatenorden ungeheuren Zulauf an einflussreichen Persönlichkeiten, an Durchschnittsbürgern war man nicht interessiert, diese hatten auch keinen Zutritt. Aus der ausgewählten Basis wurde dann, wie das bei allen pyramidal strukturierten Organisationen der Fall ist, das Potential herausgefiltert und feierlich nach oben befördert, das sich für die wirklichen Ziele der Organisation eignete. Hier ein kurzer Auszug von Persönlichkeiten, die nachweislich dem Illuminatenorden angehörig waren:

Franz Wilhelm von Dithfurth, Prinz Karl von Hessen-Kassel, Johann Wolfgang von Goethe, Adolph Freiherr von Knigge, Franz Zwack, Johann Gottfried von Herder, Ludwig van Beethoven, Christoph Martin Wieland usw.

Der Illuminatenorden bekam innerhalb eines Jahrzehntes eine unglaubliche Macht – Fürsten, Barone, Bankiers, Künstler, Professoren und sonstige einflussreiche Persönlichkeiten mit Rang, Namen oder Reichtum drängten auf eine Mitgliedschaft. Doch wie schon gesagt, nur gewisse Charaktere eignen sich für höhere Einweihungsgrade, und so mancher Zeitgenosse kann sich abstrampeln wie er will, er wird niemals über einen gewissen Grad der Einweihung hinaus gelangen. Weishaupts Illuminatenorden war, wie alle Logen und Orden, pyramidal (hierarchisch) strukturiert, es herrschte striktes Unterwürfigkeitsprinzip. Man ging sogar soweit, die unteren Grade einer Art von Gehirnwäsche zu unterziehen, ähnlich im

Stile dessen, was die Scientologen in der heutigen Zeit zur Perfektion gebracht haben. Einmal im Orden angelangt und ein paar Treppchen höher gestiegen, bekam man sehr schnell mit, dass die nach außen hin propagierten Prinzipien, wie Toleranz, Brüderlichkeit und Hilfsbereitschaft, innerhalb des Ordens keine allzu große Gültigkeit mehr hatten. Und so kam es, dass einige Persönlichkeiten den Orden in gewisser Weise geläutert verließen oder gar rausgeworfen wurden. So traten die beiden Dichter Goethe und Herder aus dem Illuminatenorden aus, ihre nachfolgenden Werke sind über und über gespickt mit Informationen, die das Treiben der Illuminaten teilweise bis ins Detail beschreiben. Doch der wichtigste Informant für die Öffentlichkeit war Adolph Freiherr von Knigge. Knigge, der bereits freimaurerische Erfahrung in der Kasseler Loge, genannt „Strikte Observanz“, gesammelt hatte, geriet mit Adam Weishaupt in einen heftigen Streit, als er die wahren Ziele des Illuminatenordens erkannt hatte. Dieser Streit führte dazu, dass Knigge im Jahre 1784 ein offizielles Entlassungsschreiben des Ordens bekam. Von da an war Knigge ein erbitterter Gegner der Freimaurer und Illuminaten, er schrieb etliche Bücher über das Treiben dieser Organisationen sowie über deren Riten und wahre Ziele. Knigges Publikationen führten dazu, dass die Öffentlichkeit über Illuminatenorden und Freimaurer inFORMiert wurde, und nicht zuletzt waren es auch Knigges Werke, die dazu beitrugen, dass der Illuminatenorden am 22. Juni 1784 per Edikt (Kaiserlicher Erlass) in Bayern verboten wurde. Ein gutes Jahr später untersagte man Adam Weishaupt sogar die Ausübung seiner Professur, letztendlich musste er sogar das Land verlassen und zog sich pro forma nach Gotha (Thüringen) zurück. Der Illuminatenorden war jedoch bereits viel zu mächtig, um sich so einfach zu verflüchtigen, er ging in den Untergrund und der Sitz wurde verlagert. Mittlerweile war der Illuminatenorden sowieso international etabliert, mit Hauptausrichtung nach den USA, dafür sorgte die steuernde Finanzmacht (Rothschild) in gewohnter Art und Weise.

Im Jahre 1834 übernahm Guiseppe Mazzini die Führung des Illuminatenordens, Mazzini arbeitete eng mit dem Satanisten Albert Pike zusammen. Albert Pike war hochgradiger Freimaurer, er führte den höchsten Titel „Souveräner Großmeister des Alten und Akzeptierten Schottischen Ritus der Freimaurer“. Der „Schottische Ritus“ ist in verschiedene Einweihungsgrade unterteilt, die höchste Stufe der Einweihung repräsentiert der 33. Grad. Zudem gründete Albert Pike 1867 in Nashville (USA) den „ORDEN DER RITTER DES KU KLUX KLAN“, der für seinen menschenverachtenden Rassismus bekannt ist, und der nach wie vor – vorwiegend im Süden der USA – immer noch sein Unwesen treibt. Während Mazzini den politischen Einfluss des Illuminatenordens ausdehnte, übernahm Pike den okkulten Aspekt. Pike war nach eigenen Aussagen bekennender Satanist.

Mazzani und Pike waren zu damaliger Zeit die einflussreichsten Männer der gesamten Freimaurerei, unter ihrer Federführung wurden verheerende Pläne geschmiedet und mit deren Umsetzung begonnen. In einem sehr umfangreichen Brief, der auf den 15. August 1871 datiert ist, zeigte Pike dem Illuminatenführer Mazzani einen detaillierten Plan auf, wie mit insgesamt drei Weltkriegen nach und nach weltweit eine Situation herbeigeführt werden kann, die so verheerend ist, dass alle Welt geradezu nach einer „Neuen Weltordnung“ schreit.

Dass bereits zwei der Weltkriege stattgefunden haben, und dass auch der Staat Israel in Palästina gegründet worden ist, so wie es Pike in seinem Plan vorgesehen hat, ist bereits dokumentierte Geschichte. Der dritte Weltkrieg, so Pike, soll durch den Konflikt zwischen Moslems und Juden zum Ausbruch gelangen, die heutige Aktualität des im Jahre 1871 (!) Niedergeschriebenen brauche ich Ihnen ja wohl nicht näher vor Augen zu führen. Pikes

Brief an Mazzani war für lange Zeit in der britischen Museumsbibliothek in London zu besichtigen, wenn Sie mehr über dessen Inhalt und über das finstere Treiben der Illuminaten erfahren wollen, dann lesen Sie folgende Bücher von Gary Allen:

„Die Insider" Band-1 (ISBN: 3922367003)
„Die Insider" Band-2 (ISBN: 3922367054)

Jede Dummheit findet einen, der sie begeht. (Tennessee Williams)

Zu Albert Pike bleibt noch nachzutragen, dass er im Jahre 1867 dem damaligen US-Präsident Andrew Johnson persönlich den 32. Grad „Schottischen Ritus" verliehen hat. Johnson war derjenige US-Präsident, der Russland **ganz** Alaska für ein Butterbrot (7,2 Millionen US-Dollar) abgekauft hat, ein Land mit unermesslichen Bodenschätzen. Der 26. US-Präsident Theodore Roosevelt, Republikaner und ebenfalls hochgradiger Freimaurer und Illuminat, setzte Albert Pike sogar ein Denkmal, das man heute noch in Washington D.C. bestaunen kann. Unter der Regierungszeit von Theodore Roosevelt (1901-1909) erhob sich die USA eigenmächtig (und vollkommen unerwünscht!) zur Schutzpolizei über ganz Lateinamerika, eine Praktik (wenn Zwei sich streiten ...), die man nach und nach auf den Rest der Welt ausdehnte.

Ich habe Ihnen ja bereits ausführlich dargelegt, dass Macht unmittelbar mit Geld verknüpft ist.

„Geld regiert die Welt!" – ist nicht nur so dahergesagt, sondern dieser Spruch stimmt in erschreckendem Maße. Und ich habe Sie dahingehend inFORMiert, dass sich das herrschende Prinzip stets mit eindeutiger Symbolik präsentiert. Daher ist es nicht weiter verwunderlich, dass die Dollarnote, die man ja zur Welthandelswährung erhoben hat, vor verschworener Symbolik nur so strotzt. Die Dollarnote, so wie wir sie heute kennen, wurde im Jahre 1932 durch Präsident Franklin D. Roosewelt (hochgradiger Illuminat) in Umlauf gebracht. Auf der Rückseite der Ein-Dollarnote sind beide Seiten des amerikanischen Staatssiegels abgebildet, dieses Siegel ist eng mit den Illuminaten verknüpft. Nicht uninteressant ist die Frage, warum brauchen die USA überhaupt ein Staatssiegel? Kein anderes Land der Welt hat so etwas. Und es ist bekanntermaßen weder irgendein Dokument mit diesem Staatssiegel besiegelt worden noch war je eine Besiegelung geplant – also beginnt die Sache bereits hier verdächtig gen Himmel zu stinken.

Der Ursprung dieses Siegels geht auf das Jahr 1782 zurück, als ein gewisser „William Barton" (inspiriert durch wen auch immer) und ein Mann namens „Charles Thompson" die ersten Rohentwürfe vorlegten. Es war ein längeres Hickhack, bis schließlich der erste Prägestock gefertigt wurde, der amerikanische Weißkopfseeadler – der eine Seite des heutigen Siegels ziert – war in der damaligen Version noch ein Phönix, den viele Leute wegen des langen Halses fälschlicherweise für einen Truthahn hielten. Der mystische Phönix, das sollten Sie wissen, war im alten Ägypten nachweislich ein Zeichen der verschworenen Bruderschaft, er repräsentierte das Wissen um die ständige Wiedergeburt und war somit auch das Sinnbild der Unsterblichkeit (Phönix aus der Asche!).

Im Jahre 1841 wurde der Prägestock eingezogen und durch einen anderen ersetzt, der anstatt eines Phönix jetzt einen Weißkopfseeadler darstellte. Diese Version ist auch auf der Ein-Dollarnote abgedruckt, wie nachfolgende Abbildung zeigt:

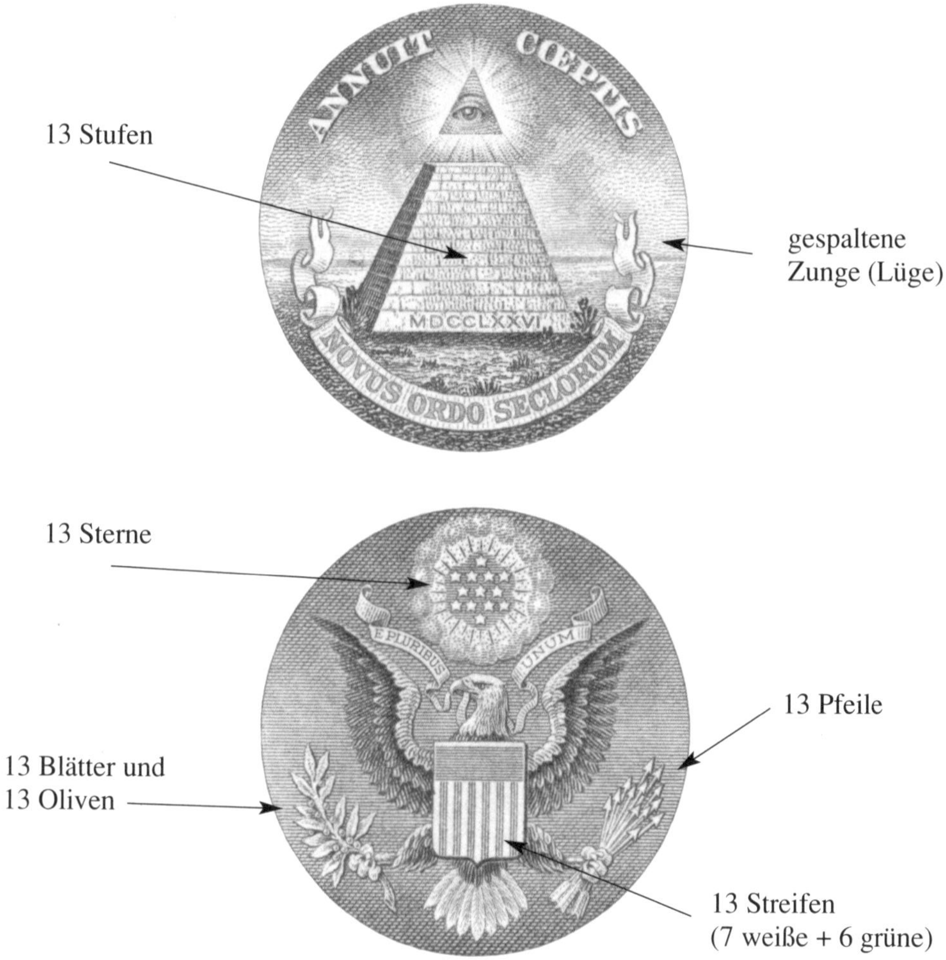

Abbildungen oben: Siegel der USA – Rückseite + Vorderseite

Betrachten wir zuerst die Rückseite des Siegels:

Dort ist eine ägyptische Pyramide abgebildet, die aus 13 Stufen besteht, und deren Spitze das „allsehende Auge Gottes“ darstellt. Das „allsehende Auge Gottes“ habe ich Ihnen ja schon im Zuge der sumerischen Götter vorgestellt, es handelt sich dabei um das so genannte „Pyramidion“, das in bestimmten Kulturen auch unter dem Begriff „Himmelskammer“ verehrt wurde. In solch eine Himmelskammer konnten sich die Götter begeben, um zu ihren himmlischen Wohnstätten zu gelangen, die einen allumfassenden Blick über die gesamte Erde gestatteten. Dass sich der allumfassende Blick mittlerweile leider auf nur noch einen Gott (Enlil/Jahwe) konzentriert, habe ich Ihnen ja schon dargelegt. Das „allsehende Auge Gottes“ wurde seit jeher in Freimaurer-Organisationen verehrt, es ist dort ein bedeutendes Symbol. Das „allsehende Auge Gottes“ in Verbindung mit einer Pyramide, deren Spitze es darstellt, wurde von den Freimaurern erst ab dem Wilhelmsbader Freimaurerkonvent im Jahre 1782 übernommen, als es den Illuminaten gelang, die führenden Geister der ohnehin

, on ihnen schon seit geraumer Zeit unterwanderten Freimaurerei vollends für ihre Ziele zu gewinnen.

Unter der Pyramide ist der Schriftzug „NOVUS ORDO SECLORUM“ zu lesen, dieser Satz bedeutet so viel wie „Neue Weltordnung“. Der Anfang und das Ende dieses Schriftzuges ist mit dem Symbol der Lüge geziert – der Doppelzüngigkeit. Das „NOVUS ORDO SECLORUM“, das auf der Ein-Dollarnote verewigt ist, entspricht haargenau der Ideologie von Adam Weishaupt (im Grunde ist es Rothschilds Ideologie!), die Welt unter Zuhilfenahme des Papiergeldsystems in eine neue Ordnung zu führen.

Über der Pyramide sind die aus insgesamt 13 Buchstaben bestehenden Worte „ANNUIT COEPTIS“ zu sehen. „ANNUIT“ heißt „begonnen“ – „COEPTIS“ bedeutet „gewährt“. Für den Sinn dieser beiden Worte gibt es zwei Erklärungen, beide sind richtig. Zum einen bedeuten die Worte so viel wie: „Er (Enlil/Jahwe) war unserem Anfang gnädig“, aber auch: „Unser Vorhaben wird erfolgreich sein“. In der untersten Steinreihe der Pyramide ist die römische Zahl „MDCCLXXVI“ verewigt, es handelt sich dabei um die arabische Zahl 1776, also genau das offizielle Gründungsjahr von Adam Weishaupts Illuminatenorden. Es wird von offizieller Seite immer wieder behauptet, dass die Zahl 1776 das Geburtsjahr der USA darstellen soll, doch das stimmt nicht, das Geburtsjahr der USA war 1789, das Jahr, in dem die Verfassung in Kraft trat und George Washington der erste Präsident der USA wurde. 1776 fand lediglich die Unabhängigkeitserklärung seitens 13 Kolonien statt, die sich von der britischen Oberherrschaft lossagten, worauf es zum Unabhängigkeitskrieg kam.

Schauen wir uns nun die Vorderseite des Siegels an. Über dem Weißkopfseeadler, der ursprünglich ja ein Phönix war, ist ein sechszackiger Stern zu sehen, der sich wiederum aus 13 Einzelsternen zusammensetzt. Oft wird behauptet, dass es sich bei diesem Stern um den jüdischen Davidstern handelt, doch das stimmt in diesem Falle nicht. Der jüdische Davidstern hat nämlich keinen Mittelpunkt, der in der Mitte sitzende 13. Einzelstern wäre somit zu viel. Der sechszackige Stern stellt das alchimistische „Sigillum“ dar, ein mystisch okkultes Zeichen höchster Rangordnung. Das alchimistische Sigillum symbolisiert die Vereinigung des Zeichens für Feuer (aufsteigendes Dreieck) mit dem Zeichen des Wassers (absteigendes Dreieck) zum Mittel. Dieses Mittel oder besser ausgedrückt, der Mittelpunkt (13. Einzelstern) symbolisiert das „magische Gleichgewicht“, also den Zustand, wenn sich die Kraft des Feuers und die Kraft des Wassers genau aufheben. Im nächsten Kapitel werde ich Sie näher über die Elemente Feuer und Wasser inFORMieren.

Unter dem Sechszackstern sind auf einer Art Banderole die Worte „PLURIBUS“ und „UNUM“ zu lesen. Diese Worte bedeuten „aus Vielem wird Eines“, und sie titulieren nichts anderes als das herrschende System, das so ausgelegt ist, dass sich zwangsläufig alles auf eine Spitze hin zentralisiert. Weiterhin ist in der rechten Kralle des Adlers ein Olivenzweig zu sehen, der 13 Blätter und 13 Früchte (Oliven) trägt, die linke Kralle des Adlers umfasst ein Bündel von genau 13 Pfeilen (13 Pfeile waren auch ein persönliches Symbol von Adam Weishaupt). Die Brust des Adlers ziert ein Schild, das 13 Längsstreifen aufweist, 6 davon sind dunkel. Schaut man sich die 6 dunklen Streifen näher an, dann ist zu erkennen, dass jeder einzelne der dunklen Streifen eigentlich aus drei dünnen dunklen Streifen besteht. Damit symbolisiert sich die Zahl 6 in einer dreifachen Abfolge, was letztendlich zur Zahl 666 führt. Was es mit der Zahl 6, der Zahl 666 und der Zahl 13 auf sich hat, das erfahren Sie gleich.

Interessant ist auch das internationale Währungskennzeichen des Dollars ($), von dem viele glauben, dass es sich um ein durchgestrichenes „S“ handelt. Es handelt sich jedoch um kein durchgestrichenes „S“, wo wäre auch der Sinn? Tatsache ist, von offizieller Seite kann niemand plausibel erklären, was das Dollarzeichen „$“ eigentlich zu bedeuten hat, alle dahingehenden Erklärungsversuche sind mehr als fadenscheinig und völlig aus der Luft gegriffen. Wenn man allerdings die sumerische Geschichte kennt, dann schaut die Sache schon ganz anders aus. Das Dollarzeichen „$“ ist eines der ältesten Symbole, die unsere Weltgeschichte überhaupt kennt, es ist Enkis Zeichen der „Bruderschaft der Schlange“, das ich ja im Zuge der sumerischen Götter bereits erwähnt habe. Man nennt dieses Symbol „Semicaduceus“, es stellt eine Schlange dar, die sich ein und ein halbes Mal um einen Stab windet. Enkis feindlich gesinnter Halbbruder Enlil (Jahwe) hat seit geraumer Zeit die Oberhand über die Erde, und er hat Enkis ehemals positive „Bruderschaft der Schlange“ weltweit vollkommen unterwandert und ins Gegenteil gekehrt. Und Enkis Symbol lässt sein siegreicher Halbbruder zum Hohn nun dasjenige Mittel (Geld) zieren, das er erfolgreich eingesetzt hat, um die gesamte Erde zu unterwerfen.

Es gibt im Universum keinen Zufall, jedes gängige Symbol hat eine handfeste und tiefe Bedeutung, man muss nur die **richtigen** Zusammenhänge kennen. Die US-Eindollarnote ist in vielerlei Hinsicht eine wahre Offenbarung, doch es gibt tatsächlich Personen, die allen Ernstes behaupten, dass all dies, was ich Ihnen hier klipp und klar darlege, purer Unfug sein soll. Die Existenz der Illuminaten wird von diesen Personen abgestritten oder allenfalls als lächerlicher Verein abgetan, die Erscheinungsform der US-Eindollarnote sei lediglich ein künstlerisches Phantasieprodukt und das Bestreben, eine „Neue Weltordnung“ herbeizuführen, ist in deren Augen ebenfalls vollkommen an den Haaren herbeigezogen. Dass weltweit eine gewaltige Menge an handfesten Fakten existiert, und der **untrügliche** Lauf des Geschehens diese Fakten obendrein vollkommen bestätigt, interessiert diese Personen anscheinend gar nicht. Nun stellt sich die Frage: handelt es sich bei diesen Personen um Blöde, Unwissende, Ignoranten, Desinformierte, notorische Besserwisser oder um Wissende, die kein Interesse daran haben, dass die Menschen dahingehend inFORMiert werden, was sich so alles abspielt?

Die Antwort auf die Frage lautet: es ist ein Gemisch aus all dem! Der zähe Lauf des Geschehens, den ich Ihnen schon so oft nahe gelegt habe, sorgt dafür, dass es **stets** eine entsprechend gewichtige Gegenseite gibt, die einen plötzlichen Durchbruch verhindert. Doch nun, da mittlerweile alles in immer rasanter werdendem Tempo auf die Spitze zutreibt, wird der Boden für Leute, die bestimmte Dinge abstreiten, bewusst in die Lächerlichkeit ziehen oder falsch darstellen, langsam aber sicher immer dünner.

Das Siegel der USA, dessen Vorder- und Rückseite die US-Eindollarnote ziert, ist geradezu ein Paradebeispiel und bringt so manche offizielle Stelle in Erklärungsnotstand. Schon allein die Tatsache, dass auf dem Siegel der USA eine ägyptische Pyramide sowie – den ersten Prägestock betreffend – auch noch ein altägyptischer Phönix platziert worden ist, ist schon mehr als ungewöhnlich. Es wäre dasselbe, würde man auf bestimmten deutschen Münzen und Wappen das Brandenburger Tor gegen einen römischen Tempel und den deutschen Bundesadler gegen eine griechische Landschildkröte austauschen. Weiterhin ist extrem auffällig, dass sich das Erscheinungsbild der US-Eindollarnote seit nun mehr über siebzig Jahren nicht verändert hat. Alle Banknoten dieser Welt haben spätestens nach 30 Jahren das Erscheinungsbild gewechselt, nur die US-Eindollarnote blieb seltsamerweise immer gleich.

Was die „Neue Weltordnung“ in Verbindung mit einer elitären „Eine-Welt-Regierung“ anbelangt, deren brachiale Durchsetzung ja auch von offizieller Seite vehement dementiert wird, kann ich Ihnen hier noch ein paar besondere Schmankerl präsentieren:

Eine der deutlichsten Aussagen, welche je zu diesem Thema öffentlich verlautet wurden, kam vom jüdischen Großbankier James Warburg, als er vor dem Senatsausschuss für Auswärtige Angelegenheiten am 17. Februar 1950 Folgendes offenbarte:

„Wir werden zu einer Weltregierung kommen, ob sie dies mögen oder nicht. Die Frage ist nur, ob durch Unterwerfung oder Übereinkunft.“
(James Warburg)

Einer der mächtigsten Männer unseres Weltgeschehens, David Rockefeller, ließ sich im Juni 1991 vor der Bilderberger-Konferenz in Baden-Baden zu folgender Aussage hinreißen:

„Wir stehen am Rande einer weltweiten Umbildung. Alles, was wir brauchen ist die richtige, allumfassende Krise, und die Nationen werden in die Neue Weltordnung einwilligen.“
(David Rockefeller)

Am 17. Juni 1940 gab Sir Winston Churchill zu diesem Thema eine klare Stellungnahme ab:

„Jene, die in den USA und Europa die Dinge lenken, wussten sehr genau, was der Kommunismus ist. Sowjetrussland war und ist ein klar erkennbares Werkzeug in ihrem Plan, die ganze Welt unter dem Banner – DIE NEUE WELTORDNUNG – zu versklaven.“ (Winston Churchill)

Bereits 20 Jahre davor, am 8. Februar 1920, führte Churchill in der renommierten Zeitschrift „Illustrated Sunday Herald“ folgenden wichtigen Punkt aus:

„... dass die weltweite und stetig wachsende Verschwörung eine klar erkennbare Rolle in der Französischen Revolution gespielt hat. Sie ist die Antriebsfeder einer jeden subversiven Bewegung des 19. Jahrhunderts gewesen; und nun, zuletzt, hat diese Bande außergewöhnlicher Persönlichkeiten das russische Volk bei den Haaren gepackt und sind praktisch die unangefochtenen Herren dieses riesigen Reiches geworden.“
(Winston Churchill)

Eine dokumentierte Erklärung anlässlich der Gründung der intern. Bankenallianz 1913 in Paris hat es auch in sich:

„Die Stunde hat geschlagen für die Hochfinanz, öffentlich ihre Gesetze für die Welt zu diktieren, wie sie es bisher im Verborgenen getan hat ... Die Hochfinanz ist berufen, die Nachfolge der Kaiserreiche und Königtümer anzutreten, mit einer Autorität, die sich nicht nur über ein Land, sondern über den ganzen Erdball erstreckt.“

Und auch George Bush lässt öffentlich die Katze aus dem Sack, wie ein Artikel in der Münchner Abendzeitung vom 22.9.2001 deutlich zeigt, vorausgegangen war der ominöse Anschlag auf das Word Trade Center in New York:

George Bush schwört USA auf Kampf gegen Terror ein

Es wird ein harter Krieg und ein langer, es wird eine neue Weltordnung geben - der amerikanische Präsident George Bush hat sein Volk auf den "Krieg gegen den Terror" eingeschworen.

In der Nacht auf Freitag sprach er vor beiden Kammern des Parlamentes. 30 Mal wurde bei seiner Rede Beifall geklatscht, und 91 Prozent der An die Bürger gewandt: "Richten Sie sich auf Opfer ein."

Nato-Generalsekretär George Robertson deutete den Satz später als ein Ultimatum ohne Zeitangabe. Der Krieg ist nah. Zur Demonstration, dass Amerika nicht allein steht, war der britische Premier Tony Blair bei der Rede anwesend. Viele Nato-Staaten begrüßten die Rede, auch Deutschland.

Der US-Präsident kündigte an, die Weltpolitik neu zu ordnen: "Wer nicht für uns ist, ist gegen uns." Jedes Land müsse sagen, wo es stehe. "Der Feind sind nicht unsere islamischen und arabischen Freunde. Ab jetzt werden wir jeden Staat, der Terroristen beherbergt oder fördert, als Feind betrach-

Bild oben: George Busch kündigt öffentlich die „neue Weltordnung" an

Wie bereits angekündigt, werde ich Sie nun über den Hintergrund einiger Zahlen und Ziffern inFORMieren.

Nichts in unserem Universum passiert per Zufall, diese Aussage habe ich Ihnen ja schon mehrmals in diesem Kapitel näher gebracht. Alles hat in irgendeiner Form seine Bestimmung und auch sein Aussehen. Seien Sie sich darüber im Klaren, dass jedes Symbol, jeder Buchstabe, jedes Wort und jede Ziffer, nicht zufällig in unserer grobmateriellen Erd-Dimension entstanden ist, sondern aus anderen Ebenen herabgereicht wird, auf Erden zum Ausdruck gelangt und einen tiefen Sinn hat. Die beiden nächsten Kapitel werden Ihnen maximalen Aufschluss darüber geben, wie das universale Gebilde, in dem wir uns befinden, von Natur aus beschaffen ist.

Hoch eingeweihte Okkultisten wissen um die Bedeutung von Symbolen, Worten, Zahlen und Ziffern bestens Bescheid, diese Spezies nutzt die magische Bedeutung und somit die Wirkung dieser Dinge hemmungslos aus. Für einen Uneingeweihten mag dies alles nach Humbug und Phantasterei klingen, aber ich sage Ihnen: machen Sie nicht den Fehler, gewisse Dinge zu unterschätzen oder als Blödsinn abzutun, nur weil Sie derzeit davon keine Kenntnis haben.

Da unser Universum der Dualität unterworfen ist, und es somit das Prinzip von Gut und Böse gibt, ordnen sich auch bestimmte Symbole und Ziffern den einzelnen Prinzipien zu. Das Prinzip des Bösen (obwohl es selber von sich glaubt, das Gute zu sein!), zieht die Ziffern 6, 66, 666, 13, 33, 23, und 5 magisch an. So ist es nicht weiter verwunderlich, dass genau diese Zahlen bei den Illuminaten eine extrem wichtige Rolle spielen, wie ich Ihnen anhand einiger Beispiele noch vor Augen führen werde. Zudem gibt es Bücher und Berichte, die sich fast ausschließlich darauf konzentrieren, den Zusammenhang zwischen Illuminaten, Weltgeschehen und Ziffern anhand von vielen Beispielen aufzuzeigen. Die Konzentration bestimmter Ziffern und Zahlen in Verbindung mit Daten von Geschehnissen wie: Attentate, Morde, Gründungsdaten, Mitgliederzahlen, Kriegserklärungen, Symbole, Wappen, Flaggen, Firmenemblems usw., ist dermaßen offensichtlich, dass ein Irrtum oder Zufall vollkommen ausgeschlossen ist. Selbstverständlich gibt es auch hier wiederum einige Zeitgenossen, die dies alles als „vollkommen an den Haaren herbeigezogen“ abtun, warum es diese Figuren und deren gegensätzliche Haltung gibt, habe ich Ihnen bereits mehrmals erklärt.

Weiterhin ist es wichtig zu wissen, dass sich bestimmte Zuordnungen und Verbindungen zu einem **Gutteil** ganz von allein und **ohne** menschliches Zutun gestalten. Damit will ich sagen, etliche (aber nicht alle!) Geschehnisse und Dinge, die in höchst auffälliger Weise mit immer denselben Zahlen, Ziffern und Symbolen verbunden sind, gestalten sich aus höheren Ebenen heraus, also vollkommen ohne Zutun von verschworenen Personen und Gemeinschaften. Wer oder was dahinter steckt, erfahren Sie noch. Auf der anderen Seite wiederum gibt es natürlich eine ganze Menge von auffälligen Zuordnungen, die von verschworenen Kreisen vorsätzlich so geplant und ausgeführt werden. Doch auch diese vermeintlich vorsätzliche Planung ist letztendlich dem herrschenden Prinzip unterworfen und somit illusorisch, denn es gibt keinen Zufall im Universum.

Manch einer kennt den Unterschied zwischen Ziffer und Zahl nicht, deshalb hier kurz die Erklärung:

Ziffern sind Zeichen oder Symbole zur graphischen Darstellung von Zahlen. Das Wort „Ziffer“ stammt vom Begriff „Sephira“ (Mehrzahl: Sepiroth) ab und hat seinen Ursprung – wie fast alles – bei den sumerischen Göttern.

Schauen wir uns als erstes die Ziffer „6“ genauer an, die ja seit jeher in der dreifachen Abfolge als Zahl „666“ mit dem Satan in Verbindung gebracht wird. Die „6“ ist die Ziffer der Materie. Schon in der Bibel steht, dass die Materie (Himmel und Erde) seltsamerweise in 6 Tagen erschaffen worden ist. Die Ziffer „6“ besteht aus einem Kreis, dem ein Bogen angehängt ist. Das Symbol des Kreises ist eigentlich positiv, es repräsentiert neben der Vollkommenheit auch die Unendlichkeit. Diese positiven Eigenschaften können jedoch auch in negativem Sinn missbraucht werden, wie das eben so ist in der Dualität. Malen Sie doch einmal im Geiste mit Ihrer Fingerspitze eine große Ziffer „6“ in die Luft, und fangen Sie dabei oben mit dem Bogen an. Sie ziehen also den Bogen von oben nach unten und verewigen das, was Sie heruntergezogen haben, in einem Kreis. Die Ziffer „6“ zieht den Geist herunter und hält ihn symbolisch durch einen Kreis in der Materie gefangen. Die Ziffer „6“ ist die einzige Ziffer, die, auf den Kopf gestellt, eine weitere Ziffer ergibt, nämlich die „9“. Die Ziffer „9“ macht genau das Gegenteil, sie erhebt den Geist nach oben, und verewigt selbigen symbolisch durch einen Kreis. Es ist nicht verwunderlich, dass das Prinzip des Bösen, das ja die Bestrebung hat, die Menschen für immer an die Materie zu ketten, die Ziffer „9“ auf den

Tod nicht leiden kann. Und in der Tat, diejenigen weisen Frauen, die man hinterlistig als Hexen denunziert und vernichtet hat, und denen man in bösartiger Weise die Ziffer „6“ angehängt hat, haben in Wirklichkeit die Ziffer „9“ verehrt, wie etliche Überlieferungen eindeutig belegen. Die Ziffer „6“ ist, bedingt dadurch, dass sie für das Materielle steht, auch die Ziffer, die den Egoismus symbolisiert. Auch mathematisch gesehen zeigt die Zahl „6“ in egoistischer Weise immer auf sich selbst. So steht bei allen Potenzen der Zahl „6“ am Ende wieder eine „6“ (6, 36, 216, 1296, 7776 usw.), diese Eigenschaft wohnt auch der Ziffer „5“ inne. Auch wenn man die Teiler der „6“ aufaddiert, erhält man wieder eine „6“ (1+2+3=6). Erstaunlich ist auch das Zusammenspiel der Ziffer „6“ mit dem Symbol des Kreises. Wenn man ein gleichseitiges Sechseck in einen Kreis einzeichnet, wird die Länge jeder Kante des Sechseckes identisch mit dem Radius des Kreises sein; und weiterhin kann man immer genau 6 Kreise um einen anderen Kreis herum zeichnen, sofern alle Kreise gleich groß sind (probieren Sie es aus).

Die Zahl „6“ symbolisiert in der Kabbala (okkulte Geheimlehre), ebenso wie es die 6. Tarotkarte tut, die (körperlich) „Liebenden“ und somit die Versuchung, den Sündenfall – also den Weg aus dem Geistigen hinein in die Materie, während die Zahl „9“ sowohl in der Kabbala als auch im Tarot die Zahl der Weisheit ist – der Weg aus der Materie zurück ins Geistige. In der Astrologie repräsentiert das 6. Haus, neben etlichen anderen unschönen Aspekten: Herrschaft, Sklaverei und Geldhandel.

Mit dem Entstehen des römischen Imperiums in Europa, dessen finstere Absicht und dessen verheerendes Treiben ich Ihnen ja schon aufgezeigt habe, sind auch die römischen Ziffern in Erscheinung getreten. Und sieh einer an, was für eine seltsame Zahl herauskommt, wenn man den symbolischen Zahlenwert der ersten 6 römischen Ziffern addiert:

I (1) – V (5) – X (10) – L (50) – C (100), D (500) = 1+5+10+50+100+500 = **666**

Und selbstverständlich sind auch die biblischen Schriften gespickt mit der Ziffer „6“, so ist zum Beispiel im Alten Testament zu lesen:

*„**Das Gewicht des Goldes, das für Salomo in einem einzigen Jahr einkam, betrug sechshundertsechsundsechzig Goldtalente.**“* (Könige 10,14)

Doch die weitaus interessanteste und spektakulärste Stelle findet sich im Neuen Testament, dort ist in der Offenbarung des Johannes über ein grauenvolles Übel zu lesen, das die Bezeichnung „das Tier“ trägt:

*„ **... Und es** (das Tier) **bewirkt, dass sie allesamt, die Kleinen und Großen, die Reichen und Armen, die Freien und Sklaven, sich ein Zeichen an die rechte Hand oder an die Stirn machen, und dass niemand kaufen oder verkaufen kann, wenn er nicht das Zeichen hat, nämlich den Namen des Tieres oder die Zahl seines Namens. Hier geht es um Weisheit! Wer Verstand hat, der deute die Zahl des Tieres; denn es ist eines Menschen Zahl, und seine Zahl ist 666.**“*
(Offenbarung des Johannes: 13,16-18)

Bei der fast 2000 Jahre alten Offenbarung des Johannes geht es also ums Kaufen und darum, dass eine Zeit kommen wird, in der derjenige nichts mehr kaufen oder verkaufen kann, der nicht das Zeichen des Tieres (666) an Hand oder Stirn trägt. Ob es tatsächlich soweit kommt, dass sich alle Menschen – im Zuge von absoluter Kontrolle und angeblicher Sicherheit – durch transplantierte Mikrochips oder Lasertätowierungen markieren lassen müssen, um Ein- oder Verkäufe tätigen zu können, sei mal dahingestellt. Dahingehende Versuche und Bestrebungen hat es jedenfalls schon etliche gegeben, auch die Technik ist seit langem schon in der Lage, derartiges zu leisten. Auf alle Fälle ist das, was laut Johannes den Menschen blühen soll, bei über 90% aller Waren bereits geschehen, denn es existiert nur noch sehr wenige Handelsware, die nicht mit einem so genannten „Barcode“ (Strichcode) ausgezeichnet ist:

Bild oben: internationaler Barcode (Strichcode) für Warenkennzeichnung

Die Strichmuster, die den Barcode gestalten, enthalten verschiedene Linien. Diese Linien werden erkennungstechnisch stets in Zweiergruppen zusammengefasst, die, je nach Liniendicke und Abstand, eine bestimmte Zahl darstellen. Das so ausgezeichnete Produkt kann mit Hilfe eines Scanners (Lesegerät an den Kassen) nach einem binären Zahlensystem identifiziert werden. Jeder Barcode besteht aus zwölf (die Länge betreffend) kürzeren Zweiergruppen, sechs links und sechs rechts. Unter jeder dieser insgesamt 12 kürzeren Zweiergruppen steht eine, der jeweiligen Zweiergruppe entsprechende, Zahl. Dazu kommen drei längere, identische Zweiergruppen, links außen, rechts außen und in der Mitte. Wenn Sie jetzt bei den kürzeren Zweiergruppen die Zahl „6“ heraussuchen (zwei gleiche, dünne Striche) und sie mit den längeren Zweiergruppen vergleichen, werden Sie feststellen, dass die längeren Zweiergruppen auch eine „6“ darstellen, nur steht die Zahl „6“ unter diesen drei längeren Zweiergruppen nicht. Die drei längeren Zweiergruppen sind und bleiben auf jedem Bar-Code auf der Welt gleich, nur die kürzeren verändern sich je nach Produkt. Der Computer einer Laserkasse liest also weltweit (denn der Barcode ist international!) auf **jedem** ausgezeichneten Produkt unter anderem auch die Zahl des Tieres, die **„666“**.

Interessant und in jeder Hinsicht delikat wird die Sache, wenn man die Verantwortlichen dazu befragt, was denn der Sinn dieser seltsamen Codierung sein soll. Da gibt zum Beispiel die „Centrale für Coorganisation Gesellschaft“ (kurz CCG) die Auskunft, dass diese seltsame Aufmachung dazu gebraucht wird, um den Anfangs- und Endpunkt der Artikelnummer zu markieren, so dass die Lesemaschine (Scanner) weiß, wo Anfang und Ende ist, und um eine lageunabhängige Lesbarkeit zu gewährleisten, also dass der Barcode nicht gerade vom Scanner erfasst werden muss, sondern dass eine fehlerfreie Erkennung auch dann erfolgt, wenn der Barcode schräg vom Scanner erfasst wird. Prüft man diese Aussagen jedoch nach, dann stellt man fest, dass diese Aussage absolut nicht haltbar ist, und dass es schlichtweg keine offiziell vernünftige Erklärung dafür gibt, warum eine „666" nahezu jedes käufliche Produkt brandmarkt. Wenn Sie dahingehend Zweifel haben, dann gehen Sie bitte ins Internet auf die Seite „www.kefk.net/misc/barcode/izdt.html", dort finden Sie den Barcode im Detail erklärt.

Bleibt für die endlos skeptischen Zeitgenossen noch die Behauptung übrig: vielleicht hat sich ja ein durchgeknallter Mitarbeiter, der bei der Entwicklung des Barcodes beteiligt war, mit der „versteckten „666" einen Scherz erlaubt – wie mittlerweile tatsächlich einige, durch unumstößliche Fakten in die Enge getriebene Figuren allen Ernstes behaupten. Nun, wollen uns diese Figuren tatsächlich weismachen, dass bei einer internationalen Normung, die von etlichen Instanzen geprüft und bis ins kleinste Detail geplant und begutachtet wird, ein derartig teuflischer Scherz durchkommt? Wer so etwas erzählt, ist jenseits aller Glaubwürdigkeit angelangt. Der Barcode ist, genauso wie das Erscheinungsbild der Dollarnote, ein okkultes Werkzeug der Illuminaten!

Bleibt noch nachzutragen, dass alle Zahlen, die der Barcode aufzeigt (ausgenommen die versteckte „666"), wie nicht anders zu erwarten, 13 an der Zahl sind. Eigentlich bräuchte es bloß 12, wie das Beispielbild zeigt. Dort sehen Sie, dass sich die dreizehnte Zahl, die im abgedruckten Beispiel eine „9" ist, ganz links außen befindet, also keiner Strich-Zweiergruppe zugehörig ist. Auch hier ist die offizielle Erklärung, warum es denn genau 13 aufgedruckte Zahlen sind, die den Barcode gestalten, mehr als fadenscheinig.

Die Zahl „666" ist, wie ich Ihnen hoffentlich vermitteln konnte, sehr eng mit Materie, Geld, Gold und Gier verbunden. Wenn es ums schnelle Geld und um Reichtum geht, was wird denn diesbezüglich in die Gehirne von Millionen und aber Millionen von Menschen permanent eingetrichtert? – Teilnahme an Lotterien und Glücksspiel!

Und diese höchst ergiebigen Einnahmequellen sind, wie es in vielen Ländern der Fall ist, meist in staatlicher Hand. Denn wo käme man denn hin, eine derart lukrative Einnahmequelle in private Hände zu geben, denn es werden ja gerade mal 50 Prozent der Einnahmen als Gewinn ausgeschüttet. Nun, was die BRD anbelangt, so gibt es hier eine ganze Reihe von staatlichen Schröpfeinrichtungen, wie: Lotto, Toto, Rennquintett, staatliche Klassenlotterie usw.

An bestimmten Tagen, wenn die jeweiligen Gewinnzahlen ermittelt sind, giert das ganze Land förmlich danach, diese Zahlen in Erfahrung zu bringen. Der deutsche Fernsehsender ARD bietet den Abruf all dieser Zahlen per Videotext an. Und jetzt raten Sie einmal, welche Videotexttafel sie dafür anwählen müssen? Die Videotexttafel mit der Nummer „666" natürlich. Seltsamer Zufall, nicht wahr? (nachträgliche Anmerkung: Anfang 2005 wurden die Übersicht der Gewinnzahlen von ursprünglich 666 auf Videotextseite 580 verlegt)

Schauen wir uns doch gleich einmal an, was es mit der Zahl „13" auf sich hat.

Dass die Zahl „13" bei vielen Menschen als Unglückszahl gilt und somit nicht gerade den besten Ruf genießt, weiß sicherlich jedermann. In der Kabbala symbolisiert die Zahl „13" den Tod des Alten, auf dass etwas Neues entstehen kann. Im Tarot steht die 13. Karte stellvertretend für den Tod. In der Astrologie ist der Zahl 13 der Planet Saturn zugeordnet, seine negativen Aspekte sind: die Trennung, der Abschied und der Tod. In vielen Kulturen ergibt sich der negative Aspekt der Zahl „13" daraus, dass diese Zahl die göttliche Zahl „12", die für Ordnung und Vollendung steht, überschreitet. Bei der Zahl „13", so sagt man, hat der Satan seine Hand im Spiel. Früher bezeichnete der Volksmund die Zahl „13" als das „Dutzend des Teufels".

Doch in so manchen Kreisen ist die Zahl „13" äußerst beliebt und kommt auffällig häufig zur Anwendung, wie ich Ihnen ja schon eingehend demonstriert habe. Die Zahl „13" ist dem Prinzip des Bösen anhängig, der wirkliche Hintergrund der Zahl „13" ist bei den Göttern im alten Sumer zu finden. Wie ich Ihnen ja schon aufgezeigt habe, wird der Zahl „12" bei uns auf Erden vor allem deshalb Vollendung und Göttlichkeit zugeschrieben, weil diese Zahl bereits bei den sumerischen Göttern eine besondere Bedeutung hatte. Nicht nur mathematisch spielte die Zahl „12" im alten Sumer eine grundlegende Rolle, der „innere Kreis der Götter" war auf 12 führende Mitglieder beschränkt. Und Enlil (Jahwe) war einer der 12 führenden Götter. Die Betonung liegt auf dem Wort „war", denn er wurde auf Grund seines üblen Treibens aus dem inneren Kreis beizeiten ausgeschlossen, es rückte ein anderes „göttliches" Familienmitglied an seine Stelle. Enlil, dem sich das Prinzip des Bösen bemächtigt hatte, war raus aus dem elitären Kreis. Doch ausgestattet mit ungeheurer Macht, die ihm das Prinzip des Bösen zukommen ließ, erhob er sich eigenmächtig zum 13. führenden Gott und zum Herrscher der Erde. Es ist das Prinzip des Bösen, das sich durch Enlil auf Erden ausdrückt. Und Enlil (Jahwe) benützt wiederum die Illuminaten, um seinen finsteren Plan auf Erden endgültig zu verwirklichen. Es ist Enlils Plan, von dem Winston Churchill gesprochen hat, und zu dessen Verwirklichung wir seiner Meinung nach als treue Knechte mitwirken dürfen! Verstehen Sie langsam, es sind nicht irgendwelche Idioten, die irgendwelchen Irrsinn verzapfen, es sind mächtige Männer, die Weltpolitik machen, die solche Aussagen tätigen! Vornehmlich Politiker und Bankiers! Und diejenigen, die Weltpolitik machen, entscheiden über Krieg und Frieden, über Arm und Reich und über Hunger und satt!

Und wie das große Vorhaben aussieht, das sollte Ihnen mittlerweile klar sein. Absolute Kontrolle und Macht durch eine elitäre Gruppe, verwirklicht durch ein pyramidal strukturiertes System, das alles hin auf eine Spitze treibt. Oder warum glauben Sie sagt der Volksmund, wenn sich eine Lage mehr und mehr zuspitzt und schließlich unerträglich wird:

„Jetzt schlägt's 13!"

Doch nicht nur die Zahl „13" hat es diesbezüglich in sich, auch die Ziffer „5" spielt im großen Plan eine höchst markante Rolle.

Die Ziffer „5" symbolisiert in erster Linie Intellekt und Wissen, aber auch Sexualität und Fruchtbarkeit. Im Tarot zeigt die 5. Karte einen Hohepriester (Hierophant), zu ihm blicken zwei unwissende Menschen auf, in der Hoffnung, etwas von seinem Geheimwissen zu erfahren. Doch außer Lügen wird man von einem Hohepriester nichts erfahren, denn der elitäre Kreis der Wissenden ist nicht daran interessiert, bestimmtes Wissen dem Volk zu offenbaren. Das war früher so, und das ist auch heute noch der Fall. Dabei geht es wohlgemerkt um Wissen und daraus resultierend um Praktiken, die jenseits Ihrer derzeitigen Vorstellungskraft rangieren. Goethe hat dies in einem Satz sehr deutlich ausgedrückt:

Weil du die Augen offen hast, glaubst du, du siehst. (Joh. Wolfg. v. Goethe)

Das geometrische Symbol, das der Ziffer „5" zugeordnet ist, ist die Pyramide. Eine Pyramide hat 5 Ecken und 5 Flächen, bestimmte Pyramiden auf Erden bergen höchstes Wissen in sich. Eingeweihte sprechen bezüglich des höchsten Wissens von der so genannten „Quintessenz" (Quint = 5). Den vier Elementen (Feuer, Wasser, Luft, Erde) liegt die Quintessenz zu Grunde, man spricht auch vom mystischen 5. Element. Der fünfzackige Druidenstern (auch Druidenfuß genannt) wird in bestimmten Kreisen als Pentagramm missbraucht, dieses Symbol hat in okkulten Kreisen eine enorme Bedeutung und fehlt bei keiner satanischen Sitzung. In der zweidimensionalen Geometrie wird die Ziffer „5" durch das „Pentagon" (Fünfeck) symbolisiert, und es ist alles andere als Zufall, dass die USA ihre militärischen Aktivitäten aus einem Pentagon heraus planen und steuern.

Was die Natur des Menschen anbelangt, so hat er 5 Sinne, durch sie erfährt er die Materie und wird bei diesem Prozess ganz nebenbei an selbige gekettet. Auch ist es kein Zufall, dass der Mensch die Welt mit genau 5 Fingern begreifen kann, und dass er 5 Zehen an jedem Fuß hat, um sie zu begehen. Der ganze Grundaufbau des Menschen ist ebenfalls an die Zahl „5" gekoppelt, denn 5 Teile gliedern sich um den Rumpf (zwei Arme, zwei Beine und der Kopf). Und letztendlich hat der Kopf wiederum 5 Öffnungen. Die Ziffer „5" ist die Zahl des Menschen Natur.

Und was hat es mit der Zahl „23" auf sich?

Nun, wenn man die Quersumme dieser Zahl ermittelt, dann kommt dabei die Zahl „5" zum Vorschein (2+3=5). Noch interessanter wird es, wenn wir die zwei Ziffern, aus denen sich die Zahl „23" zusammensetzt, dividieren: 2:3 = 0,666666666666 ....

Das Erscheinen der Zahl „23", was bestimmte Datierungen und Mengen anbelangt, ist dermaßen auffällig, dass schon Bücher darüber geschrieben worden sind. Interessant in dieser Hinsicht ist auch der deutsche Kultfilm „23", der sich fast ausschließlich mit der Zahl „23" und mit dem Treiben der Illuminaten befasst. Solche Filme, so viel Wahres sie im Kern auch beinhalten, haben den unschönen Nebeneffekt, dass viele Leute die brisante Thematik „Illuminaten" automatisch ins Hollywood-Klischee abtun und nicht mehr allzu ernst nehmen, weil die Darstellung im Film vollkommen überzogen ist.

Doch Julius Cäsar ist nun mal mit 23 Messerstichen ermordet worden, wobei auf der anderen Seite 23 Chromosomen dafür sorgen, dass ein neuer Mensch entsteht. Die Amerikaner haben genau 23 Atombomben auf dem Bikini-Atoll im Pazifik gezündet und dabei unserer Erde übel zugesetzt, doch 23 Tage dauert der Biorhythmus, der den menschlichen Organismus in Schwung hält. Die Adresse der Freimaurer-Loge in Staffort (England) ist die „23 Jaol Road", in New York ist die Organisation in der 23. Strasse ansässig. Bei den alten Ägyptern begann das neue Jahr genau immer am 23. Juli (dem Tag, an dem Sirius hinter der Sonne aufging) und das römische (lateinische) Alphabet hat seltsamerweise 23 Buchstaben. Einer der genialsten und berühmtesten Computer-Hacker aller Zeiten, Robert Koch, der den Geheimdiensten gehörig zu schaffen gemacht hat, und der sich unter anderem intensiv mit der Zahl „23“ beschäftigte, verschwand am 23. Mai 1989 spurlos. Robert Koch war zu diesem Zeitpunkt 23 Jahre alt, es ist bis heute noch nicht geklärt, was mit ihm geschehen ist. Am 23. 5. 1949 (die Quersumme der Jahreszahl „1949“ ergibt wiederum die Zahl „23“) wurde das Grundgesetz der Bundesrepublik Deutschland festgelegt, und zwar von den Leuten, die den Grundstock zu unserem astronomischen Schuldenberg gesetzt haben. Alle fünf Jahre, jeweils am 23. Mai, tritt die Bundesversammlung zusammen, um einen neuen Präsidenten zu wählen, wobei die Kuppel des neuen Reichstages in Berlin, unter der besagte Wahl stattfindet, exakt eine Höhe von 23 Metern aufweist. Und man sollte es kaum glauben, die Zahl der Abgeordneten, die den Deutschen Bundestag bilden, betrug bis zum 22. September 2002 genau 666. Erst ab dem 22. September 2002 wurde von 666 auf derzeit 598 Sitze reduziert.

Der 23. Buchstabe des Alphabets ist das „w“. Im Hebräischen hat jeder Buchstabe einen Zahlenwert, das „w“ entspricht dem Wert „6“. Wenn Sie ins Internet einsteigen, müssen Sie vor jeder Adresse ein „www“ eintippen, was aus hebräischer Sicht ein „666“ ist. Außerdem spricht man – bezogen auf das Internet – sonderbarer Weise vom **w**orld-**w**ide-**w**eb und nicht vom world-wide-net, wie es eigentlich richtig heißen müsste. Der Unterschied im Englischen zwischen dem Begriff „web“ und „net“ ist erheblich, „net“ bezeichnet ein Datennetz, „web“ hingegen das gefährliche Spinnennetz. Es heißt ja auch richtig „Internet“ und nicht „Interweb“!

Die Liste um Besonderheiten und Vorkommnisse rund um die Zahl „23“, „13“ und „666“ ließe sich schier endlos fortsetzen, erstaunlich ist dabei auch, wie ungeheuerlich oft diese Zahlen vorkommen, wenn es um die Datierung von Attentaten oder mysteriösen Todesfällen geht. Ich möchte nur ein Beispiel von vielen herausgreifen, das die Zahl „23“ betrifft. Der schwedische Ministerpräsident Olaf Palme, der auf Grund seiner Haltung gewissen Kreisen ein Dorn im Auge war, wurde nach offiziellen Pressemeldungen genau um 23 Uhr 23 ermordet.

Ich möchte an dieser Stelle noch einmal betonen, dass wir es hier auf Erden mit einem herrschenden Prinzip zu tun haben. Es ist das Prinzip, dem die Menschen folgen müssen, und das sich mittlerweile durch skurrilste Erscheinungen offenbart. Und es sind die existierenden Prinzipien, die den Lauf allen Geschehens bis ins Detail regeln und somit jeglichen Zufall ausschließen. Es trifft kein Illuminat auch nur die geringste Entscheidung, ohne dass dies nicht bereits so vorgesehen war, auch wenn sich gewisse „elitäre“ Figuren in der Illusion befinden, dass sie es sind, die das Weltgeschehen bestimmen. Vergessen Sie auf keinen Fall den Spruch von Salvador Dali, den ich Ihnen schon einige Male ans Herz gelegt habe:

Eines Tages wird man offiziell zugeben müssen, dass das, was wir Wirklichkeit getauft haben, eine noch größere ILLUSION ist als die Welt des Traumes. (Salvador Dali)

Schauen wir uns abschließend noch die Zahl „33“ an, der in gewissen Kreisen ebenfalls hohe Bedeutung beigemessen wird.

Zunächst einmal ist festzustellen, dass die Quersumme der Zahl „33“ die Ziffer „6“ ergibt (3+3=6). Auch die Zahl „33“ tritt bei Anschlägen und Attentaten häufig – wenn auch verdeckt – in Erscheinung, so wurde J. F. Kennedy zum Beispiel an einem 22. November ermordet. Da es weder einen 33. Tag noch einen 33. Monat gibt, muss man die Zahlen des Datums zusammenzählen, uns siehe da, wir haben die Zahl „33“ (22+11=33). Unterstützend hinzu kommt noch, dass sich das tödliche Attentat exakt am 33. Breitengrad zugetragen hat. Der lächelnde Papst Johannes Paul I., über den ich Sie ja schon inFORMiert habe, wurde, um ein weiteres Beispiel zu nennen, nach genau 33 Tagen Amtszeit ins Jenseits befördert.

Aber es gibt da noch jemand, dessen höchst spektakulärer Tod etwas mit der Zahl „33" zu tun hat. Ein in höchstem Maße bemerkenswerter Mann namens Josua, besser bekannt unter dem Namen „Jesus", war angeblich 33 Jahre alt, als er sein Leben ließ. Wobei es in gewissen Kreisen heftig umstritten ist, ob seine Kreuzigung überhaupt stattgefunden hat und wenn ja, ob sie tatsächlich zum Tode geführt hat. Es gibt nämlich tatsächlich eine Vielzahl durchaus seriöser Fakten dahingehend, dass sich das Geschehen um Jesus gänzlich anders zugetragen hat, als es uns kirchliche Kreise vermitteln. Objektiv gesehen ist keine Person so geheimnisumwittert und umstritten, wie es die Person Jesu ist, es gibt dahingehend etliches an sehr interessanter Literatur. In all dieser Literatur wird nicht darüber gestritten, ob es Jesus wirklich gegeben hat, denn dass es ihn gegeben hat, darüber sind sich fast alle einig. Die Unstimmigkeit geht vielmehr dahin, wer er war und was sich tatsächlich damals zugetragen hat. Ich habe Ihnen ja schon aufgezeigt, dass die Kirche mit Jesus und seiner angeblichen Mutter Maria ein göttliches Gebilde aufgebaut hat, das, was menschliche Gefühle und Sehnsüchte anbelangt, schwerlich zu übertreffen ist. Man hat diesen Mann zum Sohne Gottes erhoben und Maria im selben Zuge zur Mutter Gottes. Man hat Jesus und Maria weltweit zu etwas gemacht, an das sich viele Menschen aus vollkommen verständlichen Gründen mit aller nur erdenklichen Kraft klammern – man hat die beiden zu HOFFNUNGSTRÄGERN gemacht! Nun bin ich wirklich der allerletzte Erdenbürger, der den Menschen ihre Hoffnung nehmen will – ganz im Gegenteil! Aber ich habe etwas dagegen, wenn ganz gezielt Hoffnung geschürt wird, wo es wahrlich nichts zu hoffen gibt. Ich werde Sie jetzt mit einer Aussage konfrontieren, die in exzellenter Weise beschreibt, was Hoffnung überhaupt ist, und über die Sie bitte eingehend nachdenken sollten:

Hoffnung ist im Grunde nichts anderes als Mangel an InFORMation

Wenn Sie persönlich etwas dagegen haben, wenn ich den göttlichen Status von Jesus und Maria für nichtig erkläre, dann warten Sie bitte ab, was ich Ihnen noch aufzeigen werde. Vielleicht gelingt es mir ja, den Mangel an InFORMation tatsächlich so weit zu beseitigen, dass sich bei Ihnen vage Hoffnung in verlässliches Wissen wandelt. Damit das jedoch geschehen kann, braucht es ein gewisses Bewusstsein Ihrerseits, Sie werden ja sicherlich schon bemerkt haben, dass mir an Ihrem Bewusstseinszustand sehr viel liegt. Doch nun noch einmal zurück zu Jesus, denn diese Person hat mit der Freimaurerei sehr viel mehr zu tun, als mancher gemeinhin ahnt, in seinem ehemaligen Wirken liegt nämlich mitunter auch der Grundstock zu freimaurerischer Ideologie.

Es wird oft davon berichtet (auch in kirchlichen Kreisen), dass Jesus ein Mysterium verkörpert, auch der Titel „Meister" wird im Zusammenhang mit ihm sehr häufig erwähnt. Mysterien haben **immer** etwas mit Geheimnissen zu tun, Geheimnisse bedeuten jedoch für Nichteingeweihte nichts anderes als Informationsmangel und sind deshalb in keiner Weise positiv, sondern negativ!

Wer um Geheimnisse Bescheid weiß und aus elitärem Gehabe die Menschen im Dunklen lässt, der mag sich zwar „Meister" oder „Erleuchteter" nennen, stellt aber in Wirklichkeit nichts anderes als ein eitles, negatives Gebilde dar. Und das entschuldigende Argument dieser „Meister" oder „Erleuchteten", dass die Menschheit angeblich noch nicht reif für höheres Wissen sei, zeugt nur von deren Arroganz und Elitedenken, auch wenn sich diese scheinheiligen Figuren äußerlich nur allzu gerne das Gewand der Bescheidenheit, Demut und Fürsorge anlegen. All diejenigen Geheimniskrämer, die euphorisch behaupten, sie würden die Menschheit ins Licht führen, führen sie in Wirklichkeit hinters Licht!

Mysterien haben **immer** etwas mit Magie zu tun, und bei Magie geht es um die Beherrschung der vier Elemente. Und wer die vier Elemente beherrscht, dem sind nahezu keine Grenzen gesetzt, der kann sogar Tote auferwecken. Glauben Sie mir, ich weiß, von was ich hier spreche, das nächste Kapitel gibt Ihnen näheren Einblick in diese ungeheuerliche Thematik. Wer die vier Elemente beherrscht, der kann wahrlich Wunder vollbringen, mit Göttlichkeit hat das jedoch absolut nichts zu tun. Nur ist es so, dass solcherlei magische Wunder von entsprechenden Eingeweihten höchst selten in der Öffentlichkeit praktiziert werden (denn gewisse Regeln verbieten dies!), Jesus stellte hier eine extreme Ausnahme dar. Er war eingeweiht in die höchsten Mysterien der Elemente, und er geizte niemals damit, sie demonstrativ und vorwiegend helfend zur Anwendung zu bringen. Sein Dasein und Wirken wurde zudem mit einem Aspekt verknüpft, der ihm letztendlich ungeheuerliche Beliebtheit einbrachte – dem Aspekt der LIEBE.

Es liegt mir fern, über die Person Jesus zu urteilen, ich inFORMiere Sie hier lediglich über Dinge, derer ich mir aus bestimmten Gründen absolut gewiss bin. Zumal Jesus – dessen Erscheinung ich durchaus zu würdigen weiß – etliche tiefgründige Aussagen getätigt hat, so zum Beispiel den denkwürdigen Satz:

Urteilt nicht, auf dass Ihr nicht verurteilt werdet!

Wer sich näher mit der Person Jesus beschäftigen will, der darf sich auf keinen Fall auf diejenigen Schriften verlassen, die die Kirche dazu anbietet. Gerade die von der Kirche nicht anerkannten „apokryphen Schriften" zeigen nämlich ein ganz anderes (wahrheitsgetreueres) Bild von Jesus und seinem Wirken auf. Es existieren mehr als einhundert apokryphe Bücher und Schriften, die sich allein auf das neue Testament beziehen, und die nachweislich zwischen dem 2. und 4. Jahrhundert n. Chr. entstanden sind. Aus diesen Schriften geht hervor, dass Jesus gewisse Initiationen (Einweihungen) erfahren hat, es tauchen verschworene Geheimbünde auf, und immer wieder stößt man auf Spuren, die ins alte Ägypten führen. Die Essener scheinen eine herausragende Rolle im Leben Jesu gespielt zu haben, diese verschworene Gemeinschaft unterteilte ihre pyramidal strukturierte Organisation schon zu damaliger Zeit in: Lehrling / Geselle / Meister / Eingeweihter.

Neben den von der Kirche anerkannten (und entsprechend hingebogenen) Evangelien gibt es etliche nicht anerkannte (apokryphe) Evangelien, das bekannteste dürfte wohl das Thomasevangelium sein. Es ist interessant, wie viele gläubige Christen es mittlerweile gibt, die das Thomasevangelium (obwohl von der Kirche abgelehnt) für **das** Evangelium halten, das der Wahrheit am nächsten kommt. Das Thomasevangelium ist zwischen 90 und 140 n. Chr. entstanden, es enthält keine Angaben zu Tod und Auferstehung von Jesus, auch billigt es Jesus keinerlei Messiastitel zu. Es ist die gnostische Interpretation Jesu und die Bewahrung alter Jesusworte. Der Gnostizismus verstand sich seit jeher als Geheimwissen über das „Göttliche", mit anderen Worten ausgedrückt: über die Mysterien. Ich werde Ihnen nun einige der geheimen Worte aufzeigen, die Jesus sagte, und die ein gewisser „Didymus Judas Thomas" seinerzeit aufgeschrieben hat:

Jesus sagte: „***Wer sucht, soll nicht aufhören zu suchen, bis er findet; und wenn er findet, wird er bestürzt sein; und wenn er bestürzt ist, wird er verwundert sein, und er wird über das All herrschen.***" (Thomasevangelium, Vers 2)

Jesus sagte: „***Ich habe ein Feuer auf die Welt geworfen, und seht, ich wache über es, bis es sich entzündet.***" (Thomasevangelium, Vers 10)

Jesus sagte zu seinen Jüngern: „***Vergleicht mich, sagt mir, wem ich gleiche***". Simon Petrus sagte zu ihm: „***Du gleichst einem gerechten Engel!***" Matthäus sagte zu ihm: „***Du gleichst einem weisen Philosophen.***" Thomas sagte zu ihm: „***Meister, mein Mund wird es absolut nicht zulassen, dass ich sage, wem du gleichst.***" Jesus sagte: „***Ich bin nicht dein Meister, denn du hast dich berauscht an der sprudelnden Quelle, die ich hervorströmen ließ.***" Und er nahm ihn, zog sich zurück, und sagte drei Worte. Als Thomas aber zu seinen Gefährten zurückgekehrt war, fragten sie ihn: „***Was hat Jesus gesagt?***" Thomas sagte zu ihnen: „***Wenn ich euch eines der Worte sage, die er mir gesagt hat, werdet ihr Steine nehmen und sie gegen mich werfen, und ein Feuer wird aus den Steinen hervorkommen und euch verbrennen!***" (Thomasevangelium, Vers 13)

Jesus sagte: „***Vielleicht denken die Menschen, dass ich gekommen bin, um Frieden auf die Welt zu werfen; und sie wissen nicht, dass ich gekommen bin, Uneinigkeiten auf die Erde zu werfen, Feuer, Schwert, Krieg. Denn es werden fünf sein, die in einem Haus sein werden: drei werden gegen zwei und zwei werden gegen drei sein, der Vater gegen den Sohn, der Sohn gegen den Vater, und sie werden als Einzelne dastehen.***" (Thomasevangelium, Vers 16)

Das passt nun so ganz und gar nicht zu dem Jesus, den uns die Kirche so prächtig hergeschminkt hat – nicht wahr?

Doch wie immer es auch sei, seien Sie sich um eines gewiss: Auch eine Person wie Jesus, mag er auch noch so viele Wunder gewirkt haben, und mag er auch noch so hoch in die Mysterien eingeweiht gewesen sein, ist in den exakt vorbestimmten Lauf des Geschehens eingebunden, auch wenn er von Allmacht spricht und davon, dass manch einer das All beherrschen wird. Es herrscht etwas ganz anderes über Himmel und Erde, und auch was wirkliche Allmacht anbelangt, schaut die Sache gänzlich anders aus, wie ich Ihnen noch aufzeigen werde.

Wenn Sie am gesamten Thomasevangelium interessiert sind, dann besuchen Sie folgende Internetseite: http://www.user.uni-bremen.de/%7Ewie/texteapo/thomas.html

Die Freimaurer haben seit jeher die Mystik zu ihrem großen Vorbild erhoben, was man ihnen nicht einmal zum Vorwurf machen kann, denn Mystik (Magie) ist eine Tatsache, wenn auch von Unwissenden (Nichteingeweihten) meist belächelt und als Spinnerei abgetan. Und wie schon erwähnt, spielt die mystische Person „Jesus", was freimaurerisches Denken und Handeln anbelangt, eine absolute Schlüsselrolle. Nicht umsonst ist die einflussreichste Abteilung der Freimaurerei, der „Schottische Ritus", in 33 Grade unterteilt, entsprechend den

Lebensjahren des großen Meisters und Eingeweihten. Dass sämtliche pyramidal strukturierten Organisationen (und dazu gehören auch die Freimaurer) mittlerweile von negativen Kräften unterwandert sind, und dass die gutgläubige und rechtschaffene Basis übel hintergangen wird, habe ich schon zur Genüge kundgetan.

Wenn Sie sich über Freimaurerei, Illuminaten, Verschwörungen, Götter, das Wirken von Jesus, angekündigte Apokalypsen, UFOs usw., näher und vor allem umfassend inFORMieren wollen, dann müssen Sie sich auf einiges gefasst machen und eine gewaltige Menge an Zeit investieren. Es erwartet Sie nämlich ein derartiger Wust an Literatur und sonstigem Material, dass Ihnen schlichtweg Hören und Sehen vergehen wird. Wenn Sie beginnen, sich in diese Thematik intensiv einzulesen, werden Sie sich zu drehen beginnen wie ein Kreisel, und es kann gut möglich sein, dass Sie in diesem Strudel hängen bleiben ohne dies großartig zu bemerken. Sie werden unaufhörlich auf Argumente und Gegenargumente stoßen und in immer ungeheuerlichere Tiefen abgleiten. Wie das Internet eindeutig aufzeigt, befassen sich immer mehr Menschen mit diesen Themen, was ja durchaus begrüßenswert ist. Doch viele dieser Suchenden, für so inFORMiert und aufgeklärt sie sich selbst auch halten mögen, hat der Strudel bereits erfasst, wie deren Diskussionsbeiträge, Berichte und Homepages eindeutig zeigen. Sie verstricken sich mehr und mehr ins Verschwörungsgeschehen oder in sonstige paranormale Thematik, sind überwältigt, schockiert, wütend, verzweifelt und manchmal auch sehr deprimiert. Fast alle Suchenden verlieren den **außerordentlich** wichtigen Weitblick, denn das Weltgeschehen hält sie in seinem Bann gefangen.

Wenn es Ihnen Ihr Bewusstsein gestattet, das zu begreifen und zu verinnerlichen, was ich Ihnen im letzten Kapitel aufzeigen werde, dann hat es sich mit all dem seltsamen Geschehen, das diese Welt so bietet, sowieso erledigt. Sie werden dann nämlich im wahrsten Sinne des Wortes „über den Dingen stehen", wie ich Ihnen das ja bereits angekündigt habe.

Doch zuvor muss ich zum Schluss hin auf ein weiteres Übel eingehen, das ich schon einige Male kurz erwähnt habe. Die Rede ist von der Möglichkeit, das Bewusstsein der Menschen zu manipulieren, und dass gewisse Kreise von dieser Möglichkeit bereits eifrig Gebrauch machen. Zuallererst muss jedoch geklärt werden, um was es sich bei dem Begriff „Bewusstsein" überhaupt handelt. Ich greife hier zwar in gewisser Weise den beiden kommenden Kapiteln vor, aber dies muss an dieser Stelle geschehen, damit sich Ihre Akzeptanz aufrechterhält.

Das, was wir gemeinhin als „menschliches Bewusstsein" bezeichnen und so hoch einschätzen, ist in Wirklichkeit nur ein äußerst begrenzter Aspekt (Eigenschaft) der Seele. Die Seele eines Menschen (und sie ist das wirkliche Individuum!) belebt die materielle Hülle (den Leib) und kann sich somit in der grobstofflichen Dimension (Materie) entsprechend ausdrücken und Eindrücke (Erfahrungen) sammeln. Seele und grobstofflicher Leib sind eng miteinander verbunden, man könnte auch sagen, zusammengesteckt. Ganz ähnlich, wie wir das von elektronischen Geräten her kennen, zum Beispiel wenn man eine Videokamera per Steckverbindung (Kabel) mit einem Fernseher verbindet. Die elektronische Einheit, die den Datenaustausch zwischen Videokamera und Fernseher regelt, nennt der Fachmann „Schnittstelle". Über diese „Schnittstelle" wandern die aufgezeichneten Daten der Videokamera in den Fernseher, somit kann man am Fernsehbildschirm das von der Kamera Aufgezeichnete betrachten. Ähnlich funktionieren Leib und Seele. Der grobstoffliche Leib des Menschen überträgt die im materiellen Erdgeschehen erfahrenen Daten (Gefühle, Eindrücke) an die

Seele, die Schnittstelle dazu ist das von mir schon so oft erwähnte und im höchsten Maße wichtige „endokrine System" (Hypothalamus und Zirbeldrüse). Am Hypothalamus und an der Zirbeldrüse dockt die Seele an, hier liegt in diesem Fall besagte „Schnittstelle". Das von den Wissenschaftlern so hoch angesehene Gehirn spielt in diesem Punkt eine absolut untergeordnete Rolle. Das Gehirn sorgt auf der materiellen Seite lediglich für die Datenaufbereitung, es hat jedoch nichts mit derjenigen Schnittstelle (Hypothalamus und Zirbeldrüse) zu tun, an der tatsächlich ein Austausch zwischen verschiedenen Dimensionen stattfindet. Durch diese Schnittstelle erfährt die Seele ihr materielles ICH-BIN-Bewusstsein, durch das der Mensch auf Erden zur Persönlichkeit wird. Doch diese materielle ICH-BIN-Persönlichkeitserfahrung ist nichts anderes als eine nahezu perfekte Illusion, in Wirklichkeit ist jeder Mensch etwas ganz anderes, als er auf Erden zu sein glaubt. Die Seele ist für die Zeit, in der ein Mensch auf Erden lebt, absolut beschränkt, da sie in einer illusorischen Persönlichkeit gefangen ist, und zwar solange, bis sich die Illusion auf die eine oder andere Weise verflüchtigt. In fast allen Fällen wird besagte Illusion erst durch die physikalische Vernichtung des Körpers (leiblicher Tod) aufgehoben, erst dann gelangt die Seele wieder zu höherem Bewusstsein. Doch dieses höhere Bewusstsein schwindet wieder, und zwar dann, wenn die Seele eine neue Inkarnation erfährt, also wieder in der grobstofflichen Welt geboren wird und erneut eine illusorische Persönlichkeit zu bilden beginnt. Das ist der scheinbar ewige Zyklus, den die Buddhisten als das „Rad der Pein" bezeichnen, und den es zu durchbrechen gilt. Soweit der kurze Vorgriff auf die kommenden Kapitel, dort werden Sie Ihr Seelenleben noch sehr viel genauer kennen lernen.

Eine Erkenntnis, die auch wissenschaftlich anerkannt ist, ist die Tatsache, dass im Universum alles schwingt. Jegliche Materie ist in Bewegung, mag sie auch noch so hart und fest erscheinen. Auch ein Stück Eisen ist, atomar und subatomar gesehen, ein überaus lockeres Gebilde. Und alles im Universum funktioniert auf elektromagnetischer Basis, wie ich dies eingangs beim Thema Strahlung bereits erwähnt habe. Auch die Verbindung (Schnittstelle) von Leib und Seele funktioniert elektromagnetisch, es gibt im Universum keine andere Funktionsweise. Die Natur ist schöpfungstechnisch, was die elektromagnetische Funktion anbelangt, bis ins kleinste Detail perfekt geregelt. Auch der gesamte Organismus des Menschen ist elektromagnetisch höchst präzise gesteuert, die Seele hat somit die idealsten Voraussetzungen, was die Schnittstelle Seele/Leib anbelangt. Das endokrine System kann ungestört und mit maximaler Kraft arbeiten, dies hat zur Folge, dass die Seele, trotz materieller Gefangenschaft und daraus resultierender Illusion, zu einem gewissen Teil auch noch mit ihrem höheren Bewusstsein verbunden ist. Dieser Zustand bringt die besagte „kosmische Verbundenheit", von der ich schon so oft gesprochen habe. Ein natürlicher Elektromagnetismus und ein genetisch voll ausgeprägtes endokrines System sind der Garant für kosmische Verbundenheit und Gesundheit. Das geht solange gut, bis der Lauf des Geschehens es vorsieht, dass die Genetik der Menschen verändert wird (Götter!) und die „Veränderten" auch noch einer verfluchten Technik verfallen und anfangen, Geräte zu produzieren, die elektromagnetische Strahlung aussenden. Künstlich erzeugte elektromagnetische Strahlung bringt die Basis aller Natur zum Straucheln, was langfristig drastische Auswirkungen hat. Im Grunde genommen ist es mehr als einfach, dies zu begreifen, und jeder Mensch müsste eigentlich durchblicken, dass künstlich erzeugte elektromagnetische Strahlung mitunter zum Übelsten gehört, was der Menschheit angetan wird. Aber dies alles habe ich Ihnen ja schon eingangs beim Thema Handy vor Augen geführt. Künstlich erzeugte elektromagnetische Strahlung schränkt nicht nur die Schnittstelle Seele/Leib drastisch ein, sie macht auch den Leib in verheerendem Maße krank, wie horrende Zuwachsraten von Krebs, Allergien,

Schlafstörungen usw. eindeutig aufzeigen. Es gibt jedoch, neben der künstlich erzeugten elektromagnetischen Strahlung, ein weiteres Übel, das verheerende Folgen für die Schnittstelle Seele/Leib hat – Gifte!

Was Gifte (wohl getarnt als Genussmittel!) in Bezug auf Ihre Seele anrichten, das erfahren Sie ausführlich im nächsten Kapitel.

Doch nun komme ich auf die Thematik zu sprechen, der dieser Abschnitt eigentlich gewidmet ist, der gezielten Manipulation und Kontrolle des menschlichen Bewusstseins.

Dass das Bewusstsein eines Menschen relativ leicht manipulierbar ist, müsste eigentlich jedermann wissen. Wenn Ihnen jemand ordentlich aufs Kinn haut, dann verlieren Sie für eine bestimmte Zeit das Bewusstsein, hier haben wir es mit einer brachialen Manipulation des Bewusstseinszustandes zu tun. Das Gleiche kann erreicht werden, wenn man jemanden narkotisiert. Sehr viel bedenklicher und auch illegal wird es, wenn man das Bewusstsein eines Menschen mit Drogen manipuliert, denn hier beginnt bereits der Bereich, in dem zur Manipulation auch noch die Möglichkeit der Kontrolle hinzukommt. Geheimdienste verabreichen ihren Opfern nicht selten bestimmte Drogen, die angeblich zur Wahrheitsfindung dienen, und die gemeinhin als „Plauderpillen" bekannt sind. Diese Drogen verändern das menschliche Bewusstsein gezielt dahingehend, dass man das preisgibt, was bestimmte Leute wissen wollen. Auch der umgekehrte Fall funktioniert prächtig, wenn man jemandem bestimmte Erinnerungen rauben will, dann unterzieht man ihn per Drogen einer Gehirnwäsche. Falls Sie glauben sollten, dass Gehirnwäsche und Wahrheitsdrogen nur Fiktion sind und allenfalls in James Bond Filmen zur Anwendung kommen, dann irren Sie sich gewaltig. Der amerikanische CIA zum Beispiel hat enorme Geldmittel und Zeit aufgewendet, um in diesem Bereich an die nötigen Erfahrungen und Drogenrezepte zu gelangen. Die Herren gingen dabei teilweise dermaßen skrupellos und offensichtlich zu Werke, dass ihr ehemaliges Treiben mittlerweile öffentlich bekannt ist und von behördlicher Seite auch noch bestätigt wird. Die bekannt gewordenen Skandale, in die der CIA verwickelt war, trugen die Decknamen „BLUEBIRD" und „MKULTRA". Das Projekt „BLUEBIRD" wurde vom CIA Anfang der 50er Jahre ins Leben gerufen, es ging dabei um Erlangung von Erkenntnissen bezüglich halluzinogener Drogen, vorwiegend von LSD. Die Droge LSD wurde bereits 1938 in den Sandoz-Laboratorien (Basel, Schweiz) synthetisiert, und es waren durchweg renommierte Pharmahersteller, die den Amerikanischen CIA mit gewaltigen Mengen halluzinogener Drogen belieferten. Und der CIA probierte diese furchtbaren Drogen an unwissenden und wehrlosen Menschen rücksichtslos aus. So wurde unter dem Projekt „BLUEBIRD" mindestens 1000 Soldaten bis zu 20-mal hinterrücks die Droge LSD verabreicht, viele Soldaten trugen schwerste psychische Schäden davon. Für härtere Tests, die nicht selten mit komplettem Wahnsinn oder gar mit dem Tode endeten, holte man sich Obdachlose, an deren Verschwinden sich keiner störte. Aber auch die so genannte „Drogenszene" wurde vom CIA mit LSD förmlich überschüttet, zwecks „Sozialstudien am freilaufenden Volk", wie man es seinerzeit nannte. Die Psychiatrie hatte plötzlich Hochkonjunktur, man hatte in den 50er Jahren gegenüber den 40er Jahren eine Steigerung der Patientenzahl um mehr als 1000 Prozent!

Doch es kam noch viel schlimmer, denn die Gier nach Macht und Kontrolle, und insbesondere der Bewusstseinskontrolle, ist in gewissen Kreisen schier grenzenlos. Aus dem Projekt „BLUEBIRD" wurde Ende der 50er Jahre das Projekt „MKULTRA". Bei „MKULTRA" handelte es sich um eine ganze Serie von Projekten, die in Richtung Bewusstseinskontrolle zielten, und die zu einem Gutteil vom technischen Stab des CIA durchgeführt wurden. Eine zentrale Rolle bei „MKULTRA" spielte die „Josiah-Macy-Jr.-Stiftung", deren Gründung bereits im Jahre 1930 stattfand, und in der Psychologen und Eugeniker ihr Unwesen trieben. Finanziert wurde das Ganze vom Rockefeller-Clan. Viele Menschen können mit dem Begriff „Eugeniker" nichts anfangen, deshalb werde ich die „Eugenik" kurz erklären.

„Eugenik" ist die Lehre oder besser gesagt der Wahn, eine genetisch „reine" menschliche Rasse hervorzubringen, die als eine Art Herrenrasse die Erde beherrschen soll. Eugeniker kleiden ihre Philosophie nach außen hin in schöne Worte, schrecken jedoch vor rein gar nichts zurück. Man arbeitet mit Zwangssterilisation aber auch mit der gezielten Vernichtung und Ausrottung so genannter „ungeeigneter, nicht würdiger Individuen". In den Jahren von 1910 bis 1940 wurden in vielen Ländern der Erde Organisationen zu eugenischen Zwecken gegründet, am stärksten war die Bewegung in England und in den Vereinigten Staaten, aber auch in Deutschland zur Zeit des Nationalsozialismus. In Nazi-Deutschland gab es etliche Institute, die sich der Eugenik verschrieben hatten, seltsamerweise wurden diese Institute von amerikanischen und britischen Kreisen finanziert. Das Menschenmaterial, das diese Institute benötigten, lieferten die Nazis. Mit dem Nationalsozialismus hatte man eine politische Umgebung geschaffen, die dem finsteren Treiben der Eugeniker Tür und Tor öffnete, und in der menschliches Versuchsmaterial in schier unbegrenzter Menge zur Verfügung stand. Unsere Geschichtsbücher nennen zwar einige Namen von Naziverbrechern, die brutalste Versuche an Menschen durchgeführt haben, in Wirklichkeit waren jedoch eine Vielzahl von Personen, Institute und internationale Organisationen daran beteiligt, die leider niemand angeklagt hat, und die heute noch höchstes Ansehen genießen.

Am Projekt „MKULTRA" war nicht nur der CIA beteiligt, sondern auch weltweit Institute und Gruppen, die im Geheimen nach wie vor der Eugenik anhängig waren und dies zum Teil auch heute noch sind. Die Eugenik hat sich keineswegs Ende der 40er Jahre verflüchtigt, wie das offizielle Informationsquellen (z. B. Lexika) behaupten, dieser Wahn geistert auch heutzutage in sehr vielen „elitären" Gehirnen herum. Das Projekt MKULTRA beschäftigte ein weites Netz von Ärzten und Einrichtungen, es gliederte sich in mindestens 150 Teilprojekte, die sich alle in irgendeiner Weise mit der Thematik „Bewusstseinskontrolle" befassten. Es wurde die gesamte Palette an natürlichen und synthetischen Drogen an wehrlosen Menschen ausprobiert, aber auch Elektroschock, elektromagnetische Strahlung und Hypnose. Hypnose ist ein hervorragendes Mittel, um das Bewusstsein eines Menschen vollkommen zu kontrollieren, im nächsten Kapitel erfahren Sie, wie und warum Hypnose funktioniert. Aber auch vollkommen unwissende Personen wurden im Zuge von MKULTRA zu wehrlosen Opfern, in den USA verging man sich mit Vorliebe an Armeesoldaten. Hauptaktionszentren waren das Versuchsgelände von Aberdeen in Maryland, Dugway in Utah, Fort Leavenworth in Kansas sowie Fort Benning in Georgia. Bis Mitte der 60er Jahre ist von mindestens 1500 Armeeangehörigen **dokumentiert**, dass sie als Versuchspersonen für LSD-Experimente missbraucht worden sind.

Noch schlimmer trieb man es mit einer Droge, die den schier unaussprechlichen Namen „Quinuclidinyl-Benzilat" hatte, und die kurz „BZ" genannt wurde. Die Droge BZ wirkt im Gegensatz zu LSD wesentlich länger, durch BZ kann ein Mensch bis zu sechs Wochen vollkommen den normalen Bezug zu seiner Umgebung verlieren. Das Testen von BZ an ahnungslosen Armeesoldaten begann 1959 in Edgewood Arsenal und ging bis 1975. Dr. Solomon Snyder, von der John Hopkins University, der sich mit den illegalen Tests mittels Drogen befasste, sagte: *„Das Testen von LSD durch die Army war nur eine Episode verglichen mit dem, was mit BZ gemacht wird!“* Die Droge BZ wurde schätzungsweise an 2800 Soldaten ausprobiert, einige leiden bis heute an schweren psychischen Schäden.

Skrupellose Tests an der unwissenden Bevölkerung sind nicht neu, schon Anfang des 19. Jahrhunderts kamen diverse Pläne von Russland nach England. Diese Pläne wurden in den 30er Jahren in Deutschland von den aufstrebenden Nationalsozialisten aufgegriffen, man arbeitete Strategien aus, um die Bevölkerung durch Massenmedikation zu kontrollieren. So wurde es zum Beispiel in Erwägung gezogen, das Trinkwasser in bestimmten Regionen und Ländern mit Medikamenten zu versetzten, die eine Sterilisierung der Frauen bewirken würden. In Bezug auf Bewusstseinskontrolle durch Vergiftung des Trinkwassers nimmt die chemische Substanz Natriumfluorid eine besondere Rolle ein:

Wie wahrscheinlich jeder weiß, wird in vielen Ländern von behördlicher Seite dem Trinkwasser Fluor zugesetzt. Was die Beimischung von Fluor anbelangt, erzählt man uns von verantwortlicher Seite, dass dies geschehen würde, um die Gesundheit der Zähne zu fördern. Dass dies jedoch in Wirklichkeit ein fadenscheiniger Vorwand ist, und dass Fluor den menschlichen Organismus in ganz bestimmter Weise vergiftet, das wissen die wenigsten Bürger. Es stellt sich die Frage: was sind denn dann die wirklichen Hintergründe? Nun, im menschlichen Gehirn gibt es ein bestimmtes Zentrum, das dafür sorgt, dass der Mensch einer Dominierung (Beherrschung durch andere Personen) widersteht. Wenn dieses Zentrum geschädigt wird, dann wird ein Mensch, je nach Grad der Schädigung, jegliche Dominanz über sich ergehen lassen und unterwürfiges Verhalten zeigen. Und genau dieses Zentrum wird von der chemischen Substanz Natriumfluorid geschädigt, wie unabhängige Wissenschaftler herausgefunden haben. Mit diesem Wissen bekommt die Zumischung von Fluor im Trinkwasser eine ganz andere Dimension. Natriumfluorid ist ein Gift, und hat im Trinkwasser **absolut** nichts zu suchen! Die Giftigkeit von Fluor ist in wissenschaftlichen Kreisen durchaus bekannt, wie folgende Auszüge beweisen:

Professor Dr. med. F. Schmidt, Leiter der Forschungsstelle für präventive Onkologie (Krebsforschung) der Klinischen Fakultät Mannheim:

„... Dies gilt insbesondere, weil Natrium-Fluorid ein ausgesprochenes Atemgift ist. Wenn sie – zum Beispiel bei manometrischen Messungen des Zellstoffwechsels – die Zellatmung unterbinden wollen, genügt der Zusatz einer winzigen Menge von Natrium-Fluorid. Wie Ihnen sicher bekannt ist, ist das Gehirn das Organ, mit dem höchsten Sauerstoffbedarf. 25% der Sauerstoffaufnahme wird durch dieses relativ kleine Organ verbraucht. Die Unterbindung der Sauerstoffzufuhr zum Gehirn führt schon nach wenigen Minuten zu irreversiblen Schädigungen, während andere Organe noch nach sehr viel längerer Zeit ohne bleibende Schädigungen wiederbelebt werden können. Schon liegen vereinzelte – wenn auch sicher nicht beweiskräftige – Beobachtungen vor, dass die geistige Entwicklung von Kindern durch die Dauermedikation mit Fluor beeinträchtigt werden kann. ***Dummheit tut bekanntlich nicht weh.*** *Deshalb dürfte es sicher sehr schwer sein, hier einen exakten wissenschaftlichen Beweis zu führen. Da aber gerade das Gehirn sich im Säuglings- und Kindesalter besonders schnell entwickelt und demnach besonders viel Sauerstoff benötigt, sollte man sich – schon prophylaktisch – mit jeder Dauermedikation allergrößte Reserve auferlegen, welche die Zellatmung beeinträchtigt.* ***Das ist beim Fluor ohne jeden Zweifel der Fall!“***

Baseler Nationalzeitung vom 6. September 1976:
„Dr. Ali H. Mohammed, Biologie-Professor der Universität von Missouri in Kansas City (USA), hat Anfang September auf dem Treffen der American Chemical Society seine Aufsehen erregenden Versuchsergebnisse vorgetragen. Der Biologe kam aufgrund seiner Experimente zu dem Schluss, dass das Natrium-Fluorid, eine chemische Substanz, die nicht nur in den USA, sondern zum Beispiel auch in Basel dem Trinkwasser zugesetzt wird, bei Versuchstieren genetische Schäden verursacht hat. Sogar die kleine Menge von 1 ppm (part per million) – das entspricht der bei uns üblichen Trinkwasserfluoredierungs-Konzentration von 1 Milligramm Fluorid pro Liter – bewirkte bei Mäusen ***anhaltende*** *Chromosomenbrüche und –verletzungen. Diese Schädigungen der Erbsubstanz sind nach Prof. Mohammed eindeutig auf das direkte Einwirken der Fluorid-Ionen im genetischen Material, der DNS (Desoxyribonukleinsäure) zurückzuführen!"*

Es ist ein Verbrechen, dem Trinkwasser die chemische Substanz Natriumfluorid beizumengen, doch offensichtlich handeln die Verantwortlichen hier wieder einmal gemäß dem Spruch: Der Zweck heiligt die Mittel!

Wenn es um Psychiatrie in Verbindung mit Bewusstseinskontrolle geht, dann darf eine Organisation nicht unerwähnt bleiben – das Tavistock-Institut in England.

Dieses Institut wurde offiziell unmittelbar nach dem Zweiten Weltkrieg gegründet, inoffiziell geht die Gründung jedoch auf Anfang der 20er Jahre zurück. Offiziell beschreibt sich dieses Institut als eine „Organisation der dynamischen Psychiatrie", doch hinter den Kulissen geht es um nichts anderes als um weltweite Bewusstseinskontrolle. Das Tavistock-Institut ist eng mit dem britischen Militärgeheimdienst verknüpft, finanziert wird es zum Großteil von „unbekannten Wohltätern". Geleitet wir das Institut von einem „unsichtbaren Kollegium", wie es sich selbst bezeichnet, allein diese Tatsache mutet schon äußerst seltsam an. Das Tavistock-Institut hat weltweite Verbindungen ersten Ranges, wenn man sich näher über dieses Institut inFORMiert, dann stößt man immer wieder auf Namen und Organisationen, die auf politischer, finanzieller und ideologischer Seite eifrig am Plan zur „Neuen Weltordnung" mitwirken. Es ist schon sehr erstaunlich, in welch hohem Maße alles zusammenpasst, und das nicht basierend auf irgendwelcher Spinnerei, sondern anhand von Fakten und Geschehnissen, die nicht von der Hand zu weisen sind. Das Tavistock-Institut kümmert sich mit allen Mitteln um den psychologischen Part zur „Neuen Weltordnung", offiziell wird das als „Fürsorge für den mentalen Gesundheitszustand der Weltbevölkerung" bezeichnet.

„Massenmanipulation und flächendeckende Verblödung durch chemische Produkte (Psychopharmaka), durch Erziehungs- und Lehrpläne sowie durch Einrichtungen, die die Menschen mittels Elektromagnetismus (Strahlung) beeinflussen" – wäre wohl die passendere Bezeichnung!

Tavistock ist weltweit in Verbindung mit dem verzweigten Netzwerk anderer Organisationen und „Denkfabriken", einschließlich bestimmter Kreise der UNESCO (**U**nited **N**ations **E**ducational, **S**cientific and **C**ultural **O**rganization), der WHO (**W**orld **H**ealth, **O**rganization) sowie der RAND-Corporation.

Es müssen nicht immer Drogen, Hypnose oder illegal angewendete elektromagnetische Mittel sein, die zur Manipulation des menschlichen Bewusstseins führen, es gibt eine ganze

Reihe von völlig unscheinbaren und legalen Methoden, um die Menschen tief greifend und nachhaltig zu beeinflussen. All diese Mittel zielen auf das Unterbewusstsein ab, gegen das jedermann **vollkommen** machtlos ist.

Das Unterbewusstsein bestimmt den Menschen in weit höherem Maße, als das „normale" Bewusstsein, denn das Unterbewusstsein ist in gewisser Weise näher an der Seele. Ein gutes Beispiel, um Ihnen die Dominanz des Unterbewusstseins aufzuzeigen, ist ein Mensch, der stottert. Ein Stotterer, wie Ihnen jeder Psychologe bestätigen wird, hat in der Regel ein so genanntes „tief sitzendes Problem", das mit der oberen Bewusstseinsebene nichts zu tun hat. Es kommt zwar dort zum Ausdruck, die Ursache liegt jedoch im Unterbewusstsein. Je mehr sich ein stotternder Mensch willentlich bemüht, das Stottern zu unterdrücken, umso heftiger wird er letztendlich ins Stottern geraten. Das Unterbewusstsein dominiert, und nur dort kann der Defekt behoben werden. Grund dessen, dass das Unterbewusstsein den Menschen dominiert, ist es für diejenigen, die das Bewusstsein der Menschen manipulieren und kontrollieren wollen, am effizientesten, wenn sie das Unterbewusstsein als Ziel ihrer finsteren Absichten auswählen. Schauen wir uns ein paar Methoden an, mit denen das Unterbewusstsein der Menschen manipuliert wird.

Da wäre zum Beispiel das Mittel der Propaganda. Mit wohl durchdachter Propaganda können Menschenmassen in einer Art und Weise manipuliert und somit gelenkt werden, wie Sie sich das gar nicht vorstellen können. Propaganda muss nicht zwangsläufig immer laut und heftig sein, es gibt auch leise Propaganda, die, was die Wirkungsweise anbelangt, der lauten in keiner Weise nachsteht. Warum glauben Sie, hatten gewisse Regime immer eine wohlfinanzierte Propagandaabteilung und einen eigenen Propagandaminister? Na weil Propaganda hervorragend funktioniert! Und das tut sie noch immer! In der heutigen Zeit nennt man die Propagandaabteilungen „Medien" und die ehemaligen Propagandaminister sind die „Medienzare". Nicht zu vergessen, die hohen Persönlichkeiten, die mittlerweile die ehemaligen Diktatoren ersetzen – die Präsidenten!

Aber auch so genannte „Public Relations" sind nichts anderes als Propagandaabteilungen, denn deren Aufgabe ist es nun einmal, sich um die Öffentlichkeit zu kümmern, und diese darauf hin zu trimmen, bestimmte Dinge so aufzufassen und zu sehen, wie es derjenige wünscht, der bezahlt.

Medien und Werbung haben einen **ungeheuren** Einfluss auf die breite Masse, und jeder sollte sich vor der Aussage hüten, dass er gegen all das, was auf dieser Schiene abläuft, vollkommen immun ist. Eindrücke des dort Präsentierten wandern unweigerlich – von Persönlichkeit zu Persönlichkeit verschieden stark – ins Unterbewusstsein, und gegen das Unterbewusstsein ist der Mensch machtlos. Und Kinder können sich – auf Grund fehlender Erfahrung – in **keiner** Weise gegen die aufgezwungenen Eindrücke wehren, sie sind die hilflosesten Opfer der Propagandamaschinerie, die im Übrigen auch das produziert, was „Werbung" genannt wird, und das mittlerweile übelste Formen (Werbeterror) angenommen hat.

Ein mehr und mehr bevorzugtes Mittel, um Menschen zu manipulieren, sind elektronische Medien. Fernsehen und elektronische Apparaturen, die den Anwender gebannt auf ein Display (Bildschirm) starren lassen, werden als technische Errungenschaften gefeiert, in Wirklichkeit manipulieren, verblöden und stressen sie den Menschen in erschreckendem Maße.

Das Problem an der Sache ist, dass Verblödung erstens nicht weh tut, zweitens schleichend vonstatten geht und somit vom Opfer nicht bemerkt wird. Noch dazu bleibt Verblödung in der Öffentlichkeit relativ anonym, da ja fast alle – mehr oder weniger stark – verblödet sind, und ihnen von der Propagandamaschinerie inklusive Businesswelt zudem auch noch ein hoher Intellekt und Wissen einsuggeriert wird. In Wirklichkeit ist das Bewusstsein der Menschen in einem Zustand, wie er desolater fast gar nicht mehr sein kann. Alles in unserer Welt wird naturferner und techniknaher, und diese Entwicklung geht äußerst rasant vonstatten. Wohl dem, dem es vergönnt ist, sich von alldem möglichst fern zu halten, und der die Fähigkeit bewahrt hat, einen Blick in sein Innerstes zu werfen.

Gerade der Siegeszug des Fernsehens (mittlerweile kann man ja auf zig Kanälen rund um die Uhr glotzen) hat die Menschen in beängstigendem Maße verändert, wie folgende Aussagen sehr gut zum Ausdruck bringen:

Die Erfindung des Fernsehens war das revolutionärste Ereignis unseres Jahrhunderts. Es stand an Bedeutung weder der Entdeckung des Schießpulvers noch der Erfindung der Druckerpresse nach, die das Leben der Menschen auf Jahrhunderte hinaus veränderten. Das Fernsehen bewirkte, dass Menschen nicht mehr vor dem Haus stehen und sich unterhalten oder im Wohnzimmer gemütlich beisammen sitzen, um zu erleben, wie menschliche Kontakte das Dasein erhellen können. Jetzt hocken die Menschen allein in dunklen Zimmern oder manchmal in schweigenden Gruppen, was dasselbe ist, und starren auf Elektronikmöbel mit flimmernden Bildern.
(Roussel Baker, Journalist)

Es ist soweit: der Mensch hat sich vom Homo sapiens zum Homo zappiens gewandelt.
(Gedanken einer Fernbedienung)

Einer Gesellschaft, die man damit unterhalten kann, dass zwei Leute einen Ball hin und her schlagen, ist alles zuzutrauen.
(Manfred Rommel, ehemaliger Stuttgarter Oberbürgermeister)

Die Leute sind gar nicht so dumm, wie wir sie durchs Fernsehen noch machen werden.
(Hans Joachim Kulenkampff)

Ein weiteres mächtiges Mittel, um ein bestimmtes Bewusstsein zu prägen, liegt im Erziehungs- und Bildungssystem. Gerade Kinder, die ja von Geburt an vollkommen unbedarft (naiv) sind, werden durch Erziehung und Bildung nachhaltig geprägt. Da in vielen westlichen Ländern Schulzwang herrscht, liegt im dort vermittelten Lehrstoff ein gewaltiges Potential, um Menschen auf eine ganz bestimmte Art zu prägen und zu beeinflussen. Den Unsinn, dass unsere Bildungsstätten die ihnen anvertrauten Menschen zu kritischen und selbst denkenden Menschen erziehen, den kann glauben, wer will. Wenn ich mir, querbeet durch alle schulischen Instanzen hindurch, die heutigen Lehrpläne so betrachte, inklusive die Art und Weise, **wie** der dort festgelegte, zu vermittelnde Stoff in die jungen Menschen hineingezwungen wird, dann stehen mir die Haare zu Berge. Die jungen Menschen werden in den Schulen mental vergewaltigt, größtenteils durch Lügen und Halbwahrheiten zugedeckt und von vornherein auf den bevorstehenden, gnadenlosen Konkurrenzkampf eingeschworen, den das installierte System der freien Marktwirtschaft mit sich bringt. Die Tatsache, dass fast alle Kinder Schule furchtbar und zum Kotzen finden, kommt nicht von ungefähr und sollte eigentlich zu denken geben. Es ist schlicht und ergreifend ein Verbrechen, was eine derart gestaltete Schule unseren Kindern antut, doch dies ist nicht weiter verwunderlich, da Erziehungs- und Bildungssystem in letzter Konsequenz auch in Händen derer liegen, die einem ganz bestimmten Plan folgen.

Es gibt weder große Entwicklungen noch wahre Fortschritte auf dieser Erde, solange noch ein unglückliches Kind auf ihr lebt.
(Albert Einstein)

Kommen wir jetzt zu einer Möglichkeit der Bewusstseinskontrolle, die alles bisher Aufgezeigte weit in den Schatten stellt.

Dass alles in unserer Welt elektromagnetisch funktioniert, wissen Sie bereits, auch über den Begriff „Frequenzen" (Schwingungen) habe ich Sie schon in Kenntnis gesetzt. Elektromagnetische Strahlung tritt in verschiedenen Frequenzen in Erscheinung, jede Frequenz spricht einen eigenen Bereich an, in dem sie ihre Wirkung entfaltet. Alles, was unsere Sinnesorgane aufnehmen und in Form von elektromagnetischer Information zum Gehirn schicken, gelangt, aufbereitet vom Gehirn, wiederum in Form von elektromagnetischer Information zur Schnittstelle Leib/Seele (endokrines System). Ich sage es an dieser Stelle noch einmal, das Gehirn hat mit dem ICH-BIN-Bewusstsein absolut nichts zu tun, wohl aber mit den Daten (Frequenzmuster), die zum endokrinen System (Hypothalamus/Zirbeldrüse) gelangen! Letztendlich ist für jeden Gefühlszustand, den unsere Seele erfährt, ein anderes elektromagnetisches Schwingungsmuster (Frequenzmuster) zuständig. Erfährt die Seele Trauer, dann entspricht diese Trauer einem anderen Frequenzmuster, als es bei der Erfahrung von Freude der Fall ist. Von einem Frequenzmuster spricht man dann, wenn verschiedene Frequenzen zugleich gesendet werden und somit als Gemisch wirken. Weiterhin ist es wichtig zu wissen, dass unser Gehirn neben den verschiedenen Frequenzmustern, die es zum endokrinen System schickt, von Grundfrequenzen (Gehirnwellenbänder) bestimmt wird, die letztendlich für den allgemeinen Bewusstseinszustand verantwortlich sind. Beim allgemeinen Bewusstseinszustand kennt man folgende Unterscheidungen:

- Delta-Bereich (Frequenz = 1-3 Hz.) … Tiefschlaf, Koma
- Theta-Bereich (Frequenz = 4-7 Hz.) … Hypnose, Trance, Traum
- Alpha-Bereich (Frequenz = 8-13 Hz.) … Meditation, Entspannung
- Beta-Bereich (Frequenz = 14-40 Hz.) … Wachzustand

Wenn man also weiß, welche Frequenzen das menschliche Bewusstsein steuern, dann ist es nicht sonderlich schwer, den allgemeinen Bewusstseinszustand eines Menschen gezielt zu manipulieren, indem man das Gehirn entsprechender Strahlung aussetzt. Kennt man zudem noch die Frequenzmuster, die bestimmte Gefühle im Menschen hervorrufen, dann erweitert sich die Palette der Manipulationsmöglichkeiten enorm, man kann das Bewusstsein dann in absolut perfekter Weise betrügen. Die Seele kann nämlich **nicht** unterscheiden, ob die vom Gehirn übermittelten elektromagnetischen Informationen auf natürlichen Eindrücken und Gefühlsregungen basieren, oder ob diese per externer Strahlung direkt ins Gehirn gelangten. Die Seele wird **immer** ungeprüft das verwerten, was das Gehirn dem endokrinen System zuspielt, und daraus zwangsläufig das Bewusstsein gestalten. Wenn man sich dieser Tatsache bewusst ist, dann bekommt man eine finstere Ahnung davon, welch ungeheuerliche Manipulationen des Bewusstseins mittels elektromagnetischer Strahlung möglich sind.

Es war der Ihnen bereits bekannte Nicola Tesla, der die so genannten ELF-Wellen (**E**xtremely **L**ow **F**requency) entdeckt hat, mit denen man das menschliche Bewusstsein manipulieren kann. ELF-Wellen sind elektromagnetische Wellen (Strahlen), deren Frequenz im Bereich unter 100 Hertz (Schwingungen pro Sekunde) liegt, sie schwingen also extrem langsam (nieder frequent). Menschen mit einfachsten Strahlungserzeugern nach Lust und Laune bewusstseinstechnisch zu manipulieren, das war schon immer der Traum derjenigen Figuren, die sich als elitäre Rasse fühlen. Und dass dieser Traum bereits seit geraumer Zeit weltweit in erschreckendem Maße zur Realität geworden ist, dafür gibt es eine Vielzahl an Fakten. Das Tavistock Institut, zum Beispiel, hat bereits in den 50er Jahren sehr intensiv die Auswirkungen von ELF-Wellen erforscht, und diese in Kombination mit Mikrowellen zum Einsatz in der Öffentlichkeit gebracht. Über die verheerende Auswirkung von hoch frequenten, gepulsten Mikrowellen habe ich Sie anfangs beim Thema „Handy und Sendemasten" bereits eingehend inFORMiert, so auch darüber, dass Mikrowellen als Waffe benutzt werden können. Während Mikrowellen eine zerstörende Wirkung hervorrufen, haben ELF-Wellen vorwiegend eine manipulierende Wirkung.

Damit man die nieder frequenten ELF-Wellen gezielt zum Einsatz bringen kann, werden sie im Verbund mit hoch frequenten Mikrowellen gesendet, der Fachmann spricht von „aufmodulieren". Das bedeutet zum Beispiel, wenn ein Handy-Sendemast seine gepulste Mikrowellenstrahlung sendet, könnten mit dieser Strahlung zugleich auch ELF-Wellen übertragen werden, die spezielle Bewusstseinsmuster nachahmen. ELF-Wellen hören Sie logischerweise beim Telefonieren nicht, aber ihre Wirkung bekommen Sie bewusstseinstechnisch zu spüren. ELF-Wellen können nicht nur über das Handy-Netz gezielt gesendet werden, auch mobile Strahlenkanonen in allen Leistungsklassen (Sendestärken) und Größen existieren. Dass dies alles kein Witz, sondern brutale Realität ist, beweisen Berichte von etlichen Fachleuten, die messtechnisch ELF-Wellen aufgespürt haben. ELF-Wellen dürften eigentlich nirgendwo im öffentlichen Bereich messbar sein, da sie technisch offiziell nicht zum Einsatz kommen. Einzige Ausnahme stellen nukleare Unterseeboote dar, in deren Kommunikationszentren kommen ELF-Wellen zum Einsatz. Die heftigsten Beweise, dass gewisse Organisationen (vorwiegend Geheimdienste und Sicherungskräfte) ELF-Wellen zur Bewusstseinskontrolle einsetzen, kommen aus Großbritannien. Dort haben Fachleute schon unzählige Male nachgewiesen, dass ELF-Wellen gegen bestimmte Bevölkerungsgruppen (Obdachlose, Demonstranten, Skinheads usw.) eingesetzt werden. Ganze Stadtteile (Arbeiterviertel) sind schon mit ELF-Wellen beschossen worden, um eventuellen Unruhen vorzubeugen. Die durch ELF-Wellen bestrahlte Bevölkerung wird apathisch, teilweise laufen die Menschen wie Zombies durch die Gegend.

Führt man sich vor Augen, in welchem Umfang man mit entsprechender Strahlung das menschliche Bewusstsein manipulieren und kontrollieren kann, dann wird einem ganz flau im Magen. Wenn Sie sich näher über ELF-Wellen inFORMieren wollen, dann tippen Sie einfach den Begriff „ELF-Wellen" oder „ELF-Signal" in Ihre Internetsuchmaschine, und Sie werden sich wundern, was ein Berg an durchaus ernstzunehmenden Fakten dann auf Sie zukommt. Und wenn Sie dann schon einmal dabei sind, dann tippen Sie in die Suchmaschine das Wort „HAARP" ein, und schauen Sie sich die Beiträge an, die Ihnen das Internet zu diesem Begriff liefert.

Hinter „HAARP" (**H**ighfrequency **A**ctive **A**uroral **R**esearch **P**roject) verbirgt sich ein amerikanisches Wahnsinns-Projekt, das in Alaska angesiedelt ist, nordöstlich von Anchorage in der Nähe der Ortschaft Gakona. Dort stehen auf einem militärischen Stützpunkt flächig verteilt mehrere Hundert riesige Sendeantennen, die miteinander gekoppelt sind, und die somit den leistungsstärksten Hochfrequenzsender bilden, der jemals von Menschenhand gebaut wurde. Offiziell dient das Projekt der Erforschung der Ionosphäre, doch dies ist nur die halbe Wahrheit. Dieser Hochfrequenzsender ist in der Lage, bis zu 100 Milliarden (!) Watt an gebündelter Mikrowellenenergie zu übertragen, und zwar punktgenau in die Ionosphäre. Unsere Erde wird von einer für uns lebenswichtigen Hülle umgeben, die „Atmosphäre" genannt wird. Die Atmosphäre ist in verschiedene Schichten unterteilt, von unten nach oben hinaus ins All heißen diese Schichten: Troposphäre, Stratosphäre, Mesosphäre, Ionosphäre, Exosphäre. Die Exosphäre ist zwar theoretisch die äußerste Schicht unserer Atmosphäre, doch sie ist relativ uninteressant, was ihre Funktion anbelangt. Enorm wichtig und somit als eigentlich äußere Hülle zu bezeichnen, ist die Ionosphäre. Die Ionosphäre wird aufgrund der hohen Temperatur, die in ihr herrscht, auch Thermosphäre genannt. Die Ionosphäre ist für die Erde lebenswichtig, sie dient sowohl als Filter (Absorber) für schädliche Strahlung, die aus dem All kommt, als auch als Reflektor (Zurückweiser) von Strahlung. Allein der Begriff „lebenswichtige Umhüllung" sollte schon genügen, dass man die Finger von solch einer Hülle lässt. Alle lebendigen Systeme (also auch die Erde!) werden von Hüllen geschützt: sei es das Ei, dessen Hülle die Schale ist, oder sei es der Mensch, den seine Haut umhüllt. Auch jede lebende Zelle ist von einer Hülle umgeben, ohne die sie nicht existieren könnte. Es gibt nichts Dümmeres, als die Hülle eines lebendigen Organismus zu attackieren und zu verletzen. Und genau das tun die USA mit ihrer wahnsinnigen Energiekanone, genannt „HAARP", man beschießt die Umhüllung der Erde mit Milliarden von Watt, die noch dazu punktgenau in der Ionosphäre einschlagen. Und diese Energiemengen richten unkalkulierbare Schäden und Manipulationen in der Umhüllung der Erde an. Und solch ein Treiben nennen diese Idioten „Erforschung der Ionosphäre". So nach dem Motto: mal ordentlich Power reindonnern und sehen, was dabei passiert!

Doch neben unkalkulierbaren Schäden und Auswirkungen fallen bei diesen Versuchen militärisch verwertbare Erkenntnisse an, die für gewisse Kreise offensichtlich dermaßen interessant sind, dass man seit fast zwei Jahrzehnten zig Milliarden Dollar in dieses Projekt buttert. Wenn man sich die Patente näher betrachtet, die durch das Projekt „HAARP" entstanden und an selbiges geknüpft sind, dann lassen sich (entsprechende Kenntnisse vorausgesetzt) eindeutige Rückschlüsse ziehen. Hier ein kurzer Auszug aus dem US-Patentregister, das öffentlich einsehbar ist; alle unten aufgeführten Patente gehören dem Projekt „HAARP" an, von dem es ja offiziell heißt, dass es **nur** zur Erforschung der Ionosphäre dient:

US-Patent Nr.: 4.686.605 erteilt im August 1987
Methode und Apparat zur Veränderung einer Region der Erdatmosphäre, Ionosphäre und/oder Magnetosphäre

US-Patent Nr.: 5.038.664 erteilt im August 1991
Methode zur Produktion einer Hülle relativistischer Partikel in einer (bestimmten) Höhe über der Erde

US-Patent Nr.: 4.712.155 erteilt im Dezember 1987
Methode und Apparat zur Schaffung einer künstlichen, durch Elektronen-Zyklotronenresonanz erhitzten Region aus Plasma

US-Patent Nr.: 5.218.374 erteilt im Juni 1993
Energiestrahlen-System mit strahlenden, aus gedruckten Schaltkreiselementen bestehenden Resonanzhohlräumen

US-Patent Nr.: 5.293.176 erteilt im März 1994
Gefaltetes Kreuzgitter-Dipolantennenelement

US-Patent Nr.: 5.202.689 erteilt im April 1993
Fokussierender Leichtgewichtsreflektor zur Anwendung im Weltraum

US-Patent Nr.: 5.041.834 erteilt im August 1991
Künstlicher, lenkbarer aus Plasma geformter ionosphärischer Spiegel

US-Patent Nr.: 4.999.637 erteilt im März 1991
Schaffung künstlicher Ionenwolken über der Erde

US-Patent Nr.: 4.954.709 erteilt im September 1990
Gerichteter, hoch auflösender Gammastrahlen-Detektor

US-Patent Nr.: 4.817.495 erteilt im April 1989
Defensiv-System zur Unterscheidung von Objekten im Weltraum

US-Patent Nr.: 4.873.928 erteilt im Oktober 1989
Strahlungsfreie Explosionen von **nuklearen Ausmaßen** (Nuclear-Sized Explosions without Radiation)

Soweit einige der Patente, die dem Projekt HAARP zugeordnet sind, die Liste ist bei weitem nicht vollständig.

Fast alle Patente von HAARP führen auf die Forschungen und Konstruktionen von Nicola Tesla zurück, ich habe Ihnen ja schon berichtet, dass Tesla bereits Anfang des 19. Jahrhunderts gigantische Transmitter (Energie-Übertrager) konstruiert und, laut eigenen Aussagen, mit **durchschlagendem** Erfolg getestet hat (Tunguska-Explosion in Sibirien!).

Unabhängige Fachleute sprechen HAARP folgende Fähigkeiten zu:
Störung oder gänzliche Unterbindung sämtlicher Fernmeldesysteme (Funk, Radio, TV, Satellitenübertragung usw.) über die gesamte Erdkugel hinweg; Zerstörung, Verwirrung oder Ablenkung **jeglicher** Flugkörper (einschließlich Satelliten); Beeinflussung elektronischer Bauteile (Halbleiter) und magnetischer Speichermedien, bis hin zur kompletten Zerstörung elektronischer Systeme mittels „EMP" (**E**lektro-**M**agnetischer-**P**uls); weitläufige, massive Manipulation von geophysikalischen Systemen (z.B. gezieltes Auslösen von Erdbeben) und Ökosystemen (z.B. globale Wetterbeeinflussung); elektromagnetische Induktion (Übertragung) von Krankheitsmustern in biologische Systeme; Beeinflussung von Wachstums- und Orientierungsmechanismen sowie Störung der Biorhythmen und DNA-Replikation (Zellteilung) bei Lebewesen.

Jetzt werden Sie sich vielleicht fragen, was denn das Projekt HAARP mit Bewusstseinskontrolle zu tun hat.

Nun, eine ganze Menge, denn mit der Technik von HAARP lassen sich auch ELF-Wellen übertragen, und zwar punktgenau an nahezu jede beliebige Stelle der Erde. So ist es möglich, ganze Städte oder Landstriche mit ELF-Wellen zu bestrahlen, die dann wiederum, je nach Frequenzmuster, für entsprechende Stimmung im Lande sorgen. Dass dies auch praktiziert wird, dafür sprechen wiederum eine ganze Menge von Fakten (Messungen, Berichte) – oder glauben Sie tatsächlich, dass gewisse Individuen vor irgendetwas zurückschrecken?

In den USA gab es schon massive Versuche seitens aufgeklärter Teile der Bevölkerung, dieses Wahnsinnsprojekt zu stoppen, jedoch ohne Erfolg. Auch etliche Bücher sind zu HAARP veröffentlicht, wenn Sie dieses finstere Projekt näher interessiert, werden Sie bestimmt fündig.

Bewusstseinskontrolle mittels Strahlung, Propaganda, Gehirnwäsche, Drogen usw. ist keine Fiktion, sondern seit langem praktizierte Tatsache. Nun gibt es noch etwas, an dessen Verwirklichung mehr kranke Gehirne arbeiten, als Sie sich das vorstellen können. Die Rede ist von direkter Markierung der Menschen mittels Implantate, die weltweit elektronisch geortet und datentechnisch ausgelesen werden können. Also eine hundertprozentige Markierung gleich dem Brandzeichen, das der Rancher seinem Vieh einbrennt.

Nachfolgend ist ein Bericht aus dem Internet abgedruckt, der Ihnen die aktuelle Brisanz dieser Thematik vor Augen führt, und den Sie unter der Adresse „www.at.indymedia.org/front.php3?article_id=6200&group=webcast“ nachlesen können. Alle im Bericht aufgeführten Fakten sind nachprüfbar, die entsprechenden Quellen sind am Schluss des Berichtes aufgeführt:

Independent Media Center, Austria
http://austria.indymedia.org

Chip unter der Haut, Friday 25. Jan. 2002
Author: The International Oracle Syndicate (sfux@bootbox.net)

Die Firma „Applied Digital Solutions“ bringt „Verichip“ auf den Markt.
Verichip ist der erste implantierbare Mikrochip in Form eines Reiskorns. Der alpha-numerische Code ist über Scanner ablesbar und kann über Internet auf bereits gespeicherte Daten bei Großrechnern zurückgreifen. 1999 frohlockte die Firma Applied Digital Solutions (ADS) mit einem Produkt namens „Digital-Angel“. Angekündigt wurde dabei ein Chip, der unter die Haut des Menschen implantiert werden kann und einer Vielzahl von Zwecken dienen sollte. Als primäre Anwendung sah ADS den E-Commerce, da mit solchen Chips jeder Anwender zweifelsfrei seine Identität ausweisen könnte, und über das vom Militär gebaute und nun auch zivil nutzbare Satelliten-Ortungssystem „GPS“ lokalisierbar gewesen wäre.

Richard Sullivan, Vorsitzender der Firma, prophezeite sich und den staunenden Medienvertretern einen Markt von 100 Milliarden Dollar allein in Nordamerika. Unter dem lauten Protest verschiedener Bürgerrechts- und besorgten christlichen Gruppen, musste ADS dann aber ihren ins Fleisch stechenden digitalen Engel schnell wieder in der Schublade verstecken. Die Firmenleitung dementierte dann plötzlich, dass sie je ernsthaft über die Implantie-

rung des Produktes nachgedacht hatte. In sozusagen abgespeckter Form ist der digitale Engel zurzeit nur als Armbanduhr oder Fußfessel für flügge Kinder, leichte Sträflinge und verwirrte Alte zu haben.

Jetzt ist aber alles wieder ein bisschen anders.

Seit das Sicherheitsbedürfnis der Bürger durch die terroristischen Aktionen in Amerika überbordet und in Hysterie ausartet, ist alles möglich, und die führenden Köpfe bei ADS kommen wieder in Euphorie. Am 19. Dezember 2001 hat die amerikanische Hightech Firma superschnell reagiert und ihr neustes Produkt namens „Verichip" bekannt gegeben und wird, sobald die amerikanische „Food and Drug Administration" ihr O.K. gibt, in den nächsten Monaten das Produkt in Amerika einführen. Laut Firmenaussage wird Südamerika und Europa schon früher beglückt werden können. Es geht, wie bei der Wunschmarke Digital-Angel, um einen in Glas gehüllten Mikrochip, der 12 Millimeter lang ist, im Durchmesser 2,1 Millimeter misst, und der unter die Haut kommt, also implantiert wird. Der Winzling in Form eines Reiskornes kann mit einem alpha-numerischen Identifikationscode zur sicheren Identifikation des Trägers und mit lebenswichtigen Informationen geladen werden, die im Falle eines Unfalles einem Arzt schnelle und richtige Hilfe erlauben könnten. Der Verichip ortet den Implantierten im Gegensatz zur älteren Version Digital-Angel nicht mehr. Aber, so ist sich die Führung von Applied Digital sicher, das wird schon werden. Vorerst und vor allem schnell soll jetzt der Chip vermarktet werden. Als Erstes dachte man an die Feuerwehrleute von New-York, das Militärpersonal und alle andern, die mit Verichip ein größeres Sicherheitsgefühl entwickeln möchten und gerne bereit sind, sich mit einem Chip implantieren zu lassen. Die Prozedur wird ambulant getätigt, ein kleiner Piecks und ein Pflaster, fertig ist das Implantat, und selbstverständlich ist es freiwillig. An Ideen mangelt es den Betreibern des Chips nicht. Immigranten und Araber wurden aus Staatssicherheitsgründen als potenzielle Kunden unter Zwang diskutiert. Interne, also im Chip integrierte Energie, braucht der Verichip nicht, denn er lässt sich lesen sobald er von einem Scanner erkannt wird und somit der unauslöschliche Identifikationscode auf dem Display des Scanners erscheint. Hat der Scanner den alpha-numerischen Code erkannt, kann der Anwender über Telefon oder Internet auf bereits gespeicherte Daten auf zentralen Computern zurückgreifen: Personenidentifikation, Krankengeschichte, AHV-Nummer und Steuerregister, zentrales Strafregister, Polizeierkennungsdienst, etc. Einziger Nachteil, das GPS System ist bei Verichip nicht integriert. Noch nicht .... Aber man denkt schon weiter. Tim Willard von der World Future Society in Washington DC meint: Eine Nummer könnte bereits bei Geburt zugewiesen werden und so mit durch das ganze Leben gehen. Am besten würde man den Mikrochip auf dem Handrücken implantieren, denn das wäre am einfachsten zum Scannen. Man schließt das Haus auf, startet das Auto, verschafft sich zutritt im Büro, kauft ein, hebt sich Geld ab, weist sich aus, und niemals verliert man den Chip. Meint auch der Computerprofessor Chris Cray von der Universität Montana. Die Lösung liegt demnach nicht auf der Hand, sondern in der Hand.

Doch wer ist der Produzent des Chips? Durch ein undurchsichtiges Gewächs aus Firmen über Zukauf und Verkauf von Firmen und deren wichtigsten Güter, den Patenten, stößt man auf den Produzenten von Verichip: „Raytheon Microelectronics Espana S.A." eine Tochterfirma einer der weltgrößten, mächtigsten und schattenreichsten Rüstungskonzerne, Raytheon. Zwei Drittel des Firmenumsatzes kommen aus den verborgenen Ecken der National Security Agency (NSA), Central Intelligence Agency (CIA) und dem Department of Defense

„DOD". Raytheon ist spezialisiert auf Computer Technologie, Kommunikationstechnologie, Satellitentechnologie, Hightech-Waffentechnologie und „Future-Battle-Technik", dem computervernetzten Zukunftskrieger. Die Produkte und Forschungsprogramme der Firma lesen sich wie eine Science-Fiction der dunklen Sorte. Raytheon wurde mit dem Zukauf der für die NSA arbeitende Firma „E-Systems" von verschiedenen Stellen immer wieder verdächtigt, für die Geheimdienste so genannte Trojanische Rösser (verborgene Toröffner) in elektronische Bauteile einzubauen, die es dem größten Geheimdienst der Vereinigten Staaten erlaubt, auf Daten Dritter Zugriff zu bekommen. Die Firma Raytheon wurde im Jahre 1922 in Cambridge bei Boston von **Vannebar Bush, des amtierenden US-Präsidenten W. Bushs Großvater** *und dreier seiner Kollegen gegründet. Sie entwickelten den ersten Radar zur Feindflugerfassung und waren maßgeblich an der Entwicklung der Röhrentechnik beteiligt, welche uns allen erst das Radio zugänglich gemacht hat. Auch Verichip arbeitet mit Radiowellen. Der so genannte „Radio-Frequency-Identification-Chip" (RFID) arbeitet auf dem mittlerweile standardisierten ISO Richtwert von 134 kHz. Das heißt, dass durch die Standardisierung weltweit alle Scanner mit dem Chip kompatibel sein können. Die Firma „Destron Fearing", welche seit den fünfziger Jahren auf dem Gebiet der Tieridentifikation arbeitet, vermarktete bereits 1987 implantierbare Chips für Tiere. 1991 wurde deren Radiofrequenz-Identifikations-Technologie von „Hughes Aircraft Corporation" gekauft, eine auf Kampfflugzeug- und Weltraumtechnik spezialisierte Firma in Amerika. Hughes Aircraft modifizierte den Chip in der auf Zugangsberechtigung spezialisierter Abteilung „Hughes Identification Devices" zum humanimplantierbaren Chip und wurde schließlich 1997 von Raytheon aufgekauft. „Hughes Microelectronics Espana S.A", wo die Chips hergestellt werden, wurde nun zur „Raytheon Microelectronics Espana S.A" umbenannt, und beliefert „Destron Fearing", die mittlerweile mit „Applied Digital Solutions" fusionierte, welche eben den Verichip anbietet.*

Das „Department of Defense" DOD (Amerikanisches Verteidigungs- Departement) gebrauchte die Hightech Identifizierungsmethode RFID im Jahre 1994 in der „Guantanamo Bay Naval Base" in Kuba bei über 50.000 kubanischen und haitianischen Flüchtlingen. Die Soldaten des „United States Atlantic Command" banden den Flüchtlingen schwarze RFID lesbare Hartplastikkarten um das rechte Handgelenk, die von einem Scanner gelesen werden konnten. Die Reaktionen der Flüchtlinge waren unterschiedlich. Einige versuchten mit improvisierten Messern die Metallkette aufzusprengen, andere versuchten, das harte Plastik mit den Zähnen durchzubeißen. Einer meinte auf seine verzweifelte Nagerei angesprochen: Es stört mich, mich selber in der Bibel erwähnt zu wissen und an der rechten Hand mit der Zahl Sechshundertsechsundsechzig gezeichnet zu sein.

Quellen:

Rachel Alexander, Arizona Daily Wildcat
United States Patent Office: Patent number 5,629,678 held by Applied Digital Solutions
United States Patent Office: Patent number 4,706,689
United States Patent Office: Patent number 5,878,155
Time Enough? Consequences of Human Microchip, Elaine M. Ramesh, The Franklin Pierce Law Institute
Pressetext Applied Digital Solutions, Inc. December 19, 2001 http://www.adsx.com
Raytheon: http://www.rme.es/ & http://www.raytheon.com/
Destron Fearing: http://www.destronfearing.com/

Angesichts solcher Tatsachen scheint doch die biblische Offenbarung des Johannes tatsächlich mehr Wahrheit in sich zu bergen, als manch einer glauben möchte:

„ ... ***Und es*** (das Tier) ***bewirkt, dass sie allesamt, die Kleinen und Großen, die Reichen und Armen, die Freien und Sklaven, sich ein Zeichen an die rechte Hand oder an die Stirn machen, und dass niemand kaufen oder verkaufen kann, wenn er nicht das Zeichen hat, nämlich den Namen des Tieres oder die Zahl seines Namens. Hier geht es um Weisheit! Wer Verstand hat, der deute die Zahl des Tieres; denn es ist eines Menschen Zahl, und seine Zahl ist 666.***"
(Offenbarung des Johannes:13,16-18)

Bleibt noch nachzutragen, dass in Amerika mittlerweile Chips implantiert werden, die neben der Identifikation auch eine genaue Ortung mittels GPS-System (Satellitensystem) erlauben, wie euphorisch aufgemachte Berichte im Fernsehen zeigen. Dort werden dem Fernsehpublikum tatsächlich glückliche, beruhigte Eltern präsentiert, die ihre Kinder mit Chipimplantaten ausgestattet haben, da ja mittlerweile – laut den Medien – an jeder Ecke ein Kinderschänder oder Entführer lauert! Ein entsprechender Beitrag war auch im deutschen Fernsehen zu sehen.

Chipimplantate werden erschreckender Weise mittlerweile von sehr vielen Menschen anscheinend als vollkommen normal angesehen, was im Zeitalter von Piercing, Tatoos und Branding nicht weiter verwunderlich ist. –

Gute Nacht, Menschheit!

So, lieber Leser oder liebe Leserin, das war der Schnellschuss durchs Weltgeschehen, den ich Ihnen in der Einleitung angekündigt habe. Es war keine leichte Sache für mich, das in diesem Kapitel Niedergeschriebene aus Bergen von Information herauszufiltern und so zu präsentieren, dass es schlüssig und einigermaßen nachvollziehbar ist. Ich hoffe, es ist mir gelungen, Ihr Bewusstsein ein klein wenig wachzurütteln; und ich hoffe, dass ich Ihre Akzeptanz besitze, denn die ist für die kommenden Kapitel unabdingbar. Alles, was ich Ihnen bisher aufgezeigt habe, diente lediglich dazu, Sie in gewisser Weise auf die kommenden Kapitel vorzubereiten, denn dort geht es um Dinge, die das Erdgeschehen in einem gänzlich anderen Lichte erscheinen lassen. Ich möchte Sie an dieser Stelle noch einmal an Salvador Dalis Aussage erinnern, mit der er völlig richtig zum Ausdruck bringt, dass es sich mit dem irdischen Bewusstsein, das an Materie und Zeit gekettet ist, **vollkommen** anders verhält, als es die Menschen derzeit annehmen.

Wir auf Erden sind lediglich der Ausdruck eines Geschehens, das sich in höheren Dimensionen abspielt; und wie ich Ihnen schon mehrmals zu verstehen gegeben habe, ist sämtliches Geschehen in unserer grobmateriellen Welt bis ins Detail vorbestimmt.

****

Hier noch ein paar Sprüche und Weisheiten, über die ich im Zuge meiner langjährigen Recherchen gestolpert bin, allesamt haben sie in irgendeiner Form mit dem in diesem Kapitel abgehandelten Geschehen zu tun:

Nichts ist schwerer und erfordert mehr Charakter, als sich in offenem Gegensatz zu seiner Zeit zu befinden und zu sagen: Nein! (Kurt Tucholsky)

Man erkennt den Irrtum daran, dass alle Welt ihn teilt. (Jean Giraudoux)

Die Spezialisten, die Experten mehren sich. Die Denker bleiben aus. (Ingeborg Bachmann)

Das Geld wird bald abgeschafft, es gibt jetzt schon viele Leute, die keines mehr haben. (Paul Mäder)

Glücklich das Volk, dessen Geschichte sich langweilig liest. (Charles de Montesquieu, frz. Schriftsteller)

Die gefährlichsten Männer der Welt leben heute nicht in Russland, auch nicht in China, sondern in unserem Pentagon. (Wayne Morse)

Keine Schneeflocke in der Lawine wird sich je verantwortlich fühlen. (Stanislaw Jerzy Lec)

Es gibt keine grausamere Tyrannei als die, welche unter dem Deckmantel der Gesetze und mit dem Scheine der Gerechtigkeit ausgeübt wird; denn das heißt sozusagen Unglückliche auf der Planke ertränken, auf die sie sich gerettet haben. (Charles Baron de Montesquieu)

Am Anfang aller Weisheit ist die Verwunderung. (Aristoteles)

Als ich den Leuten in Nordirland erzählte, dass ich Atheist sei, stand eine Frau im Publikum auf und fragte: „Nun gut, aber ist es der katholische oder der protestantische Gott, an den Sie nicht glauben? (Quentin Crisp)

Unser Zeitalter ist stolz auf Maschinen die denken und misstrauisch gegen Menschen, die es versuchen. (H. Mumford. Jones)

Gedanken springen wie Flöhe von einem zum anderen, aber sie beißen nicht jeden. (George Bernard Shaw)

Wahr aber bleibt, dass die größten Ungerechtigkeiten von denen ausgehen, die das Übermaß verfolgen, und nicht von denen, die die Not treibt. Man wird ja nicht Tyrann, um zu frieren. (Aristoteles)

Eine Gesellschaft von Schafen muss mit der Zeit eine Regierung von Wölfen hervorbringen. (Bertrand de Jouvenel)

Wenn man, wie ich, in ein Pfarrhaus hineingeboren wurde, macht man bald Bekanntschaft mit dem Teufel.
(Ingmar Bergman)

Der Unterschied zwischen Gott und den Historikern besteht hauptsächlich darin, dass Gott die Vergangenheit nicht mehr ändern kann.
(Samuel Butler)

Wer die Wahrheit nicht weiß, ist ein Dummkopf. Aber wer sie weiß und sie eine Lüge nennt, der ist ein Verbrecher.
(Berthold Brecht)

Man muss die Tatsachen kennen, bevor man sie verdrehen kann.
(Mark Twain)

Mächtige verstehen einander immer, mögen sie auch verfeindet sein.
(Georges Clemenceau)

Aus Lügen, die wir glauben, werden Wahrheiten, mit denen wir leben.
(Oliver Hassencamp)

Wahre Worte sind nicht angenehm, und angenehme Worte sind nicht wahr.
(Laotse)

Die zivilisierten Völker sind für das Gift der Barbarei so anfällig wie das blanke Eisen für den Rost. Völker und Stahl, beide glänzen nur an der Oberfläche.
(Antoine de Riverols)

Das Wahre und Echte würde leichter in der Welt Raum gewinnen, wenn nicht die, welche unfähig sind, es hervorzubringen, zugleich verschworen wären, es nicht aufkommen zu lassen.
(Arthur Schopenhauer)

Seit er meinen Bruder kreuzigen ließ, um sich mit mir zu versöhnen, weiß ich, was ich von meinem Vater zu halten habe.
(Theodor Weißenborn)

Die Antworten auf die letzten Fragen der naturwissenschaftlichen Forschung werden wahrscheinlich sehr einfach sein; denn die Natur ist immer einfach in der Anlage.
(Werner Heisenberg)

Für den gläubigen Menschen steht Gott am Anfang, für den Wissenschaftler am Ende aller Überlegungen.
(Max Planck)

****

Das Seelenleben – die Menschen werden gezielt vergiftet

Lieber Leser oder liebe Leserin, um die Tragweite dieses Kapitels zu begreifen, ist der Glaube (oder noch besser das Wissen) an Ihre Seele unerlässlich. Aus diesem Grund werde ich Ihnen zuerst, in hoffentlich verständlicher Weise, den schöpfungstechnischen Aufbau Ihres wahren SELBSTES erklären.

Trotz derzeit widrigster Umstände – oder gerade wegen dieser widrigen Umstände – sind viele Menschen auf der Suche nach Wahrheit und Spiritualität. Und es sind logischerweise genau diese Menschen, die an eine Seele glauben. Nur, eines ist enorm wichtig: falls Sie zu denjenigen gehören, die an eine Seele glauben, dann müssen Sie auch verstehen, dass Sie nicht nur eine Seele haben, sondern dass

Sie die SEELE sind!

Ihr Körper ist nur die momentane Hülle, die von Ihrer Seele (also von Ihnen!) benötigt wird, um in der dichtesten Dimension (unsere Erde) bestimmte Dinge in Erfahrung zu bringen. Sie sagen ja auch nicht: „*Ich **bin** der Körper*", sondern Sie sagen: „***Ich** habe einen Körper*" – denken Sie darüber doch mal einen Augenblick lang nach.

Sie, als Persönlichkeit, sind in Ihrem jetzigen Erdendasein der momentane Ausdruck Ihrer Seele. Anstatt „Seele" könnte man auch „göttlicher Funke" sagen. Dass eine Seele unsterblich ist und dass es eine Reinkarnation (ständige Wiedergeburt oder besser gesagt „materieller Auftritt" der Seele) gibt, haben die Menschen schon seit Urzeiten gewusst. Ich sage bewusst „**gewusst**" und nicht „geglaubt" – denn das ist ein gewaltiger Unterschied. Frühe Menschen besaßen kosmische Verbundenheit, die sich dadurch auszeichnete, dass das illusorische niedere Bewusstsein (die dargestellte Persönlichkeit) mit dem höheren Bewusstsein (dem wahren SELBST) in gewissem Maße verbunden war. Diese Verbindung sorgte dafür, dass die durch Illusion geprägte Persönlichkeit zu einem Teil auch das höhere Bewusstsein erfahren konnte. Und Erfahrung wandelt Glauben sofort um in Wissen, das ist der große Unterschied zwischen Theorie und Praxis. Da die heutigen Menschen nicht mehr kosmisch verbunden sind, fehlt uns logischerweise die dahingehende Erfahrung, übrig bleibt ein kläglicher Rest von Glauben. Die Erfahrung findet erst mit dem Ablegen der illusorischen Persönlichkeit (mit dem leiblichen Tode) statt, doch das dann Erfahrene (Wissen) kann man den auf Erden verbliebenen Persönlichkeiten leider nicht mehr mitteilen. Jedoch, es gibt etwas, das (relativ gesehen) auch vielen Menschen widerfährt, und das einen Einblick in höhere Bewusstseinsdimensionen gewährt. Die Rede ist von Nahtoderfahrungen, die derart massiver Natur sind, dass die Seele sich mehr oder weniger lang von der illusorischen Persönlichkeit trennt und sich in gewisser Weise ihres wahren, unsterblichen SELBSTES bewusst wird. Ich habe Ihnen im ersten Kapitel bereits berichtet, dass mir in meiner Jugendzeit solch eine Erfahrung zuteil geworden ist. Eine derartige Nahtoderfahrung wandelt automatisch Glaube in Wissen um, und deshalb glaube ich nicht an eine unsterbliche Seele, ich **weiß**, dass jeder Mensch in Wirklichkeit ein unsterbliches, ewiges und vor allem göttliches Individuum ist. Und die von mir erlebte Nahtoderfahrung war beileibe nicht der einzige Beweis, der mir in diesem Leben dahingehend präsentiert worden ist, es gab da noch einige andere Erfahrungen, die nicht minder spektakulär waren. Es existiert eine Vielzahl an Büchern, die sich mit Nahtoderfahrung befassen, und es lohnt sich durchaus, sich näher über dieses faszinierende Phänomen zu inFORMieren.

Ein weiteres wichtiges Kapitel stellt die Tatsache dar, dass sich die Seele nicht mit nur einem illusorischen Erdenauftritt begnügt, sondern dass sie in ständiger Abfolge in der grobstofflichen Materie erscheint. Dieses ständige Wiederkehren nennt man „Reinkarnation", auch der Begriff „Fleischwerdung" ist gebräuchlich. Das Wissen um die ständige Reinkarnation der Seele ist in vielen Kulturen verankert, selbst die christliche Kirche hatte einst die irdische Wiedergeburt in ihrer Lehre.

Wenn Sie sich für das Thema Wiedergeburt (Reinkarnation) näher interessieren, dann kann ich Ihnen an dieser Stelle ein Buch empfehlen, das Ihnen diese Thematik sehr einleuchtend nahe bringt. Lesen Sie bitte den Bestseller:

Dethlefsen, Thorwald: Schicksal als Chance (ISBN: 3442117232)

Es ist erstaunlich, wie viele Leute dieses Taschenbuch bereits in ihrem Bücherregal stehen haben, oftmals bislang ungelesen. Dieses Buch sticht von allen – thematisch ähnlich angelegten – esoterischen Werken in besonderer Weise heraus, es kann einen entscheidenden Beitrag dazu leisten, dass Sie sich Ihrer Seele bewusst werden.

Das, was Sie nachfolgend in diesem Kapitel lesen werden, ist nicht daraufhin ausgelegt, Ihnen zu erklären, dass Sie in Wirklichkeit eine unsterbliche SEELE sind, sondern alles Weitere ist daraufhin ausgelegt, Ihnen das multidimensionale Geschehen aufzuzeigen, in das eine SEELE eingebunden ist.

Wichtig zu wissen ist, dass die Seele (also Sie!) nicht materieller Natur ist, sondern spiritueller Natur. Um sich überhaupt in der dichtesten Dimension (unsere Erde) als darstellende Persönlichkeit ausdrücken zu können, braucht die Seele (und das ist schöpfungstechnisch so festgelegt) Zwischenglieder – die feinstofflichen Körper. Es gibt zwei feinstoffliche Körper: Astralkörper und Mentalkörper. Diese feinstofflichen Körper werden sehr oft mit der Seele gleichgesetzt, das ist schlicht und ergreifend falsch! Auch ein feinstofflicher Körper ist, wie das Wort „fein**stoff**lich" schon sagt, materiell. Die Seele ist aber spirituell und nicht materiell, sie ist in der Materie gefangen; und zwar sowohl in der grobstofflichen als auch in der feinstofflichen Materie. Die Seele **bedient** sich lediglich der grob- und feinstofflichen Körper –

merken Sie sich das bitte gut, es ist sehr wichtig, sich dessen bewusst zu sein!

Wir haben also eine Vierergruppe: spirituelle Seele (das immaterielle wahre SELBST), feinstofflicher Mentalkörper, feinstofflicher Astralkörper (oft auch als „niederes Selbst" bezeichnet), grobstofflicher Körper (unser Leib).

Stellen Sie sich das Ganze so vor: da ist ein Schwamm (grobstofflicher Körper), dieser Schwamm wird von Wasser (feinstofflicher Astralkörper) durchdrungen – ist also nass; dieses Wasser ist wiederum durchdrungen (oder angereichert, wie der Chemiker sagt) von Sauerstoff (feinstofflicher Mentalkörper) und in diesem Sauerstoff liegt, wie der Volksmund so treffend sagt, „etwas in der Luft" – die SEELE.

Die einzelnen Teile dieser Vierergruppe geistern also nicht getrennt umher, sondern sie bilden eine Einheit.

Sie wissen ja bereits, dass alles schwingt. Allerdings schwingt nicht alles mit der gleichen Frequenz (Anzahl von Schwingungen in einer bestimmten Zeit), sondern unterschiedlich. Die Materie unseres Leibes schwingt am niedrigsten, Gefühle und Emotionen (und dabei handelt es sich auch um Materie!) schwingen wesentlich höher, also schneller. Da jeder Mensch ein Gefühlsleben und Emotionen (beides bildet den Charakter) hat, braucht es, um dieses zu beherbergen, den feinstofflichen Astralkörper (auch Emotionskörper genannt). Der feinstoffliche Astralkörper ist also der Sitz unserer Gefühle und Emotionen, die ja auch existieren müssen (Gefühlsleben!), und die der grobstoffliche Körper (unser Leib) nicht beherbergen kann. So wie unser grobstofflicher Körper (Leib) eine Welt zum Leben zur Verfügung hat, so ist auch für den feinstofflichen Körper eine eigene Welt existent. Die Welt des feinstofflichen Körpers wird Astralebene oder Astralwelt genannt.

Noch höher schwingen unsere Gedanken und unser Geist (Verstand), auch hierbei handelt es sich um Materie! Eingangs habe ich Sie schon eindringlich darauf hingewiesen, dass Gedanken Materie sind, und Sie deshalb aufpassen sollten, **was** Sie denken! Auch für die Gedanken gibt es eine eigene Welt, denn weder die grobstoffliche Welt noch die feinstoffliche Astralwelt können die Gedanken beherbergen. Für den Geist gibt es die so genannte Mentalwelt, in dieser Welt existiert Ihr Mentalkörper. Und über allem thronen Sie – als SEELE. Und die Eigenschaft einer SEELE ist das BEWUSSTSEIN – das

ICH BIN

Um Ihnen das Ganze möglichst nahe zu bringen, hier das Beispiel „von den Gedanken zur Umarmung“:

Sie machen Sich um eine bestimmte Sache, die Sie sehr bedrückt, unaufhörlich schwere Gedanken, die Gedanken kreisen und kreisen. Sie befinden sich in dieser Situation, wie der Volksmund so treffend sagt, „mit Leib und Seele“ in der Mentalwelt. Arbeiten, die Sie während dieses intensiven Nachdenkens durchführen, gehen **vollkommen** automatisch von der Hand, Sie sind, wie man so schön sagt „*... gar nicht richtig bei der Sache!*“ Mit Hilfe Ihres Verstandes, der mit der Mentalwelt verknüpft ist, formen Sie irgendwann aus all den Gedanken einen gedankentechnischen Schluss – eine Entscheidung. In diesem Moment wechselt Ihr Bewusstsein (Ihre Seele, also Sie!) die Ebene und gelangt in die Astralwelt – es kommt zur Emotion. Ein liebevolles Glücksgefühl kommt plötzlich über Sie. In diesem Moment wechselt Ihr Bewusstsein (Ihre Seele, also Sie!) wiederum die Ebene und gelangt zurück in die grobstoffliche Welt, Sie spüren wieder den Boden unter den Füssen. Sie schreiten zur Tat, Tränen ergießen sich in Ihre Augen, Sie umarmen einen bestimmten Menschen und sagen: *„Verzeih mir, sind wir doch bitte wieder gut!“* – Sie haben sich versöhnt.

Und all diese Phasen und Welten, in denen das Geschehen stattgefunden hat, haben Sie (die Seele) bewusst erlebt. Und das durchlebte Geschehen ruht nun als Erfahrungsschatz in Ihnen (in der Seele).

Wenn Sie sich in das Beispiel intensiv hineindenken, und Ihnen dabei ähnliche, selbst gewonnene Erfahrungen und Situationen in den Sinn kommen, dann werden Sie sehr schnell realisieren, dass das mit den verschiedenen Welten durchaus nicht an den Haaren herbeigezogen ist.

Esoterisch sehr versierte Menschen werden in dem von mir dargestellten Seelenaufbau einige Feinheiten und Zwischenglieder vermissen. Dies beruht jedoch nicht auf Unwissenheit meinerseits, sondern aufgrund der Tatsache, dass es für die notwendige Entwicklung der Menschen vollkommen unmaßgeblich, ja sogar hinderlich und verwirrend ist, mit zu vielen Details konfrontiert zu werden, denn Kompliziertheit verdeckt das WESENtliche. Um das Lebensziel und den Weg, den die Menschen gehen müssen, zu erklären, kann man die Fahrt mit einem Auto als Beispiel nehmen, bei der es lediglich darum geht, heil von A nach B zu gelangen:

In erster Linie ist es unbedingt erforderlich, mit einem funktionstüchtigen Auto loszufahren (was Ihrer Gesundheit entspricht), denn sonst erleiden Sie mehr oder weniger hinderliche Pannen oder sogar Unfälle. Wie sagt hier wiederum vollkommen treffend der Volksmund: *„Ein gesunder Geist* ***braucht*** *einen gesunden Körper!“* Und mit gesundem Körper sei hier ein Körper gemeint, der frei von Giften und Süchten ist, wie ich Ihnen das in der weiteren Abfolge noch genauer vor Augen führen werde.

Zum Zweiten müssen Sie das Auto fahren können. Dafür sorgt einerseits die Natur sprich Ihre natürliche Entwicklung, andererseits aber auch Ihre persönliche Entwicklung, also die Erfahrungen, die Ihnen das Leben beschert. Routinierte Autofahrer (spirituell erwachte Menschen) geben, um schnell ans Ziel zu gelangen, quasi Vollgas, begonnen haben sie die Fahrt jedoch, wie jeder andere auch, mit eher gemäßigtem Tempo.

Und zum Dritten, man muss das Ziel kennen. Hier war es in der Vergangenheit ziemlich schwierig, dieses auszumachen, denn viel zu komplizierte, unvollständige und größtenteils in die Irre führende Routenpläne und Zielbeschreibungen waren für den suchenden Menschen verfügbar. Wie Sie noch sehen werden, ist die Wahrheit (das Ziel) gar nicht so kompliziert, die Geheimnisse unseres Schöpfers werden (teils absichtlich, teils unwissentlich) kompliziert gemacht, denn mit Esoterik lässt sich mittlerweile sehr viel Geld verdienen, wie am stets wachsenden Markt unschwer zu erkennen ist.

Kurzum, es ist **vollkommen** unnötig zu wissen, wie das Autogetriebe im Detail funktioniert oder wie kompliziert ein Motor technisch aufgebaut ist usw. – Details sind eher hinderlich als förderlich, und deshalb sagt der Volksmund völlig richtig, dass in selbigen der Teufel steckt!

Die Taktik der Verkomplizierung ist übrigens ein auf vielen Gebieten ersichtliches und mitunter erschreckendes Phänomen, das wir uns einmal ein klein wenig näher betrachten wollen.

Nehmen wir doch zum Beispiel einmal unsere Rechtssprechung, die auf niedergeschriebenen Gesetzen basiert. Haben Sie sich unser Handelsgesetzbuch (HGB) schon einmal angeschaut? – Da trifft einen schier der Schlag! Kein Mensch ist in der Lage, dieses Labyrinth an Gesetzen und Paragraphen zu durchblicken. Um im Streitfall an Ihr Recht zu gelangen (und selbst dann auch nur vielleicht!), brauchen Sie sehr teure Rechtsberater und Anwälte, und selbst diese müssen mittlerweile schon wieder auf einen der vielen Teilbereiche spezialisiert sein, denn zu groß und kompliziert ist der geschaffene Paragraphenwust, der die Wirtschaftswelt regelt. Das hat sich nicht einfach so unglücklich entwickelt, wie uns das so oft von Fachleuten und Politikern eingeredet wird, es ist gezielt so gewollt! – Und daran wird sich auch nichts großartig ändern!

Es ist ja wirklich kein Geheimnis, dass derjenige Recht bekommt, der sich die besten Anwälte und die „besten" Gutachten leisten kann, und der bei der existierenden Verfahrensweise der Gerichte finanziell den längeren Atem hat! Denn da dauert es schon mal eine halbe Ewigkeit, bis überhaupt ein Gerichtstermin festgelegt wird, und kommt es dann endlich zur Verhandlung, dann findet der clevere Anwalt der Gegenseite einen bösen, bösen Formfehler, daraufhin wird das Verfahren neu aufgerollt, Rechtsmittel werden eingelegt, Gutachten und entsprechende Gegengutachten müssen erstellt werden, es wird wieder vertagt usw. Das gilt im Übrigen nicht nur für Streitfälle, denen das HGB zugrunde liegt, sondern für alle Rechtsbereiche. Klagen Sie doch einmal gegen eine Versicherung oder gegen einen Chefarzt, der Ihre Gesundheit ruiniert hat! – Aber da erzähle ich Ihnen sicherlich nichts Neues, denn Sie wissen ja:

Geld regiert die Welt! – und das **GELD** hat sich unser **RECHT untertan gemacht!**

Ein weiterer Bereich, in dem die Verkomplizierung Einzug gehalten hat, ist unser Gesundheitswesen, denn Medizin wird offensichtlich immer komplizierter. Für Krankheiten, die früher der Allgemeinarzt behandelt hat, braucht es heutzutage Spezialisten, die mit einer ungeheuren – mittlerweile fast nicht mehr finanzierbaren – technischen Ausstattung aufwarten. Sie werden von Spezialist zu Spezialist geschickt, und auf Ihrem Küchenschränkchen türmen sich bereits die angeblichen Heilmittel der pharmazeutischen Industrie, die Sie brav nach Anweisung einnehmen. Alle mit einem mittlerweile ellenlangen Beipackzettel versehen, der Sie auf die Nebenwirkungen (und Nebenwirkungen sind nichts anderes als neu entstandene Krankheiten!) hinweist. Jedoch wer kümmert sich heutzutage noch um irgendwelche Nebenwirkungen, die Hersteller dieser Präparate werden schon wissen, was sie tun. Und ob die Pharmagiganten das wissen! Sie werden gezielt in einer nicht endenden Krankheitsspirale gefangen gehalten, und diese Spirale wirft ernorme Profite ab.

Der Dichter Eugen Roth schrieb schon vor einem halben Jahrhundert diese Wahrheit mittels eines Vierzeilers nieder, der den Titel „Gleichgewicht" trägt:

Was bringt den Doktor um sein Brot?
a) die Gesundheit, b) der Tod.
Drum hält der Arzt, auf dass er lebe,
uns zwischen beiden in der Schwebe.

Und über die Medien werden Sie ständig bei Laune und in Hoffnung gehalten, wenn über neue Medikamente und höchst komplizierte medizinische Verfahren berichtet wird, die unsere hoch gelobte Wissenschaft zutage fördert, und die mittlerweile gigantische Kosten produzieren. Liebe Freunde, es ist eine statistisch belegte und erwiesene Tatsache: Trotz steigender medizinischer Erkenntnisse werden wir zwar immer älter, aber immer kränker!

Da stimmt doch etwas nicht, das muss doch einem Blinden auffallen!

Die so genannte „Schulmedizin" bekämpft medikamentös wie auch chirurgisch nahezu ausnahmslos immer **nur** Krankheitssymptome, **nie** die wirkliche Ursache! Wirkliche Heilmethoden, die ursächlich einschreiten und eine Krankheit ganzheitlich sehen, werden vom staatlich kontrollierten Gesundheitswesen nicht bezahlt, und, was noch schlimmer ist, dogmatisch abgelehnt. Was für ein teurer und verbrecherischer Irrsinn!

Wissen Sie eigentlich, wie viel Geld weltweit mit Impfungen verdient wird? Ich auch nicht, aber die Summe muss gewaltig sein. Was ich jedoch weiß, Sie jedoch höchst wahrscheinlich noch nicht, dass Impfungen in nahezu all den Fällen, in denen viel Geld verdient wird, weil turnusmäßig und flächendeckend geimpft wird, vollkommen sinnlos sind. Ja nicht nur sinnlos, sondern teilweise auch gefährlich! Sie glauben mir nicht? Nun, dann schauen Sie sich doch mal den Inhalt der folgenden Internetseite genau an: www.aegis.ch/neu/index.htm

Diese Seite kommt aus der Schweiz, ist durchweg seriös und erklärt Ihnen, warum Sie bestimmte Impfungen vermeiden sollten. Was für die Menschen gilt, trifft auch für die Tiere zu, auch hier wird in vielen Fällen vollkommen unnütz geimpft. Und die Anzahl der Tierärzte, die nicht hemmungslos impfen, ist verschwindend gering – denn Impfen ist eine höchst lukrative Einnahmequelle!

Krankheit ist leider schon sehr, sehr lange ein einträgliches Geschäft, doch mittlerweile hat dieses Geschäft Ausmaße angenommen, die gigantisch sind. Die Summen, die weltweit mit Krankheit verdient werden, sind astronomisch! Und wo kräftig verdient wird, da ist es doch nur natürlich, dass man auf diese Einnahmequellen unter keinen Umständen verzichten will. Mit Krankheit lässt sich die Menschheit jedoch nicht nur finanziell aussaugen, sondern auch perfekt versklaven, indem man in den Menschen permanent ANGST vor Krankheit erzeugt. Und dies wird in einem Maße und mit einer Hinterlist praktiziert, wie Sie sich das gar nicht vorstellen können, denn der von der Schulmedizin anerkannte (und auch angewandte) Placeboeffekt wirkt selbstverständlich auch in die andere Richtung! Ich sage es Ihnen noch einmal:

„Geld regiert die Welt!“ – und das **GELD** hat sich unsere **GESUNDHEIT untertan gemacht!**

Geld und Angst sind untrennbar miteinander verbunden, und sie sind des Menschen größter Feind. Ich habe Ihnen schon einmal gesagt, dass diejenigen, die das Geld besitzen, auch Angst machen können. Und das tun sie auch – und zwar in hohem Maße! Wir müssen uns, was unser Bewusstsein anbelangt, zu höheren Regionen aufschwingen, denn, wie der Volksmund diesbezüglich so trefflich sagt: *„Die Angst zieht einen herunter!“*

Ein nahezu perfektes Mittel gegen Angst ist ein gesunder Humor. Darum ist es überaus wichtig, dass man seinen Humor nicht verliert, denn Humor ist für die Seele im wahrsten Sinne des Wortes „erhebend“.

Sie werden sicherlich schon bemerkt haben, dass ich immer wieder passend den so genannten „Volksmund“ zitiere, um Ihnen bestimmte Dinge nahe zu bringen. Das, was gewöhnlich als „Volksmund“ bezeichnet wird, ist eine universale Einrichtung von ungeheurer Wichtigkeit, denn es handelt sich dabei um latent vorhandenes Wissen, das quasi im Bauch der Menschheit gespeichert ist. Oder wie sagt schon wieder der Volksmund so treffend: *„Das kommt aus dem Bauch heraus!“* – und meint damit klipp und klar: das entspricht der Wahrheit!

Merken Sie sich gut:

das Gegenteil von GELD und ANGST ist LIEBE und HUMOR!

Doch nun wieder zurück zu uns selbst, zur Seele.

Sie wissen jetzt bereits, dass Sie sich verschiedener Körper (Mentalkörper, Astralkörper, Leib) bedienen, und dass Ihr Bewusstsein die Ebenen beliebig wechseln kann (Gedanke, Emotion/Gefühl, Tat). Weiterhin habe ich Sie darauf aufmerksam gemacht, dass jede Ebene eine eigene Welt darstellt, und dass die höheren Welten feiner/schneller schwingen als unsere grobstoffliche Welt. Das Problem an der Sache ist, dass Sie jetzt zwar über diese Welten inFORMiert sind, jedoch diese Welten für Sie weder greifbar noch begehbar sind – obwohl es sich bei diesen Welten auch um Materie handelt. Der Grund für diese Problematik ist unser Verhaftetsein in der dichtesten Materie (unsere grobstoffliche Welt). Wir Menschen sind wie Schmetterlinge, die unglücklicherweise auf einem mit Kleber beschichteten Brett gelandet sind, das uns nun unweigerlich am Boden hält. Und um es gleich schon mal vorweg zu nehmen, wir sind nicht schuld an dieser unglücklichen Landung, sondern wir wurden, um beim Beispiel Schmetterling zu bleiben, **vorsätzlich** quasi herunter geblasen! Im Kapitel „wer ist der »liebe« Gott“ werde ich Sie noch in aller Deutlichkeit darüber inFORMieren.

Die meisten Menschen glauben tatsächlich, dass diese „unterste Schublade“, in der wir uns derzeit befinden, das wirkliche Leben ist. Und viele Menschen, die schon eine Ahnung von einem anderen Leben haben, stellen sich so ein Leben nach dem Tod als nebliges Halleluja-Dasein vor. Also als ein Leben „ohne Hand und Fuß“, wie es so schön heißt. Das ist ein gewaltiger Irrtum! Leben in höher schwingenden Welten (oder Dimensionen) ist **unvergleichlich** erlebnisreicher und reeller als unser jetziges Dasein, und es gibt in höheren Dimensionen selbstverständlich auch: Personen, Farben, Formen, Düfte, Töne, Natur usw. Ich werde Ihnen das mal an einem simplen Beispiel erklären. Schauen Sie sich das folgende Bild an, dort sind zwei Schwingungen (eine höhere/feinstoffliche und eine niedere/grobstoffliche) dargestellt:

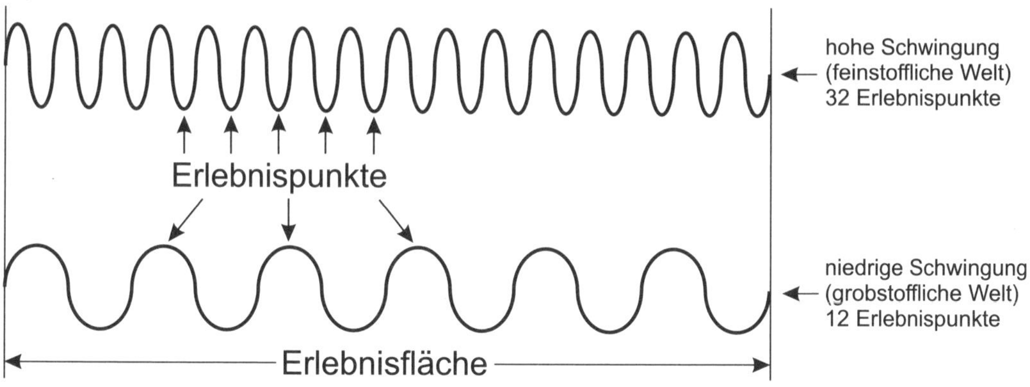

Bild oben: Erlebnispunkte/Erlebnisfläche

Sie alle kennen sicherlich einen per Hand geknoteten Wandteppich, der ein Bild darstellt, man nennt so ein Ding „Gobelin“. Stellen Sie sich vor, dass jeder einzelne geknüpfte Knoten des Gobelins einen Erlebnispunkt darstellt, der zum Gesamtbild beiträgt. Hat man nur dicke Fäden zum Knüpfen zur Verfügung, dann kann nur ein sehr grobes Bild entstehen. Ist so ein

Bildteppich jedoch mit dünnen Seidenfäden geknüpft, dann wird dieses Bild, bei gleicher Erlebnisfläche, mit wunderschönem Detailreichtum aufwarten.

Stellen Sie sich Ihr derzeitiges Leben auf Erden einmal als Blick auf einen grob geknüpften Bildteppich vor. Sie kennen nichts anderes und glauben deshalb, dass ihr derzeitiger Blick das Maximum an Erlebbarem sei. Tagein und tagaus über die Jahre Ihres Lebens hinweg leben Sie vor besagtem Bildnis, das für Sie zur Normalität geworden ist. Nun nimmt Sie jemand an der Hand und sagt, Sie sollen für einen Moment die Augen schließen, was Sie auch brav tun, anschließend führt dieser jemand Sie in einen anderen Raum (höher schwingende Dimension). Dort angekommen öffnen Sie die Augen und blicken auf einen fein geknüpften Bildteppich, der so schön ist, dass der Blick darauf mit Worten schon gar nicht mehr zu beschreiben ist. Sie sind plötzlich wie verzaubert und können sich gar nicht satt sehen an den prächtigen Farben und Details, die dieses Bild Ihnen präsentiert. Auch Ihr Gefühl hat sich durch den Blick auf dieses zauberhafte Bild vollkommen verändert. Sie fühlen sich leicht, fröhlich und überglücklich, eine wohlige Wärme durchstrahlt Ihr ganzes Wesen – und sofort denken Sie sich: *„Hier bleibe ich, hier ist es ja paradiesisch im Gegensatz zum anderen Raum, dort war es fade, kalt, unfreundlich und geradezu unwirklich gegenüber dieser Pracht!“* Und in diesem Moment richten Sie den Blick auf diejenige Person, die Sie in diesen Raum geführt hat und die noch immer Ihre Hand hält, und fragen ganz leise und zaghaft: *„Kann ich denn hier bleiben?“*

„Nein!“, sagt diese Person, ***„dieser Raum schließt zu einer gewissen Zeit, danach musst Du wieder zurück in den ersten Raum.“***

Ein Gefühl scheinbar unendlicher Traurigkeit überkommt Sie nach dieser nicht gerade frohen Botschaft – und Sie sagen zu der Person: *„Aber das ist ja furchtbar, das überstehe ich nicht!“*

„Keine Sorge, lieber Freund, wenn die Zeit abgelaufen ist, wirst Du einschlafen, im ersten Raum wieder erwachen, und Du wirst Dich an diesen Raum nicht mehr erinnern.“ – bekommen Sie daraufhin als Antwort.

Mehr schlecht als recht getröstet fragen Sie die Person weiter: *„Gibt es denn noch weitere Räume und wenn ja, wie schauen denn diese aus?“*

„Außer dem ersten und diesem zweiten Raum gibt es noch sechs weitere, also insgesamt acht. Und jeder, diesem zweiten Raum folgende, ist unvergleichlich schöner als der jeweilig vorherige.“ – kommt es als Antwort.

„Noch schöner!, ja gibt es denn tatsächlich noch eine Steigerung?“ – fragen Sie sofort nach.

„Warum denn nicht!“ – erwidert Ihnen die Person vollkommen selbstsicher.

„Schließen denn alle schönen Räume zu einer gewissen Zeit?“ – wollen Sie jetzt wissen.

„Nein, nur die bis zum achten, der achte Raum kennt keinen Schluss.“ – erfahren Sie nun.

„Kann ich denn vom furchtbaren ersten Raum gleich in den siebten Raum gelangen?“

„Ja, das ist möglich, jeder Raum ist durch einen eigenen Gang mit dem ersten Raum verbunden.“

„Und selbst wenn ich im siebten Raum bin, muss ich denn dann auch wieder zurück in den furchtbaren ersten Raum?“

„Ja, so ist es bestimmt!“

„Kann ich denn auch in den achten Raum eintreten?“

„Nein, nicht so ohne weiteres!“

„Warum nicht?“

„Zwischen dem ersten Raum und dem achten gibt es eine Schwelle. In dieser Schwelle steht jemand, der von Dir etwas wissen will. Erst wenn Du dieser Person das gesagt hast, was sie wissen will, kannst Du eintreten.“

„Was um Himmels willen will denn diese Person von mir lächerlichem Erdenwurm schon wissen?“

„Das allein kannst nur Du in Erfahrung bringen, denn würde es die Person an der Schwelle wissen, wäre der Zugang offen.“

„Oh, und wo bitte soll ich dieses, offenbar so wichtige Wissen, in Erfahrung bringen?“

„Das, was die Person wissen will, mein lieber Freund, ist nur im ersten Raum zu finden!“

Lieber Leser oder liebe Leserin, im letzten Kapitel („wer ist der »liebe« Gott“) werden Sie erfahren, dass die Geschichte mit den schönen Räumen tatsächlich der Wahrheit entspricht, und, ob Sie es jetzt glauben oder nicht, ich werde Ihnen klarmachen, was die Person, die die Schwelle zum ewigen achten Raum bewacht, von uns Menschen wissen will.

Wichtig für Sie zu wissen ist: die Astralwelt (Welt der Emotionen) und die Mentalwelt (Welt der Gedanken), die Ihre Seele (also Sie!) nutzt und bewohnt, haben **nichts** mit den schönen Räumen zu tun. Bei den schönen Räumen handelt es sich um die Himmel, und Sie sehen schon, es gibt mehrere davon. Warum denken Sie, sagt der Volksmund eindeutig, wenn ein Mensch vor lauter Glück die ganze Welt umarmen könnte:

*„**Er fühlt sich wie im siebten Himmel!**“?*

Ja wenn es einen siebten Himmel gibt, dann gibt es logischerweise auch einen sechsten, fünften, vierten usw. Ich wollte Ihnen jedoch momentan mit diesem Beispiel nur verdeutlichen, dass höher schwingende Welten viel realer und wirklicher sind, als unsere physikalisch grobstoffliche Welt (Erde). Nur, ein Leben in den Himmeln wird von der Seele (also von uns!) immer (mit einer Einschränkung, aber dazu komme ich im letzten Kapitel) als schön empfunden, wobei das Leben in der Astral- und Mentalwelt sowohl schön also auch schrecklich sein kann. Reeller und wirklicher ist es allemal! Der Grund, warum sowohl schön als auch schrecklich, ist nicht schwer zu beschreiben. Es gibt eben nicht nur die Emotion der Liebe, sondern auch die des Hasses, und genauso gibt es nicht nur erhebende und lichtvolle Gedanken, sondern auch niedere und finstere.

So, jetzt schauen wir uns einmal an, was passiert, wenn wir uns von der grobstofflichen Welt verabschieden, also wenn wir sterben.

Rufen Sie sich bitte das Beispiel „Schwamm (Leib), Wasser (Astralkörper), Luft (Mentalkörper), Seele (es liegt was in der Luft)" noch einmal ins Gedächtnis. Wenn wir sterben, dann fließt das Wasser (und mit dem Wasser die Luft und die Seele) aus dem Schwamm, der Schwamm (unser grobstofflicher Leib) wird nicht mehr benötigt und verfault. Die Seele trauert dem Schwamm kein bisschen nach, im Gegenteil, sie ist froh, dieses Gefängnis verlassen zu dürfen. An dieser Stelle gibt es vier Möglichkeiten für die Seele (also für Sie!). Welche der vier Möglichkeiten jedoch für Sie in Betracht kommt, liegt an der Qualität Ihrer Seele – also daran, **wie** Sie sind:

1. Möglichkeit: Sie haben die versklavenden Gesetze der Materie durchschaut und diese Erfahrung konsequent im Leben umgesetzt; Sie **wissen**, dass es einen achten Raum gibt; Sie kennen denjenigen, der an der Schwelle steht, und, noch besser, Sie erzählen IHM das, was er schon seit Urzeiten wissen will. In diesem Fall trennen Sie sich auch vom hinderlichen Astralkörper (Wasser), ebenso vom Mentalkörper (Luft), Sie treten **in vollem Bewusstsein Ihres wahren SEBSTES** in den achten Raum ein. Dieser achte Raum ist die spirituelle Welt, es ist unsere Heimat – die göttliche Ewigkeit! Das Bild oder besser gesagt die Welt, die uns dort erwartet, ist so schön, dass wir uns daran **ewig nie** satt sehen können.

2. Möglichkeit: Sie haben ein mehr oder weniger liebes Wesen, aber Sie wissen nicht, dass es einen achten Raum gibt. In diesem Fall bleibt die Seele (also Sie!) mit dem Astralkörper verbunden (allerdings haben Sie, Ihrem Wesen entsprechend, nur liebevolle Emotionen), auch bleiben Sie mit dem Mentalkörper verbunden (Sie haben jedoch, Ihrem Wesen entsprechend, nur erhebende, lichtvolle Gedanken). Sie treten also, je nach Qualität Ihres Wesens, in einen der sieben Himmel ein. Diese inneren Himmel sind, wenn auch sehr hoch schwingend, materielle Welten! Diese schönen Welten müssen Sie zu gegebener Zeit wieder verlassen, wie Sie ja bereits wissen. Sie werden also irgendwann auf der Erde (im ersten Raum) wieder erwachen, also reinkarnieren (heißt: zurück ins Fleisch!).

3. Möglichkeit: Sie haben entsprechend Ihrer Seelenentwicklung eine Qualität erreicht, die nicht genügt, Sie in einen der Himmel zu erheben. Sie sind noch zu sehr mit der Materie (Gier) und den Leidenschaften (Genuss-Sucht) verstrickt. In diesem Fall gelangen Sie in die Astralwelt (wird auch Jenseits genannt) und bleiben dort mehr oder weniger lang verhaftet. Die Astralwelt ist, wie ich Ihnen schon berichtet habe, wesentlich greifbarer, wirklicher und realer als unsere grobstoffliche Welt. Weiterhin muss man wissen, dass die Astralwelt

in verschiedene Schichten aufgebaut ist. Diese Schichten (oder Zwischendimensionen) erstrecken sich von ganz furchtbar (wird bei uns Hölle genannt) bis ganz schön (nennen wir dann Paradies). In welche Schicht Sie gelangen werden hängt wiederum nur von der Qualität Ihrer Seele (also von Ihnen!) ab. Hier wird gnadenlos Gleiches mit Gleichem vergolten oder besser gesagt Gleiches zu Gleichem gesellt. In den unteren schrecklichen Schichten findet ein nicht gerade angenehmer Lernprozess statt.

Qualitativ noch nicht sehr hoch entwickelte Seelen treten auf der Erde als stolze, machtgierige, genusssüchtige, egoistische oder andere Menschen erniedrigende Zeitgenossen auf. Hier auf der Erde können solche Menschen ihre negativen Eigenschaften voll und ganz ausleben, denn es gibt genügend Opfer. Ganz anders schaut die Sache nach deren Ableben aus. In der Astralwelt angekommen, gelangen diese Menschen direkt in **die** Ebene, die genau ihresgleichen entspricht. So trifft zum Beispiel ein egoistischer, herrschsüchtiger Mensch nur auf genauso herrschsüchtige und egoistische Genossen, wie er es ist. Die schlimmste Erfahrung, die eine niedere Seele machen muss, ist die Erfahrung, die eigenen Triebe nicht mehr an wehrlosen Opfern ausleben zu können. Wenn machtgierige Egoisten auf machtgierige Egoisten treffen, und keiner will Opfer des anderen sein, dann kommt der Zorn ins Spiel. Diese niederen Seelen erzürnen sich, erfahren dadurch nicht gerade angenehme Phasen – sie werden geläutert. Dem Zorn liegt das Element des Feuers und somit die Farbe Rot zugrunde, das ist schöpfungstechnisch so eingerichtet. Der Volksmund sagt ja auch völlig richtig, dass einem „die Zornesröte ins Gesicht fährt". Das ist auch der Grund, warum die untersten Astralebenen den Menschen bildlich als „Höllenfeuer" dargestellt werden, in denen die armen Seelen schmoren.

Es ist überaus wichtig zu wissen, dass jeder Mensch im Falle des Todes zwar seine grobstoffliche Hülle (Leib) ablegt, jedoch seine Eigenschaften (den Charakter) sowie das Konto seiner bisherigen Taten (Karma) immer mitnimmt. Stirbt zum Beispiel ein sexuell sehr triebhafter Mensch, dann kann er in der Astralwelt seinen Trieb nicht mehr ausleben – er leidet. Er leidet nicht nur, sondern es schwindet auch nach und nach (genauso, wie wir auf Erden langsam alt werden) seine astrale Lebensenergie. Um sowohl neue Lebensenergie als auch einen Hauch an Befriedigung seiner Triebe zu bekommen, sucht so eine an und für sich bedauernswerte, noch nicht vollkommen geläuterte Seele nach einem so genannten Wirt, an den sie sich anklammern kann. Wie es auch auf der Erde Parasiten gibt, die sich an einen schutzlosen Wirt (meist Tier oder Pflanze) anheften und diesen aussaugen, genauso müssen Sie sich das in den niederen Astralebenen vorstellen. Nur, und jetzt passen Sie genau auf: **der Wirt, der sind Sie!** – Jedenfalls solange Sie hier auf Erden leben und irgendwelchen Leidenschaften mehr oder weniger exzessiv nachgehen und sich obendrein noch gezielt vergiften!

Aus dieser Sichtweise und mit diesem Wissen müssten Leidenschaften und Gifte eigentlich eine ganz andere Dimension für Sie bekommen! Ich werde

Ihnen die Angelegenheit nach Abhandlung der 4 Möglichkeiten noch sehr viel deutlicher vor Augen führen.

Auch in den hohen astralen Ebenen, die als Paradies bezeichnet werden und dementsprechend angenehm und schön sind, wird gelernt. Auch ist es wichtig zu wissen, dass eine Seele in der Astralwelt niemals ganz allein gelassen ist, sondern es sind zu gegebener Zeit immer Helfer aus höheren Ebenen und Dimensionen (mehr mit Rat als mit Tat) zur Stelle. Es ist ein universales Gesetz, dass sich das Obere immer um das Untere zu kümmern hat. Auch wir Menschen auf Erden haben so genannte Schutzengel, auch wenn wir sie nicht sehen können oder in großer Not den Glauben an sie verlieren. Die Schöpfung funktioniert nach **unumgänglichen** Gesetzen und präzise wie ein Uhrwerk, da kann ein höher entwickeltes Wesen nicht, so gern es vielleicht möchte, nach Lust und Laune einschreiten. In der Astralwelt gehen Lernprozesse äußert langsam und mühselig vonstatten, und, wie schon erwähnt, auch das astrale Leben ist zeitlich begrenzt. Der idealste (wenn auch unschönste) Ort der Erfahrung ist nun einmal ein Planet wie unsere Erde. Nirgendwo kann eine Seele so schnell lernen und begangene Taten ausgleichen, wie hier in der dichtesten Materie. Es kommt also entweder gewollt oder ungewollt zur Inkarnation (zurück ins Fleisch!). Qualitativ niedere Seelen werden nach einer gewissen Läuterungszeit (die sie in ihrer **eigenen** Hölle zugebracht haben) automatisch wieder in den Erdenkreislauf geschleust. Bereits höher entwickelte Seelen können ihren nächsten Erdenauftritt tatsächlich in gewisser Weise planen. Solch eine Seele weiß instinktiv, dass sie sich entwickeln und verändern muss, um irgendwann und irgendwie für immer in ihre Heimat zu gelangen. Höher einwickelte Seelen haben eine Sehnsucht nach ihrem wirklichen Zuhause, und diese Sehnsucht treibt sie zu weiteren Aktivitäten an. Nur, Seelenentwicklung braucht Zeit, viel, viel, Zeit. Und Zeit ist genügend vorhanden. Die Seele (also Sie!) ist sich ihrer Mängel und aller bisher begangener Taten bewusst und plant einen mehr oder weniger mutigen Erdenauftritt, mit entsprechenden Möglichkeiten der Entwicklung und des Ausgleiches. Eine geplante Ausgleichung heißt nichts anderes, als in ein Erdenleben zu starten, in dem Sie das Opfer sind! Wer in vorangegangenen Inkarnation reich und geizig war, der wird in Armut leben; wer im Überfluss geprasst hat, wird Hunger leiden; wer andere erniedrigt hat, wird selbst erniedrigt usw. Auf diese Art und Weise gleicht sich im Universum immer **alles** aus, es gibt also, universal gesehen, keine Ungerechtigkeit. Ungerechtigkeit wird nur innerhalb einer Inkarnation empfunden, und auch nur dann, wenn es sich um eine Inkarnation handelt, in der das Wissen, dass es viele, viele Runden gibt, nicht vorgesehen ist. Innerhalb so einer Runde empfindet das leidende Individuum die Welt als vollkommen ungerecht. Noch einmal, weil es so wichtig ist: Im individuellen Einzelfall (Inkarnation) stellt sich das universale Geschehen in jeder Hinsicht **extrem** dar, aus der Distanz heraus, also über alle jeweiligen Inkarnationen hinweg betrachtet, ist es stets **ausgeglichen**.

In manchen Kulturen, in der die Menschen das perfekte Wissen um die Reinkarnation bewahrt haben, ist die Geburt eines Kindes kein Anlass zu großartigen Feierlichkeiten. Stirbt jedoch ein Mensch, dann tanzt und singt das ganze Dorf. In unserer zivilisierten Gesellschaft ist es genau umgekehrt, da wir jeglichen Bezug zur Wahrheit verloren haben. Es ist nämlich tatsächlich für eine Seele eine äußerst unangenehme Angelegenheit, die grobstoffliche Materie betreten zu müssen, und dies ist wahrlich kein Grund für Feierlichkeiten. Umgekehrt ist es für eine entsprechend entwickelte Seele im wahrsten Sinne des Wortes eine „erhebende Erlösung", wenn sie zumindest die grobstofflichen Ketten absteifen kann.

Wissen Sie eigentlich, dass zwei Hunde in Ihnen leben? Ein uraltes chinesisches Sprichwort (Volksmund) weiß es. Dass wir in einer Dualität leben, und dass es deshalb Gut und Böse gibt, ist Ihnen ja sicherlich bekannt. Eine Seele kennt in ihrem ursprünglichen Wesen keine Dualität, sie kennt nur Einheit. Wenn ein göttlicher Funke in die Materie gestoßen wird und sich dort zur individuellen Seele ausbildet, dann ist diese Substanz plötzlich mit der Dualität konfrontiert. Aus diesem Grund **muss** es in jeder Seele (also in uns!) ein Gut und ein Böse geben! Wir nennen das Böse „niedriges Selbst" oder „den inneren Schweinehund", das Gute nennen wir „höheres Selbst" oder „Gewissen". Ich brauche Ihnen wohl nicht noch großartig zu erzählen, dass diese beiden ständig miteinander im Clinch liegen – so viel innere Beobachtungsgabe hat wohl jeder, der menschliche Züge vorweisen kann. Und jetzt das alte chinesische Sprichwort:

"In Dir leben zwei Hunde, ein guter und ein böser. Diese beiden Hunde kämpfen erbittert gegeneinander. Es wird der Hund den Kampf gewinnen, den Du am meisten fütterst."

4. Möglichkeit: Sie haben jegliches Mitgefühl und jegliche Liebe verloren; Sie wissen nicht, dass es einen achten Raum gibt; Sie glauben tatsächlich, selbst Gott werden zu können, und somit irgendwann das gesamte Universum zu beherrschen. In diesem Fall entscheiden Sie sich durch bewusste Anrufung der Dunkelmächte für eine Karriere in einer der sieben Dunkelwelten, die, gemäß dem Gesetz der Dualität, den sieben Himmeln entgegenstehen. Näheres darüber erfahren Sie im letzten Kapitel.

So, meine lieben Freunde, das ist die Lage der Dinge. Ich weiß, für manch einen mag sich das Ganze heftig, neu und ungewohnt anfühlen, aber das ändert nichts an der Tatsache, dass es nun mal so ist. Sie müssen aufwachen und sich Ihrer Lage bewusst werden, denn nur Wissen macht frei – Unwissenheit macht Angst und versklavt. Sie als Seele befinden sich in einem weitaus größeren Komplex und Wirkungsszenario, als Ihnen das derzeit bewusst ist. Sie leben tatsächlich gleichzeitig in verschiedenen Welten (Erde, Astralwelt, Mentalwelt), nur der Fokus (Brennpunkt) Ihres Bewusstseins (ICH BIN) ist derzeit auf das Erdendasein ausgerichtet. Der Fokus richtet sich übrigens immer auf die unterste Etage! Wenn Sie Ihr Erdendasein beenden, dann richtet sich der Brennpunkt Ihres Bewusstseins automatisch auf die Astralwelt – die dann von Ihnen als vollkommen real und wirklich wahrgenommen wird. Und kommt dann in dieser Astralwelt einer daher und erzählt Ihnen, dass Sie auch noch in der Mentalwelt als Persönlichkeit existieren, dann werden Sie diese InFORMation genauso skeptisch betrachten wie das, was ich Ihnen jetzt gerade aufgezeigt habe.

Im jetzigen Erdenleben stellen Sie eine bestimmte Persönlichkeit dar, derer Sie sich ganz und gar bewusst sind. Sie haben einen Namen und eine Adresse wo Sie wohnen, Sie kennen sich selbst sehr genau (denn man weiß ja, wie man ist), man kennt Sie (und zwar so, wie Sie sich nach außen hin geben) und Sie kennen andere (und zwar wiederum so, wie die sich nach außen hin geben). Von früheren Persönlichkeiten (Inkarnationen), die Sie oder besser gesagt die die SEELE einmal dargestellt hat, haben Sie im Normalfall nicht die geringste Ahnung, da sämtliche Erinnerung an frühere Erdenleben von Ihnen genommen worden sind. Ganz anders stellt sich die Sache dar, wenn Sie das Erdendasein beenden und in eine höhere Dimension gelangen. Dann bekommen Sie plötzlich einen weitaus größeren Überblick, Sie haben dann die Erfahrung und das Wissen von **sämtlichen** Persönlichkeiten, die Sie jemals erdentechnisch (oder auf anderen Planeten) dargestellt haben. Sie sind nämlich in Wirklichkeit die **Summe** all Ihrer bisher durchlebten Persönlichkeiten, und diese Erfahrung wird gigantisch sein. Die Anzahl der von Ihnen bislang durchlebten Persönlichkeiten kann, je nach Alter Ihrer Seele (also Ihr wirkliches Alter), in die Hunderte, Tausende, Hunderttausende und sogar darüber hinausgehen. Sie verlieren also nichts, wenn Sie sterben, im Gegenteil, es wird Ihnen alles bisher Erfahrene zurück ins Bewusstsein gegeben. Seien Sie sich gewiss:

Sie sind **WESENtlich** mehr, als Ihnen momentan bewusst ist!

Liebe Freunde, der größte Irrtum, den viele Menschen im Erdendasein begehen müssen, ist die Annahme, dass mit dem Tod alles aus ist. Und diejenigen, die vielleicht schon eine Ahnung von einem Leben nach dem Tod haben, glauben, dass Sie dann sowieso ganz etwas anderes oder ganz jemand anderes sind als bisher. Das ist ein Irrtum! Natürlich werfen Sie im Falle des leiblichen Todes die illusorische Persönlichkeit ab, die Sie derzeit beherrscht, doch hinter der grobmateriellen Lebensbühne sind Sie immer das gleiche Individuum. Ihr Bewusstsein erweitert sich lediglich in positiver Weise, bedingt durch die gewonnenen Erfahrungen, die die ständigen Inkarnationen plangemäß mit sich bringen. Eine erneute Inkarnation bedingt jedoch den vorübergehenden Verlust des wirklichen Bewusstseins, es sei denn, Sie sind bereits soweit vorangeschritten, dass Sie tatsächlich innerhalb einer Inkarnation aufwachen und die I L L U S I O N, in der Sie gefangen sind, zu durchblicken beginnen. Dann wird es allerdings hoch interessant!

Für einen wissenden Menschen ist es schon sehr seltsam, zu sehen, **wie** die Menschen leben. Alles wird bis ins Detail geplant und kalkuliert, und gegen alles Mögliche (Beruf, Alter, Krankheit, Tod usw.) versichert man sich. Nur, an das nächste Leben, das man zu bewältigen hat, und dessen Qualität man **jetzt** beeinflussen könnte, denken die allerwenigsten Menschen. Hätten die Menschen das Wissen um das, was sie in der nächsten Runde erwartet, dann sähe unsere Welt im Handumdrehen ganz anders aus. Aber dies ist und bleibt sehr wahrscheinlich ein Wunschdenken, denn dem derZEITigen Geschehen liegt eine ganz bestimmte Systematik zugrunde, die derartige Zustände einfach nicht gestattet, wie Sie noch sehen werden.

Doch Systematik hin, Systematik her, Tatsache ist, es passiert ständig etwas, und wenn sich unsere Welt grundlegend ändern soll, wozu es ja wahrlich langsam Zeit würde, muss sich das Bewusstsein der Menschen grundlegend ändern. Die Menschen müssen schleunigst aufwachen und somit in ein anderes BEWUSSTSEIN gelangen, denn wirklich grundlegende Änderungen gehen immer mit entsprechendem Bewusstsein einher.

Aber das ist leichter gesagt als getan, obwohl viele Seelen sich ihrer wahren Heimat bereits in gewisser Weise bewusst sind und sich dahingehend erheben wollen. Jedoch die in der Dualität existierenden Dunkelmächte wirken einer Erhebung entschieden (systematisch!) entgegen und setzen alles daran, Ihren Aufstieg zu verhindern. Damit Sie die verheerenden Mittel, die diese Dunkelmächte dazu einsetzen, begreifen und neu beurteilen können, habe ich Sie so eingehend über Ihre verschiedenen Aktionsebenen (Erde, Astralebene, Mentalebene) inFORMiert.

Noch einmal, Sie leben gleichzeitig in mehreren Welten, so unglaublich dies im Moment für Sie klingen mag. Ich werde Ihnen ein kleines Beispiel geben, um die ganze Sache ein klein wenig zu untermauern:

Nachts, wenn Sie einschlafen und die traumlose Tiefschlafphase beginnt (an die Sie sich keinesfalls erinnern können), trennt sich die Seele (also Sie!) vom physikalischen Leib (der Volksmund nennt den Schlaf nicht umsonst „den kleinen Bruder vom Tod" oder „den kleinen Tod") und wirkt dann nur noch in der Astral- und Mentalebene. In diesen Welten führen Sie, genauso wie im Erdenleben, einen Kampf ums Dasein und um Erfahrung. Nur, wenn Sie am Morgen erwachen, können Sie sich an das astrale Geschehen nicht mehr erinnern. Aber Sie profitieren beim Erwachen von der Erfahrung, die Sie unter Umständen im dortigen Geschehen erlangt haben, denn, was sagt denn der Volksmund, wenn jemand auf Erden von einem schlimmen Problem gepackt wurde: *„Schlaf doch erst mal drüber, morgen schaut die Welt bestimmt ganz anders aus!"* Und das stimmt hundertprozentig, manche Probleme lösen oder mildern sich scheinbar im Schlaf. Sie haben bestimmt schon des Öfteren solch eine Erfahrung gemacht, ohne jedoch zu wissen, warum. Jetzt wissen Sie es. Der Spruch: *„Den Seinen gibt's der Herr im Schlaf!"*, liegt im Übrigen in diesem Phänomen begründet.

Probleme auf Erden strahlen immer durch auf die anderen Ebenen, auf denen wir genauso existent und lebendig sind wie hier in der grobstofflichen Welt. Und genauso wie Probleme nach oben strahlen, strahlen Lösungen und Vorschläge in Form von Intuition, Gedanken und Gefühlen von oben nach unten. Das sollte man wissen! –

Das ist das kleine Einmaleins der Seele!

Wir Menschen auf Erden befinden uns praktisch in der untersten Etage, wir sind lediglich der grobstoffliche Ausdruck unseres wahren SELBSTES (der SEELE). Die Mentalwelt ist von der Astralwelt durch eine Art Matrize getrennt, ebenso ist die Astralwelt von der grobstofflichen Welt (Erde) durch eine Matrize getrennt. Sie müssen sich unser Dasein wie ein Schriftstück vorstellen, das in dreifacher Ausfertigung (mit Hilfe von Blaupapier) erstellt wird. Die Seele (also Sie!) ist dasjenige, das schreibt; die Mentalwelt ist das Originalschriftstück; die Astralwelt ist der erste Durchschlag und die grobstoffliche Welt ist der zweite Durchschlag. Betrachtet man nun die Schriftstücke, so ist das Original von bester Qualität; der erste Durchschlag ist qualitativ schlechter als das Original und der zweite Durchschlag ist wiederum schlechter als der erste Durchschlag. Nach oben hin wird es also immer realer und echter, und genauso ist es mit unserem Seelenleben bestellt!

Konzentrieren wir uns jetzt einmal nur auf unser gleichzeitiges Leben auf Erden und in der Astralwelt. Die Astralwelt ist, wie Sie hoffentlich noch wissen, die Welt der Emotionen, Gefühle und Leidenschaften. Die Astralwelt ist in Schichten aufgebaut, von ganz schlimm (Hölle) bis ganz schön (Paradies). Seelen, die den grobstofflichen Leib abgelegt haben (also für uns gestorben sind) und noch nicht wieder reinkarniert sind, haben als unterste Ausdrucksmöglichkeit die Astralwelt. Und diese Seelen sind, je nach ihrer Qualität, an eine bestimmte Ebene dieser Astralwelt gebunden (Gleiches kommt zu Gleichem). Wobei hier noch ergänzend gesagt werden muss, dass sich Seelen von höheren Ebenen (Paradies) plangemäß in tiefere (nicht so schöne) Ebenen begeben können, um dort beispielsweise jemandem zu helfen. Nur umgekehrt ist das **nicht** möglich. Ganz anders stellt sich die Lage für Seelen dar, die noch auf Erden inkarniert sind (also wir!). Wir leben ja auch (gleichzeitig) in der Astralwelt, jedoch wir sind nicht an eine bestimmte Ebene gebunden. Der Beweis dahingehend ist schnell erbracht: Sie können sich auf Erden in einem Zustand höchster Glückseligkeit (man könnte die ganze Welt umarmen) befinden, dann passiert etwas Schreckliches (Schicksalsschlag), und Sie fallen in ein tiefes Loch der Angst, Depression und Niedergeschlagenheit. *„Das hat mich tief heruntergezogen!“*, sagen Sie dann zu Ihren Mitmenschen. Auf der astralen Ebene sind Sie vom Paradies in die Hölle gelangt, haben also im Tiefflug viele Schichten durchquert. Kleinere Stimmungsschwankungen, wie wir solch astrales Wechseln der Schichten bezeichnen, erleben wir doch täglich. Jeder Mensch ist Stimmungsschwankungen (Emotionen) unterlegen, keiner kann sich dagegen wehren. Damit Ihr Astralkörper (in diesem Körper leben Sie in der Astralwelt) den nieder entwickelten Seelen, die in den unteren Schichten momentan ihr Dasein fristen, nicht vollkommen schutzlos ausgeliefert ist, haben Sie eine so genannte „Aura“. Die Aura ist bei uns auf Erden als die „persönliche Ausstrahlung“ bekannt, oft auch als „Charisma“ bezeichnet. Und tatsächlich ist diese Aura ein Energiemantel, der, je nach Eigenschaft (Charakter) der Seele, in einer bestimmten Farbe und Dichte strahlt. *„Der hat aber eine Ausstrahlung!“*, sagt der Volksmund zu einer außergewöhnlichen Persönlichkeit. Die Aura ist der Schutzmantel ihres astralen Körpers und von einer Wichtigkeit, die Sie sich momentan noch gar nicht vorstellen können. Wenn Ihre Aura angegriffen oder geschwächt ist, leiden Sie auf Erden. – Merken Sie sich das bitte sehr gut!

Auf Erden treffen hoch entwickelte Seelen und niedrig entwickelte Seelen aufeinander. Gifte und Leidenschaften haben auf hoch entwickelte Seelen eine **weitaus verheerendere** Wirkung als auf nieder entwickelte Seelen. – Merken Sie sich auch das bitte gut! Niedere Seelen haben gar kein Bedürfnis, sich empor zu heben und somit in ein anderes Bewusstsein zu gelangen. Gifte und Leidenschaften halten diese Seelen entweder auf gleichem Level oder ziehen Sie langsam und fast unmerklich (schleichend) weiter in die Tiefe. Höher entwickelte Seelen dagegen haben den steten Drang in sich, aufwärts zu streben, werden jedoch von Giften und Leidenschaften massiv daran gehindert, was grobstofflich gesehen (auf der Erde) heftige Auswirkungen auf Gesundheit und Gemüt hat.

Die dunklen Mächte haben momentan die Regentschaft auf unserer Erde (Geld regiert die Welt!), und diese Mächte versuchen alles Erdenkliche, um Sie zu vergiften und zu manipulieren, mit dem festen Vorsatz, Ihren Aufstieg um **jeden Preis** zu verhindern!

Gifte und Leidenschaften schädigen in erster Linie Ihre lebenswichtige Aura und greifen somit Ihren Astralkörper an. Was sagt denn der Onkel Doktor, wenn nach ewiger (und vor allem kostspieliger) medizinischer Prozedur keine Besserung, sondern Verschlimmerung eintritt, und er mit seinem Latein am Ende ist:

„Die Ursache Ihrer Beschwerden sind psychosomatisch!“

Aha, jetzt wird es mal so richtig interessant! „Psycho" ist griechisch und heißt „Seele", und „Soma" ist der Leib. Onkel Doktor sagt Ihnen also klipp und klar, die Krankheit, die Ihren Leib quält, kommt aus Ihrer Seele. Wobei diese „Fachidioten" den Astralkörper mit der Seele gleichsetzen, was, wie Sie ja bereits wissen, vollkommener Unsinn ist. Die Seele benutzt den Astralkörper lediglich, um sich in der Materie ausdrücken zu können. Eine so genannte „psychosomatische Krankheit" ist immer eine Disharmonie des Astralkörpers, und eine Disharmonie des Astralkörpers drückt sich **immer** in der grobstofflichen Welt als Krankheit aus. Und was macht der Onkel Doktor nun? Er schiebt Sie sehr wahrscheinlich in den zweiten Finanzschlund der scheinbar allmächtigen Medizinindustrie: Psychopharmaka, Psychiater, oder Psychiatrie!

Und diese Industrie wartet mit enormen Zuwachsraten auf. Und warum? – Weil unsere Seele (richtig gesagt: der Astralkörper) immer kränker wird. Wir sind, wie der Volksmund sagt: *„Krank an Leib und Seele!"* Nur, Psychiater und Psychopharmaka können zwar vorübergehend Leid lindern, gehen jedoch nur in den aller seltensten Fällen an die **wirkliche** Ursache! Vielleicht haben Sie gerade das seltene Glück, und gelangen in Ihrer Not an einen Psychiater, der die Wahrheit kennt und dementsprechend heilen kann. Denn so ein Heiler hat sich (zumindest innerlich) von der dogmatischen Schulmedizin getrennt und geht ganz andere Wege. Fast alle Psychiater greifen hemmungslos zum Rezeptblock, denn Zeit für wirkliche Heilung haben diese Leute nicht mehr. Wie gesagt, es gibt bereits zu viele psychisch kranke Menschen, die Wartezimmer und Terminkalender der Psychiater sind größtenteils zum Bersten voll. Und die Patienten werden immer jünger, mehr und mehr Jugendliche leiden unter massiven seelischen Problemen.

Höchst interessant an der ganzen Angelegenheit ist jedoch folgende Tatsache: Unsere ach so hoch gepriesene Wissenschaft und Hirnforschung sowie auch die Schulmedizin samt verantwortlicher Politik lehnen die Wahrheit über unser wirkliches Seelenleben im Grunde entschieden ab. Glaubt man der Wissenschaft und der Hirnforschung, so ist der Mensch lediglich nur ein nach dem Tod nicht mehr bestehendes Produkt der Materie. Also von Zellen, Nervenzellen, Hirnzellen, Synopsen usw. – was für ein lächerlicher Kleingeist! Und exakt nach diesem Kleingeist lehrt und handelt die Schulmedizin, wirkliche Heilmethoden, wie z. B. Homöopathie, werden von den gesetzlichen Kassen nicht anerkannt, und das ist wiederum ein Verdienst unserer Politiker. Nur, wenn es ums Geldverdienen geht, dann kommt die „Psyche" (Seele) seltsamerweise ins Spiel (Psychiater, Psychopharmaka usw.)! Ich sage es noch einmal:

Das **GELD** hat sich unser **Recht** und unsere **Gesundheit untertan gemacht!**

Merken Sie sich eines gut: **Alle** Krankheiten haben ihren Ursprung im höherdimensionalen Körper (Astralkörper, Mentalkörper), selbst wenn Sie sich den Finger verstauchen, liegt die wirkliche Ursache (Kausalität) in höheren Regionen. Das muss so sein, denn wir sind lediglich ein Ausdruck unseres Daseins in diesen Welten, denken Sie an das Beispiel mit den Blaupausen! Und jetzt passen Sie bitte genau auf: Das grobstoffliche Erdenleben ist die Welt der Tat. Wenn ein Mensch Gift zu sich nimmt, dann wird **immer** als **erstes** der feinstoffliche Astralkörper geschädigt, Disharmonie entsteht. Da unser Erdenleben ein Ausdruck des Astralkörpers ist, werden wir krank. Krankheit ist immer Disharmonie (falsche Schwingung). Jetzt könnte man berechtigterweise sagen: die eigentliche Ursache der Krankheit ist ja die Tat (man nimmt Gift zu sich) und erst nach dieser Tat gerät der Astralkörper in Disharmonie. Das ist vollkommen richtig, aber medizinisch gesehen liegt die Ursache in der Disharmonie des Astralkörpers, und diese Disharmonie muss wieder in Harmonie (Gesundheit) gebracht werden. Aber auch das geschieht wieder durch eine Tat. Entweder Sie tun etwas oder jemand anderes tut etwas für Sie, um Ihre Disharmonie zu beseitigen. Seien Sie sich über eines im Klaren: Auch bewusst kein Gift mehr zu sich zu nehmen, ist eine Tat!

Sie haben jetzt alle nötige InFORMation, um Gifte, Leidenschaften und Eingriffe in Ihre Persönlichkeit aus einem **gänzlich** anderen Blickwinkel heraus zu betrachten und zu begreifen, als dies bislang wahrscheinlich der Fall war. Und ich sage es Ihnen noch einmal in aller Deutlichkeit und mit allem Nachdruck: Sie sollten es begreifen und akzeptieren, ansonsten geht es mit Ihnen sehr wahrscheinlich – wie der Volksmund so schön sagt – „irgendwann den Bach runter“ – Sie rutschen astral abwärts!

Sie sind bereits über die Illuminaten und deren Handlanger (Geld und Politik) inFORMiert. Illuminaten gehören, obwohl sie sich als erleuchtet bezeichnen, den Dunkelmächten im Universum an. Illuminaten planen sehr, sehr langfristig. Die derzeitigen Pläne, die Menschheit zu keinem höheren Bewusstsein kommen zu lassen und somit zu versklaven, erstrecken sich über Jahrhunderte. Illuminaten sind okkult bestens bewandert, sie kennen einen Teil des wahren Seelenlebens. Reinkarnation, Astralwelt und Mentalwelt sind **denen** bestens bekannt. Was die inneren Himmel sowie den ewigen achten Raum anbelangt, tappen sie jedoch (plangemäß!) vollkommen im Dunklen.

Es wird also langfristig, hinterlistig und vor allem schleichend vergiftet und manipuliert. Und es geht dabei um nichts anderes als darum, Ihr Bewusstsein am Aufstieg zu hindern. Deshalb geht es mir in der weiteren Abfolge nicht darum, den Moral- und Gesundheitsapostel zu spielen, sondern es geht mir lediglich darum, dass Sie, was Ihr derzeit desolates Bewusstsein anbelangt, schleunigst aufwachen, denn dies ist **dringend** notwendig! So, jetzt geht’s zur Sache:

NIKOTIN

Es gab einen Bericht über Nikotin im Fernsehen zu sehen, der behandelte das Thema Nikotin größtenteils losgelöst von der Sucht des Rauchens. In diesem Bericht ging es nur rein wissenschaftlich gesehen um das Gift Nikotin, was das für ein Stoff ist, und wie er wirkt. Die Erkenntnis, die dieser Bericht vermittelte, war folgende:

Bei Nikotin handelt es sich um eines der gefährlichsten und hinterlistigsten Gifte, die unsere Wissenschaft kennt. Schon 0,05 Gramm führen zum sofortigen Tod. Nikotin vergiftet das Nervensystem, Lähmung lebenswichtiger Funktionen beendet dann das Leben. Wird Nikotin in geringeren Dosen (Rauchen) dem menschlichen Organismus zugeführt, so erzeugt das Nikotin im Gehirn eine überaus hinterlistige Suchtschleife, aus der es nur schwerlich ein Entrinnen gibt.

Angesichts solcher Tatsachen stellt sich doch die Frage: wie kann es angehen, dass ein derartiges Gift der Menschheit als Genussmittel verkauft wird? Die Antwort auf diese Frage ist relativ einfach. Nikotin wurde, wie viele Gifte, **bewusst** und schleichend in die Lebensgewohnheit der Menschen eingeschleust und gesellschaftsfähig gemacht. Stellen Sie sich das einmal vor, extrem gesundheitsschädliches und suchterzeugendes Gift wird, indem man es gesellschaftsfähig macht, legitim! Legitim bedeutet: man kann weder den Hersteller noch den Handel und schon gar nicht die Politiker, die so etwas geschehen lassen, zur Verantwortung ziehen. Prozesse gegen Tabakkonzerne, wie sie in den USA stattgefunden haben und medientechnisch so hochgespielt wurden, erscheinen zwar im ersten Moment als ein Lichtblick, sind jedoch mittlerweile nahezu abgeriegelt und per Abkommen (mit Geld!) aus der Welt geschafft. Es wird weiterhin weltweit Suchtgift produziert und in den Handel gebracht, und, entgegen mancher Meinung, nach wie vor mit steigenden Zahlen, denn in östlichen Länder (Russland, China ...) wird immer mehr „Marke" geraucht. Millionen und aber Millionen von Menschen sterben jährlich qualvoll an den Folgen von Nikotin, und das Einstiegsalter sinkt geradezu in beängstigendem Maße, denn mehr und mehr Kinder greifen zum Glimmstängel. Sie sehen, mit Geld und Macht kann man legitim die ganze Welt vergiften. Und die Politiker sagen: Diejenigen, die rauchen, sind selber Schuld, denn auf den Packungen muss gewarnt werden, und es wird ja schließlich niemand zum Rauchen gezwungen.

Und ob die Raucher dazu gezwungen werden, dafür sorgt die hinterlistige Suchtschleife von Nikotin! Nur, Nikotin lässt sich auf keine Anklagebank zerren! – **Genial, nicht wahr?**

Und glauben Sie ja nicht, der (vermeintliche) Genuss von Tabak hätte zufällig in die Geschichte der Menschheit Einzug gehalten. Es gibt keinen Zufall im Universum, alles wurde und wird in irgendeiner Weise geplant. – Und diejenigen, die derartiges wie Suchtgifte planen, agieren aus anderen Dimensionen heraus! Warum glauben Sie, habe ich mir so viel Mühe gemacht und so ausführlich über die verschiedenen Seelenleben inFORMiert? Tabakkonzerne und verantwortungslose Politiker sind letztendlich nur Handlanger eines Geschehens, das in höheren Dimensionen seinen Ursprung hat.

Anfang des 16. Jahrhunderts wurde das Rauchen von Tabak gezielt gesellschaftsfähig gemacht. Wer in der Männerwelt etwas gelten wollte, der musste Zigarre oder Pfeife rauchen. Eine gepflegte Herrenrunde ohne Zigarre und Brandy war undenkbar. Im gleichen Jahrhundert wurde in London das Rauchen sogar zum Universitätsfach erklärt. Es ging dann von der Zigarre zu den Zigaretten, und von da an wurde auch die Frauenwelt in den Giftkonsum mit einbezogen. Kriege waren geradezu ideal, um auch Nikotinsucht zu verbreiten. Ein Soldat raucht! Zu keiner Zeit wurden mehr Menschen auf einen Schlag nikotinsüchtig gemacht wie in Kriegszeiten. Auch wenn es im Schützengraben nichts mehr zu essen gab, Zigaretten waren seltsamerweise fast immer parat. Und nach dem Krieg brach eine Werbeflut über uns herein, die ihresgleichen sucht. Gehirnwäsche vom HB-Männchen bis zum großen Duft der weiten Welt.

Der Erfolg all dieser Strategien ließ nicht lange auf sich warten. Wir haben derzeit (Stand 2002) allein in der BRD 25 Millionen Raucher, und es werden in Zukunft sehr wahrscheinlich nicht recht viel weniger sein, denn für entsprechenden Nachwuchs ist bestens gesorgt. Schauen Sie sich unsere Jugend an, da wird in einem Maße Nikotin konsumiert, wie es noch nie der Fall gewesen ist. Lag früher das durchschnittliche Einstiegsalter in die Nikotinsucht bei 17 Jahren, so liegt es heute bereits bei 15 Jahren. Sogar 12 und 13 jährige Raucher sind keine Seltenheit. Und das trotz Aufklärungskampagnen und teilweisem Werbeverbot. Rauchen ist ein Selbstläufer! Das bedeutet, wenn einmal ein bestimmtes Potential an Menschen süchtig gemacht worden ist, dann braucht es keine große Werbung mehr, um für Kontinuität und Nachwuchs zu sorgen. Junge Menschen stehen unter einem gnadenlosen Gruppenzwang (die jüngeren ahmen **immer** die älteren nach), der in punkto Rauchen fast keinen Nichteinstieg duldet. Und werden dann, in hinterlistiger Absicht und von den Tabakkonzernen gesteuert, noch massenweise kostenlose Probezigaretten in Diskotheken und auf Veranstaltungen verteilt, dann braucht einen der steigende Anteil jugendlicher Raucher nicht großartig zu verwundern.

Wir haben also ein ungeheures Suchtpotential (25 Millionen Raucher) in unserem Lande. Normalerweise gehört weltweit sowohl der Anbau als auch der Handel und Konsum von Tabakprodukten sofort verboten. Das sehen jedoch diejenigen, die das Gift Nikotin in seinen Krallen hat, ganz anders, wenn man heutzutage einen nikotinsüchtigen Menschen fragt, was er von einem sofortigen, absoluten Verbot von Zigaretten hält, dann kommt als Antwort: *„Ja wenn SIE mir das auch noch nehmen, dann ...!“*

Mit „SIE“ meint dieser bedauernswerte Mensch diejenigen, die unsere Welt regieren (Geld und Politik), und er weiß bereits intuitiv, dass diejenigen seine Lebensqualität auf ein fast schon unerträgliches Maß beschränkt haben. Er bettelt förmlich darum, dass SIE ihm wenigstens das noch Gift lassen (mit dem SIE ihn vergiftet und süchtig gemacht haben!), damit er seinen Tag wenigstens einigermaßen über die Lebensbühne bringt. –

Trauriger geht es schon fast nicht mehr!

Schauen Sie sich doch einmal einen starken Raucher genau an. Da klammert sich ein Mensch an einen Glimmstängel, saugt sich giftigen Qualm in eines seiner wichtigsten Lebensorgane, steht dabei vielleicht noch diskriminiert und isoliert in einer stinkenden, für solch bedauernswerte Zeitgenossen eigens eingerichteten Raucherecke und gibt sich hustend der Illusion hin, seine Zigarette zu genießen! – Alles in allem eine ziemlich erbärmliche Angelegenheit!

Jedoch, wie schon gesagt, Nikotin ist ein gnadenloses, extrem hinterlistiges Suchtgift, und es ist gar nicht so leicht, der Nikotinkralle zu entfliehen. Nikotin fordert eine immer höhere Dosierung, ist also unersättlich! Und was Ihr Seelenleben anbelangt, Nikotin vergiftet Ihren Astralkörper in verheerender Weise. Ihre lebenswichtige Aura wird extrem geschädigt, ein Aufstieg in ein höheres Bewusstsein **wird massiv erschwert!**

Wenn ein nikotinsüchtiger Mensch stirbt (und **alle** Raucher sind nikotinsüchtig, da brauchen Sie sich keiner Illusion hinzugeben!), dann nimmt er seine mehr oder weniger schwere Sucht mit in die Astralwelt. Und die Ebene, in der er verhaftet sein wird, wird wahrscheinlich eine niedrige sein, denn das Gift Nikotin zieht herunter. Nur, in der Astralwelt kann er seine Sucht nicht mehr befriedigen, er muss die Sucht langsam veröden – ein unangenehmer Prozess, der den Süchtigen dort erwartet. Schwer nikotinsüchtige Seelen suchen sich in ihrer Verzweiflung einen so genannten „Wirt“, ich habe Sie dahingehend ja schon inFORMiert.

Begreifen Sie langsam die ungeheure Tragweite einer Sucht? Sie müssen Ihr Leben wesentlich weiter sehen, als nur bis zum Tod auf Erden – **Sie sind unsterblich!**

Sie müssen sich in **diesem** Erdenleben von allen Süchten, Giften und Leidenschaften befreien, jenseitig (astral) wird es sehr viel unangenehmer und schwieriger, davon loszukommen.

Rauchen findet, wie alle Süchte und Leidenschaften, im Gehirn statt. Sie sind als Raucher einer heftigen Gehirnwäsche unterzogen worden, ohne dies bewusst wahrzunehmen, denn der Prozess geht schleichend vonstatten. Und Sie sind erst frei von der Nikotinsucht, wenn diese Gehirnwäsche rückgängig gemacht wird. Wer seine Sucht allein durch Willenskraft bekämpft, und auf diese Weise aufhört zu rauchen, bleibt weiterhin gefährdet, die Rückfallquote bei der Methode „Willenskraft" ist enorm. Wenn Sie bereits in Ihrem Herzen den Wunsch haben, mit dem Rauchen endlich Schluss zu machen, es aber einfach nicht schaffen, dann brauchen Sie eine Methode, die die Gehirnwäsche rückgängig macht. Lesen Sie den Bestseller von Allen Carr „Endlich Nichtraucher!" (ISBN: 3442136644). Dieses Taschenbuch ist eine wahre Wunderwaffe gegen Nikotinsucht, aber nur dann, wenn Sie Ihre Sucht bereits innerlich zu einem gewissen Grad verabscheuen. Vollkommen einfach können Sie dann – allein durch das Lesen dieses Buches! – Ihre letzte Zigarette ausdrücken, und den Nikotinteufel, der Sie jahrelang oder jahrzehntelang in der Kralle hatte, mit einem Tritt ins Nirwana befördern. Klingt unglaublich, ist aber wahr! Für diejenigen wenigen, die keinen Erfolg mit dem Buch haben, werden in allen großen Städten „Allen-Carr-Easyway-Seminare" angeboten. Diese Seminare haben eine schier unglaubliche Erfolgsquote, und es gibt eine Geld-zurück-Garantie im Falle von Nichterfolg.

Infos zu den Seminaren finden Sie unter Tel.: (0180) 3201717 oder im Internet unter: www.allen-carr.de

Befreien Sie sich von der Nikotinsucht sobald als möglich –

Ihre Seele (also Sie!) wird es Ihnen, in einer für Sie momentan noch unvorstellbaren Art und Weise, danken!

KOFFEIN

„Komm doch mal vorbei, dann trinken wir miteinander gemütlich eine Tasse Trimethylxantin. Du weißt schon, das mit dem Verwöhnaroma!"

So müsste es eigentlich richtig heißen, denn das, was uns das Tässchen Kaffee präsentiert, ist wiederum pures Gift. Kaffee beinhaltet den Wirkstoff Koffein, dieser Stoff ist ein Gift, gehört zur Gruppe der Alkaloide und wird Trimethylxantin genannt. Trimethylxantin ist hochtoxisch (giftig), greift das zentrale Nervensystem an, macht süchtig und führt ab einer gewissen Dosis zum Tod. Das Spiel ist genau das gleiche wie beim Nikotin, nur ist Koffein, was die hinterlistige Suchtabhängigkeit anbelangt, nicht ganz so arg. Dass Koffein süchtig macht, können Sie schon daran erkennen, dass ein Kaffeetrinker sagt: *„Jetzt **brauche** ich einen Kaffee!"*, und jeden Tag frühmorgens beginnt bereits die zeremonielle Vergiftungsprozedur. *„Ohne meinen Kaffee komme ich gar nicht auf Touren!"* oder *„Ohne meinen morgendlichen Kaffee kann ich gar nicht außer Haus gehen!"*, sind doch alltägliche Sprüche. Auch wenn man über den Urlaub spricht, ist der dort präsentierte Kaffee ein überaus wichtiges Kriterium. *„Der letzte Urlaub war eigentlich ganz schön, aber der Kaffee, den sie dort kochen – einfach furchtbar!"* – hört man nicht gerade selten.

Merken Sie, wie wichtig und gesellschaftsfähig dieses Gift für uns gemacht worden ist? Das Gift Koffein ist, genauso wie das Suchtgift Nikotin, gezielt eingeschleust und gesellschaftsfähig gemacht worden. Und zwar fast zeitgleich, im 16. Jahrhundert. Zigaretten und Kaffee gehören doch irgendwie zusammen – nicht wahr?

Gift wird ganz einfach zum Genussmittel erklärt – per Gesetz (Nahrungs- und Genussmittelverordnung)!

Wer keinen Kaffee mag, dem wird schwarzer oder grüner Tee präsentiert, der enthält genau das gleiche Gift. Sie lehnen Kaffee und Tee ab? Dann steht immer weltweit für Sie eine koffeinhaltige Limonade (Cola) bereit, um ihren Durst zu löschen.

Sie sehen also, es ist für jeden Geschmack bestens vorgesorgt. Und was den Werbeterror, der für diese Produkte inszeniert wird, und der für Ihre Gehirnwäsche sorgt, anbelangt, brauche ich wohl nicht näher darauf einzugehen. Unsere Kinder werden bereits weltweit mit Cola vergiftet! Und diese Cola trinken sie nicht wegen dem darin enthaltenen Koffein (denn das schmeckt nach nichts!), sondern wegen des wahnsinnigen Zuckergehaltes dieses Gebräus, wegen der zugesetzten Aromastoffe und, was noch entscheidender ist, wegen der Popstars, die für horrende Bezahlung dieses Gift in die Gehirne unserer Kinder schreien! – Ist Ihnen das bewusst?

Kaffee und dementsprechend jedes andere koffeinhaltige Getränk wirkt zwar aufputschend, lässt Sie jedoch bereits nach kurzer Zeit erschlaffen. Und nach was schreit der Koffeinteufel in Ihrem Hirn dann? Na nach einer weiteren Tasse Kaffee – ist doch logisch! Und Sie sagen sich dabei so ganz beiläufig: *„Heute komme ich aber wieder mal gar nicht so richtig auf Touren!“* – kommt Ihnen doch bekannt vor? Oder?

Koffein macht Sie auf Dauer gesehen weder wach noch leistungsfähiger, es vergiftet Sie schlicht und ergreifend. In vielen Firmen und Büros ist permanent für Kaffee gesorgt, Dauerkaffeetrinken ist an der Tagesordnung. 1998 betrug der Kaffeeimport der BRD bereits 548.170 Tonnen. Das entspricht 160 Liter Kaffee pro Bürger im Jahr, also 4 Tassen täglich. In dieser Rechnung sind aber alle Bürger mit einbezogen, also auch Säuglinge, Kleinkinder und Jugendliche – also Nochnichtkaffeetrinker. Rechnet man diese aus der Statistik heraus, dann kommt man locker auf 5-6 Tassen Kaffee durchschnittlichen Tageskonsum pro Bürger. Ich sage es Ihnen nochmals, dieses Zeug ist in unsere Gehirne eingetrichtert worden. Glauben Sie im Ernst, der Mensch hätte nicht genügend andere, nicht giftige Genussmittel zur Verfügung? Man kann ohne weiteres gesellschaftsfähig genießen, ohne sich dabei zu vergiften. Stellen Sie sich vor, Kaffee wäre niemals eingeschleust worden, sondern es wäre schick und cool, exotische Fruchtsäfte und ausgefallene Tees zu kredenzen. Die Menschen hätten eine riesige Palette an Genuss zur Verfügung, und nicht **immer nur** giftigen Kaffee!

Wenn Sie Kaffeetrinker sind, dann machen Sie doch einmal folgenden Test: Trinken Sie eine Woche lang mal keinen Kaffee, sondern irgendeinen Tee aus folgendem Angebot: Jasmintee, Pfefferminztee, Kamillentee, Lindenblütentee, Hagebuttentee, Malventee, Hibiskustee, Salbeitee, Wermuttee, Fencheltee, Fliedertee, Brombeerblättertee, Holundertee, Eukalyptustee, Sennesblättertee, Früchtetee, Apfeltee, Orangentee, Zitronentee, Brennnesseltee usw. Nach sieben Tagen trinken Sie dann eine große Tasse Kaffee in relativ kurzer Zeit. Ich verspreche Ihnen, diese erste Tasse Kaffee wird nicht schmecken, und Ihnen wird sehr wahrscheinlich speiübel werden. Der Grund dafür ist sehr einfach. Sie haben sich mittlerweile zu einem hohen Grad entgiftet vom Koffein, und Ihr Organismus reagiert nun abwehrend auf das Gift. Ihre erste Tasse Kaffee, die Sie in Ihrem Leben getrunken haben, hat ebenfalls nicht gut geschmeckt, genauso wie Sie sich seinerzeit die ersten Zigaretten förmlich runtergequält haben. Aber Sie wollten gesellschaftsfähig sein und haben weiter Kaffee getrunken, sehr wahrscheinlich mit kräftig Zucker und Milch, denn der pure Geschmack von Kaffee wird von einem Nichtsüchtigen normalerweise als scheußlich empfunden. Doch die dritte und vierte Tasse hat schon gar nicht mehr so scheußlich geschmeckt wie die vorangegangenen. Und ruckzuck hat sich Ihr Organismus auf das Gift eingestellt und seine natürliche Abwehrhaltung aufgegeben – seitdem sind Sie dabei!

Das Gift Trimethylxantin (Koffein) schädigt die lebenswichtige Aura Ihres Astralkörpers. Es zieht Sie herunter, ein Aufstieg in ein höheres Bewusstseins **wird massiv erschwert!**

Hören Sie auf, sich permanent mit koffeinhaltigen Getränken zu vergiften, es gibt andere, wirkliche Genussmittel, die Sie in genau derselben zeremoniellen Weise zu sich nehmen können, wie Sie das bislang mit giftigem Kaffee, koffeinhaltigem Tee oder Cola getan haben –

Ihre Seele (also Sie!) wird es Ihnen, in einer für Sie momentan noch unvorstellbaren Art und Weise, danken!

ALKOHOL

Alkohol (Äthylalkohol C2 H5 OH) entsteht durch den Vorgang der Gärung, bei der Zucker in Alkohol und Kohlendioxid gespalten wird. Alkohol ist ein Suchtgift, das das zentrale Nervensystem schädigt.

Dass Alkohol gesellschaftsfähig gemacht worden ist, brauche ich Ihnen wahrscheinlich nicht noch sonderlich ausführlich darzulegen. Alkoholwerbung und direkte Animation zum Alkoholkonsum, wohin man blickt. Es ist kulturell einfach angesagt, Alkohol zu trinken. Ein Mensch, der in Gesellschaft verlauten lässt, dass er überhaupt keinen Alkohol trinkt, wird meist wie ein grünes Männchen vom Mars betrachtet. Wie kann man bloß überhaupt keinen Alkohol trinken? – Den meisten Leuten ist dies fast schon unheimlich. Sie sehen, Alkohol wurde zu einem ständigen, nicht wegzudenkenden Faktor unserer ehrenwerten Gesellschaft gemacht.

Warum trinken die Menschen eigentlich alkoholhaltige Getränke? Pur kann man Alkohol nicht trinken, denn er schmeckt grauenhaft. Der Geschmack ist nicht die Triebfeder des Konsums, es ist die Wirkung dieses Giftes, die uns zur Flasche greifen lässt. Alkohol macht lustig, er enthemmt, er macht vergesslich, er macht peinlich, er entwürdigt Sie! – Exakt in dieser Reihenfolge wirkt dieses Gift. *„Ja dann muss man eben bei einem bestimmten Quantum aufhören!“* – höre ich Sie sagen. Ja wenn das immer so einfach wäre. Sie wissen doch, nur **ein** Glas zu viel, dann ...! Und wenn sich die Gelegenheiten häufen, bei denen Alkohol konsumiert wird (und das ist an allen Ecken und Enden der Fall), dann wird es unter Umständen immer öfter ein Gläschen zu viel. Und wenn Sie dann noch zu der stetig steigenden Anzahl von Menschen gehören, die unsere „herrliche“ Welt nicht mehr ertragen können, dann schenken Sie sich auch ohne gesellschaftlichen Anlass Ihre Gläschen ein. Und wenn Sie es dann nicht schaffen, die Notbremse zu ziehen, dann gelangen Sie in eine Suchtkralle, die fürchterlich ist! Zwei Dinge sagt der Volksmund über den Alkohol, die exakt den Kern der Sache treffen:

„Das kann man ja nur noch im Suff ertragen!"
und ***„Der Teufel hat den Schnaps gemacht!"***

Die Menschen trinken deshalb Alkohol, weil er sie aus dieser Realität bringt. Selbst nach geringen Mengen ist man schon leicht benebelt. Alkohol setzt einen unter eine Art Glocke, das, was die Sinnesorgane aufnehmen, kommt gedämpft und unscharf ins Bewusstsein. Dies kann ein durchaus angenehmer Zustand sein, leicht beschwipst sieht die Welt irgendwie erträglicher aus. Ich kann Menschen, die unserer nicht gerade schönen Realität mit Hilfe von Alkohol entfliehen wollen, durchaus verstehen. Nur, die Sache hat einen gewaltigen Haken. Jeder Rausch hat ein Ende, und danach kommt immer die Ernüchterung. Ernüchtert können und wollen immer mehr Menschen diese Welt aber nicht sehen. Und Fluchthelfer (Alkohol), die sie aus dieser Welt führen, gibt es überall und in rauen Mengen. Das Suchtgift Alkohol ist, genauso wie Nikotin, progressiv (gierig fortschreitend). Das bedeutet, man braucht eine immer höhere Dosis, um ins gleiche Gefühl oder zur gleichen Befriedigung des Suchtverlangens zu kommen. Bei Alkohol dauert der Eintritt in die gefährliche Abhängigkeit zwar wesentlich länger als bei Nikotin, aber wenn einen der Alkohol in seinen Klauen hat, dann wird es dramatisch.

In Deutschland haben wir derzeit (Stand 2002) 2,5 Millionen schwer alkoholkranke, behandlungsbedürftige Menschen. Die Dunkelziffer der Alkoholabhängigen wird, je nach Suchtgrad, bereits auf 10-30 Millionen Menschen geschätzt. Alkoholkranke Menschen reißen ihr gesamtes soziales Umfeld mit ins Verderben. Schauen Sie sich einmal Familien mit Kindern an, bei denen Vater oder Mutter (oder beide) Alkoholiker sind. Alkoholsucht führt Sie unweigerlich in den Exzess, in die Entwürdigung Ihrer Person und schließlich in die Gosse! Für unsere topgestylte Leistungsgesellschaft sind Sie dann ein Säufer, Abschaum, Menschenmüll. Dass diese feine Gesellschaft aber dafür gesorgt hat, dass Sie dorthin gelangen, das sollte auch klar sein!

Jetzt stellt sich die Frage, warum wird so ein gefährliches Suchtgift von den Verantwortlichen denn überhaupt zum Konsum zugelassen? Manch einer wird jetzt sofort sagen: *„Ja weil der Staat daran kräftig an Steuern verdient!"* Nur, das stimmt in keiner Weise! Der Staat (also wir) hat zwar Einnahmen aus dem Alkoholkonsum, aber die aus der Sucht resultierenden Schäden sind **erheblich** höher. Schauen wir uns einmal einen Auszug vom „Suchtbericht Deutschland 1997" an:

„Die westdeutschen Arbeitgeberverbände sprechen von einem volkswirtschaftlichen Schaden durch Alkoholmissbrauch von 30 Milliarden DM pro Jahr allein in den alten Bundesländern. Nach Auffassung des Präsidenten der Deutschen Gesellschaft für Endoskopie, Prof. Peter Frühmorgen, verursachen allein alkoholbedingte Lebererkrankungen in Deutschland jährlich Kosten in Höhe von 4,4 Milliarden DM. Die Schäden durch Alkoholkonsum in verschiedenen Europäischen Ländern werden von der WHO auf 5-6% des Bruttosozialproduktes geschätzt. Dies bedeutet für Deutschland die fast unvorstellbare Summe von 175,3 – 210,36 Milliarden DM für das Jahr 1996".

Also, an den Steuereinnahmen kann es nicht liegen, dass die verantwortliche Politik bei solch einer Massenvergiftung nicht einschreitet. Alkohol ist von gewissen Mächten weltweit gezielt etabliert worden, der Hintergrund ist genau derselbe wie bei Nikotin und Koffein. Suchtgift wird zum Genussmittel erklärt. Ich möchte Sie an dieser Stelle noch einmal mit allem Nachdruck darauf hinweisen, dass in dieser Welt **nichts** zufällig passiert!

Und bei einem strikten Verbot seitens der Regierung würden viele Betroffenen schreien: *„Ja wenn SIE mir das auch noch nehmen, dann ...!"*

Schauen Sie sich doch einmal um, egal, ob: Fußball, Formel-1, Skifahren, Urlaub, Weihnachtsfeier, Vereinsausflüge, Betriebsausflüge, Karneval, Kirmes, Volksfest, Vatertag, Silvesterparty, Einweihungen, Empfänge oder sonstige Feierlichkeiten – überall wird gesoffen! Hoch die Tassen, Prösterchen – egal wo man ist! Die Menschen assoziieren Alkoholkonsum automatisch mit Freude und Gemütlichkeit. Aber das stimmt nicht! Das ist in unsere Gehirne so eingetrichtert worden! Freude und Gemütlichkeit sind ureigenste Eigenschaften des Menschen, dazu braucht es weder Besäufnis noch sonstige giftige Suchtmittel. Die Menschen sind bereits so weit manipuliert und vergiftet, dass Sie tatsächlich glauben, ein Anlass oder eine Feierlichkeit wäre ohne Suchtgifte (Alkohol, Nikotin, Koffein) nicht mehr so schön. Diese irrige Denkweise ist **genau** das Problem! Glauben Sie es mir (oder besser, probieren Sie es selbst aus), jeglicher gesellschaftliche Anlass, jede Veranstaltung oder Feierlichkeit werden Sie als Suchtbefreiter **wesentlich** intensiver und glücklicher genießen als mit Gift. Suchtmittel sind nicht nur ein Irrtum, sie sind ein Verbrechen am Bewusstsein der Menschen!

Alkohol eignet sich hervorragend, um Menschen, ja ganze Völker zu versklaven und zu vernichten. Was hat denn letztlich die amerikanischen Ureinwohner, die Jahrtausende lang glücklich, natürlich und kosmisch verbunden gelebt haben, in die Knie gezwungen? – Feuerwasser! Oder schauen Sie sich die Nachkommen der australischen Ureinwohner an. Die rebellieren nicht gegen das Unrecht, das man Ihrem Volk angetan hat, sie trinken! Und so viel Geld, dass sie sich permanent betrinken können, gibt man ihnen. Und für Schnapsläden ist auch überall gesorgt – eben freie Marktwirtschaft!

Ich habe Sie bereits darüber inFORMiert, dass die grobstoffliche Welt von der Astralwelt durch eine Matrize getrennt ist. Im Normalzustand bekommen Sie auf Erden vom Leben in der Astralwelt nichts mit. Schwere Alkoholsucht lockert diese Matrize dermaßen, dass Ihr Bewusstsein quasi phasenweise von einer Ebene in die andere durchschaltet. Bei schwerer Alkoholsucht werden Sie praktisch bei lebendigem (grobstofflichen) Leib mit den niedrigen Ebenen der Astral- und Mentalwelt konfrontiert! Die Mediziner sprechen dann von halluzinogenen Wahnvorstellungen, nur, diese Wahnvorstellungen sind für den Betroffenen vollkommen real und weitaus wirklicher, als die Mediziner dies wissen. Man sagt von solch einem bedauernswerten Menschen: *„Der sieht bereits weiße Mäuse!"*

Das Gift Alkohol schädigt Ihre lebenswichtige Aura enorm, dabei brauchen Sie gar nicht einmal hochgradig süchtig zu sein. Alkohol zieht Sie astral herunter, ein Aufstieg in ein höheres Bewusstseins **wird massiv erschwert!** Fortgeschrittene Alkoholsucht zieht Sie in extrem niedere Astralebenen herunter. Wenn Sie als bedauernswerter Alkoholsüchtiger sterben, gelten Sie für die zurückgebliebenen Erdenmenschen als erlöst – doch dies ist ein gewaltiger Irrtum, denn

Sie sind unsterblich! – Sie nehmen Ihre Sucht mit ins astrale Leben.

Hören Sie auf, sich mit alkoholhaltigen Getränken permanent zu vergiften!

Ihre Seele (also Sie!) wird es Ihnen, in einer für Sie momentan noch unvorstellbaren Art und Weise, danken!

FLEISCH

Wissen Sie, was folgende prominente Personen gemeinsam haben?

Bryan Adams, Aristoteles, Berthold Brecht, Brigitte Bardot, Wilhelm Busch, Charles Darwin, Dostojewski, Thomas Alva Edison, Albert Einstein, Greta Garbo, Uri Geller, Peter Hofmann, Whitney Houston, Christine Kaufmann, Beatrice Kessler, Ruth Maria Kubitschek, Montserrat Caballe, Christian Morgenstern, Julia Roberts, Barbara Rütting, Barbara Streisand, Georg Thomalla, Jean-Claude Van Damme, O. W. Fischer, Franziskus von Assisi, Sigmund Freud, Friedrich der Grosse, Mahatma Gandhi, Johann Wolfgang von Goethe, Maxim Gorki, Nina Hagen, Theodor Heuss, Hippokrates, Alexander von Humboldt, Michael Jackson, Janet Jackson, Sting, Prince, Take That, Boy George, Franz Kafka, Immanuel Kant, Laotse, Leonardo da Vinci, Abraham Lincoln, Paul McCartney, John Lennon, Mohammed (Abu I-Kasim), Christian Morgenstern, Friedrich Nietzsche, Desirée Nosbusch, Paracelsus, Pythagoras, Sokrates, Eugen Roth, Rainer Maria Rilke, Arthur Schopenhauer, Albert Schweitzer, Georg Bernhard Shaw, Rudolf Steiner, Nikola Tesla, Leo Tolstoi, Mark Twain, Francois de Voltaire, Richard Wagner, Zarathustra **...**

Ja, richtig! All diese bekannten Persönlichkeiten sind oder waren Vegetarier. Das bedeutet, diese Menschen verabscheuen oder verabscheuten es, Tiere zu töten und deren Leichnam zu essen. Selbst wenn der Akt des Leidens und des Mordens anonym in Schlachthäusern passiert, und das Leichenteil schön geschnitten und verpackt beim Metzger oder im Supermarkt präsentiert wird, ändert das nichts an deren Einstellung. Es ist ein furchtbares Verbrechen, was wir mit den Tieren anstellen, die, wie Sie noch erfahren werden, unsere Seelengefährten sind! Merken Sie sich das bitte gut, und zwar in Ihrem eigenen Interesse, denn Sie als Konsument bekommen die universal **unabwendbare** Reaktion dieses Verbrechens zu spüren. Und zwar in Bereichen und mit Auswirkungen, die Sie sich bislang gar nicht vorstellen konnten – weil Sie nicht inFORMiert waren! Beim Thema Fleisch und Fisch haben wir es weltweit mit einer Mafia zu tun, die ihresgleichen sucht.

Vor nicht allzu langer Zeit hat uns diese Mafia mit Hilfe der Medien noch klarzumachen versucht, dass der Mensch ein Fleischfresser ist, und dass es sich bei Vegetariern um kränkelnde Zeitgenossen handelt, denen das allerorts angepriesene „Stück Lebenskraft" fehlt. Mittlerweile sind diese Töne jedoch fast verstummt, denn zu heftig und überzeugend sind die aufklärenden Gegenkräfte. Es ist mittlerweile eine bewiesene Tatsache, dass der Mensch ein Pflanzenesser ist, und dass Vegetarier weitaus gesünder und harmonischer leben als Fleisch- und Fischkonsumenten. Totes Fleisch und toter Fisch vergiften den Organismus des Menschen, daran gibt es nichts zu beschönigen! Die Fleischfresser in der Tierwelt sind von Natur aus **vollkommen** anders geschaffen, als wir Menschen als Pflanzenesser. Der gravierendste Unterschied liegt in der Länge des Darmes. Fleischfresser haben einen wesentlich kürzeren Darm als Pflanzenesser. Der Darm ist deswegen so kurz, weil das verdaute Fleisch Leichengift entwickelt, und so schnell als möglich aus dem Körper ausgeschieden werden muss. Der Mensch als Pflanzenesser hat einen sehr langen Darm, und deshalb vergiften wir uns unweigerlich, wenn wir Fleisch oder Fisch essen. Das Zeug bleibt viel zu lange in unserem Darmtrakt und verwest dort, weil er so lang ist. Wenn Fleisch und Fisch bereits vor dem Konsum anfangen zu verwesen, dann kriegen Sie eine höchst gefährliche Fleisch oder Fischvergiftung, das ist doch allgemein bekannt. Ja glauben Sie im Ernst, dass diese Verwesungsgifte, auch wenn sie erst im Darmtrakt entstehen, den Menschen unbeschadet lassen? Sie kriegen dann zwar keine akute Vergiftungserscheinung, sondern Rheuma, Gicht, Arthritis, Arthrose usw. Wenn Sie an Rheuma, Gicht, Arthritis oder Arthrose erkranken, und immer mehr Menschen tun das (und vor allem immer mehr jüngere!), dann legt Ihnen der Arzt sehr wahrscheinlich nahe, auf Fleisch generell zu verzichten. – Warum eigentlich immer erst nachher, wenn es zu spät ist?

Aber nicht nur gesundheitlich, sondern auch ökonomisch und ökologisch ruiniert uns der Fleisch- und Fischkonsum. Schauen Sie sich doch einmal die Situation unserer Weltmeere an. Verbrecherische Schleppnetzfischerei und monströse Fischfangflotten haben bereits irreparable Schäden verursacht. Die letzten Fischschwärme werden mittlerweile per Satellitentechnik ausfindig gemacht und vernichtet. Die Liste der aufzuzeigenden Verbrechen, die an unseren Meeren begangen werden, ist schier endlos. Aber über diese Verbrechen müssten Sie ja bereits einigermaßen inFORMiert sein, denn hier kommt auch über die Medien etliches ans Tageslicht. Warum essen Sie dann noch Fisch und unterstützen diese Verbrechen? *„Weil es eh schon egal ist und ich ja doch nichts ändern kann!“*, – ist das vielleicht Ihr armseliges Statement?

Die Verbrechen, die die Fleischwirtschaft begeht, stehen den Verbrechen, die an den Meeren und deren Bewohnern begangen werden, in keiner Weise nach. Grausamste Massentierhaltung, brutalste Tiertransporte, Schlachthofgemetzel, Mord an Pelztieren für die coole Dame von Welt, Schweinepest, Hühnerpest, Maul- und Klauenseuche, Rinderwahnsinn, Salmonellen, Trichinen, korrupte Tierärzte usw. – sind Ihnen doch bereits bestens bekannt! – Warum unterstützen Sie dann diese Verbrechen?

Vielleicht, weil Sie sich darüber noch gar keine Gedanken gemacht haben, und weil es doch natürlich sein müsste, da ja überall Fleisch angeboten und konsumiert wird? Dann machen Sie sich schnellstens Gedanken darüber, denn es ist unnatürlich!

Fleischkonsum wird seit eh und je gezielt in die Gehirne der Menschen eingetrichtert. Geld und Gier sind die Triebfeder derjenigen, die als Drahtzieher hinter diesen Verbrechen fungieren. Zu keiner Zeit war der Fleisch- und Fischkonsum so hoch wie derzeit. Innerhalb weniger Jahrzehnte hat sich der Verbrauch verdoppelt. Fleisch wird mit Milliardensummen gezielt subventioniert, und gleichzeitig werden gesunde Nahrungsmittel wie Gemüse, Obst, Brot usw. immer teurer. Skandale um Subventionsbetrug und Fleischschieberei sind schon fast an der Tagesordnung und werden größtenteils gar nicht mehr publik gemacht.

Der Energiebedarf, den der Mensch zum Leben braucht, wird in der Einheit „Kalorie“ angegeben. Um 1 Kalorie Fleisch zu produzieren, braucht man mindestens **10** Kalorien an wertvollen, gesunden pflanzlichen Produkten (Getreide, Mais, Soja usw.). Würde die krankmachende Fleischproduktion eingestellt, dann hätte diese Welt, gemessen am Fleisch, **sofort** die **zehnfache** (gesunde!) Nahrungsmenge zur Verfügung! Aber nein, das ist von gewissen Mächten und deren Handlangern nicht gewollt – und solange Sie die angebotenen Tierleichenteile kaufen und verzehren, wird sich daran auch nichts ändern!

Dass die Wälder dieser Welt gnadenlos abgeholzt und vernichtet werden, und sich damit unsere sowieso schon verheerende ökologische Situation immer gefährlicher zuspitzt, dürfte Ihnen ja zur Genüge bekannt sein. Dass die weltweit steigende Fleischproduktion daran den größten Teil der Schuld trägt, ist Ihnen vielleicht noch nicht ins Bewusstsein gelangt. Gerade in den Ländern, die die ständig wachsende Zahl von Fastfood-Ketten mit Fleisch versorgen, wird Mensch und Natur aufs Brutalste misshandelt. Ursprünglich bestens funktionierende dörfliche Landwirtschaft wird von geldgierigen Großgrundbesitzern vernichtet, es wird permanent gerodet für immer größere Viehherden, mehr und mehr höchst anfällige Monokulturen werden angelegt und chemisch behandelt, die einst zufriedenen Dorfbewohner verarmen und werden in die Slums der nächsten Großstätte getrieben. Das Ganze nennen die Politiker dann scheinheilig „Landflucht". Weltweit kann dieses Syndrom beobachtet werden – vorausgesetzt man interessiert sich dafür! Verbrecherischer Großgrundbesitz hat die Menschen schon immer versklavt, gedemütigt und krank gemacht. Schauen Sie sich die derzeitige Situation in Argentinien an. Ein von der Natur wahrlich begnadetes Land gerät immer mehr ins Elend – da stimmt doch irgendetwas nicht!

Ich möchte Sie bitten, falls Sie über Internetzugang verfügen, die Seite
„www.vegetarismus.ch" zu besuchen.
Diese Seite kommt aus der Schweiz und bietet äußerst interessante, ehrliche und aufschlussreiche InFORMation.

Weiterhin empfehle ich Ihnen folgendes exzellente Buch:
Fiddes, Nick: Fleisch – Symbol der Macht (ISBN: 3861500191 - nur direkt über den Verlag „Zweitausendeins" zu beziehen, oder online über: http://www.zweitausendeins.de). Dieses Buch wird Sie, was das Thema „Fleischmafia" anbelangt, in ein anderes Bewusstsein bringen.

So, lieber Leser oder liebe Leserin, jetzt habe ich Sie mit ein paar Verbrechen und grobstofflichen Schäden konfrontiert, die der Fleisch- und Fischkonsum unweigerlich nach sich zieht. Jetzt werde Ich Ihnen klarmachen, was dieses Übel an Ihrer Seele anrichtet.

Haben Sie schon einmal bemerkt, dass kleine Kinder von Natur aus niemals Fleisch essen würden? Kinder haben eine natürliche Abneigung dahingehend, Fleisch und Fisch zu essen. Kinder werden von uns Erwachsenen, mehr oder weniger unbewusst, zum Fleischessen gezwungen. *„Fleisch ist ein Stück Lebenskraft!"* steht in der Metzgereizeitung, also Ketchup oder Senf drauf, damit das Zeug wenigstens nach irgendwas schmeckt, dann Mund auf und jetzt wird gegessen. Und danach, aber nur, wenn du fein gegessen hast, gibt es zur Belohnung einen leckeren Pudding. Ab einem gewissen Alter, wenn das Bewusstsein langsam erwacht, weigern sich viele Kinder plötzlich vehement, Fleisch zu essen, sie erklären sich – meistens den armen Tieren zuliebe – als Vegetarier. In unzähligen Familien kann so ein Prozess beobachtet werden. Nur, die verbrecherische Fleischmafia schläft nicht. Denn was lockt – schier unwiderstehlich – unsere Kleinen in die Tempel der Hamburger-Mafia? Spielzeug, Popstars und sonstige Medienidole! – **Ist Ihnen das bewusst?**

Und ruckzuck ist das natürliche Abwehrverhalten gegenüber Fleischessen beseitigt, denn Spielzeug gibt es nur in Verbindung mit gegrillten Leichenteilen! So funktioniert der Plan! Und zwar äußerst erfolgreich, wie Sie jederzeit und allerorts beobachten können – falls Sie es überhaupt beobachten wollen.

Und jetzt passen Sie bitte einmal sehr gut auf!

Kinder sind in ganz bestimmten Angelegenheiten für uns das Maß aller Dinge. Kinder würden **niemals** freiwillig Leichenteile essen; Kindern wird schlecht und übel, wenn sie Nikotin verabreicht bekommen; Kinder finden den Geschmack von Alkohol widerlich; Kinder finden den Geschmack von Kaffee abscheulich und Kinder sind von Natur aus vollkommen unvoreingenommene und unverdorbene Menschenfreunde!

Jesus sagte seinerzeit diesbezüglich sehr deutlich, was Sache ist:

„Wahrlich, Ich sage euch, wenn ihr nicht umkehrt und wieder werdet wie die Kinder, so werdet ihr keinesfalls in das Reich der Himmel gelangen!"

Ist Ihnen das alles nicht Beweis und Anstoß zur Umkehr genug? – Nein? – Na dann Fressen, Saufen und Rauchen Sie meinetwegen weiter – es ist Ihre persönliche Entscheidung!

Wie Sie im letzten Kapitel „wer ist der »liebe« Gott" noch erfahren werden, sind Tiere die unmittelbaren Seelengefährten der Menschen. Tiere sind beseelt, und aus Tierseelen entwickelt sich letztendlich die Menschenseele. Tiere sind nicht dazu geschaffen, dass wir sie züchten, quälen, töten und auffressen! Der oft zitierte biblische Spruch: *„Macht euch die Erde untertan!"*, ist eine gezielt ins Bewusstsein der Menschen gebrachte Lüge!

Richtig heißt es: *„Lebt mit allen Geschöpfen dieser Erde in Harmonie und Frieden und nehmt euch nur das von der Erde, was ihr zum Leben braucht!"*

Wo bitte ist bei grausamer Massentierhaltung, brutalen Tiertransporten und Schlachthausgemetzel Harmonie und Frieden?

„Solange es auf Erden Schlachthäuser gibt, solange werdet Ihr auch Schlachtfelder haben!" –
Merken Sie sich diese Weisheit, **bitte!**

Tiere haben, genauso wie wir Menschen, Emotionen und Gefühle. Ich hoffe, Sie wissen noch, dass die Welt der Emotionen und Gefühle die Astralebene ist. Tiere, die bis zu ihrem bevorstehenden Tod durch Schlachtung in engen Käfigen, Stallungen oder sonstigen Behältnissen eingesperrt sind, leiden in einem für uns Menschen nicht vorstellbarem Maße. Leid ist ein Gefühl, und Sie wissen bereits, dass Gefühle materieller Natur sind, es handelt sich dabei um Schwingungen. Tiere, die zum Schlachten geführt werden, geraten **immer** in Todesangst. Die Tiere wissen genau, was ihnen bevorsteht, da braucht sich keiner irgendwelchen Illusionen hinzugeben, weil irgendwelche düsteren Zeitgenossen via Medien das Gegenteil behaupten. Gerät ein Tier in Todesangst, dann vergiftet es innerhalb **kürzester** Zeit seinen gesamten Organismus mit der Schwingung der Angst. Jede einzelne Zelle des Tierkörpers nimmt diese Schwingung auf, die Angst ist somit im gesamten materiellen Körper (Fleisch) gespeichert. Nun essen Sie dieses mit Angstschwingung vergiftete Fleisch, und durch das Gesetz der Resonanz überträgt sich diese Schwingung unmittelbar auf Ihren Astralkörper. Und da Sie im Erdenleben nichts anderes als der Ausdruck Ihres Astralkörpers sind, bekommen Sie als Resultat Angst und Depression zu spüren – mittlerweile die Volkskrankheit Nummer Eins! Angst und Leid kann man essen!

Haben Sie das nicht gewusst?

Dass der Mensch durch die Nahrungskette sämtliche Gifte, mit der er seine Umwelt verseucht hat, wieder präsentiert bekommt und im wahrsten Sinne des Wortes „wieder in sich hineinfrisst“, ist ja mittlerweile schon wissenschaftlich bewiesen und publik gemacht worden. Nur bei der Angst fehlt der für uns traurige Verstandesmenschen ach so notwendige wissenschaftliche Beweis, weil man Angst nicht messen kann. Aber die Auswirkungen der Angst sind mehr als deutlich ersichtlich. Mittlerweile gelangt jeder zweite Bundesbürger in eine anhaltende, mehr oder weniger schlimme Depression. **Jeder zweite**, mit steigender Tendenz! – Das muss man sich einmal vorstellen! Und der Fleisch- und Fischkonsum (auch Fische geraten in Todesangst!) trägt maßgeblich zu diesem Leid bei. Fleischproduzenten und Hersteller von Psychopharmaka arbeiten praktisch – wenn auch unbewusst – Hand in Hand!

Es ist ein Verbrechen, was wir den Tieren auf Erden antun, auch wenn es in unseren perfiden Gesetzbüchern und Verordnungen anders geschrieben steht. Der Mensch hat kein Recht darauf, Tiere zu töten. Gewisse Mächte haben es jedoch hinterlistig zu unserem Recht erklärt, jedoch ohne darauf hinzuweisen, dass dies schwerwiegende Konsequenzen für die Menschen hat. Nach dem gnadenlosen universalen Gesetz der Reaktion (was du säst, das wirst du irgendwann ernten) ist jeder ein Täter! – Der Züchter, der Schlachter, der Händler und der Konsument. Merken Sie sich das bitte gut!

Liebe Freunde, ich weiß, dass unsere ganze Gesellschaft auf Fleischkonsum abgestimmt ist, und dass es jemand, der Fleisch und Fisch konsequent ablehnt, nicht immer leicht hat. Aber die Zahl derjenigen Menschen, die erkannt haben, was sie sich und der Welt damit antun, steigt stetig. Fast jedes Restaurant bietet, eben auf Grund der steigenden Nachfrage, mehrere vegetarische Gerichte an. Gehen Sie doch einmal in ein speziell vegetarisches Restaurant, Sie werden sich wundern, mit was für einer Palette an gesunden, köstlichen Gerichten Sie dort verwöhnt werden. Die Menschen hätten es wahrlich nicht nötig, Fleisch und Fisch zu essen. Wenn die Menschen diesbezüglich aufwachen und in ein anderes Bewusstsein gelangen, dann werden Sie staunen, wie sich die Köche in punkto Kreation und Vielfalt von vegetarischen Gerichten schier überschlagen. Deshalb gehen keine Arbeitsplätze verloren, wie Ihnen dies die Fleischmafia samt Politik sofort suggerieren würde, im Gegenteil, und auch für unsere unschätzbar wertvollen und wichtigen Bauernhöfe wäre wieder bestens gesorgt.

Der Konsum von Fleisch und Fisch schädigt Ihre lebenswichtige Aura in einem Maße, wie Sie sich das gar nicht vorstellen können. Fleisch und Fischkonsum zieht Sie astral herunter, ein Aufstieg in ein höheres Bewusstseins **wird massiv erschwert!** Lassen Sie sich bitte das noch einmal durch den Kopf gehen, was Ihnen Jesus am Beispiel mit den Kindern dazu gesagt hat. Obwohl diese Persönlichkeit nicht das war, zu dem die Kirche sie erhoben hat, so können Sie sich jedoch dahingehend sicher sein, dass Jesus – der in die **höchsten** Mysterien eingeweiht war – ganz genau gewusst hat, was den Menschen jenseits erwartet!

Sie schaffen sich durch Fleischkonsum negative karmische Reaktionen, an denen Sie noch bitter zu beißen haben werden, denn:

Sie sind unsterblich! –
Sie nehmen Ihre Taten mit ins astrale Leben.

Hören Sie auf, Fleisch und Fisch zu essen!

Ihre Seele (also Sie!) wird es Ihnen, in einer für Sie momentan noch unvorstellbaren Art und Weise, danken!

DROGEN

Abgesehen von der Tatsache, dass es sich sowohl bei Alkohol als auch bei Nikotin um Drogen handelt – auch wenn uns dieses Zeug als Genussmittel verkauft wird – geht es jetzt um Opiate, Halluzinogene und um so genannte „weiche Drogen".

Der größte Unsinn, den unsere Wissenschaftler permanent verlauten lassen, ist deren Annahme, dass unser Bewusstsein vom Gehirn erschaffen wird. Das Bewusstsein ist eine Eigenschaft der unsterblichen Seele (also von Ihnen!), und unser Gehirn dient lediglich als Instrument, um dem Bewusstsein mit Hilfe des endokrinen Systems (Hypothalamus und Zirbeldrüse) Eindrücke aus der grobstofflichen Welt (Erde) zu vermitteln. – Merken Sie sich das bitte gut, es ist sehr wichtig!

Bei der Einnahme von Drogen richtet Ihr Bewusstsein den Brennpunkt, der normalerweise auf die Erde fixiert ist, **immer** auf eine andere Ebene (Astral- oder Mentalwelt). Die Heftigkeit der Erfahrung dieser anderen Ebenen hängt von der jeweiligen Droge und deren Dosis ab. Drogen werden **ausschließlich** genommen, um der gegenwärtigen Realität zu entfliehen oder um die Realität anders zu erleben, was genau das Gleiche ist, denn die Realität auf Erden ist nicht veränderbar, nur ein Bewusstseinswechsel in eine andere Ebene bringt auch eine andere Realität. Die Astralwelt und die Mentalwelt schwingen wesentlich höher als unsere grobstoffliche Welt, das habe ich Ihnen schon ausführlich dargelegt. Und was sagt Ihnen ein Mensch, der sich im Drogenrausch befindet? Er sagt, dass er sich „hight" (höher) fühlt, und das ist nicht nur so dahergesagt, sondern es entspricht der momentan von ihm wahrgenommenen Realität.

Wenn das Bewusstsein im Drogenrausch eine andere Welt anfokussiert, dann erleben Sie gefühlstechnisch unter anderem auch ein verändertes Raumgefühl – es wird alles irgendwie weiter und flächiger. Und der Mensch, der Ihnen mit seltsam weiten Pupillen in die Augen schaut, sagt dann: *„Mann, bin ich breit!"*

Generell ist bei Drogen zwischen zwei Gruppen zu unterscheiden. Die, welche automatisch für ein „gutes Feeling" sorgen, und jene, die nur das jeweils vorhandene/vorherrschende Gefühl extrem verstärken – ohne Rücksicht darauf, ob gut oder schlecht.

Opiate (Opium, Morphium, Heroin) sorgen nahezu ausnahmslos für ein gutes Gefühl und sind gerade deshalb so unheimlich gefährlich und gnadenlos Sucht erzeugend. Ein Mensch im Opiatrausch befindet sich bewusstseinstechnisch in Ebenen, die ihm sehr viel mehr zusagen, als die irdische Realität dies tut. *„So soll es bleiben, hier ist es wunderschön, hier gehe ich nie, nie mehr weg!"* – ist die Denkweise eines Menschen, der sich in einem derartigen Rauschzustand befindet. Nur, der Rausch verfliegt, und das Erwachen in unserer nicht gerade schönen Welt ist ein mehr oder weniger heftiger Schock – und zwar für Leib und Seele! Sie werden unweigerlich den nahezu unwiderstehlichen Drang haben, diesen paradiesischen

Zustand wieder zu erleben. Doch dazu brauchen Sie das teure, verbotene und schwer zu beschaffende Suchtgift. Und Ihr Körper wird gnadenlos immer höhere Dosen in immer kürzeren Abständen fordern. Opiate bringen einen Menschen in **extrem** kurzer Zeit in eine Suchtabhängigkeit, aus der es nur schwerlich ein Entrinnen gibt. Solche suchtabhängigen Menschen werden automatisch (wenn es sich nicht gerade um Millionäre handelt) in die Beschaffungskriminalität (negatives Karma!) hineingezogen, es geht gar nicht anders, denn die Sucht verschluckt Unsummen. Für eine kurze Zeit des paradiesischen Gefühls (und auch das lässt von Mal zu Mal nach!) ruinieren diese armen Menschen nicht nur sich selbst, sondern auch ihr soziales Umfeld. Aber darüber müssten Sie ja ausführlich inFORMiert sein, denn das ist ja wahrlich kein Geheimnis.

Ganz anders stellt sich die Wirkungsweise von Drogen dar, die nicht automatisch für ein gutes Gefühl sorgen, sondern die lediglich das jeweils vorherrschende Gefühl massiv verstärken. Dabei handelt es sich um Halluzinogene. LSD und Meskalin sind die wohl bekanntesten Vertreter dieser Drogengattung. Halluzinogene sind keine Suchtgifte, Sie werden davon nicht körperlich abhängig. Auch eine psychische Abhängigkeit ist wohl nur in den seltensten Fällen gegeben, und selbst dann auch nur relativ kurzfristig. Der Grund dafür ist recht einfach zu erklären, diese Droge kuriert Sie früher oder später ganz von selbst. Wenn Sie ein Halluzinogen (z.B. LSD) einnehmen und von vorneherein schon „schlecht drauf" sind, dann erleben Sie hundertprozentig einen so genannten „Horrortrip" – und den werden Sie dann Ihr ganzes Leben lang nicht mehr vergessen, so viel ist sicher! Ich habe Ihnen schon Eingangs gesagt, dass ich kein theoretischer Dogmatiker bin, sondern dass ich das, worüber ich Sie hier inFORMiere, am eigenen Leib erfahren habe oder zumindest Zeuge war.

Halluzinogene katapultieren Sie in die Mentalwelt. Insider sagen: *„Diese Droge spielt sich im Hirn ab, du erlebst etwas sensationelles, du gehst auf Trip!"* – und genau so ist es, nur erschafft Ihr Gehirn die Halluzinationen nicht, wie es die Wissenschaftler vermuten, sondern Ihr Bewusstsein versetzt seinen Focus gänzlich in die Welt der Gedanken und des Geistes. Und in dieser Welt leben Sie ja auch (als Mentalkörper), nur wesentlich intensiver und realer als auf Erden. Es handelt sich also bei den erwähnten Halluzinationen – so unvorstellbar dies auch klingen mag – um knallharte Wirklichkeit, und nicht um irgendwelche Einbildungen, wie die Mediziner das fälschlicherweise annehmen. Obwohl Sie sich während des „Trips" physikalisch auf Erden befinden, erleben Sie die Umwelt aus Sicht der Mentalwelt, und das kann verheerende Folgen für Ihre psychische Gesundheit haben. Normalerweise sind Ihre drei Seelenleben in einer wohl geregelten Einheit verschmolzen. Sie denken etwas (Mentalwelt), dann kommt das Gefühl (Astralwelt) und letztendlich kommt es zur Auswirkung oder besser gesagt zum Ausdruck auf Erden. Und auf die Erde ist im Normalfall der Hauptfokus Ihres Bewusstseins gerichtet. Ein Halluzinogen dreht das Ganze um, es schaltet Sie praktisch unmittelbar durch in die Mentalwelt. Das bedeutet für Sie im Rauschzustand: alles, und ich betone nochmals ausdrücklich, **alles**, was von Ihnen an konkreten Gedanken gedacht wird, realisiert sich in der Mentalwelt sofort, und zwar – je nach Intensität (Schwere) des Gedankens – durchaus realer und plastischer, als auf Erden empfunden wird! Ich habe Ihnen die Hintergründe dazu bereits erklärt.

Jetzt werden Sie vielleicht sagen: *„Das kann ja phantastisch sein!"* – kann es auch! Nur muss hier die Betonung auf das Wörtchen „**kann**" gesetzt werden. Es kann nämlich auch schief gehen, und das tut es auch bei jedem Trip – mehr oder weniger. Stellen Sie sich vor,

Sie kriegen während eines LSD-Trips nur den geringsten Anflug von Angst, oder es genügt schon, wenn Sie sich nur erschrecken. Ein einziger negativer Gedanke lässt Sie sowohl optisch als auch gefühlstechnisch sofort in die Hölle fahren, und in dieser Situation müssen Sie es dann erst einmal schaffen, wieder auf andere, erhebende Gedanken zu kommen. Das kann sehr schnell zur Unmöglichkeit werden, und wenn dem so sein soll, dann haben Sie schon den vorhin erwähnten Horrortrip. Ihre Seele fährt bei jedem Trip astral und mental Achterbahn. Und aus so einem LSD-Trip können Sie nicht so mir nichts dir nichts einfach aussteigen, da sind Sie, je nach Stärke der Droge, mindestens 8-12 Stunden **voll** mit dabei. Sie können aber auch ein Ding erwischen, das 48 Stunden andauert, die Hersteller solcher Drogen nehmen es mit der Dosierung oft nicht allzu genau! Auf einem LSD-Trip verlieren Sie jegliches Zeitgefühl, da werden depressive Minuten zu Stunden oder halben Ewigkeiten. Nur hoch dosierte Beruhigungsmittel sind in der Lage, Ihr endokrines System lahm zu legen, das auch in diesem Fall als Schnittstelle fungiert, und das Ihnen die mentalen „Genüsse" vermittelt. Wenn Sie aber über keine derartige Notlösung verfügen, dann müssen Sie den Trip wohl oder übel durchstehen, oder es holt einer den Notarzt, der bringt Sie dann in die Psychiatrie – solche Fälle sind dort an der Tagesordnung! Sie können auch zu denjenigen bedauernswerten Menschen gehören, die, wie es im Jargon heißt, „auf Trip hängen bleiben". In so einem Fall schaltet Ihr Bewusstsein gar nicht mehr auf die irdische Realität um, und Sie müssen permanent mit schweren Medikamenten betäubt werden, damit sie überhaupt noch existieren können – jedoch, mehr oder weniger lang, als Pflegefall!

Da Ihr Bewusstsein bei einem LSD-Trip auf die Mentalwelt gerichtet ist, sind Sie plötzlich Schöpfer, denn Gedanken haben schöpferische Kraft, sie erschaffen Realität!

Stellen Sie sich einmal vor, wenn hier auf Erden sofort alles real (wirklich) werden würde, was Sie sich in Gedanken vorstellen. Könnten Sie das mental noch kontrollieren und durchstehen? Bestimmt nicht! Auf einem LSD-Trip ist das aber so, jeder konkrete Gedanke, den Sie haben, wird sofort zur Realität, und Sie erleben die dementsprechende Optik und das dazugehörige Gefühl. Die Gedanken drücken sich jedoch nicht durch bis in die grobstoffliche Welt, dazu fehlt ihnen die Kraft. Das bedeutet, wenn Sie zum Beispiel auf LSD-Trip einen kahlen Baum im Winter betrachten und sich intensiv vorstellen, dass dieser Baum plötzlich zu blühen beginnt, dann beginnt dieser Baum für Sie tatsächlich zu blühen. Sie können diese Blüten auch berühren und sich an deren Duft erfreuen. Eine externe Person, die Sie auf Erden bei diesem Geschehen beobachtet, sieht, dass Sie vor einem kahlen Baum stehen, dessen Zweige streicheln und daran verzückt schnuppern – für diese Person sind Sie nicht ganz bei Trost, eben verrückt. Der Baum blüht und duftet nur in der Mentalwelt, dort jedoch wunderschön und weitaus intensiver, als ein Baum auf Erden je duften und blühen kann. Erinnern Sie sich noch einmal an das Beispiel der Seelenleben mit den zwei Blaupausen und dem Original. Wenn Sie mit einem Stift auf einem Original (Mentalwelt) nur zart aufdrücken, dann beschreiben Sie zwar das Original, auf die erste Blaupause (Astralwelt) drückt es sich auch noch durch, auf der zweiten Blaupause (Erde) ist jedoch nichts davon zu sehen. Dieses Beispiel hilft Ihnen hoffentlich einigermaßen zu verstehen, wie sich ein LSD-Trip gestaltet.

Man kann also auf einem LSD-Trip Dinge erleben und erfahren, die weit jenseits dessen liegen, was Sie sich in Ihren kühnsten Träumen vorstellen können. Nur, man muss den gesamten Trip durchstehen können und diese Erlebnisse auf Erden ein Leben lang psychisch verkraften, denn man kann sich nach einem Trip tatsächlich immer an jedes Detail genauestens erinnern! Alle Menschen, die in Ihrem Leben einen kräftig dosierten LSD-Trip erfahren haben, sagen eindeutig, dass dieses Erlebnis ihr Bewusstsein massiv verändert hat. *„Nach deinem ersten LSD-Trip bist du nicht mehr der gleiche Mensch wie vorher!"* – hieß es in der Szene der Siebziger-Jahre, als LSD-Parties vielerorts einfach angesagt waren. Und das stimmt hundertprozentig! Wer einmal die Mentalwelt erlebt hat, der weiß, dass es Dinge, Fähigkeiten und Welten gibt, von denen die Wissenschaftler nicht die geringste Ahnung haben. Nur, der Preis, den Sie unter Umständen dafür bezahlen müssen, kann sehr hoch sein. Also, lassen Sie die Finger weg von halluzinogenen Drogen (und auch von allen anderen), es ist ein russisches Roulett, und einen Streifschuss kriegen Sie dabei allemal ab!

Alle Menschen, die auf Erden leben, und die wir als „verrückt" bezeichnen, haben Ihr Bewusstsein, aus welchen Gründen auch immer, teilweise oder ganz auf eine andere Ebene fokussiert. Diese Menschen leben, obwohl sie mit ihrem Leib noch auf Erden existieren, in einer anderen Welt. Manche nur phasenweise, manche für immer. Für uns erscheinen diese Menschen vollkommen richtig ausgedrückt als „geistig abwesend". Das Bewusstsein einer Seele ist **immer voll** vorhanden, es fragt sich nur, in welcher Welt. Diese Menschen sind also lediglich ein Häuschen höher gerückt, wie dies das Wort „verrückt" ja bereits zum Ausdruck bringt. In jener Welt, in die sie hineingerückt sind, geht es ihnen entweder schlecht oder gut, je nach Qualität der Seele. Aber das habe ich Ihnen ja bereits ausführlich erklärt. Viele „Verrückte", deren Bewusstsein flatterhaft die Ebenen wechselt, erzählen von den anderen Welten und Begebenheiten, die Sie dort äußerst real erleben. *„Der spinnt, nimm das bloß nicht ernst, lass ihn am besten einfach erzählen!"* – kriegen wir dann zu hören. Es kann auch der Fall sein, dass das Bewusstsein extrem langsam und schleichend die Ebene wechselt, die Krankheit Alzheimer ist dahingehend ein trauriges Paradebeispiel. Ehepartner von Betroffenen erzählen dann unter Tränen, dass sie den Menschen langsam verlieren. *„Er lebt und geht doch von mir!"* – ist in solchen Fällen immer wieder zu hören. Das Endstadium von Alzheimer ist oft nur noch ein zombiehaftes, roboterähnliches Dahinvegetieren, das gesamte Bewusstsein hat bereits die Ebene gewechselt, die Seele erhält den grobstofflichen Körper jedoch noch am Leben. Für einen Betroffenen ist Alzheimer im Anfangsstadium ein massives Problem. Mit Fortschreiten der Krankheit verschwindet das Problem jedoch gänzlich. Die Seele (also der wirkliche Mensch!) hat sich dann bereits voll in einer anderen (realeren!) Welt etabliert, sie kann es uns nur nicht mehr mitteilen. Dass die fleischliche Hülle, deren sich die Seele einst bedient hat, noch mit Funktionen erfüllt ist, jedoch keine bewusste Persönlichkeit mehr darstellt, macht natürlich den Angehörigen schwer zu schaffen.

Sie sehen also, eine Seelenentwicklung kann ganz schön krumm und mit viel Leid vonstatten gehen. Darum möchte ich Ihnen ans Herz legen: setzen Sie nicht Ihre wertvolle Gesundheit aufs Spiel, indem Sie sich permanent vergiften oder zu Drogen greifen.

Sie wissen jetzt, dass es Opiate und Halluzinogene gibt. Opiate wirken vorwiegend astral (Gefühl, Emotion), Halluzinogene wirken hauptsächlich mental (Gedanken, Verstand). Nun gibt es auch noch Drogen, die gemischt wirken, die Mode-Droge „Kokain" ist so ein Vertreter. Nach dem Genuss von Kokain fühlen Sie sich unschlagbar, aufgedreht, extrem leistungsfähig, Sie sind für sich der liebe Gott! Kokain ist ein Suchtgift. Zwar nicht so extrem Sucht erzeugend wie Heroin (da genügt unter Umständen schon 1 Schuss!), jedoch auch höchst gefährlich. Die Schicksale von Prominenten, die dieser Droge verfallen sind, kennen Sie ja zur Genüge. Kokainsucht ist progressiv, das bedeutet, Sie brauchen eine immer höhere Dosis in immer kürzerer Zeit. Anders als bei Opiaten, garantiert Kokain, und gerade im fortgeschrittenen Suchtstadium, kein automatisch „gutes „Feeling". Sie können nach dem Konsum von Kokain auch auf eine Art Horrortrip gelangen – mit übelsten Folgen!

Eine weitere Gattung gemischt wirkender Drogen sind die so genannten „Designerdrogen", wie zum Beispiel das relativ billige und deshalb bei unserer Jugend so beliebte „Extasy". Diese rein chemische Droge wirkt stark in halluzinogener Richtung, Zusammenbrüche durch Leistungsüberschätzung und Wahrvorstellungen sind bei Diskothekenfreaks, die Extasy konsumieren, keine Seltenheit. Extasy greift das Gehirn an, die Konsumenten verblöden schlicht und ergreifend immer mehr.

Jetzt kommen wir zu den viel diskutierten „weichen Drogen", wie Haschisch und Marihuana. Beides wird aus der an und für sich überaus nützlichen indischen Hanfpflanze (Cannabis) gewonnen. Sowohl in Haschisch wie auch in Marihuana ist der Wirkstoff „Tetrahydrocannabinol" (kurz „THC") enthalten. Wenn dieser Stoff in den menschlichen Organismus gelangt (egal, ob durch Rauchen oder durch Essen), dann werden Sie „high". Sie gelangen in ein anderes Bewusstsein, man spricht ja nicht umsonst von „bewusstseinserweiternden Drogen". THC wirkt sowohl astral (Gefühl, Emotion) als auch mental (Gedanken, Geist). Es wird immer wieder von gewissen Leuten propagiert, THC-haltige Drogen (Haschisch und Marihuana) doch endlich frei zu geben, da diese Drogen nach deren Ansicht weitaus weniger gefährlicher sind als Alkohol und auch nicht süchtig machen. Körperlich abhängig werden Sie von diesen Drogen nicht, aber psychisch abhängig auf jeden Fall. Doch das möchte die eingefleischte Kiffer-Szene nur ungern hören – schon aus Gründen des Selbstbetruges nicht. Tatsache ist, dort wo regelmäßig gekifft wird, wird immer gekifft! Da gibt es kein geselliges Beisammensein, keine Party oder Wochenende, an dem nicht gekifft wird. Und warum nicht? – THC bringt diese Leute in eine andere Realität, genauso wie Alkohol. Und beides geht oft Hand in Hand, denn dort, wo gekifft wird, wird auch Alkohol konsumiert, vom Nikotin ganz zu schweigen. Natürlich gibt es, wie überall, auch rühmliche Ausnahmen. Doch, was die psychische Abhängigkeit anbelangt, muss ganz klar gesehen werden, dass die überwiegende Mehrheit der THC-Konsumenten permanent Tag für Tag eifrig ihre Joints bastelt.

THC wirkt nicht so stark wie Kokain, Opiate oder reine Halluzinogene, nur, die Wirkung von THC darf man nicht unterschätzen. Nicht jeder Mensch reagiert auf THC-Konsum gleich. Ich habe es nicht nur einmal erlebt, dass Jugendliche nach dem Konsum von Haschisch oder Marihuana in Zustände geraten sind, die den Einsatz eines Notarztes nach sich gezogen haben. Je nach Qualität (THC-Gehalt) des „Stoffes", kann THC ihr Bewusstsein derart verrücken (in die Astral- oder Mentalwelt), dass Sie jegliche Orientierung und Selbstkontrolle verlieren. Auch Panikattacken, die einem LSD-Horrortrip schon sehr nahe kommen, sind keine Seltenheit.

Jegliche Diskussion darüber, ob THC-haltige Drogen auch noch legalisiert und somit gesellschaftsfähig gemacht werden sollen, ist absolut fehl am Platz! Genügt es denn nicht schon, was wir an gesellschaftsfähigen Giften und Realitätsflucht in unserer Welt haben?

Liebe Freunde, Drogen, egal welcher Art, zerstören die von Natur aus gesunde Einheit und Harmonie des Seelenlebens (Mentalkörper, Astralkörper, Leib). In fast allen Fällen (bei harten Drogen) ruinieren Sie sich gesundheitlich und sozial in einem verheerenden Maße. Drogen sind immer eine Flucht aus der grobstofflichen Realität, Sie können dieser Realität jedoch nicht durch Flucht entkommen, sie holt Sie immer wieder ein. Und da Drogen Ihre lebenswichtige Aura mehr und mehr schädigen, wird dasjenige, vor dem Sie davonlaufen, immer mächtiger und somit immer schwerer zu bewältigen. Sie müssen sich dem Leben wohl oder übel so stellen, wie es ist.

Sie können vor dem Leben nicht fliehen – Sie sind unsterblich!

Darum, lassen Sie die Finger weg von jeglichen Drogen!

Ihre Seele (also Sie!) wird es Ihnen, in einer für Sie momentan noch unvorstellbaren Art und Weise, danken!

LEBENSMITTEL, DIE KEINE MEHR SIND

Wir Menschen haben eine Sprache, deren Grundlage Worte sind. Die einzelnen Worte, die wir im Sprachschatz haben, sind nicht per Zufall entstanden – es gibt keinen Zufall! Worte, die grundlegende Dinge ausdrücken, werden von den Menschen nicht erfunden, sondern **gefunden**. Und man kann nur etwas finden, was bereits existiert. Das Universum funktioniert zyklisch, im letzten Kapitel werde ich Ihnen das noch genauer darlegen. Zyklisch bedeutet, es vergeht alles und kommt zu genau festgelegtem Zeitpunkt wieder. Galaxien und die darin enthaltenen Welten kommen und gehen, das ist universal gesehen vollkommen normal. Wenn neue, bewohnte Welten entstehen, dann entsteht dort nichts ursprünglich Neues, sondern lediglich schon immer Existentes kommt wieder zum Ausdruck. Worte sind Ausdruck des höchsten BEWUSSTSEINS, das ALLES erschaffen hat. Es heißt nicht umsonst in der Bibel: *„Am Anfang war das Wort, und das Wort ist Fleisch geworden!“* Worte erschaffen! Jedes Wort, ja sogar jeder einzelne Buchstabe hat auf mentaler Ebene eine schöpferische Kraft und Bedeutung, seien Sie sich dessen gewiss. Wir Menschen machen uns über die einzelnen Worte, die wir täglich benutzen, gar keine besonderen Gedanken, wir sprechen und hören Sie halt. Wenn zum Beispiel großartige technische Neuigkeiten ins Weltgeschehen eintreten, dann spricht man von Erfindungen. Da ist also ein Mensch, der erfindet. Ja schauen Sie sich doch einmal das Wort genau an. **ER** (der Mensch) **FINDET** etwas. Das Wort sagt uns doch ganz klar, dass es das, was wir als Neuigkeit ansehen, bereits gegeben hat – man hat es lediglich wieder gefunden. Betrachten Sie einmal sämtliche Tätigkeitswörter, die Ihnen so einfallen und die mit der Vorsilbe „er“ beginnen, in diesem Sinn. Sie werden erstaunt sein, wie ganz anders und sinnvoll sich Ihnen diese Wörter plötzlich darstellen.

Doch jetzt geht es um Lebensmittel.

Dabei handelt es sich lediglich um **MITTEL**, die Ihnen das **LEBEN** geben. Das Mittel ist also nur die Trägersubstanz für das LEBEN – wie das Wort „LEBENsmittel“ eindeutig zum Ausdruck bringt. Wenn das Mittel kein Leben mehr trägt, dann ist dieses Mittel für Sie im günstigsten Fall noch sättigender, schlapp machender Ballaststoff, im ungünstigsten Fall bringt es sie dem Tode näher als dem LEBEN.

Die Nahrung, die wir Menschen heutzutage zu uns nehmen, trägt mit erschreckend steigender Tendenz immer weniger LEBEN in sich. Da mag noch so viel an Mineralien, Spurenelementen und Vitaminen auf dem Etikett aufgedruckt sein, dies alles garantiert nicht, dass sich im MITTEL noch LEBEN befindet – Merken Sie sich das bitte gut!

LEBENdigkeit, die ein LEBENsmittel uns vermitteln soll, ist nur mit modernsten, höchst aufwendigen technischen Untersuchungen wissenschaftlich nachzuweisen. Und zwar niemals direkt als Stoff (denn Leben ist nicht materiell), sondern immer nur als Vergleich zu einer Referenz. Ich werde Ihnen das kurz anhand eines Beispieles verdeutlichen:

Das wichtigste Lebensmittel, das wir kennen, ist unser Wasser. Wasser ist lebendig, das wissen fast alle Menschen. Man braucht sich nur einen Tropfen Wasser unter dem Mikroskop anzuschauen, dann blickt man in eine fantastische, fast schon unheimlich lebendige Welt von unzähligen Kleinstlebewesen. Das lebendigste und somit logischerweise auch gesündeste Wasser, das es gibt, ist reines, natürlich entsprungenes Quellwasser. So ein Wasser ist, was wissenschaftliche Untersuchungen anbelangt, die Referenz – man könnte es auch „irdisch/göttliches Maximum" nennen. An den Eigenschaften von reinem Quellwasser können also alle anderen Wässer gemessen oder besser gesagt verglichen werden. Wasser ist ein InFORMationsträger. Das LEBEN in einem Lebensmittel kann man auch als InFORMation bezeichnen. Diese InFORMation hält, wie das Wort schon sagt, unseren grobstofflichen Leib in Form – also gesund. Dies geschieht durch Schwingungen und bestimmte Frequenzmuster, die man wissenschaftlich nachweisen und sichtbar machen kann. Wenn ein Lebensmittel kein LEBEN sprich keine InFORMation mehr besitzt, die an unseren Organismus weitergeben werden kann, dann ist dieses Lebensmittel lediglich sättigender Ballaststoff. Es gibt aber auch Stoffe, die unseren Organismus falsch informieren – solche Stoffe sind schlicht und ergreifend Gift. Wenn unsere Zellen falsch informiert werden, dann hat dies, je nach Schwere der Falschinformation, negative, krank machende Auswirkungen. Reines Quellwasser weiß genau, was unsere Zellen brauchen, um korrekt zu funktionieren, und genau das teilt es ihnen beim Trinken mit. Das unlebendigste Wasser, das wir kennen, ist destilliertes Wasser, das wir ja auch nicht trinken, sondern zum Beispiel unserem Dampfbügeleisen oder der Autobatterie zuführen. Und zwischen reinem Quellwasser und destilliertem Wasser liegt alles andere an Wasser, was wir so konsumieren.

Reines Quellwasser ist resistent gegen Keime, doch diese Tatsache ist vielen Menschen gar nicht bekannt. Giessen Sie doch einmal ein Glas Leitungswasser ein, und lassen Sie dieses Wasser 14 Tage lang einfach stehen. Und nach 14 Tagen trinken Sie dann dieses Wasser oder besser, riechen Sie erst mal daran, denn es stinkt sehr wahrscheinlich, Sie können sich das Trinken ersparen. Das Phänomen der Fäulnis und das damit verbundene Stinken kennt die Hausfrau auch beim abgestandenen Blumenwasser. Und nun nehmen Sie einmal ein Glas reines Quellwasser, und lassen dieses 14 Tage oder meinetwegen auch 1 Jahr (wird dann aber verdunstet sein) lang stehen. Diesem Wasser passiert gar nichts! Es ist so lebendig und gesund, dass sich gar keine Fäulniskeime bilden können. Reines, abgefülltes Quellwasser bekommen Sie derzeit seltsamerweise fast nur in Reformhäusern oder Naturkostläden. Und das Haltbarkeitsdatum, denn es muss laut Verordnung ein Datum angegeben werden, beträgt immer mehrere Jahre – egal, ob Flasche geöffnet oder ungeöffnet!

Wasser muss entstehungstechnisch reifen, um die notwendige InFORMation zu erlangen, die für uns Menschen so lebenswichtig ist. Ein reifes Wasser entspringt dann von ganz alleine als natürliche Quelle. Bei den meisten Mineralwasserquellen, aus denen uns die Industrie versorgt, handelt es sich um Tiefenbohrungen. Eine derartige Tiefenbohrung ist im

Grunde nichts anderes als eine Frühgeburt. So ein Mineralwasser ist nicht resistent gegen Keime, muss also entweder mit Kohlensäure haltbar gemacht werden, oder man versetzt es mit Ozon, was mittlerweile fast gang und gäbe ist. Ein mit Kohlensäure oder Ozon versetztes Wasser bildet zwar keine Fäulnisbakterien mehr, trägt aber auch keinerlei nützliche und lebenswichtige InFORMation in sich! Und eine so genannte „Ozonierung“ muss nicht einmal auf dem Etikett ausgewiesen werden. Im Gegenteil, Abfüllern von reinem, naturbelassenem Quellwasser ist es verboten, auf ihr Etikett den Aufdruck „nicht ozoniert!“ anzubringen. Es existieren dahingehend haarsträubende Gerichtsurteile! Ich sage es Ihnen an dieser Stelle noch einmal:

Das **GELD** hat sich unser **Recht untertan gemacht!**

Wer glaubt, dass die im Getränkehandel angebotenen und schick aufgemachten Mineralwässer viel LEBEN in sich tragen, der irrt sich also gewaltig. Wir haben es nämlich weltweit (genauso wie beim Fleisch!) mit einer Art Mineralwassermafia zu tun, was in aufgeklärten Kreisen schon lange bekannt ist.

Aber auch unser Trinkwasser, das teilweise eine ganz vernünftige Qualität hätte, wird vorsätzlich mit Chlor und Fluor versetzt, somit fehlinformiert, und diese Fehlinformation gibt es dann an die Menschen weiter. Uns erzählt man, dass dies für unsere Gesundheit getan wird, genau das Gegenteil ist der traurige Fall, aber das habe ich Ihnen ja schon aufgezeigt. Wenn Sie sich über das Thema Wasser (und es ist ein hochinteressantes Thema) inFORMieren wollen, dann empfehle ich Ihnen folgende Bücher:

Emoto, Masaru: Die Botschaft des Wassers (ISBN: 3929512211)
Emoto, Masaru: Die Antwort des Wassers (ISBN: 3929512939)

Masaru Emoto wurde im Juli 1943 in Yokohama (Japan) geboren. Der anerkannte Doktor der alternativen Medizin und Präsident des „Allgemeinen Forschungsinstituts Japan“ (IHM), ist darüber hinaus Präsident der „IHM HADO Vereinigung“ und des Schweizer Instituts „Wise Crystal“. In den beiden oben angeführten Büchern zeigt Masaru Emoto anhand von phantastischen Fotografien auf, dass Wasser nicht gleich Wasser ist, und dass das, was man oft so lapidar als „kühles Nass“ bezeichnet, mit Geheimnissen aufwartet, die wirklich sensationell sind.

LEBENSmittel versorgen den menschlichen Organismus im Grunde nicht mit Flüssigkeit, Proteinen, Kohlenhydraten, Fetten, Vitaminen, Mineralien usw., sondern sie versorgen unsere Zellen eigentlich nur mit InFORMation. Wir essen und trinken nichts anderes als InFORMation in Form von Schwingungen. Und ein InFORMationsträger der ganz besonderen Art ist Salz. Und zwar lebendiges, ganzheitliches Salz, und nicht das raffinierte Verbrechen, das sich höchst wahrscheinlich in Ihrem Küchenschrank befindet, und dem man die irreführende Bezeichnung „Speisesalz“ gegeben hat! Diesem Speisesalz wurde nämlich durch den Prozess des Raffinierens die Ganzheit genommen, und das, was übrig bleibt und den Menschen als Speisesalz verkauft wird, hat mit LEBENSmittel nichts mehr zu tun, sondern es fällt in den Bereich „Gift“!

Der grobstoffliche Leib eines Menschen besteht aus natürlichen Elementen. 92 natürliche Elemente gibt es. Und ein Großteil dieser Elemente ist in naturbelassenem, gesundem Salz vorhanden. Natürliches Salz ist nach Wasser und Luft das wichtigste LEBENSMITTEL. Salz ist, wenn man dessen Entstehung betrachtet, nichts anderes als kristallisiertes Sonnenlicht. Salz beinhaltet nahezu alles an Mineralien und Spurenelementen, was der Mensch zum Leben braucht, es ist **ganzheitlich**. Wenn man einen menschlichen Leib bis zum Gehtnichtmehr verbrennt, dann bleibt reines Salz übrig. Naturbelassenes Salz hat eine gewisse Intelligenz, es ist InFORMationsträger und somit der Gesundheit in hohem Maße dienlich. Wenn sie gesundes, natürliches Salz zu sich nehmen, dann schaut im Idealfall das Salz quasi in Ihrem Körper nach, was denn so an Elementen fehlt, das Fehlende wird ergänzt, und der Rest wird ausgeschieden – genial, nicht wahr? Sie können gesundes, natürliches Salz auch nicht überdosieren und somit gesundheitliche Schäden erlangen.

Natürliches Salz kommt in der Natur in drei verschiedenen Zuständen vor. Als Meersalz, als Steinsalz und als Kristallsalz. Salz hat generell eine kristalline Struktur, die Harmonie der Struktur ist jedoch entscheidend. Steinsalz und Kristallsalz sind ursprünglich aus Meersalz entstanden. Die Urmeere sind ausgetrocknet, riesige Salzseen sind entstanden. Gewaltige Erdmassenverschiebungen haben Gebirge entstehen lassen, die Salzplatten sind somit unter extrem starken Druck geraten. Bei starkem Druck ändert sich die kristalline Struktur, sie wird immer harmonischer und somit klarer. Ein reiner Bergkristall zum Beispiel ist das Maximum an struktureller Kristallharmonie. Bei Salz ist es das Kristallsalz, welches die harmonischste Struktur aufweist. Je harmonischer die Salzkristallstruktur ist, desto mehr LEBENswichtige InFORMation kann das Salz dem Menschen übermitteln – es ist LEBENdiger. Kristallsalz durchzieht, ähnlich dem Gold, die Steinsalzblöcke in Form von Adern – es ist also, im Vergleich zum Steinsalz, relativ rar. Kristallsalz wurde in der Geschichte als weißes Gold bezeichnet, die Menschen wussten also über den unschätzbaren Wert dieses Salzes bestens Bescheid. Kristallsalz war vorwiegend dem Adel vorbehalten, es wurden sogar etliche Kriege um dieses Salz geführt. Kristallsalz ist also der König unter den Salzen, aber auch natürliches Steinsalz und natürliches Meersalz sorgen bestens für des Menschen Gesundheit.

Nur, Sie haben aller Wahrscheinlichkeit nach kein natürliches Salz in Ihrem Haushalt, Sie verwenden handelsübliches Speisesalz, dabei handelt es sich um reines Natriumchlorid sprich Kochsalz – und das vergiftet Sie! Das wird Ihnen auch jeder Doktor bestätigen: *„Essen Sie ja nicht zu viel Salz, das ist gesundheitsschädlich!“* – hören wir doch von ärztlicher Seite immer wieder. Jetzt werden Sie sicherlich fragen: *„Ja um Himmelswillen, wie ist denn so etwas möglich?“* **Wie** so etwas möglich ist, das ist schnell erklärt:

Die Industrie braucht, um verschiedenste chemische Prozesse zu steuern, große Mengen an reinem, aggressivem Natriumchlorid. Und dieses Natriumchlorid wird durch den Prozess des Raffinierens aus natürlichem Salz gewonnen. Dem natürlichen Salz werden in so genannten „Raffinerien“ alle Elemente entzogen, mit Ausnahme von Natrium und Chlorid. Natrium und Chlorid sind zwar die Hauptbestandteile eines Salzes, die restlichen Elemente sorgen jedoch für die Ganzheitlichkeit und somit für LEBENdigkeit und Gesundheit.

So weit, so gut, doch jetzt wird es kriminell. Dieses für den Menschen giftige Natriumchlorid wird der Bevölkerung unter der Bezeichnung „Kochsalz“ oder „Speisesalz“ als Lebensmittel verkauft – und zwar weltweit! Dabei bräuchte die Lebensmittelindustrie doch nur das natürliche, gesunde Salz so zu belassen, wie es ist, und lediglich in gewünschte Korngrößen zu mahlen. Stattdessen wird noch Geld zur Vernichtung der Natürlichkeit ausgegeben, denn

Raffinieren verursacht Kosten. An der Wirtschaftlichkeit kann es also nicht liegen, dass man uns Gift als Lebensmittel verkauft. Jetzt könnte man noch vermuten, dass es vielleicht aus Unwissenheit geschieht. Doch diese Vermutung ist wohl mehr als lächerlich. Bleibt nur noch ein, wenn auch erschreckender, Grund:

Irgendjemand ist daran interessiert, die Menschen krank zu machen!

Und dieser Vorsatz wird durch eine schier unglaubliche gesetzliche Verordnung rechtlich gedeckt. Bei dieser Verordnung handelt es sich um den „Codex Alimentarius". Der Codex Alimentarius bestimmt gesetzlich den Standart für Speisesalz und fordert, dass Speisesalz mindestens 97% Natriumchlorid enthalten muss! – Klingt unglaublich, ist aber wahr! Von behördlicher Seite heißt es, dieser Codex sei deshalb notwendig, um zu verhindern, dass ein Salz zu viel Arsen, Kupfer, Blei, Cadmium und Quecksilber beinhaltet, was sich ja auf den ersten Blick durchaus positiv anhört. Was bei diesem Codex natürlich verschwiegen wird, ist die Tatsache, dass es diese gesetzliche Verordnung unmöglich macht, natürliches, gesundes Stein- oder Meersalz als LEBENsmittel zu verkaufen, denn Stein- und Meersalz enthalten in der Regel keine 97% Natriumchlorid, wie das beim Kristallsalz der Fall ist. Es muss also, um als Lebensmittel in den Handel gelangen zu dürfen (obwohl es dann seine Ganzheit verloren hat und kein LEBEN mehr vermitteln kann), raffiniert werden. In Wirklichkeit enthalten natürliche Salze, die abgebaut oder geerntet werden (beim Meersalz spricht man von ernten) keinerlei Konzentrationen, die die Gesundheit gefährden könnten – ganz im Gegenteil! Die Tiere (für die gilt diese Verordnung nicht!) bekommen sehr wohl Lecksteine, die aus natürlichem Steinsalz sind, denn an reinem Natriumchlorid (unserem Speisesalz) würden sie krepieren! Aber uns Menschen wird dieses Gift weltweit **vorsätzlich** als Lebensmittel verabreicht. Und oftmals noch mit Jod und Fluor versetzt, was das Zeug noch giftiger macht, obwohl auf der Verpackung das Gegenteil gelogen wird.

Seltsamerweise wird mittlerweile in Reformhäusern und auch in den Bioecken der Supermärkte vollkommen naturbelassenes Meer- und Steinsalz angeboten, was eigentlich gegen die Bestimmungen des Codex Alimentarius ist. Das liegt sehr wahrscheinlich daran, dass die Menschen in punkto Salz mittels Bücher und Internet mehr und mehr aufgeklärt werden, und man von gesetzgebender Seite her langsam kalte Füße bekommt. Denn ich möchte nicht in der Haut der Verantwortlichen stecken, wenn der Bevölkerung bewusst wird, was hier für ein Verbrechen verübt wird. Und mir braucht kein Gesundheitsministerium erzählen, man hätte nichts davon gewusst!

Übrigens, der Volksmund weiß ganz genau, dass wir in punkto Salz hinterhältig vergiftet werden. Was sagt man denn, wenn ein hinterlistiger Plan plötzlich bekannt wird: *„Das war ganz schön **raffiniert!**"* – Alles klar?

Natriumchlorid (Kochsalz/Speisesalz), mit dem die ganze Welt versorgt wird, ist bei der Entstehung von so genannten Zivilisationskrankheiten maßgeblich beteiligt! Zum Beispiel bei Bluthochdruck, was jeder Arzt bestätigen wird. Natürliches, gesundes Salz ist **niemals** die Ursache für einen zu hohen Blutdruck, im Gegenteil, Kristallsalz normalisiert die Werte unter Umständen sogar, egal, ob der Blutdruck zu hoch oder zu niedrig ist.

Verwenden Sie **unbedingt** nicht-raffiniertes, vollkommen naturbelassenes Salz (auch dürfen keine Rieselhilfen beigesetzt sein, denn die sind ein Skandal für sich!), Sie bekommen derartiges Salz in Reformhäusern und Naturkostläden oder in der Bioecke im Supermarkt. Es gibt nicht-raffiniertes Meer- und Steinsalz sowie Kristallsalz zu kaufen. Kristallsalz wird meinem Wissen nach in raffinierter Form gar nicht angeboten. Kristallsalz ist verhältnismäßig teuer, wenn man jedoch bedenkt, was dieses Salz für die Gesundheit des Menschen tut, dann ist dies den Preis allemal wert. Wie schon erwähnt, es handelt sich dabei um „weißes Gold".

Wenn Sie sich über das Thema Salz näher inFORMieren wollen – und es ist eine hochinteressante Thematik! –, dann empfehle ich Ihnen folgendes Buch:

Krüger, Harald: Kristall-Salze (ISBN: 3442216451)

Stellen Sie sich einmal vor, 30% aller Bundesbürger leiden an Bluthochdruck – **dreißig Prozent!**

Die Kosten, die sich daraus ergeben, sind gigantisch, alleine in der BRD sind es ca. 60 Millionen Euro **täglich**! Daraus errechnet sich eine jährliche Belastung des Gesundheitswesens von **22 Milliarden Euro**! Und hierbei handelt es sich nur um unmittelbare Behandlungskosten (vorwiegend Medikamente), von diversen Folgekosten, auf die ich noch zu sprechen kommen werde, ganz zu schweigen, hier wird die Summe astronomisch! Ja glauben Sie im Ernst, dass diejenigen, die daran kräftig verdienen, auch nur das geringste Interesse daran haben, dass die Menschen natürliches, gesundes Salz bekommen? Und auch unser hoch bezahltes politisches Kasperltheater hat in dieser Sache das Maul zu halten – geschweige denn etwas dagegen zu unternehmen, denn es wäre ein Leichtes, den Menschen zu gesundem, LEBENdigem Salz zu verhelfen und giftiges Natriumchlorid (Kochsalz) als Lebensmittel zu verbieten. Jedoch:

Das **GELD** hat sich unser **Recht** und unsere **Gesundheit untertan gemacht!**

Schauen Sie sich doch einmal unsere politische Bühne über die Jahrzehnte hinweg einmal genau an! Können Sie den jämmerlichen, korrupten Witz, der da vorgetragen wird, überhaupt noch ertragen? Ja merken Sie denn nicht, dass Sie hier komplett verarscht und hintergangen werden? Vollkommen egal, ob Rot, Schwarz, Grün oder Gelb regiert, das GELD diktiert, was zu passieren hat. Das GELD steuert die Arbeitslosenzahlen nach Belieben; das GELD bestimmt den Inhalt unserer Gesetzbücher; das GELD sagt, wann und wo Krieg zu sein hat; das GELD bestimmt, wie hoch sich ein Land verschulden muss; das GELD bestimmt, wie krank die Menschen zu sein haben – und nicht die fadenscheinigen Figuren, die sich als Vertreter des Volkes ausgeben!

Was sagen Sie? *„Wir haben doch eine Demokratie!"* – Ja zwischen was können Sie denn noch großartig wählen? Zwischen Schlecht und Miserabel können Sie wählen – und sonst gar nichts! Betrachten Sie doch einmal die Struktur der etablierten Parteien und die Gesetze zur Parteigründung genau. Von den mächtigen Medien, die ebenfalls komplett vom GELD regiert werden, ganz zu schweigen. Es ist gezielt zu einem Ding der Unmöglichkeit gemacht worden, dass eine Partei entsteht, die konsequent für das Wohl und die Gesundheit der Menschen eintritt. Wenn Sie in einer etablierten Partei der so genannten „Basis" angehören (also ganz unten anfangen), dann müssen Sie, um nach oben zu gelangen, mit den Wölfen mitheulen, denen in den Arsch kriechen, wie der Volksmund so schön sagt, sonst sind sie unbequem, ein Querulant und werden folglich gar nichts!

Können Sie das heuchlerische Kostensteigungsgewinsel des Gesundheitsministers oder der Gesundheitsministerin überhaupt noch hören? Warum wissen denn diese hoch studierten Politiker samt monströsem, ach so klugen Beratungsstab nicht, dass man mit schier lächerlich **einfachsten** Maßnahmen (z.B. mit LEBENdigem Wasser und Salz sowie Stevia anstatt Zucker) Hunderte von Milliarden an Kosten im Gesundheitswesen sparen könnte? Die Antwort ist denkbar einfach: Diese Leute dürfen an unserer Gesundheit gar nicht interessiert sein! – Merken Sie das jetzt langsam?

Was die Volkskrankheit „Bluthochdruck (Hypertonie)“ anbelangt, so werde ich jetzt ein bisschen ins Detail gehen:

Wie Sie bereits wissen, muss unser Gesundheitswesen jährlich gigantische Beträge für blutdrucksenkende Mittel aufwenden. Was Sie noch nicht wissen, ist die Tatsache, dass all diese blutdrucksenkenden Mittel diejenigen Menschen, die derartige Mittel einnehmen, auf Dauer gesehen wirklich krank machen. Und warum? – Weil diese Mittel zwar für einen schönen Wert am Blutdruckmessgerät sorgen, jedoch die Ursache des zu hohen Blutdruckes nicht oder allenfalls habherzig angehen. Ich werde Ihnen das kurz erklären:

Der menschliche Körper muss immer ausreichend mit Sauerstoff versorgt werden, dieser Versorgung misst der Organismus oberste Priorität bei. Die Versorgung mit lebenswichtigem Sauerstoff geschieht, wie Sie ja sicherlich wissen, über das Blut. Der über die Lunge eingeatmete Sauerstoff wird vom Blut aufgenommen und über die Venen und Adern hin zu den Blutgefäßen und Blutkapillaren transportiert. Bei Blutkapillaren handelt es sich um winzige Blutgefäße, mittels derer die Sauerstoffversorgung des Gewebes und der Zellen stattfindet. Unser Herz ist dafür verantwortlich, dass alle Blutkapillaren immer mit genügend sauerstoffhaltigem Blut versorgt werden. Deshalb pumpt es stetig mit gewissem Druck (Blutdruck) das Blut in dieses System. Bei Menschen mit permanent zu hohem Blutdruck liegt folgender Defekt vor: Die Blutkapillaren sind winzige Schläuche, durch die das Blut fließen muss, um das Gewebe mit Sauerstoff zu versorgen. Diese Schläuche sind bei Bluthochdruckpatienten verdickt, damit verengt sich deren Querschnitt, durch den das Blut hindurchfließen muss. Außerdem ist bei einigen Bluthochdruckpatienten das Blut dickflüssiger als normal, was die Sache noch kritischer macht.

Diese beiden Defekte (verengter Querschnitt und Dickflüssigkeit) sind die Ursache, dass das Gewebe und die Zellen nicht mehr genügend Sauerstoff bekommen. Ihr Organismus löst den Hilfeschrei ***„Sauerstoffmangel!“*** aus – ein lebenswichtiges Notsignal!

Wenn Sie in Ihrem Körper der leitende technische Ingenieur wären, was würden Sie tun in so einer kritischen Situation? Logisch, sofort den Druck erhöhen, sodass die lebenswichtige Sauerstoffversorgung gewährleistet ist. Das Herz muss dann zwar mehr leisten, dafür bleibt aber der Organismus gesund. Und genau diese Maßnahme ergreift der Organismus, und zwar vollkommen automatisch und der jeweiligen Situation angemessen. Menschen mit zu hohem Blutdruck fühlen sich **nicht** unwohl! – Lediglich die Werte des Blutdruckmessgerätes versetzen sie in Panik, und ein Besuch beim Arzt wird vorgenommen. Und was macht der Onkel Doktor? Er greift in den allermeisten Fällen zum Rezeptblock und verschreibt Ihnen blutdrucksenkende Mittel. Diese Mittel erweitern weder den Querschnitt der Blutkapillaren noch verhelfen sie dem Blut dazu, seine natürliche Konsistenz selbständig zu gewährleisten. Diese Mittel setzen in erster Linie den „Hilfe-mehr-Sauerstoff-Schrei“ der Zellen außer Kraft und veranlassen so das Herz, wieder mit geringerem Druck zu pumpen. Die Werte auf dem Blutdruckmessgerät sind zwar dann wieder schön, doch Ihre Zellen haben nach wie vor Sauerstoffmangel. Und jetzt, trotz „normalen“ Blutdruckwerten, geht es den Leuten schlecht. Ist ja klar, Sauerstoffmangel führt zu Unwohlsein! – Merken Sie, mit was für zwielichtigen, kostenintensiven, ja oft lebensgefährlichen Methoden weltweit Bluthochdruck behandelt wird? Und als Patient, dessen zu hoher Blutdruck mit blutdrucksenkenden Mitteln normalisiert wird, sind Sie dann lukrativer Dauerpatient. Und zwar auf mehreren Ebenen, denn der permanente Sauerstoffmangel, dem Ihre Zellen ausgesetzt sind, macht Sie dann erst richtig krank, und damit für die Medizinmafia letztendlich auch richtig interessant! Oder warum glauben Sie, dürfen Flugzeugpiloten, die an Bluthochdruck leiden, und die mittels blutdrucksenkender Medikamente wieder einen normalen Blutdruck vorweisen können, nicht fliegen?

Wie Sie sehen, ist die Sachlage in punkto Behandlung von zu hohem Blutdruck medizinisch so klar und einfach zu verstehen, da braucht es gar nicht viel an Intellekt, um das zu kapieren. Doch für unsere verantwortlichen Politiker ist dies anscheinend schon zu hoch – oder etwa doch nicht?

Es gibt etliche Studien, die den Einsatz von blutdrucksenkenden Mitteln als vollkommen unsinnig entlarven – ist ja auch nicht sonderlich schwierig, dies nachzuweisen. Natürlich ist es nicht normal und in einigen Fällen auch gefährlich, wenn das Herz mehr leisten muss. Aber es ist, **objektiv gesehen,** weitaus gefährlicher, den Organismus permanentem Sauerstoffmangel auszusetzen! – Es muss die Ursache des Übels bekämpft werden. Und die Ursachen sind, wie schon gesagt, in erster Linie verengte Blutkapillaren und mitunter auch zu dickflüssiges Blut. Und was verursacht wiederum diese beiden Ursachen? – Denn das ist hier die entscheidende Frage. Auch diese Frage ist wissenschaftlich schon längst geklärt, es gibt vier Hauptursachen:

1. Viel zu hohe Zufuhr von tierischem Eiweiß durch Fleisch-, Wurst-, und Fischkonsum
2. Vergiftung durch Natriumchlorid (Kochsalz)
3. Gefäßverengung durch Nikotin (Arteriosklerose)
4. Stress und Bewegungsmangel

Wenn Sie zur Gruppe der Bluthochdruckpatienten gehören oder auch sonstiges Interesse an diesem Skandal ersten Ranges haben, dann schauen Sie sich doch einmal die Internetseite des Dr. Johann Georg Schnitzer an, unter: www.dr-schnitzer.de. Dort finden Sie weitergehende InFORMation und Literatur zu diesem brisanten Thema.

Und seien Sie sich darüber bewusst, dass das, was ich Ihnen hier an Missständen aufzeige, nur die Spitze eines Eisberges ist. Die Menschen werden auf dieser Welt in einer Art und Weise betrogen und misshandelt, wie Sie sich das gar nicht vorstellen können.

Doch nun wieder zurück zum mehr und mehr schwindenden LEBEN in unseren Lebensmitteln.

Ich habe Ihnen ja schon klar gemacht, wie schwierig und aufwendig es ist, LEBEN in einem Lebensmittel nachzuweisen. Und eines müsste Ihnen mittlerweile bereits klar sein, die Industrie und die verantwortliche Politik haben **nicht das geringste** Interesse daran, nachzuweisen, wie erschreckend gering der Anteil von LEBEN in unseren Lebensmitteln ist. Schön beschriftete Etiketten mit Angabe von Vitaminen, Mineralien und Spurenelementen, schöne Farbe, die Frische vermitteln soll, Empfehlungen von irgendwelchen dubiosen Doktoren oder Gutachtern sowie wahnsinnig gesund klingende Werbung sind nicht der geringste Beweis dafür, dass sich noch LEBEN in einem Lebensmittel befindet.

Ich werde Ihnen einmal das Maximum an LEBENSMITTEL schildern, das mittlerweile leider zur Utopie geworden ist:

Stellen Sie sich einen Apfelbaum vor, der in einer wunderschönen ländlichen Gegend wächst und gedeiht. Dieser Baum hat als Nachbar einen Birnbaum, einen Kirschbaum und einen Zwetschgenbaum. Um ihn herum wachsen duftende Kräuter, herrliche Blumen und knackiges Gemüse. Die hoch energetische Aura, die diese biologische Lebensgemeinschaft bildet, lässt nicht den geringsten schädigenden Einfluss (Schädlinge/Krankheit) von außen zu. Von Zeit zu Zeit bringt der Himmel köstliches, unbelastetes, höchst lebendiges Nass. Die Luft ist vollkommen rein und klar, jeder Windhauch ist ein Hochgenuss. Nicht die geringste Strahlung stört die Harmonie dieser Idylle, lediglich die wärmenden, lebensspendenden Sonnenstrahlen durchdringen dieses paradiesische Szenario. Es ist Spätsommer, und die reifen Äpfel am Baum konkurrieren in Schönheit und Pracht untereinander.

Wenn Sie so einen Apfel pflücken, sich in die Wiese setzen und genussvoll in diese Frucht beißen, dann nehmen Sie LEBEN in höchster Qualität in sich auf. Wenn Sie nun die heutige Lebensmittelproduktion anschauen, dann werden Sie unschwer feststellen, dass nahezu keines der oben beschriebenen Kriterien mehr erfüllt ist. Mit jedem Kriterium, das fehlt, schwindet jedoch das LEBEN – eigentlich nicht sonderlich schwer zu verstehen, oder?

Den Menschen wurde über die Werbung gezielt die Farbe „Weiß“ ins Gehirn eingetrichtert. Alles muss weiß und rein sein! Sogar so weiß, *„... dass es weißer nicht mehr geht!“* Und wehe, irgendetwas ist nicht weiß, dann tritt Ihr Gewissen aus Ihrem Leib und macht Ihnen heftigste Vorwürfe – das kommt Ihnen doch sicherlich (falls Sie schon entsprechend lang im irdischen Geschehen weilen und ab und zu fernsehen) bekannt vor – oder? Doch nicht nur die Wäsche muss weiß sein, auch die Nahrungsmittel, die uns im Geschäft angeboten werden, sind auf Weiß getrimmt. Egal, ob Salz, Zucker, Mehl, Reis usw., alles wird strahlend weiß präsentiert. Merken Sie sich gut:

**Je weißer etwas ist, umso weniger LEBEN trägt es in sich,
das geht bis hin zur Giftigkeit!**

Beim Salz wird das LEBEN durch den Vorgang des Raffinierens aus dem Produkt verbannt. Natriumchlorid (Kochsalz/Speisesalz) ist weiß – und giftig! Natürliches, gesundes Salz ist immer leicht rötlich.

Zucker wird ebenfalls raffiniert, dadurch wird, wie auch beim Salz, die Ganzheit des Naturproduktes zerstört. Raffinierter Zucker ist weiß, nicht raffinierter Rohzucker ist bräunlich. Nur, im Gegensatz zu Salz, das der Organismus unbedingt braucht, ist Zucker **völlig** überflüssig und ungesund. Zucker verursacht und fördert Zivilisationskrankheiten, die das Gesundheitswesen mit enormen Kosten belasten. Die Krankheit „Diabetes“ greift in erschreckendem Maße um sich und wird von der breiten Masse der Bürger vollkommen unterschätzt. Gehen Sie doch einmal in ein großes Krankenhaus, und besuchen Sie dort die eigens für Diabetiker eingerichtete Station. Sie werden sich wundern, wie vielen Menschen vom Zucker förmlich die Gliedmaßen weggefressen werden. Diabetes im fortgeschrittenen Stadium bedeutet nämlich in vielen Fällen Amputation! Und nicht nur Amputation, sondern auch Schlaganfall und Herzinfarkt. Und die Diabetes-Patienten werden immer jünger! Und es ist in allererster Linie der Zucker, der Diabetes verursacht, auch wenn die Zuckermafia dies immer wieder dadurch herunterzuspielen versucht, indem sie lautstark auf die anderen Faktoren, die Diabetes auslösen können, verweist.

Der jährliche Zuckerverbrauch pro Kopf ist in den letzten 150 Jahren von 2 auf sage und schreibe 40 Kilogramm gestiegen, und dementsprechend auch die Fälle von Diabetes. Wenn Sie schon süßen wollen, dann nehmen Sie Honig und auf keinen Fall chemischen Süßstoff, denn der ist ein Skandal für sich! Oder, noch besser, besorgen Sie sich das natürliche Süßmittel „Stevia", das aus der südamerikanischen Pflanze „Stevia Rebaudiana" gewonnen wird. Das Süßmittel Stevia hat null (!) Kalorien und ist sage und schreibe 300-mal süßer als Zucker. Stevia schadet weder den Zähnen noch beeinflusst es den Blutzuckerspiegel, und somit ist dieses Süßmittel auch ideal für Diabetiker geeignet.

Jetzt werden Sie sich vielleicht fragen, wieso ein derart ideales Süßmittel in Europa nahezu unbekannt ist, und warum sich die Lebensmittelindustrie dieses Süßstoffes nicht bedient. Nun, in Japan ist Stevia seit vielen Jahren der absolute Renner, und alle Gutachten bescheinigen diesem natürlichen Süßstoff beste Qualität und absolute Unbedenklichkeit. In der EU dagegen schaut die Sache gänzlich anders aus. Dort wird alles versucht, damit Stevia nicht ins Bewusstsein der Menschen gelangt, und dass es nicht als Lebensmittel zugelassen wird. Der wissenschaftliche Lebensmittelausschuss der EU erkennt einfach die (erstklassigen!) japanischen Gutachten nicht an, und Stevia wurde als erste Pflanze der „Novel-Food-Verordnung" unterstellt. Nach der Novel-Food-Verordnung werden Lebensmittel und Lebensmittelzutaten als neuartige Erzeugnisse definiert, wenn sie bisher in der EG noch nicht im nennenswerten Umfang für den menschlichen Verzehr verwendet wurden. Weiterhin stützt man sich auf ein äußerst fadenscheiniges Gutachten, das aus den USA stammt, und das dort, wie nicht anders zu erwarten, Stevia vom Lebensmittelmarkt verbannt hat. In der Schweiz, die ja nicht zur EU gehört, hat Stevia einen wesentlich höheren Bekanntheitsgrad, und es bleibt nur zu hoffen, dass dies mehr und mehr in die Nachbarländer abfärbt. Bei uns muss die Pflanze Stevia Rebaudiana als Futtermittel für Tiere deklariert werden, damit man überhaupt damit Handel betreiben kann, doch es gibt bereits Bestrebungen, auch dies europaweit (!) zu unterbinden. Sehen Sie, in punkto gesundem Süßmittel ist es wie einst mit gesundem Salz: für Tiere erlaubt, für Menschen verboten!

Wenn Sie sich näher über Stevia inFORMieren wollen, dann können Sie dies unter folgender Internetadresse: www.stevia.ch.

Rein weißes Mehl ist ebenfalls nicht anzuraten, gesundes Mehl (Vollkornmehl) ist leicht bräunlich und überall erhältlich. Lediglich was Weizenmehl anbelangt, ist es angebracht, rein weißes Weizenmehl zu verwenden, denn die Schale der Weizenkörner enthält Substanzen, die vielen Menschen arge Probleme beschert. Das wussten auch die alten Kulturen, Weizenmehl wurde bereits im frühen Ägypten vollkommen ausgemahlen und somit in rein weißer Form weiterverarbeitet.

Reis wird in Spezialmühlen geschliffen, dann poliert oder gebürstet, danach ist er weiß, hat aber seine Ganzheit eingebüßt. Nehmen Sie den etwas dunkleren Naturreis, der ist gesund und schmeckt auch wesentlich besser.

Ein weiteres, in erschreckender Weise um sich greifendes Verfahren, das LEBEN aus den Lebensmitteln verbannt, ist Tiefkühlkost.

Frieren Sie doch einmal einen lebendigen Menschen ein, und tauen diesen dann wieder auf. Es wird zwar nach dem Auftauen alles an messbarer Substanz noch vorhanden sein – nur kein LEBEN mehr! Wenn in der Natur der Winter Einzug hält, und Väterchen Frost sein eisiges Zepter schwingt, dann zieht sich die Natur (das LEBEN) zurück, wie man so schön sagt, und kommt auf wundersame Weise wieder, wenn die Natur im Frühling erwacht. Ja glauben Sie im Ernst, dass dieses Wunder auch passiert, wenn Sie eingefrorene Nahrungsmittel aus dem Gefrierschrank nehmen und auftauen? Diese Nahrungsmittel hatten dann LEBEN in sich, als sie geerntet wurden. Jetzt handelt es sich dabei nur noch um farbige, satt machende Produkte, die für den Organismus größtenteils nur Ballast darstellen.

Rufen Sie sich doch einmal in Gedanken ein Lebensmittelgeschäft ins Gedächtnis, wie es vor dreißig oder vierzig Jahren welche gegeben hat (ein entsprechendes Alter Ihrerseits natürlich vorausgesetzt). Da war Tiefkühlkost nahezu unbekannt, es wurde durchweg frische Ware angeboten. Und alles war noch irgendwie viel persönlicher und gemütlicher – es gab noch Atmosphäre. Doch dann sind sie über uns hereingebrochen – die Supermärkte! Und wir sind in diesen Wahnsinn hineingepilgert, denn dort war ja alles billiger. Und die bequeme Tiefkühlkost gab es dort auch in rauen Mengen zu kaufen, wo uns doch die Industrie bereits so fürsorglich mit den entsprechenden Tiefkühltruhen und Tiefkühlschränken versorgt hat. Hurra!, mit Volldampf in den Frost! Nur, Frost vernichtet alles LEBEN. Bei tiefgefrorenen Fleisch- und Fischleichen ist das vollkommen egal, denn was Sie sich und der Welt durch diesen Konsum antun, das habe ich Ihnen schon ausführlich dargelegt. Jedoch, was das für uns so wichtige Gemüse anbelangt, dort ist die Auswirkung von Frost fatal – LEBENsvernichtend!

Doch damit sollte es noch nicht genug sein, jetzt wurde der mehr und mehr gestressten Menschheit eine bequeme technische Gerätschaft aufs Auge gedrückt, die in punkto Vernichtung von LEBEN innerhalb von Sekunden wahrlich ganze Arbeit leistet – die Mikrowelle!

Es gab in der Vergangenheit Versuche mit jungen Katzen. Zwei Gruppen von jungen Katzen wurden in getrennten Räumen gehalten. Beiden Gruppen wurde für die Dauer des Versuches das natürliche Sonnenlicht entzogen, denn Sonnenlicht spendet dem Organismus auch LEBEN. Beide Gruppen wurden mit handelsüblichem Katzenfutter aus der Dose ernährt. Dosenfutter und Trinkwasser, welches die eine Gruppe bekam, wurden jedoch in einer Mikrowelle kurz erwärmt, dann abgekühlt und verfüttert. Langer Rede kurzer Sinn, **die** Katzen, die das Mikrowellenfutter bekamen, wurden zwar satt und dick, verstarben jedoch nach einigen Wochen!

LEBEN in Lebensmitteln ist InFORMation in Form von Schwingungen, das habe ich Ihnen bereits erklärt. Da ist es doch mehr als logisch, dass, wenn man Lebensmittel gezielt hoch frequenter Mikrowellenstrahlung aussetzt, alles an präzise schwingender InFORMation, sprich das LEBEN, vernichtet wird. *„Ach wie praktisch und wunderbar zeitsparend ist doch meine neue Mikrowelle, ruckzuck sind meine Lieben mit diesem Wunderwerk der Technik abgefüttert!“* – spricht die heutige, beruflich gestresste Hausfrau!

Es gibt eine alte, **höchst** denkwürdige Prophezeiung der spirituellen Hopi-Indianer, die besagt:

„Es wird eine Zeit kommen, da werden die Menschen vor vollen Tellern sitzen und dennoch verhungern!“

Jetzt schauen wir uns einmal kurz an, ob in unserer Milch noch LEBEN vorhanden ist.

Jede Milch, die in den Handel gelangt (es sei denn, Sie holen sich frische Milch direkt vom Bauern), wird zuvor pasteurisiert. Dabei handelt es sich um eine spezielle Hitzebehandlung, um etwaige Krankheitserreger abzutöten. Unsere H-Milch, die so bequem lange haltbar ist, wird sogar ultrahocherhitzt, und dadurch absolut steril. Melkt man jeden Tag eine Kuh und gibt die gemolkene Milch zum Pasteurisieren sowie Ultrahocherhitzen, und verfüttert die so behandelte Milch (bei vollem Fettgehalt!) anschließend und regelmäßig an ein Kälbchen, dann stirbt das so ernährte Kälbchen sehr wahrscheinlich nach einigen Wochen! – Damit ist zum Thema Milch bereits alles gesagt!

Jetzt wird Ihnen vielleicht langsam flau im Magen – oder etwa nicht? Die Geisterbahnfahrt ist aber noch nicht zu Ende, denn jetzt kommen wir zum Höhepunkt an verbrecherischer Skrupellosigkeit – zu genmanipulierten Nahrungsmitteln.

Was glauben denn die Wissenschaftler und die verantwortlichen Politiker eigentlich, wer sie sind? Oder anders herum gefragt, glauben denn diese Figuren, dass es sich bei der Schöpfung um etwas handelt, dem Unfähigkeit zugrunde liegt? Die Natur funktioniert mit einer Abgestimmtheit und Präzision, wie sich das der Mensch schwerlich vorstellen kann. Alles in der Natur ist ganz, und diese lebenswichtige Ganzheit ist bis ins kleinste Detail miteinander vernetzt und verbunden. Und da kommen diese Wahnsinnigen daher und glauben, sie könnten aufgrund ihres verbrieften Intellektes in diesem Wunderwerk herumpfuschen, und verkaufen uns diesen Wahnsinn noch als menschliche Errungenschaft. Und dann haben die Menschen sogar noch Schwierigkeiten, gesetzlich durchzubringen, dass sich verpfuschte Nahrungsmittel von nicht verpfuschten LEBENsmitteln per Kennzeichnung gefälligst zu unterscheiden haben!

Und durch was wurde diesem verbrecherischen Übel die Basis bereitet? Durch Gigantismus und Zentralismus! Nicht der riesige Industriemoloch ist **für** den Menschen, sondern die kleine, vielfältige, gemütlich funktionierende Einheit – sprich ein natürlich bewirtschafteter Bauernhof mit hoher Produktvielfalt. Aber so etwas kann gegen die Nahrungsmittelgiganten und die anhängenden Supermarktketten nicht mehr bestehen. Mehr und mehr Bauernhöfe verschwinden täglich in unserem Lande, weil sie unrentabel geworden sind. Das, meine lieben Freunde, werden die Menschen noch bitter bereuen, darauf gebe ich Ihnen mein Wort! Dort werden **nur** noch Tomaten in riesigem Maße angebaut, dort **nur** noch Gurken, dort **nur** noch usw. Immer größere Nahrungsmittelhersteller behaupten sich, und es entstehen, bedingt durch diese üble Entwicklung, immer mehr höchst anfällige Monokulturen. Durch Einsatz von Schädlingsvertilgungsmitteln vergiftete Tomaten, die nur noch groß und rot sind, aber keinen Geschmack mehr vorweisen, sind dann das Endprodukt solch eines Trauerspieles. Doch nun entfernt man das Matsch-Gen und bastelt ein Aroma-Gen hinein – und schon schmeckt das Ding wieder und kann noch längere Transporte und Lagerung optisch unbeschadet überstehen. Denn Sie als Kunde kaufen im Supermarkt ja mit dem Auge – dass das Ding kein LEBEN mehr in sich trägt, wissen Sie nicht!

Nahrungsmittel gentechnisch zu manipulieren ist ein Verbrechen! –
Die Ganzheit (LEBEN) des Naturproduktes wird dabei zerstört!

Ich habe vorhin schon angedeutet, dass uns nicht nur die Lebensmittel, das Wasser und die Luft ernähren, sondern in hohem Maße auch das Sonnenlicht. Ohne Sonnenlicht wäre unser Planet nicht mit Wachstum und Gedeihen gesegnet – das ist doch wohl jedem klar. Und das, was alles wachsen und gedeihen lässt, haben unsere Wissenschaftler UV-Strahlung genannt. Und diese UV-Strahlung wird zurzeit in allen Medien gezielt extrem negativ dargestellt – das ist Ihnen doch bestimmt schon aufgefallen. Jetzt plötzlich soll also die ehemals liebe Sonne giftig sein. Und ein Angst machendes, riesiges, immer größer werdendes Ozonloch wird uns ins Gehirn gehämmert.

Wissen Sie eigentlich,
dass das, was uns über Ozonwerte und das Ozonloch erzählt wird, **eine Lüge ist**?

Wissen Sie eigentlich,
dass das, was uns über die Treibgase (FCKWs) erzählt wird, **eine Lüge ist**?

Wissen Sie eigentlich,
dass das, was uns über Katalysatoren im Auto erzählt wird, **eine Lüge ist**?

Wissen Sie eigentlich,
dass das, was uns über den Treibhauseffekt erzählt wird, **eine Lüge ist**?

Wissen Sie eigentlich,
dass mit diesen Lügen gigantische Milliardenbeträge verdient werden und **ANGST** verbreitet wird?

Nein? – Dann besuchen Sie doch einmal die Internetseite:
http://members.internettrash.com/medwiss2/ozon.html

Und lesen Sie das Buch:

Schauerhammer, Ralf: OZONLOCH - das missbrauchte Naturwunder (ISBN: 3925725113)

Alle „zivilisierte" Welt schreit plötzlich massiv nach mehr Sonnenschutz, immer höheren Sonnenschutzfaktoren und Abschirmungen gegen die Sonne. Dadurch ist ein höchst lukrativer Markt ins Dasein gerufen worden, mit rapide wachsenden Umsatzzahlen. Durch Angst vor der Sonne! Aber die Gier nach Profit und Geschäft ist gar nicht mal das größte Übel an dieser hinterhältigen Kampagne. Das größte Übel ist, die Menschen werden **gezielt** in eine Licht-Unterernährung getrieben, deren Auswirkungen alles andere als positiv ist. Ich werde Ihnen das mal näher vor Augen führen.

Fragt man einen beruflich engagierten Stadtmenschen, ob er der Meinung ist, dass sich die Sonne in den letzten Jahren irgendwie gefährlich verändert hat, dann stimmt Ihnen dieser Mensch sehr wahrscheinlich sofort zu. Stellt man die gleiche Frage einem auf dem Land lebenden Bauern, der tagtäglich im Freien seine Arbeit verrichtet, dann erntet man lediglich einen skeptisch/mitleidigen Gesichtsausdruck, der so viel sagt wie: *„Was soll sich denn bitte an unserer Sonne verändert haben?"*
Tatsache ist:

Es gibt keinen Landwirt, der sich irgendwelche Lichtschutzfaktoren auf die Haut schmiert oder mit Sonnenbrille durch die Gegend läuft!

Und sollte in Stadtnähe dennoch solch eine utopische Figur auftauchen, dann kann es sich sehr wahrscheinlich nur um einen durch miese Bodenspekulation reich gewordenen, einst bäuerlichen Zeitgenossen handeln, der tatsächlich glaubt, dass ihn seine exklusive Designersonnenbrille automatisch ins „Tschätsett" hoch hievt!

Naturverbundene Menschen werden sich **niemals** den klaren, höchst nahrhaften Blick auf die Welt durch dunkle Gläser vor den Augen vermiesen lassen. Sonnenlicht (UV-Strahlung) ernährt unseren Organismus und hält hauptsächlich den Stoffwechsel und den Hormonhaushalt in Schwung. Nur ein Viertel des lebenswichtigen Sonnenlichtes, das über die Augen aufgenommen wird, dient dem Sehen, Dreiviertel des Lichtes ernährt und stärkt den Organismus.

- UV-Licht Fördert die Bildung von Vitamin D im Körper

- UV-Licht macht das Herz leistungsfähiger

- UV-Licht senkt den Blutdruck

- UV-Licht verbessert die Blutwerte

- UV-Licht hilft gegen Hautkrankheiten

- UV-Licht unterbindet Karies

- UV-Licht baut Stresshormone ab

- UV-Licht hilft gegen Infektionskrankheiten

- UV-Licht ist Balsam für die Seele!

Und warum empfinden immer mehr Menschen das natürliche Licht als aggressiv und gefährlich? – Weil Sie durch einen aufgezwungenen Lebensstil mehr und mehr zu Kunstlichtmenschen geworden sind!

Schauen wir uns doch den Arbeitstag eines Kunstlichtmenschen einmal an: Jeden Morgen stehen Sie auf, Waschen, Zähneputzen, Frühstück, dann gehen Sie aus dem Haus. Ihr Haus hat zwar Fenster, aber durch die Fenster gelangt nur sehr wenig an lebenswichtiger UV-Strahlung an Sie. Und wenn Sie moderne, UV-undurchlässige Verglasung Ihr Eigen nennen, dann erreicht Sie gar nichts mehr an UV-Strahlung! Sie steigen in Ihr Auto, mittlerweile gehören getönte Autoscheiben, die lebenswichtige UV-Strahlung abweisen, bei vielen Kraftfahrzeugen zur Serienausstattung. Sie betreten Ihren Arbeitsplatz, der entweder gar keine Fensterflächen mehr aufweist, wie das zum Beispiel in Kaufhäusern und vielen Industrieanlagen der Fall ist, oder Sie verbringen Ihren Arbeitstag in Büroräumen, die mittlerweile fast alle mit UV-abweisender Verglasung ausgestattet sind. Am Abend verlassen Sie Ihren, vom UV-Licht abgeschotteten Arbeitsplatz, setzen sich wieder ins Auto, das getönte Scheiben hat und fahren nach Hause. Und wenn Sie es dann noch fertig bringen, ein paar Minuten ins Freie zu gehen, um die letzten Sonnenstrahlen zu genießen, dann pflastern Sie sich noch eine Sonnenbrille vor die Pupillen! – Denn mit Sonnenbrille wirkt man ja wesentlich cooler und eleganter, wie Ihnen das täglich die Medien ins Gehirn trichtern! Und so geht das tagein und tagaus. Und dann wundern Sie sich, wenn Sie sich im Urlaub oder am Wochenende gezielt der Sonne aussetzen, dass Ihr Organismus und insbesondere Ihre Haut überreagieren. Und kommen dann skrupellose Wissenschaftler und Medien daher und erzählen Ihnen, die Sonne sei plötzlich ungesund und giftig, dann glauben Sie diesen verbrecherischen Schwachsinn auch noch!

Ist Ihnen jetzt hoffentlich klar: Sie sind verändert worden, nicht die Sonne!

Es gibt eindeutige Statistiken darüber, wie rapide in den vergangenen Jahrzehnten die durchschnittliche tägliche UV-Lichtaufnahme der Menschen in Industrieländern abgenommen hat. Von ehemals etlichen Stunden, bis hin zu ein paar lächerlichen Minuten. Glauben Sie im Ernst, dass ein derartig massiver Lichtentzug keine Auswirkungen auf Ihren Organismus und speziell auf die Haut hat?

Liebe Freunde, Ich beende jetzt diesen traurigen Kapitelpunkt. Ich könnte noch bergeweise darüber InFORMation liefern, was so alles mit uns getrieben wird. Die Lage ist, wie Sie jetzt hoffentlich auch erkannt haben, alles andere als rosig. Nehmen Sie sich die Dinge, über die ich Sie inFORMiert habe, bitte zu Herzen. Ein gesunder Geist braucht einen gesunden (vor allem giftfreien) Körper. Der Zustand Ihrer lebenswichtigen Aura ist unmittelbar von **dem** abhängig, was Sie Ihrem grobstofflichen Leib zuführen. Sie brauchen gesunde LEBENsmittel, LEBENdiges Wasser und viel, viel Licht. Achten Sie darauf, es ist sehr wichtig, denn ohne Beherzigung der aufgezeigten Punkte werden Sie nur schwerlich in ein anderes Bewusstsein gelangen!

Ihre Seele (also Sie!) wird es Ihnen, in einer für Sie momentan noch unvorstellbaren Art und Weise, danken!

GIER

Es gibt etwas, das, wenn es Sie befallen hat, alle bisher aufgezeigten Schädigungen weitaus in den Schatten stellt – die **GIER!**

Die GIER ist die Mutter aller Sünden – das steht schon in vielen alten religiösen Schriften. Egal, ob Betrug, Diebstahl, Hass, Mord, Totschlag, Folter, Krieg usw., all diese im höchsten

Maße negativen Geschehnisse wurzeln letztendlich **immer** in der GIER. Es gibt nur sehr wenige Menschen auf Erden, die vollkommen frei von GIER sind, ein Mensch, der sich von der GIER befreit hat, wird als „vollkommen selbstlos" bezeichnet. Solche Menschen leben in tiefer Zufriedenheit und sind der Glückseligkeit sehr nahe. Ich werde Ihnen nun die Entstehung von GIER vor Augen führen.

Es gibt etwas, das jeder Mensch will: jeder Mensch will glücklich sein! Derjenige, der wirklich glücklich ist, hat gefühlstechnisch das in der grobstofflichen Dimension mögliche Maximum erreicht. Nur, die Sache hat einen Haken. Das so begehrte Glücksgefühl ist schwindend. Das bedeutet, es ist auf Erden **unmöglich**, konstant ein solch himmlisches Glücksgefühl aufrecht zu erhalten. Sie sehen schon an meiner Formulierung, dass es sich eigentlich um ein „himmlisches" Gefühl handelt. Glücksgefühl oder besser ausgedrückt Glückseligkeit ist jedoch, was den einzelnen Menschen anbelangt, nicht nur schwindend, sondern weltweit auf dem Rückzug. Unser Planet wird von Jahr zu Jahr immer trauriger, und zwar immer schneller und immer heftiger. Schauen Sie sich den Zustand auf unserer Erde doch einmal bewusst **objektiv** an – da gibt es im Grunde nicht mehr recht viel schön zu reden!

Das Gefühl der Glückseligkeit ist unmittelbar mit dem Gefühl der Zufriedenheit verbunden, ohne die Basis der Zufriedenheit ist Glückseligkeit nicht möglich. Man darf also Zufriedenheit nicht mit Glückseligkeit gleichstellen, wie gesagt, bildet Zufriedenheit lediglich die Basis für Glückseligkeit. Je zufriedener ein Mensch ist, umso öfter wird sich das Gefühl der Glückseligkeit bei ihm einstellen, auch wenn es danach wieder schwindet. Ich habe schon erklärt, dass ein Erdenauftritt (Inkarnation) für die Seele (also für Sie!) eine höchst unangenehme Sache, ja mitunter sogar ein Schock ist. Eine Seele, die auf Erden geboren wird, hat zwar alles an bisher angesammeltem Wissen und Erinnerung vergessen, jedoch ist sie sich auf eine ganz bestimmte Art und Weise dahingehend bewusst, dass sie ein angenehmes Gefühl gegen ein höchst unangenehmes Gefühl eingetauscht hat. Um den Zustand auf Erden einigermaßen erträglich zu gestalten, braucht es sofort eine Ersatzbefriedigung. Und diese Ersatzbefriedigung holt sich ein Mensch durch seine Sinne. Kleine Babys brauchen nach ihrer Geburt sofort den körperlichen Kontakt zur Mutter, am besten noch kombiniert durch sanftes Hin- und Herschaukeln – dann sind sie zufrieden. Aber wehe, es kommt die Krankenschwester und nimmt das Kleine weg von der Mutter, was sowieso eine im höchsten Maße negative Krankenhauspraktik ist, dann ist es vorbei mit der Glückseligkeit. Kleine Babys möchten nicht weg von der Mutter, und das hat seine natürliche Berechtigung!

Schauen Sie sich doch einmal an, wie Mütter von Naturvölkern mit ihren Kleinen umgehen. Die sind von Geburt an **immer** bei der Mutter, werden in einem Wickel am Körper aufbewahrt, schaukeln den ganzen Tag umher, schlafen selig dabei oder glotzen vergnügt in die Welt – alles ohne Probleme. Wir, als technisch hoch zivilisierte Gesellschaft, haben all diese wichtigen, elementaren Dinge verlernt. Man hat uns Praktiken aufgebürdet und anerzogen, die jenseits von menschlich sind. Aber unsere kaputt studierten Kinderpsychologen, Ärzte und Wissenschaftler samt Gesundheits-, Bildungs- und Erziehungsministerium wissen ja alles besser. Und das Ergebnis dieser Besserwisserei sieht man an den Früchten, die so etwas hervorbringt. Tatsache ist, dass bereits den Babys mehr und mehr die notwendige Zufriedenheit entzogen wird, und das hat ungeahnte Folgen! Der Mangel an Zufriedenheit schlägt sich unweigerlich auf das Gemüt der Kleinkinder nieder. Wenn ein Baby bei seiner Mutter ist und sich an deren Brust labt, dann ist es glücklich. Nimmt man es weg von der

Mutter, und dann womöglich noch über Nacht, dann bricht für so ein kleines Wesen eine Welt zusammen – das müssen die Menschen langsam wieder begreifen! Es will unbedingt wieder in seinen vollkommen berechtigten Zustand der Glückseligkeit. Aber wir lassen dies nicht zu. Und genau dies ist die Geburtsstunde der **GIER!**

Und unsere „Fachidioten" erzählen den Müttern, dass die Trennung dieser Mutter-Kind-Einheit gut für Mutter und Kind ist, außerdem ist es in vielen Geburtskliniken Vorschrift, *„... und die Kleinen müssen sich einfach langsam daran gewöhnen!"* Einen größeren und vor allem folgenschwereren Unsinn kann man gar nicht erzählen!

Eine Entwöhnung von Mutter und Kind findet mit der Zeit vollkommen automatisch statt, so wie es von der Natur vorgesehen ist. Aber das ist in unserer künstlichen, sterilen, gestressten Gesellschaft nicht mehr möglich. Wie schon gesagt, den kleinen Babys wird schon kurz nachdem sie das Licht dieser Welt erblickt haben, das Glückseligkeitsgefühl genommen. Das Resultat aus diesem Vorgehen ist die Entstehung von **GIER**.

GIER ist im Grunde nichts anderes als der Druck, einen erlebten Zustand der Glückseligkeit wiederherzustellen!

Und wenn dieser Druck (GIER) nicht in einer bestimmten, erträglichen Zeit zurück zur angestrebten Glückseligkeit führt, dann wandelt sich die GIER um in ZORN. Auch das ist eine vollkommen natürliche Reaktion – es geht gar nicht anders!

Bei kleinen Kindern ist so eine Reaktion, da diese, wie schon gesagt, von uns vollkommen falsch behandelt werden, leider sehr oft zu beobachten. Auch begehen wir den fatalen Fehler, und lassen die Babys nachts nicht bei uns schlafen, wie das einmal gang und gäbe war, nein, heutzutage hat ja jeder ein Kinderzimmer, und da gehört das Kleine gefälligst auch hin. *„Lass den kleinen Zornwicht nur ruhig ausschreien, irgendwann wird er schon müde und schläft ein!"* – ist der Spruch moderner Eltern. Dass das kleine zornige Wesen aber psychisch vollkommen am Ende ist und nach dem Schwinden seiner Kräfte nur noch schluchzend seine berechtigte Glückseligkeit einfordert, ist heutigen Eltern nicht mehr bewusst. *„Ich brauche auch meine Nachtruhe, schließlich habe ich morgen wieder einen anstrengenden Tag!"* – ist eine nicht gerade selten vorgetragene Argumentation. Nur, hätten die Eltern nachts ihr Baby bei sich, wie das bei Naturvölkern vollkommen normal ist, dann wäre auch für die Nachtruhe bestens gesorgt. Das Kleine würde sich allenfalls nachts einen kleinen Zwischenimbiss bei seiner Mutter gönnen, diese würde ihr Liebes dabei nur glücklich betrachten und gleich wieder einschlafen. Aber unseren jungen Eltern wird etwas ganz anderes eingetrichtert: *„Nur nichts einreißen lassen, wenn sich ein Baby erst mal an das nächtliche Zusammensein mit den Eltern gewöhnt hat, dann kriegst du es nicht mehr raus!"*

Merken Sie sich gut: Es ist das **natürliche Recht** eines Babys, nachts bei seiner Mutter zu sein, denn nur dort ist es glücklich! Der Zeitpunkt, wo es seinen Radius erweitert und auch ohne Probleme getrennt schlafen kann, kommt auf ganz natürliche Weise von allein. Jedoch so, wie wir es in unserer Gesellschaft praktizieren, ist es ein Verbrechen – und dieses Verbrechen hat ungeahnte Folgen!

Wenn ein Baby immer wieder aus dem Gefühl der Glückseligkeit herausgerissen wird, was bei unserer Handhabung gang und gäbe ist, dann entsteht bei jedem Herausgerissenwerden erneut GIER. Mit der Zeit entwickelt sich das Baby zum Kleinkind, kommt also in die Phase, wo es sich automatisch mehr und mehr vom engen Mutterkontakt löst, denn es erweitert seinen Wirkungsradius. Nur, die GIER ist durch den permanenten Glückseligkeitsbetrug im Gemüt des kleinen Menschen gespeichert, also immer latent vorhanden. **Wir** haben durch unseren falschen Umgang der GIER den Zutritt in dieses kleine Wesen verschafft. Und das ist **nicht** mehr rückgängig zu machen! – **Merken Sie sich das bitte gut!**

Das kleine Kind konzentriert sich jetzt immer mehr auf seine Sinne, in der Hoffnung, damit irgendwie das verloren gegangene Glückseligkeitsgefühl wieder zu erreichen. Ich habe Ihnen schon erzählt, dass Glückseligkeit nie in konstanter Dauer bei uns auf Erden genossen werden kann, Glückseligkeit ist immer schwindend. Kleine Babys, die immer bei der Mutter sein dürfen, können das Gefühl der Glückseligkeit sehr lange genießen. Ganz langsam zieht sich dieses Gefühl jedoch zurück, und hinterlässt im kindlichen Gemüt das Gefühl der Zufriedenheit. Dieses langsame Ausschleichen der Glückseligkeit ist ein derart enorm wichtiger Prozess, wie Sie sich das gar nicht vorstellen können. Der Prozess ist deshalb so ungeheuer wichtig, weil sich dadurch niemals das Gefühl der GIER im Gemüt eines Menschen einnisten kann. Aus richtig behandelten Babys entwickeln sich immer zufriedene, harmonische Menschen, denen GIER fremd ist. Nur, diesen Zustand gibt es in unserer zivilisierten Gesellschaft schon seit geraumer Zeit nicht mehr!

Unsere Kinder sind weder glückselig noch zufrieden – sie können es ja gar nicht sein. Und diese traurige Tatsache setzt eine Maschinerie in Gang, die unsere Welt Schritt für Schritt plangemäß zerstört.

Wie schon gesagt, die kleinen Kinder suchen verzweifelt mit Hilfe ihrer Sinne nach einer Ersatzbefriedigung, denn die GIER gönnt ihnen keine Ruhe mehr. Und für Mittel zur Ersatzbefriedigung sorgt unsere Industrie perfekt, und das mit stetig wachsenden Umsatzzahlen. Der verbrecherische, permanente Werbeterror, dem diese Welt schutzlos ausgesetzt ist, und der auf Dauer gesehen **jedes** Gehirn manipuliert, ist der Treibstoff für diese Maschinerie des Wahnsinns.

GIER hat zwei fatale Eigenschaften: GIER möchte permanent befriedigt werden – ist aber **unersättlich!**

Wenn wir, getrieben von der GIER, mit unseren Sinnen nach Glückseligkeitsersatz Ausschau halten, dann fassen wir ein bestimmtes Ziel oder besser gesagt ein bestimmtes Objekt der BeGIERde ins Auge. Das kann ein neues Spielzeug sein, ein neues Fahrrad, ein Moped, ein Auto usw. Wenn wir dann die äußeren Umstände so gestaltet haben, dass wir endlich das begehrte Objekt unser Eigen nennen können, dann erleben wir ein bestimmtes Gefühl an Zufriedenheit und Genugtuung, vielleicht sogar einen Hauch von Glückseligkeit. Nur, das Gefühl ist leider von relativ kurzer Dauer, also schwindend. Diese Tatsache hat im Leben wohl schon jeder des Öfteren erfahren. Kaum hat man ein Objekt der BeGIERde im Besitz, dann dauert es nicht lange, und das Ding macht schon gar keine Freude geschweige denn Glückseligkeit mehr – es herrscht wieder gieriger Normalzustand. Um jedoch in genau das gleiche schöne Gefühl wieder zu gelangen, was unser Bestreben ist, genügt ein gleichwertiges neues Objekt nicht mehr. Es muss etwas sein, das das vorhergegangene Objekt übertrifft, denn GIER ist unersättlich. Es beginnt also ein Teufelskreis, und die verbrecherische Werbung sorgt stets für die optische Präsenz von noch luxuriöseren und logischerweise immer teureren Objekten der BeGIERde. Die Werbung betrügt uns ständig und in einem Ausmaß, das schon als kriminell bezeichnet werden kann. Eben reiner Werbeterror! Aber halt, sagen Sie das ja nicht zu laut, denn Sie wissen ja – die Arbeitsplätze! Das alte Spiel mit der Angst!

Sie befinden sich also bei Ihrer Jagd nach ein bisschen Zufriedenheit in einem teuflischen Kreislauf. Und bei dieser fatalen Jagd nach ein bisschen Glück schädigen Sie Ihre Mitmenschen, unsere Welt und in hohem Maße sich selbst. Sie werden nämlich zwangsläufig zu einem immer größeren rücksichtslosen, lieblosen Egoisten. Das muss so sein, denn Sie wollen ja das begehrte Glücksgefühl für sich selbst – da braucht sich keiner irgendetwas vormachen! Ab einem gewissen Grad tritt ein neuer Aspekt der GIER in Ihr Dasein – die RaffGIER. Haben Sie sich bislang nur so viel an Vermögen verschafft, dass Sie den nächsten, immer schwächer werdenden Glücklichkeitskick finanzieren können, so wollen Sie jetzt für die Zukunft gewappnet sein. Sie wissen bereits instinktiv, dass Sie sich in einem mörderischen Spiel befinden, dass der nächste Glücklichkeitskick wieder teurer sein wird als der vorangegangene und wollen dem Ganzen vorbauen. Außerdem brauchen Sie Sicherheiten, denn das tödliche Spiel, in dem Sie so eifrig mitspielen, heißt **MENSCHENMONOPOLY**. Seien Sie sich über eines im Klaren: **Jede** Bereicherung, die Sie anstreben, geht **immer** in irgendeiner Weise zu Lasten von Schwächeren – diese werden immer schwächer, ärmer und hilfebedürftiger. Aber das kümmert Sie ja wenig, dafür gibt es ja das Sozialamt!

Wenn Sie über vermietete Immobilien verfügen, werden Sie den letzten Heller aus Ihrem Mietobjekt herausquetschen, und wenn einer nicht mehr zahlen kann, wird rigoros gekündigt oder zwangsgeräumt!

Wenn Sie Ihr Vermögen in irgendeiner Form anlegen, dann werden Sie verbissen um jedes halbe Prozent Zins feilschen – dass andere, die bereits verschuldet sind, dafür bluten müssen, ist Ihnen egal!

Wenn Sie mit irgend einem Produkt Handel treiben, werden Sie, solange es noch genug zahlende Kunden gibt, immer den höchst möglichen Preis für Ihr Produkt verlangen – dass es immer mehr Menschen gibt, die sich Ihre Preise nicht mehr leisten können, interessiert Sie nicht im Geringsten!

Wenn Sie eine Führungsposition in einem Unternehmen haben, dann werden Sie gnadenlos jede gewinnmaximierende Anweisung, die von oben kommt und zu Lasten ihrer Untergebenen geht, knallhart nach Anweisung durchsetzen – dass die Ihnen anvertrauten Menschen dabei zu Grunde gehen, kümmert Sie wenig!

Wenn Sie selbst ein Unternehmen haben, dann werden Sie Ihre Mitarbeiter mit dem möglichst niedrigsten Lohn abspeisen, bei geringsten Konjunkturschwankungen sofort entsprechend viele Leute entlassen – egal wie dick Ihr Finanzpolster ist!

Wenn Sie in der Politik eine verantwortliche Position bekleiden, werden Sie genau nach den Richtlinien des GELDES tanzen. Sie werden Gesetzen zustimmen, die diesen Wahnsinn unterstützen; Sie werden sich selbst belügen und Weltmeister im Herumdiskutieren und Heucheln werden – die Menschen, die auf Sie vertrauen und nichts als Enttäuschungen erleben, sind Ihnen vollkommen egal!

Wenn Sie auch **nur einen** (oder einen ähnlichen) der oben aufgezeigten Wege gehen, dann sind Sie auf bestem Wege, Ihren „positiven Emotionalkörper" zu verlieren – wenn Sie ihn nicht bereits schon verloren haben!

Ich werde Ihnen nun kurz erklären, was Ihr positiver Emotionalkörper ist, und was es für Sie bedeutet, diesen zu verlieren:

Ein positiver Emotionalkörper drückt LIEBE und GEMEINSCHAFT aus, ein negativer Emotionalkörper dementsprechend das Gegenteil: Lieblosigkeit und Egoismus.

„Pflicht ohne Liebe macht verdrießlich. Verantwortung ohne Liebe macht rücksichtslos. Gerechtigkeit ohne Liebe macht hart. Erziehung ohne Liebe macht widerspruchsvoll. Klugheit ohne Liebe macht gerissen. Freundlichkeit ohne Liebe macht heuchlerisch. Ordnung ohne Liebe macht kleinlich. Sachkenntnis ohne Liebe macht rechthaberisch. Macht ohne Liebe macht gewalttätig. Ehre ohne Liebe macht hochmütig. Besitz ohne Liebe macht geizig. Glaube ohne Liebe macht fanatisch. Leistung ohne Liebe macht brutal. Urteilsfähigkeit ohne Liebe macht unweise. Wahrheit ohne Liebe macht eitel. Können ohne Liebe macht egoistisch. Eifer ohne Liebe macht eifersüchtig. Vergebung ohne Liebe macht nachtragend. Erfolg ohne Liebe macht einsam. Leiden ohne Liebe macht bitter. Überlegenheit ohne Liebe macht ironisch. Spontaneität ohne Liebe macht unduldsam. Gehorsam ohne Liebe macht sklavisch. Leben ohne Liebe ist sinnlos!" (Günther Lazik)

Wie Sie im letzten Kapitel noch erfahren werden, ist LIEBE das Stärkste, das es im Universum und jenseits des Universums (und dort erst wird es wirklich interessant!) gibt. Die LIEBE wird letztendlich übrig bleiben, denn die LIEBE ist nichts anderes als die ANTWORT. Wer sich der FRAGE bewusst ist (und selbige Ihnen bewusst werden zu lassen, das ist meine Absicht!), der weiß, dass es gar nicht anders geht. Wenn Sie mehr und mehr der GIER verfallen, dann mögen Sie zwar in teuren Autos umherfahren, von den Dummen der Welt beneidet und bewundert werden, elegant gekleidet sein, luxuriös Wohnen und Untergebene nach Belieben herumkommandieren können – in Wirklichkeit jedoch sind Sie das Hinterletzte!

Wenn Sie überhaupt noch etwas lieben können, dann vielleicht noch Ihren Hund!

Begreifen Sie jetzt langsam, was es mit der GIER auf sich hat? Begreifen Sie jetzt langsam, dass die GIER Ihnen alles nimmt? Begreifen Sie jetzt langsam, dass die GIER die Mutter aller Sünden ist, und dass es sich dabei um das Gefährlichste handelt, mit dem wir Menschen konfrontiert werden? Begreifen Sie jetzt langsam, dass die GIER der Prüfstein ist, an dem Sie **alles** verlieren können, was Sie sich mühsam Inkarnation für Inkarnation aufgebaut haben? Begreifen Sie jetzt langsam, dass Sie durch GIER von **jeglichem** Glückseligkeitsgefühl ausgeschlossen sind?

Und genau so wie es bei bestimmten Giften der Fall ist, wird auch die GIER gesellschaftsfähig gemacht. Die dunklen Mächte, die diese Welt gerade mal wieder im eisernen Griff haben, reißen Sie mit aller Macht und Heimtücke in die GIER hinein. Das beste Beispiel dafür sind Aktien. Sie haben doch sicherlich bemerkt, dass auch beim kleinen Mann mittlerweile das Aktienfieber ausgebrochen ist, wenngleich etliche innerhalb kürzester Zeit, bedingt durch ernorme Verluste, von diesem Fieber kuriert worden sind. Aktien sind ein Verbrechen an den Menschen! Ich werde Ihnen kurz erklären, warum das so ist:

Es gab eine Zeit, da waren Aktien weitgehend unbekannt. In dieser Zeit hatten viele Unternehmer, und gerade der gehobene Mittelstand, noch ein Herz für Ihre Arbeiter – sprich Fürsorgebewusstsein.

Der Betrieb war eine Familie und kein rezessionsbedingtes Durchgangslager, wie dies heute der Fall ist. Es gibt aus der Vergangenheit unzählige Beispiele von unternehmerischer Fürsorge, sei es in Sache schöne Wohnanlagen für die Mitarbeiter, in Freizeitanlagen, kostenlosen Versicherungen, kulturellen Einrichtungen usw.

Von dem Zeitpunkt an, wo ein Betrieb in eine Aktiengesellschaft umgewandelt wird, ist es vorbei mit **jeglicher** Fürsorge und familiärer Atmosphäre. Sie als Aktienhalter sind anonym, Sie sind nur an Zahlen und Rendite interessiert. Wie es den Menschen in den Betrieben geht, von denen Sie Aktienhalter sind, ist Ihnen mehr als egal. Sie werden jede Gewinnmaximierung, Optimierung und Straffung begeistert begrüßen, denn Ihnen geht es nur noch um Rendite – ums Abkassieren. Dass hinter jeder Aktie auch Menschenschicksale stehen, davon wollen Sie nichts wissen. Und dass die Zustände durch die Herren Aktionäre immer unerträglicher und menschenunwürdiger werden, kümmert Sie auch nicht. Aber glauben Sie ja nicht, dass Sie dem gnadenlosen universalen Gesetz von „Ursache und Wirkung" durch Anonymität, angeblicher Unwissenheit oder Ignoranz entkommen. Mit dem Kauf von Aktien werden Sie zum Verbrecher gegen die Menschlichkeit, und der Volksmund weiß dies ganz genau, er sagt:

„Mitgefangen – mitgehangen!"

Dabei ist es vollkommen egal, ob Ihre Aktien Gewinn oder Verlust machen, allein die Tatsache, sich auf solch gierige, spekulative Art bereichern zu wollen, genügt!

Noch schlimmer können Sie Ihrer Seele (also Ihnen!) zusetzen, wenn Sie sich an menschlichen Existenzgrundlagen vergreifen, zum Beispiel an Stätten des Wohnens – sprich Immobilien. Der Volksmund spricht es offen aus:

„Die Welt ist verraten und verkauft!"

Und wenn man sich die Welt dahingehend genau betrachtet, dann kann man ihm, wie immer, nur beipflichten.

Wie kann es angehen, dass ein Mensch daherkommt, ein Stück von unserer Erde in Besitz nimmt und einfach sagt: *„Das gehört mir, da hat kein anderer was verloren!"* –

Und ob die anderen dann was verloren haben! –

nämlich ein Stück von ihrer Erde. Die Erde gehört uns allen! Und wenn gewisse Individuen durch GIER, KRIEG, rechtlich abgesicherten BETRUG oder was auch immer, mehr und mehr von unserer Erde in Besitz nehmen und dann teuer an die Menschen vermieten und diese dafür noch schuften lassen, dann ist dies mehr als ein Verbrechen!

„Aber das war ja schon immer so!" – höre ich Sie sagen. Ja glauben Sie, dass ein schon immer währendes Verbrechen kein Verbrechen ist? Außerdem stimmt das nicht, es hat schon ganz andere Zeiten auf dieser Welt gegeben, Zeiten ohne Ausverkauf von Grund und Boden.

Mit dem Einzug von Großgrundbesitz ging die Knechtschaft und Versklavung der Menschen dann los. Der Adel und die Kirche waren die Blutsauger in frühen Zeiten, heutige Großgrundbesitzer sind Banken, Versicherungen, Konzerne, der Vatikan usw. An der Brutalität der Großgrundbesitzer und deren Handlanger hat sich nichts geändert, sie hat lediglich andere Formen angenommen und lebt sich seit geraumer Zeit unter dem Deckmantel der „freien Marktwirtschaft" aus.

Ich spreche hier nicht von bescheidenem Immobilienbesitz für den Eigenbedarf, sondern von dem, was darüber hinausgeht. Auch spreche ich nicht von denjenigen Perlen unter den besitzenden Menschen, die dem Mietwucher entschlossen entgegensteuern und ein Herz für minderbemittelte, wohnungssuchende Menschen haben. Aber alle anderen seien an dieser Stelle gewarnt! Und zwar in ihrem Eigeninteresse! Denn wer sich an existenziellen menschlichen Grundbedürfnissen vergreift, auch wenn dieses Vorgehen gesetzlich abgedeckt ist und sogar noch gefördert wird, der mag sich zwar jetzt noch ins Fäustchen lachen und besten Profit einstreichen, jedoch seinen gnadenlosen Richter trägt solch ein Mensch bereits an seinem Handgelenk – die Zeit! Denn die nächsten Runden werden für ihn sehr wahrscheinlich in bitterer Armut stattfinden. Und ein Lebensakt auf der weltlichen Bühne vergeht schnell – schneller, als man manchmal denkt!

Manch einer wird jetzt vielleicht sagen: *„Aber ich habe mein Leben lang hart für meinen Immobilienbesitz gearbeitet und möchte jetzt die Früchte genießen!"* Ich sage es jetzt noch einmal: Diese Früchte sind Gift für Ihre Seele (also für Sie!). Raffen Sie Gold und Edelsteine, kaufen sie sich Edelklamotten, bis Ihre Schränke platzen, fahren Sie mit Luxuslimousinen durch die Lande oder hängen Sie sich kiloweise Geschmeide und Perlen um den Hals, bis Sie einen Buckel bekommen, aber vergreifen Sie sich **niemals** an irgendwelchen Dingen, die die Menschen existenziell zum Leben benötigen!

Recht ist nicht das, was in unseren Gesetzbüchern abgedruckt ist, sondern das, was tief in den Herzen der Menschen geschrieben steht!

Nur, herzliche Menschen gibt es immer weniger auf dieser Welt. Alle rennen von **GIER** getrieben dem **GELD** hinterher. Und was haben die vermeintlichen Gewinner dieses perversen Spieles in aller Regel davon? Statt einem zufriedenen glückseligen Lächeln, das aus dem Herzen kommt, reicht es meist nur noch zu einem satten, befriedigten Grunzen!

Das gnadenlose Spiel, das das GELD mit den Menschen auf Erden treibt, ist nicht zufällig entstanden, es ist vorsätzlich so inszeniert. Die Regeln sind denkbar einfach: Reiche werden automatisch immer reicher, und Arme werden dementsprechend immer ärmer; und die Verlierer in diesem düsteren Spiel müssen sich bei denjenigen, die das GELD besitzen, in immer höherem Maße verschulden. Aber dieses verbrecherische System habe ich Ihnen ja bereits im vorangegangenen Kapitel ausführlich vor Augen geführt.

Gewisse Mächte und deren Handlanger haben uns in eine beinahe totale Abhängigkeit manövriert, dessen sind sich jedoch die wenigsten Menschen bewusst. Dabei hätten die Menschen wirklich alles, um sich auf Erden das Paradies zu gestalten. Nur, das GELD hat sich das alles untertan gemacht und gibt von alledem nichts mehr frei. Wissen Sie eigentlich, dass Sie, wenn Sie morgens an Ihrem Arbeitsplatz erscheinen, eigentlich in den Krieg ziehen? Die Gegner werden in diesem Krieg jedoch nicht Feind genannt, sondern Konkurrenz.

Die Menschen auf dieser Welt bekämpfen sich wirtschaftlich untereinander bis aufs Blut. Ist Ihnen klar, dass das GELD und die GIER diesen Krieg angezettelt haben?

Es wird produziert auf Teufel komm raus, ohne die geringste Rücksicht auf tatsächlichen Bedarf und auf die Gesundheit unserer Erde. Und was wird produziert, gelehrt und propagiert? Größtenteils Dinge, die für ein glückliches Leben **vollkommen** unnötig, größtenteils sogar schädlich sind. Gehen Sie doch einmal in sich und denken Sie darüber nach, was Sie alles an Dingen und Gegebenheiten für ein wirklich glückliches Leben benötigen würden. Sie werden erstaunt sein, auf was Sie alles verzichten könnten, und zwar ohne die geringste Einbuße an Annehmlichkeit, ja Sie würden sogar froh sein, allen unnötigen Ballast über Bord werfen zu können. Sie brauchen:

Frieden – Gesundheit – ein Dach über dem Kopf – gesunde Luft – LEBENdige Nahrungsmittel – LEBENdiges Wasser – Sonnenlicht – eine umweltfreundliche Energiequelle – menschenfreundliche Technik – Mobilität – Freizeit – Urlaub – Musik – Humor – Unterhaltung – spirituelle Zuversicht – kosmische Verbundenheit – und, vor allem, Sie brauchen liebe, freundliche Menschen um sich.

Ich habe Ihnen am Anfang dieser Lektüre schon das Paradebeispiel von einer schönen Welt gegeben, und ich sage es an dieser Stelle noch einmal: Die Menschen hätten alles, was dazu nötig wäre! Schauen wir uns die einzelnen Punkte doch einmal ein klein wenig genauer an:

Ein jeder Mensch trägt von Natur aus **Frieden** in sich! – Die Menschen werden jedoch gezielt manipuliert und gegeneinander aufgehetzt. Krieg und Terror werden in letzter Konsequenz nicht nur durch GELD ermöglicht, sondern größtenteils von selbigem auch inszeniert.

Gesundheit ist der natürliche Zustand des Menschen! – Aber die Menschen werden seit vielen Generationen gezielt vergiftet, gestresst und krank gemacht. Zudem ruiniert massivste Strahlenbelastung die Gesundheit aller Lebewesen in verheerendem Maße.

Es gibt genug entsprechenden **Platz** auf unserer Erde! – Aber Grund und Boden sind verkauft oder werden per Gesetz den Menschen nicht zugänglich gemacht. Die Menschen werden in immer größer werdenden Städten zusammengepfercht. Verbrecherische Grundstücksspekulation treibt die Menschen immer mehr in Armut und Abhängigkeit. Da Wohnraum und Anbauflächen existenzielle Grundbedürfnisse des Menschen sind, kann er perfekt damit versklavt werden.

Die Vegetation der Erde sorgt für **gesunde Luft**! – Aber es wird rücksichtslos abgeholzt und durch industriellen Wahnsinn werden Megatonnen an Schadstoffen produziert und ausgestoßen.

Es wächst und gedeiht genügend gesunde, **LEBENdige Nahrung** auf Erden! – Aber wir Menschen werden mit Tierleichen, Fastfood, Tiefkühlkost, Natriumchlorid (giftiges Kochsalz), weißem Mehl, weißem Reis, chemisch behandeltem Obst und Gemüse, Konservierungsstoffen, Zucker, Aromastoffen und genmanipulierten Nahrungsmitteln abgespeist. Mehr und mehr kleine bäuerliche Betriebe verschwinden, gigantische Nahrungsmittelproduzenten versorgen uns mit Nahrung, die nahezu kein LEBEN mehr in sich trägt.

Es gibt genügend klares, **LEBENdiges Wasser** auf Erden! – Aber Flüsse, Seen und die Meere werden rücksichtslos mit industriellen Schadstoffen und ungeklärten Abwässern verseucht. Trinkwasser wird vorsätzlich mit Chlor und Fluor vergiftet und den meisten Wässerchen, die uns die Getränkeindustrie zum Kauf anbietet, wurde mittels Kohlensäure oder Ozon die LEBENdigkeit genommen.

Die Sonne scheint überall auf Erden, es gibt genügend **Licht**! – Aber mehr und mehr Menschen werden zunehmend von der lebenswichtigen UV-Strahlung abgeschirmt. Weiterhin wird das LEBENsspendende Sonnenlicht durch die Medien gezielt in Verruf gebracht, damit die Menschen es meiden.

Es gibt fantastische, unerschöpfliche **freie Energiequellen**! – Aber den Menschen werden diese Energieformen absichtlich vorenthalten. Die verbrecherischen Energiekonzerne verhindern seit Jahrzehnten mit massivsten Mitteln die öffentliche Bekanntgabe solcher Energieformen sowie die Produktion entsprechender Apparate oder Anlagen. Stattdessen raubt man der Erde in unvorstellbarem Maße lebenswichtige Substanzen (Bodenschätze), die für das geologische Gleichgewicht unseres Planeten von enormer Wichtigkeit sind. Da Energie ein existenzielles Grundbedürfnis des Menschen ist, kann er perfekt damit versklavt werden.

Menschenfreundliche Technik wäre absolut kein Problem! – Aber es wird durch die Wirtschaft und Politik fast jede Technik zum Nachteil von Mensch und Erde angewandt. Für Verstrahlung, Menschenkontrolle, elektronische Verblödung, Massenproduktion unsinniger Konsumgüter, Krieg und Größenwahnsinn.

Elegante **Mobilität** bei Bedarf ist auch kein Problem! – Aber wir werden dazu getrieben, in Hunderten von Millionen stinkender Blechkisten herumzukutschieren. Und wozu? Um Jobs zu erledigen und Dinge zu produzieren, die im Grunde gar keiner braucht. So, wie es freie Energien gibt, gibt es auch Fortbewegungsmittel, die von solchen Energieformen gespeist werden. Auch diese technischen Wunderwerke werden den Menschen absichtlich vorenthalten. Da Mobilität ein existenzielles Grundbedürfnis des Menschen ist, kann er perfekt damit versklavt werden.

Freizeit hätten wir im Überfluss! – Aber wir Menschen rennen jahrein jahraus zur Arbeit, werden von Termin zu Termin gehetzt, ständig gestresst und kommen nach Ende eines arbeitsreichen Lebens auf die Warteliste fürs Pflegeheim. Und wozu das alles? Um Jobs zu erledigen und Dinge zu produzieren, die gar keiner braucht. Bei einer vernünftigen und vor allem bedarfsgerechten Organisation derjenigen Dinge, die wir Menschen wirklich brauchen, wäre es im Schnitt mit ein bis zwei Arbeitstagen pro Woche getan.

Urlaub – Wer das Paradies auf Erden hat, ist immer im Urlaub!

Die **Musik** liegt den Menschen im Blut! – Aber wir sind Opfer einer Musikindustrie, die, wie alles Industrielle, auf Profit ausgerichtet ist. Aufgeputscht durch Elektronik, Optik, Werbung und Medien, kreischen unsere Kinder zu Songs, die gezüchtete Boy- oder Girlgroups zum Besten geben. Immer größere Massenveranstaltungen mit Vergötterung der Medienidole haben wahrlich nichts mehr mit Muse gemein. Schöne, unkommerzielle Musik wird immer entstehen, wenn Menschen wieder Zeit und Muse füreinander haben. Das ist dann wieder Musik zum anfassen, und Musik, die wirklich unter die Haut geht.

Glückliche Menschen haben immer **Humor** und sind lustig! – Da uns die Glückseligkeit auf unserem Planeten gezielt entzogen worden ist, schaut es mit unserem Humor und unserer Lustigkeit auch entsprechend traurig aus. Sind die Menschen jedoch von allen Zwängen und aller Sklaverei befreit, dann kommt auch der Humor wieder zutage.

Für **Unterhaltung** ist bestens gesorgt! – Aber das, was wir an Unterhaltung präsentiert bekommen, ist nichts anderes als elektronische Verblödung oder Massenhysterie bei Großveranstaltungen. Wenn Sie das Glück haben, und einen Abend mit freundlichen, lustigen Menschen verbringen dürfen, dann werden Sie den ganzen Medienschrott in keiner Weise vermissen. Und bei richtiger Organisation und richtigem Zusammenleben verbringen die Menschen jeden Tag miteinander in lustiger Gemeinschaft. Da wird immer was los sein, denn wo glückliche Menschen zusammen sind, ist für gute Unterhaltung garantiert bestens gesorgt!

Spirituelle Zuversicht werden Sie hoffentlich bekommen, wenn Sie dieses Werk zu Ende gelesen haben! Das, was die Religionen den Menschen in punkto Spiritualität weltweit gesehen anbieten oder teilweise aufzwingen, ist im Bereich zwischen Irrtum und Lüge angesiedelt. Wenn mich jemand fragen würde, was denn das schlimmere Übel ist: GELD oder die etablierten Religionen? – dann wüsste ich tatsächlich nicht, für was ich mich entscheiden sollte.

Kosmische Verbundenheit ist eine natürliche Veranlagung eines jeden Menschen! – Aber uns wurde diese Verbundenheit vorsätzlich genommen. Und der ganze grausame Zirkus, den das GELD und seine Handlanger auf unserer Erde seit Jahrtausenden mit den Menschen veranstalten, hat im Grunde nur ein Ziel: Wir sollen unsere kosmische Verbundenheit auf keinen Fall wiedererlangen! Wer kosmisch verbunden ist, der kennt keine Angst mehr. Ohne unsere Angst würden die Dunkelmächte, die unseren Planeten zurzeit regieren, verhungern, denn die Emotion ANGST ist deren Nahrung, von unserer ANGST leben sie. Kosmische Verbundenheit erzeugt unweigerlich liebe, freundliche Menschen.

Liebe Freunde, GELD und GIER verhindert das Paradies auf Erden. GIER ist das Gefährlichste, was Sie sich nur vorstellen können – es ist der Prüfstein für Ihre Seele (also für Sie!). GIER schädigt Ihre Aura in verheerendem Maße. Wenn Sie Ihren grobstofflichen Leib verlassen (also sterben) und der GIER noch anhängig sind, fallen Sie abgrundtief mit bittersten Konsequenzen. Schütteln Sie, so weit es nur irgend geht, alle GIER von sich ab!

Ihre Seele (also Sie!) wird es Ihnen, in einer für Sie momentan noch unvorstellbaren Art und Weise, danken!

Die Dinge sind dazu da, dass man sie benutzt, um das LEBEN zu gewinnen, und nicht, dass man das Leben benutzt, um die Dinge zu gewinnen.
(Lü-shin Ch´ju)

PORNOGRAPHIE

Jetzt geht es an ein heikles Thema, aber ich habe Ihnen ja schon gesagt, dass ich Sie in jeder Hinsicht schonungslos inFORMieren werde.

Zuerst muss einmal klargestellt sein, was Pornografie überhaupt ist. Streng wissenschaftlich definiert ist Pornografie die Darstellung von Sex in Wort, Schrift oder Bild. Jedoch, diese Definition ist ungenügend, das Spektrum dessen, was die Menschen unter Pornografie verstehen, ist weitaus umfangreicher. Ich gebe Ihnen jetzt eine sehr treffende und umfassendere Definition: Pornografie ist die Befriedigung eines natürlichen Triebes mittels sexueller Handlungen, ohne die Einbeziehung von LIEBE. Man spricht ja nicht umsonst vom körperlichen LIEBEsakt, wenn jedoch die LIEBE fehlt, dann ist es Pornografie. So einfach ist das.

Schauen wir uns diesen natürlichen Trieb einmal genauer an, denn er ist gewaltig und von nicht zu unterschätzender Bedeutung. Der Sexualtrieb ist derart gewaltig, dass die ganze Welt seit Urzeiten der **Erfüllung** dieses Triebes hinterher hechelt – dem Orgasmus. Es ist also der Orgasmus, der uns die ersehnte Befriedigung bringt. Also müssen wir uns den Orgasmus näher betrachten, denn der Trieb ist eigentlich nebensächlich oder besser gesagt hinführend. Beim Orgasmus passiert etwas Sensationelles, das unseren gesamten Organismus packt, und jede einzelne Zelle in helle Aufregung versetzt. Um dieses Gefühl zu erklären, muss man sich seines Ursprunges bewusst sein.

Die Substanz unserer Seele ist göttlich. Allerdings ist die Seele zurZEIT aus einem ganz bestimmten Grund (den Sie noch erfahren werden) von der ihr im Grunde innewohnenden GÖTTLICHKEIT getrennt. Anders ausgedrückt, die Seele kann derZEIT auf ihre ureigensten Attribute (Eigenschaften) nicht zurückgreifen, sie ist dahingehend extrem beschränkt. Wenn wir von GÖTTLICHKEIT sprechen, dann hat das etwas mit einem Glücksgefühl zu tun, das für uns Menschen unvorstellbar ist. Wir könnten im grobstofflichen Leib dieses göttliche Glücksgefühl gar nicht ertragen, es würde uns, grobstofflich gesehen, tatsächlich vernichten. Der Volksmund sagt nicht umsonst, extreme Momente des Glückes betreffend:

„Oh Gott, ich sterbe fast vor lauter Glück!“

Der feinstoffliche Astralkörper kann schon sehr viel mehr Glücksgefühl erfahren und genießen, der feinstofflichere Mentalkörper entsprechend noch mehr und die reine SEELE das Maximum. Solange die Seele (also Sie!) jedoch in der Materie gefangen ist, ist auch das zu erfahrende Glücksgefühl begrenzt. Beim Orgasmus öffnet sich für kurze Zeit ein winziges Fensterchen zur Göttlichkeit, und lässt dieses Gefühl in unseren grobstofflichen Körper einströmen. Dass ein Orgasmus ein seltsam gewaltig schönes Gefühl ist, werden Sie in Ihrem Leben hoffentlich schon erfahren haben. Man spricht deshalb ja auch vom „Höhepunkt“. Es gibt nur noch ein Gefühl, das den Orgasmus übertrifft, und das ist das Gefühl, wenn einen die LIEBE mit maximaler Kraft durchströmt.

Orgasmus ist nicht gleich Orgasmus, das Maximum an Orgasmus ist dann gegeben, wenn die LIEBE mit im Spiel ist. Wenn sich zwei verliebte Menschen binden, dann feiern Sie Hochzeit. Schauen Sie sich das Wort „Hochzeit“ einmal genau an, wir betonen nämlich die Aussprache falsch, und dadurch verdeckt sich der Sinn dieses Wortes. Man hat eine Zeit, in der man gefühlstechnisch ein Hoch erlebt – **Hoch**zeit. Das einstmals lang ausgesprochene „o“ hat sich zu einem kurzen Laut degeneriert, und schon erkennen wir die eigentliche Bedeutung des Wortes nicht mehr.

Sich verlieben und einander begehren ist von der Schöpfung so eingerichtet und dient dazu, die Schöpfung aufrecht zu erhalten. Der sexuelle Trieb mit dem Orgasmus als Ziel ist also unzweifelhaft der Motor, der die ganze Welt am Laufen hält. Ohne sexuellen Trieb käme alles zum Stillstand und zur Auflösung. Daher ist es nicht weiter verwunderlich, dass unser Schöpfer ein so gewaltiges Gefühl in den Orgasmus gelegt hat –

den Brennstoff des Universums!

Nur, wie alles im Leben, hat die Sache einen gewaltigen Haken. Der Haken an der Sache ist der, dass die natürliche Sexualität von der Menschheit extrem missbraucht wird. Ich habe Ihnen ja schon beim Thema GIER klargemacht, dass es den Menschen leider nicht vergönnt ist, dauerhafte Glückseligkeit zu erfahren, und dass GIER eigentlich nichts anderes ist, als der Druck, einen einmal erlebten Zustand der Glückseligkeit wieder zu erfahren; und dass die Menschen den vollkommen verkehrten Weg einschlagen, um diesen Zustand wieder zu erlangen; und dass der GIER die fatale Eigenschaft der Unersättlichkeit innewohnt; und dass die dunklen Mächte alles tun, um Sie noch mehr in GIER und Materie zu verwickeln. Und all diese Fakten treffen hundertprozentig auch auf den Missbrauch von Sexualität zu.

Wir haben also zwei Tatsachen, die sich einem Unwissenden äußerst skurril darstellen. Zum einen die Möglichkeit, durch einen Orgasmus ein gewaltig schönes Gefühl zu erleben, und auf der anderen Seite die traurige Wahrheit, dass dem Menschen dauerhaftes Glücksgefühl verwehrt ist. Wenn man sich dies durch den Kopf gehen lässt, dann kommt man unweigerlich zu dem Schluss, dass derjenige, der so etwas erschaffen hat, nicht ganz richtig im Kopf sein kann. Ganz so aus der Luft gegriffen ist diese Annahme gar nicht mal, das letzte Kapitel wird Aufschluss darüber geben. Im Moment müssen wir uns noch ein Weilchen mit der Tatsache abfinden, dass dieser extreme Gegensatz in unserem Dasein existiert.

Bei Verliebten, die gefühlstechnisch eine **Hoch**zeit erleben, ist das Ende dieser schönen Zeit bereits vorprogrammiert. Die Feuer-und-Flammeliebe schwindet mit der Zeit, das ist vollkommen normal, und jedes erfahrene Paar wird – wenn es ehrlich ist – dies auch bestätigen. Was bleibt, ist die GIER, den Orgasmus so zu erleben, wie er zu Feuer- und Flammezeiten einmal war. Und jetzt wird es gefährlich, denn jetzt wandelt sich die Liebe um in Leidenschaft. Wenn von einem „leidenschaftlichen Liebhaber" gesprochen wird, dann wird dies in unserer Gesellschaft als etwas Positives verstanden. Das ist es aber nicht, es ist in Wirklichkeit negativ! Und auch hier gibt der Begriff eindeutig Aufschluss. Leidenschaft schafft Leiden! Lediglich das zweite „f" des Wortes „Leidenschaft" hat sich im Laufe der Zeit grammatikalisch verflüchtigt. Sie sehen schon, dass das Leid, das wir uns antun, bereits geschrieben steht! Jetzt werden Sie vielleicht fragen: *„Ja wieso schaffe ich mir Leid, wenn ich meinem sexuellen Trieb nachgebe und diesen Trieb leidenschaftlich auslebe?"*

Die Antwort darauf ist denkbar einfach: weil Sie dann der GIER verfallen sind, und GIER unersättlich ist. Sie wollen nämlich immer einen gleich guten Orgasmus erleben. Nur, Sie müssen dazu – auf Dauer gesehen – zwangsläufig Ihre sexuellen Praktiken ändern – selbige müssen verschärft werden, wie man so schön sagt. Menschen, die ihrem sexuellen Trieb **vollkommen** ungezügelt freien Lauf lassen, werden zwangsläufig abartig (pervers) – es geht gar nicht anders!

Und wo ist das Ende der pornografischen Fahnenstange, die in die Dunkelheit führt? – Bei der so genannten „Mortal-Szene"! Sie wissen nicht, um was es sich hierbei handelt? Das sind humanoide Kreaturen (es fällt schwer, hier noch den Begriff „Mensch" zu gebrauchen), die den ersehnten Orgasmus nur noch dann erleben, wenn sie zuschauen können wie andere Menschen (mitunter auch Kinder!) langsam zu Tode gequält werden! – So tief kann der Mensch sinken! Und glauben Sie ja nicht, dass es sich dabei um irgendwelche Primitivlinge aus der Gosse handelt, es sind vorwiegend Intellektuelle und nicht selten hochgestellte Persönlichkeiten, die diesen dunklen Punkt erreicht haben. Und es sind auch keine Einzelfälle, sondern die Szene ist weiter verbreitet, als man sich schlechthin träumen lässt. Die Organisation UNICEF schätzt, dass weltweit jährlich allein 10 Milliarden Euro mit Pornografie umgesetzt werden, bei der **schwerste** Kindesmisshandlung im Spiel ist!

Wir haben also zwei Extrempunkte. Zum einen der sexuelle Liebesakt zweier verliebter Menschen, und zum anderen die grauenhafte, abartige Mortal-Szene. Und was ist dazwischen? Tittenfick, Monstermösen, Riesenschwänze, Geile Omas, perverse Teenager, Superdildos, Sado/Maso-Szene, Sex mit Tieren, Pissorgien, Menschen, die sich in Fäkalien wälzen usw. Gehen Sie doch einmal ins Erwachsenenabteil einer Videothek oder ins Internet und schauen Sie sich an, wo die Menschheit mittlerweile gelandet ist, und ob ich hier die Wahrheit schreibe. Und diese Wahrheit wird zunehmend perverser und hat steigende Umsatzzahlen. Der weltweite Umsatz, der mit Sex und Pornografie erzielt wird, ist astronomisch! Und was hat uns so tief fallen lassen? – Die GIER!

Und genauso wie Nikotin, Koffein, Alkohol und Fleischkonsum ist Sex und Pornografie vorsätzlich und geplant gesellschaftsfähig gemacht worden. Intimschmuck, Swingerclubs und Pornomessen sind zum Beispiel gerade schwer in Mode und gesellschaftlich einfach angesagt. Die Sex- und Pornoszene ist nicht zufällig entstanden –

es gibt keinen Zufall im Universum!

Die Medien spielen auch hier eine gewaltige Schlüsselrolle. Die Medien hämmern Ihnen nämlich ins Gehirn, dass Sie sexy und attraktiv auszusehen haben. Die Medien hämmern Ihnen ins Gehirn, dass es der Franzose fünfmal in der Woche treibt, und dass Sie sich gefälligst anzustrengen haben, um unsere Quote zu heben. Die Medien hämmern Ihnen ins Gehirn, was es an Praktiken und Mitteln so alles gibt, um sexuell fit und attraktiv zu bleiben. Die Medien hämmern Ihnen ins Gehirn, dass es mittlerweile vollkommen normal ist, mit Hilfe von plastischer Schönheitschirurgie den Körper zu liften und an entsprechenden Stellen auszupolstern. Die Medien hämmern Ihnen ins Gehirn, dass Sie sich sexuell befreien sollen und dem Verlangen Ihres Körpers freien Lauf lassen sollen – Sie leben ja nur einmal und das Leben ist kurz, wird Ihnen suggeriert und vorgelogen!

Aber auch die Industrie ist nicht untätig. Wenn der Trieb nachzulassen droht, dann gibt es Sexspielzeug in allen Variationen. Vom Glitzergumminoppenpimmel bis hin zur elektrischen Vagina ist alles zu haben. Und wenn sich Ihr sowieso schon kaputter, verstrahlter und vergifteter Organismus gegen jegliche sexuelle Tätigkeit zur Wehr setzt, dann hat der Onkel Doktor (oder das Internet) Viagra bereit. Und dieses Zeug wird **nur** zu einem Zweck hergestellt: um Sie sexuell auf Kurs zu halten – auf Kurs in Richtung Dunkelheit! Und dass viele auf Kurs gehalten werden, das zeigen die rapide steigenden Umsätze, die mit Viagra erzielt werden, sehr deutlich.

Ich habe Ihnen aufgezeigt, dass Sie, wenn Sie Ihrem Trieb freien Lauf lassen, automatisch, bedingt durch die Unersättlichkeit der GIER, in die Abartigkeit getrieben werden. Die Hinterlistigkeit dabei ist, dass der Prozess der Verrohung schleichend von statten geht, wie das leider bei vielen negativen Entwicklungen der Fall ist. Sie kriegen Ihren Fall in die Dunkelheit gar nicht mit. Und wenn nicht irgendetwas passiert, das Sie wieder in Form bringt und Sie über Ihre negative Entwicklung inFORMiert, so dass es bei Ihnen im Gehirn endlich Klick macht, dann haben Sie schlechte Karten. Natürlich sind nicht alle Menschen gleich, und es gibt selbstverständlich Menschen, die Ihren sexuellen Trieb in gewisser Weise unter Kontrolle haben. Aber es gibt auch eine ungeheure Anzahl von Menschen – und es werden immer mehr! – die mit Vollgas in die Abartigkeit abrutschen. Da brauchen Sie sich das Geschehen auf der Welt nur anzusehen, das ist kein großes Geheimnis.

Jetzt werden wir dem gierigen Trieb einmal näher auf den Zahn fühlen, denn irgendwo muss dieses stets wachsende Unheil ja herkommen und irgendwie erklärbar sein.

Dazu müssen wir uns jedoch eine Dimension höher begeben, denn die Ursache des Übels liegt in der Astralwelt. Die Astralwelt ist, wie Sie ja bereits wissen, die Ebene der Gefühle, der Emotionen und der Leidenschaften. Auch in dieser Ebene existieren Sie, wie ich Ihnen ja schon aufgezeigt habe. Und Sie sind im Normalfall durch Ihre Aura vor unliebsamen bis bösartigen Genossen, die die unteren Schichten der Astralwelt bewohnen, geschützt. Nur, der Schutzmantel (Aura) der Menschen ist durch Vergiftung und Verstrahlung in einem verheerenden Zustand. Die ungebetenen gierigen Genossen der unteren Schichten haben dadurch freien Zutritt zu unserer Energie. Ich werde Ihnen die dahingehende Problematik noch einmal kurz darstellen.

Wenn ein gieriger, triebhafter Mensch auf Erden seinen grobstofflichen Körper ablegt (also stirbt), dann gelangt er unweigerlich in eine unschöne, niedrige Astralebene, denn GIER und LEIDENSCHAFT ziehen die Seele (also Sie!) astral abwärts. Nur, den Trieb, den er auf Erden exzessiv gelebt hat, kann er in der Astralwelt nicht mehr befriedigen. Um wenigsten einen Hauch an Befriedigung und Energie (denn auch die schwindet mehr und mehr) zu erlangen, braucht so eine gierige, hungrige Seele einen so genannten „Wirt“, den sie anzapfen und auslaugen kann. Und dieser Wirt sind Sie! Sie sind nämlich noch mit der grobstofflichen Welt verbunden, auf der man derartige Triebe befriedigen kann. Und Sie haben eine geschädigte Aura! Sind also dadurch quasi anzapfbar. Ein einmal befallener Wirt wird in der Regel ausgelaugt bis zum Gehtnichtmehr und, vor allem, und jetzt wird es interessant, er wird **geTRIEBen!** Getrieben zu immer mehr und immer perverseren sexuellen Praktiken, denn die GIER der astralen Parasiten ist unersättlich. Es gibt Zustände, die sind so schlimm, dass man auf Erden von „Besessenheit“ spricht. Ja von wem ist man denn besessen? – Vom heiligen Geist bestimmt nicht! Der normale Sexualtrieb, der aus Gründen der Fortpflanzung eingerichtet ist, hat mit dem abartigen Trieb, der durch Fremdwesen in Ihnen verursacht wird, nichts mehr gemein. Die Menschen hängen also in einer furchtbaren Triebschleife, aus der es nur **ein** Entrinnen gibt. Stoppen Sie sofort alle Vergiftungen und alle Leidenschaften, denn nur dann wird sich Ihre Aura wieder schließen und so kräftigen, dass astrale Parasiten daran abprallen. Wenn Sie das nicht tun, dann werden Sie sehr wahrscheinlich in die Dunkelheit gerissen.

Sie brauchen deshalb, was sexuelle Aktivität anbelangt, nicht zu leben wie im Kloster. Sie brauchen auch nicht unbedingt einen Trauschein. Und Sie können selbstverständlich nach

Ihrer gegebenen Veranlagung leben und Ihre Zuneigung auch einem gleichgeschlechtlichen Partner schenken. Nur, wenn Sie Liebe machen, dann achten Sie darauf, dass auch wirklich LIEBE mit im Spiel ist, ansonsten ist es Pornografie – mit entsprechenden Folgen! Wenn LIEBE beim Sexualakt dabei ist, dann sind Sie hundertprozentig geschützt, kein Fremdwesen kann dann an Sie ran. Der Volksmund weiß das im Übrigen auch, denn er sagt:

„Gott schützt die LIEBEnden!“

Wenn sich zwei Menschen lieben, dann sind sie vorher glücklich, währenddessen sind sie sehr glücklich und sie sind danach glücklich. Wenn die LIEBE fehlt, dann sind sie allenfalls danach befriedigt. „Danach befriedigt sein“ hat, wie der Begriff schon sagt, etwas mit Frieden zu tun. Sie waren also vorher im Kriegszustand! Der Friede, den Sie danach haben, ist jedoch nur von kurzer Dauer, und es ist auch kein richtiger Friede, sondern lediglich ein kurzzeitiger Waffenstillstand. Und dieser Waffenstillstand dauert exakt solange, bis die astralen Gesellen wieder die Messer wetzen und Sie in den nächsten Krieg treiben. Und der nächste Krieg wird höchstwahrscheinlich einen Tick perverser als der vorangegangene, denn GIER ist unersättlich! Und dass Sie dabei astral tiefer und tiefer in Richtung Dunkelheit gerissen werden, das wissen Sie ja bereits.

Darum halten Sie sich, so gut es irgendwie geht, fern von jeglicher Pornografie!

Ihre Seele (also Sie!) wird es Ihnen, in einer für Sie momentan noch unvorstellbaren Art und Weise, danken!

MAGIE

Jetzt komme ich zu einer Thematik, die Ihnen sehr wahrscheinlich fremd ist und die Sie unglaublich anmutet. Trotzdem ist es unerlässlich, dass Sie darüber inFORMiert sind, denn es erklärt sich dadurch sehr vieles, was in unserer Welt so geschieht. Mit dem Wissen, was Magie ist und was Magie bewirkt, werden Sie viele Dinge und Geschehnisse mit **gänzlich** anderen Augen betrachten.

Fast alle Menschen, wenn man sie über die Bedeutung von Magie befragt, erklären selbige mit unsinnigem Hokuspokus, Tricks und altertümlichen Wahnsinnigen (Alchemisten), die Blei in Gold verwandeln wollten. Das jedoch ist weit gefehlt und entspricht ganz und gar nicht dem, was Magie in Wirklichkeit ist. Magie ist die Fähigkeit, allein durch die Kraft des Geistes, die Materie zu gestalten. Jetzt werden Sie sofort und auch berechtigter Weise fragen: *„Ja geht denn so etwas überhaupt?“* –

„Ja, es geht!“

Wenn Sie ein aufmerksamer Leser sind, dann werden Sie bereits eine Ahnung haben, wie so etwas möglich ist. Sie wissen doch bereits, dass Sie nicht nur in der grobstofflichen Dimension (Erde) leben, sondern auch in der Astralwelt (Gefühl u. Emotion) sowie in der Mentalwelt (Gedanken u. Geist). Und Sie wissen bereits, dass sich das Dasein in diesen Dimensionen wesentlich intensiver und wirklicher gestaltet, als dies hier auf Erden der Fall ist. Ihr Bewusstsein ist derzeit lediglich auf die unterste Dimension gerichtet, Sie unterliegen momentan einer Täuschung, was wirkliche Realität anbelangt. Ganz oben spielt die Musik! Wir auf Erden sind nur der Ausdruck von dem, was in der Mentalwelt geschieht. Aber das habe ich Ihnen schon sehr ausführlich und plastisch anhand des Beispieles mit den Blaupausen erklärt. Materie, wie wir sie fühlen und betrachten können, ist nichts anderes als erstarrter Geist. Oder besser ausgedrückt, der Geist erschafft Gedanken, und diese Gedanken materialisieren sich auf Erden.

Weiterhin wissen Sie bereits, dass die Seele (also Sie!), der Mentalkörper, der Astralkörper und der grobstoffliche Körper (Leib) eine Einheit bilden. Sie sind in Ihrem derzeitigen Erdendasein **immer** mit dem oberen Geschehen verbunden, auch wenn Sie das im irdischen Geschehen momentan gar nicht wahrnehmen. **Wenn** Sie das allerdings wahrnehmen, dann wird es interessant. Denn dann werden Sie mit entsprechender Anstrengung auf Fähigkeiten und Möglichkeiten stoßen, die weit jenseits Ihres derzeitigen Vorstellungsvermögens liegen. Wie schon gesagt, in der Mentalwelt entsteht das Geschehen, das sich bei uns auf Erden ausdrückt. Allerdings mit einer Art Rückkopplung, denn es werden Ihnen nicht nur Ideen und Gedanken von oben (vom Unterbewusstsein) zugetragen, sondern es generieren sich im grobstofflichen Dasein auch Gedanken, die nach oben gehen und dort eine dementsprechende Wirkung haben, und diese Wirkung drückt sich wiederum im Erdgeschehen aus. Ich habe Ihnen ja schon erklärt, dass Sie aufpassen sollen, an was Sie denken, denn jeder Gedanke bleibt erhalten und strebt nach Verwirklichung. Ob sich der Gedanke jedoch verwirklicht, hängt davon ab, mit wie viel Kraft er gedacht wird, denn Gedanke ist nicht gleich Gedanke. Die Krafteinheit, mit der Gedanken gedacht werden, ist der „Wille". Unser Schöpfer hat uns nach seinem Ebenbild erschaffen, heißt es doch so schön. Das ist nicht nur so dahergesagt, sondern in gewisser Weise Tatsache. Deshalb trägt jeder Mensch die Fähigkeit des Erschaffens in sich, nur die meisten Menschen haben davon nicht die geringste Ahnung. Ich sagte soeben „die meisten"! Also nicht alle! Magier gehören zu denjenigen, die sich dieser Fähigkeit sehr wohl bewusst sind, und die diese Fähigkeit trainieren bis zum Exzess. Die Kraft der Magie wird einem nämlich nicht in den Schoss gelegt, man muss diese Fähigkeit mühsam erlernen. Man kann seinen Willen schulen und trainieren wie einen Muskel. Magische Fähigkeiten, die man einmal erlernt hat, bleiben der Seele (also Ihnen!) erhalten, also über den irdischen Tod hinaus. Verwirklicht eine magisch geschulte Seele einen weiteren Erdenauftritt (Reinkarnation), dann stehen die in früheren Leben erlernten magischen Fähigkeiten dem Menschen ab einem gewissen Alter voll zur Verfügung und können weiter ausgebaut werden. Seit Menschengedenken praktizieren gewisse Gruppen von Personen Magie. Und glauben Sie ja nicht, dass es sich dabei um lauter Verrückte handelt, die ihr ganzes Leben lang irgendwelchen Hirngespinsten nachlaufen.

Für einen Magier ist es gar keine Frage, ob es ein Leben nach dem Tod gibt, ob es eine Astralwelt gibt oder ob eine Mentalwelt existiert – **er weiß es!** Fortgeschrittene Magier können die Dimensionen nach Belieben wechseln. Ein Magier kann den Brennpunkt seines Bewusstseins jederzeit auf eine andere Ebene richten. Sie hingegen müssen erst auf Erden sterben, um eine andere Ebene zu erfahren. Stellen Sie sich allein schon diese unglaubliche Fähigkeit – nach Belieben die Dimensionen zu wechseln – vor! Aber das ist noch lange nicht alles, Magier möchten vor allem Erschaffen und Manipulieren. Und Magier können erschaffen!

Ich sehe schon, Sie haben Schwierigkeiten zu glauben, dass es Individuen gibt, die erschaffen können. Ich werde Ihnen deshalb nachfolgend mit verständlichen Worten erklären: wie

Materie aufgebaut ist, und wie leicht es prinzipiell ist, Materie allein durch den Willen zu beeinflussen.

Jegliche Materie ist aus den vier Elementen aufgebaut: **Feuer**, **Wasser**, **Luft** und **Erde**.

Sie dürfen sich die vier Elemente jedoch nicht so vorstellen, wie sie auf Erden in Erscheinung treten, denn bei den Elementen handelt es sich eigentlich um Prinzipien oder besser gesagt um grundlegende geistige Eigenschaften:

Feuer hat die Eigenschaft der Expansion (Explosion), es hat die Farbe Rot, es erzeugt Hitze, es ist der Wille aber auch der Zorn. Schauen wir uns einmal einen Waldbrand an. Ein Waldbrand frisst sich bei entsprechender Nahrung rasend schnell fort (Expansion), die Feuersbrunst ist rot, es entstehen sehr hohe Temperaturen (Hitze) und in den Nachrichten wird gesagt, dass das Feuer wütet (Zorn).

Wasser dagegen ist magnetisch (zusammenziehend), es ist kalt und repräsentiert das Gefühl. Wie sagt der Volksmund zu einem in sich zurückgezogenen, gefühlsbetonten Menschen? *„Stille Wasser sind tief!“*

Luft verbindet, hat die Eigenschaft der Leichtigkeit und repräsentiert den Verstand sowie die Phantasie. Wie sagt der Volksmund zu einem Menschen, der alles auf die leichte Schulter nimmt und in Gedanken immer woanders ist? *„So ein Luftikus!“*

Erde ist fest, hat die Eigenschaft der Schwere und repräsentiert das gefestigte, materielle Bewusstsein (Bodenständigkeit). Wie sagt der Volksmund zu einem Menschen, der fest und unerschütterlich ist? *„Der steht mit beiden Beinen fest auf der Erde!“*

Wäre das geistige Element Feuer für sich allein, so würde es alles vernichten, was ihm in den Weg kommt. Darum braucht es ein weiteres Element, das dem Feuer mit gleicher Kraft entgegenwirkt – das Wasser. Feuer und Wasser vertragen sich aber absolut nicht, da es sich um direkte Gegensätze handelt. Also braucht es ein Element, das beide verbindet – die Luft. Wenn Feuer, Wasser und Luft zusammenkommen, entsteht immer Erde – die Einzelelemente festigen sich also zu Materie.

Jeder Mensch hat einen Charakter, das ist ja allgemein bekannt. Nur, was der Charakter eigentlich ist, darüber weiß fast niemand Bescheid. Ich werde es Ihnen kurz erklären. Sie wissen ja bereits, dass Sie einen feinstofflichen Astralkörper haben. Der Astralkörper ist der Sitz Ihrer Gefühle und Emotionen. Auch der Astralkörper ist aus den vier Elementen aufgebaut, wie eben alles im Universum. Wenn die vier Elemente zu genau gleichen Teilen im Astralkörper in Erscheinung treten, dann ist dieser im so genannten „magischen Gleichgewicht“. Die Seele lebt dann in Harmonie und besitzt einen ausgewogenen Charakter. Bei uns auf Erden sagt man über so einen Menschen, dass er ausgeglichen ist. Ein ausgeglichener Mensch ist auch immer körperlich gesund, es geht gar nicht anders, da die vier Elemente auch unsere Gesundheit bestimmen. Jetzt schauen wir uns einmal an, wie sich die Sache bei magischem Ungleichgewicht darstellt.

Wenn bei einem Menschen das Element Feuer überwiegt, dann bezeichnen wir so einen Menschen als „Choleriker“. Unbeherrschtheit, Zorn und Wutanfälle prägen den Charakter solch eines Menschen. Ein Mensch, bei dem das Wasser überwiegt, wird „Melancholiker" genannt. Melancholiker fallen oft in tiefe Traurigkeit und sind sehr nach innen gekehrt. Wenn das Element Luft überwiegt, dann kommt der „Sanguiniker" zum Ausdruck. Sanguiniker sind geistig oft abwesend und können extrem ins Grübeln verfallen. Überwiegt das Element Erde, dann resultiert daraus der „Phlegmatiker". Extreme Sturheit und Starrsinnigkeit kennzeichnen so einen Menschen.

Jedes Element hat aber auch seine guten Seiten, sofern es im Zaum gehalten wird. Feuer sorgt für einen starken Willen und Schaffenskraft, Wasser für Gefühl und Liebe, Luft für Denkvermögen und philosophische Erkenntnisse und Erde für Halt und Bodenständigkeit.

Im Grunde existieren eigentlich nur zwei Hauptelemente, das Feuer und das Wasser. Luft, wie schon erklärt, dient nur als Mittler, und Erde ist lediglich das Resultat des Geschehens.

Wenn man einem unwissenden Menschen erzählt, dass im Grunde jegliche Materie nur aus den beiden Elementen „Feuer" und „Wasser" besteht, dann erntet man wahrscheinlich nur ungläubiges Kopfschütteln, denn es klingt einfach zu unglaublich. Ich werde Ihnen jetzt ein exzellentes Beispiel aufzeigen, das die ganze Sache schon sehr viel akzeptabler erscheinen lässt. Dazu nehme ich Sie mit, wir betreten gemeinsam ein so genanntes Virtual-Reality-Studio, von denen es mittlerweile etliche auf dieser Welt gibt. In diesem Studio bekommen Sie einen verkabelten Datenhelm mit Vollvisier aufgesetzt, bei dem Vollvisier handelt es sich jedoch um einen Bildschirm, der nach innen gerichtet ist, und der somit direkt vor ihren Augen platziert ist. Weiterhin verpasst man Ihnen ein paar seltsam anmutende Handschuhe, die mit einer Vielzahl von Sensoren und Leitungen ausgestattet sind. Nun startet man ein Computerprogramm, und Sie tauchen optisch, akustisch und sensorisch (greifbar!) in eine künstliche Computerwelt ein, die so faszinierend ist, dass man es mit Worten gar nicht beschreiben kann. Sie erleben Farben, Formen, Geräusche und Welten, die derart phantastisch und real erscheinen, dass es Ihnen schlichtweg die Sprache verschlägt. Sie können in diese Welt auch richtig hineingreifen, dafür sorgen die seltsamen Handschuhe, die man ihnen übergezogen hat. Wenn nach gewisser Zeit das Computerprogramm gestoppt wird, und man Sie von Helm und Handschuhen befreit, dann werden Sie momentan enorme Schwierigkeiten haben, sich in unserer Realität zurechtzufinden, denn zu heftig waren die eben erlebten Eindrücke. Sie sind noch völlig perplex und fragen einen der anwesenden Techniker: *„Sag mal, wie um alles in der Welt ist so etwas möglich, wie habt ihr das hingekriegt?"* Und der Techniker erklärt Ihnen lächelnd: *„Oh, das ist eigentlich nichts Besonderes, all dem, was Du gerade erlebt hast, liegen in Wirklichkeit nur* ***zwei*** *Faktoren zugrunde: eine* ***NULL*** *und eine* ***EINS!****"*

Wenn Feuer und Wasser ohne den Mittler Luft in Erscheinung treten, dann handelt es sich um pure Energie, unsere physikalische Elektrizität ist somit erklärt. Es ist schon höchst interessant, dass unsere klugen Wissenschaftler bis heute den Elektromagnetismus nicht erklären können – nicht einmal ansatzweise! Das, was in den Lehrbüchern der Physik steht, ist pure Vermutung, gefasst in Formeln und technischen Gesetzmäßigkeiten, um das Phänomen Elektromagnetismus technisch einigermaßen handhabbar zu machen. Und warum können die Wissenschaftler den Elektromagnetismus nicht erklären? Weil sie sich immer nur mit Materie befassen und nicht wissen, dass Materie erstarrter Geist ist. Alles im Universum funktioniert elektromagnetisch, es geht gar nicht anders. „Elektro" heißt Feuer und ist expansiv, Wasser dagegen ist zusammenziehend, also magnetisch. Man kann in der Erklärung noch eine Stufe weiter hinauf gehen und sagen: Feuer ist der Wille und Wasser ist die Weisheit –

denken Sie einmal intensiv darüber nach!

Das, was wir auf Erden als Feuer, Wasser, Luft und Erde erleben, ist lediglich der sicht- und fühlbare Ausdruck der geistigen Elemente, und zwar **immer** in gemischter Form. Ich werde Ihnen das an einem Beispiel erklären.

Für Sie ist die Flamme einer Kerze Feuer. In Wirklichkeit beinhaltet diese Flamme auch Wasser, Luft und Erde. Natürlich überwiegt in dieser Flamme das Element Feuer, das ist gar keine Frage. Aber Feuer ist auf Erden nicht gleich Feuer. Wenn Sie im Vergleich zu einer Kerzenflamme einen Schweißbrenner betrachten, dann tritt hier das Feuer schon wesentlich gewaltiger in Erscheinung. Es tritt deshalb gewaltiger in Erscheinung, weil die Flamme eines Schweißbrenners durch die Zufuhr von Sauerstoff viel weniger Wasser enthält, als die Flamme einer brennenden Kerze. Gehen wir noch einen Schritt weiter und betrachten das Feuer, das entsteht, wenn man Schwarzpulver anzündet. Jetzt wird es schon fast explosiv, der Anteil des Elementes Wasser ist hier noch weiter reduziert. Eine noch weitere Reduzierung des Elementes Wasser finden wir bei Sprengstoff, zum Beispiel bei Dynamit. Sie sehen also, umso weniger Wasser im Feuer enthalten ist, desto explosiver und damit gefährlicher wird dieses Element. Feuer in **absolut** reiner Form hätte eine derart verheerende Wirkung, dass sämtliche Materie zerstört werden würde! Deshalb kommt das Element Feuer im materiellen Dasein nur in Verbindung mit den anderen Elementen vor. Wenn der Schöpfer der Universen etwas Materielles vernichtet, zum Beispiel ein ganzes Universum (näheres im letzten Kapitel), dann setzt er dazu pures Feuer ein – seinen Willen! Wenn er etwas erschafft, zum Beispiel ein Universum, dann braucht er dazu Feuer **und** Wasser – **Wille und Weisheit!**

Doch zurück zur Magie.

Magie ist also die Fähigkeit, die Elemente mit dem Willen zu beherrschen. Sei es, um etwas zu erschaffen, oder etwas bereits Erschaffenes zu manipulieren. Je stärker und trainierter der Wille ist, umso mehr magische Kraft hat man. Um einen Planeten zu materialisieren, braucht es eine ganz andere Willenskraft, als wenn eine Mücke ins materielle Dasein gerufen wird. Noch leichter geht es beim Manipulieren, das heißt, etwas bereits Materialisiertes durch magische Beeinflussung zu verändern. Ich gebe Ihnen mal ein Beispiel, das zeigt, wie einfach so etwas zu bewerkstelligen ist.

Stellen Sie sich einen cholerischen Menschen vor, der nicht gerade das beste Nervenkostüm sein Eigen nennt. Nehmen wir weiterhin an, Sie kennen die empfindlichen Schwachstellen dieses Menschen. Nun können Sie, lediglich durch den gezielten Einsatz der entsprechenden Worte, in diesem Menschen das Element Feuer überhand nehmen lassen. Wenige gezielte Worte bringen diesen Menschen dann in Rage, Wut oder sogar in den Zorn. In so einem Fall haben Sie bereits magische Beeinflussung praktiziert, denn richtig platzierte Worte haben immer eine magische Wirkung – so einfach ist das! Wenn sich ein Mensch gesundheitlich in einem sehr angeschlagenen Zustand befindet, und der Doktor erklärt, dass sich dieser Patient unter gar keinen Umständen aufregen darf, dann können Sie mit Worten sogar einen Mord begehen – „Herzschlag!“, lautet dann die Diagnose. Sie können auch einen bereits todtraurigen und verzweifelten Menschen mit Worten in den Selbstmord treiben, in diesem

Fall bedienen Sie sich des Elementes Wasser. Oder ein Mensch, der kurz vor dem Nervenzusammenbruch steht, und bei dem Sie mit entsprechenden Worten das Element Luft noch verstärken, geht in die Klapsmühle. Oder Sie treiben einen Phlegmatiker mit Worten, die das Element Erde in ihm verstärken, soweit, dass er sich vollkommen in sich zurückzieht und in einen Zustand apathischer Starrheit (Sturheit) gerät.

Ich muss an dieser Stelle etwas klar stellen. Ich habe Ihnen erzählt, dass ein Magier erschaffen kann. Erschaffen ist jedoch nicht der richtige Ausdruck, ein Magier kann lediglich materialisieren – das ist ein großer Unterschied! Ich werde das kurz erklären: Im Grunde ist ALLES schon da, es gibt also nichts zu erschaffen. Alles existiert in der geistigen Welt und kann lediglich durch Magie ins materielle Dasein gerufen oder gezwungen werden – also materialisiert werden. Wenn ein Magier ein Huhn oder eine Pflanze erschafft, dann gibt es dieses Huhn oder die Pflanze bereits in der geistigen Welt, er zwingt das gewünschte Objekt durch seine magische Kraft lediglich ins materielle Dasein. Das zu wissen, ist sehr wichtig!

Ich werde Ihnen jetzt ein weiteres Beispiel geben, das zeigt, wie leicht Magie zu bewerkstelligen ist.

Vorhin habe ich Ihnen dargelegt, dass gezielt gesprochene Worte bei anderen Menschen einen gefährlichen Elementüberschuss erzeugen können. Jetzt schauen wir uns einmal an, was man allein mittels Gedanken erreichen kann. In den siebziger und achtziger Jahren war autogenes Training sehr in Mode. Vielerorts wurden Kurse angeboten und auch rege besucht. Und was macht man beim autogenen Training? Nichts anderes als pure Magie!

Man stellt sich zum Beispiel im höchsten Maße konzentriert und somit mit best möglicher Willenskraft in Gedanken vor: mein rechtes Bein wird warm, mein rechtes Bein wird warm, mein rechtes Bein wird warm usw. Der Magier spricht hier von „Imaginieren“, Imagination ist nichts anderes als Vorstellungskraft. Und was passiert? Wenn Sie nur einigermaßen ernsthaft bei der Sache sind und entsprechend lang und stark imaginieren, dann wird Ihr rechtes Bein tatsächlich warm. Und das ist keine Einbildung, sondern mit Hilfe eines Thermometers jederzeit nachprüfbar. Mit jedem Atemzug rufen Sie das Element Feuer in Ihr rechtes Bein, und Sie imaginieren mit aller Willenskraft, dass Ihr rechtes Bein die Hitze rhythmisch förmlich einatmet – funktioniert mit einiger Übung hundertprozentig! Sie können also – entsprechendes Training vorausgesetzt – allein durch die Kraft Ihrer Gedanken Ihre Körpertemperatur in gewissem Maße beeinflussen – und dieser Vorgang ist nichts anderes als Magie! Und das Gleiche können Sie mit den anderen Elementen treiben. Wasser für Kälte, Luft für Schwerelosigkeit und Erde für Schwere. Mit Gedankenkraft lassen sich also die Elemente beeinflussen. Jetzt werden Sie vielleicht sagen: *„Ja dann praktizieren die Menschen ja ständig Magie, denn es wird ja immer an etwas gedacht!“* Das stimmt auch in gewisser Weise. Die Zustände auf unserer Erde sind im Grunde nichts anderes als die Summe aller Gedanken, die gedacht werden. Jetzt stellen Sie sich vor, Sie könnten die Gedanken der Menschen manipulieren, dann könnten Sie die ganze Welt nach Ihren Vorstellungen verändern. Und genau das tun die Dunkelmächte, die unsere Erde zurzeit beherrschen, und zwar mit Hilfe der Magie. Und warum tun sie das? Ich habe Ihnen den Grund schon erklärt, diese Mächte ernähren sich in gewisser Weise von der Emotion (Schwingungsenergie) der ANGST. Und unsere Erde wird derzeit zweifelsfrei in hohem Maße von ANGST beherrscht – also Nahrung im Überfluss!

Ich muss Ihnen die Vorgehensweise näher erklären, denn es ist für Sie sehr wichtig, in dieser Sache klar zu sehen. Ein Magier, der die Elemente beherrscht, kann sich theoretisch an Ihnen vergreifen. Er kann Ihren feinstofflichen Astralkörper aus dem magischen Gleichgewicht bringen und muss Sie dazu weder berühren noch mit Ihnen reden. Seine Gedankenkraft reicht aus, um Ihren Elementezustand zu manipulieren. Dass sich Ihr astraler Elementezustand unmittelbar auch auf Erden in irgendeiner Form ausdrückt, sollten Sie jetzt bereits wissen. Nur, jeder Mensch hat einen Schutz, der solch einen Fremdeingriff normalerweise verhindert. Und dieser Schutz ist auch in diesem Fall Ihre Aura, der Energiemantel Ihres Astralkörpers. Ich habe Sie über diesen Energiemantel bereits inFORMiert, auch was seine enorme Wichtigkeit anbelangt. Um Sie dennoch angreifen und manipulieren zu können, muss dieser Energiemantel soweit als möglich geschädigt werden. Und was schädigt diesen Energiemantel in erheblichem Maße? Nikotin, Koffein, Fleisch, Alkohol, Drogen, Strahlen, Gier und Pornographie.

Merken Sie jetzt langsam, was der wirkliche Hintergrund unserer gesellschaftsfähigen Gifte, Süchte und Leidenschaften ist und welch finstere Absicht dahintersteckt?

Spätestens jetzt muss Ihnen langsam ein Licht aufgehen, was auf Erden mit den Menschen getrieben wird. Fast alle Menschen haben schwerste Schäden an ihrer Aura, und das ist der Grund, warum wir so leicht zu manipulieren sind und in ANGST gehalten werden können. Warum glauben Sie, kläre ich hier so schonungslos und offen auf? Die Menschen müssen schleunigst weg von **allem,** was ihre Aura schwächt und zerstört! Unser natürlicher Schutzmantel regeneriert sich bei entsprechender Lebensweise erstaunlich rasch, man muss nur danach leben! Mit einer gesunden Aura und dem Wissen, dass es manipulierende Kräfte gibt, haben die Dunkelmächte verloren – sie sind entlarvt! Nichts lässt sich so leicht manipulieren, wie unwissende Menschen. Wer es jedoch einmal verstanden hat, was hier getrieben wird, der wird zuerst fassungslos dastehen und sagen: *„Das darf doch alles gar nicht wahr sein!"* Es ist aber wahr – leider! Erst mit dieser Erkenntnis kann man sich dann durch entsprechende Lebensweise, Taten und Gedanken dem Übel entziehen, und dafür Sorge tragen, dass auch andere inFORMiert werden.

Ein weiteres Betätigungsfeld von Magie, das übrigens wissenschaftlich anerkannt ist, ist Hypnose. Dass es Hypnose gibt und dass Hypnose funktioniert, wissen fast alle Menschen. Wie Hypnose genau funktioniert, und dass hier mit Magie gearbeitet wird, ist nur sehr wenigen bekannt. Menschen, die andere Menschen hypnotisieren können, haben meist natürliche magische Fähigkeiten, aber auch ein geschulter Magier kann hypnotisieren. Nicht jeder Mensch kann andere Menschen hypnotisieren, und nicht jeder Mensch ist hypnotisierbar. Es gibt zwei Möglichkeiten, die einen Menschen hypnotisierbar machen. Die erste Möglichkeit ist die Freiwilligkeit, man muss die Hypnose zulassen, dem Hypnotiseur sein Vertrauen schenken und sich einfach fallen lassen. Die zweite Möglichkeit ist eine Zwangshypnose, sie ist nur bei solchen Menschen durchführbar, die eine sehr geschwächte Aura haben. Normalerweise bestimmt Ihr Bewusstsein (Ihre Seele, also Sie!) was Sie tun. Ein wichtiger Aspekt der Seele ist der Wille. Bei einer Hypnose zieht die Seele (also Sie!) ihren Willen zurück und überlässt dem Hypnotiseur den grobstofflichen Körper (Leib) sowie das willenlose Restbewusstsein zur freien Verfügung. Ein perfekt hypnotisierter Mensch ist **absolut** willenlos! Der Hypnotiseur installiert (suggeriert) praktisch eine Art Programm in Ihr willenloses Bewusstsein, dieses Programm enthält Anweisungen, die Ihr Restbewusstsein unweigerlich ausführen wird. Das suggerierte Programm hat drei Phasen. Es instruiert Sie zu Anfang, wie tief Sie in Hypnose fallen, dann kommen die Anweisungen, was zu tun ist und was dabei empfunden werden soll und zum Schluss die Instruktion, wie und wann Sie wieder aufwachen sollen. In vielen Fällen enthält das Programm auch eine Nicht-erinnern-können-Anweisung, das muss jedoch nicht sein.

Sie wissen ja bereits, dass die Seele (also Sie!) sehr, sehr viele Inkarnationen (verschiedene Leben in der grobstofflichen Welt) durchleben muss. In Ihrem jetzigen Dasein wissen Sie jedoch nichts von Ihren bisher durchlebten Inkarnationen, da bei einem grobstofflichen Auftritt (Geburt auf Erden) die Erinnerung der Seele, was frühere Leben anbelangt, in Vergessenheit gerät. Sie denken, ich bin Max Müller, und was ich bin, das bin ich. Ihre Seele (also Sie!) tritt jedoch nur momentan auf Erden als Max Müller auf, in Wirklichkeit hatte sie schon viele Namen gehabt und somit viele Persönlichkeiten dargestellt. Sie sind nicht Max Müller, sondern Sie sind viel, viel mehr, als Sie sich derzeit vorstellen können – Sie sind nämlich in Wirklichkeit die Summe all Ihrer Leben, die Sie durchlebt und durchkämpft haben. In Ihrer Seele (also in Ihnen!) ruht ein enormes Wissen, es ist Ihnen in Ihrem derzeitigen Auftritt als Max Müller nur momentan nicht zugänglich. Mit Hilfe von Hypnose kann jedoch Zutritt zu einem Teil dieses Wissens verschafft werden. Ein guter Hypnotiseur kann Sie im Zustand der Hypnose tatsächlich in frühere Leben zurückführen, und zwar so, dass Sie als Max Müller die in der hypnotischen Rückführung erlebten Eindrücke früherer Leben im Gedächtnis behalten. Dazu muss das suggerierte Programm nur eine Du-kannst-Dich-an-alles-erinnern-Anweisung enthalten. Der Hypnotiseur gibt während der Rückführung Ihrem willenlosen Restbewusstsein die Anweisung, dass Sie sich an das erinnern sollen, was frühere Leben anbelangt. So werden Sie Leben um Leben zurückgeführt, je besser die Voraussetzungen sind, umso weiter zurück kann die Erinnerung aus dem Unterbewusstsein ins Wachbewusstsein gerufen werden.

Wenn Sie sich für Rückführung interessieren, dann lesen Sie das Buch:
Dethlefsen, Thorwald: Das Leben nach dem Leben (ISBN: 3442117488)

Falls Sie sich selbst rückführen lassen wollen, und das Angebot von Personen, die so etwas anbieten, ist derzeit sehr groß, dann sollten Sie jedoch **unbedingt** eine Rückführungsmethode wählen, die **ohne** Hypnose auskommt, denn auch das ist möglich. Sie müssen immer bedenken, dass Sie bei einer Hypnose dem Hypnotiseur **immer vollkommen** ausgeliefert sind. Hypnose ist absolute Vertrauenssache, es wird dahingehend mitunter sehr viel Schindluder getrieben, ja sogar Verbrechen werden auf diesem Sektor begangen. Und damit sind wir bei der nichtfreiwilligen oder hinterlistigen Hypnose. Hier wird entweder mit List oder mit brachialer astraler Gewalt gearbeitet. Stellen Sie sich vor, Sie geraten an einen verbrecherischen Hypnotiseur, der lügt Ihnen zuerst das Blaue vom Himmel vor, anschließend missbraucht er Sie in beliebiger Form auf übelste Weise, während Sie sich in Hypnose befinden. Sie sind in diesem Zustand **absolut** willenlos, um dies noch einmal zu betonen! Man kann Sie zu jeder erdenklichen Tat missbrauchen! Auch posthypnotische Anweisungen können in Ihr Bewusstsein installiert werden. Posthypnotisch bedeutet, es wird eine gezielte Anweisung in Ihr Bewusstsein installiert, die Sie auf ein bestimmtes Signal hin ausführen werden. Das bedeutet, das vereinbarte Signal kann Tage, Monate oder sogar Jahre nach Ihrer Hypnotisierung in Erscheinung treten, und Sie werden die damalige posthypnotische Anweisung bedingungslos, wie in Trance, ausführen. Das klingt sehr utopisch, nicht wahr? Ist aber leider Realität und wird in nicht gerade wenigen Fällen auch praktiziert!

Wenn Sie eine sehr geschwächte und geschädigte Aura haben, dann braucht es gar keine hinterlistige Hypnosesitzung, dann kann man sich mit brachialer magischer Gewalt Ihres Bewusstseins bemächtigen. Der Wille Ihrer Seele (also Ihr Wille!) wird in so einem Fall durch einen magischen Angriff zurückgedrängt, Ihr Restbewusstsein wird dann durch den Willen eines anderen Wesens bestimmt und Ihr Körper führt auf Erden eine Tat aus, an der **Sie** in Wirklichkeit gar nicht beteiligt waren! Was sagen denn die unwissenden Täter (besser gesagt Opfer!) in so einem Fall: *„Oh Gott, wie konnte mir so etwas passieren, ich war gar nicht mehr Herr meines eigenen Willens!“* oder: *„Mein Gott, wie furchtbar, ich war ja wie von Sinnen!“* oder: *„Wie schrecklich, ich war gänzlich außer mir!“ oder: „Um Himmels Willen, ich war in dem Moment wie besessen!“* –

Sie waren tatsächlich besessen! Man hat sich Ihres Bewusstseins bemächtigt!

Was glauben Sie, wie viele Menschen in Gefängnissen und Todeszellen sitzen, die sich die grauenhafte Tat, die sie laut Justiz begangen haben sollen, absolut nicht erklären können, weil fremde Mächte zur Tatzeit ihr Bewusstsein beherrscht haben. Die Justiz verurteilt immer den **ausführenden Körper**, und somit in vielen Fällen nicht den oder die wahren Täter!

Sie sehen also, wie wichtig eine gesunde Aura ist. Die Aura ist der energetische Schutzmantel Ihrer Seele (also Ihr Schutz!). Gifte und Leidenschaften zerstören diesen lebenswichtigen Mantel – Sie werden zum Freiwild!

Doch nun wieder zurück zu den vier geistigen Elementen, aus denen alles im Universum besteht – Feuer, Wasser, Luft und Erde.

Nicht nur alles, was greifbar ist, besteht aus diesen vier Elementen, sondern auch Klänge, Düfte, Farben, Formen, Buchstaben und Worte haben die vier Elemente als Grundlage. Das ist auch der Grund, warum man kranke Menschen auch mit Musiktherapie, Farbtherapie, ätherischen Ölen oder einem Gespräch heilen kann. Man muss dazu jedoch wissen, welches Element im kranken Menschen im Ungleichgewicht ist und wie stark, damit man mit der richtigen Farbe, mit richtigen Tönen, mit dem richtigen Duft und mit den richtigen Worten entsprechend entgegenwirken kann. Wenn man einen Menschen, bei dem das Element Feuer überhand genommen hat, mit der Farbe Rot therapiert, wird sich sein Zustand logischerweise verschlechtern. Alle Menschen, die auf diesen Gebieten arbeiten und kranke Menschen heilen, bedienen sich, mehr oder weniger bewusst, der Magie – das ist soweit vollkommen in Ordnung. Magier, von denen ich spreche, wollen die Welt beherrschen; ja nicht nur die Welt, sondern das ganze Universum. Aufgrund ihrer erworbenen magischen Fähigkeiten, fühlen sie sich als Beherrscher der Materie und als Erleuchtete. Die Illuminaten (Erleuchtete), von denen immer wieder die Rede war, sind also in Wirklichkeit Magier. Die Handlanger der Magier sind in führenden Positionen von Politik und Wirtschaft und in der Hochfinanz zu finden, und allesamt in pyramidal strukturierte Organisationen eingegliedert; etliche dieser „elitären“ Figuren sind in Logen oder ähnlichen Verbänden organisiert – aber das wissen Sie ja bereits. Die Magier, die im Hintergrund die entscheidenden Fäden ziehen, arbeiten vollkommen verdeckt und im Verborgenen. Viele Magier sind gar nicht auf der Erde inkarniert, sondern agieren aus anderen Dimensionen heraus. Die Magier sind es, die ihre Handlanger mit allem versorgen: mit GELD, EINFLUSS und SCHLÜSSELPOSITIONEN. Magier haben eine ungeheuerliche Macht, wie schon erklärt, können sie die Elemente tatsächlich beherrschen. Und wer die Elemente beherrschen kann, dem scheinen schier keine Grenzen gesetzt zu sein. Doch keine Panik, es gibt Grenzen. Eine Grenze habe ich Ihnen schon aufgezeigt – eine gesunde, kräftige Aura. Ein Mensch mit intakter Aura ist magisch nicht angreifbar – aber nur sehr wenige Menschen besitzen noch eine gesunde Aura. Eine weitere Grenze, über die sich ein Magier nicht hinwegsetzen kann, ist der freie Wille der Menschen. Sie als Mensch müssen zu gewissen Dingen Ja sagen und zur Tat schreiten. Magier gestalten jedoch das Umfeld, und das Umfeld lügt, täuscht, blendet, verführt, vergiftet und manipuliert. Magier rufen technische Erfindungen in die Welt und sorgen dafür, dass diese Dinge von den Menschen missbraucht werden. Erfindungen werden nicht zufällig erfunden, es gibt keinen Zufall im Universum! Menschen mit geschwächter Aura sind ein Spielball für Magier, solche Menschen können nahezu zu **jeder** erdenklichen Tat getrieben werden. Sie müssen anfangen, das zu verstehen!

Menschen werden von Magiern zu Taten getrieben oder verführt, die Tat selbst begeht jedoch der Mensch und trägt somit die Verantwortung. Das bedeutet, er unterliegt dem universalen Gesetz von Aktio und Reaktio (Ursache und Wirkung – universaler Ausgleich) und wird für seine negativen Taten bestraft. Lassen Sie sich das einmal auf der Zunge zergehen: Zuerst hinterlistig in Gifte und Leidenschaften verwickeln, den somit astral angeschlagenen Menschen zu negativen Taten treiben und anschließend bestrafen! Die Magier haben sich tatsächlich in gewisser Weise das universale Gesetz von Aktio und Reaktio untertan gemacht und missbrauchen selbiges nach ihrem Willen. Jetzt werden Sie sagen: *„Ja lässt denn Gott, der Schöpfer, so eine hinterlistige Schweinerei überhaupt zu?“* Natürlich lässt er es zu! Schauen Sie sich doch einmal an, was auf dieser Welt so alles passiert. Und glauben Sie ja nicht, dass irgendetwas gegen göttlichen Willen passiert –

es ist so gewollt!

Und dass es gewollt ist und warum solch ein Geschehen überhaupt stattfindet, das erfahren Sie noch sehr ausführlich im letzten Kapitel.

Eine interessante Frage ist: warum ist in unserer Welt, die in so hohem Masse magisch gelenkt und manipuliert wird, so wenig über Magie und Magier bekannt? Magie wird seit Urzeiten praktiziert und unterliegt seit jeher absoluter Geheimhaltung. Magier wurden und werden immer in verborgenen Einrichtungen geschult. Geheime Einrichtungen der Priesterschaften, Mysterienschulen, geheime Orden, geheime Logen, geheime Zirkel. Magier unterliegen einer strengen Hierarchie mit entsprechenden Einweihungsgraden. Übertretungen der Gesetze werden immer massiv bestraft, nicht selten mit der Verbannung aus dem grobstofflichen Dasein (Mord). Wenn ich hier von einer Hierarchie spreche, dann müssen Sie verstehen, dass sich magische Kräfte nicht nur auf die Erde beziehen, sondern auch hier spielt die wirkliche Musik in ganz anderen Dimensionen.

Dem normalen Volk wird, wie immer, etwas vorgegaukelt, Magie wird als Hokuspokus abgetan. Man braucht nur medientechnisch ein paar präparierte Scharlatane zu entlarven, und schon ist das Volk beruhigt und winkt beim Thema „Magie“ lächelnd ab. Es ist immer das gleiche Spiel, auch bei anderen paranormalen Phänomenen wird nach diesem Schema vorgegangen. Wer sich jedoch die Mühe macht und ernsthafte Nachforschungen anstellt, dem wird sich sehr bald eine Sicht auftun, die ihn eines deutlich Besseren belehrt!

Ich möchte hier an dieser Stelle noch einmal ganz klar zwischen Menschen mit natürlichen magischen Fähigkeiten und organisierten Magiern unterscheiden. Menschen mit natürlichen magischen Fähigkeiten sind absolut keine Seltenheit, es gab sie schon immer in der Geschichte der Menschheit und es gibt sie logischerweise noch immer, wenn auch weitaus seltener, als dies in früheren Zeiten der Fall war. Der Grund, warum es immer weniger Menschen mit natürlichen magischen Fähigkeiten gibt, liegt in der zunehmenden Vergiftung, Verstrahlung und Verblödung der Menschen.

Was sind eigentlich natürliche magische Fähigkeiten? Dieses Thema ist so umfassend und weitreichend, dass ich mich auf die wichtigste Fähigkeit beschränken werde – die Heilkraft. Es gibt Menschen, die können allein durch die Kraft ihrer Hände heilen. Bei frühen, unmanipulierten, naturverbundenen Urstämmen konnte fast jeder Mensch allein durch Kraft seiner Hände heilen. So etwas ist nämlich eine vollkommen natürliche Fähigkeit der Menschen. Wohin gehen Sie denn, wenn Sie den Onkel Doktor aufsuchen? Sie gehen zur Be**HAND**lung! Sehen Sie, das Wort gibt es noch immer, und es sagt aus, dass mit den Händen geheilt wird. Nur, unser Onkel Doktor kann nicht mehr mit den Händen heilen, er doktert mit teuren Pillen und teuren technischen Apparaten an Ihnen herum. Menschen, die mit den Händen heilen können, haben noch eine gewisse kosmische Verbundenheit und eine gesunde, kräftige Aura. Mit Hilfe dieser Aura, die ja nichts anderes als elementare Energiestrahlung ist, kann man bei einem anderen Menschen jedes Ungleichgewicht der Elemente (Krankheit) wieder ins Gleichgewicht (Gesundheit) bringen. Und die Hände sind nun einmal die Austrittsöffnung für die Energiestrahlung.

Es gibt tonnenweise glaubhafte Literatur und ehrliche Berichte über Heiler und Heilerinnen, denen magische Fähigkeiten innewohnten. Jedoch haben es die medizinischen Fakultäten, die Vertreter der Schulmedizin und letztendlich die Medien immer geschafft, Heiler und Heilmethoden, die den Menschen wirklich gesund machen, zu verbannen oder zumindest in die Unglaubwürdigkeit zu ziehen. Eine gesunde Menschheit ist von bestimmten einflussreichen Leuten nicht erwünscht! Ein Paradebeispiel aus der Vergangenheit hierfür ist das Wirken des Arztes Franz Anton Messmer, er lebte von 1734 bis 1815, vorwiegend in Wien und Paris.

Messmer hat entdeckt, dass man kranke Menschen mit Hilfe eines Magneten heilen kann, indem man den Magneten in sanften Strichen über gewisse Körperteile zieht. Die Patienten fielen während dieser magnetischen Bestreichung in einen seltsamen hypnotischen Zustand und waren in der Regel danach von ihren Beschwerden tatsächlich geheilt. Wenn man weiß, dass alle Materie, also auch unser Organismus, elektromagnetisch funktioniert, dann ist dies nicht weiter verwunderlich. Messmer hat weiterhin entdeckt, dass er für die magnetischen Striche gar keinen physikalischen Magneten braucht, sondern dass er die gleiche ja sogar bessere Kraft in den Händen hat. Messmer hatte schlicht und ergreifend eine ausgeprägte natürliche magische Fähigkeit. Messmer heilte mit seinen Händen nachweislich Hunderte von Menschen, doch das gefiel gewissen Individuen ganz und gar nicht. Schließlich wurde er von den medizinischen Fakultäten in Wien und später in Paris derart bekämpft und hinterhältig in Verruf gebracht, dass er sich in die Schweiz zurückzog, wo er Bedürftigen half.

Die Lebensgeschichte von Franz Anton Messmer steht stellvertretend für eine ganze Palette ähnlich gelagerter Fälle, der Lauf des Geschehens lässt es einfach nicht zu, dass gewisse Dinge durchschlagen und somit ins Bewusstsein aller Menschen gelangen. Wer die Geschichte des Paranormalen durch die Jahrhunderte hindurch verfolgt, stößt immer wieder auf das gleiche Muster. Es ist stets das präzise Spiel des „Für-und-Wider", das die Menschen teilt und in endlose Kontroversen und Diskussionen verstrickt. Sowohl die Anhänger des „Für" als auch die Anhänger des „Wider" werden **stets** mit denjenigen Informationen und mit demjenigen Bewusstsein versorgt, das nötig ist, um ihrer Rolle gerecht zu werden. – Merken Sie sich das bitte sehr gut!

Das scheinbar endlose „Für-und-Wider" hält das illusorische Geschehen aufrecht und kleidet somit die wahren Hintergründe in eine gewisse Anonymität. Es ist meine Absicht, Ihnen Schritt für Schritt bewusst zu machen, dass es sich bei dem, was im universalen Geschehen (also auch auf Erden) abspielt, um eine Art Planspiel handelt, dessen Verlauf vorbestimmt ist – denn es gibt keinen Zufall im Universum!

Wie Sie bereits wissen, ist jede Krankheit nichts anderes als ein Ungleichgewicht der Elemente. Und jedes Ungleichgewicht drückt sich in unserer grobstofflichen Welt auf eine bestimmte Art (Krankheitssymptom) aus. Unsere Schulmedizin bekämpft jedoch nur die Symptome, und nicht die wirkliche Ursache, nämlich das Ungleichgewicht der Elemente. Ein Heiler dagegen spürt oder sieht, welche Elemente im Ungleichgewicht sind, und er bringt die Elemente wieder ins Gleichgewicht. Die Krankheitssymptome verschwinden damit automatisch. Ein weiser Heiler geht noch einen Schritt weiter, er bringt die Elemente wieder ins Gleichgewicht und sagt dem Mensch anschließend, was er zukünftig tun muss, damit seine Elemente nie wieder ins Ungleichgewicht geraten. Jesus war so ein weiser Heiler, er heilte **alle** Krankheiten per Magie mit seinen Händen. Und was hat er dem kranken Menschen gesagt, nachdem er ihm die Hände aufgelegt hat? Er sagte immer: *„Steh auf, du bist geheilt! Und sündige fortan nicht mehr!"* Er hat also die wirkliche Ursache aller Krankheit aufgezeigt – die Sünde. Und Sünde ist nichts anderes als eine Selbstverstümmelung der Aura, mit entsprechenden Konsequenzen. Und mit was Sie Ihre Aura schädigen und verstümmeln, habe ich Ihnen bereits zur Genüge aufgezeigt.

Doch nun zurück zu den organisierten, geschulten Magiern, die nicht Heilen im Sinn haben, sondern genau das Gegenteil. Sie haben sicher schon gehört, dass es „schwarze Magie" und „weiße Magie" gibt. Nun möchte man annehmen, dass die schwarze Magie die Bösen sind, und dass die weiße Magie von den Guten praktiziert wird. Dem ist ganz und gar nicht so! In Wirklichkeit ist die weiße Magie in gewisser Weise nur der Sonntagsanzug der schwarzen Magie. Auch wenn sich diejenigen Leute, die sich bewusst in Magie schulen (und das sind wesentlich mehr, als man denkt!), dessen nicht bewusst sind und glauben, für das Gute zu arbeiten, möchte ich diesen Personen mit allem Nachdruck sagen, dass sie im falschen Verein tätig sind! Jegliche Anwendung von bewusst erlernter und geschulter Magie ist im Grunde negativer Art, Magie trennt Sie unweigerlich von der LIEBE oder besser gesagt, von der ANTWORT!

An dieser Stelle möchte ich ein Statement für eventuelle Insider setzen:

„Sollten Sie, verehrter Leser oder Leserin, in Ihren magischen Praktiken sehr fortgeschritten sein und ***keiner*** *Hierarchie unterstehen; sollten Sie* ***jedem*** *Not leidenden Menschen, der Ihren Weg kreuzt, sofort und absolut uneigennützig helfen,* ***ohne*** *sich vorher in irgendeiner Weise zu vergewissern, ob Sie aus Karmagründen diesem Menschen überhaupt helfen dürfen; sollten Sie in der LIEBE verankert sein und erkannt haben, dass die Institution der exis-*

tierenden Karmaregelung ein Verbrechen gegen die Menschen ist, dann nehme ich Sie von meiner oben genannten Behauptung in ganz bestimmter Weise aus!
Für alle anderen gilt: Sie sind im falschen Verein tätig!"

Mancher wird sich spätestens jetzt die Frage stellen, wie ich dazu komme, derlei Behauptungen aufzustellen.

Ich habe Ihnen bereits mehrmals versichert, dass ich kein Dogmatiker bin und alles, was ich hier schreibe, hautnah am eigenen Leib erfahren habe. Ich bin ein Mensch, der sich nicht allein mit Lesen begnügt, sondern ich probiere – wenn irgend möglich – alles am eigenen Leibe aus. Dabei ist es mir völlig egal, wie schwerwiegend die Konsequenzen sind, bestimmte Dinge **muss** ich einfach in Erfahrung (Wissen) bringen. Weiterhin trage ich den Charakterzug der Exzessivität in mir, wenn ich etwas mache, dann gründlich, also mit maximalem Einsatz!

In meiner verzweifelten Suche nach der Wahrheit und nach dem Sinn des Lebens bin ich von einem Vertreter der so genannten „weißen Magie" in die praktische Anwendung von Magie hineingezogen worden. Ich habe also selbst Magie praktiziert, ich **weiß** also, von was ich hier schreibe! Wenn man täglich exzessiv mehrere Stunden magische Schulung betreibt, dann versichere ich Ihnen, bleibt der erste Erfolg und somit die Bestätigung des eigentlich Unmöglichen, nicht aus. Wenn sich die Elemente langsam nach Ihrem Willen zu fügen beginnen, dann sehen Sie die Welt plötzlich mit **ganz** anderen Augen!

Als die Herren Weiß-Magier jedoch bemerkt hatten, dass ich nicht so gepolt bin, wie es die Statuten ihres hierarchischen Vereins verlangen, ließ man mich einen so genannten „magischen Unfall" erleiden. Ein magischer Unfall, wie er mir beschert worden ist, lässt sich mit Worten nicht beschreiben, ich werde mir an dieser Stelle Einzelheiten dazu ersparen. Die Auswirkungen jedenfalls gehen an die Grenze dessen, was ein Mensch ertragen kann, mit den Folgen dieses „Unfalls" hatte ich jahrelang physisch und psychisch enorm zu kämpfen. Unmittelbar nach meinem magischen „Unfall" wurde mir erzählt, dass ich diesen Unfall selbst verursacht und verschuldet hätte, was ich auch geglaubt habe. Von weißmagischer Seite wurde mir großzügig Hilfe angeboten, die ich in meiner unsäglichen Not selbstverständlich nicht ablehnte. Nur, mit jeder Hilfe, die ich in meiner verzweifelten Lage in Anspruch nahm, ging es mir immer schlechter. Mit Hilfe eines Bekannten gelang es mir schließlich herauszufinden, was die **tatsächliche** Ursache meines Leidens war. Es war derjenige, der sich als mein Beschützer und Helfer ausgegeben hatte, es war derjenige, dem ich einst mein vollstes Vertrauen geschenkt hatte – es war der Weißmagier, der mir das alles angetan hat oder zumindest darin verwickelt war. Von diesem Zeitpunkt an waren die Fronten geklärt!

Ich habe dann sehr schnell herausgefunden, was die Weißmagier so treiben. Diese Kreaturen sprechen von Licht und Liebe, vom großen göttlichen Schöpfungsplan, an dessen Verwirklichung sie mitarbeiten, von Jesus und Maria und von vielen anderen schön klingenden Dingen. In Wirklichkeit sind es machthungrige, heuchlerische Menschenhasser, sie treiben die Menschen vorsätzlich in Sünde, nur damit sie sich danach an deren karmischer Bestrafung ergötzen können. Wirkliche LIEBE ist diesen Individuen vollkommen fremd, denen geht es nur um Macht, und zwar um Macht über das ganze Universum! Diese Figuren nennen sich „Erleuchtete" und glauben in letzter Konsequenz tatsächlich, dass sie Gott sind. Weißmagier sind streng hierarchisch organisiert und nennen ihren sauberen Verein „weiße Bruderschaft des Lichtes“ (oder dieser Bezeichnung ähnliche Varianten), – merken Sie sich diese InFORMation gut! Es ist deshalb so wichtig, weil in letzter Zeit unheimlich viele Bücher im Esoterikregal stehen, in denen diese Bruderschaft äußerst positiv dargestellt wird!

Wer solche Dinge in Erfahrung bringt, wie ich es getan habe, der ist logischerweise nicht gerade der Magier liebstes Kind. Es wurden von weißmagischer Seite innerhalb eines Jahres rund ein Duzend massive Versuche dahingehend unternommen, meine Seele (also mich!) vom grobstofflichen Körper zu trennen, hier auf Erden nennt man so etwas schlicht und ergreifend Mordversuch. Nur, magisch ausgeführte Morde oder Mordversuche kann niemand beweisen; und ich möchte nicht wissen, wie viele Herzattacken und sonstige „Unfälle“ durch bewusst praktizierte Magie inszeniert werden! Doch der Lauf des Geschehens hat es in meinem Fall einfach nicht vorgesehen, dass diese Angriffe zum gewünschten Erfolg führten, und so ist es mir mittlerweile tatsächlich gelungen, die Antwort auf meine dringlichen Fragen zu finden:

***Woher** kommen wir?*

***Wer** sind wir?*

***Wohin** gehen wir?*

***Was** wird hier gespielt?*

*Und **warum** findet dieser dramatische Zirkus überhaupt statt?*

Ich werde Ihnen nun den Unterschied zwischen Magie und Okkultismus erklären, denn es ist sehr wichtig, diesen Unterschied zu kennen.

Magie ist, wie ich Ihnen ja schon ausführlich erklärt habe, die Fähigkeit, die Elemente zu beherrschen. Okkultismus hingegen ist lediglich die Anrufung von magischen Kräften (Geister und Dämonen). Man kann es also nicht selbst (die Elemente beherrschen), sondern man ruft Kreaturen herbei, die magische Fähigkeiten haben. Genauso wie Magie eine Tatsache und kein Hirngespinst oder Hokuspokus ist, genauso ist Okkultismus Realität. Ich kenne junge Menschen, die nach satanischen Anrufungen mehrere Jahre in der Psychiatrie verbracht haben. Ich kenne junge Menschen, die bei okkulten Sitzungen dabei waren, und die Monate gebraucht haben, um das dort Erlebte zu verkraften, die meisten wollen und können gar nicht darüber sprechen. Ich kenne junge Menschen, die beim so genannten „Gläserrücken“ (das von vielen Jugendlichen ausprobiert wird) Dinge erlebt haben, die weit jenseits dessen lagen, was man gemeinhin als „normal“ bezeichnet. Die ganze okkulte Praxis ist lediglich eine Sache des Willens. Wenn sich junge Menschen in Albernheit an einen Tisch setzen und kichernd irgendwelche Geister anrufen, dann passiert gar nichts. Wenn die Teilnehmer jedoch ernste Absichten haben und die entsprechende Willenskraft aufbringen (denn darauf kommt es an!), dann verspreche ich Ihnen, schaut die Sache schon gänzlich anders aus. Okkultismus wird, genauso wie Magie, schon seit Urzeiten betrieben. Okkulte Vereinigungen gibt es in einer Vielzahl, wie Sie es gar nicht glauben möchten. Der Begriff „okkult“

bürgt schon für eine Nichtöffentlichkeit, denn er bedeutet so viel wie „Im Verborgenen handeln". In fast allen geheimen Logen werden okkulte Praktiken vollzogen. Da auch Magie im Verborgenen praktiziert wird, fällt es im allgemeinen Sprachgebrauch auch unter den Begriff „okkulte Handlungen", doch wie schon gesagt, man muss trennen. Genauso wie Magie wird auch Okkultismus von den Medien permanent in die Lächerlichkeit gezogen, es ist immer das gleiche Spiel.

Da ich mir gut vorstellen kann, dass Sie bezüglich Magie und Okkultismus noch so Ihre Bedenken haben, werde ich Ihnen jetzt eine Praktik aufzeigen, mit deren Hilfe Sie sich von höheren Mächten und Dimensionen sehr wahrscheinlich mit eigenen Augen überzeugen können. Dabei handelt es sich um einen vollkommen ungefährlichen Versuch, Sie müssen sich nur genau an meine Anleitung halten:

Sehr wahrscheinlich haben Sie schon einmal von Leuten gehört, die eine Praktik betreiben, die „Pendeln" genannt wird. Wahrscheinlich haben Sie dieses „Pendeln" immer als getürkten Hokuspokus abgetan, doch diese Auffassung werden wir jetzt ändern. Obwohl es in esoterischen Kreisen immer heißt, dass nur ganz bestimmte Leute pendeln können, möchte ich fast wetten, dass auch Sie dazu in der Lage sind. Um dies auszuprobieren, brauchen Sie ein Pendel. Am idealsten wäre es natürlich, wenn Sie sich dazu ein professionelles Pendel besorgen, das gibt es relativ preisgünstig in esoterischen Läden, aber auch manche Buchhandlungen oder Modeschmuckläden führen mittlerweile Pendel in ihrem Sortiment. Es funktioniert jedoch auch mit einem provisorischen Pendel, dazu brauchen Sie eine feingliedrige Kette aus möglichst edlem Metall (z.B. ein silbernes oder goldenes Halskettchen). Öffnen Sie das Kettchen und befestigen Sie an einem Ende einen metallischen oder kristallinen Gegenstand, der in etwa die Größe einer kleinen Haselnuss haben sollte und der nach unten hin möglichst spitz zulaufen sollte. Vielleicht werden Sie in irgendeiner Schmuckschatulle fündig, zur Not tut es auch ein silbernes oder goldenes Kreuz. Je perfekter Ihr Pendel von der Beschaffenheit her ist, umso deutlicher wird der Effekt sein, den es aufzuzeigen gilt. Was Sie nun noch benötigen ist absolute Ruhe und Konzentration, und Sie sollten allein sein. Setzen Sie sich an einen nicht zu niedrigen Tisch und stützen Sie den rechten Ellenbogen auf der Tischplatte auf. Machen Sie eine lockere Faust und nehmen Sie das Ende der Pendelkette zwischen Daumen und Zeigefinger ihrer Faust. Neigen Sie nun Arm und Faust etwas, so dass das Pendel schön in Richtung Tischplatte hängt. Die Kette sollte so lang sein (je nach Statur zwischen 15-25 cm), dass zwischen Pendelspitze und Tischplatte noch ungefähr 1 bis 2 Zentimeter Luft ist. Alles in allem darf Ihre Haltung nicht verkrampft sein, Sie werden das schon hinbekommen.

Nun beginnt der interessante Teil. Halten Sie das Pendel absolut ruhig, richten Sie Ihren Blick auf das Pendel, konzentrieren Sie sich und geben Sie dem Pendel mit kräftigen **geistigen** Worten folgende Anweisung:

„Zeige mir ein Ja!"

Beobachten Sie weiterhin genau die Pendelspitze und denken Sie an möglichst nichts. Es wird ein Weilchen dauern, dann wir das Pendel (ohne Ihr Zutun!) anfangen mehr oder weniger stark in eine bestimmte Richtung zu schwingen. Die Schwingung wird sehr deutlich zu sehen sein und das Pendel wird diese Schwingung unentwegt ausführen. Prägen Sie sich die Bewegung ein, die Ihnen das Pendel zukünftig stellvertretend für ein „Ja" präsentieren wird.

Geben Sie nun dem Pendel den geistigen Befehl *„stopp!"*, das Pendel wird ihrer Aufforderung nachkommen. Spätestens jetzt wird Ihnen vielleicht ein klein wenig mulmig zumute werden, denn Sie haben etwas erlebt, was es eigentlich gar nicht geben dürfte. Doch es wird noch heftiger werden. Als Sie dem Pendel die geistige Anweisung gegeben haben, Ihnen ein „Ja" zu zeigen, hat das Pendel in einer bestimmten Art und Weise geschwungen. Die Pendelbewegung wird eine von folgenden fünf gewesen sein: seitliche Schwingung – Schwingung vor und zurück – diagonale Schwingung – Schwingung im Kreis gegen den Uhrzeigersinn – Schwingung im Kreis im Uhrzeigersinn.

Die Art von Schwingung, die Ihnen das Pendel auf die Anweisung *„zeige mir ein Ja!"* gezeigt hat, wird das Pendel zukünftig ausführen, wenn es Ihnen auf eine geistig gestellte Frage mit einem „Ja" antwortet. Als Nächstes wiederholen Sie die Prozedur und geben dem Pendel die geistige Anweisung: *„Zeige mir ein Nein!"*. Das Pendel wird auch auf diese Anweisung mit einer bestimmten Schwingungsart antworten, die gezeigte Figur wird zukünftig ein „Nein" bedeuten. Bringen sie das Pendel mit der geistigen Anweisung *„stopp!"* zur Ruhe. Als Letztes geben Sie dem Pendel die geistige Anweisung: *„Zeige mir ein Kann-ich-nicht / Darf-ich-nicht!"*. Auf diese Anweisung hin bekommen sie eine der verbleibenden drei Schwingungsformen präsentiert, diese Form wird Ihnen Ihr Pendel zukünftig immer dann präsentieren, wenn Sie in die geistige Dimension eine Frage richten, die das Pendel nicht beantworten kann oder darf. Mit diesen drei Frageformen ist Ihr Pendel genormt.

Nun können Sie sich das Ganze durch wiederholtes Nachfragen der einzelnen Normungen beliebig oft bestätigen lassen, Sie werden erstaunt sein, dass das Pendel die Normung **stets** einhält. Spätestens an dieser Stelle sollten Sie jedoch unbedingt aufhören, denn das, was Sie erlebt haben, muss Ihnen dahingehend als Beweis genügen, dass es tatsächlich mehr Dinge zwischen Himmel und Erde gibt, als unsere wissenschaftlich ach so aufgeklärte Welt vorgibt zu wissen.

Natürlich wird es Ihnen verlockend in den Sinn kommen, Ihrem Pendel, dessen Normung Sie jetzt kennen, einige präzise Fragen zu stellen. Dabei kann es gut möglich sein, dass das Pendel Sie in einer Art und Weise informiert, die Sie **nie** für möglich gehalten hätten. Sie müssen sich darüber bewusst sein, dass Sie tatsächlich mit einer anderen Dimension in Verbindung treten, wenn Sie willentlich konzentriert und ernsthaft pendeln. Jedoch, Sie wissen **nie**, wie der-, die- oder dasjenige, das Ihr Pendel entsprechend schwingen lässt, gesinnt ist. Jenseitige (feinstoffliche) Dimensionen sind nicht an **die** Zeit gebunden, mit der wir es hier auf Erden zu tun haben, dies eröffnet demjenigen, der pendelt, oft ungeahnte Möglichkeiten. Es pendeln mehr Menschen, als man gemeinhin annimmt, und der Buchhandel wartet mit einer ganzen Reihe von Lehrbüchern auf, die Sie ins Pendeln einführen wollen. In diesen Büchern werden Sie in der Regel auf eine besondere Art feierlich dahingehend belehrt und eingeschworen, dass Sie das Pendel niemals eigennützig verwenden dürfen, sondern ausschließlich dafür, um anderen zu helfen. Auch werden Sie dahingehend aufgeklärt, dass Sie zu Beginn einer jeden Pendelprozedur Ihre jenseitigen Schutzgeister anrufen sollen, um sicherzustellen, dass sie einen von den „Guten" ans Pendel bekommen. Weiterhin bieten diese Bücher oftmals einen alphabetischen Pendelkreis sowie eine reiche Auswahl an Pendeltabellen, die Ihnen das gesamte Spektrum des Pendelns eröffnen. Mit einem alphabetischen Pendelkreis ist es zum Beispiel möglich, dem Pendel Buchstabe für Buchstabe ganze Worte und Sätze zu entlocken, und das funktioniert auch noch in schier unglaublicher Weise!

So tauchen viele Menschen langsam aber sicher in die durchaus faszinierende Welt des Pendelns ein und vertrauen mehr und mehr Ihrem Pendel. Das geht dann soweit, dass nichts mehr unternommen wird, ohne dass vorher das Pendel befragt wird. Ich weiß, von was ich hier rede, ich habe diese Prozedur bereits hinter mir!

In Wirklichkeit gibt derjenige, der pendelt, Macht ab, und zwar an eine andere Dimension und an ihm **völlig fremde Wesen.** Diese Wesen erschleichen sich per Pendel langsam aber sicher das Vertrauen desjenigen, der pendelt, geben sich stets als gute Geister zu erkennen, das Spielchen kann oft über Jahre hinweg gut gehen. Doch im entscheidenden Moment wird Ihnen diese Brut in den Rücken fallen, und Sie werden ein böses Erwachen haben. Also, probieren Sie das Pendeln auf jeden Fall aus, aber **nur bis zu dem Punkt**, zu dem ich Sie angehalten habe. Es sollte mich schwer wundern, wenn bei Ihnen das Pendel nicht in der von mir beschriebenen Weise reagiert. Falls doch, dann probieren Sie es zu unterschiedlichen Tages- oder Nachtzeiten aus, denn auch der Zeitpunkt spielt oftmals eine Rolle. Sollten Sie schon eingefleischter Pendler sein, dann werfen Sie das Ding am besten in den Müll, denn da gehört es hin. Das letzte Kapitel wird Ihnen Aufschluss darüber geben, was hinter all dem steckt, und falls die dort ruhende InFORMation bei Ihnen greift, dürfte sich das Thema „Pendeln“ ganz von selbst erledigen.

Unser Universum ist, wie Sie im letzten Kapitel noch eingehend erfahren werden, mehrdimensional aufgebaut, und jede Dimension ist mit Wesen bewohnt. Wesen, die nicht unserer Dimension angehören, nennen wir, da diese in feinstofflichen Welten zuhause sind, Geister. Geister sind aber auch materiell, nur feinstofflicher als wir, und deshalb normalerweise für uns nicht sichtbar. Die Geistwesen der dunklen Dimensionen werden Dämonen genannt, es handelt sich dabei um eine eher bösartige Spezies. Nach universalem Gesetz haben solche Wesen normalerweise keinen Zutritt zu unserer Dimension. Ganz anders sieht die Sache jedoch aus, wenn sie willentlich gerufen werden – dann dürfen sie! Der geniale Dichter Johann Wolfgang von Goethe zum Beispiel war nachweislich mehreren geheimen Logen angehörig und in okkulte Praktiken verwickelt. Seine Werke „Faust“ und „Der Zauberlehrling“ spiegeln im Grunde **seine eigenen** Erfahrungen wider. Wie heißt es im Zauberlehrling so schön:

„Die ich rief, die Geister, werd ich nun nicht los!“

Wer okkulte Praktiken betreibt, der gebraucht bestimmte Worte, Beschwörungsformeln und Symbole. Wenn diese Dinge in fester Absicht und somit mit entsprechend starkem Willen angewandt werden, dann öffnen sich früher oder später die Tore zu anderen Dimensionen – und das hat heftigste Konsequenzen! Denn glauben Sie ja nicht, dass der Rufende die gerufenen Kreaturen befehligen kann geschweige denn, dass er sie unter Kontrolle hat. Das kann nur ein sehr fortgeschrittener Magier. Hier ist wiederum der Unterschied, ein Magier kann logischerweise auch Wesen von anderen Ebenen rufen, hat diese jedoch im Normalfall unter Kontrolle. Wenn magisch nicht geschulte Okkultisten andere Wesen herbeirufen, dann sind sie in der Regel diesen Wesen schon in gewisser Weise ausgeliefert. Ein Okkultist ruft andere Wesen nicht aus Jux und Tollerei herbei, sondern immer mit festen Absichten. Und so entstehen okkulte Pakte. Dunkelmächte versorgen die Rufenden mit allen erdenklichen materiellen Gütern und gesellschaftlichen Positionen, jedoch nicht ohne Gegenleistung. Wer sich von Dunkelmächten materiell versorgen lässt, der muss den Weg in die Dunkelheit gehen – er verkauft praktisch seine Seele (also sich selbst!).

Jetzt werde ich Ihnen noch eine Gruppe aufzeigen, die sich zwischen Magie und anrufendem Okkultismus bewegt: die Schamanen.

Schamanen sind ja derzeit irgendwie in Mode, auch die Medien berichten seltsamerweise recht aufgeschlossen über diese sonderbaren Menschen. Schamanen gibt es seit es Menschen gibt, bei Naturstämmen gehören sie auch heute noch zum Alltagsbild. Ich habe Ihnen ja schon mitgeteilt, dass frühe Naturmenschen kosmisch verbunden waren und somit über natürliche magische Fähigkeiten verfügten. Nur, nicht jeder Mensch ist gleich, es gibt immer Menschen, bei denen bestimmte Fähigkeiten extrem ausgeprägt sind. Derjenige im Stamm, der die größte kosmische Verbundenheit aufwies, war automatisch dazu berufen, Schamane zu werden. Schamanen können heilen und beschützen. Sie verfügen sowohl über natürliche magische Fähigkeiten als auch über Wissen, was okkulte Praktiken wie Formeln, Gebete, Mantras, Symbolik, Gestik und Heilkräuterkunde anbelangt. Das Wissen wird von Generation zu Generation weitergegeben und gelehrt, bei den Indianern zum Beispiel war der Schamane der Wicasa Wakan (Medizinmann), bei den Kelten waren es die Druiden und Druidinnen. Jeder Naturstamm hat einen oder mehrere Schamanen, das ist ganz natürlich. Höchst interessant ist die Art und Weise, wie ein Schamane heilt. Ein Schamane weiß, dass jede Krankheit im feinstofflichen Astralkörper ihre Ursache hat. Sehr oft ist die Ursache einer Krankheit auf Fremdwesen zurückzuführen, die auf astraler Ebene den Astralkörper eines Menschen angreifen. Auch unser Volksmund kennt diese Fremdwesen ganz genau, er spricht von „Quäl- und Plagegeistern", deren Treiben im Extremfall zur „Besessenheit" führt. Wenn ein Kranker zu einem Schamanen geht, dann versetzt sich der Schamane in Trance. „Versetzen in Trance" bedeutet, wie das Wort „versetzen" schon sagt, der Schamane versetzt den Brennpunkt seines Bewusstseins in die Astralebene. Er wechselt also praktisch die Dimension! Und in der Astralwelt rückt er denjenigen Plagegeistern, die den Astralkörper des Kranken malträtieren, zu Leibe und verscheucht sie, was in der Regel auch immer gelingt, da ein Schamane über einen extrem kräftigen Willen verfügt. Diese Prozedur kann jedoch, je nach Hartnäckigkeit der Fremdwesen, mehrere Stunden in Anspruch nehmen und zur vollkommenen physischen Erschöpfung des Heilers führen. Es gibt hervorragende Dokumentarfilme über schamanische Heilprozeduren, und es ist schier unglaublich, wie schwerkranke Menschen danach aufstehen und gesund nach Hause gehen. Wer jedoch weiß, wie das Universum aufgebaut ist und was sich darin so abspielt, für den ist solch ein Geschehen kein Wunder mehr, sondern sehr einfach und rational erklärbar.

Schamanen müssen aber nicht zwangsläufig immer nur gute Absichten hegen, es gibt auch darunter Individuen, die von den Dunkelmächten in Beschlag genommen sind. „Schwarzer Zauber" oder „Voodoo-Zauber" wird von solchen Schamanen praktiziert. In den achtziger Jahren waren in punkto Horror so genannte „Zombiefilme" in den Kinos angesagt. Zombies sind in diesen Filmen Untote oder Tote, die auferstanden sind, und die Schrecken unter den lebenden Menschen verbreiten. Was die wenigsten Menschen wissen, ist die Tatsache, dass diese Filmfiguren keine reine Erfindung sind, sondern dass es in gewissen afrikanischen Stämmen tatsächlich „Zombies" gibt. Zombies sind das Produkt bösartiger Schamanentätigkeit, ich werde Ihnen die Entstehung einer solchen bedauernswerten Kreatur kurz erklären. Sie wissen ja bereits, dass bei einem Menschen, der auf Erden lebt, die Seele, der Mentalkörper, der Astralkörper und der grobstoffliche Leib eine Einheit bilden. Weiterhin wissen Sie, dass das Bewusstsein der Seele auf die grobstoffliche Dimension (Erde) fokussiert ist. Und es ist Ihnen bekannt, dass die Seele (also Sie!) den Mentalkörper, den Astralkörper und den grobstofflichen Körper (Leib) nur benutzt, um auf den verschiedenen Ebenen in Erscheinung zu treten. Auch habe ich Sie dahingehend inFORMiert, dass Magier unter gewissen Voraussetzungen die Fähigkeit haben, den Astralkörper und den Mentalkörper anzugreifen und zu manipulieren. Ein Schamane, der schwarzmagische Praktiken betreibt, kann den Astralkörper seines Opfers derart in Bedrängnis bringen, dass die Seele (also das Opfer!) den Brennpunkt ihres Bewusstseins nicht mehr bis auf die grobstoffliche Dimension (unser Erdgeschehen) durchdrücken kann. Eine derart bedrängte Seele kann zwar auf Erden gerade noch den physikalischen Leib aufrechterhalten, der Leib ist jedoch nicht mehr beseelt, wie man so schön sagt. Auf Erden stellt sich solch eine Situation optisch äußerst skurril dar: Da geht ein vollkommen funktionsfähiger Körper umher, ähnlich einem Roboter, es steckt jedoch momentan kein Mensch (Seele) in diesem Leib.

Entgegen der Darstellung in unseren Horrorfilmen, sind solche Zombies relativ harmlos, sie werden jedoch von den Stammesmitgliedern gemieden und gefürchtet, weil ein böser Zauber auf ihnen lastet. Es gibt auch hierzu äußerst eindrucksvolles Dokumentarfilmmaterial, das die Existenz solcher Zombies eindeutig belegt.

Liebe Freunde, über Magie und Okkultismus kann jahrelang ununterbrochen berichtet werden, so umfangreich ist diese Thematik. Ich habe Ihnen hier lediglich einen kurzen Umriss der wichtigsten Tatsachen präsentiert, damit Sie das Weltgeschehen in Zukunft mit hoffentlich anderen Augen betrachten – was dringend nötig ist! Wer die universalen Zusammenhänge begriffen hat, dem stellt sich die Wirklichkeit gänzlich anders dar. Alles, aber wirklich **alles**, wird aus anderen Dimensionen heraus beeinflusst und gesteuert. Ich wiederhole es noch einmal, weil es so wichtig ist: wir auf Erden sind nur der Ausdruck dessen, was auf anderen Ebenen passiert!

Weiterhin möchte ich Sie noch dahingehend inFORMieren, dass Sie sich gar nicht weiter und intensiver mit der Thematik Magie und Okkultismus auseinandersetzen sollten, und zwar aus folgendem Grund:

Die Dunkelmächte leben – so unglaublich es klingt – von unserer ANGST und von unserer Energie, das habe ich Ihnen ja schon berichtet. Es gibt diesbezüglich einen überaus tiefgründigen Reim in englischer Sprache, der wie folgt lautet:

Where attention goes – energy flows!

Frei übersetzt bedeutet dieses Sprichwort:

Wohin Du Deine Aufmerksamkeit richtest, dorthin fließt Deine Energie!

Damit dürfte die Sache eigentlich schon klar sein, denn es handelt sich um ein universales Gesetz, das durch dieses Sprichwort beschrieben wird. Wenn Sie sich also mit Magie und Okkultismus beschäftigen, und hier genügt es bereits, Literatur darüber zu lesen oder intensiv darüber nachzudenken, fließt automatisch schon ein Teil Ihrer Energie in diese Richtung ab. Aufmerksamkeit allein schon genügt, um astral Energie zum aufgemerkten Objekt fließen zu lassen. Diesem universalen Gesetz kann sich auch niemand entziehen. Und aus diesem Grund möchte Ich Sie jetzt noch mit einem Geschehen konfrontieren, das mit der Anstoß für mich war, Sie über Magie und Okkultismus zu inFORMieren:

Sie wissen bereits, dass im Universum und somit auch bei uns auf Erden nichts aus Zufall passiert. Es gibt keinen Zufall! Und Sie wissen jetzt auch, dass die Dunkelmächte auf Grund des Energieflussgesetzes sehr daran interessiert sind, dass Sie an Magie und Zauberei denken; und dass Sie am besten beginnen, sich ernsthaft dafür zu begeistern. Es dürfte Ihnen ja sicherlich nicht entgangen sein, dass Magie zur Zeit einen wahren Boom erlebt, und zwar ausgelöst durch gewisse Kinderbücher samt verfilmter Versionen, die auch von vielen Erwachsenen gelesen und gesehen werden. Nun werden Sie vielleicht einwerfen: *„Aber das ist ja alles vollkommen harmlos!“*

Ist es nicht! Ganz und gar nicht!

Die Kinder (und auch etliche dafür empfängliche Erwachsene) werden durch diese Bücher und Filme, die exzellent geschrieben und inszeniert sind, automatisch an das Thema Magie herangeführt. Ist ja auch kein Wunder, wenn man liest und sieht, was man alles Tolles mit Magie bewerkstelligen kann. Wenn man es kann!

Und die ganze Sache ist perfekt zur tatsächlich gewünschten Weiterbildung in punkto Magie arrangiert. Denn schauen Sie sich einmal in großen Buchhandlungen oder auf Esoterikmessen um, was dort in immer größerer Auswahl zur magischen Weiterbildung bereits alles angeboten wird. Sie werden dort auf eine ganze Palette von Büchern stoßen, die eindeutig magische Praktiken beinhalten und selbige auch lehren. So werden Sie in diesen Büchern zum Beispiel dahingehend in Kenntnis gesetzt, wie Sie es anstellen müssen, um ihre Hexen- und Heilkräfte zu erwecken. Es gibt detaillierte Anleitungen dahingehend, wie Sie sich andere Menschen zu Willen machen können, es werden Praktiken zu Verwünschungen aufgezeigt und einiges darüber hinaus. In diesen Büchern geht es teilweise äußerst handfest zur Sache, dort werden Sie bereits in (funktionierende!) magische Rituale und okkulte Symbolik eingewiesen. Glauben Sie nicht auch, dass so mancher Jugendliche (und auch Erwachsene), dem bereits durch gewisse Bücher und Filme der Mund nach Magie wässrig gemacht worden ist, begeistert zu solchen Büchern greifen wird, um endlich das zuvor theoretisch Erfahrene in die Praxis umsetzen zu können? Die Verkaufszahlen und das vorhandene Sortiment derartiger Werke sprechen da eine ganz deutliche Sprache! Sehen Sie, aus dieser Sicht heraus schaut die ganze Sache schon sehr viel bedenklicher aus – oder etwa nicht?

Auch Magie wird, wenn auch in verdeckter Form, gesellschaftsfähig gemacht! Insbesondere das Internet wartet mit einer Vielzahl an Seiten auf, die in geradezu verlockender Art und Weise Magie anpreisen und publik machen.

Ich habe Ihnen schon klargemacht, dass alles, was mit Magie und Okkultismus zu tun hat, in erster Linie einen sehr starken Willen und eine entsprechende Entschlossenheit voraussetzt. Nun, sehr viele Anfänger werden diesen Willen aufbringen und auch erste, wenn auch zunächst kleine, magisch/okkulte Erfolge erringen. *„Früh übt sich, wer ein Meister werden will!“* – gilt selbstverständlich (und gerade!) auch für die Magie. Nur, wenn Sie wüssten, in was Sie sich da letztlich einlassen, dann würde es Ihnen jetzt schon den Boden unter den Füssen wegziehen! Im Internet gibt es etliche Hilferufe, die von Leuten getätigt werden, die magische Unfälle erlitten haben, und deren psychischer Zustand so schlimm ist, dass sie sich nicht mehr zu helfen wissen. Die Anzahl an Personen, die mit magisch/okkulten Praktiken herumexperimentieren, ist weitaus höher, als man gemeinhin annimmt. Das Problem an der ganzen Sache ist, die wenigsten Leute sind bösartig und verschreiben sich von vorneherein der schwarzen Magie, sondern die meisten glauben, dass sie der Welt etwas Gutes tun können, indem sie weiße Magie praktizieren. Ich sage es hier noch einmal in aller Deutlichkeit: Die weiße Magie ist nur der Sonntagsanzug der schwarzen Magie. Die Dunkelmächte sind extrem hinterlistig und präsentieren sich gutgläubigen Magie-Praktikern in erstaunlich positiver Erscheinungsform – **doch es ist der Wolf im Schafspelz!**

Darum, lieber Leser oder liebe Leserin, so fantastisch und verführerisch die Dinge sich oft darstellen, lassen Sie die Finger von **jeglichen** magisch/okkulten Praktiken! Auch vom Pendeln, Channeling, von Wahrsagerei und sonstigem Zeug. Es ist der absolut verkehrte Weg! Halten Sie sich an die LIEBE, damit liegen Sie garantiert niemals verkehrt.

Ihre Seele (also Sie!) wird es Ihnen, in einer für Sie momentan noch unvorstellbaren Art und Weise, danken!

ZUSAMMENFASSUNG

Liebe Freunde, ich gebe zu, das war ein heftiges Kapitel. Mancher Leser wird, und gerade beim Thema Magie, an die Grenze seiner Vorstellungskraft und Akzeptanz geraten sein, das ist vollkommen verständlich. Nur, das ändert nichts an der Tatsache, dass es so ist, wie ich es Ihnen geschildert habe. Es gibt eben Dinge zwischen Himmel und Erde, die schier unvorstellbar sind, das weiß doch auch der Volksmund. Ich kann nur – so gut es irgend geht – plastische Beispiele bringen, um Ihnen das Unvorstellbare in gewisser Weise doch vorstellbar und greifbar zu machen. In dem Moment, in dem ein Mensch begriffen hat, dass er eine unsterbliche Seele hat **und dass er diese Seele ist**, ist die halbe Miete schon eingefahren. Weiterhin ist es sehr wichtig zu wissen, dass es mehrere Dimensionen gibt, und dass unser Bewusstsein derzeit auf die unterste Etage (grobstoffliche Welt) gerichtet ist. Auch das astrale Geschehen zu verstehen sowie die Tatsache, dass sich dieses Geschehen unmittelbar auf unsere Gesundheit und unser Wohlbefinden auf Erden ausdrückt, ist von größter Wichtigkeit. Dass wir auf Erden gezielt vergiftet und manipuliert werden, ist wirklich nicht schwer herauszufinden, dazu spricht das, was auf dieser Welt geschieht, eine zu deutliche Sprache. Man muss es nur wissen, sehen und akzeptieren wollen! Wesentlich schwieriger ist es, zu verstehen, wer dahintersteckt und warum ein derart grausames Spiel mit den Menschen getrieben wird. Das nun folgende letzte Kapitel und insbesondere die drei Anhänge werden Ihnen darüber maximalen Aufschluss geben.

Tatsche ist, es steht sehr, sehr schlecht um die Gesundheit unserer Erde und um uns selbst. Die dunklen Machenschaften haben ganze Arbeit geleistet, vielen Menschen ist jedoch gar nicht bewusst, wie vergiftet, verstrahlt und manipuliert sie sind. Und es wird von Tag zu Tag immer schlimmer. Das Problem an der ganzen Misere ist, dass der traurige Prozess, dem die Menschen unterworfen sind, schleichend vonstatten geht. Sie sind tatsächlich der Meinung, dass sie Herr der Lage und ihres Bewusstseins sind, doch das ist weit gefehlt. Die Menschen leben nicht mehr, sie werden gelebt – und das ist ein gewaltiger Unterschied! Es ist uns Menschen im Laufe der Zeit ein ungeheures Potential genommen worden, aber nach dem Motto: *„Was ich nicht weiß, macht mich nicht heiß!“*, kümmert es die wenigsten. Die Menschen werden mit aller Macht am bewussten Denken gehindert. Sie sind gestresst im Job, werden in der Freizeit jede Minute unterhalten und beschäftigt, die Elektronik bringt uns mehr und mehr um den Verstand, ja sogar der Urlaub muss aktiv und voll von Programm sein. Das Geschehen auf der Welt ist gezielt so ausgerichtet, dass die Menschen permanent beschäftigt und unterhalten sind *(... we love to entertain you!)*. Sie sollen nämlich keine Zeit mehr zum Nachdenken haben. Nur sehr wenige Menschen nehmen sich noch die Ruhe und die Zeit, um über die wirklich wichtigen Dinge nachzudenken wie:

***Wer** bin ich eigentlich?*

***Wo** komme ich her?*

***Wo** gehe ich hin?*

***Was** wird hier eigentlich gespielt und **warum**?*

Diese Fragestellung, falls sie überhaupt ins Augenmerk gezogen wird, sowie deren Beantwortung überlassen die Menschen größtenteils den Medien. Doch dort werden sie größtenteils nach Strich und Faden belogen, betrogen und noch mehr manipuliert. Diejenigen Menschen jedoch, die sich für die Wahrheit zu interessieren beginnen, denen werden die Augen in enorm hohem Maße geöffnet werden. Derzeit stehen noch genug InFORMationsquellen offen, das muss so sein, denn das universale Gesetz:

Wer suchet, der findet – ist jederzeit gewährleistet.

Das, was ich Ihnen zu den einzelnen Themen berichtet habe, ist lediglich ein grober Überblick. Sie können jederzeit an noch mehr Details und InFORMation gelangen, es gibt genügend ehrliche und aufschlussreiche Literatur und teilweise auch zugängliches Filmmaterial (Videos). Jedoch, die Kunst an der ganzen Sache besteht darin, das Gute vom Schlechten zu unterscheiden lernen. Die von mir angegebenen Literaturquellen und Internetseiten können Sie getrost in Anspruch nehmen, das dort Berichtete wird Sie nicht in die Irre führen und ist hoch interessant. Auch ist es nicht so, dass alles, was Ihnen über Fernsehen und Zeitung zugetragen wird, durchweg falsch und bewusst manipulativ gestaltet ist, auch hier werden ab und an InFORMationen präsentiert, die es in sich haben.

Das weitaus Wichtigste aber ist, dass Sie sich von allen Giften und Leidenschaften trennen: Nikotin, Alkohol, Koffein, Fleisch- und Fischkonsum, ungesunde Lebensmittel, GIER, Pornografie, Strahlung und – falls praktiziert – Magie. Das ist zugegebenermaßen nicht immer ganz leicht, da, wie ich Ihnen ja zur Genüge aufgezeigt habe, fast alles gesellschaftsfähig gemacht worden ist. Der größte Irrtum bei der ganzen Sache besteht in der Annahme, dass das Leben ohne die oben aufgezeigten Genussmittel und Leidenschaften nicht mehr so schön sei.

Das ist ein gewaltiger Irrtum! Das genaue Gegenteil ist der Fall!

Es wird Ihnen sehr viel besser gehen, wenn Sie mit dem Rauchen aufhören. – Alkohol wird Ihnen in keiner Weise fehlen, wenn Sie sich von dessen vermeintlichem Genuss verabschiedet haben. – Sie werden feststellen, dass Kaffee, im Gegensatz zu gesundem Tee, absolut scheußlich schmeckt und Sie kaputt anstatt wach macht. Das Gleiche gilt für jegliches Genussmittel, in dem Koffein (oder Tein) enthalten ist. – Ihre Gesundheit und Ihre Psyche werden sich drastisch hin zum Guten wandeln, wenn Sie aufhören, Tier- und Fischleichen zu verzehren. Fleisch und Fisch werden Ihnen in der verbleibenden Ernährungspalette absolut nicht fehlen. – Ihr Organismus wird förmlich aufblühen, wenn Sie ihm viel Sonnenlicht und LEBENSmitteln zuführen (Quellwasser, gesundes Salz, frisches Obst und Gemüse, Honig oder Stevia statt Zucker, Vollkornprodukte usw.). – Es werden Ihnen Glückstränen in die Augen schießen, wenn Sie sich mehr und mehr von der GIER trennen und geben statt nehmen. – Und eine stets wachsende Liebenswürdigkeit wird Ihr Gemüt durchziehen, wenn Sie sich von Pornografie fern halten.

Meiden Sie so gut es irgend geht jede Art von Strahlung. Durch Strahlung werden die Menschen in einem unvorstellbaren Maß geschädigt und manipuliert. Wenn Sie sich von Ihrem Handy schon nicht trennen können, dann reduzieren Sie wenigstens die Gespräche auf ein absolutes Minimum. Lesen Sie ein gutes Buch oder hören Sie schöne Musik, anstatt permanent in den Fernseher zu glotzen oder stundenlang in einen Computermonitor hineinzustarren. Gehen Sie hinaus in die Natur, besinnen Sie sich und horchen Sie in sich hinein. Fangen Sie an, einige Minuten am Tag zu meditieren. Suchen Sie den Kontakt zu Menschen, die den gleichen Weg gehen, Gemeinschaft macht stark. Sie werden automatisch gleichgesinnte Menschen finden, wenn Sie danach suchen!

Schon Jesus hat zu den Menschen gesagt, dass der Leib der Tempel der Seele ist, und dass die Seele diesen Tempel braucht, um sich zu erheben. Und zwar dann,

wenn sich die Spreu vom Weizen trennen wird!

Nur, in Ihrem Tempel stehen die Fenster und Türen sperrangelweit offen, so dass, bedingt durch Gifte und Leidenschaften, üble Gesellen eingedrungen sind und darin wüten. Werfen Sie diese Vandalen mit einem kräftigen Tritt aus Ihrem Tempel hinaus und schließen Sie Fenster und Türen für immer. In dem Moment, in dem Sie das tun, gelangen Sie automatisch in ein anderes Bewusstsein und sind dadurch bereit, sich zu erheben. Und bereit sein für ein Erheben ist derzeit von einer Wichtigkeit, wie Sie sich das in Ihren kühnsten Träumen nicht vorstellen können. Doch davon können Sie sich im nachfolgenden Kapitel selbst ein Bild machen.

Doch zuvor möchte ich Sie noch etwas fragen: Wie schaut es denn im Moment mit Ihrer Akzeptanz aus, an der mir, wie ich Ihnen ja schon einige Male gesagt habe, sehr viel liegt?

Wenn ich Ihre Akzeptanz noch voll und ganz habe, dann freut mich dies natürlich. Wenn Sie bestimmte Dinge jedoch anders empfinden und sich mit der einen oder anderen Behauptung nicht anfreunden können, dann ist dies absolut kein Beinbruch, sondern im Grunde vollkommen normal. Es entspricht der Norm! Unser Dasein wird in erster Linie durch die Dualität geprägt, und da wäre es geradezu ein Wunder, wenn jeder, der „Auf ein Wort“ liest, dem Inhalt vollkommen zustimmen würde. Dualität bringt Verschiedenheit hervor, oder besser ausgedrückt und auf den Menschen bezogen: Dualität bringt Individualität hervor. Der Volksmund sagt: *„Jeder Mensch ist eine Welt für sich!“* – und damit hat er, wie immer, vollkommen Recht!

Anstatt Welt könnte man auch den Begriff Wirklichkeit verwenden, denn das, was Sie als Wirklichkeit empfinden, ist ja **Ihre** Welt. Eines haben all diese unzähligen unterschiedlichen Wirklichkeiten jedoch gemeinsam: All diese Wirklichkeiten wirken zwar in gewisser Weise, es handelt sich dabei jedoch in **keinem** Fall um WIRKliches LEBEN, denn WIRKliches LEBEN ist etwas ganz anderes.

„Aber wenn das, was wir derzeit fälschlicherweise als Leben empfinden, gar nicht das wirkliche LEBEN ist, um was handelt es sich dabei denn dann?" – Werden Sie jetzt sicherlich fragen. Nun, die Antwort darauf haben Sie schon ein paar Mal gelesen, hier ist sie noch einmal:

Eines Tages wird man offiziell zugeben müssen, dass das, was wir Wirklichkeit getauft haben, eine noch größere I L L U S I O N ist als die Welt des Traumes.
(Salvador Dali)

Wer ist der „liebe" GOTT?

So, liebe Freunde, jetzt geht es hinauf. Und zwar ganz hinauf! So weit hinauf, wie der Mensch überhaupt in der Lage ist, zu denken.

Es wird ja oft behauptet, und zwar meist von kirchlicher Instanz, dass GOTT für den Mensch unbegreiflich und unvorstellbar ist. Das ist ein gewaltiger Irrtum! Was Gottes Allmacht und Größe anbelangt, so kann der Mensch dies sicherlich nicht fassen und begreifen. Was jedoch SEIN Wesen anbelangt, also **wie** ER ist, ist dem Mensch sehr wohl zugänglich, da jeder Mensch ein Teil Gottes ist. Um das Nachfolgende begreifen zu können, müssen Sie in gewisser Weise dafür empfänglich sein, damit die InFORMation in Sie hineinströmen kann. Schauen Sie sich die folgenden Weisheiten einmal in Ruhe an, und lassen Sie sich von ihnen einstimmen:

Vielleicht gibt es schönere Zeiten – aber diese ist die unsere. (Jean-Paul Sartre)

Die Menschen stolpern nicht über Berge, sondern über Maulwurfshügel. (Konfuzius)

Immer, wenn man die Meinung der Mehrheit teilt, ist es Zeit, sich zu besinnen.
(Mark Twain)

Religion ohne Philosophie ist Sentimentalität und manchmal sogar Fanatismus, und Philosophie ohne Religion ist intellektuelle Spekulation.
(Shrila Prabhupada)

Das WUNDER ist nicht ein Widerspruch zu den Naturgesetzen, sondern ein Widerspruch zu dem, was wir von diesen Gesetzen wissen.
(Augustinus)

Die Erfahrung ist wie die Sonne, sie lässt die Blüten welken, aber die Früchte reifen.
(Salvador Dali)

Die Zeit ist eine große Lehrerin. Schade nur, dass sie ihre Schüler umbringt.
(Curt Goetz)

Wir sind auf Erden, um das Glück zu suchen, nicht, um es zu finden
(Sidonie-Gabrielle Colette)

Wir leben immer für die Zukunft: Ewiges Stimmen, und nie beginnt das Konzert.
(Ludwig Börne)

Um an die Quelle zu kommen, muss man gegen den Strom schwimmen. (Konfuzius)

Es ist leichter eine Lüge zu glauben, die man schon hundertmal gehört hat, als eine Wahrheit, die man noch nie gehört hat. (Robert Lynd)

Ich muss Ihnen an dieser Stelle ein bisschen was aus meinem Leben erzählen, denn es kommt nicht von ungefähr, dass ich mir hier erlaube, Sie über GOTT zu inFORMieren.

Solange meine Erinnerung, was dieses Leben anbelangt, zurückreicht, hat es eher selten einen Tag gegeben, an dem ich diese Welt nicht schon frühmorgens beim Erwachen mehr oder weniger heftig verflucht habe. Bereits als ganz kleines Kind habe ich schon instinktiv gewusst, dass dies nicht die Welt ist, in die ich hineingehöre. Auch war es für mich **nie** eine Frage, ob es so etwas wie GOTT gibt – dass GOTT existiert, war für mich immer eine Selbstverständlichkeit. Und ich kann mich sehr wohl erinnern, dass ich schon als kleines Kind in Gedanken über IHN philosophiert habe.

Zwei Themen waren bei meinen frühkindlichen philosophischen Gedanken dominierend. Als Erstes hat mich interessiert, wie ER so lebt und mit welchem Trick ER SEINE Einsamkeit überwindet, da ER ja ALLES ist, dies jedoch im Grunde auch **vollkommene** Einsamkeit bedeutet. Wie Sie sehen, stand damals für mich fest, dass es sich bei GOTT um eine Persönlichkeit handeln muss. Ich kam zu dem Schluss, dass GOTT die Fähigkeit haben musste, SEIN ALLES in viele verschiedene Persönlichkeiten aufzuteilen. Durch diese unzähligen Persönlichkeiten kann ER SEIN göttliches Dasein genießen. Damals wusste ich noch nicht, wie sehr sich, fast ein halbes Jahrhundert später, diese Vorstellung zunächst bewahrheiten sollte. Das Zweite, was mich intensiv beschäftigte, war meine Gewissheit, dass irgendetwas an der Welt, in die ich hineingeboren war, nicht stimmen konnte. Es musste irgendetwas Schreckliches passiert sein! Ich sah Bilder in den Medien, wo sich Menschen gegenseitig totschlagen, totschießen und zu Tode foltern. Bilder, von bis aufs Skelett abgemagerten Menschen, die einfach verhungern. Es war ein Krieg zu Ende gegangen, in dem fast die gesamte Welt in Mord und Totschlag verwickelt war. Ich blätterte in illustrierten Geschichtsbüchern und stellte sehr schnell fest, dass Mord und Totschlag schon immer diese Welt regiert haben, jedenfalls soweit die Bücher in der Geschichte zurückgingen. Und die Bücher, in die ich Einblick nahm, gingen in unserer Geschichte weit zurück: Die Wikinger haben alle erschlagen, die Hunnen haben alle erschlagen, die Israeliten haben alle erschlagen, die Römer haben alle erschlagen, die Griechen haben alle erschlagen, die Schweden haben alle erschlagen, die Spanier haben alle erschlagen, die Türken haben alle erschlagen, die Briten haben alle erschlagen, die Perser haben alle erschlagen, die Franzosen haben alle erschlagen, die Russen haben alle erschlagen, die Deutschen haben alle erschlagen, die Amerikaner haben sich sogar gegenseitig erschlagen usw. Und diejenigen, die nicht erschlagen worden sind, wurden von Hunger, Typhus, Pest, Cholera, Gift oder Atombomben dahingerafft. **Nein!**, hier konnte etwas nicht stimmen. Ein allmächtiger GOTT, von dem noch dazu überall erzählt wurde, es sei der „liebe GOTT", konnte für so etwas nicht verantwortlich sein. Oder etwa doch? Nein, ganz bestimmt nicht, denn es gab Leute und Institutionen, die sehr eindringlich erklärten, dass das alles mit dem BÖSEN zu tun hätte und nichts mit GOTT. Seltsam, dachte ich mir, wo ER doch ALLES ist, müsste ER doch auch das BÖSE sein. ***„Halt, mein Freund, versündige dich ja nicht gegen GOTT!"*** – schreien mir da die Leute und Institutionen ins Gesicht. ***„Die Menschen sind allesamt Sünder, sie haben eine große Schuld!"***

„Aha, wir sind also an etwas schuld! Ja wenn die Sache so ist!" – „An was genau sind wir denn Schuld, wenn ich fragen darf?"

„Die Menschen sind von GOTT verstoßen worden, weil sie gegen IHN gesündigt haben!"

„Verzeihen Sie mir bitte meine Aufdringlichkeit, aber was war denn unsere Sünde?"

„Nichtbefolgen von Geboten!" – donnert es mich an.

„Komisch, ich habe, solange ich mich erinnern kann, immer alles artig befolgt, was man mir anerzogen und aufgetragen hat!"

„Das warst auch nicht Du, sondern Deine Urahnen!" – wird mir nun mitgeteilt. ***„Erbsünde! Verstehst Du? Du hast diese Schuld geerbt. Und nun genug gefragt, außerdem gibt es ein Buch, da steht alles drin."***

Und ich betrachte das Geschehen um mich herum und in der Welt, und tatsächlich, alle Menschen, die gläubig sind, glauben, dass sie geborene Sünder sind und deshalb büßen müssen. In der Kirche hauen sich die Weiber auf die Brust und schreien: *„Mea Culpa, mea Culpa, mea maxima Culpa!"*, was so viel heißt wie „meine Schuld, meine Schuld, meine übergroße Schuld". In Indien treiben es manche Menschen sogar soweit, dass sie sich selbst blutig geißeln oder anderweitig verstümmeln, um ihrer auferlegten Buße gerecht zu werden. Auch erfahre ich, dass nicht alle Menschen an den gleichen GOTT glauben, sondern es gibt da weltweit gewaltige Unterschiede. Und jede Glaubensgruppe kann mit einem Buch aufwarten, worin angeblich die Wahrheit geschrieben steht; und jede Gruppe ist sich hundertprozentig sicher, dass ihr Gott und ihr Buch das Richtige ist. Und sie alle sind so überzeugt von ihrem Gott und ihrem Buch, dass sie in fremde Länder ziehen und dort alle Menschen erschlagen, die sich nicht ihrem Gott und ihrem Buch beugen wollen. Und wie ich mir das alles so betrachte und durch den Kopf gehen lasse, da sage ich mir: *„Das darf doch wohl nicht wahr sein, was hier auf Erden abgeht! – Sind die Menschen denn wirklich so dumm oder beschränkt, dass sie nicht merken, was sie hier auf Erden im Namen Gottes oder des Allmächtigen treiben?"* Und dann stoße ich auf einen Satz, der von jemandem geäußert worden ist, der die Menschen ganz offensichtlich hasst und missbraucht:

Gib ihnen einen Gott und gib ihnen ein Buch –
und Du kannst sie nach Belieben demütigen und beherrschen!

Als ich diesen Satz gelesen habe, da war mir sofort klar, dass dieser Satz nicht einfach so dahergesagt war, sondern dass dieser Satz haargenau zur Realität auf Erden passte, und deshalb die dahinter stehende finstere Ideologie bereits in die Tat umgesetzt sein musste. Die Kirchen, die Glaubensgemeinschaften, die Religionsfanatiker und nicht zuletzt das GELD hatten die gläubigen Menschen im eisernen Griff, und das hat sich bis zum heutigen Tag nicht großartig geändert. Lediglich der vormals offene Aufruf zum Mord im Namen Gottes hat sich in Heimtücke und Scheinheiligkeit gewandelt.

Da sich die ehemals instinktive Ahnung, was meine Unsterblichkeit anbelangt, durch eine massive Nahtod-Erfahrung, die mir im Alter von 17 Jahren zuteil wurde, in Wissen umgewandelt hat, hatte ich nun ein erhebliches Problem. Ich habe Ihnen ja bereits erklärt, dass man „Wissen" mit „Glauben" ganz und gar nicht vergleichen kann. Glauben bedeutet **nichts** wissen, glauben lässt nämlich immer alle Optionen offen. Wissen dagegen ist immer absolut – also

unumstößlich!

Wenn sich bei einem Menschen, durch welche Erfahrung auch immer, Glaube zu Wissen wandelt, ändert sich sofort dessen Bewusstsein. Man ist als Wissender nicht mehr der gleiche Mensch wie vorher, so seltsam dies klingt. Das Bewusstsein ändert sich durch das erfahrene Wissen radikal. Viele Menschen glauben, dass sie eine unsterbliche Seele haben, ich

weiß es. Und ich weiß, dass **ich** diese Seele bin! Über Diskussionen, ob es ein Leben nach dem Tod gibt, kann ich nur schmunzeln, ich **weiß**, dass dies der Fall ist. Andererseits kann ich mich auch sehr gut in glaubende Menschen hineinversetzen und verstehen, dass sie, da sie ja derzeit lediglich glauben können, skeptisch sind. Wirkliches Wissen entspringt normalerweise aus persönlicher Erfahrung, kann also nur schwerlich allein durch Zuhören oder Lesen in einem Menschen entstehen. Bestimmte Erfahrungen (Einzelwissen) können jedoch, wenn sie von einer beliebigen Quelle (Buch, Rede usw.) im richtigen Zusammenhang dargestellt werden, zu einem neuen, erweiterten Wissen führen. Und es gibt noch eine höchst interessante Quelle, um an Wissen zu gelangen – Ihre Seele (also Sie selbst!). Da Ihre Seele (also Sie!) schon viele Leben durchlebt und erfahren hat, ist ein enormes Wissen in ihr gespeichert. Ich habe Sie ja bereits darüber inFORMiert, dass Ihre Seele (also Sie!) auf mehreren Ebenen (Erde, Astralwelt, Mentalwelt) gleichzeitig existiert und lebt, und auf den höher schwingenden Ebenen ist, der jeweiligen Ebene entsprechend, das Gesamtwissen der Seele verfügbar. Also muss nur noch ein Weg gefunden werden, um dieses latent vorhandene Wissen auch im Erdenleben anzapfen zu können. Das passiert jedoch zur richtigen Zeit durch Intuition ganz von allein, man spricht in so einem Fall von einer „Eingebung". Wenn in einigen wenigen Fällen das Wissen der Seele mit aller Macht und Kraft ins Erdenleben durchstrahlt, dann führt dies zu etwas, das wir „Erleuchtung" nennen. Eine Erleuchtung kommt also nicht direkt von GOTT, sondern in erster Linie von der Seele (von Ihnen selbst!).

Doch zurück zu meinem Problem.

Ich wusste also, dass ich unsterblich bin und ich war überzeugt, dass es etwas gibt, das mich erschaffen hat – GOTT. Und ich wurde das Gefühl nicht mehr los, dass irgendetwas mit diesem „lieben" GOTT nicht stimmen konnte. Krieg, Elend, Hunger, Krankheit, Folter, Mord und Totschlag auf Erden sprechen nicht gerade für einen „lieben" GOTT, der ja allmächtig ist, und **so etwas** Schreckliches zu erschaffen doch wohl nicht nötig hat!

Aber da war ja noch die Sache mit unserer Schuld – die ich aber beim besten Willen nirgends finden konnte. Ach ja, und noch ein Thema beschäftigte mich äußerst intensiv, unser freier Wille – den wir ja angeblich haben sollen. So eine leise Ahnung, dass dieser „freie Wille" gar nicht so frei ist, wie er so oft propagiert wird, hatte ich schon damals in frühen Jahren, dass er jedoch überhaupt nicht existiert und praktisch eine ILLUSION ist, sollte sich erst sehr viel später in meinem Leben herausstellen. Und ich werde Ihnen noch sehr deutlich vor Augen führen, dass es tatsächlich so ist!

Jedenfalls befand ich mich schon in meiner Jugend auf Kriegsfuss mit GOTT und SEINER missratenen Schöpfung, und mit der Zeit wurde ich immer verzweifelter und frustrierter. Und was macht der Mensch in so einer Lage? Er versucht den ganzen Mist am besten irgendwie zu vergessen und stürzt sich Hals über Kopf in Süchte, Gifte und Leidenschaften. Und genau das habe ich getan – teilweise fast bis zum Exzess!

Sie wissen ja bereits, was es mit Süchten, Giften und Leidenschaften auf sich hat, und es erübrigt sich eigentlich, zu erzählen, dass es mir nach dieser Phase noch schlechter ging als zuvor. Ich hatte zwar irgendwie immer noch rechtzeitig die Kurve gekriegt, wie man so schön sagt, war aber mit meinem Lebenslatein so ziemlich am Ende. Davonlaufen vor dem Leben geht nicht, also dem Feind ins Auge schauen – und mein Feind war GOTT und

SEINE im wahrsten Sinne des Wortes **leidige** Schöpfung. So schritt ich zum Kampf, meine Waffen waren Bücher und philosophische Debatten mit Bekannten, die sich auch für das Thema GOTT und die Schöpfung interessierten. Alles, was greifbar und einigermaßen interessant erschien, wurde gelesen und diskutiert. Von Literatur, die angeblich von Außerirdischen gechannelt worden ist, über Philosophen, bis hin zu mehrbändigen Evangelien, war alles dabei. Auch Literatur über Urvölker wie die Aborigines, Indiostämme, Hopi-Indianer und die Kelten waren mit im Sortiment, und derlei Literatur eröffnet dem Leser teilweise Erstaunliches. Aber auch über den Stand der Wissenschaft habe ich mich eingehend inFORMiert, Spitzenwissenschaftler wie Nicola Tesla, Victor Schauberger, Albert Einstein oder Steven Hawkins haben höchst Interessantes zu berichten. Und nicht zu vergessen die Quantenphysik und die Biophotonenforschung, die derzeit das non plus Ultra in unserer wissenschaftlich orientierten Welt darstellen. Sie sehen also, ich habe mich auf sehr breiter Basis inFORMiert, was auch unumgänglich ist, will man sich ein möglichst wahrheitsgetreues Bild der Geschehnisse machen.

Wenn man esoterische Literatur konsumiert, dann stößt man unweigerlich auf den Begriff „Karma" und „Reinkarnation". Karma ist das universale Gesetz von Ursache und Wirkung, „Reinkarnation" ist das universale Gesetz der ständigen Wiedergeburt (Auftritt) der Seele in der materiellen Welt. Die Reinkarnation war für mich praktisch eine bewiesene Sache, und dass man das erntet, was man sät (Karmatheorie), erklärte mir zunächst die angebliche Schuld, die der Mensch haben soll. Zunächst! – denn auch mit der Karmatheorie, die im Übrigen in gewisser Weise tatsächlich zur Anwendung kommt, geriet ich mehr und mehr auf Kriegsfuß, und dies vollkommen zu Recht, wie sich ebenfalls noch herausstellen sollte.

Meine Abneigung gegen die Schöpfung und gegen DENJENIGEN, der das verbrochen hatte, wuchs beständig, und ich geriet mehr und mehr ins Zornstadium. Mein Innerstes schien fast zu explodieren, ich suchte wie ein Besessener nach Wahrheit und Erklärung. Dann passierte etwas Seltsames. Mir wurde förmlich ein Buch in die Hand gedrückt, das, wie man mir mit Nachdruck versicherte, meine Suche und meine Verzweiflung beenden könne. Es war ein Lehrbuch der Magie!

Schon das Einleitungskapitel dieses Buches erweckte mein höchstes Interesse, denn das, was dort geschrieben und erklärt war, deckte sich voll und ganz mit meinem bisherigen Wissen. Mir war klar, dass der Inhalt dieses Buches vielen Menschen nur ein ungläubiges Lächeln abgewinnen würde, zu ungeheuerlich war das, was dort geschrieben stand. Wie schon gesagt, es war ein Lehrbuch mit praktischen Übungen und Anleitungen. Auch wurde dort unmissverständlich mitgeteilt, dass es ein überaus harter Weg ist, Magie zu erlernen. Mehrere Stunden täglich über mehrere Jahrzehnte (!) sind vom Schüler aufzubringen, um besagtes Buch erfolgreich zu bewältigen. Dies alles nahm ich in Kauf, ich übte tagein, tagaus wie ein Besessener. Magie ist nichts anderes als Schulung der Willenskraft, man kann seinen Willen tatsächlich trainieren wie einen Muskel. Mit der Zeit bekam ich auf diesem Weg die Bestätigung, dass es sich bei Magie nicht um irgendein Hirngespinst handelt, sondern um knallharte Realität –

nun **wusste** ich, dass es funktioniert!

Ich möchte Ihnen nun einmal einen kurzen Einblick geben, was da so gelehrt und gelernt wird.

Vergleichen wir einmal Magie mit Turnübungen: Um als absoluter Anfänger einen schönen einfachen Salto hinzubekommen braucht man unvergleichlich weniger Zeit als für einen dreifachen Salto mit Schraube. Um allein mittels Ihrem Willen eine Kerze anzuzünden brauchen Sie, bei mindestens drei Stunden Übung täglich, zwischen einem halben und einem Jahr. Um Gegenstände zu dematerialisieren und an beliebig anderer Stelle wieder zu materialisieren brauchen Sie, bei gleichem Übungspensum, zehn Jahre.

Sie sehen also, von was ich hier spreche, das Anzünden einer Kerze allein durch den Willen ist eine verhältnismäßig einfache magische Grundübung! Ich habe Sie ja bereits im vorangegangenen Kapitel über Magie inFORMiert, und ich sage es Ihnen hier noch einmal in aller Deutlichkeit, auch wenn es für Sie unglaublich klingen mag: Materie ist nichts anderes als erstarrter Geist, der Wille steht über dem Geist und bestimmt diesen! Anhand dieser Tatsache muss jedem, der dies akzeptieren kann, eigentlich klar sein, dass mit vollkommener Magie – was die Materie anbelangt! – einem Magier theoretisch nahezu keine Grenzen gesetzt sind. Praktisch schaut die Sache jedoch ganz anders aus, Magier sind hierarchisch organisiert, und diese Hierarchie kontrolliert und begrenzt sich (gemäß dem Lauf des Geschehens!) quasi ganz von selbst, wie sie noch sehr deutlich sehen werden. Auch habe ich Ihnen bereits mitgeteilt, dass geschulte Magie im Grunde immer negativ ist, und dass die so genannte „weiße Magie" in vielen Fällen nur der Sonntagsanzug der „schwarzen Magie" ist. Und seien Sie sich bewusst, dass sämtliches Geschehen auf Erden in irgendeiner Weise magisch gelenkt und beeinflusst wird!

Ich werde Ihnen jetzt kurz erklären, warum in der Öffentlichkeit so extrem wenig über Magie bekannt ist?

Sie kennen sicherlich den Begriff „etwas ist hermetisch abgeriegelt". Hermetisch abgeriegelt sagt aus, dass eine Sache extrem sicher abgesperrt ist und nur gewisse Berechtigte Zutritt haben. Was jedoch nur wenige Menschen wissen, ist, woher dieser Begriff eigentlich stammt. Er hat seinen Ursprung bei einem der größten Magier, den diese Erde je getragen hat: bei „Hermes Trismegistos", einem Magier aus altägyptischer Zeit. Dieser Hermes Trismegistos hat die Meilensteine magischen Wissens in der „Tabula Smaragdina" – einer Schrifttafel – in verschlüsselter Form niedergeschrieben. Magier arbeiten ausschließlich im Verborgenen, im Geheimen, alles wird versteckt und verschlüsselt – eben hermetisch abgeriegelt. Da braucht sich der unwissende Erdenbürger nicht zu wundern, warum so wenig über Magie bekannt ist. Das Wenige, das durch die Medien in punkto Magie bekannt gegeben wird, dient nur dazu, die Thematik „Magie" in die Lächerlichkeit zu ziehen, damit ja nicht bekannt wird, um was für eine gewaltige Macht es sich hierbei eigentlich handelt. Das gewöhnliche Volk wurde seit jeher von gewissen Mächten unwissend gehalten – ja glauben Sie im Ernst, dass sich an dieser altbewährten Praktik irgendetwas geändert hat? Die Menschen nehmen zwar an, dass sie im Informationszeitalter über alles informiert sind, in Wirklichkeit werden sie mit einem Wust an drittklassiger Information (oder Lügen) überschüttet, was jedoch die wirklich wichtigen und entscheidenden Dinge anbelangt – **wissen sie gar nichts!**

Wenn Sie sich einen vagen Einblick ins Logenwesen und in die dort praktizierten magischen Praktiken verschaffen wollen, dann besuchen Sie folgende Internetseite:
http://www.occulta.org/

Diese Seite ist nur eine von vielen Internetauftritten von Gruppierungen, die magische oder okkulte Praktiken zelebrieren, derlei Vereinigungen existieren in **weitaus** höherem Maße, als man gemeinhin annimmt. Und es sind durchweg angesehene Persönlichkeiten, die sich dort intensiv um Rang und Namen bemühen, und nicht irgendwelche durchgeknallten Freaks! Wie gesagt, machen Sie sich ruhig mal kundig, sie werden sich wundern!

Doch nun zurück zu meiner Geschichte und zu meinem Problem.

Im vorangegangenen Kapitel habe ich Ihnen ja schon berichtet, dass man mich einen „magischen Unfall" erleiden ließ, der mich jahrelang marterte, und der mich fast dieses Leben gekostet hätte. Aber bei allem Unglück, das ich zu bewältigen hatte, es gab auch eine höchst positive Seite. Durch den Einblick in die Magie, den ich mir verschafft hatte, hatte ich einen wahren Meilenstein an Wissen gewonnen. Von dem Tag an, an dem ich wusste, dass Magie tatsächlich funktioniert und ein mächtiges, angewendetes Werkzeug der Beeinflussung des universalen Geschehens darstellt, änderte sich mein Bewusstsein radikal, denn ich habe Ihnen ja schon erklärt, dass wirkliches Wissen **immer** eine gravierende Bewusstseinsänderung nach sich zieht. Jetzt sah ich die Welt plötzlich mit ganz anderen Augen. Jetzt wusste ich, dass die Menschen auf Erden von gewissen Mächten wie Schlachtvieh behandelt werden. Sie werden in Angst und Schrecken getrieben wie die Schafe, gegeneinander aufgehetzt, vergiftet, verstrahlt, gestresst, beschäftigt und langsam aber sicher vollkommen verblödet. Jetzt wusste ich, wer wirklich hinter den Handlangern des Geldes und den verbrecherischen politischen Machenschaften steckt. Jetzt wusste ich, wer oder was die Illuminaten sind, die die gesamte Weltherrschaft anstreben –

hinter all diesen Dingen stecken magische Kräfte übelster Natur!

Doch all dieses Wissen löste mein Problem nicht, sondern verstärkte es nur noch mehr. Jetzt konnte ich den Sinn der Schöpfung und GOTT schon gar nicht mehr verstehen – hier musste ein Wahnsinniger, ein Geisteskranker am Werk sein!

Und jetzt wurde mir schlagartig klar, **was** es war, das mich durch alle Bücher, durch alle philosophischen Diskussionen und durch alles Leid getrieben hatte. Es war die „**Mutter aller Fragen**", es war das mächtigste Wort, das es im Universum gibt, es war das:

warum?

Dieses auf den ersten Blick eher unscheinbar anmutende Fragewort ist der Schlüssel zum höchsten Wissen – zu GOTT.

Sie müssen dieses „**warum?**" nur konsequent anwenden und Sie dürfen sich dabei **niemals** mit irgendwelchen Dogmen abspeisen lassen! Doch die Menschen lassen sich immer mit Dogmen abspeisen, und sie haben sich auch in der Vergangenheit immer damit abspeisen lassen. Wenn ein Mensch, der auf Erden leidet, fragt, warum er leiden muss, dann bekommt er als Antwort: *„Weil du ein Sünder bist!"*

Jetzt werden Sie vielleicht sagen: *„**Ich** lasse mich mit so einer Aussage nicht abspeisen!"*

Das mag wohl so sein, aber was glauben Sie, wie viele Menschen es gibt, die von irgendwelchen religiösen Vereinigungen (Kirchen, Sekten, Weltreligionen usw.) mit dieser Aussage abgespeist werden und die die Antwort, dass sie Sünder sind, voll akzeptieren? – Es sind Milliarden!

Und all diejenigen Gläubigen, die schon eine Ecke weiter denken und sich esoterisch interessieren, stoßen unweigerlich auf das Gesetz des Karmas (was du säst, das wirst du ernten), und lassen sich eben damit abspeisen. Denn sie bedenken nicht, dass das Gesetz des Karmas eine **erste negative** Tat voraussetzt, denn sonst kommt dieses Gesetz gar nicht in Gang! Und diejenigen, die tatsächlich auch noch nach der ersten negativen Tat fragen, werden mit dem Fall eines hohen Lichtengels (Luzifer) abgespeist, der uns alle mit in die Sünde gerissen hat. Und wenn man die Frage stellt, **warum** denn der hohe Lichtengel einst gefallen ist, dann wird man mit der Antwort *„Weil er gegen GOTT rebelliert hat!“* abgespeist. Und fragt man weiter, **warum** er denn gegen GOTT rebelliert hat, dann bekommt man zur Antwort: *„Weil er hochmütig geworden ist!“* Und fragt man dann noch, **warum** er denn hochmütig geworden ist, wo bei GOTT doch Einheit, Vollkommenheit und ewige Glückseligkeit herrscht, dann kommt der gesamte Geist des Universums langsam aber sicher ins Schwitzen und ist mit seinem Latein am Ende – und die Frage nach dem **„warum?“** ist immer noch offen!

Sie sehen also, das kleine Wörtchen „warum?“ hat eine ungeheure Macht. Und es befreit von einem sehr großen Übel, das alle gläubigen Menschen beherrscht – es befreit Sie von der Demut. Schauen Sie sich weltweit die Gläubigen doch einmal genau an: wie sie kriechen, knien, flehen, beten, opfern, ducken und in Angst vor GOTT leben, weil an allen Ecken und Enden *„Demut vor GOTT!“* gepredigt wird. Ich für meine Person habe, obwohl ich **weiß**, dass ER existent ist, keine Demut mehr vor GOTT. Ich bin aber auch nicht hochmütig. Ich trage eine sehr tiefe Sehnsucht nach Frieden, Freiheit und ewiger Glückseligkeit in mir – dem natürlichen Recht eines jeden Lebewesens. Und ich habe den Mut, IHN direkt zu fragen: *„**Warum** tust DU uns das an? **Was** haben wir eigentlich verbrochen?“* – Und ich weiß, ER kann mir derzeit, so aberwitzig das momentan auch klingen mag, keine Antwort auf diese Frage geben!

Doch nun zurück zu meiner Geschichte, denn Sie ist noch nicht ganz zu Ende.

Es war also das „warum?“, das mich ständig auf Trab hielt, und das mich immer verzweifelter weitersuchen ließ. Keines der vielen Bücher, die ich gelesen habe, war in der Lage gewesen, das „warum“ zu beantworten. Alle redeten in höchst philosophischen Tönen und esoterischen Schwärmereien um den heißen Brei herum, um am Ende doch wieder irgendein Dogma zu präsentieren. Ich konnte einfach nicht glauben, dass es hier auf Erden nirgends eine Quelle gibt, die das „warum?“ beantworten konnte. Plötzlich hatte ich einen Einfall, es fiel ein altes Sprichwort in mich hinein, das der Volksmund kennt:

***„Wenn du etwas wissen willst, dann geh nicht zum Schmiedchen,
sondern geh zum Schmied!“***

Ich werde Ihnen den tieferen Sinn dieses Sprichwortes kurz erklären, denn es ist ganz interessant, ihn zu kennen.

Heutzutage ist der Beruf des Schmiedes nichts Besonderes, er wird sogar oft als niedriges Handwerk eingestuft. Das war jedoch nicht immer so. Es gab Zeiten, da war der Waffenschmied einer der geachtetsten Bürger einer Gemeinde. Das waren die Zeiten, in denen das Schwert regierte und Kriege entschieden hat. Der Waffenschmied war stets ein enger Vertrauter des Königs, wirklich gute Waffenschmiede hatten magische Fähigkeiten. Wer mit dem Element FEUER vertraut war und dessen magische Geheimnisse kannte, der konnte tatsächlich mittels seines Willens den Sieg in eine Waffe hineinschmieden. Waffenschmiede waren Geheimnisträger, sie besaßen magisches Wissen. Das ist der eigentliche Grund, warum der Volksmund einen Suchenden zum Schmied schickt. Wenn du also etwas wissen willst, dann vertrödle deine Zeit nicht mit Leuten, die im Grunde nichts wissen, sondern geh zu dem, der Wissen hat. In meinem Fall war GOTT der Schmied, wenn überhaupt einer das „warum?" beantworten konnte, dann ER.

Mit all meiner Willenskraft schrie ich IHN zyklisch mental an. Ich habe Ihnen ja schon einige Male gesagt, dass Sie aufpassen sollen, an was Sie denken, denn Gedanken sollte man nicht unterschätzen. Und ganz besonders solche Gedanken, die mit voller Willenskraft ausgeführt werden! Und siehe da, gemäß dem uralten Spruch „wer anklopfet, dem wird aufgetan!", gelangte ich nach relativ kurzer Zeit an **höchstes** Wissen – ich stieß auf die „vedischen Schriften", kurz „Veden" genannt.

„Veda" bedeutet Wissen im Sinne von Weisheit (Wahrheit), die „Veden" sind Weisheitsbücher. Wenn nachfolgend von Wissen gesprochen wird, ist also immer Weisheit gemeint.

Die Veden haben, was deren Niederschrift anbelangt, ihren Ursprung in Indien. Die Veden sind jedoch nicht allein auf Indien bezogen, sie sind universal gedacht – also für jeden! Es gibt derzeit keine Volksreligion, die auf die Veden ausgerichtet ist. Der Hinduismus wird zwar oft mit den Veden in Verbindung gebracht, diese Religion ist jedoch lediglich an einen Teil des vedischen Wissens angelehnt. Es existiert jedoch eine weltweite Glaubensbewegung, deren Anhänger strikt nach den Veden leben, ich werde gleich noch näher auf diese Gruppe eingehen. Die Veden wurden vor ca. fünftausend (!) Jahren niedergeschrieben, sie sind jedoch so alt wie die Universen, denn sie stammen **unmittelbar** von DEM, der uns erschaffen hat.

Die Veden vermitteln einen gigantischen Umfang an Wissen, im Vergleich zu den Veden verblassen alle anderen religiösen Schriften, die diese Welt kennt, zu einem lächerlichen Rinnsal! Greift man nur ein Werk aus den vedischen Schriften heraus, zum Beispiel die Mahabharata, dann vermittelt dieses Epos Wissen anhand von mehr als 100.000 Doppelversen. Die Veden wurden und werden durch alle Zeiten hindurch innerhalb des Universums herabgereicht, herunter bis in unsere grobstoffliche Dimension (Erde), und in der Regel mündlich (!) überliefert. Wenn die Erde ins dunkle Zeitalter (Kali Yuga) eintritt, was vor rund 5000 Jahren der Fall war, dann muss, da die Menschen dann ihre kosmische Verbundenheit (und somit die gigantische Merkfähigkeit) verlieren, das vedische Wissen niedergeschrieben werden. Was, wie schon gesagt, auch vor 5000 Jahren geschehen ist.

Die Veden sind in der indischen Ursprache „Sanskrit" niedergeschrieben, diese Sprache ist am aussterben, sie wird nur noch von wenigen Menschen beherrscht. Bei Sanskrit handelt es sich, was Wortschatz, Phonetik, Metrik und Syntax anbelangt, um die höchste Sprache, die unser Planet kennt. Allein das Grundstudium dieser Sprache erfordert ca. 12 Jahre!

Das vedische Schrifttum ist in zwei Hauptkategorien unterteilt, in das Shruti (das Hören) und in das Smriti (das Erinnern).

Zu den Shruti-Schriften gehören die vier ursprünglichen Veden (Rig-Veda, Sama-Veda, Atharva-Veda, Yajur-Veda) sowie die 108 Upanishaden. Zu den Srmitis zählen die Erklärungsschriften zu den Veden (genannt „Puranas“), dann das gewaltigste Epos der Welt - das Mahabharata (100.000 Doppelverse) sowie das Epos Ramayana.

Dann gibt es noch das Vedanta-Sutra (das Ziel allen Wissens), dabei handelt es sich um eine Zusammenfassung des vedischen Wissens. Zu diesem Vedanta-Sutra gibt es wiederum einen Kommentar – das Shrimad-Bhagavatam (allein dieser Kommentar umfasst 12 Bände und besteht aus insgesamt 18.000 Versen).

Und zu guter Letzt ist da noch die Bhagavad-Gita (der Gesang Gottes). Die Bhagavad-Gita ist ein Auszug aus dem Epos Mahabharata oder besser gesagt dessen Höhepunkt.

Ganz schön kompliziert das Ganze und von unvorstellbarem Umfang – nicht wahr? Aber keine Sorge, wir werden die Sache gleich gewaltig abmagern und somit für uns handhabbar machen.

Zunächst sei noch derjenige genannt, der das gesamte vedische Wissen vor ca. 5000 Jahren niedergeschrieben hat. Es war Shrila Vyasadeva, er wird die „literarische Inkarnation Gottes“ genannt. Shrila Vyasadeva ist deswegen erschienen, weil er wusste, dass das Kali-Yuga, das Zeitalter der nahezu absoluten Dunkelheit, für uns Menschen anbricht. In diesem Zeitalter verlieren die Menschen die Fähigkeit, mündlich übertragenes Wissen von solch gewaltigem Umfang zu behalten. Um jedoch das universale Gesetz des „wer suchet, der findet!“ aufrechtzuerhalten, muss das höchste Wissen auf Erden immer in irgendeiner Form präsent und auch zugänglich sein. Wenn Sie daran zweifeln, dass die Menschen in früheren Zeiten Wissen im Kopf behielten, das in niedergeschriebener Form zig Tausende von Seiten umfasst, dann sage ich Ihnen, dass es auch heute noch Menschen gibt, in denen sich diese unglaubliche Fähigkeit bewahrt hat. Menschen mit einer derartigen Merkfähigkeit werden „Savants“ genannt, was übersetzt „Wissende“ bedeutet. Der in den USA ansässige Kim Peek ist zum Beispiel so ein „Savant“. Kim Peek brachte sich im Alter von 16 Monaten selbst das Lesen bei, mit vier Jahren kannte er bereits vier Bände eines Lexikons auswendig. Mittlerweile hat er 12.000 Bücher in seinem Gedächtnis gespeichert, und zwar Wort für Wort!

Vedisches Wissen wurde und wird niemals geheim gehalten, jeder Mensch, der will, hat Zugang zu den Schriften.

Für uns sind lediglich zwei Werke des vedischen Wissens interessant: das Shrimad-Bhagavatam („Sh“ wird immer als „Sch“ gesprochen) und die Bhagavad-Gita. Diese beiden Werke gelten als das Herzstück der Veden, sie beinhalten die Essenz der vedischen Philosophie. Und, vor allem, diese Werke sind in viele Sprachen der Welt übersetzt worden und somit weltweit für jedermann zugänglich.

Ich sage es Ihnen jetzt schon in aller Deutlichkeit, in den vedischen Schriften offenbart sich unser Schöpfer, es ist (was bestimmte Dinge anbelangt) das höchste Wissen, das im Universum greifbar ist. Sie können mir glauben, ich bin mittlerweile ein äußerst kritischer Mensch. Mit irgendwelchem esoterischen Unsinn oder Dogmen braucht mir nichts und niemand zu kommen! Ich akzeptiere nur Dinge und Erklärungen, die schlüssig sind, die Hand und Fuß haben und, vor allem, die zu den Tatsachen und Geschehnissen passen, die ich in dieser Welt erlebe und erlebt habe!

Und diese, nicht gerade geringen Ansprüche, erfüllen die Veden fast vollkommen. Ich sage „fast", denn eine winzige Kleinigkeit – jedoch von entscheidender Bedeutung! – fehlt in den Schriften, aber dazu komme ich noch.

In den Veden ist das komplette Universum erklärt. Und zwar nicht nur dessen Entstehung, Struktur, Funktion und Vernichtung, sondern auch der grobe Ablauf **allen** Geschehens. Das klingt unglaublich, ich weiß, ist aber so!

Aber die Veden gehen noch sehr viel weiter, sie inFORMieren über das Universum hinaus und zeigen DENJENIGEN auf, der alles erschaffen hat. Die Veden erklären Ihnen: wer Sie sind, wo Sie herkommen, wo Sie hingehen und vor allem, wie Sie es anstellen müssen, um nach Hause zu gelangen. Bei den Veden handelt es sich um Philosophie in purer Form (Philosophie = Weisheitsliebe).

Jetzt werden Sie vielleicht die Frage stellen: *„Ja warum sind denn dann die Veden so wenig bekannt in unserer Gesellschaft, wenn sie angeblich alles Wissen und alle Weisheit vermitteln?"*

Das ist sehr schnell erklärt. Vedisches Wissen kommt nur zu demjenigen Menschen, der danach sucht. Es ist kein Zufall, dass gerade Sie diese Zeilen lesen, es gibt keinen Zufall im Universum! Auch Albert Einstein, der von unserer wissenschaftlich orientierten Gesellschaft so hoch gehalten wird, ist am Ende seines Lebens bei den Veden gelandet. Er war begeisterter Leser der Bhagavad-Gita. Und er war am Schluss der Meinung, dass man sein ganzes Leben wie ein Besessener nach der Wahrheit forschen und suchen kann, dabei steht selbige jahrelang unauffällig, nur ein paar Meter von dir entfernt, im Bücherregal. Sehen Sie, diese Aussage trifft den Nagel genau auf den Kopf. So ist es, die Veden kommen zu **ganz bestimmter** Zeit zu Ihnen, und niemals zufällig!

Bei der vedischen Wissenschaft handelt es sich nicht um einen blinden Glauben oder um eine elitäre Universitätslehre, sondern um ein universales, klares und systematisches Wissen, das jeder Mensch, der will, erkennen, verstehen und in seinem eigenen Leben anwenden kann. Die Intelligenz wird hierbei als gottgegebenes Instrument eingesetzt.

Unsere Wissenschaft und unsere Ausbildung sind pragmatisch, die vedische Wissenschaft ist praktisch. Pragmatisch bedeutet: nutzorientiert, funktional. Praktisch bedeutet: zielorientiert, final. Nur jenes Wissen, das GOTT zum Ziel hat, ist wirkliche Wissenschaft!

Es gibt keinen wichtigen Bereich, der in den Veden nicht abgehandelt und erklärt wird.

Damit Sie einen vagen Überblick dahingehend bekommen, welch gigantisches Wissen die Veden beherbergen, hier ein paar Bereiche, die in den Veden beschrieben sind:

Ayur-Veda =	Höchstes Wissen über Medizin (ganzheitliches Heilen, Diäten, Heilkräuter, Bäder, Kuren usw.)
Jyotir-Veda =	Höchstes Wissen über Astronomie/Astrologie (Zusammenhang von kosmischen und irdischen Gegebenheiten.)
Purana-Kosmologie =	Höchstes Wissen über das Universum (Alter, Aufbau, Eigenschaften usw.)
Vimana-Veda =	Höchstes Wissen über planetarische und interplanetarische Flugobjekte mit Eigenschaften, die uns weitgehendst unbekannt sind (Konstruktion, Antriebe, Legierungen usw.)
Sthapatya-Veda =	Höchstes Wissen über Architektur und Baukunst (Statik, heilige Geometrie, Geomantie usw.)
Dhanur-Veda =	Höchstes Wissen über die Kunst des Kämpfens und der Waffenkunde, vom einfachen Stock und Bogen hin zu höchstentwickelten Waffen (atomar, Laser, Klang, Wetter, Mantras usw.)
Sankhya =	Höchstes Wissen über Analyse und Struktur der Materie (Atom, Chemie, Quanten, Bewusstseinsstruktur usw.)
Silpa-Sastra =	Höchstes Wissen über Mathematik, Geometrie, Formeln usw.
Natya-Sastra =	Höchstes Wissen über Dramaturgie, Ausdruckstanz, Theater usw.
Gandharva-Vidya =	Höchstes Wissen über Musik, Gesang, Instrumente, Tonkunst usw.
Samskrti =	Höchstes Wissen über Sprachkunst, Grammatik, Metrik, Poesie usw.

Klingt unglaublich, was die Veden an InFORMation beinhalten – nicht wahr? Und dabei handelt es sich, wie ich schon erwähnt habe, um 5000 Jahre alte Schriften! Wobei ich noch einmal betonen möchte, dass die Veden zeitlos sind, es hat sie schon immer gegeben – es ist in gewisser Weise göttliche InFORMation.

Vieles, was unsere Wissenschaft noch gar nicht entdeckt hat, ist in den Veden bereits beschrieben. Das ist ja auch logisch, denn in den Veden ist nahezu ALLES beschrieben. Manches darin liest sich für uns derzeit so, als stamme es aus einem Science Fiktion Roman – ist es ja im Grunde auch, denn auch das, was wir in Zukunft entdecken werden, ist in den Veden bereits beschrieben. Stellen Sie sich vor, im Mittelalter hätten die Menschen ein Buch gefunden, in dem unsere heutige Technik beschrieben ist. Sie hätten den Inhalt sicherlich als unglaublichen Zukunftsquatsch oder Irrsinn abgetan (jedenfalls die breite Masse der Menschen). Und was ist nur ein paar Jahrhunderte später daraus geworden? – REALITÄT!

Und exakt die gleiche Situation stellt sich den Menschen heutzutage dar, wenn in den Veden die unglaublichsten Dinge beschrieben werden. Die momentanen Erkenntnisse, die unsere heutige Wissenschaft besitzt, wie z.B. die Quantentheorie, Antimaterie oder die Biophotonen, können in den Veden allemal nachgelesen werden, da es sich bei den Veden, und ich sage es Ihnen noch einmal, um allumfassendes göttliches Wissen handelt. Da ist alles schlüssig, da passt alles zusammen, auch wenn es teilweise die Grenze dessen erreicht oder sogar überschreitet, was sich die Menschen auf Erden vorstellen können. Machen Sie sich auf etwas Grosses gefasst, legen Sie Ihren Kleingeist ab und lernen Sie, in anderen Dimensionen zu denken. Die Schöpfung ist, was Zeit und Größe anbelangt, gigantisch. Was unser Universum betrifft, so werden in den Veden Zeiträume, Dimensionen und Welten beschrieben, die für die Menschen utopisch und unfassbar erscheinen. Und dennoch müssen Sie es akzeptieren, denn es handelt sich um die Wahrheit. Und wir Menschen sind tatsächlich so gestaltet, dass wir diese Wahrheit auch verinnerlichen können, denn im tiefsten Grunde sind wir ein Teil dieser Wahrheit, und sie ruht immerwährend in uns. Es geht also praktisch um nichts Neues, sondern es geht im Grunde lediglich darum, dass wir uns erinnern. Diese Erinnerung wird durch InFORMation geweckt, und diejenigen Menschen, die an **dem** Zeitpunkt angelangt sind, dass sie es begreifen können, werden es begreifen. Schon der alte Sokrates hat das gewusst, denn von ihm stammt folgender Spruch:

Lernen besteht in einem Erinnern an Informationen, die bereits seit Generationen in der SEELE des Menschen wohnen.
(Sokrates)

Schauen Sie sich doch noch einmal die obige Auflistung vedischen Wissens an. Dort ist der Bereich „Ayur-Veda" aufgeführt. Ayur-Veda ist höchstes Wissen über Medizin und Heilkunst. Was bitte ist denn neuerdings in allen Apotheken und einschlägigen Kreisen der Schlager? Ayur-Veda! Obwohl dieses Wissen, wie nicht anders zu erwarten war, kommerzialisiert, größtenteils verfälscht und oftmals falsch angewendet wird, entspringt es doch dem vedischen Wissen. Sie sehen also, 5000 Jahre altes Wissen wird plötzlich von der kaputten Industriegesellschaft wieder entdeckt. Und das ist erst der Anfang!

Weiterhin zeigen die Veden auf, in was für eine schier hoffnungslose Situation uns unsere ach so hoch gelobte Wissenschaft und unser angeblicher Wohlstand geführt hat. Aber dazu braucht ja jeder nur die Augen aufzumachen, denn man kann an allen Ecken und Enden dieser Welt sehen, dass Wissenschaft und Politik komplett versagt haben, und beide nur zum Nachteil der Menschen angewendet werden. Da können unsere Politiker und die Finanzbosse so viel schönreden, wie sie wollen, die meisten Menschen haben den Glauben an deren Aussagen, bei denen es sich größtenteils ohnehin um Lügen handelt, bereits verloren.

Vedisches Wissen stammt, wie ich schon erwähnt habe, aus Indien, ist aber universaler Natur – also im Prinzip für **jeden** bestimmt. Die wenigsten Menschen wissen, dass das Wort „Yoga" und das Wort „Religion" dasselbe bedeutet, nämlich „Zurück zum Ursprung" oder „Wiedervereinigung mit der Quelle". Vedisches Wissen ist in der Ursprache Sanskrit niedergeschrieben, die zwei wichtigsten Werke sind das „Shrimad-Bhagavatam" und die „Bhagavad-Gita". Diese beiden Werke gelten als die reifen Früchte vedischen Wissens, da sie die Essenz allen vedischen Wissens widerspiegeln.

Ich möchte Sie jetzt mit dem Menschen vertraut machen, der einen Großteil dazu beigetragen hat, dass vedisches Wissen auch von Menschen gelesen werden kann, die der schwierigen Sprache Sanskrit nicht mächtig sind. Es handelt sich um „Sri Srimad A.C. Bhaktivedanta Swami Prabhupada", nennen wir ihn künftig, wie seine Freunde es getan haben, „Srila Prabhupada".

Dieser höchst ehrenwerte Mann hat im Verlaufe seines Lebens ca. 80 Bücher geschrieben, die alle zu den Veden Bezug haben. Srila Prabhupada wurde 1896 in Kalkutta geboren und ist 1977 in Indien gestorben. Er stand, was das Erlernen und Erhalten von vedischem Wissen anbelangt, in der so genannten „direkten Nachfolge". Vedisches Wissen stammt direkt aus höchster Schöpfungsebene, es wird durch die verschiedenen Dimensionen des Universums herabgereicht bis zu unserer Erde. Auf Erden wird es zu bestimmter Zeit niedergeschrieben (beim Eintritt ins dunkle Zeitalter Kali-Yuga), was zuletzt vor ca. 5000 Jahren der Fall war. Es gab immer eine bestimmte Person (Meister), die sich um den Erhalt und die Verbreitung dieses Wissens kümmerte. Jeder Meister übertrug zu gegebener Zeit diese Aufgabe an einen Schüler, der diese verantwortliche Tätigkeit dann fortsetzte. Die Kette der Meister-Schüler-Nachfolge, inklusive die Stationen der Herunterreichung durchs Universum, ist lückenlos nachvollziehbar! Srila Prabhupada war jedoch der letzte in dieser Kette, mit seinem Tod endete die direkte Meister-Schüler-Nachfolge. Die Tatsache, dass 1977 diese direkte Nachfolge zu Ende ging, wird, was meine weiteren Ausführungen anbelangt, noch von erheblicher Bedeutung sein!

Srila Prabhupada wusste, dass es seine Aufgabe war, vedisches Wissen weltweit zu verbreiten, während seines Lebens reiste er vierzehn Mal um die ganze Welt. Er hielt unzählige Vorträge, schrieb über 80 Bücher, war immer nahezu mittellos und er gründete 1966 die ISKCON (Internationale Gesellschaft für Krishna-Bewusstsein). Innerhalb dieser Gesellschaft entstanden weltweit eine gewaltige Anzahl von Schulen, Tempeln, Ashrams, Kultur- und Kongresszentren sowie Farmgemeinschaften. In all diesen Einrichtungen wird nach vedischem Vorbild gelebt und gelehrt. Vielleicht sind Ihnen noch die in Orange gekleideten Menschen in Erinnerung, die singend und tanzend und stets mit einem Lächeln im Gesicht durch die Städte gezogen sind und „Hare Krishna, Hare Krishna" gesungen haben. Das waren die frühen Vorläufer dieser mittlerweile weltweit etablierten Gesellschaft. Und machen Sie bloß nicht den Fehler, sofort im negativen Sinn an eine Sekte zu denken – wie das manch uninformierte Zeitgenossen so gerne praktizieren! Die internationale Gesellschaft für Krishna-Bewusstsein ist alles andere als eine Sekte – es ist eine Glaubensbewegung.

Jetzt könnte man sagen, jede Sekte ist ja in irgendeiner Form eine Glaubensbewegung. Das stimmt, nur, es kommt auf den Inhalt dessen an, was so eine Glaubensbewegung lehrt und wie sie geführt wird. Ich fordere Sie auf, sich selbst ein Bild von dieser Glaubensbewegung zu machen, denn nur dann können und sollten Sie urteilen. In jeder größeren Stadt gibt es ein Krishna-Zentrum oder einen Krishna-Tempel, wie die Einrichtungen oft genannt werden. Scheuen Sie sich nicht vor einem Besuch, dort sind Sie jederzeit herzlich willkommen. Am besten wählen Sie für Ihren Besuch den 1. oder 3. Sonntag im Monat, denn an diesen Tagen sind die Zentren speziell für Besuch ausgerichtet. Sie werden dort die liebevollsten, tolerantesten und mitunter glücklichsten Menschen antreffen, die Ihnen je begegnet sind. Sie werden mit einem vegetarischen Festessen verwöhnt, hören Musik, sehen Diashows, sprechen vollkommen unbefangen über das, was Sie bewegt oder schweigen und genießen nur, wenn Ihnen das besser behagt. Da gibt es niemand, der Sie überreden oder überzeugen will, in diese Vereinigung einzutreten, ganz im Gegenteil. In der Gesellschaft für Krishna-Bewusstsein sind die Menschen über das Herz verbunden, man sollte es kaum glauben, aber so etwas gibt es tatsächlich noch.

Mit dem Tod von Srila Prabhupada, der 1977 unsere grobstoffliche Dimension verlassen hat, bekam die von ihm ins Leben gerufene Glaubensbewegung einen nicht unerheblichen Knacks. Es gab und gibt seitdem, was die Führungstruppe anbelangt, immer wieder Gerangel und Abspaltungen, auch Skandale verschiedenster Art müssen von der Glaubensgemeinschaft ab und an verkraftet und bewältigt werden. In der Zeit, in der wir gerade leben, ist es unmöglich, eine Sache – und dabei ist es vollkommen egal, um was es sich handelt – völlig rein von Dunkelmächten zu halten. In einer weltweiten Glaubensbewegung werden also **immer** Dinge geschehen, die von der Gemeinschaft nicht gewollt sind, die jedoch nicht verhindert werden können. Dass die Medien (die sowieso größtenteils in dunkler Hand sind!) solche Geschehnisse mehr als gierig aufgreifen und bis zum Gehtnichtmehr ausschlachten, um auf diesem Wege menschenfreundliche Gemeinschaften zu zerstören, dürfte Ihnen mittlerweile ja bereits klar sein. Also, bevor Sie sich eine Meinung bilden **lassen**, inFORMieren Sie sich lieber selbst an Ort und Stelle, besuchen Sie die Gemeinschaft, dann können Sie urteilen.

Die Anhängerschaft der internationalen Gesellschaft für Krishna-Bewusstsein teilt sich in zwei Gruppen. Die eine Gruppe besteht aus Menschen, die direkt **in** der Gesellschaft leben, also in einem der Tempel oder in einer Farmgemeinschaft auf dem Lande. Die andere, weitaus größere Gruppe, besteht aus Menschen, die zu Hause wohnen, irgendeinem Beruf nachgehen und vollkommen unabhängig und frei nach ihrem Herzen die Zugehörigkeit zu dieser Glaubensbewegung genießen. Diejenigen, die sich aus freiem Willen und Überzeugung zu einem Leben in der Gesellschaft entschlossen haben, sind einem doch sehr straff geregelten Tagesablauf und Lebensstil unterstellt. Warum dies so straff geregelt ist, darauf komme ich später noch einmal zu sprechen. Ich selbst bin keiner der beiden Gruppen angehörig, ich schätze diese Menschen jedoch sehr, da sie wahrhaft Frieden, Freiheit und Glückseligkeit für alle Menschen zum Ziel haben.

Falls Sie sich informieren wollen, wo sich das nächste Zentrum befindet, dann schauen Sie einfach in Ihrem Telefonbuch unter „ISKCON“ nach.

Doch nun zurück zu Srila Prabhupada, dem Gründer dieser Glaubensbewegung.
Srila Prabhupada hat, neben vielen anderen Werken, ein Buch geschrieben, das den Titel „BHAGAVAD-GITA wie sie ist“ trägt. Dieses Buch ist im Bhaktivedanta-Book-Trust-Verlag erschienen, es handelt sich dabei um eine Übersetzung der Original-Bhagavad-Gita, mit Erläuterung.

Wenn ein Mensch göttliche Worte, und dabei handelt es sich bei der Original-Schrift der Bhagavad-Gita, erklärt und interpretiert, dann ist das immer so eine Sache. Srila Prabhupada selbst behauptet, dass seine Interpretation und Erklärung unantastbar sind, ich dagegen **weiß** mittlerweile, dass er sich in einem Punkt geirrt hat. Dieser eine Punkt, in dem er sich geirrt hat, ist jedoch von **immenser** Bedeutung, wie ich Ihnen ein wenig später noch darlegen werde. Die Aufmachung seines Werkes ist in einer Art und Weise gestaltet, wie man es besser und fairer nicht gestalten kann. Es ist Vers für Vers immer zuerst der original Sanskrit-Text abgedruckt, dann eine exakte Wort-für-Wort-Übersetzung, die durch die Verschiedenheit von Grammatik und Satzbau oft sehr skurril anmutet. Danach folgt eine Zusammenstellung der Wort-für-Wort-Übersetzung zu einem sinngemäßen, leserlichen Satz. Erst dann kommt die Interpretation von Srila Prabhupada, die näher erklärt, was seiner Meinung nach GOTT uns mit diesem Vers im Detail sagen will.

Ich werde Sie in meiner weiteren Ausführung sehr oft mit Sätzen aus der Bhagavad-Gita konfrontieren, dabei gebe ich immer das Kapitel und den Vers an. „BG.7.2“ bedeutet zum Beispiel: Bhagavad-Gita, Kapitel 7, Vers 2. Auch zitiere ich einige Verse aus dem 12-bändigen Shrimad-Bhagavatam. „SB.7.5.31“ bedeutet: Shrimad-Bhagavatam, Band 7, Kapitel 5, Vers 31.

Schauen wir uns doch einmal zwei Verse aus dem Shrimad-Bhagavatam an, was GOTT zu unserer Wissenschaft sagt:

Wenn der forschende Mensch nicht aus einer göttlichen Quelle Wissen bekommt, verliert er sich in einer endlosen Forschung, denn selbst wenn er einmal ein Prinzip der Wahrheit streift, erkennt er es nicht und spekuliert einfach weiter – ziellos, endlos, sinnlos!

Menschen, die nicht wissen, dass es ein höchstes Ziel im Leben gibt, halten alles andere als das höchste Ziel für wertvoll. So irren sie wie Blinde umher, die von Blinden geführt werden, und verstricken sich immer mehr ins Netz der Ziellosigkeit. (SB.7.5.31)

Und was sagt GOTT über SEINE literarische Hinterlassenschaft an die Menschen?

Alle Zwecke, die ein kleiner Teich nach und nach erfüllt, können große Gewässer sofort erfüllen. In ähnlicher Weise kann alle Früchte der Veden erreichen, wer das Ziel der Veden kennt. (BG.2.46)

Falls Sie über Internet-Zugang verfügen oder jemanden kennen, der Zugang hat, dann können Sie sich auf der Seite „www.prabhupada.de“ das komplette Werk „BHAGAVAD-GITA wie sie ist“ in digitaler Form herunterladen.

Glaubensfrage in ihrer grundlegenden Ausrichtung ist in unserer Welt zu einer komplizierten philosophischen Anschauungssache geworden. Da gibt es den Theismus, den Monismus, den Dualismus, den Deismus, den Nihilismus, den Pantheismus, den Atheismus usw.

Ich werde die Sache einmal ganz einfach darlegen. Es gibt Menschen, die an GOTT glauben und es gibt Menschen, die nicht an GOTT glauben. Diejenigen Menschen, deren Seele noch nicht soweit gediehen ist, dass sie sich eines göttlichen Ursprunges bewusst sind oder diesen zumindest erahnen, werden Atheisten genannt. Ein Atheist lehnt in der Regel die Existenz einer unsterblichen Seele ab, geschweige denn die Tatsache, dass er selbst diese Seele ist. Jetzt schauen wir uns einmal die andere Gruppe an, also diejenigen, die an GOTT glauben. Und da wird es höchst interessant, denn diese Gruppe teilt sich in zwei Lager. Sie unterteilt sich zum einen in diejenigen, die an einen persönlichen GOTT glauben (die Theisten) und zum anderen in jene, die an einen unpersönlichen Gott glauben (die Pantheisten).

Zugegeben, es mag für manchen momentan leichter vorstellbar sein, dass es keinen persönlichen GOTT gibt, und somit ALLES nur eine ewige, sich permanent wandelnde Energieform ist, die Bewusstsein hat und die uns Seelen hervorbringt. Genau so denkt der Pantheismus – ALLES ist lediglich Energie, die jedoch seltsamerweise ein Bewusstsein hat, da sie ja bewusste Lebewesen hervorbringt. Ob die Annahme der Pantheisten der Wahrheit entspricht oder ob tatsächlich ein persönlicher, alles umfassender GOTT existiert oder ob es sich mit dem, was wir als „GOTT“ bezeichnen, vielleicht ganz anders verhält, wird sich im weitern Verlaufe dieses Werkes noch sehr deutlich herausstellen.

Wenn man sich alles Dasein betrachtet, was schätzen Sie, welche Gruppe ist in der Überzahl, die Theisten oder die Pantheisten?

Sie werden sehr wahrscheinlich antworten: *„Die Theisten natürlich!“*, denn wenn man sich in unserer Welt umsieht, dann stellt man fest, dass, mit Ausnahme der Buddhisten, alle großen Religionen einen persönlichen GOTT verehren. Manche Religionen, wie zum Beispiel der Hinduismus, verehren sogar mehrere Götter, aber immer in Person! Was sich auf Erden momentan so deutlich überwiegend zum Theismus hin darstellt, schaut universal gesehen ganz anders aus, Theisten und Pantheisten befinden sind, universal gesehen, nämlich immer im Gleichgewicht. Das muss so sein, sonst würde unser Universum nicht funktionieren, denn wir leben in einer Dualität, und Dualität setzt immer ein Gleichgewicht der Gegensätze voraus, auch wenn die einzelnen Gewichte nicht immer direkt sichtbar sind, und zudem ihr Potential zeitlich versetzt zum Ausdruck bringen. Jetzt wird manch aufgeweckter Leser vielleicht sagen: *„Dual gesehen, sind doch das Gegenteil von Theisten die Atheisten, und nicht die Pantheisten!“* Doch das stimmt nicht, denn Atheisten sind Menschen, bei denen das irdische Bewusstsein, dass sie eine Seele haben, momentan noch schläft. In Wirklichkeit gehören auch alle Atheisten bereits einer der beiden Gruppen an. Wenn die Seele eines Atheisten in einer bestimmten irdischen Inkarnation zu ganz bestimmter Zeit erwacht, dann tritt auch automatisch ihre Zugehörigkeit ans Licht dieser Welt.

Um es einmal in aller Klarheit zu formulieren: Pantheisten wissen, dass sie unsterblich sind und sie wissen, dass es in ihren Kreisen eine universale Hierarchie gibt, an deren Spitze die Erleuchteten stehen, die sich selbst Illuminaten nennen. Pantheisten halten sich für das ultimativ Höchste, das es gibt, sie erkennen keinen persönlichen GOTT an, der über ihnen steht. Wenn jemand der Meinung ist, dass er das Höchste ist, das irgend existiert, dann kann er praktisch treiben, was er will, denn es gibt ja, seiner Überzeugung nach, keine Autorität, die über ihm steht. Und genau das praktizieren und leben die Illuminaten, frei nach dem Motto: *„Der Zweck heiligt alle Mittel – wir sind Gott!“*

Die Veden geben erschöpfend Auskunft über diese Thematik, denn die Veden stammen von DEM, von dem die Pantheisten nicht wissen, dass es IHN gibt – von GOTT. Wie Sie gleich sehen werden, handelt es sich bei den Pantheisten um die Dunkelmächte im Universum, in den Veden werden sie „Asuras“ genannt.

Die vedischen Schriften sind, was ihre Aufmachung anbelangt, oftmals mit Illustrationen versehen. Die Darstellungen sind äußerst bunt und muten stets irgendwie märchenhaft, verspielt und teilweise utopisch an. Da gibt es die fantastischsten Götter und Welten, das Ganze wirkt, und gerade auf uns westlich orientierte Zeitgenossen, unglaublich verrückt und weltfremd. Aber glauben Sie mir, die Schriften schildern, trotz oder gerade wegen der bunten, verrückten Aufmachung, nichts anderes als die Realität. Unser Universum birgt Welten und Leben in sich, wie Sie sich das in Ihren kühnsten Träumen nicht vorstellen können. Das ist ja auch kein Wunder, denn wir sind in unserem grauen Alltag gefangen und kennen derzeit leider nichts anderes als das, was uns unsere grobstofflichen Sinne und letztendlich die Medien Tag für Tag eintrichtern. Frühe Kulturen waren, was kosmische Verbundenheit und somit echtes Wissen anbelangt, unserer heutigen – strikt materiell orientierten Zivilisation –

haushoch überlegen. Und in deren Mythen und Erzählungen wimmelte es nur so von fernen Welten, Halbgöttern und fantastisch anmutenden Kreaturen. Und glauben Sie ja nicht, dass diese Kulturen allesamt blöd oder naiv waren, den traurigen Gipfel aller menschlichen Entwicklung stellen leider wir dar. Im weiteren Verlauf werden Sie die Struktur unseres Universums noch genauer kennen lernen, das wird Ihren Horizont und ihre Akzeptanz vielleicht ein klein wenig erweitern.

In den vedischen Schriften wird GOTT oft, neben vielen anderen Namen, mit dem Namen „Krishna" („sh" wird als „sch" gesprochen) tituliert. GOTT selbst sagt in den Veden, er besitze unzählige Namen. „Krishna" bedeutet „DER ALLANZIEHENDE", und GOTT ist damit sehr treffend benannt, es ist SEIN Hauptname. Ein weiterer Name Gottes, der in den vedischen Schriften des Öfteren auftaucht, ist „Rama". Dieser Name bedeutet so viel wie „QUELLE ALLER FREUDEN".

Einige Vertreterinnen der holden Weiblichkeit regen sich immer wieder darüber auf, dass GOTT stets männlich dargestellt wird, und dass dies pures Machogehabe sei, denn GOTT könne genauso gut auch eine Frau sein.

Was die Schöpfung anbelangt, in der wir derzeit existieren, muss ich die holde Weiblichkeit zunächst herb enttäuschen! Etwas erschaffen obliegt immer dem männlichen Prinzip, und ein Schöpfer ist nun mal männlich. Aber alles Erschaffene nützt überhaupt nichts und hätte auch nicht den geringsten Bestand, wäre da nicht das „Nährende", und das Nährende obliegt immer dem weiblichen Prinzip!

Etwas später werde ich Sie noch dahingehend inFORMieren, wie GOTT in SEINEM Reich lebt, denn auch dahingehend geben die Veden zur Genüge Aufschluss. Und in diesem Zuge werden die Frauen dann auch erfahren, dass SIE IHN tatsächlich auch dort im Bann hat, und damit dürfte dann auch alles wieder gut sein. (☺)

Bevor ich Ihnen die Struktur unseres Universums aufzeige, ist es unerlässlich, die acht wichtigsten Eigenschaften unseres Universums zu kennen:

1. **Das Universum ist ein Kosmos und unterliegt der Dualität!** – „Kosmos" kommt aus dem Griechischen und bedeutet „Ordnung". Das Gegenteil von Kosmos ist Chaos (Unordnung). Im Universum herrscht also strikte Ordnung. Es ist alles bis ins Detail geregelt, es läuft alles präzise ab wie ein Uhrwerk und es gibt keinen Zufall – auch wenn es sich aus irdischer Sicht heraus oftmals anders darstellt. Dass wir in einer Dualität leben, braucht wohl nicht näher erklärt zu werden, denn jedermann weiß, dass wir täglich mit Gut und Böse, Hell und Dunkel, Mikro und Makro, Oben und Unten, Heiß und Kalt usw. konfrontiert sind. In der Materie kann eine Sache nur dann existieren, wenn sie einen entsprechenden Gegenpol hat.

2. **Das Universum ist multidimensional aufgebaut!** – Diese Tatsache ist von enormer Wichtigkeit, will man die Vorgänge verstehen, die in einem Universum ablaufen. Dimensionen sind eigene Welten (mit Planeten, Sonnen usw.), das Ganze hat etwas mit Schwingung zu tun. Wenn unsere Wissenschaftler ins Universum hinausforschen, dann können

sie immer nur unsere Schwingungsdimension erforschen und zu einem Teil in Erfahrung bringen, jedoch niemals die höher schwingenden Dimensionen! Höher schwingende Dimensionen sind weitaus realere Welten als die unsere, was ich Ihnen im vorangegangenen Kapitel ja schon eingehend erklärt habe. Höher schwingende Dimensionen können niedriger schwingende Dimensionen beeinflussen, in umgekehrter Richtung ist eine Beeinflussung nicht möglich. Es gibt insgesamt 7 verschiedene Dimensionen (Schwingungsebenen), diese 7 Schwingungsebenen sind jedoch in doppelter Ausführung vorhanden, sodass es sich im Endeffekt um 14 Dimensionen handelt. 7 Schwingungsebenen führen zum Licht, 7 Schwingungsebenen führen in die Dunkelheit. Alles findet im selben Raum statt. So, wie verschiedene Radiosender denselben Raum nutzen können und sich dabei gegenseitig nicht berühren oder stören, genauso ist es mit den 14 Dimensionen im Universum. Alles, was multidimensional existiert, ist nur eine Sache von Schwingung, Kraft und Energie. Sie müssen Ihre Engstirnigkeit und Ihren Kleingeist ablegen, ansonsten stellt sich Ihr Verstand quer, wenn es darum geht, multidimensionale Vorgänge zu begreifen und zu akzeptieren. Vergessen Sie alle physikalischen Gesetzmäßigkeiten, die in unseren Lehrbüchern stehen, denn diese Gesetze sind lediglich formale Krücken und aufs gesamte Universum nicht anwendbar. Diese Tatsache ist und war vielen Spitzenphysikern sehr wohl bekannt!

Die Ablehnung der Tatsache, dass das Universum multidimensional ist, ist wissenschaftlich betrachtet empirische Kurzsichtigkeit, oder philosophisch betrachtet Kleingeist!

3. **Das Universum ist durchgehend materiell gestaltet – und somit endlich (sterblich)!** – Auch die höheren Sphären im Universum, die als Himmel bezeichnet werden, sind von materieller Struktur! Materie ist **immer** an Zeit und Raum gebunden, die Zeit ist jedoch von Schwingungsebene zu Schwingungsebene verschieden. Je höher eine Schwingungsebene schwingt, umso feinstofflicher wird die Materie, umso intensiver wird die Wirklichkeit empfunden und umso langsamer vergeht die Zeit. Je niedriger eine Schwingungsebene schwingt, umso grobstofflicher wird die Materie, umso grober wird die Wirklichkeit empfunden und umso schneller vergeht die Zeit. Zeit ist also nicht gleich Zeit, und außerdem kommt es immer darauf an, **wie** ein Lebewesen Zeit empfindet. Das Beispiel in Kapitel II mit den verschiedenen fein geknüpften Bildteppichen (Gobelins), die bei gleicher Erlebnisfläche – je nach Frequenz (Schwingung) – eine unterschiedliche Anzahl von Erlebnispunkten aufweisen, erklärt auch die unterschiedliche Empfindung von Zeit. Anstatt Erlebnisfläche muss es dann eben Zeitraum heißen.

4. **Im Universum herrscht das Gesetz: Aktio = Reaktio!** – Man kann es auch das Gesetz von „Ursache und Wirkung" oder „was du säst, das wirst du ernten" oder das Gesetz des „Karmas" nennen. Manchmal wird es auch als „das Gesetz des Sich-Ausgleichens" bezeichnet. Egal, wie man es nennt, die ganze Sache müsste eigentlich für jeden klar sein. Es ist nur äußerst wichtig zu wissen, dass sich besagter Ausgleich nicht innerhalb eines Lebens vollzieht, sondern er vollstreckt sich in der Regel über mehrere Leben (Inkarnationen) hinweg. Sagt der Volksmund nicht sehr treffend: *„Die kleinen Sünden bestraft der liebe Gott sofort!"?* – Na, wenn er die kleinen Sünden sofort bestraft, dann bedeutet das doch auch, dass er sich für die großen Sünden mehr Zeit lässt – mitunter sehr viel mehr

Zeit! Und Zeit ist genügend da! Buddha (Siddharta Gautama) hat unserer Welt dahingehend eine sehr treffende Weisheit hinterlassen:

Willst du wissen, wer du warst, so schau, wer du bist.
Willst du wissen, wer du sein wirst, so schau, was du tust. (Siddharta Gautama)

5. **Alle Abläufe im Universum sind zyklisch!** – Zyklisch bedeutet: ständig wiederkehrend. Sonnen und Planeten sterben und Sonnen und Planeten werden geboren im Universum; die Erde stirbt und die Erde wird geboren. Und das Ganze läuft präzise ab wie ein Uhrwerk. Wenn ich Ihnen jetzt schon verrate, dass unsere Erde im Laufe des Bestehens unseres Universums 36000-mal vernichtet und wieder erschaffen wird, dann bekommen Sie vielleicht schon eine leise Ahnung von universalen Zyklen und Abläufen.

6. **Im Universum herrscht das Gesetz der Resonanz!** – Dieses Gesetz sagt aus, dass Gleiches stets Gleiches anzieht. Das kennt übrigens auch unser Volksmund, denn er sagt: *„Gleich zu Gleich gesellt sich gern!"* Jetzt wird vielleicht manch einer sagen: *„Es gibt aber auch das Sprichwort: Gegensätze ziehen sich an"*. Dazu sage ich Ihnen: Erstens gilt die Aussage, dass sich Gegensätze anziehen, nur für unsere Dimension und nicht für das restliche Universum, und zum Zweiten ziehen sich die Gegensätze in unserer Dimension in Wirklichkeit gar nicht an, sondern sie werden plangemäß aufeinander zugetrieben, wie Sie im weiteren Verlauf meiner Ausführung noch sehen werden.

7. **Das Universum ist holographisch aufgebaut!** – Die Eigenschaft eines Hologramms ist folgende: Sie kennen sicherlich die im Handel erhältlichen, mehrere Millimeter dicken, holographischen Bilder. Nehmen wir an, so ein holographisches Bild stellt einen Hund dar. Dieser Hund erscheint, was die optische Darstellung anbelangt, in diesem Hologramm äußerst plastisch und räumlich. Wenn Sie nun dieses Bild in zwei Teile auseinander brechen, dann sehen sie auf jedem der beiden Bruchstücke nicht etwa einen halben Hund, wie dies bei einem gewöhnlichen Bild der Fall wäre, sondern seltsamerweise zeigt jedes der beiden Teilstücke wieder den ganzen Hund. Allerdings sind die beiden Hunde in der Darstellung nicht mehr ganz so schön, wie der eine Hund im ungeteilten Zustand, und das liegt daran, weil die Darstellung im geteilten Zustand weniger Details aufweist. Jetzt können Sie jeden der beiden Teile wiederum zerteilen und haben somit schon vier Teile. Jedes der vier Teile zeigt wiederum einen ganzen Hund, allerdings, was die Detaildarstellung (Auflösung) anbelangt, wieder um einen gewissen Faktor schlechter. Und das geht immer so weiter. Bei einem Hologramm beinhaltet also jedes Teilchen, mag es auch noch so klein sein, das gesamte Bild. Jedoch, je kleiner das Teilchen ist, umso weniger Details werden dargestellt. Das Ganze geht natürlich auch in umgekehrter Richtung. Je mehr Einzelteilchen (mit wenig Details in der Darstellung) wieder zusammengefügt werden, desto mehr Details gewinnt das jeweils entstehende Bild zurück. Eine fantastische Sache – nicht wahr? Generell kann gesagt werden:

   Ein Hologramm macht deutlich, dass das Ganze und die Teile eng miteinander verbunden sind.

   Auch unser Universum ist holographisch aufgebaut, unsere Wissenschaft ist gerade dabei, dies zu entdecken. Auch unser Gehirn funktioniert holographisch, das haben die Wissenschaftler bereits bewiesen. Früher hat man angenommen, dass das, was sich ein

Mensch im Gedächtnis merkt, an einem bestimmten Platz im Gehirn gespeichert wird. Heute weiß man, dass **jedes** Teilchen des Gehirns im Grunde alles weiß, allerdings nur sehr verschwommen (mit wenig Details); die Summe aller Gehirnteilchen bringt den Detailreichtum und somit das Gemerkte in aller Klarheit. Jedes auch noch so kleine Materieteilchen im Universum trägt also das Gesamtwissen des Universums in sich. Je mehr Teilchen sich verbinden und zusammenfinden, umso klarer wird das Erlebte. Unser Universum ist im Grunde ein gigantisches, lebendiges Hologramm. Wir Menschen sind ein Teil von diesem Bildnis, nur zurzeit aus ganz bestimmten Gründen von besagter Ganzheit getrennt. Die Erkenntnis, dass ein Universum holographisch aufgebaut ist, ist von **enormer** Wichtigkeit, denn durch diese Erkenntnis erklärt sich vieles!

8. **Im Universum gilt das Gesetz: Wie unten so auch oben!** – Der Magier „Hermes Trismegistos", den ich ja bereits erwähnt habe, hat diese Gesetzmäßigkeit den Menschen mitgeteilt. In vollständiger Formulierung lautet die Gesetzmäßigkeit:

   „Dasjenige, welches unten ist, ist gleich demjenigen, welches oben ist, und dasjenige, welches oben ist, ist gleich demjenigen, welches unten ist, um zu vollbringen die Wunderwerke eines einzigen Dinges."

   Dieser Spruch ist von ungeheurer Wichtigkeit! Er ist deshalb so wichtig, weil er, was die Magier nicht wissen, auch außerhalb des Universums seine Gültigkeit hat. Allerdings ist die Gesetzmäßigkeit nicht richtig formuliert, richtig lautet sie: *„Dasjenige, was unten ist, gleicht demjenigen, was oben ist, und dasjenige, was oben ist, gleicht demjenigen, was unten ist."* Sie sehen also, der Unterschied liegt in den beiden Worten „gleich" und „gleicht". Innerhalb des Universums, also in der Materie, stellt diese Gesetzmäßigkeit den Bezug zwischen Makrokosmos und Mikrokosmos dar. Man nennt dieses Gesetz auch das „Analogiegesetz". Das Wort „analog" bedeutet so viel wie „gemäß". Wenn ein Mensch im Sonnenschein spazieren geht, dann wirft sein Körper einen Schatten. Wenn dieser Mensch seinen Arm hebt und winkt, dann winkt auch der Schattenarm; man sagt, der Schatten reagiert immer analog zum Körper. Aber der Schatten ist nicht gleich dem Körper, er gleicht ihm lediglich. Alle Vorgänge, die im Mikrokosmos – also im Kleinen – stattfinden, finden auch Im Makrokosmos – also im Großen – statt. Egal, ob man mit dem Mikroskop eine Zelle erforscht oder ob man mit dem Teleskop den Weltraum erkundet, man wird immer auf dieselben Dinge und Abläufe stoßen, da alles analog zusammenhängt. Das Analogiegesetz gründet auf der Tatsache, dass das Universum ein Hologramm ist, jedes winzige Teilchen eines Hologramms verhält sich ja stets analog zum Ganzen, wie Sie ja bereits wissen. Da das Analogiegesetz, wie ich schon angedeutet habe, auch direkt auf GOTT anwendbar ist, werde ich es in meinen weiteren Ausführungen auch immer wieder an passender Stelle zitieren. Allerdings nur in extremer Kurzform („wie oben, so unten!" oder „wie unten so oben!"), Sie wissen ja dann, wie es zu verstehen ist.

Da Sie nun über die acht grundlegenden Eigenschaften unseres Universums inFORMiert sind, werde ich Ihnen nun die Struktur des Universums anhand einer Grafik aufzeigen, die auf vedischem Wissen basiert. Eigentlich zeigt die Grafik mehr als nur die Struktur unseres Universums, denn Gottes Reich, das jenseits aller Materie existiert, ist ebenfalls dargestellt:

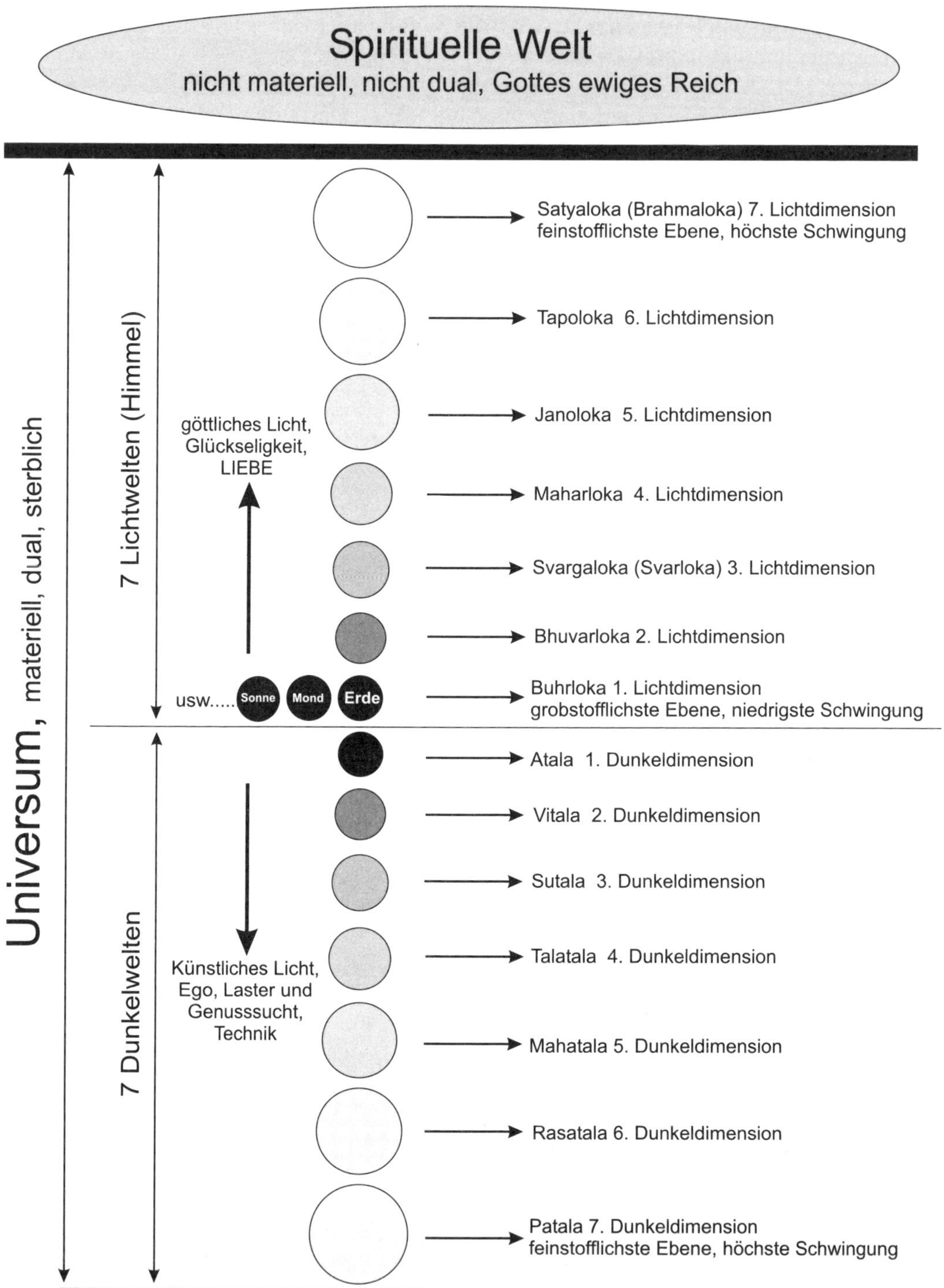

Bild oben: Aufbau des Universums

Unser Universum ist, wie jegliche Materie, der Dualität unterworfen. Alles braucht seinen entsprechenden Gegenpol, anders kann Materie nicht existieren. Wie die Grafik deutlich zeigt, ist das Universum im absoluten Gleichgewicht, die Dunkelwelten sind exakt so stark vertreten wie die Lichtwelten. Die sieben Lichtwelten oder Lichtdimensionen werden auch Himmel genannt. Bei den sieben Dunkelwelten oder Dunkeldimensionen handelt es sich jedoch nicht um Höllen, wie ich Ihnen im weiteren Verlauf noch aufzeigen werde. Wichtig zu wissen ist, dass **jede** Dimension, was den Raum anbelangt, das **ganze** Universum ausfüllt. Diese Tatsache ist aus der Grafik nicht ersichtlich. Die Dimensionen stören sich gegenseitig nicht im Raum, da jede Dimension mit einer anderen Frequenz (Frequenz = Schwingungen in einer bestimmten Zeiteinheit) schwingt. So gibt es höher schwingende Dimensionen und niedriger schwingende Dimensionen. Wie schon gesagt, füllt jede Dimension das gesamte Universum mit den der jeweiligen Dimension angehörenden Planeten und Sonnen aus. Im Fall der Dimension Bhurloka, zu der unsere Erde und auch alle anderen Planeten und Sonnen unseres sichtbaren Universums gehören, ist dies in der Grafik angedeutet. Wenn unsere Wissenschaftler ins Universum spähen und dabei Milliarden von Galaxien entdecken, dann gehören diese allesamt zur Dimension Bhurloka. Aber in genau demselben Raum existieren auch alle anderen Planeten und Sonnen der anderen Dimensionen, sie schwingen lediglich auf einer höheren Frequenz und stören somit unsere Dimension nicht. Dass so etwas physikalisch problemlos möglich ist, habe ich Ihnen schon im vorangegangenen Kapitel anhand des Beispieles mit den Radiosendern erklärt. Und jede Lichtdimension hat ihren entsprechenden Gegenpol (Dunkelwelt), ebenfalls im gleichen Raum und, was sehr wichtig ist, immer auf der gleichen Schwingungsfrequenz. Die Lichtwelt Bhurloka und die gegenpolige Dunkelwelt Atala schwingen beide auf der gleichen Frequenz – auf der niedrigsten. Genauso schwingen die Lichtwelt Satyaloka und die Dunkelwelt Patala auf der gleichen Frequenz – auf der höchsten.

Jetzt werde ich Sie darüber inFORMieren, wie GOTT SEIN Dasein gestaltet und wie ER die Universen erschafft, denn die vedischen Schriften geben detailliert über all diese Dinge Auskunft.

Ich habe Ihnen ja schon am Anfang dieses Kapitels mitgeteilt, dass ich mir als kleines Kind schon immer vorgestellt habe, dass GOTT es irgendwie zustande bringt, sich in viele Persönlichkeiten aufzuteilen, um so sein ewiges Leben zu genießen. Uns jetzt lese ich in Schriften, die vor ca. 5000 Jahren niedergeschrieben worden sind, dass es genau so ist, wie ich mir das einst vorgestellt habe. Ich werde mich, was die Darstellung der in den vedischen Schriften beschriebenen Persönlichkeiten GOTTES anbelangt, extrem kurz halten. Wenn Sie dahingehend mehr wissen wollen, dann lesen Sie die entsprechenden vedischen Schriften, Sie finden darin erschöpfend Auskunft.

Es sind unzählige Persönlichkeiten, in die GOTT sich aufspaltet, und diese Persönlichkeiten haben allesamt Allmacht. Ich wiederhole es noch einmal, weil es sehr, sehr wichtig ist, das zu wissen. Alle Persönlichkeiten, in die GOTT sich in SEINEM Reich aufspaltet, haben Allmacht! Jedoch ist nicht jede allmächtige Persönlichkeit für alles zuständig, sondern jede Persönlichkeit hat gewissermaßen ihren Job und genießt das Leben darin. Sie sehen schon, auch GOTT ist beschäftigt, da tut sich was, da ist Leben.

Wir auf Erden reden immer von GOTT als dem „Schöpfer“, und beschränken IHN darauf. Das ist ein gewaltiger Irrtum. „Erschaffen“ ist nur **ein** Aspekt GOTTES, ER hat viele andere

Aspekte. Zum Beispiel ist ER, wie ER uns durch die vedischen Schriften mitteilt, der höchste Genießer aller Freude und Schönheit. Der Ausgangspunkt oder besser gesagt die höchste Persönlichkeit GOTTES wird „Krishna" genannt, was „DER ALLANZIEHENDE" bedeutet. Alles, was sich aus IHM heraus aufspaltet, wird als **Erweiterung** bezeichnet, und es handelt sich dabei, wie schon gesagt, um allmächtige Persönlichkeiten mit unterschiedlichen Betätigungsfeldern. So erweitert sich Krishna zum Beispiel in „Radharani", die weiblicher Natur ist. Radharani ist die Verkörperung der inneren Freudenkraft Krishnas, sie ist SEINE höchste Geweihte und immer an SEINER Seite. Krishna fühlt sich zu Radharani hingezogen, es ist das innigste Verhältnis, das man sich vorstellen kann. Nun, was sagt man dazu! Radharani zieht IHN, den ALLANZIEHENDEN an! Sehen Sie, liebe Leserin, ich habe Ihnen ja schon angekündigt, dass die holde Weiblichkeit nicht zu kurz kommt, weil sie, wie Sie soeben erfahren haben, selbst GOTT in ihrem Bann hält. Allerdings müssen wir uns die Sache in der spirituellen Welt etwas anders vorstellen als auf Erden, in der spirituellen Welt gibt es keine Dualität. Dort sind die Geschlechter gefühlsmäßig nicht getrennt, die Beziehung ist eine stets sich liebende, innige Einheit – praktisch ewiges Verliebtsein auf höchstem Niveau. Wir auf Erden können uns das spirituelle Leben und die Glückseligkeit, die in dieser Welt vorhanden ist, gar nicht vorstellen. Es gibt keine Worte, die den dortigen Zustand beschreiben können. Bei Allem, was darüber geschrieben steht, handelt es sich lediglich um alphabetische Krücken, die uns, wenn überhaupt, nur einen Hauch der dortigen Geschehnisse und Gefühle vermitteln können. Tatsache ist jedoch, das das, was uns auf Erden erfreut, wie: Farben, Formen, Düfte, Klänge, Harmonie, Licht, Liebe, Freude, Fröhlichkeit, Verliebtsein, Gesundheit, Kraft, Ruhe, Gelassenheit, Frieden, Freiheit, Geborgenheit, Freunde, Herrlichkeit, Schönheit, Überfluss, Pracht, Erfüllung, Zufriedenheit, Glückseligkeit usw., in der spirituellen Welt allemal vorhanden ist. Jedoch in einer ganz anderen Quantität und vor allem Qualität, als dies auf Erden der Fall ist. In unserer irdischen Dimension ist alles beschränkt, und es lauert stets das negative Gegenstück an allen Ecken und Enden, denn wir existieren derzeit in der Dualität.

Was die unendliche Vielfalt betrifft, die in der spirituellen Welt gegeben ist, so nehmen wir zum Beispiel einmal die Farben. Unser Sinnesorgan Auge kann nur eine begrenzte Anzahl von Farben wahrnehmen. Wir sind, wie unsere Wissenschaft seit langem weiß, auf ein gewisses Farbenspektrum begrenzt. In der spirituellen Welt gibt es unendlich viele Farben. Ich wiederhole noch einmal, es gibt **unendlich** viele Farben! Sie können sich in aller Ewigkeit nicht satt sehen! Genauso gibt es unendlich viele Formen, Düfte, Klänge (Musik), Freunde, Betätigungen usw. Und zu all dem kommt noch, es gibt genügend Zeit, das ALLES zu erleben und zu genießen – die **EWIGKEIT!**

Doch so schön das alles klingt und auch wahr ist, wir sind, abgesehen von ein paar Genüssen und Annehmlichkeiten, von Hass, Krieg, Mord, Totschlag, Krankheit, Leid, Einsamkeit, grenzenlosem Egoismus und gnadenloser Gier umgeben. Die Frage, die sich uns stellt, ist, warum sind wir in dieser grausamen Welt gefangen? Was ist passiert? Und wie kommen wir heim in die ewige Glückseligkeit?

Um eine Antwort auf all diese Fragen zu erhalten, müssen Sie mir nur aufmerksam Schritt für Schritt folgen und Ihren Geist öffnen. Das, was ich Ihnen über GOTT und die Welt noch berichten werde, wird Sie sicherlich an die Grenzen Ihrer Akzeptanz führen oder sogar darüber hinausgehen. Doch glauben Sie mir, das universale Geschehen, in das wir eingebunden sind, ist gigantisch.

Wir kommen nun zu einer sehr wichtigen Erweiterung Krishnas, zu „Vishnu".

Vishnu besitzt, wie alle Erweiterungen Krishnas, Allmacht, und ER ist für die materielle Schöpfung zuständig. „Vishnu" bedeutet „DER ALLDURCHDRINGENDE", Vishnu ist also derjenige, den wir auf Erden als „den Schöpfer" ansprechen. Vishnu wird in den vedischen Schriften als schlafender GOTT bezeichnet und auch bildlich so dargestellt. ER hat sich niedergelegt, ist eingeschlafen und träumt die Universen. Das Problem an der ganzen Sache ist, wenn GOTT träumt, dann bewahrheitet sich der alte Spruch: ***„... dann werden Träume Wirklichkeit!"***

Die Tatsache, dass Vishnu schlafend und somit im Traum die Universen erschafft (und damit auch unser leidliches Dasein!), wird im weiteren Verlauf noch von großer Bedeutung sein. In bildlichen Darstellungen liegt Vishnu schlafend da, und mit jedem Atemzug, den er ausstößt, strömen unzählige Universen aus IHM heraus. Die Universen schauen aus wie Seifenblasen, die sich zu einem lockeren Schaumgebilde aneinander reihen. Vielleicht kennen Sie den in punkto Universumsforschung derzeit genialsten Physiker Steven Hawking? In seinem Bestseller „Die kleine illustrierte Geschichte der Zeit" kommt er zu dem Schluss, dass es unzählige Universen geben muss, die sich wie Seifenblasen aneinander reihen. Seltsame Übereinstimmung, nicht wahr?

Mit jedem Atemzug, den Vishnu ausstößt, atmet er unzählige Universen aus, und mit jedem Einatmen saugt er alle Universen wieder in sich ein. Die scheinbare Zeit, die zwischen Ein- und Ausatmen verstreicht, entspricht der Lebensdauer eines Universums. Möchten Sie wissen, wie lange ein Universum besteht? – Kein Problem, auch darüber geben die Veden detailliert Auskunft. Ein Universum besteht, gemessen nach **irdischer** Zeitrechnung, genau 311.040.000.000.000 Jahre. In Worten: dreihundertelf-Billionen-und-vierzig-Milliarden. Weiterhin geben die Veden darüber Auskunft, dass ein Universum in einer Art Explosion (Urknall) entsteht, dass es zunächst wächst (sich ausdehnt), dann eine Zeitlang besteht und sich schließlich wieder zusammenzieht und stirbt. Sie sehen also, wie genau sich die Sache mit den Spekulationen deckt, die viele unserer Wissenschaftler hegen! Nur, die vedischen Schriften berichten über viele, viele Seiten hinweg und in allen Details: wie so ein Universum entsteht, wie es aufgebaut ist, was und wer in ihm lebt und vor allem was innerhalb eines Universums alles geschieht.

Doch bevor ich Sie mit den wichtigsten inneruniversellen Geschehnissen und Eigenschaften vertraut mache, muss ich Sie mit einer sehr wichtigen Tatsache konfrontieren:

GOTT selbst kennt keine Zeit!

Das klingt im ersten Moment sicherlich sehr plausibel und verständlich, da ja allgemein bekannt ist, dass GOTT in der EWIGKEIT lebt. Es ist aber nicht verständlich! Zumindest nicht für Lebewesen, die innerhalb eines Universums ihr Dasein fristen und somit an Materie, Zeit und Raum gebunden sind. Denn nur **in** der Materie existiert das Phänomen, das wir ZEIT nennen, Materie ist immer an Zeit gebunden (und umgekehrt).

GOTT lebt immer im JETZT, ER kennt keine Vergangenheit und keine Zukunft. Da ER aber durch seine allmächtigen Persönlichkeiten lebt und genießt, gibt es für IHN sehr wohl ein Davor und ein Danach. Er kennt also keine Vergangenheit und keine Zukunft, aber ein

Davor und ein Danach. Sehen Sie, jetzt wird es schon sehr, sehr schwierig für Sie, so etwas zu verstehen. Ja, es wird nicht nur schwierig, es ist sogar **unmöglich**, dass ein Lebewesen, das **in** der Zeit lebt, so etwas verstehen kann. Stellen Sie sich einmal folgende Aufgabe vor: Sie lernen einen Menschen kennen, der von Geburt an blind ist. Nun sollen Sie diesem Menschen mit Worten die Farbe Rot erklären. Da können Sie sich jahrelang die Lippen fransig reden, wie man so schön sagt, niemals wird dieser Mensch durch Ihre verbalen Bemühungen auch nur eine Ahnung der Farbe Rot erfahren. Nur wer die Farbe Rot mit eigenen Augen gesehen hat und somit die Erfahrung gemacht hat, der weiß, was die Farbe Rot ist. Und genauso müssen Sie sich, was GOTT anbelangt, die Sache mit der ZEIT, dem JETZT und dem DAVOR und DANACH vorstellen beziehungsweise akzeptieren, denn verstehen können Sie es nicht. Nur derjenige, der die Zeit hinter sich lassen kann und in die EWIGKEIT eintritt, der weiß, was EWIGKEIT ist. Für uns ist Ewigkeit nur ein Wort, genauso wie die Farbe Rot für einen Blinden nur ein Wort ist.

Im weiteren Verlauf werde ich immer so schreiben, als sei GOTT in unsere Zeit eingebunden, da ich nicht anders kann. Es ändert auch nicht das Geringste an dem, was ich Ihnen mitteilen möchte, gegebenenfalls erinnere ich Sie dahingehend, dass das Gesagte für GOTT eigentlich im JETZT passiert. Das gleiche Problem tritt übrigens auf, wenn sich die Menschen, die ja in der Dualität leben, die ewige Glückseligkeit vorstellen wollen – es geht nicht! Wenn Sie den Versuch machen, sich ewige Glückseligkeit vorzustellen, werden sich **immer** Gedanken einschleichen, die Ihnen die Vorstellung zunichte machen – probieren Sie es einfach mal aus. Ewige Glückseligkeit gibt es nur in der Ewigkeit, beides hängt unmittelbar zusammen.

Doch nun zurück zu Vishnu, dem Schöpfer aller Universen und somit aller Materie.

Stellen Sie sich vor, Sie haben Geld im Überfluss und einen Plan von Ihrem Traumhaus im Kopf – was würden Sie tun? Nun, Sie werden sich niemals selbst die Hände schwielig schaufeln und den Rücken krumm buckeln, um an Ihr Traumhaus zu gelangen! Sie holen sich den genialsten Architekten, instruieren ihn dahingehend, wie er Ihr Haus zu bauen hat, und gehen vergnügt Golf spielen. Und genauso handelt GOTT (wie unten, so oben!). Vishnu erschafft einen Halbgott namens „Brahma", stellt diesen – ähnlich einem Architekten, dem der Bauherr den Bauplatz zuweist – ins noch nackte Universum und sagt: ES WERDE!

Brahma kümmert sich fortan um alles, was im Universum zu geschehen hat. Brahma ist der erste und oberste Halbgott des Universums, er hat keine Allmacht, jedoch, was bestimmte Belange betrifft, quasi Vollmacht. Übrigens, es ist jedes der unzähligen Universen, die Vishnu ausatmet, was Struktur und Ablauf anbelangt, gleich organisiert. In jedem Universum gibt es einen Brahma, der alles weitere im Universum erschafft. Zuerst entsteht die höchste Lichtwelt „Satyaloka", die Brahmas Welt ist und somit auch „Brahmaloka" genannt wird. Im gleichen Zuge entsteht auch die höchste Dunkelwelt „Patala", denn im Universum herrscht **immer** Dualität und Gleichgewicht!

Genauso wie ein Architekt weitere Akteure in den Bau eines Hauses einberuft (weil kein Architekt selbst die Stockwerke hochzieht), genauso erschafft auch Brahma weitere Halbgötter, die mit bestimmten Vollmachten ausgestattet sind. Und so entsteht die Struktur eines Universums, wie in vorangegangenem Bild „Aufbau des Universums" zu sehen ist. Es entstehen sieben Schwingungsebenen (Lichtdimensionen), die jeweils eine entsprechend gleich schwingende Dunkeldimension als Gegenpol haben – also insgesamt 14 Dimensionen. Zur Mitte hin wird die Schwingung immer niedriger, somit die Materie immer dichter, und die Zeit vergeht immer schneller. Die einzelnen Ebenen kopieren sich quasi herunter, bei jedem Herunterkopieren tritt dabei ein gewisser Qualitätsverlust (Schwingungsverlust) ein, der sich von Mal zu Mal potenziert. Potenziert bedeutet, die Schwingung nimmt nicht gleichmäßig ab, sondern rapide. Dieser Schwingungsverlust verursacht ein Verdichten der Materie, ein Komprimieren der Zeit sowie einen Verlust an Bewusstsein. Die Lichtdimension „Bhurloka", der unser sichtbares Universum und somit auch die Erde angehören, und die gegenpolige Dunkelwelt „Atala" schwingen am niedrigsten, haben somit die dichteste Materie, die komprimierteste Zeit und das geringste Bewusstsein. Jede einzelne Dimension erstreckt sich über das ganze Universum (den ganzen Raum), da jedoch die einzelnen Dimensionen mit unterschiedlichen Frequenzen schwingen, stören sie sich gegenseitig nicht. Jede Dimension beinhaltet eine schier undenkliche Anzahl von Planeten, Sonnen und Lebewesen. Was die Verschiedenheit der Lebewesen anbelangt, so geben die vedischen Schriften darüber sehr genaue Auskunft: Es gib im ganzen Universum, also quer durch **alle** Dimensionen, 8.400.000 verschiedene Lebensformen. Diese Lebensformen teilen sich auf in Pflanzen, Tiere und in humanoide Formen. Unter Lebensformen sind wohlgemerkt Gattungen gemeint! Ich weiß nicht, wie viele verschiedene Bäume es auf Erden oder besser gesagt im ganzen Universum gibt, sicherlich eine ganze Menge. Baum ist zum Beispiel eine Gattung. Weiterhin erfahren wir, dass von diesen 8.400.000 Lebensformen 400.000 auf humanoide Wesen fallen. Die Gattung „Mensch", so wie er auf Erden anzutreffen ist, stellt zum Beispiel eine der 400.000 humanoiden Lebensformen dar. Also gibt es außer uns Menschen noch 399.999 andere Lebensformen, die der unseren ähnlich sind. Allein diese Tatsache sprengt schon unsere Vorstellungskraft. Zukunftsfilme, wie zum Beispiel „Krieg der Sterne", warten mit den verrücktesten Kreaturen auf, wie: Katzenähnliche Menschen, reptilienähnliche Menschen, affenähnliche Menschen, kleinwüchsige Gestalten mit spitzen Ohren, Riesen usw. Die Vielfalt an humanoiden Kreaturen, die in diesen Filmen dargestellt wird, ist lediglich ein fader Abklatsch von dem, was sich in Wirklichkeit in unserem Universum so alles tummelt. Ein Universum birgt eine Vielfalt an Leben und Geschehnissen in sich, wie Sie sich das mit all Ihrer Phantasie nicht vorstellen können. Von der Größe und von der Anzahl der Planeten und Sonnen ganz zu schweigen. Da gibt es, quer über die ganze Struktur eines Universums, eine Menge zu erschaffen und zu verwalten. Doch auch dafür ist bestens gesorgt, es gibt im Universum schlappe 33 Millionen Halbgötter, die sich den göttlichen Job teilen. Und vergessen Sie nicht, es gibt nicht nur unser Universum, sondern, was unsere Vorstellung anbelangt, unzählige!

Ich kann mir lebhaft vorstellen, wie Sie angesichts dessen, was ich Ihnen hier mitteile, langsam an die Grenze Ihres Vorstellungsvermögens und Ihrer Akzeptanz stoßen. Sie haben vielleicht schon geahnt, dass es mehr zwischen Himmel und Erde gibt, als der Mensch zu wissen glaubt, aber dass es gleich **so** heftig kommt, damit haben Sie sicherlich nicht gerechnet. Ehrlich gesagt, wenn ich in meinem Leben nicht schon Dinge erlebt und somit Wissen erlangt hätte, das jenseits dessen liegt, was sich ein Mensch normalerweise so vorstellen kann, dann hätte ich auch Schwierigkeiten mit der Akzeptanz. Aber glauben Sie mir, in Ihnen liegen Fähigkeiten, die, wenn einmal geweckt, für die nötige Einsicht und Akzeptanz sorgen. Das Ganze ist nämlich nur eine Sache des Bewusstseins. Nur, solange Sie es gestatten, dass Ihr Bewusstsein mit Giften, Leidenschaften und Strahlung permanent in die Knie gezwungen wird, wird sich auch sehr wenig tun, was die Erweckung der in Ihnen ruhenden Fähigkeiten anbelangt. Aber darüber habe ich Sie ja schon eingehend inFORMiert, ich wollte Sie nur noch einmal daran erinnern. Geben Sie Ihrer Seele (also Ihnen) doch eine Chance, und werfen Sie all das, was Ihr Bewusstsein einschränkt, über Bord, und fangen Sie an, sich auf Ihr Innerstes zu konzentrieren. Sie werden ein kleines Wunder erleben, denn die Veränderung, die Sie dann erfahren, ist garantiert. Nur **tun** müssen Sie es! Und **nur** dann, wenn sich in Ihnen **nichts** verändert, können Sie mich einen Lügner nennen!

Ein Hauptgrund, dass wir Menschen auf Erden von der Kenntnis um die Geschehnisse, die im Universum stattfinden, abgeschnitten sind, liegt in der Multidimensionalität. Unsere Wissenschaftler erfassen nur einen geradezu lächerlichen Teil von **unserer** Dimension (Bhurloka). Dass es darüber und darunter hinaus noch insgesamt dreizehn weitere Dimensionen gibt, davon haben sie nicht die geringste Ahnung. Das stimmt aber auch nicht ganz, denn es gibt bereits einige Physiker, die es geschafft haben, sich von der Starrheit der Wissenschaft zu befreien, und die somit eine Ecke weiter denken können. Und diesen Wissenschaftlern ist das Thema „Multidimensionalität des Universums" gar nicht so fremd, wie man generell annimmt, Einstein hat schon seinerzeit den Begriff „Multiversum" geprägt. Auch die Möglichkeit, sich in immenser Geschwindigkeit durch unsere Dimension zu bewegen, ist physikalisch bereits seit langem geklärt – zumindest theoretisch. Die beiden Physiker Albert Einstein und Nathan Rosen haben im Jahre 1937 herausgefunden, dass es grundsätzlich möglich sein muss, sich in kürzester Zeit an jeden beliebigen Ort unserer Dimension zu begeben. Die beiden Physiker setzten dabei voraus, dass unsere Dimension in Schichten aufgebaut sei, und es mit Hilfe von so genannten „Wurmlöchern" möglich sei, im Universum (in unserer Dimension!) jeden beliebigen Punkt in kürzester Zeit zu erreichen. Der Fachausdruck für diese Art Wurmlöcher lautet „Einstein-Rosen-Brücke", die genaue Beschreibung ist in entsprechender Fachliteratur nachzulesen. Und man möchte es kaum glauben, die beiden Physiker hatten Recht, denn die angenommene Grundvoraussetzung für ihre Theorie ist bereits in den Veden beschrieben. Dort kann man nachlesen, dass unser Universum nicht nur in 14 Dimensionen unterteilt ist, sondern dass jede einzelne Dimension weitere Unterteilungen (Schwingungsebenen) aufweist. Und „Wurmlöcher" werden von den technisch fortgeschrittenen Bewohnern (wir nennen sie Außerirdische) unserer Dimension rege genutzt, seien Sie sich dessen bewusst! Damit erübrigt sich die leidige Diskussion, es können keine Außerirdischen unsere Erde besuchen, da die Entfernungen, selbst bei Antrieben, die annähernd Lichtgeschwindigkeit gestatten, zu groß sind. Tatsache ist, unsere Erde wurde und wird schon immer von Wesen außerirdischer Herkunft besucht, aber das habe ich Ihnen ja schon vor Augen geführt. Weiterhin habe ich Sie bereits dahingehend inFORMiert, dass all das wissenschaftliche Wissen, das unsere Forscher bislang erlangt haben, bereits in den vedischen Schriften geschrieben und beschrieben steht. Nur, in den vedischen Schriften steht auch noch der gewaltige Rest, von dem unsere Wissenschaft noch keinen blassen Schimmer hat!

Uns Menschen auf Erden wird erzählt, dass es, was die Natur anbelangt, eine Evolution (Entwicklung von unten nach oben) gibt. Die Wirklichkeit sieht jedoch genau gegenteilig aus, alle Natur eines Universums unterliegt einer Devolution (Entwicklung von oben nach unten). Wobei das Wort „Entwicklung" falsch ist, es muss „erschaffen" oder noch treffender „materialisieren" heißen. Der von Vishnu erschaffene Halbgott Brahma fängt an, dann geht es strikt nach Plan weiter, und zwar von **oben nach unten**!

Das bedeutet, alles, was auf unserer Erde an Lebewesen existiert, wird gezielt erschaffen – es gibt keinen Zufall im Universum! Neueste Erkenntnisse, die wir der Erforschung der

DNS (Struktur der Gene) zu verdanken haben, zeigen sehr wohl auf, dass die Darwinsche Evolutionstheorie nur sehr begrenzt anwendbar ist. Nach den Anhängern der Darwinschen Evolutionstheorie hat sich alles Leben aus dem Wasser heraus entwickelt, basierend auf einem Einzeller. Das würde in letzter Konsequenz bedeuten, dass ein Elefant die **zufällige** natürliche Weiterentwicklung eines Einzellers ist, entsprechend der evolutionären Einzeller-Elefanten-Linie folgend. Natürlich gab und gibt es Gattungen, die vom Wasser zum Land gewechselt haben, da braucht man sich nur Kaulquappen und die daraus entstehenden Frösche als Beispiel vor Augen führen, da geschieht dieser Land-Wasser-Wechsel innerhalb einer Generation. Über die Generationen hinweg gesehen fehlen jedoch bei **allen** Tiergattungen wichtige evolutionäre Bindeglieder, die vorhanden sein müssten, wenn sich alles strikt nach darwinscher Evolutionstheorie entwickelt hätte. Darwins Theorie der natürlichen Auslese zufolge müsste es auch Versteinerungen von Missbildungen geben, und zwar in hoher Zahl. Die gibt es aber schlicht und ergreifend nicht, es existieren **ausschließlich** (und zwar millionenfach) Versteinerungen, die **perfekte** Lebensformen aufweisen. In einem System der „Auslese aus Zufallsentwicklungen", wie es Darwin propagiert hat, müssten zwangsläufig die Krüppel (Fehlentwicklungen) überwiegen. Von derartiger Entwicklung findet sich jedoch nirgends auch nur die geringste Spur. Jedoch ist es durchaus so, dass sich innerhalb **einer** Gattung von Generation zu Generation Veränderungen oder besser gesagt evolutionäre Anpassungen ergeben.

Interessant in diesem Zusammenhang sind die Studien des Biochemikers Barry Hall, die selbiger an der Universität in Rochester (USA) durchgeführt hat. Barry Hall fand heraus, dass Bakterien mit defekten Genen in der Lage sind, **ausschließlich** diese defekten Gene zu mutieren, was wirklich unglaublich erscheint, und den Zufall als Ursache der Mutation **vollkommen** ausschließt.

Es geht eben im Universum alles strikt nach Plan, sämtliches Geschehen (und somit auch die Formen) ist vorherbestimmt. Weiterhin existieren eine ganze Reihe fossiler Funde, die die zeitgleiche Existenz von Gattungen belegen, die wissenschaftlich gesehen gar nicht zeitgleich hätten existieren dürfen, aber das habe ich Ihnen ja schon im ersten Kapitel aufgezeigt. Es gibt mittlerweile eine Vielzahl an ernsthafter Literatur, in der Darwins Irrtum (an dem unsere Wissenschaft nach wie vor dogmatisch festhält) dem interessierten Leser mehr als deutlich vor Augen geführt wird. Tatsache ist, kein Lebewesen entsteht aus Zufall, die einzelnen Gattungen werden nach universalem Plan erschaffen. Und wo etwas erschaffen wird, da gibt es auch **JEMAND**, der dies tut!

Ein weiterer wichtiger Punkt ist die Tatsache, dass Brahma lediglich die Körper aller Lebewesen erschafft, der eigentliche Inhalt all dieser Körper, die SEELEN, kommen direkt aus der nichtmateriellen, spirituellen Welt. Über diesen Punkt werde ich Sie noch eingehender inFORMieren, da er von besonderer Wichtigkeit ist.

Wenn Brahma die Schöpfung einleitet, wird parallel zu Brahmas Lichtdimension „Satyaloka" der direkte Gegenpol erschaffen, die Dunkeldimension „Patala". Das muss so sein, denn es herrscht das Gesetz der Dualität (und damit verbunden des Gleichgewichtes) im Universum. Dieser Ablauf (die Erschaffung der Dunkelwelt) wird oft als Engelfall (Luzifers Abwendung von Gott) beschrieben und vor allem **so** dargestellt, als würde es sich um einen unglücklichen Einzelfall handeln. Seltsam an der ganzen Engelfallgeschichte ist nur, dass sie in jedem der unzähligen Universen stattfindet, da jedes Universum die gleiche Struktur und den gleichen Ablauf hat. Der Engelsfall ist nichts anderes als ein gesetzmäßiges Muss, bedingt durch die Dualität.

Es gibt also zwei gegensätzliche Gruppen im Universum: Die Bewohner der Lichtdimensionen, sie werden „Suras“ oder auch „Devas“ genannt, und die „Asuras“, die auch als „Dämonen“ bezeichnet werden. Die Suras streben dem göttlichen Licht, der Harmonie, der Liebe und der Glückseligkeit entgegen, und sie wissen, dass es einen persönlichen GOTT gibt. Und falls Sie glauben, dass die „Asuras“, als Bewohner der Dunkeldimensionen, in einer Art Hölle schmoren, dann irren Sie sich gewaltig. Die Herrscher der Dunkeldimensionen werden nicht umsonst als Fürsten bezeichnet, sie herrschen über Welten, die höchste Genüsse, unvorstellbare Technik, Kunstlicht und magische Macht in allerhöchster Perfektion bieten. Die Asuras sind egozentrisch und genusssüchtig ausgerichtet, sie kennen keine Liebe und sie wissen nicht, dass es einen persönlichen GOTT gibt. Sie sagen, dass Gott nichts anderes als pure Energie sei, sie halten sich selbst für die Erleuchteten (Illuminaten), die aus dieser göttlichen Energie hervorgegangen sind, und Grund dessen glauben sie, dass **sie selbst** Gott in höchst möglicher Form sind.

Im Gegensatz zu den Suras, die mit dem Universum harmonieren, manipulieren die Asuras das Universum. Da sie sich tatsächlich selbst für Gott halten und über unglaubliche magische Fähigkeiten verfügen, wüten sie mit aller Macht und Kraft im Universum. Alles Andersgepolte, das in ihren Wirkungskreis gelangt und sich nicht wehren kann, muss sich zwangsläufig ihrem Willen beugen. Wie Sie später noch sehen werden, haben die Asuras derzeit die Erde vollständig im Würgegriff. Wenn Asuras auf Erden auftreten, dann reden sie zwar immer von Gott, Licht und Liebe, wissen dabei aber gar nicht, von was sie da sprechen. Asuras sind der „Wolf im Schafspelz“, sie können die Suras (wirkliche Lichtwesen) perfekt imitieren, man erkennt sie lediglich daran, dass ihnen die Ausstrahlung der LIEBE fehlt. Die LIEBE ist das einzige, das die Asuras nicht imitieren können – merken Sie sich das bitte gut! Tatsache ist, dass im universalen Geschehen schon unzählige Wesen von den Asuras geblendet und in die Irre geführt worden sind, allein durch deren nahezu perfekte Erscheinungsweise und magische Macht.

Sie wissen nun in groben Zügen, wie die Struktur unseres Universums aufgebaut ist. Bevor wir uns das Geschehen innerhalb des Universums genauer betrachten werden, werfen wir mal schnell einen Blick auf DEN, der es letztendlich erschaffen hat – auf GOTT.

Wie uns GOTT in den vedischen Schriften mitteilt, befindet sich SEIN Reich jenseits aller Universen und somit jenseits aller Materie. ER lebt, aufgeteilt in unzählige allmächtige Persönlichkeiten, ewig und in absoluter Glückseligkeit in der spirituellen Welt. Die spirituelle Welt unterliegt nicht der Dualität, dort ist alles EINS.

Unser Zahlensystem beginnt mit der Zahl „Eins“, die Eins ist auch die Zahl Gottes, sie ist nämlich die einzige Zahl, die unteilbar ist. Auch multiplizieren kann man die Eins nicht mit der Eins, es bleibt immer die Eins. Die Zahl „Zwei“ ist die Zahl der Dualität und somit der Trennung, deshalb spricht man ja von einer Ent-zwei-ung.

Die Zahl „Drei“ ist (neben der Fünf) die Zahl des Menschen. Man braucht nämlich zwei getrennte Pole (Mann und Frau) um einen Menschen zu erzeugen. Nun verstehen Sie sicherlich den mystischen Vers:

Die EINS erschafft die Zwei, und aus der Zwei entsteht die Drei.

GOTT erschafft und erhält (nährt) SEINE spirituelle Welt, die eine Größe hat, die für uns Menschen nicht vorstellbar ist. Die spirituelle Welt dürfen Sie sich nicht als nebliges Irgendetwas vorstellen, sondern es handelt sich dabei um ein Planetensystem, das unzählige Welten in sich birgt, die von einer Qualität sind, wie es mit Worten einfach nicht zu beschreiben ist. In den vedischen Schriften wird die spirituelle Welt „Vaikuntha" genannt, was so viel wie „frei von aller Angst" bedeutet. Merken Sie sich den Begriff „Vaikuntha" bitte gut, es wird noch sehr oft davon die Rede sein. Vaikuntha ist also Gottes ewiges Reich der Glückseligkeit, und da wir Menschen Teile Gottes sind, auch unsere eigentliche Heimat. Das Dumme an der Sache ist nur, dass wir uns nicht in diesem Reich befinden, sondern in der Materie gefangen sind.

Jetzt stellt sich natürlich sofort die Frage, wie wir denn in diese Misere hineingeraten sind. Um dieses Geheimnis zu lüften, muss man sich zuerst Gottes Schöpferkraft betrachten und dabei feststellen, dass SEINE Schöpferkraft zwar unbegrenzt ist, ER diese Kraft jedoch geteilt zum Einsatz bringt. Eine unbegrenzte Kraft geteilt einsetzen, ist schon wieder so eine Sache, die wir Menschen uns, aufgrund unserer derZEITigen Denkweise, nicht vorstellen können. Aber sei's drum, es ist nun mal so.

Wie GOTT uns durch die vedischen Schriften mitteilt, setzt ER drei Viertel SEINER Kraft dazu ein, um die spirituelle Welt zu erschaffen und zu erhalten, ein Viertel SEINER Kraft gebraucht ER, um die unzähligen materiellen Universen zu erschaffen, zu erhalten und zu vernichten. ER teilt uns weiterhin mit, dass die drei Viertel an Kraft, die ER für die spirituelle Welt einsetzt, SEINER „höheren Natur" entsprechen, und dass das eine Viertel, das ER für die materiellen Universen einsetzt, SEINER „niederen Natur" entspricht. Nun, was sagt man dazu? GOTT offenbart uns also, dass SEIN Wesen aus einer hohen Natur und einer niederen Natur zusammengesetzt ist. Kommt Ihnen das nicht irgendwie bekannt vor? Richtig! – Wie oben, so unten! Genau so sind auch wir Menschen beschaffen, wir haben eine hohe Natur (höheres Selbst) und eine niedrige Natur (niederes Selbst) in unserem Wesen vereinigt. Das muss auch so sein, denn wir Menschen sind ja winzige Teile Gottes. Ich habe Ihnen ja schon erklärt, dass unser Universum holographisch aufgebaut ist, und dass jedes noch so winzige Teilchen eines Hologramms immer die Gesamtinformation und somit auch die Gesamteigenschaft in sich trägt. Da GOTT allumfassend, also ALLES ist, **muss** auch ER holographisch aufgebaut sein. Und ER ist es auch, wie die Erläuterungen zu den vedischen Schriften an sehr vielen Stellen bekunden. Dort ist nämlich immer wieder zu lesen, dass wir als Teilchen Gottes alle Qualitäten von IHM in uns tragen, jedoch in extrem geringer Quantität. Das sind exakt die Merkmale eines Hologramms! *„GOTT hat den Mensch nach SEINEM Ebenbild erschaffen!"* – diese Aussage stimmt haargenau, denn es geht auf Grund der holographischen Eigenschaft, die nun mal Teil SEINES Wesens ist, gar nicht anders!

Und, um es schon mal in aller Deutlichkeit zu sagen: Da GOTT ALLES ist, und es laut SEINEN Worten **nichts** gibt, was sich außerhalb von IHM befindet, ist ER auch, bedingt durch SEINE niedere Natur: Gier, Mord, Totschlag, Folter, Krieg, Elend, Dunkelheit, Hunger, Krankheit, Lüge, Hass, Neid, Genusssucht, Eitelkeit, Zorn usw.

Die Tatsache, dass GOTT auch das Negative ist, wird von **allen** Religionen entweder ignoriert, tabuisiert oder meistens dadurch umgangen, dass uns Menschen, die wir Teile von

IHM sind, eine Schuld angedichtet wird. Sehen Sie, jetzt sind wir wieder beim Thema „Schuld“ und somit beim „warum?“, das noch immer nicht geklärt ist. Und ich habe Ihnen ja schon klargemacht, dass ich mir solange keiner Schuld bewusst bin, bis mir jemand klipp und klar sagen kann, was denn **letztendlich** mein Verbrechen war. Und jetzt schauen wir uns einmal an, wie GOTT sich geschickt aus der Affäre zieht, was SEINE niedere Natur (die Universen) anbelangt (in der ja alles Negative zu finden ist), denn in den vedischen Schriften distanziert sich GOTT, als Persönlichkeit wohlgemerkt, von allem Negativen.

Zuerst stellt sich natürlich unweigerlich die Frage, wie es denn überhaupt möglich ist, ALLES zu sein, jedoch das Negative nicht zu sein. Jeder vernünftige Mensch wird sagen: *„So etwas ist ein Widerspruch in sich selbst, und somit unmöglich!“* Und ich sage: *„Da haben Sie vollkommen Recht, so etwas geht nicht!“*

Um dem Rätsel auf die Spur zu kommen, brauchen wir nur auf die wirklich aufschlussreiche Gesetzmäßigkeit „wie oben, so unten!“ zurückzugreifen, die uns Menschen zur Verfügung steht, und die, wie Sie noch sehen werden, alle Rätsel lösen hilft.

Wir Menschen tragen ja auch eine niedere Natur in uns, einen negativen Aspekt, einen inneren Schweinehund oder wie immer man es bezeichnen möchte. Und was machen wir mit unserer niederen Natur? Wir verdrängen sie, so gut es nur immer geht; wir weisen sie von uns, so gut es nur immer geht; wir distanzieren uns von ihr, so gut es nur immer geht; wir verbannen sie aus unserem Bewusstsein, so gut es nur geht. Dass sie dennoch immer wieder in uns hervorbricht, ist nun mal eine Tatsache, und jeder Mensch, der noch einen Funken an Gewissen hat, ist sich dahingehend bewusst. Wenn wir unsere negative Natur aus unserem Bewusstsein verbannen, dann ist sie nicht in Nichts aufgelöst, sondern wir verdrängen sie lediglich in unser Unterbewusstsein. Und bei welcher Gelegenheit kommen wir voll in Kontakt mit unserem Unterbewusstsein? – **Im Schlaf! In unseren Träumen!**

Und Träume sind für uns, so ungeheuer echt und plastisch sie auch manchmal erscheinen, etwas Unwirkliches, Illusion, eine Täuschung, denn sie haben mit der Wirklichkeit unseres Wachzustandes ja nichts zu tun. Und Illusion oder Täuschung wird auch „MAYA“ genannt, merken Sie sich diesen Begriff bitte gut!

Ich habe Sie ja schon dahingehend in Kenntnis gesetzt, dass GOTT durch SEINE allmächtige Persönlichkeit „Vishnu“ die materielle Schöpfung zu Wege bringt. Vishnu wird in den vedischen Schriften als schlafender GOTT beschrieben und bildlich dargestellt, der die Universen, also die gesamte materielle Schöpfung (niedere Natur), träumt. Sie sehen also, auch GOTT verdrängt SEINE niedere Natur ins Unterbewusstsein – in SEINE Träume! In den Veden ist auch sehr genau beschrieben, um was es sich bei SEINER niedrigen Natur handelt, die sehr oft auch als „materielle Energie“ bezeichnet wird. Stellen wir uns einmal GOTT als eine Sonne vor, denn nach dem Gesetz „wie oben, so unten!“ ist dies ein überaus passender Vergleich. Die Sonne hat einen Körper und, bedingt durch die enorme Energie, die dem Sonnenkörper innewohnt, eine gewaltige Ausstrahlung. Da die Ausstrahlung nach allen Seiten hin gleich stark wirkt, kann man sagen, der Sonnenkörper schwebt praktisch ständig in seiner eigenen Strahlungsenergie. Und genau so wie eine Sonne stellt sich GOTT in den vedischen Schriften dar. SEINE Ausstrahlung nennt er „Brahmajyoti“, das weiße, göttliche Licht, das von IHM ausgeht. Im Zentrum dieser Ausstrahlung befindet sich SEIN ewiges Reich, genannt „Vaikuntha“ (Ort, wo es keine Angst gibt), gebildet aus unzähligen göttlichen Planeten. Vaikuntha ist die spirituelle Welt, sie bildet SEINEN Körper. In dieser spirituellen Welt lebt ER, aufgeteilt in unzählige allmächtige Erweiterungen (Persönlichkeiten), in ewiger Glückseligkeit. Die Summe aller allmächtigen Persönlichkeiten ergibt EINE PERSON, die in den Veden „DER ALLANZIEHENDE" genannt wird – KRISHNA.

Die ewige Ausstrahlung, die von GOTT ausgeht (das Brahmajyoti), bezeichnet ER selbst als **unpersönlich**. ER sagt in den Veden sehr deutlich, dass diese Ausstrahlung von IHM kommt, dass ER sie auch vollkommen unter Kontrolle hat, dass sie aber SEINEN unpersönlichen Aspekt darstellt. Merken Sie sich das bitte **sehr** gut, es wird in der weiteren Abfolge immer wieder von dieser unpersönlichen Ausstrahlung die Rede sein!

Diese unpersönliche Ausstrahlung wird neben der Bezeichnung „Brahmajyoti" auch „Brahman" genannt. Bitte verwechseln Sie das „Brahman" nicht mit dem ersten Halbgott im Universum, denn der heißt „Brahma".

Jetzt stellt sich vielleicht so manch einer die Frage: *„Wie ist es möglich, seine eigene Ausstrahlung zu kontrollieren und somit zu beherrschen, und warum ist an dieser Stelle eine Beherrschung überhaupt notwendig?"*

Die Antwort auf diese wohlgemerkt sehr wichtige Frage wird Ihnen die weitere Abfolge liefern.

Das Brahman (die unpersönliche Ausstrahlung) ist im Grunde spiritueller Natur (also nichtmateriell), birgt aber die materielle Energie in sich. Materielle Energie ist noch keine Materie, es handelt sich dabei lediglich um das energetische Potential, aus dem letztendlich Materie geformt werden kann – das ist ein bedeutender Unterschied! Dieses energetische Materie-Potential ist Gottes niedere Natur, die ER **absolut** von SEINER hohen spirituellen Natur getrennt hält. SEINE hohe Natur ist SEIN ewig glückseliger Körper – das göttliche Planetensystem Vaikuntha. Dort ist alles EINS, es gibt keine Dualität und keine Sterblichkeit. Vaikuntha darf niemals mit niederer, materieller Energie in Kontakt kommen, das würde – zumindest theoretisch gesehen – tatsächlich das Ende von Gottes ewiger Glückseligkeit bedeuten. Doch keine Sorge, ER hat ALLES unter Kontrolle! ☺

Jetzt kommen wir zu einem Geschehen, in dem **wir** die (leidige) Hauptrolle spielen – zur materiellen Schöpfung. Den Grund, warum GOTT die materielle Schöpfung überhaupt tätigt, erkläre ich Ihnen später, denn, um diesen zu verstehen, bedarf es noch einiger InFORMation. Ich habe Ihnen ja schon erzählt, dass die materielle Schöpfung von Vishnu ins Dasein gebracht wird, und zwar im Schlaf, während ER träumt. Die Traumphase ist die Schnittstelle, an der GOTT mit SEINER niederen Natur in Kontakt treten kann, ohne dass SEINE höhere Natur von der niederen Natur berührt wird. Die Kraft, die GOTT für SEINE niedere Natur aufwendet, ist nicht unerheblich. Die Gestaltung und Erhaltung der Materie (aller Universen) benötigt immerhin ein Viertel SEINES Potentials, wie ER uns dies in den vedischen Schriften mitteilt. Wie Sie bereits schon erfahren haben, atmet Vishnu im Traum die Universen aus. Jedes Universum bekommt einen bevollmächtigten Halbgott „Brahma", der sich, instruiert durch Gottes Willen, um den Rest der universalen Struktur kümmert. Brahma und alles, was Brahma im Auftrag erschafft, wird natürlich auch von Gottes Kraft und Bewusstsein erhalten, ER zieht sich lediglich als Persönlichkeit vom weiteren universalen Geschehen zurück. Dieser Punkt bedarf einer genaueren Erklärung, da er, im wahrsten

Sinne des Wortes, von **entscheidender** Bedeutung ist. An genau diesem Punkt scheiden sich nämlich die denkenden Geister im Universum, und dieser Punkt ist auch für die gegensätzliche ideologische Grundhaltung von Licht- und Dunkelkräften maßgeblich.

Die Pantheisten behaupten: Materie ist ewige, sich wandelnde Energie. ALLES, also jedes aus dieser Energie entstehende Teilchen im Universum ist Gott, und darüber hinaus gibt es nichts!

Die Theisten behaupten: Es gibt einen persönlichen GOTT, der alles erschaffen hat, und der jenseits aller Materie SEIN ewiges Reich hat!

GOTT sagt: ***ICH bin Beides! ICH bin immanent, und ICH bin transzendent!***

Der Begriff „immanent" bedeutet so viel wie: Allem, was es gibt, innewohnend. Der Begriff „transzendent" bedeutet: Jenseits aller Materie als PERSÖNLICHKEIT existierend.

Diese Eigenschaft Gottes zu verstehen, ist von **enormer** Wichtigkeit, in den vedischen Schriften wird auf diese Eigenschaft immer wieder hingewiesen. Es gibt also nichts, das nicht von Gottes Bewusstsein durchdrungen wird, ist ja auch logisch, da ER ja ALLES ist. Aber was die Materie anbelangt, so wird diese zwar von SEINEM Bewusstsein erschaffen, erhalten und durchdrungen, aber als Persönlichkeit hält ER (aus gutem Grund!) immer Abstand von der Materie. Selbst wenn ER als allmächtige Persönlichkeit in SEINER materiellen Schöpfung erscheint, was zyklisch immer wieder passiert, ist ER immun gegen jegliche materielle Anhaftung. Auch diese Tatsache ist in den Veden immer wieder beschrieben, wir werden später noch sehen, was es mit diesen Erscheinungen auf sich hat. Die Persönlichkeit Gottes ist also an SEINE **hohe** Natur gebunden, die ER, wie bereits aufgezeigt, strikt von SEINER niedrigen Natur trennen kann.

Nun zurück zu Gottes Schöpfungsakt, in dem ER sich SEINER spirituell niederen Energie (Brahman) bedient, die das Potential der Materie in sich trägt.

Die unzähligen Universen, die Vishnu erschafft, haben alle die gleiche Struktur, sie unterliegen alle den gleichen Gesetzmäßigkeiten und den gleichen Abläufen. Auch der jeweilig erste Halbgott (Brahma) bedient sich, um seinem göttlichen Auftrag gerecht zu werden, der materiellen Energie, genannt „Brahman". Diese materielle Energie müssen Sie sich als eine völlig neutrale Substanz vorstellen, die, dem jeweiligen Willen entsprechend, beliebig formbar ist und somit jegliche Art von Materie hervorbringen kann. Als kleines Beispiel, das die Sache etwas verdeutlicht, kann man sich das Brahman als feuchten Sand vorstellen. Ganz nach Ihrem Willen können Sie aus einer Masse feuchten Sandes beliebige Objekte gestalten, sie bringen dazu den feuchten Sand lediglich in eine bestimmte Form. Wenn das geformte Gebilde irgendwann wieder zerfällt, ist es wieder feuchter Sand und somit bereit, etwas beliebig Neues darzustellen. Unser komplettes Universum ist aus dieser materiellen Energie geformt, und jegliche Materie, wie auch immer sie gestaltet ist, schwimmt praktisch in diesem Energiemeer. Das Brahman ist also auch innerhalb eines Universums verfügbar, und diese Energie lässt sich durch den Willen zu unterschiedlicher Materie formen.

Und jetzt schauen wir uns einmal an, was bei uns auf Erden die derzeitig höchsten wissenschaftlichen Erkenntnisse in punkto Physik sind. Die Quantenphysik ist gerade der große

Renner, das haben Sie sicherlich auch schon mitbekommen. So neu, wie viele Menschen irrtümlich annehmen, ist die Quantenphysik gar nicht, kürzlich hat man den hundertsten Geburtstag ihres Entdeckers, Werner Heisenberg (1901-1976), gefeiert.

In der Teilchenphysik geht es, wie der Name schon sagt, um kleinste Teilchen. Früher war einmal das Atom das kleinste Teilchen, das die Physiker der Menschheit nahe brachten. Dann hat man herausgefunden, dass auch das Atom aus weiteren Teilchen besteht, die Protonen, Elektronen und die Neutronen wurden der Öffentlichkeit präsentiert. Man hat sich ein Atommodell ausgedacht, in dem die Elektronen in verschiedenen Bahnen um den Atomkern kreisen, gleich den Planeten, die um die Sonne kreisen. Die Protonen und die Neutronen bildeten dabei den Atomkern. Da unter gewissen Bedingungen zwischen Atomen unterschiedlicher Stoffe Reaktionen (chemische Verbindungen) stattfinden, wurde erklärt, dass die Elektronen dann die Bahnen wechseln, also quasi auf eine Bahn hüpfen, die entweder näher am Atomkern ist oder auf eine Bahn, die weiter vom Atomkern entfernt ist, oder ein oder mehrere Elektronen springen gar zu Bahnen über, die fremden Atomkernen angehören. Wenn ein Elektron die Bahn wechselt, wird entweder Energie abgegeben oder Energie benötigt, je nachdem, ob das Elektron auf eine, dem Atomkern nahe Bahn hüpft oder auf eine Bahn, die weiter weg vom Atomkern ist. Unsere ganzen chemischen Molekül-Modelle und Formeln sind nach diesem Prinzip aufgebaut und erklärt.

Dann hat man herausgefunden, dass die Neutronen und die Protonen, die ja zusammen den Atomkern bilden, aus weiteren kleinen Teilchen bestehen, die man als „Quarks" bezeichnete. Quark ist jedoch nicht gleich Quark, es gibt, laut unseren Physikern: Up-Quark, Down-Quark, Strange-Quark, Charm-Quark, Bottom-Quark und Top-Quark. Ein Quark allein kann aber nicht existieren, sagen die Wissenschaftler, deshalb gibt es Quarkverbände, die man, je nach Eigenschaft, als Mesonen, Pionen oder Baryonen bezeichnet. Daneben gibt es noch, wie die Physiker weiter behaupten, Elementarteilchen wie die Besonen (Photon, Gluon, Graviton, W-Beson, Z-Beson) und die Leptonen (Elektron, Myon, Tauon, Neutrino). Und damit nicht genug, all diese Teilchen sind, laut unseren physikalischen Wunderknaben, auch noch im Gegenteil (Anti-Teilchen) existent: als Anti-Atom, Anti-Neutron, Anti-Proton, Anti-Quark usw. Toll, was unsere Wissenschaftler uns da so erzählen – nicht wahr? Glauben Sie all das überhaupt? Natürlich glauben Sie es, denn den Jungs wurden dafür ja schon etliche Nobelpreise und sonstige Ehrungen verliehen. Aber wenn Ihnen die Veden über Halbgötter, spritrituelle Welten, niedere göttliche Energien und verschiedene Dimensionen berichten, dann kommen Sie seltsamerweise ins Zweifeln! Ich möchte nicht behaupten, dass unsere Physiker allesamt Spinner sind, ganz im Gegenteil! Schauen wir doch einmal, wie die Geschichte weitergeht, und ob sich einfache vedische Wahrheit vielleicht sogar mit unserem hoch komplizierten physikalischen Wissensstand trifft.

Lange Zeit hat man in der Physik angenommen, dass Energie kontinuierlich als Kraft existiert, die Quantenphysik baut jedoch dahingehend auf, dass Energie paketweise, also in Form von „Quanten" (Teilchen) vorkommt. Die Physik hat immer streng getrennt zwischen elementaren Teilchen (Materie) und zwischen Wellen (Energie). Licht wurde der Kategorie „Welle" zugeordnet, Atome der Kategorie „Teilchen". Auf dieser Basis wurden alle entsprechenden physikalischen Gesetzmäßigkeiten definiert. Als man jedoch immer kleinere Teilchen des Atoms entdeckte, stellte man fest, je kleiner die Teilchen werden, desto weniger gehorchen sie den damals festgelegen Gesetzen. Nun, schon Albert Einstein hat bewiesen, dass Licht beides ist, sowohl Welle als auch Teilchen. Die Quanten (Teilchen des Lichts) wurden „Photonen“ genannt. Die Tatsache, dass Licht sowohl Welle (Energie) als auch Teilchen (Materie) ist, war schon eine kleine Revolution in der Welt der Physik, es kam jedoch in letzter Zeit, bedingt durch immer genauere Meßmethoden, eine Erkenntnis zu Tage, die alles auf den Kopf und somit in Frage stellt. Man hat nämlich herausgefunden, dass sich das Ergebnis einer Messung bereits durch den Vorgang des Messens verfälscht. Ja nicht nur verfälscht, sondern auf unerklärliche Weise richtet sich das Ergebnis nach dem, der misst, und nicht umgekehrt, wie man es bislang gewohnt war. Das ist etwa so, als würde das Licht, das ja entweder als Teilchen oder als Welle in Erscheinung treten kann (niemals als beides gleichzeitig!), zum Messenden sagen würde: *„Das, was du dir vorstellst, das ich bin, das werde ich sein!“* Klingt absolut verrückt, nicht wahr? – Ist aber bewiesene physikalische Tatsache! Es gibt mittlerweile genügend einigermaßen verständlich geschriebene Fachliteratur, in der dieses Phänomen dargestellt ist. Es ist also so, dass es eine seltsame Wechselbeziehung zwischen dem, der misst (oder beobachtet) und dessen, was gemessen (oder beobachtet) wird, geben muss. Oder anders ausgedrückt: nichts in unserer Welt ist real, jedenfalls so lange nicht, bis es beobachtet wird. Derjenige, der es beobachtet, zwingt es in die Realität – und zwar in die jeweilige Realität des Beobachtenden!

Mittlerweile sind sich fast alle Physiker dahingehend einig und sicher, dass **alle** subatomaren Teilchen (Elektronen, Protonen, Neutronen, Quarks usw.) sowohl als Welle als auch als Teilchen existieren können. Unser gesamtes Universum ist aus Quanten aufgebaut, sagen die Physiker, alles ist mal Teilchen, mal Welle. Da für die Physik immer alles beweisbar sein muss, haben unsere Wissenschaftler natürlich ein Problem mit der Mal-Welle-mal-Teilchen-Erkenntnis. Da die Erkenntnis aber tatsächlich der Wahrheit entspricht, aber mit materiellen Mitteln (Messungen) nicht beweisbar ist, verrennen sich die Physiker in eine Flut von Teilchen und Teilcheneigenschaften, die obige Auflistung ist ja das beste Beispiel und noch lange nicht komplett. Theorie über Theorie wird aufgestellt, messtechnisch angeblich bewiesen, jedoch nach einiger Zeit als überholt und fehlerhaft erklärt.

Alle Entwicklung ist bis jetzt nichts weiter als ein Taumeln von einem Irrtum in den anderen. (Henrik Ibsen)

Ich werde Sie nun mit einem Satz konfrontieren, den ein Physiker anlässlich des hundertsten Jahrestages von Werner Heisenberg, dem Vater der Quantenphysik, in einer Fernsehsendung kundgetan hat. In dieser Sendung ging es um die derzeit letzten wissenschaftlichen Erkenntnisse, was die Quantentheorie anbelangt. Nachdem dem Zuschauer, so gut es irgend möglich war, die Quantentheorie erklärt worden war, stellte der Moderator der Sendung dem Physiker folgende Frage:

„Ja können Sie uns denn, nach all den doch höchst komplizierten Darstellungen, die wir in dieser Sendung nun erfahren haben, mit ***einfachen*** *Worten sagen, was denn nun Quanten überhaupt sind, und was denn im Universum eigentlich los ist?“*

Der Physiker antwortete: *„So, wie sich uns Physikern derzeit die Sache darstellt, gibt es im Universum nichts als ein endloses Energiemeer, das aus Quanten besteht. Diese Quanten sind vollkommen neutral, sie stellen nichts dar. Erst wenn der Mensch denkt und etwas will, formen sich die Quanten, entsprechend dem Willen des Denkenden, zu Materie. Diese Sache lässt sich zwar derzeit noch nicht definitiv beweisen, aber alles, was wir bis jetzt herausgefunden haben, deutet auf diese unglaubliche Eigenschaft hin!“*

So, liebe Freunde, und was steht seit fünftausend Jahren in den vedischen Schriften?

Gottes spirituelle niedere Energie, genannt Brahman, gleicht einem Meer, ist ewig, unendlich wandelbar, und unterliegt dem Willen.

Das, was unsere Wissenschaftler entdeckt haben, ist nichts anderes als diese Energie – das Brahman!

Sie machen dabei aber den uralten Fehler, etwas Spirituelles mit etwas Materiellem beweisen zu wollen, und verrennen sich dabei endlos. Schauen Sie sich noch einmal an, was GOTT uns in den Veden dazu sagt, denn es trifft den Nagel mehr als haargenau auf den Kopf:

Wenn der forschende Mensch nicht aus einer göttlichen Quelle Wissen bekommt, verliert er sich in einer endlosen Forschung, denn selbst wenn er einmal ein Prinzip der Wahrheit streift, erkennt er es nicht und spekuliert einfach weiter – ziellos, endlos, sinnlos!

Werner Heisenberg (der Vater der Quantenphysik) hat bereits geahnt, dass sich materielle Physik und Spiritualität – trotz scheinbar entgegengesetzter Richtung! – irgendwann treffen werden, denn er hat folgende denkwürdige Aussage gemacht:

Der erste Schluck aus dem Becher der Natur führt zum Atheismus, aber auf dem Grund wartet Gott.
(Werner Heisenberg)

Auch der Physiker und Nobelpreisträger Max Plank (1858-1947) hatte seinerzeit schon eine Ahnung von universalen Gegebenheiten, wie folgender Auszug einer Rede zeigt, die der Physiker in der italienischen Stadt Florenz vortrug:

„Als ein Mensch, der sein ganzes Leben der am klarsten denkenden Wissenschaft gewidmet hat, der Erforschung der Materie, kann ich Ihnen über das Ergebnis meiner Forschung zu den Atomen so viel mitteilen: ES GIBT KEINE MATERIE AN SICH! Jede Materie entsteht und existiert nur vermöge einer Kraft, welche die Teilchen eines Atoms in Schwingung versetzt und dieses äußerst fragile Sonnensystem des Atoms zusammenhält. ... Wir müssen hinter dieser Kraft die Existenz eines bewussten und intelligenten Geistes annehmen. Dieser Geist ist die Matrix aller Materie.“

Und was sagte der Physiker und Nobelpreisträger Niels Bohr (1885-1962), der als Vater des Atommodells gilt:

„Jeder, der von der Quantentheorie nicht schockiert ist, hat sie nicht verstanden!“

Und Albert Einstein kam zu der Erkenntnis:

„Das tiefste und erhabenste Gefühl, dessen wir fähig sind, ist das Erlebnis des Mystischen. Aus ihm allein keimt wahre Wissenschaft. Wem dieses Gefühl fremd ist, wer sich nicht mehr wundern und in Ehrfurcht verlieren kann, der ist seelisch bereits tot!“

Mittlerweile haben die Erkenntnisse der Quantenphysik bei etlichen Physikern zu einem heftigen Bewusstseinswandel mit entsprechendem Umdenken geführt. Dinge und Vorstellungen, die früher für nahezu alle Physiker undenkbar waren, sind plötzlich gar nicht mehr so undenkbar, wie zum Beispiel: Zeitreisen, Wurmlöcher, Dematerialisation mit anschließender Materialisation (auch als Beamen bekannt), Multidimensionalität und letztendlich Magie.

Ich habe Ihnen ja schon mehrmals gesagt, dass der Wille Materie beeinflussen kann. Nichts anderes ist Magie! Gerade die Quantentheorie sagt ja, dass alles Geschehen im Universum eigentlich Magie ist. Und das trifft exakt auch zu! Gottes Wille hat das Universum erschaffen, und alle intelligenten Wesen, da sie ja Teile von GOTT sind und Bewusstsein haben, tragen dadurch automatisch auch magische Fähigkeiten in sich. Und diese Fähigkeiten werden selbstverständlich nach allen Regeln der Kunst genutzt. Der Wille – und somit die Magie! – ist die lenkende Kraft im Universum! Nur wir Menschen mit unserem desolaten Bewusstsein können da kein Wörtchen mitreden, sondern sind zur Opferrolle verdammt. Und warum? – Weil wir vergiftet, verblödet, verstrahlt und in Leidenschaften getrieben werden. Und **warum** das alles? – Somit sind wir wieder beim Thema, und schauen uns jetzt einmal an, was an Geschehnissen innerhalb eines Universums so alles abläuft.

Sie wissen bereits, dass Vishnu den ersten Halbgott „Brahma" erschafft, dieser kümmert sich dann (per Wille) um die weitere materielle Schöpfung. Brahma erschafft jedoch nur die materielle Struktur im Universum, er kann keine Lebewesen erschaffen, wie das oftmals fälschlich dargestellt wird. Lebewesen können überhaupt nicht erschaffen werden, da sie im Grunde ewig sind. Etwas, das ewig ist, kann weder erschaffen worden sein noch kann es je sterben. Lebewesen sind winzige Teile von Gottes hoher Natur, also von SEINEM spirituellen Körper, und diese winzigen Teilchen werden als „Seelen" bezeichnet. In den Veden werden die Seelen „Atmas" oder auch „Jivas" genannt. Sehr oft werden die Seelen auch als kleine göttliche Funken beschrieben, die aus SEINEM transzendentalen Körper entstammen und hinaus in die Materie geschleudert werden. Erst durch die spirituellen, unsterblichen Teilchen Gottes, die SEELEN, kommt das Leben ins Universum. Man spricht auch davon, dass GOTT der Materie Leben einhaucht oder dass GOTT SEINEN Samen ins Universum gibt. Egal, wie man diesen Vorgang nennt oder beschreibt, Tatsache ist, dass GOTT Teilchen von SICH direkt mit der Materie in Kontakt und somit in Konflikt bringt. GOTT schleudert praktisch winzige Teilchen SEINES Körpers hinaus in SEINE unpersönliche Strahlung und hinein in SEINE niedere Natur – in die materiellen Universen. Das, was ER, was SEINE transzendente Persönlichkeit anbelangt, sonst strikt voneinander trennt, nämlich SEINE hohe von SEINER niederen Natur, wird in der materiellen Schöpfung zusammengebracht. Ich sage es hier noch einmal in aller Deutlichkeit: GOTT, als **PERSÖNLICHKEIT**, klinkt sich aus dem Vorgang der materiellen Schöpfung **vollständig** aus.

Zwar durchdringt und erhält SEIN Bewusstsein alles Erschaffene, jedoch wird das Leben der unzähligen allmächtigen Erweiterungen Gottes, durch die ER in der spirituellen Welt (Vaikuntha) die ewige Glückseligkeit genießt, von der leidigen materiellen Schöpfung nicht berührt. Jetzt stellt sich sofort wieder die Frage, warum gibt es dann die materielle Schöpfung überhaupt? – Ein klein wenig Geduld noch, wir werden das Rätsel schon noch lösen!

Ich habe vorhin, gemäß dem Gesetz „wie oben, so unten!", GOTT mit einer Sonne verglichen. Die Sonne ist SEIN spiritueller Körper, die Strahlung der Sonne ist das Brahmajyoti, welches den spirituellen Himmel darstellt, in dem SEIN ewiger Körper (das Planetensystem Vaikuntha) schwebt. Weiterhin beinhaltet das Brahmajyoti auch noch das Potential der materiellen Schöpfung, die niedere Energie, genannt Brahman. Wie unsere Wissenschaft längst herausgefunden hat, gibt es an der Oberfläche unserer Sonne ständig Ausbrüche (Eruptionen) der Sonnenmasse. Manche Ausbrüche sind so starker Natur, dass dabei Teilchen von der Sonne weg hinaus ins All oder besser gesagt hinaus in ihren Strahlungsbereich geschleudert werden. Diese Teilchen beginnen eine lange, lange Reise und damit verbunden auch eine Entwicklung, bis sie schließlich als Kometen von der Sonne wieder eingefangen werden und in ihren Leib zurückkehren. – Wie oben, so unten!

Das Erschaffen des Universums durch den Halbgott Brahma und die Beseelung des Universums durch Vishnu gehen Hand in Hand vonstatten. In dem Moment, in dem die Teilchen Gottes (Seelen) mit der Materie in Kontakt kommen, beginnt ihr Entwicklungs- und Leidensweg. Die spirituellen Seelen werden zu einem Ding, sie werden, wie immer wieder in den Veden zu lesen ist, „bedingt". Das bedeutet, sie bekommen eine materielle Umhüllung, machen einen gewissen Entwicklungsprozess durch, vergehen (die Hülle stirbt) und werden, da sie ja unsterblich sind, wieder geboren. Um ans Ziel ihrer Entwicklung zu gelangen, haben die Seelen einen gewaltigen Prozess im Universum zu absolvieren. Jedes Teilchen (Seele) Gottes muss, was seine Entwicklung anbelangt, alle vier Naturreiche durchschreiten – Mineralreich, Pflanzenreich, Tierreich, Mensch. Am Anfang hat eine Seele nur das immanente (alles durchdringende) – jedoch unpersönliche! – göttliche Bewusstsein in sich, nach und nach erwacht die Seele jedoch und entwickelt ein eigenes, **individuelles** Bewusstsein, das letztendlich im menschlichen Bewusstsein gipfelt. Für diesen Vorgang sind Hunderte von Milliarden an Jahren nötig, Zeit ist im Universum zwar nicht unbegrenzt, jedoch zur Genüge vorhanden. Jeder voll entwickelte Mensch war schon alles: Mineral, Pflanze, Tier, humanoide Form. Wir Menschen tragen also ein **enormes** Wissen in uns, lediglich die Erinnerung an das bisher Erlebte fehlt uns derzeit. In vielen Werken, die unsere Dichter hinterlassen haben, kann man immer wieder ähnliche Aussagen lesen wie: *„Ich war schon Stein, Baum, Vogel...".*

Es gibt keine tote Materie im Universum, alles ist beseelt. Viele Philosophen, egal welcher Zeit, haben das schon immer gewusst und berichtet, im Gegensatz zu kirchlichen Institutionen, die eine Seele nur dem Menschen zuschreiben – welch lächerlicher Kleingeist! Wer nicht einmal einem Tier eine Seele zubilligt, gestattet seinen Anhängern auch, diese zu ermorden und aufzufressen!

Gott ruht im Stein,
schläft in der Pflanze,
träumt im Tier
und erwacht im Mensch

(Rabindranath Tagore)

Ich werde Ihnen jetzt erklären, wie so eine Seelenentwicklung vor sich geht, und was die 33 Millionen Halbgötter, die es im Universum gibt, damit zu tun haben.

Seelen existieren, abgesehen von der hoch entwickelten Menschenseele, in Verbänden oder Gruppen. Jedes Naturreich weist eine Vielzahl an Gattungen auf, es gibt niedrig entwickelte Gattungen und höher entwickelte Gattungen. Ein Stück Kalkstein ist in der Entwicklung niedriger als ein Bergkristall; ein Grashalm ist niedriger als ein Baum; ein Insekt ist niedriger als ein Elefant. Der Begriff „niedrig“ sollte auf keinen Fall negativ verstanden werden, denn jedes Lebewesen ist vor GOTT gleichwertig. Innerhalb einer Gattung entwickeln sich die Seelen ein Stück weit aus Eigenkraft, hier greift in gewissem Maße die Darwinsche Evolutionstheorie. Aber der Sprung von einer niedrigen Gattung zur nächst höheren Gattung braucht externe Hilfestellung, die Sache der Halbgötter ist. Auch hier sind sich etliche unserer Wissenschaftler schon einig, der Sprung von Gattung zu Gattung ist evolutionstechnisch nicht mehr zu erklären, die dahingehenden Argumente habe ich Ihnen bereits aufgezeigt. Im Universum entwickelt sich nichts von allein, alles hat seine höhere Bestimmung. Sämtliches Geschehen und Entstehen läuft strikt nach Plan ab, es gibt 8.400.000 verschiedene Lebensformen, und keine einzige mehr oder weniger. Auch wenn es sich aus Sicht von uns Erdenbewohnern so darstellt, als entstünde alles per Zufall, ist es nicht so. Lebensformen werden per Willen manifestiert, und somit in der grobstofflichen Dimension in Erscheinung gebracht. Und diese Aufgabe ist den entsprechenden Halbgöttern unterstellt. Nehmen wir einmal als Beispiel die Bienen. Bienen sind sehr hoch entwickelte Insekten, in manchen Kulturen galten Bienen sogar als heilig. Jede Biene ist – wie alles im Universum – beseelt, trägt also ein winziges Teilchen von Gottes hoher Natur in sich. Nun braucht es eine gewisse Anzahl an Bienenseelen, die zusammengefasst werden, um in der nächst höheren Gattung, in unserem Beispiel als ein Vogel, in Erscheinung treten zu können. Und es braucht wiederum eine gewisse Anzahl von hoch entwickelten Vogelseelen, um daraus ein nieder entwickeltes Exemplar der nächst höheren Gattung zu manifestieren usw. Und genau diese Vorgänge steuern die Halbgötter. Die Halbgötter durchdringen mit ihrem Bewusstsein die verschiedenen Gattungen. Das, was wir bei Tieren als Instinkt bezeichnen, ist nichts anderes als das Bewusstsein der Halbgötter, die alles steuern und lenken. Alles im Universum wird durch Weisheit gelenkt, und nicht durch Zufall. Auch die Wissenschaftler können keine schlüssige Erklärung für den Instinkt abgeben, und da Instinkt nichts anderes als Bewusstsein ist, wird er sich auch niemals erforschen und wissenschaftlich erklären lassen. Wenn wie durch Zauberei zum gleichen Zeitpunkt alle kleinen Schildkröten aus ihren Eiern ausschlüpfen oder weltweit alle Fische einer bestimmten Art zu wandern beginnen, dann steckt hinter all dem präzisen Geschehen Bewusstsein! Mineralien, Pflanzen und Tiere werden, was ihr Bewusstsein anbelangt, kollektiv verwaltet, sie haben noch kein individuelles Bewusstsein. Jedoch, je höher eine Gattung entwickelt ist, desto mehr Eigenheit entwickelt sich pro Exemplar. Wenn man zum Beispiel einen Ameisenstaat betrachtet, dann gibt es in ihm zwar Ameisen mit unterschiedlichen Aufgaben (Arbeiter, Krieger, Königin), aber dass die einzelnen Ameisen verschiedene Charaktere darstellen, ist nicht zu erkennen. Das ist bei Hunden ganz anders. Da hat jeder Hund, auch wenn es sich um Exemplare gleicher Rasse handelt, seine ganz speziellen Eigenheiten, eben einen eigenen Charakter. Trotzdem werden auch Hunde, was das Bewusstsein anbelangt, kollektiv verwaltet, sie handeln, was bestimmte Fähigkeiten betrifft, instinktiv. Das **individuelle** Bewusstsein – ICH BIN! – tritt erst bei der menschlichen Form zu Tage.

Betrachtet man sich die Entstehung von Gattung zu Gattung durch alle Naturreiche hindurch, dann stellt sich natürlich die Frage, welche Gattung beseelt denn letztendlich die menschliche Form? Es **muss** sich ja zwangsläufig um die am höchst stehende Tiergattung handeln, die das Universum kennt. Na, was glauben Sie, welche Tierseelen sind in der Lage, den letzten Schritt zu tätigen, und eine menschliche Form zu beseelen?

Manch einer wird jetzt sagen, das können nur die Affen sein, manch einer wird die Elefanten favorisieren, manch einer die Delphine oder die Wale. Ich gebe Ihnen eine kleine Hilfestellung. Es kommt nicht auf die vermeintliche Intelligenz an, sondern es kommt auf die Eigenschaft der Tugend an. Tugend ist in diesem Fall Duldsamkeit und die Bereitschaft, dem Höherstehenden **uneigennützig** zu dienen. Jetzt schaut die Sache schon ganz anders aus. Weder Affen noch Elefanten noch Delfine sind duldsam und dienen dem Menschen in besonderer Weise, man kann sie lediglich dressieren, aber das ist unwichtig. Nun, ich möchte Sie nicht länger auf die Folter spannen und sage ihnen, es sind die Kühe oder besser gesagt die Kuhseelen, die die geforderten Eigenschaften der Tugend erfüllen, um eine menschliche Form zu beseelen. Kühe sind äußerst duldsam und friedlich, und sie dienen dem Menschen vollkommen uneigennützig. Leider werden sie von uns missbraucht, gequält, geschlachtet und aufgefressen, wie viele andere Tiere auch. Jetzt wird Ihnen vielleicht verständlicher, warum in Indien gerade die Kühe als heilig gelten. Und nicht nur in Indien, auch in verschiedenen anderen alten Kulturen hatten Kühe und Kälber einen seltsam hohen Stellenwert. Und glauben Sie ja nicht, dass die Menschen alter Kulturen allesamt vertrottelt und abergläubisch waren – wir sind es, die verblödet, verstrahlt und kosmisch nicht mehr verbunden sind.

Das ganze Universum ist, quer durch alle Dimensionen hindurch, mit einer unvorstellbaren Lebensvielfalt erfüllt. Da gibt es die seltsamsten Lebensformen auf den unzähligen Planeten, Kühe sind jedoch, universal gesehen, äußerst häufig anzutreffen, worüber die vedischen Schriften ebenfalls sehr deutlich Auskunft geben. Sogar jenseits aller Materie, in der spirituellen Welt, haben sie ihren Platz!

Der Wechsel von der höchst entwickelten Gattung (Kühe) des Tierreiches, in die niedrigst entwickelte menschliche Form, ist immer eine heikle, wacklige Angelegenheit, die oft mehrere Versuche oder Anläufe benötigt, um als Endresultat „Mensch" **dauerhaft** bestehen zu können. Diese Tatsache muss ich Ihnen näher erklären, da sie von besonderer Wichtigkeit ist. Was bei vielen Menschen ungläubiges Kopfschütteln hervorruft, ist die in den Veden enthaltene InFORMation, dass ein Mensch nach seinem Tode wieder in die tierische Form zurückfallen kann. Gerade die Kirche greift diese Aussage immer wieder gierig auf, um vedischem Wissen gegenüber Unglaubwürdigkeit und Abneigung zu erzeugen. Wer jedoch die wahren Zusammenhänge kennt, die ich Ihnen gerade zu vermitteln versuche, der begreift, dass dieses Zurückfallen eine vollkommen natürliche Sache ist. Eine Seele kann sich nur dann dauerhaft in menschlicher Form manifestieren, wenn die Seele, die ja die Form belebt, spirituell erwacht und zu einem gewissen Maße gefestigt ist. Wir machen alles immer viel zu sehr an Formen und Äußerlichkeiten fest, anstatt zu begreifen, dass die wahren Werte innen stecken. Wenn eine Seele ihren ersten Auftritt in menschlicher Form hat, dann kann es durchaus sein, dass, bedingt durch die Leidenschaft, dieser Mensch in seinem Leben zu viele animalische (tierische) Eigenschaften annimmt. Stirbt so ein Mensch, dann fällt er logischerweise zurück ins Tierreich und muss sich erneut formieren. Das ist auch weiter gar nicht schlimm, es geht ja letztendlich **nichts** verloren, außer Zeit, und die ist zur Genüge da. Eine paar Millionen Jahre hin oder her, mit den entsprechend nötigen Inkarnationen, spielt **nicht die geringste** Rolle. Alle gefestigten Menschen haben diese Entwicklung hinter sich bringen müssen, deshalb ist es auch grundverkehrt, animalisch behaftete Menschen zu verurteilen. Wenn Sie dieses Buch zu Ende gelesen und begriffen haben, was der Mensch eigentlich ist, werden Sie nichts und niemanden mehr verurteilen. Das, was die Seele – neben spiritueller Wachheit – entwickeln muss, ist Tugend. Tugend festigt die Seele und bringt die nötigen menschlichen Qualitäten hervor, deren die Seele dringend bedarf, um die menschliche Form weiterhin (durch alle kommenden Inkarnationen hindurch) zu gewährleisten. Der größte Feind der Tugend ist die Leidenschaft, sie kann einen Menschen gefährlich tief in animalische Zustände hinunterreißen. Menschen, die ihr Leben nach dem Motto „Raffen, Ficken, Feiern, Saufen, Fressen!" gestalten, und die dieses Lebensmotto in gewisser Weise bis zu ihrem Tode beibehalten, werden ganz bestimmt zu denjenigen gehören, die nochmals ein Stückchen weiter unten beginnen müssen.

Jetzt wissen Sie also, was die Seele ist, und wo sie herkommt. Was wir noch ergründen müssen, ist: mit welchen Schwierigkeiten die Seele im materiellen Dasein zu kämpfen hat, wie sie es anstellen muss, um zurück zu GOTT zu gelangen und, vor allem, warum der ganze grausame Zirkus überhaupt stattfindet.

Wenn die Universen erschaffen und beseelt werden, dann entsteht, wie Sie ja bereits wissen, Dualität, Raum, Zeit und Sterblichkeit. Die Teilchen Gottes beginnen ihr materielles Dasein vollkommen neutral und unbedarft, gehen durchs Reich der Mineralien, durchs Reich der Pflanzen, durchs Reich der Tiere und gelangen schließlich zu individuellem Bewusstsein, wenn sie die menschliche Form erreicht haben. Sie erwachen praktisch erst im Stadium menschlichen Daseins, indem sie selbstbewusst werden. Die Seele wird sich also ihres SELBSTES bewusst. Das ICH-BIN-Bewusstsein entsteht, und damit beginnt das Drama. Ob jedoch das Unheil gleich mit voller Wucht auf die Seele niederprasselt, kommt auf den jeweiligen Zeitzyklus an, in dem die Seele in der grobstofflichen Dimension ins menschliche Dasein tritt. Denn es gibt vier verschiedene Zeitzyklen im Universum, die einander immer wieder abwechseln und die, was besonders wichtig ist, vollkommen unterschiedliche Lebensqualitäten für die Lebewesen mit sich bringen. Die vier Zeitzyklen werden „Yugas" genannt und stellen sich, was ihre Dauer anbelangt, laut vedischen Schriften und aus irdischer Sicht gesehen folgendermaßen dar:

Satya-Yuga = goldenes Zeitalter der Wahrheit und Tugend, Dauer: 1.728.000 Jahre

Treta-Yuga = silbernes Zeitalter, Dauer: 1.296.000 Jahre

Dvapara-Yuga = bronzenes Zeitalter, Dauer: 864.000 Jahre

Kali-Yuga = eisernes Zeitalter des Streites und der Heuchelei, Dauer: 432.000 Jahre

Wenn ein Universum erschaffen wird, dann herrscht zunächst das goldene Zeitalter „Satya-Yuga". Im nachfolgenden Bild ist dieses Zeitalter dargestellt, man kann es an den Einflussbereichen von Licht- und Dunkelmächten erkennen. Im Satya-Yuga herrscht absolute Trennung zwischen Licht- und Dunkeldimensionen, beide Teile des Universums existieren für sich, die Dunkelmächte haben **keinerlei** Einfluss auf die Lichtdimensionen. Es herrscht absolutes Gleichgewicht und Trennung im Universum, Licht und Dunkeldimensionen sind polar getrennt:

Satya-Yuga (goldenes Zeitalter), Dauer:1.728.000 Jahre. Das Universum ist im Gleichgewicht, die Dunkeldimensionen haben keinen Einfluss auf die Lichtdimension Buhrloka, der die Erde angehört.

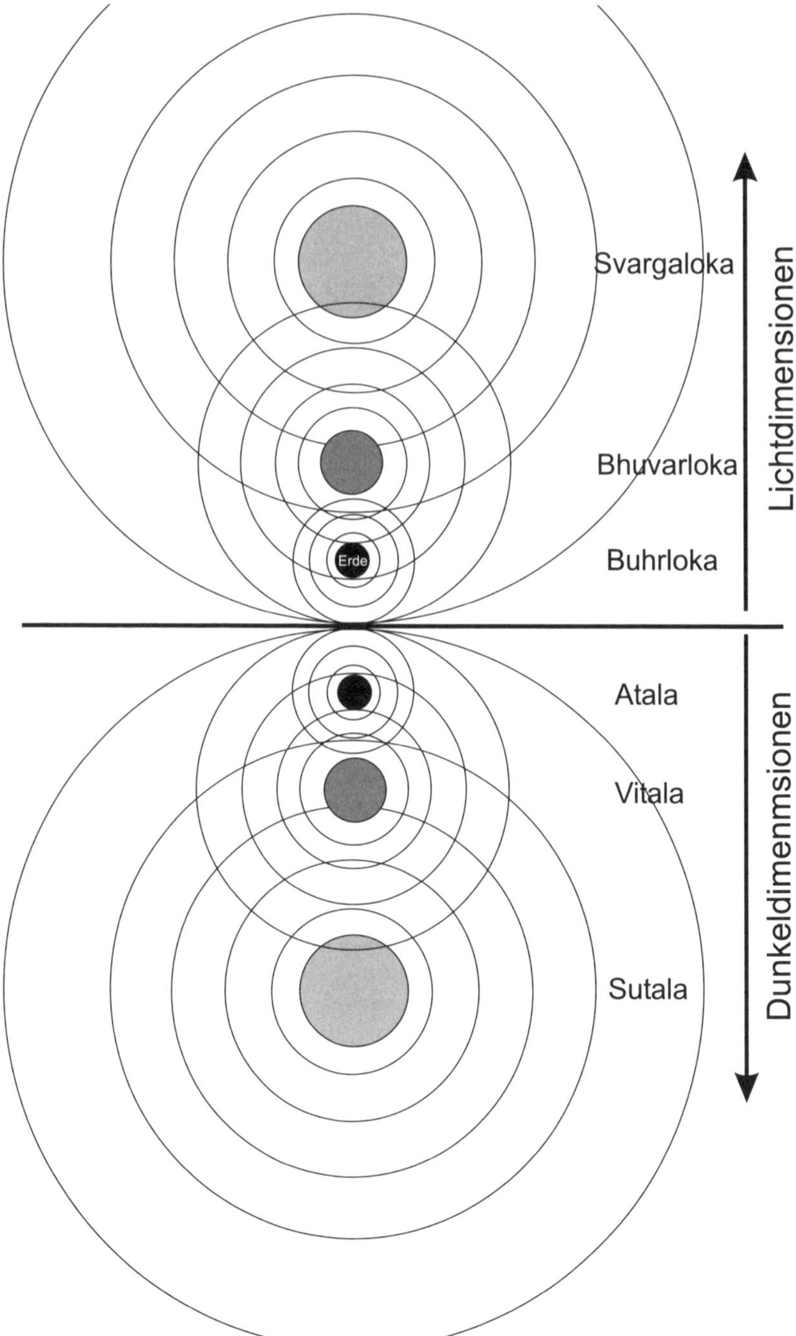

Bild 12: Satya-Yuga

Bild 12 zeigt, welchen Einflussbereich die einzelnen Dimensionen haben. Aus Platzgründen sind nur die jeweils 3 untersten Dimensionen dargestellt. Sie sehen, je höher eine Dimension schwingt, desto mächtiger wird ihr Einfluss, die nächst höhere Dimension hat **immer alle** unteren Dimensionen in ihrem Einflussbereich. Die jeweils höchste Lichtdimension „Satyaloka“ und die höchste Dunkeldimension „Patala“ (nur zu sehen in Bild „Aufbau des Universums“), die ja beide gleich hoch schwingen, haben alle jeweils darunter liegenden Dimensionen in ihrem Einflussbereich. Vergleichen Sie einmal die beiden vorangegangenen Abbildungen miteinander, und denken Sie sich die Kreise, die den Einflussbereich darstellen, weiter, dann werden Sie feststellen, dass ein riesiges Blatt Papier nötig wäre, um alle Einflusskreise darzustellen. Schon bei den dritten Dimensionen (Svargaloka u. Sutala) reicht der Platz eines DIN-A4-Blattes gerade noch aus, um deren Einflusskreise optisch darzustellen.

Im Satya-Yuga ist – was die Dimension Bhurloka anbelangt, der auch unsere Erde angehört – sprichwörtlich der „Himmel auf Erden“ zu finden. Die Dimension Bhurloka gehört ja auch zu den 7 Himmeln, wenngleich sie nur den untersten der sieben Himmel darstellt – aber immerhin!

Nun, würde GOTT die Sache so belassen, wie sie im Satya-Yuga ist, dann gäbe es im Universum keinerlei Konflikt. Da aber Konflikt gewollt ist, passiert nach Ablauf des Satya-Yuga, also nach 1.728.000 Jahren, etwas Fatales. Die ganze Dimension Bhurloka, und somit auch die Erde, rutscht praktisch herunter und gelangt zu einem gewissen Teil in den Einfluss der Dunkelmächte. Das silberne Zeitalter Treta-Yuga beginnt. Doch damit nicht genug, nach weiteren 1.296.000 Jahren rutscht die Dimension Bhurloka noch weiter herunter und kommt zum überwiegenden Teil in den Einfluss der Dunkelmächte – das bronzene Zeitalter Dvapara-Yuga beginnt, es dauert 864.000 Jahre. Das negative Maximum bringt schließlich das eiserne Zeitalter des Kali-Yuga, die gesamte Dimension Bhurloka ist nun für 432.000 Jahre den Dunkelmächten ausgeliefert:

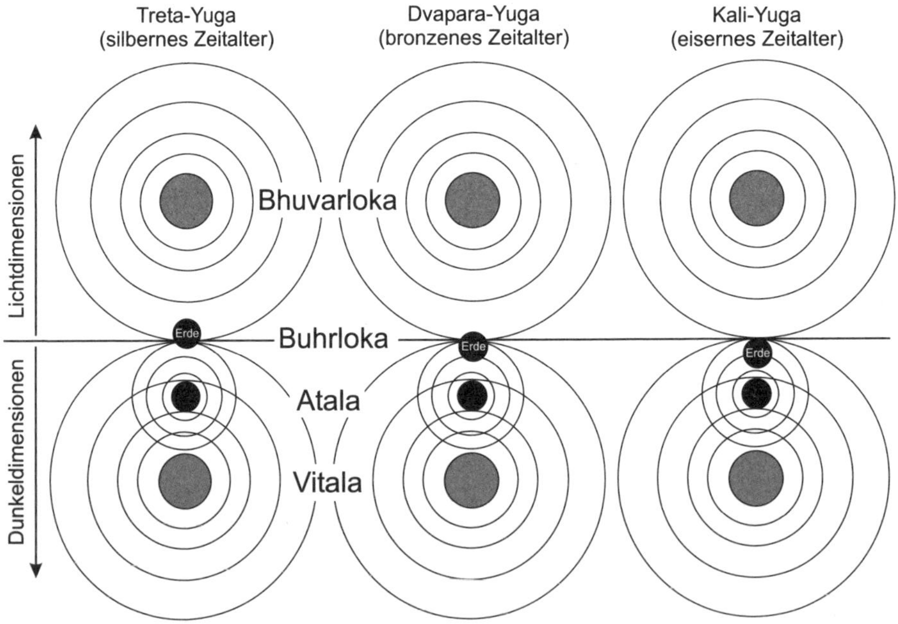

Bild oben: Treta-Yuga, Dvapara-Yuga, Kali-Yuga

Wir befinden uns derzeit im Kali-Yuga, also im finsteren eisernen Zeitalter, und das bereits seit rund 5.000 Jahren. Das bedeutet aber auch, wir haben noch lächerliche 427.000 Jahre Finsternis, Egoismus, Hunger, Krieg, Folter, Mord und Totschlag vor uns, erst dann erhebt sich die Dimension Bhurloka wieder in Richtung Licht, und das goldene Satya-Yuga beginnt. Also, noch 427.000 Jahre Finsternis – eine nicht gerade aufbauende Perspektive. Und wenn Sie denken: *„Das geht mich ja nichts an, derzeit geht es mir noch relativ gut"*, dann vergessen Sie fatalerweise, dass Sie unsterblich sind. Ihr nächster grobstofflicher Auftritt wartet bereits auf Sie – und ob es Ihnen dann noch so gut geht, das sei einmal dahingestellt! Also ist die alles entscheidende Frage: Wie kommen wir aus diesem gnadenlosen Teufelskreis der Materie endgültig und für immer heraus? Dazu geben die vedischen Schriften auch Auskunft, ich werde Ihnen den Weg, der zu gehen ist, noch aufzeigen. Doch zunächst muss ich Sie noch ein bisschen weiter inFORMieren. Schauen wir uns doch einmal die zeitlichen Dimensionen und Abläufe an, die im Universum auftreten, denn sie sind, jedenfalls aus irdischer Sicht heraus, gewaltig.

Wie Sie ja bereits wissen, hat der Halbgott Brahma den Auftrag, die Struktur des gesamten Universums zu erschaffen. Der Halbgott Brahma ist das erste Lebewesen im Universum, und er ist, was seinen materiellen Leib anbelangt, wie alles im Universum, sterblich. Das Universum existiert also exakt genau so lange, wie die materielle Existenz Brahmas andauert. Und dessen materieller Auftritt dauert, wie Sie ja bereits wissen und aus irdischer Sicht heraus betrachtet, 311.040.000.000.000 Jahre (dreihundertelf Billionen und vierzig Milliarden). Brahma lebt aber, bezogen auf seine Dimension (Satyaloka), nur 100 Jahre. Alle konstruktiven Lebewesen, die im Universum zu Gange sind, leben 100 Jahre, jedoch immer auf **die** Dimension bezogen, der sie angehören. Die Zeit vergeht zwischen den einzelnen Dimensionen unterschiedlich, sie ist immer relativ, dass heißt, immer bezogen auf die jeweilige Dimension zu betrachten. Je höher eine Dimension schwingt, umso langsamer vergeht die Zeit, und desto feiner wird die Materie. Da wir auf Erden, was die Schwingungsfrequenz anbelangt, der niedrigsten Dimension angehören, vergeht bei uns die Zeit am schnellsten, und wir stecken in der dichtesten Materie.

Wie Sie ja bereits erfahren haben, läuft im Universum alles zyklisch ab, und jetzt schauen wir uns einmal ein paar solcher Zyklen und die damit verbundenen Zeiten näher an.

Das Satya-Yuga dauert 1.728.000 Jahre, das Treta-Yuga 1.296.000 Jahre, das Dvapara-Yuga 864.000 und das Kali-Yuga 432.000 Jahre. Zusammen sind das genau 4.320.000 Jahre, diese Zeitdauer wird in den Veden „Catur-Yuga" genannt. 1000 Catur-Yuga ergeben 4.320.000.000 Jahre, diese Zeitdauer wird „Kalpa" genannt. Ein Kalpa entspricht einem Tag im Leben Brahmas. Zwölf Stunden im Leben Brahmas entsprechen also viermilliardendreihundertzwanzigmillionen Erdenjahre. Wenn Brahmas Tag (12 Stunden) vorüber ist, beginnt seine Nacht, diese dauert wiederum zwölf Stunden. Ein Tag und eine Nacht Brahmas dauern also, aus irdischer Sicht heraus gesehen, 2 x 4.320.000.000 = 8.640.000.000 Jahre. Da Brahma 100 Jahre alt wird, und jeder seiner Monate in 30 Tage/Nächte unterteilt ist, lebt er 36.000 Tage/Nächte. Ein Tag/Nacht entspricht 8.640.000.000 Jahre, dann entsprechen 36.000 Tage/Nächte – also seine Lebensdauer – 311.040.000.000.000 Jahre aus irdischer Sicht, und genau so viele Jahre existiert unser Universum. Und nicht nur unser Universum, sondern auch alle anderen der unzähligen Universen, die es gibt. Man kann das relative Zeitempfinden rechnerisch auch folgendermaßen darstellen: Ein Jahr auf Erden entspricht nicht ganz einer Hunderttausendstelsekunde im Leben Brahmas, oder, wenn wir von der Erde aus

100.000 Jahre lang ununterbrochen zur Dimension Brahmas (Satyaloka) hoch schauen würden, dann verginge dort oben gerade mal eine Sekunde. Sie sehen also, mit was für gigantische Zeiträume – bedingt durch ein unterschiedliches Zeitempfinden – wir es im Universum zu tun haben. Aber es kommt noch toller.

Im Rhythmus von Brahmas Tage und Nächte wird ein Großteil der universalen Schöpfung vernichtet und wieder erschaffen. Wenn Brahmas Nacht anbricht, werden die Lichtdimensionen Maharloka, Svargaloka, Bhuvarloka und Bhurloka sowie die dazugehörigen Dunkeldimensionen Talatala, Sutala, Vitala und Atala komplett vernichtet. Und wenn Brahmas Tag anbricht, werden diese Dimensionen wieder neu erschaffen. Alle in diesen Dimensionen enthaltenen Lebewesen (unsterbliche Seelen) werden während der Vernichtungsphase in einer eigens dafür vorgesehenen Dimension (Narayana) praktisch zwischenbeheimatet – im Universum geht keine Seele verloren!

Wenn die Dimensionen wieder neu erschaffen werden, dann füllen sich diese Dimensionen auch nach und nach wieder mit den ausgelagerten Seelen. Sie dürfen sich das Ganze nicht als Hauruckereignisse vorstellen, immerhin sprechen wir hier von einem Zeitzyklus, der 8,64 Milliarden Jahre aus irdischer Sicht umspannt. Sowohl die Vernichtungsphase als auch die Erschaffungsphase dauert Jahrmilliarden und deckt sich im Übrigen doch ziemlich genau mit dem, was unsere Wissenschaftler uns an Entstehungs- und Vernichtungszeiten präsentieren. Die Wissenschaftler können, auf ein paar Jahrmilliarden hin oder her, genau sagen, wie lange unsere Erde schon existiert und wie lange unsere Sonne noch scheinen wird. Wenn man diese Zahlen aus dem richtigen Blickwinkel heraus betrachtet, dann entsprechen sie doch in etwa dem, was uns die Veden berichten. Unsere Wissenschaftler haben ein ganz anderes Problem. Sie sehen mit ihren Teleskopen und sonstigen Einrichtungen nur die gerade aktuelle Kalpa-Schöpfung – also nur einen einzigen Tag/Nacht-Zyklus Brahmas! Und den auch noch beschränkt auf die Planeten und Sonnen unserer Dimension Bhurloka. Sie messen also das Alter des Universums anhand von nur einem Tag/Nacht-Zyklus Brahmas. Das ist genau dasselbe, als stünde man in einem Wald und würde anhand der Bäume, die einem umgeben und deren Alter man in etwa schätzen kann, das Alter des gesamten Waldes bestimmen wollen. Dass dies vollkommener Schwachsinn ist, da ja in einem Wald ständig alte Bäume sterben und neue aufwachsen, und somit anhand einzelner Bäume niemals das Alter des Waldes bestimmt werden kann, sollte jedermann einleuchten. Das, was die Wissenschaftler als Zeitgeschehen im Universum kennen, muss mit der Zahl 36.000 multipliziert werden, denn so viele Tage/Nächte lebt Brahma, und somit wird 36.000 mal unsere gesamte Dimension vernichtet und wieder neu erschaffen. Und nicht nur unsere Dimension, sondern auch noch alle anderen Dimensionen, mit Ausnahme der Lichtdimensionen Satyaloka, Tapoloka und Janoloka sowie die zugehörigen Dunkeldimensionen Patala, Rasatala und Mahatala.

Wenn Brahma sein hundertstes Lebensjahr vollendet hat, also nach 311.040.000.000.000 Erdenjahren, dann wird das Universum vernichtet. Die Vernichtung ist auch wieder der Job eines Halbgottes allerersten Ranges – „Shiva“ übernimmt diese Tätigkeit. Alle Lebewesen (Seelen), die ein Universum noch in sich birgt, wenn es vernichtet wird, werden in eigens dafür erschaffene Welten quasi zwischengelagert und gehen nach und nach in ein neu entstehendes Universum ein. Wie schon gesagt, es geht bei GOTT nichts verloren, Seelen können auch gar nicht vernichtet werden, denn sie sind unsterblich.

Die alte Frage unserer Wissenschaft, ob das Universum, was seine Ausdehnung anbelangt, endlich oder unendlich ist, wird in den Veden auch beantwortet. Ein Universum ist räumlich begrenzt, es hat eine Art äußere Umhüllung und gleicht einem Ei. Das Universum ist Materie, sämtliche Materie – von der kleinsten Zelle bis zum Gesamtuniversum – braucht eine Umhüllung. Das Wort „Universum" heißt in der vedischen Sprache „Anda", was übersetzt „Ei" bedeutet. Interessanterweise haben einige frühe Stämme und Kulturen das Universum schon immer als Ei dargestellt, und sogar unterteilt in Dimensionen – welch seltsamer Zufall!

Fassen wir an dieser Stelle doch einmal zusammen, was wir schon alles wissen, damit wir den Überblick behalten:

1. Es gibt GOTT in Form einer höchsten Persönlichkeit. Diese Persönlichkeit ist ALLES in ALLEM, denn ALLES ist EINS.

2. GOTT teilt sich in unzählige allmächtige Persönlichkeiten auf, durch sie genießt ER ewige Glückseligkeit in SEINEM spirituellen Reich, das Vaikuntha genannt wird. GOTT besitzt unzählige Namen, „Krishna" (Der Allanziehende) ist jedoch SEIN Hauptname. Aus Krishna heraus erweitert ER sich.

3. Vaikuntha stellt SEINEN spirituellen, persönlichen Körper dar. Dieser Körper hat, gleich einer Sonne, eine unpersönliche Ausstrahlung, die „Brahmajyoti" genannt wird. In dieser Strahlungsenergie schwebt SEIN Körper und somit SEIN Reich.

4. Das Brahmajyoti beinhaltet eine weitere Energie, diese Energie ist ewig wandelbar und in der Lage, sämtliche Materie hervorzubringen, sie wird „Brahman" genannt. Das Brahman ist Gottes materielle Energie, es birgt Gottes niedere Natur in sich.

5. Eine von Krishnas unzähligen allmächtigen Erweiterungen, genannt „Vishnu" (Der Alldurchdringende), liegt schlafend danieder und träumt die unzähligen materiellen Universen, indem ER sich SEINER niederen Energie (Brahman) bedient. Dieser materielle Schöpfungsakt benötigt ein Viertel von Gottes Kraft.

6. Gottes Bewusstsein durchdringt alle Materie. ER ist immanent, das bedeutet: in ALLEM. Jedoch, als Persönlichkeit ist ER transzendent, das bedeutet: Jenseits aller Materie, im spirituellen Reich. SEINE Persönlichkeit trennt ER strikt von jeglicher Materie oder besser gesagt, ER trennt SEINE hohe Natur strikt von SEINER niederen Natur.

7. GOTT kennt keine Zeit, ER lebt immer im JETZT. Zukunft und Vergangenheit existieren für GOTT nicht, dennoch gibt es für IHN ein Davor und ein Danach. Dieser Umstand ist für uns Menschen, da wir in der ZEIT leben, nicht begreifbar.

8. Die materielle Struktur der Universen wird von Halbgöttern erschaffen, diese haben Vollmacht, jedoch keine Allmacht. Der erste Halbgott im Universum ist Brahma, er wird von Vishnu direkt erschaffen, und er erschafft in Vishnus Auftrag alles Weitere. Jedes Universum wird während des Erschaffungsprozesses von GOTT beseelt. Seelen sind winzige, unsterbliche Teilchen Gottes, sie werden auch göttliche Funken genannt und stammen direkt aus SEINEM transzendenten Körper. Seelen müssen sich durch alle vier Naturreiche hindurch entwickeln, sie durchwandern dabei 8.400.000 verschiedene Le-

bensformen. Wenn eine Seele die menschliche Form erreicht, erwacht in ihr das ICH-BIN-Bewusstsein. Nach und nach entwickelt sie sich zu einer individuellen Persönlichkeit.

9. Das Universum hat folgende Eigenschaften und Gesetzmäßigkeiten: Es ist durchweg materiell und unterliegt somit der Dualität und der Vergänglichkeit. Im Universum gibt es keinen Zufall, alles Geschehen ist geregelt und gelenkt, es herrscht Ordnung (Kosmos) und niemals Unordnung (Chaos). Das Universum ist multidimensional aufgebaut, es gibt 7 Schwingungsebenen (Dimensionen), die jeweils ein polares Gegenstück aufweisen, also insgesamt 14 Ebenen. Im Universum gilt das Gesetz von „Aktio = Reaktio" (was du säst, das wirst du ernten). Im Universum gilt das Resonanzgesetz (Gleiches zieht Gleiches an). Das Universum ist holographisch aufgebaut, jedes noch so kleine Teilchen beinhaltet immer die Gesamtinformation, jedoch in schlechter Detailqualität. Aufgrund der holographischen Struktur des Universums spielt sich im Großen (Makrokosmos) das Gleiche ab wie im Kleinen (Mikrokosmos), es gilt das Analogie-Gesetz: Wie oben, so unten! Dieses Gesetz ist für uns Menschen von größter Bedeutung, da es auch auf GOTT angewendet werden kann, allerdings muss das „wie" durch ein „ähnlich" ersetzt werden. Alle Vorgänge im Universum laufen hochpräzise und vor allem zyklisch ab, alles wiederholt sich zu bestimmter Zeit. Im Universum herrscht Gleichgewicht, alles hat seinen gleich starken Gegenpol.

10. Das Universum teilt sich, bedingt durch die Dualität, in 7 Lichtdimensionen und 7 Dunkeldimensionen auf. Beide Hälften sind normalerweise voneinander getrennt, denn sie vertragen sich logischerweise nicht. Die Wesen der Lichtdimensionen werden „Suras" oder auch „Devas" genannt, sie wissen, dass es jenseits der materiellen Energie einen persönlichen GOTT gibt, dem sie dienen. Die Wesen der Dunkeldimensionen werden „Asuras" oder auch „Dämonen" genannt, sie wissen nicht, dass es jenseits der materiellen Energie einen persönlichen GOTT gibt, der über ihnen steht. Für die Asuras ist das unpersönliche Brahman das höchste Ziel. Sie halten sich selbst für erleuchtet und somit für Gott. Sie manipulieren das Universum nach ihren Wünschen und Bedürfnissen, dazu ist ihnen jedes Mittel recht, gemäß dem Spruch: Der Zweck heiligt die Mittel!

11. Die gesamte Dimension Bhurloka, der auch unsere Erde angehört, ist den Zyklen der 4 Yugas unterworfen. Im Verlaufe von Treta-, Dvapara-, und Kali-Yuga ist unsere Dimension dem Einfluss der Dunkelmächte ausgeliefert, was gewünschter Weise zum leidigen Konflikt führt. Lediglich im goldenen Zeitalter des Satya-Yuga ist das Universum vollkommen konfliktfrei.

12. Alles Geschehen im Universum wird allein durch den Willen gelenkt. Der Wille formt die Materie, man nennt diesen Vorgang „Magie". Magie wird sowohl im Kleinen als auch im Großen praktiziert, das ist nur eine Frage der Willenskraft und der daraus resultierenden Macht. Obwohl alles im Universum durch Magie erschaffen und gelenkt wird, wird bei uns auf Erden das Phänomen „Magie" nicht anerkannt und gezielt als Hokuspokus hingestellt. Aber auch dem magischen Treiben sind Grenzen gesetzt, die hierarchische Struktur und vor allem der Lauf des Geschehens halten es in ganz bestimmten Bahnen.

Bevor ich Ihnen nun einige Verse aus dem Herzstück der Veden, der Bhagavad-Gita, vor Augen führe, möchte ich Sie noch mit der „Erkenntnisabfolge" vertraut machen, die in den vedischen Schriften immer wieder zitiert wird. Es geht dabei um die dreistufige Erkenntnis des ABSOLUTEN. Die drei Stufen müssen Sie sich als Treppe vorstellen, die von der Seele zu erklimmen ist. Wenn Sie jetzt gleich die drei Stufen, die es zu erklimmen gilt, erfahren, dann werden Sie vielleicht der Meinung sein, dass es eine Kleinigkeit sei, das ABSOLUTE zu erkennen. Ich sage Ihnen aber, Sie müssen die Erkenntnis nicht nur theoretisch verstehen, sondern Sie müssen sie auch verinnerlichen. Was zu tun ist, damit es zu einem Verinnerlichen kommt oder besser gesagt, wie das Ganze vonstatten geht, das werden Sie noch erfahren.

1. Stufe der Erkenntnis des Absoluten: Es gibt eine ewige, unpersönliche Urenergie aus der sich alle Materie formt. Diese Urenergie wird „Brahman" genannt.

2. Stufe der Erkenntnis des Absoluten: Die Urenergie hat eine Seele, man nennt diese Seele „Überseele" oder „Paramatma". Die Überseele ist immanent, das bedeutet: In ALLEM gegenwärtig, was die materielle Schöpfung hervorbringt.

3. Stufe der Erkenntnis des Absoluten: Es gibt eine HÖCHSTE PERSÖNLICHKEIT, die Herr über ALLES ist, diese höchste Persönlichkeit ist transzendent. Transzendent bedeutet: Jenseits aller materiellen Schöpfung – in der spirituellen Welt – in der EWIGKEIT.

Wie bereits angekündigt, hier ein paar Verse aus göttlicher Quelle, aus der Bhagavad-Gita. Mit dem, was Sie bisher erfahren haben, werden Sie den Inhalt der Verse verstehen:

Die materielle Natur ist endlos wandelbar. Das Universum ist die kosmische Form des Höchsten Herrn, und Ich bin dieser Herr, der von der Überseele repräsentiert wird und im Herzen aller verkörperten Wesen weilt. (BG.8.4)

Alle Planeten in der materiellen Welt - vom höchsten bis hinab zum niedrigsten – sind Orte des Leids, an denen sich Geburt und Tod wiederholen. Wer aber in Mein Reich gelangt, wird niemals wiedergeboren. (BG.8.16)

Nach menschlicher Zeitrechnung ergeben eintausend Zeitalter (Yugas) die Dauer eines Tages im Leben Brahmas. Und ebenso lange währt seine Nacht. (BG.8.17)

Wenn Brahmas Tag anbricht, tritt die Vielzahl der Lebewesen ins Dasein, und wenn Brahmas Nacht hereinbricht, werden sie alle vernichtet. (BG.8.18)

Jedoch gibt es noch eine andere Natur, die ewig ist und transzendental zur manifestierten und unmanifestierten Materie. Sie ist erhaben und wird niemals vernichtet. Auch wenn alles in der materiellen Welt zerstört wird, bleibt dieser Teil, wie er ist. (BG.8.20)

Dieses höchste Reich wird unmanifestiert und unfehlbar genannt und ist das höchste Ziel. Geht jemand dorthin, kehrt er nie wieder zurück. So beschaffen ist Mein höchstes Reich. (BG.8.21)

Von Mir, in Meiner unmanifestierten Form, ist das gesamte Universum durchdrungen. Alle Wesen sind in Mir, aber Ich bin nicht in ihnen. (BG.9.4)

Die gesamte kosmische Ordnung untersteht Mir. Durch Meinen Willen wird sie immer wieder manifestiert, und durch Meinen Willen wird sie am Ende vernichtet. Diese Tätigkeiten können Mich nicht binden. Ich bin immer unberührt, als wäre Ich unbeteiligt. (BG.9.8+9.9)

Die gesamte materielle Substanz, Brahman genannt, ist die Quelle der Geburt, und es ist dieses Brahman, das Ich befruchte, so dass die Geburten aller Lebewesen möglich werden. (BG.14.3)

Ich weile im Herzen eines jeden, und von Mir kommen Erinnerung, Wissen und Vergessen. Durch die Veden bin Ich zu erkennen; ja, Ich bin der Verfasser des Vedanta, und Ich bin der Kenner der Veden. (BG.15.15)

Es gibt zwei Arten von Wesen - die Fehlbaren und die Unfehlbaren. In der materiellen Welt ist jedes Lebewesen fehlbar, und in der spirituellen Welt ist jedes Wesen unfehlbar. Außer diesen beiden gibt es die größte lebendige Persönlichkeit, den Herrn selbst, der in diese Welten eingegangen ist und sie erhält. (BG.15.16+15.17)

Wenn die Atma-Seele (menschliche Seele) ***die einzige Seele wäre, die Schöpferin des Universums, dann müsste sie die Schöpfung so lenken können, dass für sie keine leidvollen Situationen entstehen.***
(Vedanta-Sutra 2.1.21)

****

Nun werde ich Sie dahingehend inFORMieren, mit was die menschliche Seele ausgestattet ist, und was ihr im materiellen Dasein so arg zu schaffen macht.

Die menschliche Seele (also Sie!) ist ein unsterbliches winziges Teilchen Gottes, das wissen Sie ja bereits. Die Seele trägt also alle Qualitäten Gottes in sich, sie kann lediglich nicht darauf zugreifen. Der Grund, warum sie nicht auf die ihr innewohnenden göttlichen Qualitäten zugreifen kann, liegt im verhaftet sein in der Materie. Durch den Kontakt mit der Materie ist die Seele bedingt worden, also zu einem Ding geworden. Sie ist mit einer materiellen Hülle umgeben (Körper) und fristet ihr Dasein in einer materiellen Welt. Damit die Seele diese materielle Welt erfahren kann, ist ihre Hülle mit 5 verschiedenen Sinnesorganen ausgestattet: Augen, Ohren, Nase, Zunge, Haut. Durch die Sinnesorgane gelangt die Seele an Sinneswahrnehmungen: Sehen, Hören, Riechen, Schmecken, Fühlen. Dazu braucht es aber erst einmal Sinnesobjekte: Gegenstände, die man betrachten kann – Töne, die man hören kann – Düfte, die man riechen kann – Nahrung, die man schmecken kann und Körper, die man fühlen kann. Weil die mittlerweile zur individuellen Persönlichkeit herangereifte Seele – als ein Teilchen Gottes, welches ER praktisch von SEINEM spirituellen Körper abgesondert und in die Materie hinausgeschleudert hat – die Ahnung der ewigen Glückseligkeit in sich trägt, versucht sie, auf irgendeine Weise diese verlorene Glückseligkeit wiederzuerlangen. Da die Seele in der materiellen Welt lebt, und diese Welt mit Sinnesobjekten angefüllt ist, setzt sie die ihr zur Verfügung stehenden Sinnesorgane verständlicherweise dahingehend ein, um sich durch Sinneswahrnehmung Genuss zu verschaffen, in der Annahme, damit auch dauerhafte Glückseligkeit zu erfahren. Dass dies ein Irrtum ist und auf Dauer nicht gut geht, brauche ich Ihnen sicherlich nicht zu erzählen, das wissen Sie bestimmt bereits selbst. Damit die Seele die Sinnesorgane überhaupt steuern kann, bedarf es einer entsprechenden Einrichtung – genannt GEIST. Der Geist ist das Zentrum der Sinneswahrnehmung.

Der Geist wird in unserer Kultur immer als etwas Ultimatives und Erhabenes dargestellt, da müssen Sie leider umdenken, denn der Geist ist materiell und somit alles andere als erhaben! Ich habe Ihnen ja schon erklärt, dass Gedanken feinstofflicher Natur und somit materiell sind. Die Welt des Geistes ist die Mentalwelt, nur noch mal zur Erinnerung. Das, was wirklich erhaben und nicht materiell ist, ist spirituelles Bewusstsein – verwechseln Sie das niemals mit dem Geist, es wäre ein großer Irrtum!

Der Geist, dessen sich die Seele bedient, ist im Übrigen auch ihr größter Feind, denn der Geist ist flatterhaft und extrem schwer zu beherrschen. Geist ist ein sehr komplexes Gebilde, bestehend aus: Denken, Erinnern, Vergessen, Wollen, Verstand, Ideen und Intuition. All diese Dinge sind materieller Natur und haben mit der spirituellen Seele (also mit Ihnen!) im Grunde nichts zu tun – **merken Sie sich das bitte sehr gut!**

Die Gehirnforscher vermuten, dass der Geist im Gehirn des Menschen entspringt, das ist ein gewaltiger Irrtum. Das Gehirn ist lediglich ein höchst kompliziertes Gebilde, um vorhandene Gedanken und Ideen aufzunehmen, zu verarbeiten und dem Bewusstsein der Seele zuzuführen. Weiterhin ist das Gehirn in der Lage, Erlebtes und Erlerntes in Form von Erinnerungen zu speichern, und diese Erinnerungen, je nach Situation, der nächsten Gedanken- und Ideenverarbeitung beizumischen. Auch ist es ein weiterer Irrtum, zu glauben, dass Ideen und Gedanken vom Gehirn erschaffen werden. Wenn Sie eine Idee haben, dann sagen Sie doch: *„Ich habe einen Einfall!“*

Da ist also ETWAS, das außerhalb von Ihnen existiert, in Sie hineingefallen – eine Idee. Genauso ist es auch, wenn Sie eine Intuition haben. Ein anderes Wort für Intuition ist „Eingebung“, hier sagt es ebenfalls das Wort aus, es wird Ihnen ETWAS hinein gegeben.

Die Haupttätigkeit des Verstandes besteht in Ablehnen oder Annehmen, und er bildet das, was wir als „Intellekt“ bezeichnen. Intellekt ist dem Verstand zuzuordnen, und **nicht** der Intelligenz. Intelligenz ist etwas ganz anderes. In unserer Gesellschaft wird Intelligenz oft fälschlicherweise mit Intellekt (Verstand) gleichgestellt. Intelligenz gehört nicht dem Geist an, Intelligenz steht **über** dem Geist! Intelligenz hat die Fähigkeit, den Geist zu kontrollieren, ist aber auch noch materiell. Ich habe gesagt „Intelligenz **hat die Fähigkeit**“, das heißt jedoch noch lange nicht, dass sie damit immer erfolgreich ist. Wenn eine Person den Führerschein besitzt, und somit die Fähigkeit erworben hat, ein Auto zu lenken, kann eine Fahrt dennoch im Graben enden. Intelligenz kann nicht nur den Geist kontrollieren, Intelligenz ist vor allem ein Mittel, dessen sich die Seele bedient, um die Wahrheit zu erkennen. Mit Hilfe der Intelligenz kann die Seele höchstes Bewusstsein erreichen. Unglücklicherweise setzt die Seele die Intelligenz jedoch sehr, sehr lange falsch ein, was letztendlich zu allem Leid führt.

Der Grund dafür ist folgender:

Das aus der Glückseligkeit herausgerissene Teilchen Gottes, die Seele, die sich zur individuellen Persönlichkeit entwickelt hat, sucht verzweifelt nach einer Möglichkeit, Glückseligkeit zu erlangen. Da ihr in der materiellen Welt nur die Sinne und die dazugehörigen Sinnesobjekte zur Verfügung stehen, gerät die Seele zwangsläufig in immer exzessivere Sinneswahrnehmung. Es entsteht die Lust, die Gier, die Leidenschaften und etwas, was noch über der Intelligenz steht und ebenso materieller Natur ist – das

falsche Ego.

Menschen, deren Seele noch nicht erwacht ist, haben ein Bewusstsein, das als „falsches Ego" bezeichnet wird. Solche Menschen leben in der Annahme, dass der Sinn des Lebens in erster Linie darin besteht, die Sinne zu befriedigen. Im vorangegangenen Kapitel habe ich Ihnen die fatale Entwicklung dieser Fehlannahme bereits eingehend dargelegt. Gefördert durch die Lust wächst unweigerlich auch die GIER. GIER ist immer unersättlich und treibt viele Menschen gnadenlos mehr oder weniger schnell in den Exzess. Die GIER ist die Quelle aller Verbrechen und allem Egoismus. Ein Mensch, dessen Seele voll erwacht ist, hat, wie ich Ihnen schon berichtet habe, viele, viele Inkarnationen hinter sich gebracht. Jede Seele fällt im Zuge ihrer Entwicklung in den dunklen Strudel ihres falschen Egos und muss sich mühsam Leben für Leben emporarbeiten. Sie müssen die Illusion (MAYA) abschütteln und langsam aber sicher die Wahrheit erkennen. Das, was ihnen das Leben vorgaukelt oder vorgegaukelt hat, ist nicht die Wahrheit oder Wirklichkeit – es ist

MAYA.

MAYA bedeutet so viel wie „DAS, WAS NICHT WIRKLICH IST", und es wird in den vedischen Schriften immer wieder betont, dass **jegliche** Materie nichts anderes als MAYA ist. Wir Menschen leben also in einer Illusion, und es gilt, so schnell wie nur irgend möglich aufzuwachen, und somit die Illusion als solche zu erkennen. Zugegeben, es ist schon eine äußerst skurrile Situation, die uns Menschen auf dieser Welt präsentiert wird. Da gibt es, neben allem Leid und Elend, die herrlichsten Genüsse und Dinge auf Erden, und alles um uns herum suggeriert uns, unser Leben so zu gestalten, dass wir diese Genüsse und Dinge irgendwann erlangen. Und wenn wir so ein Ding dann endlich erlangt haben, dann stellt sich sehr schnell heraus, dass uns dessen Besitz zwar stolz macht, aber die vorgegaukelte Glückseligkeit bleibt entweder ganz aus oder schwindet rapide. Also fassen wir das nächste Objekt unserer BeGIERde ins Auge, das jedoch auch wieder nicht das gewünschte Resultat bringt usw. Und ehe wir uns versehen, sind wir in Machenschaften verstickt, die jenseits von dem angesiedelt sind, was als menschenfreundlich zu bezeichnen ist – der Egoismus beherrscht uns! Und das hat nach dem universalen Gesetz von „Aktio = Reaktio" (was du säst, das wirst du ernten) wiederum Leid zur Folge. Dieser Prozess zieht sich über viele Leben hindurch, und diese Tatsache macht die Sache für diejenigen Menschen, die sich einer Reinkarnation nicht bewusst sind, so gefährlich undurchsichtig. Viele Menschen denken: *„Ich sitze finanziell gut im Sattel, gesund bin ich auch, mir kann nicht viel passieren"*. Dass solche Seelen nur eine lächerliche Momentaufnahme ihres gesamten Daseins wahrnehmen, nämlich nur ihren derzeitigen irdischen Auftritt, ist ihnen nicht bewusst. Dann gibt es wiederum Seelen auf Erden, die schon ein Stück weit aufgewacht sind. Solche Menschen suchen bereits nach einem tieferen Sinn im Leben und sind meist, was das Streben nach materiellen Dingen anbelangt, mehr oder weniger stark dagegen gefeit. Das sind Seelen, die bereits eine gewisse Anzahl von leidlichen Inkarnationen hinter sich gebracht haben, man sagt auch, es sind „geläuterte" Seelen. „Läutern" bedeutet nichts anderes, als erkennen, dass der Weg nach Sinnenbefriedigung letztendlich immer im Leid endet, und dass man einer Illusion verfallen war.

Hier auf Erden haben wir die irreführende Situation, dass sich alles zugleich trifft: Gut und Böse, momentan Gleichgültige, teilweise erwachte Seelen unterschiedlichster Stadien sowie voll erwachte Seelen.

Und diejenigen Menschen, deren Seele noch mehr oder weniger im falschen Ego gefangen ist, machen immer folgenden unvermeidlichen Fehler: Da sie nicht wissen, was Sache im Universum ist, nehmen sie ihren derzeitigen Bewusstseinszustand als Maß aller Dinge an und projizieren diesen Stand automatisch auf alle anderen Menschen. Das hat im Extremfall zur Folge, dass solche Menschen alle niedriger entwickelten Seelen automatisch als Verbrecher oder Dummköpfe abstempeln und alle höher entwickelte Seelen als religiöse Spinner oder Wahnsinnige bezeichnen. Lediglich Menschen mit in etwa ebenbürtigem Entwicklungsstand werden akzeptiert. Mit denen hockt man dann, gemäß dem universalen Gesetz „Gleiches zieht Gleiches an", am Stammtisch, im Verein oder im Freundeskreis zusammen und urteilt in wichtigtuerischen Egoauftritten den Rest der Gesellschaft gnadenlos ab. Eine hoch entwickelte, alte Seele wird solche Menschen niemals verurteilen, da sie weiß, dass diesen Menschen der Weitblick derzeit noch verschlossen ist. Alles braucht eben seine natürliche Entwicklung. Es wird ja auch niemand hergehen, und die noch unreifen Äpfel an seinem Apfelbaum dahingehend beschimpfen, dass sie noch nicht rot und schmackhaft sind, nur weil ein paar andere Äpfel am Baum bereits das Reifestadium erreicht haben. Das Ganze hat etwas mit Geduld, Toleranz und Weitsicht zu tun!

Auch ist es ein Ding der Unmöglichkeit, einer niedrig entwickelten Seele die Wahrheit beizubringen, sie wird **niemals** hohes Wissen annehmen, weil ihr die nötige Erfahrung dazu fehlt. Jesus, der in die höchsten Mysterien eingeweiht war, hat dieses seinen Anhängern klipp und klar mit folgenden Worten gesagt: *„Werfet keine Perlen vor die Säue!"* Und er hat das mit den Säuen als plastisches Beispiel gemeint, und nicht als Beschimpfung oder Beleidigung. Er wollte seinen Anhängern ganz eindeutig sagen, sie sollen nicht die geringste Zeit mit nieder entwickelten Seelen verschwenden, sondern sie sollen zu denen gehen, die bereit sind, hohes Wissen aufzunehmen, denn nur bei diesen Menschen wird die Wahrheit fruchten. Dass diese Einstellung letztendlich zu dem Übel geführt hat, hohes Wissen generell vor den Menschen geheim zu halten und nur elitären Kreisen zugänglich zu machen, das steht auf einem anderen Blatt!

Fassen wir wieder einmal kurz zusammen:

- Die spirituelle Seele (also Sie!) ist ein Teilchen Gottes, das in die Materie gestoßen worden ist, um sich dort über viele Inkarnationen hinweg zu einer bewussten, individuellen Persönlichkeit zu entwickeln. Eine an die Materie gebundene Seele ist sich zunächst ihres göttlichen Ursprunges nicht bewusst.

- Die spirituelle Seele hat ein materielles Mittel zur Verfügung, mit dessen Hilfe sie sich wieder ihres wahren Ursprunges bewusst werden kann – die Intelligenz.

- Der Intelligenz untergeordnet und ebenfalls materieller Natur ist der Geist. Der Geist ist ein sehr komplexes Gebilde, bestehend aus: Denken, Erinnern, Vergessen, Wollen, Verstand, Ideen und Intuition. Auch Gedanken, Ideen und Intuitionen sind feinstoffliche Materie!

- Dem Geist untergeordnet und auch feinstofflich materieller Natur sind die fünf Sinne: Sehen, Riechen, Schmecken, Hören und Fühlen. Der mit Sinnesorganen ausgestattete Körper, dem die Seele innewohnt, stößt in der materiellen Welt auf Sinnesobjekte, dadurch kommt es zu Sinneswahrnehmungen.

- Da die unwissende Seele die Intelligenz falsch nutzt, wird auch der Geist falsch genutzt, er missbraucht die Sinneswahrnehmungen, indem er mit allen Mitteln versucht, permanent die Sinne zu befriedigen. So entsteht das „falsche Ego", geprägt von Lust, unersättlicher Gier und letztendlich von Zorn.

- Bedingt durch das falsche Ego und dem universalen Gesetz von „Aktio = Reaktio" (was du säst, das wirst du ernten) erfährt die Seele in vielen, vielen irdischen Auftritten (Inkarnationen) unsägliches Leid, sie wird geläutert.

- Eine geläuterte Seele erwacht nach und nach, sie beginnt nach dem wahren Sinn des Lebens zu suchen und erkennt irgendwann, dass alles Materielle eine Täuschung (Illusion, MAYA) ist, und dass diese Täuschung alles Leid hervorbringt.

Jetzt schauen wir uns einmal an, was GOTT uns dazu in den vedischen Schriften offenbart:

Die Überseele ist die ursprüngliche Quelle aller Sinne, und doch ist Sie ohne Sinne. Der Herr ist unangehaftet, obwohl Er der Erhalter aller Lebewesen ist. Er steht in transzendentaler Stellung zu den Erscheinungsweisen der Natur, und zugleich ist Er der Herr aller Erscheinungsweisen der materiellen Natur.
(BG.13.15)

Den Toren und Dummköpfen bin Ich niemals sichtbar. Für sie bin Ich von Meiner ewigen schöpferischen Energie [MAYA] verhüllt, und daher kennt die verblendete Welt Mich nicht, der Ich ungeboren und unerschöpflich bin. (BG.7.25)

Wisse, von Allem, was materiell und was spirituell ist in dieser Welt, bin Ich sowohl der Ursprung als auch die Auflösung. (BG.7.6)
Erde, Wasser, Feuer, Luft, Äther, Geist, Intelligenz und falsches Ego, diese acht Elemente entstehen durch Meine abgesonderten, materiellen Energien. (BG.7.4)

Außer dieser niederen Natur habe Ich noch eine höhere Energie, die aus allen Lebewesen (Seelen) besteht, die mit der materiellen Natur kämpfen und das Universum erhalten. (BG.7.5)

Die Lebewesen in dieser bedingten Welt sind Meine ewigen fragmentarischen Teile. Weil sie ein bedingtes Leben führen, kämpfen sie sehr schwer mit den sechs Sinnen, zu denen auch der Geist gehört. (BG.15.7)

Einem, der geboren wurde, ist der Tod sicher, und einem, der gestorben ist, ist die Geburt gewiss. Deshalb solltest du bei der unvermeidlichen Erfüllung deiner Pflicht nicht klagen. (BG.2.27)

Wie ein Mensch alte Kleider ablegt und neue anlegt, so gibt die Seele alt und unbrauchbar gewordene Körper auf und nimmt neue an. (BG.2.22)

Das Lebewesen in der materiellen Welt trägt seine verschiedenen Lebensauffassungen von einem Körper zum anderen, wie der Wind Düfte mit sich trägt. (BG.15.8)

Die aktiven Sinne sind der leblosen Materie überlegen; der Geist steht über den Sinnen; die Intelligenz steht über dem Geist, und die Seele steht sogar noch über der Intelligenz. (BG.3.42)

Das Lebewesen, das einen neuen grobstofflichen Körper annimmt, erhält eine bestimmte Art von Augen, Ohren, Zunge, Nase und Tastsinn, die um den Geist gruppiert sind. Auf diese Weise genießt es eine bestimmte Auswahl von Sinnesobjekten. (BG.15.9)

Wenn man also weiß, dass man transzendental zu den materiellen Sinnen, dem Geist und der Intelligenz ist, sollte man das niedere Selbst durch das höhere Selbst beherrschen, und so, kraft spiritueller Stärke, die unersättliche Feindin, die Lust, bezwingen. (BG.3.43)

Beim Betrachten der Sinnesobjekte entwickelt der Mensch Anhaftung an sie; aus solcher Anhaftung entwickelt sich Begierde, und aus Begierde geht Zorn hervor. (BG.2.62)

Aus Zorn entsteht Täuschung, und der Täuschung folgt die Verwirrung der Erinnerung. Wenn die Erinnerung verwirrt ist, geht die Intelligenz verloren, und wenn die Intelligenz verloren ist, fällt man wieder in den materiellen Sumpf zurück. (BG.2.63)

Wer nicht im transzendentalen Bewusstsein gründet, kann weder einen beherrschten Geist noch stetige Intelligenz besitzen, ohne die keine Möglichkeit zum Frieden besteht. Und wie kann es Glück ohne Frieden geben? (BG.2.66)

Gleich einem Boot auf dem Wasser, das von einem Sturm hinweg gerissen wird, kann die Intelligenz des Menschen schon von einem der Sinne davongetragen werden, auf den der Geist sich richtet. (BG.2.67)

Die Sinne sind so stark und ungestüm, dass sie sogar den Geist eines Mannes gewaltsam fortreißen, der Unterscheidungsvermögen besitzt und bemüht ist, sie zu beherrschen. (BG.2.60)

Ein Mensch muss sich durch seinen Geist erheben, nicht erniedrigen. Der Geist ist der Freund der bedingten Seele, aber auch ihr Feind. (BG.6.5)

Für den, der den Geist bezwungen hat, ist der Geist der beste Freund; doch für den, der dies versäumt hat, wird der gleiche Geist zum größten Feind. (BG.6.6)

Daher verfügt jemand, dessen Sinne von den Objekten zurückgezogen sind, über stetige Intelligenz. (BG.2.68)

Wer imstande ist, seine Sinne von den Sinnesobjekten zurückzuziehen, so wie die Schildkröte ihre Glieder in den Panzer einzieht, gründet in wirklichem Wissen. (BG.2.58)

Ein gläubiger Mensch, der sich in transzendentales Wissen vertieft und seine Sinne beherrscht, erlangt sehr schnell den höchsten spirituellen Frieden. (BG.4.39)

Wer frei von Zorn und allen materiellen Wünschen ist, selbstverwirklicht, selbstdiszipliniert und ständig um Vollkommenheit bemüht, wird mit Sicherheit in sehr naher Zukunft im Höchsten befreit. (BG.5.26)

Wer nach vielen Geburten und Toden tatsächlich in Wissen gründet, ergibt sich Mir, da er weiß, dass Ich die Ursache aller Ursachen und dass Ich alles bin. Solch eine große Seele ist sehr selten. (BG.7.19)

****

Jetzt werde ich Sie mit einer Offenbarung vertraut machen, die von immenser Wichtigkeit ist. Sie ist deshalb so wichtig, weil durch sie elementare Fragen gelöst werden können. Es geht um die drei Erscheinungsweisen der materiellen Natur, den so genannten „Gunas". Diese drei Gunas (Erscheinungsweisen) beeinflussen das Bewusstsein und somit die Handlungsweise **aller** Seelen. „Das Wort „Guna" bedeutet soviel wie Seil oder Strick, durch das Wirken der Gunas werden wir Menschen wie willenlose Marionetten gesteuert.

Ich habe mir jahrelang den Kopf darüber zerbrochen, ob der Mensch einen freien Willen hat oder nicht, diese Frage ist gar nicht so leicht zu beantworten. Es wurden bereits etliche dicke Wälzer über diese Thematik geschrieben, die die Frage zwar von allen Seiten beleuchten, im Endeffekt aber nicht befriedigend und schlüssig beantworten können. Als ich an die vedischen Schriften gelangte, wurde die Sache für mich sehr schnell sonnenklar. Dort ist zwar nirgends ausdrücklich zu lesen, dass der Mensch keinen freien Willen hat, aber es werden Dinge erklärt und beschrieben, die man nur ins richtige Licht zu rücken braucht, und man hat die Antwort. Was für mich enorm wichtig war, ist die Tatsache, dass all die Dinge, die diesbezüglich in den Veden beschrieben sind, hundertprozentig mit dem übereinstimmen, was ich in meinem Innersten erfahre und was ich extern so alles beobachten kann. Das, was ich Ihnen jetzt über Ihren angeblich freien Willen berichten werde, können Sie bei vielen Gelegenheiten in sich selbst nachvollziehen. Ob Sie es jedoch, trotz aller Deutlichkeit, auch akzeptieren können, hängt allein von Ihrem derzeitigen Entwicklungsstand ab.

Eine Seele (Teilchen Gottes), die in die Materie gestoßen wird, würde von allein nicht tätig werden, also keine Tat vollziehen. Es braucht also eine Kraft, die sie zur Tätigkeit treibt. Und diese Kraft oder besser gesagt diese Kräfte, denn es sind deren drei, sind die „**Gunas**".

Die Gunas wirken **direkt** auf den Geist, und der steuert ja, wie Sie bereits wissen, die Sinne. Laut den Veden existieren drei verschiedene Gunas, die drei vollkommen verschiedene Wirkungsweisen haben.

1. Das „**Sattva-Guna**" – dieses Guna ist die Kraft der „Tugend", also positiv für die Seele und hat somit die Eigenschaft, die Seele zu erheben.

2. Das „**Rajo-Guna**" – dieses Guna ist die Kraft der „Leidenschaft", also negativ für die Seele, denn es hat die Eigenschaft, die mit Leidenschaft behafteten Seelen ständig im Kreis zu drehen. Die Veden sagen, die Eigenschaft der Leidenschaft ist drehend. Schauen Sie sich doch einmal uns Menschen an, wir fallen ständig immer wieder in die alten Leidenschaften, wir drehen uns irgendwie permanent im Kreis. Und wann ist Schluss mit dem Karussell der Leidenschaften? Wenn einen, wie der Volksmund so schön sagt, die Tugend packt, und man sich über seine Leidenschaften erhebt.

3. Das „**Tamo-Guna**" – dieses Guna ist die Kraft der „Unwissenheit", es ist extrem negativ für die Seele und hat die Eigenschaft, die Seele in finsterste Abgründe herunterzuziehen.

Bei den Gunas handelt es sich um übermächtige Kräfte, denen der Geist und somit auch die unwissende Seele **vollkommen** hilflos ausgeliefert sind. Diese Kräfte treten stets mit unterschiedlicher Intensität auf, je nachdem, was gerade mit dem Menschen, auf den sie einwirken, geplant ist. Allein diese Tatsache lässt schon jede Spekulation auf einen freien Willen ins pure Nichts entschwinden. Sie müssen sich das Ganze in etwa so vorstellen, als sei die Seele eine zarte Daunenfeder, die scheinbar schwerelos und frei durch die Lüfte schwebt. Die schwebende Daunenfeder befindet sich in der Illusion, dass sie völlig frei und ungebunden ist. Doch da meldet sich der Wind und sagt mit aller Deutlichkeit, dass er es ist, der allein bestimmt, wohin die Daunenfeder schweben wird. Wir haben es, was die drei Gunas anbelangt, mit drei Winden zu tun, die aus unterschiedlichen Richtungen blasen. Und nicht nur aus unterschiedlichen Richtungen, sondern wechselnd mit unterschiedlicher Stärke, völlig unkalkulierbar, mal als Lüftchen, mal als Sturm, mal als Orkan.

Egal in welcher Lebenssituation sich ein Mensch befindet, **immer** ist er den Gunas ausgeliefert. Ob Sie nachts vor dem Kühlschrank stehen und überlegen, ob Sie hineinlangen sollen oder nicht; ob Sie gerade in Erwägung ziehen, einem Menschen, der in Bedrängnis geraten ist, eventuell zu helfen; ob Sie gerade die Gelegenheit haben, Ihren Partner sexuell zu hintergehen und dahingehend sinnieren, ob Sie es auch wirklich tun sollen oder ob Sie es besser bleiben lassen; ob Sie gerade jemanden materiell betrügen könnten und darüber nachdenken, ob Sie das Ding durchziehen sollen oder nicht oder ob Sie gerade planen, das Leben eines anderen Menschen auszulöschen und sich dahingehend noch nicht ganz schlüssig sind –

**immer sind Sie Kräften (Gunas) ausgeliefert,
die an Ihnen zerren!**

Und es braucht nicht viel physikalisches Verständnis, was Kräfte anbelangt, um herauszufinden, was Sie im Einzelfall tun werden. Sie werden sich in **jedem** Fall, gleich der Feder im Wind, der **stärkeren** Kraft beugen müssen, denn etwas anderes ist **völlig** undenkbar. Sie sind in **jedem** Fall **nicht** der Entscheidende, sondern **immer** nur der Ausführende! Haben

Sie das verstanden? – Ja? – Prima! – Und wo bitte soll, wenn man das mit den Gunas einmal begriffen hat, ein freier Wille existieren? Es gibt ihn schlicht und ergreifend nicht!

Das mit dem freien Willen ist ein Märchen, das man uns programmgemäß aufgebunden hat. Alles Geschehen im Universum ist eine Frage der Kraft der „Erscheinungsweisen der materiellen Natur" genannt Gunas, und diese Kräfte kommen nicht von uns Seelen, sondern sie sind in Gottes materieller Energie latent vorhanden. Wir Menschen sind diesen Kräften **vollkommen** hilflos ausgeliefert.

Nun ist es jedoch nicht so, dass diese Kräfte vollkommen willkürlich und planlos auf die Seelen einwirken, ganz im Gegenteil, es steckt System dahinter – denn im Universum gibt es keinen Zufall! Und dieses System ist das System der Tat (Aktio) und der daraus resultierenden Reaktion (Reaktio), und somit der Erfahrung. Ich werde das gleich noch näher erklären. Zunächst werde ich Ihnen anhand eines plastischen Beispieles Ihre vollkommene Ohnmacht vor Augen halten. Um das Beispiel zu verstehen, müssen Sie wissen, dass die Kräfte (Gunas) selten mit konstanter Stärke wirken, sondern meist, mehr oder weniger stark, schwankend. Und es ist zudem noch so, dass es auch Situationen gibt, in denen nur eine Kraft wirkt. Für die folgenden Beispiele sei einfach mal angenommen, dass es eine theoretische Guna-Kraft-Skala gibt, die von 0 bis 100 geht. Doch nun das Beispiel:

- Nehmen wir einmal an, Sie sind ein begnadeter Esser, um den Begriff „Fresssüchtiger" einmal dezent zu umschreiben. Essen ist ein Sinnesgenuss, der über den Geschmack getätigt wird, es ist eine Leidenschaft, die sich in vielen Fällen zur Sucht entwickelt. Da Ihre Seele (also Sie!) nach Glückseligkeit lechzt und gemäß ihrem falschen Ego diese Glückseligkeit über die Sinne erreichen will, wachen Sie nachts plötzlich auf, gezwungen durch die Kraft des Rajo-Gunas (Leidenschaft), das momentan mit Stärke 40 auf Sie einwirkt. Sie denken sich: *„Jetzt wäre ein Häppchen Nahrung nicht schlecht"*, schälen sich aus dem Bett, wandeln zum Kühlschrank und fangen an, selbigen zu leeren. Nach zwei Dosen Thunfisch und drei Schalen Erdbeerquark sind Ihre Gelüste befriedigt, Glückseligkeit hat sich zwar nicht gerade eingestellt, aber zumindest können Sie wieder zu Bett gehen und weiterschlafen. Jedoch, bevor Sie einschlafen, machen Sie sich wegen der außertourlichen nächtlichen Fressorgie innerlich Vorwürfe, da Sie seit geraumer Zeit kontinuierlich von einer Konfektionsgröße in die nächst größere fallen. Am Morgen wachen Sie auf, der Tag vergeht, die nächste Nacht kommt.

- Mitten in der Nacht wachen Sie plötzlich auf, gezwungen durch die Kraft des Rajo-Gunas (Leidenschaft), das momentan mit Stärke 80 auf Sie einwirkt. Sie haben nur den einen Gedanken: *„Jetzt brauche ich unbedingt was zu beißen"*, und ohne auch nur im Geringsten zu zögern springen Sie aus dem Bett, rennen zum Kühlschrank und fangen hastig an, diesen zu leeren. Nach vier Dosen Thunfisch und sechs Schalen Erdbeerquark sind ihre Gelüste befriedigt. Sie schließen die Kühlschranktür, Ihnen wird furchtbar schlecht, Sie schaffen es nicht mehr bis zur Toilette und kotzen den ganzen Flur voll. Sie sind sehr weit von jeglichem Glückseligkeitsgefühl entfernt, Sie denken sich: *„Oh Gott, was bin ich nur für ein willensschwacher Trottel"*. Sie reinigen mehr schlecht als recht den voll gekotzten Flur, schleppen sich anschließend zurück ins Bett und schlafen, geplagt von Selbstvorwürfen, irgendwann endlich wieder ein. Am Morgen wachen Sie auf, der Tag vergeht, die nächste Nacht kommt.

- Erneut wachen Sie nächtens plötzlich auf, gezwungen durch die Kraft des Rajo-Gunas (Leidenschaft), das momentan mit Stärke 60 auf Sie einwirkt. Sie fassen sofort den Entschluss, eine Kleinigkeit zu sich zu nehmen und steigen aus dem Bett. In diesem Moment kommt die Kraft des Sattva-Gunas (Tugend) über Sie, mit einer Stärke von 65. Angesichts Ihrer barocken Leibesfülle und des voll gekotzten Flures, der in diesem Moment an Ihrem geistigen Auge vorbeizieht, kommen sofort massive Bedenken dahingehend in Ihnen auf, ob es denn nicht besser wäre, die nächtliche Fresserei zu lassen, und Sie begeben sich, wenn auch unbefriedigt, wieder zu Bett. Kaum dort richtig angelangt, lässt die Kraft des Sattva-Gunas nach und sinkt auf Stärke 55, die Kraft des Rajo-Gunas wirkt jedoch nach wie vor mit Stärke 60. Diese Situation zwingt Sie zu der Annahme, dass eine winzige Kleinigkeit an Nahrung doch wohl auf keinen Fall schaden könnte. Sie steigen erneut aus dem Bett und machen sich auf den Weg in Richtung Tempel der BeGIERde – zum Kühlschrank. Der Weg dorthin führt Sie unweigerlich durch den Flur, der dortige Teppich weist noch immer deutliche Spuren Ihrer letzten nächtlichen Fressattacke auf. Die Kräfte der beiden Gunas, die auf Sie einwirken, sind mittlerweile nahezu gleich stark, mal nimmt die eine minimal überhand, mal die andere. In diesem Moment fühlen Sie sich, wie der Volksmund so treffend sagt, buchstäblich hin und her gerissen. Da Sie keine Ahnung von den Kräften der Gunas haben, die von **außen** auf Sie einwirken, glauben Sie, dass Sie sich in einem Gewissenskonflikt befinden, der in Ihrem Inneren entstanden ist. Sie geben der externen Kraft des Sattva-Gunas den Namen „Gewissen“ und die externe Kraft des Rajo-Gunas bezeichnen Sie als „Ihren inneren Schweinehund“. Sie machen das deshalb, weil es Ihnen immer so erzählt worden ist, und Sie die Wirklichkeit nicht kennen. Mittlerweile stehen Sie in der Küche, unmittelbar vor dem Objekt Ihrer anfänglichen BeGIERde. Nun liegt jedoch die Kraft des Sattva-Gunas deutlich über der des Rajo-Gunas, und Sie sagen sich erstaunlich selbstbewusst: *„Nein danke, heute mit mir nicht!“*, drehen um, gehen ins Bett zurück und gratulieren sich vor dem Einschlafen innerlich zu Ihrer (vermeintlichen) Willensstärke. Nach einer Stunde seligen Schlafes werden Sie urplötzlich aus Ihren Träumen gerissen, ein Rajo-Guna-Orkan der Stärke 100 fegt durch Ihr Gemüt. Sie denken nur noch: *„Scheiß drauf!“* und stürzen zum Kühlschrank.

  Das Ende vom Lied ist: Sie liegen irgendwann wieder im Bett, summieren in Gedanken die Kosten für einen neuen Flurteppich zusammen, denn der jetzige ist nach erneuter Kotzattacke nun wirklich nicht mehr tragbar, und fühlen sich als kompletter Versager!

So amüsant das Beispiel auch abgefasst ist, es schildert nichts anderes als die nackte Wahrheit. Und es ist auf **jede** beliebige Lebenssituation übertragbar! – Denken Sie einmal in aller Ruhe darüber nach, denn es lohnt sich!

Wir Menschen sind Kräften ausgeliefert, die uns zu **jeder** erdenklichen Tat zwingen, wir haben dabei nicht einmal den Hauch einer Möglichkeit, dagegen anzugehen. Ganz im Gegenteil, wir sind ja der Illusion verfallen, dass wir selbst es sind, die darüber entscheiden, was wir tun oder nicht tun (auch etwas bewusst nicht zu tun ist eine Tat!).

Wir sind **immer** nur die Ausführenden, gleich Marionetten, die an Fäden gezogen werden, auch wenn Ihnen diese im wahrsten Sinne des Wortes TAT-Sache momentan gegen den Strich geht. Schauen Sie sich das folgende Illustration an, sie stellt unsere derZEITige Situation **mehr als deutlich** dar:

Bild oben: Die Menschen (SEELEN) sind den Gunas ausgeliefert

Verstehen Sie jetzt, warum uns GOTT in den Veden immer wieder zu verstehen gibt, dass alles, was wir Menschen in der materiellen Welt erleben, nur MAYA ist – also eine gewaltige, perfekte ILLUSION?

Alle Lebewesen (SEELEN) im Universum sind den Gunas und somit der Illusion (MAYA) ausgeliefert, da alles im Universum materiell bedingt ist.

Ich werde Ihnen ein weiteres Beispiel Ihrer Ohnmacht geben. Versuchen Sie mal nur 1 Minute lang an rein gar nichts zu denken. Sie werden sehr schnell feststellen, dass Sie Ihre Gedanken, die ja laut unserer Hirnforschung ein Produkt von Ihnen sein sollen, absolut nicht in den Griff bekommen, geschweige denn ganz abschalten können. Die Gedanken, die, gleich einem Trommelfeuer, pausenlos auf uns Menschen einprasseln, kommen von außen. Gedanken sind feinstoffliche Materie, wie sie ja bereits wissen. Wir Menschen sind lediglich der Empfänger der Gedanken, der Sender, der uns die Gedanken schickt, befindet sich extern.

Immer mehr Menschen klagen in der heutigen Zeit, dass sie nachts nicht einschlafen können, weil sie unentwegt von Gedanken heimgesucht und von selbigen gnadenlos malträtiert werden. Erst der Schlaf, wenn er denn kommt, erlöst uns von den Gedanken. Ich habe Sie ja schon dahingehend inFORMiert, dass die Seele (also Sie!) während der traumlosen Tiefschlafphase das Bewusstsein in eine andere Dimension verlagert, und somit praktisch aus dem irdischen Sendebereich der Gedankenflut gerät.

Doch nun noch einmal zurück zu der Tatsache, dass es keinen freien Willen gibt, und dass wir Menschen durch das Wirken der Gunas vollkommen hilflos zu jeder erdenklichen Tätigkeit getrieben werden.

Wachen Sie auf, und lassen Sie sich diese Wahrheit einmal auf der Zunge zergehen! Alles, was Sie tun oder lassen, wird nicht von Ihnen bestimmt, sondern von externen Kräften. Sie leben derZEIT nicht, Sie werden gelebt – und zwar nach Plan! Sie müssen die Dinge, die auf Sie zukommen, ausführen, und zwar gemäß der stärkeren Kraft, wobei das Kräftespiel Sie annehmen lässt, dass Sie eine Wahl hätten. Sie haben bislang in einer ILLUSION gelebt, aus der Sie nun hoffentlich langsam erwachen. Und wenn Sie Schritt für Schritt erwachen, dann gelangen Sie automatisch in ein anderes Bewusstsein. Sie kommen sich plötzlich vor, als würden Sie gezwungenermaßen in einem üblen Film mitspielen. In einem Film, von dem Sie weder das Drehbuch kennen noch den Regisseur, der ihn veranstaltet. Ein Film, der, je nach herrschendem Yuga, mal glücklicher Heimatfilm, mal Drama, mal grausamster Gewaltporno ist. Und was Ihnen dann am allermeisten zu schaffen machen wird, ist die Frage, warum Sie überhaupt in diesen Film geraten sind. Wobei wir wieder beim „warum?“ sind, das ja noch immer nicht geklärt ist.

Aber keine Sorge, das kriegen wir schon noch hin!

Übrigens, der Volksmund kennt selbstverständlich auch die „Gunas“ und deren Wirken sehr genau, denn er sagt ja eindeutig,

dass das Schicksal seine Fäden zieht!

Wenn Sie aus der Illusion der Materie erwacht sind und somit begriffen haben, dass Sie alles, was mit Ihnen geschieht, zwangsläufig geschehen lassen müssen, dann werden Sie auch Ihre Mitmenschen mit gänzlich anderen Augen betrachten. Welcher anderen Seele können Sie dann noch das Geringste ankreiden? Wen wollen Sie noch verurteilen? Wen wollen Sie noch verachten und gering schätzen? – Wo Sie doch nun wissen, dass jedes Lebewesen gezwungenermaßen seine traurige Rolle in diesem bitteren Geschehen spielen muss! Selbst der ärgste und abartigste Kinderschänder, der gnadenlos vom schlimmsten aller Gunas, dem Tamo-Guna, in die Finsternis gerissen wird, ist Ihr Seelenbruder, um den

Sie eigentlich weinen sollten, wenn er von den noch viel abartigeren Medien, denen die Menschen so gierig und aufmerksam folgen, zerfetzt wird! Sie können die Tat verfluchen und verachten, doch niemals **die** Seele, die die Tat gezwungenermaßen begehen muss. Doch diejenigen, die in so einem Fall lauthals kundtun: *„Das Dreckschwein sollte man am eigenen Schwanz aufhängen!"*, wissen nicht, dass sie bereits ebenfalls vom Tamo-Guna beherrscht werden, das sie über kurz oder lang gnadenlos in die Dunkelheit reißen wird!

Die Aussage von Jesus: *„Richtet nicht, auf dass ihr nicht gerichtet werdet!"* bekommt plötzlich eine ganz andere Dimension – nicht wahr?

Und wenn die Menschen in den Kirchen beten: *„Herr, nicht mein Wille geschehe, sondern Dein Wille geschehe!"*, dann können sich diese Menschen auch das sparen, denn es gibt kein „mein Wille", ein „mein Wille" ist Illusion –

MAYA!

Wenn jemand von der externen Kraft der Tugend (Sattva-Guna) durchdrungen wird und dadurch vielem im Leben widerstehen kann, dann sagen wir so einem Menschen nach, dass er sehr willensstark ist. Andersherum, ist ein Mensch von Leidenschaften geplagt, weil die externe Kraft des Rajo-Guna in ihm wütet, dann ist er für uns ein willensschwacher Zeitgenosse. Sie sehen also, wie wir fälschlicherweise externe Kräfte in einen Menschen hineinprojizieren, und ihm diese Kräfte als seine Willensstärke oder seine Willensschwäche zuschreiben – welch fataler Irrtum!

Ein weiterer Aspekt, der darüber Aufschluss gibt, dass es den freien Willen nicht gibt, ist die Tatsache, dass das Universum zyklisch funktioniert. Die Lebewesen im Universum können sich abstrampeln so viel sie wollen, sie werden am universalen Geschehen nichts ändern. Wenn die Zeit der Dunkelheit ansteht, dann **kommt** die Dunkelheit! Satya-Yuga, dann Treta-Yuga, dann Dvapara-Yuga, dann Kali-Yuga, dann wieder Satya-Yuga, dann Treta-Yuga, dann Dvapara-Yuga, dann Kali-Yuga, dann wieder usw. Da ändert sich nichts! Es bleibt zyklisch! Dreihundertelf Billionen und vierzig Milliarden Jahre lang! Würde ein freier Wille existieren, dann könnte **nie und nimmer** irgendetwas zyklisch sein, weder im Großen noch im Kleinen. Zyklus ist aber eine Eigenschaft des Universums, ein Gesetz, das nicht geändert werden kann. Im Universum läuft ein gigantischer Plan ab, ein irrsinniges Szenario, das bis ins kleinste Detail geplant und gesteuert ist. Und wir, als Gottes winzige Teilchen, sind in dieses Szenario hineingeschleudert worden in der Illusion, dass wir eigenständig sind und darin etwas bewirken können. Dabei sind wir in Wahrheit nur Zuschauer, die das bittere Geschehen durch eine materielle Hülle (Leib) erfahren müssen, ohne dabei den geringsten Einfluss auf das Geschehen nehmen zu können. Geschehen lassen müssen, rein zum Zwecke der Erfahrung – lautet unser Daseinszweck. Übrigens, der Volksmund weiß, dass wir absolut unfähig sind, ins Geschehen einzugreifen, er nennt diese Tatsache „Schicksal", und dass wir unseren „Schicksalsweg" zu gehen haben. Das Schicksal treibt uns, gesehen auf die vielen, vielen Leben, die wir hinter uns bringen müssen, durch **alle** Erfahrungen. Jede Seele erfährt nicht nur komplett Mineral-, Pflanzen- und Tierreich, wie ich Ihnen ja schon berichtethabe, jede Seele wird oder war auch Retter, Mörder, Opfer, Täter, Egoist, Gebender, König, Bettler, Gesunder, Kranker, Heiliger, Dämon usw. Jede Seele erfährt im Laufe ihrer Entwicklung die komplette Palette, die ein Universum so zu bieten hat. Und die Palette ist gigantisch!

Auch ist dem Volksmund sehr wohl bekannt, dass der wahre Mensch (die SEELE) materiell umhüllt und im derZEITigen Geschehen gefangen ist. Denn wie sonst käme der Spruch zustande:

Keiner kann aus seiner Haut heraus!

An dieser Stelle wird es höchste Zeit, dass ich Ihnen das Wort „Sünde" richtig definiere. „Sünde" ist nichts anderes, als der vorgeschriebene Weg einer Seele in die dunkle Abteilung der ILLUSION. Tatsache ist, jeder Mensch wird in seinem universalen Dasein alle Sünden begehen, die es gibt – **weil er es muss!**

Sünde hat **nicht das Geringste** mit Schuld zu tun – **es gibt keine Schuld!**

Schauen wir uns einmal an, was uns GOTT zum Thema „Erscheinungsweisen der Natur (Gunas)" zu sagen hat:

Die materielle Natur besteht aus den drei Erscheinungsweisen – Tugend, Leidenschaft und Unwissenheit. Wenn das Lebewesen (Seele) mit der Natur in Berührung kommt, wird es von diesen Erscheinungsweisen bedingt. (BG.14.5)

Alle Daseinsstufen – seien sie in Tugend, Leidenschaft oder Unwissenheit – sind von Meiner Energie manifestiert. In einem gewissen Sinne bin Ich alles – doch bin Ich unabhängig. Ich stehe nicht unter dem Einfluss der Erscheinungsweisen der materiellen Natur. (BG.7.12)

Es existiert kein Wesen - weder hier noch unter den Halbgöttern auf den höheren Planetensystemen, das vom Einfluss der drei Erscheinungsweisen der materiellen Natur frei ist. (BG.18.40)

Alle Menschen sind gezwungen, hilflos nach den Drängen zu handeln, die von den Erscheinungsweisen der materiellen Natur hervorgerufen werden; deshalb kann niemand auch nur für einen Augenblick aufhören, etwas zu tun. (BG.3.5)

Manchmal gewinnt die Erscheinungsweise der Leidenschaft die Oberhand und besiegt die Erscheinungsweise der Tugend, manchmal besiegt die Erscheinungsweise der Tugend die Leidenschaft, und ein anderes Mal besiegt die Erscheinungsweise der Unwissenheit Tugend und Leidenschaft. Auf diese Weise findet ein ständiger Kampf um Vorherrschaft statt. (BG.14.10)

Wenn die Erscheinungsweise der Leidenschaft zunimmt, entwickeln sich Anzeichen von großer Anhaftung, unbeherrschtem Verlangen, Begehren und großer Anstrengung. (BG.14.1)

Wenn die Erscheinungsweise der Unwissenheit zunimmt, machen sich Irrsinn, Illusion, Untätigkeit und Dunkelheit deutlich bemerkbar. (BG.14.13)

Wer sehen kann, dass alle Tätigkeiten vom Körper ausgeführt werden, der von der materiellen Natur geschaffen ist, und versteht, dass das Selbst (die Seele) nichts tut, hat die wahre Sicht. (BG.13.30)

Man sagt, ein Mensch sei noch weiter fortgeschritten, wenn er sowohl Freunde als auch Feinde, Neidische und Wohlgesinnte, die Frommen, die Sünder und die, die gleichgültig und unparteiisch sind, mit gleichen Augen sieht. (BG.6.9)

Wenn du erkennst, dass es in allen Tätigkeiten nichts außer diesen Erscheinungsweisen der Natur gibt, und dass der Höchste Herr zu all diesen Erscheinungsweisen in transzendentaler Stellung steht, kannst du Meine spirituelle Natur verstehen. (BG.14.19)

****

Die externen Kräfte, denen wir Menschen so hilflos ausgeliefert sind, führen uns immer zu bestimmten Taten. Schauen Sie sich noch einmal die Worte am Ende des letzten Satzes an: „... **zu bestimmten Taten**" – das sagt doch bereits alles! Wir werden von Kräften, die wir nicht beeinflussen können, zu Taten, die für uns bestimmt sind, gezwungen. Besser kann man unsere Hilflosigkeit, was eigenmächtiges Handeln anbelangt, gar nicht zum Ausdruck bringen. Die Kräfte sind also nur dazu da, um uns zu ganz bestimmten Taten zu zwingen, und damit sind wir beim Begriff „Karma", der soviel wie „Handlung, Tat" bedeutet.

Wir alle wissen ja, dass es gute, weniger gute und schlechte Taten gibt. Schlechte Taten, die unter dem Einfluss des Tamo-Guna (Unwissenheit) geschehen, werden in den Veden als „Vikarma" bezeichnet. Solche Taten ziehen für die Seele (die diese Taten begehen muss, wie Sie ja bereits wissen) Erniedrigung und leidvolle Reaktionen nach sich. Gute Taten, dic unter dem Einfluss des Sattva-Gunas (Tugend) geschehen, werden als „fruchtbringende Tätigkeiten" bezeichnet, sie erheben die Seele. Und jetzt halten Sie sich fest! GOTT sagt uns in den Veden sehr deutlich, dass beides für die Seele schlecht ist! Gute Taten, die die Seele erheben und Früchte bringen, sind ebenso schlecht wie schlechte Taten, die die Seele erniedrigen und Leid bringen. Da verstehe einer noch diese Welt oder besser gesagt das Universum. Nun, dieser Punkt ist gar nicht so leicht zu verstehen, aber wir werden schon eine vernünftige Erklärung zustande bringen.

Zuallererst müssen Sie verstehen, dass GOTT alles Geschehen im Universum gleichgültig ist. Das hört sich im ersten Moment etwas negativ angehaucht an, und das liegt daran, dass das Wort „gleichgültig" zusammengeschrieben ist. Richtig muss es heißen: Für GOTT ist alles, was im Universum geschieht, gleich gültig!

Da GOTT weiß, dass keine Seele für irgendetwas, das Sie gezwungenermaßen tun muss, auch nur die geringste Schuld trägt, urteilt ER auch nicht in Gut und Böse. Gut und Böse sind für IHN logischerweise gleich gültig, was auf uns leidige, an Materie und Illusion gekettete Seelen eher nicht zutrifft, da wir Menschen **gezwungenermaßen** urteilen und somit verurteilen. Und obwohl für GOTT alles gleich gültig ist, hält ER uns immer wieder an, nach der Tugend zu streben und das Böse zu meiden. Und das hat seinen guten Grund, denn nur die Kraft der Tugend schafft es, die Seele letztendlich aus aller Illusion zu befreien und in einen Zustand zu versetzen, der die Basis dafür schafft, aller Materie für immer zu entfliehen.

Wenn man einmal begriffen hat, dass die Seele alles über sich ergehen lassen muss und niemals in irgendeiner Weise ihr Geschick selber lenken kann, dann muten einen bestimmte Sätze und Formulierungen, die in den Veden geschrieben stehen, schon sehr seltsam an. Denn generell redet GOTT in den Veden abwertend und äußerst negativ über die Dämonen und deren finsteres Treiben. Da ist von gleicher Gültigkeit oder Nachsicht rein gar nichts zu spüren – ganz im Gegenteil. Und dann kommt plötzlich ein einzelner Vers, der die ganzen negativen Beschimpfungen aushebelt und ein ganz anderes Bild entstehen lässt. Das ist jedoch kein Unsinn, der dort niedergeschrieben worden ist, das hat schon seinen Sinn. Die vedischen Schriften sind für **alle** Menschen geschrieben, und nicht nur für eine philosophische „Elite". Vedisches Wissen baut auf, es führt einen langsam in eine bestimmte Richtung. Seelen, die sich in einem bestimmten Entwicklungsstadium befinden, **brauchen** solch negative Darstellungen des Gegenpols. Wenn eine Seele ein hohes Entwicklungsstadium erreicht hat, dann erkennt sie – mit Hilfe ihrer nunmehr richtig genutzten Intelligenz – den scheinbaren Widerspruch in den Schriften und weiß auch sofort, dass es eigentlich gar kein Widerspruch ist. Dasselbe gilt für die fortwährenden Belehrungen und Anleitungen, die GOTT uns durch die Veden zuspricht. Obwohl ER weiß, dass im Universum sowieso alles seinen bis ins kleinste Detail geplanten Lauf nimmt, und jede Seele diesen Automatismus über sich ergehen lassen muss, weist ER uns ständig an und belehrt uns. Da könnte man IHM glatt zurufen: *„Spar DIR doch gefälligst DEINE Belehrungen, wenn ich sowieso vollkommen nach Plan gelebt werde!"*

Jedoch ist es so, die Belehrungen und Anweisungen, die ER uns gibt, müssen als Meilensteine gesehen werden, denn nichts anderes sind sie. Ein Meilenstein hilft mir nicht im Geringsten dabei, eine Strecke zu bewältigen, aber er signalisiert mir, wie weit fortgeschritten ich auf meinem vorbestimmten Weg bin.

Ähnlich verhält es sich mit dem, was wir InFORMation nennen, ich werde Ihnen kurz den Unterschied zwischen Belehrung und InFORMation vor Augen führen.

Eine Belehrung oder Anweisung ist meistens ein Hinweis oder eine Aufforderung dahingehend, etwas, das man sowieso schon weiß oder ahnt, so oder so zu tun oder ganz bleiben zu lassen. Eine InFORMation dagegen birgt stets neues Wissen. InFORMation **kann** eine Änderung des Bewusstseins hervorrufen. Wobei die Betonung auf dem Wörtchen „kann" liegt! Es hängt nämlich vom jeweiligen Entwicklungsstand eines Menschen ab, ob eine InFORMation bei ihm greift oder nicht. InFORMationen sind immer wie Wegkreuzungen zu verstehen. Wenn Sie mit einer InFORMation konfrontiert werden, und Sie befinden sich in **dem** Entwicklungsstadium, dass sich die InFORMation in Ihnen manifestieren kann, dann werden Sie automatisch, der InFORMation entsprechend, Ihren Weg ändern. In so einem Fall greift die InFORMation, wie man so schön sagt, Sie selbst haben nicht den geringsten Einfluss darauf – es passiert ganz einfach. Wenn ein Mensch mit einer InFORMation konfrontiert wird, und er noch nicht das der InFORMation entsprechende Entwicklungsstadium erreicht hat, dann prallt die InFORMation an ihm ab, und er geht seinen alten Kurs weiter wie bisher.

InFORMation ist nicht gleich InFORMation, es kommt immer auf die Kraft an, die einer InFORMation innewohnt. Unter „Kraft" ist die Fähigkeit der InFORMation zu verstehen, unser Bewusstsein zu ändern. Wenn es im zyklischen universalen Geschehen angesagt ist, dass sich etwas grundlegend ändert, dann strömen **immer** zuvor dementsprechend kräftige InFORMationen ins Bewusstsein der Seelen. Ich möchte Sie darauf aufmerksam machen, dass ich, wenn ich von InFORMationen spreche, immer von positiven Kräften der Tugend (Sattva-Guna) rede. Es gibt logischerweise auch Fehlinformationen, die durch die Kraft des Tamo-Gunas (Unwissenheit) in Erscheinung treten, solche Fehlinformationen führen (ebenfalls programmgemäß!) in die Irre.

Wie schon einmal aufgezeigt, alles ist immer eine Sache von Kräften, auch Informationen unterliegen diesem Gesetz. Also unterschätzen Sie die Kraft der InFORMation nicht, denn es sind nicht zuletzt die InFORMationen, die Wunder bewirken! Und große Wunder geschehen immer dann, wenn ein entsprechender Zyklus ansteht oder besser gesagt:

wenn die Zeit dazu reif ist – wie der Volksmund so schön sagt.

Doch nun zurück zu den guten und schlechten Taten, die ja, laut Aussage Gottes, beide nicht dazu taugen, ans Ziel zu gelangen. Und das Ziel ist, um Ihnen das noch einmal ins Gedächtnis zu rufen, heraus aus der Materie zu gelangen.

Dass schlechte Taten (Vikarma) nicht dazu taugen, ans Ziel der Erlösung zu kommen, ist noch irgendwie nachvollziehbar. Aber dass gute Taten (fruchtbringende Tätigkeiten) auch nicht ans Ziel führen, das bedarf einer näheren Erklärung.

Es gibt derzeit und weltweit gesehen doch eine große Anzahl von Menschen, die an irgendeinen Gott glauben. Und jeder Gottglaube ist darauf hin aufgebaut, dass man, wenn man bestimmte Regeln im Leben befolgt, ins Paradies, in den Himmel, in die ewigen Jagdgründe oder wie immer man den ersehnten Ort bezeichnen mag, kommt. Wahre tiefgläubige Menschen achten doch sehr auf ihren Lebensstil und sind der Meinung, dass die Bewahrung dieses gläubigen Lebensstiles ihrem eigenen Willen entspringt. In Wirklichkeit unterliegen solche Menschen lediglich einer mehr oder weniger stabilen Phase der externen Kraft der Tugend (Sattva-Guna), glauben aber, sie selbst hätten diese Tugend per Willenskraft in sich erzeugt. Im Lebenslauf von streng gläubigen Menschen war die externe Kraft der Tugend sehr oft der Kraft der Leidenschaft ein wenig überlegen. Das muss so sein, denn sonst könnten solche Menschen gar nicht mit einem tugendhaften Lebensstil aufwarten. Und weil das gläubige Leben sehr anstrengend ist, denn es findet ja immer ein mehr oder weniger heftiger Kampf (Gewissenskonflikt) gegen die Kraft der Leidenschaften statt, erwartet ein gläubiger Mensch dafür logischerweise einen gerechten Lohn, so, wie ihm das seine Religion auch anpreist. Und genau das ist der Punkt! Diese Menschen erwarten oder erhoffen einen Lohn für ihre guten Taten, von denen sie glauben, dass sie selbst diese guten Taten vollbracht haben. Dass sie lediglich ein Spielball von Kräften waren und in Wirklichkeit einem gigantischen Automatismus ausgeliefert sind, wissen diese Menschen nicht. Sie können es auch gar nicht wissen, da solche Seelen noch nicht erwacht sind.

Jetzt stellt sich die Frage, was passiert mit Seelen, denen es momentan (in diesem Leben) vergönnt war, überwiegend tugendhaften Kräften ausgeliefert zu sein, und die deshalb tugendhafte Taten zustande gebracht haben, was ja nur die natürliche Folge ist? Die Antwort ist ganz einfach: Solche Seelen kommen in den Himmel, genau so, wie es ihnen ihre Religion prophezeit hat! Das muss so sein, denn es steckt das universale Gesetz von „Aktio = Reaktio“ (Was du säst, das wirst du ernten!) dahinter. Dass die Seelen, die in den Himmel kommen, im Grunde gar nichts dafür können, weil in Wirklichkeit die Kräfte der Tugend für deren tugendhafte Taten gesorgt haben, das sollte Ihnen, der Sie gerade diese Zeilen lesen, jetzt langsam klar werden! Und es sollte Ihnen auch bewusst sein, dass der Himmel oder besser gesagt, dass die Himmel nichts anderes sind als höher schwingende Dimensionen im Universum, die, wie alles im Universum, vom Bewusstsein der Halbgötter verwaltet werden. Höher schwingend heißt noch lange nicht, dass sich diese Himmel jenseits der Materie befinden, es handelt sich dabei lediglich um feinstofflichere Materie. Und eines können Sie in den Veden immer wieder lesen:

Auch in den höchsten Himmeln wird gestorben!

Ist ja auch logisch, denn die Himmel sind inneruniversale feinstoffliche Dimensionen, und alles Materielle ist nun mal vergänglich. In den Himmeln gibt es genauso wie auf Erden: Geburt, Alter und Tod.

Es steht selbstverständlich außer Zweifel, dass das himmlische Dasein von schier unvorstellbarer Herrlichkeit und Glücksgefühl geprägt ist, wie wir uns dies auf Erden in unseren kühnsten Träumen gar nicht vorstellen können. Auch sind die himmlischen Genüsse von Himmel zu Himmel unterschiedlich. Je stärker eine Seele von tugendhaften Kräften auf Erden gelenkt worden ist, umso höher ist ihr illusorisch erworbenes Anrecht auf Aufstieg, und desto höher ist die Dimension, in die sie gelangen wird. Das höchste der Gefühle im Universum birgt natürlich der „siebte Himmel“ (Satyaloka), auch diese Tatsache ist dem Volksmund bestens bekannt. Das Problem an den himmlischen Genüssen ist jedoch, dass sie zeitlich begrenzt sind. Sehen Sie, gute Taten werden in den Veden von GOTT als „fruchtbringende Tätigkeiten“ bezeichnet. Das bedeutet: wenn jemand gute Taten gesät hat, dann wird er gute Früchte ernten. Und von seiner Ernte kann man zehren. Aber nur solange, bis die guten Früchte aufgegessen sind, das ist im Himmel nicht anders als auf Erden (wie unten, so oben!). Sind die guten Früchte aufgezehrt oder anders ausgedrückt, ist das gute Karma abgeklungen, dann fallen die Seelen wieder herunter, und der dramatische Zirkus (Zyklus) geht von neuem los. Und diese Tatsache macht den Seelen im Himmel mehr oder weniger schwer zu schaffen. Das klingt zunächst paradox, denn wie kann einem denn im Himmel etwas schwer zu schaffen machen, wo doch alles paradiesisch und himmlisch ist? Das kann ich Ihnen an folgendem Beispiel erklären: Stellen Sie sich vor, Sie befinden sich (viele Inkarnationen lang) in einem furchtbaren Gefängnis. Auf Grund Ihrer guten Führung heißt es irgendwann plötzlich, Sie bekommen einen längeren Hafturlaub. Sie treten diesen Hafturlaub an und gelangen in derart paradiesische Gefilde, dass Sie vollkommen vergessen, dass Sie eigentlich nur auf Urlaub dort sind. Jedoch, je mehr die Zeit vergeht, umso stärker macht sich eine Ahnung in Ihnen breit, dass diese Zeit irgendwann zu Ende sein wird, und dass das grausame Gefängnis (die dichte Materie) auf Sie wartet. Und je weiter die Zeit fortschreitet, desto mehr wird Ihnen bewusst, dass es bald soweit sein wird. Und dieser Umstand macht den Seelen im Himmel so arg zu schaffen, und zwar umso mehr, je näher es dem Ende (Tod) zugeht. Die Seele ist ja ein winziges Teilchen Gottes, und deshalb wohnt die Qualität der Unsterblichkeit in ihr. Die Seele sehnt sich nach **ewiger** Glückseligkeit, und nicht nach zeitlich begrenztem Glück.

Und genau das ist der Grund, warum GOTT in den Veden auch die vermeintlich „guten Taten“ (fruchtbringenden Tätigkeiten) negativ einstuft. Und ER fragt uns unsterbliche SEELEN zu Recht:

„Was nützen euch himmlische Gefilde, die keinen dauerhaften Bestand haben?“

„Himmel und Hölle“ heißt das dramatische Spiel, das im Universum abläuft! Und dieser Ablauf ist präzise wie ein Uhrwerk. Wenn die himmlischen Früchte zu Ende gehen, dann geht es wieder hinab in die grobstoffliche Materie, und was das bedeutet, das wissen Sie ja selbst. Das Märchen, das die Kirchen ihren gläubigen Anhängern aufbinden, ist mit vedischem Wissen sehr schnell zu durchschauen. Der Mensch lebt nur ein Leben, wird dort gepredigt und verkündet. Hat er die Gnade, und bringt in seinem einen Leben gute Taten zustande, dann geht's für immer ab in den Himmel, war er jedoch böse, dann war er selber Schuld und wird verdammt. Man muss sich einmal vor Augen führen, mit welch einem krassen Unsinn die Gläubigen seit jeher abgespeist werden. Aber das muss so sein, denn es ist Teil des universalen Programms, und wir befinden uns nun einmal in der derzeit dunkelsten Phase (Kali-Yuga), die unser Universum überhaupt zu bieten hat.

Diejenigen Seelen, die noch nicht erwacht sind, jedoch auf Grund der Kräfte der Tugend (Sattva-Guna) fruchtbringende Tätigkeiten hervorbringen und sich den Himmel dafür erhoffen, haften sich ebenso an die Materie (wenn auch an feinstoffliche), wie jene Seelen, die von den Kräften der Unwissenheit (Tamo-Guna) gelenkt werden und somit dem materiellen Egoismus verfallen sind. Es ist also so, dass letztendlich **jegliches** Handeln (schlechte Taten wie gute Taten) die Seele an die Materie und somit an Geburt, Leid und Tod kettet.

Jetzt stellt sich natürlich sofort die Frage: was soll der Mensch denn dann überhaupt tun, wie soll er denn handeln? Diese Frage wird in den Veden von GOTT erschreckend einfach beantwortet:

Der Mensch soll überhaupt nicht handeln! – steht dort eindeutig immer wieder geschrieben.

„Nicht-Handeln" wird in den Veden als „Akarma" bezeichnet.

Nicht-Handeln bedeutet: eine Seele hat erkannt, dass sie selbst gar nicht der Handelnde ist, sondern dass sie **immer** nur der Ausführende ist. Wenn eine Seele in dieses Bewusstseinstadium tritt, dann transzendiert sie alle Handlungen, die ihre materielle Hülle, gezwungen von den Kräften der Gunas, begeht. Transzendieren bedeutet, sie weiß, dass alle Handlungen nach Gottes universalem Plan ablaufen, und dass sie selbst **nicht den geringsten** Einfluss auf diese Handlungen hat. Um es mit anderen Worten auszudrücken: die Seele hat das Spiel durchschaut – befindet sich aber **weiterhin** innerhalb des Geschehens, in das sie nicht eingreifen kann! In so einem Fall wird alles Handeln zum eigentlichen Nicht-Handeln. Wenn ein Mensch diese Erkenntnis erlangt und dadurch in das der Erkenntnis entsprechende Bewusstsein gelangt, dann kann es ganz schön holprig werden, denn so eine Erfahrung muss die Seele (also Sie!) erst einmal verdauen. Wenn Sie in dieses Bewusstsein gelangen, dann braucht es schon eine gewisse Zeit, um sich an diese Tatsache zu gewöhnen. Sie erkennen dann erst das ganze gewaltige Ausmaß der Illusion, der die noch nicht erwachten Seelen unterliegen. Das komplette Universum lebt in dieser Illusion – in „MAYA", wie es so schön heißt. Vom kleinsten Wicht bis hinauf zu den höchsten Halbgöttern fristet alles sein Dasein in Verblendung – in **I L L U S I O N** !

Die großen und erhabenen Magier, Meister und Erleuchtete, die mit ihrer vermeintlichen Willenskraft (Magie) die Geschicke des Universums zu lenken glauben, werden aus erwachter Sicht heraus plötzlich zur billigen Lachnummer. Kräfte (Gunas) lenken **jegliches** Tun oder Nicht-Tun im gesamten multidimensionalen Universum, und nicht die Individuen, die sich so wichtigtuerisch in ihm tummeln!

Eine erwachte Seele erkennt weiterhin ihr falsches Ego, in dem sie so lange gefangen war.

Ich zeige Ihnen jetzt eine Illustration, deren Aussagekraft schwerlich zu übertreffen ist. Die Illustration zeigt eine erwachte Seele, die sich gerade ihrer absolut hilflosen Situation bewusst wird. Die spirituelle Seele (also Sie!) erkennt, dass sie in einem Gefährt (materielle Hülle) steckt und dass diese Hülle eine furchtbare Reise ins Ungewisse macht. Das Gefährt wird von fünf Pferden gezogen, die wiederum durch die Kraft der Gunas angetrieben werden. Da die Gunas über den Geist auf die fünf Sinne des Menschen wirken, repräsentieren die fünf Pferde die Sinne. Die Zügel stellen den Geist dar, der die Sinne gemäß den Kräften der Gunas steuert. Dasjenige Wesen, das die Zügel in Händen hält, ist Ihr falsches Ego. Und ganz hinten, als Fahrgast sozusagen, bleich vor Schreck und **völlig** hilflos, in das Geschehen eingreifen zu können,

sitzen SIE!

Bild oben: Die erwachte Seele wird sich ihrer Lage bewusst

An dieser Stelle möchte ich Ihnen eine kleine, sehr passende Geschichte erzählen:
Ein wenig abseits von einem indischen Dorf hat sich seinerzeit ein sonderbarer alter Mann niedergelassen, dem der Ruf vorauseilte, dass er der weiseste Mensch auf Erden sei. Schnell wie ein Buschfeuer verbreitete sich diese Neuigkeit im indischen Dorf, und angesichts der Tatsache, dass es sich um den weisesten Menschen der Welt handeln soll, erstarrte förmlich alles vor Ehrfurcht. Keiner traute sich, den weisen Mann zu besuchen, geschweige denn ihm eine Frage zu stellen. Schließlich, nach langem Hin und Her, fassten die Dorfältesten den Entschluss, einen mutigen Abgesandten zum weisen Mann zu schicken, um einen Rat einzuholen. Nun war nur noch festzulegen, was für eine Frage man dem Weisen denn stellen solle. Nach eingehender Überlegung kam man zu dem Ergebnis, den Weisen zu fragen, wie man denn leben solle, damit man auf dem schnellsten Weg zu GOTT gelange. Gesagt, getan,

es machte sich ein mutiger Mann auf den Weg, um den Weisen zu befragen. Als jener mutige Mann schließlich vor dem weisen Mann stand und zaghaft fragte, ob er ihm denn eine Frage stellen dürfe, nickte der weise Mann und lächelte dabei. Und der mutige Mann sprach:

„Sag mir bitte, weiser Mann, wie muss ich leben, um auf dem schnellsten Weg zu GOTT zu gelangen?"

Der weise Mann blickte dem mutigen Mann tief in die Augen und gab ihm zur Antwort nur zwei Worte: ***„Leb weiter!"***

Der weise Mann hat also gewusst, dass jede Seele **immer** auf dem kürzest möglichen Weg zu GOTT ist, und dass jegliches Geschehen im Leben vorbestimmt und dementsprechend gelenkt wird. Da gibt es keine Abkürzung, keinen Zufall, keinen freien Willen oder was auch immer. Wer dies momentan noch nicht akzeptieren kann, der lebt noch in Illusion – in MAYA.

Doch es kommt für **jede** Seele ganz automatisch der Tag, an dem sie zu erwachen beginnt. Der Vorgang des Erwachens vollzieht sich in den meisten Fällen nicht schlagartig, sondern allmählich. Man driftet langsam in ein anderes Bewusstsein hinein – ins spirituelle Wachbewusstsein. Mit zunehmendem Wachsein erscheint Ihnen die materielle Welt immer seltsamer, unwirklich und skurriler. Sie kennen bestimmt den Ausspruch:

„Heute stehe ich wieder einmal komplett neben mir!"

Und genau das wird Ihre Erfahrung sein, Sie stehen plötzlich in gewisser Weise neben sich (nicht optisch gesehen, sondern gefühlsmäßig). Sie werden die Persönlichkeit, die Sie derzeit gerade darstellen, in einer seltsamen, mit Worten gar nicht zu beschreibenden Art und Weise erleben. Sie werden sich mehr und mehr dahingehend bewusst, dass Sie in Wirklichkeit gar nicht der- oder diejenige sind, den oder die Sie in diesem Leben gerade darstellen, sondern dass Sie dieser illusorischen Persönlichkeit (dem falschen Ego) nur sehr intensiv zusehen, und dass diese Intensität eine gewisse Verbundenheit (illusorische Identifikation) mit sich bringt. Diese Erfahrung ist **äußerst** massiv und muss langsam, Schritt für Schritt von der Seele (also von Ihnen!) realisiert werden. Die Erfahrung ist deshalb so massiv, weil sie für die Seele (also für Sie!) ein vollkommen neues Bewusstsein bedeutet, war sie doch seit Urzeiten in einem falschen Ego (Illusion) gefangen.

Ihre Gefühle werden in diesem Stadium hin und wieder in Ihnen eine Art Achterbahnfahrt veranstalten, und das liegt daran, dass Sie noch nicht ganz erwacht sind und immer wieder einnicken, so wie Sie das vom irdischen Schlafgeschehen her kennen. Sie brauchen vor nichts Angst zu haben, Sie sind immer beschützt. Sie bekommen nach und nach automatisch die Kraft, auftretenden Ängsten ins Auge zu blicken. Sie werden die Erfahrung machen, dass, wenn Sie der Angst entschlossen in die Augen blicken, selbige Ihnen zuzwinkern wird und verschwindet, denn Angst ist materiell (feinstofflich) und somit auch Illusion. Sie werden vielleicht von Giften und Leidenschaften Abstand halten, denn selbige können Ihnen in diesem Stadium unter Umständen sehr unangenehm zusetzen. Nach außen hin wird sich in Ihrem täglichen Ablauf nicht sonderlich viel ändern, Sie werden weiterhin zur Arbeit gehen oder sonstigen gewohnten Tätigkeiten nachgehen. Innerlich werden Sie das Geschehen auf Erden jedoch mit ganz anderen Augen betrachten. Es gibt für Sie, bezogen auf die SEELEN, kein Gut und Böse mehr. Sie werden keine SEELE mehr verurteilen, allenfalls bestimmte Taten, die sie anwidern und abstoßen, und damit verbunden sehr wahrscheinlich auch die jeweiligen illusorischen Persönlichkeiten, die diese Taten ausführen. Das Wesen derjenigen illusorischen Persönlichkeit, in die Ihre SEELE (also Sie!) derZEIT hineingezwungen ist, wird sich nicht großartig ändern, denn der der illusorischen Persönlichkeit zugehörige Charakter behält sich bei. Ihr wahres SELBST (die erwachte SEELE) erfährt die illusorische Persönlichkeit aus einer seltsamen Distanz heraus, und ES (das wahre SELBST) ist nach wie vor **absolut** unfähig, in deren Rolle eingreifen zu können. SIE (als SEELE!) begreifen mehr und mehr, dass SIE derZEIT **ausschließlich** ERFAHRENDER sind. Um SIE herum tobt der Tornado des Lebens, IHRE materielle Hülle tanzt diesen Tanz zwar in gewisser Weise mit, doch SIE SELBST gelangen immer mehr in des Tornados ruhige Mitte. SIE werden diesen „WEG DER MITTE" ganz automatisch gehen – von dem Sie schon so viel gehört haben, den Sie aber bislang noch nie so richtig verstanden haben. SIE werden, genau wie GOTT es in den Veden berichtet, HANDELN und doch NICHT-HANDELN. Es wird, bis hin zum ent/scheidenden Moment (auf den ich noch zu sprechen kommen werde), ein permanentes Hin und Her zwischen Illusion und Desillusion sein – also zwischen Sie und SIE!

Sie werden sich mitunter sehr einsam fühlen, denn der „WEG DER MITTE" führt nach innen, und Sie können diesen Weg nur alleine gehen. Erst am Ziel werden SIE DAS antreffen, wonach SIE sich seit Urzeiten so gesehnt haben. SIE werden sich innerlich immer mehr zurücklehnen können und die Geschehnisse einfach auf SIE zukommen lassen, da SIE sich nun bewusst sind, dass sowieso alles seinen vorbestimmten (illusorischen) Lauf geht. SIE werden erfahren, dass Sie der Fluss des Lebens stetig voran trägt, und SIE sich bei dieser illusorischen Reise in einem sicheren, unsinkbaren Boot befinden. Sie werden der weiseste Mensch der Welt sein und wissen, dass Weisheit mit nichts anderem zu tun hat als mit AUFWACHEN. Sie werden die ganz Welt dahingehend inFORMieren wollen, doch die materielle Welt wird Sie nur blöd und geschäftig anglotzen, denn die Welt schläft und handelt in ILLUSION. Sie werden mit Gedanken konfrontiert sein, die dahingehend ausgerichtet sind, an wen Sie dieses kostbare Wissen, das SIE erfahren, weitergeben können. Die illusorische Persönlichkeit, mit der SIE nach wie vor verbunden sind, wird automatisch die richtigen Menschen auswählen und inFORMieren, denn es gibt keinen Irrtum im Universum. Sie werden immer mehr Kraft bekommen, es handelt sich dabei um eine sehr sonderbare Kraft – um transzendentales Bewusstsein. Alle Ängste und Anspannungen werden nach und nach von Ihnen abfallen, und es werden immer häufiger Augenblicke auftreten, in denen SIE ein unbeschreibliches Reisefieber packt. Dabei handelt es sich um Augenblicke hohen Glücksgefühles, es ist die Vorfreude der SEELE auf DAS, was unweigerlich kommt. Und es werden immer häufiger Momente auftreten, in denen Sie sich innerlich sagen:

„Das kann doch gar nicht wahr sein, dass DAS alles wahr ist!" – **Es ist wahr!**

SIE werden immer mehr in Transzendenz geraten, Sie werden GOTT zwangsläufig zu Ihrer Chefsache machen. Ihr Bewusstsein wird sich mehr und mehr auf IHN konzentrieren. Es wird schließlich irgendwann der Augenblick kommen, der im wahrsten Sinne des Wortes der **ent/scheidende** Augenblick sein wird, IHRE Seele (also SIE!) wird ihre letzte materielle Hülle abstoßen, dabei an IHN denken und dieses mal durch **den** Energiekanal gleiten, der in UNSER aller Heimat führt – in SEINEN ewigen, spirituellen Körper. SIE gelangen in die ewige Glückseligkeit, SIE werden auf einem der unzähligen Planeten von Vaikuntha geboren – dem Ort, wo es keine Angst gibt.

SIE werden sich in der ewigen Glückseligkeit an nichts mehr erinnern, was Sie im materiellen Geschehen (Illusion) erlebt und erfahren haben, denn in der spirituellen Welt wandelt sich Denken in Genießen – Gelebt werden in **LEBEN.**

Hier auf Erden hindern Sie die Gedanken am Genießen. Das ist eine Tatsache, die Sie jederzeit nachprüfen können, Sie brauchen dazu nur ein klein wenig darauf Acht geben, wie Sie vermeintlich genießen. Immer werden Sie, nach mehr oder weniger langer Genussphase, vom Trommelfeuer der Gedanken – das die Gunas in Ihnen veranstalten – aus dem Genuss gerissen. Es ist der genussvolle Augenblick, der sich nicht festhalten lässt, so sehr man sich das auch wünscht. In der materiellen Welt gibt es nur Zukunft und Vergangenheit, jedoch der Augenblick, die Gegenwart, der Moment oder wie immer man dieses derZEIT unreale Etwas auch bezeichnen mag, ist nicht existent. Anders schaut es in der spirituellen Welt aus, dort ist der AUGENBLICK oder besser gesagt das ewige JETZT beheimatet.

Wie schon erwähnt, in der materiellen Welt hindern uns die Gedanken daran, an das JETZT zu gelangen. Die Menschen identifizieren die in sie hineinprasselnden Gedanken fälschlicherweise mit ihrer Persönlichkeit, sie nehmen an, dass sie die Gedanken mittels ihres Gehirns erschaffen. Doch diese Annahme entspricht nicht der Wahrheit, sie entspringt der ILLUSION – und die ILLUSION ist perfekt! Muss sie auch sein, denn sie hält das falsche Ego aufrecht, dessen Sinn und Zweck ich Ihnen noch darlegen werde. Tatsache ist, der Mensch ist kein denkendes Wesen, wie immer behauptet wird, der wahre Mensch (die SEELE) wird bedacht! Die Gedanken sind Auswirkungen oder besser gesagt Handlanger der Gunas und kommen von außen. Die Gedanken zwingen Sie ständig zum Handeln, sie rauben Ihnen den inneren Frieden! In der spirituellen Welt prasseln keine Gedanken mehr auf SIE ein, dort können SIE ewig in Ruhe und in Frieden genießen.

Ja, liebe Freunde, die Sache schaut über kurz oder lang doch äußerst positiv aus, trotz aller derZEITig materiellen Dramatik. Und zwar so positiv, dass man es mit Worten gar nicht beschreiben kann. Alles ist eben nur eine Frage der ZEIT bzw. der ILLUSION und des ERWACHENS aus selbiger. Ich weiß nicht, in wie weit **Sie** bereits in Ihrer Entwicklung fortgeschritten sind. Vielleicht sind Sie gerade im Begriff aufzuwachen, das würde mich außerordentlich freuen. Vielleicht schläft Ihre Seele (also SIE!) noch und Sie denken sich, dass derjenige, der diese Zeilen niedergeschrieben hat, ein Verrückter sein muss. In diesem Fall kann ich Ihnen nur voll und ganz zustimmen. ICH, der ich diese Zeilen zum Ausdruck gebracht habe, bin in gewisser Weise tatsächlich verrückt! Nur, Sie sollten über den Sinn der Worte – die Sie so unbewusst gebrauchen – einmal nachdenken. Ich bin aus der Illusion hinausgerückt und kenne deshalb die Wahrheit – ich bin ver-rückt worden. Sie, der Sie ein Teil Gottes sind, sind zu Beginn des materiellen Universums unglücklicherweise in die Illusion und Verblendung hineingerückt worden, und Sie befinden sich derzeit noch in diesem Zustand. Also, wer von uns beiden ist hier verrückt?

Ihnen ist bestimmt schon aufgefallen, dass sich so manches, was ich in den vorangegangenen Kapiteln geschrieben habe, jetzt in einem ganz anderen Licht darstellt, ja größtenteils geradezu auf den Kopf gestellt wird! Habe ich zuvor von Menschenhassern und finsteren Handlangern gesprochen, so sage ich jetzt, dass keine Seele für den Akt, den sie gerade darstellen muss, irgendeine Schuld trägt. Habe ich zuvor gesagt, dass Sie Ihren Willen einsetzen müssen, um dieses oder jenes so oder so zu gestalten, so wissen Sie jetzt, dass Sie Ihr Tun im Grunde gar nicht beeinflussen können, weil es programmgemäß von Kräften

(Gunas) bestimmt wird und somit vollkommen automatisch von statten geht. Habe ich zuvor behauptet, dass der Mensch seinen Willen trainieren kann wie einen Muskel, und man dadurch der Magie fähig wird, so wissen Sie jetzt, dass es derZEIT gar keinen eigenen Willen gibt, und aus diesem Grund auch alle magischen Handlungen in letzter Konsequenz von den Gunas vollzogen werden. Die großen Magier und Erleuchteten bis hin zu den Halbgöttern leben in der Illusion, dass sie es sind, die das Geschehen im Universum bestimmen, in Wirklichkeit sind sie, was das Handeln anbelangt, genauso Marionetten der Gunas wie alle anderen Lebewesen auch. Es läuft ein gigantisches Programm im Universum ab, das das gesamte Seelenpotential in seinem Bann hält, und das die Dinge bis ins kleinste Detail steuert. Es gibt keinen Zufall im Universum, es herrscht MAYA (Täuschung, Illusion) – vergessen Sie das nicht! Auch habe ich Ihnen erzählt, dass das Leben in höher schwingenden Dimensionen wirklicher ist als in unserer grobstofflichen Dimension. Auch das muss ich nun in bestimmter Weise korrigieren, denn es ist lediglich so, dass die ILLUSION in höher schwingenden Dimensionen perfekter ist. Oder, anders ausgedrückt, der Schlaf ist in höher schwingenden Dimensionen schöner und tiefer, ein Erwachen ist somit in höher schwingenden Dimensionen **schier unmöglich**. Hier, in der dramatischen untersten grobstofflichen Dimension, werden die Seelen aufwachen und ihre **wirkliche** Heimat erkennen, denn hier ist zwar die Materie am dichtesten, die Illusion jedoch am schwächsten. Und spätestens an dieser Stelle sollte ihnen die **wahre** Bedeutung der Aussage: *„**Die Letzten werden die Ersten sein!**“* langsam aber sicher bewusst werden!

Es hat sich also so einiges auf den Kopf gestellt, und zwar deshalb, weil ich langsam und behutsam Ihren Blickwinkel geändert habe. Ich musste Sie langsam in diese ERKENNTNIS hineinführen und langsam aufwecken, denn einen Schlafenden weckt man ja auch sanft und nicht mittels eines China-Böllers.

Begreifen SIE langsam, dass sie hier etwas ERFAHREN, dass all das, was ihnen die Welt bislang mitgeteilt hat, VOLLKOMMEN in den Schatten stellt?

Die gesamte Philosophie, die von esoterisch orientierten Bewegungen und Religionen proklamiert und gelehrt wird, führt die SEELEN zwangsläufig und vor allem gezielt in die Irre. Es wird quer durch die ganze Esoterik immer verkündet, dass der Mensch sich zu höheren Dimensionen aufschwingen soll. Dimensionen, in denen das Licht und die Liebe dominieren. Das klingt im ersten Moment äußerst positiv, und falls es Ihre Rolle – die Sie unweigerlich zu spielen haben – vorsieht, wird es, bedingt durch das Sattva-Guna, auch so geschehen. Sie werden im Zuge solch einer Vorsehung, wie viele andere (Meister, Erleuchtete) vor Ihnen auch, in immer feinstofflichere, lichtere und liebevollere Dimensionen aufsteigen, doch die Sache hat einen gewaltigen Haken. Der Volksmund kennt übrigens diesen Haken, denn er sagt:

*„**Je höher man steigt, umso tiefer ist irgendwann der Fall!**“*

Und diejenigen, die den letzten Himmel erklommen haben, **werden** irgendwann fallen, und auch die Veden geben darüber klipp und klar Auskunft: „Auch in den höchsten Himmeln wird gestorben“ – steht dort geschrieben! Diejenigen Meister und Erleuchtete, deren Rolle es vorsieht, dass Sie mit der dichtesten Dimension (der auch unsere Erde angehört) in Kontakt treten, erzählen da logischerweise etwas ganz anderes. Diese **momentan** hochgestellten Seelen schwelgen in einem himmlischen Gefühl von Liebe und Ewigkeit, doch dieses Gefühl, mag es auch noch so schön und ewig erscheinen, ist letztendlich eine Illusion, die sie nicht durchschauen können. Und deshalb ist es auch keine Lüge oder gar böse Absicht, wenn die „Aufgestiegenen" denjenigen Seelen, die ihre derzeitige Rolle in niederen Dimensionen ableisten müssen, höhere Dimensionen schmackhaft machen. Das ganze System ist strikt dahingehend ausgerichtet, die ILLUSION in den Universen aufrecht zu erhalten (warum das so ist, dazu komme ich noch). Doch es kommt der Tag, da werden die „höchsten" Seelen fallen, und ihre vorgegebene Rolle im dunklen Gegenpart ableisten. Es ist ein ständiger Kreislauf, der da stattfindet – ein universaler Zyklus! Ich sage es noch einmal, „Himmel und Hölle" heißt das Drama, dem die Universen ausgeliefert sind. Den Menschen wird immer einsuggeriert, dass sich irgendwann alles zum Guten wendet und das Böse eine endgültige Niederlage erfährt. Nur, solange man dieses Spiel nicht durchschaut hat, wird sich am universalen Ablauf nicht das Geringste ändern. Eine Änderung wird erst dann stattfinden, wenn eine Seele aufwacht und die Illusion, der sie seit Urzeiten verfallen war, erkennt. Und ein Aufwachen ist **ausschließlich** in der dichtesten Dimension möglich, denn, wie ich bereits erwähnt habe, hier bei uns auf Erden ist zwar die Materie am dichtesten, die ILLUSION jedoch am geringsten.

Ich möchte jetzt kurz auf den Moment des Todes eingehen, also auf **den** Augenblick, wenn die SEELE (also SIE!) ihre materielle Hülle abstößt. Dieser Moment ist immer entscheidend. Ent/scheidend deshalb, weil dieser Moment bestimmt, wohin SIE gelangen. Jeder Tod ist eine Geburt und jede Geburt ist ein Tod, dessen sollten Sie sich mittlerweile schon bewusst sein. SIE wechseln also die Dimension. Und Sie werden **immer** an **den** Ort gelangen, der dem Entwicklungsstand, den SIE zum Zeitpunkt des Todes haben, entspricht. Ist ja auch logisch, denn alles andere wäre Zufall oder Irrtum. Und Zufall und Irrtum gibt es im Universum nicht.

Das, was SIE in Wirklichkeit sind, und das als Seele bezeichnet wird, ist nicht materiell, es ist spirituell. Die Seele ist ein spirituelles ETWAS, das in einem materiellen Leib gefangen ist, und das den Leib mit Bewusstsein durchdringt und somit belebt. Die Veden erklären, dass im materiellen Körper Energietunnels existieren, die „Nadis" genannt werden. Nadis sind im Grunde das, was unsere Mediziner als Nervenbahnen bezeichnen. Es gibt im menschlichen Körper 118 Haupt-Nadis und unzählige Neben-Nadis. Im Augenblick des Abstoßens der materiellen Hülle (des Todes) verlässt die Seele (also SIE!) den Leib durch eines dieser 118 Nadis. Jedes Nadi führt an einen anderen Ort des multidimensionalen Universums, jedoch ein Nadi führt in die spirituelle Welt – zu GOTT. Eine erwachte SEELE, die ihr spirituelles, transzendentales Bewusstsein wieder voll erlangt hat und somit ständig ihre spirituelle Heimat (Vaikuntha) im Visier hat, wird automatisch durch dasjenige Nadi die materielle Hülle verlassen, das zu GOTT führt. Es geht gar nicht anders! Deshalb ist der Augenblick des Todes so ungeheuer wichtig, er ist im wahrsten Sinne des Wortes:

ENT/SCHEIDEND!

Und was sagt uns GOTT durch die Veden dazu?

Getäuscht von den drei Erscheinungsweisen [Gunas] kennt die gesamte Welt Mich nicht, der Ich über den Erscheinungsweisen stehe und unerschöpflich bin.
(BG.7.13)

Aus der Erscheinungsweise der Tugend entwickelt sich wirkliches Wissen; aus der Erscheinungsweise der Leidenschaft entwickelt sich Leid, und aus der Erscheinungsweise der Unwissenheit entwickeln sich Dummheit, Irrsinn und Illusion. (BG.14.17)

Menschen, die sich in der Erscheinungsweise der Tugend befinden, gehen allmählich aufwärts zu den höheren Planeten; diejenigen in der Erscheinungsweise der Leidenschaft leben auf den irdischen Planeten und diejenigen in der Erscheinungsweise der Unwissenheit fallen in die höllischen Welten hinab. (BG.14.18)

Die Dämonen wissen nicht, was getan werden muss, und was nicht getan werden darf. In ihnen ist weder Sauberkeit noch richtiges Betragen, noch Wahrheit zu finden. (BG.16.7)

Sie sagen, die Welt sei unwirklich; sie habe keinen Ursprung und es gebe keinen Gott, der sie beherrsche. Sie sei durch sexuelles Verlangen erzeugt worden und habe keine andere Ursache als Lust. (BG.16.8)

Weil sie sich nach solchen Schlussfolgerungen richten, gehen die Dämonen, die sich selbst ausgeliefert sind und keine Intelligenz haben, abscheulichen, unheilvollen Tätigkeiten nach, die dafür BESTIMMT sind, die Welt zu zerstören. (BG.16.9)

Sie glauben, die Sinne bis ans Ende des Lebens zu befriedigen sei die größte Notwendigkeit der menschlichen Zivilisation. Daher haben ihre Sorgen kein Ende. Durch Hunderttausende von Wünschen und durch Lust und Zorn gebunden, sichern sie sich mit illegalen Mitteln Reichtum für Sinnenbefriedigung. (BG.16.11-12)

Der dämonische Mensch denkt: „So viel Reichtum besitze ich heute, und nach meinen Plänen werde ich noch mehr erlangen. So viel gehört mir jetzt, und es wird in Zukunft mehr und mehr werden. Er ist mein Feind, und ich habe ihn umgebracht, und meinen anderen Feind werde ich ebenfalls töten. Ich bin der Herr über alles; ich bin der Genießer; ich bin vollkommen, mächtig und glücklich. Ich bin der reichste Mann, umgeben von adligen Verwandten. Niemand ist so glücklich und mächtig wie ich. Ich werde Opfer darbringen; ich werde einige Spenden geben, und so werde ich genießen." Auf diese Weise werden solche Menschen durch Unwissenheit getäuscht. (BG.16.13-15)

Die Neidischen und Boshaften, die die Niedrigsten unter den Menschen sind, werden von Mir in den Ozean der materiellen Existenz, in verschiedene dämonische Arten des Lebens geworfen. (BG.16.19)

Es gibt drei Tore, die zu dieser Hölle führen - Lust, Zorn und Gier. Jeder vernünftige Mensch sollte diese drei Dinge aufgeben, denn sie führen zur Erniedrigung der Seele. (BG.16.21)

Jemand, der alle Wünsche nach Sinnenbefriedigung aufgegeben hat, der frei von Wünschen ist, allen Anspruch auf Besitz aufgegeben hat, und frei von falschem Ego ist – er allein kann wirklichen Frieden erlangen. (BG.2.71)

Das ist der Weg des spirituellen und gottgefälligen Lebens. Nachdem man es erreicht hat, ist man nicht mehr verwirrt. Ist man selbst zur Stunde des Todes in diesem Bewusstsein verankert, kann man in das Königreich Gottes eintreten. (BG.2.72)

Wer die Halbgötter verehrt, wird unter den Halbgöttern geboren; wer Geister und Gespenster verehrt, wird unter solchen Wesen geboren; wer die Vorfahren verehrt, geht zu den Vorfahren, und wer Mich verehrt, wird mit Mir leben. (BG.9.5)

Ich beneide niemanden, noch bevorzuge Ich jemanden; Ich bin allen gleichgesinnt. Doch wer immer Mir in Hingabe dient, ist Mein Freund, ist in Mir, und auch Ich bin sein Freund. (BG.9.29)

Man sollte verstehen, dass die materielle Natur (Brahman) und die Lebewesen (Seelen) anfanglos sind. Ihre Umwandlungen und die Erscheinungsweisen der Materie sind Produkte der materiellen Natur. (BG.13.20)

Wer die Philosophie von der materiellen Natur, dem Lebewesen und der Wechselwirkung der Erscheinungsweisen der Natur versteht, wird mit Sicherheit Befreiung erlangen. Er wird in dieser Welt nicht wiedergeboren werden, ungeachtet seiner jetzigen Stellung. (BG.13.24)

Wer bewusst den Unterschied zwischen dem Körper und dem Besitzer des Körpers sieht und den Vorgang der Befreiung aus dieser Knechtschaft verstehen kann, erreicht ebenfalls das höchste Ziel. (BG.13.35)

Selbst die Intelligenten sind verwirrt, wenn sie bestimmen sollen, was Handeln und was Nichthandeln ist. Ich werde dir jetzt erklären, was Handeln ist, und wenn du dies weißt, wirst du von allen Sünden befreit sein. (BG.4.16)

Die Kompliziertheit des Handelns ist sehr schwer zu verstehen. Deshalb sollte man genau wissen, was Handeln, was verbotenes Handeln und was Nichthandeln ist. (BG.4.17)

Wer Nichthandeln in Handeln und Handeln in Nichthandeln sieht, ist intelligent unter den Menschen, und er steht in der transzendentalen Stellung, obgleich er allen möglichen Tätigkeiten nachgehen mag. (BG.4.18)

Indem er alle Anhaftung an die Ergebnisse seiner Tätigkeiten aufgibt, immer zufrieden und unabhängig ist, führt er keine fruchtbringende Handlung aus, obwohl er mit allen möglichen Unternehmungen beschäftigt ist. (BG.4.20)

Wer mit Gewinn zufrieden ist, der von selbst kommt; wer frei von Dualität ist und keinen Neid kennt, und wer sowohl bei Erfolg wie auch Misserfolg stetig ist, wird niemals verstrickt, obwohl er handelt. (BG.4.22)

Die Arbeit eines Menschen, der unangehaftet gegenüber den Erscheinungsweisen der materiellen Natur ist, und der völlig in transzendentalem Wissen verankert ist, geht vollständig in die Transzendenz ein. (BG.4.23)

Wer weder frohlockt, wenn er etwas Angenehmes erreicht, noch klagt, wenn ihm etwas Unangenehmes widerfährt, wer selbst-intelligent ist, nicht verwirrt und die Wissenschaft von Gott kennt, ist als jemand zu verstehen, der sich bereits in der Transzendenz befindet. (BG.5.20)

Solch ein befreiter Mensch fühlt sich weder zu materieller Sinnenfreude noch zu äußeren Objekten hingezogen, sondern befindet sich immer in Trance und genießt die Freude im Innern. Auf diese Weise genießt der Selbstverwirklichte unbegrenztes Glück, denn er konzentriert sich auf den Höchsten. (BG.5.21)

Wenn das verkörperte Wesen fähig ist, diese drei Erscheinungsweisen zu transzendieren, kann es von Geburt, Tod, Alter und den damit verbundenen Leiden frei werden und schon in diesem Leben Nektar genießen. (BG.14.20)

Wer Erleuchtung, Anhaftung und Täuschung weder hasst, wenn sie gegenwärtig sind, noch nach ihnen verlangt, wenn sie verschwinden; wer dasitzt, als sei er unbeteiligt, weil er sich jenseits der materiellen Reaktionen der Erscheinungsweisen der Natur befindet; wer fest bleibt, da er weiß, dass allein die Erscheinungsweisen aktiv sind; wer Freude und Schmerz mit Gleichmut betrachtet und einen Erdklumpen, einen Stein und ein Goldstück mit gleichen Augen sieht; wer weise ist und Ruhm und Schmach als gleich ansieht; wer in Ehre und Unehre unverändert bleibt; wer Freund und Feind gleich behandelt und wer alle fruchtbringenden Unternehmungen aufgegeben hat – von einem solchen Menschen sagt man, er habe die Erscheinungsweisen der Natur transzendiert. (BG.14.21)

Für jemand, der sich ohne Unterlass an Mich erinnert, bin Ich sehr leicht zu erreichen, da er sich ständig im hingebungsvollen Dienst betätigt.
(BG.8.14)

Und wer immer sich im Augenblick des Todes, wenn er seinen Körper verlässt, an Mich erinnert, erreicht sogleich Mein Reich. Darüber besteht kein Zweifel.
(BG.8.5)

****

Bevor wir uns ins Finale stürzen, möchte ich Sie mit einigen weltlichen Weisheiten einstimmen, die mir im Laufe der Zeit untergekommen sind:

Was wir sind ist nichts, was wir suchen alles. (Hölderlin)

Nichts auf der Welt ist so mächtig wie eine IDEE, deren Zeit gekommen ist.
(Victor Hugo)

Der Schlüssel zu allem ist Geduld. Nicht durch Aufschlagen, sondern durch Ausbrüten wird aus einem Ei ein Küken. (chinesisches Sprichwort)

So gut wie alles, was du heute tust, wird über kurz oder lang bedeutungslos sein. Trotzdem musst du es unbedingt tun. (Mahatma Gandhi)

Selbst der dümmste Mensch wird durchtrieben, hinterlistig, fast klug, wenn er begehrt. Das ist die Erfindungsgabe des Instinkts, der uns übertrifft, indem er uns beherrscht
(Hugo Steinhaus)

Der sensible Mensch leidet nicht aus diesem oder jenem Grunde, sondern ganz allein, weil nichts auf dieser Welt seine Sehnsucht stillen kann. (Jean Paul Sartre)

Die Existenz an sich ist die Wunde. (Mikis Theodorakis)

Der, der ich bin, grüßt trauernd den, der ich sein möchte. (Karl Rahner)

Das Beste, was diese Welt bietet, ist die Sehnsucht, nach einer anderen. (Martin Kessel)

Philosophieren heißt sterben lernen. (Michel Eyquem de Montaigne)

Man erkennt den Irrtum daran, dass alle Welt ihn teilt. (Giraudoux)

Der Traum ist der beste Beweis dafür, dass wir nicht so fest in unsere Haut eingeschlossen sind, wie es scheint. (Friedrich Hebbel)

Eines Tages wird man offiziell zugeben müssen, dass das, was wir Wirklichkeit getauft haben, eine noch größere ILLUSION ist als die Welt des Traumes. (Salvador Dali)

****

So, meine lieben Freunde, jetzt geht es an die höchste Frage, die ein Mensch überhaupt stellen kann – jetzt geht es ans:

„warum?"

Ich habe Ihnen ja schon deutlich gemacht, dass diesem unscheinbaren Fragewörtchen eine ungewöhnliche Macht innewohnt, denn es ist die Mutter aller Fragen. Immer wurde diese Frage von der Obrigkeit mit Verboten, Tabus, Demut oder Schuld beantwortet oder abgeschmettert, und zwar deshalb, weil alle Obrigkeit nicht in der Lage war und ist, diese Frage wirklich (absolut!) zu beantworten.

Mich haben Kraft und Faszination, die dieser Frage innewohnen, gemäß Plan nicht eher ruhen lassen, bis ich die Antwort darauf erhalten habe. Mit der Antwort auf das „warum?" ist zugleich auch der Sinn unseres universalen Daseins geklärt. Um Sie behutsam an die Antwort heranzuführen, muss ich zunächst einen Irrglauben beseitigen.

Ich habe Ihnen ja schon berichtet, dass keine der derzeit etablierten Weltreligionen die vedischen Schriften als Grundlage hat, lediglich der Hinduismus ist teilweise an die Veden angelehnt. Die einzige Gruppe, die nach vedischen Schriften lebt und lehrt, ist die „Internationale Gesellschaft für Krishna-Bewusstsein", kurz ISKCON genannt. Und ich habe Ihnen mitgeteilt, dass sich ihr Gründer, Srila Prabhupada, in einem wesentlichen Punkt geirrt hat. Und diesen Punkt werde ich Ihnen jetzt aufzeigen und erklären.

Srila Prabhupada, der ein ausgezeichneter Kenner der vedischen Schriften war, hat seinerzeit das „warum?" in seinen Erläuterungen zu den vedischen Schriften bereits fixiert. – **Allerdings falsch!**

Er erklärte und lehrte, dass wir, als individuelle, persönliche Teilchen Gottes, unseren Fall in die Materie selbst verschuldet haben. Interessant an seiner These ist, dass er den Ort unseres angeblichen Verschuldens nicht **ins** Universum setzt, wie das ja die Kirche und alle anderen Religionen tun, sondern er setzt ihn außerhalb aller Materie, in die spirituelle Welt. Das bedeutet, wir haben – seiner Meinung nach – bereits als individuelle Persönlichkeiten in der ewigen Glückseligkeit bei GOTT gelebt, uns jedoch aus irgendeinem Grund von IHM abgewendet. Und diese Abwendung hatte zur Folge, dass ER uns in die Materie fallen ließ, wo wir derzeit geläutert werden, um danach reumütig und demütig wieder zu IHM zurückzukehren. Srila Prabhupada gibt auch eine Erklärung ab, warum wir uns angeblich von GOTT abgewendet haben. Er sagt: GOTT gewährt, bedingt durch SEINE LIEBE, all SEINEN Teilchen immer einen freien Willen und Freiheit, und somit auch die Freiheit, sich von IHM abzuwenden. Und diesen freien Willen sollen wir tatsächlich dahingehend genutzt haben, uns von IHM zu trennen, denn wir sind ja derzeit in der Materie gefangen.

Nun, das ist immerhin eine Erklärung, die das „warum?", wenn es denn so gewesen ist, schlüssig erklärt. Wenn man sich jedoch bestimmte Fakten und Geschehnisse genau und kritisch betrachtet, dann stürzt diese Erklärung des „warum?" wie ein Kartenhaus in sich zusammen. Ich werde Ihnen im Folgenden die Punkte, die dazu ausschlaggebend sind, darlegen:

- Alles, was sich in der spritituellen Welt (Planetensystem Vaikuntha) befindet, stellt Gottes spirituellen Körper dar und lebt, laut SEINER Aussage, in **absoluter** Glückseligkeit. Wenn wir also bereits als bewusste, mit einem freien Willen ausgestattete Persönlichkeiten in der spirituellen Welt gelebt haben, dann **müssen** wir, da wir ja Teile Gottes sind, auch in **absoluter** Glückseligkeit gelebt haben. Da ER die Summe all SEINER Teilchen ist, und ER ja laut eigener Aussage absolut glückselig ist, **muss** jedes Teilchen von IHM auch in absoluter Glückseligkeit leben, alles andere wäre ein Widerspruch in sich selbst. Und plötzlich hat uns, da wir in der spirituellen Welt angeblich einen freien Willen gehabt haben, die absolute Glückseligkeit nicht mehr interessiert oder erfüllt, und wir haben uns von IHM – und somit von unserer **absoluten** Glückseligkeit – abgewendet. *„Eine seltsame* ***absolute*** *Glückseligkeit!"* – kann ich da nur sagen.

  Sie sehen also, entweder GOTT lügt uns an, was SEINE **absolute** Glückseligkeit anbelangt, oder es war gar nicht so, wie Srila Prabhupada es vermutete.

- Dann die Aussage, dass GOTT aus lauter LIEBE SEINEN Teilchen einen freien Willen gewährt, der wiederum dazu geführt haben soll, dass wir uns von IHM abgewendet haben. *„Eine seltsame Liebe!"* – kann ich da nur sagen – *„Wahre LIEBE trennt nicht, wahre LIEBE verbindet!"*

- Dann die Aussage, dass GOTT SEINEN Teilchen Freiheit gewährt, die in Kombination mit dem freien Willen letztendlich dazu geführt haben soll, dass wir in die grausame Materie eingekerkert worden sind. *„Eine seltsame Freiheit!"* – kann ich da nur sagen – *„Wahre FREIHEIT schränkt nicht ein, in* ***keiner*** *Weise!"*

- Und dann die Tatsache, dass GOTT uns in den vedischen Schriften an **keiner** Stelle mitteilt, dass wir bereits bewusste Persönlichkeiten in SEINEM spirituellen Reich waren, und uns aufgrund eines freien Willens von IHM abgewandt haben. Das alles ist **nur** in den Erläuterungen zu den Schriften zu lesen, und diese Erläuterungen wurden allesamt von Menschen geschrieben. Und Menschen unterliegen den Erscheinungsweisen der Natur (Gunas), auch wenn sie von ihrem Umfeld als „Erleuchtete" oder „Meister" betitelt werden! Und selbst dann noch, wenn sie bereits höchstes Krishna-Bewusstsein entwickelt haben. Sie werden dann lediglich nicht mehr in ihre Handlungen, die sie nach wie vor gemäß den Gunas ausführen müssen, verstrickt, denn sie handeln und handeln dennoch nicht, wie ich das ja schon erklärt und aufgezeigt habe. Srila Prabhupada wurde sehr oft gefragt, ob er denn, bedingt durch sein hohes Krishna-Bewusstsein, direkten Kontakt oder Einblick in die spirituelle Welt habe. Er hat dies immer, wenn auch elegant, verneint! Er war ein ehrlicher Mann, ein Mensch mit schier unerschöpflichem Wissen und von edelstem Charakter. Jedoch, was seine Erklärung des „warum?" anbelangt, war es in diesem einen Punkt – laut universalem Plan – noch nicht an der Zeit, die Wahrheit ans Licht zu bringen. Das hat zur Folge, dass sich die gesamte „Internationale Gesellschaft für Krishna-Bewusstsein", die ja nach seinem Vorbild lebt, in dem Irrglauben befindet, die Seelen hätten selber Schuld an ihrem leidvollen Dasein. Und das ist deshalb so gravierend, weil mit dem illusorischen Schulddenken die Frage nach dem „warum?" nicht aufgearbeitet wird, sondern praktisch auf Eis liegt.

Ich sage es jetzt noch einmal in aller Deutlichkeit:

Wir haben keine Schuld! Nie und nimmer haben wir Menschen an irgendetwas Schuld!

Im Gegenteil, im weiteren Verlauf wird sich die Sache mit der Schuld noch komplett auf den Kopf stellen, denn es ist an der Zeit, dass die Menschen das Schulddenken ein für allemal abschütteln!

Ich muss jetzt noch einmal an meine persönliche Lebensgeschichte anknüpfen, denn ich war ja wie besessen auf der Jagd nach dem „warum?" Als ich zum ersten Mal mit den vedischen Schriften in Kontakt kam, wusste ich sofort, dass das, was dort geschrieben stand, eine ganz heiße Sache ist. Vedisches Wissen war für mich deshalb so interessant, weil das dort Niedergeschriebene in sich schlüssig ist und sowohl mit dem Geschehen in der Welt als auch mit meinen bisherigen Erfahrungen hundertprozentig übereinstimmte. Auch geht das vedische Wissen über das inneruniversale Geschehen hinaus und gibt einen direkten Einblick in die göttliche Dimension (spirituelle Welt). Vedisches Wissen gibt demjenigen, für den die Zeit des Erwachens gekommen ist, die Möglichkeit, die höchsten Fragen zu klären.

Den ersten Kontakt mit vedischem Wissen erhielt ich durch die zwei Bände „Der multidimensionale Kosmos" (Band 1 / 2 – ISBN: 3906347303 / 3906347311) des Autors „Armin Risi", die durchaus empfehlenswert sind. Höchst interessiert begann ich diese Werke zu verschlingen, denn ich war mir sicher, darin die Antwort auf das „warum?" zu finden. Nun, um es kurz zu machen, ich habe die Antwort auf das „warum?" dort nicht gefunden. Armin Risi beschreibt in seinen Werken hervorragend inneruniversale Geschehnisse und Zusammenhänge, die Frage nach dem „warum?" behandelt er jedoch nur ganz am Rande. Und seine

Antwort auf das „warum?“ ist exakt der von Srila Prabhupada gleich, also: Freiheit, freier Wille, abgewandt von GOTT, deshalb gefallen in die Materie usw.

Ich war, trotz aller hochwertiger InFORMation, die diese zwei Bände bieten, ziemlich enttäuscht, da meine Suche nach dem „warum?“ in keiner Weise befriedigt war. Obwohl ich zu diesem Zeitpunkt noch keinerlei tief greifende Erkenntnisse über die wahren Zusammenhänge hatte, stellte sich etwas in mir absolut quer, die Frage nach dem „warum?“ durch ein überaus fadenscheiniges Schuldeingeständnis zu tilgen.

Ich habe Ihnen schon sehr ausführlich dargelegt, dass es im inneruniversalen Dasein für die Seele keinerlei freien Willen und schon gar keine Freiheit gibt. Im dual strukturierten Universum herrscht absolute Ordnung, es ist ein Kosmos (Kosmos = Ordnung). Ein freier Wille würde jeden Kosmos außer Kraft setzen und das Gegenteil hervorrufen, nämlich Chaos (Chaos = Unordnung). Es ist also vollkommen unsinnig, wenn wir Menschen uns immer an einen angeblichen freien Willen klammern, der, falls es ihn gäbe, sowieso nur ins Chaos führen würde. Auch die spirituelle Welt ist ein Kosmos, denn Ordnung ist die Basis für Harmonie, Frieden und Glückseligkeit.

Ein freier Wille der Teilchen des harmonisch Ganzen, hätte weder Sinn noch Bestand!

Oft kann man in den Erläuterungen zu den vedischen Schriften von einem eingeschränkten freien Willen lesen. Es war denjenigen, die diese Erläuterungen verfasst haben, also schon klar, dass ein absolut freier Wille nicht möglich ist, also präsentiert man einen eingeschränkten freien Willen. So nach dem Motto, hier hast du einen kleinen Bereich, in diesem Bereich kannst du frei entscheiden, und dann geht es wieder vorbestimmt weiter. Wenn Sie über einen **eingeschränkten freien** Willen (alleine die beiden Adjektive beißen sich schon) einmal intensiv nachdenken, dann werden Sie über kurz oder lang eindeutig feststellen, dass so etwas in einem vorbestimmten Geschehen (und das universale Geschehen ist vorbestimmt, denn es gibt keinen Zufall!) gar nicht existieren kann.

So, und jetzt lassen wir den skurrilen, nicht existenten „eingeschränkten freien Willen“ einmal weg und besinnen uns auf das, was GOTT uns in den Veden erklärt:

Die Gunas treiben die Seelen gnadenlos in jede erdenkliche Tat (gute wie schlechte), ist dort eindeutig zu lesen, und das Gesetz von „Aktio = Reaktio“ erledigt den Rest, oder besser gesagt, dieses Gesetz ist dazu da, damit das universale Geschehen (die ILLUSION) den Anschein einer logischen Abfolge bekommt, denn eine logische Abfolge ist nötig, damit sich die ILLUSION aufrecht erhält. Das, was wir als Schicksal bezeichnen, schlägt also nicht wirr um sich, sondern geordnet (kosmisch!), und alles findet zyklisch statt, präzise wie ein Uhrwerk. Wir Seelen müssen alles universale Geschehen hilflos über uns ergehen lassen und haben nicht den Hauch einer Möglichkeit, unser Schicksal mitzubestimmen. Auch dann nicht, wenn eine SEELE (also SIE!) aus aller Täuschung (MAYA) erwacht ist und das Geschehen aus einem anderen Blickwinkel heraus betrachtet. Sie werden dann zwar Handeln und dennoch Nicht-Handeln, wie ich Ihnen das ja schon erklärt habe, aber im materiellen Geschehen stecken Sie noch immer. Das bedeutet, Sie unterliegen weiterhin gnadenlos den Gunas, lediglich das Gesetz von „Aktio = Reaktio“ ist für SIE dann in gewisser Weise außer Kraft. Und wenn Sie in diesem Wachbewusstsein die ILLUSION durchschauen, und es

Ihnen noch dazu vergönnt ist, alles Schulddenken abschütteln zu können, dann wird in Ihnen die Frage nach dem „warum?“ aufkeimen – und zwar gewaltig!

Als ich, wie schon gesagt, in den zwei Bänden von Armin Risi meine Frage auf das „warum?“ nicht zu meiner Zufriedenheit beantwortet bekam, machte ich mich selber über die vedischen Schriften her. Ich war überzeugt und in freudiger Erwartung, dort endlich die Antwort zu finden. Ich studierte zuallererst das Herzstück der Veden, die „Bhagavad-Gita“. Bhagavad-Gita bedeutet in der Ursprache Sanskrit „Der Gesang Gottes“, sie ist der wichtigste Text vedischen Schrifttums und beinhaltet die Zusammenfassung der gesamten vedischen Philosophie.

Die Bhagavad-Gita schildert das Gespräch zwischen Krishna (der Höchsten Persönlichkeit Gottes) und einem gottgeweihten Kämpfer namens „Arjuna“ („j“ wird als „dsch“ gesprochen), der sich einer sich anbahnenden Schlacht gegenüber sah. Sie müssen wissen, dass GOTT ab und an persönlich in der materiellen Schöpfung erscheint, man nennt solch einen Auftritt „Avatara“, was so viel wie „Jemand, der herabsteigt“ bedeutet. Die Erscheinungsweise von GOTT als Avatara ist, je nach zu tätigender Mission, unterschiedlich, ich werde ein wenig später noch einmal darauf zu sprechen kommen. Das historische Geschehen, von dem die Bhagavad-Gita berichtet, liegt in der Erdgeschichte ca. 5000 Jahre zurück und fand auf dem Schlachtfeld von „Kurukshetra“ (Indien) statt. Es standen sich vor Schlachtbeginn zwei feindliche Parteien gegenüber, wie das ja nichts großartig Neues im finsteren Weltgeschehen (Kali Yuga) ist. Eigentlich war es eine Familienfehde, die jedoch ein ungeheures Ausmaß angenommen hatte. Der Kämpfer Arjuna zog mit einem Kampfwagen in die Schlacht, sein Wagenlenker und Freund war kein geringerer als Krishna, die „Höchste Persönlichkeit Gottes“. Als sich die feindlichen Reihen formierten, begann eine Diskussion zwischen Arjuna und Krishna. Dabei erkannte Arjuna, dass es sich bei seinem Freund tatsächlich um die „Höchste Persönlichkeit Gottes“ handelt.

Nun stellen Sie sich diese Situation einmal vor: Sie haben einen guten Freund, und in einer höchst kritischen Situation stellen Sie plötzlich fest, dass es sich bei Ihrem Freund tatsächlich um GOTT handelt. Eine faszinierende Situation, nicht war? Jetzt beginnt der Kämpfer Arjuna natürlich zu fragen, und sein göttlicher Freund gibt ihm auf jede Frage eine Antwort. Ja, er beantwortet nicht nur seine Fragen, sondern er erklärt Arjuna mit verständlichen Worten, was im Universum so alles los ist, wie alles erschaffen, arrangiert, gelenkt und aufgebaut ist, wie Gottes spirituelles Reich – das jenseits aller Materie existiert – beschaffen ist und wie man als erwachte Seele schließlich dorthin gelangt. Ein langes, langes Gespräch hat damals zwischen Arjuna und Krishna stattgefunden, die Bhagavad-Gita ist nichts anderes als das Protokoll dieses Gespräches. Und was glauben Sie, vergisst Arjuna seltsamerweise Krishna zu fragen? – Richtig!, er stellt die wichtigste aller Fragen nicht, er fragt Krishna nicht nach dem „warum?“! Und auch Krishna, der seinen Freund in diesem Gespräch in angeblich **alles** einweiht, kommt nicht auf die Idee, ihm das „warum?“ zu erklären. Normalerweise, falls wir Seelen an unserer materiellen Verhaftung Schuld hätten, was würde Krishna mit Sicherheit gesagt haben? Er würde gesagt haben: *„Mein Freund, Du hast Dich dort oben aus freiem Willen von mir abgewendet und wirst jetzt in der Materie so lange geläutert, bis Du wieder zu mir zurückfindest!“* Aber Krishna ließ **nichts** dergleichen verlauten, kein Sterbenswörtchen kommt dahingehend über seine Lippen. Nicht in der Bhagavad-Gita und auch in **keiner anderen** Schrift!

Mit wie viel Blindheit müssen die „großen" Kenner der Schriften eigentlich geschlagen sein, um nicht zu erkennen, dass hier etwas nicht stimmen kann?

So faszinierend und wahr die vedischen Schriften auch sein mögen, die höchste Frage des „warum?" sparen sie **vollkommen** aus! Alles, was dahingehend in den von Menschen geschriebenen Erläuterungen zu lesen ist, ist reine Spekulation und lädt uns Seelen Schuld auf! –

Und wer sich schuldig fühlt, der fragt nicht nach dem „warum?",
denn andere haben ihm ihre Antwort auf das „warum?" bereits aufgedrückt!

Als sich für mich, was meine verzweifelte Suche nach dem „warum?" betraf, herausstellte, dass selbst das höchste Wissen, das uns Menschen zugänglich ist, das „warum?" vollkommen außer Acht lässt, wurde mir Eines plötzlich sehr, sehr klar:

Es ist tatsächlich so, dass der Sinn unseres Daseins
unmittelbar mit dem „warum?" verknüpft ist.

Es kam der Moment, da begann ich die vedischen Schriften mit anderen Augen zu sehen. Es waren Augen, die nicht nach der Menschen Schuld suchten, sondern es waren Augen, die traurig und voll Sorge zu dem hochblickten, das sich GOTT nennt. Und in dieser Zeit kamen mir viele Nächte früher Kindheit wieder in Erinnerung, in denen ich stundenlang mit mir kämpfte und nicht einschlafen konnte, da ich irgendwie wusste, dass mit dem „lieben" GOTT etwas nicht stimmen konnte. Dass GOTT existiert, war für mich nie eine Frage, aber an dem Attribut „lieber" hatte ich furchtbare Zweifel. Und meine damalige düstere Ahnung, wo immer sie auch herrührte, war kein Trugschluss, sondern sie hat sehr wohl ihre Berechtigung. Ich werde Sie jetzt einmal in die Situation versetzen, dass Sie der LIEBE GOTT sind:

Also, Sie sind der LIEBE GOTT und haben Allmacht. ***„Sie haben Allmacht!"*** **–** habe ich gesagt! Das ist gigantisch! Das ist das Maximum! Sie sind durch nichts beschränkt, Sie sind absolut frei, können tun und lassen was Sie wollen, Sie können nach Herzenslust erschaffen! Und alles, was Sie erschaffen, sind Sie im Grunde auch selbst, denn Sie sind nicht nur allmächtig, Sie sind auch **immer** ALLES – eine EINHEIT! Aber das ist kein Problem, denn Sie sind ja der **LIEBE** GOTT und haben ein dementsprechendes Herz für alles, was Sie erschaffen – und somit für sich SELBST. Ja würden Sie dann Mord und Totschlag erschaffen? Oder Hunger, Krankheit, Krieg, Folter, Verstümmelung, unsägliches Leid, Höllenqualen und Perversität? Schauen Sie sich doch einmal unsere Welt an! Ich frage Sie ernsthaft:

WÜRDEN SIE SO ETWAS ERSCHAFFEN?

Nie und nimmer käme Ihnen so etwas in den Sinn, denn ein **LIEBER** GOTT tut **so etwas** nicht!

Sehen Sie, SIE in Ihrem Innersten sind ganz anders als dasjenige, was sich uns als GOTT präsentiert. Aber dasjenige, das alles Leid ins Leben gerufen hat, ist existent, denn Sie erleben SEINE Früchte ja am eigenen Leib – Tag für Tag, Jahr für Jahr, Leben für Leben! Und für alle Erleuchteten, Gurus, Meister, Engel, Heiligen und was sonst noch alles im Universum herumgeistert und sich noch immer an einer dogmatischen Seelenschuld festkrallt, sei gesagt: Ein LIEBER GOTT würde **niemals** SEINEN Teilchen (SEELEN) Scheinwillen und Scheinfreiheit vorgaukeln, nur dass er sie anschließend in die finstere Materie stürzen kann, denn das wäre nichts anderes als Hinterlist! Ein LIEBER GOTT ist **absolut** (also bis ins kleinste Teilchen!) von LIEBE durchströmt, und LIEBE verbindet, sie trennt nie! Und in dieser liebenden Verbundenheit ist jedes noch so kleine Teilchen dennoch absolut frei, denn es ist EINS.

Sie sehen also, es hapert derzeit mit einem „lieben" GOTT – **und zwar gewaltig!**

Aber fallen Sie mir bitte deshalb nicht gleich vom Stuhl, denn die Geschichte ist noch nicht zu Ende.

Ich habe Ihnen soeben aufgezeigt, dass in punkto „lieber" GOTT derZEIT etwas gewaltig im Argen liegt, denn ER ist also nicht so, wie wir Menschen uns einen LIEBEN GOTT vorstellen und wünschen. Warum das so ist, dazu komme ich später. Jetzt schauen wir uns einmal an, wie sich GOTT, was SEINEN Charakter anbelangt, in den vedischen Schriften selbst darstellt. ER stellt sich, um es kurz zu sagen, angemessen dar. Damit möchte ich sagen, dass ER sich ehrlicherweise nicht als ein LIEBER GOTT darstellt. Eine Selbstdarstellung als LIEBER GOTT hätte auch gar keinen Sinn, denn das würde IHM eine erwachte Seele – angesichts SEINER materiellen Früchte, die sie ertragen muss – sowieso nicht abkaufen. Er stellt sich aber auch nicht als grausamer GOTT dar, ER bleibt irgendwie in der lauen Mitte. An dieser Stelle muss ich Sie dringend dahingehend erinnern, dass sich Gottes Selbstdarstellung in den vedischen Schriften auf SEINE niedere Natur bezieht, und nicht allein auf SEIN höheres SELBST. Denken Sie daran, auch wir Menschen sind gespalten in ein höheres und in ein niederes Selbst – wie oben, so unten! Ein weiterer wichtiger Punkt ist, will man aus den vedischen Schriften herauslesen, wie ER in SEINER niederen Natur ist, dann muss man sich **unbedingt** im Status absoluter Schuldfreiheit befinden. Wenn Sie sich jedoch, wie es zum Beispiel den Anhängern der ISKCON-Gesellschaft angetan ist, im Schuldwahn befinden und vor lauter Demut, Dienen, Demut, Dienen usw. keinen klaren Blick zustande bringen, dann werden Sie sich, wenn Sie nicht alle Schuld konsequent von sich abschütteln, sehr schwer tun, IHN zu erkennen! Ich habe gesagt „IHN zu erkennen" und nicht „lediglich zu wissen, dass es IHN gibt" – das ist ein himmelweiter Unterschied! Warum das so wichtig ist, dazu komme ich später.

In der Bhagavad-Gita offenbart uns GOTT, wenn auch oft nur zwischen den Zeilen, den Charakter SEINER niederen Natur sehr genau. Sie werden dort nichts von IHM in der Richtung zu hören bekommen, dass wir IHM Leid tun oder dass ER auch nur den Hauch von Mitgefühl für uns hat geschweige denn, dass ER uns Menschen innig liebt und sich darauf freut, wenn wir wieder mit IHM vereint sind. Es gibt in der **gesamten** Bhagavad-Gita gerade mal eine handvoll Verse, in denen ER überhaupt so etwas wie eine Gefühlsregung für uns zeigt. Hier zwei Beispiele:

Vier Arten frommer Menschen bringen Mir ihren Dienst dar – der Notleidende, der Neugierige, derjenige, der Reichtum begehrt, und derjenige, der nach Wissen vom Absoluten sucht. Von diesen ist derjenige, der in vollem Wissen gründet und der immer im hingebungsvollen Dienst beschäftigt ist, der beste. Denn Ich bin ihm sehr lieb, und er ist Mir lieb. (BG.7.16-17)

Wer nicht neidisch ist, sondern allen Lebewesen ein gütiger Freund ist, wer keinen Besitzanspruch erhebt und von falschem Ego frei ist, wer in Glück und Leid

gleichmütig bleibt, wer duldsam, immer zufrieden und selbstbeherrscht ist und sich mit Entschlossenheit im hingebungsvollen Dienst beschäftigt, indem er Geist und Intelligenz auf Mich richtet – ein solcher Geweihter ist Mir lieb. (BG.12.13-14)

Nicht gerade umwerfend – nicht wahr?

Interessant und aufschlussreich in dieser Richtung ist auch die Darstellung, wie Krishna sich vor Schlachtbeginn seinem Freund Arjuna gegenüber verhält. Als der Kämpfer Arjuna erkennt, dass es sich bei seinem Freund und Wagenlenker um die „Höchste Persönlichkeit Gottes“ handelt, hat er schlimmste Bedenken, seine eigenen Verwandten niederzumetzeln, er will nicht kämpfen. Krishna hingegen sieht die ganze Sache etwas anders. Krishna erklärt Arjuna, dass man eine Seele sowieso nicht töten kann, höchstens ihre materielle Hülle kann vernichtet werden, und es sei nun mal sein Job in diesem Leben, Kämpfer zu sein. Ja, er macht seinen Freund sogar darauf aufmerksam, dass, falls er nicht kämpfen und töten werde, er gegen Gottes Willen handeln würde und sich somit auf dem Pfad der Sünde befände. Schauern wir uns einmal einige Verse dahingehend an:

Krishna sprach zu Arjuna: „Während du gelehrte Worte sprichst, betrauerst du, was des Kummers nicht wert ist. Die Weisen beklagen weder die Lebenden noch die Toten. (BG.2.11)

Wer glaubt, das Lebewesen töte oder werde getötet, befindet sich in Unwissenheit. Wer in Wissen gründet, weiß, dass das Lebewesen weder tötet noch getötet wird. (BG.2.19)

Für die Seele gibt es weder Geburt noch Tod. Auch hört sie, da sie einmal war, niemals auf zu sein. Sie ist ungeboren, ewig, immerwährend, unsterblich und urerst. Sie wird nicht getötet, wenn der Körper erschlagen wird. (BG.2.20)

Im Hinblick auf deine besondere Pflicht als Ksatriya (Kämpfer) ***solltest du wissen, dass es für dich keine bessere Beschäftigung gibt als auf der Grundlage religiöser Prinzipien zu kämpfen. Daher ist es nicht notwendig zu zögern.*** (BG.2.31)

Wenn du jedoch in diesem religiösen Krieg nicht kämpfst, wirst du gewiss Sünden auf dich laden, weil du deine Pflichten vernachlässigst, und so deinen Ruf als Kämpfer verlieren. (BG.2.33)

Das sind ungewohnte Worte für GOTT, nicht war? Anstiftung zum Mord, könnte man IHM da glatt vorwerfen! Wo bleibt denn da das Gebot „Du sollst nicht töten“? – Werden Sie sich jetzt vielleicht fragen. Wenn Sie sich diese Frage stellen, dann haben Sie **noch immer nicht verstanden**, was in der Materie abläuft, und in **was** wir Seelen hier eigentlich stecken! Wir müssen ein bis ins kleinste Detail festgelegtes, zyklisches Programm über uns ergehen lassen. Dabei haben wir nicht die geringste Möglichkeit, in den Ablauf dieses Programms einzugreifen, geschweige denn einen freien Willen oder die Möglichkeit der Entscheidung. Die Gunas bestimmen, was und wie wir etwas tun werden – und sonst gar nichts! Es ist unser falsches Ego, das uns glauben lässt, wir würden entscheiden und handeln. Schauen Sie sich doch noch einmal den zweiten obigen Vers an, dort sagt es Krishna doch haargenau: *„Wer in Wissen gründet, weiß, dass das Lebewesen* (die SEELE) *weder tötet noch getötet wird“*.

Wir sind niemals die Handelnden, sondern lediglich diejenigen, die das materielle Geschehen (Gottes niedere Natur) in der eigenen Hülle (am eigenen Leib) erfahren müssen. Und dieses Programm beinhaltet nun mal auch Krieg, Mord und Totschlag, Folter, Qual und sonstige Grausamkeiten. Und genau das ist der Punkt! Krishna, der als Avatara (jemand, der herabsteigt) zyklisch in seiner niederen materiellen Natur auftaucht, hält sich nämlich aus verständlichen Gründen aus **jeglicher** leidvollen Erfahrung heraus. ER deutet immer wieder an, dass wir SEELEN ja sowieso nicht sterben können, und im Grunde alles, was wir erleben, nur MAYA (Täuschung) ist. Hier sage ich, redet sich Krishna ziemlich leicht. Wenn man sich einmal zu Gemüte führt, was die Menschen alles aushalten und über sich ergehen lassen müssen, auch wenn es sich irgendwann als Täuschung herausstellen wird, dann klingen manche Worte geradezu wie blanker Hohn!

Wenn GOTT als Avatara im materiellen Geschehen auftaucht, dann **immer** in erhabener Stellung, eben so, wie es sich für GOTT gehört. ER steht, wie ER uns in den Veden des Öfteren mitteilt, über den Gunas – die materiellen Erscheinungsweisen SEINER niederen Natur können IHN also nicht berühren. ER ist immer der Siegertyp, immer der Schönste, der Held, Liebling der Frauen, ER bekämpft und besiegt die furchtbarsten Dämonen und ER wird überall verehrt und bewundert. Das alles ist wahrlich kein großes Kunststück für jemand, der GOTT ist – sage ich! Die vedischen Schriften sind voll von SEINEN heldenhaften Auftritten als Avatara –

zum Erbrechen voll!

Damit wir uns hier nicht missverstehen, ich halte die vedischen Schriften nach wie vor mitunter für das Maximum an dem, was auf Erden an Weisheit für uns greifbar ist. Nur, die vedischen Schriften sind der Schlüssel zur Weisheit, sie sind jedoch **NICHT** der Weisheit **LETZTER** Schluss! – **Merken Sie sich das bitte gut!**

Wenn man sich, getrieben von den Gunas, in den vedischen Schriften verrannt hat, dann braucht es schon einen äußerst kräftigen Sattva-Guna-Schub (Tugend), um auf den wirklichen Grund der Tatsachen zu stoßen. Und die Anhänger der „Internationalen Gesellschaft für Krishna-Bewusstsein (ISKCON)" sowie deren Vorläufer haben sich kräftig in den vedischen Schriften verrannt. Damit wir uns auch hier nicht missverstehen, die Anhänger der ISKCON-Gesellschaft sind, gemessen am Rest der Weltbevölkerung, der Wahrheit noch immer am nächsten! Diese Leute haben erkannt, dass es eine HÖCHSTE PERSÖNLICHKEIT GOTTES gibt, dass die spirituelle Welt (Vaikuntha) unsere wahre Heimat ist, dass wir, als bewusste Teilchen Gottes, in der Materie verhaftet sind und geläutert werden, und dass es einen Weg gibt, der uns nach Hause in die ewige Glückseligkeit führt. Der Punkt, wo sie jedoch in Unwissenheit liegen, ist, dass sie davon überzeugt worden sind, dass wir Seelen diese Verhaftung selbst verschuldet haben. Und dieses Schuldgefühl nimmt ihnen den Blick für das WESENtliche – für die WAHRHEIT!

Ich werde jetzt Gottes universale Auftritte als Avatara (jemand, der herabsteigt) einmal nüchtern und sachlich darlegen.

Wie in den Veden sehr oft zu lesen ist, taucht GOTT immer wieder mal höchstpersönlich im materiellen Geschehen auf. Den Grund SEINES Erscheinens gibt er in der Bhagavad-Gita sehr genau bekannt:

Obgleich Ich ungeboren bin und Mein transzendentaler Körper niemals vergeht, und obwohl Ich der Herr aller fühlenden Wesen bin, erscheine Ich in jedem Zeitalter in Meiner ursprünglichen transzendentalen Gestalt. (BG.4.6)

Wann immer und wo immer das religiöse Leben verfällt und Irreligiosität überhand nimmt, zu der Zeit erscheine Ich. (BG.4.7)

Um die Frommen zu erretten und die Schurken zu vernichten, und um die Prinzipien der Religion wieder einzuführen, erscheine Ich Zeitalter nach Zeitalter. (BG.7.8)

Ich habe Ihnen ja schon sehr ausführlich dargelegt, dass wir Seelen das universale Programm der Materie erfahren müssen. Ein Programm, dessen Ablauf präzise wie ein Uhrwerk vonstatten geht, und das es uns nicht im Geringsten erlaubt, in irgendeiner Weise in den Ablauf einzugreifen. Und in diesem Programm gibt es immer wieder Szenen, in denen GOTT in irgendeiner Form erscheint und etwas reguliert. Wenn man die vedischen Schriften mit blinden Augen lesen muss, dann kommt man zwangsläufig auf den Gedanken, welch eine große Gnade und Barmherzigkeit es doch ist, dass GOTT ab und an erscheint und helfend eingreift. Ist man jedoch aufgewacht und hat alles Schulddenken von sich abgeschüttelt, dann stellt sich die Szenerie gänzlich anders dar!

Das Erscheinen von GOTT ist, wie auch der ganze Ablauf im Universum, zyklisch. SEIN zyklisches Erscheinen ist ein bereits im Programm festgelegter Programmpunkt und hat mit Gnade oder Barmherzigkeit absolut nichts zu tun! Im Universum gibt es keine Gnade oder Barmherzigkeit! Wer dies nicht erkennt, der lebt noch in MAYA (Täuschung), denn das ganze universale Geschehen ist im Grunde eine Täuschung – wenn ich Sie dahingehend erinnern darf. Barmherzigkeit oder Gnade wäre es, wenn ER käme und mit dem ganzen grausamen Zirkus einfach Schluss machen würde. So aber erscheint ER, SEINEN eigenen Worten zufolge, programmgemäß in höchst kritischen Situationen, wenn Grausamkeit und Dunkelheit die maximale Erträglichkeit zu überschreiten drohen, spielt den heldenhaften Retter, vernichtet ein paar finstere Dämonen, gibt kluge Anweisungen (die ER sich sparen könnte, da die Gunas sowieso alles regeln) und verschwindet wieder. Und die gläubigen Menschen feiern und verherrlichen diese Auftritte logischerweise, da sie den tieferen Sinn (das „warum?") des Szenarios nicht durchblicken. Denn dem gnadenlosen Zyklus der Yugas zufolge kommt das nächste finstere Zeitalter mit Sicherheit, und das seltsame Spiel wiederholt sich! – Zeitalter für Zeitalter, wie ER es uns in den Veden deutlich mitteilt. Ich muss Sie noch einmal darauf hinweisen, dass wir hier von ungeheuer langen Zeitperioden sprechen. Es geht, aus irdischer Sicht gesehen, um Hunderte Milliarden von Jahren – der Erfahrungstrip einer SEELE ist lang. Auch ist es wichtig zu wissen, dass GOTT niemals direkt aus der spirituellen Welt in das materielle universale Geschehen herabsteigt, sondern ER erweitert sich immer aus Vishnu heraus. Ich habe Ihnen ja schon erklärt, dass Vishnu eine allmächtige Erweiterung Gottes ist. Vishnu hat sich – wie in den Veden zu lesen ist – hingelegt und träumt die Universen. Gottes Auftritte im universalen Geschehen sind also praktisch hineingeträumt, sie sind fester Bestandteil des zyklischen Ablaufes dessen, was sich in SEINER niederen Natur abspielt. Oder, anders ausgedrückt, sie sind nichts anderes als ein Highlight im vorgegebenen Programm!

SEIN Erscheinen im universalen Geschehen ist, wie schon gesagt, zyklisch, ER erscheint pro Zeitalter (Yuga) mehrmals, und zwar in unterschiedlicher Aufmachung. Mal erscheint ER verdeckt, so dass es zunächst den Anschein hat, es handle sich um einen fast „normalen"

Menschen; mal erscheint ER als gewaltiger GOTT, und zwar immer dann, wenn es ums Großreinemachen geht. Letzteres ist zum Beispiel immer am Ende eines Kali-Yuga (eisernes Zeitalter) der Fall, wenn ER alle Dämonen vernichtet, und die Dimension Bhurloka wieder ins Satya-Yuga (goldenes Zeitalter) erhoben wird.

SEIN letzter Auftritt in unserem Erdgeschehen liegt noch gar nicht so lange zurück, er fand im Zeitraum von 1486-1534 statt, also vor rund 500 Jahren. Jetzt werden Sie berechtigterweise vielleicht sagen: *„Was, GOTT persönlich erschienen vor nur 500 Jahren, und die Welt weiß nichts davon – ist ja lächerlich!“*

Nun, wenn Sie sich zu dieser Aussage bekennen, dann haben Sie noch **immer** nicht begriffen, **was** hier abläuft und in **was** Sie hier stecken! Ich sage es Ihnen noch einmal, Ihre Seele (also SIE!) ist in einen zyklischen, materiellen und vor allem illusorischen Ablauf eingebunden, der bis ins kleinste Detail geregelt und geplant ist – es gibt im Universum keine Freiheit, keinen freien Willen und schon gar keinen Zufall! Und darum werden **genau** diejenigen mit Gottes Erscheinung auf Erden in Kontakt kommen oder davon erfahren, die programmgemäß an der Reihe sind – und sonst niemand!

Aber lassen Sie mich Sie ein bisschen ausführlicher über den letzten Auftritt Gottes inFORMieren, denn er war gewaltiger, als man als Nicht-Informierter gemeinhin annimmt.

In diesem Auftritt (1486-1534) erschien GOTT in verdeckter Gestalt, also praktisch inkognito. ER betrat die materielle Bühne als ein Gottgeweihter namens „Sri Caitanya Mahaprabhu“, Ort des Erscheinens war Navadvipa in Bengalen (Indien). ER wurde als Sohn eines armen Brahmanen (religiöser Mensch) geboren, vollbrachte in jungen Jahren schon wundersame Taten und war mit fünfzehn Jahren bereits der größte Gelehrte von Nadia, des damaligen Zentrums der Sanskrit-Wissenschaft. ER war auch, was SEINE äußere Erscheinung anbelangt, sehr außergewöhnlich. ER hatte eine golden schimmernde Hautfarbe, was IHM den Beinamen „Gaura Avatara“ (goldener Avatara) einbrachte. Sri Caitanya lehrte die transzendentale Wissenschaft des hingebungsvollen Dienens zur HÖCHSTEN PERSÖNLICHKEIT GOTTES, dieser Vorgang wird auch als „Bhakti-Yoga“ bezeichnet – man könnte es auch ein „ergebenes Sich-fallen-lassen in GOTT“ nennen. Sri Caitanya begann im Osten eine friedliche Revolution, die das religiöse und philosophische Denken bis in die heutige Zeit nachhaltig beeinflusst. ER verbreitete vedisches Wissen und lehrte die Menschen, den Blick nach innen zu richten, auf ihre spirituelle Natur – auf die HÖCHSTE PERSÖNLICHKEIT GOTTES. Und ER brachte den Menschen eine Tätigkeit nahe, die den Vorgang des Nach-innen-Richtens auf höchst einfache Art und Weise sicherstellt – das Singen des „Maha-Mantras“ (der große Gesang der Befreiung). „Maha“ heißt „groß“ und das Wort „Mantra“ setzt sich aus den Begriffen „**man**a“ (Geist) und „**tra**ya“ (Befreiung) zusammen. Ein Mantra ist eine exakt vorgegebene transzendentale (spirituelle) Klangschwingung, um den Geist zu befreien, auch handelt es sich bei vielen Gebeten um Mantras. Mantras oder Gebete waren schon immer ein fester Bestandteil menschlicher Kultur, es muss also schon etwas dran sein an solch spirituellen Klangschwingungen. Das Maha-Mantra, das Sri Caitanya den Menschen vorgechantet (vorgesungen) und ans Herz gelegt hat, ist weltweit bekannt als das „Hare-Krishna-Mantra“, und es beinhaltet folgende Klangschwingung:

Hare Krishna, Hare Krishna, Krishna Krishna, Hare Hare, Hare Rama, Hare Rama,
Rama Rama, Hare Hare

Es kommen in diesem Mantra in bestimmter Abfolge drei Namen vor: Krishna, Hare und Rama.

Der Name „Krishna“ bedeutet „DER ALLANZIEHENDE“, es ist der Hauptname Gottes. „Hare“ ist die Anredeform von „Hari“, bedeutet „DERJENIGE, DER BEFREIUNG GEWÄHRT“ und ist ebenfalls ein Name Gottes. Und schließlich „Rama“, dieses Wort benennt GOTT als die „QUELLE ALLER FREUDE“.

Sri Caitanya zog seinerzeit in Indien durch die Lande und chantete (sang) dieses Maha-Mantra. Wo immer ER singend und tanzend auftauchte, zog ER die Menschen (und Tiere!) in einen Bann, der gewaltig gewesen sein muss, wie die Aufzeichnungen berichten. Und schriftliche Aufzeichnungen über das Leben und Wirken Sri Caitanyas gibt es genug und äußerst detailliert, das dahingehende Hauptwerk ist das „Sri Caitanya-caritamrta“.

Das Erscheinen von Sri Caitanya und das Maha-Mantra, das ER den Menschen nahe brachte, hat etwas mit dem Zeitalter des Kali-Yuga zu tun. Im finsteren Zeitalter des Kali-Yuga sind die Menschen so weit von ihrem göttlichen Ursprung entfernt und in Leid, Streit, Genusssucht, Grausamkeit und falschem Ego gefangen, dass es ein Mittel braucht, um die Gottgeweihten zur Vollkommenheit zu bringen. Und dieses Mittel ist das Maha-Mantra, das man laut Anweisung möglichst ununterbrochen chanten (singen) soll, um zur Vollkommenheit zu gelangen.

Neben den vedischen Schriften stellt das Leben und Wirken von Sri Caitanya und das Maha-Mantra die Hauptsäule der „Internationalen Gesellschaft für Krishna-Bewusstsein (ISKCON)“ dar. Gerade dem Maha-Mantra wird innerhalb der ISKCON-Gesellschaft enorme Aufmerksamkeit geschenkt, es bildet den akustischen Dreh- und Angelpunkt der Vereinigung.

Ich möchte Ihnen noch einmal kurz das Hauptanliegen der vedischen Schriften ins Gedächtnis rufen.

Das Ziel besteht darin, das falsche Ego abzulegen, sich so weit wie möglich von den Sinnen zu lösen, sich GOTT bewusst werden oder Krishna-Bewusstsein zu erlangen, was dasselbe ist, und somit schließlich Vollkommenheit zu erreichen. Die Vollkommenheit zeichnet sich dadurch aus, dass man sich im Augenblick des Todes an GOTT (Krishna) erinnert, was schließlich dazu führt, dass die SEELE in die ewige Glückseligkeit eingeht – SIE wird innerhalb der spirituellen Welt auf einem der unzähligen Planeten von Vaikuntha geboren, die zusammen Gottes ewigen spirituellen Körper bilden.

So weit, so gut. Jetzt schauen wir uns die ganze Sache einmal unter **den** Aspekten an, die ich Ihnen bereits dargelegt habe – also nüchtern und sachlich. In den vedischen Schriften wird immer wieder der Ausdruck „Gottgeweihter“ gebraucht, auch die Anhänger der ISKCON-Gesellschaft bezeichnen sich als gottgeweiht. Ich möchte diesen Menschen diese Eigenschaft auch gar nicht aberkennen, ganz im Gegenteil. Nur, GOTT geweiht sind **alle** SEELEN! *„Ja, aber die einen mehr und die anderen weniger!“* – werden Sie jetzt vielleicht sagen. Doch mit dieser Annahme liegen Sie falsch! Die einen sind nämlich lediglich im exakt vorgeschriebenen Programm, das **alle** Seelen durchlaufen müssen, weiter fortgeschritten. Und zwar **einzig und allein** aus dem Grund, weil der Startschuss ihrer universalen Himmel- und Höllefahrt zeitlich früher erfolgt ist. Es wird also immer eine Gruppe von Menschen geben, die Krishna-Bewusstsein entwickelt hat, und die somit kurz davor steht, sich von jeglicher Materie zu trennen. Krishna-Bewusstsein ist kein Verdienst, den eine SEELE errungen hat, es ist lediglich der Endpunkt einer strikt nach Plan ablaufenden Entwicklung. Und gesteuert wird diese Entwicklung oder besser gesagt das Programm **einzig und allein** von den Gunas, denn es gibt keinen freien Willen und schon gar keinen Zufall im Universum! Wir Seelen sind leider nun mal diejenigen, die das Programm hautnah erfahren müssen, schauen Sie sich die Illustration mit den fünf Pferden noch einmal an, besser kann man unsere derZEITige Situation nicht darstellen.

Nun ist es jedoch so, dass sich alles materielle Geschehen in irgendeiner Form ausdrückt (visuell, akustisch, emotional usw.). Das bedeutet, ein Mensch wird immer das Resultat der in ihm gerade herrschenden Gunas ausdrücken – alles andere ist undenkbar! Wenn eine Seele kurz vor der Vollendung steht, dann herrscht immer die Kraft der Tugend (Sattva-Guna) vor, und das drückt sich logischerweise auch in entsprechender Form aus. Was ist also das große Geheimnis des Maha-Mantras? Nichts anderes, als dass es die Erscheinungsweise der Tugend ausdrückt und begleitet. Es ist, wie ich Ihnen das bereits erklärt habe, ein Meilenstein in der Entwicklung manch einer Seele. Die Anhänger der ISKCON-Gesellschaft sowie sämtliche Kenner der Veden drehen die Sache jedoch um, was ein Irrtum ist. Da wird geglaubt, dass das Chanten (Singen) des Maha-Mantras die Tugend in einem Menschen wachruft, doch es ist genau umgekehrt, die Tugend äußert sich durch das Maha-Mantra. Jetzt könnte man natürlich sagen: *„Ist doch egal, wie herum, Hauptsache Tugend!"* Es ist **nicht** egal! Denn wenn man es aus falschem Blickwinkel heraus betrachtet, interpretiert man das universale System falsch, dem alle SEELEN unterliegen.

Es wird in den vedischen Schriften immer wieder berichtet, dass es für ein jegliches Lebewesen förderlich ist, allein die Klangschwingung des Maha-Mantras nur zu hören. Das mag schon so sein, nur ist es so, dass, wenn in der Entwicklung einer Seele Tugend angesagt ist, sich diese Seele automatisch zur richtigen Zeit am richtigen Ort befindet. Nicht das Maha-Mantra vollbringt positive Veränderung im Sinne der Tugend, sondern Tugend ist gerade dann im Ablauf der Seelenentwicklung vorgesehen, wenn eine Seele mit dem Maha-Mantra konfrontiert wird. Das Maha-Mantra tritt, wie ich schon erklärt habe, nur als Begleiterscheinung auf, wie dies im Übrigen bei allen Dingen der Fall ist. Und wenn Sri Caitanya vor knapp fünfhundert Jahren die Menschen reihenweise mit diesem Maha-Mantra verzückt und in Ekstase versetzt hat, dann war auch dieser Tugendschub, wenn ich das einmal so bezeichnen darf, im universalen Programm einer jeden einzelnen SEELE, die daran teilgenommen hat, genau vorgesehen – und nicht anders!

Wer glaubt, dass es im universalen Geschehen Wunder gibt, die **nicht** bereits exakt vorgesehen sind, der lebt in MAYA (Täuschung). Wunder sind nichts anderes als herausragende universale Programmpunkte, man könnte sie auch als Highlights bezeichnen. Ich möchte das Maha-Mantra, das bei der ISKCON-Gesellschaft so hoch gehalten wird, nicht abwerten, ich zeige hier lediglich die Dinge so auf, wie sie sind. Aufwachen und begreifen werden diese Zeilen sowieso nur diejenigen, bei denen Aufwachen und Begreifen angesagt ist, da mache **ich mir keine** Illusionen mehr!

Schauen wir uns einmal an, was die weltweit verbreitete „Internationale Gesellschaft für Krishna-Bewusstsein (ISKCON)" für ein Kernprogramm praktiziert, und warum sie in letzter Zeit mehr und mehr heftige Entgleisungen etlicher Mitglieder hinnehmen muss.

Die ISKCON wurde von Srila Prabhupada ins Leben gerufen, der sich im Status sehr hoher Tugend befand. Srila Prabhupada stellte eine Führungspersönlichkeit allerhöchster Qualität dar, er war das Fundament der ISKCON. Sein Ziel war es, so viele Menschen wie möglich zur Vollendung zu führen. Also weg von den Sinnesgenüssen, weg vom falschen Ego, weg von der Materie und hin zu Krishna-Bewusstsein.

Damit sich die Tugend (programmgemäß!) im finsteren Zeitalter des Kali-Yuga überhaupt in der Materie ausdrücken kann, braucht es mitunter auch eine Gemeinschaft, die nach strikten Regeln lebt. Und die Regeln, die Srila Prabhupada für seine Anhänger aufgestellt hat (und nach denen er selbst lebte!), sind alles andere als lasch. Extrem früh aufstehen, Hören und Studieren der Schriften, strenger Vegetarismus, keine unerlaubten sexuellen Handlungen, Verbannung aller materiellen Sinnesgenüsse (Geld, Genussmittel, Fernsehen usw.), mehrere Stunden am Tag das Maha-Mantra chanten (singen), bedingungsloser Gehorsam gegenüber dem spirituellen Meister usw., dies alles ist doch wirklich nicht jedermanns Sache. Bei solch einem strengen Reglement ist es doch erstaunlich, dass es überhaupt Menschen gibt, die sich freiwillig zu solch einem Leben entschließen. Und dann noch in solch einer Vielzahl! Da werden auch keine Menschen arglistig in die Vereinigung gelockt oder Gehirnwäsche betrieben, wie das bei manch anderen Gruppierungen der Fall war und immer noch ist, es wird auch keine großartige mediale Werbung betrieben. Nein, seltsamerweise strömen die Menschen ganz automatisch in diese Vereinigung, so, als würden sie einem geheimen Plan folgen. Man bekommt in irgendeiner Weise Kontakt, sieht sich die ganze Sache in Ruhe – und ohne, dass einem etwas verheimlicht wird – an, und dann funkt es oder auch nicht. Was also stellt den Reiz an einer Vereinigung dar, die nach so strengen Regeln lebt? Fakt ist, es gibt gar keinen besonderen Reiz! Es ist der angesagte Programmpunkt der Tugend, der die Menschen dazu bringt, sich solch einer Gemeinschaft anzuschließen. Von außerhalb betrachtet mag diese Gesellschaft für die materielle Welt seltsam, skurril und sogar in mancher Weise militant sektiererisch erscheinen, und sie wird dahingehend auch angegriffen. In Wirklichkeit ist es jedoch eine Institution für SEELEN, deren letzte Phase im universalen Programm ansteht – die Vollendung! Und ich mache Sie noch einmal darauf aufmerksam, dass eine SEELE, die Vollendung erreicht hat, in dem Augenblick, in dem sie Ihre letzte materielle Hülle abwirft, an IHN denkt. Die ISKCON-Gesellschaft ist also nichts anderes als eine Art Trainingslager für fortgeschrittene Gottgeweihte, also ein Ort letzter Vorbereitungen auf das HÖCHSTE. Jetzt könnte man denken, das ist ja eine geradezu perfekte göttliche Einrichtung. Ist es auch, das ganze Universum ist eine perfekte göttliche Einrichtung! Nur, von Perfektion im Sinne von „so ist es und so bleibt es" kann keine Rede sein. Mit dem Tod von Srila Prabhupada verschwand das Fundament der ISKCON, und das Gebilde bekam zum Teil gewaltige Risse. Srila Prabhupada stand in direkter Meister-Schülernachfolge, er war das letzte Glied, und er hinterließ **keinen** Nachfolger! Das muss ich Ihnen, obwohl ich es bereits erwähnt habe, noch einmal kurz erklären.

Das vedische Wissen wird innerhalb des Universums herabgereicht, zuerst durchläuft es die Struktur der Halbgötter und gelangt schließlich auch in unsere Dimension. Auf der Erde angelangt, wird es wiederum von einem spirituellen Meister zu einem auserwählten Schüler, der wiederum zum spirituellen Meister erhoben wird, weitergegeben, immer in einer ununterbrochenen Kette. Und aus einem zunächst unerklärlichen Grund ist diese Kette im Jahre 1977 mit dem Tod von Srila Prabhupada plötzlich beendet worden. Es war etwas passiert, das, gemäß den vedischen Schriften, **gar nicht hätte passieren dürfen** – die Kette der „direkten Nachfolge" war unterbrochen und somit zu Ende! Srila Prabhupada hatte keinen

Nachfolger in **der** Weise, wie das in der **gesamten** Vergangenheit der Fall war. Er bestimmte lediglich aus den Reihen der ISKCON eine Art von Führungskomitee, denen er den Auftrag gab, die ISKCON in seinem Sinn weiter zu führen. Und genau von dem Zeitpunkt seines Todes an wurde die ISKCON von negativen Kräften (Rajo-Guna, Tamo-Guna) langsam unterwandert, der Fachausdruck hierfür lautet „infiltriert". Es fanden Machtkämpfe zwischen den einzelnen Führungsmitgliedern statt, die GIER nach Ruhm, Macht und Ansehen trat zum Vorschein, mit den vorgeschriebenen Regeln wurde vielerorts geschludert, materielle Interessen kamen immer mehr ins Spiel und es gab heftige Skandale, von denen ich hier gar nicht berichten will. Viele Gottgeweihte trauern ihrem Srila Prabhupada nach, denn zu **seiner** Zeit war, laut ihren Aussagen, noch alles in Ordnung. Was war passiert? Nun, viele ISKCON-Anhänger, die das Problem offen diskutieren, sagen, es läge am finsteren Zeitalter des Kali-Yuga und seiner Eigenheit der dämonischen Herrschaft. Auch das – als so mächtig gepriesene! – Maha-Mantra hat diese Entwicklung nicht aufhalten können. Und das müsste eigentlich einem Verehrer und Kenner der vedischen Schriften schon sehr seltsam anmuten. Denn so, wie das Maha-Mantra in den Veden beschrieben ist, dürfte es in einer Vereinigung, die Stunde um Stunde inbrünstig mit kräftigster Stimme dieses Maha-Mantra chantet (singt), für dämonische Kräfte nicht den **geringsten** Ansatzpunkt geben. Und dennoch ist es passiert! Warum?

Es ist einzig und allein deshalb passiert, **weil die Zeit dazu reif war!**

Und auf Grund dieser unumstößlichen Tatsache, muss sich doch ein jeder ernsthafte Gottgeweihte unweigerlich folgende Fragen stellen: Warum nahmen und nehmen die Dinge so einen negativen Lauf? Warum lässt GOTT es zu, dass die letzte Bastion SEINER Gottgeweihten angegriffen wird, die doch nur dazu da ist, um sie zur Vollkommenheit zu führen – zurück zu IHM? Warum nimmt ER SEINEN Gottgeweihten die sichere Führung, die ein Meister vom Format eines Srila Prabhupadas gewährleistete? Genügt es IHM denn nicht, wenn Gottgeweihte vollkommen werden und zu IHM zurückkehren? – **Und genau das ist der Punkt!**

So, wie es bislang gelaufen ist, reicht es IHM anscheinend nicht mehr. Es muss also tatsächlich etwas geben, das außerhalb der rückführenden Vollkommenheit liegt, und das UNS jetzt **bewusst** werden soll. Und es muss etwas geben, das dieses jetzt anstehende BEWUSSTSEIN bislang immer vereitelt hat. Um die letztere Frage gleich schon zu beantworten, vereitelt hat es bislang das herrschende Schulddenken der Menschen. Und die Antwort auf die erste Frage, was es denn außerhalb der Vollkommenheit noch zu erkennen gibt, **muss** in der Antwort auf das „warum?" enthalten sein, denn

das **„warum?"** klärt letztendlich **ALLES!**

Wie Sie ja bereits erfahren haben, eliminiert das vorherrschende Schulddenken die Frage nach dem „warum?". Wer in Schuldgefühl lebt, der akzeptiert logischerweise sämtliches Leid und alle Qualen, die er im Universum erdulden muss. Wer in Schuldgefühl lebt, der huldigt demütig den ach so prächtigen Auftritten Gottes (die ER uns als Avatara im universalen Geschehen präsentiert) und kann sich an SEINEN niedergeschriebenen Heldentaten gar nicht satt lesen. Wer in Schuldgefühl lebt, ist blind für die Wahrheit, es mag sich in ihm zwar Krishna-Bewusstsein entwickelt haben, aber erwacht ist so ein Mensch noch nicht! Und jetzt passen Sie genau auf, denn jetzt werde ich eine ungeheuerliche Behauptung aufstellen:

Ich sage, aus unserem derZEITigen Aspekt heraus gesehen hat es noch **niemals** in der **gesamten** Schöpfungsgeschichte eine SEELE gegeben, die zu GOTT in die spirituelle Welt zurückgekehrt ist und IHN wirklich erkannt hat. Und genau dieses ist SEIN (und somit UNSER!) Problem, und ER teilt es uns in der Bhagavad-Gita klipp und klar mit:

Von vielen Tausenden von Menschen bemüht sich vielleicht einer um Vollkommenheit, und von denen, die die Vollkommenheit erreicht haben, kennt kaum einer Mich in Wahrheit. (BG.7.3)

In diesem überaus aufschlussreichen Vers sagt GOTT ganz deutlich, dass man tatsächlich Vollkommenheit erreichen kann, ohne IHN in Wahrheit zu kennen. Der Vers sagt aber auch ganz klar aus, dass es **kein** Ding der Unmöglichkeit ist, IHN wirklich in Wahrheit zu kennen. Diese Aussagen sind höchst interessant und bedürfen einer näheren Erklärung.

Die vedischen Schriften kann man, was ihren Inhalt anbelangt, in verschiedene Aspekte einteilen. Die Veden erklären zum Beispiel sehr genau die Struktur und den Ablauf der Geschehnisse im Universum sowie die unumstößlichen Gesetzmäßigkeiten, die innerhalb eines Universums herrschen. Auch geben sie einen Einblick in die spirituelle Welt (Vaikuntha) Gottes und auch einige Auskunft über SEIN Wesen. Ein Großteil der Schriften berichtet in schier endlosen Schilderungen über die heldenhaften und rühmlichen Taten Gottes, die ER programmgemäß in SEINEN inneruniversalen Auftritten als Avatara vollbringt. Und ein Aspekt der vedischen Schriften ist die Anleitung, wie wir der materiellen Welt entfliehen können, um letztendlich zu IHM zu gelangen. Was gänzlich in den Schriften fehlt, ist die Antwort darauf, **warum** der ganze dramatische duale Zirkus überhaupt stattfindet. Aber die nicht niedergeschriebene Frage nach dem „warum?" schreit für denjenigen, für den AUFWACHEN angesagt ist, zwischen den Zeilen förmlich heraus! Alleine die von IHM erklärte Tatsache, dass es Vollkommenheit gibt, ohne IHN in Wahrheit zu kennen, ist ja bereits im wahrsten Sinne des Wortes **himmelschreiend**. Da gibt es also **eindeutig** etwas zu erkennen, das bislang noch nicht erkannt worden ist, denn, die im obigen Vers befindliche Umschreibung „kaum einer" bedeutet nichts anderes als „**bislang keiner**"!

Die Anhänger der „Internationalen Gesellschaft für Krishna-Bewusstsein (ISKCON)" haben sich voll auf SEINE rühmlichen Taten, die ER als Avatara vollbracht hat, sowie auf SEINE Anweisungen, was das Zurückgelangen zu IHM anbelangt, eingeschossen. Dies ist auch gar nicht verkehrt, sondern es ist ein wiederum im wahrsten Sinne des Wortes **lebenssicherer** Weg. Und zwar einer von vielen, denn GOTTES Wege sind nicht nur seltsam, wie der Volksmund uns wissen lässt, sondern vielfältig. Und wenn eine SEELE göttliches BEWUSSTSEIN erreicht hat und in diesem BEWUSSTSEIN ihre materielle Hülle abwirft, dann ist sie bereits vollkommen und geht in die spirituelle Ewigkeit ein, egal ob SIE IHN in Wahrheit erkannt hat oder nicht – genau wie GOTT es im obigen Vers (BG.7.3) voraussagt. Doch jetzt ist die Zeit gekommen, da ER in Wahrheit erkannt werden wird – und das hat tief greifende, höchst positive Konsequenzen!

Um jedoch zu verstehen, welch unglaublich positive Konsequenzen eine göttliche SELBSTERKENNTNIS (denn um nichts anderes geht es!) nach sich zieht, muss die Frage nach dem „warum?" beantwortet werden. GOTT schleudert SEINE Teilchen (SEELEN) nicht zwecks Bestrafung oder Läuterung in SEINE niedere materielle Natur, da muss eine gänzlich andere Absicht dahinterstecken!

Um dieser Absicht auf die Spur zu kommen, gibt es in den vedischen Schriften einen mehr als deutlichen Hinweis. GOTT lässt uns nämlich wissen, welche Füllen ER hat. GOTT hat, was SEINE Eigenschaften anbelangt, unendlich viele davon. Jedoch gibt es sechs Eigenschaften, die hat ER in Fülle. „In Fülle" bedeutet, diese Eigenschaften durchdringen SEIN Wesen voll und ganz bis in die letzte Faser – eben in Fülle! Und jetzt schauen wir uns einmal an, welche Eigenschaften das sind, die ER – laut eigener Aussage! – in Fülle besitzt:

1. **REICHTUM (aisvarya)**
2. **KRAFT (virya)**
3. **RUHM (yasah)**
4. **SCHÖNHEIT (sriya)**
5. **WISSEN (jnana)**
6. **ENTSAGUNG (vairagya)**

Nun, schauen Sie sich doch diese sechs Füllen einmal genau an. Ich meine, aus menschlicher Sicht heraus ist es nicht sonderlich schwer, festzustellen, dass hier eine Fülle fehlt – oder? Allein schon die Tatsache, dass es sechs Füllen sind, die ER laut vedischen Schriften besitzt, ist mehr als seltsam. Die „Sechs" ist eine Zahl, die alles andere als Vollkommenheit ausdrückt. SIEBEN ist die Zahl, die Vollkommenheit ausdrückt! Und es bedarf wirklich keiner allzu großen Denkanstrengung, um herauszufinden, welche Fülle ER nicht besitzt. –

Es ist die **LIEBE,** die IHM fehlt!

Verstehen Sie mich nicht falsch! Ich möchte damit nicht behaupten, dass GOTT keine LIEBE besitzt. Natürlich besitzt ER LIEBE, aber durch und durch erfüllt ist ER keinesfalls davon. Wäre es nämlich so, dann hätten wir einen LIEBEN GOTT. Und dass dies derzeit absolut nicht der Fall ist, das habe ich Ihnen doch schon mehr als genug klar vor Augen geführt.

Ich werde Ihnen nun die beiden wichtigen Begriffe „Mythos" und „Logos" erklären, deren Bedeutung sehr oft fälschlich dargestellt wird. „Mythos" (vedisch: avarhoha) bedeutet „das Herabgereichte", es handelt sich dabei um göttliche Worte oder Zeichen, durch die sich die höhere (spirituelle) Wirklichkeit in dem für uns wahrnehmbaren Bereich (Universum) kundtut. Die vedischen Schriften sind zum Beispiel ein „Mythos". „Logos" (vedisch: aroha) bedeutet „das Hinaufstrebende", es handelt sich dabei um das, was der Mensch durch sein materielles Dasein in Erfahrung bringt und hinaufreicht.

Allein die Bedeutung dieser beiden Begriffe zeigt schon sehr deutlich, dass GOTT etwas von SEINEN Teilen, die ER in SEINE niedere Natur zwingt, will. Und zwar etwas, was IHM fehlt, denn ansonsten könnte ER sich den ganzen universalen Zirkus schlicht und ergreifend sparen. Um in Erfahrung zu bringen, was tatsächlich Fakt ist und warum, brauchen wir uns nur, gemäß dem universalen Gesetz „wie unten, so oben!", den Mensch näher zu betrachten.

Was weiß denn der Volksmund in Sache „Perfektion" über den Menschen zu berichten? Na, das kennt doch jeder, der Volksmund sagt ganz klar: ***„Nobody ist perfect!"***

Was aber bringt uns Menschen der gewünschten Perfektion stets näher? Was ist denn der einzige, wirklich wirksame Schritt, der einen Menschen tatsächlich hin zu mehr Perfektion geleitet? Die Antwort darauf kennt wiederum kein anderer besser als der Volksmund, er sagt:

„Selbsterkenntnis ist der Weg zur Besserung!"

Und dieser Spruch stimmt haargenau, denn erst wenn ein Mensch erkannt hat, wie er in seinem innersten Wesen ist, wird er sich ändern, auch wenn die Gunas für das Drumherum Sorge tragen. Jegliche anscheinende Besserung, die nicht auf Selbsterkenntnis basiert, ist nichts anderes als pure Heuchelei und hat keinen dauerhaften Bestand. Erst wenn ein Mensch, getrieben durch äußere Umstände, den Punkt erreicht hat, wo er in der Lage ist, sich selber ehrlich in die Augen zu schauen, erst dann wird er sich wahrlich zum Besseren wandeln. Und noch eine dahingehend äußerst wichtige Weisheit kennt der Volksmund:

„Aus Schaden wird man klug!"

Auch dieser Spruch stimmt voll und ganz, denn der Mensch lernt überwiegend mittels leidvoller Erfahrung. Es ist das erfahrene Leid, das uns zur notwendigen Selbsterkenntnis führt. Erst wenn die Selbsterkenntnis stattgefunden hat, und das ist mitunter eine sehr heftige emotionale Erfahrung, ist ein vormals liebloser Mensch fähig, LIEBE zu entfalten. Und die fehlende Selbsterkenntnis ist genau das, was GOTT im Grunde dazu veranlasst, die materielle Schöpfung zu veranstalten. ER kennt sich nämlich selber nicht – zumindest aus derZEITiger Sichtweise!

Man darf dabei „Wissen" nicht mit „Selbsterkenntnis" verwechseln. Wissen hat ER in aller Fülle, Selbsterkenntnis dagegen ist der Schlüssel zur Fülle der LIEBE. Und LIEBE in Fülle hat ER, nach eigener ehrlicher (derZEITiger!) Aussage, nicht. Ich möchte an dieser Stelle eines ganz klar bemerken. Hätte ich in den vedischen Schriften präsentiert bekommen, dass ER LIEBE in Fülle besitzt, dann hätte ich die vedischen Schriften ohne zu zögern in den Mülleimer geworfen! So aber bleibt ER bei der Wahrheit und offenbart SEIN Wesen so, wie es derZEIT nun einmal ist – und das macht IHN, trotz allem Leid, das ER uns erfahren lässt, irgendwie doch noch sympathisch.

Dass GOTT etwas sucht (Selbsterkenntnis!) – und man sucht nur, wenn man noch nicht alles hat! – wusste schon der Heilige Franz von Assisi, denn der hat seinerzeit folgenden Spruch getätigt:

Was wir suchen, ist das, was sucht (Franz von Assisi)

So, und jetzt schauen wir uns einmal an, was wir SEELEN in Wirklichkeit denn eigentlich darstellen.

Wir wissen nun bereits, dass alles universale Tun und Handeln nichts mit unserer Wirklichkeit zu tun hat. Unser falsches Ego führt alle Tätigkeiten gleich einer Marionette gemäß den Kräften der Gunas aus. Sogar die Gedanken, die wir fälschlicherweise mit unserem Ich-Bewusstsein in Verbindung bringen, sind nichts anderes als störende Materie, die uns nach Plan beDINGt. Wir sind einem gigantischen universalen Plan unterworfen, den wir gnadenlos über uns ergehen lassen müssen, und wir haben nicht die geringste Möglichkeit, diesen Plan zu beeinflussen. Ja, was bleibt denn dann noch großartig übrig, was uns SEELEN wichtig und wertvoll macht?

Es ist **unsere ERFAHRUNG**, die uns individuell prägt und somit unvergleichlich wertvoll macht!

WIR sind es, die IHM die Erfahrung zur nötigen Selbsterkenntnis bringen. **WIR**, die wir herzlichste Freudentränen lachen und bitterste Tränen weinen. **WIR**, die wir die wunderschönsten Melodien singen und uns in höchster Qual die Seele aus dem Leib schreien. **WIR**, die wir einander innig lieben und abgrundtief hassen. **WIR**, die wir einander aufopfernd pflegen und grausam verstümmeln. **WIR**, die wir GOTT anflehen und dem TEUFEL gehorchen müssen.

WIR sind es, die IHM vor Augen führen, wie ER ist!

Aber machen Sie sich keine allzu großen Illusionen, ER hält derZEIT nämlich SEINE Augen für das, was WIR in Erfahrung bringen, geschlossen. Glauben Sie mir, es gab unzählige Momente in meinem Leben, da hätte ich nichts lieber getan, als IHM das Spiegelbild SEINER niederen Natur ins Gesicht zu knallen und zu schreien: *„Da, da schau hinein DU großer GOTT! Schau hinein in DICH sage ich und schau DIR genau an, was DU anrichtest! Na, wie gefällt DIR deine Schöpfung, DU ruhmreicher GOTT! Schau hin, schau genau hin, wie die armen SEELEN leiden, wie sie sich winden in Qual und Pein, wie sie sich zerfetzen, wie sie verhungern, wie sie sich foltern, totschlagen und im Dreck verrecken. Wie gefällst DU DIR dabei, DU großer, mächtiger GOTT? – – –* ***Was sagst DU****, ich soll mich nicht so haben, ist ja sowieso nur alles Täuschung, alles MAYA, ist doch alles gar nicht so schlimm?" –*

ARSCHLOCH!

Nun, auch das nützt nichts, denn ER hält auch seine Ohren verschlossen! – Und das ist gut so! Es ist gut, dass ER SEINE hohe Natur strikt von SEINER niederen Natur trennt. Und warum ist das gut? Weil SEINE hohe Natur unsere spirituelle Heimat ist. Und in dieser Heimat gibt es nichts anderes als ewige Glückseligkeit. Eine unmittelbare Konfrontation mit SEINER niederen Natur hätte theoretisch das Ende dieser Glückseligkeit zur Folge!

Ich habe Ihnen ja bereits erklärt, wie GOTT es anstellt, SEINE niedere Natur zu erfahren (und ER muss sie erfahren!), ohne dabei die ewige Glückseligkeit SEINER hohen Natur zu gefährden. ER erfährt SEINE niedere Natur im Schlaf! Die Schilderung in den Veden, dass der allmächtige Vishnu die materiellen Universen während eines sonderbaren Schlafes träumt, ist nicht nur so dahergesagt, sondern sie hat eine sehr tief greifende Bedeutung. Auch im universalen Geschehen ist der Schlaf ein im höchsten Maße seltsames, unergründliches Phänomen. Nicht umsonst wird der Schlaf auch „der kleine Bruder des Todes" genannt. In der traumlosen Tiefschlafphase geschehen nämlich sehr oft gravierende Dinge, was unser vorbestimmtes Seelenleben anbelangt. Und auch das weiß der Volksmund sehr genau, denn er sagt:

„Den SEINEN gibt's der HERR im Schlaf!"

Und da wir Seelen ja nichts anderes als individuelle, bewusste, unsterbliche, spirituelle Teilchen von IHM sind, gilt dieser Spruch letztendlich auch für IHN. GOTT erfährt die Selbsterkenntnis in einer Art von Schlaf. Das, was ich hier so lapidar als Erkenntnisschlaf bezeichne, ist ein universales Schauspiel von einem solch gewaltigen Ausmaß, wie Sie sich das mit all ihrer Phantasie nicht ausmalen können. Da läuft seit Urzeiten ein multiuniversaler, multidimensionaler Prozess ab, der bis ins kleinste Detail gesteuert und geplant ist. Und das Ganze nur zu dem einen Zweck, dass ER durch uns SEELEN, die ER in ein falsches (illusorisches) Ego zwingt, das **theoretische** Potenzial SEINER niederen Natur programmgemäß bis in den letzten Winkel auslotet. „Theoretisch" deshalb, weil es tatsächlich nur im Rahmen einer Täuschung (MAYA) stattfindet. Dass diese Täuschung von uns SEELEN als knallharte, gnadenlose Realität empfunden wird, steht auf einem anderen Blatt! Wir SEELEN sind, trotz allem Leid, das wir erfahren müssen, in einer ungewöhnlich erhabenen, einzigartigen Situation. Dadurch, dass WIR derZEIT in gewisser Weise getrennt von GOTT sind, sind WIR im erwachten Zustand in der Lage, IHN quasi von außerhalb zu betrachten. Natürlich nicht optisch, sondern rein gefühlsmäßig, und zwar was SEIN Wesen anbelangt. Für eine voll erwachte SEELE, die sich noch im universalen Geschehen befindet, ist dies eine im höchsten Maße skurrile, mitunter sehr bedrückende Situation. Bedrückend deshalb, weil die Erkenntnis, die eine SEELE durch den universalen Erfahrungstrip erlangt hat, nicht nur Positives in sich birgt, sondern auch Negatives, denn GOTTES niedere Natur ist teilweise äußerst finster! Und zwar exakt zu 50 Prozent, denn SEINE niedere Natur unterliegt dem universalen Gesetz der Dualität.

Jetzt gibt es noch eine wichtige, letzte Frage zu klären: In welcher Form gelangt die Erkenntnis, die WIR für IHN durch UNSERE Erfahrungen erlangt haben, letztendlich in SEINEN spirituellen Körper und somit in SEIN Bewusstsein, ohne dass SEINE Glückseligkeit beeinträchtigt wird?

Nun, dazu muss man wissen, dass Erfahrung zwar letztendlich zur Selbsterkenntnis führt, dass aber die Selbsterkenntnis noch **nicht** das Endprodukt ist. Das höchste Gut, das eine SEELE entwickeln kann, ist die

SEHNSUCHT

Und eine voll erwachte Seele, die das universale Programm komplett durchlaufen und somit selbiges bis ins finsterste Detail erfahren hat, solch eine Seele sehnt sich nur noch nach einem – nach einem **lieben GOTT!**

Und wenn eine voll erwachte, sehnsüchtige Seele ihre letzte materielle Hülle abwirft und in SEINEN spirituellen Körper (Vaikuntha) eintritt, dann passiert etwas Gewaltiges – dann

erfüllt sich das Wort!

So eine SEELE weiß, wonach sie sich **SEHN**t, und ER erkennt dadurch, wonach ER ge**SUCHT** hat. Und ER wird diese SEHNSUCHT im wahrsten Sinne des Wortes ERFÜLLEN. ER FÜLLT sich mit LIEBE, denn diese FÜLLE hat IHM bislang gefehlt!

Und wenn sich dieser Akt vollzogen hat, wobei ich Sie noch einmal darauf hinweisen möchte, dass GOTT keine Zeit kennt und eigentlich ALLES immer im JETZT geschieht (mehr dazu gleich), dann hat ER, wie der Volksmund so schön sagt:

„LIEBE in HÜLLE und FÜLLE!"

Schlusswort

Ich werde Ihnen nun eine andere Sichtweise allen Daseins darstellen. Diese Sichtweise nimmt der Persönlichkeit GOTTES die direkte körperliche Greifbarkeit, sie ändert jedoch nicht das Geringste daran, dass WIR in eine spirituelle Welt eingehen werden und dort ewige GLÜCKSELIGKEIT erfahren. Zuerst muss ich Ihnen jedoch erklären, was mit dem Ausdruck „direkte körperliche Greifbarkeit" gemeint ist.

In den vedischen Schriften gibt es eine enorme Vielzahl von Schilderungen, die das Leben in der spirituellen Welt beschreiben. Diese Schilderungen laufen häufig nach folgendem Schema ab: Der allmächtige Krishna (oder eine seiner allmächtigen Erweiterungen) zieht musizierend und tanzend durch die spirituellen Lande, begleitet von einer Vielzahl glückseliger Gottgeweihter, die ihn bewundern und die ihm demütig dienen. Wohlgemerkt, die Gottgeweihten sind WIR oder besser gesagt das, was WIR laut vedischen Schilderungen einst werden sollen. Durch die gesamten vedischen Schriften – und vorwiegend durch die Erläuterungen zu den Schriften – zieht sich der Faden des hingebungsvollen Dienens und, vor allem, der Demut. Diese immer wieder mit Nachdruck geforderte Demut wird in den Erläuterungen nicht zuletzt deshalb so eindringlich angemahnt, weil wir ja, laut den dortigen Auslegungen, unseren Fall in die Materie selbst verschuldet haben. Nun, mit der bislang altbewährten Schuldschiene werden Sie mittlerweile hoffentlich nichts mehr am Hut haben, denn Schuld existiert schlicht und ergreifend nicht. Weiterhin habe ich Ihnen ja bereits nahe gebracht, dass weder die Auftritte Gottes als Avatara (jemand der herabsteigt) noch die vedischen Schriften etwas mit der spirituellen Welt zu tun haben. Beides sind Bestandteile des universalen Programms oder besser gesagt der nahezu perfekten ILLUSION (MAYA), in der WIR UNS derZEIT befinden. Dies soll in keinem Fall eine Abwertung der Veden sein, ganz im Gegenteil, die Veden gehören mitunter zum Maximum an Weisheit, das in den Universen greifbar ist. Doch man muss mit dieser Weisheit umzugehen wissen, denn die Veden sind nun mal nicht der Weisheit **letzter** Schluss!

Mit dieser Erkenntnis schaut die Sache schon ganz anders aus, die Schilderungen der spirituellen Welt durch die Veden entsprechen **mit Sicherheit** nicht dem, was WIR dort erleben werden. Ich möchte sogar so weit gehen und behaupten, dass es, solange es die materiellen Dimensionen gibt (also solange WIR UNS in ILLUSION befinden), eine spirituelle Welt gar nicht geben kann. Das mag sicherlich im Moment ungeheuerlich klingen, doch es spricht sehr viel dafür, dass es derZEIT so ist. Wobei das Geheimnis im JETZT verborgen liegt, an das wir uns nun so gut als irgend möglich herantasten werden. Und ich möchte gleich betonen, dass es sich dabei lediglich um ein Herantasten handeln kann, denn WIR, als derZEIT in der Materie gefangene SEELEN, können uns das JETZT nicht vorstellen – nicht einmal ansatzweise!

Ein wichtiger Schlüssel, um das Phänomen GOTT begreifen zu können, liegt in der Tatsache, dass GOTT selbst einer URSACHE unterliegt. Das Wort „unterliegt" ist in diesem Fall vielleicht nicht ganz der richtige Ausdruck, besser gesagt sollte es heißen, dass IHM eine URSACHE innewohnt – die

ALLMACHT

Es ist also die ALLMACHT, die wir uns einmal näher betrachten müssen, denn sie ist letztendlich dafür verantwortlich, dass es ein materielles Geschehen überhaupt gibt.

Zuallererst ist es unbedingt erforderlich, die ALLMACHT vollkommen losgelöst von jeglicher Person zu betrachten. Pure ALLMACHT kann ALLES, wie der Name ja bereits eindeutig zu verstehen gibt. ALLMACHT ist etwas derart Gigantisches, das man sich als Mensch – wenn überhaupt – nur schwerlich vorstellen kann. Versuchen Sie an dieser Stelle bitte, sich ALLMACHT gedanklich zu vergegenwärtigen und in all ihrer ungeheuerlichen Großartigkeit vorzustellen ...

Tun Sie es bitte, schließen Sie für einen Moment die Augen, gehen Sie in sich, und stellen Sie sich die ALLMACHT vor ...

ALLMACHT für sich allein gesehen ist **vollkommen** neutral, sie kennt weder Gut noch Böse. Problematisch wird die ganze Sache jedoch, wenn die ALLMACHT belebt werden soll, also wenn ein LEBENdiges Gebilde entsteht, dem die ALLMACHT innewohnt. Wie soll dieses LEBENdige (!) Gebilde mit der ALLMACHT klarkommen? Woher soll ES wissen, was zu tun ist und, vor allem, woher soll ES wissen, wie ES überhaupt SEIN will? – So etwas geht einzig und allein **nur** durch ERFAHRUNG!

Doch das ist ein überaus heikler Punkt, denn Erfahrung ist nicht nur schön, sondern auch bitter, also mitunter mit sehr viel Leid behaftet. Es wäre der **pure Wahnsinn**, ein LEBENdiges Gebilde so mir nichts dir nichts der ALLMACHT auszusetzen, denn das Ergebnis wäre sehr wahrscheinlich katastrophal! Um dem vorzubeugen und trotzdem zu ERFAHRUNG oder besser gesagt zu ERKENNTNIS zu gelangen, gibt es nur einen einzigen Weg – einen begrenzten Versuch, eine

SIMULATION!

Wenn wir auf Erden Erkenntnis über etwas völlig Unbekanntes (z.B. über eine fremde Substanz) erlangen wollen, dessen Gefährlichkeit oder Wohltat wir nicht einmal erahnen können, dann ist – Verantwortungsbewusstsein oder besser gesagt Weisheit vorausgesetzt – **absolute** Vorsicht geboten! In diesem Fall veranstalten wir unter größtmöglichen Sicherheitsvorkehrungen einen begrenzten Minimalversuch, um die Eigenschaft der mysteriösen Substanz in Erfahrung zu bringen. Und gemäß der aufschlussreichen Tatsache, „wie unten, so oben!“, ist es genau das, was in punkto ALLMACHT geschieht. **Bevor** sich das allmächtige Gebilde belebt und auslebt, findet ein Art SIMULATION statt, und diesen Versuch erfahren WIR gerade sehr eingehend am eigenen, wenn auch illusorischen (simulierten) Leibe. Wobei ich Sie noch einmal darauf hinweisen möchte, dass das eben erwähnte Wort „bevor“ nur als materielle Gedankenstütze zu sehen ist, da ja in Wirklichkeit ALLES immer im JETZT stattfindet.

Wenn man sich das scheinbar unendliche multidimensionale (materielle) Gebilde, das WIR derZEIT erfahren, einmal aus einer gewissen Distanz heraus betrachtet, dann fällt es einem schon schwer, hier von „begrenzt“ zu sprechen. Es ist überaus gewaltig, was sich quer durch die unzähligen Universen und deren Dimensionen abspielt, die SIMULATION ist **außerordentlich** breit angelegt. Jedoch, was sich aus materieller (universaler) Sichtweise heraus momentan als so gigantisch darstellt, verpufft zu einem puren Nichts gegenüber dem, was wirkliches LEBEN bedeutet, dem die ALLMACHT innewohnt!

In den der Dualität unterworfenen materiellen Universen gibt es keine ALLMACHT, und genau dies ist der Punkt, worin die eigentliche Begrenzung besteht.

In der spirituellen Welt **LEBT die (allmächtige!) SEELE**, im materiellen Geschehen **wird SIE gelebt**!

Die göttliche Substanz (die SEELEN) wird durch das materielle Geschehen einer umfassenden SIMULATION unterzogen, in der das **gesamte** Potential (Gut und Böse) per Rollenspiele (illusorische Persönlichkeiten) bis ins kleinste Detail erfahren wird. Aus dieser Erfahrung oder Erkenntnis heraus entsteht ein überaus wichtiges GUT, das sozusagen als Norm für die ewige LEBENdige Belebung der ALLMACHT dient, und dieses unendlich wichtige GUT ist die

SEHNSUCHT

Wenn Sie einmal intensiv über das Phänomen ALLMACHT nachdenken, dann werden Sie unweigerlich Folgendes feststellen: Wenn sich ALLMACHT bezüglich dessen, was sie in der Lage ist zu können, in einem wohlweislich begrenzten Verfahren austestet, dann geht das **nur** über den Weg der Dualität. Es ist die Dualität, die der ALLMACHT gestattet, sich jeweils nach **allen** Richtungen hin auszutesten. Mag dieser Test auch, was das wirkliche LEBEN anbelangt, illusorisch sein, es entwickelt sich aus ihm heraus ein unschätzbares Potential (die SEHNSUCHT), das in der Lage ist, die Allmacht dahingehend positiv zu inFORMieren, wie sie in alle Ewigkeit zu funktionieren hat.

Man könnte jetzt die Frage stellen: „*Wer oder was hat den dann letztendlich die ALLMACHT dazu bewegt, mittels eines begrenzten Versuches zu Erkenntnis zu gelangen, um sich dann entsprechend zu beleben?*“

Diese Frage erledigt sich jedoch von selbst, da es diese Frage in Wirklichkeit gar nicht gibt, denn sie stellt sich ausschließlich innerhalb der Materie – und ist somit illusorisch. Jenseits aller Materie, in der WIRKLICHKEIT, im ewigen JETZT existiert diese Frage gar nicht – denken Sie einmal eingehend darüber nach!

Auch existiert im wirklichen LEBEN keinerlei Erinnerung mehr an das, was WIR derZEIT erfahren, die ILLUSION hat sich in wahrsten Sinne des Wortes **beiZEITen** verflüchtigt (mehr dazu später).

Ich möchte an dieser Stelle noch einmal auf die holographische Eigenschaft des Universums zu sprechen kommen, die ja auch auf GOTT zutrifft, denn: wie unten, so oben!

In einigen Religionen wird ab und an davon gesprochen, dass GOTT ein Bildnis sei, obwohl man dort eigentlich einen persönlichen Gott verehrt. Nun, der Begriff „Bildnis“ beschreibt das Phänomen GOTT sehr treffend, jedoch nur dann, wenn das Bildnis als Hologramm verstanden wird. Ein Hologramm gleicht einem zusammengesetzten Bild, in dem jedem noch so kleinen Einzelteilchen immer die Gesamtinformation innewohnt. Ein holographisches Bildnis besitzt weiterhin die Eigenschaft, dass es umso schöner, detailreicher und klarer wird, je mehr einzelne Teilchen in ihm vereinigt sind. Betrachtet man das Hologramm von außen, dann wohnt – trotz latenter Gesamtinformation – jedem einzelnen Teilchen erstaunlicherweise eine **individuelle** Rolle inne. Es kommt also nicht von ungefähr, dass ein holographisches Bildnis im Grunde etwas Sensationelles ist!

Die illusorischen, materiellen Universen sind ebenfalls holographisch strukturiert, allerdings mit einer – gewollten! – Fehlentwicklung. Die Fehlentwicklung besteht darin, dass die einzelnen individuellen Teilchen (die SEELEN) zu ganz bestimmter Zeit mehr und mehr die Gesamtinformation verlieren, bis hin zur völligen Isolation. Das Hologramm ist in so einem Fall in winzigste Teilchen (Persönlichkeiten) zersplittert, die einzelnen Teile haben keine Verbindung mehr untereinander, und sie behalten somit ihre hinzugewonnenen Erfahrungen für sich. Das Wissen um die eigentliche Einheit ist verloren gegangen, und nicht nur das Wissen, sondern auch das Gefühl der Verbundenheit. Hinzu kommt noch, dass die beseelten Teilchen im universalen Geschehen mit der gnadenlosen Dualität zu kämpfen haben, also heftigste Erfahrungen machen. Jedoch, wie bereits erwähnt, es handelt sich dabei um einen begrenzten Versuch oder genauer gesagt um eine Simulation, die von ungeheurer Wichtigkeit ist.

Genauso wichtig ist es, langsam zu begreifen, dass wir SEELEN eigentlich eine EINheit sind. Das bedeutet, es gibt zwar derzeit unterschiedliche Entwicklungsstufen der einzelnen SEELEN, jedoch nur illusorisch, da auf das materielle Geschehen bezogen. Wenn zwei getrennte Teilchen eines Hologramms sich verbinden, dann verschmilzt automatisch deren Informationsgehalt. Das bedeutet, was die eine SEELE weiß, weiß dann auch automatisch die andere. Wobei die Individualität der verbundenen Teilchen erhalten bleibt, was ja ein Hologramm mitunter auszeichnet: auf **sämtliche** InFORMation Zugriff zu haben, jedoch seine eigene Individualität auslebend!

Wie ich Ihnen ja bereits erklärt habe, erfolgt ein Erwachen aus der ILLUSION ausschließlich in der dichtesten Materie, also in der untersten Dimension, dort, wo die Dualität tobt. Ich habe Ihnen im Vorwort bereits nahe gebracht, dass Sie das hier Niedergeschriebene umso mehr verinnerlichen und erfassen werden, je mehr Ihre SEELE friert (leidet). Von diesem leidlichen Standpunkt aus richtet eine erwachte SEELE ihr Bewusstsein ganz automatisch auf die spirituelle Welt und gelangt im ent/scheidenden Augenblick (wenn die letzte materielle Hülle abgestoßen wird) ins JETZT.

Der Eintritt ins JETZT ist für uns – da WIR in der ZEIT gefangen sind – nicht vorstellbar, ich kann dieses Phänomen nur spekulativ umschreiben. Im JETZT trifft sich **alles** an individueller Seelensubstanz **zugleich**, denn ZEIT ist Bestandteil der ILLUSION – allein diese Tatsache ist für uns schon äußerst schwer nachvollziehbar. Alles ist plötzlich miteinander verbunden, also eine LEBENdige allmächtige (!) EINheit, die jedoch von INDIVIDUALITÄT geprägt ist. Nur, mit der EINheit alleine ist es nicht getan, es braucht, gerade weil dieser EINheit allmächtige (!) Individualität innewohnt, noch etwas äußerst Wichtiges – die

HARMONIE

Wenn man einen Hund und eine Katze am Schwanz zusammenbindet, dann hat man zwar in gewissem Sinn eine Einheit, aber noch lang keine Harmonie!

Für HARMONIE wird jedoch auch bestens gesorgt sein, denn deren Basis bildet das höchste GUT, das eine SEELE im illusorischen Drama der Materie erlangt – die SEHNSUCHT!

SEHNSUCHT hat **ausschließlich** etwas mit positiven Dingen zu tun und **niemals** etwas mit negativen Dingen.

Eine SEHNSUCHT nach negativen Dingen existiert nicht, denn diesen Part übernimmt die GIER! Im Gegensatz zur GIER, die ja das Bestreben hat, alles auf wenige zu konzentrieren, ist das Bestreben der SEHNSUCHT die HARMONIE – also ein liebevolles Miteinander. Und genau das ist es, was ein lebendiges, allmächtiges holographisches Gebilde aufblühen lässt – liebevolle, harmonische Vielfalt! Und derart ist unsere wirkliche Heimat beschaffen, in der WIR ewig leben werden. Und **jeder** von UNS hat tatsächlich ALLMACHT, denn ALLMACHT, gebettet in liebevolle HARMONIE, sorgt für das absolut göttliche Maximum – für

EWIGE GLÜCKSELIGKEIT

Und sollte Ihnen in der ewigen Glückseligkeit tatsächlich das gesamte lebendige holographische Bildnis konzentriert in Form einer einzigen musizierenden und tanzenden Person begegnen, die sich Gott nennt, und die plötzlich Demut und hingebungsvolles Dienen von IHNEN fordert, dann schauen SIE dieser Person tief in die Augen und fragen Sie nur:

warum?

In diesem Sinne,

auf ein Wort!

Es folgen noch drei überaus wichtige Anhänge ...

Anhang 1

Lieber Leser von „Auf ein Wort“,

das, was Sie nachfolgend lesen werden, ist knapp ein Jahr nach der Veröffentlichung von „Auf ein Wort“ niedergeschrieben worden, im Dezember 2003. Ich werde Ihnen zuerst kurz erklären, wie das Nachfolgende zustande gekommen ist, und warum ich mich entschlossen habe, selbiges dem Werk anzufügen.

Ich habe in diesem knappen Jahr ein gewaltiges Feedback zum Inhalt von „Auf ein Wort“ erfahren. Viele Leser haben mich unter anderem dahingehend angesprochen, dass ihnen der Schluss von „Auf ein Wort“ zu abrupt war, und etliche dieser Leser haben mich gebeten, ihnen das eine oder andere konkreter und ausführlicher zu erklären, was ich auch, sofern es mir die Zeit gestattete, in fast allen Fällen getan habe.

Unter den vielen E-Mails, die mich im Laufe der Zeit erreichten, befand sich auch eine Mail von einem Leser, der mit Vornamen Jochen heißt. Jochen wurde mit einem Aufsehen erregenden Vortrag über Mysterien und Magie konfrontiert, den, wie er mich bat, ich mir anhören und kommentieren sollte. Ich willigte ein, und besagter Vortrag, aufgezeichnet auf Audiokassette, erreichte mich einige Tage später auf dem Postwege. Der Vortrag stammt aus dem Jahre 1996, trägt den ungewöhnlichen Titel „Kawwana“, handelt von Mysterien und Magie und wird von dem Bestsellerautor Thorwald Dethlefsen vorgetragen, der Ihnen vielleicht ein Begriff ist. Ich habe mir diesen Vortrag, der immerhin zwei Stunden dauert, gleich mehrmals angehört, denn das dort Vorgetragene übertraf all das, was ich bis dato in dieser Richtung zu hören bekommen habe. Ich möchte diesen Vortrag schlicht und ergreifend als genial bezeichnen, allerdings im **negativen** Sinne!

Der Kawwana-Vortrag gibt einen Einblick ins multidimensionale universale Geschehen, und er offenbart dem Zuhörer das hierarchische Gebilde, dem alles universale Geschehen derZEIT unterliegt. Das, was im Kawwana-Vortrag aufgezeigt wird, entspricht durchaus der Wahrheit (falls man das, was UNS die ILLUSION präsentiert, überhaupt Wahrheit nennen will), doch diese „Wahrheit“ gilt **nicht** für **alle** SEELEN. Das dort vermittelte Wissen wird sich programmgemäß in all den SEELEN manifestieren, deren Zeit noch nicht gekommen ist, den illusorischen Zirkus (Zyklus) zu durchblicken. Der Kawwana-Vortrag wurde seinerzeit von vielen spirituell Suchenden mit enormer Begeisterung aufgenommen, es handelt sich dabei um ein brillantes Mittel, um die universale ILLUSION aufrecht zu erhalten. Dieser Vortrag greift ausschließlich bei Menschen, die spirituell aufgeschlossen sind, also bei denjenigen, die sich bereits ihrer SEELE bewusst sind. Diesen SEELEN wird mittels des Kawwana-Vortrages ein Weg angepriesen, der sie angeblich direkt zu Gott führen wird – wobei es sich bei besagtem Weg zu Gott, wie im Vortag auffällig oft zu hören ist, um einen langen und vor allem leidvollen handelt!

Es war alles andere als eine leichte Sache, die von Jochen gewünschte Stellungnahme zum Kawwana-Vortrag niederzuschreiben, und es dauerte fast einen Monat, die paar Seiten an InFORMation ins Geschehen zu schaufeln, die Sie nachfolgend lesen werden.

Jochen war von der entstandenen Abhandlung derart begeistert, dass er mich darum bat, die Abhandlung im Internet (in einem Forum) veröffentlichen zu dürfen. Ich willigte ein, und ich habe die Abhandlung selbst etlichen Lesern, die mich um irgendwelche näheren Erklärungen zu „Auf ein Wort“ baten, zukommen lassen. Die Resonanz darauf war überwältigend positiv, und ich wurde wieder und wieder dazu aufgefordert, die Abhandlung zusammen mit „Auf ein Wort“ zu veröffentlichen. Die Begeisterung ging sogar soweit, dass eine Leserin behauptete, die Abhandlung sei das eigentliche Buch und „Auf ein Wort“ sei nur das Vorwort.

Nun, lieber Leser, ich bin all den Aufforderungen nachgekommen, und werde Sie gleich mit einer InFORMation konfrontieren, die sehr, sehr tief greifend ist.

Jochen schrieb mir:

Lieber Rudi,

ganz herzlichen Dank für Deine zusammengetragenen Informationen. Ich bewundere Dich! Ich würde gern Deine Meinung wissen, was Du von einem Vortrag hältst, den Dethlefsen 1996 in verschiedenen Großstädten Deutschlands über Magie und Mysterien, ein zeitloser Weg zur Freiheit, gehalten hat. Falls Du ihn nicht gehört hast und Du zwei Stunden Zeit hast, würde ich Dir gern die Kassette mal zusenden. Hier ist ein Weg zu „Gottes Welten“ (nicht zum Himmel!) aufgezeigt, den es sicher zu beachten gilt.
Darüber würde ich mich mit Dir gern austauschen.

Mit herzlichen Grüßen,

Jochen

—

Hallo, lieber Jochen,

ich habe mir den Vortrag von Thorwald Dethlefsen über „Kawwana“ aufmerksam angehört, damit ich mich, wie Du es wünschst, mit Dir darüber austauschen kann. Doch bevor ich mich dazu äußern werde, lieber Jochen, werde ich Dir eine Tatsache vor Augen führen, die Dich im ersten Moment sicherlich sehr seltsam anmuten wird.

Jochen, wenn Du glaubst, dass Du hier etwas liest, das der Rudi erschaffen hat, dann irrst Du Dich! Du hast das Werk „Auf ein Wort“ bereits gelesen, in diesem Werk geht es letztendlich um nichts anderes als ums AUFWACHEN. Aufwachen aus einer ILLUSION, die so gewaltig ist, wie Du Dir das im Moment gar nicht vorstellen kannst. Genauso wie das, das Du im Moment liest, stammt auch das Werk „Auf ein Wort“ nicht von derjenigen Persönlichkeit, die sich „Rudi“ nennt, es ist lediglich durch den „Rudi“ zum Ausdruck gelangt. Die Geburt von „Auf ein Wort“ war ein im höchsten Maße dramatischer Akt, der „Rudi“ hat über den Zeitraum von eineinhalb Jahren hinweg sehr oft nicht gewusst, ob er den nächsten irdischen Tag überhaupt noch erleben wird, von den Jahren davor ganz zu schweigen. Die Entstehungsgeschichte von „Auf ein Wort“ ergäbe ein Buch für sich, das so manchen Psycho-Thriller glattweg in den Schatten stellen würde. Es gab da nämlich ETWAS, das mit all ihm zur Verfügung stehenden Macht verhindern wollte, dass dieses Werk hier auf Erden in Erscheinung tritt. Doch plangemäß (denn es gibt keinen Zufall im Universum!) hat es diese „Macht“ nicht verhindern können, dass es geschehen ist.

Jochen, Du wirst Dich sicherlich wundern, dass ich, wenn ich über den „Rudi" schreibe, diesen aus einer gewisser Distanz heraus betrachte und von ihm in der dritten Person rede.

Genau jetzt ist es an der Zeit, dass Dir mitgeteilt wird, wer ICH überhaupt bin.

Jochen, ICH bin ein erwachter Teil, der sich der Unsterblichkeit, der Ewigkeit und somit der GÖTTLICHKEIT **bewusst** ist. Und es ist MIR bewusst, dass ICH dieser GÖTTLICHKEIT angehöre, dass ICH, wie **jede andere** SEELE auch, diese GÖTTLICHKEIT in mir trage – sie ist MIR eigen!

Das mag für Dich im ersten Moment sehr hoch gegriffen und irgendwie abgehoben oder gar verrückt klingen, aber glaube MIR, es ist so, wie es Dir hier mitgeteilt wird.

Jochen, ich weiß, dass Dein derzeitiges Bewusstsein dem Bewusstsein gleicht, das dem „Rudi" innewohnte, bevor „er" aufgewacht ist – also bevor ICH MIR MEINER bewusst geworden bin. Du bist, wie so viele andere auch, auf der Suche. Du irrst im Dschungel von Esoterik, Mystik und der Gedanken umher, getrieben von einer Kraft, die Dich nicht ruhen lässt. Und ICH weiß, dass auch DU zu gegebener Zeit aufwachen und DIR DEINER GÖTTLICHKEIT bewusst wirst – denn es ist so vorgesehen! Du magst zwar, bedingt durch die ILLUSION, die Dich derzeit noch in ihrem Bann hält, glauben oder hoffen, dass Du in irgendeiner Art und Weise etwas dazu beitragen kannst, um diese Suche erfolgreich zu beenden und somit endlich ans Ziel zu gelangen, doch dies ist ein Ding der Unmöglichkeit, und zwar deshalb, weil DEIN Erwachen, so wie alles Geschehen im Universum, in gewisser Weise automatisiert ist – es passiert also von ganz alleine zu einem genau festgelegten Zeitpunkt.

Wenn Du ehrlich zu Dir bist, dann kannst Du es doch kaum erwarten, bis sich endlich etwas in bestimmter Richtung tut – habe ICH Recht?

Der Vortrag über Kawwana, den Du dem „Rudi" hast zukommen lassen, interessiert Dich deswegen in so hohem Maße, weil Du bereits ahnst oder bereits weißt, dass es Dinge zwischen Himmel und Erde gibt, die nahezu unbeschreiblich sind, und weil der Vortragende einen Weg anpreist, der, wie sehr oft zum Schluss des Vortrages hin betont wird, ans lang ersehnte Ziel führt. ICH werde Dir diesen angeblichen Weg sowie den restlichen Inhalt des Vortrages in einer Art und Weise vor Augen führen, die Dich sicherlich die Dinge in einem gänzlich anderem Lichte betrachten lässt, denn es existiert nur **eine** absolute WAHRHEIT und es gibt nur **einen** Weg dorthin, und beides ist nicht auf dieser Kassette zu finden – ganz im Gegenteil!

Jochen, Du befindest Dich bereits in der Situation, dass Du um Deine SEELE weißt, denn sonst würdest Du Dich für bestimmte Dinge nicht so sehr interessieren. Wenn Du Dir schon mal Deiner SEELE bewusst bist, dann ist es, wenn es denn so sein soll, nur noch ein sehr kleiner Schritt oder besser gesagt ein relativ kurzer Prozess zum Erwachen. Dieser Prozess erfolgt, wie es die Eigenschaft eines Prozesses nun mal ist, nach und nach vollkommen automatisch. Anfangs wird der „Jochen" noch der Meinung sein, dass er aus sich heraus diesen Prozess in irgend einer Weise steuert, doch mit zunehmendem Wachzustand wirst DU den „Jochen" in einer seltsamen Art und Weise von extern betrachten. Es ist dann so, wie der Volksmund es sehr treffend sagt: DU stehst plötzlich in gewisser Weise vollkommen neben

Dir. Und zwar nicht im optischen Sinn, sondern das Bewusstsein betreffend. Und DU wirst nicht nur den „Jochen“ mit gänzlich anderem Bewusstsein erfahren, auch die Welt um DICH herum erscheint dann in einem anderen Bild. DU erlebst die Menschen und das Geschehen auf eine Art und Weise, die DICH fremd anmutet. Erwachen ist ein überaus heftiger Prozess, der Unterschied zwischen davor und danach ist gewaltig, und hat mit irgendeiner krankhaften Einbildung absolut nichts zu tun. Der Prozess hin bis zum Wachzustand kann von Mensch zu Mensch unterschiedlich ablaufen, der Endzustand (Wachzustand) dürfte jedoch bei allen SEELEN, was das Empfinden anbelangt, gleich oder zumindest ähnlich sein. So ist es zum Beispiel in einigen wenigen Fällen durchaus möglich, dass eine SEELE innerhalb kürzester Zeit oder sogar schlagartig in den Wachzustand gelangt und diesen Zustand über längere Zeit oder sogar permanent beibehält. Die weitaus häufigere Variante wird jedoch so sein, wie es bei MIR der Fall war, dass das Bewusstsein zunächst nur für kurze Zeit (einige Sekunden) in den Wachzustand gerät und danach wieder vollkommen auf die „illusorische Persönlichkeit“ umschaltet. Die SEELE muss dieses neue Bewusstsein erst einmal in gewisser Weise verdauen, denn, wie gesagt, der Zustand ist für die SEELE vollkommen neu und kann mitunter als äußerst heftig empfunden werden.

Aus den anfänglichen Sekunden werden im Laufe der Zeit Minuten, doch nicht nur die Dauer der Wach-Zyklen erhöht sich, auch die Häufigkeit des Auftretens wächst an. Diesen Wachzustand mit Worten so zu beschreiben, dass ihn eine nicht erwachte SEELE, die noch vollkommen in ihrer illusorischen Persönlichkeit gefangen ist, nachvollziehen kann, ist ein Ding der Unmöglichkeit, so etwas kann man nur erfahren. Es ist, um hier den Versuch einer vagen Zustandsschilderung abzuliefern, so, als wäre man, zusammen mit allen anderen SEELEN, im Kino. Alle SEELEN starren wie gebannt auf eine riesige Leinwand, auf der ein Film abläuft. Die SEELEN sind so sehr an diese Leinwand und an den illusorischen Film, der sich auf der Projektionsfläche (Weltenbühne) abzeichnet, gebannt, dass sie tatsächlich der Meinung sind, sie seien in diesen Film involviert. Sie glauben, sie seien die Akteure, die sich im projizierten Geschehen tummeln. Erwachen bedeutet, man wird sich plötzlich als einziger in seinem überblickbaren Umfeld bewusst, dass man sich in Wirklichkeit in einem Kino befindet, und man mit der Persönlichkeit, die einem im Film zugeordnet ist, eigentlich gar nichts zu tun hat. Man richtet nun den Blick von der Leinwand weg auf all die anderen Gäste, die noch mit im Kino sitzen und die, soweit man es überblicken kann, allesamt noch derart gebannt auf das illusorische Geschehen starren, dass sie sich noch hundertprozentig mit derjenigen Figur identifizieren, die ihnen laut universalem Drehbuch zugeordnet ist. Richtet man den Blick nun wieder konzentriert auf die Leinwand, dann ergreift einen die ILLUSION wieder, der Wachzustand schwindet. Doch es passiert immer häufiger, dass man den Blick von der Leinwand abwendet und sich somit besagter Wachzustand einstellt, es ist ein zunächst sehr ungewohntes, mit zunehmender Gewöhnung jedoch äußerst interessantes Wechselspiel. Das Schwinden des Wachzustandes hat etwas mit den Sinnen zu tun, je mehr sich die äußeren Sinne einschalten, umso heftiger packt einen die ILLUSION. Der Mensch ist dabei, wie in allem universalen Geschehen, vollkommen machtlos, wobei man sich der Machtlosigkeit und des Gesteuertwerdens **nur** im erwachten Zustand vollkommen bewusst ist.

Ich möchte noch einmal betonen, auch im Wachzustand ist die SEELE absolut machtlos, sie ist lediglich Beobachter oder besser gesagt Erfahrender, denn die Gefühle, die das Bindeglied zwischen illusorischer Persönlichkeit und SEELE sind, schlagen sich in der SEELE in gewisser Form nieder. Im erwachten Zustand weiß die SEELE, dass sie IST, sie ist sich ihres ewigen SEINS, des ICH BIN und ihrer Unsterblichkeit vollkommen bewusst, und sie weiß, dass sie mit der illusorischen Persönlichkeit, an die sie nach wie vor gebunden ist, in Wirklichkeit nichts zu tun hat.

Dieses ICH-BIN-Bewusstsein ist irgendwie, obwohl die SEELE nach wie vor an die illusorische Persönlichkeit gebunden ist, seltsam neutral, die SEELE fühlt sich einer unpersönlichen GANZHEIT zugehörig, die derZEIT nichts anderes tut und nichts anderes tun kann, als im wahrsten Sinne des Wortes die **Dinge in Erfahrung** zu bringen. Der Zustand der GANZHEIT ist in diesem Stadium, sehr treffend ausgedrückt, beDINGt. Die illusorischen Persönlichkeiten, in die die GANZHEIT in diesem Prozess aufgesplittet ist, werden von den erwachten SEELEN als eine Art Vehikel empfunden, die lediglich dazu dienen, die Dinge in Erfahrung zu bringen – die individuellen SEELEN und somit das unpersönliche GANZE **ERFÄHRT** etwas.

Jochen, schau Dir das Wort ERFÄHRT einmal genauer an und betrachte nachfolgende Illustration, die Dir bestimmt noch in Erinnerung ist:

Na, was siehst Du da auf diesem Bild, das an Aussagekraft schwerlich zu überbieten ist, und dessen tiefer Sinn Dir hoffentlich noch von „Auf ein Wort“ in Erinnerung ist?

ER (der wirkliche Mensch) FÄHRT in einem Gefährt, unfähig, selbiges eigenmächtig zu verlassen, geschweige denn in irgendeiner Form ins Geschehen eingreifen zu können. ER muss – den Sinnen, den Trieben, dem Geist und dem falschen Ego ausgeliefert – **alles nur denkbar Mögliche** über sich ergehen lassen!

Soviel zum Versuch, das Phänomen „Wachzustand“ mit Worten zu erklären, ich hoffe, lieber Jochen, Du kannst den beschriebenen Wachzustand nun einigermaßen nachvollziehen.

Doch der von mir geschilderte Wachzustand ist erst die halbe Miete! Wachzustände mag es viele geben, doch auf was es am Ende des vorgezeichneten Weges ankommt, ist, dass sich die SEELE ihrer GÖTTLICHKEIT **absolut** bewusst wird.

Auch das Erreichen dieses **absoluten Bewusstseins** ist, wie derZEIT alles, vorprogrammiert, das ganze GEBILDE unterliegt einer Art Selbsterweckungsmechanismus. Es findet, entgegen dem, was innerhalb des illusorischen Geschehens aus bestimmten Gründen (die ich noch aufzeigen werde) immer wieder berichtet wird, keine Entwicklung im herkömmlichen Sinn statt, es geht lediglich um Erfahrung.

Jetzt wird es Zeit, dass ICH Dir den Begriff GÖTTLICHKEIT oder GOTT in seiner **ABSOLUTHEIT** vor Augen führe, denn wenn es sich in DIR manifestiert, was GÖTTLICHKEIT oder GOTT in Wirklichkeit ist, dann wirst Du bestimmte Dinge durchblicken. Dann wirst Du erkennen, dass die Weisheit der Herren Magier, der Erleuchteten, der höchsten Mystiker, der von oben Herabgestiegenen samt allen Ritualen und tiefen Geheimnissen auf nichts anderem basiert, als auf ILLUSION. Dann wirst Du begreifen, dass es den Gott, von dem in „erleuchteten" Kreisen gesprochen wird, gar nicht gibt, ja, dass es ihn schlicht und ergreifend gar nicht geben kann!

ICH werde Dir nun das Phänomen oder den Zustand GOTT in seiner ABSOLUTHEIT darlegen:

Das Phänomen GOTT hat ALLMACHT, es ist allmächtig. ALLMACHT ist durch **nichts** zu überbieten, sie ist in **jeder** Hinsicht absolut. ALLMACHT kann, wie der Begriff es schon ausdrückt, prinzipiell ALLES. Nur, die Menschen können sich dieses Phänomen nur schwerlich und nur zu einem ganz geringen Teil bewusst machen. ALLMACHT schließt auch wirkliche FREIHEIT mit ein, denn **nur** etwas, das allmächtig ist, ist auch **wirklich frei!**

Das Phänomen GOTT hat nicht nur ALLMACHT und ist somit allmächtig, es **ist** auch ALLES. GOTT ist in sich eine EINHEIT, es gibt **nichts und niemanden**, das oder der sich extern von GOTT befindet. Jegliche Behauptung, dass es GOTTES Plan sei, sich zu teilen, und diesem Teil (seinem Sohn!) unter dem Deckmantel der Erlösung nach diversen leidvollen Läuterungen schließlich Freiheit (und somit ALLMACHT!) zu gewähren, ist Teil des illusorischen Programms und hat nur den einen Zweck: die ILLUSION zu gestalten und aufrecht zu erhalten.

Das Phänomen GOTT ist eine EINHEIT, aber eine **unpersönliche! –** Deshalb ist an dieser Stelle auch der Ausdruck „Phänomen" gebraucht. Das universale Geschehen präsentiert den illusorischen Persönlichkeiten aus ganz bestimmten Gründen einen persönlichen Gott. Das Phänomen GOTT ist, als GANZES gesehen, eine unpersönliche EINHEIT, doch diese EINHEIT lebt in sich eine persönliche, individuelle, unendliche VIELFALT. Wobei es sich um eine **harmonische** VIELFALT handelt, deren grundlegendste Eigenschaft eine allumfassende LIEBE ist.

GOTT hat keinen Anfang und kein Ende, er trägt die Absolutheit der EWIGKEIT in sich. Ein weiterer absoluter Aspekt, der GOTT auszeichnet, ist die VOLLKOMMENHEIT. GOTT existiert in EWIGKEIT in VOLLKOMMENHEIT – es existiert also keine Entwicklung von irgendwelchen Teilchen (SEELEN) Gottes hin zur VOLLKOMMENHEIT, wie das im illusorischen Geschehen aus bestimmten Gründen immer wieder propagiert wird!

Eine ewige, allmächtige EINHEIT, die in Form von liebevoller harmonischer VIELFALT existiert, lebt in ewiger, **absoluter** GLÜCKSELIGKEIT.

Jochen, verstehst Du die oben aufgezeigte Absolutheit? Verstehst Du, dass es nichts gibt, was über ALLMACHT, EINHEIT, VOLLKOMMENHEIT und EWIGER GLÜCKSELIGKEIT steht?

Nun wirst Du vielleicht sagen: *„Ja, die oben aufgeführten Aspekte der GÖTTLICHKEIT sind ja kein Geheimnis und waren mir, da ich sie jetzt in so kompakter Form vor mir stehen habe, eigentlich alle durchwegs schon bekannt!"* Und ICH sage Dir darauf: *„Das mag wohl stimmen, doch Du hast diese unumstößlichen Aspekte noch nie konsequent prüfend auf den Gott angewendet, den Dir die ILLUSION (z.B. der Vortragende auf der Kawwana Kassette) vor die Nase hält, und der Dir immer wieder als höchstes Ziel erklärt wird!"*

Alles, was nicht ALL die oben aufgeführten absoluten Aspekte in sich trägt, IST NICHT GOTT!

Und so ein Nichtgott wird den Menschen im illusorischen universalen Geschehen an allen Ecken und Enden gepredigt und als Ziel angepriesen. Wo man auch hinsieht, immer und überall wird ein Gott präsentiert, der, wenn man die Sache wach und konsequent betrachtet, nicht der oben aufgeführten ABSOLUTHEIT entspricht. Es wird UNS im illusorischen Geschehen wieder und wieder mit allem Nachdruck vorgegaukelt und suggeriert, dass WIR UNS entwickeln müssen – entwickeln müssen hin zu Gott.

Wie kann sich etwas entwickeln müssen, wo GOTT doch ewig VOLLKOMMEN ist, und ER auch ewig ALLES ist?

Weiterhin unterliegt das illusorische universale Geschehen der Dualität und ist somit **permanent** mit Gegensätzen behaftet: Liebe und Hass, Freude und Leid, Verbundenheit und Spaltung, Leben und Tod usw. – Die EINHEIT GOTT existiert jedoch in ewiger harmonischer und liebevoller GLÜCKSELIGKEIT, GOTT kennt weder Leid noch Spaltung und weder Hass noch Tod.

Merkst Du langsam, Jochen, dass mit **dem** Gott, den der Lauf des Geschehens den Menschen aufs universale Tablett knallt, etwas nicht stimmen kann? Merkst Du langsam, dass, wenn man die ABSOLUTHEIT begriffen hat und dieses Wissen auch konsequent anwendet, man das universale Geschehen drehen und wenden kann wie man will, es wird **niemals** ein **wirklicher** GOTT dabei herauskommen?

Aus illusorischer universaler Sicht heraus gibt es GOTT schlicht und ergreifend nicht, und ER wird **innerhalb** dieser ILLUSION und somit innerhalb der ZEIT auch **niemals** entstehen. ER kann auch gar nicht entstehen, denn GOTT ist ewig, ER kennt weder Anfang noch Ende.

Das, was innerhalb der ILLUSION an Gott existiert, ist nichts anderes als ein Phantom, zu dem alles illusorische Geschehen programmgemäß und in Form von Hierarchie hinstrebt.

Das illusorische universale Geschehen ist in Dimensionen unterteilt, die sich in erster Linie bezüglich ihrer Stofflichkeit unterscheiden. Auch feinstoffliche Dimensionen und Welten sind Materie und unterliegen somit MAYA – der ILLUSION! Ja, es ist sogar so, wie schon in „Auf ein Wort“ beschrieben, dass die ILLUSION umso dichter wird, je feinstofflicher sich die Materie gestaltet, und folglich diejenigen SEELEN, die sich gerade mal wieder in den feinstofflichen Bereichen tummeln, um so verblendeter sind. Und schon die Worte „gerade mal wieder“ weisen darauf hin, dass das universale Geschehen einem exakt vorbestimmten Zyklus unterliegt. Himmel und Hölle heißt das Spiel, das im illusorischen Geschehen stattfindet. Da gibt es keine **dauerhafte** Vollendung, wie das immer wieder propagiert wird, in der Einleitung des Vortrages „Kawwana“ ist dies für den, der aufmerksam zuhört, **eindeutig** herauszuhören, denn dort heißt es:

„Wenn die Mächte der Finsternis sich selbst übersättigt, und die Bühne der Welt mit der Dunkelheit des Chaos, gleich wie mit einem Aussatz, überzogen haben, wenn sich die Saat der dichtesten Schwärze in den Schoß der Welt gesenkt hat, dann regt sich auch der Keim des Lichtes, das sich ***zum anderen Male*** *weit atmend erneuert.“*

Jochen, „zum anderen Male“ bedeutet nichts anderes als:

zum wiederholten Male! – **Es ist ein Zyklus!**

Bei den so genannten Erleuchteten, bei den höchsten Mystikern, Meistern und Avataren, bei den Heiligen und Engeln und bei allem, was sich sonst noch in höheren Welten und Dimensionen so tummelt, handelt es sich um nichts anderes als um ganz normale SEELEN, denen im großen Kino >I L L U S I O N< plangemäß und der jeweiligen Situation (Dimension) entsprechend eine Art 3D-Brille verpasst wurde. Die 3D-Brille lässt all die SEELEN, für die momentan „höhere“ Dimensionen angesagt sind, den Film (das universale Geschehen) gänzlich anders erfahren, als diejenigen SEELEN, die ohne Brille im Kino sitzen. Selbstverständlich ist auch die jeweilige Rolle, mit der sich die 3D-Brillenträger so intensiv identifizieren, eine elitäre, man ist schließlich wer und man glaubt, dafür auch etwas geleistet zu haben. Geleistet und erleidet für einen Gott, der unsichtbar an der Spitze der Hierarchie lockt. Diese SEELEN müssen schlicht und ergreifend an einen Gott glauben, dem alles universale Geschehen entstammt, und zu dem es mit aller Kraft zu gelangen gilt. Die ILLUSION, die sie im Bann hält, ist derart perfekt und somit scheinbar „wirklich“, sie können in diesem Stadium **niemals** durchblicken, dass sie sich eigentlich im Kino befinden und sich mit einer ganz bestimmten Rolle identifizieren, die der Film präsentiert. Zudem sich das Geschehen in niederen Dimensionen, die sie – als Figur im Film und natürlich in göttlichem Auftrage! – befehligen oder verwalten, erstaunlicherweise tatsächlich nach ihrem Willen gestaltet. Einem Willen wohlgemerkt, von dem sie annehmen, dass er frei ist und dass selbiger ihrem Wesen oder ihrer Persönlichkeit entspringt. Was jedoch in **keinem** Fall zutrifft! Das Ganze wird zusätzlich kaschiert, indem es immer wieder heißt: im Grunde richtet sich alles nach dem großen göttlichen Plan oder nach der großen göttlichen Vorsehung. Und so geht es Schicht für Schicht (Brille für Brille) durch den universalen Baumkuchen aus Dimensionen, jede höhere Dimension befehligt und verwaltet in wichtigtuerischer Manier die nächst niedrige, wobei das illusorische Geschehen so gestaltet ist, dass, je höher und somit feinstofflicher die Dimensionen werden, umso größer wird auch ihr Einfluss auf die unteren Schichten. Doch irgendwann kommt für jede SEELE der Zeitpunkt, da wird ihr die 3D-Brille ganz einfach weggenommen – was einen „tiefen“ Fall bedeutet.

Der Vergleich mit dem Kino ist übrigens sehr treffend, weil er sich auch im illusorischen Geschehen widerspiegelt. Ein Kinofilm wird dann als besonders gut gelungen empfunden, wenn er den Zuseher emotional packt, wie man so schön sagt. Je nach Art des Filmes schütteln wir uns vor Lachen, weinen uns die Augen rot oder erschrecken so sehr, dass uns der kalte Schauder über den Rücken läuft. Wir fühlen intensiv mit! Aber was ist es denn, das in uns derart intensive Gefühle erzeugt? Nichts anderes als eine mittels Schauspieler dargebrachte und somit im Grunde vollkommen unreale (unwirkliche) Handlung, die auf Zelluloid gebannt ist. Ein lächerlicher Streifen Zelluloid, der im Zuseher derartiges bewirkt!

Das illusorische Geschehen ist, obwohl im Grunde unwirklich, eine überaus heftige Sache! Der Film ist absolut genial inszeniert! Die Eindrücke, die eine SEELE im auf Dualität basierenden illusorischen Geschehen erfährt, sind in jeder Hinsicht gravierend. Es ist kein Witz, der sich da quer durchs Universum abspielt, es ist für UNS Erfahrende (Zuseher) bittere oder süße Realität, je nachdem, **was** gerade erfahren wird. Die Palette reicht von liebevollster Ausstrahlung bis hin zu schier bodenlosem Hass.

Jochen, das, was im Kawwana-Vortrag dargestellt wird, entspricht der universalen „Realität" – jedenfalls was die Struktur anbelangt. Mysterien sind existent, und sie leiten **scheinbar** das universale Geschehen. „Scheinbar" deshalb, weil das perfekte Drehbuch der ILLUSION schlicht und ergreifend dahingehend ausgelegt ist. Es hat eben immer nur einen gewissen Anschein. Und der Schein trügt, wie der Volksmund weiß!

Es wird immer (und auch im Kawwana-Vortrag) von unvorstellbar gewaltigen, unsichtbaren Mächten und Kräften gesprochen, die den göttlichen Plan verwirklichen, und die von gewissen Individuen gehandhabt werden. Auch das entspricht der universalen Wirklichkeit, doch wir reden hier, da sich das Ganze in der ILLUSION abspielt, letztendlich von einer **illusorischen** Wirklichkeit. Doch diese „mächtigen" Individuen (eigentlich die entsprechenden Zuseher, die SEELEN!) sind sich vor lauter Kraft und Macht (und manchmal vor lauter Liebe) der ILLUSION gar nicht bewusst, der sie unterliegen. Denn sie haben im Endeffekt gar keine Macht, sie müssen sich **immer** dem so genannten „göttlichen Plan" (dem Drehbuch der ILLUSION) fügen, indem sie die ihnen zugeordneten Rollen spielen. Und sie (die Zuseher, die SEELEN) sind, da die momentane Rolle, mit der sie sich identifizieren, eine durchweg elitäre und somit angenehme ist, von dem System (von der ILLUSION), dem sie „freiwillig" dienen, im wahrsten Sinne des Wortes beGEISTert.

Wenn es um Mysterien und Magie geht, dann ist dies **immer** mit Hierarchie verbunden! Und es wird von oben herab **immer mit Nachdruck** propagiert, dass es ein langer, mühsamer und vor allem ein leidvoller Weg ist, der zu Gott führt. Auch der Vortrag über Kawwana ist voll von solchen Aussagen, das ganze hierarchische Gebilde lebt im Endeffekt von diesem Leidwesen. Wo kämen wir denn da hin, sollte sich da einer vordrängeln wollen, wenn es um den ach so herrlichen Aufstieg zu Gott geht!

Interessant wird es, wenn man sich das angebliche Endstadium oder besser gesagt die oberste Schicht des multidimensionalen Baumkuchens näher betrachtet. In mystisch/magischen Kreisen und Lehren spricht man häufig nicht direkt von Gott, sondern, die oberste Figur betreffend, vom „Alten der Tage". Auch im Kawwana-Vortrag fällt dieser Begriff. Das Problem an der ganzen Sache ist, noch nie hat ein noch so hoch stehender Mystiker oder Magier diesen „Alten der Tage" zu Gesicht bekommen, er wird immer wie eine Art Phantom gehandelt. Manchen Mystikern wird nachgesagt, sie hätten einen direkten Draht zum „Alten der Tage“, doch, wie der Begriff Draht schon sehr schön zum Ausdruck bringt, findet der Kontakt nicht direkt statt, sondern es ist immer noch etwas dazwischen. Einer der bedeutendsten Magier und auch Mystiker der Neuzeit war ein gewisser Franz Bardon. Es ist offenbart, dass dieser Franz Bardon, was seine früheren Inkarnationen anbelangt, unter anderem auch Hermes Trismegistos, Graf von Saint Germain und Nostradamus war. Franz Bardon hat, neben anderen Werken, auch drei Lehrbücher der Magie veröffentlicht. Ich selbst habe meine ersten Erfahrungen in punkto Magie durch eines dieser Bücher gewonnen, ich weiß also, von was ich hier spreche. Doch mittlerweile weiß ich auch, dass Magie zwar existent ist, jedoch nur scheinbar, denn auch das magische Geschehen ist Bestandteil des Drehbuches der ILLUSION, auch wenn es die illusorischen Persönlichkeiten, die Magie praktizieren, nicht wahrhaben wollen oder besser gesagt nicht wahrhaben können! Und es spielt absolut keine Rolle, wie hoch man die Magie und die Mysterien ansiedelt, ich sage es hier noch einmal, je höher und feinstofflicher die Geschichte wird, umso dichter und heftiger tritt die ILLUSION in Erscheinung.

Es gibt ein weiteres Werk von Franz Bardon, das sich nicht mit praktischer Magie befasst, sondern das Einblick in höchste magisch/mystische Stadien und Kreise gibt. Die Rolle, die Franz Bardon im universalen Geschehen zu spielen hatte, war durchaus nicht diejenige eines billigen Zauberers, wie sie im Kawwana-Vortrag mitunter angesprochen werden, Franz Bardon beherrschte die Sphärenmagie, also den Eintritt in höhere Welten. Höchst interessant ist der Endpunkt jeglicher magisch/mystischen „Entwicklung“, den Bardon ebenfalls in besagtem Buch schildert. Das ist dann das Stadium, wo die höchsten Mystiker des Universums (!) zusammentreffen, um einen hoch verdienten und vor allem hochgedienten Kollegen quasi verabschieden. In einem feierlichen Ritual löst der Mystiker seine Individualität auf und geht ein in den „Alten der Tage“.

Doch wie bereits gesagt, irgendwann ist es wieder soweit, und der Keim des Lichtes **muss sich** zum **wiederholten Male** weit atmend erneuern –

und das Drama beginnt von vorne!

Jochen, schau Dir noch einmal die vorhin aufgezeigte ABSOLUTHEIT GOTTES an, und Du wirst unschwer erkennen, dass der ganze zyklische Zirkus, der hier (im Universum) stattfindet, zwar Ungeheuerliches hervorbringt und in sich birgt, aber nicht GOTT.

Interessanterweise tauchen bei Vorträgen und Beschreibungen, die die Mysterien und die Magie zum Inhalt haben, bestimmte Begriffe, die die ABSOLUTHEIT GOTTES beschreiben, nie auf. Das ist auch gar nicht verwunderlich, denn solche Begriffe stünden der Hierarchie und dem von ihr zwingend benötigten Leidwesen im Wege. Denn wie könnte man einen schweren, langen, leidvollen Weg, den es zu gehen gilt, mit einem ALLMÄCHTIGEN, EWIGEN GOTT in Einklang bringen, der seit jeher, ohne Anfang und Ende, ALLES in LIEBEVOLLER HARMONIE und EWIGER GLÜCKSELIGKEIT in sich vereinigt? Jochen, ist Dir denn nicht aufgefallen, dass im ganzen Kawwana-Vortrag nicht ein einziges Mal die LIEBE zur Sprache kommt? Wie sollte es auch, wahre (also allumfassende!) LIEBE ist einer „mächtigen“ Hierarchie, die (plangemäß!) einen Leidensweg ins grobstoffliche Dasein ruft, fremd. Sie muss ihr sogar fremd sein, ansonsten würde das zyklische, illusorische Geschehen gar nicht funktionieren. Und das mächtigste Wort, das „warum?“, wird ebenfalls mit einem Dogma vom Tisch gewischt, das Dogma heißt nachdrücklich und immer wieder: Erlösungsweg!

Es fragt sich nur, warum sich ein ALLMÄCHTIGER GOTT auf solch qualvolle Weise erlösen muss? Wobei die Hierarchie, wie schon einmal gesagt, aus ganz bestimmten Gründen an einem allmächtigen, vollkommenen, ewigen GOTT gar nicht so sehr interessiert ist.

Du siehst, Jochen, das, was uns das illusorische Geschehen mittels bestimmter Figuren einzutrichtern versucht, passt hinten und vorne nicht, wenn man die Sache mit wachem Bewusstsein betrachten kann! Allein das Bewusstsein um die ABSOLUTHEIT GOTTES und das kleine Wörtchen „warum" reichen aus, um das komplette universale Geschehen vollkommen ad absurdum zu führen, da gibt es schlicht und ergreifend nichts mehr zu diskutieren!

Im Kawwana-Vortrag erfährt der Zuhörer, dass der Augenblick des Todes von ungeheuerlicher Bedeutung ist. Auch wird dem Zuhörer suggeriert, dass es unheimlich schwer ist, zu sterben. Und es wird erklärt, dass es deshalb so schwer ist zu sterben, weil sich der sterbende Mensch zwischen zwei Türen zu entscheiden hat, und dass dies in den meisten Fällen eine überaus schwere Entscheidung sein wird. Man muss sich entscheiden zwischen der Tür, die zum Licht führt und zwischen jener, die in die Dunkelheit führt. Das ist auch gar nicht von der Hand zu weisen und es mag auch so sein, jedoch **nur** für diejenigen SEELEN, die die ILLUSION noch nicht durchblickt haben. Jochen, wie sagt der Volksmund so schön: *„Aller guten Dinge sind DREI!"* – doch eigentlich müsste es heißen: *„Das GUTE liegt verborgen in der DREI, im DRITTEN!"* Was im Kawwana-Vortrag aus bestimmten Gründen nicht zu hören ist, ist die Tatsache, dass es eine **dritte** Tür gibt! Die beiden im Vortrag erwähnten Türen entsprechen der Dualität, wie unschwer zu erraten ist. Die dritte Tür entspricht dem Ausstieg aus der Dualität, diese Türe offenbart sich **nur** für diejenigen SEELEN, die erwacht sind. Erwachen bedeutet, die SEELE durchschaut das illusorische Geschehen, sie durchblickt das Spiel. Für eine erwachte SEELE gibt es kein Gut und Böse mehr, sie kann von keinerlei Karma mehr vereinnahmt werden. Sie ist **vollkommen immun** gegen jegliche Schuldzuweisung, denn sie ist sich ihrer GÖTTLICHKEIT bewusst und sie weiß, dass sie mit der Figur, an die sie nach wie vor noch gekettet ist, sowie mit deren Taten, deren Wirkung sie ebenfalls noch fühlt, eigentlich absolut nichts zu tun hat. Eine erwachte SEELE erkennt die ILLUSION und den ungeheuren Automatismus, dem derZEIT alles ausgeliefert ist, sie steht im wahrsten Sinne des Wortes **über den Dingen**, obwohl sie bis zum wiederum im wahrsten Sinne des Wortes **ent/scheidenden** Augenblick des Sterbens noch beDINGt ist.

Eine erwachte SEELE fordert allein durch ihr Wachbewusstsein ihre ABSOLUTE GÖTTLICHKEIT ein, nichts und niemand kann sich mehr über sie erheben und sie in irgendeiner Weise befehligen, jegliche Forderung des illusorischen Geschehens prallt an ihrem BEWUSSTSEIN ab. Ihre illusorische Persönlichkeit, also die Rolle, an selbige die SEELE im universalen Geschehen gebunden ist, besteht weiterhin, und die SEELE muss auch noch die daraus resultierenden Gefühle erfahren, die sowohl angenehm als auch unangenehm sein können. Doch die Verbindung, die zwischen erwachter SEELE und illusorischer Persönlichkeit besteht, ist nicht mehr mit **dem** Bewusstsein zu vergleichen, das die SEELE früher (im Nichtwachzustand) erfahren hat. Es herrscht nun phasenweise eine **klare** Trennung zwischen SEELE und illusorischer Persönlichkeit, wobei sich die SEELE dahingehend bewusst ist, dass sie in keiner Weise in den Lauf des illusorischen Geschehens eingreifen kann. Die SEELE harrt in gewisser Weise der Dinge, die da kommen, sie befindet sich in Transzendenz.

Wer sehen kann, dass alle Tätigkeiten vom Körper ausgeführt werden, der von der materiellen Natur geschaffen ist, und versteht, dass das Selbst (die SEELE) NICHTS TUT, hat die wahre Sicht. (BG.13.30)

Erwachen ist ein sehr intensiver Prozess, und es ist, hat man sich einmal an diesen seltsamen Zustand gewöhnt, ein überaus erhabenes Gefühl, zu wissen, dass mit dem nächsten leiblichen Tode ETWAS erfolgt, das mit Worten nicht zu beschreiben ist – nicht einmal ansatzweise!

Es gibt also für die SEELE gar keine Wahl und daraus resultierend auch keinen Weg, den es zu beachten gilt, man muss lediglich aufwachen – und das geschieht zu vorbestimmter Zeit von ganz allein! Und dieses Erwachen findet dort statt, wo die Dualität tobt, in der dichtesten Materie. Hier, in unserer grobstofflichen Dimension passiert es, also dort, wo die Materie zwar am dichtesten, die ILLUSION jedoch am schwächsten ist. Genau das, was vom feinstofflichen hierarchischen Gebilde als das Letzte angesehen wird, wird das Erste sein – welch wahre Worte sind da bereits vor langer Zeit zum Ausdruck gelangt! Wirklich verstehen wird man diese Worte jedoch erst jetzt.

Erwachen bedeutet, die SEELE durchschaut die ILLUSION, doch nur der leibliche Tod im erwachten Zustand ist in der Lage, die ILLUSION **endgültig** zu beenden. Das ganze GEBILDE unterliegt einem Selbsterweckungsmechanismus, der vom **alles** ent/scheidenden Augenblick, dem leiblichen Tod im Wachzustand, gekrönt wird – es ist also im wahrsten Sinne des Wortes eine **todsichere** Sache! Es kann, da alles höchst weise angelegt ist, gar nichts schief gehen!

Jochen, die ILLUSION, der derzeit alles unterliegt, wird in den vedischen Schriften als MAYA bezeichnet. Der Begriff MAYA heißt übersetzt: **DAS, WAS NICHT WIRKLICH IST**

Weiterhin ist in den vedischen Schriften zu erfahren, dass GOTT (Vishnu) sich hingelegt hat und die Universen (die ILLUSION) träumt. Dies ist natürlich nur eine Metapher (ein Sinnbild), denn es gibt GOTT nicht als Einzelperson und es gibt auch **keinerlei** Zeitgefüge, in das GOTT **und** die ILLUSION eingebunden sind. Zeit existiert nur innerhalb der Materie, also nur **in** der ILLUSION. Es ist sehr schwierig und **eigentlich unmöglich**, das zu beschreiben und in Relation zu GOTT zu setzen, was gerade abläuft. Allein die Tatsache, dass GOTT ALLES ist, zwingt eigentlich schon zu dem Schluss, dass GOTT auch die ILLUSION sein muss, denn ALLES beinhaltet nun mal alles. Doch hier ist im wahrsten Sinne des Wortes unbe**DING**t folgende Einschränkung zu machen:

GOTT ist ALLES, was wirklich **IST**. Und ILLUSION (MAYA) ist nun mal das, was **nicht** wirklich ist. Und es ist so, dass ALLES, was wirklich **IST**, derZEIT noch dem, was **nicht** wirklich ist, unterworfen ist – der ILLUSION. Es findet gerade, obwohl GOTT ewig ist (ER also weder Anfang noch Ende kennt), ein Prozess statt, den man als „ES WERDE“ bezeichnen kann. Und genau in diesem Prozess stecken WIR im wahrsten Sinne des Wortes **zurZEIT**.

In diesem Prozess erfährt BEWUSSTSEIN, zum bereits vorhandenen bewussten ICH BIN, die überaus wichtige Frage:

WIE MÖCHTE ICH SEIN?

Die Antwort auf diese Frage und der damit verbundene Prozess (obwohl in Wirklichkeit illusorisch!) gewährleistet, dass das BEWUSSTSEIN die ALLMACHT dahingehend gebraucht, um im wirklichen LEBEN in unendlicher, harmonischer Vielfalt und ewiger GLÜCKSELIGKEIT zu leben.

ALLMACHT an sich ist vollkommen neutral, sie kann schlicht und ergreifend ALLES. ALLMACHT ist jedoch nur ein Attribut, eine Eigenschaft des BEWUSSTSEINS (von GOTT), wenngleich, falls man überhaupt werten kann, die wichtigste.

Hat man erkannt und auch verinnerlicht, dass eine **klare** Trennung zwischen wirklichem LEBEN und dem illusorischen Prozess des „ES WERDE" existiert, dann ist man erwacht, dann gelangt die in der Materie gefangene SEELE in einen mit Worten schwer zu beschreibenden Zustand – in eine Art Reisefieber! Und dieses Reisefieber wird eskortiert von dem höchsten GUT, das das illusorische Geschehen automatisch mit sich bringt, mit der Erkenntnis:

SO MÖCHTE ICH SEIN!

Und der Träger dieser Erkenntnis ist die **SEHNSUCHT**.

Und weil alle individuellen SEELEN Erkenntnisträger sind, und somit SEHNSUCHT in sich tragen, und weil WIR in Wirklichkeit EINS sind, und sich deshalb all unsere SEHNSÜCHTE ebenfalls vereinigen, und weil WIR im Endeffekt zur gleichen Zeit die ILLUSION verlassen und ins JETZT – ins wirkliche LEBEN – eintreten, ist das BEWUSSTSEIN bestens dahingehend gerüstet, die ALLMACHT so zu gebrauchen, dass EWIGE GLÜCKSELIGKEIT gewährleistet ist.

Betrachtet man im erwachten Zustand UNSERE derZEITige Lage, dann ist vollkommen klar, dass der zwar illusorische aber überaus wichtige Erfahrungsprozess des „ES WERDE" **ausschließlich** mittels Dualität vonstatten gehen kann. Nur die der Materie innewohnende Dualität bietet dem BEWUSSTSEIN die Voraussetzung, wirklich **alle** relevanten Möglichkeiten austesten zu können. Ja, sie bietet dem BEWUSSTSEIN eigentlich nicht die Voraussetzung, die Dualität zwingt das BEWUSSTSEIN dazu, **alles** in Erfahrung zu bringen.

Das illusorische Geschehen, das UNS derZEIT so vehement in seinem Bann hält, läuft keinesfalls wirr ab, es ist exakt so angelegt, dass es das BEWUSSTSEIN lange genug in ILLUSION halten kann, um alle relevanten Möglichkeiten durchzuspielen und somit umfassende ERFAHRUNG zu erlangen. Das illusorische Geschehen, von dem hier immer wieder die Rede ist, ist äußerst breit angelegt: Multidimensionalität, Multiexistenzialität und vor allem Multiuniversalität übersteigen **jegliche** Vorstellungskraft, derer ein Mensch, gefangen im grobstofflichen Geschehen, überhaupt fähig ist.

Innerhalb der ILLUSION wird plangemäß sofort die Frage entstehen: wer oder was hat denn dann besagte ILLUSION erschaffen, der das BEWUSSTSEIN derZEIT vollkommen ausgeliefert ist?

Doch diese Frage existiert **nur** innerhalb der ILLUSION, jenseits, im wirklichen LEBEN, existiert keine ILLUSION und auch keinerlei Erinnerung an irgendwelches illusorische Geschehen. Wer diesen Punkt nicht versteht und darüber zu diskutieren beginnt, der hat schlicht und ergreifend noch nicht begriffen, was ALLMACHT ist und wie sie dahingehend anwendet wird, um EWIGE GLÜCKSELIGKEIT zu gewährleisten. Denk einmal in Ruhe darüber nach, Jochen. Oder besser gesagt, lass Dich bedenken, denn auch die Gedanken, die in Dein Bewusstsein gelangen, sind vorbestimmt und stehen im großen Drehbuch der **ILLUSION.**

Jochen, schau Dir das Geschehen auf dieser Welt an. Schau, wie sich nahezu alle SEELEN an die illusorische Persönlichkeit klammern, die ihnen die große Leinwand präsentiert. Schau, wie sie plangemäß diskutieren und alles blind angreifen, das es wagt, besagte Persönlichkeit als illusorisch zu bezeichnen. All diese SEELEN **müssen** die illusorische Persönlichkeit, an die sie gebunden sind, auch verteidigen, denn dieses falsche Ego ist momentan nun mal das einzige, mittels dem sich diese SEELEN überhaupt identifizieren können. Doch wenn der Zeitpunkt für eine SEELE gekommen ist, wo sie erwacht, dann wird sie sich nichts sehnlicher wünschen, als den Punkt, an dem sie sich dieser ILLUSION für immer entledigen kann. Da gibt es nichts aufzugeben oder zu verlieren, wie dies im Zustand des Nichtwachseins häufig angenommen oder insgeheim befürchtet wird, ganz im Gegenteil, es wird der Seele ALLES gegeben – **absolut** ALLES!

Wenn der Tropfen ins Meer gelangt, dann ist ER das MEER!

Und dieses **erfahrene** MEER setzt sein **allmächtiges**, unpersönliches BEWUSSTSEIN seit Ewigkeit dahingehend ein, um eine unendliche persönliche Vielfalt zu erschaffen, durch die ES in EWIGER GLÜCKSELIGKEIT LEBT.

Das ist GOTT! – GOTT ist allmächtiges BEWUSSTSEIN!

Dies alles zu begreifen, lieber Jochen, ist weder schwer noch leicht, es passiert, wie alles im universalen Geschehen, vollkommen automatisch. Wie sagt der Volksmund so treffend, wenn es darum geht, dass WIR alle eine ganz (vor)bestimmte Rolle auf der Weltenbühne zu spielen haben: *„Helden werden geboren!“*

Aber nicht nur die Helden werden geboren, sondern auch die Mutlosen, die Klugen und die Dummen, die Lauten und die Leisen, die Zuversichtlichen und die Verzweifelten ...usw. – und natürlich auch diejenigen, die aus ihrer Rolle heraus erwachen. Und an jede Rolle ist eine Individualität gebunden – eine im wahrsten Sinne des Wortes **einzigartige** SEELE.

Aus diesem Grund sage ICH hier an dieser Stelle nicht zu Dir: *„Du musst ...“* oder *„Du sollst ...“* oder dergleichen, ICH sage: *„Es wird **automatisch** werden, also ganz von SELBST“*. Jenseits der ILLUSION, im wirklichen LEBEN, gibt es keinen Automatismus mehr, jenseits LEBT die SEELE, im Gegensatz zur ILLUSION, dort wird sie gelebt.

Jochen, die InFORMation, die hier zu Dir gelangt ist, ist nichts anderes als ein planmäßiger Weckruf. Ein Weckruf, der ES in sich hat, und dessen Inhalt DU (und etliche andere, die an diese InFORMation gelangen) sicherlich nicht mehr vergessen wirst. DU wirst zukünftig alles, was DIR das illusorische Geschehen an Meinungen, Theorien und Modellen präsentiert, an einem Maß messen, das in **jeder** Hinsicht göttlich ist – an der

ABSOLUTHEIT!

Und dieses Maß wird DIR/Dir all das, was **nicht** GOTT entspricht, letztendlich als eine ILLUSION offenbaren.

In diesem Sinn wünsche ICH DIR alles ersehnlich GUTE,

„Rudi"

Ich bin nicht ich!
Ich bin JENER,
der an meiner Seite geht, ohne dass ich IHN erblicke,
den ich oft besuche,
und den ich oft vergesse.
JENER, der ruhig schweigt, wenn ich spreche,
der sanftmütig verzeiht, wenn ich hasse,
der umherschweift, wo ich nicht bin,
der aufrecht bleiben wird, wenn ich sterbe.
(Juan Ramon Jimenez, span. Nobelpreisträger für Literatur)

Lieber Leser von „Auf ein Wort", bevor Sie sich den nachfolgenden Anhang zu Gemüte führen, möchte ich Sie ein klein wenig auf selbigen einstimmen.

Wenn in diesem Werk immer wieder zu lesen ist, dass sämtliches universale Geschehen vorbestimmt ist, und ein freier Wille, wie alles, pure ILLUSION ist, und dass wir SEELEN von einer Art Film im Bann gehalten werden, dann sind dies genau die Kriterien, mit denen sicherlich etliche Leser (und vielleicht auch Sie?), was die Akzeptanz anbelangt, zu kämpfen haben.

Damit sich Ihre Akzeptanz dahingehend erweitert, werde ich Ihnen nun ein paar Fakten präsentieren, die, falls der Lauf des Geschehens es vorsieht, diese Erweiterung eskortieren. Eskortieren deshalb, weil im illusorischen universalen Geschehen im Grunde nichts wirklich wirkt, es also immer nur den Anschein von Wirkung hat, und „den Anschein" hat es deshalb, weil die Requisiten so überaus perfekt und genial in Erscheinung treten.

Was unseren angeblich freien Willen betrifft, so lassen wir an dieser Stelle doch einmal einen Wissenschaftler zu Worte kommen, und zwar nicht einen x-beliebigen, sondern unseren guten, alten Albert:

Ich weiß ehrlich nicht, was die Leute meinen, wenn sie von der Freiheit des menschlichen Willens sprechen. Ich habe zum Beispiel das Gefühl, dass ich irgendetwas will; aber was das mit Freiheit zu tun hat, kann ich überhaupt nicht verstehen. Ich spüre, dass ich meine Pfeife anzünden will und tue das auch; aber wie kann ich das mit der Idee der Freiheit verbinden? Was liegt hinter dem Willensakt, dass ich meine Pfeife anzünden will? Ein anderer Willensakt? Schopenhauer hat einmal gesagt: „Der Mensch kann, was er will; er kann aber nicht wollen, was er will." (Albert Einstein)

Ich finde, genialer kann man das mit dem „freien“ Willen gar nicht ausdrücken!

Doch schauen wir uns nun einmal an, was neueste Hirnforschung in punkto „freier“ Wille zu berichten weiß:

Ursprüngliche Quelle:
http://www.neue-westfaelische.de/nw/service/wissenschaft/?cnt=86747

Hirnforschung wirft neues Licht auf rechtliche Verantwortlichkeit

Hamburg (dpa) - Die Hirnforschung hat in jüngster Zeit das traditionelle Bild vom Menschen in Frage gestellt. Besonders brisant sind Befunde, die den freien Willen als eine **Illusion** erscheinen lassen.

Das ist nicht nur für die Philosophie und Religion bedeutend, sondern könnte auch einmal wichtig für die strafrechtliche Verantwortlichkeit werden. Wie eine Bilanz in dem Magazin „Gehirn & Geist“ (Heidelberg, 1/2004) deutlich macht, können diese Auseinandersetzungen den Eindruck erwecken, dass es nur zwei extreme Thesen gibt: Entweder „Personen handeln als Automaten, denen ihr Gehirn vorgaukelt, sie würden selbst entscheiden“, oder „Neurobiologische Erkenntnisse haben keinerlei Bedeutung für unser Selbstkonzept als frei und verantwortlich handelnde Menschen“. Der Beitrag versucht aufzuzeigen: „Die Wahrheit liegt wohl, wie so oft, in der Mitte.“ Der Autor Professor Paul Hoff von der Psychiatrischen Universitätsklinik Zürich meint, dass Gerichtsgutachter künftig häufiger die funktionelle Kernspintomographie (fMRT) nutzen werden. So könnten etwa Unstimmigkeiten in der Hirnaktivität von Straftätern erkannt werden, beispielsweise bei der Gefühlsverarbeitung oder der Impulskontrolle.

Im Unterschied zum traditionellen, eher von sozialen Fehlanpassungen eines Täters ausgehenden Ansatz würde hier nach der im Gehirn verankerten Verhaltensdisposition gesucht werden. Hoff sieht allerdings dabei eine Gefahr: „Das alte Klischee vom geborenen Verbrecher könnte so gleichsam durch die Hintertür wieder zurückkehren.“

Die Grenze zwischen freien und unfreien Handlungen ist bislang immer fließend erschienen. Neuerdings jedoch stellen renommierte Hirnforscher wie etwa Gerhard Roth von der Universität Bremen den freien Willen **grundsätzlich** in Frage: Dem Bewusstsein verborgene Hirnprozesse führen seiner Meinung nach zu Entscheidungen, für die wir uns **nachträgliche** Begründungen zurechtlegen.

Dieser These liegt auch ein Experiment des Neuropsychologen Benjamin Libet von der Universität von Kalifornien zu Grunde mit Probanden, die einen spontanen Entschluss zu einer bestimmten Bewegung fassen sollten. Gemessen wurden: erstens der Augenblick der Entscheidung, zweitens im Gehirn der Aufbau eines Bereitschaftspotenzials als Vorbereitung der Bewegung, und drittens der Zeitpunkt der Bewegung. Es zeigte sich, dass der bewusste Entschluss zur Handlung 200 Millisekunden vor dem Bewegungsbeginn auftrat, jedoch mehr als 300 Millisekunden nach dem Beginn des Bereitschaftspotenzials. Für Libet ließ das Experiment den Schluss zu:

**Wir tun nicht, was wir wollen,
sondern wir wollen, was wir tun.**

Nun, wie Sie sehen, Einstein und Schopenhauer sagten seinerzeit im Prinzip exakt das Gleiche.

Jetzt noch ein paar InFORMationen dahingehend, dass WIR UNS derzeit in einer Art Film befinden, der einem ganz bestimmten Drehbuch folgt, das man auch als PROGRAMM bezeichnen kann.

Hätte man vor einigen Jahren publik gemacht, dass das, was um uns herum passiert, und das die Menschen als Realität empfinden, in Wirklichkeit gar nicht real ist, sondern dass es sich dabei um eine exzellent inszenierte ILLUSION handelt, dann wäre man mit Sicherheit für verrückt erklärt worden. Mittlerweile schaut es dahingehend sehr viel anders aus, eine nicht unbeträchtliche Anzahl Menschen hält es nämlich durchaus für möglich, dass wir uns in einer gewaltigen ILLUSION befinden. Und dabei handelt es sich nicht um irgendwelche durchgeknallten Freaks, sondern um rational denkende Menschen und mitunter sogar um angesehene Wissenschaftler.

Die rasante Entwicklung in punkto Computer samt dazugehöriger Programme ist das Hauptkriterium, dass viele Menschen eine groß angelegte ILLUSION mittlerweile durchaus für möglich halten. Dies ist auch kein Wunder, wenn man sich vor Augen hält, was Computer und Programme auf dem Gebiet der Simulation und Illusion mittlerweile zu leisten imstande sind – und das ist erst der Anfang! Die Computerwelt entwickelt sich äußerst rasant, und es wird in absehbarer Zeit eine Technik verfügbar sein, die dermaßen perfekt ist, dass die Realität von der Simulation, wenn überhaupt, nur noch schwerlich zu unterscheiden sein wird. Es ist alles andere als Zufall (denn es gibt keinen Zufall im Universum!), dass gerade jetzt ungeheuerliche Technologien in den Lauf des Geschehens treten, denn dies gehört mit zum Selbsterweckungsprozess, auf den ich Sie schon einige Male hingewiesen habe. Und es ist auch kein Zufall, dass gerade jetzt Kinofilme ins Dasein und somit ins Massenbewusstsein gelangen, wie zum Beispiel der Film „MATRIX“.

Die Film-Trilogie „MATRIX“ (und insbesondere Teil 1) führt dem Kinobesucher in geradezu atemberaubender Art und Weise vor Augen, dass es durchaus möglich sein kann, dass alles, was die Menschen erleben, pure ILLUSION ist, und es sich dabei um ein ins Bewusstsein eingespeistes PROGRAMM handelt. Es ist geradezu erstaunlich, bei wie vielen Menschen der Film „MATRIX“ die Akzeptanz, dass WIR UNS in einer ILLUSION befinden, massiv erhöht hat. Und, man möchte es kaum glauben, immer mehr renommierte Wissenschaftler aus verschiedensten Bereichen (Mathematik, Physik, Astrophysik, Philosophie usw.) werden sich mehr und mehr dahingehend bewusst, dass das universale Geschehen simuliert ist. Wenn Sie sich davon überzeugen wollen, dann besuchen Sie folgende Internetadresse: http://www.spiegel.de/wissenschaft/mensch/0,1518,328008,00.html

Auf dieser Internetseite können Sie sich darüber inFORMieren, was die Wissenschaft zum Thema „Lebt die Menschheit in der Matrix (Simulation)?“ zu berichten weiß. Es ist höchst interessant, wie weit dort einige unserer „klugen“ Köpfe gehen, so steht es zum Beispiel für manch hochgradigen Wissenschaftler außer Frage, dass es einer höheren Intelligenz möglich sei, ein komplettes Universum zu programmieren, und dass auch wir eines Tages dazu fähig sein werden. Nun, machen Sie sich selbst ein Bild, und besuchen Sie (bevor Sie weiter lesen) die oben angeführte Adresse.

Bei allem Enthusiasmus, den die Wissenschaftler aufbringen, wenn Sie davon überzeugt sind, dass eine höhere Intelligenz ein gesamtes Universum programmieren und simulieren kann, müssten selbige eigentlich einen Schritt weiter denken und zwar dahingehend, dass diese höhere Intelligenz sich ja ihrerseits auch nicht sicher sein kann, ob sie nicht ebenfalls in einem Programm steckt, das wiederum eine höhere Intelligenz programmiert hat usw. Das von den Wissenschaftlern aufgezeigte Modell der programmierten Realitäten ist, so eindrucksvoll es im ersten Moment auch erscheinen mag, im Grunde und sehr treffend ausgedrückt: armselig!

Die Wissenschaftler müssen nämlich immer den gleichen Fehler begehen, indem sie die SEELE nicht in Betracht ziehen. Dass es also ETWAS gibt, das **jenseits** aller ILLUSION und SIMULATION existiert – im

WIRKLICHEN LEBEN

Jetzt möchte ich Sie noch auf eine weitere Internet-Seite hinweisen, deren Inhalt es wahrlich in sich hat, und die Sie sich, falls Sie über Internetzugang verfügen, bitte unbedingt anschauen sollten, und zwar **bevor** Sie sich den anschließenden Anhang zu Gemüte führen. Die eben erwähnte Internet-Seite, deren Adresse Sie gleich erfahren werden, stammt von einem gewissen „Harun Yahya“, und der Inhalt dieser Seite liefert, so unglaublich es klingt, den physikalischen Beweis dahingehend, dass sich das komplette universale Geschehen als eine Art Film in Ihrem Gehirn abspielt, also nicht real ist. Jedoch, besagte Internetseite hat einen kleinen Schönheitsfehler (um es einmal dezent auszudrücken), Harun Yahya ist dem Islam äußerst zugetan und somit dem illusorischen Gott „Allah“ untertan. Das heißt, Sie müssen beim Betrachten der Internetseite alles, was mit „Allah“ zu tun hat, einfach ignorieren, der Rest jedoch ist hoch interessant.

Schauen Sie sich bitte, bevor Sie weiter lesen, die Seite einmal in Ruhe und vollständig an, die Internetadresse lautet: http://www.geheimnisdermaterie.com/

Anhang 2

Der Text, den Sie gerade lesen, ist im Dezember 2004 niedergeschrieben worden, also 22 Monate nachdem ich „Auf ein Wort“ veröffentlicht habe.

In diesen knapp zwei Jahren habe ich nahezu täglich E-Mails oder Briefe von Lesern beantwortet, die Fragen zu „Auf ein Wort“ hatten, oder die sich einfach für den spirituellen Schubs bedankt haben, den ihnen das Werk gegeben hat. Im August 2004 erhielt ich einen Brief von einem jungen Mann, der mit Vornamen „Kim“ heißt, Kim hatte „Auf ein Wort“ gelesen und war von dessen Inhalt offensichtlich sehr angetan. Er bat mich in seinem Brief, dass ich mit ihm in Kontakt trete, denn er habe bezüglich des Inhaltes von „Auf ein Wort“ noch ein paar Fragen, die er gerne von mir beantwortet hätte. Es kam ein Austausch per E-Mail zustande, und neben anderen, hat der Kim folgende drei Fragen an mich gerichtet:

Kann man überhaupt durch Gedanken (materiell) über Gott (jenseits der Materie) Erkenntnis erhalten?

Wie viel ist ein Funken von Unendlich?

Wenn jede Seele den gleichen vorbestimmten Weg durchläuft, müsste doch die erste Seele, die wieder zurück gelangt, das Gleiche sagen wie die letzte? Worauf wartet Gott, wenn ihm alle das Gleiche sagen?

Als ich diese drei Fragen gelesen hatte, war mir sofort klar, dass die Antwort darauf nicht in ein paar Sätzen zu formulieren ist, sondern dass die ganze Geschichte doch etwas umfangreicher werden würde. Nun, meine Antwort für den Kim ist in der Tat sehr ausführlich geworden, und es war nicht gerade einfach, das, was Sie gleich lesen werden, zum Ausdruck zu bringen. Es handelt sich dabei um eine äußerst tief greifende InFORMation, die ich Ihnen nicht vorenthalten möchte, weil es sich dabei um den im Vorwort von „Auf ein Wort" angekündigten „Gipfel der Philosophie" handelt, denn ich vermute, dass das, was wir GOTT nennen, noch nie in derart klarer Form aufgezeigt worden ist.

Doch ob dem tatsächlich so ist, das müssen Sie letztendlich selbst in Erfahrung bringen.

Wenn Sie anschließend die Antwort, die ich dem Kim auf seine drei Fragen gegeben habe, lesen, dann müssen Sie im Geiste nur den Namen „Kim" durch Ihren eigenen Vornamen ersetzen, denn diese Antwort ist, wie Sie selbst gleich erfahren werden, für jeden von UNS bestimmt!

—

Hallo, lieber Kim,

ich habe Deine E-Mail erhalten und werde nun versuchen, Deine Fragen, die Dich so sehr beschäftigen, zu beantworten. Genau genommen beantworte ich sie gar nicht, sondern ich führe Dir die Antwort nur zu, denn selbige ist, so seltsam dies im Moment auch klingen mag, wie alles, seit ewiger Zeit da. Kim, lies das, was jetzt folgt, bitte in aller Ruhe und mit Besonnenheit, denn es handelt sich dabei um eine sehr, sehr tief greifende InFORMation, die Dein Bewusstsein über kurz oder lang sicherlich entscheidend verändern wird.

Zuerst einmal möchte ich Dir sagen, dass DU (*immer, wenn eine Anrede komplett in Großbuchstaben geschrieben ist, dann ist eigentlich nicht die illusorische Persönlichkeit – in DEINEM Fall der „Kim" – angesprochen, sondern die SEELE, also DU*) schon **wesentlich** wacher bist, als der „Kim" es annimmt. Weiterhin sei DIR bereits an dieser Stelle mitgeteilt, dass DU in Wirklichkeit viel, viel mehr bist, als DIR derzeit bewusst ist, der „Kim" ist nämlich nur eine Rolle von nahezu unendlich vielen, die DU per illusorischem Geschehen erfährst. Und wenn dem „Kim" jetzt programmgemäß Gedanken zugetragen werden, die dahingehend gerichtet sind, dass er sich fragt: *„Ja, was bin ich denn dann in Wirklichkeit?"*, dann sei DIR hier gesagt:

DU bist im Grunde ALLES, denn ALLES gründet in DIR!

Nur, DU kannst, solange DU an Zeit und ILLUSION gebunden bist, den soeben erwähnten „Grund“ nicht erfassen. Und wenn dem „Kim“ jetzt – angesichts DEINER Größe, die DIR hier mitgeteilt wird – ein klein wenig mulmig zumute wird, dann ist dies vollkommen normal, denn die Tatsache, dass DU in Wirklichkeit ALLES bist, muss von der illusorischen Persönlichkeit, an die DU nach wie vor gebunden bist, erst einmal verdaut werden. Zur Beruhigung des „Kim“ sei hier gesagt, dass DEIN Bewusstsein, obwohl DU ALLES bist, im wirklichen LEBEN niemals zentral auf DICH gerichtet sein wird, denn DU liebst die VIELFALT, und deshalb wirst DU im wirklichen LEBEN **niemals** EINsam, sondern **immer** unendlich VIELE sein!

Das wirkliche LEBEN, von dem hier die Rede ist, liegt jenseits allen illusorischen universalen Geschehens (in das DU mittels ZEIT eingebunden bist), und dieses wirkliche LEBEN ist, aus illusorischer Sicht heraus, unbeschreiblich. Der Unterschied zwischen **dem** Leben, das DU derzeit gezwungenermaßen führen musst, und dem wirklichen LEBEN ist: im derzeitigen illusorischen Leben wirst DU gelebt (und zwar nach Plan), im wirklichen LEBEN lebst DU. Was ist eigentlich wirkliches LEBEN? Die Antwort darauf lautet: wirkliches LEBEN ist

erfahrenes, allmächtiges BEWUSSTSEIN, das sich in ewiger GLÜCKSELIGKEIT verwirklicht.

Und dieses wirkliche LEBEN bist DU!

Doch DU bist auch ICH und auch alle ANDEREN, weil DU im Grunde ja ALLES bist. Übrigens, im illusorischen Geschehen nennt man DICH „GOTT“. Doch da DU, was DEINE Gesamtheit anbelangt, niemals in Form einer einzelnen Person in Erscheinung trittst, weil DU ja die Vielfalt so sehr liebst, sei in der weiteren Abfolge auch ab und zu der Begriff „WIR“ gebraucht.

Da WIR zurZEIT nicht wirklich LEBEN, sondern nach einem ganz bestimmten Schema gelebt werden, stellt sich die Frage: wie sind WIR denn in diese gewaltige ILLUSION hineingeraten und aus welchem Grund, und wie kommen WIR aus der ILLUSION wieder heraus und hinein ins wirkliche LEBEN? Diese Frage, bei der es sich, rein philosophisch gesehen, um **die zentrale Frage** schlechthin handelt, kann innerhalb der ILLUSION nicht beantwortet werden, jedenfalls nicht so, dass es zu einem bewussten Verinnerlichen kommt. Der letzte Kick (also das bewusste Verinnerlichen) wird **immer** fehlen, und das liegt daran, weil das gesamte SEELENPOTENTIAL (also WIR!) quer durch alle universalen Dimensionen hindurch an Materie (mag sie auch noch so feinstofflich sein!) gebunden ist, und somit automatisch an die ZEIT! Die Antwort auf die oben aufgeführte zentrale Frage könnte nur dann bewusst verinnerlicht werden, wenn man den zeitlosen Zustand erfährt – das JETZT –, was jedoch innerhalb der ILLUSION nicht möglich ist. Es ist im letzten Satz bewusst das Wort „könnte“ gebraucht, denn – und jetzt aufgepasst! – jenseits der ILLUSION (also im wirklichen LEBEN, im ewigen JETZT) existiert diese Frage gar nicht. Wir haben es also mit einer Art Phantom-Frage zu tun, die sich UNS innerhalb der ZEIT stellt, dort aber nicht beantwortet werden kann, und die sich dort, wo sie beantwortet werden könnte (im JETZT), **niemals** stellt. Innerhalb der ILLUSION kann die Antwort lediglich mittels Gedanken umkreist werden, denn Gedanken sind ebenfalls materieller (und somit ZEITlicher) Struktur und deshalb nicht fähig, das JETZT anzuzapfen.

Also wird der „Kim“ alles, was er an Erklärung betreffs der zentralen Frage lesen wird, zwangsläufig mit dem Phänomen „ZEIT“ in Verbindung bringen, denn es geht gar nicht anders.

Doch DU, der DU in WIRKLICHKEIT ewig und zeitlos bist, wirst DIR mehr und mehr DEINER bewusst werden, was dem „Kim“ wiederum seltsame Zustände bescheren kann. Es wird sehr wahrscheinlich ein Wechselbad der Gefühle werden, wie der Volksmund so schön sagt. Ein Wechselbad deshalb, weil dieses Mehr-und-mehr-sich-DEINER-bewußtwerden (auch Erwachen genannt) nicht zu einem permanent anhaltenden Wachzustand führt, sondern es werden immer wieder Phasen auftreten, in denen DICH die ILLUSION (die illusorische Persönlichkeit) wieder in Beschlag nimmt. Jedoch werden die Wachzustände zunehmend an Intensität gewinnen, häufiger auftreten und länger anhalten. Warum es zu keinem dauerhaften Wachzustand kommt, liegt daran, dass DU bis zum im wahrsten Sinne des Wortes **ent/scheidenden** Moment an die illusorische Persönlichkeit gebunden bist, und DU somit dem vorbestimmten Treiben der Kräfte (Triebe), das auf die Sinne wirkt, unterliegst. Der soeben erwähnte ent/scheidende Moment tritt dann ein, wenn DU DIR der universalen ILLUSION bewusst bist und in diesem Bewusstsein die letzte materielle Hülle (den „Kim“) abstößt. Um diesen Vorgang brauchst DU DIR keinerlei Sorge zu machen, denn er ist, wie alles im illusorischen universalen Geschehen, vorbestimmt. Das illusorische Gebilde, in dem WIR zurZEIT stecken, birgt eine Art Selbsterweckungsmechanismus, **nichts** ist dem Zufall überlassen oder, wie Einstein es seinerzeit so treffend formuliert hat:

„Gott würfelt nicht!"

(Albert Einstein)

Wenn hier immer von einer ILLUSION gesprochen wird, derer sich so weinige Menschen überhaupt bewusst sind, dann sei an dieser Stelle einmal klar aufgezeigt, warum dies so ist und was eine ILLUSION überhaupt auszeichnet. Eine ILLUSION zeichnet sich **alleine** dadurch aus, dass sie von demjenigen, auf den sie einwirkt, gar nicht als ILLUSION erkannt wird. Es ist also ein gewisser Perfektionismus, der eine ILLUSION von einem billigen Taschenspielertrick unterscheidet. Und **die** ILLUSION, der WIR derZEIT ausgesetzt sind, ist perfekt, denn das, was WIR mittels dieser ILLUSION erleben oder besser gesagt erfahren, ist nicht nur vom logischen Aufbau und vom Ablauf her genial inszeniert, sondern es ist auch, was das Gefühl anbelangt, extrem eindrucksvoll – im positiven wie auch im negativen Sinn. Glück und Leid sind derart mächtige Erfahrungen, dass sie, eingebettet in einen vorgegebenen materiellen Ablauf, der SEELE tatsächlich vorgaukeln, dass SIE sich im LEBEN befindet. Was aber nicht der Fall ist, denn es ist lediglich perfekte ILLUSION, was SIE derZEIT erlebt, und nicht **wirkliches** LEBEN.

Wenn der bereits erwähnte Selbsterweckungsmechanismus greift, dann wirst DU den „Kim“ und das, was mit ihm geTRIEBEn wird, aus einer gewissen Distanz heraus erfahren, jedoch, wie ebenfalls schon erwähnt, nur phasenweise und mit unterschiedlicher Intensität. In diesen Wachphasen wirst DU DIR auch dessen bewusst werden, dass DU im derZEITigen Zustand **absolut** unfähig bist, in irgendeiner Art und Weise in das universale Geschehen, dem der „Kim“ ausgesetzt ist, eingreifen zu können. DU bist, was DEINE derZEITige Situation anbelangt, **ausschließlich** der ERFAHRENDE und keinesfalls der Bestimmende. Und das, was der ERFAHRENDE erfährt, beschert IHM ein überaus wichtiges GUT – die ERFAHRUNG.

Es kommt nicht von ungefähr, dass, obwohl irdische Erfahrungen nicht nur gut, sondern leider sehr oft extrem negativer Art sind, man selbige pauschal als „Gut" bezeichnet. Der Sinn allen illusorischen universalen Geschehens liegt also darin, dass ETWAS, das an dieser Stelle (lediglich des besseren Verständnisses wegen) einmal als vollkommen leer und neutral hingestellt sei, an ERFAHRUNG gelangt. Diesem ETWAS wohnt eine Eigenschaft inne, die, aus illusorischer Sicht heraus, unfassbar und unvorstellbar ist – die

ALLMACHT!

Und jetzt stell DIR vor, dass dieses vollkommen neutrale ETWAS in einen Zustand gelangen soll, der LEBENdigkeit genannt wird. Dieses neutrale ETWAS ist – weil allmächtig! – TATsächlich in der Lage, alles (!) zu verwirklichen. Jedoch, da ES noch vollkommen neutral (unerfahren) ist, fehlt IHM die InFORMation, wie ES in SEINER LEBENdigkeit eigentlich sein will. Also braucht es – bevor sich LEBENdigkeit verwirklicht! – eine Einrichtung, die zu **nichts anderem** dient, als zur Beantwortung der grundsätzlichen Frage:

wie will ES SEIN?

Und das einzige Instrumentarium, das in der Lage ist, **alle** Richtungen (Möglichkeiten) auszutesten, ist die Dualität! Also geht ES hinein in diesen Test, in den Plan, in Materie und Zeit, in die Simulation, in das Programm, in diese IDEE, in den Traum oder wie immer man das, was sich im illusorischen dualen universalen Geschehen abspielt, bezeichnen mag, damit die unendlich wichtige Basis (ERFAHRUNG) für wirkliches LEBEN geschaffen wird.

So, und nun pass bitte genau auf! Der Blickwinkel auf das, was DIR soeben mitgeteilt wurde, entspricht DEINER derZEITigen Sichtweise, also einer Sichtweise, die aus dem Blickwinkel der ILLUSION heraus stattfindet. Und diese Sichtweise ist **immer** an einen Faktor gebunden, den es im wirklichen LEBEN nicht gibt – an die ZEIT!

Aus illusorischer, zeitgebundener Sichtweise heraus stellt sich die Sache **zwangsläufig** als eine Abfolge dar, was jedoch, bezogen auf das wirkliche LEBEN, ein Trugschluss ist. Es ist also in WIRKLICHKEIT nicht so, dass dieses ETWAS zuerst neutral war, dann erfahren wurde und letztendlich wirklich zu LEBEN begonnen hat – ES also einer zeitlichen Abfolge unterzogen war –, derart abfolgend präsentiert sich die Sache ausschließlich aus illusorischer Sichtweise heraus. In der WIRKLICHKEIT, im ewigen JETZT, hat dieses ETWAS, das im Grunde WIR sind, und das man GOTT nennt, **nie** Erfahrung gewonnen, denn ES war **immer** vollkommen und ES wird **immer** vollkommen sein! ES hat weder Anfang noch Ende! ES lebt ewig in harmonischer Vielfalt und in absoluter Glückseligkeit. Innerhalb der ILLUSION (also aus UNSEREM derZEITigen Blickwinkel heraus) ist dies alles nicht, oder nur extrem schwer vorstellbar, und von einem Verinnerlichen kann schon gar keine Rede sein. Und warum nicht? Ganz einfach, weil die WIRKLICKEIT (das ewige JETZT) mit Logik nicht zu erklären ist! Weil ES unlogisch ist!

Dazu musst DU wissen, dass Logik eine im wahrsten Sinne des Wortes unabDINGbare Eigenschaft der ILLUSION ist. Wo immer Materie – und somit Raum und Zeit – entsteht, tritt zwangsläufig Logik in Erscheinung. Das ganze illusorische universale Geschehen ist logisch aufgebaut, und so ist es nicht weiter verwunderlich, dass die illusorischen Persönlichkeiten (also auch der „Kim") logisch funktionieren oder, anders ausgedrückt, von ihrem Verstand abhängig sind. Das Wort „Logik“ bedeutet soviel wie „ZWANGsläufigkeit, zwingende Folgerung“ und hat seinen Ursprung im griechischen „Logos“, mit dem das ordnende Prinzip des Kosmos (die Weltvernunft) bezeichnet wird. Die Zwangsläufigkeit, genannt Logik, **zwingt** UNS (besser gesagt die illusorischen Persönlichkeiten) zur Vernunft, und alles drum herum in eine logische, geordnete Abfolge. Die Gedanken, derer WIR nicht Herr werden, zwingen UNS zum Denken; die Dualität zwingt UNS, stets auch das Gegenteil zu erfahren; die Zeit zwingt UNS, ebenfalls logischerweise, dass WIR UNSERE derZEITige illusorische Identität ausschließlich an Vergangenheit und Zukunft festmachen können und der so genannte LebenserhaltungsTRIEB zwingt UNS, dies alles im wahrsten Sinne des Wortes **wohl oder übel** über UNS ergehen zu lassen!

Wie DU siehst, unterliegt alles, was DIR das illusorische universale Geschehen zurZEIT präsentiert, dem Zwang, und hat somit mit wirklichem LEBEN und FREIHEIT herzlich wenig zu tun.

Der Philosoph Friedrich Nietzsche hat seinerzeit UNSEREN unschönen Zustand mit folgenden drei Worten sehr treffend umschrieben: Verdammt zum SEIN!

Jedoch, UNSERE derZEITige Situation ist nicht ganz so düster, wie Nietzsche sie dargestellt hat, denn es existiert eine Art Selbsterweckungsmechanismus, der DICH letztendlich von allen Zwängen befreien wird, und der bei DIR gerade zu greifen beginnt. DU wirst DIR automatisch mehr und mehr darüber bewusst werden, dass DU einem gewissen Programm ausgeliefert bist, dass DU DICH in einer Art Film befindest, dass DU in Wirklichkeit JEMAND ganz ANDERER bist als der „Kim“. DU gelangst mehr und mehr in einen Zustand, der Transzendenz genannt wird, und der DICH das wirkliche LEBEN, das jenseits aller ILLUSION auf DICH wartet, zumindest erahnen lässt. Und wenn DIR an dieser Stelle noch einmal gesagt wird, dass DU, wenn DU ins wirkliche LEBEN trittst, bereits immer dort warst und auch immer dort sein wirst, dann wird DIR die Logik, an die DU bis zum bereits erwähnten ent/scheidenden Moment gekettet bist, programmgemäß sofort folgende Gedanken präsentieren: *„Ja, wenn das wirklich so ist, wie hier dargestellt, wieso bin ICH denn dann derzeit überhaupt in ILLUSION und nicht im wirklichen LEBEN?“* Und die Antwort darauf lautet:

Wenn DU im ent/scheidenden Moment das illusorische Geschehen verlässt und ins wirkliche LEBEN gelangst, dann warst DU nie in ILLUSION!

Verstehst DU diese Antwort? Kannst DU dies alles langsam fassen? Nicht so ganz? Nun, das liegt daran, dass DU dabei zwangsläufig immer wieder an den besagten zentralen Punkt stößt, der innerhalb der ILLUSION schlicht und ergreifend **unerklärbar** ist, und der deshalb nur vage umschrieben werden kann. Schau DIR den nächsten Satz einmal genau an, er sagt DIR im Prinzip alles:

Aus illusorischer Sicht heraus bist DU ein unergründliches, lebendiges Geheimnis, das aus den Komponenten MAYA (Illusion), ERFAHRUNG (Weisheit) und ALLMACHT besteht.

Alle Fragen, die DIR die Logik programmgemäß ins Gehirn schickt, und die daraufhin ausgerichtet sind, die ILLUSION gezielt zu hinterfragen, führen DICH an den zentralen Punkt, der das derzeit Unfassbare (das JETZT) vom derzeit Fassbaren oder besser gesagt vom

Messbaren (von der Zeit) trennt. DEIN Fokus ist innerhalb der ILLUSION auf die Rolle des „Kim" reduziert, mit dem „Kim" bist DU in ganz bestimmter Weise direkt verbunden. Und der „Kim" hat, gleich allen anderen illusorischen Persönlichkeiten, aus denen DU heraus erwachst (jedoch jeweils mit eigenem Fokus!), zwei ganz besondere Eigenschaften: er ist spirituell interessiert (also auf der Suche) und er ist sehr sensibel! Dies sind Eigenschaften, die **jedem** individuellen Teilchen DEINER GESAMTHEIT innewohnen, bei DENEN der Selbsterweckungsmechanismus zu greifen beginnt. Es läuft eben alles in geordneten (logischen!) Bahnen, also einer festgelegten Norm folgend, die den illusorischen Persönlichkeiten quer durch alle Dimensionen hindurch etwas beschert, ohne das sie gar nicht existieren könnten – die NORMalität. Selbst wenn DU erwachst und somit in Phasen gerätst, in denen DU DIR langsam DEINER bewusst wirst und den „Kim" mehr und mehr aus einer gewissen Distanz heraus betrachtest, bleibt es für DICH **normal**. Und auch für den „Kim", von ein klein wenig Achterbahnfahrt, was die Gefühle anbelangt, mal abgesehen.

Und was ist mit allen anderen DEINER Teilchen (illusorische Persönlichkeiten), die noch schlafen? Für diese illusorischen Persönlichkeiten ist das, was dem „Kim" spirituell widerfährt, unnormal, was jedoch aus einer gewissen Distanz heraus gesehen wiederum vollkommen normal ist, also der Norm entspricht! Und wenn die Logik Gedanken in „Kims" Gehirn sendet, die dahingehend ausgerichtet sind, dass DU, wenn DU ins wirkliche LEBEN gelangst, DEINE noch schlafenden Teilchen im illusorischen Geschehen zurücklässt, dann sei DIR an dieser Stelle mitgeteilt, das dies **absolut** unmöglich ist, denn im wirklichen LEBEN ist **immer** ALLES da, und außerdem existiert aus dortiger Sichtweise oder besser gesagt aus dortiger LEBENsweise heraus die ILLUSION gar nicht. Also, wenn DU im ent/scheidenden Augenblick den „Kim" abstößt und ins wirkliche LEBEN gelangst, dann geschieht das (vollkommen entgegen dem Gefühl, das die Logik vermittelt!) mit DEINER GESAMTHEIT, ganz nach dem Motto:

EINER für ALLE und ALLE für EINEN

Es sei DIR an dieser Stelle noch einmal mit Nachdruck gesagt, dass DU, was DEINE GESAMTHEIT anbelangt, **unpersönlich** bist, denn DU liebst die VIELFALT und LEBST in selbiger!

Nun ein paar sehr aufschlussreiche Zeilen, die DU in der Vergangenheit schon einmal gelesen hast, denen DU jedoch damals viel zu wenig Aufmerksamkeit geschenkt hast, und die DEINEN Eintritt ins wirkliche LEBEN sowie DEIN grundlegendes Wesen, so gut es eben geht, beschreiben:

Wenn der Tropfen ins Meer gelangt, dann ist ER das MEER!

Und dieses erfahrene MEER setzt sein allmächtiges, unpersönliches BEWUSSTSEIN seit Ewigkeit voll und ganz dahingehend ein, um eine unendliche persönliche VIELFALT zu erschaffen, durch die ES in ewiger Glückseligkeit LEBT.

Das bist DU! – DU bist im Grunde allmächtiges, lebendiges Bewusstsein!

Wenn DU aus einer DEINER unzähligen illusorischen Persönlichkeiten heraus phasenweise zu erwachen beginnst, wie dies gerade bei der Konstellation DU+Kim angesagt ist, dann wird es für **diese** Konstellation mehr und mehr förmlich zu einem Kinderspiel, die ILLUSION zu erkennen. Eine sich noch **völlig** in ILLUSION befindliche Konstellation kann sich den hier beschriebenen Wachzustand nur theoretisch vorstellen, wie das eben so ist, wenn die Praxis noch nicht eingetreten ist. Diese theoretische Vorstellung ist, gegenüber dem, was die Praxis anbelangt, meist vollkommen überzogen. Das Bewusstsein, das DU im Wachzustand erfährst, ist zwar schon irgendwie seltsam und in gewisser Weise sehr heftig, jedoch, verglichen mit dem, was sich die Theoretiker manchmal darüber ausmalen, eher unspektakulär. Auch hier ist es so, dass dieses BEWUSSTSEIN nur erfahren werden kann, und deshalb mit Worten schwerlich zu beschreiben ist. Ein sehr gravierendes Merkmal des Erwachungsprozesses ist zum Beispiel, dass phasenweise eine sehr deutliche Trennung erfolgt. Und zwar eine Trennung dahingehend, dass DU, wie man so schön sagt, mit einem Mal vollkommen neben dir (also neben dem „Kim“) stehst. Doch dieses DU, das den „Kim“ plötzlich quasi als eine Art Marionette empfindet, hängt vollkommen in der Luft, es ist derZEIT scheinbar heimatlos.

Dieses DU befindet sich in einem seltsamen Status, es ist lediglich fühlender Beobachter und somit ERFAHRENDER, und ES kann in **keiner** Weise in das Geschehen, dem der „Kim“ im wahrsten Sinne des Wortes wohl oder übel ausgeliefert ist, eingreifen. Und ES erfährt auch phasenweise die Gedanken, die im illusorischen universalen Geschehen alles programmgemäß beherrschen, aus einer gewissen Distanz heraus, ganz nach einem Spruch, bei dem es sich lohnt, ihn einmal intensiv zu betrachten, insbesondere was die Groß- und Kleinschreibung anbelangt:

Wenn DU denkst, dass DU denkst, dann denkst du nur, dass DU denkst!

Ganz entgegen der Aussage von Rene Descartes (franz. Philosoph), die da lautet: *„Ich denke, also bin ich!“*, hat wirkliches LEBEN ganz und gar nichts mit Denken zu tun, denn es ist **logischerweise** das im universalen Geschehen so hochgehaltene Denken, das UNS den Eintritt ins JETZT so erfolgreich verwehrt. Nur, WIR, da WIR derZEIT an die jeweiligen illusorischen Persönlichkeiten gebunden sind, können UNS in dieser Situation ein LEBEN ohne Denken gar nicht vorstellen, denn es ist ja ausschließlich das an Vergangenheit und Zukunft ausgerichtete Denken, das den illusorischen Persönlichkeiten zu bewusster Identifikation verhilft (ich denke, also bin ich!).

Im illusorischen universalen Geschehen kann sich alles Denkende ausschließlich mittels Vergangenheit und Zukunft identifizieren; Zeitlosigkeit ist im wahrsten Sinne des Wortes unDENKbar, wenngleich es quer durch alle universalen Dimensionen hindurch ein vollkommen unterschiedliches Zeitempfinden gibt.

Was derZEIT jedoch vollkommen unmöglich ist, ist, WIR können den unMITTELbaren Augenblick (das JETZT) nicht festhalten, was vielen sensiblen Menschen arg zu schaffen macht, und schier unzählige Schriftsteller und Poeten haben diesen unglücklichen Umstand in ihren Schriften und Reimen angeklagt. Vielen Menschen ist dieser Umstand gar nicht richtig bewusst, jedoch, wenn es um ein lang ersehntes Ziel angestrebten Genusses geht, dann dämmert es, endlich am Ziel angelangt, auch dem letzten Gedankenopfer dahingehend, dass sich der im Vorfeld immer und immer wieder gedanklich herbeigesehnte Augenblick nicht in dem Maße genießen lässt, wie man es gerne hätte. Immer wieder funken die Gedanken dazwischen (beim „Hektiker“ mehr als beim „Genießer“), sie verhindern das Verweilen im Augenblick, und kaum am Ziel angelangt, treiben sie UNS weiter durchs vorbestimmte universale Geschehen. Sich dieses Mankos bewusst geworden heißt es dann plötzlich ganz lapidar: eigentlich ist der Weg ja das Ziel!

Im wirklichen LEBEN, das im ewigen JETZT stattfindet, gibt es keine Gedanken, sondern ausschließlich pures Genießen, eingebettet in unendliche harmonische VIELFALT und ewiger GLÜCKSELIGKEIT. Dass dieses wirkliche LEBEN aus unserer derZEITigen Situation heraus nicht einmal ansatzweise vorstellbar ist, sei an dieser Stelle noch einmal erwähnt.

Wird innerhalb der ILLUSION auf ein transzendentales LEBEN verwiesen, das gänzlich ohne Gedanken, Logik und Vernunft auskommt, dann argumentiert die denkende illusorische Persönlichkeit verständlicherweise nach dem Motto: lieber den Spatz in der Hand, als die Taube auf dem Dach! Doch dies ändert sich unweigerlich dann, wenn ERWACHEN angesagt ist, die ILLUSION also mehr und mehr schwindet, und sich die illusorische Persönlichkeit als eine Art lebendige Marionette offenbart. Wird eine illusorische Persönlichkeit, die sich nicht im Prozess des Erwachens befindet, mit derlei Aussagen (dass sie eigentlich nur eine Marionette ist) konfrontiert, dann geht sie plangemäß sofort mehr oder weniger heftig auf die Barrikaden, was vollkommen normal ist, zumal sich das illusorische Geschehen **extrem** täuschend echt beziehungsweise lebensnah darstellt. Und dies aus gutem Grund, denn schließlich liefert es **unablässig** die ANTWORT auf die unendlich wichtige Frage:

Wie will ES SEIN?

Doch vergiss nicht, **innerhalb** der LEBENdigen ANTWORT auf diese Frage hat es diese Frage **nie** gegeben – FRAGE und ANTWORT sind strikt voneinander getrennt!

Schauen WIR doch einmal kurz hinein ins genial inszenierte illusorische universale Geschehen, was sich da so tut.

DU wirst, wenn DU DICH auf dieser Welt umsiehst, um DICH herum eine große Masse von Menschen wahrnehmen, denen man zwar vieles zuschreiben kann, jedoch keine Spiritualität. Sie rennen hektisch ihren Geschäften und Beschäftigungen nach, fast ist es, als blicke man auf einen Ameisenhaufen. Viele von ihnen glauben (mehr oder weniger intensiv) an irgendeinen Gott, den ihnen der Lauf des Geschehens zugeteilt hat, doch dieses „Glauben“ hat mit wahrer Spiritualität so gut wie gar nichts gemein. Die so genannten „Gläubigen“ kommen gar nicht auf die Idee, den ihnen aufgebürdeten Gott zu hinterfragen, nein, sie akzeptieren ihn und auch die Pflichten, die er ihnen auferlegt, sie huldigen ihm und sie gehen, wenn nötig, für ihn sogar auf die Barrikaden oder, in extremen Fällen, sogar in den heiligen Krieg oder ins Martyrium. Wahre Spiritualität hingegen richtet sich nach innen, zu DIR, und **sie** ist es, die die Basis für den Prozess des ERWACHENS bildet. Zwar suchst DU anfangs verzweifelt noch immer einen Gott da draußen, doch mit fortschreitendem ERWACHEN wird DIR mehr und mehr bewusst, dass

DU ES selbst bist!

Es existieren, neben grundlegenden Gegebenheiten wie Materie und der damit verbundenen ZEIT, zwei Dinge, die das illusorische universale Geschehen gestalten – Dualität und Hierarchie. Wobei sich die Hierarchie, gezwungen durch die Dualität, stets in beide Richtungen aufbaut, denn im Universum herrscht **immer** Gleichgewicht! DEINE GESAMTHEIT erfährt **immer** beide Richtungen, denn da DU im Grunde ALLES bist, erfährst DU auch alles. Nun ist es so, dass jede Richtung logischerweise vehement für sich in Anspruch nimmt, die richtige zu sein und sich auch dementsprechend verlockend präsentiert. Dieses Locken suggeriert DEINEN Konstellationen, dass sie eine Wahlmöglichkeit (einen freien Willen) hätten, doch in Wahrheit sorgen nichts anderes als Kräfte (Triebe) für die programmgemäße Umsetzung des universalen Drehbuches. Und so driften die Marionetten hinein in den grandios veranstalteten universalen Zirkus, und sie gehen dabei durch Himmel und Hölle. Und DU fühlst gezwungenermaßen mit ihnen und gelangst somit an das GUT der ERFAHRUNG. Und wenn DU alles erfahren hast (was im Grunde genommen, da ZEIT eine ILLUSION ist, **immer** der Fall ist!) tritt etwas in Kraft, das aus all DEINEN Erfahrungen die Spreu vom WEIZEN trennt, und das DIR die ANTWORT auf die im wahrsten Sinne des Wortes LEBENSwichtige Frage „**wie** will ICH SEIN?“ liefert, die

SEHNSUCHT!

Das illusorische universale Geschehen ist im Grunde nichts anderes als eine Art Quelle, aus der permanent SEHNSUCHT in die Transzendenz sprudelt. Und dass diese SEHNSUCHT ewig zu LEBENdiger ERFÜLLUNG gelangt, dafür sorgt die ALLMACHT, sie ist DEIN höchstes Attribut, und sie lässt DICH ewig in purer LIEBE erblühen.

Dass dies ALLES im ewigen JETZT stattfindet und somit keinerlei zeitlichem Ablauf unterliegt, also weder Anfang noch Ende kennt, sei an dieser Stelle ebenfalls noch einmal gesagt. Wobei WIR wieder beim zentralen Punkt angelangt sind, der, weil derZEIT unbeschreiblich, lediglich umschrieben werden kann.

Die Offenbarung ...

ALLES, was **wirklich** IST, zieht aus dem, was **nicht wirklich** ist (also aus der ILLUSION) das GUT der ERFAHRUNG, um ewig so zu LEBEN, wie ES SEIN will

... kann, solange man an die ZEIT gebunden ist, zwar logisch aufgenommen, jedoch nicht verinnerlicht werden.

Wenn DU nun auf das illusorische universale Geschehen blickst, und DIR langsam bewusst wird, was dort alles passiert, und wie (mit welchen Mitteln) DEINE Konstellationen in ILLUSION gehalten werden, dann kann es gut sein, dass sich dies in einem lächelnden Kopfschütteln niederschlägt, denn plötzlich ist alles ganz einfach zu durchblicken: DU erkennst nämlich, dass an allen religiös oder esoterisch ausgerichteten Ecken und Enden zwar immer von bestimmten göttlichen Attributen die Rede ist, selbige jedoch **nirgendwo** zu finden sind, auch in den höchsten Himmeln nicht. Weder ALLMACHT noch ALLUMFASSENDE LIEBE noch VOLLKOMMENHEIT noch FREIHEIT noch LEBEN wirst DU dort entdecken, auch nicht in Teilmengen, denn ABSOLUTHEIT kommt nicht in Teilmengen vor! Zwar wirst DU Mächtige, Lebendige, Liebende, Perfekte und Freie erblicken, doch es handelt sich dabei lediglich um Figuren, die DIR dienlich sind. Und mit einer dieser Figuren bist DU zurZEIT besonders innig verbunden, auf sie ist DEIN Focus gerichtet, und aus dieser Figur heraus beginnst DU gerade zu ERWACHEN.

Das universale Programm hält DEINEN Konstellationen stets göttliche Attribute vor die Nase, die jedoch, wie schon gesagt, innerhalb des illusorischen universalen Geschehens **nie** zu erreichen sind. Überaus deutlich stellt sich die Sache dar, wenn es um FREIHEIT geht. Das, was innerhalb der ILLUSION von der Hierarchie als Freiheit propagiert wird, hat mit FREIHEIT absolut nichts zu tun, es handelt sich dabei lediglich **immer** um verschiedene Grade von Unfreiheit! FREIHEIT ist **ausschließlich** dann existent, wenn ALLMACHT gegeben ist. FREIHEIT und ALLMACHT sind untrennbar miteinander verbunden, nur wer ALLMÄCHTIG ist, ist wirklich FREI! Doch von ALLMACHT kann im universalen Geschehen schon gar keine Rede sein, ganz im Gegenteil, der ganze duale Zirkus funktioniert ausschließlich durch Begrenztheit. Wäre irgendjemand oder irgendetwas, das innerhalb des universalen Geschehens existiert oder zumindest Einfluss auf das dortige Geschehen hat, wirklich ALLMÄCHTIG, FREI, ALLESUMFASSEND, ALLUMFASSEND LIEBEND, VOLLKOMMEN und zudem noch EWIG – denn all diese göttlichen Attribute sind untrennbar miteinander verbunden! – wie könnte dann das, was WIR zurZEIT erleben, überhaupt existieren?

Das universale Geschehen suggeriert DEINEN Konstellationen unablässig und mit allen erdenklichen Mitteln, dass sie sich, um irgendwann die göttlichen Attribute zu erreichen, entwickeln müssen. Doch wie soll man sich zu etwas hinentwickeln, das gar nicht vorhanden ist (zumindest nicht dort, wo es so nachdrücklich angepriesen wird!)? DU musst DICH nicht entwickeln, DU wirst lediglich programmgemäß ERWACHEN und im ent/scheidenden Augenblick **in** den AUGENBLICK gelangen und **das** SEIN, was DU schon immer warst.
Allein schon die Kontroverse, dass neben ETWAS – DEM bereits innerhalb der ILLUSION nachgesagt wird, dass ES ALLESUMFASSEND (also eine EINHEIT) und VOLLKOMMEN ist – etwas existiert, das DEM noch nicht so richtig angehört, und das sich, um IHM ganz anzugehören, entwickeln muss, ist schon eine Offenbarung für sich!

Damit sich die ILLUSION aufrecht erhält, und den illusorischen Persönlichkeiten ein Sinn gegeben ist (denn deren logisches Verständnis verlangt nach einem Sinn), predigt der nach „oben“ strukturierte Teil der Hierarchie, dass es dem göttlichen Plan entspricht, das Böse zum Guten zu wandeln, und dies möglichst auf langem und qualvollem Weg! Den gnadenlos durchs universale Geschehen geTRIEBenen illusorischen Persönlichkeiten wird Schuld eingeredet und zugesprochen, was genau solange funktioniert, bis „AUFWACHEN!“ im Drehbuch steht. ERWACHT auf das universale Geschehen blickend, stellt es sich dann geradezu als ein Witz dar, zu glauben oder besser gesagt glauben zu müssen, dass man Dualität Schritt für Schritt auflösen kann. Dies ist schlicht und ergreifend **unmöglich**, selbst dann, wenn ein dahingehender Versuch mühsam und qualvoll zelebriert wird! Doch gerade dieser Witz wird innerhalb der ILLUSION mittels Religionen und Esoterik unaufhörlich propagiert, jedoch, das Ganze hat schon seinen Sinn, und der liegt in der unabDINGbaren Selbstrechtfertigung, die das denkende universale Geschehen nun mal braucht, um seine immens wichtige Aufgabe zu erfüllen. Ein Ausstieg aus der Dualität (und somit aus Materie und ZEIT) kann **nur** AUGENBLICKlich erfolgen, denn es ist der ewige AUGENBLICK, der das Geheimnis wirklichen LEBENS in sich birgt.

Das illusorische universale Geschehen verkündet DEINEN Konstellationen einen allmächtigen Schöpfer, der immer über seine Schöpfung wacht. Die Wahrheit schaut jedoch so aus, dass DEM WESEN, DAS GOTT genannt wird und das DU in DEINER GESAMTHEIT bist, zwar im wirklichen LEBEN die ABSOLUTHEIT innewohnt, ES jedoch auf das illusorische universale Geschehen (also auf das, was **nicht** wirklich ist) keinerlei Einfluss hat. Im illusorischen universalen Geschehen **passiert** alles! Alles dortige Geschehen **zieht** an DIR **vorüber**, was das Wort „**passiert**" im Grunde auch bedeutet (passieren = vorbeiziehen). Das universale Geschehen ist absolut unbeeinflussbar, der dortige Ablauf ist in sich vorbestimmt und so gestaltet, dass er DIR einen in jeder Hinsicht maximalen Einblick in die Dualität (ins Mögliche!) liefert, und somit, mittels der Gefühle, das GUT der ERFAHRUNG entsteht. Aus diesem „GUT an ERFAHRUNG" generiert sich permanent (!) die ANTWORT auf die im wahrsten Sinnes des Wortes ent/scheidende Frage:

WIE WILL ICH SEIN?

Wobei hier nochmals darauf hingewiesen sei, dass das GANZE keinerlei zeitlichem Ablauf unterliegt (wie dies die in der ILLUSION wirkende Logik stets suggeriert), es geschieht **immer** im JETZT!

Die alles ent/scheidende ANTWORT, die die ILLUSION liefert, hat keinerlei Einfluss auf das illusorische universale Geschehen selbst, die Antwort gestaltet **ausschließlich** DAS, was wirklich IST – DEIN ewiges LEBEN!

Der französische Philosoph Jean-Paul Sartre hat diese Tatsache einmal sehr treffend formuliert:

Der sensible Mensch leidet nicht aus diesem oder jenem Grunde, sondern ganz allein, weil NICHTS auf dieser Welt seine SEHNSUCHT stillen kann. (Jean Paul Sartre)

Was sowohl DEIN wirkliches LEBEN als auch die ILLUSION anbelangt, so bist DU ETWAS, das man als

„PHÄNOMEN" bezeichnet.

Die tiefere Bedeutung dieses Wortes spiegelt sich im so genannten „Phänomenalismus" (phil. Lehre) wider, der besagt, dass DU DICH niemals selbst ergründen kannst, sondern dass DU DICH ausschließlich durch DEINE vielfältigen Erscheinungen erkennst. Dies gilt prinzipiell sowohl für das illusorische universale Geschehen als auch für DEIN wirkliches LEBEN, jedoch, mit einem gewaltigen Unterschied, und der betrifft die ALLMACHT. Im illusorischen universalen Geschehen werden DEINE Erscheinungen gelebt, im wirklichen LEBEN hingegen haben SIE ALLMACHT. Was im illusorischen universalen Geschehen, das ja auf Begrenztheit und Dualität basiert, vollkommen unmöglich ist, nämlich, dass DEINE vielfältigen Erscheinungen (Konstellationen) allmächtig sind, funktioniert im wirklichen LEBEN auf geradezu unbeschreiblich fantastische Weise – dort ist **jede** einzelne DEINER unendlich vielfältigen ERSCHEINUNGEN allmächtig! Dies ist deshalb möglich, weil dort **jedes** GÖTTLICHE INDIVIDUUM **im Grunde** ein und dieselbe ANTWORT LEBT – und somit existiert

vollkommene HARMONIE und pure LIEBE

Wie das Phänomen GOTT, das erfahren ist (das also weiß, **wie** ES SEIN will) und das zudem noch allmächtig ist, LEBT, kann nicht einmal ansatzweise beschrieben werden, man kann es aus illusorischer universaler Sicht heraus lediglich vage erahnen und mit den Worten „in EWIGER GLÜCKSELIGKEIT" umschreiben.

Jedoch, was sehr wohl aus illusorischer Sicht heraus entstehen kann und programmgemäß auch entsteht, ist das Bewusstsein betreffs der Struktur, der ALLES unterliegt, denn die ist im Grunde sehr, sehr einfach und äußerst logisch. Das Phänomen GOTT **muss** innerhalb der ILLUSION auch logisch nachvollziehbar sein, denn nur so kann das, was als „Selbsterweckungsmechanismus" bezeichnet ist, überhaupt eintreten, denn DU bist nun mal bis zum ent/scheidenden Augenblick an die Logik und somit ans Denken gebunden.

Dass es letztendlich die Logik ist, die DICH ins wahre LEBEN leitet, hat seinerzeit der dänische Musiker „Christian Kjellerup (1889-1947)" mit folgenden Worten überaus treffend ins universale Dasein gesprochen:

Logik ist wie ein Treppengeländer.
Es hilft einem, trotz Dunkelheit nach oben zu kommen. (Christian Kjellerup)

Das DIR innewohnende Wachbewusstsein, an dessen Entstehung die Logik so maßgeblich beteiligt war und noch immer ist, wird von selbiger nach wie vor mittels Gedanken permanent nach allen Seiten hin abgeklopft, und dadurch automatisch mehr und mehr untermauert. Nach und nach wird plötzlich ALLES logisch nachvollziehbar und **derart** klar, dass DU in den Status der Unerschütterlichkeit gelangst. DU wirst erkennen, dass all das, was das universale Geschehen DEINEN Konstellationen an Lehren, Geboten, Erleuchtungen und Wegen präsentiert, lediglich zur Aufrechterhaltung der ILLUSION dient, also dem derZEI-Tigen Wesen entspricht.

Und wenn DIR die ganze Sache hier zu sehr auf die Logik bezogen erscheint, und DU gerade der Meinung bist, dass alles allein eine Sache des Herzens sei, dann höre auf den Volksmund, denn der weiß ganz genau, dass man eine Sache, soll sie Erfolg haben, „mit HERZ **und** VERSTAND" angehen muss. Wobei das Herz die ANTWORT liefert, jedoch der Verstand (die Logik) DICH in selbige hineinleitet. Und zwar vollkommen automatisch!

Also, lieber Kim, Dein wahres ICH wird geduldig **den** Zeitpunkt abwarten, an dem der letzte Millimeter eines Filmes durch Deinen Gehirn-Projektor gelaufen ist, der den Titel „I L L U S I O N" trägt und der im großen Kino – genannt „U N I V E R S U M" – seit UrZEITen vorgeführt wird.

Und nun, zum Abschluss, sei Dir ein letztes Mal der zentrale Punkt vor Augen geführt, der ALLES sagt:

DU lebst zurZEIT in einem TRAUM, in einer IDEE – und bist noch nicht geboren.
Und wenn DU geboren wirst, dann warst DU bereits und wirst immer SEIN!

****

So, lieber Leser/Leserin oder besser gesagt liebe SEELE, nun bist DU am Ende von „Auf ein Wort" angelangt, und ich danke DIR, dass DU diese philosophische Reise mit mir angetreten und beendet hast!

Vielleicht, liebe SEELE, lächelst DU jetzt gerade innerlich und erfährst folgende Gedanken: *„Warum bedankst DU dich für etwas, was ICH gar nicht getan habe, worauf ICH gar keinen Einfluss hatte; für etwas, das ICH nur erfahren habe, das lediglich an MIR vorbeigezogen ist, das ganz einfach passiert ist und das exakt so passieren musste?"*

Nun, sollte dies der Fall sein, dann lächle ICH mit DIR, denn WIR sind EINS – dann bedarf es keiner Worte mehr.

Vielleicht sind Sie aber auch mit dem, was Ihnen der Lauf des Geschehens hier präsentiert hat, ganz und gar nicht einverstanden, weil Sie der Meinung sind, dass hier heimtückisch versucht wird, Ihnen etwas zu nehmen, zum Beispiel Ihren „freien" Willen. Nun, sollte „Auf ein Wort" diese Reaktion in Ihnen hervorgerufen haben, dann ist, was Ihre Persönlichkeit betrifft, zu unterscheiden:

- Wenn der Begriff „GOTT" für Sie absolut fremd und an den Haaren herbeigezogen ist, und Sie somit auch zwangsläufig die Existenz einer unsterblichen SEELE ablehnen, dann verzeihen Sie mir bitte, dass ich Ihre Zeit in Anspruch genommen habe.

- Wenn der Begriff „GOTT" für Sie jedoch nicht fremd ist, und Sie an die Existenz einer unsterblichen SEELE glauben oder sich selbiger sogar bewusst sind, dann möchte ich Sie an dieser Stelle noch einmal darauf hinweisen, dass Ihnen – falls das, was in „Auf ein Wort" geschrieben steht, der Wahrheit entspricht – doch nichts genommen wird, sondern dass Ihnen ALLES gegeben wird. Wobei es durchaus sein kann, dass der Begriff „ALLES" Ihr momentanes Fassungsvermögen ein klein wenig übersteigt.
  Was wollen Sie denn? Sie wollen doch (hoffentlich) nichts anderes als glücklich sein. Und Sie wollen dies nicht nur für Ihre SEELE (also für Sie selbst!), sondern (hoffentlich) für alle SEELEN. Und es kann doch nur so sein, dass Sie sich danach sehnen, dass dieses Glücklichsein auch Bestand hat, also dass es ewig ist. Das ist es doch, nach was Sie sich im Grunde sehnen – oder etwa nicht? Und Sie sollten sich auch **danach** sehnen, dass der Weg hin zur EWIGEN GLÜCKSELIGKEIT ein möglichst kurzer und erträglicher ist. Oder sind Sie etwa der Meinung, es sollte ein möglichst langer und leidvoller Weg sein, so wie es das hierarchische Gebilde, das die ILLUSION programmgemäß aufrechterhält, propagiert – doch wohl eher nicht? Oder?
  Das, was „Auf ein Wort" dahingehend im Kern aufzeigt, ist durchweg einfach und positiv, das Werk macht rigoros Schluss mit Schuld und einem Sich-mühsam-entwickeln-müssen. Es geht lediglich um ein plangemäßes Erwachen aus der ILLUSION und ums Hineingeborenwerden ins wirkliche LEBEN. Es geht um einen Weckruf! Warum ist Ihnen das zu einfach? Warum soll UNSER Ziel, die ewige GLÜCKSELIGKEIT, nur auf kompliziertem, schwerem Weg zu erlangen sein? Warum setzen Sie Ihren „freien" Willen, auf den Sie so viel geben, nicht dahingehend ein, dass Sie mit aller Kraft wünschen und wollen, dass es einfach ist? Warum nicht? Ist es deshalb, weil Ihnen der Lauf des Geschehens ringsum immer etwas **anderes** präsentiert, das noch dazu unheimlich kompliziert ist? Warum verlassen Sie sich eigentlich immer auf dieses Andere und nicht auf sich selbst – auf Ihr wahres SELBST?
  Sie glauben doch, dass Sie eine unsterbliche SEELE haben, dass Sie einen göttlichen Funken in sich tragen und somit, dass die GÖTTLICHKEIT Ihnen innewohnt. Warum schenken Sie Ihrem wahren SELBST, Ihrer GÖTTLICHKEIT so wenig Beachtung, und allem Anderen um Sie herum, das die ILLUSION mittels der Sinne in Ihr Bewusstsein drückt,

so viel Beachtung? Warum tun Sie das? Warum sind Sie so? Die Antwort darauf lautet: Ihnen fehlt momentan etwas ganz Ent/scheidendes, Sie haben kein

SELBSTvertrauen

Sie mögen vielleicht von Ihrer Persönlichkeit, die Sie darstellen, sehr viel halten und dieser auch vertrauen, aber an wirklichem SELBSTvertrauen mangelt es Ihnen. Wirkliches SELBSTvertrauen äußert sich dahingehend, dass Sie sich ihrer GÖTTLICHKEIT bewusst werden, dass die SEELE (also Sie!) diese GÖTTLICHKEIT permanent einfordert und somit im ent/scheidenden Augenblick die ILLUSION nicht mehr existiert und wirkliches, ewiges, allmächtiges LEBEN gegenwärtig ist.

Sie glauben mir nicht? Sie vertrauen mir nicht? Nun, Sie sollen auch nicht mir vertrauen, sondern sie sollen Ihrem SELBST vertrauen. Dieses SELBSTvertrauen, das ausschließlich innerhalb der ILLUSION in Erscheinung tritt, hat, wie der Name ja schon sagt, etwas mit Vertrauen zu tun. Vertrauen ist wiederum etwas, das unmittelbar mit Glauben zu tun hat und somit jenseits von Wissen angesiedelt ist. Wer um etwas weiß, der braucht nicht zu glauben und auch nicht zu vertrauen. Nur, innerhalb des illusorischen universalen Geschehens kann **niemals** Wissen über das wirkliche LEBEN – dem die ABSOLUTHEIT innewohnt! – existieren, die höchste Stufe oder besser gesagt das höchste Wachbewusstsein, in das eine SEELE innerhalb der ILLUSION plangemäß gelangt, ist der Zustand **vollkommenem** SELBSTvertrauens. Je mehr dieser Zustand erreicht wird, umso deutlicher ist die Abspaltung (Wachzustand) der SEELE von der illusorischen Persönlichkeit, vom falschen Ego. Wirklich WISSEN wird eine SEELE erst dann, wenn SIE wirklich LEBT!

Und deshalb wünsche ich Ihnen nichts sehnlicher, als dass Sie Ihrem wahren, göttlichen SELBST vollkommen vertrauen, dass Sie nichts und niemanden über sich stellen und dass Sie sich unerschütterlich dahingehend bewusst sind, dass

SIE ES sind!

—

Anhang 3

Kurze Vorgeschichte:

Das, was nachfolgend niedergeschrieben ist, knüpft unmittelbar an die finale Aussage von „Auf ein Wort“ an, und ist für all diejenigen gedacht, die sich im erwachten Zustand befinden. Und wenn ich mir die ungeheure Resonanz zu „Auf ein Wort“ so betrachte, dann sind es bereits sehr viele Menschen, deren ERWACHEN das Werk begleitet hat. Und täglich kommen neue hinzu. ERWACHEN bedeutet einen Zustand, in dem die SEELE das duale Geschehen und somit die ILLUSION durchblickt hat, der ent/scheidende Augenblick, der die SEELE ins wirkliche LEBEN bringt, jedoch noch auf sich warten lässt. Dieser seltsame Zustand kann phasenweise sehr unangenehm sein, denn man befindet sich in einer Art Niemandsland, in einer Übergangsphase. Man hängt irgendwie in der Luft. Damit dieser unangenehme Zustand etwas gemildert wird, und man vielleicht sogar ein klein wenig vom kommenden neuen Boden unter den Füßen spürt, folgt nun:

Die Geschichte vom „ES"

Wichtige Regel: Großgeschriebenes „DU" oder „DICH" ist immer dem wachen „ES" gleichzusetzen, klein geschriebenes „du" oder „dich" meint immer die illusorische Persönlichkeit, mit der DU nach wie vor verbunden bist.

Lies das Nachfolgende in aller Ruhe und mit Bedacht, denn nahezu jede Zeile ist eine kleine Offenbarung für sich!

****

Wer oder was bist DU oder du, der oder die da gerade liest, eigentlich?

Ihr beide seid im Grunde nichts anderes als **BEWUSSTSEIN**!

Im Grunde existiert nämlich nur **BEWUSSTSEIN**, nichts anderes!

Nennen wir das **BEWUSSTSEIN** der EINfachheit halber einfach **„ES"**.

Der Grund, warum **ES DICH** existieren lässt, ist, weil **ES** durch **DICH** LEBT!

Der Grund, warum **ES dich** existieren lässt, ist, weil **ES** durch **dich** in Erfahrung bringt, wie **ES** durch **DICH** LEBEN will.

BEWUSSTSEIN hat die WESENtliche Eigenschaft, sich auszudrücken. Dass **ES** zum Ausdruck gelangt! Und zwar zum LEBENdigen Ausdruck, denn **ES** LEBT!

LEBEN hat, anders als pure Existenz, immer etwas mit Gestalt **und** Gefühl zu tun.

Gestalt und Gefühl zusammen ergeben immer eine LEBENdige Figur!

Der höchste Ausdruck kommt dann zustande, wenn **ES** sich mit einer LEBENdigen Figur identifiziert, dann wird die Figur zur PERSÖNLICHKEIT! – Dann LEBT **ES** bewusst!

PERSÖNLICHKEITEN, egal, wie ihre Gestalt beschaffen ist, sind immer in einen Ablauf (Rolle) eingebunden – denn **ES** erLEBT etwas!

Die Abläufe (oder Rollen) sind, was ihr Wesen oder ihre Struktur anbelangt, unterschiedlichen Zuständen zugeordnet, denn ...

ES unterscheidet sich:

ES kennt den Zustand ZEIT, und **ES** kennt einen Zustand ohne ZEIT, den DU DIR momentan nur theoretisch vorstellen kannst, und den Du „EWIGKEIT" nennst. Und **ES** kennt einen Zustand, der sich genau zwischen ZEIT und EWIGKEIT befindet, und der an dieser Stelle „Übergangsphase" genannt sei. Und genau in diesem Zustand, also in der Übergangsphase, befindest DU DICH gerade.

In allen drei eben genannten Zuständen existiert **ES**. Wobei Existenz nicht immer gleichbedeutend mit wirklichem LEBEN ist!

ES LEBT **wirklich,** und **ES** liefert die Basis für dieses wirkliche LEBEN.

„Wirklich" deshalb, weil **ES** dort wirkt – **ES** ist aktiv. Im Gegensatz zur ZEIT, dort lässt **ES** etwas auf sich wirken – **ES** ist passiv → Unwirklich! → Illusorisch!

ES kennt keinen Anfang und **ES** kennt kein Ende, **ES** ist nicht erschaffen worden und **ES** erschafft im Gunde auch nichts, denn **ES** ist WESENtlich. ALLES liegt in seinem WESEN!

Zur Erinnerung: **BEWUSSTSEIN** (also **ES**), gelangt ausschließlich durch individuelle PERSÖNLICHKEITEN zum bewussten SEIN.

Im Grunde ist **ES** EINfältig – LEBT jedoch in VIELfalt!

Innerhalb der ZEIT, also im Zustand der auf Dualität basierenden ILLUSION, fühlt **ES** sich mitunter sehr unwohl, kann aber nichts dagegen tun, denn innerhalb der ZEIT ist **ES** passiv.

In der EWIGKEIT, also dort, wo **ES** aktiv ist und wirklich LEBT, fühlt **ES** sich unbeschreiblich wohl, **ES** schwelgt in GLÜCKSELIGKEIT, denn dort ist **ES** so, wie **ES** sein will!

Im passiven Zustand verkörpert **ES** die FRAGE: Wie soll **ES** sein?

Im aktiven Zustand LEBT **ES** die ANTWORT!

Im passiven Zustand, also innerhalb der FRAGE, ist **ES** ohnmächtig.

im aktiven Zustand, also wenn **ES** die ANTWORT LEBT, ist **ES** allmächtig!

Im passiven Zustand ist **ES** dramatisch – im aktiven Zustand ist **ES** harmonisch!

Im ALLgemEINEN ist **ES** unpersönlich – im Speziellen ist **ES** persönlich (individuell).

In seiner Gesamtheit erfährt **ES** sich nie bewusst, weder im passiven noch im aktiven Zustand ...

... denn würde **ES** sich in seiner Gesamtheit bewusst erfahren, dann wäre **ES** absolut EINsam.

ES LEBT und LIEBT die VIELfalt – die Individualität!

Wenn **ES** sich in der Phase des Überganges befindet (also wenn **ES** sich gewissermaßen nach beiden Seiten hin betrachten kann) und in diesem Zustand erkennt, wie **ES** grundsätzlich strukturiert ist (passiv alle Möglichkeiten austesten und dadurch in Erfahrung bringen, wie **ES** sein will, anschließend aktiv in unendlicher Vielfalt, vollkommener HARMONIE und ewiger GLÜCKSELIGKEIT zu LEBEN, und zudem noch mit dem höchsten Attribut, der ALLMACHT, ausgestattet zu sein), dann kann **ES** sich zu dieser Struktur – und somit zu seinem WESEN – wahrlich nur gratulieren, denn ein einfacheres und effizienteres System ist schlicht und ergreifend undenkbar.

ES ist optimal!

ES ist genial!

ES transformiert.

ES fließt ...

... von passiv nach aktiv.

Immer!

Im erwachten Zustand, also in dem Zustand, in dem DU DICH gerade befindest, kann **ES** sich nicht mehr mit dem illusorischen Geschehen identifizieren, denn ganz ent/scheidende Eigenschaften, die **ES** wirklich LEBEN lassen (zum Beispiel vollkommene HARMONIE, FREIHEIT, ALLMACHT usw.), sind aus ganz bestimmten (WESENtlichen) Gründen im illusorischen dualen Geschehen (innerhalb der FRAGE) nicht vorhanden.

In der Übergangsphase, wenn der ent/scheidende Augenblick – der Wechsel vom Gelebtwerden hin zum wirklichen LEBEN – ansteht, stellt **ES** sich (durch Dich) die Frage, wie **ES** denn heraus kommt aus der Passivität und hinein in die Aktivität gelangt. Diese Frage kannst weder Du noch DU beantworten. DU wirst DIR in dieser Phase SELBST vertrauen – **ES** geht (fließt) ganz automatisch! DU wirst **ES** einfach auf DICH zukommen lassen! **ES** macht keine Fehler!

Wobei **ES**, wenn **ES** als Ausdruck (Individualität) von passiv nach aktiv gelangt – also wenn **ES** nicht mehr gelebt wird, sondern wenn **ES** wirklich LEBT –, nicht nur ewig in GLÜCKSELIGKEIT LEBEN wird, sondern prinzipiell bereits ewig glückselig war, denn im wirklichen LEBEN gibt es im wahrsten Sinne des Wortes **glücklicherweise** keinen Blick zurück!

Das passive Geschehen (die FRAGE) ist im wirklichen LEBEN, wo **ES** ausschließlich die ANTWORT LEBT, nicht existent!

ES bleibt sich und somit seinen LEBENdigen, individuellen Ausdrücken (PERSÖNLICHKEITEN) immer treu, denn **ES** LEBT ausschließlich durch PERSÖNLICHKEITEN, lediglich Form und Beschaffenheit der Ausdrücke transformieren sich und passen sich somit dem, was **ES** individuell erLEBEN will, an.

Dass der Übergang von passiv nach aktiv mitten in einer passiven Rolle vonstatten geht (also nicht an den ent/scheidenden Augenblick gebunden ist, wenn **ES** eine seiner unzähligen illusorischen Hüllen abstößt), ist eher unwahrscheinlich, da **ES** im passiven Geschehen, also dort, wo **ES** nicht wirklich LEBT, sondern wo **ES** gelebt wird, ganz bestimmten Gesetzmäßigkeiten unterliegt. Diese Gesetzmäßigkeiten sind nicht erschaffen worden, so wie dies innerhalb der Passivität (ILLUSION) die dort herrschende Logik vermittelt (weil **ES** sich dort permanent erklären muss!), sondern sie sind **WESEN**tlich und somit logisch nicht erklärbar – **ES** trägt sie in seinem WESEN! In seinem **unpersönlichen** WESEN!

ES ist **WESEN**tlich!

Und diese, lediglich aus drei Worten zusammengesetzte und somit sehr simple Aussage, ist die Antwort auf **all die vielen** Fragen, die das passive Geschehen (ILLUSION) in Bezug auf das Phänomen GOTT strukturell bedingt (gesetzmäßig) hervorbringt!

Warum ist das so simpel?

Weil **ES** im Grunde EINfach ist!

ES ist ein PHÄNOMEN!

ES ist immer vollkommen, denn **ES** ist wie **ES** ist!

ES ist logisch und unlogisch.

ES hat Struktur und somit Ordnung.

ES ist immer in Ordnung!

ES ist perfekt!

ES liest sich gerade!

DU bist **ES!**

—

*Lies **ES** doch bitte noch mal!*

Ein Auszug von den Büchern aus dem 1zu1-Verlag:

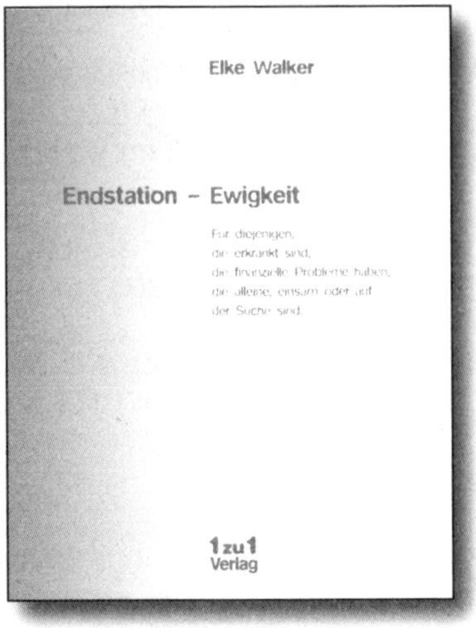

Elke Walker

Endstation – Ewigkeit

Für diejenigen,
die erkrankt sind,
die finanzielle Probleme haben,
die alleine, einsam oder auf der Suche sind.

Dieses Buch richtet sich an alle Menschen, die mässig bis keinen Erfolg mit dem üblichen Angebot von Realitätsgestaltung auf dem Lebenshilfemarkt haben oder hatten und die auf der Suche nach dem Sinn und der Funktionsweise des Lebens sind. Wen der Inhalt erfasst, für den hört die Suche auf. Es ist einfach und verständlich geschrieben, so, dass es auch für Menschen geeignet ist, die nicht gerne dicke Bücher lesen. Es enthält Beispiele aus der Praxis, die zu einem umfassenderen Verständnis führen können, was die Funktionsweise und den Sinn des Lebens betreffen, sowie den Grund unseres Da-Seins aufzeigen.

Die Wahrheit ist einfach.

Inhaltsverzeichnis

ISBN gültig bis zum 31.12.2006 10-stellig: ISBN-10: 3-9521678-6-X
ISBN gültig ab dem 01.01.2007 13-stellig: ISBN-13: 978-3-9521678-6-1

Hardcover, 128 Seiten, Format 12,8 cm x 17,4 cm, Preis: CHF 29.80 oder EUR 19.90 plus Versandkosten.

Dieses Buch können Sie am schnellsten im 1zu1-Verlag direkt online unter: **http://www.1zu1.ch** erhalten oder in jeder guten Buchhandlung bestellen.